Schumann
Handbuch

SCHUMANN HANDBUCH

Herausgegeben von

Ulrich Tadday

Metzler

Bärenreiter

Bibliografische Information Der Deutschen Bibliothek
Die Deutsche Bibliothek verzeichnet diese Publikation in der Deutschen Nationalbibliografie;
detaillierte bibliografische Daten sind im Internet über <http://dnb.ddb.de> abrufbar.

ISBN 978-3-476-01671-3
ISBN 978-3-476-00026-2 (eBook)
ISBN 10.1007/978-3-476-00026-2

© 2006 Springer-Verlag GmbH Deutschland
Ursprünglich erschienen bei J. B. Metzler'sche Verlagsbuchhandlung
und Carl Ernst Poeschel Verlag GmbH in Stuttgart 2006
Gemeinschaftsausgabe der Verlage J.B. Metzler, Stuttgart und Weimar, und Bärenreiter, Kassel

www.metzlerverlag.de
www.baerenreiter.com

Inhalt

LEBEN

ÄSTHETIK

KOMPOSITIONSTHEORIE

KLAVIERMUSIK

KAMMERMUSIK   301

(Irmgard Knechtges-Obrecht)

WIRKUNGSGESCHICHTLICHE ASPEKTE

ANHANG

Vorwort

Wer war Robert Schumann? Diese Frage zu beantworten, ist kein leichtes Unterfangen, Schumanns Leben und Werk in *einem* Buch zu beleuchten, beinahe ein Ding der Unmöglichkeit. Schumann ist nach Beethoven der letzte Universalist in der Musikgeschichte des 19. Jahrhunderts. Mit dem philosophischen Anspruch, den Dingen auf den Grund zu gehen, wendet er sich noch einmal allen Gattungen zu: der Klaviermusik, der Vokalmusik, der Kammermusik, der Orchestermusik und der Oper. Dabei ist Schumann immer auf der Suche, und er findet neue Formen des Ausdrucks, die die gängigen Schemata der musikalischen Gattungen Geschichte werden lassen. Schumann, seiner Zeit immer ein Stück voraus, reflektiert die Vergangenheit – Bach und Beethoven –, komponiert für und gleichzeitig gegen (man denke etwa an Herz und Hünten) die Gegenwart und behält die Zukunft, die er poetisch ins Auge faßt – mit Brahms, aber auf anderen Wegen als die Neudeutschen und Wagner – immer im Blick.

Der Universalgeist der Romantik, um eine Formulierung von Julius Alf und Joseph A. Kruse aufzugreifen, spricht sich aber nicht nur in den musikalischen Werken Schumanns aus. Er äußert sich auch in den frühen Dichtungen und späteren Musikkritiken des Komponisten. Der leidenschaftliche Leser Schumann, dessen Lieblingsautoren Shakespeare und Jean Paul gewesen sind, war wie kaum ein anderer Komponist in der Weltliteratur zu Hause. Davon legen nicht nur seine »Mottosammlung« und sein »Dichtergarten«, sondern auch seine Tagebücher und Briefe ein beredtes Zeugnis ab.

In Schumanns Ästhetik verschmilzt der literarische Horizont mit dem musikalischen und das Leben mit der Kunst: »es affiziert mich Alles, was in der Welt vorgeht«, schreibt Schumann an Clara Wieck 1838, »Politik, Literatur, Menschen – über Alles denke ich in meiner Weise nach, was sich dann durch Musik Luft machen, einen Ausweg suchen will« (Briefwechsel I, 146). Im Sinne Friedrich Schlegels erscheint Schumanns Ästhetik universalpoetisch und romantisch. Im Sinne Jean Pauls ist sie aber immer zugleich auch realistisch, nicht dem ironisierenden Selbstbewußtsein, sondern dem humoristischen Selbstgefühl verpflichtet und damit einer Welt, deren politisch-gesellschaftliche Wirklichkeit sich nach 1848/49 wandelt, so wie die Musik Schumanns, die diese Wandlungen auf ihre Weise reflektiert.

Das Schumann-Handbuch ist nicht einfach ein Buch über Schumanns Leben und Musik. Es ist vielmehr der Versuch, in *einem* Buch der Universalität von Schumanns Schaffen annähernd gerecht zu werden. Seine wissenschaftliche Voraussetzung findet das Handbuch in einer Schumann-Forschung, die, durch die Schumann-Forschungsstellen in Düsseldorf und Zwickau getragen, in den letzten beiden Jahrzehnten vor allem durch die jährlich weiter fortschreitende *Ausgabe Sämtlicher Werke* (RSA) und durch das von Margit McCorkle herausgegebene *Thematisch-bibliographische Werkverzeichnis* (RSW) international hervorgetreten ist. Vor der Folie dieser editionsphilologischen Leistungen und weiterer wichtiger Publikationen wie die von Gerd Nauhaus herausgegebenen *Tage- und Haushaltbücher*, der von Eva Weissweiler edierte *Briefwechsel Clara und Robert Schumanns* oder die von Ernst Burger veröffentlichte *Lebenschronik in Bildern und Dokumenten*, um nur einige wenige anzuführen, sind weiterführende Einzeluntersuchungen überhaupt erst möglich geworden. Die einschlägig ausgewiesenen

Autoren des Schumann-Handbuches fassen eigene und fremde Forschungsleistungen aber nicht bloß zusammen, sondern sie führen die Probleme, die uns das Verständnis von Schumanns Leben und Werk erschweren, neuen Lösungen zu, die im größeren Zusammenhang des Ganzen stehen.

Im Mittelpunkt des Handbuches steht das nach Gattungen geordnete Werk Schumanns. Die Beiträge des Handbuches behandeln die einzelnen Gattungen en gros und en detail. Sie gewähren dem Leser einen Überblick über alle Werke und gleichzeitig einen Einblick in einzelne Werke, wobei die zusammenhängende Betrachtung der Werke wichtiger ist als die aus dem Zusammenhang gelöste Analyse eines einzelnen Werkes. Eingerahmt werden die Beiträge zu Schumanns Werk einerseits durch einen groß angelegten Essay zum Leben Schumanns und durch drei Aufsätze zur Ästhetik (Kunst, Literatur und Musik), ande-rerseits durch Beiträge, die wirkungsgeschichtliche Aspekte des Werkes, auch die Schumann-Rezeption in der Neuen Musik behandeln.

Mein besonderer Dank gilt: Oliver Schütze und Uwe Schweikert, die das Buch lektoriert haben, meinem wissenschaftlichen Mitarbeiter Oliver Rosteck und meinen studentischen Hilfskräften Fabian Krahe und Esther Vollmer-Eicken, die bei der Erstellung der Register, Bibliographien und Verzeichnisse geholfen haben, Renate Decke-Cornill von der Staats- und Universitätsbibliothek Bremen, die die Bibliographien komplettiert und korrigiert hat, den Kollegen von den Schumann-Forschungsstellen Düsseldorf und Zwickau für Rat und Tat und last not least allen beteiligten Autoren.

Bremen, im Juni 2006   Ulrich Tadday

Siglenverzeichnis

Album	Briefe und Gedichte aus dem Album Robert und Clara Schumanns, hg. von Wolfgang Boetticher, Leipzig 1979.
AmZ	Allgemeine musikalische Zeitung, Leipzig 1798ff.
BNF	Robert Schumanns Briefe. Neue Folge, hg. von Friedrich Gustav Jansen. 2., verm. und verb. Aufl. Leipzig 1904.
Boetticher I	Wolfgang Boetticher, Robert Schumann. Einführung in Persönlichkeit und Werk, Berlin o. J. [1941] (Veröffentlichung der Deutschen Robert-Schumann-Gesellschaft). Neuausg. Wilhelmshaven 2004.
Boetticher II	Robert Schumann in seinen Schriften und Briefen, eingeleitet und mit biographischen und kritischen Erläuterungen versehen von Wolfgang Boetticher Berlin 1942. (Klassiker der Tonkunst in ihren Schriften und Briefen).
Briefwechsel I/II/III	Schumann, Clara und Robert: Briefwechsel. Kritische Gesamtausgabe. Hg. von Eva Weissweiler. 3 Bde. Basel, Frankfurt a.M. Bd. 1: 1832-1838. 1984; Bd. 2: 1839. 1987; Bd. 3: 1840-1851. 2001.
Burger	Burger, Ernst: Robert Schumann. Eine Lebenschronik in Bildern und Dokumenten. Unter Mitarb. von Gerd Nauhaus. Mainz 1999.
BV	Briefverzeichnis Robert Schumann, Verzeichnis der empfangenen und abgesandten Briefe. Robert-Schumann-Haus, Zwickau; Archiv-Nr.: 4871/VII C, 10 – A 3.
Corr.	Korespondencja Schumanna, Briefhandschriften in der Biblioteka Jagiellońska, Kraków.
Edler	Edler, Arnfried: Robert Schumann und seine Zeit. Laaber 1982. (Große Komponisten und ihre Zeit).
Erler I/II	Erler, Hermann: Robert Schumann's Leben. Aus seinen Briefen geschildert. Mit zahlr. Erläuterungen und einem Anhang. 2 Bde. 2. Aufl. Berlin 1887.

Eismann, Quellenwerk	Eismann, Georg: Robert Schumann. Ein Quellenwerk über sein Leben und Schaffen. Leipzig 1956. Bd. 1: Briefe, Aufzeichnungen, Dokumente.
GS I/II	Robert Schumann. Gesammelte Schriften über Musik und Musiker, Bd.1 u. 2, Reprint der Ausgabe Leipzig 1854, mit einem Nachwort von Gerd Nauhaus und einem Register von Ingeborg Singer, Wiesbaden 1985.
Jugendbriefe	Schumann, Robert: Jugendbriefe von Robert Schumann, nach den Originalen mitgetheilt von Clara Schumann. 4. Aufl. Leipzig 1910.
Kreisig I/II	Schumann, Robert: Gesammelte Schriften über Musik und Musiker. 5. Aufl., hg. von Martin Kreisig. 2 Bde. Leipzig 1914.
Litzmann I-III	Litzmann, Berthold: Clara Schumann. Ein Künstlerleben. Nach Tagebüchern und Briefen. Bd. 1: Mädchenjahre. 1819-1840. Leipzig 1902; Bd. 2: Ehejahre. 1840-1856. Leipzig 1905; Bd. 3: Clara Schumann und ihre Freunde. 1856-1896. Leipzig 1908. (Repr. Hildesheim 1971).
NBMZ	Neue Berliner Musikzeitung.
NZfM	Neue Zeitschrift für Musik, Leipzig 1834ff.
Projectenbuch	Robert Schumanns Projectenbuch. Robert-Schumann-Haus Zwickau, Archiv-Nr.: 4871/VII C, 8 – A 3.
RSA	Schumann, Robert: Neue Ausgabe sämtlicher Werke. Hg. von der Robert-Schumann-Gesellschaft Düsseldorf durch Akio Mayeda und Klaus Wolfgang Niemöller in Verbindung mit dem Robert-Schumann-Haus Zwickau. Mainz 1991ff.
RSW	McCorkle, Margit L.: Thematisch-bibliographisches Werkverzeichnis, unter Mitw. von Akio Mayeda und der Robert-Schumann-Forschungsstelle hg. von der Robert-Schumann-Gesellschaft, Düsseldorf, Mainz 2003. (RSA, Ser. 8: Supplemente, 6).
Signale	Signale für die musikalische Welt, hg. von Bartholf Senff, Leipzig 1843ff.
Tb I-III	Schumann, Robert: Tagebücher. Bd. 1: 1827-1838, hg. von Georg Eismann. 2., durchges. Aufl. Leipzig 1987; Bd. 2: 1836-1854, hg. von Gerd Nauhaus. Leipzig 1987; Bd. 3: Haushaltbücher, hg. von Gerd Nauhaus. Teil 1: 1837-1847. Teil 2: 1847-1856, Anm. und Register. 2. Aufl. Basel, Frankfurt a.M. 1988.
Wasielewski 1858/²1869/³1880	Wasielewski, Wilhelm Joseph von: Robert Schumann. Eine Biographie. Dresden 1858 bzw. ²1869, ³1880.
Wasielewski ⁴1906	Wasielewski, Wilhelm Josef von: Robert Schumann. Eine Biographie, hg. von Waldemar von Wasielewski. 4., umgearb. und beträchtl. verm. Aufl. Leipzig 1906.

Archive

A-Wgm	Wien, Gesellschaft der Musikfreunde, Archiv
A-Wn	Wien, Österreichische Nationalbibliothek
D-B	Berlin, Staatsbibliothek zu Berlin, Preußischer Kulturbesitz, Musikabteilung
D-BNu	Bonn, Universitäts- und Landesbibliothek
D-Dl	Dresden, Sächsische Landesbibliothek – Staats- und Universitätsbibliothek
D-DS	Darmstadt, Hessische Landes- und Hochschulbibliothek, Musikabteilung
D-DÜhi	Düsseldorf, Heinrich-Heine-Institut
D-Gs	Göttingen, Niedersächsische Staats- und Universitätsbibliothek
D-LÜbi	Lübeck, Brahms-Institut an der Musikhochschule Lübeck
D-Mbs	München, Bayerische Staatsbibliothek, Musiksammlung
D-Zsch	Zwickau, Robert-Schumann-Haus, Archiv und Bibliothek
F-Pc	Paris, Bibliothèque du Conservatoire (heute in F-Pn)
F-Pn	Paris, Bibliothèque Nationale
GB-Lbl	London, The British Library
GB-Ob	Oxford, Bodleian Library
Pl-Kj	Kraków, Biblioteka Jagiellońska
US-NYp	New York, Public Library at Lincoln Center, Music Division
US-NYpm	New York, The Pierpont Morgan Library
US-Wc	Washington (D. C.), Library of Congress, Music Division

Zeittafel*

Jahr	Biographisches	Werk**	Werk (Erstausgaben – bis 1864)
1810	• 8. Juni: Robert Schumann in Zwickau geboren		
1811	•		
1812	•		
1813	•		
1814	•		
1815	•		
1816	•		
1817	• Besuch des Progymnasiums an St. Marien, erster Klavierunterricht beim Zwickauer Organisten J.G. Kuntzsch		
1818	•		
1819	•		
1820	• Besuch des Zwickauer Lyzeums (bis 1828)		
1821	•		
1822	•		
1823	•		
1824	•	• Der 150. Psalm für Chor, Klavier und Orchester op. I (begonnen 1821)	
1825	• Schumann ruft einen ›Literarischen Schülerverein‹ ins Leben • Selbstmord der Schwester Emilie		
1826	• 10. August: Tod des Vaters		
1827	• Erste Lieder, Tagebücher, literarische Versuche, Übersetzungen antiker Autoren		

* von Oliver Rosteck und Joachim Draheim nach RSW.
** Wenn bei Instrumentalwerken keine Besetzung angegeben ist, handelt es sich um zweihändige Klavierwerke; wenn bei Vokalwerken keine Besetzung angegeben ist, handelt es sich um Lieder oder Gesänge für eine Singstimme und Klavier bzw. um Werke für Solostimmen, Chor und Orchester.

Jahr	Biographisches	Werk	Werk (Erstausgaben – bis 1864)
1828	• Nach dem glänzend bestandenen Abitur Beginn des Jurastudiums an der Leipziger Universität • Mit dem Studienfreund Gisbert Rosen Aufenthalte in Bayreuth und München (Begegnung mit Heinrich Heine) • Klavierunterricht in Leipzig bei Friedrich Wieck	• Lieder op. II • 8 vierhändige Polonaisen op. III	
1829	• Studium in Heidelberg (bis 1830) • Reise nach Italien • Erfolge als Pianist in Heidelberg und Mannheim • Entzündung und zeitweilige Fingerlähmung an der rechten Hand aufgrund der Arbeit mit einer Übemaschine	• Klavierquartett c-Moll op. V	
1830	• Besuch eines Konzerts von Niccolò Paganini in Frankfurt am Main, Schumann entscheidet sich für die Karriere eines Klaviervirtuosen und – pädagogen • Einzug in das Haus Wiecks in Leipzig	• Abegg-Variationen op. 1 (begonnen 1829)	
1831	• Kompositionsstudien bei Heinrich Dorn (bis 1832) • Beginn der musikschriftstellerischen Tätigkeit (Chopin-Aufsatz in der *Leipziger Allgemeinen Musikalischen Zeitung*) • Abschied von der Idee einer Laufbahn als Klaviervirtuose		• Abegg-Variationen op. 1
1832	• Autodidaktische Kompositionsübungen • Im November Auszug aus dem Hause Wiecks, Schumann verbringt den Winter in Zwickau	• Papillons op. 2 (begonnen 1829) • Studien nach Capricen von Paganini op. 3 • Intermezzi op. 4 • Impromptus über eine Romanze von Clara Wieck op. 5, 1. Fassung • Allegro h-Moll op. 8 (begonnen 1831)	• Papillons op. 2 • Studien nach Capricen von Paganini op. 3
1833	• Rückkehr nach Leipzig • Pläne zur Herausgabe einer eigenen Musikzeitschrift • Schwere psychische Krise • Gründung der »Davidsbündler«	• Toccata C-Dur op. 7 • Sechs Konzert-Etüden nach Capricen von Paganini op. 10 • Sinfonie g-Moll (begonnen 1832, Fragment)	• Intermezzi op. 4 • Impromptus über eine Romanze von Clara Wieck op. 5
1834	• Im April erscheint der erste Band der *Neuen Leipziger Zeitschrift für Musik* • Verlobung mit Ernestine von Fricken	• Variationen über den Sehnsuchtswalzer von Schubert (begonnen 1831?, Fragment)	• Toccata C-Dur op. 7 • Allegro h-Moll op. 8
1835	• Übernahme der Chefredaktion der inzwischen umbenannten *Neuen Zeitschrift für Musik* (NZfM) • Auflösung der Verlobung mit Ernestine von Fricken • Beginn der Liebesbeziehung zu Clara Wieck, heimliche Verlobung im November	• Carnaval op. 9 (begonnen 1834) • Klaviersonate Nr. 1 fis-Moll op. 11 (begonnen 1833) • Etüden in Form freier Variationen über das Allegretto aus der 7. Sinfonie von Beethoven (begonnen 1833?, Fragment)	• Sechs Konzert-Etüden nach Capricen von Paganini op. 10

Jahr	Biographisches	Werk	Werk (Erstausgaben – bis 1864)
1836	• 4. Februar: Tod der Mutter • Friedrich Wieck untersagt seiner Tochter Clara den Kontakt zu Schumann • Organisation des *Quartettmorgens*	• Sinfonische Etüden cis-Moll op. 13 • Concert sans Orchestre f-Moll op. 14, 1. Fassung • Variationen über ein Nocturne von Chopin (begonnen 1835?, Fragment)	• Klaviersonate Nr. 1 fis-Moll op. 11 • Concert sans Orchestre f-Moll op. 14
1837	• Am 14. August Verlobung mit Clara Wieck ohne Einverständnis ihres Vaters	• Davidsbündlertänze op. 6 • Fantasiestücke op. 12	• Carnaval op. 9 • Sinfonische Etüden cis-Moll op. 13
1838	• Im Spätsommer Beginn einer achtmonatigen Reise nach Wien, die geplante Verlegung der NZfM dorthin scheitert • Entdeckung der Großen Sinfonie in C-Dur von Franz Schubert	• Kinderszenen op. 15 (begonnen 1837) • Kreisleriana op. 16 • Fantasie C-Dur op. 17 (begonnen 1836) • Novelletten op. 21 • Klaviersonate Nr. 2 g-Moll op. 22 (begonnen 1830, weitergeführt 1833–35)	• Davidsbündlertänze op. 6 • Fantasiestücke op. 12 • Kreisleriana op. 16
1839	• Tod des Bruders Eduard, Rückkehr nach Leipzig • Klage gegen Fr. Wieck um Erteilung des Ehekonsenses	• Arabeske C-Dur op. 18 (begonnen 1838) • Blumenstück Des-Dur op. 19 (begonnen 1838) • Humoreske B-Dur op. 20 (begonnen 1838) • Drei Romanzen op. 28 • Scherzo, Gigue, Romanze und Fughette op. 32 (begonnen 1838) • Konzertsatz d-Moll für Klavier und Orchester (Fragment)	• Kinderszenen op. 15 • Fantasie C-Dur op. 17 • Arabeske C-Dur op. 18 • Blumenstück Des-Dur op. 19 • Humoreske B-Dur op. 20 • Novelletten op. 21 • Klaviersonate Nr. 2 g-Moll op. 22
1840	• Verleihung der Ehrendoktorwürde der Universität Jena für Schumanns Verdienste als Komponist und Musikschriftsteller • Schumann gewinnt den Prozeß gegen Wieck • Zusammentreffen mit Liszt in Leipzig, der auf Einladung Schumanns gekommen war • 12. September Hochzeit mit Clara Wieck • »Liederjahr«	• Nachtstücke op. 23 (begonnen 1839) • Liederkreis nach Heinrich Heine op. 24 • Myrthen op. 25 • Faschingsschwank aus Wien op. 26 (begonnen 1839) • Drei Gedichte für mehrstimmigen Gesang nach Emanuel Geibel op. 29 • Drei Gedichte nach Emanuel Geibel op. 30 • Drei Gesänge nach Adelbert von Chamisso op. 31 • Sechs Lieder für vierstimmigen Männergesang op. 33 • Vier Duette op. 34 • Zwölf Gedichte. Eine Liederreihe nach Justinus Kerner op. 35 • Sechs Gedichte aus Robert Reinicks *Liederbuch eines Malers* op. 36 • Liederkreis nach Joseph Freiherrn von Eichendorff op. 39 • Fünf Lieder nach H. Chr. Andersen und Chamisso op. 40 • Frauenliebe und Leben op. 42 • Drei Duette op. 43 • Romanzen und Balladen op. 45 • Dichterliebe nach Heinrich Heine op. 48 • Romanzen und Balladen op. 49 • Belsatzar op. 57 • Vier Gesänge op. 142 • Patriotisches Lied für Solostimme, gem. Chor und Klavier WoO 5	• Nachtstücke op. 23 • Liederkreis nach Heinrich Heine op. 24 • Myrthen op. 25 • Drei Romanzen op. 28 • Drei Gedichte für mehrstimmigen Gesang nach Emanuel Geibel op. 29 • Drei Gedichte nach Emanuel Geibel op. 30

Jahr	Biographisches	Werk	Werk (Erstausgaben – bis 1864)
1841	◆ Geburt der ersten Tochter Marie am 1. September, F. Mendelssohn übernimmt das Patenamt	◆ Zwölf Gedichte aus Friedrich Rückerts *Liebesfrühling* op. 37 (zus. Mit Clara Schumann) ◆ Sinfonie Nr. 1 B-Dur op. 38 ◆ Sinfonie d-Moll, 1. Fassung (später Nr. 4 op. 120) ◆ Ouvertüre, Scherzo und Finale op. 52 ◆ Phantasie für Klavier und Orchester a-Moll (1. Satz des Klavierkonzertes a-Moll op. 54) ◆ Sinfonie c-Moll (Fragmente und Skizzen) ◆ *Tragödie* (Heine) für Sopran, Tenor und Orchester	◆ Faschingsschwank aus Wien op. 26 ◆ Drei Gesänge nach Adelbert von Chamisso op. 31 ◆ Scherzo, Gigue, Romanze und Fughette op. 32 ◆ Vier Duette op. 34 ◆ Zwölf Gedichte. Eine Liederreihe nach Justinus Kerner op. 35 ◆ Zwölf Gedichte aus Friedrich Rückerts *Liebesfrühling* op. 37 (zus. mit Clara Schumann) ◆ Sinfonie Nr. 1 B-Dur op. 38 (St.) ◆ Liederkreis nach Joseph Freiherrn von Eichendorff op. 39
1842	◆ Beginn der intensiven kompositorischen Beschäftigung mit Kammermusik ◆ Schumann begleitet seine Frau auf einer Konzertreise durch Norddeutschland ◆ Im August Reise mit Clara über Dresden nach Böhmen ◆ »Kammermusikjahr«	◆ Drei Streichquartette op. 41 ◆ Klavierquintett Es-Dur op. 44 ◆ Klavierquartett Es-Dur op. 47 ◆ Phantasiestücke op. 88 für Klaviertrio	◆ Sechs Lieder für vierstimmigen Männergesang op. 33 ◆ Sechs Gedichte aus Robert Reinicks *Liederbuch eines Malers* op. 36 ◆ Fünf Lieder nach H. Chr. Andersen und Chamisso op. 40
1843	◆ 25. April: Geburt der Tochter Elise. ◆ Dozent für Klavier, Komposition und Partiturspiel an dem von Mendelssohn gegründeten Leipziger Konservatorium ◆ Geburt des zweiten Kindes Elise am 25. April ◆ Erster öffentlicher Auftritt als Dirigent am 4. Dezember bei der UA seines Werkes *Das Paradies und die Peri*	◆ Andante und Variationen B-Dur für 2 Klaviere (urspr. für 2 Klaviere, Horn und 2 Violoncelli) op. 46 ◆ *Das Paradies und die Peri* op. 50 (begonnen 1841)	◆ Drei Streichquartette op. 41 (St.) ◆ Frauenliebe und Leben op. 42 ◆ Drei Duette op. 43 ◆ Klavierquintett Es-Dur op. 44 (St., Part. 1858) ◆ Romanzen und Balladen op. 45
1844	◆ Begleitung einer Konzertreise Claras nach Rußland, auf der Schumann schwer erkrankt ◆ Abgabe der Redaktion der NZfM zuerst an Oswald Lorenz, dann im November Verkauf an Franz Brendel ◆ Im Dezember Übersiedelung nach Dresden	◆ Soldatenlied WoO 6 ◆ Opernfragment *Der Korsar* ◆ Beginn der Arbeit an den *Faust-Szenen*	◆ Soldatenlied WoO 6 ◆ Andante und Variationen B-Dur für 2 Klaviere op. 46 ◆ Dichterliebe op. 48 ◆ Romanzen und Balladen op. 49 ◆ *Das Paradies und die Peri* op. 50
1845	◆ 11. März: Geburt der Tochter Julie ◆ »Fugenjahr«	◆ Romanzen und Balladen op. 53 (begonnen 1840, weitergeführt 1843) ◆ Klavierkonzert a-Moll op. 54 (begonnen 1841, weitergeführt 1843) ◆ Studien für den Pedalflügel op. 56 ◆ Skizzen für den Pedalflügel op. 58 ◆ Vier Fugen op. 72	◆ Klavierquartett Es-Dur op. 47 ◆ Romanzen und Balladen op. 53 ◆ Studien für den Pedalflügel op. 56

Jahr	Biographisches	Werk	Werk (Erstausgaben – bis 1864)
1846	• Im Sommer aus gesundheitlichen Gründen siebenwöchige Badereise nach Norderney • Konzertreise nach Wien und Prag (bis 1847)	• Fünf Lieder nach Robert Burns für gem. Chor op. 55 • Vier Gesänge für gem. Chor op. 59 • Sechs Fugen über den Namen BACH für Orgel oder Pedalflügel op. 60 (begonnen 1845) • Sinfonie Nr. 2 C-Dur op. 61 (begonnen 1845)	• Ouvertüre, Scherzo und Finale op. 52 (St., Part. 1853) • Belsatzar op. 57 • Skizzen für den Pedalflügel op. 58 • Sechs Fugen über den Namen BACH für Orgel oder Pedalflügel op. 60
1847	• Im März Aufführung von *Das Paradies und die Peri* unter Schumanns Leitung in der Berliner Singakademie, Zusammentreffen mit Fanny Hensel • Übernahme der Leitung des Männerchores »Liedertafel« für ein knappes Jahr als Nachfolger Ferdinand Hillers,	• Lieder und Gesänge op. 27 (begonnen 1840) • Drei Gesänge für Männerchor op. 62 • Klaviertrio Nr. 1 d-Moll op. 63 • Romanzen und Balladen op. 64 (begonnen 1841) • Ritornelle nach Friedrich Rückert für Männerstimmen op. 65 • *Beim Abschied zu singen* nach Ernst von Feuchtersleben für gem. Chor und Bläser oder Klavier op. 84	• Klavierkonzert a-Moll op. 54 (St., 1862 Part.) • Fünf Lieder nach Robert Burns für gem. Chor op. 55 • Sinfonie Nr. 2 C-Dur op. 61 (Part./St.) • Romanzen und Balladen op. 64
1848	• 20. Januar: Geburt des Sohnes Ludwig • Gründung eines gemischten Chores • Mit dem *Album für die Jugend* Beginn einer Reihe von musikpädagogischen Kompositionen zur qualitativen Anhebung des Instrumentalunterrichts	• Bilder aus Osten für Klavier zu 4 Händen op. 66 • Album für die Jugend für Klavier op. 68 • *Genoveva* op. 81 (begonnen 1847) • *Manfred* nach Lord Byron op. 115 • Drei Freiheitsgesänge für Männerchor und großes Blasorchester ad lib. WoO 4	• Vier Gesänge für gem. Chor op. 59 • Drei Gesänge für Männerchor op. 62 • Klaviertrio Nr. 1 d-Moll op. 63 • Album für die Jugend für Klavier op. 68

Jahr	Biographisches	Werk	Werk (Erstausgaben – bis 1864)
1849	• Nach dem Dresdner Aufstand im Mai Flucht der Familie aus Dresden, mit der Komposition und Veröffentlichung der *Märsche* op. 76 öffentliches politisch-künstlerisches Bekenntnis zu den Ideen der Revolution • 16. Juli: Geburt des Sohnes Ferdinand • Beginn einer umfangreichen Sammel- und Revisionstätigkeit der eigenen Kompositionen • Idee der Komposition von Kammermusik für alle gebräuchlichen Instrumente • Vergebliche Bemühungen um die Posten des Gewandhauskapellmeisters in Leipzig und des Hofkapellmeisters in Dresden • »Fruchtbarstes Jahr«	• Lieder und Gesänge op. 51 (begonnen 1840/41, weitergeführt 1844/46) • Romanzen und Balladen für gem. Chor op. 67 • Romanzen für Frauenstimmen op. 69 • Adagio und Allegro As-Dur für Horn (Violoncello, Violine) und Klavier op. 70 • Adventlied nach Friedrich Rückert op. 71 (begonnen 1848) • Drei Fantasiestücke für Klarinette (Violoncello, Violine) und Klavier op. 73 • Spanisches Liederspiel für 1-4 Singstimmen und Klavier op. 74 • Romanzen und Balladen für gem. Chor op. 75 • Vier Märsche op. 76 • Vier Duette op. 78 • Liederalbum für die Jugend op. 79 • Klaviertrio Nr. 2 F-Dur op. 80 (begonnen 1847) • Zwölf vierhändige Klavierstücke für kleine und große Kinder op. 85 • Konzertstück F-Dur für 4 Hörner und großes Orchester op. 86 • *Der Handschuh* nach Friedrich Schiller op. 87 (urspr. für gem. Chor a.c.) • Romanzen für Frauenstimmen op. 91 • Introduktion und Allegro appassionato für Klavier und Orchester op. 92 • Drei Romanzen für Oboe (Klarinette, Violine) und Klavier op. 94 • Drei Gesänge aus Lord Byrons *Hebräischen Gesängen* op. 95 • Lieder, Gesänge und Requiem für Mignon für Soli, gem. Chor und Klavier bzw. Orchester op. 98 a/b • Minnespiel aus Friedrich Rückerts *Liebesfrühling* für 1-4 Singstimmen und Klavier op. 101 • Fünf Stücke im Volkston für Violoncello (Violine) und Klavier op. 102 • *Schön Hedwig* Ballade nach Friedrich Hebbel op. 106 (Melodram) • *Nachtlied* nach Friedrich Hebbel für gem. Chor und Orchester op. 108 • Fünf Gesänge aus Heinrich Laubes *Jagdbrevier* für Männerchor und 4 Hörner ad lib. op. 137 • Spanische Liebeslieder für 1-4 Singstimmen und Klavier zu 4 oder 2 Händen op. 138 • Vier doppelchörige Gesänge op. 141 • *Sommerruh* WoO 7 (Duett)	• Lieder und Gesänge op. 27 • Drei Streichquartette op. 41 (Part.) • Ritornelle nach Friedrich Rückert für Männerstimmen op. 65 • Bilder aus Osten für Klavier zu 4 Händen op. 66 • Romanzen für Frauenstimmen op. 69 • Adagio und Allegro As-Dur für Horn (Violoncello, Violine) und Klavier op. 70 • Adventlied nach Friedrich Rückert op. 71 (Kl.A., Singst., Part. 1866) • Drei Fantasiestücke für Klarinette (Violoncello, Violine) und Klavier op. 73 • Spanisches Liederspiel für 1-4 Singstimmen und Klavier op. 74 • Vier Märsche op. 76 • Liederalbum für die Jugend op. 79

Jahr	Biographisches	Werk	Werk (Erstausgaben – bis 1864)
1850	• 25. Juni: Uraufführung der einzigen Oper *Genoveva* in Leipzig • Übernahme des Postens des Städtischen Musikdirektors in Düsseldorf auf Vermittlung Ferdinand Hillers	• Lieder und Gesänge op. 77 (begonnen 1840) • Waldszenen op. 82 (begonnen 1848) • Drei Gesänge op. 83 • Sechs Gesänge nach Wilfried von der Neun op. 89 • Sechs Gedichte und Requiem nach Nikolaus Lenau op. 90 • Lieder und Gesänge op. 96 • Sinfonie Nr. 3 Es-Dur op. 97 • Ouvertüre c-Moll zu Schillers *Die Braut von Messina* op. 100 • Drei Lieder für 3 Frauenstimmen op. 114 (begonnen 1849) • Lieder und Gesänge op. 127 (begonnen 1840) • Cellokonzert a-Moll op. 129 (später auch als Violinkonzert umgearbeitet) • *Neujahrslied* nach Friedrich Rückert op. 144 (begonnen 1849)	• Lieder und Gesänge op. 51 • Vier Fugen op. 72 • Romanzen und Balladen für gem. Chor op. 75 • Lieder und Gesänge op. 77 • Vier Duette op. 78 • Klaviertrio Nr. 2 F-Dur op. 80 • Waldszenen op. 82 • Drei Gesänge op. 83 • *Beim Abschied zu singen* nach Ernst von Feuchtersleben für gem. Chor und Bläser oder Klavier op. 84 • Zwölf vierhändige Klavierstücke für kleine und große Kinder op. 85 • *Der Handschuh* nach Friedrich Schiller op. 87 (urspr. für gem. Chor a.c.) • Phantasiestücke op. 88 für Klaviertrio • Sechs Gesänge nach Wilfried von der Neun op. 89 • Sechs Gedichte und Requiem nach Nikolaus Lenau op. 90 • *Sommerruh* WoO 7 (Duett)
1851	• Plan zur Komposition eines großen Oratoriums über Luther, nicht verwirklicht • Durchführung von Kammermusiksoireen im eigenen Salon mit Mitgliedern des Orchesters führen wieder verstärkt zur kompositorischen Auseinandersetzung mit der Kammermusik • Im Sommer Reise am Rhein bis in die Schweiz, danach über Brüssel nach Antwerpen (Juror bei einem Männergesangswettbewerb) • Beginn der öffentlichen Kritik an der Arbeit Schumanns als Städtischer Musikdirektor • 1. Dezember: Geburt der Tochter Eugenie	• Mädchenlieder nach Elisabeth Kulmann op. 103 (Duette) • Sieben Lieder nach Elisabeth Kulmann op. 104 • Violinsonate Nr. 1 a-Moll op. 105 • Ball-Szenen für Klavier zu vier Händen op. 109 (begonnen 1849) • Klaviertrio Nr. 3 g-Moll op. 110 • Drei Fantasiestücke op. 111 • *Der Rose Pilgerfahrt* op. 112 • Märchenbilder für Viola (Violine) und Klavier op. 113 • *Der Königssohn* Ballade nach Ludwig Uhland op. 116 • Vier Husarenlieder nach Nikolaus Lenau op. 117 • Drei Gedichte aus den *Waldliedern* von Gustav Pfarrius op. 119 • Sinfonie Nr. 4 d-Moll op. 120, 2. Fassung • Fünf heitere Gesänge op. 125 (begonnen 1850) • Ouvertüre f-Moll zu Shakespeares *Julius Cäsar* op. 128 • Romanzen und Balladen für gem. Chor op. 145 (begonnen 1849) • Romanzen und Balladen für gem. Chor op. 146 (begonnen 1849) • *Glockentürmers Töchterlein* für gem. Chor	• *Genoveva* op. 81 (Kl.A., Part. 1880) • Konzertstück F-Dur op. 86 • Romanzen für Frauenstimmen op. 91 • Drei Romanzen für Oboe (Klarinette, Violine) und Klavier op. 94 • Drei Gesänge aus Lord Byrons *Hebräischen Gesängen* op. 95 • Lieder und Gesänge op. 96 • Sinfonie Nr. 3 Es-Dur op. 97 • Lieder, Gesänge und Requiem op. 98 a/b • Bunte Blätter op. 99 (1834–1849) • Ouvertüre c-Moll zu Schillers *Die Braut von Messina* op. 100 • Fünf Stücke im Volkston für Violoncello (Violine) und Klavier op. 102 • Mädchenlieder nach Elisabeth Kulmann op. 103 (Duette) • Sieben Lieder nach Elisabeth Kulmann op. 104 • Violinsonate Nr. 1 a-Moll op. 105

Jahr	Biographisches	Werk	Werk (Erstausgaben – bis 1864)
1852	• Im März Reise des Ehepaars Schumann nach Leipzig aus Anlaß der Aufführung von *Der Rose Pilgerfahrt* im Gewandhaus • Im Sommer schwere gesundheitliche Beeinträchtigungen, die einen Kuraufenthalt in Scheveningen erzwingen, der nicht die erhoffte Besserung bringt • Julius Tausch übernimmt vertretungsweise die Leitung der Sinfoniekonzerte • Der Versuch einiger Mitglieder des Vorstands des Gesangsvereinsdirektorium, Schumann zum Abdanken vom Amt zu bewegen, scheitert	• 2. Fassung der Sinfonischen Etüden fis-Moll op. 13 • *Verzweifle nicht im Schmerzensthal* Motette für doppelten Männerchor und Orchester op. 93 (begonnen 1849) • Sechs Gesänge op. 107 (begonnen 1851) • Violinsonate Nr. 2 d-Moll op. 121 (begonnen 1851) • Gedichte der Königin Maria Stuart op. 135 • Ouvertüre b-Moll zu Goethes *Hermann und Dorothea* op. 136 • *Des Sängers Fluch* Ballade nach Ludwig Uhland op. 139 (begonnen 1851) • *Vom Pagen und der Königstochter* Vier Balladen nach Emanuel Geibel op. 140 • Requiem Des-Dur op. 148	• Introduktion und Allegro appassionato für Klavier und Orchester op. 92 (St., Part. 1873) • Minnespiel aus Friedrich Rückerts *Liebesfrühling* op. 101 • Sechs Gesänge op. 107 • *Nachtlied* für gem. Chor und Orchester nach Friedrich Hebbel op. 108 • Klaviertrio Nr. 3 g-Moll op. 110 • Drei Fantasiestücke op. 111 • *Der Rose Pilgerfahrt* op. 112 • Märchenbilder für Viola (Violine) und Klavier op. 113 • Vier Husarenlieder nach Nikolaus Lenau op. 117
1853	• Nach zeitweiliger gesundheitlicher Besserung und Konzerterfolgen im Frühjahr schwere Rückschläge; rheumatische Anfälle und Diagnose einer »Gehirnerweichung« durch seinen Arzt Dr. Kalt • Besuche von Joseph Joachim und Johannes Brahms im September/Oktober in Düsseldorf, die einen letzten Schaffensschub bewirken • Nach einer Auseinandersetzung während der Proben zum 1. Abonnementskonzert im Oktober Kündigung Schumanns als Städtischer Musikdirektor zum 1. Oktober 1854 • Schumann begleitet Clara auf einer erfolgreichen Konzertreise durch Holland	• Klaviersonate Nr. 3 f-Moll op. 14, (2. Fassung des Concert sans Orchestre) • Drei Klaviersonaten für die Jugend op. 118 • Zwei Balladen op. 122 (Melodramen, begonnen 1852) • Fest-Ouvertüre mit Gesang über das *Rheinweinlied* op. 123 • Sieben Klavierstücke in Fughettenform op. 126 • Kinderball für Klavier zu 4 Händen op. 130 (begonnen 1850) • Phantasie a-Moll/C-Dur für Violine und Orchester (Klavier) op. 131 • Vier Märchenerzählungen für Klarinette (Violine), Viola und Klavier op. 132 • Gesänge der Frühe op. 133 • Konzert-Allegro mit Introduktion d-Moll/D-Dur für Klavier und Orchester op. 134 • *Das Glück von Edenhall* Ballade nach Ludwig Uhland op. 143 • Missa sacra c-Moll op. 147 (begonnen 1852) • Violinkonzert d-Moll WoO 1 • Violinsonate Nr. 3 a-Moll WoO 2 • Szenen aus Goethes *Faust* WoO 3 (begonnen 1844) • 5 Romanzen für Violoncello und Klavier (verschollen) • J.S. Bach, Sonaten und Partiten BWV 1001-1006 für Violine solo mit hinzugefügter Klavierbegleitung WoO 8 (begonnen 1852) • J.S. Bach, Suiten BWV 1007-1012 für Violoncello solo mit hinzugefügter Klavierbegleitung (Nr. 1, 2, 4-6 verschollen)	• Sinfonie Nr. 1 B-Dur op. 38 (Part.) • *Schön Hedwig* Ballade nach Friedrich Hebbel op. 106 • Ball-Szenen op. 109 • Drei Lieder op. 114 • *Manfred* nach Lord Byron op. 115 (Kl.A., 1862 Part.) • *Der Königssohn* Ballade nach Ludwig Uhland op. 116 (Kl.A., Part. 1875) • Drei Klaviersonaten für die Jugend op. 118 • Drei Gedichte aus den *Waldliedern* von Gustav Pfarrius op. 119 • Sinfonie Nr. 4 d-Moll op. 120, 2. Fassung • Violinsonate Nr. 2 d-Moll op. 121 • Zwei Balladen op. 122 • Albumblätter op. 124 (1832–1845) • Fünf heitere Gesänge op. 125 • J. S. Bach, Sonaten und Partiten BWV 1001-1006 für Violine solo mit hinzugefügter Klavierbegleitung WoO 8

Jahr	Biographisches	Werk	Werk (Erstausgaben – bis 1864)
1854	• Im Januar Besuch Joseph Joachims in Hannover, letzte gemeinsame Reise des Ehepaares • Nach einigen paranoiden Anfällen, die im Sturz von einer Rheinbrücke am 27. Februar mündeten, 4. März Einweisung in die Heilanstalt Endenich bei Bonn • 11. Juni: Geburt des Sohnes Felix	• Thema mit Variationen Es-Dur	• Fest-Ouvertüre mit Gesang über das *Rheinweinlied* op. 123 (Kl.A. Part. U. St. 1857) • Sieben Klavierstücke in Fughettenform op. 126 • Lieder und Gesänge op. 127 • Ouvertüre f-Moll zu Shakespeares *Julius Cäsar* op. 128 • Cellokonzert a-Moll op. 129 (Kl. A. u. St., Part. 1883) • Kinderball für Klavier zu 4 Händen op. 130 • Phantasie a-Moll/C-Dur für Violine und Orchester (Klavier) op. 131 (Kl.A. u. St., Part. 1887) • Vier Märchenerzählungen für Klarinette (Violine), Viola und Klavier) op. 132
1855	• Zeitweilige gesundheitliche Besserung, Briefe an Clara, Brahms und Verleger	• Klavierbegleitungen zu den Capricen op. 1 von Paganini	• Gesänge der Frühe op. 133 • Konzert-Allegro mit Introduktion d-Moll/D-Dur für Klavier und Orchester op. 134 (St. , Part. 1887) • Gedichte der Königin Maria Stuart op. 135
1856	• 29. Juli: Tod Schumanns		•
1857			• Ouvertüre b-Moll zu Goethes *Hermann und Dorothea* op. 136 • Fünf Gesänge aus Heinrich Laubes *Jagdbrevier* op. 137 • Spanische Liebeslieder für 1-4 Singstimmen und Klavier zu 4 Händen (zu 2 Händen 1860) op. 138 • *Des Sängers Fluch* Ballade nach Ludwig Uhland op. 139 • *Vom Pagen und der Königstochter* Vier Balladen nach Emanuel Geibel op. 140
1858			• Vier doppelchörige Gesänge op. 141 • Vier Gesänge op. 142 • Szenen aus Goethes *Faust* WoO 3
1860			• *Das Glück von Edenhall* Ballade für Männerstimmen nach Ludwig Uhland op. 143
1861			• *Neujahrslied* nach Friedrich Rückert op. 144 • Romanzen und Balladen für gem. Chor op. 145 • Romanzen und Balladen für gem. Chor op. 146
1862			• Missa sacra c-Moll op. 147
1864			• Requiem Des-Dur op. 148

TENDENZEN
DER SCHUMANN-FORSCHUNG

von Gerd Nauhaus

Der Beginn einer eigenständigen Schumann-Forschung ist – will man nicht auf Artikel in zeitgenössischen Journalen und Nachschlagewerken zurückgreifen – mit dem Erscheinen von W. J. v. Wasielewskis Schumann-Biographie (1858) zu datieren. Es erscheint übertrieben (wie das J. Draheim [1995] pointiert-ironisch getan hat), auf dieses Buch und seinen Verfasser das Bonmot Oscar Wildes anzuwenden, wonach die Biographie eines Großen immer der Judas unter seinen Jüngern schreibt. Was nämlich die Fakten von Wasielewskis Darstellung anlangt, so muß man seinen Fleiß, seine Findigkeit und Akribie hervorheben, die den Blick in sein Buch auch heute noch unentbehrlich machen, ohne daß man es freilich wie D. Schnebel (1981) als alleinige biographische Quelle benutzen darf. Denn natürlich gibt es hier, wie überall, Fehlurteile und Verzerrungen im Detail, die in einer von Brahms und Clara Schumann (die den Biographen nicht mit Material unterstützt hatte) gebilligten Rezension von H. Deiters bereits kurz nach Erscheinen des Buches aufgelistet wurden. Wasielewskis musikalische Urteile sind häufig anfechtbar, obwohl er – wie auch aus seinem späteren Buch *Schumanniana* und seinen Lebenserinnerungen *Aus siebzig Jahren* hervorgeht – über mehrere Jahre den persönlichen Umgang des Komponisten genoß und zu dessen bevorzugten musikalischen Interpreten zählte. Positiv zu werten ist der Dokumenten- und Briefanhang. In zwei weiteren Auflagen (1869, 1880) hat der Autor seine Darstellung ergänzt und verbessert; die heute meist benutzte und 1995 im Reprint zugänglich gemachte 4. Auflage (1906) wurde von Wasielewskis Sohn Waldemar besorgt.

Gegenüber Wasielewski bieten die zeitlich folgenden, knapper angelegten Schumann-Biographien von A. Reißmann, Ph. Spitta und H. Reimann (von kürzer gehaltenen Werken wie denen von R. Batka, E. Wolff oder H. v. d. Pfordten abgesehen) nur wenig neue Fakten, hingegen aber leicht variierte Aspekte der Werkbetrachtung. Erst H. Aberts souverän entworfene Darstellung (1903) bezeichnete einen neuen Standard der Schumann-Biographik, die sich in den Arbeiten von W. Dahms, E. Bücken, W. Korte, K. H. Wörner sowie P. und W. Rehberg bis nach dem 2. Weltkrieg fortsetzte.

In die Phalanx der biographisch orientierten Darstellungen reihte sich mit F. G. Jansens Buch *Die Davidsbündler* (1883) eine Detailstudie über einen begrenzten Lebensabschnitt, nämlich die »Sturm- und Drangperiode« Schumanns, ein, die sich auf höchstem Niveau bewegt und in weitere Arbeiten desselben Verfassers einmündete. Es handelte sich dabei um vorwiegend dokumentarisch angelegte Veröffentlichungen, nämlich Editionen von Originalquellen, denen wertvolle und detaillierte Kommentare beigegeben sind. Das trifft bereits für die *Davidsbündler* zu, in die Jansen neben einer gründlichen Überblicksdarstellung der behandelten Lebensphase, einigen »Davidsbündleraufsätzen« und wertvollen »Portrait-Skizzen aus Schumann's Freundeskreise« wiederum knapp 60 bis dahin ungedruckte Briefe einbezog. Dieses Material erweiterte er mit dem Ziel der Vollständigkeit in seinen beiden großen Editionen der Briefe und Schriften Schumanns, denen bis heute exemplarischer Wert zukommt und die für lange Zeit eine wesentliche Basis der Schumann-Forschung bilden sollten.

Im Mai 1885 hatte Clara Schumann mit Unterstützung von Heinrich v. Herzogenberg die von ihr gesammelten Briefe ihres Mannes durchgesehen und eine Auswahl für eine Druckausgabe getroffen, die lediglich »Jugendbriefe« an Schumanns Mutter, einige Freunde und Clara sowie weitere Auszüge aus den Brautbriefen enthalten und auch so betitelt werden sollte. Die im Herbst desselben Jahres erschienene, in ihrer Wirkung sehr erfolgreiche Ausgabe verzichtete auf editorisches Beiwerk außer einem Vorwort, enthielt zahlreiche Kürzungen in den Brieftexten, bezog aber auch im Konzept überlieferte Briefe ein, von denen nicht klar war, ob sie ihren Empfänger erreicht hatten. An diese Edition knüpfte Jansen an, indem er seine 1886 in 1. Auflage erschienene Briefsammlung »Briefe. Neue Folge« benannte, obwohl sie einen völlig anderen Charakter und Anspruch repräsentierte (das Personenregister erstreckt sich auf beide Ausgaben). Wie der aus den *Davidsbündlern* übernommene Bestand wurden die Briefe sorgfältig kommentiert, wenn auch teilweise ebenfalls gekürzt dargeboten. Die 2. Auflage von 1904 ist wesentlich ergänzt, an anderer Stelle aber auch geringfügig reduziert.

1887 erschien, quasi in Konkurrenz zu Jansens Ausgabe, die von H. Erler nach etwas anderen Prinzipien, aber ebenfalls mit großer Akribie vorbereitete zweibändige Dokumentarausgabe *Robert Schumann's Leben. Aus seinen Briefen geschildert*, die Überschneidungen, vorwiegend aber Ergänzungen an Material und Erläuterungen brachte, die, wie jene von Jansen, häufig auf Zeitzeugenberichten beruhten. Erlers Arbeit ist bis heute unverzichtbar, ebenso wie beide Auflagen von Jansens Werk, gibt es doch noch immer keine umfassende Schumann-Briefausgabe, sieht man von der durch D. V. Žitomirskij in russischer Sprache vorgelegten (2 Bde., 1971, 1982) ab. Hingegen existieren zahlreiche Auswahlausgaben, wie z. B. *Der junge Schumann. Dichtungen und Briefe* (Hg. A. Schumann, 1910), die wissenschaftlichem Anspruch nicht genügen. Letzterer wird noch zu überprüfen sein an der von E. Weissweiler vorgelegten Kritischen Ausgabe des Braut- und Ehebriefwechsels zwischen Clara und Robert Schumann, deren bisher drei Text-Bände (1984, 1987, 2001) noch jedes philologische Hilfsmittel vermissen lassen, während die amerikanische Version wenigstens über ein Personenregister verfügt. Immerhin ersetzt die Edition die in den Veröffentlichungen W. Boettichers (s. u.) in unverantwortlicher Weise verstümmelte Darbietung dieses Quellenbestands.

Noch zu Schumanns Lebzeiten (1854) erschien, von ihm selbst ausgewählt, redigiert und zum Druck befördert, als *Gesammelte Schriften über Musik und Musiker* ein repräsentativer Querschnitt durch sein musikliterarisches Œuvre, der mehr als die Hälfte des von ihm früher Veröffentlichten enthielt. Weitere, geringfügig ergänzte Auflagen erschienen 1871 und 1875 (ein Reprint der Erstausgabe liegt seit 1985 vor). Erst 1891 konnte F. G. Jansen dann eine völlig neu gestaltete Edition der Schriften (»4. Auflage«) vorlegen, die auf Vollständigkeit (d. h. Wiedereingliederung der von Schumann ausgeschiedenen Stücke) und strikt chronologische Abfolge angelegt und umfänglich kommentiert wurde. Auf ihr fußt M. Kreisigs bis heute maßgebliche »5. Auflage«, in die ein Großteil von Jansens Kommentaren übernommen, seine Ordnungsprinzipien aber zugunsten einer separaten Darbietung von Erstausgabe und sog. »Nachträgen« wieder aufgegeben wurden. Auch hier stellt eine wissenschaftlich-kritische Ausgabe ein dringendes Desiderat heutiger Schumann-Forschung dar. Am Rande erwähnt sei, daß die von Jansen und Kreisig vorgelegten Editionen auch erstmalig weitere, nicht musikalisch geprägte literarische Äußerungen vor allem des jungen Schumann wie Gedichte und Schulaufsätze enthalten.

Betrachtet man im Rückblick die biographischen Arbeiten über Schumann, so kann an einem Werk nicht vorbeigegangen werden, das zwar explizit seiner Lebenspartnerin Clara gewidmet ist, dennoch aber auf weite Strecken zugleich eine Biographie Robert Schumanns von bemerkenswertem Rang darstellt: B. Litzmanns *Clara Schumann. Ein Künstlerleben nach Tagebüchern und Briefen*, erschienen in 3 Bänden 1902–1908, mehrfach wiederaufgelegt und seit 1971 im Reprint greifbar. Zwar ist die im Titel genannte dokumentarische Grundlage eingeschränkt durch Vorauswahl der Schumann-Tochter Marie (die beim 1927 gleichfalls durch Litzmann edierten Schumann-Brahms-Briefwechsel als »Auftraggeberin« fungierte) und der Tenor der Darstellung zeitbedingt apologetisch, doch repräsentieren die beiden ersten Bände des Werkes als materialreiche, literarisch geformte Doppelbiographie eine Leistung, wie sie auf dem Felde der Schumann-Biographik bisher unerreicht blieb. Daß Litzmanns Arbeit infolge der häufig unchronologischen Darstellung und fehlender Registerangaben (z. B. zu den zahlreichen erwähnten Kompositionen) nicht immer ganz leicht zu benutzen ist, schmälert nicht ihren Wert.

Auf einem Felde der Schumann-Forschung, das in jüngster Zeit zu einem besonderen Schwerpunkt avanciert ist, wurden im späten 19. Jahrhundert und unter der Ägide Clara Schumanns zumindest die Grundsteine gelegt: Gemeint ist die Editionsphilologie, der die alte, 1878–1883 bzw. 1891/93 erschienene Schumann-Gesamtausgabe entsprang, ohne daß man dies an den repräsentativen Bänden im Detail nachvollziehen könnte, existiert doch kein Kritischer Bericht und besitzen wir nur indirekte, meist briefliche Zeugnisse über editorische Prinzipien und Entscheidungen sowie selbst über die Person der einzelnen Bandherausgeber, unter denen Johannes Brahms eine Schlüsselstellung einnahm. Clara Schumann selbst hat sich jedenfalls an den Arbeiten zur Gesamtausgabe, deren Titel das bekannte Rietschel'sche Doppelporträt zeigt, de facto kaum beteiligt, veröffentlichte allerdings im Anschluß an die Ausgabe, wie auch heute üblich, »praktische« Versionen der Klavierwerke (*Instructive Ausgabe*) und Lieder, womit sie für sich die oberste Autorität der Schumann-Tradition in Anspruch nahm.

In Litzmanns großer Clara-Schumann-Biographie fanden sich neben Auszügen aus den Tagebüchern Clara Schumanns auch solche aus den gemeinsam geführten »Ehetagebüchern« der Jahre 1840–1844 und gelegentlich einzelne Tagebuchäußerungen Robert Schumanns. Bis weit ins 20. Jh. sollte es jedoch dauern, bis auch diese umfangreichen und wertvollen Lebenszeugnisse in breiterem Umfang an die Öffentlichkeit gelangten. Aus den Ehetagebüchern hat die jüngste Schumann-Tochter Eugenie in dem 1931 erschienenen »Lebensbild« ihres Vaters längere Auszüge dargeboten. Die von ihrer Schwester Marie bereits 1921 dem Zwickauer Schumann-Archiv anvertrauten sonstigen Tagebücher und Reisenotizen sowie die seit 1936 in der Berliner Staatsbibliothek befindlichen sog. Haushaltbücher Schumanns wurden – wie zahlreiche weitere autobiographische Dokumente – vor allem in den Arbeiten W. Boettichers (*Robert Schumann. Einführung in Leben und Werk*, 1941 und *Robert Schumann in seinen Schriften und Briefen*, 1942) (teil)veröffentlicht und zitiert, allerdings mit so horrenden Lesefehlern, sinnentstellenden Auslassungen und Umstellungen sowie irreführenden Kommentaren, daß sie letztlich nicht ohne zeitraubende Nachprüfung im Einzelfalle benutzbar

sind. Das trifft für die von Boetticher herangezogenen Briefe und sonstigen Aufzeichnungen ebenfalls zu. Darüber hinaus sind die von ihm erstellten Verzeichnisse z. B. der Schumann-Korrespondenz oder noch unveröffentlichter Materialien in der Regel unzuverlässig. Was zeitweise als Fortschritt der Schumann-Forschung aufgefaßt werden konnte, erwies sich so letztlich als ihr wesentlicher Hemmschuh.

Eine wissenschaftlich-kritische Ausgabe namentlich der Tagebücher war ebenso unerläßlich wie schwierig zu erstellen. Während G. Eismann (1899–1968) eher für eine auszugsweise Darbietung – wie in seinem zweibändigen *Quellenwerk* praktiziert – eintrat, setzte sich beim damaligen Deutschen Verlag für Musik in Leipzig die Einsicht durch, daß nur die vollständige, ungekürzte und wissenschaftlich kommentierte Publikation die zeitgemäße editorische Präsentationsform sein konnte. Damit verwirklichte man unter den mehr als schwierigen DDR-Bedingungen wenigstens einen Teil der in den 1950er Jahren unter gesamtdeutschem Aspekt ins Auge gefaßten neuen Schumann-Gesamtausgabe, lange bevor an die Neuherausgabe der musikalischen Werke auch nur gedacht werden konnte. Eismann bereitete den Band I mit den Jugendtagebüchern und frühen Reisenotizen vor, starb jedoch vor dessen Erscheinen (1971), so daß M. Schoppe (1936–1998) und der Referent, verlagsseitig unterstützt von R. Bormann(-Hofmann), die Endredaktion übernahmen. Langwierig gestalteten sich die Arbeiten für Band II und III, ersterer die übrigen Tagebücher einschließlich der Ehetagebücher, letzterer die Haushaltbücher umfassend, die in umgekehrter Reihenfolge 1982 und 1987 unter der Herausgeberschaft von G. Nauhaus erschienen. Daß damit erstmals ein solider Standard für die Dokumenten-Edition und zugleich eine verläßliche Arbeitsgrundlage der weiteren biographischen und werkgeschichtlichen Forschung geschaffen war, ist heute allgemein anerkannt.

Kehren wir noch einmal zu W. Boetticher (1916–2002) zurück, so ist festzustellen, daß auf ihn das erwähnte Oscar-Wilde-Zitat ohne weiteres anwendbar wäre. Damit sollen guter Wille und immenser Fleiß, die sich in seinen Schumann-Veröffentlichungen (einschließlich der drei Bände »Quellenstudien« zu den Klavierwerken, deren letzter postum erschien, und seiner Edition des frühen Klavierquartetts c-Moll) manifestieren, nicht negiert werden, doch sind die Ergebnisse qualitativ wahrhaft niederschmetternd, und ein Rezensent, der von einem »umgestürzten Zettelkasten« sprach, hat den Nagel auf den Kopf getroffen: Die philologische Unzuverlässigkeit durchweg aller Schumann-Arbeiten Boettichers ist eklatant. In seiner voluminösen *Einführung* (1941; 2004 wieder aufgelegt!) wird darüber hinaus ein verblasenes philosophisch-ästhetisches Konzept mit unverkennbaren ideologischen Einflüssen der NS-Zeit verfolgt. – Seine aktive Tätigkeit für den »Einsatzstab Rosenberg« während des 2. Weltkriegs, die er noch in postum erschienenen Memoiren ohne Unrechtsbewußtsein zu verschleiern suchte, steht auf einem anderen Blatt; ebenso, daß er bis ins hohe Alter ungehindert lehrend tätig sein konnte.

Ungefähr gleichzeitig mit dem Abschluß der Tagebücher-Gesamtausgabe liefen die vorbereitenden Arbeiten für eine neue Gesamtausgabe der musikalischen Werke (RSA) an. Sie wurden von B. R. Appel (geb. 1950) geleistet, den man neben K. W. Niemöller und A. Mayeda als eigentlichen spiritus rector des ganzen umfänglichen und ambitionierten Projekts ansprechen muß, dessen Eröffnungsbände, die *Missa sacra* op. 147 und das *Requiem* op. 148 enthaltend, er vorlegen und damit hohe Maßstäbe für den Fortgang der Edition setzen konnte. Zur wichtigen Voraussetzung und Grundlage der Editionsarbeit wurden dabei neben der Tagebücher-Edition die Arbeiten einiger amerikanischer Forscher, von denen besonders L.C. Roesner (*Studies in Schumann manuscripts*) und J. W. Finson (*Robert Schumann and the study of orchestral composition*) genannt seien. Es steht außer Frage, daß nach der im Robert-Schumann-Haus Zwickau geleisteten wissenschaftlichen Aufbereitung der bedeutsamsten biographischen Quellen nunmehr die Schumann-Gesamtausgabe mit ihren Arbeitsstellen in Düsseldorf und Zwickau die heutige Schumann-Forschung weitgehend bestimmt und eine Vielzahl ergänzender Arbeiten nach sich zog, ohne daß das Feld damit voll und ganz ausgeschritten wäre. Vielmehr existiert und entfaltet sich nach wie vor auch die biographische und werkhistorische Detailforschung, wenngleich die Zeit des »großen Überblicks« seit den – ihrerseits ganz unterschiedlich intendierten und strukturierten – Arbeiten von A. Edler (1982; Neuauflage in Vorb.), A. Mayeda (1992) und J. Daverio (1997) erst einmal vorbei zu sein scheint.

A. Edlers Buch war und ist die bemerkenswerteste Erscheinung der monographischen Schumann-Forschung im letzten Drittel des 20. Jh. Man könnte bedauern, daß es keine landläufige Biographie ist (da die Fakten nur in einer Zeittafel abgehandelt werden), enthielte es nicht eine solche Fülle an scharfsinnigen und zutreffenden Einschätzungen, böte es nicht eine so kluge Gesamtschau auf das Phänomen »Schumann und seine Zeit«. A. Mayedas in langem Anlauf gereifte Darstellung von Schumanns Sinfonieschaffen stellt dagegen die umfassendste Monographie eines der wichtigsten, lange unterschätzten Schaffensgebiete des Komponisten dar, und J. Daverios bisher leider nicht ins Deutsche übersetzte Biographie spricht, wenn nicht das letzte, so doch ein entscheidendes Wort auf dem lange unterbelichteten Feld der Schumann-Biographik, auf dem zuvor die populär gehaltene, dokumentarisch gestützte, aber im Detail oftmals anfechtbare Biographie der Rehbergs den letzten größeren Versuch dargestellt hatte.

Aber ist nicht die Überschau über das kompositorische Schaffen ebenfalls lange vernachlässigt worden? Vor Edlers Buch gab es zwar eine Fülle von wertvollen Detailstudien, angefangen von den Arbeiten V. E. Wolffs (Lieder), W. Gertlers (Klavierwerke) und W. Schwarz' (Variationen) bis hin zu denen B. R. Appels (Humoreske, Jugendalbum), H. Kohlhases (Kammermusik), K. Ozawas (Chamisso-Lieder), U. Mahlerts (spätes Liedschaffen), G. Dietels (spätes Klavierschaffen), R. Brinkmanns (Schumann und Eichendorff) und mancher anderer, doch vollzog sich die zusammenfassende Werkbetrachtung und -analyse mehr in verkürzter, populärwissenschaftlicher Form (z. B. G. Spies, *Reclams Musikführer Robert Schumann*). Dem ist nun dauerhaft abgeholfen durch das umfangreiche Kompendium *Robert Schumann. Interpretationen seiner Werke* (Hg. Helmut Loos, 2005).

Die ersten biographisch-werkhistorischen Sammelwerke boten in mehr summarischer, nicht auf Vollständigkeit angelegter Gliederung die »Symposionsbände« von G. Abraham (1951), H.-J.

Mosers/E. Reblings *Robert Schumann. Aus Anlaß seines 100. Todestages* (1956) sowie A. Walkers *Robert Schumann. The man and his music* (1972), denen die Bände *Robert Schumann. Universalgeist der Romantik* (1982) von J. Alf / J.A. Kruse und *Schumann and his world* (1994) von R. L. Todd anzureihen wären. Dagegen bieten die seit 1961 und 1966 vorgelegten *Sammelbände* der (Zwickauer) Robert-Schumann-Gesellschaft eine mehr zufällige Folge von Einzelstudien, was sich in den 1976–1987 erschienenen Tagungsberichten wissenschaftlicher Konferenzen in Zwickau und in den bisher acht Bänden *Schumann-Studien* (1988–2006) trotz gelegentlich verfolgter Generalthematik ebenso fortsetzte wie in den Düsseldorfer *Schumann-Forschungen* (8 Bde., 1984–2004). Während letztere auch umfangreiche Einzelstudien wie die von C. de Vries und O. Lossewa enthielten, erschienen solche in Zwickau als *Sonderbände* (bisher 4). Unter derselben Bezeichnung wurden 1981/82 zwei Bände in der von H.-K. Metzger und R. Riehn herausgegebenen Reihe *Musik-Konzepte* veröffentlicht, in denen sich grundlegende Aufsätze der Vergangenheit (Abert, Gülke) zu vorwiegend von jüngeren Forschern geleisteten Aufarbeitungen bestimmter Detailfragen und -gebiete gesellten. Der literarische Bezug des Schumannschen Schaffens wurde dabei intensiv ausgewertet; ästhetische Fragen spielten eine Schlüsselrolle. In jüngster Zeit erschien ein weiterer Sammelband mit breit gefächertem Themenspektrum als Festschrift für den Referenten (*Schumanniana nova*, 2002). Neben den Sammelwerken finden sich aber auch, verstreut an verschiedensten Orten, zahlreiche solide Einzelstudien, nicht zuletzt zum Komplex »Schumann und …«, d.h. zu relevanten biographischen und musikalischen Bezügen, von denen besonders akribisch angelegte R. Federhofer-Königs (vorwiegend zu Wiener Persönlichkeiten wie A.J. Becher, C. Debrois van Bruyck u. a.) zu danken sind, die zudem den Schumann-Biographen Wasielewski »im Spiegel seiner Korrespondenz« (1975) darstellte. Neuerdings hat W. Seibold eine umfassende Aufarbeitung des zuvor stiefmütterlich behandelten Themas *Schumann und Liszt* (Diss. Karlsruhe 2005) geleistet.

Die schier unübersehbare Fülle von – nicht immer in Buchform zugänglichen – Forschungsarbeiten gipfelte 1984 in zwei sehr unterschiedlich gearteten Dissertationen von R. Kapp (*Studien zum Spätwerk Robert Schumanns*) und M. Struck (*Die umstrittenen späten Instrumentalwerke Schumanns*), womit der zuvor gelegentlich versuchte, aber nicht auf breiter Front angestrebte Durchbruch zu neuer Beleuchtung und Bewertung der lange vom Odium der Krankheit überschatteten »späten« Kompositionen Schumanns gelang. Auch wenn sich die in akribischer Detailforschung erarbeiteten neuen Kriterien zur biographischen Einordnung wie zur stilanalytischen Einschätzung dieser Werke nur zögernd durchsetzten, konnte man von da an nicht mehr zu deren früher üblicher pauschaler Abwertung zurückkehren. Das schlug sich allmählich auch in häufigeren Aufführungen und Tonaufnahmen der zuvor vernachlässigten Kompositionen nieder, und auch in den Programmen des 1956 begründeten, seit 1963 in Zwickau etablierten Internationalen Robert-Schumann-Wettbewerbs (2004: 14. Wettbewerb) begannen die einschlägigen Klavier- und Gesangswerke mehr und mehr eine Rolle zu spielen, was man als praktischen Erfolg der Schumann-Forschung werten kann. Die grundlegende Bedeutung der beiden genannten Arbeiten ist daher jener des Buches von Edler (das ebenfalls eine differenziertere Betrachtung des Schumannschen Spätwerks einschließt) anzureihen.

Mit der Spätwerk-Problematik im Zusammenhang steht die Literatur über Schumanns Krankheit, die mit den Veröffentlichungen seines Arztes F. Richarz beginnt und zeitweise labyrinthische Formen angenommen hat. Es geht nicht an, sie zum Komplex der Schumann-Forschung zu rechnen, weil sie in der Durchdringung des biographisch-dokumentarischen Materials in der Regel ebenso große Defizite aufzuweisen hat wie im Grundverständnis für die Persönlichkeit eines außerordentlichen Menschen und Künstlers. Eine Ausnahme macht das Buch des Psychiaters, Musiktherapeuten und Musikers P. F. Ostwald (*Schumann. The inner voices of a musical genius*, 1985), das zwar nicht frei von psychoanalytischen und künstlerischen Kurzschlüssen ist, in der sehr diskreten Diagnostik jedoch weit über alle bisherigen Versuche hinaus überzeugt. Die Darstellung F. H. Frankens (*Krankheiten großer Musiker*) wirkt demgegenüber verkürzt und prädisponiert, während die Dissertation von C. Engel (Göttingen 1995) eine knappe Zusammenfassung des medizinischen Forschungsstands bietet. Die einzig erfolgversprechende Möglichkeit, sich der Krankheitsproblematik verantwortlich zu nähern, bietet die seit langem fällige Dokumentation sämtlicher verfügbarer – medizinischer wie biographischer – Quellen, nachdem Restriktionen beim Umgang mit der 1994 wieder aufgetauchten Endenicher Krankenakte weggefallen sind. Sie wurde von B. R. Appel für das Jubiläumsjahr 2006 vorbereitet, womit der Anschluß dieses Sondergebiets an die Schumann-Forschung erreicht sein dürfte.

Bereits angesprochen wurde die Publikation literarischer Arbeiten Schumanns in den Jansen- und Kreisig-Ausgaben der *Gesammelten Schriften*. Erstmals vollständig veröffentlichte G. Eismann die in Moskau 1844 entstandenen Gedichte, die dann in *Tagebücher II* in kritischer Edition erschienen. Ein Teil der Jugendlyrik fand Aufnahme in die (ungedruckte) Leipziger Diplomarbeit von C. Wenke, das Hauptkorpus (*Allerley aus der Feder Roberts an der Mulde*) enthält die Dissertation von A. Heero (*Schumann-Studien*, Sonderband 3, 2003). In Vorbereitung befindet sich eine Edition der größtenteils ungedruckten Schulaufsätze und Gedichte aus der Primanerzeit 1826–1828 (*Prosa und Poësie*, *Schumann-Studien*, Sonderband 5, Hg. U. Tadday/G. Nauhaus). Theoretisch setzten sich mit diesem Komplex J. A. Kruse (*Robert Schumann als Dichter*, 1981), F. Otto (*Robert Schumann als Jean-Paul-Leser*, 1984) und M. Schoppe (*Schumanns frühe Texte und Schriften*, 1987) auseinander. Mit den ausgedehnten literarischen Kenntnissen und Beziehungen des Komponisten befaßten sich grundsätzlich eine Ausstellung (*Robert Schumann und die Dichter*, 1991; Katalog von B. R. Appel und I. Hermstrüwer) und die Edition der sog. »Mottosammlung« (1998) von L. Hotaki, der zur Zeit die Schumannsche Anthologie »Dichtergarten für Musik« zur Publikation vorbereitet.

Läßt sich die heutige Forschung zu Schumann als vorwiegend international geprägt (mit Schwerpunkt in Deutschland und den angelsächsischen Ländern) charakterisieren, so war das im 19. und frühen 20. Jh., ja noch bis in die Zeit nach 1945 hinein nicht der Fall. Vorwiegend in England und Frankreich, später auch in Italien, den Niederlanden und einigen osteuropäischen Ländern einschließlich Rußlands, entwickelte sich auch eine

eigenständige Biographik und Dokumenten-Edition. Waren es in England die Arbeiten von J. H. Fuller-Maitland und F. Niecks, zu denen die Briefedition des Erstgenannten, die Edition der Schriften Schumanns von F. R. Ritter tritt, so taten sich in Frankreich vor allem M. Brion und A. Boucourechliev mit teils auch ins Deutsche übersetzten Biographien hervor (die 1956 erschienene Rowohlt-Monographie von Boucourechliev wurde erst 1995 durch die von B. Meier ersetzt!) und erschien 1967 sogar eine (Teil-)Ausgabe der Ehetagebücher (*Journal intime*, Hg. Y. Hucher). In den USA erschien 1945 die Biographie von R. H. Schauffler, gefolgt von hervorragenden Einzelstudien wie der von L. Plantinga (*Schumann as critic*, 1967) oder R. M. Hallmark (*The genesis of ›Dichterliebe‹*, 1976). Am intensivsten wurde in Rußland durch den schon erwähnten D. Žitomirskij, der trotz aller politischen Limitationen den Kontakt zu ost- und westdeutschen Forschern pflegte, zu Schumann publiziert: Er veröffentlichte neben einer Biographie einen Dokumentenband zur Rußlandreise der Schumanns, die bereits genannte umfassende Brief-Ausgabe sowie eine ebenso sorgfältige Ausgabe der *Gesammelten Schriften*. Seine Arbeit wird fortgeführt von O. Lossewa, die neben einem russischsprachigen Erinnerungsband (*Vospominanija o Roberte Šumane*, 2000) eine neue umfassende Dokumentation jener Rußlandreise (*Schumann-Forschungen* 8, 2004) vorlegen konnte. In den Niederlanden veröffentlichten J. de Hartog eine materialreiche Biographie und J. H. Sikemeier biographische Ergänzungen. In Polen, Tschechien, Ungarn und Bulgarien erschienen kürzere biographische Darstellungen, ebenso in China und Japan (K. Wakabayashi), wobei der bedeutendste japanische Schumann-Forscher, A. Mayeda, seit langem in Europa ansässig ist.

Was die editorische Arbeit an Schumanns Kompositionen betrifft, so kann an der vierbändigen, später durch weitere Einzelausgaben ergänzten Urtext-Auswahlausgabe (Henle) der Klavierwerke durch W. Boetticher nicht vorübergegangen werden. Dank ihrer Lektorierung durch E. Herttrich weist sie nicht dieselben gravierenden Mängel auf wie bspw. die Erstausgabe des Klavierquartetts c-Moll (Heinrichshofen), die jüngst J. Draheim einer vernichtenden Kritik unterzog (*Schumann-Studien 9*, in Vorb.). Deshalb ist es folgerichtig, daß zur Zeit die Boetticher- durch Herttrich-Ausgaben ersetzt werden. Mit J. Draheim ist der produktivste und findigste Schumann-Editor außerhalb der RSA (zu der er mit B. R. Appel den gewichtigen Band *Vierhändige Klavierwerke* beisteuerte) benannt, dem eine Reihe erstrangiger Entdeckungen wie die der Violinfassung des Cellokonzerts gelang, der das Spektrum der Detailforschung in zahlreichen Beiträgen bereichert und darüber hinaus Ausgaben nahezu aller Klavierwerke (als Revisionen der Clara-Schumann-Ausgabe), wesentlicher Kammermusik- und Orchesterwerke einschließlich der Sinfonien (ergänzt durch J. W. Finsons Erstausgabe der d-Moll-Sinfonie in ursprünglicher Fassung) für die musikalische Praxis vorgelegt hat. Auch dem kompositorischen Schaffen Clara Schumanns widmete er (wie auch J. Klassen und G. Nauhaus, der mehrere Erstausgaben vorlegte) editorische Sorgfalt, so daß dieses erstmals seit dem späten 19. Jahrhundert in annähernder Vollständigkeit vorliegt.

In Parenthese sei hier kurz auf das Clara-Schumann-Schrifttum der letzten Jahrzehnte eingegangen, das sich nach Litzmanns Arbeit fast nur auf dem populären bzw. belletristischen Felde (Hökker, Quednau) bewegte. Hier haben die angelsächsischen Länder, z. T. ausgehend von der Frauenbewegung (P. Susskind), bahnbrechend gewirkt: Bereits 1912 hatte die Clara-Schülerin F. May ihr Buch *The girlhood of Clara Schumann* veröffentlicht, 1940 erschien von J. N. Burk eine in Europa unbekannt gebliebene umfängliche biographische Darstellung *(Clara Schumann. A romantic biography)*, der 1983 und 1984 die Biographien von J. O. Chissell *(Clara Schumann. A dedicated spirit)* und N. B. Reich *(Clara Schumann. The artist and the woman)* folgten, von denen die letztere auch in deutscher Fassung *(Clara Schumann. Romantik als Schicksal)* weite Verbreitung fand. B. Borchards soziologisch orientierte Dissertation (1983) und ihre Dokumentarbiographie (1991) ergänzten das Spektrum, während das in mehreren Auflagen verbreitete Buch von E. Weissweiler (1990) trotz Bezug auf originale Dokumente eindeutig zum Kolportageroman tendiert und vielen Mißdeutungen hinsichtlich der Charakteristik Clara und Robert Schumanns und ihrer beiderseitigen Beziehung Vorschub geleistet hat. Die erste Monographie über die Komponistin

Clara Schumann legte J. Klassen (1990) vor; es folgten eine Reihe Brief- und Dokumentenbände, und in Vorbereitung ist die vollständige, kommentierte Ausgabe der Jugendtagebücher (N. B. Reich, G. Nauhaus). Seit dem Jubiläum (100. Todestag) von 1996 mehren sich auch die Aufführungen und Tonaufnahmen der Werke Clara Schumanns.

Während für andere Komponisten wie Mozart, Bach, Beethoven und Brahms seit längerer oder kürzerer Zeit thematisch-bibliographische Werkverzeichnisse vorlagen, gestaltete sich die Erarbeitung eines solchen für Schumann außerordentlich schwierig. Der Komponist selbst war sich dessen bewußt, wie wünschenswert eine solche Publikation sei, und begleitete die ersten (Teil-)Verzeichnisse mit Rat und Tat, sofern er sie nicht selbst anregte. Das schließlich vom Hamburger Verlag Schuberth publizierte und in mehreren Auflagen stets ergänzte Werkverzeichnis behielt bis ins 20. Jh. seine Bedeutung und wurde letztmalig 1982 durch K. Hofmann (der zuvor sein bibliographisches Kompendium der Schumann-Erstdrucke publiziert hatte) und S. Keil vorgelegt. 1966 hatte sich G. Eismann um eine Auflistung der Autographen-Standorte bemüht, wobei sich in der Folge als besondere Crux der Verweis auf die bis 1945 in Zwickau-Weißenborn, dann in Bayern situierte wichtige Privatsammlung Wiede erwies, da diese in den 1970er Jahren teilweise in den Handel gelangte (ein wesentlicher Restbestand wird heute meist mit »Süddeutscher Privatbesitz« umschrieben). Zwar konnte ein hoher Prozentsatz der Handschriften für öffentliche Sammlungen (Heinrich-Heine-Institut Düsseldorf und UB Bonn) gesichert werden, doch kamen Einzelstücke auch erneut in z. T. der Forschung unzugänglichen Privatbesitz. Unabhängig davon ist festzustellen, daß sich die Autographen-Standorte bei Schumann seit jeher, besonders aber nach dem und z. T. infolge des 2. Weltkriegs als extrem weit verstreut darstellten. Ein eklatantes Beispiel ist die kriegs- und nachkriegsbedingte Umlagerung von Beständen der ehem. Preußischen Staatsbibliothek Berlin in die Universitätsbibliothek (Biblioteka Jagiellońska) Krakau/Polen, wo sie heute – ungeachtet freier Forschungsmöglichkeiten – Gegenstand zäher zwischenstaatlicher Restitutionsverhandlungen sind. Ein positiveres Beispiel ist der

Verkauf des Autographs von Schumanns C-Dur-Sinfonie (ehem. Besitz des Verlags Breitkopf & Härtel) in europäischen, dann amerikanischen Privatbesitz und seine Deponierung in der Pierpont Morgan Library New York. Abgesehen davon sind selbst die hauptsächlichsten gegenwärtigen Standorte (Berlin, Düsseldorf, Bonn, Zwickau, Dresden, Wien, Paris, London, New York und Washington) breit gestreut, von dem teils »zerstückelten« Zustand einzelner Autographen und ebensolchen Besitzverhältnissen ganz abgesehen.

Das verdeutlicht die extreme Schwierigkeit der Erstellung eines Werkverzeichnisses nach modernen wissenschaftlichen Kriterien, wenn auch andererseits durch die intensive Forschungsarbeit im Vorfeld der Neuen Schumann-Gesamtausgabe schon ein Großteil unverzichtbarer Informationen vorlag. Das bedeutete einen Glücksfall für die Bearbeiterin des Verzeichnisses, M. L. McCorkle, die zuvor bei der Vorlage des gemeinsam mit ihrem Mann D. McCorkle begonnenen, von ihr zu Ende geführten Brahms-Verzeichnisses reiche Erfahrungen sammeln konnte. Unter Mitarbeit von A. Mayeda und mit Unterstützung der Schumann-Forschungsstelle Düsseldorf und des Robert-Schumann-Hauses Zwickau legte sie nach mehrjähriger akribischer Vorarbeit 2003 ein mehr als 1000seitiges Kompendium vor, das zugleich in die RSA eingegliedert wurde. Es kann als die wesentlichste Forschungsleistung des beginnenden 21. Jahrhunderts gewertet werden und stellt den Fortgang der Gesamtausgabe zugleich auf eine noch festere Basis.

Unmittelbar vor Beginn des neuen Jahrhunderts wurde auch ein wichtiger Durchbruch auf einem mehr am Rande der Schumann-Forschung angesiedelten Sektor erzielt, nämlich dem der Ikonographie. Der Pianist und Musikforscher E. Burger, der nach selbst erarbeitetem Konzept bereits zwei ähnlich geartete Werke über Chopin und Liszt publiziert hatte, veröffentlichte 1999 unter Mitarbeit von G. Nauhaus und mit Unterstützung das Zwickauer Robert-Schumann-Hauses seine Schumann-Lebenschronik »in Bildern und Dokumenten«. Mit immensem Fleiß und ebensolcher Findigkeit spürte er nahezu alle wesentlichen Bildzeugnisse zum Leben Robert Schumanns einschließlich eines Großteils von Noten- und Briefautographen auf und montierte sie mit detaillierten Kommentaren seinem ausgeklügelten Layout ein, wobei es ihm nicht in erster Linie um einen »Bildband« ging, wie ihn G. Eismann 1956 und 1964 in unterschiedlichen Auflagen dargeboten hatte. Vielmehr strebte Burger ein übergreifendes Konzept an, das die Dokumentation in Bild und Wort mit Originaldokumenten und erläuternden Essays verband. Zu erwähnen ist, daß die weltweit einmaligen Bild- und Dokumentenbestände des Robert-Schumann-Hauses Zwickau den wesentlichen Grundstock des in hoher Druckqualität erschienenen Bandes bildeten, der wie das Werkverzeichnis der Schumann-Gesamtausgabe eingegliedert wurde. Vorläufer von Burgers Sammlung der Bildzeugnisse bildeten, bezogen auf das zeitgenössische Schumann-Porträt, G. Eismanns Überblick (1961) und eine umfängliche Ausstellung, die 1994 in Düsseldorf, Bonn, Leipzig und Zwickau (Katalog: B. R. Appel, I. Hermstrüwer und G. Nauhaus, unter Mitarbeit von U. Bär) präsentiert wurde, wobei auch die an Anzahl wesentlich umfangreicheren Clara-Schumann-Porträts in Teilen einbezogen waren.

War die Editionsarbeit der seit 1992 im Gange befindlichen Neuen Schumann-Gesamtausgabe bereits als wesentlichster Zweig heutiger Schumann-Forschung bezeichnet worden, so erweist sich dies allein schon anhand des Umfangs und des wissenschaftlichen Tiefgangs dieses von der Union der deutschen Akademien der Wissenschaften durch die Mainzer Akademie aus Bundes- und Ländermitteln (Nordrhein-Westfalen und Sachsen) geförderten Langzeitprojekts als zutreffend. Ohne die bereits erschienenen Bände im einzelnen würdigen zu können, kann festgestellt werden, daß sie die Fülle und Vielfalt des Schumannschen Gesamtschaffens bereits jetzt ansatzweise repräsentieren: die Kirchenmusik durch Messe und Requiem (B.R. Appel), die Sinfonik durch die Es-Dur-Sinfonie (L. C. Roesner) und *Ouvertüre, Scherzo und Finale* (S. Gerlach), die Konzerte durch das Klavierkonzert (B. R. Appel), die Klaviermusik durch den Band mit vierhändigen Werken (J. Draheim/B. R. Appel), die instrumentale Kammermusik durch die Violinsonaten (U. Bär), die vokale durch die Liederspiele (Th. Synofzik), die Chormusik durch die Frauenchöre (I. Knechtges-Obrecht), das kompositorische Frühwerk durch den 150. Psalm (M. Wendt) und, damit kombiniert, die Chorsinfonik durch die Motette op. 93 (B. Kohntz/M. Wendt). Daß die gemeinhin als Hauptschaffensgebiete aufgefaßte solistische Klaviermusik und das Liedschaffen bisher noch nicht in der Edition präsent sind, hat seine Ursache im projektierten Beginn mit den »späten«, interpretatorisch und rezeptiv vor allem aufzuarbeitenden Kompositionen, doch werden auch hier demnächst erste Editionen folgen. Einige zusätzliche und wertvolle »Beigaben« wie das Werkverzeichnis und die Burgersche Bild-Text-Dokumentation wurden bereits genannt; Erwähnung finden sollten jedoch auch reine Textausgaben wie die der literarischen Vorlagen zum Vokalwerk (H. Schanze/K. Schulte) oder der Studien zur Kontrapunktlehre (H. Federhofer/G. Nauhaus). Daß in das Konzept der Einzelbände jeweils eine umfassende Darbietung der verbalen Primär- und Sekundärzeugnisse eingebunden ist, versteht sich von selbst – so birgt der Textteil der Bände geradezu Monographien zu den jeweiligen Werken, in die auch die explizite Darbietung der einschlägigen Briefe sowie charakteristischer Zeugnisse der Werkrezeption einbezogen ist. Dies nimmt zwar teilweise eine künftige Schumann-Briefedition vorweg, kann einer solchen aber auch als Muster- und Experimentierfeld, was editorische Entscheidungen betrifft, dienen.

Wird also der Fortgang der Gesamtausgabe in ihren verschiedenen Zweigen und Aspekten auch die künftige Schumann-Forschung stark beeinflussen, so kann sich diese jedoch nicht allein daran Genüge tun. Die Zukunft sollte eine neue umfassende Schumann-Biographie ebenso hervorbringen wie neue Dokumenten- und Briefausgaben sowie weitere Detailstudien auf allen Gebieten einschließlich der Ästhetik, der bisher nicht besonders kräftig entwickelten Rezeptionsforschung, der Bibliographie und der (jüngst durch H. Moßburger, *Poetische Harmonik in der Musik Robert Schumanns*, 2005, bereicherten) Musiktheorie. Und wenn man abschließend noch ein weiteres Desiderat erwähnen darf, so ist es der Wunsch nach mehr qualitätvollen Faksimilia von Werkmanuskripten, die ja keineswegs nur ästhetischen Bedürfnissen Rechnung tragen, sondern (wie B. R. Appel mit seiner Faksimileausgabe des Klavierkonzerts gezeigt hat) »neue Bahnen« der Werkanalyse eröffnen.

Aller Forschung über und zu Schumann aber – davon bin ich überzeugt – fehlte das Zentrum, wenn sie nicht der immer neuen Auseinandersetzung mit seiner Musik, ihrer vertieften Kenntnis, ihrer authentischen Interpretation, der Aufdeckung ihrer Wurzeln in der Entstehungszeit sowie ihrer Wirkung in der Gegenwart diente.

Literatur

Abert, Hermann: Robert Schumann. Berlin 1903. (Berühmte Musiker, 15).

Abraham, Gerald (Hg.): Schumann. A symposium. London 1952.

Alf, Julius/Kruse, Joseph A. (Hgg.): Robert Schumann: Universalgeist der Romantik. Beiträge zu seiner Persönlichkeit und seinem Werk. Düsseldorf 1981. (Veröffentlichungen des Heinrich-Heine-Instituts, Düsseldorf).

Appel, Bernhard R.: Schumanns Humoreske für Klavier op. 20. Zum musikalischen Humor in der ersten Hälfte des 19. Jahrhunderts unter besonderer Berücksichtigung des Formproblems. Diss. phil. Saarbrücken 1981.

– (Hg.): Schumann in Düsseldorf. Werke – Texte – Interpretationen. Bericht über das 3. Internationale Schumann-Symposion am 15. und 16. Juni 1988 im Rahmen des 3. Schumann-Festes, Düsseldorf. Mainz 1993. (Schumann-Forschungen, 3).

– (Hg.): Clara und Robert Schumann. Zeitgenössische Porträts. Katalog zur Ausstellung des Heinrich-Heine-Instituts, Düsseldorf. Düsseldorf 1994. (Veröffentlichungen des Heinrich-Heine-Instituts, Düsseldorf).

Appel, Bernhard R. (Hg.): Robert Schumanns »Album für die Jugend«. Einführung und Kommentar. Zürich, Mainz 1998.

– (Hg.): »Neue Bahnen«. Robert Schumann und seine musikalischen Zeitgenossen. Bericht über das 6. Internationale Schumann-Symposion am 5. und 6. Juni 1997 im Rahmen des 6. Schumann-Festes, Düsseldorf. Mainz 2002. (Schumann-Forschungen, 7).

– (Hg.): Schumanniana nova. Festschrift Gerd Nauhaus zum 60. Geburtstag. Sinzig 2002.

– (Hg.).: Robert Schumann in Endenich 1854–1856. Krankenakten, Briefzeugnisse und zeitgenössische Berichte. Mainz 2006. (Schumann Forschungen, 11).

–/ Hermstrüwer, Inge (Bearb.): Robert Schumann und die Dichter. Ein Musiker als Leser. Katalog zur Ausstellung des Heinrich-Heine-Instituts. Düsseldorf 1991. (Veröffentlichungen des Heinrich-Heine-Instituts, Düsseldorf).

Bär, Ute (Hg.): Robert Schumann und die französische Romantik. Bericht über das 5. Internationale Schumann-Symposium der Robert-Schumann-Gesellschaft am 9. und 10. Juli 1994 in Düsseldorf. Mainz 1997. (Schumann-Forschungen, 6).

Batka, Richard: Schumann. Leipzig [1891]. (Musiker-Biographien, 13).

Boetticher, Wolfgang: Robert Schumann. Einführung in Persönlichkeit und Werk. Beiträge zur Erkenntniskritik der Musikgeschichte und Studien am Ausdrucksproblem des neunzehnten Jahrhunderts. Berlin 1941. (Veröffentlichung der Deutschen Robert-Schumann-Gesellschaft). Nachdr. Wilhelmshaven 2004.

– (Hg.): Robert Schumann in seinen Schriften und Briefen, eingeleitet und mit biographischen und kritischen Erläuterungen versehen. Berlin 1942. (Klassiker der Tonkunst in ihren Schriften und Briefen).

– (Hg.): Briefe und Gedichte aus dem Album Robert und Clara Schumanns. Leipzig 1979.

– Lebenserinnerungen. Privatdruck. [Faks. der Handschrift]. 2002.

– Robert Schumanns Klavierwerke. Neue biographische und textkritische Untersuchungen. Wilhelmshaven. Teil 1: op. 1–6. 1976. (Quellenkataloge zur Musikgeschichte, 9); Teil 2: op. 7–13. 1984. (Quellenkataloge zur Musikgeschichte, 10, A); Teil 3: op. 14–133. 2003.

Borchard, Beatrix: Robert Schumann und Clara Wieck. Bedingungen künstlerischer Arbeit in der ersten Hälfte des 19. Jahrhunderts. Weinheim 1985. (Ergebnisse der Frauenforschung, 4).

– Clara Schumann. Ihr Leben. Frankfurt a.M., Berlin 1991.

Boucourechliev, André: Schumann. [Paris] [1956]. (Solfèges, 2). Deutsche Ausg. u.d.T. Robert Schumann. In Selbstzeugnissen und Bilddokumenten. Hamburg 1958. (Rowohlts Monographien, 6).

Brinkmann, Reinhold: Schumann und Eichendorff. Studien zum Liederkreis Opus 39. München 1997. (Musik-Konzepte, 95).

Brion, Marcel: Schumann et l'âme romantique. Génie et destinée. Paris 1954. Deutsche Ausg. u.d.T. Schumann und die Welt der Romantik. Erlenbach-Zürich, Stuttgart 1955.

–: Robert Schumann. [Paris] 1970. (Génies et réalités).

Bücken, Ernst: Robert Schumann. Köln 1940.

Burger, Ernst: Robert Schumann. Eine Lebenschronik in Bildern und Dokumenten. Unter Mitarb. von Gerd Nauhaus. Mainz 1999.

Burk, John Naglee: Clara Schumann. A romantic biography. New York [1940].

Chissell, Joan: Schumann. London 1948.

–: Clara Schumann. A dedicated spirit. A study of her life and work. London 1983.

Dahms, Walter: Robert Schumann. Berlin, Leipzig 1916.

Daverio, John: Robert Schumann. The herald of a »new poetic age«. New York 1997.

Dietel, Gerhard: ›Eine neue poetische Zeit‹. Musikanschauung und stilistische Tendenzen im Klavierwerk Robert Schumanns. Kassel 1989. (Bärenreiter Hochschulschriften).

Draheim, Joachim: Robert Schumann, der Verkannte – gestern und heute. In: Karlsruher Musiktage Robert Schumann. Karlsruhe 1995, S. 5–10.

Edler, Arnfried: Robert Schumann und seine Zeit. Laaber 1982. (Große Komponisten und ihre Zeit).

Eismann, Georg: Robert Schumann. Eine Biographie in Wort und Bild. Leipzig 1956. 2., veränd. Aufl. 1964.

–: Robert Schumann. Ein Quellenwerk über sein Leben und Schaffen. Leipzig 1956. Bd. 1: Briefe, Aufzeichnungen, Dokumente. Bd. 2: Gesammelte Schriften über Musik und Musiker in Auswahl und neuer Zusammenstellung.

–: Das authentische Schumann-Bild. In: Sammelbände der Robert-Schumann-Gesellschaft 1. Leipzig 1961, S. 86–90 und Illustrationsteil.

–: Nachweis der internationalen Standorte von Notenautographen Robert Schumanns. In: Sammelbände der Robert-Schumann-Gesellschaft 2. Leipzig 1966, S. 7–37.

Engel, Christian: Ein unvollendetes Künstlerdasein. Die Krankengeschichte des Komponisten Robert Schumann 1810–1856. 1995. Diss. med. Göttingen 1996.

Erler, Hermann: Robert Schumann's Leben. Aus seinen Briefen geschildert. Mit zahlr. Erläuterungen und einem Anhang. 2 Bde. Berlin ²1887.

Ewert, Hansjörg: Anspruch und Wirkung. Studien zur Entstehung der Oper Genoveva von Robert Schumann. Tutzing 2003. (Würzburger musikhistorische Beiträge, 23).

Federhofer-Königs, Renate: Wilhelm Joseph von Wasielewski 1822–1896 im Spiegel seiner Korrespondenz. Tutzing 1975. (Mainzer Studien zur Musikwissenschaft, 7).

Finson, Jon W.: Robert Schumann and the study of orchestral composition: the genesis of the First Symphony, Op. 38. Oxford 1989.

–/ Todd, R. Larry (Hgg.): Mendelssohn and Schumann. Essays on their music and its context. Durham, NC 1984.

Franken, Franz Hermann: Robert Schumann (1810–1856). In: ders.: Die Krankheiten großer Komponisten. Bd. 1. Wilhelmshaven 1986. (Taschenbücher zur Musikwissenschaft, 104), S. 239–303.

Fricker, Hans-Peter: Die musikkritischen Schriften Robert Schumannns. Versuch eines literaturwissenschaftlichen Zugangs. Bern, Frankfurt/M., New York 1983. (Europäische Hochschulschriften: Reihe 1, Deutsche Sprache und Literatur, 677).

Fuller Maitland, John Alexander: Schumann. London 1884. (Great musicians).

Gertler, Wolfgang: Robert Schumann in seinen frühen Klavierwerken. Wolfenbüttel, Berlin 1931.

Hallmark, Rufus: The genesis of Schumann's Dichterliebe. A source study. Ann Arbor 1979. (Studies in musicology, 12).

Hartog, Jacques: Robert Alexander [sic!] Schumann en zijne werken. Haarlem 1910.

Heero, Aigi: Schumanns Jugendlyrik. Kritische Edition und Kommentar. Sinzig 2003. (Schumann-Studien Sonderband, 3).

Höcker, Karla: Das Leben von Clara Schumann, geb. Wieck. Berlin 1975.

Hofmann, Kurt: Die Erstdrucke der Werke von Robert Schumann. Bibliographie. Tutzing 1979.

–/ Keil, Siegmar: Robert Schumann. Thematisches Verzeichnis sämtlicher im Druck erschienenen musikalischen Werke mit Angabe des Jahres ihres Entstehens und Erscheinens. 5. erw. und rev. Aufl. Hamburg 1982.

Hotaki, Leander: Schumanns Mottosammlung. Übertragung, Kommentar und Einführung. Freiburg i. Br. 1998. (Rombach Wissenschaften. Reihe Litterae, 59).

Hucher, Yves: Robert Schumann, Clara Schumann: Journal intime. Textes choisis, trad. et prés. par Y. H. Préf. de Marcel Brion. Paris 1969.

Kreisig, Martin (Hg.): Schumann, Robert: Gesammelte Schriften über Musik und Musiker. 4. Aufl. mit Nachträgen und Erläuterungen. 2 Bde. Leipzig 1891.

Jansen, Friedrich Gustav: Die Davidsbündler. Aus Robert Schumann's Sturm- und Drangperiode. Ein Beitrag zur Biographie R. Schumann's nebst ungedruckten Briefen, Aufsätzen und Portraitskizzen aus seinem Freundeskreise. Leipzig 1883.

– (Hg.): Robert Schumanns Briefe. Neue Folge. 2., verm. und verb. Aufl. Leipzig 1904.

Kapp, Reinhard: Studien zum Spätwerk Robert Schumanns. Tutzing 1984.

Köhler, Hans Joachim (Red.): Internationale Robert-Schumann-Tage Zwickau. Zwickau 1988. (Schumann-Studien, 1).

Kohlhase, Hans: Die Kammermusik Robert Schumanns. Stilistische Untersuchungen. 3 Bde. Hamburg 1979. (Hamburger Beiträge zur Musikwissenschaft, 19).

Korte, Werner: Robert Schumann. Potsdam 1937. (Unsterbliche Tonkunst).

Kranefeld, Ulrike: Der nachschaffende Hörer. Rezeptionsästhetische Studien zur Musik Robert Schumanns. Stuttgart, Weimar 2000.

Kruse, Joseph A.: Robert Schumann als Dichter. In: Alf/Kruse (Hgg.) 1981, S. 40–61.

Litzmann, Berthold: Clara Schumann. Ein Künstlerleben. Nach Tagebüchern und Briefen. Bd. 1: Mädchenjahre. 1819–1840. Leipzig 1902; Bd. 2: Ehejahre. 1840–1856. Leipzig 1905; Bd. 3: Clara Schumann und ihre Freunde. 1856–1896. Leipzig 1908. (Nachdr. Hildesheim 1971).

– (Hg.): Clara Schumann, Johannes Brahms: Briefe aus den Jahren 1853–1896, hg. im Auftrag von Marie Schumann. Leipzig 1927. Bd. 1: 1853–1871; Bd. 2: 1872–1896. (Nachdr. Hildesheim 1970).

Loos, Helmut (Hg.): Robert Schumann. Interpretationen seiner Werke. 2 Bde. Laaber 2005.

Lossewa, Olga: Die Rußlandreise Robert und Clara Schumanns 1844. Mainz 2004. (Schumann Forschungen, 8).

– (Hg.): Vospominanija o Roberte Šumane [Erinnerungen an R. Schumann]. Moskva 2000.

Mahlert, Ulrich: Fortschritt und Kunstlied. Späte Lieder Robert Schumanns im Licht der liedästhetischen Diskussion ab 1848. München 1983. (Freiburger Schriften zur Musikwissenschaft, 13).

May, Florence: The girlhood of Clara Schumann. Clara Wieck and her time. London 1912.

Mayeda, Akio: Schumanns Weg zur Symphonie. Zürich, Mainz 1992.

–/ Niemöller, Klaus Wolfgang (Hgg.): Schumanns Werke – Text und Interpretation. 16 Studien, hg. von der Robert-Schumann-Gesellschaft Düsseldorf [Bericht über das 2. Internationale Schumann-Symposion am 17. und 18. Mai im Rahmen des 2. Schumann-Festes, Düsseldorf]. Mainz 1987. (Schumann-Forschungen, [2]).

McCorkle, Margit L.: Robert Schumann. Thematisch-bibliographisches Werkverzeichnis, unter Mitw. von Akio Mayeda und der Robert-Schumann-Forschungsstelle hg. von der Robert-Schumann-Gesellschaft, Düsseldorf. Mainz 2003. (RSA, Ser. 8: Supplemente, 6).

Meier, Barbara: Robert Schumann. Reinbek 1995. (Rowohlts Monographien, 522).

Metzger, Heinz-Klaus/Riehn, Rainer (Hgg.): Robert Schumann I. München 1981. (Musik-Konzepte Sonderband).

–/ – (Hgg.): Robert Schumann II. München 1982. (Musik-Konzepte Sonderband).

Moser, Hans Joachim/Rebling, Eberhard: Robert Schumann. Aus Anlass seines 100. Todestages. Leipzig 1956.

Moßburger, Hubert: Poetische Harmonik in der Musik Robert Schumanns. Sinzig 2005. (Musik und Musikanschauung im 19. Jahrhundert, 10).

Munte, Frank: Verzeichnis des deutschsprachigen Schrifttums über Robert Schumann. 1856–1970. Anh.: Schrifttum über Clara Schumann. Hamburg 1972. (Schriftenreihe zur Musik).

Nauhaus, Gerd (Red.): Internationale Robert-Schumann-Tage Zwickau. Zwickau 1989. (Schumann-Studien, 2).

– (Hg.): The marriage diaries of Robert and Clara Schumann. Übers. von Peter Ostwald. London 1994.

– (Hg.): Robert Schumann: Musikalische Haus- und Lebensregeln. Mit Übertragung und Textabdruck eingel. und hg. Faks. Sinzig 2002 (Schumann-Studien Sonderband, 2).

Niecks, Frederick: Robert Schumann. A supplementary and corrective biography, ed. by Christina Niecks. London, Toronto 1925. (Dent's international library of books on music).

Ostwald, Peter F.: Schumann. The inner voices of a musical genius. Boston 1985.

Otto, Frauke: Robert Schumann als Jean Paul-Leser. Frankfurt a.M. 1984.

Ozawa, Kazuko: Quellenstudien zu Robert Schumanns Liedern nach Adelbert von Chamisso, Frankfurt a.M. Bern 1989. (Europäische Hochschulschriften, R. 36, 18).

Pfordten, Hermann von der: Robert Schumann. Leipzig 1920. (Wissenschaft und Bildung, 157).

Plantinga, Leon: Schumann as critic. New Haven 1967.

Quednau, Werner: Clara Schumann. Berlin 1955.

Rehberg, Paula und Walter: Robert Schumann. Sein Leben und sein Werk. Zürich, Stuttgart ²1969.

Reich, Nancy B.: Clara Schumann. The artist and the woman. London 1985. Dt. u.d.T. Clara Schumann. Romantik als Schicksal. Eine Biographie. Reinbek 1991.

Reimann, Heinrich: Robert Schumanns Leben und Werke. Leipzig 1887.

Reissmann, August: Robert Schumann. Sein Leben und seine Werke. Berlin 1865.

Richarz, Franz: Mitteilungen […] über Robert Schumann's Krankheitsverlauf und Tod. In: Wasielewski, Wilhelm Joseph von: Robert Schumann. Eine Biographie. Dresden 1858, S. 301–305.

Richarz, Franz: Über Robert Schumanns Krankheit. Signale für die musikalische Welt 40 (1873), S. 625–629.

Ritter, Fanny Raymond (Hg.): Robert Schumann: Music and musicians. Essays and criticisms. London 1877.

– (Hg.): Robert Schumann: Music and musicians. Essays and criticisms. 2nd series. 4th ed. London 1880.

Robert-Schumann-Gesellschaft Düsseldorf (Hg.): Robert Schumann – ein romantisches Erbe in neuer Forschung. Acht Studien. Mainz 1984. (Schumann-Forschungen, [1]).

Roesner, Linda Correll: Studies in Schumann manuscripts. With particular reference to sources transmitting instrumental works in the large forms. Diss. New York 1973. Vol. 1,2.

Schauffler, Robert Haven: Florestan. The life and work of Robert Schumann. New York 1945.

Schnebel, Dieter: Rückungen – Ver-rückungen. Psychoanalytische und musikanalytische Betrachtungen zu Schumanns Leben und Werk. In: Metzger/Riehn (Hgg.) 1981, S. 4–89.

Schoppe, Martin: Schumanns frühe Texte und Schriften. In: Mayeda/Niemöller (Hgg.) 1987, S. 7–16.

Schulze, Herbert (Schriftleitung): Sammelbände der Robert-Schumann-Gesellschaft [Zwickau]. Leipzig. Bd. 1 (1961) 1961; Bd. 2 (1966) 1967.

Schumann, Eugenie: Erinnerungen. Stuttgart 1925. (Musikalische Volksbücher).

–: Robert Schumann. Ein Lebensbild meines Vaters. Leipzig 1931.

Schumann, Robert: Gesammelte Schriften über Musik und Musiker. Bd. 1–4. Leipzig 1854.

–: Jugendbriefe von Robert Schumann, nach den Originalen mitgetheilt von Clara Schumann. Leipzig 1885.

–: Robert Schumann's Werke, hg. von Clara Schumann. Leipzig 1879–1893.

Schumann, Robert: Der junge Robert Schumann. Dichtungen und Briefe, hg. von Alfred Schumann. Leipzig 1910.

–: Tagebücher. Bd. 1: 1827–1838, hg. von Georg Eismann. Leipzig 1971.
Tagebücher. Bd. 2: 1836–1854, hg. von Gerd Nauhaus. Leipzig 1987.
Tagebücher. Bd. 3: Haushaltbücher, hg. von Gerd Nauhaus. 1: 1837–1847. 2: 1847–1856. Anm. und Register. Leipzig 1982.

–: Neue Ausgabe sämtlicher Werke, hg. von der Robert-Schumann-Gesellschaft Düsseldorf durch Akio Mayeda und Klaus Wolfgang Niemöller in Verbindung mit dem Robert-Schumann-Haus Zwickau. Mainz 1991 ff.

–: Klavierkonzert a-Moll opus 54. Faksimile der autographen Partitur, hg. vom Heinrich-Heine-Institut, Düsseldorf, mit Geleitworten von Joseph A. Kruse und Akio Mayeda und einer Einf. von Bernhard R. Appel, Kassel 1996 (Documenta musicologica, R. 2, 28).

Schumann-Studien 3/4. Im Auftrag der Robert-Schumann-Gesellschaft Zwickau hg. von Gerd Nauhaus. Köln 1994.

Schumann-Studien 5. Im Auftrag der Robert-Schumann-Gesellschaft Zwickau hg. von Gerd Nauhaus. Sinzig 1996.

Schumann-Studien 6. Im Auftrag der Robert-Schumann-Gesellschaft Zwickau hg. von Gerd Nauhaus. Sinzig 1997.

Schumann-Studien 7, hg. von Anette Müller. Sinzig 2004.

Schumann-Studien 8, hg. von Anette Müller und Helmut Loos. Sinzig 2006.

Schwarz, Werner: Robert Schumann und die Variation mit besonderer Berücksichtigung der Klavierwerke. Kassel 1932. (Königsberger Studien zur Musikwissenschaft, 15).

Seibold, Wolfgang: Robert und Clara Schumann in ihren Beziehungen zu Franz Liszt im Spiegel ihrer Korrespondenz und Schriften. 2 Bde. Frankfurt a. M. 2005. (Karlsruher Beiträge zur Musikwissenschaft, 8).

Sikemeier, J. H.: Het bezoek van Robert en Clara Schumann aan ons land, 1852 en 1853. s'Gravenhage [1950].

Spies, Günther: Reclams Musikführer Robert Schumann. Stuttgart 1997. (Reclams Musikführer).

Spitta, Philipp: Ein Lebensbild Robert Schumann's. Leipzig 1882. (Sammlung musikalischer Vorträge, Ser. 4, 37/38).

Struck, Michael: Die umstrittenen späten Instrumentalwerke Schumanns. Untersuchungen zur Entstehung, Struktur und Rezeption. Hamburg 1984. (Hamburger Beiträge zur Musikwissenschaft, 29).

Todd, R. Larry (Hg.): Schumann and his world. Princeton, N.J. 1994.

Vries, Claudia de: Die Pianistin Clara Wieck-Schumann. Interpretation im Spannungsfeld von Tradition und Individualität. Mainz 1996. (Schumann-Forschungen, 5).

Wakabayashi, Kenkichi: Robert Schumann. Tokyo 1971.

Walker, Alan (Hg.): Robert Schumann. The man and his music. London 1972.

Wasielewski, Wilhelm Joseph von: Robert Schumann. Eine Biographie. Dresden 1858; 4., umgearb. und beträchtl. verm. Aufl. Leipzig 1906.

–: Schumanniana. Leipzig 1883.

–: Aus siebzig Jahren. Lebenserinnerungen, mit dem Bildnis des Verf. Stuttgart, Leipzig 1897.

Weissweiler, Eva (Hg.): Clara und Robert Schumann: Briefwechsel. Kritische Gesamtausgabe. 3 Bde. Basel, Frankfurt a.M. Bd. 1: 1832–1838. 1984; Bd. 2: 1839. 1987; Bd. 3: 1840–1851. 2001.

Wendt, Matthias (Hg.): Schumann und seine Dichter. Bericht über das 4. Internationale Schumann-Symposion am 13. und 14. Juni 1991 im Rahmen des 4. Schumann-Festes, Düsseldorf. Mainz 1993. (Schumann-Forschungen, 4).

Wenke, Corina: Aspekte zu Robert Schumanns Entwicklung in seiner Kinder- und Jugendzeit in Zwickau. Ergebnisse der Untersuchung und Übertragung von Quellenmaterial [u. a. »Blätter und Blümchen aus der goldenen Aue«] aus dem Archiv des Robert-Schumann-Hauses Zwickau. Diplomschrift (Typoskript) Leipzig 1987.

Wolff, Ernst, Robert Schumann. Berlin 1906. (Die Musik, 19).

Wolff, Viktor Ernst: Robert Schumanns Lieder in ersten und späteren Fassungen. Leipzig 1914.

Wörner, Karl Heinrich: Robert Schumann. Zürich 1949.

Žitomirskij, Daniel V.: Robert i Klara Šuman v Rossij [Robert und Clara Schumann in Rußland]. Moskva 1962.

–: Robert Šuman. Očerk žyzni i tvorčestva [Abriß über Leben und Werk]. Moskva 1964.

– (Hg.): Robert Šuman. O muzyke i muzykantach. Sobranie stat'ej [Über Musik und Musiker. Aufsatzsammlung]. 3 Bde. Moskva 1975–1979.

– (Hg.): Robert Šuman. Pis'ma [Briefe]. Moskva. Bd. 1. 1970. Bd. 2 1982.

LEBEN

Robert Schumanns jubelnd erlittene Romantik

von Peter Gülke

»Seltsam – mit dem Maße, in dem man auf der Stufenleiter der Lebewesen nach oben gelangt, nimmt die Sensibilität, d. h. die Leidensfähigkeit zu. Sollten Leiden und Denken ein und dasselbe sein? Demgemäß wäre ein Genie nur eine Verfeinerung des Schmerzes, eine vollständigere und intensivere Durchdringung unserer Seele durch die Objektivität.«

(»Chose étrange, à mesure qu'on s'élève dans l'échelle des êtres, la faculté nerveuse augmente, c'est-à-dire la faculté de souffrir. Souffrir et penser seraient-ils donc même chose? Le génie, après tout, n'est peut-être qu'un raffinement de la douleur, c'est-à-dire une plus complète et intense pénétration de l'objectif à travers notre âme.«)

(Gustave Flaubert am 30. September 1853 an Louise Colet)

»Nein, nein, nein« – so beschied Hugo von Hofmannsthal vor hundert Jahren die Bitte des Verlegers Samuel Fischer, zum Schiller-Jubiläum einen Beitrag für die »Neue Rundschau« zu schreiben. »Kulturpotenzen wie Schiller eine war, müssen dem Geiste nach in jedem Hefte, in jeder Seite der ›Rundschau‹ drinstecken, – dem Fleische nach, nominatim, sie zu feiern, liegen hie und da innere Anlässe vor, aber den äußeren Anlaß von der Straße sich aufzulesen, die Melodie der Leitartikel und Drehorgeln mitzusingen, das gefällt mir nicht ... Mir ist die kurzatmige Aktualität etwas so Widerliches, als mir die wahre, innere Aktualität meines Daseins und jeder meiner Arbeiten und Gedanken notwendig und tröstend ist ... Überlassen wir es Wilhelm II., Feste zu feiern.« In einem Brief an Maximilian Harden spricht Hofmannsthal von der »culturellen Unwürdigkeit des Mitthuns bei dieser hässlichen culturlosen Sache« (Hofmannsthal 1926/2005, 181 ff.). Am Ende hat er doch »mitgetan« – mit drei Beiträgen, worin er seine Inkonsequenz reflektiert; einen von ihnen eröffnet er mit den Worten: »Das Große feiert sich selbst«.

Gilt das nicht auch für Robert Schumann? Wenngleich auf sehr andere Weise als Schiller ist auch er zu einem Inbegriff, einer »Kulturpotenz« geworden, welche es leicht macht, »innere« gegen die »kurzatmige [...], von der Straße aufgelesene« Aktualität auszuspielen und sich darauf zu berufen, daß er in unseren musikalischen Vorstellungen, Erwartungen, Denk- und Fühlweisen ohnehin »drinstecke«. Wer – beginnend in Zeiten, da die Kulturnation den Nationalstaat ersetzen mußte – so stark mit der Herzkammer deutsch-romantischer Innerlichkeit identifiziert worden ist, scheint kaum erreichbar für kampagnenhafte Aktualisierungen: »Ich habe die Menschen nie leiden können, die einer M e n g e ihr Gefühl u. ihr Herz zur Schau trugen; aber ich liebe die Menschen, die den w e n i g e n Erwählten warm und innig ihre ganzen Gefühle nennen« (Tb I, 142). Nicht selten zögert Schumann im Hinblick auf das große Publikum. »Zum öffentlich Spielen paßt wirklich nichts von meinen Sachen allen«, schreibt er im Dezember 1837 an Clara und zeigt sich ein Vierteljahr danach erleichtert, daß sie die *Sinfonischen Etüden* nicht in ein Konzertprogramm aufgenommen hat: »Du hast wohlgethan, meine Etüden nicht zu spielen; das paßt nicht für's Publikum« (Jugendbriefe, 271 u. 279).

Ob nun klassischer Faltenwurf oder in sich

gezogene Romantik – zur Kulturpotenz in Hofmannsthals Sinne werden sie leider auch dank einer Anonymität, welche Mißbräuchen und Mißverständnissen Tür und Tor öffnet; man ist nicht ungestraft Repräsentant. Wie Schiller durch auftrumpfenden Nationalismus übel mitgespielt worden ist, so Schumann durch ein verwaschen pauschalierendes Verständnis von Romantik. Dabei kann dieser Romantiker *kat'exochen* zeigen, daß es *den* Romantiker nicht gibt.

Freilich zeigt er auch, daß die im Sinne der frühromantisch konzipierten »Universalpoesie« zwischen Real- und Fantasiewelt schwimmenden Grenzen ihn und seine Umgebung zu Vergewisserungen, Selbststilisierungen, Rollenverständnissen zwangen, welche der Kenntnis der Lebens- und Schaffenshintergründe nicht unbedingt zuträglich sind und dazu einladen, etlichen convenus der Schumann-Überlieferung und -Deutung mißtrauisch zu begegnen. Wer auf der Linie des Novalis-Kampfrufs (Novalis 1981, 454: 105) die Welt »romantisiren« wollte, war zunächst gezwungen, sich der unromantisierten Wirklichkeit zu versichern, in ihr Stand zu gewinnen:

- Zu ihr gehören, in Schumanns Jugendzeit fallend, die Tode fast aller bedeutenden Protagonisten der »Kunstperiode«, darüber hinaus der neuerdings allenthalben florierende Historismus. Unter den fünf zwischen 1809 und 1813 Geborenen war Schumann der Situation mehr als die anderen ausgeliefert, weil er weder, wie Mendelssohn, eine solide Ausbildung genossen hatte, noch, wie Chopin, Liszt und Wagner, sich auf bestimmte Bereiche spezialisierte. Schumann, das Risiko hochgetriebenen Dilettantismus' nicht scheuend, wollte alles;
- Die Frage, wie man sich zu einem übermächtigen Erbe verhalten solle, beantwortete der unverwandt poetisierende, bezugnehmende Schumann auf eigene Weise: Er zitiert oft und vielfältig, doch eher heran- und hereinholend als im Sinne historisierender Anspielungen hinausschauend, mit dem Odium des Fremden spielend. Die Kanons im Pedalflügel-Opus 58 muten wie lyrische Charakterstücke an; beim vierten Satz der *Rheinischen Sinfonie* formuliert er, mit dem ehrwürdigen Kontrapunkt umgehend, im Zwang zu äußerster Verdichtung ebenso dringliche Gegenwärtigkeit wie in der Wahrnehmung der Aura – deutlich besonders beim breit auskomponierten Verhallen im Kirchenraum am Satzende;

- Jene Sicherheit, Neues sagen, neu anfangen zu können, deren jede künstlerische Wirksamkeit bedarf, war im Schatten der »Kunstperiode« besonders schwer zu haben. Hier half dem Komponisten der Improvisierende, der in konkreten Situationen agiert, direkter mitteilt und adressiert. Die simple Rede von Schumanns Befangenheit in kleinen Dimensionen übersieht eine dahinter liegende, welche der Spannung zwischen Spontaneität und Besonnenheit, klingender Unmittelbarkeit und formaler Architektur entspringt. Weil sie nahe bei derjenigen zwischen dialogischer Mündlichkeit und anonymer Schriftlichkeit liegt, mit der Platon im *Phaidros* und im *Siebenten Brief* befaßt war, liegt es nahe, nach einer bei Schumann geschärften Dialektik zu fragen zwischen einer als auskomponierte Form fertiggestellten und einer improvisierten, als Herstellungsprozeß mitgeteilten, unfertigen Musik, welche in der aufgeschriebenen bei ihm weniger zur Ruhe kommt als anderswo;
- Daß jeder Neubeginn in unbekanntem Gelände des Partners, der Mitteilung bedarf, die Mitteilung also des Adressaten, verschafft den zahllosen, kenntlichen wie unkenntlichen Clara-Widmungen über alles persönliche Bekenntnis hinaus den Hintergrund einer Durchgangsstation. Hätte es sie nicht gegeben, hätte Robert sie erfinden müssen als Namen und Konkretisierung einer Ideal-Mitwelt, die ihn so anhört, wie er angehört sein will;
- In bezug auf die konträren Ich-Projektionen Florestan und Eusebius, deren Schumann sich in Rezensionen, in seiner Musik und auch privatim als fingierter Autoren bedient, muß er sich fragen lassen, woher und warum sie projiziert wurden; Anregungen durch Jean Pauls Doppelgänger, insbesondere Walt und Vult in den *Flegeljahren*, fielen auf einen von sich aus fruchtbaren Boden und widerlegen die Vermutung nicht, er habe Verantwortung abtreten, habe sich als eindeutig personalen Bezugspunkt aus dem Spiel nehmen wollen (»Florestan den Wilden,/ Eusebius den Milden,/ Thränen und Flammen,/ Nimm sie zusammen/ In mir

beide,/ Den Schmerz und die Freude«; Briefwechsel I, 313);

– Im Hinblick auf die Diskrepanz von ausgestelltem Künstler-Traumpaar und Schwierigkeiten des ehelichen Zusammenlebens reicht als Erklärung nicht aus, daß Clara und Robert nach allem, was vorausgegangen war, füreinander die jeweils einzige Zuflucht waren (»es gibt keine Wahl mehr zwischen uns«, Briefwechsel II, 409; »wir sind vom Schicksal schon für einander bestimmt«, Jugendbriefe, 268), daß sie zugleich sich lieben mußten und herzlich liebten. »Romantik als Schicksal«, wie der verblasene Untertitel einer ins Deutsche übersetzten Biographie Clara Schumanns lautet (Reich 1991), verrät Erklärungsbedarf und erklärt nichts;

– Mit dem Ehe-Tagebuch, Dokumentation und Mini-Beichtstuhl in Einem, installieren die beiden neben der mündlich-alltäglichen Kommunikationsebene eine indirekte zweite, welche sie nur beim wöchentlichen Wechsel vom einen zum anderen aufarbeiten; das bringt für den jeweils Nichtschreibenden die Frage mit sich, von welchen Problemen und Wertungen des anderen er bis dahin ausgeschlossen ist: »Nächste Woche bitte ich Dich, daß Du es mir sagst« (Tb II, 114). Wohl wird der Anprall an manchen Problemen schriftlich objektiviert und durch zeitliche Distanz abgefedert, doch bleibt noch hinter der direktesten Verständigung die Gefahr kleiner, gewiß oft in Bekenntnisse verpackter Racheakte, auf die beide sich schon briefwechselnd gut verstanden (Hoffmann-Axthelm 1994, 87 ff.). Einerseits penibles Protokoll, andererseits programmierte Uneindeutigkeit – welche Verständigungsebene gilt, wenn es ernst wird? Blieb Schumann auch hier so sehr der Schriftsteller, der sich schreibend eher äußern kann als redend und Clara deshalb auf diese Verständigungsebene zwang? Wenn er während der Rußlandreise »Kränkungen, die kaum zu ertragen u. Klara's Benehmen dabei« protokolliert (Tb II, 294), hat das mit Aufrichtigkeit wenig zu tun und mit vergrabener Tellermine viel – worauf Clara entsprechend fassungslos (»Ich weiß von nichts«) und, wie meistens, nachsichtig reagiert (Tb II, 356);

– Den Mythos des Inspirationsmusikers, der der poetischen Begeisterung, dem ersten Impuls

und Einfall mehr traut als nacharbeitender »Besonnenheit«, hat Schumann so gut bedient, daß die letztere aus dem gängigen Bilde seines Künstlertums fast verschwand: »Ich am Klavier ... komponirte und schrieb und lachte und weinte durcheinander«; »seit gestern früh habe ich gegen 27 Seiten Musik niedergeschrieben (etwas Neues), von dem ich Dir weiter nichts sagen kann, als daß ich dabei gelacht und geweint vor Freude«; »ich habe wieder so viel komponirt, daß mir's manchmal ganz unheimlich vorkömmt. Ach, ich kann nicht anders, ich möchte mich todt singen wie eine Nachtigall« (Jugendbriefe, 299, 309 und 314). Es fiel nicht schwer, dem als rigorosen Anwalt der Besonnenheit Brahms gegenüberzustellen, welcher doch auch handwerklich Schumanns Erbe war und sich als solcher ebensowohl bekannt wie gegen ihn definiert hat; das ironisch abwehrende Aperçu, er habe bei Schumann »nur Schachspielen« gelernt, wiegt eher gering;

– Dem Bilde dessen, der sich »todt singen [...] möchte [...] wie eine Nachtigall«, widerstreitet der Eindruck einer strategisch vorbedachten Erschließung der Genres: bis 1839 um die zehn Jahre fast ausschließlich Klaviermusik, 1840 knapp 150 Lieder, 1841 Orchesterwerke, u. a. zweieinhalb Sinfonien und der erste Satz des nachmaligen Klavierkonzertes, 1842 Kammermusik, u. a. drei Streichquartette, das Klavierquartett und das Klavierquintett, 1843 das Oratorium, 1847 die Oper (welche seit 1842 sein »Morgen= und abendliches Künstlergebet« gewesen war, BNF, 220), ab 1849 nochmals eine programmatisch anmutende Bestellung nahezu des gesamten kompositorischen Feldes, nun auch geistliche Musik, u. a. eine Messe einschließend. »Ich habe mehr Plan und Absicht in meinen Schriften, als man gewöhnlich glaubt« (Jean Paul 1971, 157) – hätte nicht auch Schumann so reden können, wie vereinbart sich das mit der vermeintlich wilden, wo nicht blinden Spontaneität?

– Dem Bilde des Gefährdeten, am Ende der Krankheit Erliegenden ist auch Schumanns engster persönlicher Umkreis erlegen; im Falle des Violinkonzerts waren es Clara und Joseph Joachim, die, was sie nicht verstanden, dem beginnenden Wahnsinn zurechneten und damit unfreiwillig einem simplifizierten Bilde zuarbeiten: in der »ersten Periode« der genialisch-romantische Stürmer und Dränger, in der zweiten der klassizistisch Zurückgenommene, in der dritten der zunehmend Umschattete, dessen Cello-Romanzen Clara verbrannte. Die Kurve von jugendlichem Überschwang über den Anprall an den Realien des Lebens bzw. der Kunst und endlichem Scheitern erschien plausibel genug, um Versuche zu entmutigen, einen in solchen Wandlungen, hinter der »Universalpoesie« der halben Fiktionen, Maskenspiele etc. identischen Schumann aufzuspüren. Auf seiner Identität hat er u. a. in zahllosen Anspielungen, Selbstzitaten etc. bestanden – bis heran an den Eindruck, er hintergehe jeweilige Aufgabenstellungen, Gattungen, Formen und deren Spezifikation, indem er letzten Endes an ein und derselben unangepaßten, nur dem jeweiligen Gegenstand hingegebenen Musik komponiere. Dennoch bedurfte es kaum des Versuchs von neudeutscher Seite, den Schumann der dreißiger Jahre für die Zukunftsmusik zu reklamieren und den Schumann der vierziger Jahre in die konservative Ecke zu schieben. Daß man in den dreißiger Jahren nur auf dem Klavier in der Weise Chopins, Schumanns und Liszts »avantgardistisch« sein konnte und die Wendung zu Sinfonie und Kammermusik eo ipso eine gewisse Klassizität implizierte, wurde selten bedacht;

– Falsche Schatten bis hin zu dem Eindruck, er stelle, am ehesten mit Ausnahme des Liedkomponisten, vornehmlich eine Trittstufe zu Brahms dar, haben auch die Verzichte und Selbstzurücknahmen des späten Schumann geworfen. Das Erscheinen des Junggenies Brahms, Schumanns so sichere wie vorschnelle Begrüßung als »der, der da kommen mußte«, der Sprung in den Rhein, der selbstgewollte Rückzug in die Anstalt etc. ergeben eine Ereignisfolge, welche den Schluß nahe legt, da habe einer bewußt und freiwillig den Platz geräumt;

– Weil Schumann poetische und biographische Zusammenhänge unablässig, fast als ästhetische Beglaubigungen herausstellte, war es leicht, seine Musik als nicht ganz aus dem Dunstkreis ihrer Veranlassungen entlassen, nicht bis zur

Klassizität autonomer Kunst gediehen anzusehen, auch dies – samt den Risiken eines Genies, welches gewisse Schwierigkeiten des mittleren Talents nicht loswird – eine Facette des Romantischen, auch das »Universalpoesie«. Zuweilen reichte die kreative Befangenheit nicht hin, ihm dies zu verhehlen: »Das Ganze hat durchaus keinen Kunstwerth; einzig scheinen mir die vielfachen verschiedenen Seelenzustände von Interesse«, schrieb er an Moscheles über den *Carnaval* (BNF, 102);

– »Mensch und Musiker suchten sich immer gleichzeitig bei mir auszusprechen« (BNF, 227): die Übermacht und Überfülle biographischer Daten gegenüber einer allemal deutungsoffenen Musik und die Umstände des Lebensendes begünstigten eine Biographik, welche zehnmal eher das Werk vom Leben aus als – freilich schwieriger – dieses von jenem her gedeutet und z. B. gefragt hat, ob ohne Musik – als dem Zufluchtsort einer spezifischen »Gesundheit« – die biographische Katastrophe nicht früher eingetreten wäre. »Denn im gewöhnlichen Leben ist man ja garnicht Das, was man in den erhöhten Momenten der Produktion ist« (Schopenhauer 1971, 124). Noch in Endenich hat Schumann am Klavier gesessen und gearbeitet. Daß wir von ihm biographisch mehr und detaillierter wissen als von allen Musikern seines Ranges, legt eine Reaktion wie die von Georg Brandes anläßlich der Publikation von Kierkegaards Tagebüchern nahe oder wie die von Herder, als Rousseaus *Confessions* erschienen (Herder 1959, 215): »Einen Schlüssel zu seinen Schriften haben wir nun freilich; ich wollte aber, man hätte ihn nicht.«

Der und was dahintersteht – um auf Hofmannsthals Jubiläums-Allergie zurückzukommen – »feiert sich« nicht oder nicht mehr »von selbst«. Nicht nur belegen zurückliegende Jubiläen, u. a. die von Mahler (1960/61), Beethoven (1970 und 1977) oder Schubert (1978), daß eine zunächst kurzatmige Aktualität längeren Atem gewinnen und unsere Kenntnis substantiell bereichern konnte. Darüber hinaus fragt sich, wie es um die »Kulturpotenz« Schumann, um die kulturelle Identität bestellt sei, in deren innersten Kammern wir ihn gern zuhause wüßten; ob wir ihm gegenüber nicht schon in der Situation derer sind, die nicht mehr empfinden, was ihnen fehlt: in und hinter allen musikalischen Erfüllungen eine existentielle Beglaubigung, deren letztes Siegel, so wenig es vorschnell als Deutungsanhalt herhalten darf, sein Ende war.

I

Er hat, im mittel- und westeuropäischen Raum einstweilen als Letzter, noch einmal alles gewollt – in bezug auf jene Beglaubigung, bei den Gattungen, im Zugleich von Komposition und Musikschriftstellerei, von kreativer Egozentrik und rückhaltloser Bewunderung der Musik Anderer, beim Festhalten an praktischer musikalischer Betätigung und im Beieinander von riskanter Künstler- und bürgerlicher Existenz. Die Wundmale der Anstrengung – schmerzlicher noch als die Verhinderung der Virtuosenlaufbahn die Katastrophen des Dirigierenden – blieben nicht verborgen, nicht nur, weil er für sie schlechter disponiert war als andere. Der Totalanspruch dieses Künstlertums duldete keine pragmatische Arbeitsteilung. Chopin hat nahezu ausschließlich fürs Klavier komponiert, Meyerbeer, Verdi und Wagner wenig und kaum Vergleichbares neben Opern bzw. Musikdramen, Berlioz keine nennenswerte Klavier- oder Kammermusik, Mendelssohn, Liszt, Brahms und Bruckner keine Oper.

Alles gewollt hat Schumann auch in dem Sinne, daß er, immer von großen Gegenständen und Stoffen herausgefordert, kaum je sich in der Spezifikation eines Genres häuslich eingerichtet und von dessen Vorgaben her komponiert hat, sondern bestrebt war, es mit jedem Werk jeweils neu zu konstituieren, den Einsatzpunkt so tief, so nahe bei vorerst von Gattungsrücksichten freien Intentionen zu legen, daß frühere Erfahrungen im Sinne vorgebahnter Wege, einmal gefundener Lösungen kaum nutzbar waren. In einer Zeit ohnehin schwimmender Genre-Verbindlichkeiten bleibt er in bezug auf Zwischengattungen und -lösungen vornan: Inwieweit sind die Klaviersonaten Sonaten, die *Faust-Szenen* oder *Der Rose Pilgerfahrt* Oratorien, inwieweit ist das *Requiem für Mignon* ein Requiem? Liegen *Genoveva* und *Das Paradies und die Peri* über weite Strecken nicht näher beieinander, als Oper und Oratorium es dürften? Auch Melodramen, gesprochene Lieder, Liederspiele und Chorballaden fehlen nicht, und mit den opera 68, 79, 85 und 98a bilden Klavierstücke, ein Lieder-Album, Kompositionen für Klavier vierhändig und das *Requiem für Mignon* über Genregrenzen hinweg einen dichten Zusammenhang. Die Planung »musikalischer Gedichte, mit unterlegten Liedern von H. Heine, verfaßt und Heine zugeeignet«, verrät das Leipziger Lebensbuch von 1833 (Tb I, 417), und kurz zuvor fragt Schumann dortselbst, »warum ... es keine Opern ohne Text geben ... sollte?« (Tb I, 411) – schließlich gab es bereits Lieder ohne Worte. Zu diesem Genre, sofern man von einem solchen sprechen darf, hatte er, ohne es eigens so zu nennen, Etliches beigetragen: die Aria der Sonate op. 11 und das Andantino der Sonate op. 22 u. a. sind Lieder, denen die Worte (der frühen Lieder »An Anna« und »Im Herbste«) verlorengegangen sind; durchaus zutreffend hat eine frühe Kritik seine Lieder als »Fortsetzung seiner Charakterstücke für Pianoforte« charakterisiert (Franz Brendel in: NZfM 1855, 121, zit. n. Edler, 213).

Mit belletristischem Ehrgeiz schreibende Komponisten waren, die romantische Nähe von kreativer Praxis und ästhetischer Reflexion anzeigend, ein Novum, sieht man vom redseligen Grétry und den brillanten Lehrbuchautoren des 18. Jahrhunderts ab. Neben Berlioz hat Schumann, gewiß fast ausschließlich als Kritiker, am besten geschrieben, noch weniger pro domo als jener oder Liszt, nicht zu reden von Wagners zunehmend schwergängiger Kanzleiprosa. Keiner hat sich von weitgreifenden Verantwortungen so in die Pflicht nehmen lassen und andere bis fremde Musik so einfühlsam zu verstehen gesucht wie er; keiner hat diese Mehrspurigkeit teurer bezahlen müssen als er; als Begleiter auf Claras Konzertreisen erlebt er beleidigende Zurücksetzungen, ist lange Zeit vornehmlich als Musikfeuilletonist bekannt, der nebenher Klavierstücke komponiert, und wird noch im Jahre 1848 in einem Festkonzert der Dresdner Hofkapelle mit Werken dort lebender Komponisten übergangen.

Und Schumann hat, schwankend zwischen rücksichtsloser Konzentration auf eigene Arbeit und Einladungen an Clara zu gemeinsamem Komponieren (s. u. a. Briefwechsel II, 571) die

Belastungen des schöpferisch Tätigen, zudem des Redakteurs und Schriftstellers, mit den Verpflichtungen von bürgerlicher Ehe und kinderreicher Familie übereinzubringen versucht, zeitüblich auf Kosten der Frau. Im Vergleich mit den Schumanns erscheinen die Lebensführungen von Chopin, Liszt oder Wagner – dieser immerhin ein rührender Familienvater – rücksichtslos selbst- und werkbezogen und die Ehelosigkeit von Brahms oder Bruckner risiko- und lebensscheu. Die Dimension des Problems mag eine kritische Selbstauskunft Wagners verdeutlichen, von ihm selbst in Cosimas Tagebücher eingetragen: »Er klagte über die Nötigungen seiner künstlerischen Bestimmung, dadurch, daß er ihnen gehorche, seine moralischen Anlagen unausgebildet lassen zu müssen: nebenbei könne er nichts tun, oder alles fiele schlecht aus; ganz moralischer Mensch sein heiße aber sich ganz aufopfern« (Wagner 1976, 102). Cosima hat nach eigener Auskunft dazu geschwiegen.

Auch eine Kraftnatur, die Schumann nicht war, wäre überfordert gewesen. »Aber Himmel, was haben Sie aus sich in den letzten Jahren herausgegraben!«, replizierte Mendelssohn, als Schumann 1845 über »Nervenleiden« klagte (zit. n. Musik-Konzepte 13/15, 102); nachdem Vater Wieck ihn »phlegmatisch« gescholten hat, bricht es stolz und zornig aus ihm heraus: »Ich habe bis jetzt an die achtzig Druckbogen eigener Gedanken in die Zeitschrift geliefert, die anderen Arbeiten der Redaktion garnicht mitgerechnet, habe nebenbei zehn große Kompositionen in zwei Jahren fertig gebracht – Herzblut ist dabei – dabei täglich mehrere Stunden strenge Studien in Bach und Beethoven, und viel eigene gemacht – eine große Korrespondenz, die oft sehr schwierig und ausführlich, pünktlich besorgt – bin ein junger Mann von 28 Jahren, ein Künstler raschen Blutes und trotzdem seit acht Jahren nicht über Sachsen hinausgekommen und still gesessen, habe mein Geld zusammengenommen, kenne keine Ausgaben für Gelage, für Pferde, und gehe still meinen Weg nach Gohlis wie sonst – und dieser Fleiß, diese Einfachheit, diese Leistungen finden keine Anerkennung bei Deinem Vater?« (Jugendbriefe, 287 ff.).

Kein Zufall, daß, wenn er nicht gleich als »überschraubtes Talent« abgefertigt wird, weil er

»nicht seine Grenzen« erkannt habe (Cosima Wagner 1977, 894), als »fest eingesperrt in sein Talent« (Hebbel, Bd. 3, 322) oder als »unglücklicher Möchtegern« (Bloch 1923/64, 81), auch emphatische Bekenntnisse oft von Einräumung und rücksichtsvollem Mitleid grundiert erscheinen: »Ihm gehört mein Herz vor allen, ihn lieb ich wie einen verehrten Freund, ihm dank ich die schönsten Stunden – ihn beklag ich auch zutiefst« (Fischer 1950, 53), und leider gut erklärbar, daß »die Brahminen ... sich gegenüber Schumann einen Ton protegierenden, nachsichtigen Wohlwollens« angewöhnten, »der viel impertinenter war als die ehrlichen Plumpheiten des Wagner-Liszt-Kreises« (Berrsche 1959, 194). »Unter dem ganzen Heere der Nachbeter, die sich bis heute nicht entblöden, Schumann von oben herab zu behandeln und zu belächeln, hat Wagners Irrtum und heftige Parteilichkeit bedauerlichen Schaden angerichtet« – so Gustav Mahler, der unter den großen Musikern im deutschen Sprachraum Schumann innerlich wohl am nächsten stand (Mahler 1984, 129).

Nietzsche griff, obwohl damals dem Wagner-Lager nicht mehr zugehörig, tief blickend daneben: »Gilt es heute unter uns nicht als ein Glück, als ein Aufathmen, als eine Befreiung, dass gerade diese Schumann'sche Romantik überwunden ist? Schumann, in die ›sächsische Schweiz‹ seiner Seele flüchtend, halb Wertherisch, halb Jean-Paulisch geartet, gewiss nicht Beethovenisch! gewiss nicht Byronisch! [...] Schumann mit seinem Geschmack, der im Grunde ein kleiner Geschmack war, (nämlich ein gefährlicher, unter Deutschen doppelt gefährlicher Hang zur stillen Lyrik und Trunkenboldigkeit des Gefühls), beständig bei Seite gehend, sich scheu verziehend und zurückziehend, ein edler Zärtling, der in lauter anonymem Glück und Weh schwelgte, eine Art Mädchen und noli me tangere von Anbeginn: dieser Schumann war bereits nur noch ein deutsches Ereigniss in der Musik, kein europäisches mehr, wie Beethoven es war [...] – mit ihm drohte der deutschen Musik ihre grösste Gefahr, die Stimme für die Seele Europa's zu verlieren und zu einer blossen Vaterländerei herabzusinken« (Nietzsche, KSA Bd. 5, 188). Schumanns Wirkung und Wertschätzung u. a. in Rußland und Frankreich widerlegen die »blosse Vaterländerei«, und gewiß sind »die Deutschen«, heute ganz und gar, weniger durch den

»Hang zur stillen Lyrik« gefährdet als durch seinen Verlust.

Wo Erklärungsgründe nahe- und qualitative Differenzen offen liegen, scheint die Einladung zu Kritik eher einbegriffen als die Frage, ob und inwiefern das, woran hohe Intention scheitert, sich in der ästhetischen Struktur nicht als Hohlform abbilden, negativ in sie hineingenommen sein könne – das betrifft besonders, aber nicht nur die späten Kompositionen. Die Frage wäre als dialektische Volte verdächtig, schöben wir sie oft nicht beiseite, weil wir genug mit dem Begreifen dessen zu tun haben, was an großer Kunst groß ist. Zuweilen fast als Zumutung drängt Robert Schumann uns, mit dem Werk die Bedingungen seines Zustandekommens zusammenzudenken; auf dieser Linie fortfahrend sollten wir uns von ihm außerhalb allen »protegierenden Wohlwollens« zu einem ästhetischen Verständnis inspirieren lassen, welches das Unrealisierte oder Ungelungene als Teil, als Strahlenkranz oder Bodensatz des Gelungenen mitbedenkt.

II

Nicht nur ungeheure Konzentrations- und Arbeitsleistungen widerstreiten dem Bilde des romantisch Angekränkelten, von vornherein zur Zuflucht in Endenich Verurteilten. In mancher Hinsicht erscheint er gar als Glückskind – und bestätigt das gegen alle auf der Hand liegenden Einschränkungen in manchem Anspruch auf Ausnahmerecht. Als mit Abstand Letztgeborener ist er der Liebling seiner Eltern, ein Hahn im Korbe der gesamten Familie, Schwägerinnen eingeschlossen. Seine früh offenkundigen Begabungen werden bewundert und gefördert; der Zwölfjährige gründet ein Schülerorchester und vermerkt auf dem Titelblatt seiner ersten Komposition, als wäre sie zur Publikation bereits angenommen, »chez Breitkopf et Härtel« (Burger, 30 f.); der Vierzehnjährige übernimmt in der *Bildergalerie der berühmtesten Menschen aller Völker und Zeiten* seines Vaters einige Artikel, und dieser versucht, Carl Maria von Weber als Lehrer zu gewinnen. Der Fünfzehnjährige, mittlerweile ein auffallend schöner Jüngling, findet sich denkwürdig genug, um über *Meine Biographie oder Hauptereignisse*

meines Lebens Auskunft zu geben, und der Sechzehnjährige teilt dem Freunde Flechsig als »ausgemacht« mit, »daß unsere Briefe einmal gedruckt werden« (Jugendbriefe, 15). Daß schon der Knabe alte Griechen im Original liest, auch Einiges übersetzt (Schoppe 1985), in der Schule jedoch »ein mäßiger Kopf, mehr träumerisch und unachtsam« war (Flechsig, zit. n. Burger, 36), verrät wie die früh einsetzende Opposition gegen mechanische Paukerei in der Schule, im Kompositionsunterricht und am Klavier oder später das verbummelte Jura-Studium auch denjenigen, der glaubt sich das leisten zu können: »Ach diese Theorie, diese ganze Theorie! Könnt' ich nur ein Genie seyn, um alle Lumpen damit todt zu machen« (Tb I, 331). In Zeiten, da die Beziehungen noch nicht getrübt waren, gesteht er Friedrich Wieck, immerhin seinem wichtigsten Lehrer, daß er »die absolute T h e o r i e wenig leiden ... mag« (Jugendbriefe, 79); in Heidelberg genießt er, »allgemein geliebt und wirklich, ohne mir zu schmeicheln, geachtet und verehrt« zu werden (Jugendbriefe, 104).

»In einer Gesellschaft, wo ich nicht der Erste seyn kann, bin ich lieber nichts, als der Zweite oder Dritte«, bekennt er im Jahre 1832 (Tb I, 416), und sieben Jahre später: »ich will zehnmal weniger sein als Andere, aber nur für mich etwas« (Jugendbriefe, 299). Außergewöhnlichen Menschen jeder Couleur, auch Machtmenschen, gehört sein besonderes Interesse. Mendelssohn bewundert er nahezu grenzenlos (nicht gerechnet ein eifersüchtig-antisemitisches Aperçu, Tb II, 122 f.), jedoch nicht kniefällig: »... könnte noch Jahre bei ihm lernen. Dann aber auch er Einiges von mir. In ähnlichen Verhältnissen wie er aufgewachsen, von Kindheit zur Musik bestimmt, würde ich Euch sammt und sonders überflügeln – das fühle ich an der Energie meiner Erfindungen« (Jugendbriefe, 283 f.), Mendelssohns Fugen findet er im Vergleich mit Bach »ärmlich« (Tb II, 105) und plädiert in einem Brief an den bei der Zeitschrift mitarbeitenden Karl Kosmaly gegen eine subalterne Einordnung (BNF, 205): »In Ihrem Aufsatz über das Lied hatte es mich ein wenig betrübt, daß Sie mich in die zweite Klasse setzten. Ich verlangte nicht nach der ersten; aber auf einen eigenen Platz glaub' ich Anspruch zu haben und am allerwenigsten gern sehe ich mich Reißiger, Curschmann etc. beigesellt. Ich weiß, daß mein Streben, meine Mittel bei Weitem über die Genannten hinausgehen.« Nach dem oben zitierten Zeugnis des Freundes Flechsig schon als Schüler »von der absoluten Gewißheit beherrscht, künftig ein berühmter Mann zu werden – worin berühmt, das war noch sehr unentschieden«, bescheinigt sich der Achtzehnjährige, daß »der Erste seyn [...] ihm angeboren« sei (TB I, 243), und überschlägt sich prahlerisch in einem frühen Brief an Clara (Briefwechsel I, 146) mit der Auskunft, »kaum jemand« könne »von der Ausgezeichnetheit seiner Selbst mehr überzeugt sein als ich von der meinigen«. Das ist verdächtig dick aufgetragen und mußte von der lebensklugen, auf kompensatorische Nüchternheit verpflichteten Clara als überanstrengter Widerruf konträrer Auskünfte verstanden werden, mit denen sie reichlich versorgt war.

Extreme Schwankungen des Selbstwertgefühls bilden nicht zuletzt den Hintergrund einer spezifischen Anmaßung produktiver Künstler, bei Lesern bzw. Hörern Kenntnis von Zusammenhängen vorauszusetzen, von denen sie keine Kenntnis haben können. Mit dem Vorwurf privatistischer Geheimtuerei mußte Schumann sich besonders anhand früher Klavierwerke auseinandersetzen. »Das Kunstwerk darf nicht durch ein fremdes Etwas, es muß ganz allein, voll, durch sich selbst verständlich sein; die Seele muß in ihm, nicht außer ihm wohnen, sonst ist es nicht mehr als der Leichnam auf der Bahre, dessen Seele schon bei den Sternen weilt ... Nur die objektiven, also nothwendigen Wahrheiten darf der Künstler verschleiern und so durch den Reiz der Schönheit erhöhen. Zufällige, subjektive lassen, wenn sie verhüllt bleiben, nur eine Chifferschrift übrig, zu der der Schlüssel fehlt«, schrieb Ludwig Rellstab in einer Rezension der *Papillons* (Faks. in Burger, 106). Obwohl verärgert, weil der Einwand ihn ästhetisch verfehlt, mag Schumann hieran gedacht haben, als er u. a. gegenüber Clara und Liszt die Eignung der *Papillons* und des *Carnaval* für öffentliche Konzerte bezweifelte (Kreisig I, 484). Seine Schwierigkeiten, das fertige Werk als »allein durch sich selbst verständlich« und legitimiert anzuerkennen, die Gewohnheit, inspirative Hintergründe dessen raison d'être zuzurechnen, lassen sich kaum von der zentralen, »universalpoetischen« Prämisse der schöpferischen Arbeit trennen – insofern gibt es noch von hier eine Verbindungslinie zu den Ausnahmerechten des präpotenten Knaben.

III

Sie standen auf wackeligen Füßen. Früh schon erlebt Schumann sich dem »Himmelhoch jauchzend, zu Tode betrübt« jäh wechselnder Gemütslagen ausgeliefert. Schon der Achtjährige verguckt sich in ein kleines Mädchen so sehr, daß er das später berichtenswert findet; ehe er, nun ein Sechzehnjähriger, auf Agnes Carus fixiert ist, die Frau eines Arztes, mit der er musizieren darf, hat er, zuweilen in der Situation von Buridans Esel, bereits etliche pubertäre Schwärmereien absolviert. Nun übt er »Madonnenverehrung« (Jugendbriefe, 5), und – nicht ohne Schwierigkeiten – deren Abstand zum »Schmutz des Gemeinen« (Jugendbriefe, 10). Auch penibel aufrichtige Rechenschaften helfen da wenig: »Mehr Subjektiv.[ist] als Object[.ivist] in seinen Urtheilen und Producten; das Gefühl stärker, als das Streben. Sein Verstand weniger Reflexion, als Eingebung des Gefühls; mehr theoret : [ische] als praktische Vernunft (?). Einbildungskraft stark«, heißt es in der Selbstanalyse des Achtzehnjährigen (Tb I, 242), welcher, wie die Wortwahl verrät, von Kant mindestens gehört hat, mit selbstverordneten kategorischen Imperativen immer wieder scheitert und abgründige Verzweiflungen durchlebt: »Dein Untergang ist nahe oder der Anfang eines andren Lebens« (Tb II, 37).

Nicht nur die unteren Etagen seiner Berauschungen und Zufluchten – infektuöse Erfahrungen mit einer nicht näher identifizierten »Christel«, die sich seiner jungmännlichen Nöte annahm (daher wohl der Beiname »Charitas«), Alkohol in mitunter schlimmen Exzessen – erlebt und registriert er als schmachvolle Niederlagen, sondern auch deren Spannung zu den oberen Etagen – Komponierarbeit und Fantasieren am Klavier. Beides bringt ihn an den Rand von Selbstaufgabe und Ich-Verlust, Letzteres wenigstens mit Aussichten auf produktive Resultate und Ich-Erweiterungen, mit deren Abstand zu den Rückfällen ins »wüste Commersleben« (Projectenbuch, zit. n. Burger, 75) er quälerisch ringt und sich selbst als einen erlebt, der seiner nicht Herr wird, sich selbst kaum aushält. »Sonst ist aber mein Seelenzustand der alte, d. h. einer, vor dem es mir schaudert«, schreibt im November 1834 an Henriette Voigt, die bis zu ihrem frühen Tod in höherem Maße seine Beichtmutter war als die eigene Mutter; »ich habe eine Virtuosität im Festhalten der unglücklichen Ideen – es ist der böse Geist, der sich dem äußern Glück entgegenstellt und es verhöhnt. Diese Selbstquälerei treib' ich oft bis zur Versündigung an meinem ganzen Wesen« (Jugendbriefe, 260 f.).

»Wenn ich mein ganzes Leben durchgehe, so bleibe ich fast immer bey der Frage stehen: bist du's oder bist du es nicht?«, notiert er schon zu Zeiten, da es noch wenig bewußtes Leben durchzugehen gab (Tb I, 23). Weil das Pendel seiner Selbstwahrnehmungen und Stimmungen unerträglich weit ausschlägt, tritt der Tagebuchschreiber, beginnend bei drastischen Schilderungen der Folgen haltloser Sauferei, sich selbst als wachsames Über-Ich entgegen. Ich »denke immer, ich bin nicht fleißig genug« (Tb II, 164), »viel im Contrapunct u. der Fuge geübt diese Zeit über« (Tb II, 215) – derlei Rechenschaften wechseln mit Reuebekenntnissen ab; zuweilen bringt er das Über-Ich direkt zum Sprechen, so u. a. in der Rolle von »Meister Raro« alias Friedrich Wieck: »Laß dich's nicht entmuthigen, lieber Robert, wenn es einmal nicht so perlen u. schnellen sollte, wie während der letzten acht Tage; übe dich in Geduld, hebe die Finger leise, halte die Hand ruhig u. spiele langsam: und Alles muß wieder in's Gleis kommen« (am 9. Juli 1831, Faks. bei Burger, 100); auf Reisen führt er eine stumme Klaviatur mit sich. Die Rolle des Über-Ichs versah Clara späterhin ungleich besser; Trennungszeit wurde regelmäßig zu Elendszeit, die Liebe zu ihr eins mit Angewiesensein auf sie. »Weil ich gar so wenig bin dem Engel gegenüber« (Tb I, 52) – so begründet er vor sich selbst das Mißbehagen, mit dem er ihre Ernennung zur Kammervirtuosin zur Kenntnis nimmt, und gesteht damit ein, aus welcher Ecke die Rivalitätsgefühle stammen. »Ich muß mich immer von einigen Menschen mit hinaufziehen lassen« (Jugendbriefe, 162) – dies begründet den Überschwang seiner Liebes- und Freundschaftsverhältnisse zumindest in gleichem Maße wie erotische Momente.

Musik stellt immer Zuflucht und Anhalt dar für den, der anderwärts nicht für sich garantieren kann. Das gehört wesentlich zum Hintergrund unfaßbarer Konzentrationsleistungen, welche ihm, als durch vorangegangene und kommende Depressionen flankierte Euphorien, innerhalb kürzester Fristen enorm viel zustande zu bringen erlauben: in vier Tagen die *Kreisleriana*, in ebenfalls vier Tagen den Entwurf der 1. Sinfonie und später das *Spanische Liederspiel*, in einer Woche 20 Heine-Lieder, welche später, auf 16 reduziert, als *Dichterliebe* veröffentlicht wurden, undsoweiter. Insofern widerspricht dem Bilde des zwischen Exzeß und Disziplin Hin- und Hergeworfenen nicht, daß Emil Flechsig »ihn nie anders als arbeitend gesehen« und beschrieben hat als »nicht nur den ehrgeizigsten, sondern auch ... fleißigsten Menschen, den ich gekannt«, und mit einem weiteren Freunde darin übereinstimmte, »daß er's zum großen Musiker gebracht hat, vielleicht weniger durch Genie als durch eiserne Willenskraft« (zit. n. Burger, 36). Die Auskunft fügt sich schlecht in die gängige Vorstellung vom mimosenhaft eingezogenen Romantiker, der kaum das Steuer des eigenen Lebens zu führen weiß.

IV

Schumann hat das Auf und Ab zwischen Euphorie und Depression, gelungener und mißlingender Disziplinierung zu tief erlitten, als daß er nicht gedrängt gewesen wäre, ihm einen Sinn zu geben. Schon der Achtzehnjährige versucht sich unter Berufung auf Jean Paul in einem Essay über den Zusammenhang von Genialität und Aufputschmitteln – im *Hesperus* hat er bestimmt nicht ungern gelesen, »Leute von wahren Talenten sollten [...] sich betrinken, um das Leben aus dem rechten Licht zu sehen und es uns nachher zu melden« (Jean Paul 1959 ff., I, Bd. 1, 940); im Tagebuch protokolliert er, daß »schwere Zigarren« und »schwarzer Kaffee« zu poetischen Stimmungen verhülfen, und registriert aufmerksam, daß seine Fantasie zuweilen besonders rege gewesen sei, wenn er tags zuvor getrunken und sich übergeben habe (Tb I, 97); in gemilderter Form erfährt die Schwägerin Rosalie, »daß ... die melancholischen Empfindungen etwas sehr anziehendes, selbst stärkendes für die Phantasie haben« (Jugendbriefe, 198). »Knillität«, von der in den Tagebüchern oft die Rede ist, meint über die Bedeutung »knülle« hinaus eine halluzinatorische Abgehobenheit, die er oft genug ersehnt, nicht weit von Schillers fauligen Äpfeln, Jean Pauls Kaffee plus Alkohol, E.T.A. Hoffmanns Arrakpunsch oder den Stimulantien von Baudelaires *Paradis artificiels*. Da noch die schlimmsten Niederlagen der Selbstdisziplinierung im Souterrain seiner Berufenheit Platz finden, fehlt zum Zuschnitt und den Erklärungsmustern der poètes maudits nicht viel – »Plonger au fond du gouffre, Enfer ou Ciel, qu'importe?/ Au fond de l'Inconnu pour trouver du *nouveau* (»In die Tiefe des Abgrunds tauchen, Hölle oder Himmel, gleichviel!/ In die Tiefe des Unbekannten, um *Neues* zu erfahren«, Baudelaire 1961, 127). In diesem Sinne leidet Schumann unter seiner schwer beherrschbaren Emotionalität nicht nur, er weiß sich zugleich privilegiert wo nicht auf sie als Instrument verpflichtet, das zu einzigartigen ästhetischen Funden verhilft. »An den Tagen und Stunden wo der Trieb zur Wollust am stärksten ist, [...] grade dann sind auch die höchsten Kräfte des Geistes ... zur größten Thätigkeit bereit«, notierte der 25jährige Schopenhauer (Schopenhauer 1966, 53); in den manischen Zügen erinnert das u. a. an Jean Pauls oder Nietzsches Improvisierwut; des Letzteren Flucht ans Klavier im Bordell (Janz 1978/79, Band I, 137) hätte Schumann ebenso gut passieren können.

Gefährliche Stimuli und Kunst als Droge liegen dergestalt nahe beieinander. »So feurig er am Clavier saß, so leicht und gleichgültig nahm er's in anderen Dingen« – »Nach der gemeinschaftlichen Unterhaltung folgten dann in der Regel [...] freie Phantasien auf dem Clavier, in denen er alle Geister entfesselte. Ich gestehe, daß diese unmittelbaren musikalischen Ergüsse Schumann's mir immer einen Genuß gewährt haben, wie ich ihn später, so große Künstler ich auch gehört, in *der* Art nie wieder gehabt« – die Beschreibung der Freunde Flechsig und Töpken (zit. n. Burger, 64 bzw. 74) finden in eigenen Aufzeichnungen vielfach Bestätigung: »Krankhafte Sehnsucht nach Musik u. Clavierspiel, wenn ich lange nicht gespielt ... In der freien Phantasie am stärksten ... Hinreißendes Feuer meines Vortrags (Eismann, Quellenwerk, 18); im Gedanken an Agnes Carus »fantasierte ich

gut, denn sie lebte in meinen Fantasien u. der ganze Tonhimmel mit ihr« (Tb I, 94). Bei einem Besuch in Frankfurt gab er sich »für den Hofmeister eines jungen englischen Lords aus, der sich einen Flügel kaufen wollte und spielte so begafft und beklatscht[,] drei ganze Stunden lang« (Jugendbriefe, 49), und »verzürnte« Jahre später »am Klavier den ganzen Nachmittag«, weil kein Brief von Clara kam; eine Seite weiter ist er glücklich, weil er »schön phantasiert« hat (Tb II, 76 bzw. 77), ein andermal »schwimmt heute alles in Musik; ich muß an den Flügel«, und wieder wenig später »fiel mir meine Musikraserei ein, wenn ich nach langer Pause über ein Clavier gerieth. So hab ich in der Schweiz oft bis in die Nacht hinein phantasiert« (Tb II, 108 bzw. 173 ff.). Von Fantasieren und freier Improvisation, bis hin zu musikalischen Karikaturen im Kreise von Freunden, welche erkennen konnten, wen oder was Schumann meinte (Wasielewski ⁴1906, 11), ist so oft die Rede, daß an deren Wichtigkeit kein Zweifel bleibt und die Frage nach einem versunkenen Kontinent Schumannscher Musik sich aufdrängt bzw. die, auf welche Weise die improvisierte in die geschriebene Musik eingegangen sei. Bei den Chopin- und Paganini-Porträts im *Carnaval* z. B. liegt der Bezug auf der Hand. Viel eigene Erfahrung mag hinter dem Ratschlag an Clara stehen, » n i c h t   z u   v i e l   z u   p h a n t a s i r e n ; es strömt da viel ungenützt ab, was man besser anwenden könnte« (Jugendbriefe, 296), aber auch Angst vor der Ernüchterung, dem Ende der »rührend-kurzen Freude, die aus dem Nichts entsteht und ins Nichts vergeht, – die anhebt und versinkt, man weiß nicht warum: – eine kleine fröhliche grüne Insel, mit Sonnenschein, mit Sang und Klang, – die auf dem dunkeln, unergründlichen Ozean schwimmt« (Wackenroder 1984, 352).

Schumann bleibt bei der Spontaneität der »Musikraserei« also nicht stehen, er verordnet sich Rezepturen, z. B. daß man beim Fantasieren nicht aufgeregt sein dürfe, da man es unvermerkt ohnehin werde, und erkennt dabei Musik auch als »moralische Anstalt«: Sie »ist der eigentliche Beichtstuhl unserer ›Sünden‹ Seele; der Mensch fühlt dann so recht zerknirscht, wer er ist. Bey Kirchen und erhabenen Musiken gehen auch unsere begangenen Sünden u. Irrthümer, wie zürnende Genien, an unserer Seele vorüber« (Tb I,

105); im Leipziger Lebensbuch II verfolgt er eine ähnliche Gedankenlinie: »Die heilige Musik ist auch der Deckmantel der geheimsten, verworfenste[n] Gefühlssünden, sagte Florestan« (Tb I, 385).

Einerseits also Zuflucht und »freundlich Asyl ... der Garten, wo ich, wandelnd/ Unter den Blüten, den immerjungen/ in sichrer Einfalt wohne« (Hölderlin, »Mein Eigentum«, in: Hölderlin 1965, 226), einerseits »Land der Musik [...] des Glaubens [...], wo alle unsere Zweifel und unsre Leiden sich in ein tönendes Meer verlieren, – wo wir alles Gekrächze der Menschen vergessen, wo kein Wort- und Sprachengeschnatter, kein Gewirr von Buchstaben und monströser Hieroglyphenschrift uns schwindlich macht, sondern alle Angst unsers Herzens durch leise Berührung auf einmal geheilt wird«, wie er bei Tieck/Wackenroder gelesen haben mag (Wackenroder 1984, 310); dort fand er explizit, was ihm in Jean Pauls literaturgewordener Musikalität sympathetisch entgegenkam. Andererseits – das klingt in der Charakteristik als »eigentlicher Beichtstuhl« an – existentielle Verdichtung, Medium intensiver Selbstwahrnehmung, »Zauberstab, der die innere Welt verwandelt, wenn er sie berührt, eine Wünschelrute, vor der die innere Tiefe aufgeht. – Die wahre Mondachse des innern Monds« (Jean Paul 1959 ff., I, Bd. 2, 657), durchaus nicht nur »Dschinnistan« und rettende Enklave, sondern realste Realität mitbestimmend: Musikalische Erlebnisse bringen, verborgene Wahrheiten therapeutisch offenlegend, u. a. in Jean Pauls *Hesperus* Horion nahe ans Liebesgeständnis heran und die getrennten Brüder der *Flegeljahre* zusammen. Anläßlich der *Kinderszenen* empfiehlt Schumann Clara am 11. März 1839: »Bei meinem op. 15 erinnere Dich manchmal meiner und unserer Zukunft«; wenige Monate danach hat er »an Deiner Romanze [...] abermals gehört, daß wir Mann und Frau werden müssen« (Briefwechsel II, 439 bzw. 640).

»Sich zu kennen, dazu muß das bloße Ich zu anderen gehen. In ihm selber steht es in sich versunken, dem Innen fehlt das Gegenüber. Doch an dem anderen, woran ein sonst unsichtiges Inneres sich faßt, geht es leicht wieder in Fremdes von sich weg. Einzig das Tönen, dies, was in Tönen sich ausspricht, ist ohnehin auch auf ein Ich oder Wir zurückbezogen. Die Augen gehen darin über, und

es dunkelt bedeutend, so daß Äußeres zunächst versinkt und nur ein Brunnen zu reden scheint. Er ist sehr oft der, welcher im versuchten Selbersein quillt und schäumt, dies Unruhige *hört* sich nun an. Als ein gestaltetes Sehnen und Treiben an sich, als ein Lied, das einsam hinzieht oder sich mit anderen verschlingt und immer unsichtbare menschliche Züge darstellt ... Der Ton spricht zugleich aus, was im Menschen selber noch stumm ist«. Ernst Blochs Beschreibung (Bloch 1967, 1243) liegt nahe bei Jean Paul, wenn dieser von den zeitaufhebenden Kompetenzen der Musik spricht: »Die heilige Musik zeigt den Menschen eine Vergangenheit und eine Zukunft, die sie nie erleben« (Jean Paul 1959 ff., I, Bd. 2, 660).

Der am Klavier vor sich hin Spielende erfährt derlei Grenzüberschreitung offenbar direkter als der auf ein werkhaftes Ganze ausgehende Komponierende; insofern dürfen wir den fantasierenden Schumann nicht nur als Rohstoffsammler im Vorhof der »eigentlichen« Musik betrachten. Er selbst hätte das von sich gewiesen, denn »in der freien Fantasie vereint sich das Höchste in der Musik, was wir noch in Compositionen d. reinen Satzes vermissen – das Gesetz des Taktes mit dem abwechselnd lyrisch-freyen Taktmaße ... Ungebundenheit ist jedes mal genialer u. geistiger als das Gebundene« (Tb I, 113). Gewiß spielt neben Schutzraum und gesteigerter Selbstwahrnehmung eine wichtige Rolle, daß die musikalische Fantasie, der Aufenthalt im Medium, um nicht zu sagen: das In-Musik-Sein auch außerhalb werkhafter Zwecksetzungen geübt und in Gang gehalten werden muß – Jean Paul spricht in seiner »Selberlebensbeschreibung« (Jean Paul 1971, 64) von der »Selberfreilassung vom Unterrichte«. Schwerer wiegt, daß der Anprall des Ich am Ton im Angewiesensein aufs Hier und Jetzt, in der radikalen, unwiederholbaren Augenblicklichkeit des Klingenden sich in größtmöglicher Unmittelbarkeit vollzieht, daß mehr als irgendwo sonst Musik hier »reale Gegenwart« ist (Steiner 1989) und zur vergegenständlichenden Ausformulierung noch in der Spielweise Abstand hält: Franz Brendel (1875, 479) berichtet, daß Schumann »mit aufgehobenem Pedal zu spielen liebte, um die Harmonien öfters nicht ganz deutlich hervortreten zu lassen«.

Gewiß befindet er sich in der Tradition der improvisierenden, fantasierenden C.Ph.E. Bach,

Mozart, Beethoven etc., anders jedoch als diese nicht mehr im sichernden Rahmen kompositorischer Regularien, die für die Improvisation spezielle Orte und Funktionen bereithalten; Kadenzen z. B. spielen in seinen Solokonzerten kaum eine Rolle. Da man sich nach dem jähen Verlöschen der »Kunstperiode« auf eine neue Musik angewiesen sieht, ohne genauer zu wissen: welche, hat das Ab ovo der Improvisation, die sich des Quellpunkts der Musik immer neu versichert und die entfremdenden Zwänge der Niederschrift bzw. formbezogener Rechenschaften kaum kennt, anderen Stellenwert. In den Charakteristiken einer befreienden Selbstfindung wie im Blick auf das Hochgefühl, mit dem der Spielende sich als schöpferische Subjektivität, als »Deus secundus« erlebt und überkommene Reglements verachtet, erscheint sie der Pindar-Aneignung zwischen Klopstock und Hölderlin vergleichbar; der Weg von der Metaphorik des Stromes als Inbild kreativ gehobener Rauschzustände zu Schumanns »Knillität« ist nicht weit. »Monte decurrens velut amnis, imbres/ quem super notas aluere ripas,/ fervet immensusque ruir profundo/ Pindarus ore (»Wie vom Gebirge der Strom stürzt,/ Den Regengüsse über sein Bett anschwellten,/ So brauset, so stürmet des unerreichbaren Pindars Gesang«) lautet das von Horaz gelieferte Stichwort (carm. IV.2, zit. n. Schmidt 1985, Bd. 1, 180), und Klopstock antwortete u. a. so: »Willst du zur Strophe werden, o Lied? Oder/ Ununterwürfig, Pindars Gesängen gleich,/ Gleich Zeus erhabnem trunknem Sohne,/ Frey aus der schaffenden Sel enttaumeln?« (zit. n. Schmidt 1985, Bd. 1, 183).

Die in solcher Ausschließlichkeit nur den Tönen gegebene Möglichkeit, »frey aus der schaffenden Sel« zu »enttaumeln«, auf eigene Weise »absolut« zu sein, ist angesichts der Befangenheit in Fragen musikalischer bzw. außermusikalischer Bestimmungen bei der Diskussion um »die Idee der absoluten Musik« (Dahlhaus 1978; Tadday 1999, 122 f., 127 f., 134 f.) vernachlässigt geblieben, obwohl sie im Gegenzug zu Kants und Hegels Tadel an der mangelnden Gegenständlichkeit besonders aktuell war. Das klingt in Wackenroders (a.a.O., 283) Beschreibung der »wahren« Art, Musik zu genießen – »sie besteht in der aufmerksamsten Beobachtung der Töne und ihrer Fortschreitung; in der völligen Hingebung der Seele in diesen

fortreißenden Strom der Empfindungen« – ebenso an wie bei Schleiermacher, obwohl nicht ausdrücklich von Musik die Rede ist: »Jener erste geheimnisvolle Augenblick, der bei jeder sinnlichen Wahrnehmung vorkommt, ehe noch Anschauung und Gefühl sich trennen, wo der Sinn und sein Gegenstand gleichsam ineinander geflossen und Eins geworden sind, ehe noch beide an ihren ursprünglichen Platz zurückkehren – ich weiß, wie unbeschreiblich er ist, und wie schnell er vorübergeht, ich wollte aber, Ihr könntet ihn festhalten und auch in der höheren und göttlichen religiösen Tätigkeit des Gemüts ihn wieder erkennen« (Schleiermacher 1959, 41). Die Erfahrung solcher »ersten geheimnisvollen Augenblicke« gehört zum Hintergrund des stolzen Bewußtseins, in dem Schumann am 31. Mai 1840 an Clara schreibt: »Manchmal ist mir doch als käme ich auf ganz neue Wege in der Musik« (Jugendbriefe, 315).

Wenn man also ein von außermusikalischen Verunreinigungen freies Absolutum herausdestillieren will, müßte man, bevor nach verbaliter erreichbaren bzw. nicht erreichbaren Inhalten gefragt wird, zunächst die Niederschrift als musikfremd verdächtigen, die das Klingende seiner eigensten Dimension entfremdet bzw. entzieht, der verfließenden Zeit, der Vergänglichkeit. Demgemäß hielte sich der am Klavier fantasierende Schumann weniger im Vorhof als an einem Quellpunkt der Musik auf und lüde ein, in auskomponierter Musik den aufzusuchen, der sich, teilweise gegen die Zwänge zu Korrespondenz und Rundung, dieses Punktes immer neu versichert. Das hieße sich mit einer Verschiebung der Beglaubigungen auseinandersetzen: Beim Improvisierenden fällt, auch, weil er meist allein musiziert, das personale Moment stärker ins Gewicht, überraschende Wendungen, Abbrüche z. B. bleiben stärker auf ihn bzw. auf die Unmittelbarkeit seiner Mitteilung bezogen, sie bedürfen des Rückhalts in der Plausibilität der Struktur weniger – auch, weil die Materialität des Instruments, die Magie des schwingenden Körpers, die Interaktion des Spielenden mit ihnen jene Unmittelbarkeit mitbestimmen. Komponiertes muß allemal vermittelter, koordinierter, abstrakter, im Hinblick aufs hier und jetzt Klingende anonymer erscheinen. Kein Wunder, daß solistische Musik für Tasteninstrumente am ehesten die Nähe zur Improvisation hält, mithin am freiesten komponiert ist: Einerseits ist unterstellt, daß nur einer spielt und das Gespielte als Person beglaubigt; andererseits kann ein Satzganzes realisiert werden, stehen also der Anähnelung an improvisatorische Praktiken im Vergleich zu Melodieinstrumenten größere Spielräume zur Verfügung.

Nicht nur Klavierwerke belegen, daß solche Wahrnehmung des Details, die Befangenheit des Improvisierenden in der Unmittelbarkeit des Klingenden, die »Fernsicht« aufs tektonische Ganze beeinträchtigen kann – u. a. deshalb, weil Fernsicht darauf angewiesen ist, über scheinbar weniger Wichtiges hinwegsehen, -hören und -erinnern zu können, dessen Sinn und Funktion sich erst im Nachhinein erschließt. Formuliert die pathetisch ausholende Überleitung vom Scherzo zum Finale der 4. Sinfonie, bei der späteren Überarbeitung gar noch erweitert, nicht noch größere Erwartungen, als danach eingelöst werden, ist sie, vom explosiv losbrechenden Beginn des Finale abgesehen, zu dessen Legitimation tatsächlich vonnöten, war Beethovens Fünfte ein übermäßig suggestiver Pate? Gehört beim zweiten Thema im Kopfsatz des Violinkonzertes zur bohrenden Versenkung in eine melodische Geste, zu deren insistierenden Wiederholungen nicht wesentlich, daß die Musik in der lyrischen Enklave ad infinitum verweilen, sich wie in einem Kokon einspinnen, Zeit und Stunde und Zusammenhang vergessen will? Ähnliches Vergessen begründet scheinbar paradoxe Tempoanweisungen wie »schneller« und »noch schneller« nach »So rasch wie möglich« im ersten Satz der g-Moll-Sonate op. 22 oder »sempre stringendo«, »Vivacissimo« etc. nach »Presto possibile« im Schlußsatz der f-Moll-Sonate op. 14.

Unverkennbar bleiben hier das empirische Ich des Improvisierenden und der komponierende »implizite Autor«, das der jeweiligen Musik gehörige ästhetische Subjekt, gefährlich nah beieinander. Der Autonomie des Kunstprodukts, der Emanzipation von den Entstehungsbedingungen werden engere Grenzen gesetzt, was eine tief ins Persönlich-Private hineinreichende Autorisation ästhetischer Lösungen und Sachverhalte nach sich zieht – auch und gerade bei großangelegten Werken, deren strukturimmanente Dynamik man hoch veranschlagen muß. Diese kann im Sinne der »verschobenen Beglaubigungen« (s.o.) z. B. nicht allein aus sich heraus auf ein Jubelfinale als fälliges lieto fine hindrängen und es begründen – das empirische Ich redet mit und muß den Jubel von sich aus ermöglichen. Derlei tiefreichende, riskante, oft schwer errungene Verankerung trägt wesentlich zur Sprengkraft, zum fortreißenden Impetus der finalen Ausbrüche bei – u. a. im d-Moll-Trio oder der 2. und 3. Sinfonie. Es mußte wohl einer so viel Schatten über sich wissen, um so jubeln, die Schatten wegjubeln zu können.

Schumann stellt solche Fragen dringlich, weil er klavierspielend zum Komponisten geworden ist – mit so eigentümlicher Stringenz, daß sein Klavierwerk in einem damals vorab von Chopin und Liszt geprägten Normalverständnis nicht einmal besonders klavieristisch erscheint. Die spätere Entscheidung, nicht mehr am Klavier zu komponieren, d. h. zur Unmittelbarkeit des hier und jetzt Gespielten Distanz zu schaffen, zeigt, daß er im Sinne einer »sobria ebrietas«, »nüchterner Trunkenheit«, nicht länger darauf angewiesen sein wollte, die nacharbeitende »Besonnenheit« im Hochgefühl schöpferischer Ekstasen zu verachten. »Nicht in verschiedenen Augenblicken, sondern in demselben Augenblick trunken und nüchtern zu sein, dies ist das Geheimnis der wahren Poesie« (Schelling, zit. n. Hölderlin 1992, Bd. 4, 838) – so lautet fortan die Prämisse. »Ich habe das Meiste, fast Alles, das kleinste meiner Stücke in Inspiration geschrieben, vieles in unglaublicher Schnelligkeit, so meine 1ste Symphonie in B Dur in vier Tagen, einen Liederkreis von zwanzig Stücken ebenso, die Peri in ›ebenso‹ verhältnismäßig ebenso kurzer Zeit. Erst vom Jr. 1845 an, von wo ich anfing alles im Kopf zu erfinden und auszuarbeiten, hat sich eine ganz andere Art zu componiren zu entwickeln begonnen«, notiert er im Tagebuch (Tb II, 402). Er bestätigt die neue Methode durch die am 22. Januar 1846 an Carl Reinecke gegebene Empfehlung, den Sinn für Melodie durch Komponieren für eine Singstimme und unbegleiteten Chor zu schulen, »soviel wie möglich innerlich zu erfinden und zu bilden« (BNF, 257), eine Empfehlung, welche er zwei Tage später anhand von Chören auf Texte von Karl Lappe, Platen, Mörike und Rückert (op. 59) selbst zu befolgen beginnt. Und er bestätigt sie und ihre Relevanz zwei Jahre später nochmals: »Es war mir, als finge ich noch einmal von vorn an zu komponieren« (Wasielewski 1858, 410).

V

»Die glükliche Kinderzeit – man lebt sie von Neuem wieder in seinen Kindern« (Tb II, 400): Der Komponist der *Kinderszenen*, so ließe sich einwenden, hatte gut reden, da ihm in bezug auf die Kleinen, damaligen Gepflogenheiten entsprechend, das Meiste abgenommen war; manchmal erschraken die Eheleute zunächst angesichts einer neuen Schwangerschaft, und immer war ihnen das Neugeborene dann willkommen. Die Vermutung, Schumann habe die eigene Kindheit nachträglich schöngeredet, gründet vor allem darauf, daß er viel Kinderglück erfahren hat, sich jedoch früh genug aus dem Nest geworfen fand, um das Glück familiärer Geborgenheit immer wieder ersehnen zu müssen.

Neben dem Bezug auf die eigene Kindheit steht, bei Hölderlin zu Beginn des *Hyperion*-Romans, bei E.T.A. Hoffmann und Jean Paul überreich bestätigt, der übertragene, dennoch nicht ausschließlich metaphorische Bezug auf die dem Künstler spezifisch eigene Naivität, Unbefangenheit, Schutzlosigkeit, Unschuld, Kindlichkeit. »Sehet, wie dem kindlichen Gemüte die Natur in allen ihren Erscheinungen unterworfen, wie selbst das Furchtbare, das Entsetzliche sich seinem Willen und seinem Worte schmiegt, und erkennet, daß nur ihm diese zauberische Macht verstattet« – so läßt E.T.A. Hoffmann seinen Hund Berganza reden (Hoffmann 1967, Bd. 1, 222), und die Protagonisten der *Flegeljahre* überbieten sich in Erinnerungs-Orgien an Zeiten, da »ich keinen Menschen kannte, nicht einmal den nächsten, mich selbst, alle aber liebte – wo ich noch glaubte, ein Freund wäre so leicht aus der Glückszahlenlotterie zu ziehen als eine Geliebte – wo ich aus dem Jugendparadies noch nicht gejagt war, aus dem wir alle müssen und in das das Alter und die Erfahrung mit dem blitzenden und schneidenden Schwerte keine Rückkehr verstatten« (Jean Paul 1994, 231); Walt verweigert das Erwachsenwerden konsequent, ohne sich bewußt zu machen, daß er verweigert; die Reise nach Rosenhof am Ende des dritten Bandes der *Flegeljahre* wird ihm zur Rückreise in die Kinderzeit – er wandert ins Tal hinab wie in einen Elternschoß, blickt zum Himmel auf wie das Kind zur Mutter, das Mittagsgeläute der Dorfkirchen erinnert ihn an den »gestirnten Mor-

gen dunkler Kindheit« (Jean Paul 1994, 399 ff.). »Die Welt breitet sich so froh vor mir aus«, bekennt Schumann im Juli 1832 seinem Bruder Julius, »die äußern Umstände wirken so günstig in die meinen, daß ich meinen Schutzgeist immer bitte, er möge mich nicht unbescheiden machen und mir die Kindlichkeit des Künstlers erhalten« (Jugendbriefe, 185), er bittet um das, was Sören Kierkegaard »Unmittelbarkeit des Kindes« genannt und philosophisch nobilitiert hat (Kierkegaard 1950 ff., 200 ff. u.ö.). Als wolle er die arrivierte Künstlerin irgendwo zwischen »halb Kinderspiele, halb Gott im Herzen« und »Du bist wie eine Blume« festhalten, zeigt Schumann später sich besorgt, Clara könne »an der Musik vielleicht zu wenig« achten, »was Du als Mädchen selbst bist, ... nämlich das Trauliche, einfach Liebenswürdige, Ungekünstelte«: da er, älter und erfahrener, sie als Kind, Mädchen und Jungfrau erlebt hat und aufwachsen sah, spielte er nicht selten und nicht ungern den Pygmalion. Zwanzig Jahre später wird Charles Baudelaire schreiben, »que le génie n'est que l'enfance nettement formulée, douée maintenant, pour s'exprimer, d'organes virils et puissants« (Baudelaire 1961, 443), und abermals sechzig Jahre später wird Sigmund Freud konstatieren, daß »Dichtung wie der Tagtraum Fortsetzung und Ersatz des einstigen kindlichen Spielens« sei (Freud 1969 ff., Bd. X, 178).

Das Refugium transzendierter, welt-entfremdeter Kindheit war um so wichtiger, als der Schatten der depressiven Veranlagung über der ganzen Familie hing. Die Rolle des umsorgten Benjamin wurde für Schumann, als dem Jüngsten von fünf Geschwistern wesentlich dadurch geprägt, daß die Mutter bei seiner Geburt über 40 Jahre alt, daß er das letzte Kind und ein totgeborenes Mädchen knapp vorangegangen, er also qua Konstellation fast ein Ersatzkind war – wie übrigens auch Jean Paul. Trotz mitunter großer geschäftlicher Erfolge scheint die Gefahr finanzieller Bedrängnisse bei den Schumanns nie endgültig gebannt gewesen zu sein, wozu auch die napoleonischen Kriege beitrugen; zweimal, auf dem Wege nach Rußland und auf der Rückkehr, ist die französische Armee durch Zwickau gezogen, Hungersnot und Seuchen waren die Folge. Der Vater befand sich schon, als Robert geboren wurde, »sehr leidend« (Wasielewski ⁴1906, 9), und für den knapp Dreijährigen wurde die Typhusinfektion der Mutter – der 15jährige nannte es »Nervenfieber« – (Burger, 32 ff.) zum ersten, vermutlich wichtigsten Auslöser eines Trennungstraumas: Wochenlang und mehrmals wurde das Kind ins Haus der befreundeten Bürgermeisterfamilie Ruppius gegeben; ihr hat Schumann liebevolles Gedenken als eines zweiten Zuhause bewahrt. Das eine, eigentliche Zuhause im Sinne familiären Zusammenhalts hat er wohl gehabt, nicht aber unbefragt-selbstverständlich erleben können.

Mutter und Vater haben die früh sichtbaren Begabungen des Sohnes, die literarische wie die musikalische, kräftig gefördert; der Versuch, Carl Maria von Weber als Lehrer zu gewinnen, hatte auch damit zu tun, daß für den Jungen in Zwickau, u. a. bei dem Organisten Johann Gottfried Kuntsch, bald nichts mehr zu holen war. Dies am ehesten relativiert den Eindruck, der Hochbegabte habe vorzügliche Startbedingungen gehabt – Ermutigung, vielerlei Anregungen und Rückhalt in der Familie, eine singende Mutter, einen der Literatur verfallenen Vater, akklamierende Geschwister und Schwägerinnen, Anerkennung bei Mitschülern, die sich seinen Initiativen gern anschlossen, und den Beifall der kleinen Stadt bei ersten Auftritten. Selbst wenn die Zielrichtung des Appells an die Mutter im Sommer 1830, an den Vater zu denken, »der mich f r ü h durchschaute und mich zur Kunst oder zur Musik bestimmte« (Jugendbriefe, 120) durch die Auseinandersetzung um das aufgekündigte Jus mitbestimmt war – er richtete sich an die, die am kompetentesten widersprechen konnte und nicht widersprechen durfte.

Den familiären Zusammenhalt prägte auch, daß die Beteiligten durch bescheidene Lebensverhältnisse zu ihm gezwungen waren. Von den drei älteren Brüdern wissen wir das weniger sicher als von den anderen Familienmitgliedern; daß sie weder geographisch noch beruflich weit über die Bannmeile des Elternhauses hinausgelangt sind, bleibt dennoch auffällig – selbst, wenn das seinerzeit in bürgerlichen Mittelschichten eher Regel als Ausnahme war und man z. B. auf Fußreisen hundertmal mehr erleben konnte als wir auf hundertmal längeren Reisen. Von solchen ist mehrmals die Rede; was mag es für Robert bedeutet haben, daß er mit dem Vater von Zwickau u. a. nach Eisenach und Karlsbad gewandert ist!

Im Jahre 1825 nahm sich die älteste Schwester Emilie, offenbar schon lange psychisch gefährdet, das Leben; im Jahr darauf starb im Alter von 53 Jahren der Vater. Fortan war der Jüngste, ohnehin schon der »lichte Punkt« (Wasielewski [4]1906, 9), der wichtigste Vertraute der Mutter. »Du mein geliebter Robert, verstehst mich – Du hast mit meinen Schwächen Geduld – und hebest die guten Seiten meines Herzens heraus« (Schumann 1931, 18) – eine solcherweise von einer Mutter beschriebene Nähe mußte der Jüngling gleicherweise als Auszeichnung wie als Belastung empfinden; wie viel mehr noch die Ausschließlichkeit, mit der die Mutter ein Jahr nach dem Tode ihres Mannes sich und ihn zu den Hauptleidtragenden ernannte: Es »fühlt wohl keiner Deiner Brüder den Verlust als Du und ich, mein teurer Robert! Wir beide stehn allein und einsam da. Darum weil gleiches Schicksal mich an Dich kettet, setze ich mich mit wehmütigem Herzen her und lasse meine Gefühle und meinen Schmerz ausströmen ... Mein Geist ist noch rege, aber ganze Perioden durchzuführen, fehlt mir so oft der Ausdruck, daß ich sinne und sinne –, und doch nicht weiter komme. – Noch nie ist mir der Winter so abscheulich vorgekommen als dieser. Oh, wie freue ich mich auf den Frühling! Wie auf Dich!« (Schumann 1931, 35). In eigenen Befindlichkeiten befangen, hat die als »leicht aufbrausend und heftig« beschriebene Frau (Wasielewski [3]1880, 71) nicht ermessen können, welche Verantwortungen, welch schwierige Verflechtung von Sohnesliebe und Schuldgefühl sie dem Jüngsten mit solchen Formulierungen auflud. »Gute Mutter, ich habe Dich oft beleidigt: ich verkannte oft, wenn Du das Beste wolltest ... Dir, meine theure Mutter, bin ich nun um so mehr schuldig: ich habe die Schuld für ein mir glücklich bereitetes Leben, für eine heitere, wolkenlose Zukunft D i r   a l l e i n abzutragen. Möchte das Kind sich dieser Schuld würdig finden« (Jugendbriefe, 20 f.). Ein paar Jahre später erinnert er sich »einer Zeit, da erschienst Du oft in meinen Träumen, aber stets wie warnend oder erzürnt über mich« (Jugendbriefe, 232).

Kein Wunder, daß er die Mutter hinsichtlich des von ihr durchgesetzten, von ihm verbummelten Jura-Studiums nicht nur im Unklaren gelassen, sondern belogen hat, und daß sie die Entscheidung für oder gegen das Jus bzw. die Musik mit der, freilich nie direkt formulierten, Androhung von Liebesentzug verband. Nachdem die Entscheidung gefallen war, reagierte sie mit einem ostentativen Zusammenbruch und ersparte dem Sohn, Vorwurf und Erpressung zusammenbindend, nichts: »Dein letzter Brief hat mich so tief erschüttert, daß ich seit dem Empfang desselben in meinen ganz niedergedrückten Zustand zurückgekehrt bin ... Gehe seit dem Tode Deines Vaters Dein Leben durch, und Du mußt Dir sagen, daß Du nur *Dir* gelebt hast. Wie will und wird das enden?« (Eismann, Quellenwerk, 65).

Allerdings hat er auch heimgezahlt. »Blieb ich beim Jus, ich erschösse mich als Accessist aus Langeweile«, schreibt er gegen Ende des Entscheidungsjahres 1830; »noch Eines. Es kann leicht sein – der Himmel wende es ab! – daß ich einmal blind werde; die Musik kann mich dann am schönsten retten. Aengstige Dich nicht; aber ein Mediziner machte mir neulich Angst ... Nach Heidelberg hab' ich etliche frankirte Briefe zu schicken, hab' keinen Heller zum Porto. Was wird die Welt von mir denken? Mein Klavier ist schrecklich verstimmt, kann noch keinen Stimmer holen lassen pp. Selber zum Erschießen fehlt Geld und Pistole. – So steht's mit mir« (Jugendbriefe, 128 ff.). Obwohl davon die Rede war, hat er der Mutter nie ein Werk gewidmet. Anders als bei dem zweiten, dramatischeren Konflikt, den Schumann durchzufechten hatte, dem um die Ehe mit Clara, war der erste dadurch belastet, daß der ihm nächste Mensch nicht neben, sondern gegen ihn stand, ihm also aufgegeben war, persönliche Bindung und Kontroverse getrennt zu halten. Um so mehr wurde sie zur Prüfung in Konsequenz und Härte – der in beiden Fällen um seine Existenz, sein Leben kämpfende Schumann war nichts weniger als im Normalverständnis »romantisch«.

Beim Begräbnis der Mutter im Februar 1836 war er nicht zugegen. Als Demonstration von Abstand wäre das, nicht nur in den Augen der Verwandten und Freunde, unerträglich schroff erschienen; eher trifft zu, daß Schumann mit dem Tode nicht zurechtkam und für sich selbst und die Familie einen dringenden Termin vorschieben konnte: Zwischen dem 7. und 11. Februar war er mit Clara in Dresden verabredet. »Wir sind vom Schicksal schon für einander bestimmt: schon lange wußte ich das« (Briefwechsel I, 20), schreibt

er an sie zwei Tage nach dem Abschied, wie um nach dem Verlust der Mutter sich des nächststehenden Menschen zu versichern – und, als ahne er die vor ihnen liegende anderthalbjährige Trennung voraus.

VI

Gäbe es nicht wichtigere Gründe, könnte schon die parallele Konstellation des Herkommens die jungen Leute einander nähergebracht haben. Beiden war ein Elternteil verlorengegangen – Robert durch Tod der Vater, Clara durch Scheidung die Mutter; beide wurden – Robert von der Mutter, Clara vom Vater – zu Lasten der anderen Geschwister in eifersüchtig-besitzergreifender Elternliebe bevorzugt, welche am Ende von Ansprüchen an einen Partner kaum noch zu unterscheiden war. So besonders bei Friedrich Wieck, dessen Verhalten das mitfühlende Verständnis für einen Vater erschwert, der eine geliebte, hochbegabte Tochter und sorgsam gezüchtetes Wunderkind einem unsicheren Kantonisten überlassen muß – andererseits der Hauptleidtragende der Traumpaar-Stilisierung von Clara und Robert (Preiß 2005). Daß diesem beim Kampf um die Geliebte fast jedes Mittel recht war und die Liebesleute ihr gemeinsames Leben so bürgerlich-solide zu gründen und durchzuhalten versuchten, wie die Umstände irgend zuließen, hat viel mit der Erfahrung unsolide-schiefer Familienverhältnisse zu tun.

Robert mag die Parallelität insofern besonders viel bedeutet haben, als er sich einer anderen zunehmend bewußt wurde – derjenigen mit seinem Vater. August Schumann, ein »intelligenter, betriebsamer Mann«, den man »nie anders als arbeitend gesehen« hat (Emil Flechsig in Eismann, Quellenwerk, 15), stammte aus einer thüringischen Pfarrersfamilie, war als Vierzehnjähriger in kaufmännische Lehre gegeben worden und mußte später ein seinen literarischen Interessen gewidmetes Studium in Leipzig abbrechen, nicht zuletzt, um das für eine Eheschließung nötige Geld zu verdienen. Das und bald noch mehr gelang in erstaunlich kurzer Zeit; nach einer ersten Geschäftsgründung in Ronneburg war er seit 1807 in Zwickau ansässig, wo er mit seinem Bruder Friedrich eine Verlagsbuchhandlung gründete, mit eigenen Übersetzungen Shakespeares, Lord Byrons und Walter Scotts reüssierte und mit Publikationen wie dem *Staats-, Post- und Zeitungslexikon von Sachsen* geschäftlich Erfolg hatte, ohne vom literarischen Ehrgeiz lassen zu können. Der Spagat hat den introvertierten, offenbar depressiv veranlagten Mann überfordert, welcher wie eine bürgerlich verkleinerte Vorwegnahme des Sohnes anmutet. Bei beiden also Kunst neben Geschäft – die *Neue Zeitschrift für Musik* war auch eine unternehmerische Tat –, Poesie neben der Prosa des Erwerbslebens, Künstler neben Bürger, schwärmende Fantasie neben Kontorbuch-Pedanterie. Spätestens im Jahre 1846, da Schumann eheliche Intimitäten zu protokollieren beginnt, müßten wir das buchhalterische Erbe des Kaufmannssohns zum tic nerveux degeneriert sehen, kämen virile Siegesmeldungen hier nicht mit dem Bedürfnis des depressiv Gequälten zusammen, der Angst vor Realitätsverlust zu begegnen, Wirklichkeit festzuschreiben, um nicht zu sagen: in ihr sich einzukrallen.

Der Vater hat nicht nur die materiellen Voraussetzungen für die Entscheidung im Jahre 1830 geschaffen, der Sohn traf diese für sich nicht nur in dem Bewußtsein, daß er den Vater zum Verbündeten gehabt hätte, sondern daß sie befohlen sei. »Denk' an den großen Geist unseres guten Vaters, der mich f r ü h durchschaute und mich zur Kunst oder zur Musik bestimmte« (Jugendbriefe, 120) – das kann die Mutter nicht gern gelesen haben, und sie mag überlesen haben, daß das »oder« zwischen »Kunst« und »Musik« die Bestimmtheit der Bestimmung halb dementiert. Dergestalt leuchtet bei der Inanspruchnahme der entrückt-unanfechtbaren Autorität noch Unsicherheit durch, wobei der Schreibende gleichzeitig verrät, wie sehr er auf den Befehl von oben angewiesen ist. Kaum zufällig bedient Schumann sich acht Jahre später gegenüber Clara (Jugendbriefe, 284) derselben Formulierung, nur gibt es nun kein »oder« mehr: »Mein Vater, ein Mann, den Du verehren würdest, wenn Du ihn nur gesehen hättest, erkannte mich frühzeitig, und hatte mich zum Musiker bestimmt; doch die Mutter ließ es nicht zu«.

Der Erhöhung zum Über-Ich bedarf der Sohn nicht nur, um der Mutter standzuhalten, er bedarf ihrer auch als Anhalt, da er sich nach dem Tode des Vaters – bezeichnenderweise liegen die nähe-

ren Umstände im Dunkel – bis an die Grenze zu Selbstverlust und Wahnsinn labil erlebt. Hinfort wird die Angst, über diese Grenze getrieben zu werden, ein ständiger Begleiter bleiben – ähnliche Reaktionen auf die Tode eines Bruders, einer Schwägerin und des Freundes Ludwig Schunke zeigen das –, hinfort weiß er sich verurteilt, die seit Aristoteles kanonische Nachbarschaft von Melancholie und Kreativität in extremer Weise durchleiden zu müssen. »E.[insamkeit] ist die Amme aller großen Geister«, notiert der Zwanzigjährige (Tb I, 77) – immerhin weiß er sich zu den großen gehörig.

Melancholische Disposition und jene Nachbarschaft meldeten sich früh. Schon als Kind, so Schumann in jener Anfangspassage der Besprechung von Berlioz' *Symphonie fantastique*, welche er in die *Gesammelten Schriften* von 1854 nicht aufnahm (Faks. bei Burger, 139; fehlende Teile bei Kreisig II, 212 ff.) habe er »sich um Spätmitternacht, wo Alles im Hause schon schlief, im Traum und mit verschlossenen Augen an sein altes, jetzt zerbrochenes Clavier geschlichen und Accorde angeschlagen und viel dazu geweint«. Der Neunzehnjährige träumt – und hält das für wichtig genug, notiert zu werden (Tb I, 51) –, er »wäre im Rhein ertrunken«. Wenig später liest man im Tagebuch eine Formulierung, welche er – darin zeigt sich auch eine spezifisch literarische Bewußtheit – fast unverändert wiederholen, sich selbst also zitieren wird (Tb I, 85): »O! es liegt jedes schöne Gefühl, jeder herrliche Gedanke nur hinter einem Gottesacker u. einem Grabhügel«. Nicht eben einladend für eine Achtzehnjährige, die sich ihm versprochen hat, treibt die innere Not zu schlimmen Bekenntnissen: »Die[se] Angst ... trieb mich von Ort zu Ort – der Atem verging mir, beim Gedanken ›wenn es einmal würde, daß Du nicht mehr denken könntest‹, – Clara, der kennt keine Leiden, keine Krankheit, keine Verzweiflung, der einmal so vernichtet war – damals lief ich denn auch in einer ewigen fürchterlichen Aufregung zu einem Arzt – und sagte ihm alles, daß mir die Sinne oft vergingen, daß ich nicht wüßte wohin mit der Angst, ja daß ich nicht dafür einstehen könnte, daß ich in einem solchen Zustand der äußersten Hülflosigkeit Hand an mein Leben lege. Entsetze Dich nicht, mein Engel Du vom Himmel« (Briefwechsel I, 95). »Manchmal« möchte er

»schlafen, jahrelang« (Tb II, 78), leidet bei Klettertouren unter Höhen- und Schluchtangst (Tb II, 172 f.), unter Metallophobie, wochenlang unter Schlaflosigkeit und ergeht sich im Blick auf Claras Umgang u. a. mit Mendelssohn, Liszt, Verhulst und etlichen vermeintlichen Nebenbuhlern in albernen Eifersüchteleien (vgl. u. a. Burger, 198). Ihre späteren Bemühungen, Zeugnisse seiner depressiven Phasen beiseite zu bringen, haben mit Verdrängung schlimmer Erinnerungen offenbar ebenso zu tun wie mit der berechtigten Sorge, die Musik der letzten Jahre könne zu sehr im Vorausschatten der drohenden Umnachtung gesehen werden.

VII

Verlustängste immer wieder: Wer dank seiner Sensitivität disponiert ist, sich an Erlebnisse wegzugeben und das Risiko von Selbstverlust nahe zu wissen, ist zur Selbstbestätigung auf Echo und Zustimmung Anderer besonders stark angewiesen – das gilt für Familienmitglieder wie für die Zwickauer Mädchen, für die Schwärmerei für junge, nur über gemeinsames Musizieren erreichbare Frauen wie auch dafür, daß Schumann in Friedrich Wieck einen Vater-Ersatz suchte; es gilt noch für die väterliche Liebe zum jungen Brahms, die dieser nach der überschwenglichen Proklamation unter dem Titel »Neue Bahnen« auch als Belastung empfinden mußte.

Daß solche Erlebnis- und Bejahungsbereitschaft zu Seitenwegen verführt, liegt auf der Hand; nicht weniger jedoch, daß eine deutungssüchtige Nachwelt die Seitenwege gern zu Irrwegen stilisierte. Genial begabt auch hinsichtlich kommunikativer Hingabe und schwer zurechtkommend mit der Nähe von Sensitivität und Sinnlichkeit, flüchtet Schumann sich, auf die heranwachsende Clara blickend, oft in Madonnenverehrung: »Sie hatte das vornehme Wesen, das ich so liebe an ihr, da man sie kaum zu berühren wagt« (Tb II, 65). Hier gab es viel Anlaß, sich mit Walt zu identifizieren, dem Helden seines Favoritromans *Flegeljahre*; der fand u. a. die scheu geliebte Wina »kniend und gebogen auf den Stufen des Hochaltars, ihr schmuckloser Kopf senkte sich zum Gebet, ihr weißes Kleid floß die Stufen herab … Er

hielt es für Sünde, fünf Schritte weiter vorzutreten und der Beterin gerade ins fromme Angesicht zu sehen, obgleich diese fünf Schritte ihn fünf goldne Sprossen auf der Himmelsleiter höher gebracht hätten«. Doch ebenso wie bei Walt machen manche madonnenhafte Überhöhungen sich verdächtig, daß – so Vult – »du … in ihnen nur schlecht abgeschmierte Heiligenbilder deiner innern Lebens- und Seelenbilder knieend verehrst« (Jean Paul 1994, 312 ff. bzw. 507).

Berührung, welcher Art auch immer, um so mehr anderswo: In den Aufzeichnungen der ersten Leipziger Zeit wimmelt es von Mädchennamen, fehlen »Päderastie« und »üppige Nacht mit griechischen Träumen« nicht (Tb I, 177, 178), begegnen aber auch Anhalte für die Vermutung, daß es lange oder überhaupt bei Träumen blieb – abgesehen davon, daß eine besondere, der Beschönigung unverdächtige Treue der Nachwelt sich auch als Respektierung von Dingen bekunden könnte, die sie wenig oder nichts angehen. »Einige wollten eine Johannesgestalt an ihm finden; andere meinten, grübe man in Pompeji einen ähnlichen Statuenkopf aus, man würde ihn für den eines römischen Imperators erklären … nun, ihr habt ihn alle gekannt, die schwärmerischen Augen, die Adlernase, den feinironischen Mund, das reiche, herabfallende Lockenhaar« (Kreisig I, 62) – wie immer Schumanns Nachruf auf den früh verstorbenen Ludwig Schunke, mit dem er zeitweise Tür an Tür wohnte, oder die Freundschaft mit Walther von Goethe homoerotische Vermutungen begünstigen – ehe man ihn über eine, mitunter gewiß gefährliche, Empfänglichkeit für Eindrücke und Erlebnisse hinausgehen sieht, sollte man sich die Kommunikationsformen vor Augen führen, die seinerzeit mit emphatisch gelebten Freundschaften verbunden waren, romantische Kontaminierungen von Fantasie und Realität wie u. a. die halb fiktiven »Davidsbündler«. Etliche Passagen bei Jean Paul, so im 16. Kapitel der *Flegeljahre* Walts sogleich in die Realität, auf einen »schönen langen Jüngling« überspringendes »Vorträumen«, »der in roter Uniform […] unten auf der Heerstraße vorüberflog«, der Namenstausch von Leibgeber und Siebenkäs, »einer in zwei Körper eingepfarrten Seele« (Jean Paul 1959 ff. I, Bd. 2, 39), oder der Todesabschied der Freunde Viktor und Emanuel im *Hesperus* böten solchem Verdacht ähnliche oder mehr Handhabe, nicht weniger die – im *Hesperus* möglicherweise zugrundegelegte – Freundschaft Jean Pauls mit dem frühverstorbenen Lorenz Adam von Oerthel, E.T.A. Hoffmanns Freundschaft mit Theodor Gottlieb von Hippel: »ich liebe Dich – ich bete Dich an – Du bist der einzige, der die inneren Regungen meines Herzens versteht« (zit. n. Safranski 1984, 80), nicht zu reden von manchen Briefen Chopins an Tytus Woyciechowski. Der – im Romanfragment endgültige – Abschied von Walt und Vult wird als Liebesabschied beschrieben; daß Walt träumt, er versinke im Teich eines Parks und werde von Klothar herausgezogen, d. h. vom Tod ins Leben zurückgeholt, ließe sich unschwer als Metapher einer erotischen Erweckung lesen – indes: Entwertet man sie nicht, wenn man sie vornehmlich als Vordergrund eines camouflierten Hintersinns versteht? Erlebnisqualitäten wie die hier artikulierten konnten homoerotische Bindungen offenbar in einer Weise integrieren, die den »Sachverhalt«, wenn es ein solcher war, in sich aufhebt, mindestens aber der denunzierenden Nachrede entziehen sollte; allemal bleiben an derlei Informationen die Wege haften, auf denen man zu ihnen gekommen ist.

Das zu bedenken gibt ein Überempfänglicher auf, der als Liebling einer hysterisch-autoritären Mutter gefährlich prädisponiert war und seine Ehe auch als selbstverordnete Disziplinierung verstand. Im Übrigen sieht jener Entlarvungseifer – Sache eher derjenigen, deren »fahles Herz nichts weiß von der *Brüderunität* befreundeter Menschen, vom Ineinanderverzweigen ihrer edlern Gefäße und von ihrer Eidgenossenschaft in Streit und Schmerz« (Hesperus, Erster Hundposttag; Jean Paul 1959 ff., 1, 490) – am Konnex zwischen Freundschaftskult und der seinerzeit aktuellen Problematik von Ich-Spaltung und Doppelgängerei vorbei.

VIII

Da der sensitiv-überempfängliche Schumann zum Opfer von Gefühlsverwirrungen prädestiniert war, mag die noble Ernestine von Fricken ähnlich wie Rosalinde für Shakespeares schnell zu Julia konvertiertem Romeo als Dolmetsch der Liebe zu der zur Jungfrau reifenden Clara vonnöten gewesen

sein. Die Erleichterung ob des späteren Eheglücks der einstmaligen Verlobten verrät schlechtes Gewissen – auch, weil die überraschende Offenlegung mißlicher persönlicher Verhältnisse beim Rückzug von ihr mitspielte. Dennoch war Ernestine ein ephemerer Aufenthalt beim Hindernislauf zur Heirat und auf dem Wege zur Stilisierung als das neben Cosima und Richard Wagner prominenteste Traumpaar der deutschen Romantik. Schon die Umstände des Zusammenkommens erzwangen die Überhöhung; »Ich weiß es genau, es steht in den Sternen oben ›Clara und Robert‹«, schreibt er einmal und, als sei es noch nicht genug, wenig später von »zwei Künstlern, die ein anderes Seelenleben zusammen durchlebt [...] als es Millionen andre Liebende« (Briefwechsel II, 391 bzw. 400).

In der Höhenluft derartiger Ansprüche und Gefühlslagen läßt sich im Getriebe eines gemeinsamen Alltags schlecht atmen, zumal auch der Abstand zu pragmatischen Aspekten verarbeitet werden mußte: Schumann hat durchaus vom Künstlerruhm seiner Frau profitiert. Dies und die reiche, allzu reiche Dokumentation relativieren die Idealsynthese von Traumpaar und Künstlerglück in einer Weise, welche die Schumanns häufiger als andere Musiker ihres Ranges auf die Couch der Psychologen befördert hat. Schwerlich kommen wir an der Vermutung vorbei, daß »die beiden Partner« im Verlauf der Ehe sich »innerlich verlorengegangen zu sein scheinen« (Hoffmann-Axthelm 1994, 99). Robert und Clara haben gewiß mitverschuldet, daß bei den Biographen die Rücksicht auf das Ausmaß oft hintanstand, in dem – vor allen banalen Alltäglichkeiten – Musik ihr Leben war. Allemal lesen sich Lebenszeugnisse leichter als die Musik, allemal begünstigt ihre Positivität Rückschlüsse von der Biographie auf Musik mehr als die umgekehrten. Selbst wenn man das katasterbeamtenhafte Protokoll über Alles und Jedes nicht desavouierend findet, darf man fragen, weshalb Clara nach seinem Tode nicht mehr Erdenreste zu tilgen versucht hat. Die Wichtigkeit, die sie dem – nach Kräften zu bürgerlicher Normalität hingebogenen – Abdruck dieses schwierigen Lebens beimaß, muß alle Sorge überwogen haben, der Nachwelt auch Daten zu überlassen, welche richtig zu lesen nur möglich wäre, wenn man zugehörige Situationen, Konstellationen etc. genau kennt. Weil das kaum möglich ist, sollte bei ihrer

Deutung allemal mitbedacht werden, wie sehr Clara Schumann sich ausgeliefert, auf wieviel Gerechtigkeit und Fairneß sie vertraut hat.

Kaum zu verstehen oder gar nachzuvollziehen, wie sie die Verpflichtungen der gefeierten Musikerin zusammenbringen konnte mit denen der Hausfrau, der das Haushaltsgeld zugeteilt wird, der Mutter – zehn Schwangerschaften, acht Kinder –, mitunter auch der Verantwortung für das materielle Wohlergehen der Familie mit Dienstschaft am Genie und krankenpflegerischer Fürsorge bei Depressionen oder behutsamer Abwehr allzu selbstherrlich-männlicher Ansprüche: Insgesamt eine gigantische Lebensleistung, welche jedes Moralisieren im Blick auf von hierher bedingte Defizite verbietet. Sie hatte alles Recht, erleichtert zu sein, nachdem ihr Mann in Endenich untergekommen war; zu oft, von tiefen Ermüdungen abgesehen, hatte sie erfahren müssen, daß sie ihm nicht helfen konnte, als daß man fragen dürfte, ob sie entgegen dem Rat des kompetenten Arztes ihren Mann nicht öfter hätte besuchen sollen; der vorausgegangene, langjährige erzwungene Spagat zwischen Euphorien und Katastrophen lastete zu schwer.

»Du allein bist mein Trost, zu Dir seh ich auf wie zu einer Maria, bei Dir will ich mir wieder Muth und Stärke hohlen« (Briefwechsel II, 407) – dies die eine Seite; die andere eine Aufforderung zum Selbstopfer, deren naive Selbstverständlichkeit auch dann noch brutal anmutet, wenn man bürgerliche Männerprivilegien mit denen des Genies multipliziert: »Eben las ich Deinem (!) Brief ›bleibe ich ein Jahr in Dresden, so bin ich als Künstlerin vergessen‹ – Klärchen, das ist doch nicht Dein Ernst – und [bist]/ würdest/ Du auch als Künstlerin vergessen, wirst Du denn nicht als Weib geliebt? ... Das erste Jahr unserer Ehe *sollst* Du die Künstlerin vergessen, *sollst* nichts als Dir u. Deinem Haus und Deinem Mann leben, und warte Du nur, wie ich Dir die Künstlerin vergessen machen will – nein das *Weib* steht doch noch höher als die Künstlerin, und erreiche ich nur das, daß Du gar nichts mehr mit der Oeffentlichkeit zu thun hättest, so wäre mein innigster Wunsch erreicht« (Briefwechsel II, 571). Derlei hätte energischen Protest verdient, nicht nur von der seinerzeit prominentesten Pianistin, welche u. a. als knapp Zwanzigjährige gegen den Willen des Va-

ters nach Paris reiste und auf Jahre hinaus bekannter war als ihr Mann. Von Protest indessen kann bei dem, was sie zuweilen entgegensetzte, kaum die Rede sein, fast durchweg intoniert sie Einwände und Klagen leise, weicht zurück und macht ihn bestenfalls in kleinen Hinterhältigkeiten auf den Widerspruch zwischen Liebesbeteuerungen und präpotenter Männlichkeit, zarter Rücksichtnahme und Ellenbogenmentalität aufmerksam. Das Erklärungsmuster einer weiblich gehandhabten Dialektik von Herr und Knecht, Herrschaft durch Unterwerfung, reicht hier nicht aus, es gilt eher für das andere sogenannte Traumpaar. Dennoch – so sehr die Unterwerfung unter den Vater bzw. den Ehemann sich nach Art und Motivationen unterschied, so wenig in der Dosis.

Dazu trug auch der Altersunterschied bei. Als die beiden im Herbst 1840 die Formen ihres Zusammenlebens zu definieren begannen, war Robert um ein Drittel älter – und er definierte sogleich kräftig, ließ Clara gar »Statuten« unterschreiben (Tb II, 99). Wie immer beide sich in den Jahren zuvor an schriftliche Verständigungen hatten gewöhnen müssen – daß er jetzt, da das nicht mehr nötig war, auf ihnen als auf einer zweiten, reflektierenden Ebene bestand, mutet gewalttätig an gegenüber einer jungen Frau, die sich nach schlimmen Jahren und Kämpfen, insbesondere nach der entschiedenen, dennoch unverwindbaren Distanzierung vom Vater in ein neues Leben hineinfinden und wissen muß, woran sie ist. Mag sein, daß Robert eine Lebenssteigerung im Sinne des schreibsüchtigen Jean Paul beabsichtigte: »Der leidende Mensch hat einen erfreuten nötig – der erfreute in der Wirklichkeit einen in der Poesie – und dieser, wie Walt, verdoppelt sich wieder, wenn er sich beschreibt« (Jean Paul 1994, Nr. 39, 335). Der auf penible Buchführung getrimmte Kaufmannssohn bekennt ähnlich: »Weißt Du wohl, daß ich seit 1835 ein großes Copierbuch halte, wo über jeden Brief, den ich empfangen und schreibe, ich mir die schärfste Rechenschaft ablege?« (Briefwechsel II, 438). Überdies darf nicht vergessen werden, daß die beiden allein in der Trennungszeit vor der Hochzeit mehr als tausend Seiten Briefpapier verbraucht haben.

Dennoch blieb mit den Statuten entweder vorausgesetzt, daß bestimmte Dinge nicht sofort verhandelbar seien, oder – wie fiktiv! – daß es solche Dinge nicht geben würde. Wenn Schumann besondere Aufrichtigkeit beabsichtigte, dann war das, wie u. a. bei Rousseaus *Confessions*, schon durch die Inszenierung verhindert – aufrichtig mithin nur die Absicht. So oder so war eine bestimmte Unbefangenheit des Miteinanders durch den im Hintergrund mitlaufenden, jeweils erst am nächsten Wochenende kenntlichen »Film« blockiert. Wenn wir wünschen, Schumann möge sich nicht klargemacht haben, was er Clara antat – später noch mehr mit den als Sechzehntelnoten schlecht getarnten »F's« in den Haushaltbüchern –, müßten wir ihn unsensibel wünschen; ähnliche Notate in den Tagebüchern von Hans Christian Andersen betrafen wenigstens nur diesen selbst. So bleibt als Tertium comparationis der ästhetisch abgehobene Egoman, der Clara und sich an ihrer Geschichte in ähnlicher Weise schreiben meint wie Jean Pauls Zwillings-Protagonisten Vult und Walt an dem Doppelroman *Hoppelpoppel oder das Herz*. Die auf Selbstverleugnung trainierte Clara ließ es geschehen, stellte sich selbst zu häufig als unterlegen und seiner unwürdig dar und fragte u. a. ausdrücklich, ob sie ihrem Vater schreiben dürfe (Tb II, 182). Das Glück des schwer erkämpften Zusammenseins wird sie sich und ihm oft mehr eingeredet denn als »Glück die Fülle« (Robert in: Tb II, 100) erlebt haben; der Aufrichtigkeit der nicht selten verdächtig emphatischen Ehe-Tagebücher hat das nicht gut getan.

IX

Indes bliebe die Betrachtung von soviel Glanz und Elend ungerecht und unvollständig ohne den Blick auf das »zweite Leben der Clara Sch.«, ihr Leben mit und in seiner Musik. Alles vordergründig verstehbare Kopfschütteln ob ihrer Dienstwilligkeit verfehlt sie bzw. rätselt an der falschen Stelle, solange die besondere, von ihm geschenkte Transzendenz unberücksichtigt bleibt, in der sie sich, als eines idealisch gehörten Widerlagers, um nicht zu sagen: einer jenseitigen Belohnung für hienieden Erlittenes, aufgehoben wußte. Sicherlich waren Roberts hartnäckig-liebevolle Versuche, sie in seine Musik hineinzuziehen und zu -projizieren, in ihr abzubilden, sie kompositorisch zu beteiligen, auch geeignet, ihr die ungleichen Aus-

gangspunkte vor Augen zu führen, zumal er auch hier mit bevormundenden Schulmeistereien nicht sparte: »Klara hat eine Reihe von kleineren Stücken geschrieben, in der Erfindung so zart und musikreich, wie's ihr früher noch nicht gelungen. Aber Kinder haben und einen immer phantasirenden Mann, und componiren geht nicht zusammen. Es fehlt ihr die anhaltende Uebung, und dies rührt mich oft, da so mancher innige Gedanke verloren geht, den sie nicht auszuführen vermag. Klara kennt aber selbst ihren Hauptberuf als Mutter [...]« (Tb II, 255).

Die Peinlichkeit solcher Einträge ins Ehe-Tagebuch – auf diesen hat sie nicht reagiert – überschattet die allerwärts aus seiner Musik hervorleuchtende, fast alle Werke mindestens latent mitbestimmende Hommage dennoch nicht. Keiner Frau ist in Musik so oft und fantasievoll gehuldigt, keine so vielfältig verewigt worden wie sie, auch Alma Mahler nicht. Im Gegensatz zu ihr wurde Clara – mit Auslassungen wie der zitierten – zu kompositorischer Mitarbeit eingeladen, mit eigenen Themen in seiner Musik vergegenwärtigt. In den *Kreisleriana* spielen »Du und ein Gedanke von Dir die Hauptrolle ..., Dir« will er sie widmen, »ja Dir und Niemanden anders«; Clara variiert Themen von Robert, er Themen von ihr, das Lied-Opus 37 vereinigt neun Stücke von ihr mit dreien von ihm, er sieht sie und sich »die herrlichsten Opern zusammencomponiren« (Briefwechsel I, 51) – insgesamt ein, von der *F-A-E*-Sonate abgesehen, einmaliges musikalisches Gegenstück zur »Sympoesie« von Romanen, an denen verschiedene Autoren beteiligt waren – unter ihnen E.T.A. Hoffmann, Ludwig Tieck, Carl Maria von Weber –, oder zur »Symphilosophie« der Junggenies in Tübingen bzw. Jena, und jenseits aller Momente eines Gesellschaftsspiels und kaum vermeidbarer Unausgewogenheiten geadelt durch die Emphase des gemeinsamen Anliegens und dessen Priorität vor individuellen Ehrgeizen.

Darüber hinaus wimmelt es in seiner Musik von Kassibern, beziehungsträchtigen Wendungen und Kontrapunkten, offen oder versteckt auf Clara bezogen Signets etc. – zweifellos kennen wir längst nicht alle. Im ersten Satz des allererst und fast ausschließlich für sie geschriebenen Klavierkonzertes gehört der Aufstieg über die Sekunde in eine vorhaltende, dann zurückgenommene

Terz, welcher im letzten Lied der *Dichterliebe* die Worte »meine Liebe« trägt, ins Thema, und dieses zitiert Ton für Ton die Melodie eines als Entwurf liegengebliebenen Kanons; dessen von Friedrich Rückert stammenden Text müssen die Eheleute unvermeidlich mitgedacht haben: »Ich bin dein Baum, o Gärtner, dessen Treue/ mich hält in Liebespfleg' und süßer Zucht« (Synofzik 2005). Im Mittelsatz der f-Moll-Sonate op. 14 variiert Schumann nicht nur das Thema eines von Clara komponierten Andantino, sondern macht es zum motivischen Fokus des gesamten Werkes, welches er »einen einzigen Herzensschrei« – nach ihr – nennt (Briefwechsel I, 104). Auf dieses Andantino spielt er im Kopfthema der *Fantasie* op. 17 an, nennt deren ersten Satz »wohl mein Passionirtestes, was ich je gemacht – eine tiefe Klage um Dich« (Jugendbriefe, 278) und läßt im Verlauf des Ganzen allmählich die Melodie zu den Worten »Nimm sie hin denn, diese Lieder« aus Beethovens Liedzyklus *An die ferne Geliebte* zutage kommen (Rosen 2000, 131 ff. und 734 ff.). Als wolle er seine gesamte Musik als letzten Endes ihr zugeeignet ausweisen, zitiert er die Wendung mehrmals, die für beide offenbar mit einer speziellen Initiation verbunden war, u.a. im Finale des Streichquartettes op. 41/2. Im Finale der 4. Sinfonie inszeniert er den Eintritt des u.a. schon im dritten Satz der Zweiten (T. 95 ff.) erklingenden Clara-Motivs (T. 39) in einem zwölftaktigen Anlauf – anscheinend schon auf dem Wege zur Kulmination solcher Verwebungen in der Zweiten: »... mein guter Geist, mein bess'res Ich« aus dem ersten Liede der *Myrthen* erscheint in beiden Ecksätzen (T. 323 ff. bzw. 336 ff.); im Finale fällt eine zu großer Kulmination disponierte Entwicklung in sich zusammen und macht dem »Nimm sie hin denn« – Zitat aus Beethovens *Ferner Geliebter* Platz – das Privatissimum liebender Zueignung innerhalb der dezidiert öffentlichen Form der Sinfonie. Fortan, in mehr als 300 verbleibenden Takten erklingt »Nimm sie hin« mit beschwörender Insistenz immerfort – innerhalb eines oft brausenden C-Dur-Jubels auch Rufe aus der Verlorenheit tiefer Depressionen, aus denen er sich herauskomponieren und Clara wieder einmal als erste und wichtigste Instanz einer Mitwelt wahrnehmen mußte, der er sich mitteilen will (Gülke 2001). »Wem sonst als Dir« – die von Hölderlin in den zweiten *Hyperion*-Band eingetra-

gene Widmung an Susette Gontard gilt auch hier. Neben allem Bekenntnis verrät sich in der obsessiven Zuwendung »ein Quell für die eigentlich utopistische Neurose: nämlich für das Verbleiben im Wachtraum, für die Verfestigung des Bilds im Anfangszeichen, im bloßen Initiale von Wirklichkeit« (Bloch 1967, 377), i.e. die Notwendigkeit, zwar nicht gegen, aber neben und über den Problemen des Zusammenlebens das Wunsch- und Idealbild, den Tagtraum, »meine hohe, herrliche Clara« (Briefwechsel I, 295) festzuhalten und zu erneuern, sie der störanfälligen Empirie des Hier und Jetzt zu entziehen.

Bezeichnenderweise schwimmt die Grenze zwischen eindeutigen und vermutbaren Clara-Bezügen. Kein Zweifel – wie bei den letztgenannten – bleibt, wenn im ersten Satz des *Klaviertrios* op. 80 »Dein Bildnis wunderselig« aus dem *Liederkreis* op. 39 auftaucht und das »Bildnis« in unterschiedlichen Abständen über dem gesamten zweiten Satz (»Mit innigem Ausdruck«) schwebt. Schwieriger zu beurteilen, wie bewußt Schumann im Adagio des Streichquartettes op. 41/1 das Beinahe-Zitat aus dem Adagio von Beethovens 9. Sinfonie und das erwähnte, im Finale der 4. Sinfonie erscheinende Clara-Motiv in einem Melodiebogen zusammengebracht habe, wie symbolisch das genommen werden dürfe; in welcher Weise der gebethafte Epilog am Ende des ersten Satzes der 1. Sinfonie ihr zugesprochen, wie sehr daselbst im Thema des zweiten Satzes die zweimal sequenzierend aneinandergesetzte Wendung »ich liebe dich« aus der *Dichterliebe* für ihn und sie mit diesen Worten besetzt ist – dagegen spricht nicht unbedingt, daß sie schon vor Clara, u.a. in den *Kreisleriana*, eine wichtige Rolle spielt; ob im Adagio espressivo der 2. Sinfonie, worin mit einem bei Bach entliehenen Thema moderne, romantische Musik gemacht wird, bei dem auch aus Mozarts g-Moll-Sinfonie KV 550 bekannten »Paisiello-Motiv« Taminos »Ich fühl es, ich fühl es« im Blick auf Clara mitspricht und bei dem eine None überspannenden chromatischen Aufstieg, der zwei Expansionen des Themas trägt (T. 48 ff. und 104 ff.), die Widerlegung des chromatisch abwärtsgehenden Lamento-Basses als des Symbols der Klage und Trauer; ob die Eindringlichkeit des intimen Zuspruchs, die den Beginn des Streichquartettes op. 41/3 kennzeichnet – der Anklang an

Beethovens Sonate op. 31/3 beiseitegelassen –, überhaupt vorgestellt werden darf ohne Hinblick auf diejenige, welche allemal die erste Adressatin solchen Zuspruchs war etc. Ähnlich wäre zu fragen u. a. bei der im ersten Satz des Klaviertrios op. 63 in eine hochkonzentrierte, düster-leidenschaftlich bewegte Musik wie von oben herab kommende Epiphanie der Takte 91ff., diatonische Enklave innerhalb eines chromatisch geprägten Zusammenhangs, welche von ihm – der Coda-Rückblick der Takte 233ff. beweist es – nicht angeeignet, nicht integriert werden kann, obwohl melodische Ähnlichkeiten auf der Hand liegen.

Daß sich eine Grenze zwischen Beleg und Vermutung kaum ziehen läßt, erscheint angesichts Claras umfassender Zuständigkeit unwichtig. Offenbar meint Schumann sie mit seiner Musik in einer Weise und einem Umfang, welche nur der Insistenz verglichen werden kann, mit der ein Zeitgenosse, nach lebensentscheidenden Ereignissen ebenfalls in manischer Produktivität begriffen, ein Mädchen umkreist und gemeint hat – Sören Kierkegaard. Just zwei Tage vor der Hochzeit der Schumanns hatte er sich mit Regine Olsen verlobt, ein reichliches Jahr danach die Verlobung gelöst, ohne sich von Regine lösen zu können – daher eine »Nacharbeit«, welche über die kurz danach veröffentlichten Werke – *Entweder-Oder*, *Furcht und Zittern*, *Die Wiederholung*, *Der Begriff Angst* – noch hinausreicht. Die Parallelität im Leben zweier Männer, die voneinander nichts wußten, bliebe trotz der Zeitgenossenschaft zufällig und ohne Aussagekraft, wäre der unentrinnbare Bezug auf die Frau hier wie dort nicht direkt verflochten in kreative Arbeit und abgrenzende Selbstdefinition – hier in der Radikalität des philosophisch begriffenen »Einzelnen«, dort des vergleichsweise singulären Konzepts einer nirgends per intentionem »absoluten«, dennoch unter deren Ansprüche gestellten Musik.

Was bedeutet es, tief und vielfältig in große Werke eingegangen zu sein, es besser zu wissen als alle, die sie hören? Wir bleiben hier Außenstehende und sollten bei der Feststellung innehalten, daß Claras Wissen um jene allein ihr gehörige Transzendenz die Last, die ihr auferlegt war, offenkundig gemindert und teilweise, wie mancher postume, subtile Racheakt zeigt, kompensiert hat. Die Beseitigung der Cello-Romanzen, die Blok-

kierung des Violinkonzertes und der Streit mit Brahms um die Erstfassung der 4. Sinfonie zeigen, wie sehr sie Schumanns Musik als ihr zueigen, ihrer Verfügung unterliegend betrachtete. Im Hintergrund des Ärgers mit diesem Allervertrautesten stand auch die Enttäuschung, daß nicht einmal er das begreifen wollte und gegen sie Ansprüche der Nachwelt vertrat – einer Instanz, vor der ihr Votum kaum noch gelten würde. Überdies spricht eine diktatorische Vasallentreue mit, in der sie nachträglich noch etwas scheint gutmachen zu wollen und sich und dem engsten Familienumkreis selbst nach vielen Jahren Zeit keine versöhnliche Erinnerung an den Vater gestattet.

Doch war noch mehr im Spiel. Verzeihen fiel Clara allemal schwer, wie – und weil? – sie offenbar die mitunter sklavische, selten angefochtene Unterwerfung erst unter den Vater, dann unter den Ehemann sich selbst nicht verzeihen konnte. Die Intransingenz, mit der sie 1839/40 das hochgezüchtete Wunderkind gegen die, wie immer weiterhin künstlerisch tätige, Braut, Ehefrau und Mutter vertauschte, gibt nicht weniger zu verstehen auf als der Rücktausch zur reisenden Virtuosin, nachdem sie Robert hospitalisiert wußte. »Was es Herrliches ist, Künstlerin zu sein,« schreibt sie eben damals, »glaubte ich eigentlich immer zu wissen und weiß es doch erst jetzt recht eigentlich, wo ich doch nur in der göttlichen Musik Leid und Freude so recht aushauchen kann, daß es mir dann oft ganz wohl wird« (zit. n. Litzmann II, 331). Die Liste der Konzertverpflichtungen in den gut zwei Jahren bis zu seinem Tode erscheint wie ein Befreiungsschlag und zumindest im Hinblick auf erwartbares Siechtum und Ende herzlos pragmatisch – selbst, wenn sie sich um ihrer selbst willen in rastlose Tätigkeit stürzen, Einkünfte sichern und rasch die Zeit hinter sich bringen mußte, in der sie vorab als Zeugin einer spektakulären Lebenskatastrophe angehört und besichtigt werden würde.

Weil an der Aufrichtigkeit der Bekenntnisse zu ihm und den Kindern kein Zweifel bleibt, kommt man zu fragen nicht umhin: Wo und wer war Clara? War sie vom Vater so sehr auf Zurücknahme wo nicht auf Enteignung ihrer selbst, d. h. darauf getrimmt, ihre Identität ausschließlich in auferlegten Verpflichtungen zu suchen und zu bewähren, daß sie Robert ungewollt schon Anlaß zu Eifersucht gab, weil sie, ihrer selbst nie sicher, ihm die

Gewißheit rückhaltloser Zugehörigkeit nicht vermitteln konnte? Wenn es sich so verhielt, wäre in ihren manchmal arg deklamierten Liebesbeteuerungen immer auch Selbstüberredung enthalten, wie in seinen Huldigungen immer auch Werbung um die nie ganz Erreichbare.

Im Juni 1854, knapp vier Monate nach der Katastrophe, wird Felix, das jüngste Kind geboren; das wäre ein weiterer Anlaß, die Familie um sich zu sammeln und in der neuen Situation neu zu formieren. Clara indessen besucht – am ehesten verstehbar – wenige Wochen später ihre Mutter in Berlin, spielt im August in Belgien mehrmals öffentlich und gibt nach kurzem Aufenthalt bei der Familie im September zwischen Oktober und dem Weihnachtsfest insgesamt 22 Konzerte zwischen Lübeck und Leipzig, Bremen und Breslau. Die apologetischen Beschönigungen in Berthold Litzmanns Biographie und Eugenies Erinnerungen dürften ebenso von ehrlicher Bewunderung der Künstlerin und der Lebensleistung inspiriert sein wie intendiert als Kompensation der Aura von Strenge, distanzierter Kühle – oft auch gegenüber den Kindern –, Gefühlsarmut und humorloser Rechthaberei, die sie umgibt, oft im Kontrast zu wärmer temperierten, ihr zugedachten Äußerungen Nahestehender. Die Bezogenheit auf den in Musik aufgehobenen »Nachlaß bei Lebzeiten« mag helfen, dies zu erklären.

Wieviel Rätsel dennoch stehenbleibt, wieviel schwer zu begreifen bleibt an der Weise, in der sie aus den Gewißheiten des »zweiten Lebens« lebte, verrät mancher Versuch, den Mythos des Traumpaares zu ihren Gunsten vom Kopf einer überanstrengten Idealität auf die Beine der vermeintlich puren Realität zu stellen, dem jene andere Realität aus den Augen geriet.

X

»Ich frage mich oft, wo ich seyn würde, wenn ich Jean Paul nicht gekannt hätte … Jean Paul hat mich selten befriedigt, aber immer entzükt« (Tb I, 82): Bei seinem obersten literarischen Säulenheiligen, von dem er »mehr Kontrapunkt« gelernt haben will als irgendwo sonst, befand Schumann sich so nahe bei der Musik, wie man in Literatur irgend sein kann, und er beantwortete dies zeitle-

bens mit einer Musik, welche – unabhängig von Gattungen, Textbindungen usw. – so literarisch ist, wie Musik irgend sein kann. Kein anderer reflektiert so deutlich wie er eine Situation, in der Musiker sich von den Dichtern sagen ließen, was Musik sei und vermöchte. Wohl mußte er eines Tages im Hinblick auf den Beruf zwischen Musik und Literatur, für das eine und gegen das andere entscheiden, nie aber im Hinblick auf die Substanz – die *Papillons* etwa sind weniger als autonome Komposition intendiert denn als paraphrasierende, nahezu auf Klaviertasten nachbuchstabierende »Nro 63« (*Titan-Schörl. Larventanz*) der *Flegeljahre*. Daß die Initiation im Hause eines verhinderten Schriftstellers, Byron-Übersetzers, Buchhändlers und Verlegers früh stattgefunden hat, der dem Knaben vorzeitig literarische Aufträge erteilte, verwundert eben so wenig wie, daß die Lektüre von Jean Paul oder Byron ihm schlaflose Nächte bereiten kann (Tb I, 168, 183 und 184). In dem Punkt versteht er keinen Spaß; einem Mädchen, das blöd über Jean Paul geredet hat, kündigt er den Minnedienst augenblicklich; die Reise zum Grab in Bayreuth wird zur Wallfahrt.

Da kam, von speziell literarischen Aspekten abgesehen, viel zusammen – die Art und Weise, in der Jean Paul von Musik sprach, das Musikhafte seiner Sprache und die mit seinem Namen verbundene ästhetische Existenzform.

»… die Echotöne schwebten und starben auf dem Glanz: da kehrte sich jetzt Vult, mit der Flöte am Munde, nach dem Bruder um und sah es, wie er hinter ihm stand, von den Scharlachflügeln der Abendröte und der gerührten Entzückung überdeckt und mit stillem Weinen im blauen Auge. – Die heilige Musik zeigt den Menschen eine Vergangenheit und eine Zukunft, die sie nie erleben« (Jean Paul 1959 ff., II, Bd. 1, 638 ff.). So war, Ästhetik und Erzählung, Theorie und Erlebnis zusammenbindend, von Musik bisher kaum je gesprochen worden, am ehesten noch bei den Jenenser Romantikern, doch meist aphoristisch und nirgends so tief – oft gar motivierend – in Handlungsgang und Erzählfluß eingebettet. Bleibt als einzige, von Schumann ebenfalls frühzeitig musikalisierte Ausnahme E.T.A. Hoffmann mit dem Kapellmeister Kreisler, welcher Jean Paul wenigstens voraushat, daß, was man als »Geist der Musik« begriff, in einer Weise personalisiert war wie nirgends mehr seit Goethes Mignon. Jean Paul wiederum stellt die Musik in einen unübertroffen breiten Assoziations- und Erlebnishorizont und verschafft, weitab von abstrakter Spekulation, Überlegungen eine emotional unmittelbare Beglaubigung, welche einerseits wie ein Präludium zur Musikphilosophie Schopenhauers anmutet, andererseits die Brücke zum aufklärerischen Musikdenken nicht abbricht: »Denn es ist ein unfehlbares Mittel, den Tönen ihre Allmacht zu geben, wenn man sie zu Ripienstimmen unserer Stimmungen und so aus Instrumental-Musik gleichsam Vokal-Musik, aus unartikulierten Tönen artikulierte macht« (Jean Paul 1959 ff., II, Bd. 1, 948).

Das Gewicht der schönen, auf die besondere Zeitlichkeit der Musik zielenden Überlegung, daß sie eine sonst nie erlebbare Vergangenheit und Zukunft zu zeigen vermöchte, schien ihm in der zitierten Formulierung offenbar nicht ausreichend reflektiert zu sein. So schiebt er in *Nachflor und Spätlinge des Taschenbuchs* (Jean Paul 1959 ff., II, Bd. 3, 945) einen Aphorismus nach, von dem man gern wüßte, ob er unter die Augen des nicht primär philosophisch orientierten Schumann gekommen ist: »Wenn Töne sprechen, können wir nicht unterscheiden, ob sie unsere Vergangenheit oder unsere Zukunft aussprechen; wir hören ferne Tage, weggegangene und herkommende, denn beide sind ferne; und wir müssen zugleich uns erinnern und uns sehnen. Denn kein Ton hat Gegenwart und steht und ist; sein Stehen ist nur ein bloßes Umrinnen im Kreise, nur das Wogen einer Woge ... Rinnen nun in den Tönen Vergangenheit und Zukunft des Herzens zusammen und fehlt ihnen die Gegenwart, die beide scheidet: so sind sie ja das irdische Echo der Ewigkeit, und der Mensch hört an ihnen kein Außen, sondern nur sein Innen und ewiges Ich«. Mit der Autorisation als »Echo der Ewigkeit« konnte »die Äols-Harfe der Schöpfung an zu zittern und zu klingen« anfangen, »von oben herunter angeweht, und meine unsterbliche Seele war eine Saite auf dieser Laute« (Jean Paul 1959 ff., I, Bd. 4, 191).

»Meine Seele« eine Saite auf der Laute bzw. Äolsharfe der Schöpfung – suggestiver ließ sich die romantisch säkularisierte Form der Musica mundana kaum beschreiben, welche die Musik, verglichen mit vorangegangenen, dem Nachahmungskonzept verpflichteten Wertungen, unge-

heuer nobilitierte. Dergestalt universaler Fluchtpunkt, wird sie auch zum Fluchtpunkt vielfältiger Assoziationen auf eine Weise, welche weder als Synästhesie noch z. B. mit Baudelaires »correspondances« zulänglich charakterisiert erscheint. Daß Töne »auf dem Glanz ... schweben und sterben«, Seelen »melodisch« sein können und, vielfach belegt, Landschaftseindrücke oder Lebenssituationen zwischen Kindheit, Liebe, Abschied und Tod in gewaltigen Akkorden mit je eigener Musik zusammenstimmen (Miller 2005) – der ohnehin metaphernselige Jean Paul erscheint in ausmalenden, zugleich gedanklich präzisen Beschreibungen hier vollends unerschöpflich –, verdankt sich über alles suggestiv Stimmungshafte hinaus einem symbolischen, nahezu weltbegründenden Anspruch der Musik. Und dem versucht man immer neu belletristisch beizukommen, auf Eichendorffs *Wünschelrute* verpflichtet, auf die nie endende, je neue Suche nach dem »Zauberwort«, das die Welt zum Singen bringt. »O Musik! Nachklang aus einer entlegenen harmonischen Welt! Seufzer des Engels in uns! Wenn das Wort sprachlos ist, und die Umarmung, und das Auge, und das weinende, und wenn unsre stummen Herzen hinter dem Brust-Gitter einsam liegen: o so bist nur du es, durch welche sie sich einander zurufen in ihren Kerkern und ihre entfernten Seufzer vereinigen in ihrer Wüste!« (Jean Paul 1959 ff., I, Bd. 1, 425).

Wie mag derlei gelesen worden sein von einem, der den wuchernden Bilderreichtum anders als Spätere nicht als Verdeckung unausgegorener Gedanklichkeit oder als blumige Ausschmückung von Sachverhalten verstand, die man nüchterner, sachlicher hätte formulieren können, sondern als Chiffre uneingelöster, gewiß ins uneinlösbar-Utopische hineinreichender Möglichkeiten, von einem Junggenie, welches um 1830 in die Musikwelt in dem Bewußtsein eingetreten war, die Zeit der großen Ereignisse verpaßt zu haben? Hegels nicht gerade ermutigende Auskunft, »die Kunst« sei und bleibe »nach der Seite ihrer höchsten Bestimmung ein Vergangenes« (Hegel 1955, 57), konnte den Jüngeren zu verstehen geben, daß ihresgleichen demnächst überflüssig sein würden. Bei Hölderlin (1965, 1015) wiederum konnten sie lesen, »daß der höchste Akt der Vernunft, der, indem sie alle Ideen umfaßt, ein ästhetischer Akt« sei, und bei Schelling noch stärker prononciert, daß die Kunst »Organon und Document der Philosophie sei, … welches immer und fortwährend bekundet, was die Philosophie äußerlich nicht darstellen kann, nämlich das Bewußtlose im Handeln und Produciren und seine ursprünglich Identität mit dem Bewußten. Die Kunst ist eben deswegen dem Philosophen das Höchste, weil sie ihm das Allerheiligste gleichsam öffnet, wo in ewiger und ursprünglicher Vereinigung gleichsam in Einer Flamme brennt, was in der Natur und Geschichte gesondert ist« (Schelling 1976 ff., I/3, 627 ff.).

Himmel und Hölle, Zukunftsverheißung und Grabrede für die Hoffnungen der Jüngeren nahe beieinander: Beides lag in der Luft, so daß sensible Gemüter, um es wahrzunehmen, Hegel und Schelling nicht unbedingt studiert haben mußten. Jene Ratlosigkeit, jene Einschüchterung durch die Klassizität der jüngst Verstorbenen, die den jungen Schubert hatte fragen lassen, ob nach Beethoven überhaupt »noch etwas zu machen« sei (Deutsch 1966, 150), erschien, wenn schon nicht aufgefangen, so doch gemindert von einer infinitesimalen Ästhetik, dergemäß selbst die großen Toten nicht alles hatten wegkomponieren können – auch kanonische Werke nur Annäherungen. Selbst aber, wenn die philosophische Annäherung an den »absoluten Geist« die Kunst tatsächlich überflügelte wo nicht überflüssig machte, könnte ihr Tod doch immer nur als Kunst, in Kunst stattfinden, insoweit jedenfalls ein langes, schönes Sterben. Da wir »das Leben« nur »am farbigen Abglanz« haben – wieviel mehr erst, da sie selbst farbiger Abglanz ist, an deren Abglanz die Kunst!

Nicht nur die Drohung der kanonischen Vorbilder erschien dergestalt halb aus dem Weg geräumt, gemindert erschien auch der Makel der Marginalität, der dem lyrischen Klavierstück als einem Seitenweg anhaftete, auf dem man an den klassischen Formen und deren Verbindlichkeiten vorbeischlich. Im Zeichen der romantischen Neugeburt der Musik aus dem Geiste der Poesie konnte der Seitenweg sich als Hauptweg erweisen. Insgesamt stellte das eine gewaltige Ermutigung dar, bei der die suggestive Neuorientierung einer literaturgewordenen Ästhetik zunächst die überkommenen, solide-handwerklichen Kriterien überschatten durfte; so ließ sich gut komponieren von weniger guter Musik nun schwerer unter-

scheiden, weil ein diesen Kriterien entzogener poetischer Bezug mitsprach – eine der großen Herausforderungen für den rezensierenden Schumann.

Kommt hinzu, daß sich das Konzept des Seitenweges in der Allergie gegen alles vorgeordnet Systemhafte durch die Erfindungs- und Schreibweise Jean Pauls bestätigt sah – der improvisationssüchtige Schumann u. a. in demjenigen, der nicht vorauswissen will, wohin ihn sein Erzählen führt (»Auch bei dem Schreiben muß man sich nirgendwo anzukommen vorsetzen«, Jean Paul, *Gedanken* 2, 211, zit. n. Vollmann 1996, 63) und sehr entschieden dekretiert: »Der Philosoph verliert seine Freiheit, wenn er sein System erfunden hat; – der Dichter wird durch alle Erfindung nur freier« (a.a.O.). Nicht weniger wichtig für den, der Träume gern aufschrieb und Wachträume als Einstiege in kreative Zustände wahrzunehmen versuchte (Tb I, 127, 168, 174, 183, 184), mögen einschlägige, Sigmund Freud vorwegnehmende Auskünfte gewesen sein: »Da nun … Wahlträume mir, so weit ich sie erschaffe und regiere, nur ein schönes stärkendes Sein gewähren: so wach' ich darin ganz besonders gegen das Wachwerden … und ängstige mich vor dem Versinken meines Paradieses durch ein helleres Bewußtsein« (Jean Paul 1959 ff., II, Bd. 2, 1036).

So gab es für einen hochambitionierten, zwischen Depression und Manie hin- und hergeworfenen Jüngling genug Anlaß, sich ebenso zur Heimkehr »in die schöne Verwirrung der Phantasie, in das ursprüngliche Chaos der menschlichen Natur« (Schlegel 1972, 305) eingeladen zu fühlen wie zu Giannozzos Stratosphärenflügen: »Hell steigt der Genius vom Himmel nieder, und das Gewölke erglänzt weit, wenn er es durchdringt; und der ätherische Geist berührt die Erde: da verwandelt sich alles – die Felsen gehen auf und zeigen stille große Gestalten – auf die Leinwand und die Mauern fällt der Widerschein von fernen Göttern und ihren Himmeln – alle Körper erklingen, Sehne, Holz und Gold, und die Luft durchfliegen Lieder -; aber die dumpfe Menschenherde hebt ein wenig den Kopf von der Weide verwundert auf und bückt sich wieder und graset weiter; nur einige werden geheiligt und knien verklärt« (Jean Paul 1959 ff., I, Bd. 3, 949). Schiller hat Jean Paul am 28. Juni 1796 gegenüber Goethe als wie

»aus dem Monde gefallen« beschrieben (Goethe/ Schiller 1964, 173) – da wußte er noch nicht, daß der eines Tages sich in seiner *Konjektural-Biographie* gar der eigenen Zukunft erinnern wird, »in die Welt hinausgemalt, wie mein Leben aussehen werde von diesem Jahre bis zum letzten« (Jean Paul 1959 ff., I/4, 928).

Ein Übriges tat die »singende Prosa«. Der Übertritt von ihr in die Musik hinein, den Schumann u. a. in den *Papillons* vollzog, war kleiner als irgendwo sonst in Romanen und ging über derzeit übliche Gedicht-Einlagen hinaus; von »Einlagen« läßt sich selbst bei Jean Pauls »Gedichten in Prosa«, den von ihm besonders geschätzten »Polymetern«, kaum sprechen – zu gering der Abstand von einer Prosa, welche ihren Gegenstand eher als Vorwand denn Anlaß, als notdürftige Wegleitung eines Erzählstroms von autonomer, »musikalischer« Dynamik erscheinen läßt und das Was des Gegenstandes hinter das Wie der Erzählweise zurückdrängt. Nicht umsonst lud Jean Paul die Leser mehrmals ein, sich mit ihm über seine kruden Fabeln, etwa die Suche nach fünf verschollenen unehelichen Söhnen eines Duodezfürsten (einer von ihnen Jean Paul) lustig zu machen – u. a. im fünften und sechsten *Hundsposttag* des *Hesperus*. Er kann es sich leisten, weil sie unwichtig genug erscheinen im Vergleich zu der Metaphernflut, die über sie sich ergießt und noch am geringsten Anlaß sich deutend entzündet, wahren Katarakten, welche sintflutartig eigene Wege suchen und, weil sich selbst Gegenstand, Nebenwege der hinterlegten, mitunter verlorengehenden Handlungen zu Hauptwegen machen: »Wenn ich die kleinste Schleuse aufziehe, so schießet so viel Wasser zu, daß allezeit mehr Räder in Gang kommen und also mehr gemahlen wird, als ich wollte« (zit. n. Ueding 1993, 96) – Goethe hat vielsagend von »Orientalität« gesprochen (Goethe 1988, Bd. II, 185).

Wer Jean Paul auf das Erzählte hin liest, liest an ihm vorbei, erst recht, wer schnell lesen, wer von der Erzählweise, vom Nuancen- und Bilderreichtum nicht aufgehalten, von der zugleich gedanklich gezügelten und verschwenderisch wuchernden Fantasie nicht verführt sein, sie nicht sorgfältig abschmecken will. Wenn erzählende Prosa irgendwo der musikalischen Identität von Sagen und Gesagtem sich genähert hat, dann hier. Nicht zuletzt reflektiert sie eine beneidenswerte Lesekul-

tur, die seltene Fähigkeit, ästhetische Glaubwürdigkeit unabhängig wahrzunehmen von vordergründig-realistischer Glaubwürdigkeit – auch, weil der Transzendierungsdruck stets fühlbar bleibt, dem diese Poesie sich verdankt: Schreiben, Fantasieren, Fiktionalisieren als Überlebensstrategie von einem, der darauf angewiesen war, sich über die jämmerliche Realität zu erheben, in der er sich vorfand – auch daher »singende Prosa«. »Die deutsche Dichtung hat nichts hervorgebracht, das der Musik so verwandt wäre, nichts so Wehendes, Ahnungsvolles, Unendliches … In diesen Gesichten und Ergießungen ist die *Ferne* bezwungen, der Abgrund des Gemüts, den von allen Künsten nur die tönende ausmißt« (Hofmannsthal 1979, 436).

Hofmannsthal meinte offenbar vornehmlich den ästhetischen Aspekt – einseitig zumindest, wenn man auf die cum grano salis soziale Beglaubigung der »singenden Prosa« blickt – den Umstand, daß jener Transzendierungsdruck nicht nur die Gegenstände in eine Sphäre beförderte, in der sie poetisch verhandelbar wurden, sondern auch die Erzählweise in eine entsprechende, ins Lyrisch-Musikhafte. Nichts also von Dekorum, Weichzeichnung oder Zuckerguß, deren der Kampfruf, die Welt müsse »wieder romantisiert« werden, verdächtig war: Hinter jeder vordergründig realitätsflüchtigen Metapher steht als realistische Beglaubigung, daß der Dichter, um überhaupt sich formulieren zu können, auf sie angewiesen war – daher das diese Prosa allenthalben durchleuchtende, existentielle Glück, sich aussagen, zur Sprache bringen zu dürfen, daher die in Figuren wie Walt zur Narretei gesteigerte, noch die miserabelsten Umstände betreffende, erst beim späten Jean Paul ermattende Bejahungslust. Sehr genau weiß der im fliegenden »Siechkobel« der Erdenschwere enthobene Giannozzo sich als »einer von denen drunten«. »Verschließe sich also der Künstler mit seinen Wehen; wir würden schreckliche Dinge erfahren, wenn wir bei allen Werken bis auf den Grund ihrer Entstehung sehen könnten«, hatte Schumann 1835 in seiner Berlioz-Kritik geschrieben (Kreisig I, 83) – der von den Jenenser Romantikern gewiesene Weg ins L'art pour l'art hat seine stärksten Beglaubigungen dort, wo seine Herkunft, d. h. die Umstände durchscheinen, die ihn erzwungen haben. Nicht nur das Hohelied der

Musik, die singende Prosa und das hintergründig kontrapunktierte Verwirrspiel der Handlungsgänge begründen die ästhetische Bruderschaft, in der Schumann sich mit Jean Paul verbunden fühlte, sondern auch die Erfahrung jener »schrecklichen Dinge«, die Gemeinsamkeit derer, die nur mit Hilfe und in der Kunst zu überleben wußten.

Derlei Nähe freilich erfordert Abgrenzungen; bei ihnen – das gehört zur Dialektik der Nähe – hilft die Literatur, indem sie Musik nahezu als Fluchtpunkt ihrer selbst bestimmt. Für den jungen Schumann, hierin gelehriger Schüler der Poeten, ist »jeder Tonkünstler … Dichter, nur ein höherer« (Tb I, 41); wenig später nennt er »die Composition … doch etwas Heiligeres als das Versmachen; was hier mechanisch gedrechselt werden soll, wird dort begeistert geschaffen; hier fällt Reflexion in die vergangne Begeisterung, dort löst sich Reflexion in Begeisterung auf« (Tb I, 92) und bestätigt das kurz danach: »Freylich dürfen die harten Bärentatzen des Verstandes die weichen Hände der lyrischen Tonmuse, die auf den Tasten unserer Gefühle spielt, nicht ganz zerquetschen wollen« (Tb I, 102) – eine Formulierung, die ihm so sehr gefällt, daß er sie mehrmals benutzt; die grobschlächtige Gegenüberstellung zeigt, wie sehr die Notwendigkeit der Abgrenzung den Begründungen voransteht.

Dennoch und gerade war Jean Paul für Schumann nicht nur, wie für den Sohn des Homer-Übersetzers Voß, derjenige, mit dem man nicht leben könne ohne den Vorsatz, ein besserer Mensch zu werden (zit. n. Vollmann 1996, 209), sein Name stand für eine ästhetische Existenzform, ein ästhetisches Konzept. Definitorisch klare Unterscheidungen, angefangen bei denen zwischen Traum und Wirklichkeit, Kunst und Reflexion über Kunst, lagen hier fern – kein Werk im klassischen Sinne vollendet, die Personnage vom einen ins nächste weiterwandernd (»Ich möchte aus allen meinen Romanen 1 großen Roman machen«, zit. n. Vollmann 1996, 150); die Schwelle zwischen Text und Leser durch Fußnoten, Exkurse, Zwischenrufe, Vorworte, Vorworte zu Vorworten usw. so niedrig gehalten wie die zwischen Text und Autor; dieser oftmals als handelnde Person oder Kommentator ins Erzählte verwickelt, sich selbst in die Parade fahrend (»Lieber Leser, ist Dir nicht jetzt wie dem Lebensbeschreiber, der nun den Eintritt dieses jungen Viktor's in die Kaplanei und Lebensbeschreibung kaum erwarten kann?«), wie im ersten *Hundsposttag* des *Hesperus*, oder im achten: »Ich wollte, die Historie wäre aus, damit ich sie könnte drucken lassen.«; fast durchgängig daran interessiert, sich als Urheber zurückzunehmen: Wie weit die *Flegeljahre* identisch sind mit dem von den beiden Protagonisten unternommenen Doppelroman, bleibt nicht nur offen, weil die Konstellation klare Abgrenzungen verbietet; auf der Reise zur »Insel der Verheißung« liest der Hauptheld des *Hesperus* den Jean-Paul-Roman *Die unsichtbare Loge*, und Vult in den *Flegeljahren* avanciert zum Verfasser von Jean Pauls erfolglosem Erstling, den *Grönländischen Prozessen*. Als blicke er voraus auf das, was später »offenes Kunstwerk« heißen wird, unterläuft Jean Paul die definite Dreiheit Autor/Werk/Leser, zieht die fürs lesewütige Kunstzeitalter typische Komplizenschaft mit dem Publikum ins Werk hinein, indem er die eigene Rolle in der Schwebe hält zwischen der empirischen Person J.P., dem zum jeweiligen Werk gehörigen »impliziten Autor« (Booth 2000) und einer innerhalb des Werkes agierenden Kunstfigur. »Das Spiel mit fließenden Identitäten erlöst aus dem Zwangsgehäuse der einzigen, das Subjekt löst sich auf in Ornamentgestalten seiner selbst, und indem es aus sich auszieht, gewinnt es ein Multiversum der dichterischen Rede, voller Möglichkeiten, voller offener Geschichten, phantastischer Einfälle und unbegrenzter Darstellungsmittel« (Ueding 1993, 83 ff.) – davon profitieren bei Schumann Florestan und Eusebius, Chiara und Meister Raro.

Zu diesem Multiversum gehört das Beieinander von Machen und Reflektieren, bei Jean Paul die – oft humoristisch brechende – Projektion des Herstellungsprozesses ins Hergestellte auf der Linie von Friedrich Schlegels »progressiver Universalpoesie«, die »am meisten zwischen dem Dargestellten und dem Darstellenden … auf den Flügeln der poetischen Reflexion in der Mitte schweben, diese Reflexion immer wieder potenzieren und wie in einer endlosen Reihe von Spiegeln vervielfachen« soll (Schlegel 1958 ff., Bd. II, 182 ff.) – eine Spiegelung, worin sich das Gegenüber von Machen und Reflektieren, Praxis und Theorie auflösen soll. Bei Schumann betrifft dies Beieinander am wenigsten die ursprünglich mit Text verknüpften Klavierzyklen, die auf das 63. Kapitel der *Flegeljahre* bezogenen *Papillons* und das pädagogisch intendierte, zunächst mit den *Musikalischen Haus- und Lebensregeln* verbunden gewesene *Album für die Jugend* op. 68. Viel stärker betrifft es den, der Texte komponiert und von den divergierenden Mitteilungsformen von Ton und Wort zu Vermittlungen bzw. dazu gezwungen wird, im einen Medium dem anderen gerecht zu werden – veränderte Texte gehören ebenso in diesen Zusammenhang wie, als tönende Reflexion über die Grenzen der Zuständigkeit des Wortes, die Klaviernachspiele der Lieder. Hierher gehört auch die spätere Bearbeitung der d-Moll-Sinfonie – nicht nur auspolsternde Absicherung, bei der mittlerweile gewonnene Erfahrungen mit dem Orchester mitsprechen, sondern auch Reflexion auf die Historizität des frühen Wurfs, der dem Autor nachträglich verdächtig wurde, allzu spontan im Windschatten der erfolgreichen 1. Sinfonie gesegelt zu sein; immerhin lag ein die musikalische Vergangenheit tief reflektierendes Werk wie die C-Dur-Sinfonie dazwischen, deren charakteristischste Prägungen Schumann bei Haydn (Sinfonie Nr. 104 – die Signale der Introduktion in fast allen Sätzen), Bach (Largo aus der Triosonate im *Musikalischen Opfer* im Adagio espressivo und im Finale) und Beethoven (»Nimm sie hin denn, diese Lieder« im Finale) entlieh.

Die gegenständlichste, darstellungstauglichste Verwirklichung findet das genannte Multiversum, im Wissen, daß »all the world's a stage«, im Maskenball; kein Zufall, daß Schumann mit den *Papillons* gerade hier einstieg. »So mag wohl einem höhern Wesen die Geschichte des Menschengeschlechts nur als eine längere Ball-Verkleidung erscheinen«, läßt Jean Paul im 63. Kapitel der *Flegeljahre* Wina »leise und eilig« sagen – eine Beglaubigung des Voranstehenden: »Ein Ball en masque ist vielleicht das Höchste, was der spielenden Poesie das Leben nachzuspielen vermag. Wie vor dem Dichter alle Stände und Zeiten gleich sind und alles Äußere nur Kleid ist, alles Innere aber Lust und Klang: so dichten hier die Menschen sich selber und das Leben nach ... alles Feindliche und Freundliche wird in *einen* leichten, frohen Kreis gerundet, und der Kreis wird herrlich wie nach dem Sylbenmaß bewegt, nämlich in der

Musik, diesem Lande der Seelen« (Jean Paul 1994, 595). »Wir sind ein Feuerwerk ..., das ein mächtiger Geist in verschiedenen Figuren abbrennt«, so bestätigt Walt Winas Auskunft, und Schumann komponiert das Abbrennen im Schlußstück der *Papillons* – man könnte auch zitieren: »dichtet sich selber« – genau und unvergleichbar neuartig (Schnebel 1981, 9–12; Hoffmann-Axthelm 1994, 45–53).

XI

Wenn »alles Feindliche [...] in Einen leichten, frohen Kreis gerundet« wird, bleibt notwendig etwas draußen; wenn »das Leben [...] der spielenden Poesie [...] nachspielt« (s.o.), ist das nicht das ganze Leben. Die Propheten der romantischen Universalpoesie haben das gewußt und erlitten – hinsichtlich dessen, was sie sagen wollten, wie hinsichtlich der Art und Weise, wie sie es sagen wollten. »Wir suchen überall das Unbedingte, und finden immer nur Dinge«, notierte Novalis in den *Blütenstaub*-Fragmenten stellvertretend für die, welche den unlösbaren Widerspruch in der Kategorie des Humoristischen aufzufangen versuchten (Novalis III, 127), und Jean Paul hat auf die das Problemfeld betreffenden *Programme* VI bis IX seiner *Vorschule der Ästhetik* (Jean Paul 1990, 102 ff.) besonderen Wert gelegt.

Ähnlich wie bei der benachbarten »Heiterkeit« haben sich die Konnotationen von »Humor« verschoben; in E.T.A. Hoffmanns *Abenteuer der Silvesternacht* etwa ist von »einem Humor« die Rede, »der nur aus dem tief bis auf den Tod verletzten Gemüte kommt« (Hoffmann 1963, Bd. 1, 385); der Bedeutungsspielraum erstreckt sich zwischen der Bestimmung als »willkührlich angenommene Manier. Das Willkührliche ist das Pikante daran: Humor ist Resultat einer freyen Vermischung des Bedingten und Unbedingten ... Wo Fantasie und Urtheilskraft sich berühren entsteht Witz; wo sich Vernunft und Willkühr paaren, Humor« (Novalis a.a.O.) und den Einwänden der »Rätin« in Hoffmanns *Kater Murr*, welche Hegels Einwänden das Wort redet (Hegel 1955, 564 ff.): »[...] dieser Wechselbalg einer ausschweifenden grillenhaften Phantasie, ohne Gestalt, ohne Farbe, von dem ihr harten Männerseelen selbst nicht wißt, für wen ihr ihn ausgeben sollt nach Stand und Würden, eben dieser ist es, den ihr uns gern als etwas Großes, Herrliches unterschieben möchtet, wenn ihr alles, was uns lieb und wert, in bitterm Hohn zu vernichten trachtet« (Hoffmann 1963, Bd. 5, 203 ff.) – da formuliert die Dame an der Unterscheidung von Humor und Ironie vorbei, die die Protagonisten, u. a. Jean Paul gegen Friedrich Schlegel, aus guten Gründen beschäftigt hat. Auch der junge Schumann hat es in diesem Problemfeld nicht leicht: »Kein Leben ist lauter Poesie, so wie keines rein tragisch; u. es gukt die Prosa u. der Humor nur zu sehr hervor; das wußte Jean Paul recht wohl u. darum gießt er nach jeder Poesie Eimer eiskalten Witzes hintenach. Wie im Leben, so stört es im Lesen« (Tb I, 142).

»Bitterer Hohn« (s.o.) kennzeichnet nicht einmal die romantische Ironie, geschweige denn die »glückliche Verschmelzung von Gemüthlich und Witzig«, als welche Schumann später beschrieb, was er, Jean Paul folgend, unter Humor verstand (BNF, 148); romantische Ironie ist transzendentaler Witz *ohne* »Gemütlichkeit«, romantischer Humor dagegen Witz *mit* Gemütlichkeit. Hoffmanns Rätin steht mithin vor Allem für Mißverständnisse und Verdachte, welche die zu gewärtigen hatten, die am Widerspruch von »Bedingtem und Unbedingtem« aufprallten und im jeweiligen Werk den Ort für dessen Verarbeitung suchten. Ohne jenen Aufprall, der Lebensgefühl und Weltverständnis ebenso betraf wie das Verhältnis zu den überkommenen Formen, müßte die Diskussion um die Kategorie Humor abstrakt anmuten. Schon für den jungen Schumann erfüllt sich »die höchste Potenz der Genialität« – auf einer Linie mit Jean Pauls Verordnung, »alles« müsse »romantisch, d. h. humoristisch werden« (Jean Paul 1990, 125) – in der »ästhetisch-schönen Verbindung des Sentimentalen u. Humoristischen« (zit. n. Otto 1984, 112); so freut es ihn, daß der Verleger Hofmeister »die *Papillons* eigenthümlich humoristisch u. melancholisch« findet (Tb I, 384). »Der Schlüssel Humor öffnet das Schloß Melancholie, der Schlüssel Melancholie das Schloß Humor. Beiden gemeinsam ist das Moment der Reflexion, des festen Willens, bei aller Verstrickung in die Welt doch über ihr zu stehen – es geschehe lachend oder weinend« (Geck 2001, 314). »Lachend oder weinend«, humoristisch relativierend oder überbe-

tonend – Jean Paul (1990, 129) spricht von »jenem Lachen, worin noch ein Schmerz und eine Größe ist« – geht Schumann mit den traditionellen Formen in dem Wissen um, daß er sie nicht ganz und gar aneignen, nicht vollständig aus dem, was er sagen will, neu hervortreiben kann. Zudem bedarf er der humoristischen Distanz – die Betrachtungen von Appel (1981), Schnebel (1981) und Messerschmidt (2005) belegen das detailliert –, weil die kompositionsgeschichtliche Situation ihn zum Epigonen verurteilt, er als Komponierender jedoch mit diesem Urteil nicht leben kann, das Dilemma also aufheben, mit ihm sich befreunden, es in die Musik hineinnehmen muß.

Humor in diesem Sinne meint ein Beieinander von Distanz und deren Tilgung, dessen Regulierung – da hat Hegels grämlich intonierter Kommentar Recht – der jeweiligen Konstellation i.e. der Subjektivität des Künstlers ausgeliefert ist: »Wir haben der romantischen Poesie im Gegensatz der plastischen die Unendlichkeit des Subjekts zum Spielraum gegeben, worin die Objekten-Welt wie in einem Mondlicht ihre Grenzen verliert« (Jean Paul 1990, 124); weshalb der Schaffende seine persönlichen Verhältnisse auf sein komisches Theater« ziehen muß, »wiewohl nur, um sie poetisch zu vernichten«. Weil diese Vernichtung oder Aufhebung nie vollständig gelingen kann, er mithin »sein eigener Hofnarr und sein eignes komisches italienisches Masken-Quartett …, aber auch selber der Regent und Regisseur dazu« bleibt, »muß der Leser einige Liebe, wenigstens keinen Haß gegen das schreibende Ich mitbringen« (Jean Paul 1990, 132 f.).

Romantische Kunst ist, weil sie den Rückzug ins objektiv Werkhafte verweigert, stärker auf einen Vertrauensvorschuß, auf den angewiesen, der sie entgegennimmt, muß ihn stärker als klassische an den Risiken der Schaffenden beteiligen – a conto eigener Unsicherheiten, welche vielfältig durchscheinen, u. a. in dem bequem verkitschbaren Schumann der *Träumerei* oder von *Der Rose Pilgerfahrt*, welche die Argumente von Prousts *Lobrede auf die schlechte Musik* (Proust 1988, 166 ff.) bestätigen, ohne ihrer zu bedürfen; wenn er den Balanceakt auf dem »über dem doppelten Abgrund des Lyrismus und des Vulgären« aufgespannten »Haar« nicht durchhält (»un cheveu, suspendu entre le double abime du lyrisme et du vulgaire, Flaubert 1988, 57) und gefährlich viel »Volkston« riskiert samt dem Verdacht, es vor Allem gut gemeint zu haben; wenn der Mißerfolg eines kapitalen Werkes wie der d-Moll-Sinfonie (in der ersten Fassung) ihn veranlassen kann, es zehn Jahre liegen zu lassen; »gut gemeint« spielt offenkundig bei schwer verständlichen Entscheidungen für dürftige Texte u. a. von Moritz Horn und Elisabeth Kulmann mit. Wenige Jahre nach Schumanns Tod wird Baudelaire, moderne Künstler »Priester und Opfer zugleich« nennen (»à la fois les prêtres et les victimes«; Baudelaire 1961, 1179).

Glanz und Elend romantischer Kreativität liegen dergestalt neben- und übereinander. Die Schaffenden wollen »an das glauben, was sie selbst gemacht haben«, wollen »das Hergestellte als Empfangenes erleben …, wollen aus dem ›Machen‹ jene unio mystica herausschlagen, die nur das Seinlassen gewährt. Sie wollen vor der Rampe das große Spiel bewundern und stehen doch zugleich in der Kulisse. Sie sind Regisseure, die sich selbst verzaubern wollen. Der romantische Kunstglaube will das Unmögliche: Er will durch Raffinement Naivität hervorbringen mit dem Ergebnis, daß an die Stelle der alten Substanzen das Spiegelkabinett der Verdoppelungen tritt: das Gefühl des Gefühls, der Glaube an den Glauben, der Gedanke des Gedankens« (Safranski 1987, 105).

Überfordern solche Bestimmungen nicht die Musik – als naivste der Künste, welche mehrdeutiger Brechungen kaum fähig ist, muten sie nicht übertheoretisch an im Blick selbst auf einen Musiker, von dem wir wissen, daß er Jean Pauls *Vorschule der Ästhetik* gelesen hat? Und gibt es nicht andererseits in der Musik, solange ein vergleichsweise kleiner stilistischer Radius Bezugnahmen auf andere Musikstücke begünstigte und die Richtung bestimmter Erwartungen bzw. deren Enttäuschung recht genau zu definieren erlaubte, Traditionen geistvoll verspielten Umgangs, mutwilliger Verfehlungen etc., welche dem nunmehr neu definierten Humor zuarbeiten? Haydns Esprit steht hierfür ebenso ein wie Mozarts jähe Umschläge, Verkürzungen, Trugschlüsse, musikalische Späße etc., welche wahrzunehmen schwer geworden ist, weil eine breiter gewordene stilistische Palette präzise Erwartungen und Bezugnahmen kaum noch erlaubt. Schumann selbst hat für Belege gesorgt,

welche uns hinsichtlich der Wandlungen des Hörens aufmerken lassen sollten, weil es sich um Musik handelt, welche wir halbwegs angemessen zu rezipieren meinen. Als »rein komische Instrumentaleffekte« bezeichnet er Passagen in Beethovens Sinfonien, die wir nicht oder nur eingeschränkt so charakterisieren würden – die in Oktaven gestimmten, solistisch hervortretenden Pauken im Scherzo der 9. Sinfonie, das tiefe Horn im Trio der Siebenten (T. 199 ff.), das Pizzikato im Scherzo der Fünften und daselbst das Thema des »Trios« (T. 141 ff.), die Hornquinten am Ende des Scherzos der Vierten und daselbst im Adagio die insistierenden kleinen Punktierungen (Kreisig II, 112 ff.).

Schwerlich ist Schumanns Assoziationslust allein dafür verantwortlich, daß wir derlei anders, keineswegs »rein komisch« hören – wobei, wiewohl er Beethoven näher ist, nicht vergessen sei, daß schon mehr als 20 Jahre zuvor E.T.A. Hoffmann viel eigene Intention in die 5. Sinfonie hineinhören und etliches ihm Unpassende überhören konnte; Zeitgenossenschaft allein garantiert authentische Rezeption nicht – soweit man von einer solchen überhaupt sprechen, sie nicht eher in der Dialektik zwischen Werk und Adressat suchen sollte; so wäre ein Werk in jeder Wahrnehmung bzw. jeder Konstellation, da es wahrgenommen wird, auf andere Weise authentisch.

Das gilt auch für die Traditionen des musikalischen Humors. Dieselbe Handhabung bei Haydn oder Mozart einerseits und Schumann andererseits besäße anderen Stellenwert, weil jene mit den Formen mit einer Unbefangenheit umspringen konnten, die diesem versagt ist: Denn inzwischen sind sie kanonisch geworden, ist ihnen eine Klassizität zugewachsen, welche jeden liberalen Umgang über den Einzelfall hinaus vor einen größeren Horizont stellt, ihn mit Zeugnisrechten in bezug auf das Verhältnis zum verpflichtenden Erbe beehrt und belastet. Insofern waren die dem romantischen Humor zugewendeten theoretischen Anstrengungen auch vonnöten, um für die Schaffenden Spielräume sicherzustellen, in denen sie sich unbefangen bewegen konnten. Neben der Vermeidung hergebrachter Zuordnungen, welche die Hör-Neugier mindern, neben erhellenden psychologischen Analogien spielt stets auch der um die Nachteile der Historie für das Leben wissende Humor mit, wenn Schumann bei der späteren

Bearbeitung der d-Moll-Sinfonie deren ersten Einsatz um ein Viertel auf eine vergleichsweise irrationale Zählzeit vorverlegt; wenn er zu Beginn der Es-Dur-Sinfonie die Taktart zunächst im Unklaren läßt; wenn er daselbst im Scherzothema allen Ländler- oder Schunkelwalzer-Assoziationen durch eine scheinbar willkürliche Zählzeitverschiebung entgegenwirkt und im Nachsatz (T. 9 ff.) einer rhythmischen 3/4-Gruppierung eine melodische 2/4-Gruppierung überstülpt; wenn er den Allegro-Hauptsatz des a-Moll-Quartetts op. 41/1 in die »falsche« Tonart F-Dur setzt; im Finale des Klavierkonzertes den in einen ¾-Takt eingelagerten 3/2-Verlauf als solchen nicht notiert; wenn er in etliche Lieder und Klavierstücke über harmonische Nebenstufen oder Nachschläge zu nicht markierten Taktzeiten einsteigt, als ob ein »eigentlicher« Beginn zufällig unhörbar geblieben sei; darüber hinaus in unzähligen metrischen Finessen, subtilen Verunregelmäßigungen, die es seit Mozart so nicht mehr gegeben hat – angefangen bei vermeintlichen Kleinigkeiten wie den in sich nicht eindeutig gruppierbaren zwei Achttaktern des ersten Allegrothemas der 2. Sinfonie; in all jenen waghalsigen Ver-Rückungen, die Dieter Schnebel (1981) und Charles Rosen (2000, 258 ff., 308 ff., 732 ff., 762 ff.) eindrucksvoll beschrieben haben.

Demgemäß brauchten wir »vernichten« nur durch Hegels »aufheben« ersetzt zu denken, um Schumann als musikalischen Agenten der folgenden Bestimmung aus Jean Pauls *Vorschule der Ästhetik* zu erkennen: »Der Humor, als das umgekehrte Erhabene, vernichtet nicht das Einzelne, sondern das Endliche durch den Kontrast mit der Idee … er erniedrigt das Große, aber – ungleich der Parodie – um ihm das Kleine, und er erhöht das Kleine, aber – ungleich der Ironie – um ihm das Große an die Seite zu setzen und so beide zu vernichten, weil vor der Unendlichkeit alles gleich ist oder nichts« (Jean Paul 1990, 125).

XII

Eine dieser glänzenden Definition fernstehende, sehr deutsche Vereinseitigung des ästhetischen Verständnisses, die dem vermeintlich Naturwüchsigen, dem Schein des Ab ovo den Vorzug gibt vor den Aspekten des Gemachtseins, der Geschichte,

und lieber vom Nachteil der Historie für das Leben als vom Nutzen redet, bildet den allgemeineren Hintergrund der oft gestellten Frage, ob Schumann an Heinrich Heines Ironie vorbeikomponiert, sie möglicherweise kaum wahrgenommen habe – er, der schon bei Jean Paul »jeder Poesie Eimer eiskalten Witzes« nachgegossen empfand! Zwischen jenem Hintergrund und jener Frage hat eine nicht minder gewichtige Problematik ihren Ort – der Umstand, daß die beiden für Schumann wichtigsten Lyriker weit auseinanderdividiert wurden: hier der für naive deutsche Innerlichkeit beschlagnahmte Eichendorff, dort der unnaiv-ironisch-saloppe Reimvirtuose Heine, dem man zunehmend die Klischees andichtete, deren Richard Wagner später in seinem Juden-Pamphlet sich bedienen sollte. So weit und prinzipiell, wie die interessierte Ideologie will, stehen die beiden nicht auseinander, noch manche jähe Schlußvolte und der Einsatz vorgeprägten lyrischen Materials ist ihnen gemeinsam.

Die falsche Zuspitzung läßt sich bis in Details hinein verfolgen; so ist u. a. selten untersucht worden, inwiefern und auf welche Weise Heines ironisch-ernüchternde Brechungen in der vorangehenden Textur vorbereitet sind und bei genauerem Hinsehen weniger sich als jähe Umschläge darstellen denn als Extrem- und Zielpunkte eines bis zum Anschein von Sprachenvielfalt gehenden Reichtums der Nuancen und Diktionen. Ihn zu entdecken hilft Schumann, indem er die unterschiedliche Ironiefähigkeit von Sprache und Musik reflektiert. Weil Musik, mit Nelson Goodman zu reden, mehr exemplifiziert als denotiert (Goodman 1996), sind ihre doppelbödigen Möglichkeiten begrenzt. Ohne doppelten Boden aber gibt es keine Ironie. Entweder wird der Musik die zweite Ebene von der – leicht verlierbaren – Kenntnis anderer Musik gesichert, auf die sie anspielt – so u. a. in Mozarts *Musikalischem Spaß* –, oder von einer außerhalb liegenden Ebene, von einem Text oder einer Handlung herkommenden Bestimmung – etwa, wenn wir in der Oper dem Darsteller das Wissen voraushaben, daß sein lyrischer Erguß nicht in die Situation paßt und demnächst, auf welche Weise auch immer, überführt sein wird.

Unterschiedliche Ironiefähigkeit impliziert unterschiedliche Abstände der Medien, beginnend

bei so geringen, daß von Ironie zu sprechen übertrieben scheint. Wenn irgendeine, dann zeigt das
Schumanns seismographische Musik. Nicht nur
»weiß« sie, daß die Texte der ersten beiden Lieder
der *Dichterliebe* nur aufhören und nicht schließen
– der tonikale Klavierschluß des zweiten ist
schwach, mehr nur ein Echo von zwei vorangegangenen gleichen und überdies als harmonisches
Sprungbrett für das nachfolgende Lied vonnöten;
daß die überstürzte Jagd der Metaphern und Epitheta im dritten (»Die Rose, die Lilie, die Taube,
die Sonne …, ich liebe alleine/ Die Kleine, die
Feine, die Reine, die Eine..«) überschnelles Tempo
verlangt – »nach dem Sinn des Gedichts« notiert
Schumann anstelle einer Tempoanweisung bei
»Mein Wagen rollet langsam«, einem der aus dem
Zyklus ausgeschiedenen Lieder; sie »weiß« auch,
daß sie bei »Ein Jüngling liebt ein Mädchen« (Nr.
11) nichts Inhaltliches, sondern nur den grimmig-
vergnügten Erzählton reflektieren kann, welcher
im Sinne der ihr eigenen, nicht-verbalen Ästhetik
freilich bereits »Inhalt« ist.

Noch mehr. Sie kann Unterschiede bzw. Brüche innerhalb der Sprachebenen in einer Weise
hervorkehren, wie es Dichtung allein nicht vermöchte. Da der Liebende die treulose Geliebte
»allnächtlich im Traume« sieht (Nr. 14), stärkt sie
die naive Innigkeit der jeweils ersten zwei Zeilen
der drei Strophen in einer sprachgezeugten Melodie ebenso wie durch die periodische Vervollständigung der zweiten, was eine Wiederholung je eines Wortes erfordert -»freundlich«, »schüttelst«,
»den Strauß« –, als müsse alle Unschuld eines
einfachen Liedes aufgeboten werden. Doch nur
hier; denn in den jeweils dritten und vierten Zeilen kippt der Text ab – in der ersten und zweiten
Strophe in das abgegriffene Pathos des »laut auf-
weinend […] zu deinen süßen Füßen« Stürzenden
bzw. das an die Kitschgrenze geschobene Bild der
aus den Augen schleichenden »Perlenträntröpf-
chen«, in der letzten in die Ernüchterung des Erwachenden: »der Strauß ist fort/ und's Wort hab
ich vergessen«. Nicht aber nur der Text, sondern
auch die Liedstruktur kippt; als ob sie verlegen
wäre ob der Lapsus, versucht die Musik rasch über
sie hinwegzukommen und kündigt die zuvor sorgsam aufgebaute Liedperiodik; der Sänger, der sich
jeweils zum Strophenbeginn Zeit nahm, hat an
den Strophenenden keine mehr und deklamiert

die letzten Worte, auf die die Strophen zulaufen
– auch das allerwichtigste: »vergessen« – wie wegwerfend in übereilten Sechzehnteln.

»Im Rhein, im heiligen Strome« (Nr. 6) beginnt
»heilig« und archaisch, als gelte es eine Choralpar-
tita; in der zweiten, vom Bildnis der Madonna
redenden Strophe indes »strahlt« es »freundlich
hinein«, weicht Schumann den anfangs strengen
Satz auf und läßt in der dritten bei den »um unsre
liebe Frau« schwebenden »Blumen und Englein«
mit der harmonischen Führung auch die Zeilen-
ordnung ins Schwimmen geraten, welche schon
zuvor verdächtig, wenngleich regelmäßig, variiert
war – in der ersten Strophe viermal vier Takte, in
der zweiten viermal drei. Das kommt rasch wieder
ins Lot, gemessen an der Strenge des Beginns
freilich auf bedenkliche Weise: Schumann ver-
weltlicht die weltliche Beschreibung der Madonna
– »die Augen, die Lippen, die Wänglein« – zusätzlich, indem er »die Lippen« wiederholt und die
Zeile einem blasphemischen Schmeichel- und
Streichelton zuliebe in billig-eingängigen Sequenzen komponiert. Daß damit viel riskiert ist, verdeutlicht das seriöse Widerlager – die kontrapunk-
tierende Augmentation der Fundamentschritte
des Liedbeginns (hier a/h/c).

In bezug auf die rätselhafteste Volte der *Dichterliebe* hat Schumann die Erklärungsnot durch
die im Vergleich zu Heine konsequentere Auffäde-
lung an einem fiktiven Handlungsgang vergrößert:
Warum muß der Liebende »weinen bitterlich«,
wenn die Geliebte ihr »ich liebe dich« sagt? »Bitterlich« ist zu stark, als daß man es zugunsten eines
glücklich Überwältigten lediglich als Steigerung
von »sehr« verstehen dürfte; dem widerspricht
auch das vorangestellte »doch«, weil es einen Gegensatz zu »ganz und gar gesund« und »Himmelslust« ankündigt; dem widerspricht zudem, daß es
nach einer die Momente der Erfüllung geradlinig
ausmalenden Textur als typisch Heinesche Wendung im letzten Moment, mit dem letzten Wort
viel Gewicht hat. Schumann vergrößert das Rätsel
abermals, da er zwei nachfolgende Lieder bei der
Drucklegung aus dem Zyklus herausnahm; in dem
einen hatte der Liebende »Dein Angesicht, so lieb
und schön […] im Traum gesehn« und vorausge-
schaut auf die einst roten, bald aber vom Tod
blaßgeküßten Lippen, im anderen »fließen die
Tränen zusammen«, wenn »Wang' an […] Wang'«

lehnen, und der Liebende stirbt »vor Liebessehnen, [...] wenn dich mein Arm gewaltig umschließt« – dieses Beieinander von ersehntem und erfülltem Glück, Tränen und Wonne spräche für ein ausschließlich als Steigerung zu verstehendes »bitterlich«. Doch Schumann hat das Lied eliminiert und mit den Nummern 5 (»Ich will meine Seele tauchen«) und 6 (»Im Rhein, im heil'gen Strome«) zwei Lieder folgen lassen, in denen offen bleibt, ob der Liebende im Glück oder Unglück ist, allerdings in aufschlußreicher Weise offen: In beiden findet sich das Mädchen ästhetisch übersetzt – im ersten als »Lied«, das die »Lilie [...] klingend hauchen« soll, im zweiten in den Vergleich mit Stefan Lochners »Madonna im Rosenhag«; in beiden also, mit Kierkegaard zu reden, »schwelgt« er »in der Möglichkeit«. Hierzu nun eignet unerfüllte Liebe sich besser als erfüllte. Weint der Dichter »bitterlich«, weil ihn das Geständnis des Mädchens einfordert und er »die Möglichkeit« davonschwimmen, seinen Dichterberuf durch die Erfüllung eingeholt i. e. in Frage gestellt sieht? – auf der Linie von Kierkegaards »ästhetischer« Existenz so zu fragen liegt recht nahe.

Nicht nur, weil sie seines Amtes nicht sind, kann der Musiker den schwebenden, allen eindeutigen Festlegungen entzogenen Deutungen keinen größeren Gefallen tun, als die Worte stehen zu lassen, durch »ritard.« als gewichtig auszuweisen, und zwei weitere Ritardandi in Takten anzusetzen, die motivisch das vorangegangene »[...] ich mich lehn' an deine Brust« bzw. »[...] über mich wie Himmelslust« in einer Form aufnehmen, welche man auch als melodisch nachgezogenes Weinen verstehen könnte.

Nach den Maßgaben romantischer Universalpoesie und von Schumanns in jenen Jahren Clara besonders direkt zugeeignetem Komponieren stellen sich allerdings weitergreifende Fragen: Warum ausgerechnet im Jahr der Hochzeit ein mit frühzeitig durch Tod beendeter Ehe und ein mit unglücklicher Künstlerliebe befaßter Zyklus? Daß Schumann im Liede neu antrat und mit den hinterlegten Handlungsverläufen zusammenschließende Momente in die Hand bekam, kann nicht die ganze Erklärung sein, wie immer die Kalamität kleiner Formen ihm schon bei den Klavierstücken vor Augen gestanden und ebenso diskrete wie ingeniöse Formen von Zyklizität inspirierte. Clara

hätte wohl Grund gehabt, zu fragen, welcher Stellenwert hier der oft beschworenen Zueignung zukomme, ob *Frauenliebe und -leben* als Fortsetzung früherer Warnungen vor Roberts Dunkelheiten und *Dichterliebe* als Hinweis auf ein ihr unzugängliches Reservat zu verstehen sei.

XIII

»Hut ab, ihr Herren, ein Genie« – die Sentenz kann man getrost den Raketenstart des Musikschriftstellers Schumann nennen, zumal wir wissen, was dem folgte. Den Hut sollten die Herren vor einem im Jahre 1831 in Deutschland noch kaum bekannten Musiker ziehen; und der dazu aufgeforderte, war erst recht unbekannt – einen Monat vor der Rezension waren Anfang November als op. 1 seine *Abegg-Variationen* erschienen.

Schumann stieg als Polemiker in den Ring; er hatte sich geärgert, daß die Variationen über *Là ci darem la mano* des 17jährigen Chopin von dem hochangesehenen Ludwig Rellstab in dessen Zeitschrift *Iris im Gebiete der Tonkunst* abschätzig besprochen worden waren, und bot seinen Aufsatz der Leipziger *Allgemeinen Musikalischen Zeitung* an, deren Redakteur, der solid konservative Gottfried Wilhelm Fink, ihn später viel mehr ärgern und mittelbar Anlaß zur Gründung der *Neuen Zeitschrift für Musik* geben sollte (Kreisig I, 5). Fink zögerte zunächst mit der Veröffentlichung, vermutlich, weil er nicht den Verdacht riskieren wollte, einem kritiklustig-verschwärmten Nobody die Plattform hingeschoben zu haben; am Ende druckte er dann doch – weniger wohl, weil er den Aufsatz, wie Schumann bei einem Treffen im Konzert erfuhr, »neu und genial« fand (Kreisig II, 366), als in der Erwartung, daß die Leser ihn sowieso nicht ernstnehmen würden; sicherheitshalber gab er eine Gegendarstellung in Auftrag und veröffentlichte sie umgehend.

Tatsächlich handelt es sich bei Schumanns Besprechung weniger um eine Rezension als um schöngeistelnde, in der Ausgabe von 1854 zurückgestutzte Paraphrasierungen, deren frei assoziierte Bezüge auf Details der *Don Giovanni*-Handlung kaum im Sinne des Komponisten und zudem dadurch relativiert waren, daß drei fiktive Personen – Eusebius, Florestan und Raro, »Charaktermasken« im Sinne von Jean Paul – je eigene Meinungen formulieren; daß eine vierte – Julius – als Pseudonym des Verfassers auftritt, hat Fink verhindert, indem er den wahren nannte. Dennoch war genug für den Eindruck getan, niemand wolle für die bezogenen Standpunkte haftbar gemacht werden: Welches ist der des Verfassers? Und sofern das ersichtlich wäre: Wie sehr wird er durch die anderen relativiert?

Weil das sich in der Folgezeit wiederholen wird und Schumanns werbende, um Verständnis bemühte Besprechungen die negativ kritischen überwiegen, liegt die Erklärung nahe, er habe die öffentliche Meinungsäußerung nicht mißbrauchen und es mit Kollegen nicht verderben wollen, bevor er als Komponist nicht einigen Stand gewonnen hat. Sie greift zu kurz und unterschätzt Schumann ebenso wie die Dimension der Probleme, denen er sich als Schreibender stellte. Wie immer erkennbar ist, daß er es ist, der da schreibt, meist auch bei den nicht signierten Artikeln – in einer für schöpferisch Tätige gefährlichen Weise erweist er sich als Genie der Einfühlung, des Verstehenwollens, liebend-begeisterter Bewunderung. Wo das dennoch nicht ausreicht, gibt er zu verstehen, daß er es ist, der nicht versteht; mit Chopins b-Moll-Sonate tut er sich schwer, ehe er bei der Auskunft »Musik ist das nicht« ankommt (Kreisig II, 14 f.). Derlei Fairneß widerlegt alle Camouflage-Verdachte, die gegen das Versteckspiel mit Florestan, Eusebius usw. erhoben werden könnten. Diese erscheinen im Gegenteil als Agenten einer spezifischen Aufrichtigkeit insofern, als Schumann angesichts der Vieldeutigkeit ästhetischer Eindrücke mit schnellen und sicheren Wertungen zögert und einer Rolle, einer Maske bedarf, um sich formulieren zu können. Anders als andere, die sich hinter vermeintlicher Objektivität verstecken und von den besseren Gründen schwankender, subjektiver Urteile nichts wissen wollen, gibt er schon per Autornamen zu verstehen, daß ein Ding mehrere Wahrheiten hat – wie u.a. auch sein Zeitgenosse Kierkegaard oder später Fernando Pessoa. Wie Kierkegaard mit seiner »indirekten Mitteilung« (Wesche 2003, 165 f.) öffnet er dem Leser Spielräume zu eigener Meinungsbildung, indem er ihn zwingt, Eusebius' und Florestans Standpunkte gegen deren Charakter und Wesensart zu verrechnen.

Logischerweise treibt das Bedürfnis, sich »mit dem Gegenstande innigst identisch zu machen« (Goethe 1988, 488), zur Selbstaufhebung des Kommentars. Für die »Größe« später Beethoven-Quartette vermag Schumann »keine Worte aufzufinden« und fragt schon bald nach der »Hut ab«-Rezension: »Noch einmal, warum über Chopin schreiben? Warum Leser zur Langeweile zwingen? Warum nicht aus erster Hand schöpfen, selbst spielen, selbst schreiben, selbst komponieren?« (Kreisig I, 380 bzw. 165). Dabei spricht ein Bedürfnis mit, auch noch jene Distanz zum Gegenstand aufzuheben, welche zur Urteilsbildung unerläßlich ist. Zuweilen hat Schumann sich verrannt und u.a. bei William Sterndale Bennett, Stephen Heller oder Herrmann Hirschbach apologetisch reichlich hoch gegriffen – »ihr Komponisten, ihr glaubt kaum, wie glücklich wir uns fühlten, wenn wir euch recht ungemessen loben konnten« (Kreisig I, 37) –, kaum je läßt er Antipathien freien Lauf – am ehesten bei Meyerbeer (Kreisig I, 321) und manchem Virtuosengeklingel – und liefert mit Besprechungen wie der von Berlioz' *Symphonie fantastique* (Kreisig I, 69 ff. bzw. II, 212 ff.) Musterbeispiele von einfühlendem Verständnis einer fremden Ästhetik. Das gilt cum grano salis auch für die grandios treffsicheren, bestenfalls Baudelaire vergleichbaren Prophezeiungen – Chopin, Brahms –, welche die Fehlerquote seiner Wertungen allemal aufwiegen. Nicht zufällig steht dem Jahrgang 1835 der Zeitschrift u.a. dieses Motto von Wilhelm Heinse voran: »Jeder Genius muß nach dem, was er selbst will, studiert werden«; daran hat Schumann sich in der Gründlichkeit musikalischer Analysen ebenso gehalten wie in der Sensibilität poetisierender Umschreibungen. Florestans im selben Jahrgang an die versammelten Davidsbündler ergangene Aufforderung, »die Philister, musikalische und sonstige« totzuschlagen (Kreisig I, 39), welche in dieses Bild schlecht paßt, desavouiert sich in ihrer forcierten Großmäuligkeit mehrfach – als weinselige Fastnachtsrede ebenso wie, weil auch der friedfertige Eusebius sich unter den zum Totschlagen Eingeladenen befindet.

Zweifellos gehören vor allem Jean Paul, E.T.A. Hoffmann und die Jenenser Romantiker zu den Paten dieser Musikschriftstellerei, ganz und gar hinsichtlich der Prämisse, »daß wir die für die höchste Kritik halten, die durch sich selbst den Eindruck hinterläßt, dem gleich, den das anregende Original hervorbringt. Das freilich ist leichter gesagt als getan und würde einen nur höhern Gegendichter verlangen« (Kreisig I, 44). Es liest sich wie fortgedacht von Friedrich Schlegels 117. Lyceum-Fragment – »Poesie kann nur durch Poesie kritisiert werden« (Schlegel 1958 ff., Bd. II, 162) oder von Novalis – »Zur echten Kritik gehört die Fähigkeit, das zu kritisierende Produkt selbst hervorzubringen« (Novalis 1981, 534: 35), oder auch wie die Fortsetzung eines Passus aus Hoffmanns *Don Juan*-Erzählung: »Nur der Dichter versteht den Dichter; nur ein romantisches Gemüt kann eingehen in das Romantische; nur der poetisch exaltierte Geist, der mitten im Tempel die Weihe empfing, das verstehen, was der geweihte in der Begeisterung ausspricht« (Hoffmann 1967, Band 1, 140). Abgesehen davon, daß Schumann das Maximalistische solcher Forderungen genauer reflektiert als die anderen (»[...] leichter gesagt als getan«) – halb »Geweihte«, gleichgestimmte Leser setzt er allemal voraus. Selten geht er aufs Abrechenbare, Beweisbare aus und will die Problematik der Übersetzung von einem Code in den anderen, wenngleich mehrmals reflektiert, vergessen machen, ausgehend von der – später von Hanslick getadelten – Überzeugung, daß »die Ästhetik der einen Kunst [...] die der anderen« sei, »nur das Material [...] verschieden« (Kreisig I, 26). Daß er sich in den Werkvollzug als potentiell Komponierender bzw. Spielender hineinversetzen kann, die direkte, zunächst untheoretische Tuchfühlung des Praktikers verschafft ihm wohl einen Vorsprung vor anderen schreibenden Kollegen, erschwert freilich den Ausgleich zwischen kritischer Distanz und jenem Vertrauensvorschuß, auf den Kunst allemal Anspruch machen muß.

Jeder Leser ein potentieller Davidsbündler – hinter dieser Arbeitshypothese steht, gewiß halb fiktiv, eine verschworene Gemeinschaft, die ihre Zielsetzungen nahezu als unausweichlich definiert: »In der kurzen Zeit unseres Wirkens haben wir mancherlei Erfahrungen gemacht«, heißt es zur Frühlingszeit des Unternehmens im Vorspruch zum Jahrgang 1835 der *Neuen Zeitschrift für Musik*: »unsere Gesinnung war vorweg festgestellt. Sie ist einfach, und diese: an die alte Zeit und ihre Werke mit allem Nachdruck zu erinnern, darauf auf-

merksam zu machen, wie nur an so reinem Quelle neue Kunstschönheiten gekräftigt werden können, – sodann, die letzte Vergangenheit, (die nur auf Steigerung äußerlicher Virtuosität ausging) als eine unkünstlerische zu bekämpfen, – endlich eine neue poetische Zeit vorzubereiten, beschleunigen zu helfen« (Kreisig I, 37 f.).

Der Dreischritt – goldene Vergangenheit, miserable Gegenwart (hier: »letzte Vergangenheit«), zuversichtlich anvisierte Zukunft – war für den Schreibenden wie den Komponierenden brennend aktuell: E.T.A. Hoffmann, Jean Paul, Carl Maria von Weber, Beethoven, Schubert, Goethe vor nicht langer Zeit gestorben, somit im Rücken ein Hochgebirge, welches zu ersteigen man sich außerstande sah; danach die Herrschaft der Virtuosen und der Mittelmäßigkeit, dahinter und daneben die Hoffnung auf »eine neue poetische Zeit«, deren ästhetische Grundlegung es längst gab. Und diese enthielt genug utopische Momente, um offene Horizonte, Hoffnungsräume anzubieten – die romantisch definierte »Universalpoesie« läßt sich auch als ad infinitum hinausverlegte Endstation von Schillers »ästhetischer Erziehung des Menschen« verstehen.

Dem Dreischritt entspricht die wenig später formulierte Einteilung der Musiker – Komponierende und Ausführende werden nicht unterschieden –, welche vollends deutlich macht, wo Schumann sich selbst sieht: »Auf der Rechten sitzen die Alten, die Kontrapunktler, die Antichromatiker, auf der Linken die Jünglinge, die phrygischen Mützen, die Formenverächter, die Genialitätsfrechen, unter denen die Beethovener als Klasse hervorstechen. Im Juste-Milieu schwankt Jung und Alt vermischt. In ihm sind die meisten Erzeugnisse des Tages begriffen, die Geschöpfe des Augenblicks, von ihm erzeugt und wieder vernichtet« (Kreisig I, 145).

Zur »Genialitätsfrechheit« wußten die Davidsbündler sich nicht nur durch die polemisch vereinfachte Positionierung ermächtigt, die sie zu Protagonisten eines notwendigen Neubeginns machte, sondern auch durch den dem Konzept der »Universalpoesie« eigenen dreisten Anspruch, die Klassiker zu überholen, ohne sie einzuholen. Ludwig Rellstabs oben zitierter Einwand gegen die *Papillons*, »das Kunstwerk« dürfe »nicht durch ein fremdes Etwas, es« müsse »ganz allein, voll, durch sich selbst verständlich sein«, liegt recht genau auf der Linie der Weimarischen Bedenken gegen die Tendenz der gleicherweise »genialitätsfrechen« Jenenser Romantiker, werkhafte Verbindlichkeiten im Zeichen des universalpoetischen Anspruchs aufzuweichen. Unter diesem Anspruch meinte Friedrich Schlegel in seiner Rezension des *Wilhelm Meister* den Roman weniger kritisch zu besprechen als Goethe fortzuschreiben (Schlegel 1958 ff., Bd. II; 126 ff.), unter demselben hat Schumann in den *Don Giovanni*-Assoziationen seiner ersten Rezension Chopin weiter«dichten« können, ohne fragen zu müssen, ob dies im Sinne des Autors sei – jetzt nimmt er an dessen Stelle wahr, daß »jedes vortreffliche Werk, von welcher Art es auch sei, mehr weiß als es sagt, und mehr will als es weiß« (Schlegel 1958 ff., Bd. II, 131). Wie immer als Vehikel eines Neubeginns unabdingbar, haftete am romantischen Konzept der Makel jeder Maximalforderung, einerseits den in ihrem Zeichen Agierenden das Pathos des hohen Anspruchs zu sichern, andererseits sie von Erfüllungen halb zu dispensieren, welche ohnedies unerreichbar sind. Das große, letzte Ziel wird so groß dimensioniert, daß es die Etappenziele, die einzelnen Werke überschattet, die Verantwortung für sie mindert. Wie immer gelungen sie sein mögen – stärker als vordem stellen sie sich als »Bruchstücke einer großen Konfession« dar, als Stationen eines schon vor ihnen, bei Entstehungsbedingungen und -konstellationen einsetzenden Kontinuums, nicht autonom genug, um auf Singularität bestehen zu dürfen. Dies erleichtert den Sprung vom einen ins andere Medium: vom Roman in – nicht nur kommentierende – Musik wie die *Papillons*; vom Roman in die Rezension, womit die Arbeitsteilung zwischen gegenständlich vorliegendem Werk hier und distanziert urteilender Kritik dort aufgelöst wird; oder, sie ebenfalls beiseiteschiebend, zwischen der Musik in deren poetisierender Umschreibung.

Die Hypertrophie der frühromantischen Forderung, der Rezensent müsse »das zu kritisierende Produkt selbst hervor(zu)bringen« können – womit Kreativität und Kritik in eins fallen würden –, war Schumann nur zu sehr bewußt, gewiß besonders anhand von Werken, welche er nicht gern hervorgebracht hätte. Kritische Wertungen mag er nicht gleich als Widerspruch zum Konzept des »Wohlwollens« empfunden haben, wußte sich

aber, des programmatisch verheißenen Kampfes gegen die Mittelmäßigkeit wegen, auf solid-handwerkliche Kriterien verpflichtet, welche kein durch Wohlwollen abgepolstertes Wenn und Aber zuließen; das Anliegen wäre desavouiert gewesen durch den Verdacht, die Autoren würden sich, wenn es zur Sache ginge, hinter den Halb-Pseudonymen Eusebius und Florestan verstecken. Immerhin gab es genug fein differenzierende Rezensionen, welche derlei bei oberflächlicher Lektüre nahe legten – vornehmlich gewiß für Leute, welche nur wissen wollten, ob gelobt oder getadelt worden sei.

Daß sie simples Entweder-Oder selten bediente und implizit klarstellte, wie wenig es den Gegenständen angemessen sei, ehrt Schumanns Zeitschrift besonders. Deshalb trifft sie die Feststellung kaum als Vorwurf, daß sie sich in programmatischen Verallgemeinerungen polemischer gibt als in Details, hier also eher Eusebius, dort eher Florestan die Feder führt und es in bezug auf harte Attacken gegen die »kritische Honigpinselei« anderer Rezensenten (»Soll denn diese verdammte deutsche Höflichkeit Jahrhunderte fortdauern«, BNF, 52) meist bei Ankündigungen blieb. Dem universalpoetischen, alle Gattungen bzw. Akteure einbegreifenden Konzept gemäß durfte man es, mit Ausnahme undiskutabler Niveaus, zum schroffen Gegenüber von Rezension und Rezensiertem nicht kommen lassen; ästhetischer Gegenstand und ästhetische Reflexion sollten auf eine Weise zueinander gebracht oder gar identisch gemacht sein, welche ein Mindestmaß von Solidarität unabdingbar nach sich zog.

Damit trugen die Davidsbündler zugleich dem Umstand Rechnung, daß Urteile über Musik schwanken und beeinflußbar, Noten schwerer zu lesen sind als Buchstaben, dem Kritiker mithin besondere Verantwortung obliegt – schon, weil die Rezension, auch die dümmste, unverrückbar geschrieben steht. Anders als viele bonmot-süchtige Kollegen spitzt Schumann die Feder weniger, wenn er tadelt, als wenn er lobt; dann redet er beschwingt und inspiriert und brilliert in poetischen Vergleichen, zitierfähigen Sentenzen – von »Hut ab« für Chopin bis »der da kommen mußte« für Brahms, von Chopins Werken als »unter Blumen eingesenkten Kanonen« bis zu Detailbeschreibungen der von ihm entdeckten C-Dur-Sinfonie D 944 von Schubert. Einen besseren musikalischen Anwalt als ihn hatte die schöne Tradition des »pour comprendre il faut aimer«, der liebend vertieften Erkenntnis nie.

XIV

Man nannte es »Ekphrasis«: die genaue, alle Details nachbuchstabierende Beschreibung von Bildern, welche es z. B. Botticelli erlaubte, aufgrund von Lukians Schilderung eines verlorenen Gemäldes des Apelles dieses nachzumalen, Malerei auf dem Umweg über das Wort zurückzuholen wo nicht zu sich selbst zu bringen. Könnte man angesichts der Situation des jungen Schumann nicht auch von »Ekphrasis«, einer Neubegründung der Musik aus dem Geiste der Literatur sprechen, einer Stunde Null des Komponierens nach dem Tod von Weber, Beethoven, Schubert, am Ende der »Kunstperiode«, da die erste Generation der literarischen Romantik bereits verstorben, zerstreut, konvertiert, jedenfalls abgetreten war? Verdecken Kontinuitäten wie die des lyrischen Klavierstücks, des – durchaus beirrbaren – Klassizismus Mendelssohns, einer seicht-erfolgreich fortklimpernden Virtuosität oder gut verpaßte Ideologien wie das die Beethoven-Nachfolge reklamierende Musikdrama nicht die spezifische Problematik bzw. Ratlosigkeit jener Stunde Null? Der späte Beethoven nicht beerbbar; der Schubert der letzten großen Instrumentalwerke unbekannt; bei Schuberts Liedkomposition sah Schumann kaum Möglichkeiten eines direkten Anschlusses, auch hier mußte neubegründet werden – im Hinblick darauf haben seine Verzweiflung bei der Nachricht von Schuberts Tod und die Pilgerfahrten zum Grabe Jean Pauls und zu Heinrich Heine eine historische Dimension.

Die Formulierung, daß eine Kunst auf dem Umweg über eine andere zu sich selbst (zurück-)gebracht werden könne, erscheint verfänglich, weil am Transportierten allemal Einiges vom Transportmittel hängen bleibt, Rückkehr also nur bedingt stattfindet – Botticellis *Verleumdung des Apelles* ist ein von Botticelli gelesenes, zitiertes Bild. Noch verfänglicher erscheint sie im vorliegenden Fall, weil Überschneidungen zwischen Literatur und Musik größer sind als zwischen Literatur und Malerei und frühromantische Musik-

beschreibungen einen spezifischen Erwartungsdruck erzeugt hatten. Die Gleichzeitigkeit klassischer Musik ohne adäquate Theorie im katholischen Süden und ästhetischer Theorie ohne adäquate Musik im protestantischen Norden (Dahlhaus 1988, 86ff.) mußte irgendwann als Disparität empfunden werden, auch wenn z. B. Beethoven an E.T.A. Hoffmanns Rezension der 5. Sinfonie nichts auszusetzen hatte, welche als Magna Charta des neuen Musikdenkens den Verfasser an wichtigen Realitätsbezügen vorbeizuhören zwang. »Daß eine Sinfonie von Carl Stamitz ... die empfindsamen Hörer des späten 18. Jahrhundert zu Tränen rührte, gehört zu den wirkungsästhetischen Tatsachen, deren Verständnis einem Historiker, für den die ›Mannheimer Schule‹ in den Schatten der Wiener Klassik geraten ist, schwer fällt« (Dahlhaus/Zimmermann 1984, 178) – nicht weniger der Umstand, daß Tiecks und Wackenroders durchaus als Prophetie interpretierbare Spekulationen sich u. a. an Johann Friedrich Reichardts *Macbeth*-Ouvertüre entzündeten.

Carl Dahlhaus' Formulierung erscheint mit guten Gründen vorsichtiger als eine dichotomische Scheidung von theorieloser Musik hier und musikloser Theorie dort: Denn das Zeitalter der Empfindsamkeit hat uns reichlich mit Berichten versorgt, welche kaum mehr nachvollziehbare Korrelationen von Erlebnisweise und Veranlassung bezeugen – Rousseau, der bei der Uraufführung des *Devin du village* gemeinsam mit dem hochadeligen Auditorium in Tränen schwimmt; Voltaire, den das Spiel einer Cellistin zum Weinen bringt; der Geiger Giziello, dem beim Vortrag eines Adagios vor Rührung der Bogen entgleitet; Moses Mendelssohn, der aus Furcht vor zuviel emotionaler Bewegung einen Konzertbesuch absagt etc. Einerseits gehört zu solchen Berichten sicherlich, daß man sie gern, ausführlich und häufig gibt, andererseits verbleibt das Beschriebene im philosophischen Souterrain; daß Kant sich darauf eher aus Vollständigkeitszwängen einläßt, ist ebenso offenkundig wie die höhnische Herablassung in Schillers ersten ästhetischen Schriften (vgl. besonders *Über das Pathetische*); beide geben zu verstehen, daß genauere Kenntnis – welche ihnen fehlt – nicht lohne. Beim Prophetenruhm Jean Pauls und der Jenenser Junggenies sind also Abstriche fällig, insoweit die Kategorie »romantisch« die einseitige Zuordnung zu erst noch Kommendem begünstigte, also ungebührlich viel Vorwegnahme suggerierte.

Um so schwerer wiegt die Nobilitierung, der Umstand, daß ein Stück musikalischer Wirklichkeit Hausrecht erhielt, für das bisher kaum Platz war, und das Schreiben über Musik in bezug auf deren spezifische Wirklichkeit realistischer wurde. Daß diese weitab lag von dem, was gängigerweise unter Wirklichkeit verstanden wird, und daß man die Distanz der Musik zugute hielt, hat den aufklärerischen Zug des Zugewinns übersehen helfen. Auch hier wäre, was in Deutschland bald als Gegenbewegung zur Aufklärung proklamiert war, eher als deren Selbstkritik zu verstehen.

Nicht nur deshalb aber bliebe die neue Ästhetik – es handelt sich weniger um ein ausgearbeitetes System als um einen inspirierenden Einsatzpunkt – ausschließlich als Vorgriff einseitig verstanden, den die Komponierenden, um jenem Erwartungsdruck zu genügen, erst noch einholen müßten – die Vorstellung der notorisch verspäteten Musik gehört zu den Bequemlichkeiten der Geschichtsschreibung. Unverkennbar ist dieses Konzept literarischen Wesens, ihm ist ein utopischer, als real klingende Musik nicht einlösbarer Überschuß eigen, unverkennbar erweist die gemeinte Musik sich als dichterisch ausfantasiertes Neidobjekt von Dichtern. »Die Klänge, die einen unnennbaren Wunsch in Töne fassen, enthalten gleichzeitig die Klage über seine Unerfüllbarkeit« (Cloot 2001, 284). Als müsse die Idealität ihres Musikbegriffs vor konkreter Überprüfung bewahrt werden, haben Novalis und Tieck sich für Musik von hier und heute kaum interessiert.

Gerade jener Überschuß indes, das Hinterland des Unrealisierbaren, Unhörbaren, hält einen Erwartungsdruck hinsichtlich der Reise ins Unbenennbare aufrecht, dank dessen manche Passage bei Jean Paul oder den Jenenser Romantikern zu Wagners *Tristan* mindestens ebenso gut zu passen scheint wie der dort eigens beanspruchte Schopenhauer; im Luftreich des Unsagbaren haben Chronologie und Geschichte nicht viel zu melden.

Derlei und ähnliche universalpoetische Perspektiven öffneten sich dem jungen Schumann u. a. in Jean Pauls medial-musikhafter Prosa oder bei E.T.A. Hoffmann, noch, wenn er den verblichenen Ritter Gluck am Beginn des 19. Jahrhunderts durch Berliner Sommerlokale flanieren läßt – in einer Weise, welche den gemeinsamen Quellpunkt von Musik und Poesie, von Singen und Sagen in greifbare Nähe zu rücken und eine Autorisation außerhalb der etablierten Traditionen des Komponierens versprach. Insofern erscheinen die literarischen Inspirationen eher als Vordergrund und Vehikel einer bei jedem Vorhaben neu fälligen kreativen Selbstverständigung, nach deren Maßgaben die Beachtung von Gattungsgrenzen und -besonderheiten sich als Bescheidung in einer unannehmbaren Arbeitsteilung darstellt. Fast gewinnt man den Eindruck, als Bewertungshintergrund spiele hier noch Rousseaus »catastrophe« mit, der Auseinanderfall von Singen und Sagen, emotio und ratio, unabdingbar-direktem, subjektgebundenem Ausdruck und fungibler, distanzierender Begrifflichkeit.

Dementsprechend durfte Schumann nie ankommen bei den eigengesetzlichen Verbindlichkeiten dessen, was Brahms später »dauerhafte« Musik nannte. Liszt hat das klar gesehen: »Schumann hatte, ehe er Musiker wurde, sich zu sehr im Reiche der Phantasie bewegt, zu oft mit den das Feuer und die Luft bevölkernden Geistern verkehrt und in zu vertrauter Bekanntschaft mit jenen seltsamen, anziehenden, unmöglichen Wesen gelebt, wie sie dem Gehirn eines Hoffmann und Jean Paul entspringen, um seine Kunst nicht mit fortzuziehen in diese Regionen« (Liszt 1981, 245). Das liest sich wie die Komplementärauskunft zu einer über Schumanns Lieblingsautor gegebenen: »Dem Meister der Töne kam so der dichterische Satz aus der inneren Musik, die hier eben einmal Wort werden wollte, und es über Jean Pauls Seele verhängte, daß sie zwischen Mond und Erde schweben blieb« (Kommerell 1977, 20). Derlei Schwebe hat offenkundig mitverschuldet, daß Schumann, u. a. E.T.A. Hoffmann folgend, Haydn nicht und Mozart nur partiell verstand, viel eher Bach, weil größerer Abstand und eindeutige Historizität andere Verstehenskategorien einforderten.

Nicht von den Spezifikationen eines Genres eingefangen und bedient, von keiner gattungsbedingten Rücksicht aufgehalten zu werden bei der Ausfahrt nach »Dschinnistan« – wenn irgendein, dann grundiert dieses Programm das Klavierwerk der dreißiger Jahre, ein Programm nicht zuletzt der Vermeidungen. Gleiche Titel wiederholen sich selten, auf vielerlei Weise exemplifiziert Schumann die Paradoxie, daß eine per intentionem »abgehobene« Musik (wenn man den Terminus »absolut« vermeiden will) der Poesie als Patin bedarf, daß diese ihr Mut zu sich selbst machen muß, gerade auch dazu, sich nichtmusikalischen Bestimmungen zu entziehen. Hinter der Paradoxie steht die Not jeglicher auf gereinigte Essentialität ausgehenden, zu vielerlei Vermeidungszwängen verurteilten Kunst. »Eine derartige Wahrheit ist ein Grenzwert der Welt«, hat Paul Valéry die Kalamität für die »poésie pure« beschrieben (Valéry 1991, 35), »es ist nicht erlaubt, sich darin einzurichten«.

Hat Schumann nicht eben das, nach frühen Versuchen in mehreren Genres, dennoch versucht, war das fast ausschließlich dem Klavier gewidmete knappe Jahrzehnt nicht auch eine Quarantänestation, ein abgeschirmtes Laboratorium? – immerhin lagen Geniestreiche wie der erste Satz der Zwickauer Sinfonie bereits hinter ihm, welcher, Anregungen von Mozarts g-Moll-Sinfonie KV 550 und Beethovens *Eroica* mit jugendlichem Ungestüm bündelnd, weitgreifende Ehrgeize sehr wohl rechtfertigte. Und beantworteten in den folgenden Jahren die Erschließungen von Lied, Sinfonie und Kammermusik nicht auch die Einsicht, daß es auf Dauer »nicht erlaubt ... sei, sich darin einzurichten«, ästhetisch gesprochen: daß die Vermeidung einer Determinante den Schaffenden in die Arme der nächsten treibt und die aufs Unsagbare, Unendliche vereidigte Intention sich zur Endlichkeit einer Sprache, Grammatik oder Gattung bekennen müsse?

Mit der Problematik hatte er schon zu tun, als seine klavieristisch ausgelebten Herzensergießungen in die Öffentlichkeit eines Konzertabends oder der Drucklegung hinaustreten sollten und er z. B. bei den *Papillons* eben jene Verknüpfungen der Stücke mit Passagen des 63. Kapitels der *Flegeljahre* unterdrückte, auf die er im kleinen Kreise Wert gelegt hatte; noch um die Jahreswende 1849/50 ist er bei den *Waldszenen* op. 82 ähnlich verfahren. Neben der Furcht vor allzu programmatischer Zuordnung muß die Einsicht mitgespielt haben, daß dem durch ein Genre definierten ästhetischen Ort auch ein gesellschaftlicher entspreche, welcher Umstände und Form der Darbie-

tung definiert, daß die Verweigerung einer Genrebestimmung der Frage besonderes Gewicht gibt, für wen das jeweilige Stück komponiert sei, in welchem Rahmen es dargeboten werden solle usw. Unverkennbar steht sie im Hintergrund, wenn Schumann in bezug auf öffentliche Darbietungen zögert; kein Wunder, daß seine Musik trotz gegenseitiger Wertschätzung in Chopins und Liszts Programmen kaum eine Rolle spielt und selbst bei Clara nicht die, die man erwarten würde.

Einen Teil jener Zuordnung, ohne die keine Rezeption auskommt, besorgt bei unbekannter oder schwieriger Musik die einschlägige Gattung. Schumanns Ouvertüren zu *Julius Caesar*, *Hermann und Dorothea* und *Die Braut von Messina* – die letzteren als Einstiege in größere Projekte gedacht – können wohl als Konzert-Ouvertüren angehört werden, halbwegs angemessen jedoch nur von dem, der Shakespeares, Goethes, Schillers Texte kennt. Wo indessen finden sich die in den Werkkonzeptionen vorausgesetzten Orte und Auditorien für die *Faust-Szenen*, die *Manfred*-Musik und das an der literarischen Vorgabe (Wilhelm Meisters Lehrjahre, VIII/8) entlangkomponierte *Requiem für Mignon*? Hier erscheint die Kenntnis des Textes noch stärker vorausgesetzt als bei Goethes Darstellung die Kenntnis der Rituale, an denen er seinerseits entlangschreibt. Und erst recht für *Manfred* gilt, daß man sich zu der Auskunft, Schumanns Musik mache die genauere Kenntnis von Byrons vage konturiertem Helden bzw. des Handlungsganges überflüssig, erst entschließen sollte, nachdem man sich überzeugt hat, in welchem Maße, auf welche Weise diese schon für sich überwältigende Musik zugleich auf textlich vorgegebenen Anhalten gründet.

XV

Die Empfehlung zielt auf eine Thematik bzw. Diskussion, in die Schumann unfreiwillig hineingezogen worden ist, die um »absolute« und »programmatische« Musik – unberechtigterweise insofern, als der von seinen Gewährsleuten definierte Musikbegriff oberhalb der Unterscheidung angesiedelt ist. Nicht nur suggeriert das strapazierte Gegensatzpaar, von wandelnden Konnotationen abgesehen, eine dichotomische Unterscheidung, der keine musikalische Realität entspricht – jegliche halbwegs zulängliche Musik ist zu wechselnden Anteilen »absolut« und »programmatisch« zugleich; jenem Musikbegriff entsprechend könnte ein Werk entweder absolut oder programmatisch konzipiert sein, ohne von der jeweiligen Bestimmung abzuhängen.

Das allerdings war rasch vergessen vermöge der Verengungen und Verhärtungen, ohne die keine Polemik auskommt. Vergessen war auch die größere Reichweite dessen, was im Anschluß an Kants »ästhetische Idee« (Kant 1956, 238) unter »poetischer Idee« verstanden worden war – nicht identisch mit einem von der Dichtung definierten Gegenstand, sondern umfassender »diejenige Vorstellung der Einbildungskraft, die viel zu denken veranlaßt, ohne daß ihr doch irgendein bestimmter Gedanke d.i. Begriff adäquat sein kann, die folglich keine Sprache völlig erreicht und verständlich machen kann« (Kant 1956, 216 und 219). Die hier anvisierte spezifisch musikalische, verbaliter nicht bestimmbare Bestimmtheit war, zumal angesichts ihrer romantischen Erhöhung, schwer durchzuhalten, anhand musikalischer Details einzulösen und denkerisch zu legitimieren. Dies begründet neben Aspekten der polemischen Verwendbarkeit, weshalb die Diskussion auf jene dichotomische Unterscheidung zurückschrumpfte und die neudeutsche Seite zwang, die Erbansprüche der Beethoven-Sinfonie für sich, das Musikdrama bzw. die sinfonische Dichtung, i.e. die Zukunft der Musik insgesamt für sich zu reklamieren. Die Konnotationen der »poetischen Idee« erwiesen sich als zu tolerant und weitgefaßt, um dem wachsenden Bedürfnis zu genügen, sich gegeneinander zu definieren – die eine Seite begriff das Poetische zunehmend als prinzipiell außermusikalisch. Jedoch auch die andere, prononciert vertreten durch Eduard Hanslick, ging auf Distanz zum »Poetischen«, mindestens als Garantiemacht einer angeblich allen Künsten gemeinsamen Ästhetik (Hanslick 1966, 3).

Spätestens am 9. Juni 1848 in Dresden, als es mit Liszt zum Krach kam, haben die Folgen Schumann ereilt. Liszt hatte Schumanns d-Moll-Trio bei einem gemeinsamen Abend auf Kosten des Quintetts op. 44 gelobt und dieses »Leipziger Musik« genannt; »als Liszt einige geringschätzige Bemerkungen über Leipzig und Mendelssohn machte, [...] hielt Schumann nicht mehr an sich« (BNF, 523) und verließ nach einem Wutausbruch das Zimmer – peinlich besonders für Clara, weil man sich in der Schumannschen Wohnung befand. Liszt reagierte nobel ausgleichend, Schumann in einem wenig später geschriebenen Brief ebenso (BNF, 305 ff. und 522 ff.). An der Frontstellung freilich blieb kein Zweifel: hier die inhaltsbezogenen Programmatiker auf dem Wege zu Sinfonischer Dichtung und Musikdrama, die mit »neudeutsch« und dem aus Frankreich übernommenen Begriff »Zukunftsmusik« per Terminologie die Zukunft für sich beanspruchten, dort diejenigen, für die nur die Vergangenheit übrigbleiben sollte, die Traditionsbewußten, auf klassische Formen Fixierten, die Leipziger Akademiker. Wie immer es sich vorbereitet hatte und als Polemik durchschaubar war – sich auf diese Seite gedrängt zu finden, war beleidigend für einen, dessen gesamte Wirksamkeit, gerade auch die journalistische, durch konsequente, emphatische Zukunftsoffenheit bestimmt gewesen war. Fünf Jahre später hat Schumann seiner Brahms-Prophetie die zukunftreklamierende Überschrift »Neue Bahnen« und bald danach in einem Brief an Richard Pohl unmißverständlich Auskunft gegeben: »Was Sie für Zukunftsmusiker halten, das halt' ich für Gegenwartsmusiker, und was Sie für Vergangenheitsmusiker (Bach, Händel, Beethoven), das scheinen mir die besten Zukunftsmusiker. Geistige Schönheit in schönster Form kann ich nie für ›einen überwundenen Standpunkt‹ halten. Hat diese denn R. Wagner? Und wofür denn die genialen Leistungen Liszts – wo stecken sie? Vielleicht in seinem Pulte?« (zit. n. Geck 2003, 85).

Gewiß handelt es sich hierbei vor Allem um polemisierende Abwehr, zugleich jedoch um mehr. In Zeiten, da die Entdeckung der musikalischen Vergangenheit das Musikleben zunehmend prägt, will Schumann den Geltungsanspruch einer Musik für hier und heute von ihren Entstehungsdaten sauber unterschieden wissen, er wendet sich gegen die Vermischung beider beim Reden von Tradition, Rückbezug, Historismus etc. – auch aus aktuellen Gründen: Wenige Jahre zuvor hatte er seine C-Dur-Sinfonie zeit- und geschichtsaufhebend konzipiert, aufgespannt zwischen Bezugnahmen auf Bach, Haydn, Beethoven und unmittelbarster Gegenwart – der Überreichung an Clara, hatte sich in den *Studien für den Pedalflügel in canonischer Form* op. 56 auf das Kunststück verstanden, strengem Kontrapunkt – gewiß auch mit Hilfe harmonischer Unterlegung – den Anschein von Scheinpolyphonie zu geben, die Kunst der Verbergung so weit zu treiben, daß die sechs Stücke auch aus dem Rahmen z. B. der *Waldszenen* bestenfalls als streng, nicht aber als »gelehrt« oder historisierend herausgefallen wären. Keine Spur also von herbeizitierten, herangeholten Wendungen, Satzweisen, Stilistiken, sondern Vergegenwärtigung in jenem radikalen Sinn, welcher moderne Mittel stilistischer Sauberkeit zuliebe verböte – selbst die in der d-Moll- und der C-Dur-Sinfonie begegnende Clara-Wendung kommt im Kanon (Nr. 4) unter; die Begleitungen zu Bachs Sonaten und Suiten für Solostreicher waren nicht in erster Linie als Verringerung eines als historisch verstandenen Abstandes gemeint. Daß Mendelssohn in seinen Fugen zu historisieren versucht hatte, könnte Schumanns pauschal formulierten Tadel mitbestimmt haben.

Demgemäß hätte er auch das Argumentationsniveau der die Zukunft für sich reklamierenden Gegenseite beanstanden können, nicht zu reden von guten Gründen, derentwegen er, wäre er nicht hereingezogen worden, die teilweise auf mutwillige Mißverständnisse gründende Diskussion hätte ignorieren dürfen, welche einerseits ihm die Beethoven-Nachfolge bestritt, andererseits auf den Purismus »tönend bewegter Formen« hinauslief. Seine »poetische Idee« begriff den unmittelbaren Bezug auf komponierte Texte oder die musikalisch fortgedachten Passagen aus Jean Pauls *Flegeljahren* ebenso ein wie die Emblematik von Tonbuchstaben (*ABEGG*, *ASCH* etc., vgl. Rosen 2000, 252 ff.) oder die bis zum Tode eines falsch gefütterten Vogels gehenden familiären Veranlassungen im *Album für die Jugend*, mitgedachte Texte und die Polyphonie der Fugen, des d-Moll-Trios oder der Streichquartette, hinter alldem die immerwährende Adressierung Claras – dies und noch viel mehr ein tiefgestaffelter Bedeutungshintergrund seiner Musik, Nährgrund seiner Inspirationen, welcher sich unerkennbar ins Dunkel vielfältiger Denk- Fühl- und Lebensbereiche verliert. Wenn irgendeiner, schaffend wie kommentierend, sich zu dieser Vielfalt bekannt hat, dann Schumann.

Die dergestalt konnotierte »poetische Idee« er-sparte ihm, Außermusikalisches (= Programmatisches) und Innermusikalisches (=Absolutes) auseinanderzudenken, wofern sie es nicht geradehin verbot – »die Ästhetik der einen Kunst ist die der anderen« (Kreisig I, 26). Angesichts der Höhenlage, auf der in der *Manfred*-Ouvertüre und der *Rheinischen Sinfonie* beides sich begegnet, verschränkt und aneinander steigert, erschiene die Fragestellung als pure Ideologie, besäße sie nicht die historische Legitimation eines Vehikels der Selbstverständigung. In der Ouvertüre verflüssigt Schumann die strukturbedingte Gegenständlichkeit der thematischen Prägungen dem Gegenstand zuliebe zu jenem Minimum hin, welches der Form gerade noch zu funktionieren erlaubt, wechselseitige Relativierung und Bereicherung von Sujet und Struktur lassen sich in dieser wohl avanciertesten Partitur ihrer Zeit nicht unterscheiden; nicht anders in der Es-Dur-Sinfonie, worin der »Bilderbogen rheinischen Lebens« mit einer das Sinfonieganze umgreifenden, bis in motivische Details hinein verfolgbaren Durchformung zusammenkommt – grandioser Beleg, »daß die Musik als wirkende Kraft ins Leben eingebildet werden könne, ohne daß die romantische Idee ihrer Autonomie und Absolutheit preisgegeben werden müsse« (Lichtenhahn 1987; Gülke 1974 und 2004).

Nur die Singularität der Lösungen verbietet, was sonst naheläge: verpaßte Anschlüsse und Rechenschaften in Diskussionen bzw. später komponierter Musik einzuklagen und zu fragen, welche Polemiken man sich hätte ersparen können angesichts dessen, was in diesen Werke erreicht ist. Um so deutlicher konturiert sich auch hier derjenige, der (s.o.) noch einmal alles gewollt hat.

XVI

Sind »Kuriose Geschichte« (*Kinderszenen*, Nr. 2), »Freundliche Landschaft« oder »Herberge« (*Waldszenen*, Nr. 6 und 5) musikalische Gegenstände, können sie in Musik dargestellt werden? Von der »Geschichte« erfahren wir nichts; bleibt als Tertium comparationis hinter ihr bzw. den Tönen die Kuriosität – wie bei »fremden Ländern und Menschen« oder »Der Dichter spricht« ein Erzählton, beim »Bittenden Kind« oder beim »Jäger auf der

Lauer« ein charakteristischer Gestus, bei der »Verrufenen Stelle« eine dem »Zwielicht« des *Liederkreises* op. 39 vergleichbare giftig-unheimliche
Stimmung. Oftmals indessen fehlen selbst solche
Brücken; das geniert den Tondichter nicht, weiß
er doch, daß es sich um Brücken zwischen unterschiedlichen Ufern handelt und die Qualität der
poetischen Assoziation, mit der sie spielen, sich
wesentlich daraus bestimmt, daß die Unterschiedlichkeit bewußt bleibt oder gemacht wird.

Obenhin betrachtet erscheint als pikanter Widerspruch, daß jenes Zeitalter, welches mit der
Idee der absoluten Musik (Dahlhaus 1967) – in
welchen Konnotationen immer – befaßt war wie
keines zuvor, mit den überkommenen, inhaltlich
offenhaltenden Benennungen, insbesondere der
Sonate, schlecht zurechtkam und sich in assoziativen Betitelungen ausführlich erging wie bestenfalls
die französischen Clavecinisten. Daß die Entwicklung von den Verbindlichkeiten klassischer Formen fortstrebte – nicht zufällig betrifft es in besonderem Maße die Klaviermusik, dort war die
Liberalität der Handhabung und Benennung seit
jeher größer –, erklärt vieles, doch nicht alles; der
erste Satz in Beethovens von ihm selbst als *Sonata
quasi una Fantasia* bezeichnetem op. 27/2 war eher
Nocturne als Sonatensatz, sein op. 111 in höherem
Maße »Fantasie« als Schuberts gleichzeitig entstandene *Wanderer-Phantasie*.

Mindestens ebenso schwer wiegt, daß »absolute«, »reine« Musik, nicht anders als vergleichbare
Malerei und Dichtung, unsere stets auf ein Erleb-
nisganzes ausgehende Wahrnehmung überfordert
und diese sich von poetisch-assoziativen Vorstellungen gern helfen läßt – wir erleben niemals
ausschließlich musikalisch, ausschließlich literarisch bzw. malerisch. Das bezaubernde Spiel mit
Titeln, welche nur ungefähr treffen und nie die je
einzig möglichen sind, erscheint insofern als logische Folge eines ästhetischen Konzepts, welches
in den Begriff jeweils »reiner« Künste verliebt ist
und ihn in der Vorstellung einer über den Spezifikationen der Einzelkünste befindlichen, alle
umgreifenden »Gesamtkunst« kompensierend
abfangen muß. Synästhesie liegt hier ebenso nahe
wie Gesamtkunstwerk, abgesehen davon, daß
seinerzeit der Musik, in wie abgehobenem Verständnis auch immer, als »algebraischer Formel
aller Künste« (Kleist 1955, III, 393) die Kompetenz

des übergeordneten Prinzips am ehesten zugetraut
wurde.

Fantasien, Bagatellen, lyrische Klavierstücke,
Impromptus, Moments musicaux, Nocturnes,
noch Mendelssohns *Lieder ohne Worte*, welche alle
Schumann in Hülle und Fülle vorangehen, erscheinen im Vergleich mit seinen meist gegenständliche-
ren Titeln eher als unterschiedlich dosierte Verwei-
gerungen außermusikalischer Bestimmungen bzw.
Schumann als derjenige, der mehr Programm riskiert. Insofern könnte seine schroffe Ablehnung
des Programms in der Rezension von Berlioz' *Symphonie fantastique* (»solche Wegweiser haben immer
etwas Unwürdiges und Charlatanmäßiges [...] der
zartsinnige, aller Persönlichkeit mehr abholde
Deutsche will in seinen Gedanken nicht so grob
geleitet sein«, Kreisig I, 83) inkonsequent erscheinen, wäre in den Titeln, als einem Teil der ihnen
eigenen Poesie, nicht mitgesetzt, daß sie mehr oder
weniger daneben treffen, eine assoziative Fährte
anbieten, auf welche man, ohne je sie aus den Augen zu verlieren, anfangs eher angewiesen ist als
nach genauerer Kenntnisnahme der Musik. Ludwig
Rellstab fand bei den *Kinderszenen* weniger die
Musik als die Ästhetik tadelnswert (»Wenn wir das
erste Musikstück überschrieben sehen: *Von fremden
Ländern und Menschen*, so fühlen wir uns billig an
den Puls, ob wir nicht ein wenig in Fieberträumen
liegen«, Faks. bei Burger, 178), er verstand nicht,
inwiefern der Titel die Identität der Musik nicht
direkt benennen, sondern für sich stehen lassen,
auf welche Weise er nicht ernstgenommen werden
und dennoch zur Sache gehören sollte.

Schumann antizipiert für die Musik, wohin
später eine zunehmend ungegenständliche Malerei
notwendig tendierte, vorab Paul Klee. »Je weiter
das Bild die Grenze der Realität überschritt, je
eindringlicher die farbigen Formen ihre selbständige Sprache begannen, desto weiter gespannt,
dichterischer und metaphorischer mußte die In-
haltsdeutung geraten, für die der Titel der Hinweis
ist ... Weil ... ein eben erst sichtbar Gewordenes
einen zutreffenden Namen sucht, ... stellt sich der
Titel neben das Bild, als nachträgliches Wort-
gleichnis und dichterische Schlußmetapher«,
welches »den Gleichnisraum bezeichnen« soll,
»den das Gebilde erreichte, [...] den Empfindungs-
raum sichtbar machen, von dem es seinen Ausgang
nahm« (Haftmann 1961, 106 ff.). »Die Überschrif-

ten zu all meinen Compositionen kommen mir immer erst, nachdem ich schon mit der Composition fertig bin«, bekennt Schumann (BNF, 148) und sieht – gewiß auch, weil er sich der poetischen Überdachung der Musik sicher ist – Anlaß, dies mehrmals zu betonen, selbst im Zusammenhang mit den *Papillons*, »daß ich den Text der Musik unterlegt habe, nicht umgekehrt« (BNF, 54). Bei Komponisten hat das am ehesten in den nachgestellten, mit vorangehenden Pünktchen in Klammern gesetzten Betitelungen der Préludes von Debussy ein Gegenstück. Bei Klee »war es durchaus möglich, daß er »im Kreise seiner Freunde und im Gespräch über das Bild den Titel erst fand oder auch eine ihm besonders passend scheinende Bezeichnung übernahm« (Haftmann 1961, 108).

Schumanns Titel etwa in den *Kinderszenen* definieren den »Gleichnisraum« auf denkbar unterschiedliche Weise. Wohl, weil wir nicht fragen sollen, welche »fremden Länder und Menschen« das erste Stück meint, ist das »fremde«, dem Wort schwer zugängliche »Land« der Musik jedenfalls mitgemeint; »Kuriose Geschichte« schießt über die zugehörige Musik wichtigmacherisch hinaus, »Hasche-Mann« assoziiert sich leicht über das geschwinde (mit Claras Viertel=120 zu langsam angegebene) Tempo; der Ankündigung der »Wichtigen Begebenheit« genügt der martialische, die »Kuriose Geschichte« übertrumpfende Gestus der Musik; aller unausweichlichen »Träumerei« entgegen kann man fragen, ob deren Musik nicht auch in den »Nachtstücken« oder als »Einsame Blumen« bzw. »Abschied« in den *Waldszenen* hätte passieren können; »Am Kamin« erscheint am ehesten über die wärmende Behaglichkeit der Musik plausibel, »Ritter vom Steckenpferd« dank der hoppelnden Synkopen; mit »Fast zu ernst« scheint Schumann um Entschuldigung zu bitten, daß diese tonartlich fremd einfallende Musik den Rahmen von *Kinderszenen* strapaziert – wie immer diese nicht primär Kindern zugedacht sein können – und mindert die Diskrepanz durch das Eingeständnis; »Fürchtenmachen« verbindet sich musikalisch am ehesten über die gewundene Lamentobaß-Chromatik und zeigt, da das Stück ihr mehrmals entkommt, daß es nur ein »Machen« ist; das »Kind im Einschlummern« ist am ehesten in der wiegenliedhaft einlullenden Gangart der Musik aufgehoben – um so rätselhafter die raschen Metronomi-

sierungen der Schumanns (Clara: Achtel=80, Robert: 92); und mit »Der Dichter spricht« resümiert Schumann bzw. tritt zurück – zu diesem, etlichen Klavier-Nachspielen der Lieder und den Schlußpassagen der *Papillons*, *Davidsbündlertänze* oder der *Humoreske* ähnelnden Epilog paßt die Überschrift weniger denn als Motto des Ganzen. Dergestalt bleibt überall ein Schatten verspielter Beliebigkeit, ein Abstand zwischen definitionssüchtiger Verbalität und definitionsflüchtiger Musik, in Worten von Schumanns Lieblingsschriftsteller eine »wunderbare Seelenwelt ..., über deren Tiefe freilich unser Wurfblei nur schwimmend hängt und nicht fest greift«.

Im Sinne romantischer Kunsttheorie stellen die Titel zudem sich als Teil der ins Schaffen integrierten Selbstreflexion dar, für den Komponierenden als Einrahmungen, als Lizenzen, sich naiver zu geben als er ist, als über die Musik hinweg augenzwinkernde Verständigung zwischen ihm und den Hörern, daß seine Musik anders als im schützenden Rahmen nicht stattfinden könne.

XVII

Zum Bilde des spontan produzierenden, in schöpferischen Euphorien befangenen Schumann will der Anschein planenden Vorbedachts nicht passen, den die Aufeinanderfolge eines jeweils fast ausschließlich dem Liede (1840), der Sinfonie (1841) und der Kammermusik (1842) gewidmeten Jahres erweckt. Dem läßt sich entgegenhalten, daß gerade eine naive, wo nicht blinde Spontaneität, welche keinen Abstand zu gewinnen erlaubt, im Spiel sein könne, wenn die erfindende Fantasie – wie beim Komponierenden, der zyklische Werke gern aus einer Grundprägung heraus entwickelt – aus einem einmal okkupierten Assoziationsfeld sich nicht zu lösen vermag, bevor sie es ausgeschritten hat. Wenn es sich so verhielt, wird die Frage nach den Anstößen dringlicher, welche die Fantasie vom einen ins andere Feld lockten. Abgesehen davon, daß Schumanns überbordende Kreativität sich kaum auf die Dauer in den Spezifiken eines Genres einsperren ließ – Kreativität ist immer auch Neugier –, erscheinen pragmatische Erklärungen fürs erste am plausibelsten: Kleine Klavierstücke kamen am ehesten in den Ruf der

marginalen Gattung, ihre Verfertigung in den einer Nebenbeschäftigung, erst recht bei einem,
dessen Hauptgeschäft in den Augen der Öffentlichkeit die Musikschriftstellerei war. Aus dieser
Ecke mußte Schumann heraus – kein Wunder,
daß er sich nach den Liedern der Sinfonie als der
neben der Oper öffentlichsten Gattung zuwandte
und im folgenden Jahr mit dem Streichquartett-
Opus 41 demonstrativ Mendelssohns jüngst erschienenes Opus 44 beantwortete, später mit dem
Klaviertrio op. 88 Mendelssohns op. 49.

Lieder betrifft diese Erklärung nicht. So fällt
die Antwort beim ersten Genrewechsel besonders
schwer, dem Sprung in die Liedkomposition nach
etlichen fast ausschließlich dem Klavier gewidmeten Jahren, und noch schwerer, weil Schumann
zuvor sich vielfach in wortbezogener Musik versucht und Lieder den »eigentlichen Abdruck
meines Ichs« genannt hatte (Tb I, 112). Zudem lag
eine Ästhetik nicht weit zurück, welche die wahre
Bestimmung der Musik allein in Verbindung mit
dem Wort erfüllt sah. So war die Klavier-Quarantäne in erster Linie wohl der Definition einer eigenen Musik geschuldet, dem Versuch nahezu einer
»Neugeburt der Musik aus dem Geiste der Poesie«
– »Poesie« im Sinne der von Friedrich Schlegel
definierten »progressiven Universalpoesie«, welche
»nicht nur alle Gattungen miteinander verbindet,
sondern auch andere Trennungen aufhebt bis hin
zu der von Poesie und Leben« (Uerlings 2000, 27).
Sie öffnet Freiräume abseits von aller Einschüchterung durch kanonische Formen und Vorbilder
und schließt z. B. auch die vielfältig auf Clara bezogene Fantasie op. 17 ein, deren ausgemacht
universalpoetisches, nahe bei Eichendorffs »trifft
du nur das Zauberwort« liegendes Motto Schumann bei Friedrich Schlegel gefunden hatte:
»Durch alle Töne tönt/ Im bunten Erdentraum/
Ein leiser Ton gezogen/ Für den, der heimlich
lauscht«. Die Aufmerksamkeit auf den leisen, nur
heimlich erlauschbaren, im bunten Erdentraum
gezogenen Ton konnte leicht übergehen in Allergie gegen das Bedeutungen eingrenzende, diskursiv pragmatisierte Wort – nachzufühlen am ehesten bei der seinerzeit nicht unüblichen Banalisierung bekannter Instrumental-Themen durch
unterlegte Texte.

Dennoch führte diese Poetik immer wieder an
Textbezüge heran, so daß die Frage bleibt, weshalb

Schumann die Grenze, einige Stücke mit getilgten
Texten nicht gerechnet, dennoch mied und noch
ein halbes Jahr vor dem – alsbald bejubelten – Liedausbruch seinen Freund Hirschbach (BNF, 158)
fragte, »ob Sie vielleicht wie ich...sind, der ich
Gesangcompositionen, so lange ich lebe, u n t e r
die Instrumentalmusik gesetzt habe«. Offenbar
sprach da eine hergebrachte Wertehierarchie der
Gattungen mit, in der das vornehmlich als Gebrauchsform begriffene Lied unten rangierte. Daß
Schumann noch vier Jahre später, nach dem eigenen Liederfrühling, in einer Rezension neu erschienener Lieder (Kreisig II, 147) das Lied »vielleicht [...] die einzige Gattung« nennt, »in der seit
Beethoven ein wirklich bedeutender Fortschritt
geschehen« und diesen vornehmlich von Dichtern
veranlaßt sieht, daß er ein paar Zeilen zuvor Schubert nur im Vorbeigehen nennt und der »Beethovenschen Weise« zuordnet, erscheint ähnlich wie
die »unter die Instrumentalmusik« gesetzten »Gesangcompositionen« fast wider bessere Einsicht
formuliert und einer Vermeidungsstrategie verdächtig. Schumann hat sich zu Schuberts Liedern
nie ausführlich oder vorsichtig positiv bis enthusiastisch geäußert wie über die von ihm wiederentdeckte C-Dur-Sinfonie D 944, das Streichquartett
Der Tod und das Mädchen, das Klaviertrio in Es
D 929, späte Sonaten und ein paar Chorstücke.
Als pragmatische Erklärung reicht nicht aus, daß
es bei Liedern, etwa durch Neupublikationen,
weniger aktuellen Anlaß gab. »Schubert ist ein
Mädchencharakter, an jenen [Beethoven] gehalten, bei weitem geschwätziger, weicher und breiter;
gegen jenen ein Kind, das sorglos unter den Riesen
spielt« (Kreisig I, 330). Die leichtfertige Charakterisierung hat er nach der Entdeckung der C-Dur-
Sinfonie D 944 offenbar zurechtrücken wollen;
nun sieht er in der »völligen Unabhängigkeit, in
der die Sinfonie zu denen Beethovens steht, [...]
ein [...] Zeichen ihres männlichen Ursprungs« –
also kein »Mädchencharakter« mehr –, nun ist
Schubert neben Beethoven, vorab unter dem Eindruck der Sinfonie, einer der »beiden Künstler
[...],die ich am höchsten verehre« (GS I, 463 bzw.
460; zur ästhetischen Position der Lieder vgl. insbesondere Reinhold Brinkmann in: Danuser (Hg.)
2004, 13 ff.).

Waren Schuberts Lieder bei der »Neugeburt der
Musik aus dem Geiste der Poesie« im Wege, gab es

da eine gefährdende Nachbarschaft? Hatte Schumann nicht auf dem Klavier eine romantisch-synästhetische Nähe zur Dichtung, eine Poesie in Tönen gesucht, welche auch deshalb gelang, weil sie nicht an den Diskurs eines Textes, an die Skansion von Versen und den Klangleib von Worten gebunden war? An Schuberts *Wanderer-Phantasie* oder dem Streichquartett *Der Tod und das Mädchen* könnte er auch wahrgenommen haben, daß instrumentale Entfaltungen Dinge einlösten, welche zwar von der Dichtung aufgegeben, bei direkter Bindung ans Wort jedoch nicht einlösbar waren – der konsekutive Vorgang der Worte ließ der Musik keine Zeit. So könnten gerade sein literarisches Sensorium, seine musikgewordene Universalpoesie ihn von textgebundener Musik ferngehalten haben.

XVIII

Kam hinzu, daß der Davidsbündler-Opposition gegen Virtuosengeklingel, philiströses Epigonentum und »die meisten Erzeugnisse des Tages […], von ihm erzeugt und wieder vernichtet« (Kreisig I, 145), der Atem ausging – im engeren musikalischen Bereich u. a., weil man sich nicht imstande sah, in Beethovens Fußstapfen zu treten – »wir recht tapfre Epigonen« (Tb II, 74) –, im gesellschaftspolitischen dank einer restaurativen Windstille, welche sensibleren Gemütern suggerieren konnte, daß »nichts mehr gehe« und die großen Horizonte verschlossen seien. Schumanns Jubelrufe anläßlich der schwunghaft in Gang gekommenen Liedkomposition verdanken sich nicht zuletzt der Erleichterung darob, daß da etwas »geht«.

Weil er sich in keine Spezifik von Genres und formalen Vorgaben einsperren lassen will, strapaziert er die von ihnen gezogenen Grenzen. Verschwiegene, nur mitgedachte Melodien wie die »Innere Stimme« in der *Humoreske* op. 20 begegnen ebenso wie nur mitgedachte Texte, z. B., wenn er drei frühe Lieder in zwei Sonaten (op. 11 und op. 22) bzw. in das »Scherzo« op. 4/4 hereinnimmt; im Jahre 1833 denkt er über »musikalische Gedichte, mit unterlegten Texten von H. Heine« nach (Tb I, 417), zwei Jahre danach sieht er sich durch das zweite Heft von Mendelssohns *Liedern ohne Worte* veranlaßt, das Für und Wider unterleg-

ter Texte zu erwägen (Kreisig I, 98), und nicht zufällig finden sich auch bei Liszt, von Schubert-, Verdi-, Wagner- etc. -Bearbeitungen abgesehen, in Klavierstücke zurückverwandelte Lieder. Später wird Schumanns Nachfolger in der Redaktion der *Neuen Zeitschrift* derlei Nähe bestätigen, indem er dessen Lieder »in gewissem Sinne die Fortsetzung seiner Charakterstücke für Pianoforte« nennt (Franz Brendel in: NZfM 12/1855, 121, zit. n. Edler, 213).

Insofern ging es im Frühjahr 1840 weniger um einen gordischen Knoten als um eine Hemmschwelle; einen Großteil der Probleme, die mit jener Schwelle verbunden waren, nahm Schumann in die Liedkomposition herein. Wenn er als Nachspiel des letzten Liedes von *Frauenliebe und -leben* auf das erste, nun ohne Singstimme, zurückkommt, so liegt das als Verfahrensweise nahe beim Zitat der frühen Lieder, indessen wächst der Rückschau durch den neuen Kontext ein Unendliches an psychologischer Tiefe zu, wohinter der offenkundige zyklische Zusammenschluß fast zurücktritt. Daß die Erinnerung an den Beginn der Frauenliebe das seither Geschehene überspannen und als unrettbar Vergangenes vergegenwärtigen muß, verschafft dem Nachspiel seine nach innen gewendete Unendlichkeit ebenso wie, daß die Musik, aus der Erzählung und der Beschlagnahme durch die Worte entlassen, alle inhaltsschwere Vieldeutigkeit nunmehr aussingen – und trösten kann mit der, allerdings nur tönend geretteten, Aussicht auf irgendetwas jenseits des »verlor'nen Glücks« (vgl. auch Rosen 2000, 143 ff.).

Gerade in Randzonen wie den Nachspielen wird deutlich, daß Schumanns Liedkomposition im Spannungsfeld zwischen Textbezug und -unabhängigkeit nicht nur verbleibt, sondern von hierher inspiriert wird. Dieses Feld mißt er im Schlußlied der *Dichterliebe* vorsätzlich aus, intoniert nach einem martialisch-herkömmlichen Beginn, Signet eines energischen Schlußstrichs, für die vier ersten Strophen je viermal zwei Takte – regelmäßiger geht's nicht. In der ersten wiederholt der Sänger, als sei nicht energisch genug Schlußstrich gezogen, die Anfangswendung und ergänzt sie durch die gängige Kadenzformel IV-V-I, in den drei folgenden setzt er dem Abstieg, dreimal sequenzierend angehoben, einen – wieder punktierten – Aufstieg entgegen (T. 16/17, 24/25, 32 f.). Danach (»Sie sollen den Sarg forttragen ...«) kommt er auf die Melodie des Beginns zurück, als gälte es einen Neuansatz; jedoch treten nun an die Stelle vordem ostinat hackender Achtel Viertel, nach vier Takten an deren Stelle Halbe – die Maschine stockt; und nach »gebührt ein großes Grab« (T. 43) nimmt die Musik sich in schwimmende Synkopierungen und ins piano zurück, wenig später, als sei alle Anstrengung vergeblich gewesen, ins Adagio; zu dem auf Clara (»meine Liebe«) bezogenen Sekund-Terz-Aufgang senkt der Sänger »Liebe und [...] Schmerz« in den Sarg und bleibt trugschlüssig hängen, kann nun also, nachdem er zuvor von kadenzierenden Wendungen nicht loskam, eine eigene Kadenz nicht finden, er endet nicht, er verstummt. Die Musik läßt ihn stehen und strebt fort ins *Andante espressivo* eines ausladend-erinnerungsträchtigen Nachspiels, worin zuerst die Bitte der Blumen nachklingt, der »traurige, blasse Mann« möge »unsrer Schwester nicht böse« sein (Nr. 12), dann »das Lied [...], das einst die Liebste sang« (Nr. 10), welches seinerseits schon erinnert war (vgl. auch Rosen 2000, 238 ff.). Zugleich strebt die Musik aus der Bindung ans Erzählte heraus heim zu sich selbst: »O, da sich mein Buch sich jetzt endigt und meine Geliebten entweichen: so ziehe dich langsam weg, dunkles Allerheiligstes, mit deinen beiden Engeln – töne lange nach, wenn du auffliehest mit deinen melodischen Seelen, wie Schwanen in der Nacht mit Flötentönen durch den Himmeln ziehen« – so hatte Schumann im *Fünfundvierzigsten und letzten Kapitel* von Jean Pauls *Hesperus* gelesen, als einen der vielen Abschiede, in denen die Situation, tönende Bilder, durch die – meist abendliche – Landschaft wehende Musik etc. zu einem Akkord zusammentreten.

Von reguliertester Lied-Periodik zur Auflösung in einen nicht enden wollenden Epilog: als Form dementiert sich das Schlußlied der *Dichterliebe*. Dergestalt radikalisiert Schumann, was er, gestützt überdies auf motivische Bezüge wie das ausmelodisierte »Clara-Motiv« am Beginn und dreikländige Aufstiege (erstmals Takte 45/46), bereits dem vorletzten Liede angetan hatte. Nicht zuletzt realisiert er bei derlei Positionswechseln im Verhältnis von Musik und Text die Einsicht, daß es die eine, einzig angemessene Kongruenz beider nicht gibt

und die Entscheidung für ein Moment, welches er musikalisch wahrnehmen will – einen semantischen Hintergrund, eine Redeweise etc. – die Entscheidung gegen ein anderes mitbedingt. Fürs erstere entscheidet er im siebenten Lied und prosaisiert den Text mehr als jeden anderen in dem Zyklus, um die Aussage »Ich grolle nicht« zu überführen – die Musik »grollt« unentwegt.

Umgekehrt entscheidet Schumann im elften Liede zugunsten einer verzweifelt-munteren Diktion, die den Zynismus des Redenden gegen ihn selbst wendet, in erster Linie, weil die Musik keine Chance hat, tiefere Dimensionen einer Erzählung zu reflektieren, welche mitleidlos rasch eine Liebeskatastrophe mit fünf Beteiligten absolviert – nirgendwo sonst in dem Zyklus klaffen die Eigentempi des Textes und der Musik so weit auseinander wie hier. Von der Katastrophe »weiß« die Musik nichts, kann und braucht nichts zu wissen, um so mehr indessen von der Art, in der der Redende mit ihr – vergeblich – fertig zu werden versucht; und sie tritt gar, als wolle sie den Text nachträglich überholen, die Flucht nach vorn an, indem sie am Ende ihr Hacken beschleunigt. Im neunten Lied komponiert Schumann bei durchlaufender Bewegung zweimal 34 identische Takte, wiederholt innerhalb ihrer jeweils eine von zwei Gedichtzeilen und setzt, um eine – hier obsessive – Regelmäßigkeit zu erreichen, im Klavier jeweils noch einen Viertakter dazwischen: der Bursch mit dem zerrissenen Herzen will sich beim »Flöten und Geigen« die Ohren zuhalten und muß doch, da das Hochzeitsfest der untreuen Geliebten beschrieben wird, jede zweite Zeile zweimal anhören (vgl. auch Rosen 2000, 249 ff.). Wieder anders »Ich hab' im Traum geweinet« (Nr. 13): Zwei Strophen lang stockt der Vortrag, weil sich das Klavier dem Sänger verweigert; würde es sich einfügen, ließen die Zeilen sich liedhaft-periodisch gruppieren. Wenn es ihm in der dritten Strophe endlich antwortet und die Musik lösendes Weinen artikuliert, stört der ungeduldig Singende, nun fast Schreiende seinerseits das Regelmaß: »Ich wachte auf« kommt einen halben Takt »zu früh«. Am Ende, nachdem es Normalvorgaben jeweils knapp verfehlt hat, zerbröselt das Lied.

Deutlicher noch geschieht das am Ende von »Zwielicht« (op. 39/10): Brüsk das Vorangegangene abschneidend kippt »hüte dich, sei wach und munter« vom Singen in erschrockenes Flüstern ab, die Positiv-Worte »wach und munter« kommen gegen »hüte dich« ebenso wenig an wie die Zeile insgesamt gegen die negative Aussagerichtung der 13 vorangehenden – manchen jäh-verzweifelten Dur-Schlüssen bei Schubert ähnlich, auch etlichen ironisch brechenden Schlußzeilen bei Heine. Und wie bei diesen ist der Bruch vorbereitet: »Was will dieses Graun bedeuten?« am Ende der ersten Strophe ist eine Frage an das zuvor Beschriebene, »Stimmen hin und wieder wandern« am Ende der zweiten eine Ausweitung ins vag-Doppelsinnige, »Sinnt er Krieg im tückschen Frieden« am Ende der dritten, durch »Trau ihm nicht« vorbereitet, die Widerlegung der Freundschaft des Freundes. Schumann protokolliert das musikalisch genau – in den zwei ersten Strophen, indem er bei den letzten Zeilen vom zuvor etablierten Deklamationsduktus, dessen Weiterführung man erwartet, zu einer erschrocken fragenden Prägung überwechselt; in der dritten, indem er den Duktus nun durchhält und, umgekehrt schockierend, »Sinnt er Krieg [...]« ins Strophenganze einbindet. Diese ausgerechnet mit der schlimmsten Aussage verbundene »tück'sche« Kohärenz steigert er in der vierten, letzten Strophe, verzichtet im Klavier auf die bis hierhin durchgehaltene, irritierende Polyphonie, zieht sich auf eine in üblicher Weise ausharmonisierende Liedbegleitung zurück, und nur an diesem Strophenbeginn ersetzt er die Punktierung der Singstimme durch den festen Tritt gleichmäßiger Viertel: nirgends soviel »normales« Lied wie unmittelbar vor dem Abbruch!

Mit dieser entwickelnden Disposition überlagert die Musik eine andere, ebenfalls im Text vorgegebene: Nicht nur die Reimordnung ABBA setzt parallelisierte Mittelglieder zwischen die Außenglieder, sondern auch die semantische Ordnung der Strophen; »Titel und erste Strophe bilden ... das Motto, die Inscriptio ›Zwielicht‹. Die Bilder der Mittelstrophen (Pictura) stellen Erfahrungen aus, an die sich der Leser anschließen kann oder soll; es sind ... gedeutete, sinnmächtige Bilder. Die Schlußstrophe fungiert(e) ... quasi-epigrammatisch als Subscriptio, als Fazit aus den Bildern« (Bormann 2005, 28). Zur musikalischen Wahrnehmung von Zwielicht gehört, daß die Musik den Text bzw. den Sänger zunächst allein zu lassen, mit sich selbst beschäftigt scheint in

einer Polyphonie, welche stärker an Bachsche Inventionen erinnern könnte, verfiele sie nicht schon nach zwei Takten einem müde herabsinkenden Sequenzieren, was sich zweimal, mit den Anfängen der beiden ersten Strophen koordiniert, wiederholt.

Unheimlich im Sinne der Konnotationen von Zwielicht mutet zunächst das Beieinander von kontrapunktischer Diszplin und vagierenden Harmoniegängen an – dreimal werden sie fast im letzten Augenblick zur Haupttonart zurückgeholt; unheimlich erst recht, wie der Sänger in drei den Strophen gleichgeschalteten Achttaktern seine Bahn zieht – scheinbar unbehelligt und unverbunden mit Ausnahme jeweils des zweiten und vierten Taktes (= T. 9 bzw. 11, 17 bzw. 19); erst in der dritten Strophe (»freundlich wohl mit Aug' und Munde«) verliert er seine Freiheit und erliegt dem Sog des polyphonen Satzes, ebendort, wo durchs Zwielicht auch die Freundschaft vergiftet erscheint. Nun haben Sänger und Klavier zu einem neuen Beieinander gefunden, nun, bei der akkordisch begleiteten letzten Strophe, scheinen Text und Musik endlich bei einem im Normalverständnis »richtigen« Lied angekommen – zu spät aber, zu knapp vor dem Absturz. Meisterhaft ist diese Komposition auch, weil sie dergestalt die Dialektik des Unkomponierbaren in sich hereinholt (vgl. auch Brinkmann 1984, 259 ff.; Hoffmann-Axthelm 1994, 132).

Gewiß spielten bei der Lied-Eruption des Jahres 1840 neben ästhetischen und kompositionsstrategischen private Beweggründe mit, zumal bei den *Myrthen*, einer Liedsammlung eher als einem kohärenten Zyklus. Gleich das erste Stück – »Du meine Seele, du mein Herz« bis hin zu dem in den Ecksätzen der 2. Sinfonie zitierten »mein guter Geist, mein bess'res Ich«, sein Beginn das Protokoll des emphatischen Einstiegs ins neue Terrain –, bietet sich der Vermutung an, daß es des Liedes auch bedurfte, um sich der Braut noch direkter als vordem zuzuwenden. Immer sind auch übergreifende Dispositionen im Spiel, oftmals, wie im *Liederkreis* op. 39 die kryptische Signatur *E-H-E*, nicht trennbar von privaten Verständigungen. Nimmt man an, daß die insgesamt 26 Stücke der *Myrthen* mindestens teilweise mit den 26 Buchstaben des Alphabets parallelisiert sind, dann paßt das »Flüstern von Bräut'gam und nächstem Jahr«

im »Nußbaum« als dem dritten Lied gut zu *C* = Clara, »Sitz ich allein« im fünften zu dem als nachdenklicher Eusebius (= *E*) figurierenden Robert, das sechste zum draufgängerischen Florestan (= *F*). Schumanns Sinn für kryptische Symbolik gibt genug Anlaß, über solche naheliegenden Bezüge hinaus weitere zu vermuten, die wir nicht kennen.

Vornehmlich schaffenspsychologische Motivationen mögen ihn bewogen haben, nachdem er das Terrain neu betreten hatte, auf opusähnliche Dispositionen auszugehen. Vielleicht ist er anhand Schuberts auf die Gefahr aufmerksam geworden, als Zuständiger für kleine Formen, Lieder und Klavierstücke gebrandmarkt zu sein, vielleicht wußte er auch, daß Schubert nach langen »Jahren der Krise« u. a. über *Die schöne Müllerin* zu zyklischen Instrumentalformen zurückgelangt war. Ob nun, wie im *Liederkreis* op. 39, wo »viel von Dir darin(steht)« (am 22.5.1840 an Clara, Briefwechsel III, 1043), in der Tonartenordnung oder in motivischen Beziehungen und der biographisierenden Anlage der *Dichterliebe* – hier boten sich auch deshalb Möglichkeiten, Zyklen unter erleichterten Bedingungen musikalisch auf unterschiedliche Weise zu konzipieren, weil der Text allemal die erste Aufmerksamkeit auf sich zog. Freilich mahnen die bei *Dichterliebe* und *Frauenliebe und -leben* supponierten Ereignisse zur Vorsicht bei Brückenschlägen ins Biographische, wie immer Schumann an Chamissos Frauenbild (»Ich will ihm dienen, ihm leben,/ ihm angehören ganz,/ hin selber mich geben und finden/ verklärt mich in seinem Glanz«) wohl nicht so viel auszusetzen fand wie wir – genug Anlaß, die Gründe für Thomas Manns Rührung ob »der klassisch verklärenden, gewissermaßen abstrakten Vereinfachung des Frauenlebens in diesen Liedern« zu bedenken (Mann 1991, 263).

Neubeginn im doppelten Sinne: Nicht nur im Liedgenre tritt Schumann neu an, sondern bei jedem einzelnen Lied insofern, als er dezidiert vom Text her neu auf die Musik zukommt – es galt »jene kunstvollere und tiefsinnigere Art des Liedes, von der natürlich die Früheren nichts wissen konnten, denn es war nur der neue Dichtergeist, der sich in der Musik widerspiegelte« (Kreisig II, 147). Daß beide Arten des Neubeginns sich überlagern, verschärft den Originalitätsanspruch und hilft erklären, weshalb Schumann auf

Distanz zum Liedkomponisten Schubert angewiesen ist und ihn in die Historizität einer Epoche abschiebt, welche noch nicht imstande gewesen sei, sich »auch die Fortschritte des einstweilen weiter ausgebildeten Begleitinstruments, des Klaviers, zunutze« zu machen (Kreisig II, 123, zu anderen, ähnlichen Auskünften vgl. Kreisig I, 270, 328 und 432). Er will unbefangen, ungeschützt an die jeweilige Aufgabe herantreten, möchte vor sich selbst nicht verdächtig werden, vorgebahnte Geleise zu benutzen, und neigt dazu, sie zu leugnen. Es scheint so, als habe er Schuberts Klavierparte nicht genau studiert, – vielleicht, um sie nicht doch »weiter ausgebildet« finden zu müssen?

XIX

»In Inspiration geschrieben« – das versteht Schumann in der Notiz vom Jahre 1845, in der er sich einen »neuen Weg« verordnet, als Gegenposition zu dem, was im Anschluß an die in der Antike so benannte »sobrietas« vom ästhetischen Denken der Jahrzehnte zuvor und bei ihm selbst als Widerpart zu Inspiration definiert war: Besonnenheit. Auf Inspiration war es bei der selbstkritischen Rechenschaft offensichtlich weniger abgesehen als auf eine dem Improvisator wohlvertraute, dem Augenblick hingegebene Spontaneität, welche die aufs architektonische Ganze blickende Besonnenheit beiseite zu schieben droht. Wie immer zur neuen Arbeitsweise entschlossen – die Erfahrungen des Improvisierenden konnte er nicht aus dem Spiel nehmen bzw. mußte bei der nächsten aufgeschriebenen Note entdecken, daß er der Neuorientierung zuliebe arg theoretisch formuliert hatte – nicht ohne Grund, weil zu jenen Erfahrungen auch gehörte, daß Inspiration und Befangenheit nahe beieinander liegen.

In den dreißiger Jahren, bei den Serien der Charakterstücke war das als Problem nur ausnahmsweise aufgeschienen, am ehesten bei strukturell ambitionierten Werken wie der *Toccata*, der *Fantasie* op. 17 oder der *Humoreske*. Sonst hielten die einzelnen Stücke sich überwiegend in Dimensionen, welche die kritische Masse nicht überschritten, die die Berücksichtigung übergreifender Zusammenhänge unabdingbar gemacht hätte; dieser taten lose motivische Bezüge in jenem Maße

Genüge, welches erforderlich war, um die Musik den poetischen, programmatischen Kontexten nicht gar zu sehr auszuliefern.

Das wurde mit dem Eintritt in die Welt der großen Formen anders; nun konnte die Kohärenz des Ganzen nicht mehr in der Weise individuell reguliert werden wie vordem, nun begegnete Schumann einem System, welches Gegenforderungen stellte und die Befangenheit einer ihrem Gegenstande hingegebenen Inspiration mindestens einschränkte. Daß er vom Improvisieren und kleineren Formen herkam, gibt einem Anprall besonderes Gewicht, den jeder Komponierende bewältigen muß – Beethovens Skizzenarbeit z. B. läßt sich als Methode verstehen, ihn vorbeugend abzufangen. Der zuweilen geübte, pauschalierende Tadel, Schumanns Erfindung fehle der sinfonische Atem, hat hier seinen Ansatzpunkt, als eines diesesfalls verschärften Konflikts im Sinne von Friedrich Schlegels Aphorismus, es sei »gleich tödlich für den Geist, ein System zu haben, und keins zu haben. Er wird sich also wohl entschließen müssen, beides zu verbinden« (Schlegel 1970, 30).

Erfinden heißt zunächst Eingrenzen. Die Erfindung grenzt einen Bezirk ein, innerhalb dessen bestimmte Details bestimmte Bedeutungen und Aussagekraft gewinnen. Nicht nur früheren eigenen Erfahrungen und dem anhand Beethovenscher Werkplanungen Erlernten ist zu verdanken, daß Schumann in scheinbar losen Zusammenstellungen wie etlichen Klavier-Opera wie in zyklischen Formen auf übergreifende Kohärenzen ausgeht, sondern auch dem inspirationsnahen Umstand, daß er die Geborgenheit jenes Bezirks ungern verläßt – schon, weil er sich im Kreis von Prägungen bewegt, die seine Fantasie aktualisiert, elektrisch aufgeladen hat.

Das beginnt im Allerkleinsten. Schon von einzelnen kleinen Wendungen kann er sich nicht trennen, setzt viele Themen sequenzierend zusammen und kommt nicht los, bevor nicht ein nahezu autonomes Gebilde erreicht ist; viele thematische Komplexe geraten deshalb zu kleinen ABA'-Formen, zu einer Abrundung, die sich mit der von einem Sonatenthema geforderten Offenheit und Potentialität schlecht verträgt. Um so mehr dreht und wendet er sie, moduliert und kontrapunktiert. Fast ließe sich sagen, eine spezifisch Schumannsche Eindringlichkeit musikalischer Verläufe sei

dem Umstand zu verdanken, daß etliche Themen für den Zusammenhang nicht prädestiniert erscheinen, in den er sie stellt. Zuweilen wird das drastisch deutlich – so im Streichquartett op. 41/3, wenn er in den ersten 8 + 12 + 8 Takten des Allegro eine Mini-ABA-Struktur komponiert, danach aus der Doppel-Dominante H, in die er geraten ist, zurückmuß – und dies abrupt, mit gewaltsam herumgerissenem Steuer besorgt.

Durch diesen ganzen Satz macht ihm die rhetorische Suggestivität der auf den subdominantischen Quintsext-Akkord gesetzten Anfangswendung zu schaffen – eben das zwingt zu ingeniösen Lösungen. Jenes Steuer war zu weit herumgerissen, das durch die Akkordschläge anvisierte C-Dur ließ sich nicht halten; wenig später befindet sich die Musik mit dem hier einem zweiten Thema zukommenden E-Dur auf glatter Bahn und singt sich in regelmäßigen Perioden aus – allerdings mit einer Prägung, welche auf den Beginn rückbezogen bleibt; dort folgte der melodische Aufstieg dem von der darübergesetzten Sext ausgehenden Quintfall, hier ist es umgekehrt, ohne daß man es bemerkt – die Melodie ist für sich zu plausibel, wiederum so sehr, daß sie sich selbst entrissen, daß die musikalische Erfindung sich aus dem selbstgesponnenen Kokon herauswinden muß. Diesmal geschieht es, abermals mit einer fremd einfallenden Harmonie (Cis-Dur), auf sehr andere Weise mit einem »rit.« vorbereiteten Dolcissimo (T. 81), wonach die Musik irregulär zu versacken droht und durch einen Alleingang des Primarius gerettet wird – insofern umsonst, als im Sinne eines sonatengemäßen Prozedere nichts erreicht scheint: der Beginn der Durchführung ist exakt der gleiche wie der der Exposition. In ihren Jambus verbeißt Schumann sich in der folgenden Passage so sehr, daß ihn als Reprise wiederzugewinnen unmöglich ist, das Wagstück einer zwar nicht mono-thematischen, dennoch nahezu mono-motivischen Sonate dementiert sich an der entscheidenden Stelle, zeigt eben noch an, wo die Reprise zu stehen hätte und nimmt diese mit »un poco più slentando«, »Più Adagio« und Fermate zurück. Dies verwehrt ihm, anders als in vielen anderen Sonatensätzen, sich in einer kaum verändert wiederholten Exposition zunutze zu machen, daß eine rekapitulierte Passage, weil auf Früheres bezogen, nicht dieselbe wie das Original ist; er geht sogleich zum zweiten

Thema über, läßt gegenüber der Exposition 30 Takte aus und die Musik danach eher versickern als definitiv enden. Der Quintfall des Cellos im letzten Takt fragt mehr, als daß er schlösse – wie als Hinweis auf die noch nicht abgegoltene zugehörige Akkordkonstellation; der dritte Satz löst sie melodisch ein, das Finale nutzt sie für nervig federnde Absprünge.

Eine vermiedene Reprise ist nicht einfach eine Leerstelle; auf sie, als den Knotenpunkt einer als Abhandlung begriffenen Sonate, richten sich Erwartungen hinsichtlich Korrespondenz und Ankunft wo nicht Präsentation eines Ergebnisses, denen, wenn nicht hier, so anderswo Genüge geleistet werden muß. Schumann nutzt dergestalt umgeleitete Erwartungen zur Dynamisierung des zyklischen Ganzen; was innerhalb des ersten Satzes nicht abgeschlossen werden kann, drängt auf Austrag in den folgenden Sätzen. Einerseits neigt er zu in sich gerundeten Prägungen, denen als Gestalten wenig auf Austrag drängende Potentialität eignet; andererseits übt er in der Disposition der größeren Abschnitte die Kunst des Aufschubs, des Unabgeschlossenen. Dem Bilde des klassizistisch Verdächtigen, der die von den traditionellen Formen mitgelieferte Dynamik für sich arbeiten läßt, opponiert er u. a., wenn er in den Ecksätzen seiner 4. Sinfonie die Reprisen der ersten thematischen Komplexe ausspart, auf die Inszenierung des Quod erat demonstrandum also ausgerechnet in der Gattung verzichtet, welche der Öffentlichkeit des Konzertsaales wegen besonders stark auf Konventionen der Verständigung und Rezeption angewiesen ist. Damit hält er den Hörer stärker in der Unmittelbarkeit des soeben Klingenden fest, als die mehrthemigen Strukturen normalerweise erlauben, und verschafft ihm, falls er wie gewohnt zurück- oder vorauserinnert, auch dann eine intensitätssteigernde Ungeduld, wenn er nicht auf Formalitäten konzentriert ist.

»Wer ästhetisch lebt, der sucht nämlich […] in der Stimmung ganz und gar aufzugehen, er sucht sich ganz in ihr zu bergen … Je mehr also die Persönlichkeit in der Stimmung hindämmert, um so mehr ist das Individuum dem Augenblick hingegeben, und dies wiederum ist der zutreffendste Ausdruck der ästhetischen Existenz: sie ist im Augenblick« (Kierkegaard 1950 ff., 2./3. Abteilung, 244 ff.). Schumanns Wahrnehmung der großen

Formen bezieht ihre spezifische Intensität wesentlich daher, daß er »im Augenblick […] sein« und diesen musikalisch perpetuieren will, jene Wahrnehmung jedoch Verknüpfungen oberhalb der Unmittelbarkeit des den Augenblick besetzenden Tönens erfordert, also nicht erlaubt, ungestört dort zu verweilen. Gewiß gehört die Doppelung der Rezeptionsebenen zu jeder differenzierten Struktur, doch jeweils in eigener Färbung und Dringlichkeit. Für Schumann erscheint charakteristisch, daß das Gefälle zwischen mehr und weniger thematischen Passagen, Themenkomplexen bzw. Modulations-, Schlußgruppen etc. häufig geringer bleibt, als der von einem Sonaten-Diskurs geforderten Transparenz des Prozedere angemessen wäre – als ob eine Stufung der Wichtigkeiten nicht gelitten werden könne, weil sie nach Maßgabe des »Im-Augenblick-Seins« pragmatisch-formalistisch verdächtig ist, als ob ständig mit gleicher Dringlichkeit »gesungen« werden müsse.

Dem entspricht, daß Schumann, auf Kontinuität versessen, Unterbrechungen oder vermittelten Überbrückungen ungern traut und, wo er sie nicht vermeiden kann, drastische Ostensionen vorzieht – das jäh herumgerissene Steuer im dritten Streichquartett (s.o.), die überdeutlichen Signale der Fermaten (T. 87 und 90) im ersten Satz und der ihnen entsprechenden Barrieren (T. 78–81, 168–171) im Finale der 4. Sinfonie etc. Insgesamt, so scheint es, findet er schwer die Mitte zwischen dem individuellen Profil, dem Eigenwillen der Prägungen und der vom Zusammenhang geforderten Funktionalität – daher das Schwanken zwischen einer allenthalben verfolgten »Kunst des Übergangs« bzw. der sanften Kurve und drastisch markierenden Scharnieren oder Barrieren, die wie widerwillig gezahlte Tribute der Form geben, was der Form ist. Der hierher rührende Versöhnungs- und Legitimationsdruck und die spezifische Eindringlichkeit der Schumannschen Musik, Eindringlichkeit ebensowohl privatester Zuwendung wie eines in die Öffentlichkeit projizierten auftrumpfenden Jubels, lassen sich nicht trennen. Am ehesten treten sie bei den in die Form integrierten lyrischen Enklaven zurück; doch selbst sie, etwa die langsamen Sätze des genannten Streichquartetts oder des Klaviertrios op. 63, könnten übermotiviert erscheinen, wäre dies nicht auch ein Teil ihrer spezifischen Hintergründigkeit.

Das verschafft einer Musik, welche idealiter fast unausgesetzt gesungen sein will und von liedhaften Formvorgaben her oft angemessener betrachtet wird als von instrumentalen, eine »übergeordnete« innere Atemlosigkeit, um nicht zu sagen: Augenblicklichkeit.

Daß dies auch die überdrehten Perpetuum-mobile-Charaktere auf besondere Weise authentisch macht, verdankt sich wesentlich dem perennierenden Mißtrauen in Bauformen, deren Herstellung die Frontlinie des hier und jetzt Klingenden, die Besinnungslosigkeit rückhaltloser Identität mit ihm zugunsten distanzierender Besonnenheit zu relativieren zwingt. Hier spielen die Prämissen des Improvisierenden mit, der auf die allerablsoluteste Musik versessen bleibt, welche den Prägestempel der Vergänglichkeit auf der Stirn trägt und pure Gegenwart bejaht, indem sie – u. a. Prestissimo possibile/ sempre stringendo/ vivacissimo/ con anima/ più presto (op. 14/3) – ins Vergangensein drängt.

XX

Die in bezug auf die vierziger Jahre häufig gestellte Diagnose, Schumann habe sich klassizistisch zurückgenommen, gibt weniger über ihn Auskunft als über unsere Schwierigkeiten mit angemessenen Kategorien. Gewiß lädt zu ihr schon der biographische Szenenwechsel ein – die Rückzüge von der Redaktionsarbeit und von der Lehrtätigkeit am Konservatorium und die Rußlandreise, welche viel Anlaß bot, sich als Anhängsel einer umschwärmten Virtuosin zu fühlen. Leipzig als Lebens- und Arbeitsmittelpunkt hatte ausgedient; Schumann war zu seßhaft disponiert, als daß der Umzug nach Dresden – der frühe Versuch, sich in Wien zu etablieren, widerspricht dem kaum – nicht auch ein partieller Abschied von den mit Leipzig verbundenen Aktivitäten und Ambitionen gewesen wäre. Nicht zufällig verbindet sich mit der »Fugenpassion«, dem Bach-Studium seit 1845, eine neue, tiefgreifende Selbstverständigung des Komponierenden.

Darüber hinaus hatten Zeiten und das Klima sich verändert – in einem Maße, daß von konträren Denkern wie Kierkegaard und Marx teilweise ähnliche Diagnosen kamen und auch die Schu-

manns, wie sehr immer mit sich und ihren Aufgaben beschäftigt, tangiert waren. Ludwig Feuerbachs *Wesen des Christentums*, Max Stirners *Der Einzige und sein Eigentum*, Bruno Bauers *Entdecktes Christentum* oder das *Kommunistische Manifest*, sämtlich in jenen Jahren geschrieben, müssen sie nicht gelesen haben, um von der Problemlage betroffen gewesen zu sein, die diese Untersuchungen – sozialen Nöten ebenso wie dem affirmativen Hegel antwortend – reflektierten. Kam hinzu, daß die allmählich sich formierende Gegenfront der »Zukunftsmusiker« mit dem Wandel besser zurechtkam und ihn geschickt in ihre Argumentationen einzubinden verstand. Für Schumann fiel das mit einer Situation zusammen, in der die Nagelprobe für den »nebenbei« komponierenden Musikfeuilletonisten, der sich als nebenbei schriftstellernder Komponist verstand, immer dringlicher wurde.

Rückblickend mag die restaurative Kalmenzone der 30er Jahre wie eine Enklave erschienen sein, die die Schaffenden von ausgreifenden Fragestellungen dispensiert hatte, weil sie ohnehin chancenlos waren. Bevor wir schmählich finden, daß Schumann dem Fürsten Metternich devot begegnete und vor dem Kanonendonner der Revolution nach Maxen und Kreischa floh, oder daß Kierkegaard dem dänischen König energisch durchzugreifen riet, sollten wir das als Symptom tiefgreifender Irritationen von Leuten verstehen, deren bildsamste, durch erste Erfolge markierte Zeit das vorangegangene Jahrzehnt gewesen war, und die sich nun, bislang in Distanz zu geschichtsträchtigen Ereignissen und Entwicklungen, in schwere See geraten sahen.

Kommt hinzu, daß jene Enklave der Schutzraum für die Entwicklung einer neuen Musik war – die Vorzugsstellung zuvor marginaler Gattungen, ihre Intimität und die Öffentlichkeitsverweigerung gehören zusammen. Dem »ganz auf sich concentrirten Subjekt, welches nur in seinem Inneren lebt und webt […], nicht unmittelbar innerlich zusammenhängt mit dem Aeusseren«, von dem Schumanns Nachfolger bei der *Neuen Zeitschrift* später schreiben sollte, schlägt die Stunde (Brendel 1875, 480). Die Öffentlichkeit meldete sich zurück und bedrohte die Conditio sine qua non einer Musik, mit der Schumann in spezifischer Weise identifiziert war – merklich u. a. in den ihn direkt betreffenden Diskussionen, wo das Lied seinen Ort, welche Chancen es habe, im großen Konzertsaal angemessen rezipiert zu werden (Mahlert 1983). Dieser Kontext verschaffte Sachverhalten wie Schumanns Abneigung gegen die öffentliche Darbietung früher Klavierwerke neuerdings großes, Grundsatzfragen berührendes Gewicht; zuvor, u. a. in einer 1843 geschriebenen Rezension, in der er die unterschiedliche Eignung von Liedern für den Konzertsaal behandelte, hatte er noch Abstand wahren können (GS II, 144 ff.). Daß »die Musik […] demokratisch sein« müsse – abermals Brendel (NZfM 1849, 223) –, hätte er im Blick auf die seiner Musik, gerade auch der intimsten, zugrundeliegende Utopie direkter Kommunikation früher leicht unterschreiben können; jetzt klang es wie eine neue Forderung oder gar Drohung. 1848 hatte er von einem geschätzten Autor in der *Neuen Zeitschrift* lesen können, daß »wir gern, vielleicht auf lange Zeit von der Kunst Abschied, von der Romantik aber auf immer« nehmen; »jetzt fort mit dem stillen Weben, Träumen, Genießen still für sich, fort mit dem vornehmen Sichabschließen: Die Zeit ist ernst, der Schauplatz geistigen Schaffens ist nicht mehr das Ich allein« (Kretschmann 1848, 10). Die Problematik der im Jahre 1849 neu einsetzenden Liedproduktion belegt unzweideutig, daß ihm das nicht eigens gesagt werden mußte (Mahlert 1983).

Im Zeichen dieser Neuorientierung läuft der Vorwurf ins Leere, einer, der schnell erkannt hat, weshalb der Zar Chopins Musik hätte verbieten müssen (Kreisig I, 166 f.), und kürzlich einen »Deutschen Freiheitsgesang«, »Zu den Waffen« und Freiligraths »Schwarz-Rot-Gold« komponiert hat, dürfe nicht davonlaufen, wenn Blut fließt und hinter den Barrikaden die Leichen sich türmen. In seiner Musik ist er nicht davongelaufen – hierfür stehen nicht nur die den seinerzeit wichtigen Enklaven republikanisch-liberaler Gesinnungen zugedachten Männerchöre.

Im Hinblick auf die vermeintlich klassizistische Rücknahme in Schumanns Komponieren wäre zunächst zu prüfen, welche – verglichen mit den zuvor klavieristisch ausgelebten Fantasien – »klassizistische« Nötigungen den Gattungen per se mitgegeben waren, denen er sich jetzt zuwandte; nicht zufällig scheint »Classicität« im damaligen Musikschrifttum nicht als Stilbegriff auf, sondern

als Chiffre der Behandlung allgemein interessierender Gegenstände in allgemeinverständlicher Form (Kretschmann 1848). Daß Schumann z. B. in den ersten Sätzen des Klavierquintetts op. 44 die 115 Takte der Exposition in der Reprise verlaufsgleich wiederholt, in den ersten Sätzen der Streichquartette op. 41/1 und op. 41/2 112 bzw. 88 Takte (außer acht in der Reprise getilgten Überleitungstakten), im Klaviertrio op. 63 47 Takte (außer einem zusätzlichen Scharniertakt in der Reprise), in *Ouvertüre, Scherzo und Finale* op. 52 103 Takte mit Ausnahme der in der Reprise hinzukommenden Modulationstakte 183–186 etc., ist für sich genommen ebenso wenig als Rückzug in Versatzstück-Schematismen verdächtig und gibt über die Musik ebenso wenig Auskunft wie u. a. in bezug auf die »Träumerei« die Feststellung, sie bestünde aus drei Achttaktern (der erste wiederholt) in der Fügung ABA'. Hier wie dort wäre unterschlagen, inwiefern die Musik die Schemata unterläuft und triftiger zu analysieren wäre als Auseinandersetzung mit deren Unvermeidlichkeit; daß »dem Künstler nichts schädlicher […] ist […] als langes Ausruhen in bequemer Form«, gilt auch und gerade jetzt (Kreisig I, 390). Ohne Rückbezüge kann die auf den Zeitpfeil aufgetragene, auf Erinnerung angewiesene Musik keine Form bilden – deshalb ist sie nicht gleich klassizistisch. Allerdings fällt es bei Schumann mehr auf als bei anderen. Viele thematische Komplexe der Instrumentalwerke entziehen sich der gängigen Typologie »Thema« ebenso wie die Takte der »Träumerei« der gängigen Kategorie »Takt« – insofern erscheinen die genannten Formalien eher wie Erweiterungen der alten Theoretiker-Anweisung, unregelmäßige Gruppierungen mögen, damit ein Moment von Regelmäßigkeit sie stabilisiere, zweimal hintereinander erscheinen.

In den 24 Takten der »Träumerei« bedienen nur sieben die einem Viervierteltakt zukommende halbschwere »Drei« – in einer schwebenden Taktunabhängigkeit, welche angemessener als sechsmalige Aufeinanderfolge eines 5/4-, eines ¾-Taktes, zweier 2/4-Takte und eines 4/4-Taktes notiert wäre. Freilich nicht ganz angemessen – denn die acht Takte, zu denen die Folge sich summiert, geben eine Regularität vor, welche in der Binnengliederung nach Entsprechung sucht; gänzlich aufgehoben ist der 4/4-Takt also nicht. Daß den

Schluß der sechsten, letzten Periode (i.e. die zwei letzten Takte des Stückes) vier 2/4-Takte bilden, steigert im Sinne einer Finalwirkung das Hinstreben der ungeradzahligen Gruppierungen zur Regularität der geradzahligen innerhalb von jeweils vier Takten – als eines der progredierenden Momente, die Schumann dem Beharren des achtmal gleichen melodischen Impulses, der fünfmal acht Takte und der einfachen Liedform entgegensetzt. Zu ihnen gehört ebenso, daß der Aufschwung in der mittleren Achttaktgruppe (ab T. 9) zweimal (T. 10 und 14) »mißlingt«, d. h. nicht ein Ziel bzw. eine Höhe erreicht, die im diatonischen Beginn vorgegeben waren, daß die Musik hier sich in Nonakkorden verhakt, von denen zum nächsten Einsatzpunkt zu gelangen einige harmonische Umstände erfordert; diese freilich hatte schon der Rückbau nach der ersten Ausweichung vorgegeben – dem überraschenden A-Dur, welches den Hochton *a"* im sechsten Takt stützt. Schroff kontrastierend zu den vorangegangenen, in der Tonart ruhenden Takten findet die Musik mit einem in der Satzmitte diskret eingeflochtenen Passus duriusculus zur Haupttonart zurück – die Oberstimme von Chromatik nahezu unberührt. Wenn Schumann im drittletzten Takt das *a"* wieder erreicht, bedarf er der mediantischen Stützung wie im sechsten Takt nicht mehr – er übernimmt den Non-Akkord des mittleren Achttakters, nun über der Doppel-Dominant G. Zu den Wundern des Stückes, an denen Hans Pfitzner und Alban Berg auf verschiedene Weise vorbeipolemisiert haben, gehört nicht zuletzt, wie es auf engstem Raum Symmetrien, Wiederholungen und linearen Vorgang zusammenbringt und dennoch wie ziel- und absichtslos dahingeträumt erscheinen kann.

Andante, quasi Variazioni ist der zweite Satz im Streichquartett op. 41/2 überschrieben – überaus präzise, weil es sich nicht um eine kohärente Folge von Variationen handelt, nicht einmal um Variationen eines vorweg exponierten Themas. Dem Normalverständnis von Variation entsprechen lediglich der dritte Abschnitt (T. 49–64) im Verhältnis zum zweiten und der fünfte Abschnitt (T. 77–89) im Verhältnis zum vierten. Das erste Variationenpaar umfaßt je 16, das zweite je zwölf Takte; im ersten wird eine breit ausgezogene Melodie figurativ aufgelöst, im zweiten eine knapp gefaßte, mysteriös gleichförmige Bewegung nahezu in ein

Lied ohne Worte verwandelt; in allen vier Abschnitten findet sich eine zur Grundtonart As-Dur querstehende Passage in H. Ingesamt stellen sie sich als zunehmende Konkretisierung der thematischen Prägung dar, die auf den liedhaft-deklamativen letzten Abschnitt zuläuft – um so deutlicher, als das Thema des ersten Variationenpaares (T. 33 ff.) seinerseits als Einlösung dessen erscheint, was die vorangegangenen 32 Takte ausgebreitet haben. Die Figur *des"-c"-f"-es"* (T. 33) kann, weil durch die sequenzierende Versetzung *c"-b'-es"-des"* und die Spreizung *es"-d'-as"-g"* bzw. *des"-c"-ges"-f"* bestätigt, als motivischer Kern und in verschiedene Richtungen emanierendes Zentrum gelten – cum grano salis insofern, als es sich weniger um eine Fokussierung bzw. hinterlegte fixe Größe handelt als um einen immerfort in Wandlung begriffenen Zug der Gestalten, der an keiner Stelle Halt macht. Er kommt vom ersten Satz her, von der Figur der letzten Takte (*es"'-d"'-fis"-g"*); »nebenbei« huldigt Schumann mit ihnen Mozarts *Jupiter-Sinfonie*), welche den ersten Takt des Andante bestimmend prägt (*f"-es"-g'-as*), bald beidseitig ergänzt und vielfältig permutiert wird, angefangen mit der von beiden Violinen und dem Cello parallel geführten Figur *des"-c"-f"-es"* bzw. *B-As-des-c* im ersten Takt; innerhalb des latenten Kanons der Takte 17 ff. (Violine II und Violoncello) und danach stellt Schumann sie deutlich heraus – im Vorfeld der Variationsmelodie der Takte 33 ff., welche von ihr geprägt sein wird.

Derlei detailliert nachzuvollziehen erscheint notwendig, um Art und Umfang jener Unterwanderung der Normative zu erkennen, welche den angeblich regredierenden Schumann der 40er Jahre widerlegt. Denn die geschilderte Entwicklung vollzieht sich innerhalb eines nahezu vollständig einer quadratischen Metrik gehorchenden, insoweit üblichen Verlaufs. Wenn man die Coda (T. 106 ff.), der Endung in einem schweren Takt entsprechend, in einen nicht notierten weiteren hineinatmend annimmt, stört nur ein einziger modulierender Takt (= 89) am Ende des in den Variationen erreichten »Liedes« die geradzahlige Anordnung in 32; 16 und 16, 12 und 12+1; 16 und 8 Takte. Nach dem »Liede« – A' im Sinne einer ABA'-Form – nimmt Schumann, auf den – verkürzten – Beginn zurückgreifend, die Konkretion zurück, freilich nicht ganz: Denn die Coda erin-

nert zunächst die variierende Figuration der Takte
49 ff.; und mit der verkürzten Reprise trägt er dem
Umstand Rechnung, daß der Beginn zwar erinnert
und unter dem Bogen des Erinnerten die durch-
messene Wegstrecke vergegenwärtigt, jedoch nicht
ein zweites Mal begonnen werden kann.

Dies um so weniger, als die ersten 32 Takte auf
der Mitte zwischen Exposition und Introduktion
ein vagierendes Suchen artikulieren – nicht erst,
wo die Musik, immerhin zwölf Takte lang, rhythmisch ins Schwimmen gerät und dem Hörer den
Anhalt an den Taktzeiten entzieht, sondern schon
in den ersten acht Takten. Innerhalb ihrer ist die
meist mit quadratischer Metrik verbundene Divi-
sion nach innen (8 = 2 mal 4 oder 4 mal 2) außer
Kraft gesetzt; es gibt keine Zweiteilung i.e. einen
schweren fünften Takt, man ist ebenso verführt,
die erste Takteins auf die »Drei« des ersten Taktes
zu setzen und dort einen 18/8- bzw. triolierten 6/4-
Takt beginnen zu lassen (mit dem man im siebten-
ten Takt scheitert), wie auch, die Melodiepartikel
der ersten Violine ohne Rücksicht auf die echohaf-
ten Antworten der tieferen Stimmen zu einem
periodisch stimmigen Ganzen zusammenzufügen
– ebenfalls ohne Erfolg. Beides scheint immerhin
ebenso als Möglichkeit auf, wie die integrative
Kraft der Achttaktigkeit durch die irreguläre Bin-
nenstruktur nicht völlig sistiert ist – das Phrasen-
Ende im achten Takt hat das Gewicht des Erwarteten. Insgesamt ein meisterhaftes Beieinander
von gebündelter thematischer Kapazität und
knapp vor der definitiven Form aufgehaltener,
darum mit Potentialität geladener Gestaltwer-
dung, welche nicht vorstellbar erscheint ohne
tieflotende Beethoven-Erfahrungen.

XXI

Im Hinblick auf die Vokalkomposition seit den
späteren vierziger Jahren ließe sich fast von einem
Neuanfang sprechen, zumindest von einer Neuorientierung, welche wesentlich mitbestimmt ist
durch die spezielle Bodenhaftung der Chormusik.
Allemal spielt bei Chören die Konstellation mit,
in der gesungen wird – bis hin zu den Interessen-
lagen und dem Klima der Gemeinschaft, als deren
Gegenstand das Komponierte sich bewähren muß.
Hier am ehesten ist Schumann vormärzlich, nicht

zufällig erreichte er »gerade auf dem Gebiet des
Männergesanges jene politische Eindeutigkeit
[…], die er sowohl im täglichen Leben wie auch
in anderen künstlerischen Erzeugnissen […] vermissen ließ« (Edler, 227), und ebenso wenig zufällig kann er musikalisch nicht kompensieren, was
u. a. die Texte der drei im April 1848 entstandenen
Männerchöre – einer immerhin von Ferdinand
Freiligrath – ästhetisch nicht leisten; darauf aber
kam es hier nicht an. Nur zu leicht vergessen wir
bei usuell stärker gebundener Musik, wo die Zuständigkeit von Maßstäben endet, welche gemeinhin von woanders her stammen, auf welch spezifische, nicht einseitig zensierbare Weise man hier
»gut« sein, d.h. der Aufgabenstellung genügen
muß. Bei Chören konkurrierte Schumann nicht
nur mit Mendelssohn, sondern auch mit Albert
Methfessel; daß ihm das gelang, wurde mehrfach
attestiert – und er hat es zu schätzen gewußt.

Dies zu vergegenwärtigen scheint nötig, um
herablassende Einräumungen zu meiden, welche
durch viele Kostbarkeiten widerlegt werden. Im
Übrigen muß er angesichts eigener kommunikativer Schwierigkeiten das Auf-du-und-du im Umgang, Singen und Arbeiten mit Chören geradehin
als therapeutisch empfunden haben – um so
schlimmer die Katastrophen in Düsseldorf. »Gesang liebt Menge, die Zusammenstimmung vieler:
er fordert das Ohr des Hörers und Chorus der
Stimmen und Gemüter« (Herder). Briefliche Äußerungen aus Wochen, da Schumann mit Chorkomposition beschäftigt war, bezeugen ebenso wie
das Komponierte den Vor-Genuß dieses Auf-du-
und-du. Eher inspiriert durch die Aspekte der
Gebräuchlichkeit als gegen sie, exzelliert er in
melodischen, metrischen, harmonischen Finessen
und solchen der Deklamation und polyphonen
Fügung nicht weniger als in den zurückliegenden
Liedern und fordert den Singenden, etwa in den
Romanzen für Frauenstimmen op. 69 und op. 91,
ein Äußerstes ab. Wenn irgendwie und – wo
Chorkomposition damals avantgardistisch war,
dann diese; in welchem Maße er sie als Herausforderung eigener Art begriff, zeigt sich darin, daß er
selbst Texte inzwischen vielgesungener Solo-Lieder
neu komponierte, u. a. Heines »Lotosblume« und
Eichendorffs »Im Walde«.

Über die politische Situation hinaus spielt der
Hintergrund pädagogischer, wo nicht musikalisch-

volkserzieherischer Ambitionen mit, welche nach dem Abschied aus dem Leipziger Konservatorium durch die Chorarbeit in Dresden neu angeregt waren und, hingehend bis zu den ursprünglich mit dem *Album für die Jugend* op. 68 verbundenen *Musikalischen Haus- und Lebensregeln*, allem versponnenen Für-sich-sein-Wollen entgegen, eine übers Ästhetische hinausreichende Verantwortung verraten. Daß »meine Musik in der Gegenwart wurzelt und etwas ganz anderes will als nur Wohlklang und angenehme Unterhaltung«, betont er im Juni 1849 gegenüber Franz Brendel (BNF, 306).

Diese Verantwortung betrifft schon das Verhältnis zu den Texten. Schumann weiß, daß der Komponierende sie für die Singenden nicht offenbeliebig interpretiert, sondern vorprägt; gesungene Texte werden besser, genauer, eindringlicher erinnert als gelesene, auswendig gelernte, allerdings geprägt durch die jeweilige Vertonung. Das bedingte nicht zuletzt Verantwortung für eine enorme Bandbreite – vom schon 1840 komponierten, martialisch-simplen »Sie sollen ihn nicht haben,/ den freien deutschen Rhein«, dem massenwirksamen Alfresco der Männerchöre des Jahres 1848 oder dem Strophe und Szene beschwingt wie genial verbindenden »Zigeunerleben« op. 29/3 bis hin zu Kleinodien, bei denen zur Wahrnehmung erlesener Lyrik der kammermusikalische Rahmen gehört – der sicher getroffene Ton und die sensible Rhetorik bei Platens »Wiederkehrend nach dem Vaterlande« op. 59/2/2; Heines essentiell chorisch angeeignete, von der Solo-Fassung in den *Myrthen* weitab stehende »Lotosblume«; Mörikes Erzählung und Strophenstruktur balladesk zusammenhaltende »Schön-Rohtraut« oder, ebenfalls in den *Romanzen und Balladen* op. 67, Goethes gegen Schubert komponiertes, immer neu aus der gleichen Akkord- und Melodiekonstellation hervorgeholtes »Heidenröslein«, worin Schumann aus den Achsenzeilen der drei Strophen – »Sah's mit vielen Freuden..; Und ich will's nicht leiden..; Mußt es eben leiden« – Schlußzeilen macht; Eichendorffs »Es zog eine Hochzeit den Berg entlang«, wo – im Solo-Lied von 1840 vorbereitet – von vornherein doppelsinnig »alles verhallt« und das »lustige Jagen« schon, da wir es hören, mit Vergänglichkeit geschlagen ist, bevor »mich schauert im Herzensgrunde« in diffusem Dunkel versinkt; die sirenenhaft-silberhell tönende, hinter-

gründig verschlungene Polyphonie bei Eichendorffs »Meerfey« op. 69/5, ein liedhaft ziselierter Rheintöchter-Gesang avant la lettre; die grell zwischen wild polyphonem Durcheinander und homophoner Andacht wechselnden »Talismane« Goethes (op. 141/4); Mörikes »Verlassenes Mägdlein« (op. 91/10), worin Schumann eine viermal erklingende, rhetorisch hochdifferenzierte Strophe mit dem Eindruck zusammenbringt, der Text sei eher aus ihr hervorgegangen als umgekehrt, das Mägdlein könne sich in der Musik gerade deshalb finden, weil es durch diese notwendig gemacht sei – und so weiter.

Nicht nur in solchen Lösungen bewährt sich die Chorkomposition als wie zum zweiten Mal entdeckte Inspirationsquelle – schließlich hatte Schumann in dem Bereich schon Einiges vorgelegt –, sondern auch in bezug auf die Neugründung von Gattungen, Randgebiete, Zwischen- oder Halbgenres – Melodramen, Chorballaden oder die ins Jahr 1849 gehörigen Liederspiele. Was das in den vierziger Jahren sich wandelnde gesellschaftspolitische Klima ihm auch abverlangte – die Beweglichkeit des Komponierenden, die Bereitschaft, neue Herausforderungen auf neue Weise zu beantworten, kommt einem Bekenntnis gleich und zeigt den eingezogenen Romantiker im Schulterschluß mit den Realisten seiner Zeit (Mahlert 1983; Geck 2001); er wußte, was die Stunde geschlagen hat. Das Scherzo der Es-Dur-Sinfonie z. B. hätte er auch früher erfinden können, kaum jedoch als Satz einer Sinfonie und als Teil einer allein ihr gehörigen Konzeption. Nicht nur das rheinische Leben, auch die besonderen Bodenhaftungen der Chormusik mögen ihn angeregt und ermutigt haben, hier etwas »vom Kopf auf die Beine« zu stellen. Vielleicht aber hätte er früher auch nicht, wie neuerdings, zu unbedeutenden Texten gegriffen.

Volkstümlichkeit war mehr als ein Tertium comparationis zwischen neuen Anforderungen und einem, der, obwohl er jubeln konnte wie kein anderer, zu nichts weniger disponiert war als zum Volkstribun. »Ich … würde … mich auch bestreben, meine Musik zu halten, also am allerwenigsten künstlich, complicirt, contrapunktisch«, schreibt er an Richard Pohl im Zusammenhang mit einem gemeinsam geplanten *Luther-Oratorium* (BNF, 344), »sondern einfach, eindringlich, durch Rhythmus und Melodie vorzugsweise wirkend«. Daß es »meine Musik« bleiben muß, demonstriert er u. a. in der Ouvertüre zu Goethes *Hermann und Dorothea*, einem nicht zufällig nach den Revolutionsjahren und am Rhein gewählten Stoff: Er zieht die *Marseillaise* tief ins Gewebe seiner Musik hinein, bewegt sich oft unmerklich auf sie zu und von ihr hinweg, umkreist mehr als daß er zitiert – was der Kenntlichkeit wegen allerdings kaum vonnöten wäre; als wolle er Abstand halten zu den blutrünstigen Konnotationen der jedermann geläufigen Hymne, gestattet er ihr kaum je, laut zu werden. Nicht weitab hiervon liegen die allererst als Flucht nach innen verdächtigen, nach 1849 komponierten Instrumentalstücke opp. 70, 73, 94, 102 und 113, *Fantasiestücke*, *Stücke im Volkston, Romanzen, Märchenbilder* etc. – Etüden im Auf-du-und-du und als solche, gewiß im intimen Rahmen, jener besonderen Direktheit der Mitteilung verpflichtet, welche Schumann mit den Chören neu übte, einer »zweiten Einfachheit«, welche, wie beim späten Beethoven oder Bartók, kaum vorstellbar erscheint ohne den Filter vorangegangener, andersartiger kompositorischer Ambitionen.

All das widerlegt wenigstens partiell und nachträglich den Anschein von Realitätsscheu, dem Schumann mit der eiligen Flucht aus Dresden und mit der Auskunft Vorschub leistete (im April 1849 an Ferdinand Hiller, BNF, 302), er sei »in dieser ganzen Zeit … sehr fleißig« gewesen; »mein fruchtbarstes Jahr war es – als ob die äußern Stürme den Menschen mehr in sein Inneres trieben, so fand ich nur darin ein Gegengewicht gegen das von Außen so furchtbar Hereinbrechende«. Wie immer Schaffende ihre Produktivität als Gegenthese oder Widerstandsleistung verstehen mögen – die Enklave bleibt osmotisch, die Dialektik von vermeintlich bergendem »Inneren« und »von Außen so furchtbar Hereinbrechendem« können sie nicht stillegen.

XXII

Die Diskussion um den späten Schumann – das haben einschlägige Beiträge eindrucksvoll gezeigt (Mahlert 1983, Kapp 1984, Struck 1984) – ist eine Diskussion um den ganzen Schumann. Die

schwierigen Fragen nach den Kontinuitäten seines Schaffens waren bequem vermieden, solange man nach Belieben wo nicht fahrlässig den Vorausschatten des Wahnsinns bemühte; hier hat ein oft gar gutmeinender Biographismus hart zugeschlagen.

Allerdings kam bei den Irritationen viel zusammen: Schumann hat es selbst seinen Anhängern nicht leichtgemacht, bei den späten Stücken gelten neue, andere Richtpunkte und Maßgaben. Überdies lieferte nicht nur der in Endenich Verdämmernde den Verlegenheiten neue Veranlassungen, sondern auch gleichzeitige Entwicklungen und Polemiken, besonders der von der Liszt-Wagner-Seite ausgehende Meinungsdruck. Auch für die, die es nicht wahrhaben wollten, verschoben die neudeutschen Expansionen – des Klanges, der Strukturen, Orchester, im Wort-Ton-Verhältnis, der Ästhetik etc. – Kriterien und Koordinaten für ein eingezogen, anscheinend rückbezogenes Werk wie z. B. das Violinkonzert. Daß Clara Schumann und die nächsten Freunde bei dessen Beurteilung am Ende sich selbst widersprachen – erst kam Clara mit dem Finale am besten, später am wenigsten zurecht und hätte es gern durch Joseph Joachim revidiert gesehen –, erledigt den wohlfeilen Vorwurf, man hätte es früher besser wissen können (Struck 1984 und 1988).

Wissen wir es besser? Gewiß macht jener Wiedergutmachungseifer es sich zu leicht, welcher frühere Zweifel beiseite schiebt – wie Hans Pfitzner anläßlich der ersten öffentlichen Aufführung im November 1937, als das Stück u. a. als Ersatz für das verfemte Mendelssohn-Konzert willkommen war (zit. n. Struck 1988, 89 ff.). Und auch jene listige Dialektik verfängt nicht, welche die den Zweifeln zugrundegelegten Kriterien als unzuständig verdächtigt und bereit ist, Defizite, Brüche etc. als Wahrheitsmomente eigener Art zu feiern. Wie immer wir anders urteilen und Nutzen daraus ziehen mögen, daß das Konzert auf unterschiedliche Weise bedenklich gefunden worden ist – Sicherheit im Zugang und Urteil, welche nicht beunruhigt wäre durch kaum verifizierbare oder scheiternde ästhetische Kriterien, ginge an seinen Herausforderungen vorbei. Gewiß mußte Joseph Joachim im Jahre 1898 die widerwillig konstatierte »Ermattung, welcher geistige Energie noch etwas abzuringen sich bemüht«, zu belegen versuchen; dennoch, wer solche Bedenken beiseite schiebt (der erste Satz »bald heftigen Anlauf nehmend, bald trotzig stockend«, der zweite »tief, eigenthümlich und gemüthvoll« beginnend, »aber die blühende Phantasie … kränkelnder Grübelei« weichend, im dritten »kein Gefühl frohen Genußes« aufkommend), macht sich verdächtig, der Musik nicht so nahe zu sein wie der an ihr leidende alte Geiger (zit. n. Struck 1988, 85 ff.).

»Lebhaft, doch nicht schnell« weist Schumann für den Vortrag des Finales an und bekräftigt dies, wie auch bei den anderen Sätzen, durch langsame Metronomisierung. Solange man, dem italienischen »spiritoso« nahe, »lebhaft« weniger als Tempobezeichnung denn als Charakterisierung versteht, ergäbe sich kein Widerspruch; doch läßt sich beides nicht trennen – dies wußte gerade ein mit Bezeichnungen sorgsam umgehender Musiker wie Schumann. Und er hatte Gründe; wenngleich der Satz dem Typus der zeremoniell-gehaltenen Polonaise zuzurechnen ist – die Zuordnung beseitigt den Widerspruch nicht, daß es sich um Musik handelt, welche oft schneller sein »will« und doch, auch aus spieltechnischen Gründen, nicht schnell sein darf. Wie der erste Satz (»In kräftigem, nicht zu schnellen Tempo«) erscheint der letzte an straffe Zügel gelegt und eine Selbstverständlichkeit des musikalischen Strömens, ein »Gefühl frohen Genußes« (Joachim), eine entspannte Direktheit der Mitteilung behindert, nicht nur, weil disparate Passagen auf disparate Tempi drängen. Vielleicht auch waren Schumanns Tempovorstellungen durch zunehmende Schwierigkeiten verunsichert, raschen Tempi zu folgen.

Joseph Joachims Bedenken lassen sich nachvollziehen, weil, zumal im ersten Satz, Scharniere, Überleitungen, Vermittlungen – wichtiges Moment der adressierenden Mitteilung, da sie den Hörer vom einen zum nächsten Komplex führen – selten begegnen und Schumann kaum entwicklungsfähige, eher in sich drehende oder polyphon verknotete Prägungen bevorzugt; womit er sich weitgehend der Möglichkeit beraubt, sie zueinander zu vermitteln. Schon die die Sätze übergreifenden, latenten Motivbezüge belegen – wahrnehmbar am ehesten zwischen dem Thema des zweiten und dem zweiten des ersten Satzes und beim Zitat des zweiten Satzes im dritten –, daß es eine bewußte Wahl war; dafür spricht auch, daß die Verflechtung von Tutti und Solo-Passagen zum

dritten Satz hin zunimmt. Hier kann ebenso eine vorgefaßte Strategie wie ein Lernprozeß zugrundeliegen – dieser gut vorstellbar bei einem spontan Komponierenden, dem, wenn er einstieg, oft nicht klar war, wohin die Reise ging, der gern das Privileg der Hochbegabten auskostete, sich dem Eigenwillen der Sache zu überlassen; vorgefaßte Strategie wiederum naheliegend, weil die Oktav in allen Themen melodieprägend hervortritt.

Strategie war wohl auch, daß Schumann Traditionen stärker mitreden ließ als irgendeine diesem Werk gehörige strukturelle Konsequenz. Die Themen unterscheiden sich auch stilistisch, ihr parataktisches Nebeneinander erinnert an barocke Concerti. Solche Anregungen, so scheint es, konnten in die Partitur einströmen, ohne von einer auf Vermittlung ausgehenden Konzeption gefiltert zu werden. Allerdings gilt auch hier, daß vermeintliche Rückkehr und Fortschritt einander nicht ausschließen: Mit nicht weniger Berechtigung als barock bezogen könnte man die Themenkomplexe des ersten Satzes als Vorwegnahmen ansehen – die gezackte, auf Grundschritte gestellte Kontur des ersten und dessen kompakte Präsentation weisen ebenso auf Bruckner voraus wie das in stehende Klänge gebettete, sextenreiche Cantabile des zweiten auf dessen »Gesangsperioden«.

Nicht nur in dem, was man erinnertes Barock oder vorgeahnten Bruckner nennen könnte, schlägt die Aktualität der Auseinandersetzung mit der Historizität der Musik durch – grundsätzlich nicht neu bei einem, der zeitweise seine Fugen op. 60 das Beste fand, was er je gemacht habe, der unlängst in der *Rheinischen Sinfonie* einen durch und durch polyphonen, musikalische Vergangenheit beschwörenden Satz komponiert hatte und demnächst einem jungen Adepten empfehlen wird: »Wenn man in freien Formen schaffen will, so muß man erst die gebundenen, für alle Zeiten gültigen Formen beherrschen« (BNF, 388). Das praktiziert er nun radikal und riskiert etliche Verdachte: Daß sich eine Brücke zwischen verdichteten Themenpräsentationen und virtuoser, zuweilen fast athematischer Figuration oft nicht finden lasse; daß die Schwebe zwischen sonaten-, rondohaften und strophischen Dispositionen in den Ecksätzen desorientierend wirke; daß das erste Thema vom Tutti gewalttätig vereinnahmt und geprägt sei und in den Händen des Solisten bzw.

in der Coda nur mehr zitiert erscheinen könne; daß der aller Verarbeitung entzogene Abstand zwischen dem als Gestus großartigen, in seine Identität eingemauerten ersten Thema und einem elliptisch in sich drehenden zweiten den Hörer ratlos mache; daß der synkopisch gebettete, weit ausholende Gesang des Mittelsatzes mindestens eine ausführliche Reprise wo nicht eine groß verabschiedende Coda verdient hätte, indes überschnell zum Finale hinführe – vielleicht, um dieses stärker als Zielpunkt und Mündung zu legitimieren; daß diese Mündung, als solche durch eine innigere Verflechtung von Tutti und Solo gekennzeichnet, sich etwas zwanghaft unter das Schutzdach einer Vorprägung, der Polonaise flüchte.

Musik als »Leben im Zitat« – da ist zunächst unwichtig, ob Vergangenes oder Zukünftiges zitiert wird. Auch insofern erscheinen die Themen im dialektischen Terrain einer mehrthemigen Struktur nicht ganz angekommen, als ihnen das Umfeld weniger thematischer Hinleitungen, Ausklänge etc. fehlt, jener Passagen, welche fürs Ohr Erwartung bzw. Erinnerung artikulieren. Die Themen, am wenigsten noch das im Mittelsatz, sind einfach »da«, als bedürfe es für den Kontext, in den sie gestellt sind, keiner weiteren Legitimation, als wolle der Autor, im Sinne romantischer Fragment-Ästhetik die argumentativen Momente der großen Form verschmähend, uns die Frage aufgeben, inwiefern derlei uneingelöste Möglichkeiten zur Sache gehören, ein Teil der Lösung sein könnten.

Dergestalt erscheint negativ umschrieben, was einer angemessenen Wahrnehmung zuliebe einen vom rezensierenden Schumann oft gewährten Vertrauensvorschuß verdient, nicht nur, aber auch als Psychogramm. Nirgendwo sonst bei ihm stellen thematische Komplexe sich in so suggestiver Weise als Repräsentanten einer Außen- bzw. Innenwelt dar wie im ersten Satz – im lawinenhaft über hämmernde Triolen heranrollenden Tutti ein bedrohliches Außen, im Gesang des zweiten ein Weg nach Innen, als wolle der Singende sich in den Labyrinthen lyrischen Singens verlieren und bergen. Dort kommt es in der Frage-Antwort-Konstellation zwischen Solist und Orchester fast zu einem Stillstand (T. 203 ff.), dessen Suggestivität Brahms im ersten Satz seiner 4. Sinfonie (T. 227 ff.) weiterverfolgt hat.

Zur besonderen Authentizität und Konsequenz des Violinkonzertes gehört nicht zuletzt, daß es im Finale, welches auf stärkere Vermittlung der Partner bzw. Themen angelegt ist, paradox auf einen von einer gebremsten Polonaise über die Runden gehetzten Solisten hinausläuft. Vielleicht wollte Schumann nicht mehr wahrhaben, wie sehr vermittelnde, inszenatorische Momente zugleich mitteilende sind; vielleicht stellte sich das Verhältnis »von einem gewissen Ernst« und der »fröhlichen Stimmung«, welche hinter ihm »oft … hervorsieht«, in dieser seltsam eingekapselten, eindringlichen Musik für ihn anders dar als für Außenstehende; vielleicht war ihm nicht klar, wieviel Fürsichseinwollen und nicht mehr kündbare Einsamkeit, wieviel Schwanengesang und Nähe u. a. zu Hölderlins »Hälfte des Lebens« (Hölderlin 1965, 315) er artikulierte. Dergestalt hält das Konzert eine schwebende Mitte etwa zwischen dem Spätstil Beethovens in Adornos Beschreibung (»Konventionen, die von Subjektivität nicht mehr durchdrungen und bewältigt, sondern stehengelassen sind«, Adorno 1993, 183), der gespenstisch abgehobenen, objektarmen Makellosigkeit von Hölderlins spätesten Gedichten, deren »unüberhörbare Traurigkeit in die Latenz der Texte abgetaucht und paradox an eine affektreduzierte Topik klagloser Affirmation gebunden« ist (Menninghaus 2005, 113), und Dürrenmatts nicht zur definitiven Endform gediehenen, aus Lebens- und Entstehungsgeschichte kaum herauslösbaren *Stoffen*.

XXIII

Keiner von denen, die früh gegangen sind – mit dem Wort »frühvollendet« beginnt bereits die Mystifikation –, ist von Deutungen verschont geblieben, welche sub specie finis über die Werke der letzten Zeit vorschnell Bescheid wußten. Wie und wie weit kann ein Ende seinen Schatten vorauswerfen? Die Schwierigkeit der Antwort darauf sollte Anlaß geben, erst nach Prüfung aller anderen Erklärungsmöglichkeiten den Hinblick auf das nahe Ende zu riskieren, wie billig immer er sich anbieten mag – angefangen bei dunklen Stimmungslagen, welche in anderen biographischen Situationen anders begründet werden könnten.

Gewiß hat Schumann mit den späten Werken viel zu verstehen aufgegeben, und die Rede vom Nachlassen schöpferischer Kräfte hat fallweise auch in Clara einen Verbündeten – etwa in der, die das Violinkonzert blockierte und die Cello-Romanzen verbrannte. Die Diskussion hat die Frage in den Hintergrund gedrängt, auf welche Weise Musik in die Szenerie von Krankheit, Enttäuschungen und drohender Geisteszerrüttung wie eine Enklave von Gesundheit hineinragen könne – »Poesie ist die große Kunst der Konstruktion der transzendentalen Gesundheit«, hat Novalis (II, 533: 32) notiert; »der Poet ist also der transzendentale Arzt«.

Erst recht in den Hintergrund geriet eine Dramaturgie des Abschieds, in der Inszenierung und Zufälle einander so zuarbeiten, daß die letzteren wie Fügungen anmuten – nicht nur für die in den letzten Jahren tischerückenden Schumanns. Zu den Stationen der langen Vorgeschichte zählt, neben den vom Sechsunddreißigjährigen geplanten Memoiren und den Toden Mendelssohns und Chopins, im Jahre 1848 der Umstand, daß immer noch virulente Hoffnungen auf die Nachfolge Mendelssohns, nun Niels Gades, mit der Berufung von Julius Rietz zum Gewandhauskapellmeister sich abermals zerschlugen, im Folgejahr das Erlebnis der Revolution in Dresden und das Sterben des letzten Bruders – Carl war dem Tod, wie ein Brief an Robert zeigt, bewußt entgegengegangen. War das für den Jüngeren, der sich in den Schutzraum überbordender Produktivität rettete, ein Vorbild? Im folgenden Jahr komponiert er Friedrich Hebbels »Nachtlied« (»[…] Steigendes, neigendes Leben,/ Riesenhaft fühle ich's weben,/ Welches das meine verdrängt«) unter einem Anspruch und in einer Weise, von denen sich eine bohrend intensive, identifikatorische Versenkung in den Gegenstand kaum wegdenken läßt. Im Frühjahr 1852 entsteht das *Requiem*; die geplante Sammelausgabe seiner Schriften nennt er – ein 42jähriger! – in einem am 3. Juni an den Verleger Härtel geschriebenen Brief dem »Andenken an jene Zeit, wie auch an mich selbst« gewidmet (BNF, 474), wie immer er zugleich eine Bastion gegen das propagandistische Trommelfeuer von neudeutscher Seite beabsichtigt haben mag; im nächsten Jahr erleidet er einen »Nervenschlag«; am 30. September 1853 kommt der junge Brahms

ins Haus, welcher mit dem Artikel »Neue Bahnen« als Nachfolger inthronisiert wird; in einem Brief an Joseph Joachim gesteht Schumann am 6. Februar 1854, daß »die Musik schweigt«, er also – wie zuvor nur einmal, nach der Rußlandreise, nicht komponiert, und orakelt, wenig später auch gegenüber Clara und Joseph Joachim, nahezu unzweideutig: »zwischen diesen Zeilen steht eine Geheimschrift, die später hervorbrechen wird […] es dunkelt schon« (BNF, 1904, 391 ff.); am 27. Februar, wie um einen früh geträumten Traum zu realisieren (Tb I, 51), springt er in den Rhein und wird gerettet; zuvor schon hat er zu verstehen gegeben, daß er, um Clara vor unkontrollierten Aggressionen zu bewahren, in eine Heilanstalt gebracht werden wolle – das geschieht am 4. März. Noch über ein Jahr danach schreibt er keineswegs geistesgestörte Briefe, spielt oft Klavier und schreibt einen Satz zu dem Choral »Wenn mein Stündlein vorhanden ist«; manches deutet darauf hin, daß er den Tod durch – vielmals bezeugte – Nahrungsverweigerung beschleunigen wollte (Oswald 1985, 293).

Das ergibt das Bild eines Menschen, der bis zuletzt um Definitionshoheit in bezug auf das eigene Ende kämpft, gerade auch, indem er den Rückzug von der Frau, aus der Musik, aus dem Leben in einen geschichtlichen Horizont hineinstellt – Brahms kam da gerade recht. Das Spiel ist aus, bis kurz vor Toresschluß indessen soll es *sein* Spiel bleiben; den, »der da kommen mußte«, ruft er auch, weil nur er sich dazu befugt weiß. Die Vorstellung des zunehmend von der Krankheit Erdrückten, als nur Erleidender von einer Niederlage in die nächste Taumelnden ist einseitig, weil Schumann offenbar noch den Niederlagen Sinn geben, gegen das wachsende Dunkel Handlungsspielräume freihalten, einen eigenen Tod sterben, mit wehenden Fahnen untergehen wollte.

Das ähnelt dem Tod des nahezu gleichaltrigen Kierkegaard. Bei ihm kamen ebenfalls äußere Umstände – Krankheit, erschöpfte Ressourcen –, ein hier auf den Vater bezogenes, durchaus mythisches Bewußtsein und die Gewißheit zusammen, die aufgetragene Rolle durchgespielt, die Berufung erfüllt zu haben (u. a. Brandes 1992, 196) und dies, wie Hoffmanns Kapellmeister Kreisler, Balzacs *Gambara*, Grillparzers *Armer Spielmann* oder Thomas Manns Adrian Leverkühn durch das eigene Ende besiegeln zu müssen. Sie ziehen die letzte Konsequenz aus der im vorangestellten Motto angesprochenen »plus complète et intense pénétration de l'objectif à travers notre âme«, der ebensowohl erlittenen wie bejahten Bestimmung, »unter Gottes Gewittern [...] mit entblößtem Haupte zu stehen«: »So vergehe denn auch, wenn es die Zeit einst ist/ Und dem Geiste sein Recht nirgends gebricht, so sterb'/ Einst im Ernste des Lebens/ Unsre Freude, doch schönen Tod!« (Hölderlin 1965, 317 bzw. 274).

Im Bilde dessen, der den eigenen Tod verteidigt, klafft eine Lücke, welche der Hinweis auf die drohende Umnachtung nicht erklärt – das Ringen um letzte Fragen des Glaubens, nach einem Jenseits etc. Gewiß gehören *Messe* und *Requiem* in die späte Zeit, zerstreuen indessen den Eindruck nicht, Schumann habe sie – darin stand ihm das Beispiel von Beethovens *Missa solemnis* vor Augen – weniger aus Glaubensgewißheiten heraus- als an sie herankomponiert. Frühere Bekenntnisse wie »religiös ist er ohne Religion« (Tb I, 243) könnten wohl noch gelten, abgesehen davon, daß der Tagebucheintrag auf die Lektüre von Goethes Xenien schließen läßt: »Welche Religion ich bekenne? Keine von allen,/ Die du mir nennst! ›Und warum keine?‹ Aus Religion«. Noch im Januar 1851 schreibt er einem Verehrer: »Der geistlichen Musik die Kraft zuzuwenden, bleibt ja wohl das höchste Ziel des Künstlers. Aber in der Jugend wurzeln wir alle ja noch so fest in der Erde mit ihren Freuden und Leiden; mit dem höheren Alter streben wohl auch die Zweige höher. Und so hoffe ich, wird auch diese Zeit meinem Streben nicht zu fern mehr sein« (BNF, 335). Im folgenden Jahr freilich, als er *Messe* und *Requiem* komponierte, hielt er die Zeit bereits für gekommen und widerlegte so den eher dem zudringlichen Fragesteller als dem Gegenstande geltenden, souverän-lässigen Zungenschlag.

Angebracht war er insofern, als religiöse und ästhetische Transzendenz – das hatte Schumann schon in den musikalischen Andachten des Heidelberger Juristen Thibaut erfahren – damals besonders nahe beieinander lagen. Auf derlei Nähe wo nicht Schnittstelle waren von theologischer Seite Friedrich Schleiermacher, von der ästhetischen zuerst die Jenenser Romantiker zugegangen, nicht zu reden von Schumanns oberster literari-

scher Autorität. Wieviel mehr noch gilt für Musik, was Jean Paul von der Dichtung sagt: »Ist man nur einmal aus der Region der endlichen und erklärlichen Größen in die der unendlichen und unerklärlichen hinausgestiegen: so versiert man in einer ganz neuen weiten Welt, in der man sich vermittelst der bloßen Sprache ... wie auf einem Fausts-Mantel leicht hin- und herbewegt«, oder, noch weiter greifend: »Jenes Etwas, dessen Lücke unser Denken und Anschauen entzweit und trennt, dieses Heiligste, zieht sie, die Dichtung, durch ihre Zauberei vom Himmel näher herab« (Jean Paul 1959 ff., I/3, 1016). In diesem Sinne war z. B. der vierte, mit dem Hochamt im Kölner Dom assoziativ verbundene, wenn auch nicht direkt inspirierte Satz der *Rheinischen Sinfonie* nicht weniger religiös intendiert als liturgische Kompositionen; daß Schumann hier die – gewiß topische – melodische Geste gerade der »Cum sancto spiritu«-Fuge aus Mozarts c-Moll-Messe KV 427 multiplizierend ausfaltet, könnte als zusätzlicher Hinweis gelten.

Dennoch erledigt sich das Problem nicht durch die Auskunft, es habe der Grenzsituation der letzten Jahre nicht bedurft, um Schumann vor letzte Fragen zu stellen, weil er als Schaffender ohnehin mit ihnen konfrontiert war, weil er jenes »Heiligste ... vom Himmel« ohnehin »herabzog«. Wenn letzte Fragen letzten Ernst bedingen, dann mußte die Zuständigkeit jenes romantischen Humors hier enden, dessen Ernst darauf gründet, daß er, weil ein Absolutes nicht erreichbar ist, letzten Ernst verbietet. Im ästhetischen Wesen der Musik liegt begründet, daß dies wahrzunehmen oder heftig zu diskutieren, wie im Bereich bildender Künste anhand von Caspar David Friedrichs *Tetschener Altar*, hier kaum möglich war. »Die Überzeugung unserer Fortdauer entspringt mir aus dem Begriff der Tätigkeit« – was Goethe am 2. Februar 1829 gegenüber Eckermann formulierte, könnte der um das selbstbestimmte Ende kämpfende Schumann nicht nur in Anspruch genommen haben, weil »Tätigkeit« das Refugium einer spezifischen Gesundheit war, sondern auch als weise Beschränkung auf eine Auskunft, die man halbwegs sicher geben könne. Auch hier gilt, was Brahms von dem Freunde sagte: »daß von allen Tonschöpfern Robert Schumann der am schwersten nach allen Richtungen hin zu erfassende ist«.

Literatur

Adorno, Theodor W.: Beethoven. Philosophie der Musik. Fragmente und Texte, hg. von Rolf Tiedemann. Frankfurt a.M. 1993. (Theodor W. Adorno. Nachgelassene Schriften, hg. vom Theodor-W.-Adorno-Archiv, Abt. 1, 1).

Appel, Bernhard: R. Schumanns Humoreske für Klavier op. 20. Zum musikalischen Humor in der ersten Hälfte des 19. Jahrhunderts unter besonderer Berücksichtigung des Formproblems. Diss. phil. Saarbrücken 1981.

Baudelaire, Charles: Oeuvres complètes. Texte établi et ann. par Y.-G. Le Dantec. Paris 1961.

Berrsche, Alexander: Trösterin Musika. Gesammelte Aufsätze und Kritiken. 2., umgearb. Aufl. München 1959.

Bloch, Ernst: Geist der Utopie. Bearbeitete Neuauflage der zweiten Fassung von 1923. Frankfurt a. M. 1964. (Ernst Bloch. Gesamtausgabe in 15 Bden., 3).

–: Das Prinzip Hoffnung. Frankfurt a.M. 1967. 3 Bde.

Booth, Wayne C.: Der implizite Autor. In: Texte zur Theorie der Autorschaft, hg. und komm. von Fotis Jannidis. Stuttgart 2000. (Universal-Bibliothek, 18058), S. 142–152.

Bormann, Alexander von: Mondnacht, Zwielicht. In: Gedichte von Joseph von Eichendorff, hg. von Gert Sautermeister. Stuttgart 2005, S. 17–32. (Reclams Universalbibliothek, 17528).

Brandes, Georg: Sören Kierkegaard. Eine kritische Darstellung. Leipzig 1992. (Reclam-Bibliothek, 1428).

Brendel, Franz: Geschichte der Musik in Italien, Deutschland und Frankreich. Von den ersten christlichen Zeiten bis auf die Gegenwart. Fünfundzwanzig Vorlesungen gehalten zu Leipzig. 5., neu durchges. und verm. Aufl. Leipzig 1875.

Brinkmann, Reinhold: Lied als individuelle Struktur. Ausgewählte Kommentare zu Schumanns »Zwielicht«. In: Analysen. Beiträge zu einer Problemgeschichte des Komponierens. Festschrift für Hans Heinrich Eggebrecht zum 65. Geburtstag, Stuttgart 1984, S. 257–275.

–: Schumann und Eichendorff. Studien zum Liederkreis Opus 39. München 1997. (Musik-Konzepte, 95).

Cloot, Julia: Geheime Texte. Jean Paul und die Musik. Berlin 2001. (Quellen und Forschungen zur Literatur- und Kulturgeschichte, 17).

Dahlhaus, Carl: Die Idee der absoluten Musik, Kassel 1978.

–: Die Musik des 19. Jahrhunderts. Laaber 1980. (Neues Handbuch der Musikwissenschaft, 6).

–/ Zimmermann, Michael (Hgg.): Musik zur Sprache gebracht. Musikästhetische Texte aus drei Jahrhunderten. München 1984. (Dtv, 4421; Dtv-Bärenreiter).

Hermann Danuser (Hg.): Musikalische Lyrik. Laaber 2004. (Handbuch der musikalischen Gattungen, 8).

Deutsch, Otto Erich (Hg.): Schubert. Die Erinnerungen seiner Freunde. Leipzig ²1966.

Edler, Arnfried: Robert Schumann und seine Zeit. Laaber 1982. (Große Komponisten und ihre Zeit).

Fischer, Edwin: Musikalische Betrachtungen. Wiesbaden 1950.

Flaubert, Gustave: Correspondance. Ed. établie, prés. et annot. par Jean Bruneau. Bd. 2. [Paris] 1980. (Bibliothèque de la Pléiade, 284).

Freud, Sigmund: Freud-Studienausgabe, in zehn Bden. plus Ergänzungsband, hg. von Alexander Mitscherlich. Frankfurt a.M. 1969–1975. (Conditio humana).

Geck, Martin: Humor und Melancholie als kategoriale Bestimmungen der »absoluten« Musik. In: Studien zur Musikgeschichte. Eine Festschrift für Ludwig Finscher, hg. von Annegrit Laubenthal. Kassel 1995, S. 309–316.

–: Zwischen Romantik und Restauration. Musik im Realismus-Diskurs der Jahre 1848 bis 1871. Stuttgart, Weimar 2001.

Geulen, Eva: Das Ende der Kunst. Lesarten eines Gerüchts nach Hegel. Frankfurt a. M. 2002. (Suhrkamp Taschenbuch Wissenschaft, 1577).

Goethe, Johann Wolfgang von, Schiller, Friedrich: Der Briefwechsel zwischen Schiller und Goethe in drei Bden. Nach den Handschriften des Goethe- und Schiller-Archivs, hg. von Hans Gerhard Gräf und Albert Leitzmann. Leipzig ³1964.

Goethe, Johann Wolfgang von: Werke. Hamburger Ausgabe in 14 Bden, hg. von Erich Trunz. Vollst. Neubearb. München 1981 ff.

Goodman, Nelson: Sprachen der Kunst. Entwurf einer Symboltheorie. Frankfurt a.M. 1996. (Suhrkamp Taschenbuch Wissenschaft, 1304).

Gülke, Peter: Zu Robert Schumanns »Rheinischer Sinfonie«. Beiträge zur Musikwissenschaft 16 (1974), S. 125–135; Nachdrucke in: Robert Schumann I, hg. von Heinz-Klaus Metzger und Rainer Riehn. München 1981. (Musik-Konzepte Sonderband), S. 237–257, und in: Peter Gülke: Die Sprache der Musik. Essays zur Musik von Bach bis Holliger. Stuttgart, Weimar 2001, S. 274–291.

–: »Nimm sie hin denn, diese Lieder«. Über Schaffen und Leben und halbwahre Zueignungen. In: Über Leben, Kunst und Kunstwerke. Aspekte musikalischer Biographie. Johann Sebastian Bach im Zentrum, hg. von Christoph Wolff. Leipzig 1999, S. 13–33; Nachdruck in: Peter Gülke: Die Sprache der Musik. Essays zur Musik von Bach bis Holliger. Stuttgart, Weimar 2001, S. 255–273.

–: Verschattete Erlösung für einen Antihelden: Robert Schumanns Manfred-Ouvertüre im Fadenkreuz konträrer Ästhetiken. Neue Musikzeitung 53 (2004), Nr. 10, S. 7.

Haftmann, Werner: Paul Klee. Wege bildnerischen Denkens. Frankfurt a. M. 1961. (Fischer-Bücherei, 379).

Hanslick, Eduard: Vom Musikalisch-Schönen. Ein Beitrag zur Revision der Ästhetik der Tonkunst. Wiesbaden ¹⁶1966.

Hebbel, Friedrich: Tagebücher. Vollst. Ausg. in drei Bden., hg. und mit Anm. vers. von Karl Pörnbacher. München 1984.

Hegel, Georg Wilhelm Friedrich: Ästhetik. Mit einem einf. Essay von Georg Lukács. Berlin 1955. (Klassisches Erbe aus Philosophie und Geschichte).

Herder, Johann Gottfried: Briefe. Ausgew., eingel. und erl. von Wilhelm Dobbek. [Weimar] 1959.

Hölderlin, Friedrich: Sämtliche Werke, hg. von Friedrich Beißner. Leipzig 1965.

–: Sämtliche Werke und Briefe in drei Bden., hg. von Jochen Schmidt. Frankfurt a. M. 1992. (Bibliothek deutscher Klassiker).

Hoffmann, Ernst Theodor Amadeus: Poetische Werke. Berlin 1967. 3 Bde.

Hoffmann-Axthelm, Dagmar: Robert Schumann. »Glücklichsein und tiefe Einsamkeit«. Ein Essay. Stuttgart 1994. (Universal-Bibliothek, 9321).

Hofmannsthal, Hugo von: Reden und Aufsätze I. 1891–1913. Ungekürzte, neu geordnete, um einige Texte erw. Ausg., hg. von Herbert Steiner. Lizenzausg. Frankfurt a.M. 1979. (Fischer-Taschenbücher, 2166).

Janz, Curt Paul: Friedrich Nietzsche. Biographie. 3 Bde. München 1978–1979.

Jean Paul: Sämtliche Werke. 10 Bde, hg. von Norbert Miller. Darmstadt 1959 ff.

–: Selberlebensbeschreibung. Konjektural-Biographie, Stuttgart 1971. (Reclams Universalbibliothek).

–: Vorschule der Ästhetik. Nach der Ausg. von Norbert Miller hg., textkrit. durchges. und eingel. von Wolfhart Henckmann. Hamburg 1990. (Philosophische Bibliothek, 425).

–: Flegeljahre. Eine Biographie, hg. von Thomas Koebner. Stuttgart 1994. (Universal-Bibliothek, 78).

Kant, Immanuel: Kritik der Urteilskraft. Text der Ausg. 1790, hg. von Raymund Schmidt. Leipzig [1956]. (Reclams Universal-Bibliothek, 1026–30).

Kapp, Reinhard: Studien zum Spätwerk Robert Schumanns. Tutzing 1984.

Kierkegaard, Sören: Entweder – oder. Teil 2. Düsseldorf 1957. (Sören Kierkegaard. Gesammelte Werke, Abt. 2,3).

Kleist, Heinrich von: Gesammelte Werke in vier Bden., hg. und eingl. von Heinrich Deiters. Berlin 1955.

Kommerell, Max: Jean Paul. 5., durchges. Ausg. Frankfurt a. M. 1977.

Kretschmann, Christoph: Romantik in der Musik. NZfM 29 (1848), S. 1–6, 9–11.

Lichtenhahn, Ernst: Sinfonie als Dichtung. Zum geschichtlichen Ort von Schumanns »Rheinischer«. In: Schumanns Werke – Text und Interpretation. 16 Studien. [Bericht über das 2. Internationale Schumann-Symposion am 17. und 18. Mai im Rahmen des 2. Schumann-Festes, Düsseldorf], hg. von der Robert-Schumann-Gesellschaft Düsseldorf durch Akio Mayeda und Klaus Wolfgang Niemöller. Mainz 1987. (Schumann-Forschungen, [2]), S. 17–27.

Liszt, Franz: Schriften zur Tonkunst. Leipzig 1981. (Universal-Bibliothek, 866).

Martner, Knud (Hg.): Gustav Mahler in den Erinnerungen von Natalie Bauer-Lechner. Mit Anm. und Erkl. Rev. und erw. Ausg. Hamburg 1984.

Mahlert, Ulrich: Fortschritt und Kunstlied. Späte Lieder Robert Schumanns im Licht der liedästhetischen Diskussion ab 1848. München 1983. (Freiburger Schriften zur Musikwissenschaft, 13).

Mann, Thomas: Tagebücher 1949–1950, hg. von Peter de Mendelssohn. Frankfurt a. M. 1991.

Menninghaus, Winfried: Hälfte des Lebens. Versuch über Hölderlins Poetik. Frankfurt a.M. 2005.

Messerschmidt, Kathrin: »… manchmal ist es mir, als könnte ich immerfort spielen …«. Zur humoristischen Entgrenzung musikalischer Zeit in Robert Schumanns »Humoreske« op. 20. Die Musikforschung 58 (2005), S. 11–27.

Metzger, Heinz-Klaus/Riehn, Rainer (Hgg.): Felix Mendelssohn-Bartholdy. München 1980. (Musik-Konzepte 14/15).

Miller, Norbert: »Welch flimmernde Welt!« Jean Pauls Gärten und Landschaften. Jahrbuch der Jean-Paul-Gesellschaft 40 (2005), S. 14–58.

Nietzsche, Friedrich: Kritische Studienausgabe in 15 Bden., hg. von Giorgio Colli und Mazzino Montinari. München 1980. [KSA]

Novalis: Schriften. Im Verein mit Richard Samuel hg. von Paul Kluckhohn. Nach den Handschr. erg. und neugeordn. Ausg. Leipzig o.J. (Meyers Klassiker-Ausgaben). 4 Bde.

–: Das philosophische Werk I, hg. von Richard Samuel in Zusammenarb. mit Hans-Joachim Mähl. Rev. von Richard Samuel. 3., nach den Handschr. erg., erw. und verb. Aufl. Stuttgart 1981. (Schriften. Die Werke Friedrich von Hardenbergs, hg. von Paul Kluckhohn und Richard Samuel, II).

Ostwald, Peter F.: Schumann. The inner voices of a musical genius. Boston 1985.

Otto, Frauke: Robert Schumann als Jean Paul-Leser. Frankfurt a.M. 1984.

Preiß, Friederike: Der Prozeß. Clara und Robert Schumanns Kontroverse mit Friedrich Wieck. Frankfurt a. M. 2004. (Europäische Hochschulschriften, R. 36, 239).

Proust, Marcel: Freuden und Tage und andere Erzählungen und Skizzen aus den Jahren 1892–1896. Frankfurt a. M. 1988. (Marcel Proust. Werke. Frankfurter Ausgabe, 1,1).

Reich, Nancy: Clara Schumann. Romantik als Schicksal. Eine Biographie. Reinbek 1991.

Rosen, Charles: Musik der Romantik. Salzburg, Wien 2000.

Safranski, Rüdiger: E.T.A. Hoffmann. Das Leben eines skeptischen Phantasten. München 1984.

–: Schopenhauer und die wilden Jahre der Philosophie. Eine Biographie. München 1987.

Schelling, Friedrich Wilhelm Joseph: Historisch-kritische Ausgabe. Im Auftr. der Schelling-Kommission der Bayerischen Akademie der Wissenschaften hg. von Hans Michael Baumgartner u. a. Stuttgart-Bad Cannstatt 1976 ff.

Schiller, Friedrich: Schillers Selbstcharakteristik. Aus seinen Schriften nach einem älteren Vorbild neu hg. von Hugo von Hofmannsthal. München 1926. Neuausg. Frankfurt a. M. 2005. (Insel-Taschenbuch, 3073).

Schlegel, Friedrich: Kritische Friedrich-Schlegel-Ausgabe, hg. von Ernst Behler unter Mitw. von Jean-Jacques Anstett und Hans Eichner. Paderborn 1958 ff.

–: Schriften zur Literatur, hg. von Wolfdietrich Rasch. München 1972.

Schleiermacher, Friedrich: Über Religion. Reden an die Gebildeten unter ihren Verächtern, hg. von Hans-Joachim Rothert. Hamburg 1958. (Philosophische Bibliothek, 255).

Schmidt, Jochen: Die Geschichte des Genie-Gedankens in der deutschen Literatur, Philosophie und Politik 1750–1945. Darmstadt 1985. (WB-Forum, 2/3). 2 Bde.

Schnebel, Dieter: Rückungen – Ver-rückungen. Psychoanalytische und musikanalytische Betrachtungen zu Schumanns Leben und Werk, in: Robert Schumann I, hg. von Heinz-Klaus Metzger und Rainer Riehn. München 1981. (Musik-Konzepte Sonderband), S. 4–89.

Schopenhauer, Arthur: Frühe Manuskripte 1804–1818. Frankfurt a.M. 1966. (Arthur Schopenhauer. Der handschriftliche Nachlaß, hg. von Arthur Hübscher, 1).

–: Gespräche, hg. von Arthur Hübscher. Neue, stark erw. Ausg. Stuttgart 1971.

Schoppe, Martin: Robert Schumann 1810–1856, hg. vom Robert-Schumann-Haus Zwickau anläßl. des 9. Internationalen Robert-Schumann-Wettbewerbs 1981 [1985].

Schumann, Elise: Erinnerungen, Frankfurt a. M. 1931.

Steiner, George: Von realer Gegenwart. Hat unser Sprechen Inhalt. Mit einem Nachw. von Botho Strauß. München 1990. (Edition Akzente).

Struck, Michael: Die umstrittenen späten Instrumentalwerke Schumanns. Untersuchungen zur Entstehung, Struktur und Rezeption. Hamburg 1984. (Hamburger Beiträge zur Musikwissenschaft, 29).

–: Robert Schumann. Violinkonzert D-Moll (WoO 23). München 1988. (Meisterwerke der Musik, 47).

–: Träumerei und zahl-lose Probleme. Zur leidigen Tempofrage in Robert Schumanns Kinderszenen. In: Schumanniana nova. Festschrift Gerd Nauhaus zum 60. Geburtstag, hg. von Bernhard R. Appel. Sinzig 2002, S. 698–738.

Synofzik, Thomas: Ein Kanon als Keimzelle von Schumanns Klavierkonzert. Die Musikforschung 58 (2005), S. 28–33.

Tadday, Ulrich: Das schöne Unendliche. Ästhetik, Kritik, Geschichte der romantischen Musikanschauung. Stuttgart, Weimar 1999.

Ueding, Gert: Jean Paul. München 1993. (Beck'sche Reihe, 629).

Uerlings, Herbert (Hg.): Theorie der Romantik. Stuttgart 2000. (Universal-Bibliothek, 18088).

Valéry, Paul: Zur Theorie der Dichtkunst und vermischte Gedanken, hg. von Jürgen Schmidt-Radefeldt. Frankfurt a.M. 1991. (Paul Valéry. Werke. Frankfurter Ausgabe in 7 Bden., hg. von Jürgen Schmidt-Radefeldt, 5).

Vollmann, Rolf: Das Tolle neben dem Schönen – Jean Paul. Ein biographischer Essay. München 2000.

Wackenroder, Wilhelm Heinrich: Dichtung, Schriften, Briefe, hg. mit Kommentar und Nachw. von Gerda Heinrich. Berlin 1984.

Wagner, Cosima: Die Tagebücher, ed. und kommentiert von Martin Gregor-Dellin. München. Bd. 1: 1869-1877. 1976; Bd. 2: 1878-1883. 1977.

Wesche, Tilo: Kierkegaard. Eine philosophische Einführung. Stuttgart 2003. (Universal-Bibliothek, 18260).

ÄSTHETIK

Robert Schumann und die Bildende Kunst

von Bettina Baumgärtel

Für Elfriede Baumgärtel

Das reiche Beziehungsgeflecht zwischen dem Komponisten Robert Schumann, der Bildenden Kunst und ihren Urhebern, die Vernetzungen unter den Künstlern, ihr Verhältnis zu den Künsten, Konsumenten und Vermittlern erfordern eine polyperspektivische Annäherung. Zum einen gilt es, sich des soziokulturellen Kontextes von Schumanns Leben und Werk bewußt zu werden. Dabei gewinnen wir Einblicke in die im 19. Jahrhundert typischen Formen der Gruppen- und Netzwerkbildungen unter den Komponisten, bildenden Künstlern und Schriftstellern. Wir treffen auf eine von der Spätromantik geprägte Künstlergemeinschaft mit ausgesprochen lebendigen Geselligkeitsformen im privaten und öffentlichen Bereich. Zum anderen geht es um Schumanns ästhetisch-kunstphilosophische Vorstellungen im Spiegel der Entwicklung der Bildenden Kunst. Über die scheinbar simple Tatsache der Begegnungen Schumanns mit bildenden Künstlern und Künstlerinnen in Dresden, Leipzig, Düsseldorf oder Wien und über die Auflistung der Kunstwerke, die Schumann gekannt hat, hinaus gilt es die übergreifenden Strukturmerkmale seines ästhetischen Denkens herauszufiltern. Dabei steht die kunsttheoretische Formel des »ut pictura poesis« im Vordergrund (grundlegend zum Thema: Appel 1988, 1993, 1998). Nach Maßgabe romantischer Kunstphilosophie erfuhr die rhetorische Formel eine merkliche Öffnung. Das gemeinsame Ziel ist das fruchtbare Zusammenspiel aller Künste im Sinne einer Verbindung von Kunst und Leben. Die praktische Umsetzung dieser Leitidee fand alljährlich in den deutschen Kunstzentren statt, wenn zu den Musik-, Akademie- oder Künstlervereins-Festen medienübergreifende Aufführungen verwirklicht wurden, die nur unter Einsatz aller künstlerischer Kräfte, sämtlicher Familienmitglieder und freiwilliger Bürger ausgerichtet werden konnten. Konkret gesprochen wenden wir uns dem Komponisten und Dirigenten Robert Schumann als Mitwirkenden an einem ›Gesamtkunstwerk‹ zu. Weiter geht es um Schumann als Modell und Thema der Kunst, um einen Paradigmenwechsel innerhalb des Themas, wenn Schumann nicht mehr als Rezipient und Produzent, sondern als Person und durch sein Werk zum Thema der Bildenden Kunst selbst wird. Und schließlich geht es um die Strukturanalyse einiger Titelblätter seiner Notenwerke vor dem Hintergrund arabesktheoretischer Ansätze (Piel 1962; Busch 1985). Die unregelmäßige, aufgebrochene Form der Arabeske zeigt gerade in ihrer Doppeldeutigkeit eine genuin romantische Bildsprache des Zwiespalts.

Mit Schumanns Verhältnis zur Bildenden Kunst entfaltet sich somit ein Fächer unterschiedlicher Bezugsebenen, die sich keineswegs als Einbahnstraße der Bildenden Kunst in Richtung auf das musikalische Werk erweisen. Schumann war nicht allein der Nehmende, der Kunstrezipient und Kritiker, sondern gleichermaßen der Gebende, der Initiator und Inspirator in der Rolle eines Auftraggebers für die Bildenden Künstler, etwa im Sinne eines Mitgestaltenden für die Titelblattentwürfe im Rahmen der Herausgabe seiner Musikwerke.

Private Geselligkeit für die Kunst – Kunst für die private Geselligkeit

Mit der Loslösung des Künstlers aus höfischen und kirchlichen Aufträgen verliert er um 1800 seine angestammten sozialen wie kulturellen Bindungen. Künstler und Kunstfreunde, darunter auch Robert und Clara Schumann, suchen neuen Halt in Verbänden und Freundschaftsbünden, um den künstlerischen Austausch und die notwendige Unterstützung in Lebensfragen zu finden. Wie zahlreiche ihrer Kollegen sehnen sie sich nach einem sozio-ästhetischen Milieu Gleichgesinnter. Auffällig aber ist, daß sich für Robert und Clara Schumann die Bindungen zu den bildenden Künstlern und nicht so sehr zu der eigenen Zunft, in Dresden wie auch in Düsseldorf, als die tragfähigsten erwiesen. An erster Stelle ist die zu Eduard J. Fr. Bendemann und seiner Frau Lida, der Halbschwester des Düsseldorfer Akademiedirektors Friedrich Wilhelm von Schadow, zu nennen. Bendemann gehörte zum engsten Schülerkreis um Schadow, folgte 1838 dem Ruf nach Dresden an die Akademie und kehrte 1859 als Nachfolger Schadows nach Düsseldorf zurück. Von 1847–1855 malte er für das sächsische Königshaus die Festräume im Dresdner Schloß aus. Nach dem Tod von Schumann blieben die Bendemanns für Clara Schumann ein Leben lang »die lieben getreuen Freunde […] welch prächtige Menschen, das muß ich immer wieder ausrufen!« (Litzmann II, 101).

Am 18. Dezember 1845 berichtet Schumann aus Dresden an Felix Mendelssohn Bartholdy über eine beeindruckende Lesung des *Lohengrin* durch Richard Wagner: »Wir kommen jetzt nämlich alle Woche einmal zusammen – Bendemann, Rietschel, Hübner, Wagner, Hiller, Reinick – da findet sich denn immer allerhand zum Erzählen oder Vorlesen und es geht recht rege dabei her« (BNF, 255, Nr. 284, irrtümlich November). Nicht nur in Schumanns Projectenbuch (S. 6) wird das Nibelungenlied als Opernsujet erwogen (RSW, Anh. M 4), auch die Maler waren davon fasziniert. Schon 1840 war »Das Nibelungenlied […] mit Holzschnitten nach Originalzeichnungen von Eduard Bendemann und Julius Hübner« in Leipzig erschienen. Eine der im Düsseldorfer museum

kunst palast (mkp) erhaltenen Vorzeichnungen Hübners, »Wie Hagen die fremden Gäste ersahe« (Abb. 1) trägt die Beischrift: »Seinem Freunde L. Richter zum Andenken«. Ein zweites Blatt, »Wie Rüdiger um Kriemhild warb« wird einem der Freunde »in dankbarer Erinnerung des schönen Abends in Dresden von Julius Hübner« gewidmet (Ricke-Immel 1980, 153, Nr. 439). Vorausgreifend sei auf die Zwitterhaftigkeit der dort verwendeten Arabesken hingewiesen, die zwischen Ornament und Erzählung changieren.

Zum Bedauern von Robert und Clara Schumann war der Kreis der Geistesverwandten in Dresden begrenzt, denn neben Bendemann und Ferdinand Hiller »gibt's hier wenig Künstler!«. Diesen wenigen trug Clara am 24. Oktober 1847 im Hause Bendemann aus Roberts Kompositionen vor. Um so größer war ihre Freude an dem tiefergehenden Interesse Bendemanns und Julius Benno Hübners d.Ä. für Schumanns Musik: »So sind hier die kunstsinnigen Leute die Nichtmusiker, die mir aber lieber sind als alle die Dresdner Musiker zusammen« (Litzmann II, 101).

Kommunikative Riten bestimmen den kollektiven Umgang dieses Kreises. Anerkennung wird

Abb. 1: Julius B. Hübner d.Ä.: Wie Hagen die fremden Gäste ersahe, Illustration zum Nibelungenlied, 1840, Silberstift, Düsseldorf, mkp, Inv. Nr. 1924–360

mit Lob und Verehrung erwidert: »Bendemanns sind immer recht freundlich mit uns, wofür wir sie auch sehr verehren« (Brief Schumanns an Mendelssohn Bartholdy, 17.7.1845, BNF, 247, Nr. 276). Der Bescheidenheitstopos führender Köpfe des Kreises dient nicht ganz selbstlos der Förderung aufstrebender Talente, denn es festigt die eigene Position, bremst zugleich berufliche Konkurrenz ab und solidarisiert die schöpferischen Individuen in einer freundschaftlichen Gemeinschaft. Die Episode von »Mendelssohn's Streich«, der während einer Soirée im Hause Bendemann die *Appassionata* von Beethoven abbrach und Clara Schumann nötigte, das Finale vorzutragen, weil er es angeblich »nicht könne«, gehört zu jenen gönnerhaften Stützungsritualen einer Leitfigur gegenüber einem Mitglied, dessen Adorationsverhalten er sich sicher sein konnte (29.3.1846, Tb II, 399; Litzmann II, 86 f.).

Zu den Ritualen des Freundschaftskults zählt auch die gegenseitige Dedikation eigener Bild- oder Tonwerke, etwa anläßlich der Patenschaft Bendemanns für Sohn Emil Schumann (23.2.1846, Tb III, 414). Zueignungen festigten die emotionale Bindung oder halfen, ernsthafte politische Meinungsverschiedenheiten, wie sie während der 48er Revolution zwischen Bendemann und Schumann aufkamen, zu versöhnen. Die Entschuldigung von Bendemann folgte per Brief schon am nächsten Tag (15./16.2.1846, Tb III, 457 f.) Schumanns Widmung des *Impromptus* (op. 66) an Lida Bendemann scheint somit nicht allein die Frucht freundschaftlicher Anregung, sondern auch eine Geste der Versöhnung gewesen zu sein (Brief an Bendemann, 28.5.1849, RSA IV/3/1, 164). Schumann scheint dem Freund signalisieren zu wollen, daß er dessen Entschuldigung für seine »Grobheit« angenommen habe und dankbar für die Anregung Bendemanns zu Rückerts Nachdichtungen der »Makámen des Hari'ri« sei. Die von Friedrich Krätzschmer lithographierte Dedikationszeile prangt in nahezu gleich großen Lettern wie der Autorenname auf dem Innentitel der Partitur: »Bilder aus dem Osten. [...] Frau Lida Bendemann geb. Schadow zugeeignet von Robert Schumann« (Hofmann, 147, op. 66). 1849 in Leipzig von Fr. Kistner herausgegeben, wird die private Verbindung zu einer demonstrativen Geste in aller Öffentlichkeit. Bendemann reagiert in einem Dankesbrief geschmeichelt: »Sie glauben nicht was ich [...] für einen kindischen Spaß daran habe, unsere Namen auf einem Titel gedruckt zu lesen, und welche Freude Sie mir daher gemacht haben« (Brief an Schumann, 30.5.1849, Corr. Bd. 20, Nr. 3656).

Die Treffen mit dem eingeschworenen Kreis hatten eine zusätzliche Funktion. Sie boten einen Schutzraum für innovative Bestrebungen und ermöglichte dem Komponisten erste Testläufe vor einem eher wohlwollenden Publikum, bevor man sich mit den frisch entstandenen Werken an die Öffentlichkeit wagte. Dies bestätigt ein Brief Schumanns an seinen Verleger H. Härtel vom 3. Dezember 1847: »Die letzte Hand habe ich nun an das Trio [d-Moll op. 63] gelegt und sende es Ihnen hier. Wir haben es noch vorgestern in einer Soirée bei Bendemann gehört, und wie es, von meiner Frau und den beiden Schubert gespielt, ganz herrlich ging, so schien es auch Eindruck auf die Versammlung zu machen. Ich dachte, nun kannst Du es in die Welt schicken« (BNF, 450, Nr. 536).

Der semi-öffentliche Rahmen jener Soiréen oder die 1845 in Düsseldorf gegründete »Künstlerliedertafel« vereinten Berufliches mit Privatem. Dort waren keineswegs nur die Berufsmusiker, sondern auch zahlreiche bildende Künstler aktiv. Im Sängerkränzchen, das im Herbst 1851 ins Leben gerufen wurde und sich alle vierzehn Tage auch im Hause Schumann traf, engagierten sich unter den rund 30 Mitgliedern auch Fr. W. von Schadow und sein engster Schülerkreis Theodor Hildebrandt (Bariton), Carl Friedrich Lessing (Baß), Carl Ferdinand Sohn (Baß), Johann Wolfgang Schirmer (Baß) und wohl auch Christian Köhler (Baß). Auf diese Kräfte griff Schumann offenbar zurück, als er erstmals sein Oratorium *Die Rose Pilgerfahrt* (op. 112, Abb. 17, S. 103) im privaten Rahmen aufführte (Appel 1988, 14).

Diese Zusammenkünfte waren nicht allein für das gegenseitige Verständnis musikalischer wie bildkünstlerischer Produktion, sondern auch für die kollektive Abgrenzung nach außen und die individuelle Geschmacksnormierung nach innen von Bedeutung. Für Schumanns Kreis gilt, was für das Künstlerdasein der Biedermeierzeit generell kennzeichnend ist: Halbprivate Formen künstlerischer Sozialität sorgten für eine dynamische Vermischung von privaten und beruflichen Ebenen. Geschäfts- und Berufskreise sind teilweise deckungsgleich mit Freundes- und Familienverbänden. Besonders der Kreis um Bendemann ist in einen weitläufigen, nach Berlin und zeitweise auch Rom verzweigten Familienklan eingebettet, zumal Bendemann, J.B. Hübner, Fr.W. Schadow und R. Hasenclever untereinander verschwägert waren. Die Schumanns werden durch Patenschaften für die Kinder mit eingebunden. Sie selbst wiederum wählen die Bendemanns als Paten für Sohn Emil, J.B. Hübner und R. Reinick für Sohn Ludwig oder Sophie Hasenclever, Tochter von Fr.W.v. Schadow und Frau von Richard Hasenclever, für Tochter Eugenie. Robert Schumann wiederum war Pate von einem Kind Hildebrandts (geb. am 30.1.1852; Tb III, 584 etc.) Feiern zu »Gevatterschaften« und Weihnachten (Tb III, 448: 25.12.1847,) oder gemeinsame Ausflüge in die Düsseldorfer Umgebung, nach Erkrath oder in das »Gesteins« (Tb III, 594, 563 f.: 24.5., 2.6. und 19.6.1851) gehörten zum Repertoire des Kollektivlebens und dienten der Festigung des Gemeinsinns.

Das Künstlerbildnis als Freundschaftsbild – Das Künstlergenie Schumann ›ganz privat‹

Mit den neuen bürgerlichen Idealen von familiärem Zusammenhalt und Freundschaft erfährt auch das Künstlerbildnis eine deutliche Umformulierung hin zum privaten Bekenntnisbild. Besonders das Bildnis des Künstlers im Kreise seiner Familien mit seinen Geschwistern oder unter seinen Freunden erlebt Anfang des 19. Jahrhunderts eine neue Blüte (Abb. 2). Ein derart verinnerlichtes, privatisiertes Künstlerbildnis unterscheidet sich kaum noch von den Darstellungen anderer Personen. Es galt nach romantischer Porträttheorie als adäquater Ausdruck für die Freiheit des bürgerlichen Individuums.

Auch die von bildenden Künstlern und Fotografen geschaffene Bildnisse Schumanns tragen dieser Forderung nach einem neuzeitlichen, ›privaten‹ Porträt als genuin romantische Kunstform

Abb. 2: E. Bendemann, Th. Hildebrandt, J.B. Hübner, W. v. Schadow, C.F. Sohn: Bildnis der Familie Bendemann mit Freunden in Rom, um 1832, Öl/Lw., Krefeld, Kaiser Wilhelm Museum, Inv. Nr. 1931–182

Rechnung. Im Sinne Hegels (Hegel, 2, 1990, 383–388) sollte das Porträt nun eine doppelte Funktion erfüllen: einerseits sollte es den besonderen Charakter der jeweiligen Gestalt nahekommen, andererseits sollte es »durch ein vertieftes Eingehen auf die äußere Erscheinung«, Einsicht in die Geistigkeit des Individuums bieten. Der Betrachter erwartete nun, daß die innere geistige Lebendigkeit in der äußeren Gestalt sprechend in Erscheinung tritt. In der Folge kommt dem Gesicht und dabei vorrangig dem Blick des Porträtierten eine zentrale Bedeutung zu, deshalb wurde weitgehend auf die Attribute des Künstlerberufs verzichtet. Einzig mimische Charakterisierungen oder Gesten geben Hinweise auf die künstlerische Tätigkeit.

Etwa ab dem sechzehnten Lebensjahr bis kurz vor seinem Tode wurde Schumann vielfach in Zeichnungen, Lithographien, Ölgemälden oder Fotografien als junger Pianist, später meist ohne berufliche Attribute porträtiert (Appel/Hermstrüwer 1994; zuletzt Burger, nicht erwähnt das von Hildebrandt geplante lebensgroße Bildnis, s. Richter 1909, 336). Unter den gesicherten Bildnissen Schumanns überwiegen die singulären Darstellungen, besonders das zum Betrachter gerichtete Brustbildnis, wie es von dem Wiener Porträtisten Joseph Kriehuber 1839 oder von der Berliner Kupferstecherin Auguste Hüssener, wohl nach einem verschollenen Ölgemälde von Matthäus Aigner aus dem Jahr 1844, geschaffen wurde.

Vor dem dargelegten Hintergrund ist es merkwürdig, daß weder Gruppenbildnisse mit Schumann und seinen Künstlerfreunden noch solche im Kreise seiner Familie entstanden sind. Zwar kam Julius Schuberth, Schumanns Verleger in Hamburg, dem Bedürfnis seiner Käufer entgegen und ließ das Künstlerpaar Clara und Robert 1850 in einer privaten Zwiesprache am Klavier von dem als »Künstlerdaguerreotypisten« bekannten Johann Anton Völlner ablichten. Ein Lichtbild aber der gesamten Familie Schumann – lediglich solche von Clara mit einigen Kindern – scheint niemals aufgenommen worden zu sein.

Im Zuge der Romantik wurde der Typus des Künstlerbildnisses mit dem Porträt seiner Ehefrau als Pendant wieder gebräuchlich. Diese Bildnisform ist Ausdruck eines neuen Selbstverständnisses des Künstlers als bürgerliches Individuum und als Ehepartner. Von Robert und Clara kennen wir kein als Pendant konzipiertes Paarbildnis, dafür aber mehrere Doppelporträts. Das künstlerisch anspruchsvollste ist ohne Zweifel das 1846 entstandene Medaillonrelief des Bildhauers Ernst Rietschel (Abb. 3). Indem er die Profilköpfe beider hinter einander gestaffelt darstellt, greift er auf einen in der Romantik besonders beliebten Typus des Freundschaftsbildes zurück, dessen Wurzeln in antiken Medaillen zu finden sind und gängige Porträtpraxis der Düsseldorfer Malerschule war. Als programmatisch dafür galt das 1839 entstandene Gruppenbildnis »Jung-Düsseldorf« (Berlin, Nationalgalerie) von J.B. Hübner d.Ä. Seine Freunde Lessing, Sohn und Hildebrandt vereint er im Bild zu einer Trinität der führenden Vertreter der Malerschule und schuf so ein Sinnbild eines neuen Künstlerselbstverständnisses. In dieser vom hohen Ideal des Gemeinschaftssinns getragenen Bildnismalerei wird die Entgrenzung von Kunst und Leben innerhalb der Düsseldorfer Malerschule demonstrativ beschworen.

Wenn der junge Schumann in den *Davidsbündlern* einen Bund erdichtet, spricht dies für seinen Wunsch nach ähnlichen Gemeinschaftsformen, die er bei den bildenden Künstlern, allen voran dem klösterlichen Zirkel der Nazarener und nachfolgenden Malerschülern in Düsseldorf vorfand. Genau genommen geht es um das Bedürfnis, sich in einer verwandten Seele zu spiegeln. Die Verdopplung des Ichs bedeutet aber bei Schumann die schizoide Spaltung eines einzigen Ichs in zwei konträre Charaktere von Florestan und Eusebius, die ihm je nach Gefühlslage einen Rollentausch ermöglichten. Trotz seiner später real gewordenen, intensiven Sozialbindung an den Dresdner Familienverband um Bendemann blieb Schumann im Grunde ein Solitär, zeitweise irritierend schweigsam und unfähig zur Gemeinschaft.

Wenn Rietschel eine bis dahin nur für Männerbünde verwendete Form des Doppelmedaillon-Bildnisses auf ein Ehepaarbildnis überträgt, verfolgt er offenbar das Ziel, die Dargestellten als ideales Freundschaftspaar, verbunden in einer Künstlergemeinschaft zu romantisieren. Daß die Idealisierung dieser Freundschaftsehe im Bild nicht unbedingt dem Ehealltag entsprach, ist bekannt. Während der Porträtsitzungen kam es unter den Eheleuten zum »Streit« (Tb III, 412, 24.1.1846).

Abb. 3: Ernst Rietschel: Doppelbildnis Clara und Robert Schumann, Gipsrelief, 1846, Weimar, SWK Liszt-Haus

Abb. 4: Eduard Kaiser: Doppelbildnis Clara und Robert Schumann, 1847, Lithographie

Robert Schumann bestand auf der Einhaltung der traditionellen, geschlechtsspezifischen Rangordnung und verlangte im Vordergrund des Medaillons porträtiert zu werden. Er war der Ansicht, daß ihm als Mann und Komponist der erste Rang vor einer Frau und Pianistin, deren kompositorische Leistung er geringer schätzte, gebühre.

Jener Widerspruch zwischen dem Ideal einer empfindsamen Freundschaftsehe und dem Festhalten an geschlechtsspezifischen Verhaltensnormen kommt noch deutlicher in dem von Eduard Kaiser 1847 entstandenen Doppelbildnis zum Ausdruck (Abb. 4). In diesem privat anmutenden Bildnis wird auf den ersten Blick ein modernes Paar in unkonventioneller Pose und enger Vertrautheit vorgestellt. Auf den zweiten Blick aber wird deutlich, daß die Figur Robert Schumanns die neben ihm sitzende Gattin demonstrativ überragt. Während die Künstlerin in scheinbar verträumter Passivität ungestört betrachtet werden kann, wendet sich ihr Gatte aktiv dem Betrachter zu. Hier mag für den Betrachter die Fiktion einer vertrauten Zwiesprache mit dem Komponisten im Rahmen einer Soirée aufkommen. Gemäß der romantischen Porträttheorie aber wird eine solche Darstellung

der Vergegenwärtigung innerster Wesenszüge des Dargestellten kaum gerecht. Wohl um der Konvention willen und im Sinne einer ›Bedeutungsgröße‹ werden hier die Gegebenheiten umgekehrt. Der Frau wird im Bild die introvertierte, dem Mann die kommunikative Haltung zugewiesen. Auch wenn diese Bildnisse Einblicke in die Privatsphäre suggerieren, bedienen sie doch nur stereotype Muster und schlagen letztlich ins Attitüdenhafte um. Im Vordergrund steht weiterhin das absichtsvolle Präsentieren einer öffentlichen Person.

Gleiches gilt für Schumanns Einzelbildnisse. In den 1850 von Völlner aufgenommenen Daguerreotypien wird ein der Malerei abgeschautes stereotypes Bewegungs- und Ausdrucksrepertoire perpetuiert (Abb. 5). Zu den Ritualen der Darstellung des Künstlers gehört die sinnende Haltung mit aufgestütztem Kopf, die in der Traditionslinie von Dürers berühmtem Kupferstich *Melencolia I* steht. Ganz gleich ob eine pathetische Geste oder wie im Falle Schumanns eine eher zurückhaltende Attitüde, geht es doch vor allem um die gängige Grammatik der Selbstrepräsentation als Künstlergenie. Bei dieser Variante der Vergeistigung eines Künstlerbildnisses wird so getan, als sei der Betrachter

Abb. 5: Johann Anton Völlner: Bildnis Robert Schumann, 1850, Daguerreotypie

Abb. 6: Eduard J.Fr. Bendemann: Bildnis Robert Schumann, 1859, Kohle, Zwickau, Robert-Schumann-Haus

abwesend und der Künstler ganz in seinen Schöpfungsprozess versunken. Schumann scheint sich durchaus im klaren gewesen zu sein, daß die Vermittlung seiner Kunst in erster Linie über seine Person laufen würde. Aus diesem Grunde mag er die erwartungsgemäße Künstlerrolle für die Kamera einstudiert haben. Dennoch wirken solche Bildnisse wie eingefrorene Auftritte eines Schauspielers oder wie ein Tableau vivant, das einen Komponisten im geistigen Akt der Schöpfung mimt.

Es fällt auf, daß Bendemann seinen Freund Schumann erst postum 1859 porträtierte (Abb. 6). Dabei versicherte er sich seiner Züge im Rückgriff auf die Daguerreotypie Völlners oder der danach entstandenen Lithographie von 1857 von I. W. Tegner und zeichnete auf einem eigenen Blatt das Bildnis Claras als Pendant dazu (Appel/Hermstrüwer 1994, Nr. 35–37). In den Augenpartien weniger verschattet als in der Fotografie, hielt sich Bendemann dennoch getreu an die Vorlage. Eine zweite, heute verlorene Porträtzeichnung Bendemanns wird in der Korrespondenz Claras mehrfach erwähnt (Brief Lida Bendemann, 16.4.1894; Clara an Frau von Holstein, 23.4.1894, Corr. Bd. 6, Nr. 202; Litzmann II, 590). Sowohl

die Daguerreotypie als auch die nachfolgenden Zeichnungen fand Clara »ganz herrlich« und sorgte dafür, daß dieser traditionelle Topos eines melancholischen Künstlergenies als das gängige Bild Robert Schumanns im allgemeinen Bildgedächtnis gespeichert wurde.

Schumann selbst beurteilte seine Bildnisse fast ausnahmslos kritisch: »Von meinen Bildern taugt keines viel, etwa das Kriehubersche ausgenommen. Das beste ist das von Rietschel, das aber Eigenthum von Breitkopf & Härtel in Leipzig« ist (Brief an Chr. Schad, November 1849 [?], BNF, Nr. 358).

Ließ sich Schumann porträtieren, so stand nicht das Interesse am künstlerischen Werk eines Malers oder Fotografen im Vordergrund, sondern die Vermarktung der eigenen Person. »Auf ihr Liederheft bringe ich dann mit Ihrer Erlaubnis Ihr Stahlstich Portrait (à la Spohr) & auf Liszt transcrit – Liszt Portrait –«, schrieb sein Hamburger Verleger Julius Schuberth, »so sollen dann diese beiden Geistesverwandten Genialen – zum Ärger aller Concurrenz, – die Pracht Editionen in die Welt wandeln. Das ähnlichste Portrait erbittet [...]« (Schuberth an Schumann, 3.3.1841, Corr. Bd. 11, Nr. 1835, fol 1 v.).

Neben den geschäftlichen Interessen sollten die Bildnisse der Emotionalisierung sozialer Kontakte und den Ritualen des Freundschaftskultes genügen, denn Robert und Clara Schumann dedizierten die vervielfältigten Lithographien, Radierungen oder Gipsabgüsse Freunden und Geschäftspartnern. Die Lithographie Kaisers trägt die Dedikation an den Freund E. Klitzsch. Das Doppelbildnis im Gipsrelief von Rietschel besaß Franz Lizst. Das Bildnis Schumanns von Kriehuber wurde an den Freund Böttger verschenkt (Nauhaus, in: Tb II, 510; Burger, Abb. 441, 450).

In erster Linie dienten die Bildwerke der geniekultischen Verehrung schon zu Lebzeiten. Jedes Bild- und Textdokument, einschließlich der umfangreichen Korrespondenz wurde gesammelt. Tage- und Haushaltbüchern, das Ehetagebuch, das »Erinnerungsbüchelchen« oder die »Familienkassette« (Monschau-Schmittmann 1993, 58) dienten ebenfalls der Historisierung der eigenen Person. In Blick auf zukünftige Überlieferungen wurden oftmals Datum und Umstand des Erhalts notiert. Hier erweisen sich Robert und Clara Schumann als typische Vertreter ihrer Zeit.

Der Leitstern Raffael und seine Jünger der Düsseldorfer Malerschule

Schumann erhielt wesentliche Anregungen für sein Kunstverständnis von Düsseldorfer Malerschülern, vor allem von Bendemann, dessen Ansichten sich richtungsweisend auf seine ästhetischen und thematischen Präferenzen auswirkten. Eines von zahlreichen intensiven Gesprächen mit dem Freund hat Schumann überliefert: »Wir sprachen vieles über Malerei, und ich hörte wie immer mit Ehrerbietung zu. Ich frug, ob er glaube, dass den Raphaelischen Madonnen vielleicht Originale zum Grunde lägen [...] Bendemann verneinte dies durchaus: sicherlich wären es Ideale seiner Phantasie [...] nur von der Madonna *della Sedia* sage man, dass sie nach dem Leben gemalt sei, ebenso von seiner Geliebten, *Fornarina*, diese sei aber auch nicht eigentlich schön. Der ideale Zug gehe durch die ganze italiänische [sic] Schule [...]« (Litzmann II, 102; Tb II, 398; 9.3.1846; Tb III, 444, 14) Der Musiker sucht beim Maler Antwort auf grundlegende kunsttheoretische Fragen, die am Beispiel Raffael umkreist werden. In einem harmlosen Meinungsaustausch spiegelt sich gleichwohl der brisante Richtungsstreit wider, der gegen Mitte des Jahrhunderts unter den Künstlern ausbrach. Es ging um die Frage nach der Wirklichkeitsaneignung oder Stilisierung von Kunst und damit um die eigene Positionierung als Vertreter einer idealistischen oder realistischen Kunstrichtung. Ohne Zweifel hat Bendemann den Freund von seinem nazarenisch geprägten Idealismus überzeugen können. Denn zeitlebens blieb für Schumann wie auch für den Schadowkreis Raffael der Leitstern eines »idealen Künstlers« (Tb I, 230: Hottentottiana, Heidelberg 1829–30, 25.2.1830). Innerhalb seines persönlichen Kanons der größten bildenden Künstler wies er ihm den ersten Rang zu, gefolgt von Dürer (Abschrift Schumanns von »Carpani's Paralelle«, in: Morgenblatt 1825; Tb I, 281).

Lange bevor Schumann nach Düsseldorf wechselte, galt sein Hauptaugenmerk der poetisierenden, spätromantischen Malerei der Düsseldorfer Malerschule. 1850 nach Düsseldorf übergesiedelt, knüpfte er Kontakte zum Kreis um Schadow und fand dort seine raffaelischen Vorlieben bestätigt. Dennoch dürfte ihm als aufmerksamer Besucher öffentlicher Kunstausstellungen nicht entgangen sein, daß die Ära Schadows längst besiegelt war. Längst feierte eine Malerei der realistischen Alltagsschilderung und Sozialkritik Erfolge und brachte für die junge Generation von Genremalern wie J.P. Hasenclever, Carl W. Hübner, Wilhelm J. Heine oder Ludwig Knaus große öffentliche Anerkennung. Keine Erwähnung Schumanns von den Richtungskämpfen unter den Malerschülern, keine Bemerkung zur neuen Tendenzmalerei als Folge der 48er Revolution, kein Wort über J.P. Hasenclevers Pionierstücke, die einen Siegeszug durch die Ausstellungen von Brüssel bis New York antraten.

Schumanns Empfangskomitee in Düsseldorf bestand vornehmlich aus bildenden Künstlern und Künstlerinnen. Im Gegenzug galten seine ersten Antrittsbesuche ihnen und ihren Mäzenen: Fr.W. Schadow, C.F. Sohn, Rudolf Wiegmann, Professor für Baukunst an der Kunstakademie und seiner Frau, der Malerin Marie Wiegmann. Der

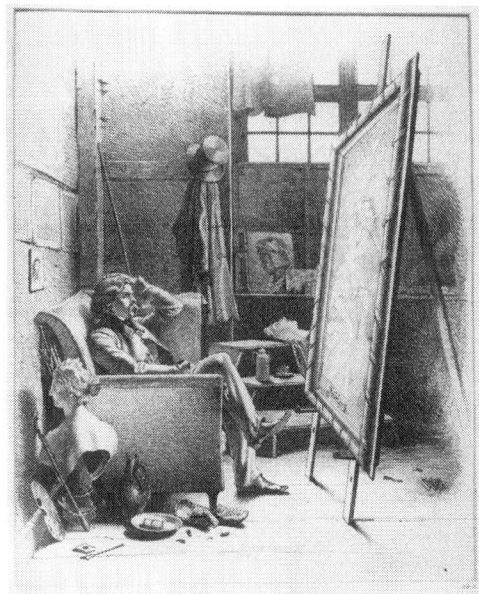

Abb. 7: Henry Ritter und Wilhelm Camphausen: Köhler in seinem Atelier, in: Schattenseiten der Düsseldorfer Maler, 1845, Lithographie

Komponist lernte die als Musik- und Kunst-freunde aktiven Ärzte Wolfgang Müller v. Königs-winter und Richard Hasenclever, Schwiegersohn Schadows, kennen.

Den Eindruck von den Ateliers und ihren Be-wohnern, wie sie Schumann bei seinen Besuchen vorfand, vermittelt eine von Henry Ritter und Wilhelm Camphausen lithographierte Folge »Schattenseiten der Düsseldorfer Maler nebst verkürzten Ansichten ihrer letzten Leistungen [...]« aus dem Jahr 1845. Schadow sitzt in seinem komfortablen Atelier im Akademiegebäude in seine Korrespondenz vertieft, während Köhler in einem dunklen Dachkämmerchen über sein ge-rade vollendetes Hauptwerk *Der Frühling* nach-denkt (Abb. 7). Als Schumann 1851 dort anklopfte, konnte er u. a. die an Guido Reni angelehnte *Se-miramis* und 1854 die *Julia [dem verschwundenen Romeo nachsehend]* betrachten (Berliner National-galerie, Replik 1852; Tb III, 565; 23.6.1851; Tb III, 647, 6.2.1854) Die in der Gemäldegalerie Düssel-dorf befindliche Studie zu *Mirjams Lobgesang* gibt einen Eindruck von dem heute verschollenen Al-tarblatt Köhlers, das Schumann in St. Andreas zu Düsseldorf bewundern konnte.

Mit Theodor Hildebrandt scheint Schumann die meisten Berührungspunkte zu haben, auch weil dieser als Musikfreund im Sängerkreis, Fest-Chor und im »Comité des Niederrheinischen Musik-Vereins« aktiv war und verschiedene In-strumente beherrschte, wie ein frühes Selbstbildnis mit seinem Freund Steffens Runge mit Flöten in einer Landschaft sitzend zeigt (Düsseldorf, mkp). In den *Schattenseiten* wird Hildebrandt als passio-nierter Käfersammler charakterisiert. Der Kompo-nist lernte »Hildebrandts Käfersammlung« (Tb III, 565) am 29. Juni 1851 kennen. Nach Clara war er ein »prächtiger Mann, ein Künstler durch und durch und ein gemütvoller Mann, dabei großer Musikenthusiast« (Litzmann II, 228). Ihn verband mit dem Komponisten ein ähnliches Schicksal, denn ein Jahr vor Erscheinen der »Schattenseiten [...]« wurde Hildebrandt gemütskrank. »Traurige Nachricht über Hildebrandt[s] seelische Erkran-kung«, notierte Schumann in seinem Tagebuch (25.3.1852, Tb III, 589).

Carl Fr. Lessing, der Reformer der Düsseldorfer Historien- und Landschaftsmalerei, ist in dieser Serie als passionierter Jäger dargestellt. Seine Werke beschäftigten Schumann in besonderer Weise schon seit den frühen Leipziger Jahren, obwohl er dem Künstler erst am 17. November 1850 begegnete. Lessings Besuch erwiderte der Komponist erst am 26. Juli 1851 und sah im Atelier *Schützen einen Engpass verteidigend* (Berlin, Natio-nalgalerie). Weitere Werke erwähnt der Komponist in seinen Aufzeichnungen, wohl weil er selbst mit ähnlichen Stoffen beschäftigt war: *Huss in Costnitz* und *Luthers Verbrennung der päpstlichen Bannord-nung im Jahre 1519.* Laut Brief Lessings vom 27. Dezember 1842 setzte sich Mendelsohn Bartholdy in der Leipziger Zeitung für den Ankauf dieses Gemäldes für die Leipziger Sammlung ein (D-DÜhi 48.3462/5; Sitt, 2000, 155) Während Schu-mann sich schon nachweislich ab 1851 mit Luther beschäftigte, gehen Lessings Lutherstudien erst auf den Februar 1852 zurück (Brief an Richard Pohl; Erler I, 134; Tb III, 626: 1.6.1853). Lessings *Die Freibeuter* bewunderte Schumann in der Sammlung des Düsseldorfer Notars Euler und erwarb zwei Nachstiche, *Huß v. Lessing* (Abb. 8) und *Die Gefangennahme des Papstes Paschalis durch Heinrich V.* von 1840 (Tb III, 233: gemäß Preis eine Reproduktionsgraphik).

Abb. 8: Johann Baptist Sonderland, nach Carl Fr. Lessing: Hussiten-Predigt, nach 1836, Kupferstich

Schon im September 1850 besuchte Schumann C.F. Sohn in seinem Atelier. Das Ehepaar Sohn wird von den Schumanns als besonders liebenswert geschildert. Clara beauftragte den befreundeten Künstler, der als der führende Bildnismaler der Düsseldorfer Malerschule galt, ihr Bildnis zu malen, um Robert zum Weihnachtsfest 1853 zu überraschen (24./25.12.1853, Tb III, 643; Brief Schumanns an Härtel, 3.1.1854, BNF, Nr. 591; Litzmann II, Titelbild und 289 f. »wo ich das herrliche Bild von Sohn von Eurer Mama erhielt.[…] Entwurf zu einem Briefanfang, zit. n. Geiringer 1935, 277). Das Werk ist ebenso verloren wie die fertige Ausführung der *Loreley* von C.F. Sohn, von der jedoch eine Ölstudie (Düsseldorf, mkp) erhalten ist. Es ist zu vermuten, daß Schumann am 16. Juli 1853 eben diese Studie sah, denn der Künstlerkollege Adolph Schroedter erwähnt in einem Brief an Nerenz vom 3. April 1854, also ein Jahr später, daß die große Fassung noch im unvollendeten Zustand sei (D-DÜhi 915003–41; Tb III, 630, 16.7.1853; Baumgärtel 2004, 93–103, 84 Abb. 2). »Die beiden Leonoren« von Sohn bewunderte der Komponist anläßlich seines Besuchs der Dresdner Kunstausstellung zugunsten der Tiedge-Stiftung im August 1842 (Poznan, Nationalmuseum; Tb II, 235). Schumann muß in den beiden weiblichen Figuren

die Verbildlichung zweier gegensätzlicher Kunst- und Lebensprinzipien erkannt haben, etwa vergleichbar seiner männlichen Pendants Florestan und Eusebius. Angelehnt an die elegische Figur der linken Leonore malte Sohn wenig später seine 17jährige Privatschülerin, die Genre- und Porträtmalerin Marie Hancke, später verheiratete Wiegmann (Düsseldorf, mkp). Da sich das Bildnis bis 1897 im Besitz der Porträtierten befand, dürfte Schumann das Bildnis gekannt haben.

Wilhelm Camphausen erlangte als Maler der preußischen Geschichte große Anerkennung. 1841–1843 beschäftigte er sich mit Illustrationen zu dem fragmentarischen Gedicht *Tristan und Isolde* von Karl L. Immermann, das mit einer Einleitung C. Schnaases 1841 erschienen war. Schumann, der sich selbst 1846 mit diesem Stoff auseinandergesetzt hatte – die von Appel zusammengestellte Literaturbibliothek Robert und Clara Schumanns verzeichnet Immermanns *Tristan und Isolde* von 1841-, vermerkte nach einem Atelierbesuch im Jahre 1851 ein Werk diesen Titels. Es ist nicht geklärt, ob Schumann jene Folge von 22 Zeichnungen sah. Möglicherweise blieb die Gestaltung des Titelblattes (Düsseldorf, mkp; Abb. 9) nicht ohne Einfluß auf Schumanns eigene Titelblätter, insbesondere zu dem 1852 von Theodor Mintrop ent-

Abb. 9: Wilhelm Camp-
hausen: Titelblattentwurf
zu »Tristan und Isolde«,
1841, Aquarell, Düssel-
dorf, mkp, Inv. Nr. 1926–
139

worfenen Titelblatt *Der Rose Pilgerfahrt* (op. 112, Abb. 17, S. 103). Hier wie da stehen die Hauptfiguren im Zentrum auf einem von Leibern umringten Sockel, flankiert und bekrönt von einzelnen Szenen und umrankt von einer Stab- bzw. Rosen-Arabeske (Tb III, 609, 5.12.1852; Ricke-Immel, Nr. 128–146).

Kunstöffentlichkeit und bürgerliches Mäzenatentum

Mit Erstarken des Wirtschaftbürgertums entwickelten sich neue Formen bürgerlicher Repräsentation mit Hilfe der Künste. Zum gutbürgerlichen Selbstverständnis gehörte das wertebildende Sammlungsinteresse an den Schönen Künsten,

was den Erfolg der Malerschulen in Düsseldorf und andernorts beförderte. In der Folge entwickelten die Künstler gute Vertriebs- und Vermarktungsstrategien. Die neu gegründeten Kunstvereine sorgten auch mit den Reproduktionsstichen als Jahresgaben für eine Blüte des Kunstmarktes. Auch Schumann suchte nach neuen Vertriebs- und Verkaufswegen, speziell für seine Kompositionen. Einen Schlüssel dafür sah er in einer ansprechenderen Gestaltung. Ebenso unterstützte er die neuen Künstlervereine, ablesbar in seinem Haushaltbuch, wo Mitgliedsbeiträge für den Düsseldorfer Gemäldegalerie-Verein oder den Kunstverein verzeichnet sind (7.10.1852; 28.5.1853). Obschon Schumann im eigentlichen Sinne keine Ambitionen zum systematischen Sammeln entwickelte, gehörte er zu jenen Käuferkreisen, die gerne die preisgünstigen Nachstiche erwarben. Er war ein

Abb. 10: Eduard Hübner: Die hl. Genoveva, 1867, Öl/Lw., Düsseldorf, mkp, Inv. Nr. M 2004 –1

aufmerksamer Ausstellungsbesucher und ging mehrfach in die gleiche Ausstellung, um sich dann die für ihn wichtigsten Gemälde zu notieren. Die private Kunstgalerie von Julius Buddeus am Steinweg 20/2 in Düsseldorf besuchte er ebenso (Tb III, 545: 14. u. 17.11.1850), wie die Gewerbeausstellung in Leipzig (Tb III, 399: 3.9.1845), die Dresdner Kunstausstellung auf den Brühlschen Terrassen (Tb III, 395: 14.7.1845; Tb III, 568: 10.8.1851) oder die Große Gemäldeausstellung in Antwerpen (Tb II, 429, August 1851).

Als Kunstbetrachter fühlte sich Schumann offenbar von den aufrüttelnden Themen mit Leitfiguren wie Luther oder Hus, von den altdeutschen Sagen der Nibelungen oder auch von den religiösen, märchenhaft-mystischen Stoffen wie der Genoveva-Legende angesprochen. Die Koinzidenz der Themen und Stoffe von Malerei und Musik mit Beginn der Romantik ist vor allem auch am Genoveva–Stoff ablesbar. Schon 1800 erschien Ludwig Tiecks *Leben und Tod der Heiligen Genoveva*, eine Initialzündung für zahlreiche Nachfolgewerke wie die 1806 herausgegebene Bilderfolge der Brüder Franz und Johannes Riepenhausen. Ab

April 1847 war Schumann mit Reinick in Kontakt, von dem er sich vergeblich ein brauchbares Libretto für seine *Genoveva* erhoffte. Für die Bearbeitung des Stoffes berief er sich auf die »Geniale Natur« Fr. Hebbels (1843) und bezog auch Tiecks Fassung mit ein. Als Schumann am 24. August 1848 vor Bendemann und Hübner aus dem Libretto vortrug, mag ihm auch Ludwig Richters bekanntes Gemälde *Genoveva* vor Augen gestanden haben, zumal zeitgleich der Sächsische Kunstverein die arabeskenhafte Radierung Richters herausbrachte (*Genoveva in der Waldeinsamkeit.* 1841, Kunsthalle Hamburg; Radierung, 1848; Hoff/Budde 264). Das Thema blieb für die Dresdner und Düsseldorfer Malerschule bis in die 1860er Jahre virulent. Eduard Hübner, der in Dresden geborene Sohn Julius B. Hübners d.Ä., malte als Schüler Bendemanns an der Düsseldorfer Akademie eine raffaeleske Variante und trat damit auf der Dresdner Akademieausstellung auf. Das verschollen geglaubte Gemälde Hübners konnte 2004 für die Gemäldegalerie mkp, Düsseldorf, erworben werden (Abb. 10).

Nicht nur in Düsseldorf engagierten sich immer mehr Kunstliebhaber aus gutbürgerlichen Kreisen für die Kunst, neben den Kunstgaleristen und -verlegern vor allem die Ärzte und Juristen. Richard Hasenclever und Wolfgang Müller von Königswinter, beide Hausärzte der Familie Schumann, der Historiker und Friedensrichter Anton Fahne, der Kunstverleger Franz Otto Arnz (Arnz & Comp.), die Galeristen Julius Buddeus und Eduard Schulte mit seiner »Permanenten Kunstausstellung« oder Bismeyer & Kraus zählten zu den führende Mittlerfiguren für die Düsseldorfer Malerschule.

Während Schumanns Leipziger Jahren war es der Kreis um den Arzt Ernst August Carus oder den Verleger Hermann Härtel (Volkmann 1937, 103–122), Begründer des Kunstvereins in Leipzig und Inhaber des Leipziger Musikverlages Breitkopf & Härtel. Er erteilte dem Berliner Künstler Buonaventura Genelli den Auftrag, sein »Römisches Haus« mit Fresken zur Odyssee auszumalen. Schumann zählt zu den Bewunderern seiner Zeichnungen und Kartons, die ihm 1845 auf der Dresdner Kunstausstellung aufgefallen waren, vermutlich weil sie in strenger, klassizistischer Linearität die Macht des Gesangs in antiken Szenen wie »Homer den Griechen seine Gesänge vortragend« oder »Sappho vor griechischen Frauen singend« verbildlichten. (Die Fresken wurden nicht verwirklicht; Ebert 1971, 65–69; die Zeichnungen, die Schumann gesehen haben könnte: Ebert, Abb. 33, 36, 38, 39.)

Obwohl kein Auftrag an Genelli durch Schumann oder seinen Leipziger Verleger Kistner nachweisbar ist, gilt er als der Urheber des im Mai 1836 erschienenen Innentitelblatts für Schumanns *Pianoforte-Sonate. Clara zugeeignet von Florestan und Eusebius* (op. 11). Das spiegelbildlich aufgebaute Titelblattornament setzt die Kenntnis von Schumanns »Davidsbündlerei« voraus. Am Scheitel der Mittelachse sitzen zwei Gesichter, in denen sich die Wesenszüge von Florestan und Eusebius widerzuspiegeln scheinen. Die gerahmte Platte mit der Dedikation an Clara Wieck wird im Zentrum von geflügelten Mischwesen aus Raubkatze und -vogel gestützt. Ein schwebender Cherubim trägt das Titel- und Dedikationsschild. Er wird gemeinhin als Repräsentant der Herrlichkeit der Schöpfung und als Wächter des Paradieses nach dem Sündenfall verstanden. Eine hintersinnige Andeutung ist nicht auszuschließen.

Für Genellis Autorschaft spricht die Verwendung des großfigurigen Musters, das an den Berliner Klassizismus Schinkelscher Prägung erinnert und nicht der konventionellen Gestaltungen von Titelblättern folgt. Gegen eine Zuschreibung an Genelli ist anzuführen, daß Härtel dem Künstler schon Anfang April 1834 den Auftrag zur Ausmalung seiner Villa kündigte, da er seine Arbeit zu lange schuldig blieb. Kurz darauf heiratete Genelli, entschied sich, Leipzig zu verlassen und brachte seine schwangere Frau schon Anfang 1836 nach Berlin, um im Juli 1836 nach München zu gehen. Zudem ist fraglich, ob ein eigenwilliger Künstler wie Genelli auf seinen Namen, mithin auf seinen Copyright-Vermerk verzichtet hätte.

Erstmals kann die Zusammenarbeit Härtels mit dem in Mainz und später in Frankfurt a. M. tätigen Bildhauer und Graphiker Johann Baptist Scholl d.J. nachgewiesen werden. Das Monogramm »JBS« befindet sich auf der Titellithographie zu *Zwölf Gedichte aus F. Rückerts Liebesfrühling* (op. 37) eingebunden in die Jahreszahl 1841 (Hofmann, 86 f.; Nagler: Monogrammisten, Bd. IX, 5, Nr. 24). Das Datum sitzt unterhalb der Titelfahne, dort, wo die Stabarabeske die untere Bildgrenze überschreitet. Mit diesem spiraligen Ornament, dessen Girlanden von wie in Holz gedrechselten, symmetrisch angelegten Blütenköpfen gefüllt werden, kündigt sich Scholls individuelle, als »Kristallstil« bezeichnete Formensprache an. Ein Jahr nach dem Auftrag für Breitkopf & Härtel übernahm Scholl die Druckerwerkstatt seines Vetters in Mainz und schuf graphisch anspruchsvolle Randzeichnungen für *Deutsche Dichtungen in Bild und Wort*.

Schumanns Bekanntschaft mit dem Maler und Graphiker Alfred Rethel geht möglicherweise auf Härtel in Leipzig oder auf den Dresdner Freundeskreis um den Maler-Poeten Reinick zurück. Rethel gilt als einer der begabtesten Malerschüler Düsseldorfs. Schon ab 1834 schuf er Randzeichnungen zu Gedichten von C. M. Arndt (»Deutsches Kriegslied«), A. v. Chamisso u. a., die von Fr. Krätzschmer lithographiert, von Rethels Freund Wilhelm Speier vertont und von Härtel 1839 in Leipzig herausgegeben wurden (Abb. 15, S. 102, Düsseldorf, mkp). Zeitgleich mit Rethel begann Schumanns enge Zusammenarbeit mit dem Verlag Breitkopf & Härtel. Für 1837 ist die erste Titellithographie Krätzschmers für seinen Klavierzyklus *Carnaval* (op. 9) nachweisbar. Wenig später, 1840, lieferte Rethel zehn Illustrationen zum Nibelungenlied Bendemanns und Hübners (Boetticher 1891 II–1, Nr. 98–100). Schließlich 1848 schuf Rethel, aufgerüttelt von den revolutionären Ereignissen in Dresden, seine wegweisende Folge von sechs Holzschnitten *Auch ein Totentanz*, wofür Reinick die Texte verfaßte. Das beeindruckende Mappenwerk, von dem Schumann ein Widmungsexemplar besaß, wurde an der Dresdner Kunstakademie unter der Leitung des Holzschneiders Hugo Bürkner ausgeführt und wiederum in Leipzig beim Verlag Bernhard Schlick herausgegeben.

Als Schumann 1851 auf seiner Rückreise von Brüssel in Aachen Halt machte, galt sein Ziel dem noch unvollendeten Freskenzyklus aus dem Leben Kaiser Karls d. Großen, an dem Rethel seit 1846 für den Kaisersaal im Aachener Rathaus arbeitete. Schumann traf am 21. August 1851 auf einen »im Übrigen sehr verstimmt[en] u. afficirt[en]« Rethel. Durch den Briefwechsel mit seiner Braut Maria Grahl ist bekannt, daß er sich im August 1851 eingehender mit dem *Einzug Karls d. Gr. in Pavia*

(Karton, Düsseldorf, mkp) und dabei um die Darstellung starker Gemütsbewegungen in den Figuren der Gefangenen bemühte. Zahlreiche Skizzen, Kompositionsstudien, farbige Kartons und umfangreiche Erläuterungen des Künstlers geben Einblick in sein mühevolles Ringen und lassen erahnen, welche »Erläuterungen« Schumann damals von Rethel erhielt. Von den acht Fresken, die zu den Hauptwerken der Düsseldorfer Monumentalmalerei zählen, erwähnt Schumann vier (Tb II, 429, August 1851; Markowitz 1969, 260, Nr. 4454–4458). Es ist jedoch nicht überliefert, daß sich beide Künstler wieder begegneten, als sie sich geistig erkrankt zeitgleich in der Richarzschen Heilanstalt in Endenich aufhielten.

Kunst und Leben – der Künstlerverein Malkasten

Schumanns Auftritte waren nicht nur in den dargelegten halbprivaten Zirkeln, sondern auch bei den großen öffentlichen Aufführungen, etwa anlässlich des ab 1850 alljährlich stattfindenden »Gesangs- und Künstlerfest[es] zu Düsseldorf« oder den humorigen Künstlerfesten des 1848 gegründeten Künstlervereins Malkasten in Düsseldorf, gefragt (»Vollständige Festbeschreibung nebst erklärendem Texte zum Künstlerfeste«, 1852, RSF Düsseldorf; Niederrheinische Musik-Feste vom 15.–17.5.1853).

Dieses aus dem Versammlungsverbot des Preußischen Staates geborene Vereinswesen, das ein politisch unverfängliches Beisammensein ermöglichte, bildete die Voraussetzung für die öffentliche Geselligkeitskultur in Künstlerkreisen. Musikbegeisterte Künstler wie Hildebrandt übten bis zur Gründung des Malkastens heftige Kritik am fortschreitenden kulturellen Niedergang Düsseldorfs: Auch auf »das musikalische Leben hier wirkt die Zeit schlimm ein, und die Concerte sind so wenig gegen früher besucht, daß nur immer abwechselnd eines mit großem Orchester, und eine Soirée gegeben werden kann [...]« (Brief Hildebrandts an Julius Rietz, 30.12.1848, Berlin, SPK, Nationalgalerie, Autographenslg.). Nach 1848 aber lebte die Kunstszene wieder auf. Die Geselligkeiten und großen Feste stimulierten die Sozialität aller

und bewirkten ein lebendiges Ineinandergreifen von Kunst und Leben.

Obwohl Schumann sicher jede Vereinsmeierei zuwider war, bemühte er sich dennoch um die Mitgliedschaft im Malkasten und besuchte das Vereinslokal erstmals am 31. Oktober 1850. Die Aufnahme Schumanns als außerordentliches Mitglied erfolgte am 9. November 1850 mit Unterschrift der Maler Hasenclever, Sonderland, Leutze, Knaus u. a. (Mitgliederverz. Nov. 1850 – Jan. 1851, KVM 64, 1; Beitragszahlung 15.10.1852 (KVM 64, 3): eigenh. Unterschrift Schumanns. Mitgliederverz. Nov. 1852 – April 1853 (KVM 64, 4): Eintrag für Schumann »Bezahlt«, Name später gestrichen; Tb III, 606, 617: 26.10.1852; 11.2.1853).

Am 7. September 1851 nahm Schumann an den Vorbereitungen für das Fest zu Schadows 25jährigem Dienstjubiläum teil (Tb II, 578, 586). Ein Fackelzug mit Musik fand am 29. November 1851 und am nächsten Tag der eigentliche Festakt statt, eingeleitet durch Beethovens 5. Sinfonie und dirigiert von J. Tausch. Den Festprogrammen und auch dem Bericht des *Deutschen Kunstblatts* (II, 1851, 41 ff.) zufolge kam es zu einem spektakulären Zusammenspiel vielfältiger künstlerischer Ausdrucksformen. Höhepunkt waren die von Musik und Prologen umrahmten, kostüm- und bühnenbildnerisch von Künstlern reich ausgestatteten Lebenden Bilder. Schumanns »Gesang-Kränzchen begleitete hinter der Scene die Erscheinung der [lebenden] Bilder.« Ein Epilog leitete über »von den majestätischen Tonmassen der Symphonie« zu den »mit launigem Arabesken-Geschlinge umrahmten Bilder[n] heiligerster Gegenstände, geschickt und glücklich in die rechte Stimmung für den Beginn des Festmahls«. Auf diesen Festen wirkte Schumann auch als Preisrichter mit. Unter den Gestaltern und Mitwirkenden der Gesangswettbewerbe befanden sich die singenden Künstlerfreunde A. und O. Achenbach, Forberg, Hildebrandt, Niessen oder Sonderland. Und so gingen, wie der Präsident des Malkastens, A. Achenbach, hervorhub, Musik, Poesie und die bildenden Künste eine »innige Verbindung« ein, wo Künstler und Sänger einander ebenbürtig das Gesamtkunstwerk als gemeinsames Ziel verfolgten.

Am 11. Februar 1852 nahm Schumann an den Proben zum Maskenball »Aschenbrödels Hochzeit« teil. Neben den »Lebenden Bildern« kam am

Abb. 11: Johann Baptist Sonderland, nach Johann Caspar Scheuren: Aschenbrödels Hochzeit –
Eintrittskarte, 1852, Farblithographie, Düsseldorf, KVM, Inv. Nr. D-KVM 1852–2554

14. Februar 1852 im Geißlerschen Saal seine Vertonung von Goethes »Der König von Thule« zur
Aufführung. W. Camphausen entwarf die Ko-
stüme und Johann Baptist Sonderland schuf nach
Entwürfen von Johann Caspar N. Scheuren das
Plakat und die in arabesker Form gestaltete Eintrittskarte, deren Erhalt Schumann eigens erwähnt
(Abb. 11, Farblithographie v. Sonderland n. Scheuren, verlegt v. Arnz & Comp., KVM, D-KVM
1852–2554; Tb III, 578, 586; Schroyen 2001, 364
Abb.) Schließlich wohnte Schumann am 27. März
1852 der Aufführung der Künstler-Liedertafel von
Mendelssohns Bühnenmusik zu *Oedipus in Kolo-
nos* bei, die J. Tausch dirigierte (Tb III, 543, 571,
589).

Das Düsseldorfer Lieder-
Album von R. Reinick als
medienübergreifendes Projekt

Schon in jungen Jahren subsummierten der fiktive
Künstlerbund der Davidsbündler des jungen
Schumann bzw. die später vom ihm gegründete
Neue Zeitschrift für Musik die Beteiligten zu einer
Gemeinschaft der mit der etablierten Kultur Unzufriedenen und vereinigten sie in einem Innova-
tionswunsch zur Veränderung der Verhältnisse. In
der Gemeinschaft gefestigt traten die innovativen
Köpfe mittels eigener Publikationen und programmatischer Schriften an die Öffentlichkeit.
Schumanns Anspruch war es, sowohl bei der Publikation seiner eigenen Kompositionen als auch
bei der seiner *Neuen Zeitschrift für Musik*, ein
meinungsbildender, wenn nicht programmatischer

Abb. 12: Wilhelm Camphausen: Der Gärtner, in: »Düsseldorfer Lieder-Album«, 1851, Farblithographie

Vorkämpfer zu sein. Desgleichen gilt für die Düsseldorfer Malerschule, welche von kunstkritischen Kommentaren und druckgraphischen Mappenwerken begleitet wurde, frühzeitig eine Historisierung und Theoretisierung aus den eigenen Reihen und Begleitern wie C. Schnaase, Fr. v. Uechtritz oder A. Fahne erfuhr.

Als der Maler-Poet Robert Reinick unter der Mitarbeit der führenden Malerschüler die *Lieder eines Malers mit Randzeichnungen seiner Freunde* in Düsseldorf und Leipzig herausgab, war er sich der Bürde durchaus bewußt, nicht nur ein individuelles Werk, sondern auch ein repräsentatives, »das Ganze der Schule würdig[es]« Werk schaffen zu müssen (Brief Reinicks an Kugler, 26.12.1836; Höffner 1910, 100). Eine ähnlich integrative Leistung vollbrachte der poetisch begabte Schumann in seiner Arbeit an der Musikzeitschrift, durch die er sich ein Netz von Geistesverwandten in seinen Schaffenskreis hineinholte, darunter den spiritus rector der Düsseldorfer Malerschule Müller von Königswinter oder den Theaterreformer und Dichter K. L. Immermann. Schon 1842 ließ sich

Schumann von Immermanns *Münchhausen* anregen (Tb III, 220, 23.6.1842) In der Lektüre beider Schriften liegt eine der Wurzeln für die Koinzidenz der Themen in Musik und Malerei.

Doppelbegabungen wie Schumann oder Reinick waren zeitlebens um medienübergreifende Projekte bemüht. In Reinicks *Düsseldorfer Lieder-Album* scheint die Synthese dreier autonomer Künste durchaus gelungen zu sein, auch wenn die Musik erst im Vortrag ganz zur Geltung kommen konnte. Die Trilogie der Künste wurde in diesem ambitionierten Publikationsvorhaben, 1851 im Verlag Arnz & Comp. publiziert, aufs schönste verwirklicht (Reinick 1851). Zu sechs Gedichten von Eichendorff, Müller von Königswinter u. a. wurden sechs Musiker, darunter Tausch, Hiller und Schumann (Mörikes »Gärtner« op. 107/3) beauftragt, Klavierbegleitungen zu komponieren. Wiederum sechs Düsseldorfer Malerschüler, darunter Camphausen für Schumanns Komposition (Abb. 12), Lessing, die Gebrüder Achenbach und die Genremaler Jordan und Ritter, setzten die Lied- und Notensequenzen in Farblithographien um. In diesem programmatischen Wechselspiel der Künste wurde Horaz' rhetorische Formel des »ut pictura poesis« gründlich revidiert, indem die dienende, rein illustrative Funktion der Malerei aufgegeben wurde, zugunsten einer Gleichrangigkeit der bildkünstlerischen Darstellung gegenüber den Noten- und Textseiten, garantiert durch das seitenfüllende Format.

Nach Maßgabe der romantischen Kunsttheorie, wie sie von Fr. Schlegel federführend formuliert wurde, befruchten sich hier Poesie, Malerei und Musik als gleichgestellte Schwesternkünste wechselseitig und verbinden sich zu einem gelungenen Dreiklang. Tatsächlich werden hier Bilder, Liedertexte und Partituren jeweils nach einem festen Schema zusammengebunden. Wie ein Schmuckband, gleichsam der obere Teil einer rahmenden Arabeske, übertitelt die erste Zeile des Lied- und Notenbandes die bildliche Darstellung. Beim Durchblättern des Albums gilt jedoch der erste Blick dem Zentrum der Lithographie und erst der zweite Blick setzt oben in Leserichtung an, um dem Text- und Notenband zu folgen und den Seitenwechsel einzuleiten. Die auf der folgenden Seite vollständig abgedruckten Lied- und Notenseiten dienen zwar vorrangig dem Gesangsvortrag mit Klavierbegleitung. Durch ihre dekorative Rahmung erhalten sie aber den Status eines Bildes und genügen so auch der visuellen Rezeption. Insofern stellt das *Düsseldorfer Lieder-Album* ein außergewöhnliches Mischwesen dar. Es ist Bilder-, Gesangs- und Notenbuch in einem und wird damit drei verschiedenen Gebrauchsformen gleichermaßen gerecht.

Während der Entstehung eines Vorgängerprojektes von Reinick, *Lieder eines Malers mit Randzeichnungen seiner Freunde* (1838), die auch Schumann zu einigen Vertonungen anregte, beschrieb Reinick die dafür notwendige Vernetzung unter Künstlern: »30 Freunde, eminente Kerls von Malern, wollten meine kleine Poesie in ihre Malerei einwickeln [...].« Ein treuer Freundeskreis habe ihm die Zeichnungen zum Geschenk und teils selbst auf die Platte übertragen, um seinen Liedern »Flügel zu verschaffen, um lustig durch die Welt zu fliegen« (Brief Reinicks an Kugler, 26.12.1836, Höffner 1910, 101).

Grenzgänger Arabeske – Schumanns Titelblattgestaltungen

Wären nicht die finanziellen Barrieren zu hoch gewesen, Schumann hätte im *Album für die Jugend* diese von Reinick entwickelte Richtung mit L. Richter gerne eingeschlagen. Seine Vorstellung war es, den einzelnen Liedern jeweils Textillustrationen zuzugeben, so blieb es beim Titelblatt und der dekorativen Einrahmung der Notenseiten (Appel 1998). Schumann war davon überzeugt, daß die äußere Gestalt die inneren Wesenszüge des Werks zum Sprechen bringen müsse. Zudem erkannte er die Notwendigkeit, Vermarktungsstrategien zu entwickeln. Durch seinen familiären Hintergrund besaß Schumann so viel Geschäftssinn, daß er seine Kompositionen auch als attraktiv zu verpackende Ware begreifen konnte. Durch den väterlichen Verlag kannte er die technischen Möglichkeiten und die Verteilermacht der Verleger. Schöne Umschlaggestaltungen oder farbigen Titelblätter sollten helfen, den Kreis der Konsumenten zu erweitern.

Sein eigentliches Ziel aber war die Synchronie von Auge und Ohr, mithin die Einlösung des Hörbaren in einem entsprechenden Erscheinungsbild. Dafür suchte er nach neuen Wege der Notengestaltung, um dem Wesen seiner Musik und dem Schriftbild seiner Partituren durch eigene bildkünstlerische Mittel gerecht zu werden: »Was überhaupt die schwierige Frage, wieweit die Instrumentalmusik in Darstellung von Gedanken und Begebenheiten gehen dürfe, anlangt, so sehen hier viele zu ängstlich. Man irrt sich gewiß, wenn man glaubt, die Komponisten legten sich Feder und Papier in der elenden Absicht zurecht, dies oder jenes auszudrücken, zu schildern, zu malen. Doch schlage man zufällige Einflüsse und Eindrücke von außen nicht zu gering an. Unbewußt neben der musikalischen Phantasie wirkt oft eine Idee fort, neben dem Ohre das Auge, und dieses, das immer tätige Organ, hält dann mitten unter den Klängen und Tönen gewisse Umrisse fest, die sich mit der vorrückenden Musik zu deutlichen Gestalten verdichten und ausbilden können. Je mehr nun der Musik verwandte Elemente die mit den Tönen erzeugten Gedanken oder Gebilde in sich tragen, von je poetischerem oder plastische-

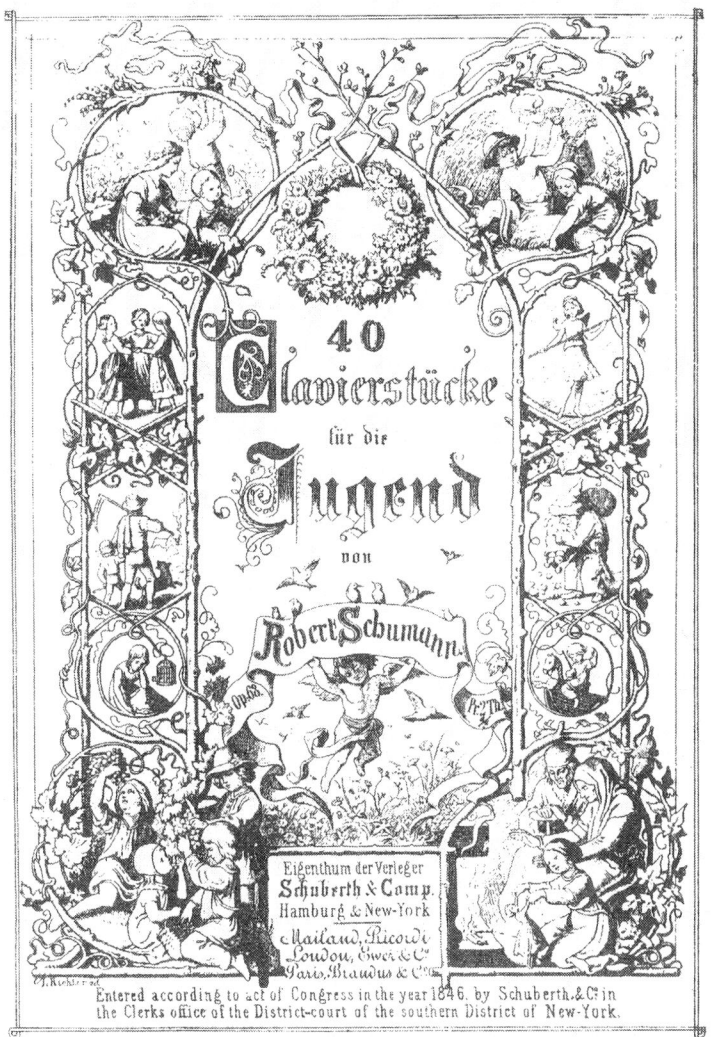

Abb. 13: Ludwig Richter,
Titelgestaltung zu op. 68,
1848, Farblithographie
von Christian Hahn

rem Ausdrucke wird die Komposition sein, – und je phantastischer oder schärfer der Musiker überhaupt auffaßt, um so mehr wird sein Werk erheben oder ergreifen […]« (Kreisig I, 84).

Kein anderes bildkünstlerisches Element scheint Schumanns synchronischem Denken mehr zu entsprechen als die Arabeske, die Ausdruck eines dialektischen Prozesses von größtmöglicher Loslösung und zugleich dem Wunsch nach synergetischer Einheit ist. An der Arabeske ist exemplarisch jenes durch die Romantik veränderte Lebensgefühl ablesbar, das im bildkünstlerischen Schaffen des 19. Jahrhunderts als fortschreitender Abstraktionsprozeß bis zur Moderne erkennbar ist (Busch 1985). Mit der Wahrnehmung der Welt durch die Frühromantiker als sinnentleert, zerbrochen und zerstückelt wird das Fragmentarische, Gestaltlose und Grenzenlose zum eigentlichen Vorwurf der Kunst erklärt. Damit geht ein Divergenzprozess von Inhalt und Form einher und führt zur Verselbständigung der Form und seiner Loslösung vom Inhalt. Ein Element, an dem diese generelle Entwicklung exemplarisch aufgezeigt werden kann, ist die Arabeske. Wesentliche Strukturmerkmale der romantischen Arabeske spielten in der Ausgestaltung von Schumanns Noten eine wichtige Rolle und sprechen für ein hohes Maß an Synchronie zwischen musikalischer, poetischer und bildkünstlerischer Form. »Und da ich die Ausstattung meiner Compositionen«, schrieb

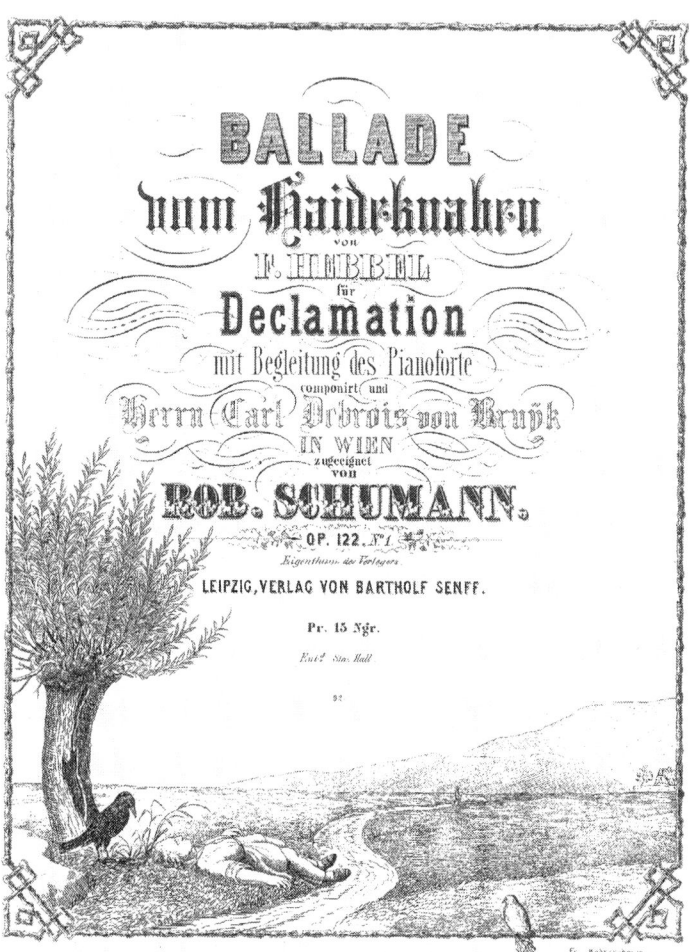

Abb. 14:
Friedrich Krätzschmer,
Titelgestaltung zu op. 122,
Nr. 1, 1853, Lithographie

Schumann an Fr. Whistling am 17. Juni 1849, »immer dem Inhalte gemäß eingerichtet wünsche, so soll auf dem Titel nichts als auf dem Beiblatt steht, kommen […]« (Erler I, 90).

Die Arabeske ist mehr als nur eine Ornamentform, sie wurde seit der Frühromantik als eine ästhetische Kategorie im endlosen Prozeß des kreativen Denkens und Fühlens verstanden. Nach Fr. Schlegel konnte das Arabeske einen assoziativ, unsystematischen Denkvorgang oder das ironisch gebrochene Poetisieren im »Wildwuchs« (Schlegel 1967, 331) bezeichnen. Es meinte ebenso die ursprünglichste Form der Fantasie, als auch eine Fülle frei sich fortspinnender Formen. Es steht für Ironie, Witz, Fantasie oder Liebe und dient als Verweis auf ein Höheres, Unendliches »der ewigen Liebe und der heiligen Lebensfülle der bildenden

Natur. – Nur die Fantasie kann das Rätsel dieser Liebe fassen und als Rätsel darstellen«. Das formgewordene Prinzip dieses endlosen Sehnens nach Totalität ist die Arabeske.

Spätestens mit Novalis wurde die Arabeske oder das freie Ornament im engen Zusammenhang mit nicht sichtbaren Phänomenen, vor allem mit dem Musikalischen gesehen und als eigentliche Sichtbarmachung der Musik verstanden (Novalis III/1960f., 559, Nr. 28). Auch Wilhelm von Humboldt erkannte in seiner kritischen Anmerkung all jenes, »was gestaltlos, gehalten von den Gesetzen des Rhythmus und der Harmonie […] unmittelbar die Empfindung berührt«. Moritz von Schwind, der sich zeitlebens mit der Schwesterschaft von Musik und Malerei auseinandersetzte, sah die enge strukturelle Verbindung einer Sinfonie mit der

Form der Arabeske und damit als eine Darstellung des verschachtelten Fortspinnens eines Themas in Mikro- und Makrostrukturen. Es ist somit nicht verwunderlich, daß Schumanns Werktitel jenes romantische Begriffsspektrum von *Fantasie[n]* (op. 12, 16, 17), *Arabeske* (op. 18) »Romanze«, »Ballade« oder *Dichterliebe* (op. 48) umfaßt.

Von den zahlreichen Titelblättern zu Schumanns Notenwerken in Erstdrucken, die ab November 1831 publiziert wurden, können hier nur wenige Beispiele herausgegriffen werden. Mit seinem Verleger tauschte er sich detailliert über die Gestaltung, die besondere Ausstattung von Prachtexemplaren, Erst- und Vorzugsdrucke, Papierqualität, Leinenumschläge und Farbwahl aus. Er äußerte die Bitte nach einer eleganten Typographie in kleiner Schrifttype. Die Fragen des Copyrights und die Notwendigkeit der Arbeitsteilung werden thematisiert, da beim illustrierten Notendruck verschiedene Druckverfahren in der Kombination von Gravur, Notenstich und ggf. Lithographie zum Einsatz kamen. Wettbewerbszwänge hatten im Graphikmarkt zu Spezialisierungen geführt, so daß die auf Tiefdruck spezialisierte Druckwerkstätten wie Breitkopf & Härtel nur die gravierten Platten, während Hanfstaengel oder Braunsdorf in Leipzig die Verarbeitung des Lithosteins übernehmen konnten (Brief Schuberths an Schumann, 16.11.1848, Corr. Bd. 20, Nr. 3547, fol 1 r.). Viele Stecher wurden von Verlegern schlecht bezahlt unter Vertrag genommen, hatten kein Copyright und blieben anonym. Die Entwerfer dagegen behielten das Monopol auf die Zeichnung und ggf. auch auf den Druck. Sie überließen meist die Knochenarbeit der Ausführung auf der Platte anderen und zählten innerhalb der Produktionskette zu den Spitzenverdienern.

Aus Kostengründen einigte sich Schumann mit seinem Verleger oftmals auf eine reduzierte Ausführung, die dieser meist an seine Stecher oder Lithographen weitergab. In wenigen Fällen konnte der Komponist namhafte Künstler wie L. Richter als Gestalter mit hinzuziehen und ihm ausführlich seine Ideen zur Titelgestaltung darlegen, indem er auch aus den Stücken vorspielen ließ. Das unmittelbare Musikerlebnis wird dazu beigetragen haben, daß es mit Richter zu einem glücklichen Zusammenspiel von Musik und Malerei kam. Schumann selbst unterschied zwischen »Rand-

zeichnungen (Illustrationen)«, »Umrandung« und Arabesken, manchmal verwendete er auch den Begriff »Titelverzierung« (Brief an Kistner, 10.6.1851, Boetticher 1891 II, 150) Für das *Album für die Jugend* plante er illustrierende Szenen am Rande der jeweiligen Stücke und eine die Titellettern rahmende Arabeske (6.10.1848, Brief an Carl Reinecke, Boetticher 1891 II, 60–62). Für seine ästhetischen Präferenzen mag schon früh der Einfluß von Strixners Randzeichnungen zu Dürers Gebetbuch des Kaisers Maximilian I., die ab 1807 in zahlreichen Auflagen erschienen sind, wegweisend gewesen sein (Tb III, 398, 9.3.1846).

Weniger Einfluß hatte Schumann wohl auf jene Titelblätter, denen ablesbar ist, daß die Stecher einem standardisierten Raster folgen, in das kleinere, auf den Titel Bezug nehmende Varianten eingefügt wurden wie die Schmetterlinge für *Papillons* (op. 2). Vermutlich arbeiteten viele Stecher nach Musterkatalogen für Kunsthandwerker und bedienten sich der Ornamentstichwerke und Vorlagebücher für Ebenisten, Tischler und Rahmenmachern (opp. 6, 24, 45, 70, 74, 111 oder 130).

Eine andere Entwicklung zeigen Titelblätter mit auffallend freien, nichtgestalteten Leerräumen. Fr. Krätzschmers Lithographie zu Schumanns »Ballade vom Haideknaben von F. Hebbel« (op. 122), die 1853 bei Bartholf Senff in Leipzig herausgegeben wurde, mutet in der reduzierten Form ausgesprochen modern an (Abb. 14). Die Überschaulandschaft mit niedrigem Horizont entspricht dem Blickwinkel des liegenden Knaben im Bild. Diese Darstellung ist ohne Eugen Napoleon Neureuthers bekannte Illustration zur Totentanz-Ballade in *Randzeichnungen zu Goethe's Balladen und Romanzen* von 1829 kaum denkbar. In abstrakten Schnörkeln wird der Kletterweg eines Gerippes auf einen Turm gezeichnet, während das herabgestürzte Gerippe am Boden liegend zu sehen ist. Bei Neureuther und Krätzschmer ist der undefinierte Raum im Himmelbereich nur ein potentieller Bildraum, der von der Arabeske nicht mehr und von der Malerei noch nicht besetzt wird. Zwar wird der Bildgrund hier raumwertig, verliert aber durch die Titelei seinen absoluten Bildtiefenraum. So wird die Arabeske auf ihr Minimum reduziert – nicht zuletzt in dem Randmotiv des Vogels als Vexierbild von Innen und Außen –, sie wird in der Entfaltung gehindert und

Abb. 15: Alfred Rethel:
Deutsches Kriegslied,
Entwurf zu einer Rand-
zeichnung, um 1834,
in: Wilhelm Speier:
»Gesänge für vier
Männer-Stimmen«, 1839,
Feder und Bleistift,
Düsseldorf, mkp, Inv.
Nr. 1935-23

Abb. 16: Adolph Menzel,
Titelblatt zu A. v.
Raczyński »Geschichte
der neueren deutschen
Kunst«, Bd. 3, 1841,
Radierung

Abb. 17:
Theodor Mintrop,
Titelblatt zu op. 112, 1852,
Radierung

zugleich wird der undefinierte Raum als Kondensat entleert.

Die bei Härtel publizierten Randzeichnungen Rethels sowie J. Peters Titelblatt zu Schumanns *Der Königssohn. Ballade von Ludwig Uhland* (op. 116) verdanken Neureuther, besonders der *Marseillaise* aus der Serie von Französischen Liedern von 1830, das streng gegliederte Gittersystem und die räumliche Wirkung. Rethels doppelreihige Stabarabeske zu »Deutsches Kriegslied« von C.M. Arndt (Abb. 15) wird anders als bei Peters zu einem kongenialen Spiel zwischen Ornament und Raum, indem die in den Stabzwischenräumen eingesetzten Figuren den umrankten Bereich überschreiten, um in die Tiefe des Landschaftsraums zu marschieren. Dabei findet ein doppeltes Spiel von Abstrak-

tion und Konkretion statt, da der vertikale Arabeskenstab sowohl als abstrakte Grenzziehung des Bildfeldes als auch als konkreter Gegenstand gelesen werden kann, etwa als Wanderstab eines Soldaten oder als Fensterleibung rechts, an der eine Frau weinend von ihrem Liebsten Abschied nimmt.

Vergleicht man damit die Arabeske L. Richters zu Schumanns *Album für die Jugend* (Abb. 13, S. 99), so scheint Richter noch enger als sein berühmtes Vorbild, Adolph Menzels Titelblatt zu Athanasius Graf Raczyńskis *Geschichte der neueren deutschen Kunst* (Bd. 3, 1841, Abb. 16), diese raumgreifende Überschreitung des Ornaments zu vermeiden. Die Figuren respektieren den engen Raum, der ihnen von den Schlingen der Arabeske zugemessen wird. Bei Richter findet ein umge-

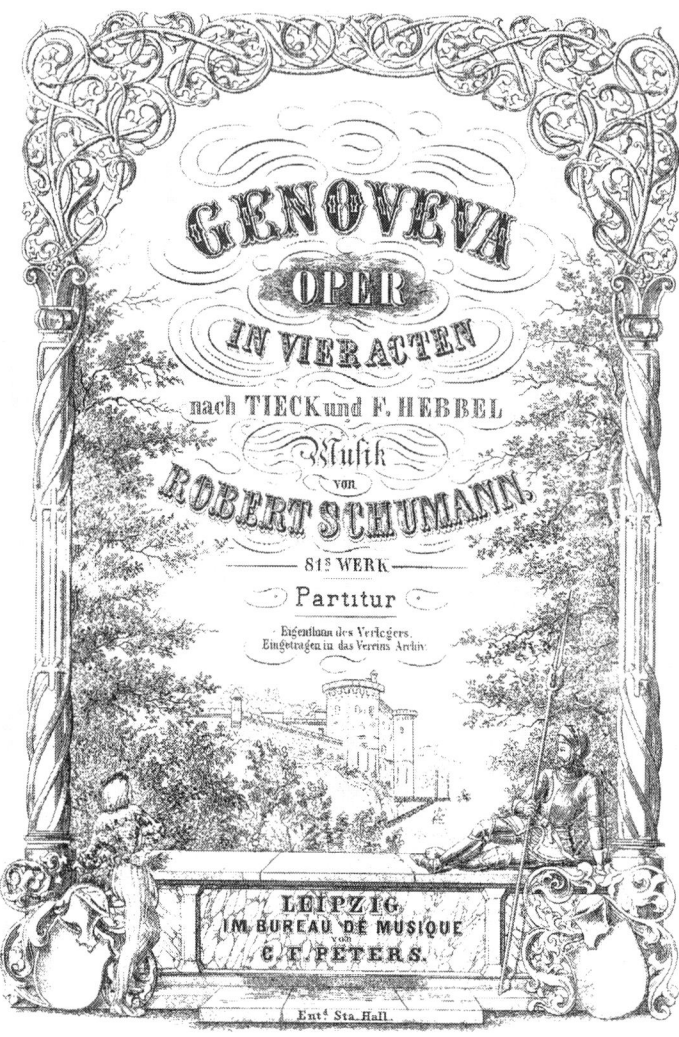

Abb. 18:
Friedrich Krätzschmer,
Titelblatt zu op. 81, 1880,
Lithographie

kehrter Prozeß statt. Das narrative Moment verliert sich zugunsten der Ornamentalisierung der Szenen, die wie Perlen oder Bildmedaillons an einer Kette aufgereiht erscheinen.

Im Vergleich dazu ist in Th. Mintrops Titelblatt zu *Der Rose Pilgerfahrt* (op. 112) (Abb. 17) von 1852 das strenge Ordnungsprinzip der Stabarabeske deutlich zurückgenommen. Die zarten Rosenranken sind nur noch schmückendes Beiwerk der Bildfelder, die in ihrer bühnenartigen Anlage dominieren. Zwar sind sie nach klassischem Muster wie schon bei Richter spiegelbildlich gegenüberge-

stellt, im Zentrum aber steht nun die Hauptfigur der märchenhaften Dichtung. Sie entsteigt sinnigerweise einer Rosenblüte in gleicher Attitüde wie Botticellis Venus ihrer Muschel. Entscheidend aber ist, daß die Titelei im Zentrum durch das Bild vollkommen verdrängt wird. Bild und Text scheinen ihre Rolle getauscht zu haben. Die Titelei rahmt nun das Bild, indem sie es nach oben und unten abgrenzt, während sich die Bildszenen zu einem grotesken Ornamentkörper zusammenschließen, so als blicke man in eine geöffnete Blüte, in deren Blütenkelch die »Rose« wie ein

Blütenstempel sitzt. Die Verschleifung von Bild-
und Textfeld ist bei Rethel und Richter gegeben,
indem die spiraligen Enden bzw. die korkenzie-
herartigen Ausläufer der Arabeske die Majuskeln
bilden oder in diese hineinwachsen.

Krätzschmer Titelarabeske zur *Genoveva* (op. 81,
Abb. 18) erschien nach Schumanns Tod ohne dessen gestalterische Vorgaben. Die Doppelorientie-
rung der Arabeske zwischen Abstraktion und
Konkretion wird erst auf den zweiten Blick offensichtlich und behindert die anschauliche Qualität.
Wie schon bei Richter, Peters oder Mintrop
herrscht hier ebenfalls eine Pseudo-Symmetrie und
ein Antinaturalismus. Durch die rahmenden Säu-
len wird eine vordere Ebene vor den Landschafts-
raum geschaltet. Der Ritter rechts sitzt auf dieser
Raumgrenze, als wolle er deren Wahrheitsgehalt
bekräftigen. Dem gleichen Ziel dient die weibliche
Rückenfigur links, die wie aus einer Loge in einen
Bühnenraum hineinblickt. Trotz dieses scheinbar
realen Landschaftsraumes ist auch hier die für die
Arabeske charakteristische Licht- und Schwerelo-
sigkeit der gegenständlichen Gefüge erkennbar.

Jenes Oszillieren von Muster und Grund, Fläche und Raum macht die Titelarabeske zu einem
spannungsreichen, mehrdeutigen Bild. Gleiche
Strukturmerkmale lassen sich, wie K. Rainer Nonnenmann gezeigt hat, in Schumanns Werk und vor
allem in seinen musikästhetischen Kategorien
auffinden (Nonnenmann 2001, 243–254). Es ist der
prozeßhafte Charakter, die fehlende Linearität der
Stücke, jene mehrdeutige, polyvalente Struktur, die
durch Kreuz- und Querbezüge verstärkt wird.

Die Einheit der Künste

Schumanns Schaffen, seine literarischen Schriften,
seine Freundschaften mit Künstlern und seine
vielfältigen Kooperationen, sei es die mit bildenden Künstlern wie L. Richter oder Th. Mintrop
für seine Titelblattgestaltungen, sei es mit verschiedenen Verlagen, Druckanstalten und deren
Stechern, allen voran Fr. Krätzschmer, sei es mit
Dichtern wie R. Reinick oder Fr. Hebbel für seine
Libretti, stehen beispielhaft für die von den Romantikern angestrebte Verflechtung der Künste.
Er teilte die Vorstellung von der gemeinsamen
Wurzel aller Künste, die lediglich mit unterschiedlichen Mitteln Gleiches auszudrücken suchten. So
trug Schumann als Komponist und Dirigent sei-
nen Teil zu einem Gesamtkunstwerk bei, mit dem
»Verlangen nach [der] Totalität der Anschauung«
(Schumanns Mottosammlung, in: Kunstblatt; n.
Hotaki 1998, 408).

Schon in jungen Jahren entwickelte Schumann eine Vielfalt musikalischer, dichterischer
und bildkünstlerischer Interessen und Tätigkeiten, die ihn ohne Zweifel als universellen Geist,
als einen am Kunstgeschehen mit regem Interesse
aktiv mitgestaltenden Zeitgenossen kennzeichnen. So verschlossen und unzugänglich Schumann für manchen Zeitgenossen gewirkt haben
mag, gab es vielleicht keinen anderen deutschen
Komponisten in dieser Zeit, der mit den führenden Malern und Bildhauern eine gleichermaßen
intensive wie anregende und fruchtbare Verbindung einging.

Literatur

Appel, Bernhard R.: Robert Schumann und die Malerei,
 In: Schumann und die Düsseldorfer Malerschule.
 [Katalog zur] Ausstellung vom 1.–19. Juni 1988. Düsseldorf, im Rahmen des 3. Schumann-Festes, bearb.
 v. B.R. Appel, Irene Markowitz u. a., David-Hanse-
 mann-Haus Düsseldorf. Düsseldorf 1988, S. 7–18.
–: »Mehr Malerei als Ausdruck der Empfindung« – Illustrierende und illustrierte Musik im Düsseldorf

des 19. Jahrhunderts. In: Akademie und Musik. Erscheinungsweisen und Wirkungen des Akademiegedankens in Kultur- und Musikgeschichte: Institutionen, Veranstaltungen, Schriften. Festschrift für
 Werner Braun zum 65. Geburtstag, hg. von Wolf
 Frobenius. Saarbrücken 1993. (Saarbrücker Studien
 zur Musikwissenschaft, N.F., 7), S. 255–268, Abb.
 S. 360–364.

Appel, Bernhard R.: Robert Schumanns »Album für die Jugend«. Einführung und Kommentar. Zürich, Mainz 1998.

–/ Hermstrüwer, Inge/Nauhaus, Gerd (Hg.): Clara und Robert Schumann. Zeitgenössische Porträts. Katalog zur Ausstellung des Heinrich-Heine-Instituts, Düsseldorf und des Robert-Schumann-Hauses in Zwickau. Düsseldorf 1994.

Baumgärtel, Bettina: Die schönste Jungfrau – Ästhetik der Verführung. In: Die Loreley. Ein Fels im Rhein. Ein deutscher Traum, hg. von Mario Kramp. Mittelrhein-Musem Koblenz; Historisches Museum Bingen, Mainz am Rhein 2004, S. 93–103.

Boetticher, Friedrich von: Malerwerke des neunzehnten Jahrhunderts. Beitrag zur Kunstgeschichte. 2 Bde. (4 Halbbbde.). Dresden 1891–1901.

Busch, Werner: Die notwendige Arabeske. Wirklichkeitsaneignung und Stilisierung in der deutschen Kunst des 19. Jahrhunderts. Berlin 1985.

Ebert, Hans: Buonaventura Genelli. Leben und Werk. Weimar 1971.

Geppert, Stefan (Hg.): Johann Peter Hasenclever (1810–1853). Ein Malerleben zwischen Biedermeier und Revolution. Bergisches Museum Schloss Burg, Solingen, Mainz am Rhein 2003.

Hegel, Georg Wilhelm Friedrich: Vorlesungen über die Ästhetik 2. Auf der Grundlage der Werke von 1832–1845 neu ed. Ausg. Frankfurt a. M. 1990. (Georg Wilhelm Friedrich Hegel. Werke, 14) (Suhrkamp-Taschenbuch Wissenschaft, 615).

Höffner, Johannes (Hg.): Aus Biedermeiertagen. Briefe Robert Reinicks und seiner Freunde. Bielefeld, Leipzig 1910.

Hofmann, Kurt: Die Erstdrucke der Werke von Robert Schumann. Tutzing 1979. (Musikbibliographische Arbeiten, 6).

Hotaki, Leander: Robert Schumanns Mottosammlung. Übertragung, Kommentar, Einführung. Freiburg i. Br. 1998. (Rombach Wissenschaften, Reihe Litterae, 59).

Kross, Siegfried: Annotationen und Konnotationen zur Biographie der Düsseldorfer Jahre Schumanns. In: Schumann in Düsseldorf. Werke – Texte – Interpretationen. Bericht über das 3. Internationale Schumann-Symposion am 15. und 16. Juni 1988 im Rahmen des 3. Schumann-Festes, Düsseldorf, hg. von Bernhard R. Appel. Mainz 1993. (Schumann-Forschungen, 3), S. 201–219.

Leuschner, Vera: Lessings Freundesgalerie aus den Düsseldorfer Jahren 1826–1858. In: Sitt (Hg.) 2000, S. 123–130.

Markowitz, Irene (Bearb.): Die Düsseldorfer Malerschule. Kataloge des Kunstmuseum Düsseldorf. Bd. 2. Düsseldorf 1969.

Monschau-Schmittmann, Birgid: Julius Hübner (1806–1882). Leben und Werk eines Malers der Spätromantik. Münster, Hamburg 1993. (Bonner Studien zur Kunstgeschichte, 7).

Nagler, Georg Kaspar: Die Monogrammisten und diejenigen bekannten und unbekannten Künstler aller Schulen, welche sich zur Bezeichnung ihrer Werke eines figürlichen Zeichens, der Initialen des Namens, der Abbreviatur desselben … bedient haben, mit Berücksichtigung von Buchdruckerzeichen, bearb. von Georg Kaspar Nagler. 6 Bde. Bd. 4 und 5 fortgesetzt von A. Adresen und C. Clauss. München 1858–1920.

Nauhaus, Gerd: Der Rose Pilgerfahrt op. 112: Schumanns Abschied vom Oratorium. In: Schumann in Düsseldorf. Werke – Texte – Interpretationen. Bericht über das 3. Internationale Schumann-Symposion am 15. und 16. Juni 1988 im Rahmen des 3. Schumann-Festes, Düsseldorf, hg. von Bernhard R. Appel. Mainz 1993. (Schumann-Forschungen, 3), S. 179–199.

Nonnenmann, K. Rainer: »Variationen, aber über kein Thema«. Die romantische »Arabeske« als ästhetische Kategorie in Robert Schumanns op. 18. Die Musikforschung 54 (2001), S. 243–254.

Novalis: Heinrich von Ofterdingen. In: Schriften. Die Werke Friedrich von Hardenbergs, hg. von Paul Kluckhohn und Richard Samuel. 2., nach den Handschr. erg., erw. und verb. Aufl. Stuttgart 1960.

Piel, Friedrich. Die Ornament-Grotteske in der italienischen Renaissance. Zu ihrer kategorialen Struktur und Entstehung. Berlin 1962. (Neue Münchner Beiträge zur Kunstgeschichte, 3).

Reinick, Robert: Düsseldorfer Lieder-Album. 6 Lieder mit Pianofortebegleitung. Düsseldorf 1851.

Richter, Ludwig: Lebenserinnerungen eines deutschen Malers. Selbstbiographie nebst Tagebuchniederschriften und Briefen, hg. und erg. von Heinrich Richter. Leipzig 1909.

Ricke-Immel, Ute (Bearb.): Die Handzeichnungen des 19. Jahrhunderts. Die Düsseldorfer Malerschule. Die erste Jahrhunderthälfte. Kataloge des Kunstmuseums Düsseldorf. Bd. 3/1. Düsseldorf 1980.

Ritter, Henry und Camphausen, Wilhelm: Schattenseiten der Düsseldorfer Maler nebst verkürzten Ansichten ihrer letzten Leistungen, gewidmet ihren Kunstgenossen. Düsseldorf 1845. Heft 1–5.

Schlegel, Friedrich Wilhelm: Gespräch über die Poesie (1800). In: ders.: Charakteristiken und Kritiken I, 1796–1801, hg. und eingel. von Hans Eichner. Paderborn 1967. (Kritische Friedrich-Schlegel-Ausgabe, hg. von Ernst Behler, Abt. 1, 2).

Schroyen, Sabine (Bearb.): Bildquellen zur Geschichte des Künstlervereins Malkasten in Düsseldorf. Künstler und ihre Werke in den Sammlungen, hg. vom Landschaftsverband Rheinland (Archivhefte 34). Düsseldorf 2001.

Sitt, Martina: Biographie. In: Sitt (Hg.) 2000, S. 154–159.

Sitt, Martina (Hg.): Carl Friedrich Lessing. Romantiker und Rebell. Kunstmuseum Düsseldorf; Landesmuseum Oldenburg/Augusteum. Bremen 2000.

Volkmann, Ludwig: Hermann Härtel als Kunstfreund und Künstler. In: Kunst und ihre Sammlung in Leipzig. Festschrift zum 100jährigen Jubiläum des Leipziger Kunstvereins und Museums der bildenden Künste, hg. v. Werner Teupser. Leipzig 1937.

Das literarische Werk – Lektüre, Poesie, Kritik und poetische Musik

von Uwe Schweikert

Robert Schumann: eine literarisch-musikalische Doppelbegabung

Musikalisch-literarische Doppelbegabungen waren im 19. Jahrhundert keine Seltenheit. Hector Berlioz, Peter Cornelius, E.T.A. Hoffmann, Franz Liszt, Richard Wagner und Carl Maria von Weber – um nur die bekanntesten zu nennen – sind sowohl als Komponisten wie als (Musik-)Schriftsteller hervorgetreten. In diese Reihe gehört auch Robert Schumann. Bereits im 18. Jahrhundert gab es – um nur im deutschen Sprachraum zu bleiben – aufklärerische Musikpublizisten und Theoretiker wie Johann Friedrich Agricola, Johann Philipp Kirnberger, Friedrich Wilhelm Marpurg und Johann Mattheson, die auch als Komponisten hervorgetreten sind und Komponisten wie Carl Philipp Emanuel Bach, Leopold Mozart und Johann Joachim Quantz, die wichtige Instrumentallehrbücher schrieben. Eine wirkliche literarisch-musikalische Doppelbegabung war am Ende der sich radikalisierenden Spätaufklärung aber wohl erst Johann Friedrich Reichardt (1752–1814). Der langjährige preußische Hofkapellmeister und Anhänger der französischen Revolution, zu dessen geistigen Schülern die beiden Frühromantiker Ludwig Tieck und Wilhelm Heinrich Wackenroder gehörten, steht mit seinem Roman *Leben des berühmten Tonkünstlers Heinrich Wilhelm Gulden* (1779) sowie seinen zahlreichen Zeitschriften, Reiseberichten und kritischen Essays – zusammen mit den musikdurchtränkten Romanen Wilhelm Heinses (1746–1803) – am Beginn jenes Funk-

tionsübergangs von Musik und Poesie, von Ton und Wort, wie er dann bei Novalis, Friedrich Schlegel, Tieck und Wackenroder zum Fundament der frühromantischen Literatur in Theorie und Praxis werden sollte. Gleichzeitig emanzipierte sich am Ausgang des 18. Jahrhunderts eine eigenständige Musikpublizistik, die bis dahin Bestandteil der philosophisch orientierten Ästhetik der Aufklärung wie noch des beginnenden klassischen Idealismus war. Musikkritik richtete sich nun nicht mehr ausschließlich an die gelehrten Kenner, sondern etablierte sich als Bestandteil der feuilletonistischen Berichterstattung der Tages- und Fachpresse für ein breiteres Lesepublikum (s. Tadday 1993 bzw. 1997).

Beide Bereiche, die musikalisierte Poesie der Romantik wie das Musikfeuilleton, waren produktionsästhetische Anknüpfungspunkte für den jungen Schumann und bestimmten sein literarisches wie musikalisches Denken bis weit in die 1840er Jahre. In der 1834 erfolgten Gründung der *Neuen (Leipziger) Zeitschrift für Musik*, die Schumann bis 1844 auch als Redakteur geleitet hat, trafen sich beide Linien. Die Zeitschrift wurde, wie es »Zur Eröffnung des Jahrganges 1835« hieß, einerseits zum Medium jener »neuen poetischen Zeit« (Kreisig I, 38), die Schumann und seine komponierenden Freunde einläuten wollten, andererseits zum Organ einer poetisierenden Musikkritik in Form von Aphorismen, Briefen, humoristischen Erzählungen und essayistischen Werkbetrachtungen, wie sie zunächst für Schumann charakteristisch waren und zu denen dann allerdings im Laufe der Jahre mehr und mehr die im engeren Sinne musikjournalistischen Formen wie der referierende Konzertbericht und die Kompositionskritik hinzutraten.

Lektüre und literarische Anschauungen

Schumann war umfassend belesen: »Die bedeuten[d]sten Dichter ziemlich aller Länder waren mir geläufig«, bekennt er in einer autobiographischen Notiz der vierziger Jahre (Eismann, Quellenwerk, 18). Seine ab 1827 geführten Tagebücher, später die Haushaltbücher bzw. das 1845 angelegte und bis 1852 geführte »Lektürebüchlein« (Appel/Hermstrüwer, 54–81), die sog. Mottosammlung und der noch unveröffentlichte »Dichtergarten«, aber auch die Spannbreite der von ihm vertonten Lyriker geben uns einen Überblick über die enorme Weite und Vielfalt seiner lebenslangen Auseinandersetzung mit der Dichtung. Durch seinen Vater, einen »höchst tätigen und geistreichen Mann« (»Lebensskizze« von 1840, Eismann, Quellenwerk, 15) – den Buchhändler, Verleger und Schriftsteller Friedrich August Schumann (1773–1826) – kam er früh mit der Literatur in enge Berührung. In den vom Vater verlegten Taschen- und Miniaturausgaben lernte er die deutschen wie die ausländischen Klassiker kennen. Dazu gehörte nicht zuletzt der damals in Intellektuellenkreisen ungeheuer populäre Byron, dessen *Childe Harold* und *Beppo* der Vater noch kurz vor seinem Tod selbst übersetzt hatte. Darüber hinaus vermittelte ihm der Schulunterricht am Zwickauer Gymnasium die gründliche Aneignung des antiken Schrifttums wie der klassisch-romantischen Literatur der Kunstperiode. Obwohl er schon früh mit der Musik in Berührung kam, musikalisches Talent zeigte, der Vater ihn zum Musiker bilden wollte und noch während der Schulzeit erste Kompositionen entstanden, hielten sich doch bis zum Ende der 1820er Jahre die Neigung zur Literatur und die zur Musik die Waage. Lange blieb für Schumann unentschieden, für welche der beiden Künste er sich entscheiden sollte: »Was ich eigentlich bin, weiß ich selbst noch nicht klar: Phantasie, glaub‹ ich, hab‹ ich: und sie wird mir auch von keinem abgesprochen: tiefer Denker bin

ich nicht: ich kann niemals logisch an den Faden fortgehen, den ich vielleicht gut angeknüpft habe. Ob ich Dichter bin – denn werden kann man es nie – soll die Nachwelt entscheiden« (24.1.1827, Tb I, 30).

Noch auf der Schulbank gründete er 1825, zusammen mit zehn Mitschülern, einen »Litterarischen Verein« zur »Einweihung in die deutsche Litteratur« (Appel/Hermstrüwer, 21), der nach demokratischen Grundsätzen organisiert und wie das literarische Vereinswesen der Vormärz-Zeit national ausgerichtet war. Das hauptsächlich von Schumann geführte »Protokollbuch« verzeichnet bis zum Abiturjahr 1828 insgesamt 30 Lese- und Diskussionsabende, in deren Mittelpunkt – neben Gedichten der Hainbündler und Anakreontiker – mit Ausnahme des »Wallenstein« sämtliche Dramen Friedrich Schillers standen, lange der bevorzugte Dichter und das Vorbild des Heranwachsenden. 1827 finden sich u. a. Friedrich Schlegel (*Ueber altdeutsche Litteratur*), Johann Gottlieb Fichte (*Reden an die deutsche Nation*) und Jean Paul auf dem gemeinsamen Lektüreplan. Außerhalb des Vereins beschäftigte er sich intensiv mit Byron, E.T.A. Hoffmann und Tieck, die bis in die letzten Lebensjahre zu seinen Lieblingsdichtern gehörten. Goethe und Shakespeare, die aus seinem geistigen Haushalt nicht wegzudenken sind, lernte er erst später lieben und verstehen. Jean Paul entdeckte er, gleichzeitig mit der Musik Schuberts, im Mai 1827.

Die *Flegeljahre* seines »einzigen« (Tb I, 82) Jean Paul wurden für in zu einer Art »Bibel« (Briefwechsel I, 125): »Wenn ich Schubert spiele, so ist mir’s, als läs‹ ich einen componirten Roman Jean Paul’s« (Brief an Friedrich Wieck, 6.11.1829, zit. n. Burger, 78) In den humoristisch-empfindsamen Romanen Jean Pauls fand der sensibel-introvertierte Schumann – wie zuvor in Schillers Lyrik – ein Ideal, dem er auch sprachlich nacheiferte. Seinem Freund Gisbert Rosen bekannte er am 5. Juni 1828: »Wenn die ganze Welt Jean Paul läse, so würde sie bestimmt beßer, aber unglücklicher – er hat mich oft dem Wahnsinn nahe gebracht; aber der Regenbogen des Friedens u. der menschliche Geist schwebt immer sanft über alle Thränen; u. das Herz wird wunderbar erhoben u. mild verklärt« (Kross ²1982, 16). Das unvereinbare Geschwisterpaar Walt und Vult aus den *Flegeljahren* wurde zum Vorbild der fiktiven Aufspaltung seines eigenen Ichs in die Doppelgänger Eusebius und Florestan, wie er sie in den 1830er Jahren sowohl in seinen Kompositionen (u.a. in den *Davidsbündlertänzen* op. 6) wie in seinen musikalischen Schriften inszeniert. Nicht zuletzt hat noch der reife Schumann bekannt, von Jean Paul mehr Kontrapunkt gelernt zu haben als von Bach (BNF, 149).

Musikalischen Widerspiegelungen seiner frühen literarischen Prägungen begegnen wir noch bis in die 1850er Jahre: Seiner Byronleidenschaft hat er 1848/49 mit der Musik zum *Manfred* ein bleibendes Denkmal gesetzt; E.T.A. Hoffmann geistert durch die *Fantasiestücke* op. 12, die *Kreisleriana* op. 16 und die *Nachtstücke* op. 23; die Oper *Genoveva* basiert teilweise auf Tiecks gleichnamigem Trauerspiel; Goethe hat er spät, im Jubeljahr 1849, mit den *Liedern, Gesängen* und *Requiem für Mignon* op. 98 sowie mit den oratorischen *Faust-Szenen* gehuldigt. Und Jean Pauls Humor »als das umgekehrte Erhabene«, nämlich die Vernichtung »des Endlichen durch den Kontrast mit der Idee« (Jean Paul, V, 125) – mit Schumanns eigenen, das Vorbild herabmildernden Worten: »die glückliche Verschmelzung von Gemüthlich und Witzig« (Brief an Simonin de Sire, 15.3.1839, BNF, 148) – ist allgegenwärtig im Klavierwerk der 1830er Jahre, von den *Papillons* op. 2 bis zu den *Novelletten* op. 21. Am radikalsten vom poetischen Kontrastprinzip wie von der Ästhetik Jean Pauls durchtränkt ist die ausschweifende *Humoreske* op. 20, die sich schon in ihrem Titel als eine musikalische Umsetzung von dessen »humoristischer Subjektivität« (Jean Paul, V, 132) zu erkennen gibt. Bernhard R. Appel hat sie überzeugend als musikalische Novelle interpretiert (Appel 1981).

Dichtungen aus der Jugendzeit

Schumann hat sein Leben lang geschrieben. »Es drängte mich immer zum Produciren«, heißt es 1846 im Rückblick, »schon in den frühsten Jahren, war's nicht zur Musik, so zur Poesie – und ein Glück genoß ich, nicht minder groß, als ich später je empfunden« (Tb II, 402). Seit 1819 entstanden,

gleichzeitig mit den juvenilen Kompositionen, erste dichterische Versuche: Verse, Aphorismen, tagebuchähnliche Aufzeichnungen und Tragödienfragmente (u.a. »Coriolan«, »Die Montalti« und »Die drey Landendörfer«) sowie, ab 1824, Beiträge zu der vom Vater herausgegebenen *Bildergalerie der berühmtesten Menschen aller Völker und Zeiten*.

Das umfangreichste Corpus umfassen dabei die Gedichte in zwei von Schumann selbst zusammengestellten Sammlungen: dem 1823 angelegten Heft »Blätter und Blümchen aus der goldenen Aue. Gesammelt und zusammengebunden von Robert Schumann, genannt Skülander«, das neben eigenen Texten hauptsächlich Abschriften (u.a. aus Schubarts *Ideen einer Ästhetik der Tonkunst*) enthält und das Corina Wenke 1987 übertragen hat, sowie der 1825 angelegten und bis 1828 fortgeführten Sammlung »Allerley aus der Feder Roberts aus der Mulde«, die Aigi Heero 2003 veröffentlicht hat. In ihnen erweist Schumann sich als ein gründlicher Kenner und virtuoser Nachahmer nicht nur der Lyrik seines Idols Schiller, sondern auch anderer damals beliebter Autoren wie Gotthard Ludwig Kosegarten, Friedrich von Matthisson, Ernst Schulze, Franz Anton von Sonnenberg und der Lyriker des Göttinger Hainbundes. Franz Brendel hat 1858 in seiner Rezension von Wasielewskis Biographie berichtet, daß Schumann während seiner Jugend »auf allen Wegen und Stegen sich mit Büchern schleppte […] und überall wo er allein war, poetische Werke las« (NZfM 48/13, 1858, 18, zit. n. Gesse-Harm, 157) Während Joseph A. Kruse die Jugendlyrik »immerhin beachtenswert« (Kruse 1981, 42) findet, fällt Martin Schoppes Urteil ziemlich vernichtend aus: »Nirgendwo sonst ist so deutlich zu spüren, wie Schumann jahrelang versuchte, Dichter zu sein, und nirgendwo sonst als bei diesen Gedichten wird deutlich, wie wenig er dazu berufen war. Die großen Themen werden altklug und steif behandelt« (Schoppe 1987, 10).

Schumann selbst scheint diesem Urteil recht zu geben. Der Sammlung »Allerley aus der Feder Roberts an der Mulde« hat er eine Anmerkung vorangestellt: »Die hierin befindlichen Gedichte machen nicht auf den geringsten classischen Werth Anspruch; sie sind eine Reihe von Gedanken, die ich ungekünstelt und ungefeilt auf das

Papier brachte« (Heero, 135). Gedanklich und formal schulte er sich auf der Schulbank an metrischen Übersetzungen griechischer und römischer Dichter (vgl. J. Draheim in: Appel/Hermstrüwer, 41 ff.) und billigte sich selbst, nicht ganz zu Unrecht, »großes metrisches Talent zu« (zit. n. Burger, 40). Die Themen gelten, wie zeitüblich, meist der Kunst oder der Liebe. In zahlreichen Versen dichtet er schwärmerisch verehrte Mädchen an, aber er huldigt, im Stil Schillerscher Gedankenlyrik, in dem für die Schulentlassungsfeier 1828 entstandenen Gedicht »Tasso« (Kreisig II, 198 ff.) auch dem tragischen Dichterbild, wie es gleichzeitig der junge Eugène Delacroix in einem berühmten Gemälde festhielt. Nirgendwo überschreiten diese lyrischen Versuche die Schranken epigonaler jugendlicher Fingerübungen und bleiben in den durchgespielten Formen und Topoi durchweg ganz und gar uneigenständig. Dabei muß man berücksichtigen, daß die der damaligen Gymnasialausbildung nicht nur in den alten Sprachen zugrunde liegende Rhetorik solche poetischen Übungen und Übersetzungen nicht nur gefördert, sondern geradezu gefordert hat (vgl. G. Jäger). Schumann habe – so hält es sein Abschlußzeugnis fest – »in allen auf dem Lyceum gelehrten Wissenschaften ausgezeichnete Fortschritte gemacht und vornehmlich in seinen zu Hause gefertigten Aufsätzen und Gedichten seine Mitschüler weit, weit hinter sich gelassen« (Eismann, Quellenwerk, 32). Heero hat die literarische Entwicklung, wie die Anthologie »Allerley aus der Feder Roberts aus der Mulde« sie dokumentiert, in ihrer Abhängigkeit von den Vorbildern verfolgt und festgehalten, »daß Schumanns Lyrik sich an den bürgerlich-biedermeierlichen Ordnungsprinzipien orientiert« (Heero, 53). Sie hebt vor allem die bewußte Zitattechnik – z.T. in parodistischer Absicht wie in dem Goethes »Erlkönig« paraphrasierenden Gedicht »Tischlers-Kind« (Heero, 259 f.) – und die zunehmend freiere Formbehandlung hervor, die anstelle des Endreims mehr und mehr die antikischen Odenversmaße bevorzugt. Hätte Schumann nicht selbst in seinen Randbemerkungen die am 27. Januar 1827 entstandene Ode »Abendwehmuth« als »Sonnenbergisch« bezeichnet, so könnte man – angesichts seines Lesekanons – auch an den Einfluß Klopstocks oder gar Hölderlins denken. Noch 1828 erinnerte er sich im Tagebuch zustim-

mend an diesen Text: »›Abendwehmuth‹ war ein Gedicht, wo ich mich zuerst als Dichter fühlte u. mein Auge weinte, wie ich es schrieb« (Tb I, 76). Eine vergleichbare Selbstdistanzierung kommt auch in anderen nachträglichen Kommentaren und Randbemerkungen zu »Allerley aus der Feder Roberts an der Mulde« wie »Stollbergisch«, »Herderisch«, »Kosengartisch« oder »Schillerisch« (zehnmal) zum Ausdruck und läßt vermuten, daß Schumann sich der epigonalen, ja trivialliterarischen Komponente seines Versemachens ziemlich schnell bewußt wurde. Auch später schrieb er noch hin und wieder Gelegenheitsverse (z.B. »Kleine Verse an Clara«, Briefwechsel I, 312–316), zuletzt während des Aufenthalts in Rußland 1844 fünf geradezu hilflose Gedichte, die Bilder aus der Geschichte Moskaus festhalten (vgl. Tb II, 375–386), für Schumann allerdings »versteckte Musik« bedeuteten, »da zum Komponieren keine Ruhe und Zeit war« (zit. n. Kruse 1981, 48).

In den Kontext von Schumanns Gymnasialunterricht gehören auch die zahlreichen im Nachlaß überlieferten Schulaufsätze und Schulreden, von denen zumindest drei der bisher gedruckten – »Rede ueber die innige Verwandtschaft der Poesie und der Tonkunst« (Burger, 46), »Das Leben des Dichters« (Kreisig II, 181 ff.) sowie »Warum erbittert uns Tadel in Sachen des Geschmakes mehr, als in andern Dingen?« (Kristin R.M. Krahe in: Appel/Hermstrüwer, 33–40) – gedanklich die schwärmerisch-sentimentalen Verseschmiedereien bei weitem überragen.

Von Interesse im Hinblick auf die spätere Musikschriftstellerei ist vor allem die wohl 1826 entstandene Rede über die »Verwandtschaft der Poesie und der Tonkunst« (Kreisig II, 173 ff.). Schumann wertet in der Hierarchie der Künste, die er aufstellt, die Baukunst, die Bildhauerkunst, den Tanz und die Malerei ab und bezeichnet dagegen die Dichtkunst und die Tonkunst als »die schönsten aller Künste«. Hier – wie auch in den beiden philosophischen Gedichten »Die Dichtkunst und die Tonkunst« (dem Schluß der Rede [vgl. Heero, 211]) und dem ebenfalls 1826 entstandenen und gesprochenen »Prolog« (nach Schillers »Die Huldigung der Künste« [Heero, 221 ff.]) – ist er in den Grundzügen seiner Argumentation von Schiller abhängig. Allerdings bewertet Schumann das Zusammenwirken von Poesie und Musik anders als sein großes Vorbild. Während Schiller, ganz im Sinne der idealistischen Philosophie Kants – für den die Musik im System der schönen Künste den untersten Platz einnimmt, weil sie als transitorische Kunst »bloß mit Empfindungen spielt« (*Kritik der Urteilskraft* § 53) –, von einem tiefen Mißtrauen in die emotionalen, ja sinnlichen Wirkungen des »bis ins Tierische gehenden Ausdrucks« der Musik (»Über das Pathetische«, 1793) erfüllt war, ist Schumann überzeugt, »daß sie *beide gleichen Ursprung, beide gleiche Wirkung haben*«. Für Schiller wird die Form durch den Inhalt, die Empfindung durch den Gedanken, die Musik durch den Text, den sie ausdrückt, geadelt. Diese Unterordnung der Tonkunst unter die Dichtung vermag Schumann nicht nachzuvollziehen. Seine Darstellung der Wechselbeziehung von Wort und Ton erinnert eher an das ästhetische Paradigma der Romantiker: »Größeres wirkt ihr Bund: Größeres und Schöneres, wenn der einfache Ton durch die geflügelte Silbe, oder das schwebende Wort durch die melodische Woge des Klanges erhöht wird, wenn der leichte Rhythmus des Verses mit dem geordneten Maße des Taktes sich sanft vereint und lieblich abwechselte, wenn sie Hand in Hand ihre himmlischen Pfade wandeln« (Burger, 46). Hier macht sich schon der Musiker, der spätere Liederkomponist bemerkbar, dessen höchstes Ziel es war, »das Gedicht mit seinen kleinsten Zügen im feineren musikalischen Stoffe nachzuwirken« (1840, Kreisig I, 494).

Einen gewaltigen Sprung in Schumanns Bildungsgeschichte wie geistiger Entwicklung bedeutete die Begegnung mit den Romanen Jean Pauls. Unter ihrem Einfluß wandte er sich allmählich von der Lyrik ab und der Prosa zu. In die Tagebuchhefte der Jahre 1828/29 übernahm er weit verstreute, aber zusammengehörige Ansätze empfindsamer Romanversuche, die schon durch ihre Titel (»Juniusabende und Julytage« [vollständig abgedruckt bei Otto, 25–43] bzw. »Selene« [Tb I, 134–140, 145–147]) die Anlehnung an das große Vorbild zu erkennen geben. Sie ahmen nicht nur die Sprache Jean Pauls, sondern mit dieser auch die musikalisierten Seelenlandschaften (vgl. N. Miller) bis hin zu wörtlich übernommenen Wendungen nach. Schumanns »Jean Pauliaden« (BNF I/1886, 7) sind schwärmerische, handlungslose »Idyllen« (Tb I, 98) im Stil der hohen, emphati-

schen Passagen, wie sie sich in allen Romanen Jean Pauls, vornehmlich aber in der *Unsichtbaren Loge*, im *Hesperus* und im *Titan* finden. Gustav, die Hauptfigur der »Selene«, wie Schumann sie in einer Art Exposé skizziert (Tb I, 139), ist eine typische, direkt aus der *Unsichtbaren Loge* übernommene Jean Paulsche Jünglingsfigur, »Mahler u. Dichter, u. zwar Tondichter« (Tb I, 140) und damit ein Zwillingsbruder seines Verfassers. Zugleich spielt der Titel auf Jean Pauls 1827 veröffentlichtes nachgelassenes Erzählfragment »Selina oder über die Unsterblichkeit der Seele« an. Als Richtschnur des Schreibens gibt Schumann sich vor: »die Poesie muß überall hervorguken, um die Prosa im Leben so viel wie möglich zu übertünchen« (Tb I, 140).

Die »Juniusabende« sind mit vierzehn Manuskriptseiten Schumanns längstes Prosafragment. Das fast handlungslose »Gefühlsgemälde« (Otto, 46) beschränkt sich in seiner emotionalen Stimmungsmalerei ganz auf die Wiedergabe von imaginierten Seelenzuständen, die nach 1831 auch im Zentrum der Poetik von Schumann früher Klaviermusik stehen. Wie Wackenroder, Tieck und Jean Paul löst Schumann dabei die Sprache in ihre klanglichen Bestandteile auf und schafft auf diese Weise eine Wortmusik mit »einer extremen Musikalisierung der Sprache bis hin zu deren Auflösung« (von Bormann, 200 f.). Dagegen besitzen die (als Ganzes noch unveröffentlichten) Bruchstücke der »Selene« mit ihren zwischen Vernichtungs- und Elevationsphantasien changierenden Bildern deutlich autobiographischen Charakter – der Selbstmord der Schwester Emilie 1825 und der Tod des Vaters 1826 scheinen die angeborene Neigung zur Schwermut noch verstärkt zu haben. Am unteren rechten Rand der ersten Manuskriptseite vermerkt Schumann: »Jetzt von mir zu sprechen« (zit. n. Schoppe 1987, 12). Und was in der Tagebuchabschrift eher beiläufig wirkt, steht im Manuskript der »Selene« als Motto der Selbsterkenntnis über dem Ganzen: »Die Geister w e r d e n nicht gebildet, sondern sie b i l d e n s i c h s e l b s t unter jeder Bedingung, jeder Lage, jeder Zeit« (ebd., vgl. Tb I, 146). Spätere Prosafragmente, so die im Winter 1830 in Heidelberg entworfenen »Jünglingswallfahrten«, die in Leipzig begonnene Erzählung »Der Davidsbündler« (in der Clara und Friedrich Wieck in literarischer Verfremdung auftreten) sowie der Beginn eines

Briefromans »Bernard von Nontelliers« sind noch unveröffentlicht (vgl. Schoppe 1987, 13).

Dazwischengestreut finden sich in den Tagebüchern immer wieder Aphorismen, die sich weniger an der aphoristischen Tradition des Schumann wohl unbekannten Lichtenberg oder der französischen Moralisten, denn an den von Jean Paul selbst so bezeichneten »Polymetern« (»Streckversen«), kurzen, metrisch freien Prosagedichten, orientieren. Die im Zwickauer Nachlaß überlieferte Polymeter-Sammlung »Freuden- und Schmerzenthränen« ist noch unveröffentlicht (man vgl. aber die »Polyrhythmen« in: Kreisig II, 196–198). Sie läßt – so Martin Schoppe – »eine deutlichere Fühlungnahme mit dem Medium der Musik erkennen« (Schoppe, 14). Als Beispiel sei der Streckvers »Die Harmonika« zitiert: »Süße Töne! Himmlische Klänge aus den Gräbern einer entschlafenen Seligkeit, saget, o saget mir, warum wein‹ ich, wenn ich euch höre? Da antworteten die Töne: Wir sind Vorboten einer Welt, nach der du dich sehnst, der du entgegenweinst, die du hier nimmer findest – wir kommen vom Jenseits« (Kreisig II, 196). Und wie sein Vorbild Jean Paul die Leser zuerst immer »ins Dampfbad der Rührung geführt und sogleich ins Kühlbad der frostigen Satire hinausgetrieben« (Jean Paul, Werke IV, 348), so versuchte auch Schumann sich in satirischen Disgressionen (»Schuldige Nachricht an die fünf Wel[t]theile«, Tb I, 162 ff.; »Ueber Genial-Knill- Original- und andre itäten« – Otto, 109 ff.). In der »Fantaisie Scherzante« über die Trunkenheit (in der Zwickauer Mundart »Knillität«) schlägt er, an Jean Pauls Kontrastprinzip anknüpfend, dabei einen expliziten Bogen von der Literatur zur Musik: »So ist die höchste Potenz der Genialität die ästhetisch-schöne Verbindung des Sentimentalen u. Humoristischen, wie wir es so oft im Jean Paul, manchmal im Göthe u. selten in Hoffmann, meistens bey Beethoven, Schubert, auch bey Moscheles finden« (Otto, 112).

Deutlich von der musikalisierten Poesie Jean Pauls, aber auch von der Musikästhetik der Frühromantiker getragen ist ein ebenfalls 1828 entstandener Text »Die Tonwelt. Aus dem Tagebuch der heil. Caecilia« (Otto, 66 ff.), der nicht systematisch argumentiert, sondern sich das Fragmentprinzip von Novalis und Friedrich Schlegel zum formalen Vorbild nimmt. Ganz im Sinne von Wackenroder/

Tiecks *Herzensergießungen eines kunstliebenden Klosterbruders* wird in dem »Musikalische Extravaganzen von Willibald« überschriebenen Abschnitt die absolute, wortlose Sprache der Instrumentalmusik gleichsam zum Widerhall des eignen Innern hypostasiert: »Musik ist die Fertigkeit laut zu fühlen; sie ist die Geistersprache des Gefühls, welche verborgner noch als das Gemüt, aber dicht mit diesem verwoben im Innersten wohnt« (Otto, 73). Und ein »Beethoven« überschriebener Abschnitt (Otto, 75) schließt in seiner metaphorischen Inszenierung von Musik unmittelbar an Wackenroders Erzählung »Die Wunder der Tonkunst« aus den *Phantasien über die Kunst* an. Der Vorzug, den Schumann hier der Musik aufgrund ihres nicht-mimetischen Charakters vor der Literatur und den anderen Künsten einräumt, deutet schon an, in welche Richtung seine weitere Entwicklung gehen wird: »Wenn man nur so recht traulich u. verbrüdert mit den Tönen verkehren könnte, dann gäbe es Überschuß genug für alle Betteleien des Lebens, denn sie ist ja die wahre Himmelsleiter, auf welcher unsere abgebrochenen Blüten u. Zweige einen neuen, dauernden Bund mit dem fernen Jenseits schließen, sie ist die wahre Vermittlerin zwischen Sonst u. Jetzt, sie ist die Freundin der Künste, denn ihre Ideale wurzeln einzig in der Tiefe des Gemüths und in der Höhe des Geistes, u. so ist sie auch die Unabhängigste u. freyeste, denn sie ahmt keinen Verkehr des Irdischen nach, sie ist die lebendige Traumgöttin des geistigen Seins« (Otto, 74).

Einzelne Passagen der aphoristisch-fragmentarischen »Musikalischen Extravaganzen« hat Schumann übrigens wörtlich aus einem Brief seines Freundes Willibald von der Luhe übernommen (Album, 118 f. bzw. 288), so daß »Die Tonwelt« eine Sympoesie im romantischen Sinne darstellt. Das assoziative, gleichsam bildlich wuchernde Schreiben des Jean Paul nachempfundenen Textes erinnert in seinem »vertaumelten Stil« (Ortheil, 303) an das für den jungen Schumann so typische Improvisieren am Klavier, aber auch an die skizzenhafte Niederschrift seiner Musik (vgl. den Beitrag »Poesie und Handwerk« S. 140ff. in diesem Band). Noch sind Sprache und Musik getrennt, noch versucht er einerseits Sprache zu musikalisieren und die Musik in Worten zu beschreiben – ein Unternehmen, bei dem er nicht über fragmentarische Anläufe hinauskommt und bei dem es ihm noch nicht gelingt, die Schwesterkünste zusammenzuzwingen. Während er im Medium der Musik nach 1830 erfolgreich die bruchstückhaften, aphoristischen Miniaturen zu kontrastreichen Verlaufsformen auskomponiert, ist er in allen seinen literarischen Prosaversuchen der Jahre 1828–1830 nicht über Ansätze hinausgekommen. Einiges ist daraus später in die in den ersten Jahrgängen der *Neuen Zeitschrift für Musik* aufgenommenen Aphorismen-Reihen eingegangen, die an die frühen Polymeter der Tagebücher anknüpfen. Mit der Entscheidung für die Musikerlaufbahn im Sommer 1830 ist zugleich die Entscheidung gegen die Literatur gefallen.

Schumann als Tagebuch- und Briefschreiber

Während Schumann als Dichter im emphatischen Sinne mit dem am 30. Juli 1830 der Mutter brieflich mitgeteilten Entschluß, Musiker zu werden, verstummte, hat er das Tagebuchschreiben, wenn auch nicht kontinuierlich, noch unmittelbar bis zum Zusammenbruch im Februar 1854 fortgeführt. Nach der Heirat am 12. September 1840 führen Clara und Robert Schumann ein gemeinsames Ehetagebuch. Ergänzt werden die Tagebücher durch meist stichwortartige, oft unterwegs im Wagen geschriebenen Reisenotizen, die ersten von der Reise des Studenten nach Heidelberg (11.–28. Mai 1829), die letzten von der letzten gemeinsamen Reise des Ehepaars nach Hannover (19.–30. Januar 1854). Zur Seite treten den Tagebüchern seit dem Oktober 1837 die sog. Haushaltbücher, die Schumann eigenhändig bis zum 23. Februar 1854, vier Tage vor seinem Selbstmordversuch, geführt hat und die nach seiner Einweisung in die Heilanstalt nach Endenich Johannes Brahms und Clara Schumann bis ins Todesjahr 1856 fortgeführt haben. Daneben legte er sich zeitweise ein als Ganzes noch unveröffentlichtes »Projectenbuch« an, in dem er die entstehenden Kompositionen verzeichnete. Schumanns Tagebuchschreiben erfüllt auf diese Weise zwei Aufgaben: es ist zum einen Reflexionsmedium des sich selbst und die Welt beobachtenden Künstlers, zum andern Re-

chenschaftsbericht eines bürgerlichen Haushalts (vgl. G.R. Hocke und P. Boerner). Charakteristisch für die erste Aufgabe ist die »»geformte‹ Mitteilung«, für die zweite Aufgabe die »spontane Notiz des bloßen Faktums« (Gerd Nauhaus, Tb III, 7).

Die Aufzeichnungen setzen ein mit dem am 1. Januar 1827 begonnenen ersten Tagebuch, dem Schumann die Überschrift »Tage des Jünglingslebens« gab, während er die unmittelbar sich anschließenden Jahre des wüsten Studentenlebens 1828–1830 in Leipzig und Heidelberg mit der Überschrift »Hottentottiana« versah. »Es afficirt mich Alles, was in der Welt vorgeht, Politik, Literatur, Menschen«, hat er in einem späteren Brief an Clara geschrieben (15.4.1838, Briefwechsel I, 146). Diese Interessenvielfalt spiegelt sich in den Tagebüchern wider. Vor allem den frühen Heften vertraut der Heranwachsende in sprachlich oftmals durchgefeilter Diktion seine hochgemuten, erwartungsvollen Empfindungen an, die er sich selbst, den umschwärmten Mädchen, den Freunden wie der Umwelt gegenüber hegt. Daneben streut er eigene dichterische Entwürfe – u.a. die schon erwähnten Romanfragmente »Juniusabende« bzw. »Selene« – sowie Aphorismen, Lesefrüchte (immer wieder von Jean Paul) und Reflexionen über die Kunst (»Jeder Tonkünstler ist Dichter, nur ein höherer«, Tb I, 41) ein. In den 1828–1830 geführten »Hottentottiana« verbreitert sich dieses Bild durch die Aufzeichnungen der sog. »Lebensschnecke« (erstmals am 13.8.1828, Tb I, 108), in denen er – wie durchweg in den separat geführten Reisetagebüchern – meist stichwortartig aneinanderreihend, manchmal aber auch in Form eines »Sententiösen Commentars«, die Begebenheiten des Alltags einschließlich der »Studentenextremitäten« mit all ihren wüsten, stets im pedantisch verbuchten »Katzenjammer« endendenden Alkoholexzessen festhält. Man darf in diesem unablässigen Hang zur Selbstbeobachtung – Hocke spricht vom »Herz unter dem Mikroskop« (82) – durchaus eine erzählerische Strategie sehen, die sich derselben Kontrasttechnik von hohem Idealismus und niederem Realismus bedient, wie sie Jean Paul in seinen Romanen virtuos handhabt. Im Heidelberger Studienjahr 1829/30 finden sich dann so gut wie keine reflektierenden Bemerkungen mehr (was Schumann selbst auffällt, Tb I, 217).

Erst mit den am 11. Mai 1831 begonnenen und kontinuierlich, wenn auch nicht täglich bis zum 7. Oktober 1832 vorgenommenen Eintragungen des »Leipziger Lebensbuchs« kehrt Schumann zum diaristischen Kontrast von geformter Aufzeichnung und spontanem Notat zurück. Jetzt ist auch an den Themen und am Reflexionsniveau unübersehbar, daß er sein Lebensziel ganz auf die Musik ausgerichtet hat. In einer Aufzeichnung vom 1. Juli 1831 treten erstmals die wohl im Zusammenhang mit der Rezension von Chopins *Variationen* op. 2 (»Ein Werk II.«) erfundenen literarischen Figuren Florestan und Eusebius auf. In dieses fingierte Spiel der fiktiven Davidsbündler-Vereinigung bezieht er auch seinen Lehrer Friedrich Wieck (»Meister Raro«) und dessen Tochter Clara (»Zilia«) mit ein, während er in den gleichzeitig entstandenen Miniaturen der *Papillons* die Musik zu »Gestalten und redende[n] Charaktere[n]« (Tb I, 361) maskiert. Ein »regelmäßiges musikalisches Tagebuch« (Tb I, 418), das er sich im März 1833 vornahm, hat er gar nicht erst geführt. Im Gegenteil: zwischen März 1833 und Juli 1836 setzt das Tagebuch gänzlich aus. Schumann hat nachträglich die Zeit »in größter Kürze« überbrückt: »Vielleicht daß ich im höheren Alter das Ganze ausarbeite« (Tb I, 419). Vom 28. Juli 1836 bis zum 22. Oktober 1839 führt er, wenn auch mit oftmals großen Lücken, erneut Tagebuch. Danach heißt es lakonisch: »Ein Tagebuch der schweren Zeit von da bis zum Hochzeitstage fehlt« (Tb II, 96).

Das Tagebuchschreiben stellte für Schumann nicht nur eine pragmatische Mnemotechnik des Aufzeichnens, sondern – zumindest bis 1836 – gleichermaßen ein (von der Schumann-Forschung noch kaum erkanntes) literarisches »Arsenal« (Boerner, 23) dar, das den musikalischen Studienbüchern und Skizzenheften durchaus vergleichbar ist. Darauf deutet der Hinweis einer möglichen Ausarbeitung unmißverständlich hin. Einzig Leander Hotaki hat bisher auf die Absicht einer literarischen Gestaltung des Tagebuchs hingewiesen. Mit den Untertiteln der einzelnen Hefte der »Hottentottiana« – die ersten drei tragen den Untertitel »Das Fuchsjahr, eine komische Autobiographie«, das vierte den Untertitel »Das Burschenjahr oder die moralische Erziehung« – »stellt Schumann sein Tagebuch deutlich in literarische Traditionen […]: es ist der Bildungs-/Erziehungsroman bzw. die

Autobiographie.« Hotaki verweist dabei neben Jean Pauls *Titan* auf Novalis' *Heinrich von Ofterdingen* und Goethes *Wilhelm Meister* bzw. *Dichtung und Wahrheit* (Hotaki, 265). Schumanns »Hottentottiana« sind eine Art verwilderter Roman, ein Anti-Bildungsroman und damit tendenziell bruchstückhaft und unabschließbar wie Jean Pauls in der Tradition des gebrochenen, verschlungenen Erzählens stehende *Flegeljahre*. Daß Schumanns Tagebuch einen »dichterischen Anspruch aufweist« (Hotaki, 256), ist jedenfalls offensichtlich.

Erst mit der Hochzeit zwischen Robert und Clara Schumann am 12. September 1840 tritt das Tagebuch erneut in sein Recht – jetzt allerdings mit dem in der europäischen Tagebuchtradition wohl einmaligen Fall eines gemeinsam geführten Ehetagebuchs: »es soll« – so Robert am Tag nach der Hochzeit – »ein Tagebuch werden über Alles, was uns gemeinsam berührt in unserem Haus- und Ehestand; unsere Wünsche, unsere Hoffnungen sollen darin aufgezeichnet werden; auch soll es sein ein Büchlein der Bitten, die wir an einander zu richten haben, wo das Wort nicht ausreicht; auch eines der Vermittlung und Versöhnung, wenn wir uns etwa verkannt hatten; kurz ein guter Freund soll es uns sein, dem wir Alles vertrauen, dem unsre Herzen offen stehen« (Tb II, 99). Dieses an die Gemeinschaftsproduktion der Frühromantik anknüpfende Tagebuch führen beide bis zum Abschluß der großen Rußland-Reise am 31. Mai 1844 – wenn auch Robert den wöchentlichen Wechsel der Niederschrift in Zeiten extensiver kompositorischer Arbeit nicht immer einhält, so daß Clara für ihn einspringen muß. Kein Zweifel, daß dieses faszinierende Dokument das eheliche Leben in geglätteter und stilisierter Form festhält; kein Zweifel aber auch, daß es die vor allem in jüngster Zeit oft überspitzt dargestellte Problematik dieser Künstlerehe zu relativieren vermag. Besonders aufschlußreich ist dabei die Darstellung der Rußland-Reise, die in zwei Versionen vorliegt: »Wir erleben hier den seltenen Fall einer Darstellung aus doppelter Perspektive […]: die Ausarbeitung, Bereicherung (gelegentlich aber auch Mißdeutung!) und ›Literarisierung‹ eines lakonischen Textes von Schumanns Hand durch Clara Schumann« (Gerd Nauhaus, Tb II, 12). Damit endet zugleich das gemeinsame Ehetagebuch. Danach existieren aus den Jahren 1844 bis 1854 nurmehr kurze, stichwortartige Reisenotizen – mit Ausnahme eines kurzen Tagebuchhefts aus der ersten Jahreshälfte 1846, das als Anhang auch vier undatierte Notizen (Tb II, 402) enthält, die – ebenso wie die erstmals 1947 von Georg Eismann herausgegebenen *Erinnerungen an F. Mendelssohn vom Jahre 1835 bis zu s. Tode* – wohl zur Ausarbeitung in einem autobiographischen Bericht bestimmt waren.

Die immer größer werdenden Lücken der schließlich ganz versiegenden Tagebuchaufzeichnungen füllen die sog. Haushaltbücher, in die Schumann seit Oktober 1837 regelmäßig seine Ausgaben und Einnahmen eintrug. Sie versetzen uns in die Lage, seine wirtschaftliche Situation einschließlich der Kompositionshonorare fast lückenlos zu verfolgen. Als Mittel bürgerlicher Haushaltführung waren derartige Bücher bis ins 20. Jahrhundert weit verbreitet – ein solches »Haushaltungs-Buch« ist auch von Eduard Mörike für die Jahre 1843–1847 überliefert. Nach 1844 treten die Haushaltbücher mit ihren stichwortartigen Notizen an die Stelle des eigentlichen Tagebuchs, indem Schumann – neben den Ausgaben und Einnahmen – das eigene Befinden, die Kompositionsarbeit, seine und Claras Tätigkeit, Besuche und Konzerte sowie das Zusammentreffen mit Freunden, Verlegern, Musikern und Schriftstellern verzeichnet. Vergleicht man ihre fast pedantische Ordnung mit dem Bohèmeleben der frühen Tagebücher, so fällt in der Tat der haushälterische, um nicht zu sagen ehernbürgerliche Zug in Schumanns Lebensführung auf. Die Häufigkeit der Verwendung des Wortes »fleißig«, das »quasi wie ein Attest verwendet wird«, fiel schon Nauhaus auf (Tb III, 21). Eine ähnliche Tendenz, der künstlerischen Arbeit »den Stempel handwerklicher Verrichtung und somit bürgerlicher Nützlichkeit« aufzudrücken (Nauhaus, a.a.O.), läßt sich auch bei Johannes Brahms beobachten. In dieses Bild paßt, daß auch über den Intimbereich (in Form einer wie ein Ausrufezeichen wirkenden Sechzehntelnote) Tagebuch geführt wird. Mit den Haushaltbüchern hat Schumann der Forschung eine noch kaum ausgeschöpfte Fülle an biographischem Material zur Verfügung gestellt. In unserem Zusammenhang bleibt zu erwähnen, daß er aufmerksam die neuere Literatur (u. a. Hans Christian

Andersen, Berthold Auerbach, Annette von Droste-Hülshoff, Karl Gutzkow, Friedrich Hebbel, Heinrich Laube, Eduard Mörike, Nikolaus Lenau, Adalbert Stifter) verfolgt hat, aber immer wieder auch zu seinen alten Lieblingen Byron, Goethe, Jean Paul und Shakespeare zurückgekehrt ist. Jean Pauls Kardinalroman »Titan« etwa hat er ein letztes Mal am 5. Oktober 1853 »zu Ende gelesen« (Tb III, 638).

Schumanns autobiographische Notizen sind wohl die bedeutendsten Tagebuchaufzeichnungen eines Komponisten überhaupt. Aber auch als Briefschreiber steht er gleichrangig neben den Größen der Musik, ja der Weltliteratur. Die älteren, unkritischen Briefsammlungen – Friedrich Gustav Jansens Buch *Die Davidsbündler* (1883), Clara Schumanns Edition der *Jugendbriefe* (1885, [4]1910), Hermann Erlers *Robert Schumann's Leben* ([2]1887), Jansens Edition der *Briefe. Neue Folge* (1886, [2]1904) – enthalten nur einen Bruchteil der überlieferten Briefe. Daß Schumann selbst auch hier auf buchhalterische Genauigkeit Wert legte, zeigt nicht nur das sog. Briefkonzeptbuch mit seinen autographen Briefentwürfen, sondern das im Nachlaß ebenfalls erhaltene Verzeichnis der empfangenen und abgesandten Briefe.

Die größte Bedeutung – sowohl biographisch wie literarisch – kommt dabei dem Briefwechsel mit Clara zu. Die 1984 begonnene kritische Gesamtausgabe von Eva Weissweiler ist noch immer nicht abgeschlossen (der Kommentarband, der auch die wenigen aus Endenich überlieferten Briefe Schumanns enthalten soll, steht aus). Nach dem Wiedersehen im September 1837, dem Austausch von Ringen, Schumanns erneuter schriftlicher Werbung um Clara und deren Zurückweisung durch Friedrich Wieck, blieb den Liebenden neben gelegentlichen verstohlenen Treffen nur der Austausch von Briefen (wobei Clara oft gezwungen war, ihre Briefe heimlich und unter äußerem Druck zu schreiben). Insgesamt 423 Briefe – fast 1100 Seiten im Druck! – haben die beiden zwischen August 1837 und September 1840 gewechselt. Auszüge aus diesem umfangreichen Konvolut hat erstmals Clara Schumann in den »Jugendbriefen« veröffentlicht, weitere Teilabdrucke hat Berthold Litzmann 1903 bzw. 1905 in die ersten beiden Bände der von ihm herausgegebenen Dokumentarbiographie Clara Schumanns integriert,

während die drastisch gekürzte, z. T. geradezu
tendenziös verfälschende Auswahl weiterer Brief-
zitate durch Wolfgang Boetticher in seiner Dokumentation *Robert Schumann in seinen Schriften
und Briefen* (1942) editorisch wertlos ist. Wahrscheinlich war sich Schumann, der in den 1830er-
Jahren die Veröffentlichung des Goethe-Zelter-
Briefwechsels und von Karl August von Varnha-
gens *Rahel. Ein Buch des Andenkens für ihre Freunde*
verfolgt hatte, bewußt, daß auch sein Briefwechsel
mit Clara einmal in den Blick der Öffentlichkeit
geraten würde. Zeitweise dachte er selbst an eine
Veröffentlichung der Brautbriefe (s. Briefwechsel
I, X), ja möglicherweise hat er sie schon bei der
Niederschrift – was Gerd Nauhaus sogar für das
intime Ehetagebuch nicht ausschließt – »auf ein
imaginäres Publikum, ja vielleicht auf die ›Nachwelt‹ gemünzt« (Tb III, 7).

Der Briefwechsel gibt Einblick in die Entwicklung, aber auch in die Psychodynamik dieser unter
einem großen Leidens-, aber auch unter einem
ebenso unerhörten Erwartungsdruck stehenden
konfliktuösen Beziehung. Schumann erweist sich
dabei in seinen Aggressionen wie Depressionen
immer wieder als der Gefährdetere, während Clara
Wieck in der Auseinandersetzung um die gemeinsame Lebensplanung insgesamt ausgeglichener
und für eine gerade Zwanzigjährige oftmals erstaunlich gereift wirkt. Insgesamt schwankt beider
Ton, vor allem aber der Schumanns, zwischen
heroischer Idealisierung und realistischer Ernüchterung, zwischen leidenschaftlicher Hysterie und
abgeklärter Hoffnung: »Ohne Zweifel ist Schumann in diesem Briefwechsel der stärker Werbende; der flehentliche Ton in seinen Briefen prägt
sich ein, weil hinter ihm eine Lebensangst steht,
die durch keine Freundschaft mehr geschlossen
werden wird.[…] Das Sympathisieren entfaltet
seine ganze Kraft. […] Ihre [d.i. Claras] Sprache
nimmt denselben Tonfall, dasselbe Ausmaß der
Klagen an« – so Hanns-Josef Ortheil mit wachem
Ohr für die sprachliche Instrumentation dieses
Briefdialogs (Ortheil, 328 bzw. 335). Aber die Briefe
sind nicht nur Lebens- und Leidensdokumente,
nicht nur eine musikgeschichtliche Quelle allerersten Ranges, sondern darüber hinaus Zeugnisse
eines artifiziellen, seiner selbst bewußten literarischen Rollenspiels: »Du mußt es nicht so genau
nehmen mit meinem Styl, denn Du weißt schon,

wenn ich Dir schreibe kann ich die Worte nicht
erst aussuchen; manchmal erschreck ich, wenn ich
so eine Seite geschrieben habe, und dann denke an
wen? an den geistreichen poetischen Schriftsteller
Robert Schumann /den zweiten Jean Paul/!«
(Briefwechsel I, 281). Literarisch kann sich der
Briefwechsel ohne weiteres mit den bedeutendsten
der Romantikergeneration (Clemens Brentano/
Sophie Mereau, Clemens und Bettine von Brentano, Achim von Arnim/Bettine Brentano, Rahel
und Karl August von Varnhagen) messen, hinter
denen er auch an existentieller Selbstpreisgabe und
Selbstvergewisserung im Wort nicht zurücksteht.
Dieser psychologisch wie literarisch oftmals aufs
äußerste angespannte Ton lockert sich in den
während der Ehezeit entstandenen Briefen. Sie
sind – so die Herausgeberin Eva Weissweiler –
»schlicht, unverstellt und sympathisch, fast wie ein
gesprochener Dialog« (Briefwechsel III, X) und
relativieren auf ihre Weise das in der jüngeren
Forschung wohl allzu sehr problematisierte Bild
der Ehezeit. Es sind reine Privatmitteilungen, die
nicht für die Nachwelt bedacht waren.

»Mottosammlung« und
»Musikalischer Dichtergarten«

Zu den eigenartigsten Dokumenten von Schumanns schriftstellerischer Tätigkeit gehören die
sog. »Mottosammlung« und die Anthologie »Musikalischer Dichtergarten«, eine Sammlung literarischer Zeugnisse über Musik von der Bibel bis in
die neueste Zeit. Die »Mottosammlung« – der
zusammenfassende Titel stammt nicht von Schumann – umfaßt elf Hefte aus den Jahren 1825 bis
1852 und enthält insgesamt 1229 Exzerpte und
Notate. Sie wurde 1998 von Leander Hotaki auf
mustergültige Weise wissenschaftlich erschlossen,
ediert und kommentiert. Die Fülle der keineswegs
nur im Hinblick auf die Motti der *Neuen Zeitschrift für Musik* entstandenen Sammlung hat
unsere Kenntnis von Schumanns vielfältiger Beschäftigung mit Literatur und seinem gewaltigen
Lesepensum gerade in den 1830er Jahren – neben
der kompositorischen Arbeit und der zeitaufwendigen Redaktionstätigkeit! – beträchtlich vermehrt. Zwar dominiert auch in diesen Heften mit

knapp 500 Exzerpten die Lyrik und führen Goethe, Schiller und Jean Paul die Liste der meistzitierten Autoren an. Aber nur hier finden sich Belege für die Lektüre der Gedichte Friedrich Hölderlins (seit 1827) und Friedrich Schlegels, von Novalis' Roman *Heinrich von Ofterdingen* und seinen Fragmenten sowie Wilhelm Heinses Künstlerroman *Ardinghello*. Und erst aus diesen Exzerpten erschließt sich die umfangreiche, mit seiner eigenen Entwicklung als Komponist und Kritiker aufs engste verflochtenen Auseinandersetzung mit der Ästhetik, Kunstphilosophie und Musiktheorie der Zeit in einem bislang nicht bekannten Ausmaß. Bezugspunkte sind – anders als in der Literatur – aber nicht die großen Philosophen des klassischen Idealismus, die Schumann nicht gelesen haben dürfte, da er sie nirgends aus erster Hand erwähnt, sondern die musikalische Popularphilosophie sowie die aktuellen kunstpolitischen Debatten und Aufsätze im *Morgenblatt für gebildete Stände* und dessen Beilagen *Literatur-Blatt* und *Kunst-Blatt*. Kaum zufällig vermerkt der große Zeitungsleser Schumann in seinem »Lektürebüchlein« für die Revolutionsjahre 1848/49: »Mehr Zeitungen gelesen, als Bücher« (Appel/Hermstrüwer, 73 bzw. 77).

Das früheste Heft der »Mottosammlung« wurde, parallel zu Schumanns 1825 gegründetem »Litterarischen Verein«, als eine Art Privatanthologie angelegt und enthält – so die Aufschrift auf dem Titelblatt – »Sentenzen aus den besten Dichtern u. Prosaikern des deutschen Volkes« (Hotaki, Mottosammlung, 309). Exzerpiert sind hier vor allem Gedichte von Johann Georg Jacobi und Ernst Schulze sowie Dramen Ernst Raupachs, heute vergessene Dichter, die auch quantitativ die ansonsten bevorzugten Klassiker Schiller, Herder und Klopstock hinter sich lassen. Es finden sich aber auch Auszüge aus Gedichten Hölderlins und bezeugen damit die Erinnerung des Jugendfreundes Emil Flechsig, daß Schumann »schon in den 1820er Jahren [...] mit scheuer Ehrfurcht« »von Hölderlins 40jährigem geistigem Nachtleben wußte« (zit. n. Hotaki, Mottosammlung, 40). Gegenüber dieser vermutlich von 1825 bis 1828 mit ästhetischem Anspruch geführten Anthologie »handelt es sich bei den restlichen zehn Heften um Kombinationen aus Arbeitsjournalen, Notizbüchern, Merkheften von dezidiert privatem

Charakter« (Hotaki, Mottosammlung, 26). In ihnen erschließt sich Schumann im Laufe der Jahre einen literarischen Fundus, auf den er als Zeitschriftenredakteur und Musikschriftsteller beständig zurückgreifen konnte. Er folgt damit dem Prinzip der Exzerptensammlung, mit der sein Vorbild Jean Paul zeitlebens gearbeitet hat und aus der dieser die Metaphernfülle wie die Kuriositäten seiner literarischen Werke bezog. Das als zweites entstandene Heft »MS IX« verdankt seine Entstehung ersichtlich der ästhetischen Selbstvergewisserung des jungen Komponisten, der seine Kunst nicht nur handwerklich, sondern auch theoretisch auf ein festes Fundament stellen wollte. Die zahlreichen Exzerpte aus Jean Pauls *Vorschule der Ästhetik* und seinem Roman *Siebenkäs* bezeugen eindringlich, wie Schumann sich auch inhaltlich an seinem Vorbild abarbeitete. Dieses Heft diente dann als Fundus für die seit dem 3. April 1834 erscheinende *Zeitschrift für Neue Musik*, während alle weiteren Hefte der »Mottosammlung« (mit Ausnahme des zuletzt entstandenen, »MS VI«) wohl in erster Linie im Hinblick auf diesen Zweck angelegt wurden (die verwendeten Exzerpte hat Schumann dann durchgestrichen).

Rund zwei Drittel der insgesamt 1120 Motti, die während Schumanns Redaktionszeit 1834–1844 den einzelnen Nummern der Zeitschrift vorangestellt oder im Innern zitiert wurden, sind aus den Heften der »Mottosammlung« geschöpft. Andere Notate hat Schumann in den frühen Arbeiten »Der Davidsbündler« (Kreisig II, 260–272) und »Aus Meister Raros, Florestans und Eusebius« Denk- und Dicht-Büchlein« (Kreisig I, 17–34) sowie für Artikel in den ersten drei Jahrgängen der Zeitschrift, vereinzelt sogar in Briefen verwendet. Eine Auswertung des gesamten Materials für Schumanns musikalische Ästhetik sowie für seine Arbeitstechnik als Redakteur und Musikschriftsteller steht noch aus.

Der noch unveröffentlichte, gleichfalls von Leander Hotaki zum Druck vorbereitete »Dichtergarten« entstand in den Jahren 1853/54. Er war – neben der Zusammenstellung der *Gesammelten Schriften über Musik und Musiker* – nach dem Abschluß der *Romanzen für Violoncello und Pianoforte* am 4. November 1853 die ausschließliche Beschäftigung Schumanns bis zu seinem Selbstmordversuch am 27. Februar 1854. Im Haushaltbuch notierte er am 17. Januar 1854: »Ziemlich vollendet das Buch« (Tb III, 646). Allerdings war er noch im Februar mehrmals auf der Düsseldorfer Bibliothek, um sich von dort vor allem griechische und römische Autoren für seine Exzerpierungsarbeiten auszuleihen. Die teils autographe, teils von Kopistenhand erstellte, noch nicht erschlossene Handschrift umfaßt 758 Seiten und drei Teile: »Ueber Musik/ aus/ Jean Paul's Schriften«, »Von der heiligen Schrift bis auf/ die Gegenwart«, »Ueber Musik/ aus/ Shakespeare's Schriften« (Appel/ Hermstrüwer, 165). In einem Brief aus Endenich vom Mai 1854 an Bettine von Arnim kommt Schumann auf das Projekt zurück: »Im J. 1853 dachte ich daran, unter dem Namen: ›Dichtergarten für Musik‹ was in den ersten Dichtern und Dichterinnen über Musik, wie sie auf jene wirkt, wundersam wirkt, gleich einer Himmelssprache, zu lesen und in ein Ganzes abzuschließen. Das Herrlichste und Reichste haben Martin Luther, Shakespeare, Jean Paul, Rückert gespendet« (Appel/Hermstrüwer, 167). Es ist zu vermuten, daß Schumann für den »Dichtergarten« auch die Hefte der »Mottosammlung« durchging und sich die beiden Sammlungen inhaltlich teilweise überschneiden. Gewiß ist aber auch, daß der »Dichtergarten« Aufschlüsse über die Musikästhetik des späten Schumann geben wird, die auch für die Einschätzung des lange umstrittenen kompositorischen Spätwerks bedeutsam sein dürften.

Schumann als Musikkritiker

Es ist kaum Zufall, daß Schumann fast gleichzeitig als Komponist wie als Musikkritiker an die Öffentlichkeit trat: innerhalb von Monatsfrist erschienen am 7. November 1831 mit den *Abegg-Variationen* das Opus 1 des Musikers, am 7. Dezember 1831 in der Leipziger *Allgemeinen Musikalischen Zeitung* die erste gedruckte Kritik mit dem doppeldeutigen Titel »Ein Opus II« über Frédéric Chopins *Variationen über Mozarts »Là ci darem la mano« für Klavier und Orchester*. In den folgenden Jahren schrieb Schumann neben 63 Artikeln für das 1834 von Herloßsohn und Lühe herausgegebene *Damenkonversationslexikon* (Auswahl bei Kreisig II, 200–209) noch einen Bericht über das

Leipziger Musikleben, der im Dezember 1833 im Beiblatt *Zeitung für Reisen und Reisende* der ebenfalls von Karl Herloßsohn redigierten Leipziger Zeitschrift *Komet* erschien (Kreisig II, 260–272 – vgl. in diesem Zusammenhang auch die von Bodo Bischoff und Gerd Nauhaus 1994 erstmals veröffentlichten Leipziger Konzertnotizen des Jahres 1833). Diese Eusebius, Florestan, Meister Raro und anderen fiktiven Gestalten in den Mund gelegte und ganz im Ton der Chopin-Erzählung »Ein Opus II« gehaltene Sammlung von Aphorismen und Fragmenten präludiert mit ihrem davidsbündlerischen Gestus bereits die *Neue Leipziger Zeitschrift für Musik*, mit der Schumann zusammen mit seinen Freunden Julius Knorr, Ludwig Schunke und Friedrich Wieck im Winter 1833/34 schwanger ging und deren erste Nummer am 3. April 1834 erschien.

Vorgesehen waren – so die Ankündigung – theoretische und praktische Aufsätze, Belletristisches, Kritiken, Miszellen, Korrespondenzartikel und eine Chronik (vgl. Kreisig II, 272 f.), womit der Tenor sowie die Bandbreite von Schumanns eigenen Beiträgen bereits umrissen ist: »Wer den Künstler erforschen will, besuche ihn in seiner Werkstatt. Es schien notwendig, auch ihm ein Organ zu verschaffen, das ihn anregte, außer durch seinen direkten Einfluß noch durch Wort und Schrift zu wirken, einen öffentlichen Ort, in dem er das Beste von dem, was er selbst gesehen im eignen Auge, selbst erfahren im eignen Geist, niederlegen, eben eine Zeitschrift, in der er sich gegen einseitige oder unwahre Kritik verteidigen könne, soweit sich das mit Gerechtigkeit und Unparteilichkeit überhaupt verträgt« (a.a.O., 273). Die »neue« Zeitschrift – »ein freisinniges, offenes und aufgeklärtes Blatt« (Briefwechsel I, 117) – richtete sich gegen das Juste Milieu aus verknöchertem Akademismus, oberflächlich effekthascherischem Virtuosentum und philiströser Kritik, die in den etablierten Organen (*Allgemeine musikalische Zeitung, Berliner Allgemeine Musikzeitung, Caecilia, Iris*) mit den Interessen ihrer jeweiligen Verleger (Breitkopf & Härtel, Schlesinger, Schott und Trautwein) aufs engste verknüpft waren. Die Zahl der Abonnenten gab Schumann im Juli 1834 der Mutter gegenüber mit »gegen 300« (Jugendbriefe, 242), 1838 gegenüber Clara Wieck mit »über 450« (Briefwechsel I, 117) an.

Nach dem Tod Schunkes und Meinungsverschiedenheiten mit Knorr wurde Schumann mit Beginn des Jahres 1835 alleiniger Eigentümer und Redakteur der nunmehr bei Wilhelm Ambrosius Barth wöchentlich erscheinenden *Neuen Zeitschrift für Musik*, eine Doppelfunktion, die er erst 1844 aufgab. Die enorme Arbeitslast des Herausgebers und Redakteurs einer Zeitschrift bewältigte er neben seiner Kompositionstätigkeit. Später hat er nur noch vereinzelt zur Feder gegriffen, so im journalartigen »Theaterbüchlein« (1847–50), in den Aphorismen der *Musikalischen Haus- und Lebensregeln* (1848–50) sowie in dem am 28. Oktober 1853 in der *Neuen Zeitschrift* veröffentlichten Aufsatz »Neue Bahnen«, in dem er der Musikwelt in messianischem Ton die Entdeckung eines neuen Genies, des jungen, damals gerade 20jährigen Johannes Brahms, verkündete. »Ich habe, was in meinen Kräften stand, getan, die besten Talente meiner Zeit zu fördern, fahren Sie darin fort!«, waren die Worte Schumanns, als er die Redaktion 1844 an Franz Brendel übergab (Kreisig II, 465 f.).

Schumann hat im Herbst 1853 seine eigenen, in der *Neuen Zeitschrift für Musik* enthaltenen Beiträge für die 1854 bei Georg Wiegand in vier Bänden erschienenen *Gesammelten Schriften über Musik und Musiker* zusammengestellt und um eine Anzahl anderer Texte aus verstreuten Quellen ergänzt. Dabei hat er nicht nur zahllose stilistische Änderungen vorgenommen und ihm jetzt entbehrlich oder überholt Erscheinendes gestrichen, sondern mehr als 40 Beiträge aus der *Neuen Zeitschrift für Musik* gänzlich unterdrückt. In der fünften, 1914 erschienenen Auflage der *Gesammelten Schriften* hat der Herausgeber Martin Kreisig die von Schumann ausgeschiedenen Passagen sowie die übergangenen Beiträge in einen Nachtrag zusammengefaßt und diesen durch Beispiele aus den Jugendschriften sowie andere unveröffentlichte Texte vermehrt. Die Anmerkungen weisen, wenn auch keineswegs vollständig, die Lesarten der Erstdrucke nach. Kreisigs Edition kann eine historisch-kritische Ausgabe aller Schriften keinesfalls ersetzen, diese gehört vielmehr zu den dringendsten Desideraten der Schumannforschung.

Schumanns Ästhetik ist eine Empfindungsästhetik: einerseits gilt sie der Wahrnehmung von Welt, die sich im Subjekt bricht, andererseits der Chiffrierung von »Seelenzuständen« (Kreisig I, 22), die sich im Werk widerspiegeln. Aufgabe der Kritik ist es, die sinnliche Erkenntnis gleichnishaft – nämlich poetisch – zu beschreiben, die subjektive Empfindung zugleich aber mit vernunftbedingten Gründen – also technisch vermittelt – zu untermauern. Als Musiker beruft Schumann sich auf das Vorbild Beethovens, als Schriftsteller auf das Vorbild Jean Pauls und bezeichnet den Gegensatz von Rationalität versus Emotionalität, den er als Kritiker in sich vereinen und überwinden will, mit den »gegensätzlichen Künstlercharakteren« (GS I, V) Florestan und Eusebius, zwischen denen Meister Raro vermittelt: »Eusebius trat neulich leise zur Thüre herein. Du kennst das ironische Lächeln auf dem blassen Gesichte, mit dem er zu spannen sucht. Ich sass mit Florestan am Klavier. Florestan ist, wie Du weisst, einer von den seltenen Musikmenschen, die alles Zukünftige, Neue, Ausserordentliche schon wie lange vorher geahnt haben; das Seltsame ist ihnen im andern Augenblicke nicht seltsam mehr; das Ungewöhnliche wird im Moment ihr Eigenthum. Eusebius hingegen, so schwärmerisch als gelassen, zieht Blüthe nach Blüthe aus; er fasst schwerer, aber sicherer an, geniesst seltener, aber langsamer und länger; dann ist auch sein Studium strenger und sein Vortrag im Klavierspiele besonnener, aber auch zarter und mechanisch vollendeter, als der Florestans« (Eismann 1971, 76).

Mit diesen Worten beginnt Schumanns erste veröffentlichte Kritik »Ein Werk II«. Er kleidet seine Entdeckung Chopins, die in den Worten »Hut ab, ihr Herren, ein Genie« gipfelt, in einen Text, der die Empfindungen, die die Musik in ihm auslöst, in Handlung und Dialoge nach Art einer kleinen Novelle auflöst und erzählerisch ausschmückt. Die Sprache selbst tritt in einen schwärmerischen Dialog mit dem Leser und macht ihn zum Gesinnungsgenossen des poetischen Programms. Man glaubt förmlich bei der Lektüre die Musik erklingen zu hören, von der nur die Rede ist. Werk und Kritik, Spielen und Hören fließen ineinander. Die Worte werden zu einer zweiten Schrift neben oder hinter dem musikalischen Text.

Poetische Rezensionen, als deren fiktive Verfasser in den ersten Jahrgängen der *Neuen Zeitschrift* oftmals – und zwar in ein und demselben Text einander abwechselnd, ja widersprechend – Eusebius, Florestan oder Raro auftreten, sind charakteristisch für die erklärte Absicht Schumanns, der Kritik – ganz im Sinne der Frühromantik, daß nur der Künstler kritisieren und die Kritik selbst wieder zum Kunstwerk werden solle – den Rang von Kunst zuzusprechen: »Wir […] gestehen, daß wir die für die höchste Kritik halten, die durch sich selbst einen Eindruck hinterläßt, dem gleich, den das Original hervorbringt.« Und er zitiert, in einer erläuternden Fußnote, kaum zufällig die Namen Jean Pauls und Beethovens: »In diesem Sinne könnte Jean Paul zum Verständnis einer Beethovenschen Sinfonie oder Phantasie durch ein poetisches Gegenstück möglich mehr beitragen […] als die Dutzend-Kunstrichter, die Leitern an den Koloß legen und ihn gut nach Ellen messen« (Kreisig I, 44).

Die Verbindung von literarischem Anspruch und musikalischer Fachkenntnis, die Schumann für sich reklamiert, ist nicht gänzlich neu. Wir finden sie allenthalben in der Musikpublizistik der ersten Jahrzehnte des 19. Jahrhunderts, wenn auch selten auf so hohem Niveau die beiden Bereiche verbindend wie bei Friedrich Rochlitz oder E.T.A. Hoffmann. »Schumann übersetzt […] vorfindbare musikalische Gehalte in erfundene Vorgänge, Geschehnisse, Handlungen, Zustände, Bilder« (Fricker, 75). Dieser erzählerische Gestus gibt Schumanns musikalischen Schriften ihre charakteristische Farbe, und zwar nicht nur in explizit humoristischen Texten wie der »Fastnachtsrede von Florestan«, den »Schwärmbriefen«, dem »Monument für Beethoven«, dem »Bericht an Jeanquirit in Augsburg« oder »Der Psychometer«, sondern auch in den zahllosen kompositionskritischen Anzeigen musikalischer Neuerscheinungen, von denen beispielhaft der Überblicksartikel über »Tanzliteratur« (Kreisig I, 201 ff.) oder die parodistische Kalliwoda-Kritik (Kreisig I, 186) genannt seien. Vollends literarischen Duktus besitzen die vielen Aphorismenreihen, von denen die allerdings erst 1853 für die *Gesammelten Schriften* komponierte Folge »Aus Meister Raros, Florestans und Eusebius‹ Denk- und Dichtbüchlein« vielleicht das eindrucksvollste Zeugnis von Schumanns Bemühen gibt, im imaginären Davidsbund die gegensätzlichen künstlerischen Anschauungen in einer Art Rundumwahrnehmung kritisch zu vereinen.

Was er in den Florestan und Eusebius zugewiesenen Passagen oftmals antithetisch (subjektiv vs. objektiv, psychologisch vs. analytisch) zuspitzt, ordnet er in der übergreifenden Einheit des jeweiligen Textes zu einer Synthese. Dabei versteht er es immer wieder, Überzeugungen und Einsichten in metaphorischen Höhenflügen sprachlich geschliffen zuzuspitzen: »Chopins Werke sind unter Blumen eingesenkte Kanonen« (Kreisig I, 167) – »Jedenfalls bleibt immer die die beste Fuge, die das Publikum – etwa für einen Straußschen Walzer hält« (a.a.O., 253). Andererseits schreckt Schumann von Anfang an nicht vor ausgiebigen Notenzitaten zurück – »keiner andern Kritik wird das Beweisen so schwer als der musikalischen« (Kreisig I, 44) – und vermag selbst einer nüchternen Klassifikation von »Pianofortetüden, ihren Zwecken nach geordnet« (Kreisig I, 214 ff.) darstellerische Originalität abzugewinnen.

Schumann beherrschte das schriftstellerische Handwerk vom aphoristischen Gedankenblitz bis zur allerdings niemals trockenen wissenschaftlichen Abhandlung, von der Stimmungserzeugung bis zur rationalen Argumentation und hat es entsprechend absichts- und wirkungsvoll in seinen Texten eingesetzt. Hans-Peter Fricker, der als erster und bislang einziger einen literaturwissenschaftlichen Zugang zu den musikkritischen Schriften Schumanns unternommen hat, unterscheidet dabei fünf Formen: musikalische Erzählungen (»Ein Werk II«, »Fastnachtsrede von Florestan«), musikalische Briefe (»Schwärmbriefe«), kontradiktorische Schriften (»Monument für Beethoven«), Aphorismen und die wissenschaftliche Musikkritik (»Ferdinand Hillers Etüden«, »Sinfonie von H. Berlioz«). Zu ergänzen wäre diese Klassifikation noch um die Leipziger Konzert- und Wiener Korrespondenzberichte.

Daß sich Poesie und Kunstwissenschaft dabei von Anfang an ergänzen, ja durchdringen, zeigt etwa die 1835 erschienene große Kritik über »Ferdinand Hillers Etüden op. 15«, die – zusammen mit der ebenfalls 1835 gedruckten Berlioz-Abhandlung – zu den paradigmatischen Texten des jungen Schumann gehört, weil sie programmatisch das Ideal der poetischen Kritik realisiert. Eingeleitet wird sie durch einen bei der Zusammenstellung der *Gesammelten Schriften* 1853/54 mit »Florestan« unterzeichneten kürzeren ersten Teil in »freie[r] ungebundene[r] Rede« (Kreisig I, 43), dem ein ausführlicherer zweiter Teil folgt. In ihm fragt Schumann »nach dem poetischen, dem harmonisch-melodischen und dem mechanischen Gehalt, oder auch nach dem Gewinn für das Herz, für das Ohr und für die Hand« (I, 44), um sich dann, der Reihenfolge nach, erst der »Poesie des Werkes«, seiner »Blüte« und seinem »Geist« (I, 45), daran anschließend theoretisch dem »Verhältnis der Melodie zur Harmonie, Form und Periodenbau« (I, 46) im allgemeinen und der analytischen Zergliederung der 1. Etüde im besonderen zuzuwenden. Den Abschluß macht ein »mechanischer« Teil, in dem Schumann die einzelnen Nummern mit »einer kurzen Charakteristik« (I, 49) versieht und so dem interessierten Pianisten Fingerzeige für Auffassung und Spiel gibt. Endlich entläßt er den Leser mit einem Zitat aus Goethes *Wilhelm Meister*, das die literarische Form des Textes wie sein durchaus kritisches Urteil über Hillers Werk gleichsam über den aktuellen Anlaß hinaushebt, indem es diesen aufs Äußerste zuspitzt: »Der geringste Mensch kann komplett sein, wenn er sich innerhalb der Fähigkeiten und Fertigkeiten bewegt; aber selbst schöne Vorzüge werden verdunkelt, aufgehoben und vernichtet, wenn jenes unerläßlich geforderte Ebenmaß abgeht« (I, 52).

Einem ähnlichen rhetorischen Aufbau folgt auch die Kritik von Berlioz' »Phantastischer Symphonie«, indem sie – der Reihe nach – »nach der *Form* (des Ganzen, der einzelnen Teile, der Periode, der Phrase), je nach der *musikalischen Komposition* (Harmonie, Melodie, Satz, Arbeit, Stil), nach der *besondern Idee*, die der Künstler darstellen wollte, und nach dem *Geiste*, der über Form, Stoff und Idee waltet« (Kreisig I, 69), fragt. Schumann geht hier in seiner »zergliedernden Kritik« (I, 72) weiter als in allen andern Kompositionskritiken. Verstärkt wird dieser Eindruck auf den heutigen Leser allerdings durch den großen Strich, den Schumann bei der Redaktion des Textes für die *Gesammelten Schriften* vornahm und dem die seinem Alter Ego Florestan zugeschriebene »psychologische« (Kreisig II, 215) Einfühlung in Berlioz' Werk ersatzlos zum Opfer fiel. Florestans Dithyrambe schloß mit einem langen Gedichtzitat Sonnenbergs, »dessen Grundton der der ganzen Symphonie ist« (II, 214) – jenes Lyrikers also, der zu den erklärten Vorbildern

seiner eigenen juvenilen Dichtversuche gehört hatte. Veranlaßt war der Strich wohl durch die skeptischere Haltung, die Schumann inzwischen gegenüber Berlioz im allgemeinen, der subjektiven Programmusik im besonderen einnahm. Genau umgekehrt ist er 1853 übrigens bei der Redaktion der Kritik von Heinrich Dorns »Tonblumen« verfahren, von der er allein das schwärmerische Lob (Eusebius) und die knappe ironische Entgegnung (Florestan) stehen ließ, die sich anschließende umfangreiche »Florestansche Persiflage auf die Rezension von Eusebius« (Kreisig II, 211) aber unterdrückt hat.

Es war Schumanns erklärte Absicht, als Komponist wie als Musikschriftsteller, »eine junge, dichterische Zukunft« vorzubereiten (zit. n. Daverio, 119, 1853 verändert in: »eine neue, poetische Zeit«, s. Kreisig I, 38) und mit ihr das Niveau der Musik wie der Musikkritik insgesamt zu heben. Als Musikkritiker ist er zuvörderst für die jungen Komponisten der sich in den 1830er Jahren herausbildenden romantischen Schule eingetreten, für Franz Schubert (dessen große C-Dur-Sinfonie er entdeckt und deren Bedeutung er als erster erkannt hat), Felix Mendelssohn Bartholdy, Hector Berlioz, Frédéric Chopin oder Franz Liszt, aber auch für heute weniger bekannte Komponisten wie den frühverstorbenen Norbert Burgmüller oder den Engländer William Sterndale Bennett. Immer wieder hat er in seinen Kritiken die unvergänglichen Vorbilder Bachs und Beethovens beschworen, die effekthascherische Virtuosenmusik der Zeit dagegen scharf und vernichtend zurückgewiesen. Selbst zur Polemik mit durchaus nationalistischem Zungenschlag war er sich, wie im Falle der Abrechnung mit Giacomo Meyerbeers Oper *Les Huguénots*, nicht zu schade: »Schwelgen, morden und beten, von weiter nichts steht in den Hugenotten [...] Verblüffen oder kitzeln ist Meyerbeers höchster Wahlspruch und es gelingt ihm auch beim Janhagel« (Kreisig I, 320). Ähnlich kompromißlos war seine Ablehnung der italienischen Belcantooper: »die höchsten Spitzen italienischer Kunst reichen noch nicht bis an die ersten Anfänge wahrhafter deutscher« (Kreisig II, 89).

Während Wagner in seinen Schriften in erster Linie das eigene Schaffen erläutert und propagiert, bespricht Schumann fast ausschließlich Werke fremder Komponisten und verfolgt zunehmend ästhetische Interessen jenseits seines eigenen Schaffenshorizontes. Dennoch läßt sich bei einem chronologischen Überblick über die inhaltliche Thematik nicht übersehen, daß mit dem Versiegen der Klavierkompositionen und dem Beginn der Auseinandersetzung mit anderen musikalischen Formen wie dem Lied, der Kammermusik und der Oper, diese in seinen Kritiken eine zunehmende Rolle spielen. Gleichzeitig treten die erzählerischen Formen zugunsten der sachlicher charakterisierenden Kompositionskritik zurück. Damit verschwinden allmählich aber auch die literarischen Doppelgänger: dem milden Eusebius begegnen wir letztmals 1839, dem feurigen Florestan ein letztes Mal 1842. Gewiß hat Schumann sich niemals so offen auf das Feld der Musikpolitik begeben wie Wagner während des Revolutionsjahrs 1848/49 und später in seinen Züricher Reformschriften; um eine Klärung, ja Reinigung des Musiklebens war es aber auch ihm während seines gesamtem Wirkens als Musikschriftsteller und als Redakteur der *Neuen Zeitschrift* zu tun.

Als Franz Liszt 1855 als eine Art Nachruf zu Lebzeiten seinen großen Essay über Schumann verfaßte, ging er darin auch auf dessen Bedeutung als Kritiker ein und hob vor allem die »Art der Doppelkritik« durch die Aufspaltung in die beiden einander entgegengesetzten Künstlercharaktere hervor: »In Schumanns Schriften repräsentiert Florestan das strenge Urteil der abstrakten Kunst. Er ist die mit dem Schwert bewaffnete, aufopfernde Gerechtigkeit; Eusebius ist die liebevolle Auffassung des Künstlers: seine Gerechtigkeit nimmt die Binde von den Augen, um nicht blindlings zu verwunden. Er empfindet die Absicht des Autors mit; Florestan sieht nur, was das Werk selbst ihm zeigt. Jener ist biegsam und elastisch wie das Gefühl, dieser unbeugsam und anspruchsvoll wie der Verstand. Beide Gegensätze müssen sich in dem wahren Kritiker vereinen. Die von Schumann gewählten Namen entsprechen den Begriffen von Güte und Gerechtigkeit. – Da nun aber Güte ohne Gerechtigkeit unvollkommen ist und Gerechtigkeit ohne Güte nicht ausreicht, so sollen in dem, der sich berechtigt glaubt, ein Urteil zu fällen, beide – sozusagen – persönlich vorhanden sein und sich gegenseitig ergänzen« (235 f.).

Poetische Musik

Literatur und Musik sind in Schumanns kompositorischem Schaffen eine enge Verbindung eingegangen. Das trifft nicht nur auf die Lieder und größeren Vokalwerke, sondern auch auf zahlreiche Instrumentalwerke zu. Allein schon die Titel geben hier deutliche Fingerzeige: *Fantasiestücke*, *Kreisleriana* und *Nachtstücke* verweisen auf E.T.A. Hoffmann, *Blumenstück* auf Jean Paul, *Gesänge der Frühe* auf Hölderlin. Mit anderen Klavierwerken wie der *Arabeske*, den *Novelletten* und dem *Faschingsschwank aus Wien* assoziieren sich literarische Genres und in vielen der zu Zyklen verbundenen Miniaturen wie dem *Carnaval*, den *Kinderszenen* oder den *Waldszenen* tragen die einzelnen Stücke poetische Titel, »feinere Fingerzeige für Vortrag und Auffassung« (Brief an Heinrich Dorn, 5.9.1839, BNF, 170), mit denen sich literarische oder bildliche Vorstellungen verbinden. Die Umschmelzung literarischer Strukturen in musikalische Verlaufsformen jedenfalls ist charakteristisch für das in den 1830er Jahren entstandene Klavierwerk des jungen Schumann: »Narrative Verläufe, rhetorische Emphase, Disgressionen, Rückblenden, rezitativische Gesten, epigrammatische Zuspitzungen und Aphoristik sind über die Literaturrezeption gewonnene Strukturformen, die Schumann ins Kompositorische konvertierte. […] Metrisch-rhythmische Verwirrspiele, asymmetrische Syntax, instrumentale Rezitative und die Auflehnung wider die *Tyrannei des Taktes* können als kompositorische Adaptionen literarisch-poetischer Vorbilder begriffen werden« (Appel in: Appel/Hermstrüwer, 13).

Die Schnittstelle im lebensgeschichtlichen Grenzübergang von der Literatur zur Musik stellen die 1832 erschienenen *Papillons* dar. Der kleine Klavierzyklus ist in den Jahren 1829–31 entstanden. Es sind kurze Miniaturen, meist auf Tanzmodellen basierend, in Form einer Kontrastharmonie angeordnet, die so schnell aufeinanderfolgen, daß der Hörer dem atemlosen Wechsel kaum folgen kann. Die einzelnen kleinen Szenen tragen keine Überschriften. Läßt man sich auf eine musikalische Analyse ein, so ergeben sich zwei Tatsachen: die musikalischen Charaktere der einzelnen Miniaturen sind überaus scharf konturiert, ja gestisch sprechend; und die strukturelle Verklammerung der scheinbar disparaten Nummern ist weit intensiver, als es beim bloßen Hören den Anschein hat.

Schumann hat bei Erscheinen der *Papillons* Freunde wie Kritiker brieflich darauf hingewiesen, daß zu dieser Musik ein Schlüssel existiere, mit dessen Hilfe man ihr Verständnis leicht eröffnen könne: das vorletzte, »Larven-Tanz« überschriebene Kapitel aus Jean Pauls *Flegeljahren.* Dort – so Schumann etwa an Henriette Voigt – stehe »alles schwarz auf weiß« (BNF, 54). Und dem Wiener Kritiker Ignaz Franz Castelli bekannte er, daß der Faden, der die Stücke umschlinge, schwer zu fassen sei, »wenn der Spieler nicht weiß, daß das Ganze nach Lesung der Schlußscene in Jean Pauls Flegeljahren componirt ward« (BNF, 36). In Schumanns Exemplar des Romans finden sich entsprechende Hinweise (vgl. das Faksimile bei Burger, 103). Er hat dieses poetische Programm aber nicht öffentlich sanktioniert. Im Gegenteil: unmittelbar vor Stichbeginn hat er das Finale nochmals eingreifend überarbeitet und wohl erst bei dieser Gelegenheit auch das vorgesehene Motto, ein nicht ganz wörtliches Zitat aus den *Flegeljahren,* entfernt: »Noch aus der Ferne hörte Walt entzückt die fliehenden Töne reden: denn er merkte nicht, daß mit ihnen sein Bruder entfliehe« (RSW, 8).

In dieser komplexesten Miniatur des gesamten Zyklus durchdringen Raum und Zeit sich, musikalisch gesprochen, mehrdimensional. Zunächst intoniert die Musik den sogenannten »Großvatertanz«. Der Kehraus wurde noch zu Schumanns Zeit nach Mitternacht gespielt und verkündete das Ende eines Balles. Zu seinen Klängen tanzten die Paare aus dem Saal. Danach greift die Oberstimme die schwebende Tanzmelodie der ersten *Papillons*-Miniatur wieder auf, während im Baß das Großvatermotiv weiterklingt. Die beiden Themen tönen ineinander. Ein im Baß hinzutretender Orgelpunkt, der über 25 Takte hinweg liegen bleibt, weitet den Raum ins Unendliche eines gleichsam schwerelosen Zustands. Die Papillonmelodie zerstiebt in immer kürzeren Fragmenten und sechs Schläge der Turmuhr verkünden den Morgen. Ein abhebender Akkord markiert den Schluß, das Ende der Ballnacht.

Wir stehen also vor der widersprüchlichen Tatsache, daß der Komponist seinen ersten Spielern und Zuhörern die Lektüre der *Flegeljahre* nahe legt – die entsprechenden Anstreichungen in

seinem Exemplar sind überliefert (vgl. Appel/ Hermsträuer, 135 ff.) –, im Werk selbst aber keinen Hinweis auf diese poetische Inspiration gibt, ja den ausdrücklichen Bezug, nämlich das Motto, im allerletzten Moment streicht. (Ein ähnlicher Vorgang wiederholt sich mehr als zwanzig Jahre später bei der Veröffentlichung der *Gesänge der Frühe,* als er den Hinweis »An Diotima« und damit gleichfalls die literarische Implikation der Musik tilgt; vgl. Appel/Hermsträuer, 190.)

Die Möglichkeit der realistischen Dechiffrierung seiner Musik scheint Schumann irritiert zu haben. An Henriette Voigt schrieb er: »Ich erwähne noch, daß ich den Text der Musik unterlegt habe, nicht umgekehrt – sonst scheint es mir ein ›thöricht Beginnen‹. Nur der letzte, den der spielende Zufall zur Antwort auf den ersten gestaltete, wurde durch Jean Paul erweckt« (BNF, 54). In allen späteren Äußerungen – sei es in Briefen, sei es in den musikalischen Schriften – hat Schumann stets mit Nachdruck betont, daß die Überschriften zu allen seinen Kompositionen erst nach Abschluß der Arbeit entstünden, der poetische Geist des Ganzen, also ein primär musikalischer Vorgang, die entsprechende verbale Metapher zeuge. Aus den Briefen allerdings, mit denen er das Erscheinen der *Papillons* einmal der Familie (Jugendbriefe, 166 f.), dann den Kritikern Castelli und Rellstab (Jugendbriefe, 167 f.) angekündigt hat, spricht eher das Gegenteil. Möglicherweise war er über die Reaktion erschrocken. Ludwig Rellstab bemängelte in seiner Kritik in der *Iris* das Fehlen der »organische[n] künstlerische[n] Form«: »Nur die objektiven, also nothwendigen Wahrheiten, darf der Künstler verschleiern und so durch den Reiz der Schönheit erhöhen. Zufällige, subjektive, lassen, wenn sie verhüllt bleiben, nur eine Chifferschrift übrig, zu der der Schlüssel fehlt; werden sie enthüllt, so begreift man, versteht man, aber nur äußerlich. [...] Das Kunstwerk darf nicht durch ein fremdes Etwas, es muß ganz allein, voll, durch sich selbst verständlich sein« (zit. n. Burger, 106). Schumann hat sich diese Kritik unter der Rubrik »Zur Besserung« in sein Tagebuch (Tb I, 425 f.) abgeschrieben. Auf Rellstab antwortete er sich aber auch direkt: »Aber so ist der Deutsche – ich habe ihm etwas an Jean Paul u. an den einzelnen Scenen zu rathen gegeben – er verlangt aber im Augenblick, schwarz auf weiß *zu hören,* wo Vult flucht, was er flucht [...] Sollte etwa zu viel Schwärmerei drinnen seyn?« (Tb I, 401).

Die Aufzeichnungen der folgenden Tage zeigen, daß Schumann sich mit Rellstabs Einwand auf eine mehr als nur ironische oder polemische Weise auseinandergesetzt hat. Die wichtigste, sein Verständnis einer poetischen Musik explizierende Eintragung lautet: »Je specieller eine Musik ist, je mehr einzelne Bilder im Ganzen sie vor dem Hörer ausbreitet, desto mehr erfaßt sie, u. desto ewiger wird sie seyn u. neu für alle Zeiten. Solche specielle Züge sind namentlich Beethoven u. Franz Schubert gemein; die Zeit u. der Geschmack mögen eine Richtung nehmen welche sie wollen, so wird es immer Menschen geben, für die sie geschrieben haben – eben so, wie es immer welche geben wird, die Jean Paul lesen mit unendlichem Entzücken u. Thränen. Dies ist der Particulargeist« (Tb I, 410). Ganz ähnlich wird Schumann drei Jahre später, 1835, Berlioz' *Symphonie fantastique* gleichsam gegen ihr poetisches Programm verteidigen – nicht ohne den Partikulargeist der musikalischen Genremalerei zu rechtfertigen: »Man irrt sich gewiß, wenn man glaubt, die Komponisten legten sich Feder und Papier in der elenden Absicht zurecht, dies oder jenes auszudrücken, zu schildern, zu malen. Doch schlage man zufällige Einflüsse und Eindrücke von außen nicht zu gering an. Unbewußt neben der musikalischen Phantasie wirkt oft eine Idee fort, neben dem Ohre das Auge, und dieses, das immer tätige Organ, hält dann mitten unter den Klängen und Tönen gewisse Umrisse fest, die sich mit der vorrückenden Musik zu deutlichen Gestalten ver-

dichten und ausbilden können. Je mehr nun der Musik verwandte Elemente die mit den Tönen erzeugten Gedanken oder Gebilde in sich tragen, von je poetischerem oder plastischerem Ausdrucke die Komposition sein, – und je phantastischer oder schärfer der Musiker überhaupt auffaßt, um so mehr sein Werk erheben oder ergreifen wird« (Kreisig I, 84).

Schumanns Rechtfertigungsversuch gegenüber Rellstab, der zu einer Verdeutlichung seiner ästhetischen Absichten führt, präzisiert – und dies an einer zentralen Schaltstelle seiner künstlerischen Entwicklung –, daß er seine Vorstellungen einerseits mit literarischen, andererseits mit musikalischen Vorbildern stützt, ihn einerseits Wirkungsintentionen, andererseits das konkrete Hörerlebnis leiten und alle diese Faktoren dem schöpferischen Vorgang vorausgehen, ja die musikalische Arbeit gleichsam auf einer zweiten Ebene hinter und neben der Noten-Schrift begleiten. Im konkreten Falle der *Papillons* hat John Daverio überzeugend nachgewiesen, daß Schumann in paradoxer Synthese seine Komposition als Literatur entwirft und sich dabei doch zugleich ganz in den Bahnen der »absoluten« Musik bewegt.

Poetische Musik im Sinne Schumanns ist demnach eine Musik, die sich selbst zum Subjekt, selbst zur Poesie wird. Der Musikalisierung der Poesie antwortet die Poetisierung der Musik. »Das Romantische« – so wird Schumann es 1839, am Ende seiner Klavierepoche formulieren – »liegt aber nicht in den Figuren oder Formen; es wird ohnehin darin sein, ist der Componist nur überhaupt ein Dichter« (Briefwechsel II, 368).

Literatur

Appel, Bernhard R.: Robert Schumanns Humoreske op. 20. Zum musikalischen Humor in der ersten Hälfte des 19. Jahrhunderts unter besonderer Berücksichtigung des Formproblems. Diss. phil. masch. Saarbrücken 1981.

–/ Hermstrüwer, Inge (Bearb.): Robert Schumann und die Dichter. Ein Musiker als Leser. Katalog zur Ausstellung des Heinrich-Heine-Instituts Düsseldorf 1991. (Veröffentlichungen des Heinrich-Heine-Instituts, Düsseldorf).

Bischoff, Bodo/Nauhaus, Gerd: Robert Schumanns Leipziger Konzertnotizen von 1833. Faksimile, Über-

tragung und Kommentar (Erstveröffentlichung). In: Schumann-Studien 3/4. Im Auftrag der Robert-Schumann-Gesellschaft Zwickau hg. von Gerd Nauhaus. Köln 1994, S. 20–74.

Blank, Gerhardt: Bedeutung und Besonderheiten des Fremdsprachenunterrichts im Entwicklungsgang Schumanns. In: Schumann-Studien 3/4. Im Auftrag der Robert-Schumann-Gesellschaft Zwickau hg. von Gerd Nauhaus. Köln 1994, S. 135–151.

Boerner, Peter: Tagebuch. Stuttgart 1969. (Sammlung Metzler, 85).

Bormann, Alexander von: Der Töne Licht. Zum frühromantischen Programm der Wortmusik. In: Die Aktualität der Frühromantik, hg. von Ernst Behler und Jochen Hörisch. Paderborn 1987, S. 191–207.

Daverio, John: Robert Schumann. The herald of a »new poetic age«. New York 1997.

Dietel, Gerhard: ›Eine neue poetische Zeit‹. Musikanschauung und stilistische Tendenzen im Klavierwerk Robert Schumanns. Kassel 1989. (Bärenreiter Hochschulschriften)

Draheim, Joachim: Robert Schumann als Übersetzer. In: Appel/Hermstrüwer (Bearb.) 1991, S. 41–48.

Eismann, Georg: Robert Schumanns Moskauer Gedichte. In: Beiträge zur Musikwissenschaft 1 (1959), S. 32–40.

–: Robert Schumann. Eine Biographie in Wort und Bild. Leipzig 1956, Leipzig ²1971.

Ewert, Hansjörg: Philister an Davidsbündler – Ein Versuch über Schumann als Leser des Briefwechsels zwischen Goethe und Zelter. In: Schumanniana nova. Festschrift Gerd Nauhaus zum 60. Geburtstag, hg. von Bernhard R. Appel. Sinzig 2002, S. 210–222.

Fricker, Hans-Peter: Die musikkritischen Schriften Robert Schumanns. Versuch eines literaturwissenschaftlichen Zugangs. Bern 1983. (Europäische Hochschulschriften, R. 1, 677).

Gesse-Harm, Sonja: »Empfindungen sind sprachlos«. Robert Schumanns Suche nach der Synthese von Dichtung und Musik. In: »Das letzte Wort der Kunst«. Heinrich Heine und Robert Schumann zum 150. Todesjahr, hg. von Joseph A. Kruse. Stuttgart 2006, S. 157–171.

Heero, Aigi: Schumanns Jugendlyrik. Kritische Edition und Kommentar. Sinzig 2003. (Schumann-Studien Sonderband, 3).

Hocke, Gustav René: Europäische Tagebücher aus vier Jahrhunderten. Motive und Anthologie. Wiesbaden, München ³1986.

Hotaki, Leander: »Eine unendlich verwobene Fläche«. Zur Dichtung Robert Schumanns. In: Robert Schumann: philologische, analytische, sozial- und rezeptionsgeschichtliche Aspekte, hg. von Wolf Frobenius. Saarbrücken 1998. (Saarbrücker Studien zur Musikwissenschaft, N.F., 8), S. 255–267.

–: Robert Schumanns Mottosammlung. Übertragung – Kommentar – Einführung. Freiburg/Br. 1998. (Rombach Wissenschaften, Reihe Litterae, 59).

Jäger, Georg: Sozialgeschichte des deutschen Unterrichts an höheren Schulen von der Spätaufklärung bis zum Vormärz. Stuttgart 1981. (Georg Jäger. Schule und literarische Kultur, 1).

Jean Paul: Sämtliche Werke, hg. von Norbert Miller. München. Bd. 1, 3–6. 1960–1963; Bd. 2. 3., neubearb. Aufl. 1971.

Koetz, Hans: Der Einfluß Jean Pauls auf Robert Schumann. Weimar 1933.

Kross, Siegfried (Hg.): Briefe und Notizen Robert und Clara Schumanns. 2., wesentl. erw. Aufl. Bonn 1982. (Veröffentlichungen aus den Beständen der Universitätsbibliothek Bonn, 5) (Bonner Beiträge zur Bibliotheks- und Bücherkunde, 27).

Kruse, Joseph A.: Robert Schumann als Dichter. In: Robert Schumann: Universalgeist der Romantik. Beiträge zu seiner Persönlichkeit und seinem Werk, hg. von Julius Alf und Joseph A. Kruse. Düsseldorf 1981. (Veröffentlichungen des Heinrich-Heine-Instituts, Düsseldorf), S. 40–61.

–: Schumanns Lektüre. Zeitgenössischer Kanon, individuelle Schwerpunkte, kompositionsspezifische Auswahl und seine Urteile als Leser. In: Appel/Hermstrüwer (Bearb.) 1991, S. 123–134.

Lichtenhahn, Ernst: Die Bedeutungs des Dichterischen im Werk Robert Schumanns. Basel 1974.

Liszt, Franz: Robert Schumann. In: ders.: Schriften zur Tonkunst, ausgew. und hg. von Wolfgang Marggraf. Leipzig 1981. (Reclams Universal-Bibliothek, 866), S. 219–252.

Miller, Norbert: »Welch flimmernde Welt!« Jean Pauls Gärten und Landschaften. Jahrbuch der Jean-Paul-Gesellschaft 40 (2005), S. 14–58.

Nauhaus, Gerd: Schumanns Lektürebüchlein. In: Appel/Hermstrüwer (Bearb.) 1991, S. 50–87.

Naumann, Barbara: Musikalisches Ideen-Instrument. Das Musikalische in Poetik und Sprachtheorie der Frühromantik. Stuttgart 1990.

Ortheil, Hanns-Josef (Hg.): Schumann, Robert, Clara Schumann: Briefe einer Liebe. Eingel. von Dietrich Fischer-Dieskau, hg. und mit einem Nachw. vers. von H.O. Königstein/Ts. 1982.

Otto, Frauke: Robert Schumann als Jean Paul-Leser. Frankfurt a. M. 1984.

Plantinga, Leon: Schumann as critic. New Haven 1967.

Rummenhöller, Peter: Der Dichter spricht. Robert Schumann als Musikschriftsteller. Köln 1980.

Schmidt-Beste, Thomas: Robert Schumann und Felix Mendelssohn Bartholdy im Spiegel ihres Briefwechsels der Jahre 1844 bis 1847. In: Schumann-Studien 7, hg. von Anette Müller. Sinzig 2004, S. 105–118.

Schoppe, Martin: Schumanns frühe Texte und Schriften. In: Schumanns Werke – Text und Interpretation. 16 Studien. [Bericht über das 2. Internationale Schumann-Symposion am 17. und 18. Mai im Rahmen des 2. Schumann-Festes, Düsseldorf], hg. von der Robert-Schumann-Gesellschaft Düsseldorf durch Akio Mayeda und Klaus Wolfgang Niemöller. Mainz 1987. (Schumann-Forschungen, [2]), S. 7–16.

–: Schumanns ›Litterarischer Verein‹. In: Appel/Hermstrüwer (Bearb.) 1991, S. 17–32.

Schulte, Krischan: »… was Ihres Zaubergriffels würdig wäre!« Die Textbasis für Robert Schumanns Lieder für Solostimmen. Mainz 2005. (Schumann-Forschungen, 10).

Schumann, Robert: Der junge Robert Schumann. Dichtungen und Briefe, hg. von Alfred Schumann. Leipzig 1910.

Schumann, Robert: Erinnerungen an Felix Mendelssohn Bartholdy. Nachgelassene Aufzeichnungen von Robert Schumann, hg. vom Städtischen Museum

Zwickau (Sachsen). Bearb. von Georg Eismann. Zwickau 1947.

Seibold, Wolfgang: Aspekte im Verhältnis von Schumann zu Schiller. In: Schumanniana nova. Festschrift Gerd Nauhaus zum 60. Geburtstag, hg. von Bernhard R. Appel. Sinzig 2002, S. 636–678.

Tadday, Ulrich: Die Anfänge des Musikfeuilletons. Der kommunikative Gebrauchswert musikalischer Bildung in Deutschland um 1800. Stuttgart, Weimar 1993. (Metzler Musik).

–: Musikkritik. In: MGG2, Sachteil. Bd. 6. Kassel, Stuttgart 1997, Sp. 1362–1389.

–: Das schöne Unendliche. Ästhetik, Kritik, Geschichte der romantischen Musikanschauung. Stuttgart, Weimar 1999.

Vincon, Hartmut: ›Musik der Musik‹. Musikästhetische Notizen zu Jean Pauls »Flegeljahren«. Musiktheorie 8 (1993), S. 3–21.

Wendt, Matthias (Hg.): Schumann und seine Dichter. Bericht über das 4. Internationale Schumann-Symposion am 13. und 14. Juni 1991 im Rahmen des 4. Schumann-Festes, Düsseldorf. Mainz 1993. (Schumann-Forschungen, 4).

Wenke, Corina: Aspekte zu Robert Schumanns Entwicklung in seiner Kinder- und Jugendzeit in Zwickau. Ergebnisse der Untersuchung und Übertragung von Quellenmaterial aus dem Archiv des Robert-Schumann-Hauses, Zwickau. Diplomschrift (Typoskript) Leipzig 1987.

Zur Musikästhetik
Robert Schumanns

von Ulrich Tadday

Im weiteren Sinne schließt eine Betrachtung der Musikästhetik Robert Schumanns nicht nur die Musikanschauung als solche, sondern die Literatur- und Kunstanschauung, auch die Lebens- und Weltanschauung mit ein. Im engeren Sinne hingegen gilt es den philosophischen Kern der Musikästhetik Schumanns herauszuschälen. Dieser besteht vor allem in der Philosophie Friedrich Heinrich Jacobis, die Schumann über Jean Paul rezipiert hat. Jacobis Philosophie der »Mittelbarkeit« verteidigt gegen Kant, Fichte und Friedrich Schlegel, also gegen die Philosophie des transzendentalen Idealismus und der Frühromantik epistemisch das Primat des Gefühls vor dem Verstand und der Vernunft. In Jean Pauls Ästhetik und Dichtung jedoch erscheint Jacobis ›Realismus‹ reflexiv gebrochen, Gefühl und Verstand, Empfindung und Reflexion werden als korrelative Kategorien in ein wechselseitiges Verhältnis gesetzt, das Jean Paul als Humor begreift. Schumanns Humor-Begriff ist der Ästhetik Jean Pauls vor der Folie der Philosophie Jacobis verpflichtet und im Rahmen des ›poetischen Realismus‹ von der Selbstreflexivität der romantischen Ironie zu unterscheiden. Indem Schumann Musik nicht aus dem Selbstbewußtsein, sondern aus dem Selbstgefühl heraus reflektiert, erscheint das Modell der ›poetischen Musikkritik‹ sprachskeptisch mit motiviert.

Die Quadratur des Zirkels

1831 oder 1832, also gut ein Jahr nachdem Robert Schumann den Entschluß gefaßt hatte, Musiker zu werden und diesen der Mutter in dem bewegenden Brief vom 30. Juli 1830 mitgeteilt hatte (s. Burger, 86), fertigt der Komponist der *Abegg-Variationen* op. 1 (1831) und der *Papillons* op. 2 (1832) sowie der Kritiker von Fryderyk Chopins Variationen für Klavier und Orchester *Là ci darem la mano* op. 2 (AmZ 1831, s. Kreisig I, 5ff.) für seine »Mottosammlung« handschriftliche Auszüge aus einer Rezension an, die 1831 im *Literatur-Blatt*, der literarischen Beilage zum *Morgenblatt für gebildete Stände*, unter der Überschrift »Aesthetik« erschienen war (s. Hotaki 1999, 41-53). Der Rezension, die wahrscheinlich aus der Feder des Herausgebers, Literaturhistorikers und Geschichtsschreibers Wolfgang Menzel (1798-1873) stammt, entnimmt Schumann die Titel von sechs Büchern zur Ästhetik, die allesamt 1830 erschienen waren: Christian Hermann Weißes *System der Aesthetik als Wissenschaft von der Idee der Schönheit*, Johann Christian August Grohmanns *Aesthetik als Wissenschaft*, Johann Gottlob von Quandts *Briefe aus Italien über das Geheimnisvolle der Schönheit und die Kunst*, Karl Johann Braun Ritter von Braunthals *Die aesthetisch gebildete Dame*, Franz Fickers *Aesthetik oder Lehre vom Schönen der Kunst in ihrem ganzen Umfange* und Carl Friedrich Hausmanns *Allgemeine Geschmackslehre für Liebhaber der schönen Künste* (s. Hotaki 1999, 492f. u. 552f.). Unter die Buchtitel setzt Schumann mehrere Zitate Menzels, davon eins, das er der Ausgabe der *Neuen Zeitschrift für Musik* vom 10. November 1835 zum Teil als Motto voranstellen und das er 1850 oder einige Jahre später als Ganzes (Hotaki 1999, 409) noch einmal abschreiben sollte:

»›Es verhält sich mit der Aufgabe der Aesthetik nicht viel besser, als mit der Quadratur des Zirkels. Zwischen Theorie und Praxis, Regel und Beispiel, Gesetz und Freiheit bleibt immer ein unendlicher Bruch uebrig u vielleicht ist eben dieser Bruch mehr werth, als das Ganze. Das Schöne wäre vielleicht nicht mehr schön, wenn irgend ein Denker das Geheimniss enträthselte.‹ Menzel« (vgl. Hotaki 1999, 493).

Von beispielhafter Bedeutung ist dieses Exzerpt, weil es grundsätzliche Einblicke in die Musikästhetik Robert Schumanns gewährt: Vor uns sehen wir einen jungen Komponisten, der Anfang der 1830er Jahre beginnt, musikästhetische Fragen zu stellen. Antworten findet er allerdings nicht im Studium (musik-)philosophischer Abhandlungen, sondern durch die Lektüre von Literatur, Zeitschriften und Zeitungen. So gesehen schreibt sich Schumann zwar die Titel der sechs Ästhetiken ab, aber er arbeitet die Bücher nicht durch, zumindest gibt es keinen Hinweis darauf, daß er sie durchgearbeitet hat, Wilhelm Christian Müllers *Aesthetisch-historische Einleitung in die Wissenschaft der Tonkunst* von 1830 einmal ausgenommen, von der Schumann 1834 ein zwanzig Seiten langes Exzerpt angefertigt hat (D-Zsch, Archiv-Nr.: 4871 V, 1-A3), und Franz Fickers *Aesthetik*, mit der Schumann laut Boetticher angeblich sehr vertraut gewesen sein soll (Appel 1981, 171). Ansonsten ist das Studium der Philosophie nicht so seine Sache, wie er im Tagebuch vom 24. Januar 1829 sich selbst eingesteht: »tiefer Denker bin ich nicht: ich kann niemals logisch an den Faden fortgehen, den ich vielleicht gut angeknüpft habe« (Tb I, 30). Daß er sich nicht zum Musikphilosophen, sondern zum Musiker berufen fühlte, hätte Schumann im Brief vom 6. November 1829 gegenüber seinem künftigen Klavierlehrer Friedrich Wieck nicht eigens erwähnen müssen, schließlich will er von Wieck nicht theoretisch, sondern praktisch, d.h. zum Pianisten ausgebildet werden. Seinem künstlerischen Selbstverständnis nach versteht sich aber schon der 19jährige Schumann weniger als virtuoser Pianist, denn mehr als denkender Musiker und dies deutet er auch Wieck mit einigen musikästhetischen Reflexionen über Franz Schubert an, denen er quasi entschuldigend hinzufügt: »Schon seit Jahren fing ich eine Aesthetik der Tonkunst an, die ziemlich weit gediehen war, fühlte hernach

aber recht wohl, daß es mir an eigentlichem Urtheil und noch mehr an Objektivität fehlte, so daß ich hier und da fand, was A n d e r e vermißten, und umgekehrt« (Jugendbriefe, 83). Es nimmt wahrlich nicht wunder, daß Schumann als Künstler und Komponist dem Philosophieren in Systemen nicht zugeneigt war, daß er die großen Philosophen seiner Zeit nicht im Original gelesen und die Ästhetik von Kant, Schelling, Schopenhauer und Hegel nur vermittelt, über Sekundär- oder Tertiärliteraturen rezipiert hat: »Schumann beschäftigt sich hauptsächlich mit randständigen Philosophen, wie Platner, Jacobi, Grohmann und den Hegelianern Kahlert, Krüger und Hand, scheut sich jedoch vor einer direkten Auseinandersetzung mit Hegel selbst zurück. Die Tatsache, daß Schumann 1842 um Rat fragt, auf welchem Weg man sich am besten der Ästhetik annähern könnte [Boetticher I, 341], beweist zur Genüge, wie unsicher sich Schumann in diesem Bereich fühlte« (Appel 1981, 168). Wer wollte also bestreiten, daß Schumanns Rezeption der philosophischen Ästhetik und Musikästhetik unsystematisch gewesen ist? Und dennoch, Schumanns Philosophieren ohne System hat System und die philosophische Rechtfertigung für sein ästhetisch eklektisches Verfahren, die ihm gleichzeitig als psychologische Entlastung dient, findet Schumann in Menzels Rezension – wieder, muß man vor der Folie seiner Jean Paul-Lektüre sagen. Indem Menzel behauptet, daß »zwischen Theorie und Praxis, Regel und Beispiel, Gesetz und Freiheit [...] immer ein unendlicher Bruch uebrig [bleibe] und vielleicht [...] eben dieser Bruch mehr werth [sei], als das Ganze«, bilanziert er das basale Problem einer ästhetischen Kommunikation, die seit Mitte des 18. Jahrhunderts die eigentliche Rede der Kunst an die uneigentliche Rede über Kunst koppelt ohne deren diskursive Differenz aufheben zu können. Daß die diskursive Differenz zwischen der eigentlichen Rede der Kunst und der uneigentlichen Rede über Kunst nicht aufgehoben werden kann, hat semantische, pragmatische und semiotische Gründe, die im Falle der Musik, insbesondere der reinen Instrumentalmusik besonders gravierend sind und einem Musiker aufgrund der eigenen ästhetischen Erfahrung unmittelbar einleuchten dürften, vor allem einem Musiker wie Robert Schumann, der 1839 über sich schreibt, er habe von Jean Paul mehr

Kontrapunkt gelernt als von seinem Musiklehrer (BNF, 149).

Jean Paul

Die Bedeutung Jean Pauls nicht nur für die Musikästhetik Robert Schumanns ist hinlänglich bekannt und beschrieben (Otto 1984/Eger 1992). Hatte Schumann 1827 die Romane Jean Pauls für sich entdeckt, steht das Jahr 1828 für ihn ganz im Zeichen des Dichters. Davon zeugen die vielen Eintragungen in seine Tagebücher und sein Besuch der Jean Paul Stätten in Bayreuth auf der Mulusreise nach Süddeutschland. Rückblickend bekennt Schumann 1843 in einem Brief an Carl Koßmaly, daß »Bach und Jean Paul den größten Einfluß« auf ihn ausgeübt hätten (BNF, 228) und noch Ende November 1854 berichtet er Johannes Brahms aus der Heilanstalt in Endenich brieflich, daß ihm seine Frau Clara die *Flegeljahre* von Jean Paul zu seiner Freude geschickt habe (BNF, 403).

Trotz der unbestreitbaren Bedeutung Jean Pauls sollte man – Bernhard R. Appel hat zu Recht darauf hingewiesen – Schumanns literarischen Horizont nicht auf den erklärten Lieblingsdichter verengen: »Die Lektüreliste des Komponisten und seine darin zum Ausdruck kommenden Interessen weisen eine erstaunliche Breite auf, vor der das Gerede vom verträumt-versponnenen Romantiker verstummen muß. Die etwa 600 Titel umfassende (aber hinsichtlich des tatsächlich Gelesenen unvollständige) Literaturliste, die sich aus Schumanns Tagebüchern zusammenstellen läßt, reicht von Klassikern der Weltliteratur über zeitgenössische Belletristik, wissenschaftliche Abhandlungen, Fachzeitschriften bis hin zu biedermeierlichen Journalen und politischen Tageszeitungen. Bringt man den literarischen Lesestoff in eine chronologische Ordnung, springt der teilweise *enzyklopädische* Zugriff auf die Literatur ins Auge: Es gibt Rezeptionsphasen zu Jean Paul, Heine, Byron, Rückert und Shakespeare, in denen sich Schumann nahezu ausschließlich in das Œuvre eines einzigen Autors lesend einspinnt« (Appel 1991, 13).

Obwohl dem Einwand Appels in literarischer Hinsicht uneingeschränkt zuzustimmen ist, kann in philosophischer Hinsicht kein Zweifel an der basalen Bedeutung Jean Pauls für die Musikästhetik Robert Schumanns bestehen. Über Jean Paul betritt Schumann nämlich philosophische Räume, die ihn indirekt in die Auseinandersetzung um die Philosophie des deutschen transzendentalen Idealismus führen und damit mitten in die Auseinandersetzung um die nachkantische Philosophie und die erkenntnistheoretischen Gründe menschlichen Denkens und Fühlens, ohne die Schumanns Musikästhetik – zwischen absoluter Musik und Programmusik – für uns nicht verständlich wäre. Insofern darf an Schumanns Aussage, Bach und Jean Paul hätten den größten Einfluß auf ihn ausgeübt (BNF, 228), festgehalten werden, denn die durch die Romane Jean Pauls vermittelte philosophische Weltsicht bildet den eigentlichen philosophischen Grund seines musikästhetischen Denkens. »Wer Shakespeare und Jean Paul versteht«, schreibt Schumann 1842, »wird anders komponieren, als wer seine Weisheit allein aus Marpurg usw. hergeholt« (Kreisig II, 115).

Schumanns Musikästhetik verdankt Jean Paul im wesentlichen zwei philosophische Grundsätze, die beide – vereinfacht ausgedrückt – dem Topos »Musik und Sprache« zuzuordnen sind. Der eine Grundsatz bestimmt die Musik als Sprache, der andere bedingt das Sprechen über Musik. Beide Grundsätze gewinnt Jean Paul im Anschluß an die Philosophie vor allem Friedrich Heinrich Jacobis (1743-1819), aber auch Johann Gottfried Herders (1744-1803) und Johann Georg Hamanns (1730-1788).

Poetischer Realismus

Es ist das Verdienst Bernhard R. Appels, als erster auf die Bedeutung der Philosophie Jacobis für Schumann hingewiesen zu haben: »Das musikalische Denken des jungen Schumann ist von einer ausgesprochenen Theoriefeindlichkeit geprägt, deren Wurzeln im Gefühlskult zu suchen sind. Das Primat des Gefühls vor dem Verstand geht auf Schumanns Lektüre des philosophischen Schriftstellers Friedrich Heinrich Jacobi zurück, welcher dem ›unmittelbaren Wissen‹ des Gefühls den Vorrang vor der verstandesmäßigen Erkenntnis einräumt. Von der intensiven Auseinandersetzung

mit Jacobi zeugen viele Eintragungen in Schumanns Tagebüchern (TB [I]. 504 führt die Beleg-
stellen auf); auch in den Gesammelten Schriften
wird Jacobis ›philosophisches System‹ gerühmt
[Kreisig. I. 268]« (Appel 1981, 35). Zunächst darf
festgestellt werden, daß Schumann Jacobis Romane *Aus Eduard Allwills Papieren* (Tb I, 115f.,
329) und *Woldemar* (Tb I, 200, 202), auch »Hamanns Briefe an Jacobi« (Tb I, 115f.) gelesen und
seine »Entzükung über den edeln, großen,
menschlichen Philosophen [Jacobi]« (Tb I, 200)
zum Ausdruck gebracht hat. Daß auch Schumann
zwischen den Zeilen den philosophischen Subtext
der Romane mitgelesen haben dürfte, kann aus
dem Brief *Jacobi an Fichte* (1799) geschlossen werden: »Das Geheimniß der Identität und Verschie-
denheit zwischen Fichte und mir«, schreibt Jacobi,
»unserer philosophischen Sympathie und Antipa-
thie, müßte, deucht mir, jedem offenbar werden,
der nur die einzige Epistel an Erhard O., hinter
A l l w i l l s   B r i e f s a m m l u n g , recht lesen
und sie durchaus zu verstehen sich bemühen
wollte« (Jacobi 2004, 200). Sowohl für die unver-
mittelte als auch die durch Jean Paul vermittelte
Jacobi Rezeption Schumanns gilt es festzuhalten,
daß es sich bei Jacobi nicht um irgendeinen »randständigen Philosophen« (Appel 1981, 168) handelt,
sondern um einen durchaus ernstzunehmenden
philosophischen Denker, vor allem um einen der
wichtigsten zeitgenössischen Kritiker Immanuel
Kants (1724-1804) und Johann Gottlieb Fichtes
(1762-1814) (vgl. Henrich 2004, 1395-1466). Jacobis
Kritik richtet sich zum einen gegen die sogenannte
Kopernikanische Wende, die Kant in der *Kritik
der reinen Vernunft* (1781) vollzog, indem er die
Erkenntnis der Dinge an sich nur in Form von
Vorstellungen für möglich hielt, während Jacobi
dagegen weiterhin an das sinnliche Erkenntnisver-
mögen der fühlenden Seele im Menschen glaubt.
Im »Vorbericht« zur Schrift *David Hume über den
Glauben oder Realismus und Idealismus. Ein Gespräch* (1787) schreibt er: »Alsdenn aber muß ich,
als   R e a l i s t , sagen: alle Erkenntniß könne
einzig und allein aus dem Glauben [also nicht aus
dem Verstand] kommen, weil mir D i n g e   g e -
g e b e n seyn müssen, ehe ich Verhältnisse einzu-
sehen im Stande bin« (Jacobi 2004, 10, 20ff., 25f.,
29ff., 32, 37, 61, 81, 91f. 98). Für Jacobi bleiben also
die bei Kant angeblich getrennten Bereiche der

Erkenntnis vor und nach der Erfahrung eins, so
daß die Erkenntnis der Dinge an sich nicht losgelöst von der sinnlichen Erfahrung möglich ist,
letztere vielmehr der Vernunft mittelbar vorausgehen muß. Zum anderen richtet sich Jacobis Kritik
gegen die transzendentalphilosophische Radikali-
sierung der Kritischen Philosophie Kants durch
Fichte, genauer gesagt gegen Fichtes *Wissenschafts-
lehre* (1794/95). Fichte sucht dort den Dualismus
der Kritischen Philosophie Kants zu überwinden,
indem er das Wissen aus einem absoluten, selbst
unbedingten Grundsatz herleitet dergestalt, daß
sich das Ich in freier ›Thathandlung‹ selbst setzt
und durch Entgegensetzung des Nicht-Ich sich
seiner selbst handelnd bewußt wird (s. Frischmann
2005, 26-108). Jacobi hat Fichtes Philosophie des
Selbstbewußtseins im Brief *Jacobi an Fichte* von
1799 auf das schärfste attackiert: »Alles außer ihr
ist Nichts, und sie selbst nur ein G e s p e n s t ;
ein Gespenst, nicht einmal von Etwas; son-
dern, e i n   G e s p e n s t   a n   s i c h : ein reales
Nichts; ein Nichts der Realität« (Jacobi 2004,
207). Er hält Fichtes Philosophie des Wissens seine
»Philosophie des Nicht-Wissens«, d.h. des nicht
vernunftbedingten Gefühls und Glaubens, entgegen und nennt den transzendentalen Idealismus
Fichtes wortwörtlich »Nihilismus« (Jacobi 2004,
215 u. 325).

Jean Paul macht sich Jacobis Philosophie der
»Mittelbarkeit« zu eigen (s. Schmidt-Biggemann
1975, 258-277; Decke-Cornill 1987, 69-73, Kaiser
1995, 210-228; Bergengruen 2003, 111-149) – auch
weil er sich von der Philosophie Ernst Platners
(1780-1818) und Herders in der Auseinandersetzung mit dem transzendentalen Idealismus nicht
mehr viel verspricht – und schreibt gegen die
Philosophie des transzendentalen Idealismus an,
in seinen Romanen im Allgemeinen und im Besonderen einzelner Kapitel: z.B. im fünften Kapitel
des siebten Bruchstückes der *Levana oder Erziehlehre*, das die Überschrift trägt: »Bildung zu Reflexion, Abstraktion, Selbstbewußtsein nebst einem
Anhang-Paragraphen über Tat- oder Welt-Sinn«
(Jean Paul 1995, I/5, 846f.) oder eben auch im
zweiten Paragraphen des ersten Programms der
Vorschule der Ästhetik, das sich gegen die »poetischen Nihilisten« als »Verächter der Wirklichkeit«
(Jean Paul 1995, I/5, 31) wendet. Im Bunde mit
Jacobi erklärt Jean Paul im Projektorium für den

Herausgeber der *Clavis Fichtiana seu Leibgeberiana*, dem Anhang zum ersten komischen Anhang des *Titans*: »Jetzt muß jeder sich mit Philosophie versorgen zur Wehre gegen Philosophie, mit einem angespiegelten Basilisken zur Falkenbeize des dastehenden. Aber die richtige Philosophie, wie die Jacobische, weiß und bekennt, dass die Vernunft ein Danaiden-Filtrum sei, das zwar den Trank *reinigen*, aber nicht *schöpfen* kann, und dass sie nur, wie Herder sagt, vernehme und also bekomme, finde, nicht erfinde« (Jean Paul 1995, I/3, 1026). Mit Jacobi tritt Jean Paul ein für den »Realismus unserer Gefühle« (Jean Paul 1995, I/5, 446; s. Decke-Cornill 1987, 74-79), entgegen Jacobi findet Jean Paul aber im Glauben die Gottesgewißheit nicht, soll heißen, für Jean Paul ist das der Reflexion vorgängige Gefühl kein wirklicher Garant metaphysischer Erkenntnis mehr. Wie skeptisch Jean Paul dem Jacobischen Glauben an die unverbrüchliche Wahrheit der fühlenden Seele gegenübersteht, bezeugt der Brief, den er am 11. August 1790, drei Monate vor der sogenannten Novembervision, an Friedrich Wernlein schrieb: »Ein Hauptgrund meines Skept[izismus] war der: es giebt für iedes Subjekt keine andre Wahrheit als die gefühlte. Die Säze, bei denen ich das Gefühl ihrer Wahrheit habe, sind meine wahren und es giebt kein andres Kriterium. Da aber dieses nämliche Gefühl auch Irthümer, die es wiederruft, einmal unterschrieb – da es seine Aussprüche ändert nach Stunde und Alter und Zuständen und Seelen und Ländern und Weltheilen: woher kann ich denn gewis wissen, dass dieses chamäl[eontische] Gefühl morgen oder in 3 Jahren das nicht zurücknehme, was es heute beschwört? Und blieb' es auch beständig: könt' es nicht bei einem Irwahn beständig bleiben? Wer steht mir für die Wahrheit dieses Gefühls als das Gefühl selbst?« (Jean Paul 1952, III, 1, 305). Der Vertrauensverlust in die durch Jacobi verbürgte, nun vermeintlich erscheinende metaphysische Verläßlichkeit des Gefühls sitzt tief, und zwar so tief, daß Jean Paul drei Monate später, am 15. November 1790 den äußersten Punkt des Lebens, den Tod vor Augen sieht und schreibt: »Ich vergesse den 15 November nie. Ich wünsche iedem Menschen einen 15 November. Ich empfand, daß es einen Tod gebe [...] an ienem Abend gieng <drängte> ich vor mein künftiges Sterbebette durch 30 Jahre hindurch, sah mich mit

der hängenden Todtenhand, mit dem eingestürzten Krankengesicht, mit dem Marmorauge – ich hörte meine kämpfenden Phantasien in der letzten Nacht…« (Jean Paul II/6, Teil 1, 6). Der Unterschied zwischen Jean Paul und Jacobi, den man aus diesem Dokument ablesen kann, läßt sich bildlich gesprochen so ausdrücken: Jacobi und Jean Paul leben mitten in der Welt, doch während Jacobi glaubensgewiß in den Himmel blickt, schaut Jean Paul gleichzeitig in den Abgrund der Hölle. Jean Pauls Seele – wenn man so will – schwebt zwischen Leben und Tod, Himmel und Hölle, zwischen Unendlichkeit und Endlichkeit. Diese Polarität bzw. Bipolarität der gefühlten Welt ist der eigentliche philosophische Grund des poetischen Realismus Jean Pauls, der auch Robert Schumann bewegte, als er nach dem Besuch bei Jean Pauls Witwe im Brief vom 5. Juni 1828 an Gisbert Rosen bemerkt: »Wenn die ganze Welt Jean Paul läse, so würde sie bestimmt besser aber unglücklicher – er hat mich oft dem Wahnsinn nahe gebracht« (Erler I, 6).

Für Jean Paul führt Fichtes Philosophie des Selbstbewußtseins ganz gewiß ins Nichts, doch auch Jacobis Philosophie des Selbstgefühls gerät durch das eigene Gefühl an ihre Grenze, die das Leben vom Tod trennt. Wie stark Jean Pauls Denken und Dichtung durch die gewußte wie gefühlte einzige Gewißheit des Todes im eigentlichen Sinne des Wortes traumatisiert ist, wird durch die *Rede des toten Christus vom Weltgebäude herab, daß kein Gott sei*, die Jean Paul im »ersten Blumenstück« des Romans *Siebenkäs* (1795) hält, deutlich. In der apokalyptischen Vision träumt der Ich-Erzähler vom Tag des jüngsten Gerichtes, an dem Christus allen Toten verkündet, daß es keinen Gott gebe (Jean Paul 2000, I/2, 273). Und dennoch wird der Ich-Erzähler erlöst, weil Jean Paul ihn aus dem Traum erwachen läßt, um erleichtert festzustellen, »daß sie [seine Seele] wieder Gott anbeten konnte – und die Freude und das Weinen und der Glaube an ihn waren das Gebet« (Jean Paul 2000, I/2, 275). Die poetologisch-psychologische Funktion dieser Rede gibt Jean Paul in einer Fußnote zu ihrer Überschrift selbst an: »Wenn einmal mein Herz so unglücklich und ausgestorben wäre, dass in ihm alle Gefühle, die das Dasein Gottes bejahen, zerstört wären: so würd' ich mich mit diesem meinem Aufsatz erschüttern und – er würde mich heilen und mir meine Gefühle wiedergeben« (Jean Paul 2000, I/2, 270). Der Sprache und Literatur werden von Jean Paul nicht zuletzt die Funktion der Lebenshilfe zugeschrieben, die sich der geniale Dichter durch seine »Phantasie« allerdings erst selbst erschafft durch die ihm angeborene »Bildungskraft«, die Jean Paul im § 7 der *Vorschule der Ästhetik* definiert als die »Welt-Seele der Seele … Die Phantasie macht alle Teile zu Ganzen – statt daß die übrigen Kräfte und die Erfahrung aus dem Naturbuche nur Blätter reißen – und alle Weltteile zu Welten, sie totalisiert alles, auch das unendliche All; daher tritt in ihr Reich der poetische Optimismus, die Schönheit der Gestalten, die es bewohnen, und die Freiheit, womit in ihrem Äther die Wesen wie Sonnen gehen. Sie führt gleichsam das Absolute und das Unendliche der Vernunft näher und anschaulicher vor den sterblichen Menschen« (Jean Paul 2000, I/5, 47f.). Für das philosophische Verständnis der Ästhetik Jean Pauls und der Musikästhetik Robert Schumanns ist es von ganz grundsätzlicher Bedeutung festzustellen, daß die Phantasie die Poesie oder Kunst, Literatur, Malerei und Musik *nicht* im Sinne des transzendentalen Idealismus und der Frühromantik durch die unendliche Reflexion des Selbstbewußtseins auf das Absolute hin schafft, sondern durch das, was Jean Paul vor der Folie vor allem von Jacobis Philosophie des Selbstgefühls im § 4 der *Vorschule der Ästhetik* die »schöne Nachahmung der Natur« nennt. Während die »poetischen Nihilisten« die äußere Natur negieren und die »poetischen Materialisten« die äußere Natur kopieren, idealisieren die wahren Nachahmer der Natur die Welt durch bzw. »Über die natürliche Magie der Einbildungskraft« (1795): »Die fünf *Sinne* heben mir außerhalb, die *Phantasie* innerhalb meines Kopfes einen Blumengarten vor die Seele; jene gestalten und malen, diese tut es auch; jene drücken die Natur mit fünf verschiedenen Platten ab, diese als sensorium commune liefert sie alle mit *einer*. Die Phantasie ist zwar nicht der matte Nachklang der Sinne, wie Helvetius meint, aber doch das Unisono derselben« (Jean Paul 2000, I/4, 195). Die sinnliche Wahr-Nehmung der äußeren Welt, die auf die Seele wirkt, wird zu einer gefühlten inneren Welt. Die Phantasie ahmt die anverwandelte innere Welt nach und verwandelt die poetische Vielfalt der gefühlten Anschauung in eine idealische Ein-

heit: »Wir kommen zum Grundsatze der poetischen Nachahmung zurück. Wenn in dieser das Abbild mehr als das Urbild enthält, ja sogar das Widerspiel gewährt – z.B. ein gedichtetes Leiden Lust –: so entsteht dies, weil eine doppelte Natur zugleich nachgeahmt wird, die äußere und die innere, beide ihre Wechselspiegel. Man kann dies mit einem scharfsinnigen Kunstrichter sehr gut ›Darstellung der Ideen durch Naturnachahmung‹ nennen… Die äußere Natur wird in jeder innern eine andere, und diese Brotverwandlung ins Göttliche ist der geistige Stoff, welcher, wenn er echt poetisch ist, wie eine anima Stahlii seinen Körper (die Form) selber bauet, und ihn nicht erst angemessen und zugeschnitten bekommt. Dem Nihilisten mangelt der Stoff und daher die belebte Form; dem Materialisten mangelt belebter Stoff und daher wieder die Form; kurz beide durchschneiden sich in Unpoesie« (Jean Paul 2000, I/5, 43). Den realistischen Anfangsgrund der Poesie hat Jean Paul in die Metapher der »Brotverwandlung ins Göttliche« gefaßt, die so passend erscheint, weil »Brot« für den Menschen lebensnotwendig ist und vom Menschen sinnlich aufgenommen und verwandelt werden muß, bevor es seine wunderbare Wirkung entfalten kann. Von besonderer Bedeutung ist also, daß die Poetisierung des Lebens immer wieder auf die wirkliche Welt, auf das Leben selbst zurückgeworfen wird, d.h. die »Brotverwandlung ins Göttliche« wird – um im Bild zu bleiben – vom Lebenshunger bedingt wie bedroht. – Das poetische Prinzip der »schönen Nachahmung der Natur«, das sich aus dem realistischen Grundsatz der sogenannten Gefühlsphilosophie Jacobis herleitet, legt Jean Paul allen Künsten gleich zu Grunde, weshalb Schumann auch später in sein *Denk- und Dichtbüchlein* schreiben kann: »Die Ästhetik der einen Kunst ist die der andern; nur das Material ist verschieden. Fl.« (Kreisig I, 26). Auf die Musik angewendet hat Jean Paul das poetische Prinzip der »schönen Nachahmung der Natur« nicht erst in der *Vorschule der Ästhetik* von 1804, sondern schon früher. In dem bereits oben zitierten Kaptitel »Über die natürliche Magie der Einbildungskraft« aus dem *Leben des Quintus Fixlein* schreibt Jean Paul 1795/96 über »die *Musik*. Daß nun die Töne, die in einem dunkeln Mondlicht mit *Kräften ohne Körper* unser Herz umfließen, die unsere Seele so verdoppeln, daß sie sich selber zuhört, … das brauch' ich nicht weiter zu sagen … Die äußere Musik erzeugt also im eigentlichen Sinn innere; daher auch alle Töne uns einen Reiz zum Singen geben« (Jean Paul 1995, I/4, 204).

Es wundert ein wenig, daß Schumanns Satz aus dem *Denk- und Dichtbüchlein*: »Das wäre eine kleine Kunst, die nur klänge und keine Sprache noch Zeichen für Seelenzustände hätte! Fl.« (Kreisig I, 22) – in keiner der zehn zu Lebzeiten Eduard Hanslicks (1825–1904) erschienenen Auflagen der Schrift *Vom Musikalisch-Schönen* (1854) erwähnt oder zumindest am Ende des ersten Kapitels über »Die Gefühlsästhetik« zusammen mit den anderen Zitaten, die Hanslick aufzählt, angeführt wird. Schumann hat Zeit seines Lebens nie einen Zweifel daran gelassen, daß er Musik als poetischen Ausdruck von »spezielleren Gefühlszuständen« (Kreisig I, 366) oder »verschiedenen Seelenzuständen« (Erler I, 128) begreift. Für Schumanns musikästhetischen Grundsatz, daß »Musik Philosophie des Gemüthes« (Tb I, 96) sei, gibt es viele Belege in seinen Briefen, Tagebucheinträgen und Musikkritiken, die frühesten stammen aus dem Jahr 1828, indem er seinem Tagebuch anvertraut: »[Johann Georg] J a c o b i ' s Gedichte … Töne an u. für sich können eigentlich nichts mahlen, was das Gefühl nicht vorher mahlt« (Tb I, 112). In den »Ästhetischen Fragmenten u. Aphorismen zur Ästhetik der Musik«, die Schumann 1828 unter dem Titel *Die Tonwelt* beginnt, die er aber – wie er im eingangs angeführten Brief vom 6. November 1829 gegenüber Friedrich Wieck zugibt – nicht vollendet, gilt derselbe Grundsatz, wonach Musik die Fertigkeit sei, »laut zu fühlen« (zit. n. Otto 1984, 73). Im nämlichen Brief an Wieck wendet ihn Schumann auf Franz Schubert an, dessen durch und durch musikalische Seele Noten schriebe, wenn andere Worte nähmen (Jugendbriefe, 83). Der Name Schuberts, der in Schumanns Tagebüchern der Jahre 1827 bis 1838 allgegenwärtig ist, erscheint 1840 im Rahmen des poetischen Realismus an prominenter Stelle in der *Neuen Zeitschrift für Musik*. Nachdem Schumann, trotz seiner Kritik am ästhetischen Konzept der Programmusik, schon 1835 in der Kritik über die phantastische »Sinfonie von H. Berlioz« gewarnt hatte, »zufällige Einflüsse und Eindrücke von außen nicht zu gering« anzuschlagen (Kreisig I, 84),

versichert er in der Kritik über Schuberts große C-Dur Sinfonie (D 944): »Ich will nicht versuchen, der Sinfonie eine Folie zu geben, die verschiedenen Lebensalter wählen zu verschieden in ihren Text- und Bildunterlagen … Aber daß die Außenwelt, wie sie heute strahlt, morgen dunkelt, oft hineingreift in das Innere des Dichters und Musikers, das wolle man nur auch glauben, und daß in dieser Sinfonie mehr als bloßer schöner Gesang, mehr als bloßes Leid und Freud, wie es die Musik schon hundertfältig ausgesprochen, verborgen liegt, ja daß sie uns in eine Region führt, wo wir vorher gewesen zu sein uns nirgends erinnern können, dies zuzugeben, höre man solche Sinfonie« (Kreisig I, 462). Diese Stelle ist – wie die Kritik im Ganzen – für das richtige Verständnis des poetischen Realismus Schumanns insofern von besonderer Bedeutung, als Schumann unmißverständlich deutlich macht, daß die poetische Innenwelt des Komponisten durch die prosaische Außenwelt vermittelt ist. Auf die mittelbare Bedeutung der realen Welt für die ideale hatte Schumann zwei Jahre zuvor im Brief an Clara Wieck vom 15. April 1838 hingewiesen: »Nun kann ich auch *sehr ernst* sein, oft Tage lang – und das kümmere dich nicht – es sind meist Vorgänge in meiner Seele, Gedanken über Musik und Compositionen – es affiziert mich Alles, was in der Welt vorgeht, Politik, Literatur, Menschen – über Alles denke ich in meiner Weise nach, was sich dann durch Musik Luft machen, einen Ausweg suchen will. Deshalb sind auch viele meiner Compositionen so schwer zu verstehen, weil sie an entfernte Interessen anknüpfen, oft auch bedeutend, weil mich alles Merkwürdige der Zeit ergreift und ich es dann musikalisch wieder aussprechen muß. / Darum genügen mir auch so wenig Compositionen, weil sie abgesehen von allen Mängeln des Handwerks sich auch in den musikalischen Empfindungen der niedrigsten Gattung, in gewöhnlichen [Klängen] lyrischen Ausrufungen pp. herumtreiben; das Höchste was hier geleistet werden kann reicht noch nicht bis zum Anfang der Welt meiner Musik. Jenes kann eine Blume sein, dieses ist das um so viel geistigere Gedicht, jenes ein Trieb der rohen Natur, dieses ein Werk des dichterischen Bewußtseins. Dies Alles weiß ich nun noch nicht während des Componierens und kömmt erst hinterher« (Briefwechsel I, 146).

Die grundsätzliche Bedeutung dieser Selbstaussage Schumanns wird viele Jahrzehnte später von seiner Tochter, Eugenie Schumann bestätigt, die sich noch 1925 an eine gleichlautende Erklärung ihrer Mutter, Clara Schumann, zu erinnern weiß (Eugenie Schumann 1999, 126). Daß Robert Schumann vor der Folie der Philosophie Jacobis und Jean Pauls am Grundsatz des poetischen Realismus bis an sein Lebensende festgehalten hat, belegt schließlich der Brief vom 6. Februar 1854 an Richard Pohl in beeindruckender Weise: »Sie haben auch mich in ihrer Broschüre genannt und die Ouvertüre zu Hamlet mit grosser Theilnahme besprochen. Aber Sie haben auch an anderen Stellen über mich sich ausgelassen, daß ich glaube, Sie verstehen mich nicht ... Sie sprechen von Mangel an Objektivität – haben Sie sich auch das überlegt? Meine vier Symphonien, sind sie eine wie die andere? oder meine Trios? oder meine Lieder? Ueberhaupt gibt es zweierlei Arten des Schaffens? Ein ob- und ein subjectives? War Beethoven ein objectiver? Ich will Ihnen sagen: das sind Geheimniße, denen man nicht mit so elenden Worten bekennen kann ... / Lieber Herr Hoplit! Der Humor ist die Hauptsache ... Ich habe jetzt auch die ständige Genugthuung, bei der neuen Ausgabe meiner Schriften fast alles unverändert stehen lassen zu können ... Suchen Sie's nicht in philosophischen Ausdrücken, nicht in spitzfindigen Unterscheidungen. Der Kerl mit freiem innigen Gemüth hat die Musik tiefer begriffen, als der scharfdenkende Kant« (Schumann 1905/06, 111).

Am Ende seiner Erwiderung auf Pohls Schrift *Das Karlsruher Musikfest im Oktober 1853* läßt Schumann den Namen Kant fallen wie ein Beil, als wolle er die ganze idealistische Transzendentalphilosophie mit einem Schlag enthaupten. Es hat ein wenig den Anschein, als habe die Kritische Philosophie Kants doch eine Spur im Leben Schumanns hinterlassen, die zurück in seine Leipziger Studienzeit führt. Dort hatte sich Schumann laut Angabe seines Jugendfreundes Emil Flechsig auf die Hörerliste von Wilhelm Traugott Krug eingetragen (Burger 1999, 64). Von der nachkantischen Philosophie Krugs hat Schumann so gut wie gar nichts gehalten, wie man unschwer seiner »satyrischen Skizze« über seinen »Stubenknochen« Flechsig entnehmen kann: »der Krugische Synthe

tismus streicht nun das Gefühl völlig aus dem Buch d. Menschennatur = folglich verbann‹ ich es u. ruhe auf den Trümmern des Odeons der Gefühle, welche nach deiner eignen geistreichen Bemerkung auf den Blumensäulen der Poesie u. der Tonkunst ruht – folglich muß ich etwas gefühllos seyn« (Tb I, 107). Ganz gleich, ob Schumann die Vorlesungen Krugs in Leipzig nun gehört hat oder nicht, so viel dürfte klar sein, Schumann hält auch noch 1854 an dem Jacobischen Grundsatz der Mittelbarkeit fest, indem er die Erkenntnis von Musik vom Gefühl und nicht vom Verstand oder von der Vernunft abhängig macht. Weil dieses Gefühl für Schumann im Anschluß an Jacobi und vor allem Jean Paul kein subjektives ist, dem eine Objektivität entgegen gesetzt werden könnte, sondern ein menschliches Erkenntnisorgan oder -vermögen, das seine Voraussetzung zunächst in der äußeren Welt vorfindet, um diese dann im Falle der Kunst in der inneren Welt poetisch zu verwandeln, weist Schumann Pohls Vorwurf, es mangele ihm an Objektivität, entschieden zurück. Was, so könnte sich Schumann gefragt haben, kann mehr Objektivität besitzen, als der Realismus der Gefühle?

Der Terminus des poetischen Realismus‹ wurde eingeführt, um einen Perspektivenwechsel für die weitere Erforschung der Musikästhetik Robert Schumanns einzuleiten. Der bisherige Bruch und Widerspruch zwischen der vermeintlich romantischen Ästhetik des Frühwerks und der des sogenannten realistischen Ästhetik des Spätwerks wird insofern durch die veränderte Perspektive geheilt, als Schumanns Musikästhetik von Anfang an über die Philosophie vor allem Jacobis und Jean Pauls realistisch motiviert gewesen ist. Sicherlich, während des Vormärz wurde Schumanns Musik zunehmend durch nationalliberales Gedankengut ideologisch aufgeladen, einen Bruch hat die 1848er Revolution in Schumanns Ästhetik jedoch nicht erzeugt. Im Gegenteil, Schumann erfährt Anfang noch 1854 die Genugtuung, bei der Ausgabe seiner *Gesammelten Schriften über Musik und Musiker* fast alles unverändert stehen lassen zu können (Schumann 1905/06, 111). Durch den angezeigten Perspektivenwechsel vom reinen Romantiker zum poetischen Realisten entstehen sowohl für die wissenschaftliche als auch musikalische Interpretation der Werke Schumanns Konsequenzen, die weniger das Spätwerk, als vielmehr das Frühwerk betreffen, also vor allem die Klavierwerke op. 1 bis 26. Diese werden seit jeher oft in einem sentimentalen Sinne romantisiert, obwohl Schumanns Romantik-Begriff keinen Grund für praktische Interpretationen dieser Art gibt (Tadday 1999). Hinzu gekommen sind in den letzten Jahren theoretische Versuche, die transzendentalphilosophische Ästhetik der Frühromantik vor allem auf Schumanns Klavierwerk zu übertragen, auf Werke wie die *Papillons* op. 2, die *Kreisleriana* op. 16 oder die *Fantasie* C-Dur op. 17. Versuche dieser Art können nicht von wissenschaftlichem Erfolg gekrönt sein, weil ihnen die philologische und philosophische Grundlage fehlt. Schumanns Musikästhetik ist in gewisser Hinsicht auch romantisch zu nennen, aber nicht im idealistischen Sinne der Frühromantik und schon gar nicht im formalistischen Sinne der Idee der absoluten Musik. Denn Schumanns Musik und Ästhetik ist, geschichtlich betrachtet, nicht losgelöst von Affekten, Emotionen, Gefühlen, Texten oder Funktionen zu verstehen. Genauso wenig geht sie im Begriff der Programmusik auf, die Schumanns Musikästhetik in ihrem Wesen widerspricht, der Schumann in seinen Musikkritiken ästhetisch immer widersprochen hat, weil ihm die sprachliche Bestimmtheit von Begriffen entweder zu materialistisch oder nihilistisch erschien, auf jeden Fall dem Medium Musik als »höhere Potenz der <Phi> Poesie« (Tb I, 96), die die prosaisch niedere Welt in eine poetisch höhere verwandelt, unangemessen. Schumanns Musik ist weder absolut noch programmatisch, sie ist poetisch, und damit ist für Schumann musikalisch mehr ausgedrückt, als sich ästhetisch sagen läßt.

Romantischer Humor

Wenn es einen zentralen Begriff der Musikästhetik Robert Schumanns zu bestimmen gibt, dann den Begriff des romantischen Humors. Noch 1854 hat Schumann im bereits erwähnten Brief an Richard Pohl mit besonderem Nachdruck betont, daß der Humor für ihn die »Hauptsache« sei (Schumann 1905/06, 111). Viele Jahre zuvor, am 15. März 1839, hatte Robert Schumann Simonin de Sire anläßlich

der bevorstehenden Veröffentlichung der *Humoreske* op. 20 eine Definition gegeben, nämlich daß der Humor eine »glückliche Verschmelzung von Gemüthlich und Witzig« sei (BNF, 148), womit die Bereiche des Gefühls und des Verstandes, der Empfindung und der Reflexion bezeichnet sind, die in dem wechselseitigen Verhältnis der »Verschmelzung« stehen (s. Appel 1981, 171-176).

Schumanns Definition des Humors weicht im Allgemeinen nicht von den Definitionen der zeitgenössischen Ästhetik ab, gleichwohl sich die Definitionen im Besonderen ihrer Begriffsbestimmungen unterscheiden. Während in der *Ästhetik oder Lehre vom Schönen in der Kunst in ihrem ganzen Umfange* (1830) Franz Fickers der Humor als »originelle Mischung des Komischen mit dem Sentimentalen« aufgefaßt wird, liegt in Ferdinand Hands *Ästhetik der Tonkunst* (1837) das Wesen des Humors »in der Verbindung oder Verschmelzung des Komischen und des Rührenden im Sentimentalen« (zit. n. Appel 1981, 171f.). Die strukturelle Entsprechung dieser und anderer Definitionen des Humors als einer korrelativen Kategorie, findet ihren Grund in der Ästhetik Jean Pauls, der in seiner *Vorschule der Ästhetik* (1804) die erste und vor allem die wirkungsmächtigste Theorie des Humors aufstellte. Jean Paul ist der Katalysator und Popularisator des Humors im 19. Jahrhundert, über die »Humoristische Totalität« befindet er: »Der Humor, als das umgekehrte Erhabene, vernichtet nicht das Einzelne, sondern das Endliche durch den Kontrast mit der Idee… er erniedrigt das Große, aber – ungleich der Parodie – um ihm das Kleine, und erhöhet das Kleine, aber – ungleich der Ironie – um ihm das Große an die Seite zu setzen und beide so zu vernichten, weil vor der Unendlichkeit alles gleich ist und nichts« (Jean Paul 1995, I/5, 125). Die weiteren Ausführungen Jean Pauls »über die humoristische Dichtkunst« hat Bernhard R. Appel in seiner grundlegenden Arbeit *Robert Schumanns Humoreske für Klavier op. 20* folgendermaßen auf den Punkt gebracht: »Humor beruht auf dem Gefühl der Entzweiung von Ich und Welt bzw. auf der Einsicht in die Bedingtheit alles Endlichen angesichts des Unendlichen… Das in der Duplizität der menschlichen Existenz begründete Leiden am Endlichen kann nach Jean Paul auf drei Weisen kompensiert werden. Erstens durch das erhabene Bewußtsein, welches die Welt gewissermaßen aus der Vogelperspektive betrachtet, wobei die Beschränkung des Endlichen bedeutungslos wird. Der zweite Weg besteht im Rückzug in die Idylle, einer Weltsicht aus der Froschperspektive, deren geringer Erfahrungshorizont die nunmehr reduzierte Welt überschaubar macht. Indem das erhabene Bewußtsein sich außerhalb der Welt stellt, spürt das Ich im Todesbewußtsein seine Vereinsamung… Auf der anderen Seite birgt die Idylle in sich die Gefahr des Sich-verlierens in einer in Wirklichkeit unüberblickbaren Welt. Diese Gefahren… sieht Jean Paul im dritten Weg beseitigt, der humoristischen Weltauffassung, welche die beiden erstgenannten Wege quasi dialektisch vermittelt« (Appel 1981, 92). Als Vermittlungsinstanz fungiert allein die Phantasie des Genies, dessen dichterische Schaffenskraft das Gefühl für die Endlichkeit und Unendlichkeit der Welt in ein produktives, d.h. sich selbst schaffendes und vernichtendes Verhältnis setzt, das Jean Paul die »große Antithese des Lebens selber« oder die »humoristische Parallele zwischen Realismus und Idealismus« oder eben den »Welt-Humor« nennt (Jean Paul 1995, I/5, 126), der in Schumanns Werken waltet.

Im Humor werden Verstand und Gefühl, Empfindung und Reflexion durch die produktive Phantasie als komplementäre Kategorien in ein korrelatives Verhältnis gesetzt. Denn der Verstand findet im vorreflexiven Gefühl seine Voraussetzung wie das Gefühl im reflexiven Verstand seine Fortführung, die in ihrer Tendenz auf das Absolute approximativ ist. »Was ist denn ein Gefühl?«, fragt Novalis 1795/96 in den Fichte-Studien: »Es läßt sich nur aus der Reflexion betrachten – der Geist des Gefühls ist da heraus… Die Anschauung ist für das Gefühl geteilt. Eins ist sie ohne Anwendung. Angewandt ist sie *Tendenz* und *Produkt*. Die Tendenz gehört dem Gefühl, das Produkt der Reflexion. Das Subjective dem Gefühl, das Objective d[er] Reflexion. Gefühl und Reflexion bewirken zusammen die Anschauung. Es ist das vereinigende Dritte – das aber nicht in die Reflexion und [das] Gefühl kommen kann– da die Substanz nie ins Accidens kriechen kann, die Synthese nie ganz aus der These und Antithese erscheinen. / So entsteht ein Objekt aus Wechselwirkung 2er Nichtobjecte. Anwendung auf die Urhandlung. Gefühl scheint das Erste – Reflexion das Zweyte zu seyn«

(Novalis 1987, 18f.). Da wir vom Absoluten nichts wissen, wenn wir es fühlen, weil das Fühlen nicht wissend ist, müssen wir unser Gefühl reflektieren, wenn wir vom Absoluten etwas wissen wollen. Durch die Reflexion wissen wir zwar um unser Gefühl, doch das Absolute entzieht sich wiederum dem Wissen, weil das Wissen endlich und das Absolute unendlich ist.

Während Gefühl und Reflexion sich in der Erfahrung als These und Antithese entzweien, schreibt Novalis, fallen sie vor der Erfahrung als Synthese in Eins: »Gefühl und Reflexion sind in der Urhandlung Eins. Hier entsteht ein Urbedürfnis Entgegenzusetzen. Ein Gefühl der Reflexion, eine Reflexion des Gefühls. Beyde Triebe wirken in Eins… / Die Urhandlung ist die *Einheit* des Gefühls und der Reflexion, in der Reflexion« (Novalis 1987, 23f.). Die Philosophie vermag das Wissen um das Absolute nur als Nicht-Wissen, als reflektierte Reflexion zu vermitteln. In der Kunst hingegen geht das Gefühl der Reflexivität vorher: »Nur die unausdeutbare Sinnfülle des Kunstwerks kann positiv zeigen, was sich nicht definitiv in Wissen auflösen läßt« (Frank 1989, 255). In der ästhetischen Erfahrung kann der Gegensatz von Gefühl und Reflexion zwar nicht gänzlich ausgeglichen, jedoch als wiederholter Wechselverweis von Nichtwissen und Wissen relativiert werden. In der Kunst erfahren wir das absolut Identische als relative Differenz.

Weil aber der Humor als das höhere Komische für Jean Paul nicht ohne »Sinnlichkeit« denkbar ist (Jean Paul 1995, I/5, 139), weil der Humor im Jacobischen Gefühl seine vorreflexiv realistische Voraussetzung findet, auf die er mit einem »Salto mortale in den Abgrund« immer wieder zurückfällt (Schlegel 1967, 77), hat Friedrich Schlegel Jean Pauls Humor in Abgrenzung zur romantischen Ironie als »absolutierten, falsch tendenzirten romantischen Witz« (Schlegel 1981, 127) kritisiert und auf eine ebenso fabulöse wie faszinierende Formel gebracht hat:

»Richters φ [Philosophie] ist $\frac{S}{0}$ [absolute Sentimentalität] + Emp.[irik] dann auch $\frac{F}{0}$ [absolute Fantasie] nur in andrer Richtung; nähml[ich] Hineintragung der $\frac{S}{0}$ [absoluten Sentimentalität] in ein wirkliches $\pm\frac{F}{0}$ [negativ absolut Fantastisches], in d.[ie] gemeinsten Verhältnisse; also wahres $\pm\frac{F}{0}$ [negativ absolut Fantastisches], wozu $+\frac{F}{0}$ [positives absolut Fantastisches] gehört. – Im

Richter d[ie] Magister Deutschheit sehr gut dargestellt und auch geäußert. –« (Schlegel 1981, 156).

Zwar mag Novalis' vermittelnde Auffassung, Schlegels Ironie scheine ihm »ächter Humor zu seyn« (Novalis 1978, 239ff.), aus der zeitlichen Distanz der heutigen Perspektive sympathischer sein, doch ist Friedrich Schlegels Unterscheidung der romantischen Ironie vom romantischen Humor für das Verständnis von Schumanns Musik und Musikästhetik durchaus von Belang: Bezeichnet der Begriff der romantischen Ironie unmittelbar die idealistische Tendenz der Kunst aufs Absolute, so ist der Begriff des romantischen Humors nur in seiner realistischen Tendenz mittelbar auf das Absolute zu beziehen. Die undifferenzierte Anwendung des Begriffes der (romantischen) Ironie auf Schumann, bedeutet also nicht mehr und nicht weniger, als die ästhetischen Grundlagen seiner Musik zu negieren (vgl. Synofzik 2006).

Poetische Musikkritik

Das »Mitteinstehen zwischen Empfindung u. Reflexion« (Tb I, 335), gibt den eigentlichen philosophischen Grund für die poetische Musikkritik Robert Schumanns. Denn so wie der Komponist auf der produktionsästhetischen Seite die totalisierende Phantasie humoristisch ins Werk setzt, wirkt das Werk auf der rezeptionsästhetischen Seite auf die Empfindung und Reflexion des Hörers, »da jeder die poetische Schönheit nur chemisch und in Teilen bekommt, die er organisch zu einem Ganzen bilden muß, um sie anzuschauen« (Jean Paul 1995, I/5, 49). Das wahre musikalische Kunstwerk ist demnach als poetisches ein unvollendetes, und zwar auch um »den Leser hinterher nachschaffen zu lassen« wie Schumann in der Kritik über Schuberts C-Dur Sinfonie erklärt (Kreisig I, 463). Die Herausforderung, die die Appellstruktur des musikalischen Textes an die »zurückspiegelnde Phantasie« des Hörers stellt (Kranefeld 2000, 12), ist im höheren Sinne der frühromantischen Ästhetik eine kritische zu nennen: »für die Romantiker ist Kritik viel weniger die Beurteilung eines Werkes als die Methode seiner Vollendung. In diesem Sinne haben Sie eine poetische Kritik gefordert, den Unterschied zwischen Kritik und Poesie aufgehoben und behauptet: ›Poesie kann nur durch Poesie kritisiert werden‹« (Benjamin 1973, 63f.). Die poetische Musikkritik kritisiert eine Komposition also nicht im negativen Sinne, wie es nach Schumann die Rezension tut, sondern sie reflektiert die Empfindung des Rezipienten im positiven Sinne, indem sie die Wirkung des Werks als reflektiertes Gefühl oder als gefühlte Reflexion poetisch potenziert, weshalb Schumann schon 1835 schreibt, »daß wir die für die höchste Kritik halten, die durch sich selbst den Eindruck hinterlässt, dem gleich, den das anregende Original hervorbringt. (** In diesem Sinne könnte Jean Paul zum Verständnis einer Beethovenschen Sinfonie oder Phantasie durch ein poetisches Gegenstück möglich mehr beitragen (selbst ohne nur von der Phantasie oder Sinfonie zu reden) als die Dutzend-Kunstrichtler, die Leitern an den Koloß legen und ihn gut nach Ellen messen.) Dies ist freilich leichter gesagt als getan und würde einen nur höhern Gegendichter verlangen« (Kreisig I, 44). Damit weist die poetische Musikkritik qua Reflexion zwar einerseits über das Werk hinaus, andererseits wiederum fällt sie jedoch wegen und in ihrer Sprachlichkeit hinter das musikalische Werk zurück. Denn für Schumann reicht die Sprache in ihrer Begrifflichkeit nicht an die Wirklichkeit des Gefühls heran, dessen Ausdruck der Musik vorbehalten bleibt. Im Unterschied zur Rede der Musik bleibt die Rede über Musik: Metapher. Während im Diskurs der Musik Zeichen und Bezeichnetes vereinigt sind, erscheinen im Diskurs über Musik Zeichen und Bezeichnetes getrennt. In dieser Auffassung von Sprache und Musik stimmen Jean Paul und Schumann überein und in ihrer Übereinstimmung unterscheiden sie sich von den Vorstellungen der Frühromantiker – allen voran Friedrich Schlegel –, daß es die Sprache sei, die in einem selbstreflexiven Prozeß die Objekte aus sich hervorbringe (Schmitz-Emans 1986, 451).

Robert Schumanns ästhetisches Konzept einer poetischen Musikkritik als einer metaphorischen Rede über Musik geht in seinen Ansätzen auf die Theorie der Sprache Jean Pauls, Herders, Hamanns und Humboldts zurück, nach deren Auffassung die Sprache »sowohl die Möglichkeiten als Grenzen des menschlichen Denkens« spiegelt (Schmitz-Emans 1986, 449). In seiner sprachphilosophischen und -skeptischen Anlage erscheint das Modell der poetischen Musikkritik auch oder gerade nach dem linguistic turn von hoher Aktualität, weil es anschaulich macht, daß der musikästhetischen und musikwissenschaftlichen Erkenntnis generell Grenzen gesteckt sind, die Robert Schumann schon 1832 mit Menzel als »Quadratur des Zirkels« bildlich beschrieben hat.

Literatur

Appel, Bernhard, R.: Schumanns Humoreske für Klavier op. 20. Zum musikalischen Humor in der ersten Hälfte des 19. Jahrhunderts unter besonderer Berücksichtigung des Formproblems. Diss. phil. Saarbrükken 1981.

-/ Hermstrüwer, Inge (Bearb.): Robert Schumann und die Dichter. Ein Musiker als Leser. Katalog zur Ausstellung des Heinrich-Heine-Instituts. Düsseldorf 1991. (Veröffentlichungen des Heinrich-Heine-Instituts).

Benjamin, Walter: Der Begriff der Kunstkritik in der deutschen Romantik, hg. von Hermann Schweppenhäuser. Frankfurt a.M. 1973.

Bergengruen, Maximilian: Schöne Seelen, groteske Körper. Jean Pauls ästhetische Dynamisierung der Anthropologie. Hamburg 2003. (Studien zum Achtzehnten Jahrhundert, 26).

Decke-Cornill, Albrecht: Vernichtung und Selbstbehauptung. Eine Untersuchung zur Selbstbewußtseinsproblematik bei Jean Paul. Würzburg 1987. (Epistemata, Reihe Literaturwissenschaft, 24).

Eger, Manfred: Jean Paul als Schlüssel zu Robert Schumann. Jahrbuch der Jean-Paul-Gesellschaft 26/27 (1992), S. 363-375.

Manfred Frank, Einführung in die frühromantische Ästhetik, Vorlesungen, Frankfurt a.M. 1989.

Fricker, Franz: Ästhetik oder Lehre vom Schönen in der Kunst in ihrem ganzen Umfange. Wien 1830.

Frischmann, Bärbel: Vom transzendentalen zum frühromantischen Idealismus. J.G. Fichte und Fr. Schlegel. Paderborn 2005.

Fürst, Gebhard. Sprache als metaphorischer Prozeß. Johann Gottfried Herders hermeneutische Theorie der Sprache. Mainz 1988. (Tübinger Theologische Studien, 31).

Hanslick, Eduard: Vom Musikalisch-Schönen. Ein Beitrag zur Revision der Ästhetik der Tonkunst. Teil 1: Historisch-kritische Ausgabe, hg. von Dietmar Strauß. Mainz 1990.

Henrich, Dieter: Grundlegung aus dem Ich. Untersuchungen zur Vorgeschichte des Idealismus. Tübingen – Jena (1790-1794). 2 Bde. Bd. 2. Frankfurt a.M. 2004.

Hotaki, Leander: Robert Schumanns Mottosammlung. Übertragung, Kommentar und Einführung. Freiburg i. Br. 1998. (Rombach Wissenschaften, R. Litterae, 59).

Jacobi, Friedrich Heinrich: Schriften zum transzendentalen Idealismus. Unter Mitarbeit von Catia Goretzki hg. von Walter Jaeschke und Irmgard-Maria Piske, Teil 1. In: Ders.: Werke. Gesamtausgabe, hg. v. Klaus Hammacher und Walter Jaeschke. Bd. 2,1. Hamburg 2004.

Jean Paul, 1763-1963. Sonderausstellung des Schiller-Nationalmuseums, Marbach. Katalog Nr. 11. Bearb. von Eduard Berend und Werner Volke. Stuttgart 1963.

Jean Paul: Sämtliche Werke. Historisch-kritische Ausgabe, hg. von Eduard Berend. Abt. I: Zu Lebzeiten veröffentlichte Schriften. Bd. 1-9. Abt. II: Nachlaß. Bd. 1-5. Abt. III: Briefe. Bd. 1-9. Weimar 1927ff. Berlin 1952ff.

Kaiser, Herbert: Jean Paul lesen. Versuche über seine poetische Anthropologie des Ich. Würzburg 1995.

Kranefeld, Ulrike. Der nachschaffende Hörer. Rezeptionsästhetische Studien zur Musik. Stuttgart, Weimar 2000.

Novalis: Werke. Tagebücher und Briefe Friedrich Hardenbergs. 3 Bde. Bd. 2: Das philosophisch-theoretische Werk, hg. von Hans-Joachim Mähl. München, Wien 1987.

Otto, Frauke: Robert Schumann als Jean Paul-Leser. Frankfurt a.M. 1984.

Schlegel, Friedrich: »Jacobis Woldemar«. Kritische Friedrich-Schlegel-Ausgabe, hg. von Ernst Behler. Bd. 2. Erste Abteilung: Charakteristiken und Kritiken I (1796-1801), hg. von Hans Eichner. München 1967.

-: Fragmente zur Poesie und Litteratur, hg. von Hans Eichner. Kritische Friedrich-Schlegel-Ausgabe. Bd. 16. Zweite Abteilung: Schriften aus dem Nachlaß. München 1981.

Schmidt-Biggemann, Wilhelm: Maschine und Teufel. Jean Pauls Jugendsatiren nach ihrer Modellgeschichte. München 1975.

Schmitz-Emans, Monika: Schnupftuchsknoten oder Sternbild. Jean Pauls Ansätze zu einer Theorie der Sprache. Bonn 1986. (Literatur und Reflexion, N.F., 1).

Schumann, Eugenie: Claras Kinder. Erinnerungen. Mit einem Nachwort von Eva Weissweiler und Gedichten von Felix Schumann. Berlin 1999.

Schumann, Robert: Brief an Richard Pohl vom 06.02.1854. Zit. n. F.G. Jansen. Ein unbekannter Brief von Robert Schumann. Die Musik 5 (1905/1906) 4, 110-112.

Synofzik, Thomas: Heinrich Heine – Robert Schumann. Musik und Ironie. Köln 2006.

Tadday, Ulrich: Das Schöne Unendliche. Ästhetik, Kritik, Geschichte der romantischen Musikanschauung. Stuttgart, Weimar 1999.

KOMPOSITIONSTHEORIE

Poesie und Handwerk:
Robert Schumanns Schaffensweise

von Bernhard R. Appel

Komponieren geschieht nicht voraussetzungslos. Kompositorisches Denken entspringt nicht einfach einem genialen Kopf, sondern speist sich aus vielen Quellen. Autodidaktische Studien, erste improvisatorisch gewonnene Versuche, in denen sich die frühe musikalische Prägung widerspiegelt, handwerklich Erlerntes, Experimentierlust, Freundesrat, die Begegnung mit fremden Werken, Aufführungserfahrungen, kritische Selbstreflexion, öffentliche Resonanz und Kritik und nicht zuletzt ein unerklärbarer Rest schöpferischer Begabung halten die Dynamik des Schaffens in veränderlichem Fluß. Jeder Versuch, Einzelmomente daraus zu isolieren, um sie zu untersuchen, destruiert zwangsläufig diese Dynamik. Der Reichtum an verfügbaren Quellen (Notenhandschriften, Korrekturfahnen, Originalausgaben und Selbstaussagen wie Tagebuchaufzeichnungen, Notizbücher, Arbeitsjournale, Briefe, aber auch kompositionsästhetische Reflexionen, wie sie sich in Schumanns schriftstellerischer Hinterlassenschaft niederschlagen) liefern zwar eine im Falle Schumanns einzigartig günstige Basis, um seine Schaffensweise zu erforschen, aber sie bedürfen bei jeder werkbezogenen Korrelation einer kritischen Wertung. Tagebucheintragungen, Briefe und manuskriptinterne Schaffensvermerke liefern zwar ein Datengerüst und fungieren als willkommene Regieanweisungen, um das Gewirr von handschriftlichen Quellen zu ordnen und in eine genetische Beziehung zu setzen, doch müssen sie ebenso wie Notenhandschriften durch Interpretation zum Sprechen gebracht werden.

Schumanns schriftstellerischer Nachlaß, vornehmlich seine journalistischen Arbeiten, zeugen vom hohen Reflexionsniveau auch über die eigene kompositorische Praxis. Diese Texte lassen sich unter gewissen Vorbehalten als Kommentare zum kompositorischen Œuvre lesen. Aus den Jahren 1834 bis 1844 verfügen wir über einen reichen schriftstellerischen Fundus, aber für die Zeit davor und die verbleibenden neun Schaffensjahre (1845–1853) liegen keine damit vergleichbaren Reflexionen vor. Man muß sich davor hüten, den Autor der *Gesammelten Schriften* für den ganzen Schumann zu nehmen, obgleich sie, einem Selbstzeugnis zufolge, »gewissermaßen den Text zu [s]einem productiven Schaffen« (Brief an Franz Brendel, 11.7.1853, BNF, 482; dort jedoch mit falscher Adressatenangabe) enthalten und Schumann 1854, bei ihrer Vorbereitung zum Druck »mit Freude« feststellt, daß er »in der langen Zeit, seit über zwanzig Jahren, von den damals ausgesprochenen Ansichten fast gar nicht abgewichen« sei (Erler II, 216). Gewichtige Hinweise enthalten auch die Briefe, die allerdings nur unvollständig und in teilweise mangelhaften Editionen vorliegen, in denen wesentliche Textpassagen (z. B. geschäftliche Themen des Verlegerbriefwechsels) ausgelassen sind. Doch Zurückhaltung ist auch gegenüber Briefaussagen geboten. Schumanns Äußerungen sind weder frei von Selbststilisierungen noch formulieren sie verallgemeinerbare und allezeit verbindliche Kategorien seines kompositorischen Denkens.

Vorbehalte und Einschränkungen gelten erst recht gegenüber Berichten von Zeitgenossen. Nicht selten werden diese in erheblicher zeitlicher Distanz zum geschilderten Ereignis aufgezeichnet. Sie enthalten oft Unstimmigkeiten und unbeabsichtige Fehler, und mancher Berichterstatter sonnt sich spürbar selbst in anekdotischen Pointen.

Die folgenden Darlegungen geben nur Einblicke, referieren bereits Erforschtes und sind bemüht, die komplexe Gesamtheit der kompositorischen Arbeit in den Blick zu nehmen, wobei einige neue Akzente, vorläufige Hypothesen sowie Hinweise auf Forschungslücken zu weiteren Untersuchungen anregen mögen.

Im Sinne der hier skizzierten methodischen Vorüberlegungen verfährt die folgende Darstellung nicht werkmonographisch, sondern orientiert sich an einem idealtypischen Modell des Kompositionsverlaufs, wie er aus überlieferten Notenhandschriften, Drucken und anderen Quellen erkennbar wird. Schumanns Arbeitsweise manifestiert sich in der chronologischen Abfolge typischer Quellendokumente: *Skizze (Entwurf)*, *Arbeitsmanuskript*, *Stichvorlage*, *Korrekturfahnen*, *Originalausgabe* und *Bearbeitungen* und in einigen wenigen autorisierten *Neuauflagen*.

Diese idealtypisch abgeleitete, wenngleich quellenmanifeste Systematik wird im vorliegenden Bericht aufgegriffen, aber durch Zwischenkapitel durchbrochen, um weitere Teilaspekte des Schaffensprozesses zu fokussieren.

Kompositionsstudien

Martin Schoppes Darlegungen zu *Schumanns frühen Texten und Schriften* (Schoppe 1987, 7–16) machen deutlich, daß sich in der literarisch-musikalischen Doppelbegabung des jungen Schumann nicht eine künstlerische Alternative auftut, sondern daß die frühen dichterischen Versuche eine Durchgangsentwicklung hin zur Komposition darstellen. Aigi Heeros jüngst erschienene literaturwissenschaftliche Untersuchung bestätigt Schoppes Beobachtung. In seinen dichterischen Versuchen kopiert der junge Schumann oft genau benennbare literarische Vorbilder, indem er deren metrische Vorgaben, Versbau, Reimschemata und Sujets adaptiert. Aber er emanzipiert sich allmählich von derlei Modellen, vor allem unter dem Einfluß der bild- und metaphernreichen, rhapsodischen Dichtersprache Jean Pauls. Schumann

versucht sich »jeanpaulisierend« in metrisch freien Reimen und Polymetern, gelangt über diese rhythmische Prosa zu eigenständigen (oft Fragment bleibenden) Dichtungen (Heero 2003, 95, 97, 111, 118) und schließlich gewissermaßen folgerichtig und definitiv zur Musik, die ihrerseits zeitlebens von intensiver Literaturrezeption begleitet bleiben wird.

Daß neben Klaviersätzen zunächst das Lied als Konjunktion von Dichtung und Musik einen Mittelpunkt des frühen kompositorischen Interesses bildet, leuchtet unmittelbar ein. Und nicht zufällig steht am Anfang erster kompositorischer Versuche u. a. die Vertonung eigener Dichtungen (Lied für xxx, Anh. M1, Nr. 2 (1827), Sehnsucht Anh. M2, Nr. 5 (1827), Bin nur ein armer Hirtenknab' Anh. M2, Nr. 9 (1828)). In Schumanns nachmals entwickelter ästhetischer Kategorie des *Poetischen* (siehe hierzu die grundsätzlichen Darlegungen von Tadday 1999, 136 ff., sowie die Beiträge von U. Tadday und U. Schweikert in diesem Band), in seinem zeitlebens bewiesenen Interesse am Solo- und Ensemblegesang, in seinen instrumentalen Genrebildern und in den narrativen, quasi literarischen Kompositionsstrukturen in Kammermusik und Sinfonik spiegelt sich die anhaltende Auseinandersetzung mit dichterischen Werken.

Kompositorische Fertigkeiten im engeren Sinne erwirbt sich Schumann auf fünf verschiedenen Wegen. Von Klavierimprovisationen ausgehend, die wiederum auf seinen pianistischen Fähigkeiten und Repertoirekenntnissen fußen, die er sich im Klavierunterricht beim Zwickauer Organisten Johann Gottfried Kuntsch erworben hat, folgt er zunächst dem Prinzip *Versuch und Irrtum*, wobei er sich (wie wir annehmen dürfen) an kompositorische *Vorbilder* anlehnt. Dies ist das analoge Lernprinzip, das schon bei den Jugenddichtungen praktiziert wird (Heero 2003, 19). Der zweite Weg kompositorischer Bildung besteht im beschwerlich trockenen *Selbststudium* theoretischer Lehrwerke. Es eröffnet einen dritten Lernweg, die eifrig betriebene satztechnische und formale *Analyse* von Musikwerken. Diese drei autodidaktischen Lernwege werden, viertens, durch gezielt eingeholte fachmännische *Ratschläge* und, fünftens, durch *Kompositionsunterricht* abgerundet. Die periodisch auftretende Auseinandersetzung mit Werken J. S.

Bachs (vgl. Bischoff 1997, 421–499), die Kritiker-
tätigkeit für die *Neue Zeitschrift für Musik* (1834–
44), der sporadisch später selbst erteilte Kompositionsunterricht und schließlich die Beratung junger Komponisten sind überdies weitere Formen
kompositorischen Reflektierens, Lehrens und
Lernens, deren fortbildendes Potential nur erahnt
werden kann.

Nach eigener Aussage komponiert er bereits
mit sieben Jahren am Klavier (gemäß Schumanns
im Sommer 1828 notierten Ältesten Musikalischen
Erinnerungen, siehe RSA IV/3/3,1, 115). Die allerersten Kompositionen (Klaviertänze und Ansätze
zu zwei Klavierkonzerten) sind verschollen. Überliefert sind dagegen Versuche des elf- bis zwölfjährigen Gymnasiasten: eine noch unveröffentlichte
Ouvertüre und Chor für großes Orchester Anh. I
9, daneben die nunmehr gedruckt vorliegende
Vertonung des *150. Psalms*, Anh. I 10 (RSA
IV/3/3,1, 3–26) sowie 13 Jugendlieder (Anh. M1
und M2) des etwa Achtzehnjährigen. 1828 entstehen acht vierhändige *Klavier-Polonaisen* Anh. G 1,
und 1829 wird das Klavierquartett in c-Moll Anh.
E1 abgeschlossen. Beide Werke sind mittlerweile
veröffentlicht (*8 Polonaises für Klavier zu vier Händen*, hg. von K. Geiringer, 1933 und RSA III/2
sowie das *Quartett c-Moll für Pianoforte, Violine,
Viola und Violoncello*, hg. von W. Boetticher, 1979.
Eine Neuedition dieser fragwürdigen Erstveröffentlichung bereitet derzeit J. Draheim vor.). In
diesen ersten, von Schumann selbst nicht zur
Veröffentlichung bestimmten Versuchen eifert er
Vorbildern nach, die ihm durch das Zwickauer
Musikleben, durch den eigenen Musikunterricht
und durch hausmusikalische Aufführungen zugänglich sind. In seinen für das Jenaer Promoti-
onsverfahren eingereichten autobiographischen
Notizen (1840) berichtet Schumann über seine
frühen Kompositionen: »Starke Neigung zur Musik zeigte sich schon in den frühsten Jahren; ich
erinnere mich ohne alle Anleitung größere Chor-
und Orchesterwerke schon in meinem 11ten Jahre
geschrieben zu haben« (Erler I, 229). Keine der
autobiographischen Quellen weist darauf hin, daß
Schumann in diesen frühen Jahren im Tonsatz
unterwiesen worden wäre. In seiner sächsischen
Heimatstadt Zwickau bieten sich ihm nur bescheidene musikalische Bildungsmöglichkeiten.
»Unterricht in der Composition hatte ich keinen

bis zum 20sten Jahr. […] Große Künstler hatte ich
nicht gehört« (Selbstbiographische Notizen, [6]).
Nimmt man Schumanns Aussage wörtlich, hätte
er als Zwanzigjähriger (1830) erstmals Kompositionsunterricht genommen. Nachzuweisen ist dieser
aber erst für 1831/32 bei Heinrich Dorn (Wendt
1990, 793–803), und vermutlich bezieht sich das
Zitat hierauf. Über Kompositionsunterricht wurde
jedoch schon in der Zwickauer Jugendzeit ernsthaft nachgedacht. »Der Vater wollte mich durchaus zum Musiker bilden; die Verhandlungen, die
deshalb mit C.M. von Weber in Dresden gepflo-
gen wurden, zerschlugen sich jedoch« (Erler I,
229) wegen Webers frühem Tod (1826). Ende 1830
erwägt Schumann, mittlerweile Klavierschüler
Friedrich Wiecks in Leipzig, Klavier- und Kompositionsunterricht bei Johann Nepomuk Hummel in Weimar zu nehmen. Daß der Plan bald
aufgegeben wird, dürfte nicht zuletzt Friedrich
Wiecks empfindlicher Abwehr anzulasten sein
(Wendt 2003, 123–145, hier 128 f.). Mangels Unter-
richtsmöglichkeiten bleibt dem Zwickauer Schumann zunächst nur die Nachahmung gehörter
und einstudierter Kompositionen. »Lieblingsmei-
ster meiner Jugend waren außer Mozart u. Haydn
nur Prinz Louis, Ries (Claviersachen), Moscheles.
Von Beethoven kannte ich nur Quartette« (Selbstbiographische Notizen, [6]). Die bis etwa 1830
erworbenen Werkkenntnisse erstrecken sich neben
den genannten Meistern auf Klavierkompositionen von Carl Maria von Weber, John Field, Johann Nepomuk Hummel, Franz Schubert, Prinz
Louis Ferdinand von Preußen und auf Lieder von
F. Schubert und G. Wiedebein, Kammermusik
von Pixis, Ries, Onslow, Kalkbrenner und Schubert, auf Klavierkonzerte von Hummel, Herz,
Kalkbrenner, Ries und auf einige Sinfonien
Beethovens.

Daß der junge Schumann sich autodidaktisch
an Werkmustern orientiert, läßt sich aus seinen in
späteren Jahren jungen Komponisten erteilten
Ratschlägen ableiten: »[…] halten Sie fest an großen Mustern und Meistern, vor Allen an Bach,
Mozart und Beethoven – und schenken Sie auch
der Gegenwart immer freundliche Beachtung«
(Brief an Ludwig Meinardus, 3.9.1846, Erler II, 8).
Was Schumann am 22. Januar 1846 dem ratsuchenden Carl Reinecke brieflich mitteilt, reflektiert
sicherlich die eigenen ersten kompositorischen

Gehversuche: »In so jungen Jahren, wie Sie stehen, ist alles Schaffen mehr oder weniger nur Reproduction; so muß das Erz viele Wäschen durchgehen, ehe es gediegenes Metall wird« (BNF, 257).

Der jugendliche Schumann gehört selbst zu den Ratsuchenden. Am 15. Juli 1828 schickt er einige seiner Lieder (wohl teilweise aus Anh. M2) an Gottlob Wiedebein in Braunschweig und bittet um deren Begutachtung. Wiedebeins *Lieder mit Begleitung des Piano-Forte* (Braunschweig: C.G. Herig 1826/27) haben zuvor Schumanns besonderes Interesse geweckt, weil sie zwei Vertonungen von Texten Jean Pauls enthalten, dem Schumann bekanntermaßen schwärmerisches Interesse entgegenbringt. Im Begleitbrief umschreibt der junge Komponist seinen damaligen Wissensstand. »Haben Sie Nachsicht mit dem Jünglinge, der, uneingeweiht in die Mysterien der Töne, mit unsicher Hand zu eigner Dichtung entflammt wurde und Ihnen diese ersten Versuche zur gütigen, aber strenggerechten Beurtheilung vorlegt« (BNF, 6). Nachdem Wiedebein die Lieder freundlich gemustert hat (Brief Wiedebeins vom 1. August 1828 in: Jansen, 119 f.; vgl. außerdem Möller 2004, 119–135), dankt Schumann am 5. August 1828 und entschuldigt sich: »Ich hatte wahrscheinlich in meinem vorigen Briefe vergessen, Ihnen zu sagen, daß ich weder Kenner der Harmonielehre, des Generalbasses etc., noch Contrapunktist, sondern reiner, einfältiger Zögling der leitenden Natur bin und allein einem blinden, eitlen Triebe folgte, der die Fesseln abschütteln wollte. Jetzt soll es aber an das Studium der Compositionslehre gehen, und das Messer des Verstandes soll ohne Gnade alles wegkratzen, was die regellose Fantasie etwa, die sich […] mit ihrer Mitherrscherin, dem Verstande nicht besonders vertragen will, in sein Gebiet einpaschen wollte« (BNF, 7). Doch vorerst bleibt es beim Vorsatz.

Spätestens nachdem 1832 eine partielle Fingerlähmung (Tb I, 386 ff, 406, 409 f.) die Hoffnung auf eine Virtuosenkarriere zunichte gemacht hat, festigt sich Schumanns Gewißheit, zum Komponisten berufen zu sein. Zunächst beschäftigt er sich »ausschließlich mit Studien in den deutschen Meistern, so wie mit eigenen Compositionen« (Selbstbiographische Notizen). Dabei reift die Absicht, sich musiktheoretischen Studien systematisch zuzuwenden. Bereits im Frühjahr 1831 befaßt

er sich mit Gottfried Webers *Versuch einer geordneten Theorie der Tonsetzkunst* (3 Bde., Mainz 1817–1821; 4 Bde., ²1824, ³1830–1837) und mit Friedrich Wilhelm Marpurgs Kontrapunktlehre, erkennt jedoch, daß dem Selbststudium Grenzen gesetzt sind. Im nicht konfliktfrei verlaufenden »ordentlichen Compositionscursus unter Heinrich Dorn« (Selbstbiographische Notizen, [7]) (von Juli 1831 bis Februar/März 1832 in Leipzig) stehen Generalbaß- und vor allem kontrapunktische Übungen im Mittelpunkt (Wendt 1987, 793–803; siehe auch Eismann, Quellenwerk, 74–76), die u. a. in den Studienbüchern III und V (Anh. R3 und R5) Spuren hinterlassen haben (Wendt 1987, 101–119). Die gegenwärtige Situation und das zukünftige Lernprogramm umreißt der Zweiundzwanzigjährige im Brief vom 27. Juli 1832 an seinen Zwickauer Lehrer Kuntsch: »Den theoretischen Kursus hab' ich vor etlichen Monaten bis zum Kanon bei Dorn vollendet, den ich nach Marpurg für mich durchstudiert habe. Marpurg ist ein sehr achtungswerter Theoretiker. Sonst ist Sebastian Bach's Wohltemperiertes Klavier meine Grammatik, und die beste ohnehin. Die Fugen selbst hab' ich der Reihe nach bis in ihre feinsten Zweige zergliedert […]. Nun muß ich an's Partiturlesen und an Instrumentation« (Eismann, Quellenwerk, 76).

Ganz andere Akzente setzen dagegen folgende private Tagebuchnotizen: »Ach diese Theorie, diese ganze Theorie! Könnt' ich nur ein Genie seyn, um alle Lumpen damit todt zu machen, möchte ich sie nicht alle in eine Kanone laden u. irgend Etwas damit todtschießen (Tb I, 331). […] Mit Dorn werd' ich mich nie amalgamieren können, […] er will mich dahin bringen, unter Musik eine Fuge zu verstehen. Himmel! Wie sind doch die Menschen verschieden! Allerdings fühl' ich, daß die theoretischen Studien guten Einfluß auf mich gehabt haben. Wenn sonst alles Eingebung des Augenblicks war, so sehe ich jetzt mehr dem Spiel meiner Begeisterung zu, steh' vielleicht manchmal mitten drin, um mich umzusehen, wo ich bin« (Tb I, 358). Diese scheinbar beiläufige, Schumanns Theoriefeindlichkeit relativierende Äußerung verweist auf einen entscheidenden Umbruch im kompositorischen Denken. Die vormals im »Spiel der Begeisterung« in der Klavierimprovisation gewonnen ungebrochen subjektive »Eingebung des Augenblicks« rückt unter dem

Einfluß musiktheoretischer Kenntnisse in objektivierende Distanz.

Nach dem kurzen Kompositionslehrgang bei Heinrich Dorn holt Schumann gezielt, wie im Brief an Kuntsch avisiert, instrumentations- und orchesterpraktische Ratschläge bei den Kapellmeistern Christian Gottlob Müller und Ferdinand Stegmayer (Erler II, 201) ein. Im Spätsommer 1832 ersucht er den Dirigenten der Leipziger Musikgesellschaft *Euterpe*, Chr.G. Müller, um Unterweisung in der Instrumentation in Verbindung mit der gerade im Entstehen begriffenen Jugendsinfonie g-Moll Anh. A 3 (Jugendbriefe, 192 f.), deren mehrfach umgearbeiteter Kopfsatz schließlich in Zwickau (18. November 1832), Schneeberg (18. Februar 1833) und Leipzig (29. April 1833) aufgeführt wird. Aber dieser Sinfonie-Versuch reift nicht vollständig aus. Immerhin hilft Schumann wenig später (1834) Clara Wieck bei der Instrumentation ihres Klavierkonzerts op. 7 (hg. von Janina Klassen, Wiesbaden [1990], Vorwort S.V.), lange bevor er selbst ein eigenes, vollgültiges Orchesterwerk – die 1. Sinfonie op. 38 (1841) – vorlegen kann. Ferdinand Simon Gassners zweibändiges Lehrwerk zur Instrumentation *Partiturkenntniß, ein Leitfaden zum Selbstunterricht für angehende Tonsetzer* (Karlsruhe 1838) befand sich in Schumanns Besitz (die Ausgabe ist in Schumanns Verzeichnis der musikalischen Bibliothek aufgeführt. Abschrift des Verzeichnisses in D-Zsch; Archiv-Nr.: 5673-A3). Auch mit Hector Berlioz' *Grand Traité d'instrumentation et d'orchestration modernes*, von dem 1843 zwei deutsche Übersetzungen erschienen sind (J.C. Grünbaum, Berlin und J.A. Leibrock, Leipzig), wurde Schumann vertraut, denn er benutzt die Abhandlung im Kompositionsunterricht, den er Karl Ritter vom 18. November 1847 bis 27. Januar 1849 erteilt.

1837 widmet Schumann sich erneut dem Opus classicum der Kontrapunktlehre, Friedrich Marpurgs *Abhandlung von der Fuge*, und nimmt darauf fußende Studien vor, die in einem *Fugengeschichten* Anh. R10 betitelten Notenheft überliefert sind. Ab etwa 1845 studiert er Luigi Cherubinis *Theorie des Contrapunktes und der Fuge* (Leipzig 1835) (Schumanns Handexemplar befindet sich in D-B, Signatur: N. mus. Ms. 381), wovon er sich ein Exzerpt anfertigt, das er ebenfalls im Unterricht

Karl Ritters nutzt (RSA VII/3/5. Zu Schumanns Kontrapunktstudien vgl. auch Keil 1973, 32–60). Friedrich Schneiders *Elementarbuch der Harmonie und Tonsetzkunst* (Leipzig 1820) und die beiden ersten Bände von Adolf Bernhard Marx' *Die Lehre von der musikalischen Komposition* (2. Aufl. Leipzig 1841) befanden sich zumindest in Schumanns Besitz (sie werden ebenso wie Marpurgs Abhandlung in Schumanns Verzeichnis seiner Musikalienbibliothek aufgeführt. Abschrift des Verzeichnisses in D-Zsch; Archiv-Nr.: 5678-A3). 1847/48 setzt er sich im Rahmen seiner Dresdner Chorleitertätigkeit mit Werken der altklassischen Vokalpolyphonie auseinander, wovon u. a. eigenhändig geschriebene Klavierauszüge von Motettensätzen (Palestrina, F. Anerio und Victoria; Anh. O9) zeugen. Weiteres vorbarockes Studienmaterial beschafft er sich über Franz Brendel und über seinen Zwickauer Lehrer und Freund Kuntsch. Die Dresdner Chorproben knüpfen in gewisser Weise an die berühmten privaten Musikaufführungen Anton Friedrich Justus Thibauts an, freilich ohne deren missionarischen Geist zu teilen. (Der junge Schumann hat einige der Thibautschen Aufführungen während der Heidelberger Studienzeit gehört; Draheim 1985, 144–180, hier 145 ff.). Das bislang noch nicht systematisch untersuchte Studium der altklassischen Polyphonie hinterläßt Spuren in Schumanns Schaffen: Zunächst in der doppelchörigen *a capella*-Motette *Verzweifle nicht im Schmerzenstal* op. 93 (1849) (U.a. mit dem religiösen Hintergrund der Komposition befaßt sich Bischoff 2002, 88–113), dann in der *Missa sacra* op. 147 (1852/53) sowie im *Requiem* op. 148 (1852) (zu Messe und Requiem siehe die werkgeschichtlichen Darlegungen in RSA IV/3/2 und RSA IV/3/3).

Zeitlebens betreibt Schumann werkanalytische Studien, wobei vornehmlich das Œuvre J.S. Bachs im Mittelpunkt des Interesses steht. Dessen Klavierwerke und -choräle werden formal und satztechnisch systematisch untersucht (Bischoff 1997, 421–498). Die Fugen in Bachs *Wohltemperiertem Clavier*, das Schumann als »beste Grammatik« gilt, werden um 1831/32 »der Reihe nach bis in ihre feinsten Zweige zergliedert« (siehe den oben, S. 143 zitierten Brief vom 27.7.1832 an J.G. Kuntsch). Im Studienbuch V (1–3) beispielsweise schreibt Schumann die c-Moll-Fuge BWV 847 aus dem 1. Teil des *Wohltemperierten Claviers* ab (wo

Abb. 1: Schumanns Formkonzept-Analyse des Klavierkonzerts op. 34 von Henri Herz im Studienbuch I, S. 46 *(D-BNu, Signatur: Schumann 13)*

bei er zur Übung den Diskant und Alt außer im Violinschlüssel zusätzlich im Sopran- bzw. im Altschlüssel notiert), exzerpiert in einem eigenen System die *basse fondamentale* und analysiert den Harmonieverlauf durch Generalbaß-Bezifferungen. Die Soggetti werden durch horizontale Klammern markiert, die Themeneintritte durchnumeriert und mit Tonarten-Angaben versehen. Noch 1845 betreibt das Ehepaar Schumann ausgiebige Kontrapunktstudien, wobei wiederum Bach reiches Anschauungsmaterial liefert. Bei beiden zeitigt dies Früchte: Clara komponiert *III Praeludien und Fugen* op. 16 (Breitkopf & Härtel, 1845), wobei die Fugenthemen von Robert stammen. Außerdem arbeitet sie drei weitere Fugen über Themen aus Bachs *Wohltemperierten Clavier II* (Nr. 7, 9 und 16) aus, die Schumann ausgewählt hat. Er selbst legt vier Klavierfugen op. 72 und kontrapunktische Werke für Pedalflügel bzw. Orgel vor (opp. 56, 58 und 60).

Das Studium mustergültiger alter, klassischer, aber auch moderner, zeitgenössischer Werke bedeutet lernende Aneignung kompositorischer Fertigkeiten. Mit der satztechnischen Untersuchung und vor allem mit der analytischen Abschrift von Kompositionen anderer Meister steht Schumann in einer langen Tradition kompositorischer Lehr- und Lernpraxis. »Ein […] Weg aber, vorwärts zu kommen, sich zu neuer Schöpfung zu

bereichern, ist der, andere große Individualitäten zu studieren. […] Man kann nicht alles aus eigener Tiefe heraufbeschwören. Wie lange bildete die Zeit an der Fuge herum! Soll der Künstler erst alles an sich selbst durchmachen und versuchen, und kommt er nicht schneller zum Ziel, wenn er das vorhandene Beste studiert, nachbildet, bis er sich Form und Geist untertan gemacht? Aber auch die Meister der Gegenwart muß er kennen, vom ersten bis zum letzten, also auch z. B. Strauß, als in seiner Weise einen höchsten Ausdruck seiner Zeit« (GS I, 390).

An Beethovens 4., 5. und 9. Sinfonie sowie an der 3. Leonoren-Ouvertüre interessiert Schumann neben der Satzfaktur vor allem die Instrumentation. Teilweise mit unterschiedlichen Schreibmitteln (schwarze und rote Tinte; letztere für Bläserstimmen) fertigt er zu diesem Zweck (um 1832/33) Particelle von Werkteilen aus Beethovens Partituren (Bischoff 1994, 143–148; vgl. dort auch die genannten, teilweise in Farbe reproduzierten Quellen, 494–506). Von weiteren satztechnischen Studien zeugt eine Beispielsammlung, die etwa 1837 unter dem Titel *Besonderes und Fehlerhaftes von Classikern* im Studienbuch II Anh. R2 (20) angelegt worden ist. Sie enthält 26 Notenexempla aus Klavierwerken von Mozart, Ludwig Berger, C.M. von Weber, J.N. Hummel und von I. Moscheles, in denen satztechnische Regelverstöße (Quint-,

Oktav-, Septimenparallelen etc.) vorliegen. Offenbar dient diese Defektensammlung dem jungen Komponisten als Autoritätsbeweis dafür, daß »klassische« Meister das beengende Regelwerk des akademischen Tonsatzes gelegentlich freizügig ignorieren.

Als etwa Zwanzigjähriger versucht sich Schumann (1830/31) in wenigstens einem (Ausnahme-) Fall in der direkten kompositorischen Nachahmung eines konkreten Musters, dem Klavierkonzert op. 34 von Henri Herz.

Die großformale Gliederung im Wechsel zwischen Solo und Tutti wird durch stichwortartige Formteilbezeichnungen (»Einleitung«, »Thema mit Nachspiel«, »Schlußperiode« etc.) im Studienbuch I Anh. R1 (46) qualitativ untergliedert und mit Taktzahlangaben auch quantitativ festgelegt (Abb. 1). Daß diese Disposition sich an einem Modell orientiert, zeigt die mit »Herz« überschriebene zweite Zahlenspalte des tabellarischen Plans: Hinter dem Wort »Herz« und den damit verbundenen Taktzahlen steht das Formkonzept des Klavierkonzerts A-Dur op. 34 von Henri Herz, ein Werk ausgerechnet jenes Komponisten, den Schumann wenig später in der *Neuen Zeitschrift für Musik* als einen der Hauptvertreter der zeitgenössischen verflachten Trivialmusik aufs Schärfste attackieren wird (Draheim 1997, 153–168). Das analytisch gewonnene Formschema wird von Schumann mit eigenem Inhalt gefüllt (Klavierkonzert F-Dur Anh. B 3). Virtuoses Passagenwerk, Spielfiguren und andere klavieristische Einfälle schöpft er freilich nicht nur aus dem Herzschen Vorbild, sondern auch aus Klavierkonzerten von J.N. Hummel (op. 85), F. Kalkbrenner (op. 61) und Ferdinand Ries (op. 55) (MacDonald 1986). Einen Teil der Solopartie erhält J.N. Hummel im August 1831 zur Begutachtung (Wendt 2003, 123–145).

Polemisiert der junge Schumann in Zeitschriftenartikeln und in Briefen gegen den fantasietötenden Normendruck der Musiktheorie (Appel 1981, 35–47), so zeigt der reife Komponist, beispielsweise in den *Musikalischen Haus- und Lebensregeln* (1848/49), eine geradezu konträre affirmative Haltung: »Lerne frühzeitig die Grundsetze der Harmonie. [...] Fürchte dich nicht vor den Worten: Theorie, Generalbaß, Contrapunkt etc.; sie kommen dir freundlich entgegen, wenn du dasselbe thust« (Regel 5 und 6).

Über Schumanns kurze eigene Lehrtätigkeit am 1843 gegründeten Leipziger Konservatorium wissen wir aufgrund der schlechten Quellenlage nur wenig. Sein Unterricht erstreckt sich auf »Uebungen in der Composition« und »Partiturspiel« sowie auf »Durchsicht und Kritik von Compositionsaufgaben« (Herrmann 1997, 96 f.). Das bloße Faktum akademischer Lehrtätigkeit läßt sich jedoch dahingehend deuten, daß Schumann 1843/44 den Zwiespalt zwischen Theorie und Fantasie überwunden hat und über musiktheoretisches Wissen souverän verfügt.

Skizzen und Entwürfe

Sofern Schumann den Textstatus eigener Musikmanuskripte selbst bezeichnet, spricht er bezüglich früher Textstufen pauschal von *Skizzen*, worunter nicht nur Skizzen bzw. Entwürfe im engeren Sinne, sondern auch *Arbeitsmanuskripte* gemeint sein können. Beispielsweise benennt er sowohl die Entwürfe zum Konzertstück für vier Hörner op. 86 (D-Zsch; Archiv-Nr.: 7591-A1) und zur *Ouvertüre zu Schillers Braut von Messina* op. 100 (D-DÜhi; Akzessions-Nr.: 74.117) als auch die Arbeitsmanuskripte zur Violinsonate op. 105 (F-Pn; Signatur: Ms. 331) und zu den *Ballszenen* op. 109/ Nr. 4–6 und 9 (D-Dl; Signatur: 5636-T–534) undifferenziert als *Skizzen*. Dies ist nicht weiter verwunderlich, denn Skizzenmanuskripte können durch nachfolgende Ausarbeitungen zu Arbeitsmanuskripten mutieren. Das läßt sich besonders anhand kammermusikalischer Werke beobachten (Kohlhase 1/1979, 34 f.).

Will man aber Schumanns Schaffensweise erforschen, sind Differenzierungen typischer Manuskripte unabdingbar, denn unterschiedliche Erscheinungsformen von Entwürfen lassen auf unterschiedliche kompositorische Praktiken schließen. In welcher Weise skizziert wird, hängt vom Gattungsbereich, von der Schreibsituation und nicht zuletzt vom Lebensalter und dem damit verbundenen Erfahrungsstand des Komponisten ab.

Neben Tonsatzstudien, Klavierübungen, Exzerpten aus fremden Kompositionen, Analysen fremder Werke, Übungen zur Harmonik und zum

Kontrapunkt enthalten die fünf Studienbücher Entwürfe und Fragmente zum frühen Schaffen. Im eigentlichen Sinne handelt es sich zumeist nicht um Skizzenbücher, sondern (mit Ausnahme der Studienbücher IV Anh. R4 und V Anh. R5) um nachträglich je nach Format zusammengebundene Einzelbögen und Blätter, die Heterogenes und Ungeordnetes aus der Zeit zwischen 1830 und 1833 miteinander vereinen (die fünf Studienbücher befinden sich in D-BNu. Vgl. hierzu Wendt 1987, 101–119). Sofern es sich um wirkliche Kompositionsentwürfe und nicht um andere Aufzeichnungen (z. B. pianistische Übungsformeln, Generalbaß- und Kontrapunktstudien etc.) handelt, lassen diese anhand idiomatischer Merkmale und an ihrem zweisystemigen Aufzeichnungsmodus erkennen, daß Schumann im freien Fluß der Fantasie am Klavier improvisierend Einfälle findet und weiterentwickelt.

Modulares und syntagmatisches Komponieren

Komponieren am Klavier ist nicht etwa eine Schumann charakterisierende Ausnahme, sondern eine für Komponisten des 19. Jahrhunderts übliche Praxis. Über seinen Lehrer J.N. Hummel schreibt Ferdinand Hiller, daß dieser »wie die meisten Komponisten, welchen ich zu begegnen das Glück hatte«, meistens am Flügel komponiert und »was er festgestellt mit Bleistift auf einen vor ihm liegenden Bogen« notiert habe (Hiller 1880, 5. Zur grundsätzlichen Fragestellung siehe Braun 1966, 125–143). Und auch Schumann geht selbstverständlich davon aus, daß die großen Meister am Klavier komponierten: »Bach und Händel, Mozart und Beethoven waren am Klavier aufgewachsen, und ähnlich den Bildhauern, die ihre Statuen erst im kleinen, in weicherer Masse modellieren, mögen sich jene öfters auf dem Klavier skizziert haben, was sie dann im größeren, mit Orchestermasse ausarbeiteten« (GS I, 385). Zahlreiche Aussagen belegen Schumanns Improvisationspraxis und die kompositorische Arbeit am Klavier. In seiner im Sommer 1829 angelegten autobiographischen Stichwortsammlung *Materialien* notiert er auf das Jahr 1827 rückbezogen: »Tägliches Phanta-

sieren auf dem Instrument. [...] Freies Phantasieren unausgesetzt täglich« (D-Zsch; Archiv-Nr.: 4871/VIIB, 13-A3, zit. n. RSA IV/3/3,1, 118). Über die Entstehung des Opus 2 (1829–32) schreibt Schumann etwas euphemistisch: »[...] fast unbewußt war ich am Clavier und so entstand ein Papillon nach dem andern« (Jugendbriefe, 167 f.). Er benötigt das Klavier geradezu existentiell »zum Fertigmachen von Kompositionen« (Brief an die Mutter, 17.10.1834, Jugendbriefe, 257).

Schon früh erkennt er allerdings, daß das bloße Fantasieren am Klavier die Gefahr birgt, Zeit und Energien zu vergeuden. Sein im Brief vom 3. Dezember 1838 an Clara Wieck gerichteter Ratschlag, Improvisationen zu protokollieren, ist sicherlich nicht weniger an sich selbst adressiert: »Eines möchte ich Dir rathen, nicht zu viel zu phantasiren; es strömt da zu viel ungenützt ab, was man beßer anwenden könnte. Nimm Dir immer vor, Alles gleich auf das Papier zu bringen. So sammeln und concentriren sich die Gedanken mehr u. mehr« (Briefwechsel I, 307). 1848 verfestigt sich die Empfehlung zur Improvisationsabstinenz zu einer »Musikalischen Haus- und Lebensregel«: »Hüte dich indessen, dich zu oft einem Talente hinzugeben, das Kraft und Zeit gleichsam an Schattenbilder zu verschwenden dich verleitet. Die Beherrschung der Form, die Kraft klarer Gestaltung gewinnst du nur durch das feste Zeichen der Schrift. Schreibe also mehr, als du phantasierst« (GS II, 169). Verschriftlichte Musik konserviert nicht nur das, was im bloßen Fantasieren unwiederbringlich sich verflüchtigen würde, sondern führt durch die Koinzidenz von Gehörtem und Geschriebenen zum wahren Musikverstehen: »Es meinte jemand, ein vollkommener Musiker müsse imstande sein, ein zum erstenmal gehörtes, auch komplizierteres Orchesterwerk wie in leibhaftiger Partitur vor sich zu sehen. Das ist das Höchste, was gedacht werden kann« (GS II, 170).

Den frühen Kompositionsversuchen, vornehmlich Klavierwerken, aber auch Liedern und kammermusikalischen Ansätzen, liegt ein mehr oder weniger taktweise additives Kompositionsverfahren zugrunde. Ausgehend von einem improvisatorisch am Klavier gewonnenen »Erfindungskern« (Motiv, Spielfigur) schreitet der Satz Takt für Takt voran (Gertler, 35 ff.; den hier gebrauchten Begriff »Erfindungskern« übernehme ich von Eggebrecht

1970, 89–109). Hierbei handelt es sich nicht um das Skizzieren eines mental bzw. imaginativ entwickelten Grundkonzepts, das die Konturen der Satztotalen in den Blick nähme, worauf eine Ausarbeitung folgte, sondern um eine Protokollierung der am Klavier gefundenen Einfälle. Aus diesem Grund existiert für die frühen Klavierwerke bis etwa op. 10 keine einzige Verlaufsskizze. Komponieren am Klavier folgt dem Prinzip *trial and error*, wobei »auf die schlechteste Weise gewiße Stellen hundertmal nacheinander« (Brief an Clara Wieck, März 1838, Briefwechsel I, 122) gespielt werden, weshalb man sich dabei nicht gern belauschen läßt. »Sodann darfst Du mir nicht zu sehr aufaßen wenn ich componire«, schreibt Schumann seiner Braut Clara Wieck, » – das könnte mich zur Verzweiflung bringen – auch ich verspreche Dir nur sehr selten an Deiner Thüre zu lauschen« (Brief vom 13.4.1838, fortgesetzt am 15.4., Briefwechsel I, 247). Man darf annehmen, daß das »freie« Fantasieren Mustern, Schemata und Spielformeln folgt, die mehr oder weniger mechanisch oder einfallsreich das wiederholen, was zuvor beim Studium fremder Klavierwerke eingeübt bzw. schon improvisatorisch erprobt worden ist. Die Improvisation wird dabei weniger von einer klaren inneren musikalischen Vorstellung als vielmehr vom Automatismus geübter Hände und vom Experiment gelenkt. Schumann hat dies klar erkannt und später nachdrücklich verworfen. »Was die Finger schaffen, ist Machwerk; was aber innen erklungen, das spricht zu allen wieder und überlebt den gebrechlichen Leib« (GS II, 119). Außerdem verführt die Arbeit am Klavier dazu, die virtuose Spielmechanik auf Kosten der strukturellen Originalität kompositorisch zu exponieren. 1846 schreibt Schumann kritisch rückblickend: »Es schadete dem rein-musikalischen Gehalt meiner früheren Clavierkompositionen, daß ich glaubte, sie müßten auch für den Clavier s p i e l e r ein besonderes Interesse haben (durch mechanischneue Schwierigkeiten pp.)« (Tb II, 402; Sperrung original).

Die Vorteile, Improvisationen und spieltechnische Finessen durch Protokollierung zu Kompositionen zu verfestigen, liegen auf der Hand, die Defizite aber ebenso. Aus dem Aufzeichnungsprotokoll resultiert taktweise zwar ein bereits vollständiger Klaviersatz, doch endet er häufig in einer Sackgasse, als Fragment, da er weder einem Modulationsplan, noch einer a priori entwickelten Formkonzeption folgt. Das strukturelle Telos der improvisatorisch gewonnenen »Komposition« ist unklar und offen, denn der junge Schumann komponiert improvisierend oft ohne ein bestimmtes Werkziel. So findet sich zum 25. April 1838 beispielsweise die Tagebuchnotiz »Nichts Großes gearbeitet, doch viel fragmentarisches Gutes« (Tb II, 54). So häuft sich Fragment auf Fragment. Sie sind vor allem in den Studienbüchern zu besichtigen.

Um der Stagnation zu entkommen, schreibt Schumann Fragmente wiederholt und modifizierend ab, nicht nur, um sie weiter zu entwickeln, sondern um überhaupt erst ihr formales Ziel zu finden. Die sich über Jahre erstreckende Entstehungsgeschichte der *Papillons* op. 2 (1829–32) liefert hierzu eindrucksvolle Beispiele. Papillon Nr. 6 ist in zwei Versionen überliefert. Beide sind von reinschriftlichem Charakter. Vom 7. Papillon liegen sogar vier Versionen vor. Im frühen Werk zeigt sich typischerweise eine schwankende Haltung hinsichtlich der Gattungen bzw. der Werkkonzeptionen, die sich manchmal auch durch mehrfache Titelwechsel kundgibt. Die *Abegg-Variationen* op. 1 plant Schumann zeitweilig für Klavier und Orchester auszuarbeiten, wovon Fragmente zeugen (Studienbuch I, 75 und Studienbuch III, 105); die *Papillons* op. 2 erscheinen mit dem Titelblatt-Hinweis *Livr. 1*, doch ein zweites Heft wird nicht erscheinen. Am 30. Mai 1832 notiert Schumann im Tagebuch: »Am Clavier kam der Fandangogedanke über mich – da war ich ungemein glüklich« (Tb I, 401). Die Flüchtigkeit und der improvisatorische Charakter spiegelt sich in dem vorgesehenen, im Grunde pleonastischen Werktitel: *Fantaisie rhapsodique. Fandango pour le Piano* (Anh. F15) (Notiz zum 20. April 1832, Tb I, 379). An diesem, aus der Improvisation gewonnenen Werkvorhaben, zu dem eine Manuskriptseite überliefert ist, lassen sich Eigenheiten des frühen Schaffens exemplarisch demonstrieren: konzeptionelle Schwankungen, das letztendliche Scheitern eines Kompositionsprojekts, aber auch Kompensationsstrategien, wie etwa die Wieder- oder Weiterverwendung von Fragmenten.

Im Juni 1832, zu einem Zeitpunkt, als das Werk noch gar nicht abgeschlossen war, offeriert Schumann, Friedrich Wieck um Vermittlung bittend, dem Leipziger Verleger Hofmeister nicht nur die Komposition zum Druck, sondern drängt sogar auf eine öffentliche Anzeige der zu erwartenden Werkpublikation (Brief an Friedrich Wieck, 3.6.1832, Jugendbriefe, 180). Der durch die Offerte selbstauferlegte Schaffensdruck, soll den Werkabschluß befördern. Aber noch für die Zeit zwischen dem 9. und 23. August 1832 sind Arbeiten am *Fandango* belegt (Tb I, 412 f.). Im eigens angelegten, hinsichtlich der Datumsangaben nicht immer zuverlässigen *Compositionsverzeichnis 1832–1833* wird als Abschlußdatum des *Fandango* der September 1832 genannt (BNF, 536, Anm. 496). Im Brief vom 29. Januar 1833 an Hofmeister zieht Schumann das Werk aber vorläufig zurück: »Ich schließe diesen Zeilen ein Allegro di Bravura [op. 8] bei. Nehmen Sie es vielleicht statt des Fandango an, da ich von ihm schon vor geraumer Zeit einen Bogen verloren und bis jetzt den Faden nicht wieder aufgefunden habe? – Wird er noch fertig, so steht es natürlich bei Ihnen, ob Sie ihn später drucken wollen oder nicht« (BNF, 414). Es bleibt beim Fragment, und der fehlende Bogen ist bis heute nicht wieder aufgetaucht. Der Kopftitel des Fandangofragments zeigt, daß die Satzbezeichnung ursprünglich *Burla 1.* lautete und die Bezeichnung *Fandango* erst später eingefügt worden ist. Im Sommer 1832 ist Schumann nämlich noch mit einem weiteren Werkvorhaben befaßt, den *XII Burlesken* (Anh. F14), die gleichfalls unvollendet bleiben, obwohl auch sie bereits am 2. November 1832 dem Verlag Breitkopf & Härtel als potentielles Werk angezeigt worden sind (BNF, 414). Im selben Manuskriptkonvolut, in dem der *Burla/Fandango* überliefert ist, befindet sich unter dem Kopftitel *Allegro* eine erweiterte Neufassung des Satzes. Sie bricht mit dem Taktstrich nach T. 217 ab. (Der Rest des Blattes ist, von einer insularen kleinen Skizze abgesehen, leer.) Das beide Satzversionen geradezu obsessiv beherrschende Quintfall-Motiv, begegnet uns in den im Mai 1833 entstandenen *Impromptus* op. 5 als Variations-Baß. Das Quintfall-Modell – es besitzt kein originär motivisches Profil, sondern beinhaltet eine offene Kadenzformel, die zu beliebiger Improvisation einlädt – taucht 1832 außerdem noch in einem Fugenentwurf auf, der mit der unvollendeten Jugendsinfonie g-Moll Anh. A3 in Verbindung

steht (Nauhaus 1994, 114). Und die bloße Satzbezeichnung »Fandango« erscheint, nun aber gänzlich von ihrer ursprünglichen musikalischen Substanz gelöst, nochmals in einem Werkmanuskript zur Klaviersonate op. 11, verschwindet aber in deren Druckausgabe spurlos.

Die Mutation des Satzes, von *Burla* über *Fandango* und *Allegro* hin zu den substanzverwandten, wenn auch strukturell eigenständigen *Impromptus* und der fragmentarischen g-Moll-Sinfonie und das in der Sonate op. 11 auftauchende Titelphantom *Fandango* (A-Wgm; Archiv-Nr.: A 283, Nachlaß Johannes Brahms) belegt die obige Behauptung, daß das an die Klavierimprovisation gekoppelte Komponieren häufig kein klares Werkziel verfolgt, sondern eher wechselnden Zufällen und Spontanentscheidungen ausgeliefert ist. Fantasievolle Werktitel, die aber nicht mit klaren Strukturvorstellungen verbunden sind, sowie Verlagsofferten sind typischerweise eher parat, als deren kompositorische Einlösung. Das Fandango-Beispiel macht andererseits deutlich, daß Schumann es als geschickter Resteverwerter verstand, Bruchstücke in andere, schließlich gedruckte Werke zu integrieren. An weiteren Beispielen für das Fragment-Recycling fehlt es nicht. In den *Papillons* op. 2 (Nr. 5 und Nr. 11) verwendet Schumann Teile aus den 1828 entstandenen vierhändigen *Polonaisen* Nr. 3, 4 und 7. Die *Papillons* Nr. 7, 10 und 11 schöpfen außerdem aus dem verworfenen Klavierquartett c-Moll (Anh. E1; 1828/29) (Draheim 1987, 179–191). Die T. 35–42 aus dem Finalsatz des Klavierquartetts c-Moll werden wörtlich im 10. Papillon, T. 1–8 zitiert (Redlich 1950, 230). Das 4. Intermezzo aus op. 4 basiert auf Material aus dem Jugendlied »Hirtenknabe« Anh. M2, Nr. 9, steht aber auch im Zusammenhang mit einer, von Schumann selbst als im »romantischen Geiste« erfundenen und so bezeichneten Passage aus dem Klavierquartett c-Moll (Redlich 1950, 230). Das »Préambule« im *Carnaval* op. 9 enthält Teile aus den unveröffentlicht gebliebenen *Variationen über F. Schuberts Sehnsuchtswalzer* (Anh. F24). Aus den (bis heute noch nicht publizierten) *Variationen über ein eigenes Thema G-Dur* (Anh. F7; 1832), in denen wiederum Material aus den *Etüden in Form freier Variationen über ein Thema Beethovens* (Anh. F25) aufscheint, übernimmt Schumann 1853 (!) modifizierend den Schluß in »Leides Ahnung«

op. 124/2 (Schwarz 1932), wie denn überhaupt die unter der Sammelbezeichnung *Albumblätter* vereinten zwanzig Klavierstücke des Opus 124 (Druckausgabe: 1853/54) und auch die 14 Sätze der *Bunten Blätter* op. 99 (1852) auf Relikte zurückgreifen, die aus den Jahren 1832/34–1849 stammen. Der zweite Satz der Klaviersonate fis-Moll op. 11 (1833/35) basiert auf dem im Juli 1828 komponierten Jugendlied »An Anna« (Anh. M2, Nr. 7). Demselben Liedbestand ist die Kerner-Vertonung »Zieh' nur, du Sonne« (Anh. M2, Nr. 8) entnommen, um im zweiten Satz (Andantino) der 2. Klaviersonate g-Moll op. 22 (1833/35, 1838) in umgearbeiteter Form einen neuen Platz zu finden.

Nicht zuletzt hat Schumanns Fingerlähmung (1832) neben ihrer traumatischen auch positive Auswirkungen. Sie verhindert nicht nur die Virtuosenkarriere und lenkt ihn in die Komponistenlaufbahn, sondern zwingt ihn zum Umdenken hinsichtlich seiner Kompositionspraxis. »Unglücklich fühle ich mich manchmal […], daß ich eine leidende Hand habe […] Es wäre mir hier von so großem Nutzen; es steht alle Musik so fertig und lebendig in mir, daß ich es hinhauchen müßte. Und nun kann ich es nur zur Noth herausbringen, stolpere mit einem Finger über den andren« (Brief an Clara Wieck, 3.12.1838, Briefwechsel I, 307). Auch diese Aussage deutet darauf hin, daß Ende der dreißiger Jahre das Klavier nicht mehr als ausschließliches Inspirationsmittel oder Kompositionsstimulanz dient, sondern allmählich sich auf die Rolle als Kontrollinstrument beschränkt. Die kompositionspraktische Alternative mit oder ohne Instrument kennt offenbar Zwischenstufen: Das Klavierspiel fördert die *Einstimmung*, wenn es dem eigentlichen Komponieren als Präludium vorausgeht. Es wird zum *Kompositionsmittel*, wenn es von der freien Fantasie gelenkt und anschließend protokolliert wird. Das Instrument wird aber auch zur *Klangerprobung* innerhalb des Schaffens herangezogen, um eine kompositorische Passage zu überprüfen. Und schließlich dient das Klavier der privaten *Kontrolle*, mit der bereits abgeschlossene Kompositionen klanglich vergegenwärtigt werden. Und eng damit verbunden kann es als Darstellungsmedium einer *privaten Werkaufführung* eingesetzt werden, wenn der Komponist etwa Clara das vorläufige Ergebnis seiner Bemühungen vorstellt.

Kompositorische Reflexionen

Schumanns anfängliche Fesselung ans Klavier und sein Insistieren darauf, daß sein kompositorisches Denken spontan, unwillkürlich und unbewußt geschehe, verleitet zu der kurzschlüssigen Annahme, der Kompositionsprozeß sei quasi reflexionslos verlaufen, womit das Klischee vom romantischen Träumer am Klavier sich zu bestätigen scheint. Dies jedoch ist unzutreffend. Ein Spezifikum der Schaffensweise Schumanns, das ihn von den meisten Komponisten seiner Zeit unterscheidet, ist der Reichtum an öffentlichen und privaten Reflexionen über diverse Aspekte des Komponierens. Wie das kompositorische verändert sich auch das theoretische Denken, und der Schumann der *Kinderszenen* (1838/39) ist nicht identisch mit dem Komponisten der *Gesänge der Frühe* op. 133 (1853/55). Aber schriftstellerische Statements zu kompositorischen Fragen dürfen auf die zeitlich parallele Kompositionspraxis bezogen werden und umgekehrt. Denn auffällig ist die zeitliche Koinzidenz musikliterarischer Themenakzente mit akuten kompositorischen Arbeiten. Als musikgeschichtlicher Doppelgänger denkt der Kritiker gewissermaßen öffentlich nach über das, was den Komponisten gerade beschäftigt. Und umgekehrt sucht der Komponist nach Rezensionsobjekten, die sein aktuelles Schaffen berühren, um sie dem Kritiker zur Diskussion vorzulegen. Eine ähnlich geartete Wechselbeziehung besteht übrigens zwischen Schumanns akuten Kompositionsprojekten und Empfehlungen, die er jungen, ratsuchenden Komponisten gegenüber ausspricht (Wendt 2001, 219–242).

Die sich über Jahre erstreckende Komposition der *Etudes Symphoniques* op. 13 (1834–1837) wird von einer stattlichen Anzahl von Rezensionen zeitgenössischer Variations- und Etudenwerke begleitet. In den einzelnen Werkkritiken werden formtheoretische und ästhetische Überlegungen entwickelt, Verschleißerscheinungen des modischen Etudengenres diagnostiziert, Funktion und historischer Standort der Gattung bestimmt und neue kompositorische Bahnen aufgezeigt. Lange vor der Entstehung des Klavierkonzerts op. 54 (1. Fassung: 1841) räsoniert Schumann in diversen publizistischen Zusammenhängen über Formprobleme und Neuerungen der Gattung. Seine Refle-

Abb. 2: Katalog von Ideenskizzen aus der Zeit von 1832/33 im Studienbuch II, S. 10 (D-BNu; Signatur: Schumann 14)

xionen begleiten die Entstehung mehrerer Klavierkonzertfragmente und bereiten den Boden für die Komposition eines eigenen Klavierkonzerts. Eine Besprechung des 6. Klavierkonzerts op. 90 von Ignaz Moscheles, das unter dem Titel *Concerto fantastique* erschienen ist, nimmt Schumann 1836 zum Anlaß, Probleme des einsätzigen Konzertstücks zu diskutieren (NZfM 4, Nr. 29, 8.4.1836, 123). Diese Überlegungen antizipieren auf der musikkritischen Ebene das formale Konzept der fünf Jahre später komponierten *Phantasie*-Fassung des Klavierkonzerts op. 54. Das Kammermusikjahr 1842 wird von Artikeln zu Quartett- und Triokompositionen begleitet (GS II, 71–76, 86–93). Weitere Querverbindungen zwischen dem Musikkritiker und dem Komponisten ließen sich aufzeigen.

Schumanns mühevolles Streben, Kompositionen am Klavier zu entwickeln, glückt durchaus, wie sein epochemachendes frühes Klavierschaffen zeigt. Doch bilden die geglückten Kompositionen nur die Spitze eines kaum überschaubaren Bergs abgebrochener Versuche. Nicht alle frühen kompositorischen Aufzeichnungen sind erhalten geblieben, weil Schumann diese selbst ausgesondert und Teile davon vermutlich selbst vernichtet hat. Um 1833 findet ein derartiger Selektionsprozeß statt. Der vorhandene Bestand an Fragmenten wird gesichtet, aussortiert und das Bewahrenswerte erneut abgeschrieben. So erklären sich die katalogartigen Reihungen von Ideenskizzen, die im Stu-

dienbuch II anzutreffen sind. Auch Teile des sog. Brautbuchs (D-Zsch; Archiv-Nr.: 5976-A3/A1) greifen früher Erfundenes neu auf. Im Studienbuch II handelt es sich um Partikel von incipitartiger Kürze, um Erfindungskerne, Motiv-Patterns, die in der Art von Musterbüchern gereiht und durchnumeriert sind und die zuvor bereits anderswo notiert gewesen sein müssen. Meist sind die Notate auch mit Daten versehen.

Die Seite 10 des Studienbuchs II (Abb. 2) beispielsweise enthält ein Dutzend durch Doppelstriche voneinander getrennte Ideenskizzen. Sie gehören in einen größeren Zusammenhang gleichartiger Notate, wie ihre Numerierung von 103 bis 114 erkennen läßt. Sie tragen zwischen den Systemen Datumsangaben, die nur das Jahr (z. B. [18]32.) oder Monat und Jahr (z. B. *7/33*) angeben, manchmal aber auch tagesgenau datiert sind (z. B. *29/3/33*). Derlei Aufzeichnungen tragen die Züge eines kompositorischen Tagebuchs (vgl. Gertler, 38 f., Anm. 99). Diesen Exzerptnotaten aus dem Studienbuch II, deren Umfang sich zwischen einem und etwa vier Takten bewegt, ist am Schluß gelegentlich ein *etc.* angefügt. Der Zusatz ist aussageträchtig, denn er verweist auf die Entwicklungsfähigkeit und kompositorische Eigendynamik, die Schumann diesen Erfindungskernen zuschreibt. Einmal fixiert – so offenbar das Kalkül des Komponisten –, kann aus der Fortführung des Figurationsmodells ein ganzer Satz entwickelt werden.

Die frühen, in den Studienbüchern aufgereihten Ideenskizzen lassen das kompositorische Telos hinsichtlich Besetzung, Form und Gattung meist offen (vgl. Appel 1999, 194–195). Diese offene kompositorische Haltung macht eine Tagebuchnotiz Schumanns vom 1. Januar 1839 exemplarisch deutlich. Sie besagt, er habe den »Anfang zu e.[einer] Sonate od. Phantasie od. Etude od. Nichts in C Moll« (Tb II, 85) komponiert. Daneben gibt es natürlich zahlreiche Entwürfe, die das angestrebte kompositorische Ziel klar festlegen. Eine mit sieben Takten angedeutete »Kleine Sonate« für Klavier (D-B, Mus. ms. autogr. R. Schumann 35/5) oder Überschriften wie »Etude« usw. verweisen explizit auf bestimmte kompositorische Konzepte.

Das sich Takt für Takt vortastende Komponieren läßt sich als »modulares Verfahren« beschreiben. Dabei ist das Modul als kleiner, aber satztechnisch vollständig abgeschlossener (Takt-)Baustein zu verstehen, der eine komplexe melodisch-rhythmisch-harmonische Einheit bildet. Modulares Arbeiten ist im buchstäblichen Sinne ein »Componere«, ein Aneinanderfügen eben am Klavier entwickelter kleiner Fertigteile. Mit Bezug auf diese Arbeitsweise schreibt Schumann im Jahre 1838 rückblickend, früher »löthete ich Alles lothweise aneinander und da ist vieles Wunderliche und wenig Schönes herausgekommen« (Brief an Clara Wieck, 11.2.1838, Briefwechsel I, 100). Charakteristisch für das »Verlöten« einzelner Module ist der restringierte kompositorische Blick auf das unmittelbar Folgende. Der Komponist hat lediglich den jeweils nächsten Klang- bzw. Strukturschritt, nicht aber die Gesamtheit des erstrebten Satzes im Visier. Modulares Komponieren ist deshalb nicht nur eine besondere Arbeitstechnik, sondern zugleich eine spezifische musikalisch-konstruktive Denkform, die das Kompositionsergebnis substantiell prägt. Aufgrund des angestrengten Fortschreitens zeitigt es kurze, knappe Satzformen. Und in der Tat dominieren in den frühesten Klavierwerken kurze Sätze. Längere Kompositionen, wie sie etwa in den Sonaten op. 11, 14 und 22 sowie in der *Fantasie* op. 17 und der *Humoreske* op. 20 vorliegen, werden durch Verknüpfung kleiner, in sich geschlossener Segmente und weniger aus einer konstruktiven Entwicklungsarbeit erzielt, die sich auf Verlaufsskizzen

stützte. In der Forschung wird in diesem Zusammenhang von »kaleidoskopischen« oder »mosaikartigen« Formen gesprochen. Außerdem begünstigt das Verfahren aus naheliegendem Grund Kompositionen für Klavier. Daraus resultiert ein weiteres Merkmal modularen Komponierens: Der partikulare Einfall und seine Ausarbeitung fallen ununterscheidbar zusammen; die Komposition ist bis zum jeweils erreichten Takt bereits vollständig ausnotiert. Eine klare arbeitstechnische Trennung von Entwurf und Arbeitsmanuskript in einer abgestuften Handschriftenüberlieferung, wie sie für spätere Kompositionen typisch ist, besteht nicht. Das erklärt auch, warum das modular konstruierte Kompositionsfragment einen homogenen und vollständigen, also aufführungsfähigen Satz beinhaltet, der schnittartig abbricht. (Dagegen sind andersartig komponierte Fragmente, von denen noch zu sprechen sein wird, quasi Lückentexte, deren Abbrüche in mehr oder weniger linearen Stimmenüberhängen ausfransen.)

Der mühsame Weg modularen Komponierens ist – dies sei nochmals betont – mit zahlreichen Fragmenten gepflastert. An klaviergenerierten Einfällen mangelt es nicht, aber an ihrer Weiterentwicklung. »Am Clavier viel Ideen, aber ohne Combinationsfähigkeit« (Tb I, 394), lautet ein Stoßseufzer aus dem Jahre 1832. Fragmente werden jedoch aufbewahrt in der Hoffnung, sie – wenn nicht weiterzuentwickeln – so doch partiell in andere, abgeschlossene Werke integrieren zu können. Daraus generell eine Art Patchwork-Praxis abzuleiten, wäre allerdings unangemessen. Vielmehr ist das frühe Schaffen von einem subtilen Netzwerk von Übernahmen, Umarbeitungen und Bezugnahmen gekennzeichnet, die noch einer detaillierten Erforschung bedürfen.

Das additive Schreibverfahren kommt der Protokollierung klavieristischer Improvisation zwar entgegen, aber es haftet ihm etwas Dilettantisches an, denn es fehlt eine aufs Satzganze gerichtete formale Leitidee. Aber schon die Rezeptionsgeschichte, die dem frühen Klavierwerk epochenprägende Innovationskraft bescheinigt, widerlegt die sich aufdrängende, negativ wertende Folgerung, dilettantische Arbeitstechniken zeitigten zwangsläufig dilettantische Kompositionsergebnisse. Das von handwerkstechnischen Fertigkeiten unbelastete, allein vom subjektiv-spontanen Aus-

Abb. 3: Klavierquartett-
satz H-Dur, Anh. E2
im Studienbuch V, S. 43
(D-BNu, Signatur:
Schumann 17)

druckswillen gelenkte und für Authentizität bürgende Komponieren zwingt Schumann zur permanenten Reflexion. Im kritischen Dialog mit sich selbst, welcher ästhetische Ziele und deren kompositorische Einlösung gegeneinander abwägt, erfindet der Autodidakt kompositorische Arbeitstechniken gleichsam neu. Der Preis ist freilich hoch, er wird in Fragmenten gezahlt.

Was beim reinen Klavierstück in erstaunlichem Maße gelingt, scheitert regelmäßig, wenn der junge Schumann sich an kammermusikalischen, konzertanten oder sinfonischen Projekten versucht und dabei den »Entwurf«, der gleichzeitig schon das Endergebnis anstrebt, in Partiturform aufzeichnet.

Der etwa 1831/32 entstandene, in Partitur geschriebene Klavierquartettsatz H-Dur, Anh. E2, bricht mit Takt 9 abrupt ab (Abb. 3). Lediglich der Baßverlauf des Violoncellos ist im Folgetakt noch aufgezeichnet. (Der verbleibende Schreibraum der Notenseite wird später noch anderweitig genutzt.) Die unterschiedliche, der Notenmenge individuell angepaßte Taktweite und das klare Abbruchsprofil mit dem Taktstrich T. 9/10 zeigen, daß Schumann die Partitur in vertikalen Takteinheiten, also additiv aufgebaut hat. Die Hyperkomplexität des damit verbundenen Schreib- und Denkakts bringt den Versuch zum Scheitern. Die am Klavier gewonnenen Einfälle sind instrumentatorisch im Partiturraum in Einzelstimmen aufgezeichnet und teilweise schon mit Artikulationszeichen (Akzentzeichen und Bögen) versehen. Dieser Versuch, die beiden komplexen Denk- und Arbeitsschritte von Einfall und Ausarbeitung in einem einzigen zusammenzufassen, überfordert den jungen Komponisten regelmäßig. Bezeichnenderweise endet der Versuch in jenem Takt, in dem der Satz seine höchste strukturelle Dichte erreicht. (In T. 9 fehlt lediglich die Violastimme.) Auch die Taktraumkalkulation gerät mit dem Figurationsmotiv der Violine (in T. 9) in Bedrängnis. Die Differenziertheit der verfrühten Partiturnotierung wird zur kreativen Falle. Am Klavier läßt sich das bereits erzielte kompositorische Ergebnis nur noch mit Mühe reproduzieren, der Versuch erschöpft sich mit dem ersten neuntaktigen Einfall.

Im Bereich der solistischen Klaviermusik erweist sich das modulare Komponieren zwar vereinzelt als erfolgreiche Arbeitsstrategie, aber im höchst komplexen kammermusikalischen oder sinfonischen Zusammenhang muß sie versagen, weil zu viel auf einmal bewältigt werden soll. Vor dieser Selbstüberforderung hat bereits J.N. Hummel gewarnt: »Der Fehler vieler Componisten [beim Entwerfen und Ausarbeiten] ist, dass sie ihre Aufmerksamkeit auf zu viele Dinge auf einmal richten und ihre Kraft dadurch theilen und schwächen; dass sie ihrer Fantasie mehrere Aufträge zugleich ertheilen, und sie verwirren« (AmZ 49, Nr. 19, 12.5.1847, Sp. 319).

Daß es dem jungen Schumann dennoch gelingt, das Klavierquartett c-Moll Anh. E1 (1828/29) und die Sinfonie g-Moll Anh. A3 (1832/33), aufführungsreif (wenn auch letztere in der Satzfolge unvollständig) fertigzustellen, widerlegt nicht die für Kammermusik und Sinfonik behauptete Ineffizienz modularen Komponierens. Diese Teilerfolge, die Schumann allerdings nicht für publikationswürdig hielt, waren möglich, weil sie sicherlich nicht unmittelbar in Partiturform, sondern über den mühevollen Umweg des modular konzipierten Klaviersatzes gewonnen wurden. Der im Studienbuch III (113) vorliegende bruchstückhafte Particellentwurf und die teilweise nur einstimmig verlaufende Skizze (134) zum ersten Satz des Kla-

vierquartetts sind vermutlich nur Überlieferungsrelikte von umfangreicheren Entwürfen, die auf einen andersartig verlaufenden Konzeptionsvorgang hinweisen. Ähnliches gilt vermutlich auch für die Sinfonie g-Moll (Abraham 1951; Voss 1972, 312–319), die bezeichnenderweise erst nach Abschluß des Kompositionsunterrichts bei Dorn – also auf der Basis neu gewonnener kompositorischer Fertigkeiten – begonnen worden ist.

Daß Schumann sich zwischen 1830 und 1835 auffällig häufig und mit Teilerfolgen an Variationszyklen für Klavier solo versucht (Schwarz 1932 und Draheim 1988, 75–89), hat vermutlich weniger mit einer besonderen Affinität zur zeitgenössischen Modegattung Variation zu tun, sondern ist eher als Lenkungsmaßnahme zu bewerten, um der Stagnation des kompositorischen Bausteinverfahrens zu entkommen. Das fremden Werken entnommene Variationsthema liefert klare strukturelle Vorgaben, denen der pianistisch versierte Komponist – verkürzt gesprochen – als Bearbeiter nur noch variative Einfälle überzustülpen braucht. Was Schumann gegenüber einem Variationswerk von J.P. Pixis einwendet, gilt cum grano salis auch für den jungen Schumann selbst: »Zu strengeren Arbeiten, die Zeit wie Ueberlegung wollen, fehlt es ihm wohl an Muße, und so giebt er seit lange nur Variationen über eben neue Thema's [...]« (Erler II, 286). Innerhalb der Gattung Variation scheint sich Schumanns modulares Komponieren zu bewähren, weil das Variationsthema eine formale Bezugsgröße bereitstellt (hierzu Kapp 1984, 26 und 34 ff.). Es handelt sich um folgende Werkprojekte:

Variationen über ein Thema von Prinz Louis Ferdinand für Klavier zu vier Händen, Anh. G2 (1828)
Variationen über Paganinis »La Campanella«, Anh. F8 (1831/32)
Variationen über C.M. von Webers Preziosamarsch, Anh. F9 (1831/32)
Variationen über Schuberts Sehnsuchtswalzer, Anh. F24 (1832–35)
Klavieretüden in Form freier Variationen über ein Thema Beethovens, Anh. F25 (1833–35)
Variationen über ein Nocturne von Chopin, Anh. F26 (1835/36)

In diese Reihe abgebrochener Projekte fügen sich die erstmals über ein eigenes Thema gearbeiteten *Variationen G-Dur*, Anh. F7 (1831/32) logisch ein. Auch die *Abegg-Variationen* op. 1, die *Impromptus* op. 5 und die *Sinfonischen Etüden* op. 13 belegen den Erfolg der hartnäckigen Orientierung an der Gattung Variation. Analoges gilt für die *Paganiniana* op. 3 und 10, die zwar keine Variationen darstellen, sich aber wie diese auf präexistente Vorlagen stützen.

Seit Mitte 1836 bahnt sich, einem Selbstzeugnis zufolge, eine andersartige Kompositionsweise an. Nun werden nicht mehr am Klavier erfundene Takte miteinander »verlötet«, sondern melodische Einheiten (innerlich) »singend« gewonnen. Den arbeitstechnischen Umbruch vom modularen zu einem andersartigen Komponieren beschreibt Schumann in einem bereits oben teilweise zitierten Briefpassus: »[…] ich schreibe jetzt [Februar 1838] bei weitem leichter, klarer und, glaube ich, anmuthiger; sonst löthete ich Alles lothweise an einander und da ist vieles Wunderliche und wenig Schönes herausgekommen; indeß auch die Irrthümer des Künstlers gehören der Welt, wenn es gerade keine Häßlichkeiten sind. Seit 4 Wochen habe ich fast nichts als componirt [Anfang 1838 komponiert Schumann die *Novelletten* op. 21, *Kinderszenen* op. 15 und die *Kreisleriana* op. 16], wie ich Dir schon schrieb; es strömte mir zu, ich sang dabei immer mit – und da ist's meistens gelungen. Mit den Formen spiel ich. Ueberhaupt ist es mir seit etwa anderthalb Jahren [also seit etwa Mitte 1836], als wär ich im Besitz eines Geheimnißes; das klingt sonderbar« (Brief an Clara Wieck, 11.2.1838, Briefwechsel I, 100).

Das *Geheimnis* ist uns verschlossen, aber es steht offenbar im Zusammenhang mit der Emanzipation des *Gesangs* in Hinblick auf einen mentalen Kompositionsmodus. Im Liederjahr 1840 (zum Thema generell Feldmann 1952, 246–268, sowie Plantinga 1967, 179–183 und Synofzik 2004, 137–150) wird definitiv die neue kompositorische Praxis gefestigt, die sich zunächst auf Vokalkompositionen beschränkt. Im Brief vom 19. Februar 1840 an G.A. Keferstein umreißt Schumann euphorisch die »ganz neu« aufgegangenen kompositionstechnischen Erfahrungen: »Kaum kann ich Ihnen sagen, welcher Genuß es ist, für die Stimme zu schreiben im Verhältniß zur Instrumentalcompo-

sition, und wie das in mir wogt und tobt, wenn ich in der Arbeit sitze. Da sind mir ganz neue Dinge aufgegangen […]« (BNF, 184). Näheres über diese »ganz neuen Dinge« erfahren wir aus Schumanns Brief vom 24. Januar 1840 an Clara Wieck, worin er seine Braut über die jüngst entstandenen Vokalkompositionen unterrichtet (opp. 24, 25, 33, 43, 48, 57): »Wie mir das Alles leicht geworden, kann ich Dir nicht sagen, und wie ich glücklich dabei war. Meistens mach' ich sie [d.h. Lieder und Vokalsätze] stehend oder gehend, nicht am Clavier. Es ist doch eine ganz andere Musik, die nicht erst durch die Finger getragen wird – viel unmittelbarer u. melodiöser« (Briefwechsel III, 946 f.). Die einschneidenden Erfahrungen mit Vokalkompositionen bewirkten eine Art Paradigmenwechsel in Schumanns Kompositionsweise. »Zur Ausbildung eigenen melodischen Sinnes bleibt immer das Beste, viel für Gesang, für selbstständigen Chor zu schreiben, überhaupt so viel wie möglich innerlich zu erfinden und zu bilden« (Brief an Carl Reinecke, 22.1.1846, Erler II, 4).

Es ist die Ver-Tonung, im operationalen Wortsinn, die melodische Einkleidung eines lyrischen Textes, welche eine andere Schaffensweise initiiert und festigt. Gab in den frühen Variationswerken das vorgegebene Thema strukturellen Halt, so in Liedern nun der Text (diesen speziellen, aber nicht für jedes Lied geltenden Arbeitsprozeß beschreibt Hallmark 1979, 20–23). Da die »Musik die ursprüngliche Stimmung des Gedichts treffen, aber nicht überbieten soll« (Kast 1981, 157) ist der literarische Text die zentrale Bezugsgröße und mithin der Ausgangspunkt der Vertonung. An ihn knüpft die Erfindung der Singstimme an.

Schumann läßt sich im Liederjahr anhaltend von meloldiengenerierenden dichterischen Texten fesseln. Nun ist nicht mehr von der inspirierenden Klavierimprovisation die Rede, sondern von mentalen Vorgängen, die in der Vorstellungskraft des Komponisten »toben und wogen«. »Ganz neu aufgegangen« ist ihm offenbar die Einsicht in die kompositionstechnische Potenz und Autonomie des melodieorientierten, klavierunabhängigen Komponierens. Diese Interpretation muß man sicherlich differenzieren. Wohl nur die Entwürfe zum textierten Melodieverlauf entstehen unabhängig vom Klavier, während der Begleitsatz am Klavier wenn nicht ausgearbeitet, so doch kontrolliert wird (Hallmark 1977, 110–136 enthält Faksimiles und Transkriptionen einstimmiger Melodieentwürfe. Vgl. auch Hallmark 1979, 20–23). Skizzen mit reinen Melodieentwürfen sind beispielsweise zu den Heine-Vertonungen »Mit Myrthen und Rosen« op. 24/9 (T. 64–71), zu »Schöne Wiege meiner Leiden« op. 24/5, zu »Mutter, Mutter« op. 25/11 und zu »Hauptmanns Weib« op. 25/19 überliefert (zu den Quellen- und Standortnachweisen der hier und nachfolgend genannten Lieder siehe die entsprechenden Opus-Einträge in RSW). Auch zu den Rückert-Liedern »Der Himmel hat eine Träne geweint« op. 37/1, »Liebste was kann denn uns scheiden?« op. 37/6 und »So wahr die Sonne scheinet« op. 37/12 (nachgewiesen in Sotheby's Auktionskatalog, zum 21. Mai 1999, Los Nr. 282, mit Abbildung einer Notenseite) sowie zu »Flügel! Flügel!« op. 37/8 sind textierte Melodieskizzen bekannt. Weitere Beispiele finden sich zu op. 42, op. 48/1–9, op. 127/2, op. 142/2, *Belsatzar* op. 57 und zum Liedfragment *Die Wallfahrt nach Kevelaer* Anh. M3.

Aus diesen einstimmigen Melodieentwürfen (Abb. 4) darf nun aber nicht verallgemeinernd abgeleitet werden, daß jede Liedkomposition regelhaft dem Arbeitsschema Melodieerfindung und Klaviersatzergänzung folgt. Vielmehr zeigen Detailuntersuchungen, daß Erfindungskerne zum Klaviersatz bereits in Verbindung mit Melodieeinfällen skizziert sein können oder daß ein vom Text inspirierter Begleitungsmodus des Klaviersatzes in eine Wechselbeziehung zur Gestaltung der Singmelodie tritt. Die Erfindung der Liedmelodie folgt auch nicht immer der Linearität des dichterischen Textes, sondern kann sich auf einzelne Textpassagen beziehen, die erst im nachhinein zu einem Ganzen gefügt werden. Auch die literarische Textvorlage kann innerhalb des Kompositionsprozesses durch Auslassungen, Umstellungen, Wiederholungen und Umdichtung verändert werden (vgl. Ozawa 1989, 434–436). Außerdem tritt der Komponist in der Ausarbeitung des Liedsatzes in einen kreativen Dialog mit seinen eigenen Entwurfsvorgaben, aus dem stets kompositorische Varianten und nicht selten unterschiedliche Fassungen resultieren (Ozawa 1989, 68–74). Dennoch stellen diese unterschiedlichen Arbeitsweisen die schöpferische Leitinstanz der dichterischen Textvorlage nicht in Frage.

Eine weitere einschneidende Änderung der eigenen Kompositionspraxis datiert Schumann selbst auf das Jahr 1845, in dem bezeichnenderweise vornehmlich kontrapunktische Werke entstanden sind. Kontrapunktische Techniken sind im Unterschied zur freien, homophon strukturierten und am Klang orientierten Satztechnik an ein Regelsystem gebunden, das die Ausarbeitung auf dem Papier geradezu fordert. Die normative Bindung an diese Regeln folgt einer vergleichsweise abstrakten kompositorischen Logik, die nicht auf eine klangsinnliche Entwicklung am Instrument angewiesen ist. Das zur Diskussion stehende Selbstzeugnis Schumanns über die neu gewonnene kompositorische Arbeitstechnik lautet: »Erst vom J[ah]r. 1845 an, von wo ich anfing alles im Kopf zu erfinden und auszuarbeiten, hat sich eine ganz andere Art zu componiren zu entwickeln begonnen.-« (Tagebuch-Notiz vom Sommer 1846, Tb II, 402) Ohne schulmeistern zu wollen, sei der sprachlich etwas verdrehte Satz paraphrasiert und interpretiert, denn er enthält wichtige Aussagen zu unserem Thema. Die »ganz andere Art zu componiren« entwickelte sich allmählich durch entsprechendes Training, das durch parallele Kontrapunktstudien (1845) besonders diszipliniert wird, und sie unterscheidet sich von der zuvor ans Klavier gebundenen Kompositionspraxis fundamental dadurch, daß nun »alles«, sowohl das »Erfinden« (der Skizzierungsprozess) als auch die »Ausarbeitung, im Kopf« stattfinden. Die Datierung dieser neuen Art zu Komponieren auf das Jahr 1845 mag zunächst irritieren, da ja bereits für das Liederjahr die kompositorische (Teil-)Emanzipation vom Klavier festzustellen ist. Diesen Widerspruch löst die genaue Lektüre des eben analysierten Satzes auf. In Liedvertonungen findet nur die einstimmige Melodieerfindung unabhängig vom Klavier statt, während die Ausarbeitung wenigstens partiell noch ans Instrument gebunden ist. Ab etwa 1845 wird allmählich »alles«, also der komplette Tonsatz im Kopf erfunden, d.h. auf dem Papier entwickelt.

Der reife Schumann plädiert nur noch für das rein mentale Komponieren. In den 1848 formulierten *Musikalischen Haus- und Lebensregeln* heißt es: »Fängst du an zu componiren, so mache Alles im Kopf. Erst wenn du ein Stück ganz fertig [ausnotiert?] hast, probire es am Instrumente. Kam dir

Abb. 4: Melodieentwürfe zu den Heine-Liedern op. 48/1–3 (D-Zsch; Archiv-Nr.: 12321-A1)

deine Musik aus dem Innern, empfandest du sie, so wird sie auch so auf Andere wirken« (Regel 56, zit. n. Nauhaus 2002, 55). Wie eine entschiedene Absage an die zielgefährdende Improvisation am Klavier, eine Absage also an die eigene frühe kompositorische Praxis, liest sich der Nachsatz zu dieser Regel. »Hüte dich indessen, dich zu oft einem Talente hinzugeben, das Kraft und Zeit gleichsam an Schattenbilder zu verschwenden dich verleitet. Die Beherrschung der Form, die Kraft klarer Gestaltung gewinnst du nur durch das feste Zeichen der Schrift. Schreibe also mehr, als du phantasirst.« Deutlicher kann die kategoriale Verknüpfung kompositorischen Denkens mit der Schrift im Gegensatz zur bloß protokollierenden Klaviersatzaufzeichnung kaum mehr formuliert werden.

Im Unterschied zum »modularen« Komponieren, der Nachschrift, handelt es sich hier – wiederum idealtypisch betrachtet – um einen »syntagmatischen« Arbeitsweg, eine konstruierende Vorschrift, der in den Werken ab etwa 1845, mutmaßlich ausnahmslos, beschritten wird. Sangbare lineare Stimmensegmente, einstimmige Syntagmen, werden abschnittsweise oder durchlaufend als erstes notiert, dann durch ein (manchmal beziffertes) Baßfundament ergänzt, worauf der so gewonnene Außenstimmensatz schließlich durch Mittelstimmen ausgefüllt wird. Während sich die jeweilige Länge der Syntagmen (i.e. die jeweils niedergeschriebene Melodieeinheit) in Liedern an der Syntax des Singtextes orientiert, werden Syntagmen innerhalb reiner Instrumentalkompositionen in thematisch-motivischen Einheiten entwickelt.

Das syntagmatische Verfahren folgt einem Leitstimmenprinzip. »Erfunden« – im genuinen

Wortsinn – wird zunächst eine thematisch oder melodisch führende Einzelstimme, zu der dann in der »Ausarbeitung« die übrigen Stimmen hinzutreten. Zwischen der Leitstimme und dem übrigen Satz besteht ein reaktives und hierarchisches Verhältnis: Die strukturelle Dominanz der Leitstimme liegt in ihren rhythmisch-diastematischen, syntaktischen und ihren immanent harmonikalen Qualitäten begründet, welche den Modus der Ausarbeitung, die Tiefenstruktur des vollständigen Satzes, lenken. Diese Relation zwischen Leitstimme und »Rest«-Satz bringt Schumann (der bekanntermaßen ein begeisterter Schachspieler war), aphoristisch verkürzt, in einem Florestanschen Diktum, auf den Punkt: »Es ist mit der Musik wie mit dem Schachspiel. Die Königin (Melodie) hat die höchste Gewalt, aber den Ausschlag gibt immer der König (Harmonie)« (GS I, 20). Das syntagmatische Leitstimmenprinzip bedeutet nicht – wie dieses Zitat suggerieren könnte –, daß die Leitstimme in einer konstant beibehaltenen Satzebene, z. B. als reine Oberstimmen-Melodie entwickelt wird. Vielmehr kann sie sporadisch z. B. von der Oberstimme in den Baß oder in eine Mittelstimme wechseln. Der keinesfalls beliebige oder zufällige Wechsel der Satzebenen zeigt sich besonders in polyphonen Texturen, wobei sich hier häufig zugleich der Notationsraum ändert: Das zweisystemige Particell wird dann vorübergehend zum mehrsystemigen erweitert.

Im Vergleich zum Modulverfahren erweist sich das syntagmatische als die potentere Arbeitsweise, erstens, weil die Leitstimme satztechnisch generierend wirkt, zweitens weil sie den Satz ganzheitlich konturiert, drittens, weil der komplexe Kompositionsvorgang in Teilschritte zerlegt wird und viertens, weil das kompositorische Denken autonom (d. h. klavierunabhängig) verläuft. Das Syntagma bestimmt nicht nur vertikal die Tiefenstruktur des Satzes (Harmonik und Füllstimmen), sondern liefert zugleich das thematisch-motivische Potential, aus dem sich horizontal, also im Hinblick auf die formale Satzentwicklung, motivische Abspaltungen, Varianten, Durchführungsmaterial etc. gewinnen lassen. Die Leitstimme spinnt den Ariadnefaden eines Gesamtsatzes, denn sie fixiert im Gegensatz zum modularen Komponieren dessen Verlauf und mithin sein formales Ziel. An diesen Faden knüpft sich nachfolgend das Textgewebe

der vollständigen Partitur. Die Festlegung einer Leitstimme schließt jedoch nicht aus, daß aus der bedingten Eigenbewegung der nachgeordneten Zusatzstimmen in der Ausarbeitungsphase weitere neue Einfälle erwachsen, welche zu konzeptionellen Änderungen der Leitstimme führen. Die Relation zwischen Leitstimme und dem ausgearbeiteten Satz ist demnach nicht eindimensional, sondern besteht in einer produktiven Rückkoppelung.

Auf die generierende Kraft der Leitstimme, der »Melodie«, bezieht sich Schumanns Selbstbeobachtung, die er im März 1838, anläßlich seiner (allerdings noch vergeblichen) Bemühungen um die Komposition von Streichquartetten Clara Wieck mitteilt: »Auf die Quartetten freue ich mich selbst; das Clavier wird mir zu eng; ich höre [innerlich und unabhängig vom Instrument] bei meinen jetzigen Compositionen oft auch eine Menge Sachen, die ich kaum andeuten kann, namentlich ist es sonderbar, wie ich fast Alles canonisch erfinde und wie ich nachsingende Stimmen immer erst hintendrein entdecke, oft auch in [sonderbaren] Umkehrungen, verkehrten Rhythmen pp. der Melodie schenke ich jetzt große Sorgfalt, wie Du wohl findest; auch da kann man durch Fleiß u. Beobachtung viel gewinnen. Aber freilich meine ich unter Melodie andere als italienische, die mir nun einmal wie Vogelsang, d. h. anmuthig zu hören, aber inhalt- und gedankenlos vorkömmt« (Briefwechsel I, 127). Nicht ohne Schöpferstolz thematisiert Schumann Jahre später, im Brief vom 5. Dezember 1845 an Mendelssohn, diese Beobachtung erneut und hebt dabei den »unwillkürlichen, naturwüchsigen« Entstehungsprozeß hervor: »[…] es ist mir selbst eigenthümlich und wunderbar, daß fast jedes Motiv welches sich in meinem Inneren heranbildet, die Eigenschaften für mannichfache contrapunctische Combinationen mit sich bringt, ohne daß ich im Entferntesten nur daran denke Themen zu formiren, welche die Anwendung des strengen Styls in dieser oder jener Weise zulassen. Es gibt sich unwillkürlich von selbst, ohne Reflexion und hat etwas Naturwüchsiges« (zit. n. Wasielewski ³1880, 203). In J. S. Bachs Werken sieht Schumann Analoges vorgegeben: »Wir wissen wohl von Bach und andern verwickelt kombinierenden Künstlern, wie sie auf wenige Takte, oft Noten, ganz wundersam gefügte Stücke gegründet, durch die sich jene Anfangslinien in unzähligen Verschlingungen hindurchziehen« (GS II, 81). Was Schumann als »Anfangslinien« bezeichnet, ist mit »Leitstimme« gleichzusetzen. In Schumanns Diktion heißt die Leitstimme auch »schöne Melodie«. Sie ist ein häufig wiederkehrender Schlüsselbegriff seiner musikalischen Poetik (Briefwechsel I, 127 und 138. Vgl. auch GS I, 173, 259, 389, 418 und 466; GS II, 14 und 137). Der Komponist arbeitet nicht abbildlich nach außermusikalischen Programmen, sondern »das Schaffen des Musikers ist ein ganz anderes, und schwebt ihm ein Bild, eine Idee vor, so wird er sich doch nur erst dann glücklich in seiner Arbeit fühlen, wenn sie ihm in schönen Melodien entgegenkommt, von denselben unsichtbaren Händen getragen, wie die ›goldenen Eimer‹, von denen Goethe irgendwo spricht« (GS II, 129 f.). Daß die »schöne Melodie« die Leitinstanz einer Komposition ist, weil sie als Träger der musikalischen Botschaft das Gemüt des Hörers erreicht und ergreift, gehört zu den musikästhetischen Topoi, die in der Romantik erneute Aktualität gewinnen. Ihr gilt die erste und hohe kompositorische Aufmerksamkeit, nicht nur wegen ihrer Ausdrucksfunktion, sondern auch wegen ihrer konstruktiven Bedeutung für den gesamten Tonsatz. Schumann rät Ludwig Meinardus, er müsse seine Kompositionen »vor Allem« durch die »Erfindung schöner neuer Melodieen« profilieren. »Das Combinatorische«, d. h. die kunstvolle kontrapunktische und formale Ausarbeitung, »darf nur das Zufällige sein« (Brief vom 28.12.1853, Erler II, 213). »Daß der goldne Faden des Gesanges [i.e. die Leitstimme] überall durchschimmere«, ist eine Forderung, die Schumann »freilich nur an den Meister« (Erler II, 341) stellt.

Die innerlich erfundenen »melodischen Hauptmotive« soll der Komponist »im Kopfe so lange drehen und […] wenden, bis er sich sagen kann ›nun ist es gut.‹ – Das Rechte im Fluge gleichsam des Augenblicks zu erhaschen, gelingt nicht alle Tage – und die Studienbücher großer Künstler, namentlich Beethovens, beweisen, wie lange, wie mühsam sie oft an einer kleinen Melodie feilten und arbeiteten« (Brief an Ludwig Meinardus, 16.9.1848, Erler II 59). Das Postulat der Arbeit am Einfall steht im Gegensatz zum früher verfochtenen Primat des ersten Einfalls.

Wechselt Schumann aus der Perspektive des Komponisten in die des Kritikers, so bestätigt sich die satzkonstituierende Funktion der Leitstimme quasi unter umgekehrten Vorzeichen: »Einer Komposition auf den Grund zu kommen, entkleide man sie vorher allen Schmuckes. Dann erst zeigt sich, ob sie wirklich schön geformt, dann erst, was Natur ist, was die Kunst dazu tat. Und bleibt dann noch s c h ö n e r G e s a n g übrig, trägt ihn auch eine gesunde, edle Harmonie, so hat der Komponist gewonnen und verdient unseren Beifall« (GS I, 409. Sperrung B.A.). Schumann entwirft hier in nuce sowohl das Programm einer dekonstruierenden Musikanalyse, die den komplexen Werktext auf seine elementare Grundstruktur, die Leitstimme, zu reduzieren beabsichtigt, als auch das invertierte Konzept der genetischen Kritik, denn die vom dekonstruierenden Musikkritiker gebrauchte poetische Metapher vom »Entkleiden allen Schmuckes« läßt sich in die konstruktivistische Sicht des Komponisten umkehren: Ausgehend vom syntagmatischen Entwurf, dem »schönen Gesang«, der »schönen Melodie«, läßt sich der Kompositionsprozeß, die »schmückende Bekleidung«, über diverse Zwischenstadien der Aus- und Umarbeitung und mithin die Werkgenese verfolgen.

Freilich hat Schumann das Leitstimmenprinzip nicht erfunden. Vielmehr handelt es sich um eine Kompositionsweise, die vor ihm schon längst ausgebildet ist (vgl. Appel 2003, 347–365).

Vor allem die einschneidende Erfahrung des Liederjahrs 1840 hat Schumanns Leitstimmenverfahren auch im Hinblick auf die darauf folgenden Instrumentalwerke gefestigt. Daß sich ein Teil der Skizzen zur d-Moll-Sinfonie (begonnen im Mai 1841) auf der Rückseite eines Notenblatts befindet, das die Melodieskizze zum Lied »Flügel, Flügel um zu fliegen« op. 37/8 (Dezember 1840, Januar 1841) enthält (Hallmark 1984, 39–51), ist geradezu von schaffensprogrammatischer Bedeutung, denn es belegt die bruchlose arbeitstechnische Übernahme des am Lied gewonnenen Leitstimmenverfahrens für die Sinfonie. Schon am 23. Januar 1841, unmittelbar im Anschluß an den Liederzyklus *Liebesfrühling* op. 37 wird die 1. Sinfonie op. 38 skizziert und Ende März abgeschlossen. Sie wurde bekanntermaßen durch ein Frühlingsgedicht Adolf Böttgers inspiriert (Mayeda 1992; Nauhaus

1994, 251–258), wodurch ihre konzeptionelle Affinität zum Lied offenkundig wird. Im November 1840 instrumentiert Schumann das ursprünglich für Chor mit Klavierbegleitung komponierte patriotische *Rheinlied* WoO 5 (die lediglich durch eine Notiz in Tb II, 129 belegte Orchesterfassung ist verschollen) und schlägt so die Brücke vom Vokalbereich zur zwei Monate später begonnenen 1. Sinfonie. Jon W. Finsons eingehende Untersuchungen zu deren Entstehungsprozeß zeigen, daß der in Verlaufsentwürfen festgehaltene »melodic thread« (Finson 1989, 30; vgl. auch Mayeda 1992, 351–443), die Leitstimme, die Konturlinien festlegt, denen die Ausarbeitung folgt.

Bezeichnenderweise ist das Lied auch das Bindeglied zwischen der Sinfonie und dem vokalsinfonischen Œuvre, das zu Beginn des Jahres 1842 mit der Komposition des Oratoriums *Das Paradies und die Peri* op. 50 eröffnet wird (Wendt 1996, 119–142): Im Orchesterlied *Tragödie* op. 64/3 Anh., einer »dramatischen« Opernszene im Kleinen, die am 8. November 1841 abgeschlossen wird, verbindet sich – wegweisend für das Oratorium – das Klavierlied mit dem sinfonischen Satz (vgl. Appel 1992, 13–17). Spätestens im Entwurf zu *Das Paradies und die Peri* op. 50 ist die leitstimmenbezogene Skizzierungstechnik vollständig entwickelt. Der Entwurf zu diesem äußerst erfolgreichen Oratorium von 1843, das seinen Ruf als Komponist von europäischem Format sichert, besteht aus einstimmigen Melodieentwürfen bzw. aus Leitstimmen-Konzepten.

Anhand einer Skizzenseite zur 1. Sinfonie läßt sich das syntagmatische Entwurfsverfahren beispielhaft darlegen.

Innerhalb von nur vier Tagen (23.–26. Januar 1841) entsteht der vollständige Entwurf zur gesamten Sinfonie. Allein die Kürze der Arbeitszeit läßt schon die Effizienz syntagmatischen Entwerfens erkennen. Die im folgenden diskutierte Skizzenseite (Abb. 5 und 6) gehört zum Kopfsatz der Sinfonie. Der auf zwei Systemen notierte Entwurf bezieht sich auf den Schluß der Exposition und den Beginn der Durchführung (T. 106–154). Die lückenlos präsente Leitstimme und einige sporadische Zusatzstimmen sind miteinander verschränkt, d. h. der Verlauf beider Notationsschichten wechselt bedarfsweise zwischen den beiden Systemen.

Leitstimmenverlauf in Taktzahlen:

o. Syst.:   110–115   120–140   142–148
u. Syst.: 106–109   116–119   141   149–154

Zusatzstimmen werden punktuell zur Leitstimme ergänzt, um z. B. harmonisch instabile, modulatorische Zonen (T. 106–114, 116–117, 137–139, 145–146) festzulegen.

Im Vergleich der Skizzenseite mit der abgeschlossenen Partitur zeigt sich, daß die Leitstimme lückenlos das thematische bzw. melodische Oberflächenprofil des Satzes enthält. Auch die Anteile der Zusatzstimmen sind in der Partitur präsent. Die Leitstimme mäandert später durch die komplexe Partitur, wobei die in der Skizze vorgegebenen sporadischen Instrumentationshinweise tatsächlich weitgehend befolgt werden. Was unter einem Syntagma zu verstehen ist, macht der Vergleich zwischen der skizzierten und der in der Partitur reproduzierten Leitstimme besonders deutlich. Das Leitstimmennotat erscheint als linear gereihte Fügung musikalischer Sinneinheiten (Motive, Themen, Überleitungen, modulatorische Zonen, Kadenzzäsuren etc.). Innerhalb der Orchesterpartitur werden diese Sinneinheiten stimmenbezogen segmentiert (d. h. auf die Stimmen der Partitur aufgeteilt) und damit verbindlich strukturell und funktional definiert. Der lineare einstimmige Verlauf des Leitstimmenentwurfs gleicht der ebenfalls von links nach rechts verlaufenden, eindimensionalen Niederschrift eines Worttextes und teilt mit ihm den gleichen Vorteil: der Gesamtverlauf wird zügig konturiert und die Arbeit am Detail erfolgt in späteren Arbeitsschritten, denn »grübelt der Componist […] beim ersten Erguß zu viel an Kleinigkeiten, so wird das allen Aufschwung hemmen« (Erler II, 270). Der Sinfonie-Entwurf ist auf das Notwendigste verknappt. Einzelne Vorsatzzeichen fehlen, artikulatorische Hinweise (Akzente) und Phrasierungsbögen sind nur ausnahmsweise notiert (T. 150–154). Dynamische Auszeichnungen beschränken sich auf Initialangaben, die den Leitstimmenverlauf zusätzlich gliedern. So verweist etwa die Crescendogabel in T. 107–109 offenbar nicht nur auf einen bloßen Lautstärkenzuwachs, sondern symbolisiert den in der Ausarbeitung eingelösten Vorsatz, das Crescendo durch eine allmähliche Verstärkung der Instrumentation auszukomponieren. Die Behal-

Abb. 6: 1. Sinfonie op. 38, Entwurf zum 1. Satz, T. 106–154, Transkription des Entwurfs

Abb. 5: 1. Sinfonie op. 38, Entwurf zum 1. Satz, T. 106–154 (US-Wc; Signatur: ML96 .S415)

sungsrichtung einzelner Stimmensegmente indiziert deren spätere Satzposition. Beispielsweise zeigt die nach oben gerichtete Behalsung im unteren System der T. 106–109 die geplante Mittelstimmenfunktion dieses Leitstimmenabschnitts an, die durch den Instrumentationshinweis auf die Bratsche zusätzlich präzisiert wird. Aus der Retrospektive der ausgearbeiteten Partitur erscheint der Entwurf als Textkondensat. Daß die Leitstimme als strukturelle Substanz einer Komposition auch für die Werkanalyse eine gesicherte (aber bisher kaum genutzte) authentische Argumentationsbasis bereitstellt, leuchtet unmittelbar ein. Entwurf und Partitur verhalten sich zueinander wie eine Umrißzeichnung zum vollständig ausgeführten Gemälde. Die raison d'être der Skizze, ihre Beschränkung aufs Wesentliche, besteht in ihrer gedanklichen und mithin skripturalen Ökonomie. Sie zeigt sich auch und besonders sinnfällig im Umgang mit Reprisen. In der Sinfonieskizze (Abb. 5 bzw. 6) sind die T. 106–125 von 98 bis 116 und die T. 134–154 von 25 bis 45 einzeln durchnumeriert. Diese Positionsziffern markieren jene Takte, auf welche die Reprisen in T. 369–386 bzw. in T. 202–222 zurückgreifen. Die Reprisenstellen selbst sind im Entwurfsmanuskript nur durch Leertakte angezeigt, die ihrerseits mit den entsprechenden Ziffernmarken (und im Falle der T. 369 ff. noch mit dem Transpositionsvermerk »Quarte höher«) versehen sind. Abb. 7 zeigt exemplarisch derartig »leere« Reprisenabschnitte.

Aufgrund der schreibökonomischen Reprisenverweise ist der Kopfsatzentwurf zur 1. Sinfonie nur etwa zu zwei Dritteln ausnotiert, während das verbleibende Drittel (scheinbar) »leer« ist. Schumanns Leitstimmentechnik läßt sich an vielen Werken beobachten, etwa im Entwurf zur *Genoveva*-Ouvertüre, den Hansjörg Ewert jüngst vollständig transkribiert und diskutiert hat (Ewert 2003, 399–406 und 107–125).

Einfall und Ausarbeitung

Modular gewonnene Werknotate sehen meist sehr sauber, nahezu reinschriftlich aus, denn als Protokollergebnisse wurden sie bereits vor der Niederschrift durch vielfaches Erproben am Klavier ge-

läutert. Dagegen sind syntagmatisch gewonnene Arbeitsergebnisse mit zahlreichen Korrektureingriffen versehen und zumeist auch als geschichtete Notate erkennbar. Demnach trifft das Erwartungsschema, daß der junge, unerfahrene Komponist korrekturübersäte Manuskripte hinterläßt, wogegen der reife Meister souverän konzipierte und nahezu korrekturfreie Arbeitsmanuskripte produziert, gerade nicht zu.

Fallen beim modularen Komponieren Einfall und Ausarbeitung ununterscheidbar in eins, so folgt syntagmatisches Komponieren vornehmlich, wenn auch nicht einschränkungslos, der logischen Abfolge von Entwurf und Ausarbeitung. Sie entspricht der von der klassischen Oratorik gelehrten Stufigkeit von *inventio*, *dispositio* und *elaboratio*. Diese kausal verknüpfte Arbeitsfolge beinhaltet grundsätzlich differente Kompositionsakte, auf deren Unterscheidung nachdrücklich hinzuweisen ist. Speist sich die *inventio* aus einer scheinbar voraussetzungslosen künstlerischen Vorstellungskraft, die sich dem wissenschaftlich beschreibenden Zugriff entzieht, so besteht die *dispositio* in einer erkennbaren Verlaufsstrukturierung (Leitstimme) und die *elaboratio* in einer beobachtbaren, gewissen Regeln und Normen folgenden Arbeitstechnik, die natürlich von den Vorgaben der *inventio/dispositio* – obgleich nicht bedingungslos – abhängig ist. »Die größten Kunstwerke« beruhen auf »geistreichsten Combinationen der Phantasie und des Wissens« (Davidsbündlerbriefe. Aus dem Norden, Erler II, 265), d.h. auf der Verbindung von Einfall und Handwerkswissen, die sich in der *inventio*, *dispositio* und *elaboratio* begegnen. Den notwendigerweise kausal aufeinander bezogenen Arbeitsschritten liegen mental unterschiedliche Denk- und Schreibhandlungen zugrunde. Sie lassen sich idealtypisch zugespitzt als Dichotomien fassen: Poesie – Handwerk, Aktion – Reaktion. Der Schaffensmythos des 19. Jahrhunderts zehrt von der Faszination des unfaßbaren genialen Einfalls, der von Komponisten – nicht zuletzt von Schumann selbst – ideologisch überhöht wird, wogegen die prosaischen Mühen der handwerklichen Ausarbeitung in der Regel geflissentlich verschwiegen, bagatellisiert oder gar negiert werden: »[…] meine Musik hat nichts von Handwerk an sich«, sagt Schumann über sich selbst (BNF, 184).

Aussagen von Komponisten über inspiratori-

Abb. 7: 1. Sinfonie op. 38,
Entwurf zum 1. Satz,
fol. 6r (US-Wc; Signatur:
ML 96.S415)

sche Antriebskräfte und -quellen gehören zu den meistzitierten Passagen innerhalb des wissenschaftlichen und populären Musikschrifttums. Dies ist verständlich, scheint doch die Authentizität dieser autopoetischen Zeugnisse nicht nur für ihren Wahrheitsgehalt zu bürgen, sondern zugleich die »eigentlichen« Wurzeln des Schaffens offenzulegen. Doch sollte man dieser Inspirations-Poesie mit Mißtrauen begegnen, zumal sie in vielen Fällen widerlegt werden konnte. Brillant formulierte Friedrich Nietzsche diesbezügliche Vorbehalte. »Die Künstler haben ein Interesse daran, daß man an die plötzlichen Eingebungen, die sogenannten Inspirationen glaubt; als ob die Idee des Kunstwerks, der Dichtung, der Grundgedanke einer Philosophie wie ein Gnadenschein vom Himmel herableuchte. In Wahrheit produziert die Phanta-

sie des guten Künstlers oder Denkers fortwährend, Gutes, Mittelmäßiges und Schlechtes, aber seine *Urteilskraft*, höchst geschärft und geübt, verwirft, wählt aus, knüpft zusammen; wie man jetzt aus den Notizbüchern Beethovens ersieht, daß er die herrlichsten Melodien allmählich zusammengetragen und aus vielfachen Ansätzen gewissermaßen ausgelesen hat. Wer weniger streng scheidet und sich der nachbildenden Erinnerung gern überläßt, der wird unter Umständen ein großer Improvisator werden können; aber die künstlerische Improvisation steht tief im Verhältnis zum ernst und mühevoll erlesenen Kunstgedanken. Alle Großen waren große Arbeiter, unermüdlich nicht nur im Erfinden, sondern auch im Verwerfen, Sichten, Umgestalten, Ordnen« (Nietzsche 1980, 549).

Die vom Primat des ersten Einfalls abgeleitete

Folgerung, die eigentlich kreative Leistung liege im Gnadengeschenk der *inventio*, während die Ausarbeitung einer wohl oder übel notwendigen Routine folge, ist in ihrer undifferenzierten Schlichtheit unzutreffend. In Schumanns Schaffensprotokollen begegnen uns regelmäßig psychische Zustandsbeschreibungen, in denen der Einfall euphorisch begrüßt, die Ausarbeitung aber als quälend beklagt wird. Bringt man Tagebuchnotizen wie »Adagio u. Scherzo d. Symphonie [op. 38] fertig gemacht« (Tb III, 173) oder »Die Ouv.[ertüre op. 52] fertig gemacht« (Tb III, 180) mit den auf sie bezogenen Quellen in Verbindung, so stellt man überrascht fest, daß damit nicht der Abschluß der jeweiligen Arbeitspartitur – also die Vollendung einer Komposition –, sondern nur der Abschluß der Entwurfsphase gemeint ist. Mit Bezug auf die Streichquartette op. 41 notiert Schumann am 28. Juni 1842 im Tagebuch, er habe zwei Quartette »beinahe ganz fertig gemacht u. auch aufgeschrieben« (Tb II, 229), wobei sich in diesem Fall »fertig gemacht« auf den Abschluß des Entwurfs und »aufgeschrieben« sich auf das vollständige Partiturnotat bezieht.

Den Abschluß der entscheidenden Inventio-Phase bejubelt Schumann gelegentlich in kindlich anmutender Freude: »Juchhe! Symphonie fertig!« (Tb III, 173), heißt es dann beispielsweise, denn die Inventio ist für ihn die genuin schöpferische Phase. Sie – und im Grunde nur sie – wird in der Selbststilisierung des eigenen Genius besonders betont: »Ich habe das Meiste, fast Alles, das kleinste meiner Stücke in Inspiration geschrieben, vieles in unglaublicher Schnelligkeit, so meine 1ste Symphonie in B in vier Tagen, einen Liederkreis von zwanzig Stücken ebenso, die Peri in verhältnismäßig ebenso kurzer Zeit« (Tagebuch-Notiz vom Sommer 1846, Tb II, 402). Zur Skizzierung der *Ouvertüre zu Hermann und Dorothea* op. 136 vermerkt Schumann im Projectenbuch: »Die Ouvertüre schrieb ich mit großer Lust in wenigen Stunden« (Projectenbuch, 61). (Zum Vergleich: An den kleinen, im Modulverfahren erstellten *Papillons* arbeitete Schumann, wenn auch mit Unterbrechungen, von 1829 bis 1832!) Nicht die Inspiration ist das eigentliche Problem des Schöpferischen, sondern die *elaboratio*, die Phase der Ausarbeitung. Im Brief vom 10. Oktober 1839 schreibt Schumann, er habe »gegen 50 neue Kom-

positionen angefangen«, woran sich die Klage schließt: »Könnte man nur Alles Angefangene vollenden […]« (Briefwechsel II, 734 f.).

Kaum verwunderlich beansprucht die Ausarbeitung mehr Zeit als der Entwurf selbst und vor allem verursacht sie größere Anstrengung oder gar qualvolle Mühe im Vergleich zur Inventio. Mit Bezug auf die Ausarbeitung der *Frühlingssinfonie* betonen Tagebuchnotizen gerade diesen Aspekt: [Instrumentation] »Selig, aber sehr angestrengt. […] Gearbeitet, doch mit Anstrengung […] Adagio angefangen. Muthloser Tag. […] Symphoniescrupel« (Tb III, 173 f.).

Besonders der junge Schumann kennt die Qualen der Ausarbeitung. Gelegentlich muß er sich selbst versichern, diese heikle Arbeitsphase durchstehen zu »wollen«. Gegenüber seinem damaligen Lehrer Friedrich Wieck umreißt er im Brief vom 3. Juni 1832 Schwierigkeiten, die zeitlebens auftreten, auch wenn sie sich in späteren Schaffensjahren deutlich abschwächen. »Das Componiren [gemeint ist das Erfinden] geht leicht und schnell – aber in der Folge fang' ich damit immer allerhand Künste beim [Ausarbeiten] vorzunehmen an, die mich zur Verzweiflung bringen können« (Jugendbriefe, 181). Ausarbeitung fordert Selbstdisziplin, Konzentration und handwerkliches Können. Daran mangelte es dem jungen Komponisten. Am 6. November 1829 schreibt der Neunzehnjährige an F. Wieck, er habe »manche Sinfonie angefangen, allerdings nichts vollendet. […] Aber wüßten Sie, wie es in mir drängt und treibt und wie ich in meinen Sinfonien schon bis zu op. 100 gekommen sein könnte, hätte ich sie aufgeschrieben […] aber ich bin manchmal so voll von lauter Musik und so recht überfüllt von nichts als Tönen, daß mir es eben nicht möglich ist Etwas niederzuschreiben […]« (Jugendbriefe, 83 f.). Schumann bedient und befestigt hier zugleich einen selbstbetrügerischen Topos: Das innerlich unwillkürlich Erklingende bedarf »nur noch« des Aufschreibens. Das Aufschreiben wird zur sekundären Dokumentation der im Kopf entstandenen Komposition abgewertet. Daß in Wirklichkeit Komponieren mit Schreiben und letztlich mit Arbeit auf dem Papier gleichzusetzen ist, wird Schumann erst mit wachsender kompositorischer Praxis zum selbstverständlichen Handwerkswissen.

Dem gedanklichen Produkt des scheinbar ex nihilo auftauchenden ersten Einfalls begegnet der Komponist in seiner Skizze zunächst als sein eigener Leser. Die syntagmatisch entwickelte Entwurfsniederschrift ist nicht als Aufzeichnungsprotokoll zu betrachten, das real Erprobtes (Improvisiertes) festhält, sondern ist als Schreib-Lese-Vorgang selbst eine kompositorisch virulente Kategorie, deren Subtilität sich eher dem Auge als dem Ohr mitteilt. Es gibt große Meister, »deren inneres Ohr so bewundernswürdig fein schuf, daß das äußere [Ohr] die Kunst erst mit Hilfe des Auges gewahr wird« (GS II, 81). Zwischen Schreiben und schöpferischem Denken besteht eine untrennbare produktive Rückkoppelung; sie definiert den Kompositionsakt. In ihrer Vorläufigkeit sind Entwurfstexte keine für fremde Leser, geschweige denn für ausführende Musiker bestimmten kommunikativen Botschaften im Sinne von Handlungsanweisungen, sondern selbstadressierte hermetische Lesetexte, die ihren Erfinder dazu auffordern, das ihnen innewohnende Entwicklungspotential in einem definitiven Werktext einzulösen (vgl. Appel 1999, 177–210).

Entscheidet sich der Komponist in der Phase des Erfindens für einen Einfall – ein Thema oder Motiv, eine Spielfigur oder eine Akkordverbindung –, begibt sich der Ausarbeitende zunächst in eine durch den Einfall definierte selbstgewählte Abhängigkeit. Die Ausarbeitung als entwurfsabhängiger Vorgang mobilisiert gänzlich andere schöpferische Kräfte als die *inventio*. Das für die Ausarbeitung unabdingbare Handwerkswissen – Satzlehre, Kontrapunkt und Fertigkeiten in der Instrumentation, die Verfügbarkeit der von einer Gattung vorgegebenen Strukturmerkmale etc. – zehrt, stärker noch als die *inventio*, von einem Hypertext, der den geschichtlichen Standort jeder Komposition bestimmt, denn Musik ist stets das Kind von Musik.

Arbeitsmanuskripte

In der Schumannforschung hat sich die Bezeichnung Arbeitsmanuskript als terminus technicus etabliert, der jene Autographen begrifflich zusammenfaßt, die im Unterschied zum bloß konturie-renden Entwurf (bzw. zur Skizze) bereits die (nahezu) vollständige Werkgestalt bieten, im Unterschied zur Reinschrift aber noch keine Werkaufführung erlauben. Der scheinbare Widerspruch zwischen der behaupteten relativen Vollständigkeit und dem aufführungspraktischen Ungenügen des Arbeitsmanuskripts bedarf einer Begründung. Korrekturen, Vide-Wegweiser, Abbreviaturen, Reprisenverweise (»Leer«stellen), Einlageblätter und Tekturen machen das Arbeitsmanuskript lesetechnisch zu einem Textlabyrinth, das trotz seiner relativen Abgeschlossenheit eine Aufführung, wenn nicht ganz vereitelt so doch erheblich erschwert. Auch für eine Drucklegung ist das Arbeitsmanuskript ungeeignet, da die genannten Eigenschaften weder eine zuverlässige Lektüre noch eine vorausplanende Sticheinteilung erlauben. Nur ›relativ‹ abgeschlossen ist das Arbeitsmanuskript deshalb, weil es immer mit kleineren Defiziten, Ambiguitäten oder textlichen Inkonsequenzen vor allem im Bereich der performativen Angaben (Dynamik, Tempo, Agogik, Artikulation etc.) und seltener sogar noch mit einzelnen Textlücken behaftet ist, so daß seine Aufführung, selbst unter lesetechnisch guten Voraussetzungen, allenfalls annäherungsweise möglich wäre. Der Terminus betont im Compositumsanteil ›Arbeit‹ die scheinbar prosaische Seite des Schaffensprozesses, die Aus*arbeit*ung des Entwurfs. Deutlicher noch als in Entwurfsmanuskripten zeigt sich im Arbeitsmanuskript kompositorische ›Arbeit‹ als ein in der Zeit verlaufender Prozeß und zugleich als materiell erstarrtes Ergebnis dieses Prozesses: Nirgendwo sind mehr Korrekturen, Überklebungen, Einlageblätter usw. anzutreffen als im Arbeitsmanuskript. Bereits in anderem Zusammenhang wurde darauf hingewiesen, daß etwa bei Liedern Entwurf und Arbeitsmanuskript bruchlos ineinander übergehen können, so daß der Unterschied zwischen beiden nicht in voneinander getrennten Handschriften greifbar wird, sondern nur noch schreibanalytisch zu hypostasieren ist. Daß andererseits einige wenige Arbeitsmanuskripte reinschriftliche Klarheit aufweisen, belegen kleinere Sätze aus Schumanns Jugendalbum op. 68. Doch dies sind Ausnahmen, die sich durch die Satzkürze bzw. durch die relativ einfache Satzstruktur erklären lassen.

Die Textualisierung vollzieht sich innerhalb des

Arbeitsmanuskripts in drei, systematisch unterscheidbaren, Schreibvorgängen. Es werden erstens zunächst die im Entwurf vorgegebenen Leitstimmenstrukturen aufgegriffen bzw. überhaupt erst erfunden, sofern der Komponist auf einen separaten Entwurf verzichtet. Liegt ein Entwurf bereits vor, so ist dessen Übernahme im Arbeitsmanuskript eine mehr oder weniger kreative Abschrift der Entwurfsvorgaben; *kreativ* insofern, als die Kopie des Leitstimmenentwurfs durchaus mit konzeptionellen Änderungen verbunden sein kann. Anschließend wird zweitens der Leitstimmensatz zur Partitur ausgearbeitet, wobei schreibökonomische Abbreviaturen, wo immer nur möglich, genutzt werden, so daß ein Lückentext entsteht, der in der Regel durch manuskriptinterne Verweise geschlossen werden kann. Schließlich wird drittens das erzielte Arbeitsergebnis einer oder mehreren Überarbeitungen unterzogen.

Kopisten

Da das Arbeitsmanuskript als Aufführungsgrundlage sowie als Stichvorlage ungeeignet ist, bedarf es einer Reinschrift. Diese enthält nur die letzte, gültige Textgestalt des Arbeitsmanuskripts, wobei alle ebendort vorliegenden Abbreviaturen und Reprisenverweise ausgeschrieben sind. Somit ist die Erstellung einer Reinschrift keine mechanische Tätigkeit, sondern eine anspruchsvolle mit- bzw. nachschaffende und musikalischen Sachverstand fordernde Angelegenheit. Für den Komponisten selbst ist die Ausfertigung einer Reinschrift allerdings eher lästig, bindet sie doch seine kreative Kraft durch bloße Textsicherung. Wer es sich leisten kann, engagiert hierfür geschulte Spezialisten. Schumann arbeitet mit etwa dreißig Kopisten zusammen. Nicht alle sind namentlich bekannt. Über die Kooperation mit den Hauptkopisten, Carl Mehner, Carl Gottschalk oder Peter Fuchs, sind wir recht gut informiert, da Schumanns Tagebuchnotizen, einige Briefe und die Abschriften selbst darüber Auskunft geben (vgl. das Register XIII Verzeichnis der Kopisten in: RSW, 979–980 und Müller 1998, 9–25). Einige Reinschriften stammen außerdem von Clara Schumann.

Schon in der Anlage des Arbeitsmanuskripts kalkuliert Schumann die zukünftige Abschrift seiner Kopisten ein. Davon zeugen zahlreiche Kopieranweisungen: Auszunotierende Reprisen oder Liedstrophen werden gekennzeichnet, Textwegweiser (z. B. Vide-Verweise, Hinweise zu Textsprüngen oder zur Satzfolge) stellen den Text- bzw. Lesefluß sicher, generelle Auslassungsvermerke bezüglich Satzbezeichnungen, dynamischer Angaben und Bögen begrenzen die abzuschreibende Textmenge, und gelegentlich werden für die künftige Abschrift Leerstellen festgelegt, die später vom Komponisten textlich gefüllt werden. Die Kooperation zwischen Komponist und Kopist gestaltet sich sehr eng.

Die Arbeit der von Schumann engagierten Kopisten bezieht sich im wesentlichen auf vier Tätigkeitsfelder. Partiturreinschriften von sinfonischen, vokalsinfonischen und kammermusikalischen Werken und die daraus exzerpierten Aufführungsstimmen dienen zunächst der praktischen Erprobung und werden anschließend, nachdem Schumann diese Kopien revidiert hat, als Stichvorlagen für die Druckausgaben genutzt. Eine Nebenform von Kopiaturen, sogenannte Widmungsabschriften, die für Geschenkzwecke erstellt werden, soll uns hier nicht weiter interessieren. Neben diesen »Ganztext-Kopien« – Partitur und Stimmenexzerpt – finden sich unter den Abschriften noch zwei weitere Kopiatur-Typen, die unter dem Begriff »Teiltext-Kopien« zusammengefaßt werden können. Zum einen handelt es sich dabei um Abschriften, die als Textsegmente in bereits vorliegende Partitur- oder Stimmenkopien eingearbeitet werden. Sie stehen im Zusammenhang mit größeren Textrevisionen oder Umarbeitungen des Komponisten, die an Ort und Stelle in eine bereits bestehende reinschriftliche Textfassung nachträglich zu integrieren sind. Der bezüglich der Schumannschen Schaffensweise eigentümlichste Abschriftentypus betrifft Partiturpräparate. Sie sind aufs engste mit dem Kompositionsprozeß verbunden und daher bestens geeignet, auch die kollektive Arbeit am Werktext aufzuzeigen. Im Partiturpräparat, das ausnahmslos formal großdimensionierte Werke betrifft, bereitet der Schreiber nach Schumanns Anweisung eine Partitur vor, indem er den Notationsraum (Systemvorsatz, Instrumentenspiegel, Taktstriche) festlegt und einen jeweils exakt definierten Teiltext hineinkopiert.

Bei vokalsinfonischen Werken ist dies der textierte Vokalsatz, der als mehrstimmiges Partitursegment in eine ansonsten noch leere Partitur kopiert wird. Im Klavierkonzert op. 54 oder im Konzertsatz op. 92 besteht die Teilkopie in der Reinschrift des Soloparts. Als Kopiervorlage dienen Arbeitsmanuskripte, in denen genaue verbale Kopieranweisungen festlegen, an welchen Stellen die Partitur gänzlich leer zu lassen ist, weil dort reine Orchesterepisoden (Einleitungen, Überleitungen) vorgesehen sind, in denen Vokal- oder Solopartien zu schweigen haben. Bei vokalsinfonischen Werken benutzt der Kopist neben dem Arbeitsmanuskript noch zusätzliche gedruckte Textvorlagen, denen er den Singtext entnimmt, da dieser in Schumanns Arbeitsmanuskripten in der Regel schwer lesbar und oft nur unvollständig niedergeschrieben ist. Die Abschrift basiert demnach auf zwei verschiedenen Quellen: dem Arbeitsmanuskript und einer gedruckten Singtextvorlage, die im Arbeitsmanuskript nicht selten als Kurztitel mit Seitenzahlangabe vermerkt wird. Da die syllabische Verteilung des Singtextes im Vorlagenautograph gelegentlich nur angedeutet und bei polyphonen Texturen oft nicht eindeutig festgelegt ist, beschränkt sich die abschriftliche Leistung des Kopisten nicht auf die mechanische Reproduktion der Vorlagen, sondern fordert seine musikalische Kompetenz: Der gedruckte literarische Text und der im Arbeitsmanuskript vorgegebene Singtext müssen miteinander in Einklang gebracht werden. Sowohl bei der Singtextunterlegung als auch bei der Entzifferung des schwer lesbaren Vorlagen-Notentextes produziert der Kopist nicht selten Textabweichungen, die – objektiv gesehen – als Textfehler zu betrachten sind. Zwar korrigiert Schumann derartige Fehler durchaus, vor allem wenn sie den Tonsatz entstellen, weil sie im satztechnischen Sinne falsch sind, akzeptiert andererseits aber auch nicht selten Noten- und Singtextvarianten, die auf das Konto des Kopisten gehen.

Bei den genannten Teiltextkopien – sie betreffen quantitativ vornehmlich vokalsinfonische Werke wie z. B. die *Missa sacra* op. 147 und das *Requiem* op. 148 – tritt der Kopist demnach bereits inmitten der Ausarbeitungsphase in Erscheinung. Auf der Basis des vom Kopisten notierten Vokalsatzes arbeitet Schumann anschließend den Orchestersatz in das Partiturpräparat ein. Daß dabei der Streichersatz als instrumentaler Kernsatz vor dem Bläsersatz ausgearbeitet wird, läßt sich aus vielen Handschriftenbefunden ableiten. Zum einen beziehen sich Colla-parte-Verweise in den Bläsern auf die Streicher, was voraussetzt, daß die Streicher- zeitlich vor den Bläserstimmen notiert worden sind, und zum anderen belegen manchmal unterschiedliche Tinten, daß die beiden Instrumentalblöcke nacheinander ausgearbeitet worden sind. Die hier dargelegten Sachverhalte lassen sich beispielhaft anhand einer Partiturseite des *Requiems* op. 148 nachvollziehen (Abb. 8).

Das Schriftbild der Partiturseite (in der Anordnung Fl., Ob., Klar. (B), Fg., V.-Hn. (F), Tr. (F), Pos., Pk., Vl. I, Vl. II, Va., S, A, T, B, Vc., Kb.) läßt den kalligraphisch vom Kopisten Peter Fuchs aus Schumanns Entwurf abgeschriebenen vierstimmigen Vokalsatz erkennen. Er wird von Schumann korrigiert (siehe Tenor- und Baßstimme in T. 48–49) und liefert das Arbeitsfundament für die sich anschließende Instrumentation. Für die Niederschrift des Streichersatzes benutzt Schumann im Vergleich zum Bläsersatz eine breitere Feder, die für eine intensivere und scheinbar dunklere Tintenfärbung sorgt; ein Hinweis darauf, daß Streicher und Bläser in getrennten Arbeitsgängen notiert worden sind. In der Flötenstimme (T. 46–47) befindet sich die Colla-Parte-Angabe *m.*[it] *Viol. I. in 8va*, die ihrerseits belegt, daß die Flötenstimme (und mithin der gesamte Bläsersatz) erst nach den Streichern geschrieben worden sein kann.

Das bis ins 19. Jahrhundert zurückzuverfolgende Ressentiment der Musikphilologie, Kopisten als unzuverlässige und bestenfalls als mechanisch arbeitende Abschreiber abzuwerten, ist mittlerweile nicht nur in bezug auf Schumann revidiert worden. Ohne die Tätigkeit zahlloser, zumeist anonymer Kopisten, ist Musikgeschichte nicht denkbar. Auch Schumanns reiches kompositorisches Schaffen wäre ohne die konstruktive Mitarbeit zahlreicher Kopisten nicht möglich geworden.

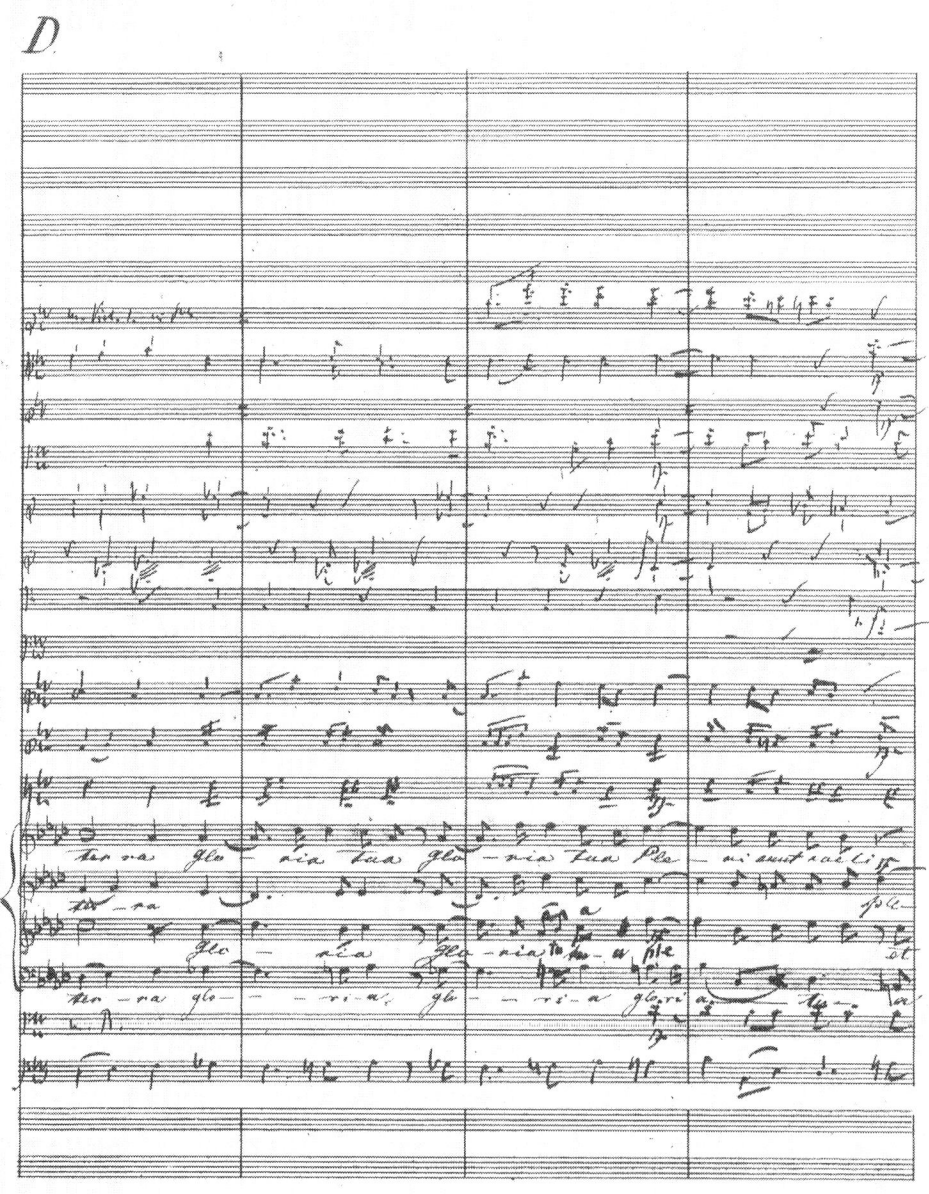

Abb. 8: Teilautographe Partitur des *Requiems* op. 148, Nr. VII *Sanctus*, T. 46–49 (D-B; Signatur: Mus. ms. autogr. R. Schumann 5; S. 131)

Die *zweite Komposition*

Häufig weist Schumann seine Kopisten an, sein Arbeitsmanuskript ohne jegliche performative Zusätze – also nur den reinen Notensatz – abzuschreiben. Im Autograph zur Klaviersonate g-Moll op. 22 finden sich die Hinweise »ohne alle Vortragsbezeichnung(!) zu copiren« bzw. »ohne alle Bezeichnungen zu copiren« (D-B, Signatur: Mus. ms. autogr. R. Schumann 38). Das Arbeitsmanuskript zu den *Phantasiestücken* op. 88 (F-BN, Signatur: Ms 312) enthält den Hinweis »ohne alle Bezeichnungen abzuschreiben, nur Noten«. Das Partiturautograph zur vielfach überarbeiteten 4. Sinfonie op. 120 (A-Wgm, Signatur: A–292) enthält die Kopistenanweisung »ohne alle Vortragsbezeichnung zu copiren«. Derartige Hinweise schließen Satzüberschriften, Interpretations- und Tempoangaben, alle dynamischen, artikulatorischen und agogischen Zeichen sowie Phrasierungsbögen ausdrücklich von der Abschrift aus.

Diese an den Kopisten gerichteten Einschränkungen weisen implizit darauf hin, daß die Arbeitsmanuskripte mit dynamischen, agogischen und artikulatorischen Angaben etc. wenigstens teilweise ausgestattet sind. Aber derlei Angaben sind im Arbeitsmanuskript noch unsystematisch, inkonsequent, unvollständig und oft mißverständlich oder zweideutig notiert. Deshalb trägt Schumann diesen akzidentellen Notationsbereich eigenhändig und in einem eigenständigen Arbeitsgang in die Kopistenabschrift nach. Dadurch bekundet er, wie wichtig ihm die sorgfältige Ausarbeitung performativer Angaben ist. Diesen Arbeitsschritt betrachtet er sogar als *zweite Komposition* (NZfM 5, Nr. 3, 8.7.1836, 13). Demgegenüber versteht sich als *erste Komposition* die satztechnische Arbeit im engeren Sinne: *Harmonie, Melodie, Satz, Arbeit, Styl* (NZfM 4/1835, 55).

Stichvorlagen

Hinsichtlich der Schreiberanteile sind Stichvorlagen stets Mischhandschriften, welche zwei, drei oder mehr Schreiberhände aufweisen: Der von Kopistenhand stammende reinschriftliche Notentext wird vom Komponisten korrigiert, überarbei-

tet und innerhalb der *zweiten Komposition* mit Überschriften und Vortragsbezeichnungen ausgestattet. Im Vorfeld der Notengravur trägt außerdem der Stecher Layoutmarkierungen ein, durch welche Akkoladenwechsel und Seitenumbrüche festgelegt werden. Stichvorlagen erfüllen im Vorfeld ihrer herstellungstechnischen Funktion noch eine zweite Aufgabe. Sie dienen der privaten oder öffentlichen Probeaufführung, wobei die dabei gemachten Klangerfahrungen zu konzeptionellen Detailänderungen führen können. Kleinere Änderungen nimmt Schumann selbst in der Reinschrift vor. Größere, mit hohem Einarbeitungsaufwand verbundene Änderungen läßt er vom Kopisten nachtragen.

Bei großdimensionierten Werken, aber auch bei Kammermusik liegt der reinschriftliche Werktext doppelt vor; einmal als Partitur und zum anderen in Form von Aufführungsstimmen. Nicht immer stimmt Schumann nachträgliche Änderungen in beiden Textgestalten hinreichend aufeinander ab. Daraus erwachsen erhebliche editorische Probleme (Dies trifft z. B. für die 3. Sinfonie op. 97 zu; siehe RSA I/1/3).

Hat das Werk nach der Probeaufführung seine endgültige Gestalt gewonnen, dient die Reinschrift als Vorlage für den Druck. Sie hat folgende Bedingungen zu erfüllen: Der Notentext muß reinschriftlich, also unmißverständlich klar, eindeutig und vollständig (d. h. ohne Abbreviaturen) fixiert sein und sollte in allen Details dem kompositorischen Willen des Komponisten entsprechen. In der Überlieferung Schumannscher Kompositionen begegnet man drei Typen von autorisierten Stichvorlagen, wobei die nachfolgend gegebene Reihenfolge der abnehmenden statistischen Häufigkeit der Typen entspricht.

1. Von Kopistenhand geschriebene und vom Komponisten revidierte Reinschrift, in der Stechermarken den drucktechnischen Gebrauch der Handschrift belegen. Die im Auftrag Schumanns von Peter Fuchs gefertigte Reinschrift der *Albumblätter* zeigt nicht nur beispielhaft die Relation zwischen ihr und der Originalausgabe (Abb. 9 und 10), sondern illustriert einige der bereits genannten Aspekte des Schaffensprozesses. Zunächst kontrolliert der Komponist die Abschrift (Abb. 9) auf ihre Korrektheit, wobei Kopierfehler (z. B. in T. 2 und falscher Doppelstrich mit Wiederho-

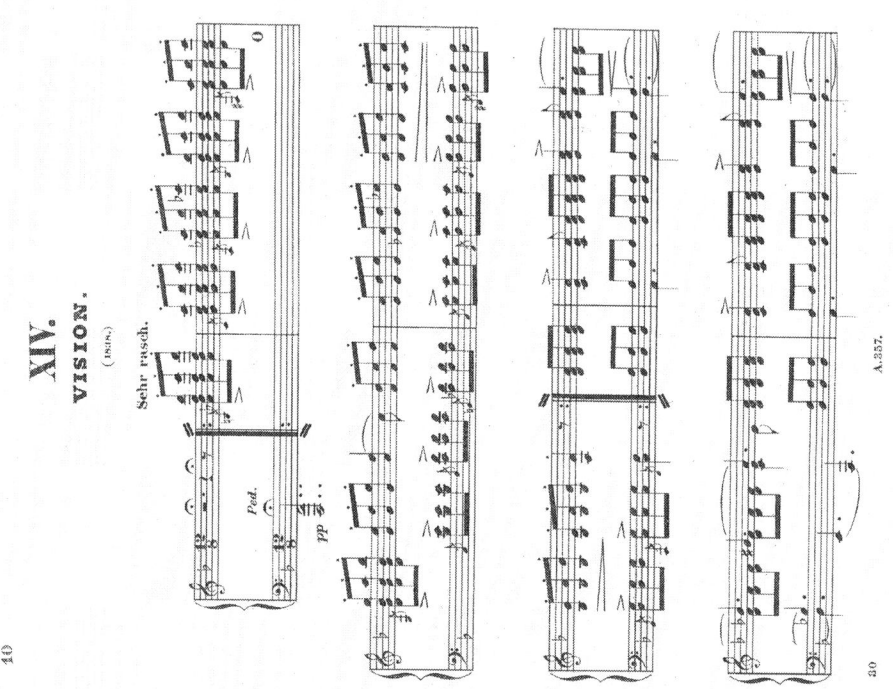

Abb. 10: Originalausgabe der *Albumblätter* op. 124, Nr. XIV. *Vision* (1838). (Elberfeld: F.W. Arnold 1853)

Abb. 9: Stichvorlage zu den *Albumblättern* op. 124, Nr. XIV. *Vision* (1838). (D-DÜhi; Düsseldorf, Akzessions-Nummer: 70.2085).

lungspunkten zu Beginn der 3. Akkolade) berichtigt werden. Partien, die entweder in der Vorlage noch fehlen oder vom Kopisten nicht entziffert werden konnten (z. B. in der 4. Akkolade, unteres System), werden autograph ergänzt. Schumanns *zweite Komposition* (siehe S. 169) zeigt sich in weiteren autographen Einfügungen. Neben der Überschrift (»Vision. 1838«) und der Tempoanweisung (»Sehr rasch«) hat er Artikulationsbezeichnungen (Akzentkeile und Staccato-Punkte), dynamische Angaben und Bögen eingefügt. Auf die Verwendung der Abschrift als Stichvorlage verweisen die vom Notenstecher zwecks Sticheinteilung angebrachten Stechermarken (z. B. T. 8 unten und am Schlußdoppelstrich). Die Marken korrespondieren mit dem Stichbild der Originalausgabe (vgl. Abb. 9 mit 10). In der Abschrift manifestieren sich demnach drei Schreiberhände, welche die kollektive Arbeit am Text innerhalb der Publikationsphase belegen.

2. Den zweiten Typus von Stichvorlagen bilden autographe Reinschriften. Sie sind z. B. zum *Album für die Jugend* op. 68 (abgesehen von einigen darin enthaltenen Kopiaturen Clara Schumanns), zu den *Vier Fugen für Pianoforte* op. 72 (D-Zsch; Archiv-Nr.: 7594-A1), den *Vier Märschen* op. 76 (Nr. 1, 3 und 4 in F-Pn, Signatur: Ms. 324; Nr. 2 in Gb-Lbl, Signatur: Egerton Ms. 2746) und zu den *Waldszenen* op. 82 (F-Pn; Signatur: Ms. 344) erhalten.

Im Vergleich zu Kopistenreinschriften sind Stichvorlagen von der Hand des Komponisten paradoxerweise häufig problembehaftet. Das Autograph des Klavierquartetts op. 47 (D-B; Signatur: Mus. ms. autogr. R. Schumann 24) sollte ursprünglich als Stichvorlage dienen. Da die Notenstecher sich weigerten, nach diesem stark überarbeiteten und schwer lesbaren Manuskript die Stichplatten herzustellen, mußte der Verleger Whistling davon eine (heute verschollene) Reinschrift herstellen lassen, die er Schumann vor dem Stich zur Korrektur übersandte (Brief Whistlings an Schumann, 4.10.1844, Corr. Bd. 17, Nr. 2957).

3. Handschriftlich umgearbeitete Drucke werden in zwei Fällen als Stichvorlage gebraucht. Zum einen handelt es sich um separat erschienene Einzeldrucke, die Schumann zunächst zu Almanachen oder Taschenbüchern beigesteuert hat und die er später manchmal überarbeitet, um sie in

Werkzyklen zu integrieren (Eine Auflistung bietet Hofmann 1979, 388 f.; zu den Vorabdrucken in den NZfM-Musikbeilagen siehe Ozawa 1996, 83–96). Der zweite Fall betrifft umgearbeitete Neuauflagen bereits erschienener Originalausgaben. Beispielsweise erscheinen die *Sinfonischen Etüden* op. 13 (Erstausgabe: Wien 1837) in einer revidierten Neuausgabe unter dem Titel *Etudes en forme de variations* op. 13 (Hamburg 1852), wobei die auf die zweite Auflage bezogenen Revisionen in ein Druckexemplar der Erstausgabe handschriftlich von Schumann eingearbeitet worden sind.

Kollektive Arbeit am Text

Wenn von »kollektiver Arbeit am Text« die Rede sein soll, darf damit nicht die falsche Vorstellung verbunden werden, als würde kompositorische Arbeit ab einer bestimmten Phase auf viele Köpfe und Hände verteilt werden und der Komponist verschwände dabei in der Anonymität eines Autorenkollektivs. Vielmehr ist der Komponist gerade in dieser zunehmend komplexer werdenden Phase gemeinschaftlichen Arbeitens bemüht, die Fäden der kompositorischen Gestaltung in der Hand zu behalten. Hagiographische Lebensbeschreibungen verschweigen kooperative Aspekte des Schaffensprozesses ebenso wie die alten Editionen der Schumann-Briefe prosaische Kopisten- und Geschäftsverhandlungen stillschweigend unterdrücken.

Schon die Darlegungen zu Schumanns planmäßiger Inanspruchnahme von Kopisten innerhalb des Schaffensprozesses ließ deutlich werden, daß mit wachsender Reife des Werktextes die anfangs monastische Schreibstube des Komponisten sich allmählich zur kollektiven Werkstattarbeit erweitert. Vor allem muß hier nochmals auf die kreative Mitgestaltung der Kopisten hingewiesen werden. Schumanns Dresdner Hauptkopist Carl Gottschalk, der vom Komponisten auch noch während der Düsseldorfer Zeit für Abschreibarbeiten herangezogen wurde, was auf eine bewährte Kooperation schließen läßt, bemerkt bei der Übersendung seiner Stimmenabschriften zur 4. Sinfonie op. 120 in seinem an Schumann gerichteten Brief vom 1. März 1852: »Ich habe was mir auffällig war in der Par[titur] roth angemerkt, bitte den Herrn Dr. dieses nachzusehen, in den ersten Satz habe ich Ventiltrompeten von Buchstaben G. bis H. we[lche] in E stehen, auch nach F geschrieben, denn wo Ventile einmal da sind ist das umstimmen überfl[üssig] überhaupt sollten alle Ventilinstrumente Töne blasen wie sie klingen […]« (Corr. Bd. 24, Nr. 4436). Hier argumentiert der Praktiker: Gottschalk war Posaunist der Dresdner Hofkapelle. Nicht immer sieht Schumann die von ihm veranlaßte Abschrift selbst durch. Eine für Louis Schindelmeißer in Auftrag gegebene Partiturabschrift der Oper *Genoveva* op. 81 beispielsweise »wimmelte von Fehlern«, so daß Schumann »sie einem Musiker zur Durchsicht« gab (Brief an Schindelmeißer, 28.12.1848, Erler II, 67).

Während Verleger, Stecher, Lektoren auf die kompositorische Gestalt nur in Ausnahmefällen Einfluß nehmen, sucht Schumann, wie nach ihm auch Johannes Brahms und zahllose andere Komponisten, bedarfsweise den gezielten Rat von Fachkollegen. Es wäre ihm »lieb«, schreibt Schumann an Ferdinand Hiller mit Bezug auf seine 2. Sinfonie, »Dein Urtheil darüber zu wissen. Ist sie auch schon gedruckt, so läßt sich aus solchem Ideenaustausch immer für die Zukunft nützen« (Brief an Hiller, 10.4.1849, Erler II, 78). Zur Harfenstimme der Chorballade *Des Sängers Fluch* erbittet Schumann sich den Rat der Harfenistin Johanna Eyth, damit sie ihm »alles Unpracticable« anzeige, denn »die Harfe ist ein zu schwieriges Instrument, als daß der Componist, der aus der Phantasie schafft, immer das Leichteste treffen könnte« (Briefe an Richard Pohl, 27.12.1852, 21.2. u. 18.3.1853, Erler II, 185, 187 und 189; Zitat S. 189).

Zwar läßt sich Schumann nicht wie etwa Anton Bruckner durch Ratschläge von Freunden kompositorisch beirren, aber er prüft sie und folgt ihnen gegebenenfalls auch. Zu den *Nachtstücken* op. 23 unterbreitet Clara Wieck vor der Drucklegung Änderungs- und Korrekturvorschläge (Brief vom 30.12.1839, Briefwechsel II, 831). Bei der abschließenden Gestaltung der 1. Sinfonie op. 38 und bei der spieltechnischen Einrichtung der Streichquartette op. 41 assistiert der Gewandhausgeiger Ferdinand David. Im zweiten Satz des Klavierquintetts op. 44 rät Mendelssohn, nachdem er am 6. De-

zember 1842 das Werk im Manuskript kennengelernt hatte, das zweite »Alternativo« durch einen lebhafteren Abschnitt zu ersetzen, und Schumann folgt dem Vorschlag (Jansen, 247, Anm. 186). Der ursprünglich für zwei Klaviere, zwei Violoncelli und Horn komponierte Zyklus *Andante und Variationen* op. 46 wird ebenfalls auf Anraten Mendelssohns in eine Fassung für zwei Klaviere umgearbeitet und in dieser Form veröffentlicht (BNF, 539, Anm. 530). Am 14. September 1853 schickt Schumann die eben fertiggestellte Partiturhandschrift der *Phantasie für Violine und Orchester* op. 131 an Joseph Joachim – den künftigen ersten Interpreten und Widmungsträger des Werks –, wobei er im Begleitbrief ausdrücklich um Joachims beratende Mitarbeit bittet (BNF, 378 f.). Auch bei der Ausarbeitung des Violinkonzerts d-Moll WoO 1 ist Joachims Interpreten- und Komponistenkompetenz gefragt. »Sagen Sie mir Alles«, schreibt Schumann am 7. Oktober 1853 an ihn, »was Ihnen nicht[!] zu schwer, wie ich denn Ihnen wirklich schon zum Genießen unmögliche Gerichte oder wenigstens Bissen vorgesetzt habe. Streichen Sie alles durch, was nach Unausführbarkeit schmeckt« (Joachim Briefe I, 84 f.). Schumann rechnet demnach nicht etwa nur mit aufführungspraktischen Applikaturen, Strichartenbezeichnungen oder kosmetischen Änderungen, sondern stellt den Werktext selbst zur Diskussion. Während er Joachim explizit um Mitarbeit an der Werkgestalt der *Violinphantasie* bittet und dessen Änderungsvorschläge auch berücksichtigt (vgl. die Partitur-Kopie von Peter Fuchs in D-B; Signatur: Mus. Ms. 20435), weist er die aufdringlichen Ratschläge und Revisionsvorschläge Emil Bockmühls, die die kompositorische Substanz des Cellokonzerts op. 129 tangieren, zurück. Gleichwohl richtet Bockmühl, der sich Schumanns Ersuchen, das Werk erstmals aufzuführen, entzog (Draheim 1993, 249–264; Loesch 1995, 114–133; Loesch 1998), die Solostimme der Originalausgabe (Leipzig 1854) ein. Fingersätze, Phrasierung und Schlüsselung der Solostimme gehen auf Bockmühl zurück, wobei hinsichtlich der zahlreichen Ossia-Varianten dieser Erstausgabe noch zu klären wäre, ob nicht auch sie seinen Anregungen folgen (Pl-Kj, Signatur: Mus. Ms. Autogr. R. Schumann 13).

Auf eigenmächtige Textänderungen seitens der Kopisten, Stecher und Lektoren reagiert Schumann allerdings empfindlich und weist sie entschieden zurück. Der Verlagslektor Carl Gurckhaus beispielsweise veränderte in der Stichvorlage zum 5. Impromptu der *Bilder aus Osten* op. 66 eigenmächtig die metrischen Angaben. Mutmaßlich hat er in diesem Satz die T. 53 f. und T. 132 f. im 2/4-Takt stechen lassen, die in T. 55 bzw. in T. 134 wieder in das originale Ausgangsmetrum, einen 6/8-Takt, übergehen sollten. Gurckhaus wollte seine Änderung unbedingt durchsetzen, nicht zuletzt, weil die sonst nötigen Plattenkorrekturen aufwendig und mithin teuer würden (Brief an Schumann, 18.4.1849, Corr. Bd. 20, Nr. 3633) Im Antwortschreiben vom 22. April bleibt Schumann unerbittlich: »Der 2/4 Tact in den 4händigen Stücken muß durchaus heraus« (D-DÜhi; Akzessions-Nr.: 58.2987; siehe hierzu auch RSA, III/2).

Ein besonderes, Schumanns Schaffensweise betreffendes Thema, das bisher in der Forschung noch nicht behandelt worden ist, betrifft die Frage nach autorisierten, gleichwohl aber fremdgefertigten Werkbearbeitungen. Schumann besteht darauf, (autorisierte und nicht-autorisierte) Klavierauszüge und Liedtranskriptionen von fremder Hand in sein gedrucktes Werkverzeichnis (Leipzig, Whistling, 1851) aufzunehmen. Damit soll sicherlich nicht nur die wirkungs- und rezeptionsgeschichtliche Bedeutung der Werke herausgekehrt, sondern zugleich der gesamte Bestand an aufführungspraktischen Parallelfassungen seiner Kompositionen dokumentiert werden. Die Angaben im Werkverzeichnis lassen jedoch ebenso wenig wie ein Großteil der publizierten Klavierauszüge erkennen, inwieweit diese Bearbeitungen von Schumann überwacht und autorisiert worden sind. Nicht selten bleiben die Bearbeiter anonym.

Bezüglich der Klavierbearbeitung der *Rheinischen Sinfonie* op. 97 teilt Schumann seinem Verleger Simrock in Bonn mit: »Den vierhändigen Clavierauszug hätte ich am liebsten selbst gemacht. Es ist mir aber ganz unmöglich, so viele Arbeiten liegen in der nächsten Zeit vor mir. Aber ich weiß einen jungen Musiker, der ihn vielleicht besser macht, als ich selbst: Hr. Carl Reinecke« (Erler II, 140). Auch wenn man hinter dieser Empfehlung schieres Eigeninteresse vermuten muß, zeigt sich doch exemplarisch, daß der Komponist Bearbeitungen delegiert und gutheißt.

Bei vokalsinfonischen Kompositionen – bei Oratorien, Chorballaden und der Oper – beginnt die kollektive Arbeit am Text bereits vor der Niederschrift der ersten Note. Dennoch muß die literarische Sujetauswahl, die Suche nach einem geeigneten Textbearbeiter bzw. Librettisten und vor allem die Kooperation zwischen diesen und dem Komponisten als kompositorische Arbeit betrachtet werden. Konzeptionelle Vorstellungen Schumanns fließen in die Textgestaltung ein: Dem literarischen Text wird nicht einfach ein melodisches Gewand übergezogen, vielmehr generiert der Text die ihn einkleidende Musik und vice versa führen kompositorische Überlegungen u.U. ihrerseits zu Veränderungen des Textes. Wie das geschieht, bleibt im dunkeln; daß es aber geschieht, zeigt sich etwa in der direkten Einflußnahme auf das Libretto, wie er z.B. im Briefwechsel zwischen Schumann und Richard Pohl bezüglich des geplanten, aber nicht ausgeführten *Luther-Oratoriums* Anh. 16 dokumentiert ist (Boetticher 1986, 298–307). Auch freizügige Eingriffe in gedruckte Texte, seien es Auslassungen, Um- oder Hinzudichtungen oder Kompilationen, belegen die Präsenz kompositorischen Denkens schon während der Textlektüre (Schulte 2004). Schumanns Zusammenarbeit mit Librettisten und Textdichtern kann hier nur oberflächlich berührt werden. Für das Oratorium *Das Paradies und die Peri* op. 50 zieht er eine ungedruckte deutsche Übersetzung seines Freundes Emil Flechsig des englischsprachigen Epos *Lalla Rookh* von Thomas Moore heran, konsultiert aber zugleich weitere Übersetzungen von Theodor Oelckers und Adolf Böttger (Nauhaus 1986, 68–75). Am Libretto der *Genoveva* op. 81 wirkt anfangs Robert Reinick mit, und auch Friedrich Hebbel selbst war als mitarbeitender Librettist vorgesehen (Nauhaus 1968). *Der Rose Pilgerfahrt* op. 112 basiert auf einem Text Moritz Horns, den Schumann sich kritisch aufbereitet (Nauhaus 1993, 179–199). Zu *Des Sängers Fluch* op. 139, der zweiten von insgesamt vier in Düsseldorf entstandenen Chorballaden, zieht Schumann Richard Pohl zur Bearbeitung der zugrundeliegenden Dichtung Ludwig Uhlands heran. Im Titel der Druckausgabe wird Pohl ausdrücklich als Textbearbeiter genannt. Auch zum Libretto der letzten Chorballade, *Das Glück von Edenhall* op. 143, erbittet sich Schumann zunächst den »poetischen Beistand« Richard Pohls (Brief vom 21. Februar an R. Pohl, Erler II, 187), den aber schließlich Schumanns Hausarzt, Dr. Richard Hasenclever, leistet.

Korrekturfahnen

Schumann ist, wie jeder Komponist, um eine optimale Drucklegung bemüht, denn »es ist doch immer von Bedeutung, daß ein Werk, was einem so viel Zeit und Arbeit gekostet, in möglichst guter Reproduction erscheine« (Erler II, 154). Der auf der Grundlage der Reinschrift gefertigte Notenstich und das meist lithographisch gefertigte Titelblatt werden zunächst im Verlag durchgesehen und korrigiert. Von diesem verlagsintern korrigierten Probeabzug erhält Schumann anschließend ein Exemplar zur Revision. Und auf dieser Revision insistiert er. An August Schmidt schreibt er am 9. August 1841 bezüglich der Erstveröffentlichung von »Blondels Lied« op. 53/1, die im Taschenbuch *Orpheus* erscheinen sollte: »Ist es noch Zeit, so senden Sie mir aber doch ja eine Correctur meines Liedes. Druckfehler würden ohnedies kaum zu vermeiden sein, und diese sind mir ein Gräuel« (Erler I, 264). Und dem C.F. Peters Verlag teilt er mit: »So vortrefflich Ihr Corrector ist, so ist es doch eine zu gefährliche Sache, namentlich mit Orchesterstimmen, wenn sie nicht auch vom Componisten durchgesehen sind« (Erler II, 158).

Da Druckfahnen ein Übergangsstadium zwischen Handschrift und Druck darstellen und mit der Werkpublikation ihre Vermittlungsfunktion erfüllt haben, werden sie zumeist vernichtet. Nur wenige Fahnen sind überliefert. Korrekturfahnen besitzen wir beispielsweise zu den *Studien für den Pedalflügel* op. 56 (Beethoven-Haus, Bonn; Sign.: BH 271), den *Drei Gesängen* op. 62 (D-DÜhi; Akzessions-Nr.: 55.3949; mit vermutlich verlagsseitigen Eintragungen in Rötel), zum zweihändigen Klavierauszug der Oper *Genoveva* op. 81 (New York, Sammlung Jacob Lateiner sowie zu den Nr. 13–15, D-DÜhi; Akzessions-Nr.: 51.1061) und zur 1853 bei Simrock in Bonn erschienenen Partitur des *Nachtliedes* op. 108 (D-Zsch; Archiv-Nr.: 7132-A1). Die Fahnen zu den *Vier Märschen* op. 76 befinden sich in unbekanntem Privatbesitz (Leo

Liepmannssohn, Auktionskatalog 59, 20./21.5.1930, Nr. 301). Zum Korrekturabzug zur Partitur der 2. Sinfonie op. 61 liegt eine Untersuchung vor (Lederer 1993, 257–288). Dieser Abzug enthält Eintragungen mutmaßlich von Whistlings Verlagskorrektor sowie Dirigiereintragungen eines früheren Besitzers und daneben auch einige Korrekturen, die vom Komponisten selbst stammen. Es handelt sich dabei aber ausschließlich um Berichtigungen von Textdefiziten, die auf das Konto des Stechers gehen, nicht aber um konzeptionelle Änderungen (Lederer 1993, 262). Wir müssen auf Seiten des Komponisten zwischen zwei prinzipiell verschiedenen Korrekturmaßnahmen unterscheiden: Korrektur im Sinne von Korruptelenbeseitigung (d.h. Beseitigung von Stichfehlern und in den Stich übernommenen Vorlagefehlern) und Korrektur im Sinne konzeptioneller Änderungen. Nur der zweite Korrekturtypus ist genuin als fortführende kompositorische Maßnahme zu verstehen.

Anhand der Fahnen zur Partitur des bei Simrock in Bonn 1852/53 erschienenen *Nachtlieds* op. 108 (Abb. 11) lassen sich im Vergleich zur autographen Partitur (F-Pn; *Ms.* 323) typische Korrekturmaßnahmen erkennen: Fehlende Bögen werden ergänzt, überflüssige gestrichen, Bogenlängen und dynamische oder artikulatorische Angaben werden reguliert, fehlende oder falsche Akzidentien, falsche Töne und Notenwerte berichtigt und (an anderer Stelle, außerhalb von Abb. 11) werden Satzzeichen und Silbentrennstriche in den Singtext eingefügt.

Schumann nimmt gelegentlich noch in der Stichphase konzeptionelle Änderungen an seinen Werken vor. Am 31. Mai 1837 bittet er den Verleger Raimund Härtel: »Haben Sie doch die Güte, mir umgehend meinen Carnaval zu schicken, da ich noch Einiges in ihm streichen will« (zit. nach dem Brieforiginal in D-DS, Signatur: Breitkopf & Härtel Archiv Nr. 5). Nach Auskunft des für den Verlag C.F. Peters tätigen Korrektors Roitzsch hat »Schumann unaufhörlich während der [Druckfahnen-] Correcturen an seinen Werken gefeilt und geändert.« Bei der Drucklegung der Heine-Lieder op. 48, die Roitzsch begleitet hat, habe Schumann »viel in der ersten Correctur verändert und schließlich in der Schluß-Revision die erste Lesart wieder hergestellt« (Erler II, 124). Für den

Abb. 11: Korrekturfahne
zur Partitur des Nachtlieds
op. 108, Seite 24, T. 155–
163 (D-Zsch; Archiv-Nr.:
7132-A1)

Verleger sind nachträgliche Autorkorrekturen teuer und deshalb ärgerlich. Im Begleitbrief zu den Korrekturabzügen des Klavierquartetts op. 47 klagt Whistling:

»Leider haben Sie jedoch so ungeheuer viel Aenderungen, namentlich in Bogen und Vortragszeichen gemacht, daß die Platten durch diese höchst schwierigen (und kostspieligen) Correcturen sehr gelitten haben; das Herausklopfen der vielen Bogen hatte sie [die Stichplatten] dermaßen verdorben, daß sie erst einzeln ausgekocht werden mußten, um die hart geschlagene Druckfarbe herauszubekommen, und dennoch ist die Revision schlecht genug gedruckt, ohne Schuld des Druckers. Hoffentlich machen Sie jetzt keine neuen Aenderungen mehr, denn der Stecher weigerte sich schon bedeutend, die 2te Corr. zu überneh-

men, u. konnte neulich nur durch ein nicht unbedeutendes Extra-Honorar dazu bewogen werden [am Blattrand mit Einfügungsvermerk: er hat über 8 Tage daran arbeiten müßen], […] was (nebst dem Auskochen) die Verzögerung veranlaßte, was freilich nur billig war, da er ja keine Schuld dabei hatte!« (27.2.1845; Corr. Bd. 17, Nr. 3057).

Zu den Legendenbildungen um Komponisten gehört das Gerede, daß Kopisten, Korrektoren, Stecher und Verlagsmitarbeiter gewissermaßen die natürlichen Feinde des kreativen Genies seien, deren verderbliche Einflüsse auf gedruckte Werktexte die Textkritik zu purgieren habe. Schumann hat konstruktiv und nahezu konfliktfrei mit diesen musikhistorisch marginalisierten oder gar inkriminierten Mitarbeitern seiner Kompositionswerkstatt zusammengearbeitet.

Über den Modus der Revisionsabstimmung von Stichvorlage und Notenstich sind wir bislang nur in Einzelfällen informiert. In der Regel kollationiert Schumann die Fahnen mit der Druckvorlage oder mit seinem Autograph. Manchmal fordert er für diesen Abgleich die Stichvorlage eigens vom Verlag an, sofern er sie nicht schon zusammen mit der Revision erhalten hat. Clara Schumann behauptet, ihr Mann korrigiere Druckfahnen »nie ohne« Hinziehung seiner eigenen Manuskriptvorlagen (Brief Clara Schumanns vom 4. Mai 1855 an Bartholf Senff, D-Zsch, Archiv-Nr.: 8568-A2). W. Boetticher bescheinigt Schumann pauschal, ein »hervorragend exakter Korrektur eigener Drucke« (Boetticher 1976, 8) gewesen zu sein. Die Prüfung von Einzelfällen zeigt allerdings, daß Schumanns Korrektursorgfalt stark schwankt. Daß er gelegentlich recht oberflächlich Korrektur liest, läßt sich nicht nur aus Vergleichen zwischen Stichvorlagen und Druckausgaben, sondern auch aus gelegentlich extrem knappen Zeitspannen, in denen Korrekturen ausgeführt werden, ersehen. Nicht zuletzt beeinflußt der jeweilige Gesundheitszustand des Komponisten die Qualität seiner Revisionen. Unverhohlen gesteht er, daß die Revision ein »sehr zeitraubende[s], und obendrein für den Componisten sehr langweilige[s]« Geschäft ist (Brief an den Verlag C.F. Peters, 9.6.1851, D-DÜhi, Akzessions-Nr.: 90.5027/3), weshalb er manchmal diese Arbeit an andere, z.B. an seinen Schwager Woldemar Bargiel delegiert, und dies besonders dann, wenn diese Mitarbeiter selbst die Druckvorlage arrangiert haben (hier der Klavierauszug zur Oper *Genoveva* op. 81). In anderen Fällen verwendet Schumann nicht wenig Zeit für eine sorgfältige Korrektur. Der Stimmendruck der 1. Sinfonie op. 38 wird in drei zeitaufwendigen Etappen (6.–29. September, 8.–12. und 18.–20. Oktober 1845) korrigiert, was aber nicht verhindern konnte, daß in der Originalausgabe dennoch viele Fehler stehengeblieben sind (Finson 1989, 99–101). Sogar während des Endenicher Klinikaufenthalts (vom 4. März 1854 bis 29. Juli 1856) liest Schumann vereinzelt noch Korrektur; etwa zu den *Gesängen der Frühe* op. 133 (vgl. Schumanns Brief an Clara Schumann, 10.10.1854; BNF, 400 f.) und zum *Konzert-Allegro* op. 134. Er erledigt diese Arbeiten aber aufgrund seines desolaten Gesundheitszustands offenbar nur noch unzureichend. Deshalb

schalten sich Clara Schumann und Johannes Brahms in die Drucküberwachung des Opus 134 ein (Altmann 19 und 21).

Probeaufführung

Nicht selten werden Korrekturfahnen aufführungspraktisch genutzt und dabei gewissermaßen akustisch überprüft. So bittet Schumann am 22. Mai 1847 den Verleger seiner 2. Sinfonie op. 61, Whistling: »Den 30sten Juni soll in Zwickau eine große Musikaufführung sein […] Ist es möglich bis dahin die Quartettstimmen meiner Symphonie so weit fertig zu bringen, daß aus Correcturexemplaren gespielt werden kann?« (Erler II, 22 f.). Auch von den patriotischen *Drei Gesängen* op. 62 erbittet sich Schumann von Whistling am 22. Dezember 1847 »von dem ersten Correcturabzug von jeder Stimme 6 Abzüge« (Erler II, 40), damit er diese zur Aufführung beim Stiftungsfest der Dresdner Liedertafel verwenden könne. Die Stücke werden am 8. Januar 1848 mit der Liedertafel mit diesem Aufführungsmaterial geprobt, aber nicht öffentlich aufgeführt.

Obzwar Schumann bemüht ist, der Mit- und Nachwelt einen möglichst korrekten Werktext zu überliefern, glaubt er selbst nicht an das perfekte Musikwerk, denn »alles Kunststreben« ist »approximativ, kein Kunstwerk durchaus unverbesserlich – kein Ton der Stimme, kein Laut der Sprache, keine Bewegung des Körpers, keine Linie des Malers« (GS II, 267).

Am 23. Juni 1841 begründet Schumann in einem Schreiben an Breitkopf & Härtel, warum er die Stichvorlage zum Druck der 1. Sinfonie op. 38 noch nicht schicken könne: »Mit der Symphonie [op. 38] geht es mir schlimm; sie liegt fertig da – ich muß sie aber durchaus noch einmal hören, und dazu ist in jetziger Jahreszeit so schwer Gelegenheit. Das Musikfest, von dem ich Ihnen schrieb, ist aber auf September verschoben – und so müßt' ich am Ende so lange warten. In jedem Falle aber denke ich Ihnen das Manuscript bis September zuschicken zu können« (BNF, 431).

Nachdem Schumann seine Streichquartette op. 41 am 17. Oktober 1842 an Breitkopf & Härtel verkauft hat (Tb III, 227; vgl. auch Tb II, 250), läßt er sich das erste Streichquartett am 29. November nochmals privat vom David-Quartett vorspielen, »um es vor Ablieferung zum Druck noch einmal zu hören« (Tagebuch-Notiz Clara Schumanns; Tb II, 253 f.). Am 10. Dezember 1842 bietet Ferdinand David seinem Freund Schumann Aufführungen auch der beiden Quartette op. 41 Nr. 2 und 3 an, damit sie der Komponist »vor dem Publizieren noch einmal […] hören« könne (Corr. Bd. 14, Nr. 2426). Noch am selben Abend erfolgen diese Probeaufführungen (Tb III, 231). Gespielt wurde hier, wie auch schon bei den früheren Privataufführungen (8., 12., 13. und 29. September 1842), aus dem vom Kopisten Carl Brückner gefertigten Stimmenmaterial, das für die Originalausgabe der Streichquartett-Stimmen als Stichvorlage diente. Das (heute mit Ausnahme von op. 41/1 verschollene) handschriftliche Aufführungsmaterial erfüllt also mehrere Funktionen: Es ist zunächst natürlich Aufführungsgrundlage, es erlaubt zweitens die klangliche Kontrolle über die Korrektheit der Stimmenabschrift, und es dient drittens als Medium für Revisionen, die im Zuge der privaten Probeaufführungen noch eingearbeitet werden. Hat der Werktext diese Feuerprobe bestanden, tritt ein Funktionswandel des abschriftlichen Aufführungsmaterials ein; es wird zur Stichvorlage für den Druck.

Der Publikation von Kompositionen gehen stets Probeaufführungen voraus. Sie sind für Schumann unabdingbar. Gegenüber Whistling äußert er sich am 1. Dezember 1847: »[…] vom Druck der Scene aus Faust [WoO 3] ist natürlich nicht eher die Rede, als ich sie einmal öffentlich aufgeführt« habe (Erler II, 37). *Des Sängers Fluch* op. 139 will Schumann Franz Liszt erst dann zur Aufführung überlassen, nachdem er »die Ballade selbst gehört« habe. »Denn vorher ein Werk aus der Hand zu geben, ehe man es gehört, wäre ein etwas stiefväterliches Benehmen […]« (Brief an Carl Reinecke, 20.4.1853, Nauhaus 2002, 120). Eine Probeaufführung »nützt dem Componisten mehr, als alles Kritisiren darüber« (Brief Schumanns an E. Klitzsch, 10.4.1848, Erler II, 42).

Am 3. Dezember 1847 schickt Schumann die Stichvorlage seines 1. Klaviertrios d-Moll op. 63 an Hermann Härtel und bemerkt hierzu: »Die letzte Hand habe ich nun an das Trio gelegt und sende es Ihnen hier. Wir haben es noch vorgestern in einer Soirée bei Bendemann gehört, und wie es, von meiner Frau und den beiden Schubert gespielt, ganz herrlich ging, so schien es auch Eindruck auf die Versammlung zu machen. Ich dachte, nun kannst Du es in die Welt schicken […]« (BNF, 450). Nach der privaten Probeaufführung des *Spanischen Liederspiels* op. 74 entscheidet sich Schumann, zwei der in der Manuskriptfassung enthaltenen Lieder zu streichen, weil sie »den dramatischen Fortgang des Liederspiels« behindern (Brief an Kistner, 30.4.1849, Erler II, 81).

Werk- und Satztitel

Während Änderungen in der zyklischen Disposition von Werken, Satz-Umstellungen oder Satz-Tilgungen sowie Fassungsvarianten, konzeptionelle Änderungen innerhalb der Drucklegung etc. selbstverständlich als kompositorische Maßnahmen begriffen werden, sind Abänderungen von Werk- und Satztiteln, Motto-Beigaben, Umnumerierungen von Opuszahlen, Widmungen und die Titelblatt-Gestaltung dem Vorurteil ausgesetzt, nur die Außenseite einer Komposition zu berühren, die mit dem »eigentlichen« Schaffensakt, dem Entwerfen und Ausarbeiten, nichts zu tun habe. Doch auch sie sind Teil des Kompositionsprozesses, nicht nur, weil sie in Wechselbeziehung mit der Genese des Notentextes stehen, sondern weil sie stets Begleitbotschaften enthalten, welche die Werkgestalt mitbestimmen und deren Rezeption lenken. Für die Vernachlässigung der vermeintlichen kompositorischen Außenseite ist zu einem Gutteil Schumann selbst verantwortlich zu machen, betont er doch immer wieder, daß vor allem poetische Satzbezeichnungen vom Typus »Am Kamin«, »Träumerei« etc. erst nach Abschluß der Komposition hinzugefügt worden seien (z. B. im Zusammenhang mit dem *Carnaval* op. 9; siehe Jansen, 45). Trotz der funktionalen Relativierung, Überschriften seien »eigentlich weiter nichts als feinere Fingerzeige für Vortrag und Auffassung« (Brief vom 5.9.1839, BNF, 170; vgl. auch Appel 1987, 109–115), enthalten sie wesentliche Aufführungshinweise, denn sie beugen »offenbarem Vergreifen des Charakters am sichersten vor« (GS I, 361, vgl. auch ebd. 368, 435 und GS II, 112, 129 f.).

Abgesehen davon, daß die Behauptung, Überschriften seien nachträgliche Hinzufügungen nicht einschränkungslos zutrifft (Windsperger 1924, 1), wäre zu diskutieren, ob Schumanns beharrliches Insistieren auf der Namensgebung »post compositionem« weniger mit der eigenen Kompositionspraxis zu tun hat, als vielmehr als Reflex auf einen ästhetischen Normendruck der Zeit zu interpretieren ist. Während Modekomponisten – von denen Schumann sich immer wieder distanziert – blumige Satz- und Werktitel und offene oder latente Programme als verkaufsfördernde Verpakkung gebrauchen und damit seichte Kompositionen im sozialen und ökonomischen Wortsinn salonfähig machen, zielen Schumanns Titel auf eine poetische Öffnung seiner Musik. Ihm kommt es darauf an, die »Seelensprache« der Musik – oder nüchterner formuliert: den narrativen Gestus bzw. den Ausdruckscharakter seiner Kompositionen – durch verbale Wegweiser hervorzukehren und zugleich zu individualisieren. Während die Redeweise »op. 15, Nummer 7« den damit bezeichneten Klaviersatz in numerischer Anonymität beläßt, ist die zugehörige Überschrift »Träumerei« nicht nur eine kommunikationsfördernde Kennmarke, sondern kehrt Individualität und Ausdrucksqualität dieses Satzes hervor. Satzüberschriften literarisieren, individualisieren und charakterisieren den musikalischen Werktext, steuern seine Aufführung und lenken nicht zuletzt den über ihn geführten ästhetischen Diskurs. Poetische Überschriften oder Werktitel konstituieren einen doppelten Verweisungszusammenhang. Der offen angezeigte oder latent vorhandene Genrecharakter stellt die Komposition einerseits in einen transmusikalischen Kontext poetischer Sujets und verweist andererseits zugleich innermusikalisch auf narrative, szenische oder dramatisch-gestische Satzstrukturen. Der Spieler/Hörer ist aufgefordert, die Brücke zwischen beiden Kategorien assoziativ zu schlagen und individuell umzusetzen. Dieses Wirkungskalkül ist zugleich ein kompositorisches, denn der Werk- oder Satztitel besitzt eine psychagogische Kraft und Wirkung, der sich der um den Titel wissende Hörer nicht entziehen kann. Mit der Kenntnis eines Titels verliert der Rezipient gewissermaßen die hörende Unschuld gegenüber dem komponierten Satz.

Variante Werktitel sind demnach ebenso genu-ine Bestandteile des Schaffensprozesses wie jede Notentext-Variante einer Komposition. Der Werk- bzw. Satztitel situiert die Komposition innerhalb einer Gattungstradition durch Zuordnung (»Variation«, »Etude«, »Fantasie«), spezifiziert (»pathétique«, »symphonique«, »im Orchestercharakter«) oder individualisiert sie durch poetische, außermusikalische Bezüge (»Des Abends«, »Warum?«). Innovative Titel dagegen verweigern sich der Gattungszuweisung (*Studien* op. 56; *Skizzen* op. 58), vermögen gelegentlich neue Genres zu begründen (dies gilt z. B. für die *Humoreske* op. 20) oder verschleiern nur den Gattungszusammenhang (*Arabeske* op. 18, *Blumenstück* op. 19, *Bunte Blätter* op. 99, *Albumblätter* op. 124 stehen in der Tradition des Charakterstücks).

Schumann ändert häufig noch innerhalb des Entstehungsprozesses den Werktitel. Schon diese zeitliche Einbettung läßt erkennen, daß Werk- und Satztiteländerungen mit der Konstitution des Werktextes eng verbunden sind. Von Umbenennungen sind besonders die frühen Klavierkompositionen betroffen. Der *Toccata* op. 7 gehen beispielsweise die Werktitel *Exercice, Exercice fantastique, Etude en double sons* und *Etude fantastique en double sons, Studie in Doppelgriffen* voraus (vgl. Luebbe 2002, 423–448). Die Verknüpfung von Titelvarianten mit veränderten Werkkonzeptionen zeigt sich besonders drastisch in der Werkgeschichte der *Sinfonischen Etuden* op. 13, die 1852 in einer revidierten Neuausgabe unter dem Titel *Etudes en forme de variations* erschienen sind. In der Entstehungsphase der Erstfassung (1834–36) finden sich in Notenmanuskripten, Briefen oder in Verlagsanzeigen die Werkbezeichnungen *Variations pathétiques, Fantaisies et finale, Variations symphoniques, Zwölf Etüden der Davidsbündler für Pianoforte, X Etuden im Orchestercharakter für das Pianoforte, Etudes pour le Pianoforte*. Das Opus 52 (*Ouvertüre, Scherzo und Finale*) figuriert zeitweilig unter den Arbeitstiteln *Novelle für Orchester, 2te Symphonie, Suite, Symphonette* und *Sinfonietta*.

Für Schumann bedeuten Titeländerungen nicht bloße äußere Etikettenwechsel, sondern sie zeigen veränderte Werkkonzepte an bzw. akzentuieren diese um: »Wir sind gewohnt, nach dem Namen, den eine Sache trägt, auf diese selbst zu schließen; wir machen andere Ansprüche auf eine

›Phantasie‹, andere auf eine ›Sonate‹« (GS I, 70). Nicht selten entfallen ursprünglich vorgesehene poetische Satztitel bei der Veröffentlichung ganz oder werden durch neutrale, meist deutschsprachige Interpretationsanweisungen ersetzt. So etwa in den *Nachtstücken*, der *Fantasie* op. 17 und in der 1. Sinfonie op. 38. Die *Phantasiestücke* op. 88 (für Violine, Klavier und Violoncello) tragen zunächst den Titel *Trio*, der in den Druck jedoch nicht übernommen wird, weil die unkonventionellen Strukturen der vier Einzelsätze sich nicht in die Gattungstradition des Klaviertrios fügen. Der vierte Satz der *Rheinischen Sinfonie* op. 97 war ursprünglich mit der Anweisung »Im Charakter der Begleitung einer feierlichen Ceremonie« (D-B, Signatur: Mus. Ms. Autogr. R. Schumann 12) versehen, die im Druck auf »Feierlich« reduziert wird. Für die *Ball-Szenen* op. 109 werden die Alternativen *Kinderball*, *Ball* und *Maskentanz* erwogen. Der Verleger Schuberth versucht auf die Titelwahl Einfluß zu nehmen und schlägt u. a. *Terpsichore* und *Familienscenen* vor.

Fragen der Betitelung sind häufig mit Fragen der Satzabfolge bzw. der zyklischen Satzanordnung verknüpft. Auch die Auswahl und Anordnung von Stücken für die Veröffentlichung ist ein kompositorischer Akt. So sind etwa die zwölf Romanzen für Frauenstimmen, welche in zwei Heften als op. 69 und op. 91 erschienen sind, mehrmals umgeordnet worden (RSA V/2). Heterogene Anordnungen von Stücken liegen in op. 99 und op. 124 vor. Die 1852 unter dem Titel *Bunte Blätter* op. 99 publizierten 14 Klavierstücke stammen aus der Zeit von 1834/35, 1838/39 und 1849. Sie sollten ursprünglich die Werkbezeichnung *Spreu* tragen und 30 Stücke enthalten, wodurch ihre mehr oder weniger zufällige Zusammenstellung geradezu negativ hervorgehoben worden wäre (BNF, 469). Vor allem das Lied-Œuvre ist von zahlreichen Umstellungen und Neuordnungen betroffen.

Auch die sorgsame Festlegung von Opuszahlen (s. RSW, 40* ff.) oder der bewußte Verzicht darauf gehört in den Bereich kompositorischer Maßnahmen, denn sie betreffen rezeptionsrelevante und wertende Aspekte der Werkvermittlung, die hier nicht weiter ausgeführt werden können. (Was zu Lebzeiten Schumanns ohne Opuszahl im Druck erscheint, wie z. B. die *Drei Freiheitsgesänge* WoO 4, das *Patriotische Lied* WoO 5 oder das *Soldaten-lied* WoO 6, plaziert der Komponist im Bereich ephemerer Gelegenheitswerke.)

Auch die auf dem Titelblatt erscheinende offizielle Widmung muß als kompositorischer Akt betrachtet werden, denn sie steht häufig in engem Zusammenhang mit dem Schaffensprozeß, situiert eine Komposition rezeptionsstrategisch und bestimmt zugleich ihren gesellschaftlichen Ort. Schumann selbst hebt den Zusammenhang zwischen Werkgenese und Dedikation hervor. »[...] ich denke mir auch bei meinen Dedicationen etwas, die doch immer mit der Entstehung einen Zusammenhang haben soll[en]« (Brief an Clara Wieck, 13.3.1839, Briefwechsel II, 441 f.).

Gestaltung des Titelblatts

Das Titelblatt eines Musikaliendrucks ist das Portal, durch welches das Musikwerk den privaten Raum verläßt, um in die Öffentlichkeit zu gelangen. Umgekehrt passiert der Leser-Musiker zunächst das Titelblatt, bevor er den Werktext erreicht. Daß es nicht nur äußerliche Verpackungsfunktionen erfüllt und Verkaufsanreize weckt, sondern wie überhaupt die gesamte Ikono- und Typographie einer Ausgabe als ein mehr oder weniger verbindlich komponierter Paratext (Genette 2001, 58 ff.) zu begreifen ist, wird nicht nur in der Schumann-Forschung vernachlässigt. Obwohl das Titelblatt stets ein kollektives Produkt darstellt – an seiner Gestaltung wirken Komponist, Verleger, Graphiker und Drucker mit –, sich in ihm also auktoriale, verlegerische und graphisch-gestalterische Aussagen mischen, wäre in jedem Einzelfall zu prüfen, inwieweit es als autorisierter Werkbestandteil aufzufassen ist und welche besonderen Rezeptionsappelle oder -botschaften daran gekoppelt sind. Bei den meisten Originalausgaben widmet sich Schumann eingehend der Titelblattgestaltung (Knechtges-Obrecht 1988, 41–63 und 64–69). Sachliche, juristische, distributive, typo- und ikonographische Titelblattkomponenten lassen sich deutlich voneinander trennen und zumeist hinsichtlich ihrer Urheberschaft Personen oder Institutionen konkret zuweisen. Während sachliche Textelemente (Werkbezeichnung, Opuszahl, Widmung, Autornennung etc.) vom Komponi-

Abb. 13: Radierung von Ludwig Emil Grimm zu den *Kinder- und Hausmärchen* (2 Bde., 1812/15) hg. von seinen Brüdern Jacob und Wilhelm Grimm.

Abb. 12: Titelblatt zu Schumanns *Märchenbildern* op. 113 (Kassel: C. Luckhardt 1852)

sten festgelegt und nur ausnahmsweise vom Verleger beeinflußt werden (siehe hierzu Beer 2000, 364–378), liegen die juristischen (Verlagssignet, Urheberschutz-Vermerk) und distributiven Titelblattangaben (Preisangabe, Plattennummer), abgesehen von gewissen Sonderfällen, die hier nicht diskutiert werden können, ausschließlich in der Hand des Verlegers. Bei der typographischen (Layout, Schrifttypen und -größe, Format, Hefteinteilung etc.) und ikonographischen Gestaltung (Zierat, Bildelemente) des Titelblatts insistiert Schumann zumeist erfolgreich auf seinen dezidierten Vorstellungen, die aus dem Werktext erwachsen. Das Titelblatt zu Schumanns *Märchenbildern* op. 113 (Kassel: C. Luckhardt 1852; Abb. 12) zitiert beispielsweise in der um eine Märchenerzählerin gruppierten Kinderschar die Titelillustration Ludwig Emil Grimms, mit der die berühmte Märchenausgabe seiner Brüder Jakob und Wilhelm Grimm ausgestattet ist (Abb. 13). Unabhängig von der Frage, ob dieses Bildzitat von Schumann gewünscht war – er hat es jedenfalls autorisiert –,

läßt sich nicht bestreiten, daß es die Komposition in einen literarischen (narrativen Gestus des Märchens), nationalen (deutschen) und sozialen (volkstümlichen) Kontext einbettet, der sich als ikonographischer Kommentar dem Interpreten und wissenden Hörer mitteilt und die Rezeption lenkt.

Das von der Kunst- und Literaturwissenschaft bestellte Feld der ›Titrologie‹ ist innerhalb der Musikwissenschaft kaum beackert worden, und mangels Raum kann die Reichweite und Bedeutung dieses Themas im Zusammenhang mit Schumanns Schaffensprozeß im folgenden nur angerissen werden (vgl. den Beitrag von B. Baumgärtel in diesem Band).

Eine Besonderheit einiger früher Werkausgaben betrifft die publizistisch verdeckte Autorschaft, wobei Ikonographie und Typographie des Titelblatts in Verbindung mit der Komposition metatextuelle Botschaften übermitteln. Von der Mystifikation der unter dem Doppel-Pseudonym ›Florestan und Eusebius‹ erschienenen ersten Originalausgaben der *Davidsbündlertänze* op. 6 (1837) erhofft sich Schumann ein besonderes Rezeptions-

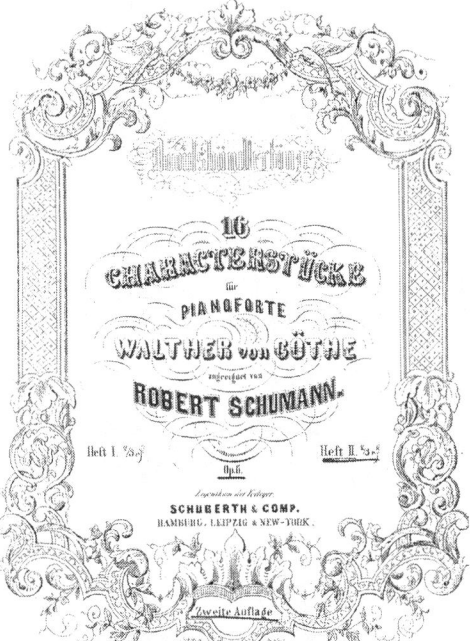

Abb. 14: Titelblätter der zu Schumanns Lebzeiten erschienenen Ausgaben der *Davidsbündlertänze* op. 6: 1. Leipzig 1837; 2. Leipzig 1838; 3. »Zweite Auflage«, Hamburg, Leipzig 1850/51

interesse: Publikumsneugier. Was Schumann im Bezug auf die Klaviersonate op. 11 (1836) Kistner mitteilt, gilt auch für die *Davidsbündlertänze*: »Das Räthselhafte des Titels wird gewiß manche anziehn« (Brief vom 19.3.1836, Erler I, 79). Der Werktitel *Davidsbündlertänze* ist in ein graphisch aufwendig konstruiertes, »altdeutsches« Portal oder Fenster eingefügt, in dem sich Gestaltungselemente der Gotik und der Renaissance zu einem fantastischen Stilkonglomerat verbinden (Abb. 14.1). Der im oberen Fensterdrittel befindliche, als Motto figurierende »Alte Spruch« (die Herkunft des Spruches ist unbekannt, möglicherweise stammt er von Schumann selbst) und die nur im deutschsprachigen Raum gebräuchlichen Frakturtypen, in denen sämtliche Verbaltexte gesetzt sind, suggerieren ein offizielles Dokument einer musikalischen Zunft namens *Davidsbund*: Der zeitgenössische Rezipient assoziiert mit dem (ihm zwangsläufig vorerst noch unbekannten) »Davidsbund«, dem »altdeutschen« Layout und dem »Alt(deutsch)en (Wahl)Spruch« ein musik-publizistisches Analogon zur 1809 gegründeten Lukasbrüderschaft deutscher Maler, die sich außerhalb des akademisch erstarrten Kunstbetriebs kämpferisch um eine Wiederbelebung »mittelalterlicher« deutscher Kunst und zugleich um die Restauration eines religiösen Kunstethos bemüht. Ernannte diese, wegen ihrer Vorliebe für biblische Sujets als »Nazarener« bespöttelte Malergemeinschaft den Evangelisten Lukas (der sich der Legende nach auch als Maler betätigt hat) zu ihrem Schutzpatron, so figuriert in Schumanns »Davidsbund« der alttestamentarische Sängerkönig David als Integrationsfigur einer Musikergilde, die sich dem Kampf gegen die bürgerlichen Musikphilister verschrieben hat. Die von Schumann mitbegründete *Neue Zeitschrift für Musik* verstand sich temporär als publizistisches Sprachrohr und Kampforgan des imaginären Bundes. Der Inhalt des Werkdrucks von Opus 6, ein Zyklus von Tanzsätzen, deren Titel behauptet, er liefere das musikalische Tanzrepertoire geselliger Bündlertreffen (siehe Jansen, Davidsbündler, 16), konnte trotz Mystifikation mit gesellschaftlicher Plausibilität rechnen. Im frühen 19. Jahrhundert sind Zunfttänze im festlichen Brauchtum des Handwerks noch gegenwärtig; und was sollte gegen *Davidsbündlertänze* sprechen, wenn es bekanntermaßen Schäfer- oder Böttcher-Tänze gibt? Das im Titel der Erstausgabe der *Davidsbündlertänze* fingierte Autorenduo Florestan und Eusebius täuscht auf numerisch kleinst-möglichem Niveau der Mitgliederzahl nicht nur eine große, wirkmächtige deutsche Musikerzunft vor, sondern signalisiert zugleich durch die Beschränkung auf Vornamen einen vertraulichen Freundschaftskult: Bürgerliche Familiennamen sind Schall und Rauch, gesellschaftliche Herkunft und Sozialstatus der musikalischen Kunstbrüder sind egalisiert, und mit der Reduktion auf Vornamen verbindet sich das zunftbrüderliche Du. Im Werktext selbst tritt mit der Eröffnung des ersten Satzes im explizit signierten und zugleich chiffrierten musikalischen *Motto von C.W.* eine weitere, dem Publikum allerdings namentlich verschwiegene Davidsbündlerin auf. Das

die gesamte Suite zyklisch verbindende musikalische Motto entstammt der Mazurka aus Clara Wiecks *Soirées musicales* op. 6/5, die 1836, also knapp zwei Jahre vor den *Davidsbündlertänzen* (Februar 1838), erschienen sind. Die von Schumann festgelegte Opuszahl 6 folgt zwar seiner eigenen Werkzählung, schlägt aber zugleich assoziationsträchtig über Claras Werk, ebenfalls ein Opus 6, eine geistig-seelische Brücke zur zukünftigen Lebenspartnerin, mit der er seit dem 13./14. August 1837 heimlich verlobt ist. (Im selben Monat werden die *Davidsbündlertänze* kompositorisch abgeschlossen.) Reinhard Kapp weist darauf hin, daß der im Alten Spruch formulierte Beständigkeitsappell einen vertrauten Topos von Hochzeitsgedichten aufgreift (Kapp 1997, 7, Anm. 11). Über diese Interpretation noch hinausgehend sehe ich im Alten Spruch eine säkularisierte Paraphrase der kirchlich-liturgischen Trauungsformel, »in guten wie in schlechten Tagen« die eheliche Treue zu bewahren. Freilich bleibt diese intime Titelbotschaft (Brief an Clara Wieck, 6.2.1838. Briefwechsel I, 93) nur dem Brautpaar vorbehalten.

Schumann bedenkt Clara Wieck mit verschiedenen Davidsbündlernamen: *Chiara, Chiarina* oder *Zilia*. Während das italienische Pseudonym *Chiara* die Pianistin als *hell-* und *klar*sichtige Künstlerpersönlichkeit charakterisiert, ikonisiert *Zilia*, als Koseform von *Caecilia*, das Leipziger Wunderkind zur Schutzpatronin der Musik. Auch diese Allegorisierung der leibhaftigen Davidsbündlerin bleibt der Öffentlichkeit natürlich verborgen, gibt jedoch – ganz in Schumanns Mystifikationsabsichten – zu Mutmaßungen, Klatsch und Rätselraten Anlaß: Die mittels unterschiedlicher Textbotschaften inszenierte Fama soll das Werk aus der zeitgenössischen Flut gedruckter Klavierwerke herausheben, um es in den öffentlichen Diskurs und natürlich ins Aufführungsrepertoire aufzunehmen.

Mit dem im Titel der *Davidsbündlertänze* angezeigten Komponistenpaar korrespondieren die an den Satzschlüssen der Erstausgabe angebrachten Monogramme F. und E., bzw. F. und E., welche eine getrennte (Florestan oder Eusebius) bzw. eine kollektive Autorschaft (Florestan und Eusebius) vorgeben (vgl. Appel 1981, 1–23). Diese Schlußsignaturen verifizieren scheinhaft das im Titel behauptete Gemeinschaftswerk. Die Chiffren an den

Satzschlüssen differenzieren jedoch nicht nur zwischen zwei fiktiven Autorzuschreibungen bzw. ebenso fiktiven gemeinschaftlich komponierten Pasticcio-Sätzen, sondern fungieren zugleich als musikalische Charakterbezeichnungen, weil der personale Charakter der Pseudonyme mit einem musikalischen gleichgesetzt wird. Florestan steht für einen rationalen, feurigen, Eusebius für einen schwärmerisch-gefühlvollen Ausdruck ein, und die Autorschaft beider weist auf einen dazwischen changierenden bzw. kontradiktorischen musikalischen Ausdruckscharakter hin (vgl. Köhler 2002, 317–327). Demnach erfüllen die Pseudonyme eine doppelte Funktion; sie unterstellen einerseits fiktive Autorschaften und definieren zugleich real unterschiedliche kompositorische Ausdruckscharaktere. Insofern sind die Pseudonyme poetische, d. h. unverzichtbare kompositorische Bestandteile der Werkausgabe.

Geheimbündlerischer Werktitel, der identifikatorische Verweisbezug der Opuszahl 6, mystifizierte Doppelautorschaft, personifizierende Ausdrucksbezeichnungen im Verbund mit den beschriebenen ikono- und typographischen Gestaltungselementen des Titelblatts sind im genuinen Wortsinn »komponiert« und beileibe kein inhaltlich beziehungsloses und verzichtbares Beiwerk zum Notentext. In Verbindung mit den monogrammierten Tanzsätzen inszeniert das Titelblatt als komponierter Text einen Beziehungszauber, den nur ein kleiner Kreis Eingeweihter verstehen und auskosten konnte bzw. kann. Schumanns Hoffnung, die hermetische Verschlüsselung des kompositorischen Subtextes würde vor dem Hintergrund des zensurbedrohten Vormärz neugierige Fragen und mithin ein besonderes Rezeptionsinteresse provozieren, geht allerdings so nicht auf. Die Verschlüsselung erzeugt innerhalb der potentiellen Käuferschaft vielmehr Mißverständnisse, drängt den Komponisten ins anonyme Abseits, und das ungünstige verlegerische Dach des seinerseits vornehmlich noch als Buchverlag aktiven Hauses A.R. Friese, in dem die *Davidsbündlertänze* erscheinen (Briefwechsel I, 93), erschwert zusätzlich eine Plazierung des Werks im Musikalienhandel. Dem Dilemma sucht Schumann nach der Erstveröffentlichung schrittweise zu entkommen. In einer schon 1838 erschienenen Titelauflage der *Davidsbündlertänze* wird das Doppelpseud-

onym durch den bürgerlichen Namen des Komponisten ersetzt und mithin ein wesentliches Rezeptionsmanko beseitigt (Abb. 14.2). Damit werden jedoch die im Notentext unverändert erhalten gebliebenen Satzschluß-Chiffren nicht nur überflüssig, sondern sogar irritierend sinnlos, denn das an das Doppelpseudonym gekoppelte Beziehungsgeflecht ist mit der geänderten Autorangabe zerrissen. Weiterhin ungelöst bleibt in der Titelauflage das Distributionsproblem, da der Druck nach wie vor von A.R. Friese vertrieben wird.

In der zweiten Originalausgabe des Opus 6 (1850/51) werden zwar alle Rezeptionshürden (wenn auch bezüglich der Satzschluß-Chiffren nicht wirklich konsequent) beseitigt, zugleich aber wird in der Neuedition der ursprüngliche poetische Assoziationsrahmen vollständig geopfert. In der ausdrücklich als zweite Auflage deklarierten Neuausgabe – sie erscheint im musikmarktpräsenten Verlag Schuberth & Co., der neben dem Hamburger Stammhaus Filialen in Leipzig und New York unterhält – wird das Doppel-Pseudonym durch den bürgerlichen Verfassernamen ersetzt, der Werktitel durch eine Gattungsbezeichnung (»Charakterstücke«) und durch eine allerdings fehlerhafte Satzmengenangabe (16 statt recte 18) ergänzt, das Motto (»Alter Spruch«) getilgt (Abb. 14.3) und zugleich der Werktext mit veränderten Interpretationsanweisungen, getilgten Metronomangaben und anderen musikalischen Varianten in einer neuen Fassung vorgelegt. Auch die Schlußchiffren F. und E. verschwinden (mit einer Ausnahme, die als Versehen zu bewerten ist.) Überraschenderweise beruht diese Neuausgabe nicht – wie zu erwarten gewesen wäre – auf einem Neustich, sondern auf den alten Stichplatten der Erstausgabe, in welche die konzeptionellen Änderungen der zweiten Auflage von Schumann hineinkorrigiert worden sind (A-Wgm; Signatur: A 282 (Nachlaß J. Brahms)). Mit diesen editorischen Maßnahmen wird die ursprüngliche Werkkonzeption nicht nur äußerlich und marginal, sondern substantiell verändert. Inwieweit das rezeptionsgeschichtliche Konsequenzen zeitigte, ist ein anderes Thema (vgl. Roesner 1984, 53–70, sowie Herttrich 1993, 25–35).

Drucklegung

Für den jungen Schumann ist es nicht einfach, für seine Kompositionen einen Verleger zu finden. Einige Frühwerke erscheinen im Selbstverlag bzw. in Kommission und finden nur schlechte Verbreitung.

Mit wachsendem Erfolg gewinnt Schumanns Umgang mit Verlegern an Souveränität. Seine brieflichen Verlagsofferten sind von bestechender Klarheit und zeugen von künstlerischem Selbstbewußtsein. Schumanns Herkunft aus einem Buchhändler- und Verlagshaus kommt ihm dabei zustatten. Alle geschäftsrelevanten Eigeninteressen werden offen angesprochen und folgen meist einem bestimmten Muster: Das zum Druck angebotene Werk wird hinsichtlich seiner Besonderheiten und erhofften Publikumsresonanz kurz vorgestellt, die gewünschte Publikationsform (Stimmen, Partitur) und ihre Druckausstattung (Titelblatt, eventuell auch das Stichbild, Zierleisten etc.) wird beschrieben, der zu erwartende Plattenumfang wird vorab kalkuliert und die Honorarvorstellungen sowie die Menge der erwarteten Freiexemplare werden als noch verhandelbar genannt. Bedarfsweise werden bei größeren Werken noch zusätzliche eigene oder fremde Arrangements vorgeschlagen.

Exemplarisch sei hier Schumanns Anfrage vom 17. November 1853 zitiert, in der er den Kistner-Verlag um Publikation der *Violinphantasie* op. 131 ersucht, die kurz zuvor vom Verlag H. Litolff abgelehnt worden war: »Sie erhalten hier eine Composition, die Ihnen vielleicht zum Verlag annehmlich erscheinen möchte. Es fehlt ganz an solchen brillanten Concertstücken für die Violine; dieses insbesondere hat noch einen sehr heitren Charakter. Joachim hat es hier vor Kurzem mit dem größten Effect in einem unserer Concerte gespielt und wird es, wie er mir sagt, bald auch in Leipzig und Berlin. Er spielt es auswendig und mit einer Meisterschaft, wie er nur sie hat. Je eher Sie die Composition brächten, je vortheilhafter, glaub' ich, würde es für Sie sein. // Was das Honorar betrifft, so habe ich es auf 26 Friedrich'sdor festgesetzt. Die Principalstimme müßte aus dem Clavierauszug noch besonders gestochen werden. [...] Wenn die Zeit übrig bleibt, so bitte ich, die Phantasie Hrn. David zum Durchspielen zu geben,

auch die Partitur« (BNF, 486). Dem Ersuchen ist Erfolg beschieden: Stimmen und Klavierbearbeitung erscheinen 1854 bei F. Kistner in Leipzig.

Originalausgabe

Als Schumann die Druckausgabe seines ersten Werks, der *Abegg-Variationen*, in Händen hält, vermerkt er am 12. November 1831 im Tagebuch: »Nun sind die Variationen da; es ist, als wenn gedruckt da Alles mehr Bedeutung erhielte« (Tb I, 376). Damit ist das Gewicht einer Publikation, ihre verbindliche Werkgestalt und ihr Öffentlichkeitscharakter trefflich eingefangen. Je anspruchsvoller und größer dimensioniert eine Komposition ist, um so vielfältiger ist ihre publizistische Überlieferung. Zusätzliche Druckausgaben (Klavierauszüge, Stimmen für Alternativbesetzung etc.) sind auf das zu erwartende Rezeptionsinteresse und auf spezifische aufführungspraktische Bedingungen abgestimmt. Gegenüber Partiturdrucken, auf die Schumann bei großen Werken drängt, verhalten sich die Verleger allerdings stets zurückhaltend. Partituren von Orchesterwerken sind nicht nur herstellungstechnisch teuer, sondern finden auch vergleichsweise wenig Abnehmer. Deshalb machen Verlage Partiturdrucke vom Aufführungserfolg eines im Stimmendruck vorliegenden Werks abhängig. So erklärt sich die oft anzutreffende zeitliche Distanz zwischen Stimmen- und Partiturdruck. Bei der 1. Sinfonie op. 38 liegen zwischen dem Stimmendruck (Breitkopf & Härtel 1841) und dem Partiturdruck (1853) zwölf Jahre. Bei der Veröffentlichung des sinfonischen Werks *Ouvertüre, Scherzo und Finale* op. 52 beträgt der Veröffentlichungsabstand zwischen Stimmen (1847) und Partitur (1853) sechs Jahre, wogegen Orchesterstimmen und die Partiturdrucke der 2. Sinfonie op. 61 (1847), der 3. Sinfonie op. 97 (1851) und der 4. Sinfonie op. 120 (1853) nahezu zeitgleich erscheinen. Dies widerspricht statistisch der These von der zeitlichen Differenz zwischen Stimmen- und Partiturdruck. Der Widerspruch ist jedoch mit der publizistischen Sonderstellung der Sinfonien zu erklären. Schumann findet als Sinfoniker bereits mit der 1. Sinfonie große Beachtung, und im Zuge dieses Erfolges konnten die Verleger mit entsprechender Resonanz der Folgewerke rechnen. Anders sieht es beispielsweise mit dem Klavierkonzert op. 54, den Konzertstücken op. 92 und 134, dem Cellokonzert op. 129 und der Oper *Genoveva* op. 81 aus. Bei diesen Werken erlebt Schumann die Partiturdrucke nicht mehr. Die Publikation beschränkt sich auf das Aufführungsmaterial und bei op. 81 und 129 zusätzlich auf Klavierarrangements. Sowohl aus der zeitlichen Differenz der verschiedenen autorisierten Druckausgaben als auch aus der gemischten Publikations- bzw. Vertriebsform von Werken ergeben sich für die Schumann-Philologie teilweise erhebliche Probleme. Die unterschiedliche Überlieferung gedruckter Musikalien sei an einigen Beispielen demonstriert. Vom Chorsatz *Beim Abschied zu singen* op. 84 erscheinen Partitur, Klavierauszug und Singstimmen 1850 bei Whistling im Druck, während die zehn Harmoniestimmen abschriftlich vertrieben werden. Auch beim *Adventlied* op. 71 liegt eine komplizierte, heterogene Überlieferung vor. Bei Breitkopf & Härtel erscheinen hiervon zunächst die Singstimmen und der von Robert Pfretzschner hergestellte Klavierauszug im Druck (1849). Streicher- und Bläserstimmen werden dagegen vom Verlag vorerst nur abschriftlich vertrieben. Die Orchesterstimmen erscheinen 1856, die Partitur gar erst 1866 im Druck. Liegen also zu Schumanns Lebzeiten Klavierauszug und Singstimmen in autorisierten Publikationen vor, so sind die übrigen Aufführungsmaterialien und die Partitur aufgrund ihrer varianten abschriftlichen Distribution der unmittelbaren Kontrolle durch den Komponisten entzogen. Ähnliches gilt für die Ballade *Der Königssohn* op. 116. Partitur und 27 Orchesterstimmen werden ebenfalls nur handschriftlich vertrieben, während die Chorstimmen und der Klavierauszug 1853 bei Whistling im Druck erscheinen. Abgesehen davon, daß diese Mischüberlieferung von gedruckten und handschriftlich vertriebenen Stimmen regelmäßig zu editorischen Problemen führt, zeigen die genannten Beispiele, daß die Einflußnahme des Komponisten auf die publizistische Erscheinungsform seiner Werke durch ökonomische Verlagsinteressen begrenzt ist. Es steht außer Frage, daß sich Schumann stets eine umfassende Druckveröffentlichung aller Stimmen, Partituren und Klavierauszüge wünscht. Mit anderen Worten, die ersehnte Gestalt des Werktextes

wird durch die genannten Zwänge gravierend beschnitten, vor allem dann, wenn der Partiturdruck fehlt. Denn nur er übermittelt der Kritik, dem privaten Studium und einer Aufführung das Werk in seiner vollständigen Gestalt: »[…] ohne Studium der Partitur läßt sich kein einigermaßen bedeutendes Werk auf das Erstemal begreifen« (Erler II, 165). Schumann hat »die Erfahrung unzähligemal gemacht, daß ein Werk, von dem keine Partitur existirt, sich keine Bahn brechen kann, oder wenigstens in sehr langsamer Zeit« (Erler II, 167). Dies gilt nicht nur für Orchesterwerke, sondern auch für Kammermusik. Gegenüber Härtel begründet Schumann die Notwendigkeit eines Partiturdrucks seiner Streichquartette op. 41 höchst eindringlich:

»[…] wünscht nicht jeder Künstler ein Werk, das er mit Liebe geschaffen, der Welt in seiner ursprünglichen Gestalt vorgeführt und erhalten? Eine Stimmenausgabe derartiger Werke kömmt mir wie ein gevierteilter Mensch etwa vor – man weiß nicht, wo ihn anpacken und festhalten, man kann zu keinem Genuß kommen. Es finden sich selten vier Musiker zusammen, die ohne Partitur die schwierigeren Kombinationen eines solchen Musikstückes auch nach öfterem Zusammenspiel zu fassen wüßten. Was ist die Folge? Sie legen es nach flüchtigem Durchspielen beiseite. Mit der Partitur in der Hand aber werden sie dem Komponisten leichter Gerechtigkeit widerfahren lassen usw. Darum glaub' ich sicher, eine Partitur-Ausgabe hilft dem Vertrieb der Stimmenausgabe erst auf. Und glauben Sie nicht, daß die Partituren der älteren Meister (Mozart, Haydn, Beethoven) dem Verständnis und der Verbreitung, als auch dem Vertrieb der Stimmenausgaben erst recht förderlich gewesen? Übrigens sans comparaison« (14.12.1847, zit. n. Hase ⁵1968, 106).

Verlagskontrakt

Gemessen an heute üblichen Verlagskontrakten sind die zwischen Schumann und seinen Verlegern geschlossenen Verträge vergleichsweise einfach abgefaßt. Einige davon sind erhalten geblieben; so etwa die Verträge zu den Duetten op. 34 und zu den Kerner-Liedern op. 35, beide mit dem

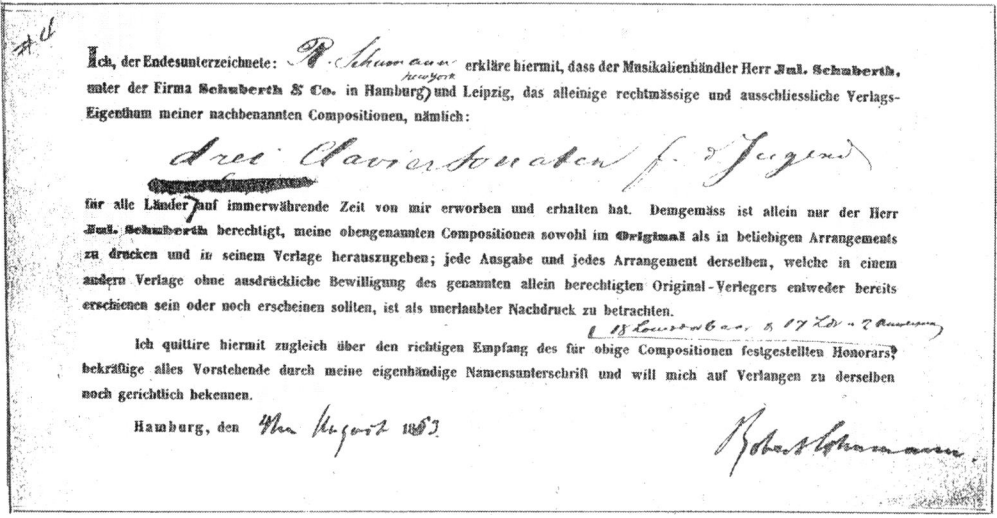

Abb. 15: Verlagskontrakt zwischen R. Schumann und J. Schuberth & Co. zur Drucklegung
der *Drei Sonaten für die Jugend* op. 118 vom 4. August 1853 (D-DÜhi; Akzessions-Nr.: 66.996)

Leipziger Verlag C.A. Klemm am 24. Dezember 1840 bzw. am 24. April 1841 abgeschlossen (D-Zsch; Archiv-Nr.: 221a und b-A3), sowie die Druckvereinbarung zu den 12 vierhändigen Klavierstücken op. 85 und zu den Jugendsonaten op. 118 (D-DÜhi; Akzessions-Nr.: 66.996) (siehe Abb. 15). Zu den Ball-Szenen op. 109 sind sogar die Exemplare beider Vertragspartner überliefert (CUL, Rare E173.N95 pt. 15 und schweizerischer Privatbesitz). Mit dem Kontrakt zu op. 118 (siehe Abb. 15) überträgt Schumann nicht nur das Recht zur Publikation der Originalkomposition an einen einzigen Verleger für ein Honorar von »18 Louisdor baar & 17 Ldor in 2 Anweisungen«, sondern gestattet ihm zugleich, »beliebige Arrangements zu drucken und in seinem Verlag herauszugeben.« Diese (aus heutiger Sicht) nicht unproblematische Freibriefklausel entzieht dem Komponisten jegliches Mitspracherecht bei künftigen Veröffentlichungen von Bearbeitungen und hinsichtlich ausländischer Paralleldrucke, und gerade der Verlag von Julius Schuberth verstand diese Freiräume weidlich zu nutzen. In der Düsseldorfer Schaffensphase bemüht sich Schumann einige Male, ausländische Verlagsrechte zu behalten, was aber nicht gelingt, da der Verleger bereits selbst diese Rechte für sich gesichert hat. Nahezu alle deutschen und österreichischen Verlagshäuser, mit denen Schumann zusammenarbeitet, kooperieren mit ausländischen Kollegen und lassen dort nach eigenem Ermessen Parallelausgaben bzw. eigene Druckerzeugnisse in Kommission erscheinen, auf die ein Komponist kaum Einfluß nehmen konnte. Allerdings stellt sich bei Schumanns Werken das Problem verschiedener nationaler Druckfassungen nicht in der Brisanz (eine Ausnahme bildet der Carnaval op. 9. Vgl. Ehrhardt 1997, 205–217), wie dies etwa bei Mendelssohn und Chopin der Fall ist, deren Werke in Deutschland, Frankreich und England nicht selten nahezu zeitgleich in voneinander abweichenden Fassungen erschienen sind.

Im philologischen Sinne sind lediglich Originalausgaben, nicht aber deren von fremder Hand gefertigten Bearbeitungsderivate autorisiert. Dennoch sind Arrangements nicht unbedingt marginale Begleitphänomene im Schlepptau der Originalkompositionen, sondern wichtige, wenn auch manchmal erstaunliche Formen der Werkrezeption.

Bearbeitungen

Arrangements eigener Werke sind für Schumann in mehrfacher Hinsicht von großer Bedeutung. Zu unterscheiden sind eigene bzw. autorisierte von fremden, nicht-autorisierten Arrangements. Zum einen tragen Klavierbearbeitungen von Sinfonien und Konzerten sowie Klavierauszüge vokalsinfonischer Werke zur Verbreitung der Originalkompositionen bei. In einem Zeitalter, das noch keine Tonträger kennt, bieten sie die einzige Möglichkeit, sich großdimensionierte Werke privat anzueignen. Außerdem dienen Klavierauszüge als Einstudierungshilfe bei Aufführungen oratorischer Werke und ersetzen sowohl hier als auch bei Orchesterwerken einen vorerst noch nicht verfügbaren Partiturdruck. Klavierarrangements liegen durchaus auch im wirtschaftlichen Interesse der Verleger. Mit Bezug auf den Klavierauszug der *Manfred*-Ouvertüre op. 115 schreibt Härtel an Schumann, es sei »dem Vertriebe eines Orchesterwerkes immer am vortheilhaftesten, wenn die Arrangements gleichzeitig mit der Original-Ausgabe der Stimmen erscheinen würden, so daß eins auf das andere hinweist« (8.6.1852, Corr. Bd. 24, Nr. 4474).

Schumann widmet sich Klavierauszügen mit Sorgfalt, wobei er vorzugsweise vierhändige Bearbeitungen selbst übernimmt oder kompetente Arrangeure wie etwa Clara Schumann, Carl Reinecke oder Woldemar Bargiel mit Bearbeitungen beauftragt. Hinsichtlich der Autorschaft und des Autorisierungsgrades zeitgenössischer, oft anonym erschienener Bearbeitungen fehlen bislang noch Untersuchungen. Nicht eigens autorisierte, d.h. aufgrund verlegerischer oder privater Initiativen entstandene Fremdbearbeitungen Schumannscher Werke sind ebenfalls der Rezeption förderlich. Sie bezeugen durch ihren selektiven Werkbezug nicht nur die besondere Popularität und öffentliche Wertschätzung der arrangierten Kompositionen, sondern spiegeln vor allem das der Forschung nur schwer zugängliche private zeitgenössische Musikleben und seine Vorlieben wider. Eine qualitative Abgrenzung von Originalkompositionen und Arrangements mag philologisch einleuchten, sie wird allerdings weder der aufführungspraktischen Realität noch dem Schumannschen Werkverständnis gerecht. Im 1851 bei Fr. Whistling in Leipzig erschienenen Werkverzeichnis – es umfaßt die Werke bis einschließlich Opus 92 – werden Angaben zu Originalfassungen nicht nur durch autorisierte Klavierauszüge ergänzt, sondern in einem eigenen Kapitel auch fremde »Arrangements und Transcriptionen« aufgelistet (Whistling, 29). Mit Schumanns Dokumentation des originalen Œuvres einschließlich seiner Fremdbearbeitungen verbindet sich die Dokumentation seiner Wirkungsgeschichte.

Vor allem der Verlag von J. Schuberth in Hamburg bringt von Schumanns Kompositionen, deren Rechte er besitzt, diverse Bearbeitungen heraus, die variable Aufführungsmöglichkeiten zulassen. Diese Variabilität läßt sich anhand des Konzertstücks für vier Hörner op. 86 eindrucksvoll aufzeigen. Das Werk erscheint 1851 bei J. Schuberth in Partitur, Solo- und Orchester-Stimmen und in einem Arrangement für zwei Klaviere, das ausdrücklich als »vom Componisten selbst besorgte Bearbeitung« ausgewiesen wird (NZfM 34, Nr. 23, 6.6.1851, 252). Diese Druckausgaben ermöglichen neben der Darbietung der konzertanten Hauptfassung drei weitere kammermusikalische Aufführungsmöglichkeiten und eine zusätzliche konzertante Fassung, also insgesamt fünf Aufführungsversionen. Die erste Bearbeitungsfassung besteht im Arrangement für zwei Klaviere. Indem die Stimme des 2. Pianoforte (sie enthält den arrangierten Orchestersatz) mit den vier Solostimmen, die Bestandteil des originalen Stimmendrucks der Orchesterfassung sind, kombiniert werden, bietet sich als zweite Bearbeitung eine Fassung für vier Hörner und Klavier. Die dritte Kammermusikbearbeitung ergibt sich ebenfalls aus der Nutzung des vorliegenden gedruckten Materials: Die Stimme des 1. Pianofortes läßt sich auch als Bearbeitung für Klavier solo nutzen, wenn man die Fußnote auf der 3. Seite der Druckausgabe befolgt: »Spielt man die kleingestochenen Noten mit [sie enthalten den arrangierten Orchesterpart], so läßt sich die Stimme des 1sten Pianoforte allenfalls auch als zweihändiges Arrangement des Stückes gebrauchen. Beim Zusammenspiel mit dem 2ten Pianoforte dürfen die kleinen Noten nicht mitgespielt werden.« Eine zusätzliche Klavierkonzertfassung, auf die allerdings (noch) nicht eigens hingewiesen wird, resultiert aus der Kombination der Stimme für das 1. Pianoforte (die im Haupttext den solistischen Hörnersatz enthält) mit den Orchesterstimmen. Demnach enthalten die drei von Schumann selbst autorisierten Druckausgaben (Partitur, Stimmen, Fassung für zwei Klaviere) potentiell fünf Werkfassungen, wobei

die Grenzen zwischen Original- und Bearbei-
tungsfassungen zerfließen.

Damit aber nicht genug. Um die Klavierkonzertfassung idiomatisch und zugleich marktstrate-
gisch zu exponieren, bringt Schuberth 1862 noch
eine anonyme Neubearbeitung des Opus 86 unter
dem Titel *Concertstück für Klavier und Orchester*
heraus (Hofmeister, 34. Jg., Dezember 1862, 233).
Hierfür ist nur die Edition einer neu arrangierten,
effektvollen *Principalstimme* (PN 2773) für Klavier
solo nötig. Schuberth weist auf dem Titelblatt der
Principalstimme auf weitere verfügbare Fassungen
hin, wobei zwischen *erleichterten Editionen vom
Componisten* (für zwei Klaviere bzw. für Klavier
solo), *Concert-Editionen* (Klavier u. Orchester,
zwei Klaviere zu vier Händen bzw. Klavier solo)
und *Editionen für Hörner* (Originalfassung für
Hörner und Orchester bzw. das Arrangement für
vier Hörner und Klavier) zu wählen ist. Darüber
hinaus erscheint 1864 unter dem Titel *Großes Duo
zu vier Händen nach dem Concertstück übertragen*
eine weitere anonyme und freilich ebenfalls nicht
autorisierte Bearbeitung, für ein Klavier zu vier
Händen (Hofmeister, 36. Jg., März 1864, 42). 1866
schließlich wird ein weiteres Arrangement publiziert: *Quintett für Piano, 2 Violinen, Viola und
Cello nach dem Concertstück op. 86 (für 4 Hörner)
bearbeitet von Dr. Ph. Lampe* (PN 1385) (Verlags-
anzeige. Signale 24, Nr. 13, 26.2.1866). Sie nutzt
die seit 1851 vorliegende und von Schumann autorisierte Stimme für das zweite Pianoforte und ergänzt diese mit Streichquartettstimmen, die ein
Arrangement des Hörnerquartetts darstellen. Für
die Käuferschaft sind nach 1866 Original- und
Bearbeitungsausgaben kaum mehr klar voneinander zu unterscheiden, zumal die in Musikdrucken
des 19. Jahrhunderts übliche Weglassung des Er-
scheinungsjahrs keine publikationsgeschichtliche
Orientierung gestattet.

Eine systematische Erforschung der über Bearbeitungen verlaufenden Schumann-Rezeption
steht noch aus. Sie würde einige Überraschungen
zutage fördern: Z.B. war – gemessen an der Vielfalt der Bearbeitungen – das im 19. Jahrhundert
beliebteste Schumann-Werk nicht etwa die »Träumerei«, sondern das »Abendlied« aus den *12 vierhändigen Klavierstücken für kleine und große Kinder*
op. 85, von dem allein beim Verleger der Originalausgabe, J. Schuberth & Co., mehr als ein Dut-

zend Bearbeitungen erscheinen, etwa für Klavier
und alternative Soloinstrumente, Fassungen für
Orchester mit jeweils einem Soloinstrument sowie
textierte Arrangements für gemischten Chor und
für Männerchor (vgl. RSA III/2, 380 ff.).

Anders als mit den Verlegerarrangements ver-
hält es sich mit den von Schumann autorisierten
Alternativfassungen seiner Werke, obgleich auch
sie auf Breitenwirkung zielen. Derartig multiple
Ausgaben legt er aber erst in Werken der späten
Schaffensphase (ab 1849) vor:

*Adagio und Allegro für Pianoforte und Horn (ad
    libitum Violoncello oder Violine)* op. 70 (1849)
*Fantasiestücke für Pianoforte und Klarinette (ad
    libitum Violine oder Violoncello)* op. 73 (1849)
*Drei Romanzen für Oboe (ad libitum Violine oder
    Klarinette)* op. 94 (1851)
*Fünf Stücke im Volkston für Violoncello (ad libitum
    Violine) und Klavier* op. 102 (1851)
*Märchenbilder. Vier Stücke für Klavier und Viola
    (ad libitum Violine)* op. 113 (1852)

Auch für die von Clara Schumann vernichteten
Romanzen für Violoncello und Klavier Anh. E7
(1853) war eine Alternativbesetzung mit Violine
vorgesehen. Selbst für das Cellokonzert op. 129
erwog Schumann, wie wir erst seit 1987 wissen,
eine Parallelfassung für Violine (Draheim 1987,
4–10).

Beobachtung der Rezeption

An der Rezeption seiner Kompositionen ist Schumann schon mit Beginn seines öffentlichen Auftritts als Komponist in hohem Maße interessiert
(vgl. Schoppe 1968). Dies fügt sich in unser Bild
von einem Komponisten, der zur minutiösen
Selbstdokumentation aller Lebensbereiche neigt.
Getragen von einem protestantischen Arbeitsethos
legt er in seinen Tage- und Haushaltbüchern über
seine kompositorischen und sonstigen Arbeiten
Rechenschaft ab und dokumentiert darüber hinaus besondere Ereignisse, Alltagsbegegnungen,
Konzerte, Lektüre, Ausgaben und Einnahmen bis
hin zu Wirtshausbesuchen und gesundheitlichem
Befinden.

Die publizistische Resonanz auf seine Kompositionen zu registrieren, entspringt einem natürlichen Bedürfnis nach künstlerischer Selbstvergewisserung. Die im *Allgemeinen musikalischen Anzeiger* Wien (Nr. 26 vom 28. Juni 1832) erschienene Rezension der *Abegg-Variationen* op. 1 und der *Papillons* op. 2 nimmt Schumann nicht nur erfreut zur Kenntnis (Tb I, 412), sondern schreibt sie sich teilweise ab (Tb I, 426 f.). Weitere Rezensionsabschriften zu denselben Werken sowie zu den Opera 3 und 5 und zur Erstaufführung der Jugendsinfonie g-Moll, Anh. A3 finden sich an gleicher Stelle (Tb I, 424–433) unter der selbstironischen Überschrift »Zur Besserung«.

Im Ausnahmefall repliziert Schumann kurz und scharf auf eine ihm ungerecht erscheinende Besprechung, wie etwa Rellstabs Kritik der *Kinderszenen* op. 15, in der eigenen *Neuen Zeitschrift für Musik* (vgl. Appel 1987, 109–115). Als ein Kritiker die mißglückte Kölner Aufführung der *Rheinischen Sinfonie* op. 97 der Komposition anlastete, läßt Schumann über Bartholf Senff eine anonyme Erwiderung in die *Signale für die Musikalische Welt* einrücken (Signale 9/15, 3.4.1851, 133), wie er überhaupt die guten persönlichen Beziehungen zu Senff zu nutzen weiß, um auf sein aktuelles Schaffen hinzuweisen.

Während seiner Zeit als Redakteur der *Neuen Zeitschrift für Musik* (1834–1844) ist er allerdings darauf bedacht, daß dort eigene Werke nicht in hoher Konzentration besprochen werden, weil er sich nicht dem Verdacht von Gefälligkeitsrezensionen aussetzen will. Nach Niederlegung der Redaktionsgeschäfte fordert er ihm befreundete Musiker, Komponisten oder Redakteure wie Franz Brendel gezielt auf, ihm ihre Meinungen über aktuelle Kompositionen mitzuteilen. Um die Besprechung des Stimmendrucks seiner Quartette op. 41 durch E.F. Richter bittet Schumann beispielsweise in einem Brief vom 17. August 1844 an Hermann Härtel selbst und erklärt sich bereit, hierfür seine handschriftliche Partitur zur Verfügung zu stellen (BNF, 439), weil eine angemessene Werkrezension auf der Basis gedruckter Stimmen kaum möglich ist. Am 31. Januar 1845 bittet er Hermann Härtel um eine Besprechung seines Oratoriums *Das Paradies und die Peri* und äußert den Wunsch, »daß dies womöglich von jemandem geschehe, der es in Leipzig bei den Aufführungen im December 43 gehört. Wäre er das R. [gemeint ist E.F. Richter], das in einer der letzteren Nummern meine Quartette in so theilnahmvoller Weise angezeigt, so würde es mich doppelt freuen. Doch soll dieser mein Wunsch eher einen Dank für die wohlwollende Gesinnung jenes Kritikers aussprechen, als im Geringsten Ihren Entschließungen vorgreifen« (BNF, 440).

Bereits 1832 beginnt Schumann, ihn betreffende Rezensionen und andere biographische Presseartikel zu sammeln. Hiervon zeugt seine eigens angelegte, allerdings sehr lückenhafte Sammlung von Zeitungsstimmen (D-Zsch; Archiv-Nr.: 2067 bis 2072-C2/A4). Auch die Dokumentation von Aufführungsdaten auf den Vorsatzblättern seiner eigenen Handexemplare (D-Zsch; Archiv-Nr.: 4501 D1/A4. In 23 Bänden vereinigt) ist Bestandteil der rezeptionsgeschichtlichen Selbstbeobachtung. Überwiegend handelt es sich dabei um Freiexemplare von Originalausgaben. Manchmal haben sie den Status einer letzten, nicht mehr revisionsbedürftigen Korrekturfahne oder den eines Vorabdrucks, und gelegentlich enthalten sie handschriftliche Korrekturen. Durchschnittlich erhält Schumann von jedem gedruckten Werk sechs oder sieben Belegexemplare, die häufig mit abgedeckter Preisangabe gedruckt sind. Von einigen wenigen Werken fehlen innerhalb der Handexemplare die Originalausgaben gänzlich. Dabei handelt es sich vornehmlich um Aufführungsstimmen und Partituren großer Werke, deren aufführungspraktische Nutzung einer Bindung innerhalb der Handexemplare entgegenstand.

Im November 1853, am Ende seiner Schaffenszeit, resümiert der Komponist: »Meine Musik verbreitet sich mehr und mehr, auch im Ausland, namentlich in Holland und England, und das zu sehen, freut immer den Künstler. Denn nicht das Lob erhebt ihn, sondern die Freude, daß, was er empfunden, harmonisch aus Menschenherzen zurückklingt« (Brief an Carl Debrois van Bruyck, 18.11.1853, Erler II, 207).

Literatur

Abraham, Gerald: Schumann's Jugendsinfonie in G Minor. The musical quarterly 37 (1951), S. 45–60.

Adorno, Theodor W.: Titel. Paraphrasen zu Lessing. In: ders., Noten zur Literatur III. Frankfurt a. M. 1965. (Bibliothek Suhrkamp, 146), S. 7–18.

Appel, Bernhard R.: Schumanns Davidsbund. Geistes- und sozialgeschichtliche Voraussetzungen einer romantischen Idee. Archiv für Musikwissenschaft 28 (1981), S. 1–23.

–: R. Schumanns Humoreske für Klavier op. 20. Zum musikalischen Humor in der ersten Hälfte des 19. Jahrhunderts unter besonderer Berücksichtigung des Formproblems. Diss. masch. Saarbrücken 1981.

–: Ein produktives Mißverständnis: Robert Schumanns »Kinderszenen« op. 15 in der Kritik Ludwig Rellstabs. Die Musikforschung 40 (1987), S. 109–115.

–: Lebensdrama in kalter Frühlingsnacht. R. Schumanns Orchesterfassung der »Tragödie« (H. Heine). NZfM 153 (1992), S. 13–17.

–: Robert Schumanns Mondnacht op. 39/5 – Quellen und Varianten. In: Festschrift Walter Wiora zum 90. Geburtstag (30. Dezember 1996), hg. von Christoph-Hellmut Mahling und Ruth Seiberts. Tutzing 1997 (Mainzer Studien zur Musikwissenschaft, 35), S. 9–23.

–: Robert Schumanns »Album für die Jugend«. Einführung und Kommentar. Zürich, Mainz 1998.

–: Zum Textstatus von Kompositions-Skizzen und -Entwürfen. Jahrbuch des Staatl. Inst. f. Musikforschung, Preußischer Kulturbesitz 1999, S. 177–210.

–: Über die allmähliche Verfertigung musikalischer Gedanken. Die Musikforschung 56 (2003), S. 347–365.

Beer, Axel: Das Titelblatt als Mitteilung. Vorbemerkung. Die Widmung. Die Werkzählung. In: ders.: Musik zwischen Komponist, Verlag und Publikum. Die Rahmenbedingungen des Musikschaffens in Deutschland im ersten Drittel des 19. Jahrhunderts. Tutzing 2000, S. 364–378.

Berlioz, Hector: Instrumentationslehre. Ein vollständiges Lehrbuch. Autorisierte deutsche Ausgabe, hg. von Dörffel. Leipzig 1864.

Bischoff, Bodo: Monument für Beethoven. Die Entwicklung der Beethoven-Rezeption Robert Schumanns., Köln-Rheinkassel 1994.

–: Das Bach-Bild Robert Schumanns. » …von Bach dämmerte es.« (1810–1829). In: Bach und die Nachwelt, hg. von Michael Heinemann und Hans-Joachim Hinrichsen. Bd. I: 1750–1850. Laaber 1997, S. 421–498.

–: »…Der Gnaden spendet ohne Zahl …« Zu Schumanns Motette ›Verzweifle nicht im Schmerzensthal‹ (Friedrich Rückert) op. 93. In: Schumanniana nova. Festschrift Gerd Nauhaus zum 60. Geburtstag, hg. von Bernhard R. Appel. Sinzig 2002, S. 88–113.

Boetticher, Wolfgang: Robert Schumanns Klavierwerke. Neue biographische und textkritische Untersuchungen. Teil I: op. 1–6. Wilhelmshaven 1976 (Quellenkataloge zur Musikgeschichte, 9).

–: Das ungeschriebene Oratorium »Luther« von Robert Schumann und sein Textdichter Richard Pohl. In: Beiträge zur Geschichte des Oratoriums seit Händel. Festschrift Günther Massenkeil zum 60. Geburtstag, hg. von Rainer Cadenbach und Helmut Loos. Bonn 1986, S. 298–307.

Brantner, Christina E.: Robert Schumann und das Tonkünstler-Bild der Romantiker. New York, Bern 1991 (Studies in modern German literature, 32).

Braun, Werner: Komponieren am Klavier. Archiv für Musikwissenschaft 23 (1966), S. 125–143.

Brown, Thomas Alan: The aesthetics of Robert Schumann in relation to his piano music 1830–1840. Diss. The University of Wisconsin 1965.

Draheim, Joachim: Robert Schumann in Heidelberg. In: Musik in Heidelberg 1777–1885. Eine Ausstellung des Kurpfälzischen Museums der Stadt Heidelberg in Zusammenarbeit mit dem Musikwissenschaftlichen Seminar der Universität, Ausstellungskatalog, hg. vom Kurpfälzischen Museum der Stadt Heidelberg. Heidelberg [ca. 1985], S. 144–180.

–: »Dies Concert ist auch für Violine transscribirt erschienen«. Robert Schumanns Cellokonzert und seine neuentdeckte Fassung für Violine. NZfM 148 (1987), Nr. 11, S. 4–10.

–: Schumanns Jugendwerk: Acht Polonaisen op. III für Klavier zu 4 Händen. In: Schumanns Werke – Text und Interpretation. 16 Studien. [Bericht über das 2. Internationale Schumann-Symposion am 17. und 18. Mai im Rahmen des 2. Schumann-Festes, Düsseldorf], hg. von der Robert-Schumann-Gesellschaft Düsseldorf durch Akio Mayeda und Klaus Wolfgang Niemöller. Mainz 1987. (Schumann-Forschungen, [2]), S. 179–191.

–: Bemerkungen zu den frühen Variationswerken Robert Schumann. In: Internationale Robert-Schumann-Tage Zwickau. Red. Hans Joachim Köhler. Zwickau 1988. (Schumann-Studien, 1), S. 75–89.

–: Das Cellokonzert a-Moll op. 129 von Robert Schumann: Neue Quellen und Materialien. In: Schumann in Düsseldorf. Werke – Texte – Interpretationen. Bericht über das 3. Internationale Schumann-Symposion am 15. und 16. Juni 1988 im Rahmen des 3. Schumann-Festes, Düsseldorf, hg. von Bernhard R. Appel. Mainz 1993 (Schumann-Forschungen, 3), S. 249–264.

–: Robert Schumann und Henri Herz. In: Robert Schumann und die französische Romantik. Bericht über das 5. Internationale Schumann-Symposium der Robert-Schumann-Gesellschaft am 9. und 10. Juli 1994 in Düsseldorf, hg. von Ute Bär. Mainz 1997. (Schumann-Forschungen, 6), S. 153–168.

Dürr, Walther: [Franz Schuberts] Kompositionsverfahren und Aufführungspraxis. In: Schubert-Handbuch, hg. von Walther Dürr und Andreas Krause. Kassel, Stuttgart 1997, S. 78–111.

Eggebrecht, Hans Heinrich: Prinzipien des Schubert-Liedes. Archiv für Musikwissenschaft 27 (1970), S. 89–109.

Ehrhardt, Damien: Der französische und der deutsche Erstdruck des Carnaval op. 9. In: Robert Schumann und die französische Romantik. Bericht über das 5. Internationale Schumann-Symposium der Robert-Schumann-Gesellschaft am 9. und 10. Juli 1994 in Düsseldorf, hg. von Ute Bär. Mainz 1997. (Schumann-Forschungen, 6), S. 205–217.

Ewert, Hansjörg: Anspruch und Wirkung. Studien zur Entstehung der Oper Genoveva von Robert Schumann. Tutzing 2003 (Würzburger musikhistorische Beiträge, 23).

Federhofer, Hellmut: Luigi Cherubini: Cours de contrepoint et de fugue in Deutschland und Österreich. Acta musicologica 74 (2003), S. 129–139.

Feldmann, Fritz: Zur Frage des ›Liederjahrs‹ bei Robert Schumann. Archiv für Musikwissenschaft 9 (1952), S. 246–268.

Finson, Jon W.: Robert Schumann and the study of orchestral composition: the genesis of the First Symphony, Op. 38. Oxford 1989.

Fricker, Hans-Peter: Die musikkritischen Schriften Robert Schumanns. Versuch eines literaturwissenschaftlichen Zugangs. Bern, Frankfurt a. M. 1983 (Europäische Hochschulschriften, 677) .

Genette, Gérard: Paratexte. Das Buch vom Beiwerk des Buches. Frankfurt a. M. 2001.

Gertler, Wolfgang: Robert Schumann in seinen frühen Klavierwerken. Leipzig 1931.

Hallmark, Rufus: The sketches for Dichterliebe. 19th century music 1 (1977), S. 110–136.

–: The genesis of Schumann's Dichterliebe. A source study. Ann Arbor 1979 (Studies in musicology, 12).

–: A sketch leaf for Schumann's D-Minor Symphony. In: Mendelssohn and Schumann. Essays on their music and its context, ed. by Jon W. Finson and R. Larry Todd. Durham, N.C. 1984, S. 39–51.

Hase, Oskar von: Breitkopf & Härtel. Gedenkschrift und Arbeitsbericht. Bd. 2, Teil 1: 1828–1918. Wiesbaden ⁵1968.

Heero, Aigi: Schumanns Jugendlyrik. Kritische Edition und Kommentar. Sinzig 2003 (Schumann-Studien Sonderband, 3).

Herrmann, Andrea: Robert Schumann als Pädagoge in seiner Zeit. Berlin 1997 (Schriftenreihe Musikwissenschaft, 1).

Herttrich, Ernst: Schumanns frühe Klavierwerke und ihre späteren Fassungen. In: Schumann in Düsseldorf. Werke – Texte – Interpretationen. Bericht über das 3. Internationale Schumann-Symposion am 15. und 16. Juni 1988 im Rahmen des 3. Schumann-Festes, Düsseldorf, hg. von Bernhard R. Appel. Mainz 1993. (Schumann-Forschungen, 3), S. 25–35.

Hiller, Ferdinand: Künstlerleben. Köln 1880.

Hoffmann, E.T.A.: Über einen Ausspruch Sacchinis und über den sogenannten Effekt in der Musik (1814).

Hofmann, Kurt: Die Erstdrucke der Werke von Robert Schumann. Bibliographie. Tutzing 1979.

Friedrich Hofmeister et al. (Hg.): Musikalisch-litterarischer Monats-Bericht neuer Musikalien […], Leipzig 1839 ff.

Hopf, Helmuth: Stilistische Voraussetzungen der Klaviermusik Robert Schumanns. Göttingen 1957.

Hotaki, Leander: Schumanns Mottosammlung. Übertragung, Kommentar und Einführung. Freiburg i. Br. 1998 (Rombach Wissenschaften. Reihe Litterae, 59).

Jansen, Friedrich Gustav: Die Davidsbündler. Aus Robert Schumann's Sturm- und Drangperiode. Ein Beitrag zur Biographie R. Schumann's nebst ungedruckten Briefen, Aufsätzen und Portraitskizzen aus seinem Freundeskreise. Leipzig 1883.

Joachim, Joseph: Briefe von und an Joseph Joachim, gesammelt und hg. von Johannes Joachim und Andreas Moser. Bd. 1: Die Jahre 1842–1857. Berlin 1911.

Jost, Peter: Karl Ritter. Komponist zwischen Schumann und Wagner. In: »Neue Bahnen«. Robert Schumann und seine musikalischen Zeitgenossen. Bericht über das 6. Internationale Schumann-Symposion am 5. und 6. Juni 1997 im Rahmen des 6. Schumann-Festes, Düsseldorf, hg. von Bernhard R. Appel. Mainz 2002. (Schumann-Forschungen, 7), S. 182–204.

Kapp, Reinhard: Studien zum Spätwerk Robert Schumanns. Tutzing 1984.

Kast, Paul (Bearb.): Robert Schumanns rheinische Jahre. Eine Ausstellung des Heinrich-Heine-Instituts, Düsseldorf. Düsseldorf 1981. (Veröffentlichungen des Heinrich-Heine-Instituts, Düsseldorf).

Keil, Siegmar: Untersuchungen zur Fugentechnik in Robert Schumanns Instrumentalschaffen. Hamburg 1973 (Hamburger Beiträge zur Musikwissenschaft, 11).

Knechtges-Obrecht, Irmgard: »… auf daß das Aeußere einigermaßen dem innern Charakter entspreche.« Robert Schumann und die Ausstattung seiner Notendrucke. In: Schumann und die Düsseldorfer Malerschule. [Katalog zur] Ausstellung vom 1.–19. Juni 1988. Düsseldorf, im Rahmen des 3. Schumann-Festes, bearb. von Bernhard R. Appel. Düsseldorf 1988, S. 41–63.

Köhler, Hans Joachim: Polare Symbole der Kreativität bei Robert Schumann oder Florestan und Eusebius als »Verfasser« der Davidsbündlertänze op. 6. In: Musikästhetik und Analyse. Festschrift Wilhelm Seidel zum 65. Geburtstag, hg. von Michael Märker und Lothar Schmidt. Laaber 2002, S. 317–327.

Kohlhase, Hans: Die Kammermusik Robert Schumanns. Stilistische Untersuchungen. Bd. 1. Hamburg 1979 (Hamburger Beiträge zur Musikwissenschaft, 19).

Kreisig, Martin: Einige unbekannte Worte Robert Schumanns über die Art seines Schaffens. Zeitschrift für Musikwissenschaft 92 (1925), S. 165–166.

Lederer, Josef-Horst: Robert Schumann und Josef Netzer: Vom Vorabdruck zur Dirigiervorlage. Ein Beitrag zur Entstehungs- und Aufführungsgeschichte von

Robert Schumanns zweiter Sinfonie. Studien zur Musikwissenschaft. Beihefte der Denkmäler der Tonkunst in Österreich 41 (1993), S. 257–288.

Lobe, Johann Christian: Gespräche mit Hummel. Allgemeine musikalische Zeitung 49, Nr. 19, 12. Mai 1847, Sp. 319.

Loesch, Heinz von: Eine verkannte Quelle der frühen Schumann-Rezeption. Die Briefe Robert Emil Bockmühls im Spiegel von Rezeption und Werkanalyse des Cellokonzerts. Jahrbuch d. Staatl. Instituts für Musikforschung, Preußischer Kulturbesitz 1995, S. 114–133.

–: Robert Schumann. Konzert für Violoncello und Orchester a-Moll, op. 129. München 1998 (Meisterwerke der Musik, 64).

Luebbe, Michael J.: Robert Schumann's exercice pour le pianoforte. In: Schumanniana nova. Festschrift Gerd Nauhaus zum 60. Geburtstag, hg. von Bernhard R. Appel, Ute Bär u. Matthias Wendt. Sinzig 2002, S. 423–448.

MacDonald, Claudia: Robert Schumann's F-Major Piano Concerto of 1831 as reconstructed from his first sketchbook: a history of its composition and study of its musical background. Diss. University of Chicago 1986.

Mayeda, Akio: Schumanns Weg zur Symphonie. Zürich, Mainz 1992.

Möller, Eberhard: Gottlob Wiedebein, Carl Gottlieb Reissiger und die frühen Lieder von Robert Schumann. In: Schumann-Studien 7, hg. von Anette Müller. Sinzig 2004, S. 119–135.

Müller, Anette: Schumann und die Kopisten der Düsseldorfer Zeit. In: Robert Schumann: philologische, analytische, sozial- und rezeptionsgeschichtliche Aspekte, hg. von Wolf Frobenius et al. Saarbrücken 1998 (Saarbrücker Studien zur Musikwissenschaft, N.F., 8), S. 9–25.

–: Komponist und Kopist – eine produktive Kooperation am Beispiel der Werke Robert Schumanns. In: Aspekte historischer und systematischer Musikforschung: zur Symphonie im 19. Jahrhundert, zu Fragen der Musiktheorie, der Wahrnehmung von Musik und anderes, hg. von Christoph-Hellmut Mahling und Kristina Pfarr. Mainz 2002. (Schriften zur Musikwissenschaft, 5), S. 159–171.

Nauhaus, Gerd: Robert Schumanns Oper »Genoveva«. Zur Werk- und Aufführungsgeschichte. Masch. Diplomarbeit Halle/S. 1968.

–: Quellenuntersuchungen zu Schumanns »Das Paradies und die Peri«. In: Robert-Schumann-Tage 1985, hg. Günther Müller. 10. Wissenschaftliche Arbeitstagung zu Fragen der Schumann-Forschung in Zwickau. Zwickau 1985, S. 68–75.

–: Schumanns »Das Paradies und die Peri«. Quellen zur Entstehungs-, Aufführungs- und Rezeptionsgeschichte. In: Schumanns Werke – Text und Interpretation. 16 Studien. [Bericht über das 2. Internationale Schumann-Symposion am 17. und 18. Mai im Rahmen des 2. Schumann-Festes, Düsseldorf], hg. von der Robert-Schumann-Gesellschaft Düsseldorf durch

Akio Mayeda und Klaus Wolfgang Niemöller. Mainz 1987. (Schumann-Forschungen, [2]), S. 133–148.

–: Dokumente zur Vorgeschichte der »Gesammelten Schriften über Musik und Musiker« von Robert Schumann. Gutenberg-Jahrbuch 1989, S. 180–201.

–: Der Rose Pilgerfahrt op. 112: Schumanns Abschied vom Oratorium. In: Schumann in Düsseldorf. Werke – Texte – Interpretationen. Bericht über das 3. Internationale Schumann-Symposion am 15. und 16. Juni 1988 im Rahmen des 3. Schumann-Festes, Düsseldorf, hg. von Bernhard R. Appel. Mainz 1993. (Schumann-Forschungen, 3), S. 179–199.

–: Die Anfänge der Schumannschen Sinfonik. In: Schumann-Studien 3/4. Im Auftrag der Robert-Schumann-Gesellschaft Zwickau hg. von Gerd Nauhaus. Köln 1994, S. 251–258.

–: Schumann's symphonic finales. In: Schumann and his world, ed. by R. Larry Todd. Princeton, N.J. 1994, S. 113–128.

–: Schumann und Carl Reinecke. In: »Neue Bahnen«. Robert Schumann und seine musikalischen Zeitgenossen. Bericht über das 6. Internationale Schumann-Symposion am 5. und 6. Juni 1997 im Rahmen des 6. Schumann-Festes, Düsseldorf, hg. von Bernhard R. Appel. Mainz 2002 (Schumann-Forschungen, 7), S. 112–143.

Nietzsche, Friedrich: Menschliches, Allzumenschliches. Ein Buch für freie Geister. In: Friedrich Nietzsche. Werke in sechs Bänden, hg. von Karl Schlechta. Bd. II. München, Wien 1980.

Nitschkova-Goleminova, Lilia: »Erfindungen« oder »Empfindungen«? NZfM 134 (1973), S. 94.

Nottebohm, Gustav: Zweite Beethoveniana. Leipzig 1887.

Ozawa, Kazuko: Quellenstudien zu Robert Schumanns Liedern nach Adelbert von Chamisso. Frankfurt a. M., Bern 1989 (Europäische Hochschulschriften, R. 36, 18).

–: Anmerkungen zu Schumanns Liedern in den Beilagen zur Neuen Zeitschrift für Musik. In: Schumann-Studien 5. Im Auftrag der Robert-Schumann-Gesellschaft Zwickau hg. von Gerd Nauhaus. Sinzig 1996, S. 83–96.

Plantinga, Leon: Schumann as critic. New Haven 1967.

Redlich, Hans F.: Schumann discoveries, The monthly musical record 1950, S. 143–147, 182–184, 261–265; 1951, S. 14–16, 143–147, 182–184, 261–265.

Reichert, Ursula: Musik in Heidelberg: Die Zeit der Romantik. In: Musik in Heidelberg 1777–1885. Eine Ausstellung des Kurpfälzischen Museums der Stadt Heidelberg in Zusammenarbeit mit dem Musikwissenschaftlichen Seminar der Universität, Ausstellungskatalog, hg. vom Kurpfälzischen Museum der Stadt Heidelberg. Heidelberg [ca. 1985], S. 43–120.

Reiman, Erika: Schumann's piano cycles and the novels of Jean Paul. Rochester NY 2004 (Eastman studies in music, 19).

Reinecke, Carl: Mendelssohn und Schumann als Lehrer. NZfM 78, H. 1, 5. Januar 1911, S. 2–4.

Roesner, Linda Correll: Studies in Schumann manuscripts: with particular reference to sources transmitting instrumental works in the large forms, Vol. 1. Diss. masch. New York University 1973.

–: The sources for Schumann's Davidsbündlertänze Op. 6: composition, textual problems, and the composer as editor. In: Mendelssohn and Schumann. Essays on their music and ist context, ed. by Jon W. Finson and R. Larry Todd. Durham, N.C. 1984, S. 53–70.

Schoppe, Martin: Robert Schumann im Spiegel der Tagesliteratur (ein Beitrag zur Erforschung der Schumann-Rezeption zwischen 1830 und 1956). Diss. masch. Halle 1968.

–: Schumanns frühe Texte und Schriften. In: Schumanns Werke – Text und Interpretation. 16 Studien. [Bericht über das 2. Internationale Schumann-Symposion am 17. und 18. Mai im Rahmen des 2. Schumann-Festes, Düsseldorf], hg. von der Robert-Schumann-Gesellschaft Düsseldorf durch Akio Mayeda und Klaus Wolfgang Niemöller. Mainz 1987. (Schumann-Forschungen, [2]), S. 7–16.

Schulte, Krischan: »… was Ihres Zaubergriffels würdig wäre!« Die Textbasis für Robert Schumanns Lieder für Solostimmen. Mainz 2005 (Schumann-Forschungen, 10).

Schumann, Robert: Tragödie, for solo voices and orchestra/für Solostimmen und Orchester. [Text von] Heinrich Heine, ed. by Bernhard R. Appel. New Urtext ed. London 1994.

–: Musikalische Haus- und Lebensregeln. Mit Übertragung und Textabdruck eingel. und hg. von Gerd Nauhaus. Faks. Sinzig 2002 (Schumann-Studien Sonderband, 2).

Schwarz, Werner: Robert Schumann und die Variation mit besonderer Berücksichtigung der Klavierwerke. Kassel 1932 (Königsberger Studien zur Musikwissenschaft, 15).

Struck, Michael: Die umstrittenen späten Instrumentalwerke Schumanns. Untersuchungen zur Entstehung, Struktur und Rezeption. Hamburg 1984 (Hamburger Beiträge zur Musikwissenschaft, 29).

–: Robert Schumann. Violinkonzert D-Moll (WoO 23). München 1988 (Meisterwerke der Musik, 47).

–: »Träumerei« und zahl-lose Probleme. Zur leidigen Tempofrage in Robert Schumanns »Kinderscenen«. In: Schumanniana nova. Festschrift Gerd Nauhaus zum 60. Geburtstag, hg. von Bernhard R. Appel, Ute Bär u. Matthias Wendt. Sinzig 2002, S. 698–738.

Synofzik, Thomas: Die Anfänge des Schumannschen Liederjahres – Neue Dokumente und Interpretationen. In: Schumann-Studien 7, hg. von Anette Müller. Sinzig 2004, S. 137–150.

Tadday, Ulrich: Das schöne Unendliche. Ästhetik, Kritik, Geschichte der romantischen Musikanschauung. Stuttgart, Weimar 1999.

Vachon; Pierre: Une oeuvre et son titre. A propos du ›Carnaval‹, op. 9, de Robert Schumann, Revue de Musique des Universités Canadiennes 18/2 (1998), S. 1–24.

Voss, Egon: Robert Schumanns Sinfonie in g-Moll. NZfM 133 (1972), H. 6, S. 312–319.

Wasielewski, Wilhelm Joseph von: Felix Mendelssohn-Bartholdy und Robert Schumann. Eine künstlerische Parallele mit Einflechtung persönlicher Erinnerungen, Deutsche Revue über das gesamte Leben der Gegenwart 19. Bd. 3. Stuttgart, Leipzig 1894, S. 329–341.

Wendt, Matthias: Zu Robert Schumanns Skizzenbüchern. In: Schumanns Werke – Text und Interpretation. 16 Studien. [Bericht über das 2. Internationale Schumann-Symposion am 17. und 18. Mai im Rahmen des 2. Schumann-Festes, Düsseldorf], hg. von der Robert-Schumann-Gesellschaft Düsseldorf durch Akio Mayeda und Klaus Wolfgang Niemöller. Mainz 1987. (Schumann-Forschungen, [2]), S. 101–119.

–: Zu Robert Schumanns Kompositionsstudien. In: Atti del XIV congresso della Società Internazionale di Musicologia … Angelo Pompilio. Torino 1990, S. 793–803.

–: »Peri=Gedanken« – Die Skizzen zu Robert Schumanns »Das Paradies und die Peri«. Eine Bestandsaufnahme. In: Schumann-Studien 5. Im Auftrag der Robert-Schumann-Gesellschaft Zwickau hg. von Gerd Nauhaus. Sinzig 1996, S. 119–142.

–: Keine »Neue Bahnen«? – Schumann als Berater und Förderer junger (und weniger junger) Komponisten. In: »Neue Bahnen«. Robert Schumann und seine musikalischen Zeitgenossen. Bericht über das 6. Internationale Schumann-Symposion am 5. und 6. Juni 1997 im Rahmen des 6. Schumann-Festes, Düsseldorf, hg. von Bernhard R. Appel. Mainz 2002. (Schumann-Forschungen, 7), S. 219–242.

–: Schumann und Hummel. In: Zwischen Klassik und Klassizismus – Johann Nepomuk Hummel in Wien und Weimar. Kolloquium im Goethe-Museum Düsseldorf 2000, hg. von Anselm Gerhard und Laurenz Lütteken. Kassel 2003. (Schweizer Beiträge zur Musikforschung, 1), S. 123–145.

Windsperger, Lothar (Hg.): Robert Schumann: Skizzenbuch zu dem Album für die Jugend opus 68. Biographische und musikalische Erläuterungen nebst Inhaltsverzeichnis und alphabetischer Übersicht, unter Mitwirkung von Martin Kreisig. Faks.-Dr. Mainz 1924.

Poetische Harmonik

von Hubert Moßburger

In der Musikforschung des 20. Jahrhunderts wurde versucht, durch Auffinden gewisser Stilelemente die Harmonik Robert Schumanns zu charakterisieren. Die eruierten harmonischen Stilcharakteristika sind aber auch bei anderen Komponisten des 19. Jahrhunderts zu finden. Es handelt sich dabei meist um allgemein verfügbare harmonische Komponenten, die – aus dem gesamtmusikalischen Zusammenhang gerissen – noch wenig aussagekräftig sind. Es genügt aber auch nicht, die harmonischen Phänomene in den musikalischen Kontext zu stellen; insbesondere nicht bei einem Komponisten wie Schumann, dessen Harmonik in seinem Gesamtwerk vergleichsweise konventionell ausfällt, denkt man an seine progressiveren Zeitgenossen Chopin und Liszt. Die Harmonik beginnt bei Schumann weniger im technisch-materiellen Sinn zu »sprechen«, sie wird vielmehr erst vor dem ästhetischen Hintergrund des Poetischen wirksam und verständlich. Das Poetische ist nun weder im direkten Zusammenhang mit Textvertonung noch als hermeneutische Kompensation einer rein technisch wenig ergiebigen Harmonik zu betrachten. Die romantische Kategorie des Poetischen ist bei Schumann der Schlüssel zum Verständnis des Wesens seiner Musik insgesamt und seiner Harmonik im Besonderen. Denn im Begriff des Poetischen sind vier Wesensmomente enthalten, die Schumann auch der Harmonie zuspricht:

Erstens bildet das Poetische in der romantischen Musikästhetik ebenso wie bei Schumann die gemeinsame Substanz verschiedener Künste. Der Gedanke, das Poetische sei in einer übergeordneten Einheit zu finden, liegt auch dem universellen Harmoniebegriff zugrunde: Die Harmonie als das Zusammenstimmen von Verschiedenem

zu einer Einheit wird zum musikalischen Symbol für das alle Künste einigende Band des Poetischen.

Zweitens gilt im Kritikverständnis Schumanns das Prädikat »poetisch« als höchstes ästhetisches Werturteil eines musikalischen Kunstwerks. Den Kunstcharakter, durch den ein Werk poetisch erscheint, verbürgt nach Schumann diejenige »Ausbildung des Harmonischen«, durch welche »die Leidenschaft feinere Schattierungen erhielt«, und so die Musik »für alle Seelenzustände Schrift und Zeichen« bereithält (GS I, 22). Es sind vor allem die Merkmale der Komplexität, Vielschichtigkeit und Bedeutungsversatilität, welche die Harmonik dazu befähigen, kunstvoll differenzierte Nuancierungen zum Ausdruck bringen zu können.

Drittens stellt das Poetische den Gegensatz zum Prosaischen, d. h. zu allem Mechanischen, Erstarrten, Trivialen, zu bloßer Normerfüllung und reinem Handwerk dar. Positiv ausgedrückt umfaßt das Reich des Poetischen alles Originelle, Fantastisch-Fantasievolle, Romantische, Neue, Seltene, Spezielle, Geheime, Unbekannte und Traumhafte. Gehörte die Harmonik als Gegenstand der Handwerks- und Kompositionslehre bis ins 18. Jahrhundert hinein zum mechanischen Teil der Musik, so wurde sie in der romantischen Musikanschauung ästhetisch aufgewertet und rückte damit zu einem poetischen Moment der Genieästhetik auf.

Viertens ist dem Musikalisch-Poetischen die Eigenschaft inhärent, das Unsagbare fühlbar machen zu können. Musik transzendiert bestimmte äußerliche Gehalte in das höhere Reich der Poesie, indem sie den Anteil des Unerklärbaren zum Wesentlichen erhebt und nur dem Gefühl verständlich werden läßt. Die Harmonik besitzt diese

transzendierende Eigenschaft im besonderen
Maße, weil sie zur klar zeichnenden Melodie eine
klangfarbliche Tiefendimension bildet, die in ihrer
Unbestimmtheit und Unschärfe die poetische
Essenz der durch die Melodie zum Ausdruck gebrachten außermusikalischen Gehalte anzudeuten
vermag.

Diese vier harmonisch-poetischen Analogien,
die im Begriffsfeld »Poetische Harmonie« zusammengeführt sind, erweisen sich auch als für eine
musikalische Analyse greifbare Schnittstellen. Auf
welche Weise Schumanns Harmonik poetisch
bedeutsam wird, sei im Folgenden erörtert.

Harmonie und Melodie

In der romantischen Musikanschauung erfährt die
Harmonie eine ästhetische Aufwertung, die in der
Musikgeschichte einzigartig ist. E.T.A. Hoffmann
interpretiert dabei sogar die lineare Vokalpolyphonie Palestrinas im Zuge des romantischen Historismus akkordisch-vertikal um: »Die Liebe, der
Einklang alles Geistigen in der Natur, wie er dem
Christen verheißen, spricht sich aus im Akkord,
der daher auch erst im Christentum zum Leben
erwachte; und so wird der Akkord, die Harmonie
Bild und Ausdruck der Geistergemeinschaft, der
Vereinigung mit dem Ewigen, dem Idealen, das
über uns thront und uns doch einschließt« (Hoffmann 1814/1963, 215). Die Vorstellung, das Harmonische sei in der Musik das historisch zuletzt
Entwickelte und – als Errungenschaft des Christentums – Ausdruck des Höchsten, wird von
Schumann auf die zeitgenössische Musikentwick-
lung übertragen: »Die Musik ist die am spätesten
ausgebildete Kunst; ihre Anfänge waren die einfachen Zustände der Freude und des Schmerzes
(Dur und Moll), ja der weniger Gebildete denkt
sich kaum, daß es speziellere Leidenschaften geben
kann, daher ihm das Verständnis aller individuel-
leren Meister (Beethovens, Fr. Schuberts) so
schwer wird. Durch tieferes Eindringen in die
Geheimnisse der Harmonie hat man die feineren
Schattierungen der Empfindung auszudrücken
erlangt« (GS I, 27). Musikalischer Fortschritt im
Sinne eines immer differenzierteren Ausdrucks
kann sich nach Schumann vor allem in der Dimension des Harmonischen entfalten. Diese Bedeutungserhöhung der Harmonie wird in Schumanns Musik insbesondere durch ihre Aufwertung
gegenüber der Melodie kompositorisch realisiert.

Schumann erreicht dies satztechnisch, indem
er die klassische Eindimensionalität der melodischen Oberstimmendominanz zugunsten eines
höheren Wirkungsgrades der Harmonie ein-
schränkt. Die Melodie wird dabei aus jenem
wahrnehmungsästhetischen Primat verdrängt, wie
es die *Zweite Berliner Liederschule* in den Eigenschaften der Einfachheit, Fasslichkeit, des Scheins
des Bekannten und der Unabhängigkeit von jeglicher Begleitung zum ästhetischen Ideal erhob.
Dabei verlagert Schumann oftmals das melodische
Hauptgeschehen von der Außenseite des Tonsatzes
hin zur Mitte. Die Konzentration auf die Mitte
zeigt sich im häufigen Erscheinen des Hauptge-
dankens im mittleren Bereich, im polyphonen
Ausbau von Begleitstimmen (Schumann charakterisiert damit einen Wesenszug seines Stils: »ich
nehme oft so curiose Mittelstimmen, woran ich zu
erkennen bin«, Brief an Clara Wieck, 29.11.1837)
und in Oktavkopplungen der Außenstimmen zur
Mitte hin (vor allem im Orchestersatz).

In einer weiteren Möglichkeit, die Dominanz
der Melodie einzuschränken, neutralisiert Schumann den konventionellen Stimmbegriff durch
eine freistimmige, romantische Polyphonie, in
welcher sich die »Stimmen« so durchkreuzen,
spalten, ineinander übergehen und gebrochen
werden, daß sie – als Einzelne – nicht mehr sinnvoll linear zu verfolgen sind, sondern vielmehr ein
komplexes Ganzes ergeben. Zudem wird bei
Schumann häufig die kantable Melodik zu kurz-
gliedrig gereihten Motiveinheiten instrumentali-
siert.

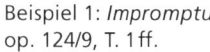

Beispiel 1: *Impromptu*
op. 124/9, T. 1 ff.

Beispiel 2:

Im »Impromptu« (op. 124/9, s. Notenbeispiel 1) ist die »Melodie« (s. Notenbeispiel 2) gleichsam in durchbrochener Arbeit (auf verschiedene Stimmen verteilt, insbesondere auf die Mittelstimmen) in den Satz eingewoben. Dabei werden die einzelnen Melodieglieder am Ende jeweils in Form eines Liegetons ausgeblendet, der zu dissonanten Reibungen führt. Dieses ständige Hin- und Herspringen zwischen den Satzschichten, verbunden mit einer dissonanten Liegetontechnik – Baß und Tenor bilden von Anfang an eine Dominantsept-Spannung, die sich in den offenen Quartsextakkord am Phrasenende in Takt 4 löst und den insgesamt schwebenden Charakter bewahrt – teilt die Aufmerksamkeit des Hörers ins Mehrdimensionale auf. Die Entmachtung der konventionellen, an der Satzoberfläche dominierenden Melodie erfolgt zugunsten einer mit dem Satzganzen enger verwobenen integrierten Melodik. Und aus der Akzentverschiebung der selbständigen, vom Satz abgehobenen Einzelstimme auf eine stärker in Wechselwirkung mit dem Satzganzen tretende integrative Melodik, deren Ergebnis Schumann das »Tiefcombinatorische« nennt (Brief an Keferstein, 31.1.1840, BNF, 177 f.), resultiert die Bedeutungserhöhung der Harmonie, deren Aufgabe das Zusammenstimmen und Kombinieren des Verschiedenen zu einem Ganzen ist.

Durch die Technik des »Tiefcombinatorischen« werden die für Schumanns Musikanschauung wesentlichen Momente der »poetischen Tiefe« bzw. der »poetischen Ganzheit« zum Ausdruck gebracht. Das melodische Eindringen in die Tiefe des harmonischen Raums und die den musikalischen Satz verdichtende melodische Kombinatorik bewirken eine Intensivierung der Vereinheitlichung, des Aufeinanderbezogenseins und der gegenseitigen Durchdringung, die zum Sinnbild für

das aus der gemeinsamen Substanz der verschiedenen Künste hervorgehende Moment des Poetischen werden.

Die ästhetische Aufwertung der Harmonie erwächst bei Schumann nicht nur aus der dialektischen Vermittlung des »Tiefcombinatorischen«, durch das Melodik in Klang aufgeht, sondern auch aus dem dualistischen Verhältnis der Harmonie zur Melodie. Schumanns Überzeugung, daß »man durch tieferes Eindringen in die Geheimnisse der Harmonie die feineren Schattierungen der Empfindung auszudrücken erlangt hat«, ist zu dem für seine Musik gültigen Satz umkehrbar, daß er durch feinere Schattierungen der Harmonie tiefer in die Geheimnisse der Empfindung und Gefühlswelt einzudringen in der Lage sei. Unter »feinerer Schattierung« kann unter anderem eine bestimmte harmonische Beleuchtungstechnik verstanden werden, die als ein aktives Handlungsmoment einer motivisch gleich bleibenden Melodik gegenübertritt. Bei dieser von Schumann als »eigentümliche Schönheit« (GS I, 368) bezeichneten harmonischen Schattierungstechnik wird die motivisch-thematische Arbeit von einer harmonisch-tonalen Arbeit abgelöst. In der harmonisch-tonalen Zellentechnik werden kurzgliedrige, isomorphe Motiveinheiten mit intern variabler Kadenzharmonik einem ständigen tonalen Perspektivenwechsel unterzogen (Wechsel des tonalen Bezugszentrums). Die tonale Mehrfachspiegelung solcher Kadenzstellen zu einer Art sukzessiven Polytonalität gleicht in ihrem fluktuierenden Farbenwechsel einem Mosaik, das aus substantiell gleichen, jedoch unterschiedlich gefärbten (melodischen) Partikeln ein Gesamtbild entstehen läßt.

Im 20 Takte umfassenden »Nordischen Lied« (op. 68/41) erscheint das zur Zweitaktigkeit erweiterte Tonbuchstabenmotiv *G – a – d – e* zehnmal unmittelbar aufeinanderfolgend, wobei sich Originallage und Oberquarttransposition regelmäßig abwechseln (bis auf die Umkehrung in T. 9). Dabei wird das stets gleich bleibende Motiv in ein immer anderes harmonisch-tonales Licht gerückt: Neben der harmonisch-akkordischen Variation betrifft dies den ständigen Wechsel der Tonartebenen zwischen d-Moll und F-Dur, eine der häufigen Erscheinungsweisen von Doppeltonalität bei Schumann. Nicht mit der Motivik wird hier gearbeitet, sondern mit der Harmonik. Schumann hat, so wäre zu folgern, seiner Seelenverwandtschaft mit Niels W. Gade, dem er das Stück gewidmet hat, nicht nur in der bloßen Verwendung von dessen Namenszug Ausdruck verliehen; es ist vielmehr die kunstvolle, feinschattierte harmonische Beleuchtungstechnik, die dem Namen Gade alle Ehre erweist: als einem der ersten Komponisten, der den »nordischen (Volks-)Ton« insbesondere in seinem harmonischen Reichtum zum Ausdruck brachte. In diesem Sinn ist Schumanns »Nordisches Lied« eine harmonische Hommage an Gade.

Die Harmonie gewinnt eine noch größere Eigenbedeutung, wenn sie in ein der latenten Melodieharmonik widersprechendes Verhältnis tritt. Die Diskrepanz zwischen melodisch latenter und satztechnisch artifizieller Harmonik äußert sich insbesondere in den unterschiedlichsten Trugschlußbildungen, die in Schumanns Musik sehr häufig auftreten. Denn die Inkongruenz melodischer und harmonischer Schlußbildung ermöglicht den musikalischen Ausdruck romantischer Gespaltenheit und Widersprüchlichkeit, sie läßt jenseits der äußeren Oberfläche in die innere Wirklichkeit schauen bzw. in sie hineinhören. So wird bei den Worten »als flöge sie nach Haus« im Lied »Mondnacht« (op. 39/5) das melodische Nach-Hause-Kommen auf dem Grundton e (T. 59) von der trugschlüssigen Zwischendominante zur Subdominante durchkreuzt (ein bei Schumann häufig anstelle der normhaften V-VI-Wendung erscheinender Trugschluß). Die Harmonik läßt den Conjunctivus irrealis, die Vorstellung des »als ob«, sinnfällig werden.

Das differenzierte Spannungsverhältnis der Harmonie zur Melodie kann nicht nur, wie beim Trugschluß, in einem Zeitmoment auftreten, sondern es kann auch als ein Prozeß innerhalb eines substantiell und tonal gleich bleibenden Themas entstehen. Schumanns 2. Sinfonie C-Dur (op. 61, s. Notenbeispiel 3) wird von einem mottoartigen Thema, dem »Geistthema«, durchzogen, dessen latente Dominant-Tonika-Harmonik zu Beginn komplex verschleiert und in einer kontinuierlichen Entwicklung zum Schluß hin offen zu Tage tritt.

In zwölf auf den ganzen Zyklus verteilten Stationen findet der harmonische Entschleierungsprozeß des Themas statt. Rein optisch bietet sich dem Betrachter anhand der Funktionsbezeichnung eine allmähliche Lichtung der harmonischen Komplexität. Die Reduktion geschieht im Hinblick auf die harmonische Aktionsdichte, die Ausweichungen bzw. Modulationen, die Dissonanzbildungen, die Akkordumkehrungen und die syntaxdurchkreuzende Harmonik. Durch diese harmonische Katharsis gelangt das innere Wesen, die eigentliche potentielle Wirkungskraft, die in der latenten C-Dur-Diatonik des Themas steckt, im Laufe einer allmählichen Angleichung der äußeren, tatsächlich erscheinenden Satzharmonik an die innere Reinheit und Klarheit des »Geistthemas« zum Durchbruch.

Der harmonische Konvergenzprozeß, der als kompositorische Idee einer entwicklungslogischen Umkehrung vom Komplexen zum Einfachen, statt vom Einfachen zum Komplexen erscheint, steht in engem Zusammenhang mit der aus biographischen Umständen entspringenden poetischen Idee eines Rekonvaleszenzprozesses, der nach Schumanns eigenen Angaben durch den Widerstand des Geistes bewirkt worden war: Körper und Geist werden, wie die latente und artifizielle Harmonik, in Einklang gebracht.

Die Harmonie tritt zur Melodie durch die psychologisch ausleuchtenden »feiner schattierenden« Möglichkeiten in ein poetisches Verhältnis. Durch die Melodie können zwar außermusikalische Ideen und Gehalte assoziativ oder zitierend in die Musik transportiert werden, jedoch ist es die Harmonie, die diese verbal bestimmbaren Gehalte in ihren tieferen Seelendimensionen ausleuchtet und sie zu poetischen Momenten transzendiert. Die komplexhafte Harmonie »sagt« in ihrer »poetischen Tiefe« mehr, als es die am Wort haftende, eindimensionale Melodie vermag.

Beispiel 3: »Geistthema«
aus der *2. Sinfonie C-Dur*
op. 61

Harmonie und Form

Die Verdrängung der Melodie aus ihrem wahrnehmungsästhetischen Vordergrund führte in Schumanns Musik zu einer erhöhten ästhetischen Bedeutung der Harmonie. Aus der ästhetischen Umwertung kann auf die Umakzentuierung der logischen Funktionen der Harmonie-Melodie-Relation geschlossen werden: Drängt ein erhöhtes ästhetisches Interesse an der Harmonie deren logische Funktionen zurück, so lenkt umgekehrt der Verlust der Melodie an ästhetischen Eigenschaften das Interesse auf deren logische Aufgaben. In Analogie zur ästhetischen Gewichtsverschiebung von der Melodie auf die Harmonie im vorangegangenen Abschnitt steht nun der Übergang logischer Funktionen von der Harmonie auf die Melodie zur Diskussion. Methodisch gegensätzlich zu Arnold Schönbergs Abhandlung von den *Formbildenden Tendenzen der Harmonie* wird an dieser Stelle der Verlust an harmonischer Logik als »formale Emanzipation der Harmonie« und die Zunahme an melodischer Logik als »formbildende Tendenzen der Melodie« beschrieben.

Formale Emanzipation

Die Schwächung der harmonischen Formkraft zeigt sich am deutlichsten in den Kriterien der Tonalitätsbehandlung und der Tonartendisposition vor dem Hintergrund des geschichtlichen Entwicklungsstandes der Sonatenform. Untersucht man das Harmonie-Form-Verhältnis vom Groß- ins Kleinformale, ergeben sich folgende Befunde: Abgesehen vom Tonartenambitus, dessen ausschließliche Betrachtung zu dem Verdikt »konventionell« geführt hat, ist die zyklische Satztonartendisposition im Hinblick auf die Kriterien der Tonartenvielfalt, ihres Verwandtschaftsgrades untereinander und ihrer Tendenz zur Unwiederholbarkeit als unkonventionell zu bewerten. Dies bestätigt auch die zyklische Gesamttonalitätsanalyse: Der Anteil der Tonika liegt mit einem in Schumanns Gesamtwerk relativ konstant bleibenden Durchschnittswert von etwa dreißig Prozent ungewöhnlich niedrig; die Stabi-

lität der Grundtonalität erscheint damit erheblich geschwächt.

Auf der Einzelsatzebene (Kopfsätze) neigt Schumann zur gegenseitigen Annäherung des harmonischen Spannungspotentials von Exposition, Durchführung und Reprise, die eine Nivellierung der harmonischen Formdifferenzierung zur Folge hat. Das konventionelle Formmodell mit der Folge »Ruhe-Bewegung-Ruhe« (A.B. Marx) wird von Schumann durchkreuzt und teilweise auf den Kopf gestellt. So treten im ersten Satz des Streichquartetts F-Dur (op. 41/2) in der Durchführung sechs, in der Exposition dagegen sieben verschiedene Tonarten auf, wobei der Modulationsradius in der Durchführung drei, in der Exposition vier Quintenzirkelgrade umfaßt. Die harmonische Entfunktionalisierung der Teile eines Satzes greift auch auf die Exposition selbst über. Hier wird die konventionelle Tonartenpolarität vor allem durch die Verlagerung des Modulationsprozesses sowohl in den Haupt- als auch in den Seitensatz hinein geschwächt. Im ersten Satz der 3. Sinfonie Es-Dur (op. 97) wird der unkonventionelle Seitensatzbeginn in g-Moll bereits in der Dreitonartendisposition des Hauptsatzes unmittelbar vorweggenommen, um so die formale Zäsur zu verwischen. Schließlich wird selbst die traditionell stabile Themenharmonik von zentrifugalen harmonischen Kräften erfaßt, so daß sie nicht mehr als harmonisch-funktionale Schlüsselposition fungieren kann. Dies bestätigt ein durchschnittlicher Anteil der Tonika-Funktion von nur zwanzig Prozent innerhalb der Hauptthemen in Sonaten-Kopfsätzen.

Als Ergebnis kann festgehalten werden, daß Schumanns harmonisch-tonale Disposition der Sonatenform auf allen Ebenen unkonventionell erscheint und sich somit der traditionell einseitigen Formbildungsfunktion weitgehend entzieht.

Formbildende Tendenzen der Melodik

Der Übergang der harmonischen auf die melodische Formbildungsfunktion kann am Beispiel der

Klaviersonate fis-Moll (op. 11) dargestellt werden. An diesem Werk haftet seit seiner ersten Besprechung durch Ignaz Moscheles die Rezeptionskonstante der gestörten Einheit, die sich sowohl in der tonalen Disposition als auch in der thematischen Beziehungslosigkeit zeige: »Der Satz hat zu wenig Verhältniß in der Zusammenstellung der Tonarten […]. Die einzelnen Perioden haben zu wenig Beziehung auf einander, sie gehen nicht eine aus der andern hervor und durchdringen sich nicht. […] Vielleicht ist das, was die Einheit stört, eben der wesentliche Charakter desjenigen, was er zu malen gedachte?« (Boetticher 1979, 137). Ist der erste Vorwurf durch den Nachweis der harmonisch-tonalen Heterogenität unmittelbar einsichtig, so kann der zweite Vorwurf erst durch eine Analyse der »versteckten« und »geheimen« Motivbeziehungen, durch die das Werk von innen her zusammengehalten wird, revidiert werden.

Aus der unkonventionellen Tonartenbehandlung, die in der fis-Moll-Sonate als Inkongruenz bzw. als Verschiebung harmonischer und formaler Funktionen erscheint, resultiert die Notwendigkeit eines Ausgleichs durch die melodische Formbildung, was sich im *Finale* in mehrfacher Hinsicht zeigt: Die durch eine nur sehr schwach ausgeprägte Tonalität (12,8% fis-Moll, bzw. zusammen mit Fis-Dur 27,7% Anteil der Grundtonart im vierten Satz) gefährdete formale Einheit im Finale wird stellvertretend von einer motivisch-zyklischen Verklammerungstechnik gewährleistet, die den Schlußsatz darüber hinaus zu einer zyklisch zusammenfassenden Kulmination werden läßt. Dabei wird die rondoartige Formanlage nicht von der heterogenen Tonartendisposition, sondern von der geradezu starren Wiederholung der Refrainthematik erfüllt. Erscheint die harmonische Beschaffenheit der einzelnen Formteile gegen ihre formale Funktion im Sonatenrondo verschoben bzw. inkongruent – das stabile Refrainthema ist harmonisch labil, während die freieren Couplets (insbesondere die Durchführung) tonal stabil sind –, so entspricht die thematische Ausgestaltung den jeweiligen normhaften formalen Anforderungen eines Rondos im regelmäßigen Wechsel von Refrain- und Coupletthematik. Die harmonischen Entgrenzungsbestrebungen finden in der primär melodisch formulierten Syntax einen festen Rückhalt. Dabei wird entweder die tonale

Vielfalt des fortschreitenden Tonartenwechsels durch monomotivische Vereinheitlichung ausgeglichen und von einer periodischen bzw. liedhaft-geschlossenen (wie z. B. der Refrain- und der Coupletteil) Melodiegestaltung aufgefangen, oder es werden umgekehrt die harmonisch sich überlappenden Formgrenzen durch einen thematisch vordergründigen, aber in sich vermittelten Kontrast markiert. Und nicht zuletzt ist die Harmonik von einem relativ großen Anteil (30%) an primär melodisch motivierten Klangfortschreitungen geprägt (z. B. reale Sequenzen): Die harmonisch-funktionale Logik wird von einer linear-kontrapunktischen Begründung abgelöst.

Die Melodik erweist sich so als halt- und formgebende Gegeninstanz zur formal dissoziierenden Harmonik. Die ästhetische Legitimation, die Moscheles aus der gestörten Einheit folgert, und die er im poetischen Analogiegehalt eines Charakterportraits des leidenschaftlich-ungestümen Florestan vermutet, bezieht sich also primär nicht auf das melodische, sondern auf das harmonische Ausdruckspotential.

Poetische Freiheit der Harmonie

Aus der Entlastung der Harmonie von formbildenden Aufgaben erwachsen ihr poetische Freiheiten, welche in der fis-Moll-Sonate stark autobiographische Züge annehmen. Der als komplex und labil anzusprechende emotionale Gehalt kommt vor allem durch die von Schumann als »selten« (GS I, 500) bezeichnete Tonart fis-Moll zum Ausdruck, in der sich eher »zusammengesetzte« als »einfachere Empfindungen« (GS I, 107) bewegen. Nicht nur der Tonartencharakter, sondern auch die in der doppeltonalen Ausprägung (fis/A), in dem ständig fortschreitenden Tonartenwechsel und in der extremen Tritonusrelation zwischen Refrain und Couplet sich äußernde Tonartenbehandlung scheint von biographischen Umständen der Doppelgänger-Autorenschaft der Sonate (Florestan und Eusebius), der Trennung von nahestehenden Menschen, der Querelen um Clara und der von Schumann erlittenen psychotischen Schübe (s. Schnebel 1981, 4–89) motiviert, die sich gleichsam ›im Wechselbad der Gefühle‹ um die Entstehung von op. 11 ranken. In diesem Sinn interpretiert Moscheles das »Finale« von op. 11, wenn auch aufgrund scheinbar mangelnder Einheit des Satzes in negativer Wertung, wenn er in seiner Rezension schreibt: »Dennoch treten uns hier die Ausbrüche eines unsteten, mit sich selbst nicht einigen Sinnes entgegen, als wollte sich das Werk selber an dem Muthwillen des Verfassers rächen, der als ein Doppelgänger oder Entzweier auftritt, ich sehe Zwiespalt, aber keine Versöhnung« (Boetticher 1979, 137). Die durch die Melodik von formalen Zwängen losgelöste und zur poetischen Freiheit gelangte Harmonik konnte die zur leeren Hülse verblaßte Sonatenform mit neuem poetischen Inhalt füllen. Die musikalische Poetik Schumanns äußert sich diesbezüglich in der Originalität unkonventioneller Tonartenbehandlung und in den damit zum Ausdruck gebrachten »seltenen« und »geheimen« »Seelenzuständen« (GS I, 343).

Wurden in der gegebenen harmonischen Deutung Parallelen zwischen Schumanns Musik und konkreten autobiographischen Ereignissen bzw. psychischen Befindlichkeiten gezogen, so verstehen sich diese selbstverständlich nicht als genau verifizierbare Projektionen bestimmter Gefühlsinhalte bzw. Schattierungen auf die Musik. Vielmehr werden die angedeuteten Seelenzustände ganz im Sinne der romantischen Musikästhetik des Unaussprechlichen, in der »Töne als höhere Worte« gelten, in die Sphäre des »Poetischen« durch die Musik übersetzt. Und es ist vor allem die Harmonik, die, entgegen dem exakter zeichnenden Tonfall der enger an eine konkrete textliche Assoziation bzw. an einen außermusikalischen Sachverhalt gebundenen Melodie, zum Ausdruck romantisch-unbestimmbarer, poetischer Momente geeignet erscheint. Die Harmonie leuchtet das psychologische Stimmungspotential einer von der Melodie getragenen poetischen Idee in unergründlichen Tiefendimensionen aus, »sie hüllt die klar dahinschreitende Tonfolge in ein magisches Helldunkel von Klängen ein« (Vischer, Ästhetik, 897). Das Harmonische transzendiert gleichsam gegenständliche, reale Gehalte (in op. 11 beispielsweise die biographischen Ereignisse) zu kaum noch greifbaren, aber dafür um so »feineren Schattierungen der Empfindung« (GS I, 27).

Reine Harmonie

Aus der Durchsicht der Rezensionen Schumanns in seinen *Gesammelten Schriften* geht hervor, daß er nicht nur seinem Ideal einer poetisch-potenzierenden Kritik nachgekommen ist, sondern auch der technischen Analyse viel Raum gewährte. In bezug auf die Harmonik, die Schumann unter den Gesichtspunkten des Einzelklangs, der Akkordfortschreitung, der Modulation- und Tonartendisposition, des Melodie- und Harmonieverhältnisses und der Anfangs- bzw. Schlußgestaltung betrachtet und die in seinen Schriften eine nicht unbedeutende Rolle spielt, verwendet er am häufigsten das Kriterium der Reinheit. Das Moment des Reinen bedeutet im engeren Sinne einen grammatikalisch richtigen Satz, im weiteren Sinne eine an der Wiener klassischen Norm sich orientierende Harmonik. Offensichtlich bildet für Schumann der technisch-logische Aspekt der reinen Harmonie ein wichtiges Gegengewicht zur poetischen Harmonik. Ein adäquates Verständnis der musikalischen Poetik Schumanns kann also nicht allein aus der Perspektive der poetischen Freiheit gewonnen werden, die sich in der Loslösung von traditionellen Determinanten zeigt, sondern muß auch in der Relation der beiden, einander auszuschließen scheinenden Momente der Freiheit und Reinheit gesucht werden.

Die Frage nach dem Verhältnis von reiner und poetischer Harmonik läßt sich mit den Bedingungen, unter denen Schumann Regelverstöße gegen die Norm des reinen Satzes ästhetisch legitimiert, beantworten. Die Entscheidungsinstanz des Gehörs, der Primat der Idee gegenüber dem Effekt, das über die Regel triumphierende Genie sowie das Postulat des Unauffälligen, das sich in Schumanns Begriff des »Schönoriginelle[n]« (GS I, 77) erfüllt, bilden die Voraussetzungen für Schumanns Toleranz gegenüber Verstößen gesetzter Normen. Die daraus entstehenden poetischen Freiheiten bedürfen jedoch stets der Rückbindung an die Reinheit des Satzes. Das Reine und das Poetische stehen sich nicht als ausschließende, sondern als wechselseitig ergänzende Gegensätze gegenüber. Das satztechnisch Reine bedarf der Poetisierung, um nicht dem Prosaischen verhaftet zu bleiben, und das Poetische kann sich erst auf der Basis des Reinen als das sich von der Norm Abhebende entfalten und als poetische Freiheit wahrgenommen werden. Die Bedingungen, unter denen sich das Poetische über das Reine hinwegsetzen kann, spielen die Vermittlerrolle zwischen beiden dialektisch aufeinander bezogenen Momenten, die für Schumann zwei Seiten ein- und derselben Sache, der des Kunstwerks, darstellen. Das Reine kann deshalb nicht dem Poetischen als antinomischer Gegensatz gegenübergestellt werden, da es, unter der Voraussetzung einer nicht selbstgenügsamen Normerfüllung, als technisch-logisches Korrelat ein Teilmoment des Poetischen selbst ist. »Rein« ist im umfassenden Sinne ein ästhetisches, die Grenzen der poetischen Freiheit aufzeigendes Werturteil, durch das sich die Harmonik als frei von sowohl bloßer Normerfüllung, als auch von gesuchter Originalität ausweist. Die poetische Freiheit wird durch das Kriterium des Reinen in ihrer inneren Entfaltung nicht beschränkt oder eingegrenzt, vielmehr grenzt erst das Reine die poetische Freiheit von Elementen des Prosaischen ab. Eine in diesem Sinne reine, von prosaischen Elementen befreite Harmonik ist nach dem Schumannschen Kunstbegriff als poetisch zu werten.

Der Aspekt des Reinen in der Harmonie stellt nicht nur als komplementärer Gegensatz zum Poetischen ein abstraktes Werturteil, eine das Prosaische vom Poetischen abgrenzende Instanz dar, sondern es manifestiert sich auch in satztechnischer Konkretion und zwar paradigmatisch im Choral oder choralhaften Satz. Im Choralsatz kommt das Reine in zweifacher Hinsicht zum Ausdruck: Zum einen als ein von Fehlern freier, haltgebender Mustersatz, der vor dem Verfall der Kunst bewahren soll und zum anderen als ein von äußeren koloristischen Zusätzen freies harmonisches Konzentrat, das gleichsam als absolute Harmonie von irdischen Leidenschaften und Affekten

auslösenden melodisch-rhythmischen Ausdrucksträgern gereinigt erscheint, und damit die metaphysische Ausdrucksdimension einer rein poetischen Welt darstellt.

Von diesem Verständnis der durch den romantischen Historismus geprägten Choralästhetik geht Schumann aus. Er scheint dazu insbesondere von A. F. J. Thibaut angeregt worden zu sein, bei dem er sein Jurastudium in Heidelberg begann und dessen Buch *Über Reinheit der Tonkunst* Schumann noch in seinen *Musikalischen Haus- und Lebensregeln* (1850) zur Lektüre empfahl. In einem Brief an Mendelssohn vom 22. Oktober 1845 hebt Schumann dessen »reine Harmonie« hervor, die sich in der »vierstimmigen Choralgeschicklichkeit« äußere (im Gegensatz zu Richard Wagner): »[…] es ist doch wahr lieber Mendelssohn – so reine Harmonien, so immer reiner und verklärter schreibt niemand weiter« (BNF, 251 f.). Schumann ist der Überzeugung, daß »nur an so reinem Quelle neue Kunstschönheiten gekräftigt« und für eine »neue poetische Zeit« (GS I, 37 f.) geschaffen werden können. Schumanns Originalitätsstreben verbietet jedoch eine eklektische Nachahmung historischer Stilelemente, wodurch selbst in seiner reinen Choralharmonik kaum deutliche Spuren neomodaler Archaismen wie bei Franz Liszt zu finden sind. Seine Choralharmonik deutet durch das auf einen reinen, primär homorhythmischen Akkordsatz reduzierte Satzbild und durch die Distanz gleichermaßen von Historismen wie von progressiven Mitteln, die choralhafte Aura nur an, ohne sie in ihrer geschichtlichen Dimension plakativ auszusprechen. Eine Harmonik aber, die subtil andeutet, ohne ostentativ zu wirken, gehört für Schumann in den Bereich des Poetischen. Die reine Harmonik Schumanns erweist sich also in ihrer choralhaften Ausprägung weniger materiell als vielmehr gehaltlich-poetisch historisierend.

Poetische Momente
reiner Harmonie

Der Frage, welche poetischen Gehalte durch die reine Harmonie zum Ausdruck gelangen, kann zunächst anhand choralhafter Stellen in Schumanns Vokalmusik nachgegangen werden. Erwartungsgemäß treten solche Stellen häufig in Zusammenhang mit religiösen Konnotationen auf, entweder in Form eines gemeinsamen Gebets (Schlußchoral »Nun danket alle Gott« aus dem *Neujahrslied* op. 144; Chor und Rezitativ Nr. 1 aus der Oper *Genoveva* op. 81; »Die rote Hanne« op. 31/3: Chor ad libitum, T. 17 ff.) oder als Gebet eines Individuums (»Anfangs wollt ich fast verzagen« op. 24/8; »Stirb, Lieb und Freud« op. 35/2, Schlußteil; »Nach der Geburt ihres Sohnes« op. 135/2). Neben der religiösen Erlösungssymbolik, in der der Choralsatz gleichsam als Deus ex Machina inmitten oder am Ende eines Stücks aufscheint, steht das Choralhafte auch für speziell romantische Gehalte wie Vergangenheitsbeschwörung (»Die Löwenbraut« op. 31/1, T. 15 ff.; »Auf einer Burg« op. 39/7), Naturverbundenheit (»Auf dem Rhein« op. 51/4) und das Geheimnisvoll-Metaphysische (»Im Walde« op. 39/11, T. 38 ff.).

In Schumanns Instrumentalmusik sind ebenfalls vielfältige Choraliter-Stellen zu finden. Sie treten in den der Vokalmusik vergleichbaren Erscheinungsformen auf: als geschlossenes Stück (*Gesänge der Frühe* op. 133/1; 3. Sinfonie Es-Dur op. 97, 4. Satz mit ursprünglicher Überschrift: »Im Charakter der Begleitung einer feierlichen Ceremonie«), als Binnenabschnitt (Konzertstück für vier Hörner und Orchester op. 86, 1. Satz, T. 126–133; Streichquartett a-Moll op. 41/1, 4. Satz, T. 264–285; Klavierquartett Es-Dur op. 47, 1. Satz, T. 72 ff.: als zweites Thema erscheint hier die erste Zeile des Chorals »Wer nur den lieben Gott läßt walten«) und als Coda (*Kreisleriana* op. 16/7; das Codathema aus der 1. Sinfonie B-Dur op. 38, 1. Satz, T. 438 ff.).

In der Durchführung des ersten Satzes aus dem Klaviertrio d-Moll op. 63 erscheint eine Episode, die in denkbar stärkstem Kontrast zu ihrer Umgebung steht (s. Notenbeispiel 4): Auf das Auflösungsfeld eines im stark chromatisch-dissonanten, polyphon-durchbrochenen Satz durchgeführten Punktierungsmotivs folgt nach einer Generalpause eine neue Klangsphäre, die durch diatonische Reinheit konsonanter Dreiklänge im homophonen Satz besticht. Der bis auf die Triolenrepetition historisierend-choralhaft wirkende Satz hält als eine gleichsam episodische Entrückung den prozessualen Fortgang der Durchführung für einen

Moment an und hebt den Hörer aus dem Mit- und Nachvollzug motivisch-thematischer Arbeitswelt heraus ins Reich der Poesie, welche nach Jean Paul die »einzige zweite Welt der hiesigen« (Vorschule der Ästhetik, §1) ist.

Die fantastisch-zauberhafte, ja metaphysische Wirkung dieser Stelle wird vor allem durch die ungewöhnliche Klangfarbe erzeugt: Die sehr hohe Lage (dreigestrichene Oktave) der Dreiklänge, die »Verschiebung« auf nur eine Saite des Klaviers, die »am Steg« spielenden Streicher, das dreifache Piano und die merkwürdige Mischung aus vokaler (d. h. engschrittiger, strenger) und instrumentaler Stimmführung (Unsanglichkeit und Oktavverdopplungen bis zur Sechsstimmigkeit), bis hin zu der mixturenartigen Klangverschiebung (T. 92, zweite Hälfte: F-Dur – d-Moll) lassen einen geheimnisvoll-entrückten Klang entstehen, der sowohl über die Vorstellung eines gesungenen Choralsatzes (jenseits der menschlichen Stimme), als auch über das ausführende Instrumentarium (Klaviertrio) selbst hinausweist.

Der gleichwohl instrumental wie vokal verfremdete Klang erweckt gerade auch in Verbindung mit den triolischen Staccato-Repetitionen die Assoziation »heller Kristallglocken« bzw. »Silberglöckchen«. Dieses, insbesondere in den Schriften E.T.A. Hoffmanns verwendete romantische Symbol für visionäre Erscheinungen (Haimberger 1976, 19 f., 60, 62, 72), wird durch die synästhetische Wirkung akustischer und optischer Reize hervorgerufen: Das Helle und Glänzende (der stets als Diminutiv erscheinenden Glöckchen) suggeriert einen schlanken und hohen Klang und umgekehrt. Und die Vorstellung von Materialien wie Silber und Kristall in der Bedeutung von rein und klar ruft jene verklärend-transzendente Wirkung des Klangs hervor, die der reinen Harmonie entspringt (im Lied »Die Meerfee« op. 125/3 wird die zauberhafte Vision des von der Meerfee träumenden Knaben durch den akkordisch-repetierenden – dem Trio op. 63 vergleichbaren – Klang »heller Silberglöckchen [...] aus der Luft vom Meer«, wie es im Text heißt, heraufbeschworen). Die episodische Entrückung im d-Moll-Klaviertrio erscheint als ein zu Musik geronnener Ausdruck Schumannscher Poesievorstellung: »Poesie«, so Schumann in einem Jugendaufsatz über »Das Leben des Dichters«, ist der »helle Kristall, in dem

Beispiel 4: *Klaviertrio d-Moll* op. 63, 1. Satz, T. 86–96

sich das geistige Leben der Geschlechter rein und klar abspiegelt, das glänzende Prisma, das alle Farben in einem schöneren, reineren Lichte vergeistert wiedergibt« (GS II, 184 f.).

Aus der technischen Perspektive kann die reine Harmonie Schumanns in ihrer poetischen Bedeutung als Reduktion im zweifachen Sinn beschrieben werden: Zum einen fungiert das Reine als ein im Satzhintergrund wirkendes Regulativ, das eine Bedingung und Fundierung für die Kunstzugehörigkeit der Musik darstellt. Die reine Satzgrundlage erhöht den inneren Wirkungsgrad der »feineren Schattierungen« der Harmonie, deren äußerer Effektradius vor allem im Spätwerk eingeschränkt wird. Die Reduzierung der harmonischen Mittel des Satzvordergrunds bedeutet eine Annäherung an den reinen Satzhintergrund, was Schumanns Doppelforderung nach Reinheit und Differenzierung der Harmonik entspricht, denn »das Romantische« darf nach seiner Vorstellung nicht wesentlich in der Regelabweichung, sondern »gerade im reinsten, feinsten Wohllaut« (GS I, 411) gesucht werden. Zum anderen wird durch Reduktion auf das rein Harmonische, das in Form eines choralhaften Satzes in den wahrnehmungsästhetischen Satzvordergrund rückt, das Reine als harmonische Essenz selbst ausdruckshaft. Das Einfache, Elementare und Normhaft-Mustergültige eines solchen nahezu lehrbuchartig erscheinenden Akkordsatzes wird zum Besonderen erhoben und erlangt

die in der romantischen Musikästhetik mit der Harmonie verbundenen metaphysischen Ausdrucksebenen.

Das Reine bildet also einen doppelten Gegensatz zur poetischen Freiheit: im technischen Sinn ein komplementäres Gegengewicht und im ästhetisch-inhaltlichen Sinne erschließt das Reine den überpersonalen, metaphysischen Ausdrucksbereich. Das psychologische Moment der Seelenzustände, die durch eine zu poetischen Freiheiten gelangte Harmonie prosaischer Empfindungswelt enthoben und in ihren feineren Schattierungen tiefer ausgeleuchtet werden einerseits, und das metaphysische Moment der reinen Harmonie, die sich paradigmatisch im choralhaften Satz ausprägt andererseits, bilden inhaltlich die beiden Pole der durch die Harmonik zum Ausdruck gelangenden musikalischen Poesie Robert Schumanns.

Transformation harmonischer Werte

Neben der poetischen Freiheit, welche die sich von melodischer und formaler Determinierung emanzipierende Harmonik gewinnt und der komplementären Erscheinung der reinen Harmonie, die durch Reduktion auf ein rein harmonisches Konzentrat eine Intensivierung des poetischen Ausdrucks erreicht, existiert bei Schumann noch ein anderer Weg, die traditionsgebundene Harmonik poetisch bedeutsam werden zu lassen: Durch Transformation werden konventionelle harmonische Bausteine mit festen formalen und gehaltlichen Eigenschaften durch unterschiedliche satztechnische Behandlung zu neuen, originellen und vielfältigen Ausdruckswerten umgeformt.

Semantisierung des Wertneutralen

Das Problem, zwischen harmonisch-formelhaftem Gebrauchsmaterial wie dem Dreiklang oder der Kadenz und den Forderungen der Originalästhetik zu vermitteln, löst Schumann dahingehend, daß er dem bereits zur ausdrucksleeren Hülse verblaßten Material durch spezielle satztechnische Einbindung wieder neues poetisches Leben einhaucht. So wird der anonyme *Dreiklang* in Beziehung zu seiner in der romantischen Musikästhetik aufkommenden Reinheitsidee gesetzt. Aus dem Spannungsverhältnis von Konvergenz und Divergenz des Dreiklangs zum Historismus erwachsen unterschiedliche Gehalte: die choralmäßige Verwendung des Dreiklangs impliziert metaphysische Ausdrucksbereiche (»Talismane« op. 25/8, T. 1–4), sein rhythmisch-repetitiver, instrumentaler Gestus evoziert drängend-sehnende Empfindungen (»Du bist wie eine Blume« op. 25/24) und seine sprunghafte, durch ein schnelles Tempo ausgezeichnete Erscheinung bindet den Dreiklang in ein extrem kontrastierendes Umfeld ein, das seine ursprüngliche Reinheit ins humoristische Gegenteil umschlagen läßt (*Papillons*, Finale op. 2/12; *Davidsbündlertänze* op. 6, Heft 2, Nr. 7; »Grillen« aus den *Fantasiestücken* op. 12/4).

Auch die formelhafte Schlußwendung der *Ka-*

denz wird bei Schumann poetisch bedeutsam. Ihre Spannbreite musikalischer Transformation reicht von emphatischer Hervorhebung des bloßen Modells (»Wichtige Begebenheit« aus den *Kinderszenen* op. 15/6) bis zu den Verfremdungstechniken der Substitution (Ersatz einzelner oder mehrerer Kadenzpositionen durch fremde, ungewöhnliche Klänge, z. B. in der *Humoreske* op. 20, T. 958 ff.), der Permutation (sog. umgekehrte Kadenz mit der ungewöhnlichen Vertauschung von S-D zu D-S, z. B. mit archaisierender Wirkung im Lied »Die Löwenbraut« op. 31/1, T. 1 oder im Sinne einer Vertiefung, Versenkung in den Schlaf in »Kind im Einschlummern« aus den *Kinderszenen* op. 15/12) und der Ambivalenz (unentschiedene Doppelfunktion meist zwischen Tonika und Dominante in Form eines Akkords, oder einer simultanen Funktionsüberlagerung z. B. zu Beginn des letzten Stücks der *Davidsbündlertänze* op. 6). Dementsprechend bewegen sich die Ausdrucksbereiche von humoristischer Gebrochenheit bis zu dem spezifisch romantischen Moment der Gleichzeitigkeit von Nähe und Ferne.

Befreiung standardisierter Werte

Gehaltliche Werte, die sich im Laufe ihrer geschichtlichen Entwicklung verfestigt haben, löst Schumann aus ihrer Starre heraus zugunsten einer ästhetischen Vervielfältigung. Vor allem durch die Tendenz zur *Emanzipation der Dissonanz* – der Terminus versteht sich hier im Sinne eines tonal integrierten, graduellen Sonanzbegriffs – gewinnt Schumann unterschiedlichste und vielfältigste Ausdrucksnuancierungen.

Eine solche Ausdruckserweiterung erreicht Schumann dadurch, daß er im Rahmen des tonal Verständlichen Dissonanzenfelder ausbreitet, die den Konsonanz-Dissonanz-Gegensatz zugunsten nicht nur eines erhöhten und differenzierten Klangreizes, sondern zum Ausdruck komplexerer Seelenzustände, die über die Darstellung der »einfachen Zustände der Freude und des Schmerzes«

Beispiel 5: *Faschings-schwank* op. 26, Finale, T. 293–317

(GS I, 27) hinausgehen, verwischen, und so neue Dissonanzkombinationen ermöglichen. Des weiteren eröffnet Schumann durch freie Akkordfortschreitung anstelle vorherbestimmter Auflösungen neue, vielfältige Klangverbindungen. Das Vermeiden ausgetretener Wege bzw. mechanisierter Verläufe verweist auf die poetische Tätigkeit des »Schwärmens« anstelle von affirmativer »harmonischer Zielstrebigkeit« (Simonett 1978, 65–68, 221). Schließlich evozieren ausbleibende Vorbereitung (unvermittelter Einsatz) und verweigerte Auflösung der Dissonanz, vor allem bei ihrem Vordringen bis an die Ränder der Komposition (vgl. die in Schumanns Werk häufig auftretenden dissonanten, atonikalen Werkeröffnungen), die romantisch-poetischen Empfindungen der (unerfüllten) Sehnsucht, der Ahnungen, des Unvorhersehbaren, nur Angedeuteten, der Entgrenzung und des ungelösten (Welt-)Schmerzes.

Als Beispiel für eine semantische Umwertung werden charakteristische Erscheinungsweisen des *übermäßigen Dreiklangs* gezeigt, dessen traditionell negativen Affektgehalt Schumann um positive Ausdruckswerte erweitert. Durch die Bevorzugung seiner klanglichen Erscheinung in der Funktion als Dominante mit hochalterierter Quinte (statt einer Dominante mit kleiner Sexte), die zusammen mit der Terz doppelleittönig aufwärts nach Dur strebt (im Gegensatz zu der nach Moll sich

auflösenden Dominante mit Sexte), erhält der übermäßige Dreiklang eine sowohl strukturelle wie auch ausdruckshafte Hochgestimmtheit. Schumann akzentuiert im Sinne des gewandelten Dissonanzbegriffs seiner Zeit, in der das »an sich Mißfällige der Dissonanz« zur »werdenden Einstimmung« (Hand 1837, 134, 201) uminterpretiert wird, den vorwärtstreibenden, bestätigenden bzw. affirmativen Charakter des übermäßigen Dreiklangs (»Du bist wie eine Blume« op. 25/24, vgl. T. 5 mit T. 7). Der in der musikalischen Figurenlehre in Zusammenhang mit der übermäßigen Quinte gebrachte Begriff der »Quinta superflua« (wörtlich: die »überfließende Quinte«), wird von Schumann in seiner ursprünglichen Bedeutung als übergroßes Leid zu aufblühenden und sprießenden Frühlingsgefühlen transformiert (»Frühlings Ankunft« op. 79/20, T. 1–8). Vor allem an syntaktisch herausragenden Übergangsstellen verwendet Schumann den »drängenden Übergangsakkord« (Vischer 1857, 890) in gehaltlichen Zusammenhängen wie der Transzendenz in eine poetische Traumwelt (»Mondnacht« op. 39/5, T. 50). Die auf die sensible Terz des Folgeklangs zielende hochalterierte Quinte evoziert häufig zarte und innige Empfindungen (das letzte Stück der *Davidsbündlertänze* op. 6 beginnt nach dem bereits erwähnten – Tonika und Dominante überlagernden – Vorhang mit einem übermäßigen Dreiklang; das

Stück ist überschrieben mit: »Ganz im Überfluß [quinta superflua!] meinte [der empfindsame] Eusebius noch Folgendes; dabei sprach aber viel Seligkeit aus seinen Augen«).

Der in der tonalen Instabilität liegende enharmonisch-schwankende Charakter des übermäßigen Dreiklangs, der manchmal zu überraschenden Auflösungen führt, kann auch humoristisch-kontrastierende Wirkungen auslösen, die im völligen Gegensatz zu seinem ursprünglichen Schmerzgehalt stehen:

Im Finale des *Faschingsschwanks* op. 26 bringt ein über acht Takte lang ausgedehnter übermäßiger Dreiklang kurz vor Schluß die tonale Stabilität für einen Moment noch einmal ins Wanken. Die hochalterierte Quinte der Tonika B-Dur fungiert zwar als Zwischendominante der Subdominante Es-Dur, was jedoch erst bei der Auflösung in T. 305 deutlich wird. Bis dahin bleibt die Funktion des vagierenden Akkords offen. Der formale Anachronismus des am Schluß deplaziert erscheinenden übermäßigen Dreiklangs erweckt den humoristischen Eindruck eines fragmentarisch auftauchenden »Fantasiebildes« – so der von Schumann gewählte Untertitel seines op. 26 –, das möglicherweise eine Erinnerung an das bunte Faschingstreiben heraufbeschwört, welches Schumann während seines Wienaufenthalts im Frühjahr 1839 erlebte. Die am Schluß durch den übermäßigen Dreiklang ins [Sch]W a n k e n geratende tonale Stabilität ist bildhafter, musikalisch-humoristischer Ausdruck des beim Wort genommenen *Faschingss c h w a n k aus Wien*.

Entdeckung impliziter Gehalte

Bedurften einerseits die zum wertneutralen und anonymen Gebrauchsmaterial herabgesunkenen Elemente des Dreiklangs und der Kadenz einer Wieder- bzw. Neubelebung ihrer Bedeutung, und mußte andererseits die Dissonanz zur Poetisierung aus ihren zu Standards sich verfestigten Werten herausgelöst werden, so waren die gehaltlichen Implikationen der *Nonenakkorde* noch zu entdecken. Zwar waren diese Akkorde zur Schumann-Zeit längst schon in Gebrauch, jedoch sind ihre Ausdrucksmöglichkeiten bis dahin kaum ausge-

reizt worden. »Transformation« versteht sich hier also nicht als eine in geschichtlicher Hinsicht satztechnisch vollzogene Umformung bereits etablierten harmonischen Materials, sondern als vielfältige Nutzung des großen, teilweise noch unentdeckten Klangpotentials des Nonenakkords.

In theoretischer Hinsicht lassen sich Klangcharakteristik und Semantik dieses Akkords, die von funktional bestimmten bis zu unbestimmt-schillernden Eigenschaften reichen, tendenziell in zwei Richtungen konkretisieren: Während der kleine Nonenakkord aufgrund seines schärferen Dissonanzgrades, seiner eindeutiger ausgeprägten Funktionalität und seiner Mollspezifik sich zur Darstellung ganz bestimmter, fest umrissener, scharf zeichnender Gefühle und Charaktere eignet, liegt die Verwendung des großen Nonenakkords mit seinem milderen Dissonanzzustand der weiter ausgreifenden None, seiner zwischen Dur- und Mollakkord schillernden Klanglichkeit und seinem breiter gefächerten Durkontext dem Ausdruck überschwenglich-unbestimmter, ins Metaphysische weisender Konnotationen näher. Schumann akzentuiert nun – je nach Ausdrucksbedürfnis – eine oder mehrere dieser klanglichen Eigenschaften. Im kleinen Nonenakkord werden kompositorisch herausgestellt: der schneidende Dissonanzgehalt der kleinen None bei schmerzlichen Gefühlen (»Leides Ahnung« op. 124/2: der kleine Nonenakkord erscheint in dem 24-taktigen Stück insgesamt 12mal bei Phrasenbeginn, sechsmal davon im *fp* akzentuiert), das vorwärtsdrängende, erhöhte Auflösungsstreben bei leidenschaftlichen Momenten (*Carnaval* op. 9/6: das durch die eröffnenden und »schließenden« kleinen Nonenakkorde gekennzeichnete Stück schreibt Schumann seinem leidenschaftlichen, vorwärtsdrängenden Charakter Florestan zu) und die im Dur-Kontext eintrübende Mollfärbung bei bestimmten psychischen Abschattierungen (»Bittendes Kind« aus den *Kinderszenen* op. 15/4: das Sentimental-Gefühlshafte des durch die kleine None *b* zustande kommenden *Molldur* verleiht der inständigen Bitte des Kindes noch zusätzlich eine Rührung und Mitleid erheischende Komponente).

Im großen Nonenakkord bringt Schumann einerseits durch Exponierung der None in sukzes-

Beispiel 6: *Fantasie C-Dur*
op. 17, 1. Satz, T. 1–9

siver Terzaufschichtung Momente des blühenden Frühlings (Analogie zwischen dem Lied »Frühlingsbotschaft« op. 79/3, T. 8–10 und der 1. Sinfonie B-Dur op. 38, 4. Satz, T. 170–172), im freien Ein- und Abspringen der None grenzübergreifende, überschwengliche Gefühle wie ewige, unaussprechliche Liebe zum Ausdruck (Szenen aus Goethes *Faust*, Nr. 1, T. 44 und 56); zum anderen betont Schumann durch Klangaufspaltung (Trennung beider, dem Nonenakkord impliziten Dreiklänge in zwei Bereiche) die bifunktionale Ambivalenz der Gleichzeitigkeit von Dominante und Subdominantparallele, die für Ausdrucksbereiche wie Waldweben bzw. atmosphärische Naturlaute (*Waldszenen* op. 82/1, T. 25 f.) oder auch labile Zustände steht (*Vier Märsche* op. 76/1, T. 8 und 10: Schumann brachte in ihnen sein gespaltenes Verhältnis zum Dresdner Mai-Aufstand 1849 zum Ausdruck, mit dem er zwar einerseits innerlich sympathisierte, andererseits sich jedoch nicht, wie beispielsweise Richard Wagner, aktiv daran beteiligte, sondern die Flucht ergriff).

Das bifunktionale Changieren zwischen dominantischer und subdominantischer (Subdominantparallele) Funktion wird in Notenbeispiel 6 vor allem durch die Sechzehntelfiguration der linken Hand erreicht, die zunächst den Orgelpunkt G (T. 1 –12) in zweitaktigen Abständen, und ab T. 7 eintaktig verdichtet, akzentuiert. Im Quintabstand verläuft in der Mittelstimme ein zweiter Orgelpunkt *d* (T. 1–7), der den Grundton der Subdominantparallele bildet, welche ihrerseits durch eine weitere Quinte *a* (T. 1–7) in der oberen Mittelstimme abgestützt wird. Durch dieses doppelte Bordun-Orgelpunktgerüst ist der Rahmen der beiden quintverwandten Dreiklänge G-Dur und d-Moll abgesteckt (diese zu unterschiedlichen Zeiten angeschlagenen latenten Liegestimmen können in Zusammenhang mit dem Schlegel-Zitat gebracht werden, das Schumann als Motto über seine Komposition setzte: »Durch alle Töne tönet/ im bunten Erdentraum/ ein leiser Ton gezogen/ für den der heimlich lauschet«). Der Grundton von d-Moll ist in der höheren Oktave (*d*) noch verstärkt. Die d-Moll-Harmonie erhält dadurch noch mehr Gewicht, daß erstens die Mittelschicht mit *a* – (*g*) – *f* – *d* den Dreiklang deutlich formuliert, zweitens der für die Dominantharmonie so wichtige Leitton (*h*) bis T. 7 aufgespart wird, und daß drittens die melodieführende rechte Hand den Quintrahmen von d-Moll durchläuft (T. 2–6 und 7–9 die Mollterz, vgl. auch die diminuierte Fassung in T. 19 ff.). Ab T. 7 verschiebt sich der Akzent auf die Dominantfunktion in mehreren Etappen: Der Leitton *h* erscheint zum ersten Mal und wird weiter festgehalten, der Grundton G wird nun in jedem Takt neu akzentuiert (*sf*), und der für die Subdominantparallel-Funktion so wichtige Quintrahmen (*d – a*) fällt ab T. 8 weg. Die zwischen G-Dur und d-Moll unterschiedlich akzentuierte, hin- und herschwankende, schillernde Klanglichkeit mündet schließlich in T. 9 in die reine, eindeutige Dominantfunktion (D⁷), die bis T. 12 beibehalten wird.

Das zweite Moment, der unbestimmte Dissonanzzustand, artikuliert sich auf zwei Ebenen:

Zum einen ist es der jeweilige dissonante Klangzustand selbst, der ungewöhnlich lange anhält und auf großformaler Ebene erst im Abschnitt »Im Legendenton« (T. 129 ff.) in einen konsonanten, akkordisch-homophonen Satz aufgelöst wird. Zum anderen zögert die atonikale Werköffnung durch das ausgedehnte Dominantfeld, das nicht in die Tonika aufgeht (T. 28 f.), die tonale Auflösung der anhaltenden Spannung lange hinaus. Der C-Dur-Akkord erscheint in der Funktion als Tonika der Haupttonart endgültig bestätigt erst im Adagio-Schlußteil der Coda (ab T. 296), in der er durch seine eigene Dominante mehrmals bekräftigt wird. Die bis dahin elliptisch bleibende Harmonik, die durch das ständige Hinauszögern der Tonika entsteht und so im tonal Unbestimmten, Schwebenden verharrt, bildet ein weiteres Moment des (funktional) unbestimmten »Dissonanzzustandes«, den der zwar nach Auflösung verlangende, aber doch offen bleibende Nonenakkord auslöst.

Der dritte metaphysisch-unbestimmte Bezug des großen Nonenakkords ist das Überschreiten der Oktavgrenze. Gleich im ersten Intervall der linken Hand wird dieses Übergreifen der Oktave (*G – a*) präsent. Auch der Melodieeinsatz auf der None (T. 2) verdeutlicht die Grenzerweiterung. Der Nonenakkord erfährt aber durch eine noch höhere Terzschichtung eine scheinbar ins Unendliche forttreibende Erweiterung: zur None *a* kommt in T. 3 die Undezime *c* und in T. 5 die Tredezime *e* hinzu.

Der *Tredezimenakkord*, der hier als Vorhaltsklang erscheint, faßt alle drei beschriebenen Momente des Unbestimmten (im Vergleich zum Nonenakkord) intensiviert in sich zusammen: Er verstärkt die schillernde, zwischen Dominante und Subdominantparallele changierende Klanglichkeit, indem er in Form der Tonikatöne (*c* und *e*) noch eine dritte Funktion hinzufügt; er erhöht den Dissonanzzustand durch das diatonische Total aller sieben Stammtöne (nur bei akkordischer Vollständigkeit; in T. 5 fehlt nur noch die Terz), und er scheint sich durch die hohe Terzaufschichtung, die den Oktavrahmen bei weitem sprengt, ins Unendliche zu verlieren. Der bis zur Tredezime erweiterte große Nonenakkord zeigt in Verbindung zum poetischen Umfeld des op. 17 exemplarisch seine zwei Ausdrucksqualitäten: Die Überschwenglichkeit leidenschaftlicher (vgl. die Vortragsanweisung) Liebesgefühle und die schwankende Unbestimmtheit in Schumanns Verhältnis zu Clara Wieck.

Die im großen Nonenakkord zum Ausdruck gelangenden überschwenglichen, übergreifenden Gefühle sind zwar in konkreten Zusammenhängen bestimmbar, ihr eigentliches, innerstes Wesen bleibt jedoch der Wortsprache unzugänglich. Symptomatisch dafür ist Schumanns Sprachlosigkeit in einem Brief an Clara Wieck. Anstelle vieler Worte schreibt er am 10. Juli 1834: »[…] so aber wenn ich recht, recht an Sie denke, sitze ich flugs am Clavier und schreibe lieber mit […] z. B. dem bekannten Terzdezimenaccord: [es folgt die Notation dieses Klangs] nach Dresden, d. h. an Sie« (Briefwechsel I, 13 f.). Etwa zwei Jahre nach diesem Brief, in dem das ›Unaussprechliche‹ der Liebesvorahnung zwischen beiden Personen durch den großen Tredezimenakkord (mit kleiner None) artikuliert worden war, nimmt dieser Klang in Schumanns *Fantasie* C-Dur musikalische Gestalt an: zunächst in seiner überschwenglichen, grenzübergreifenden Auskomponierung am Anfang, dann, als akkordische Kulmination zum kleinen Tredezimenakkord verengt (T. 212), in schmerzlich-verdüsternder Abwandlung (nach Schumanns eigenem Bekenntnis fällt die Komposition des op. 17 in seine »dunkelste Zeit«, in der er »gar nichts mehr« von Clara wußte und sie »mit Gewalt vergessen wollte« – Litzmann I, 110 f.). In dem durch die Tredezime übersteigerten Nonenakkord findet Schumann ein geeignetes Mittel, das Unaussprechliche, das dem Material implizit ist, sei es in positiver oder in negativer Bedeutungstendenz, musikalisch mitzuteilen.

Mit den drei Transformationstechniken der Semantisierung des harmonisch Wertneutralen, der Befreiung aus Standardisierung und der Auslotung impliziter Klang- und Ausdrucksoptionen zielt Schumann auf Vervielfältigung, Erneuerung und Verfeinerung konventioneller harmonischer Wertvorstellungen, ohne sie materiell zu erweitern. Schumann sieht den Fortschritt seiner Musik in der »Biegsamkeit des Organs«, in der »Gewandtheit des Ausdrucks« und in der »Vielartigkeit der Nuancierungen« (GS I, 232). Ihm kommt es also nicht auf die Erneuerung der Kunstmittel selbst, sondern auf die formale und ästhetische

Versatilität des geschichtlich vorgefundenen harmonischen Materials an. Die Poetisierung des prosaischen Materials geschieht als Transformationsvorgang ganz im Sinne der Romantisierungsbestrebungen von Novalis, nach dem diese dann ermöglicht werden, wenn »dem Gemeinen ein hoher Sinn, dem Gewöhnlichen ein geheimnisvolles Ansehn, dem Bekannten die Würde des Unbekannten und dem Endlichen ein unendlicher Sinn« (Novalis 1992, 113) gegeben werde. Mit der transformatorischen Vervielfältigung konventionell festgefahrener harmonischer Ausdrucksbereiche erschließt sich Schumann dieses unendliche, poetische Reich.

Freiheit, Reinheit und Vielfalt poetischer Harmonik

In diesem Beitrag wurde der Versuch unternommen, die Harmonik Robert Schumanns vor dem Hintergrund seines Poesiebegriffs zu untersuchen. Die einleitend aufgezeigten harmonisch-poetischen Analogien, die in den Momenten des Einheitsstrebens, des Kunstcharakters, der Genieästhetik und der Transzendenz bestehen, kommen in Schumanns Harmonik durch folgende technische Eigenschaften zum Ausdruck:

Das Poetische ist erstens die gemeinsame Substanz verschiedener Künste, die insbesondere in der vereinigenden Kraft der Harmonie zum Ausdruck gelangt. Dieses poetisch-einheitsstiftende Moment wird in Schumanns Harmonik verstärkt durch die satzintegrative Technik des »Tiefcombinatorischen«, wodurch ein höherer Verschmelzungsgrad melodischer Teilmomente erreicht wird, durch die Reduktion des Satzes auf das rein Harmonische, das substantielle Bedeutung gewinnt und durch die enge Bindung der Akkordfortschreitung an die Funktionsharmonik, die eine Verselbständigung in harmonische Einzelwirkungen verhindert.

Zweitens gilt für Schumann das Prädikat »poetisch« als höchstes ästhetisches Werturteil eines musikalischen Kunstwerks. Poetischen Kunstcharakter hat nach Schumann ein Werk dann, wenn dessen harmonische Ausbildung die »feineren Schattierungen« komplexer Seelenzustände auszudrücken vermag. Dies erreicht Schumanns Harmonik zum einen durch ein differenziertes Verhältnis zur Melodie, in das die Harmonie in Form einer spezifischen Beleuchtungstechnik tritt, und zum anderen durch satztechnische Umformung konventioneller harmonischer Werte zur Gewinnung neuer, vielfältiger und subtiler Ausdrucksmöglichkeiten. Die harmonisch feineren Schattierungen bilden aber gerade deshalb das kompositorische Korrelat zu Schumanns poetischem Kunstbegriff, weil sie mit der reinen Harmonie, dem Postulat, daß Kunst, um es zu sein, im Verborgenen bleiben müsse, vermittelt sind, daß sie also nur subtil andeuten, statt prosaisch offen legen.

Das Poetische bildet drittens den Gegenbegriff zu allem Prosaischen. Schumann befreit seine Harmonik aus der prosaischen Befangenheit melodischer, formaler und gehaltlicher Determinierung. Die neugewonnene poetische Freiheit läßt die Harmonie zu einem Gegenstand der Genieästhetik werden. Das Neue, Originelle, Fantastische und Individuelle zeigt sich bei Schumann vor allem in der die motivisch-thematische Arbeit teilweise ablösenden harmonisch-tonalen Arbeit, in den unkonventionellen Tonartendispositionen und in einer tonikadezentrierenden Tonalitätsbehandlung. Schumann sucht allerdings seine originären Lösungen nicht, wie die französischen Neuromantiker, in rücksichtslosen Neuerungen, sondern er findet sie in seinem Ideal des »Schönoriginellen«, im Wohlklang, der nicht nur rein und schön, sondern auch originell ist.

Viertens läßt das Musikalisch-Poetische das Unsagbare fühlbar werden. Das Übersetzen außermusikalischer Momente in ihre nicht mehr verbal bestimmbare poetische Essenz erlangt Schumann durch eine die Melodie in ihren feinsten Nuancen ausleuchtende, gleichsam poetisch kommentierende Harmonik, durch das Eintauchen der Melodie in die unbestimmten Räume harmonischer Tiefendimensionen und durch die Reduktion des Tonsatzes von sprachgebundenen Parametern wie Rhythmik und Melodik auf ein rein harmonisches

Konzentrat. Die Harmonik ist nicht mehr nur Bestätigung oder konstitutiver Grund der Melodie. Vielmehr nimmt sie umgekehrt der an musikalische Ideen und Gehalte eng geknüpften Melodie das Konkret-Zeichnende und Bestimmte, um es auf die höhere Ebene des Unbestimmt-Unendlichen eines poetischen Reiches zu transzendieren.

Die Poetisierung des harmonischen Materials erfolgt bei Schumann, verkürzt gesagt, durch Emanzipation der Harmonik von melodischer und formaler Determiniertheit zugunsten eines höheren Wirkungsgrads der Harmonik, durch Reduktion redundanter Satzmerkmale auf einen reinen Satz zur Verfeinerung des musikalischen Ausdrucks und durch Transformation konventioneller harmonischer Werte zur Gewinnung neuer, vielfältiger und differenzierter Ausdrucksnuancen. Freiheit, Reinheit und Vielfalt des Ausdrucks sind diejenigen Momente, die den musikalischen Poesiebegriff Schumanns wesentlich prägen. Das Poetische als die zentrale Kategorie der Musikanschauung Robert Schumanns findet in seiner Harmonik eines seiner »sprechendsten« Ausdrucksmittel.

Literatur

Bischoff, Bodo: Monument für Beethoven. Die Entwicklung der Beethoven-Rezeption Robert Schumanns. Köln-Rheinkassel 1994.

Dahlhaus, Carl: Poetische Musik. In: ders.: Die Musik des 19. Jahrhunderts. Laaber ²1989. (Neues Handbuch der Musikwissenschaft, 6), S. 118–124.

Dietel, Gerhard: ›Eine neue poetische Zeit‹. Musikanschauung und stilistische Tendenzen im Klavierwerk Robert Schumanns. Kassel 1989. (Bärenreiter Hochschulschriften).

Edler, Arnfried: Virtuose und poetische Klaviermusik. In: Europäische Musikgeschichte. Bd. 2, hg. von Sabine Ehrmann-Herfort. Kassel, Stuttgart 2002, S. 705–762.

Eggebrecht, Harald: ›Töne sind höhere Worte‹. Robert Schumanns poetische Klaviermusik. In: Robert Schumann I, hg. von Heinz-Klaus Metzger und Rainer Riehn. München 1981. (Musik-Konzepte Sonderband), S. 105–115.

Floros, Constantin: Schumanns musikalische Poetik. In: Robert Schumann I, hg. von Heinz-Klaus Metzger und Rainer Riehn. München 1981. (Musik-Konzepte Sonderband), S. 90–104.

Haimberger, Nora Elisabeth: Vom Musiker zum Dichter. E.T.A. Hoffmanns Akkordvorstellung. Bonn 1976. (Studien zur Germanistik, Anglistik und Komparatistik, 37).

Hand, Ferdinand: Ästhetik der Tonkunst. 2 Bde. Leipzig 1837.

Hitzlberger, Thomas: Studien zur Entwicklung der Harmonik im zweiten Drittel des 19. Jahrhunderts. Würzburg 1986.

Hoffmann, Ernst Theodor Amadeus: Alte und neue Kirchenmusik (1814). In: ders.: Schriften zur Musik. Nachlese, hg. sowie mit Nachw. und Anm. versehen von Friedrich Schnapp. München 1963.

Homeyer, Helmut: Grundbegriffe der Musikanschauung Robert Schumanns, ihr Wesen, ihre Bedeutung und Funktion in seinem literarischen Gesamtwerk. Diss. masch. Münster 1956.

Kohlhase, Hans: Die Kammermusik Robert Schumanns. Stilistische Untersuchungen. 3 Bde. Hamburg 1979. (Hamburger Beiträge zur Musikwissenschaft 19).

Kurth, Ernst: Romantische Harmonik und ihre Krise in Wagners ›Tristan‹. Berlin ³1923.

Leipold, Eugen: Die romantische Polyphonie in der Klaviermusik Robert Schumanns. Diss. masch. Erlangen 1954.

Moßburger, Hubert: Poetische Harmonik in der Musik Robert Schumanns. Sinzig 2005. (Musik und Musikanschauung im 19. Jahrhundert, 10).

Motte, Diether de la: Harmonielehre. München, Kassel ⁷1990.

–: Kontrapunkt. Ein Lese- und Arbeitsbuch. 4. Aufl. München, Kassel 1991.

Novalis: Aphorismen, hg. von Michael Brucker. Frankfurt a. M., Leipzig 1992. (Insel Taschenbuch, 1434).

Rummenhöller, Peter: Romantik in der Musik. Analysen, Portraits, Reflexionen. Kassel 1989.

Schnebel, Dieter: Rückungen – Ver-rückungen. Psychoanalytische und musikanalytische Betrachtungen zu Schumanns Leben und Werk. In: Robert Schumann I, hg. von Heinz-Klaus Metzger und Rainer Riehn. München 1981. (Musik-Konzepte Sonderband), S. 4–89.

Schweiger, Margarethe: Harmonik in den Klavierwerken Robert Schumanns. Wien 1931.

Simonett, Hans Peter: Taktgruppengliederung und Form in Schumanns »Carnaval«. Berlin 1978.

Struck, Michael: Die umstrittenen späten Instrumentalwerke Schumanns. Untersuchungen zur Entstehung, Struktur und Rezeption. Hamburg 1984. (Hamburger Beiträge zur Musikwissenschaft, 29).

Tadday, Ulrich: Das schöne Unendliche. Ästhetik, Kritik, Geschichte der romantischen Musikanschauung. Stuttgart, Weimar 1999.

Vischer, Friedrich Theodor: Die Musik. Reutlingen, Leipzig 1857. (Aesthetik oder Wissenschaft des Schönen. Zum Gebrauche für Vorlesungen. Theil 3: Die Kunstlehre, Abschnitt 2: Die Künste, 4).

KLAVIERMUSIK

Werke für Klavier zu zwei Händen bis 1840

von Arnfried Edler

Variationen

Es ist ein bekanntes und oft vermerktes Phänomen, daß Schumann seine kompositorische Laufbahn mit einer langen Reihe von Klavierkompositionen begann. Ziemlich genau ein Jahrzehnt lang veröffentlichte er ausschließlich Klaviermusik, um sich dann – ab 1840 – planmäßig anderen Gattungsbereichen zuzuwenden. Dafür gibt es verschiedene Gründe: subjektive und objektive, d. h. solche, die aus der eigenen Lebenssituation und aus seiner persönlichen kompositorischen Entwicklung entsprangen, und andere, die aus der Situation zu erklären sind, in der sich die Klaviermusik um 1830 befand.

Was den subjektiven Aspekt betrifft, so muß man sich vergegenwärtigen, daß Schumanns kompositorische Aktivität weit hinter die Veröffentlichung seines op. 1 zurückreicht. Unter den abgeschlossenen und geplanten bzw. begonnenen Kompositionen seiner Jugendzeit befinden sich jedoch relativ wenige Klavierwerke. Die Hinwendung zum Klavier um 1830 steht in direktem Zusammenhang mit Schumanns Entschluß, Berufsmusiker zu werden. Das bedeutete für ihn zunächst, die Pianistenlaufbahn anzustreben. Dementsprechend wandte er sich denjenigen Gattungen zu, in denen sich Klaviervirtuosen zur damaligen Zeit qualifizierten: Etüde, Variation und Konzert. Bis in Beethovens Todesjahr 1827 lassen sich seine diesbezüglichen Versuche – die meisten davon sind verschollen – zurückverfolgen: 1828 skizzierte der 18jährige seine ersten *Variationen* zu

vier Händen *über ein Thema des Prinzen Louis Ferdinand von Preußen* (RSW G2), zwei Jahre später folgte ein Fragment gebliebenes *Klavierkonzert in F-Dur* B3. Nach Ablegung des Abiturs begann Schumann im Jahr 1828 ein Jurastudium in Leipzig und nahm gleichzeitig Klavierunterricht bei dem renommierten Pädagogen Friedrich Wieck; in dieser Zeit entstand der Wunsch nach einer professionellen Musikerlaufbahn, der sich während der beiden vom Mai 1829 bis September 1830 in Heidelberg verbrachten Semester verstärkte (Draheim 1985, Mayeda 1985).

Die *Abegg-Variationen* stellen den ersten von mehreren Ansätzen zu Variationszyklen dar, die Schumann zwischen 1829 und 1835/36 unternahm und von denen außerdem noch op. 5 und op. 13 publiziert wurden. Mit der Bezeichnung »op. 1« kennzeichnete Schumann das Werk zugleich als Neubeginn innerhalb seines Schaffens, indem er die bis dahin vorgenommene Zählung außer Kraft setzte und damit sein gesamtes bis zu diesem Zeitpunkt vorliegendes – freilich unveröffentlichtes – Schaffen aus seinem offiziellen Œuvre verbannte. Die Gattung der Variationen stand zu diesem Zeitpunkt gerade aufgrund ihrer Beliebtheit beim Publikum in eher zweifelhaftem Ruf. Dabei spaltete sich das Angebot zunehmend in zwei verschiedene Richtungen auf. Die eine wandte sich an Anfänger und Dilettanten, die sich daran erfreuten, am häuslichen Instrument ihre »Airs favoris« aus Opern in neuer Drapierung selbst spielen zu können und damit leichte Erfolge in den Salons zu ernten, wie es beispielsweise E.T.A. Hoffmann im ersten *Kreislerianum*, betitelt *Johannes Kreislers, des Kapellmeisters, musikalische Leiden* (1814), beschrieben hat. Die andere umfaßte die für öffentliche Auftritte von Virtuosen konzipierten Werke, denen bereits Mozarts Klaviervariationen zuzurechnen sind und die hinsichtlich des Anspruchs und des spieltechnischen Aufwands in unmittelbarer Nachbarschaft zum Klavierkonzert angesiedelt sind, aus denen sie auch die mindestens einmal innerhalb einer Reihe auftretenden Kadenzen übernahmen; insofern war es nur konsequent, solche Bravourvariationen auch für die Besetzung des Klavierkonzertes, also für Soloklavier mit Orchester, zu schreiben, was sich etwa ab 1815 – prototypisch in Ignaz Moscheles' [*Variations sur*] *La Marche Alexandre* für Klavier und Orchester – einbürgerte. Mit Beethovens Variationen op. 34 und op. 35 war um 1803 noch ein dritter Variationentyp hinzugetreten, den man den experimentellen nennen könnte: hier ging es um die Erprobung neuer Möglichkeiten der Themenbehandlung durch das Mittel der Charakterisierung, der Entfernung und Annäherung innerhalb des Zyklus u.ä.; die Grenzen dieses Typus hatte 1823 Beethoven mit den *Diabelli-Variationen* op. 120 – auf freilich inkommensurable Weise – erweitert. Diesem Typus wurden auch die vierhändigen Variationswerke Franz Schuberts zugerechnet, vor allem die *Hérold-Variationen* D 903 aus seinem letzten Lebensjahr, von denen eine Rezension in der Leipziger *Allgemeinen musikalischen Zeitung* (1828, Sp. 87) belegt, daß sie als richtungsweisend empfunden wurden. Der achtzehnjährige Schumann war von diesem Werk hingerissen; er sah darin »ein[en] vollkommene[n] Tonroman – Töne sind höhere Worte«, und zum Vergleich zog er Goethes *Wilhelm Meister* heran (Tb I, 96).

Kompositorische und publizistische Debüts

Schumanns *Abegg-Variationen* op. 1 und Chopins *Mozart-Variationen* op. 2

Nachdem der Jurastudent Schumann mit Moscheles' *Alexandervariationen* in der Heidelberger Gesellschaft erste Virtuosenerfolge geerntet hatte, lag der Entschluß nahe, sie mit einer eigenen Komposition ähnlichen Zuschnitts auszubauen, die er einer »Demoiselle Pauline Comtesse d'Abegg« widmete. Tatsächlich handelte es sich jedoch um eine am Mannheimer Hof lebende Pianistin namens Meta Abegg; Schumann scheint sie eher aus der Ferne verehrt zu haben, möglich ist auch, daß nur einer seiner Studienfreunde für sie entbrannt war.

Schumanns poetische Auffassung von der Klaviervariation erfuhr nach seiner Rückkehr aus Heidelberg eine entscheidende Vertiefung, als er am 6. Juni 1831 durch Vermittlung seines Klavierlehrers Friedrich Wieck die 1830 erschienenen Variationen des jungen Chopin über Mozarts *Là ci darem la mano* für Klavier und Orchester op. 2 kennenlernte. Die zwölfjährige Clara bezeichnete sie in ihrem Tagebuch als »das schwerste Musikstück, was ich bis jetzt gesehen und gespielt habe«, studierte aber nichtsdestoweniger das von den meisten Pianisten für unspielbar gehaltene Werk in nur acht Tagen ein und führte es bereits am 7. Oktober erstmals im Stadthaus in Weimar auf (Litzmann II, 27). Auch Schumann übte – parallel mit Clara – täglich acht Stunden »mit Feuer und Nutzen« an diesem Werk, kam aber pianistisch nicht damit zurecht. Dennoch war es ihm beim Kennenlernen, »als blickten mich lauter fremde Augen, Blumenaugen, Basiliskenaugen, Pfauenaugen, Mädchenaugen wundersam an […]« (GS I, 5). Daraus erwuchs als sein erstes publiziertes literarisches Werk die am 7. Dezember 1831 in der *Allgemeinen musikalischen Zeitung* (33/1831, Sp. 805 ff.) unter dem Titel »Ein Werk II« erschienene Rezension. Bereits im Stil der Davidsbündler als Dialog zwischen Eusebius, Florestan und Meister Raro abgefaßt und zugleich von Hoffmanns Erzählungen und dessen eigenen musikalischen Rezensionen beeinflußt, handelt es sich um eines der zentralen Dokumente der romantischen Musikkritik, die dazu tendiert, im Sinn einer produktiven Rezeption selbst Teil des Kunstwerkes zu werden (Benjamin 1978, 60). Als wie neuartig dieser Rezensionsstil empfunden wurde, geht daraus hervor, daß der Chefredakteur der *Allgemeinen musikalischen Zeitung*, Gottfried Wilhelm Fink, es für nötig hielt, nach dem »Zögling der neuesten Zeit« einen »angesehenen und würdigen Repräsentanten der älteren Schule« in einer unmittelbar anschließenden Gegenrezension zu Wort kommen zu lassen, der in Chopins Werk nichts als »Bravour-und Figurenwerk« zu finden vermochte. Außerdem verfaßte Friedrich Wieck eine dritte Rezension, die Fink als »im Sinne des Herrn Schumann« bezeichnete und angeblich aus Raumgründen nicht abdruckte. Dafür plazierte Wieck seine Rezension, in der er Schumanns poetischen Stil auf vordergründige Weise in banale Nacherzählungen von Szenen aus der Mozart-Oper ummünzte, gleich in zwei Zeitschriften nacheinander: Chopin selbst machte sich in einem Brief an den befreundeten Widmungsträger des Werkes vom 12. Dezember 1831 über sie lustig und verhinderte, daß sie in der Pariser *Revue et Gazette musicale* zum drittenmal abgedruckt wurde (Draheim 1994, 232).

Laut Schumanns Projectenbuch (44) erfolgte die Niederschrift der *Abegg-Variationen* im Juli und August 1830. Über die Gestalt und den Umfang dieser Erstfassung weiß man indes nichts; Schumann vermerkte lediglich, daß im Erstdruck, der im November 1831 erschien, nur etwa die Hälfte der ursprünglich komponierten Variationen enthalten sind. Das läßt darauf schließen, daß die Konzeption des Ganzen mit dieser Niederschrift noch keineswegs abgeschlossen war. Auf jeden Fall hat die Orchesterversion nach dem Vorbild der *Alexandervariationen* von Moscheles am Anfang gestanden (Studienbücher Bonn I, fol 38 r); Schumann hat dieses Werk mehrmals in öffentlichen Orchesterkonzerten aufgeführt, zum ersten Mal am 28. April 1829 in Zwickau, danach am 24. Januar 1830 in Heidelberg. Die anderthalb Jahre später erfolgte Kenntnisnahme der Chopin-Variationen muß dann auf Schumann wie ein Schock gewirkt haben. Davon zeugt ein Eintrag in das Leipziger Lebensbuch II vom 31.Oktober 1831: in einer Art Bestimmung seines derzeitigen künstlerischen Standorts versicherte er sich angesichts des bevorstehenden Drucks seines op. 1 seines nunmehr erfolgten Übergangs vom »Dilettanten« zum »Künstler« (Tb I, 374). Der zwölf Tage später vorliegende Druck wurde mit der lapidaren Feststellung quittiert: »Es ist, als wenn gedruckt da Alles mehr Bedeutung erhielte [...]« (Tb I, 376). Der selbstkritische Vergleich zwischen den beiden Variationszyklen fiel offenbar zuungunsten des eigenen Werkes aus. Ziemlich sicher

hatte dies auch mit der auffallend unterschiedlichen Aufnahme beider Novitäten im Haus Wieck zu tun: Während die junge Clara die Chopin-*Variationen* als erste deutsche Pianistin einstudierte und aufführte, scheint sie die *Abegg-Variationen* erst spät – möglicherweise in ihrem »zweiten Leben« nach Roberts Tod – in ihr Repertoire aufgenommen zu haben (vgl. die – keineswegs vollständige – Auflistung »Studienwerke und Repertoire« von Clara Wieck-Schumann bei Litzmann III, 615–624). Schumann unterzog sein op. 1 einem durchgreifenden Kürzungs- und Revisionsprozeß, als dessen Ergebnis im Druck ein Bestand von vier Variationen übrig blieb: drei durchnumerierten Variationen schließt sich ein relativ umfangreiches »Finale alla Fantasia« mit einleitendem »Cantabile« an. Der Titel *Thème sur le nom Abegg varié pour le Pianoforte* weicht auf den ersten Blick von den marktüblichen Konventionen der Zeit lediglich darin ab, daß nicht ein Opernthema (wie etwa in Chopins op. 2) oder ein populäres Lied variiert wird. Doch erkannte die zeitgenössische Kritik – am deutlichsten Ludwig Rellstab (Rellstab 1832) – dahinter eine durchaus neuartige Konzeption: Gegenstand des Variierens ist nur das fünftönige Initialmotiv – eigentlich sogar nur dessen Beginn – das aufsteigend-auftaktige Halbtonmotiv. Aus ihm wird zunächst – gewissermaßen als erste Variation – ein in zwei sechzehntaktige Hälften gegliedertes Quasi-Thema entwickelt, das seinerseits aus zwei fast identischen, aus einer vierfachen Sequenz des Initialmotivs bestehenden Achttaktern zusammengesetzt ist. Die Symmetrie bleibt zwar in den Variationen 1 bis 3 äußerlich erhalten, jedoch in merklich gelockerter Form, indem die für das »Thema« konstitutive Krebsstruktur – in der ersten Hälfte *a-b-e-g-g* in aufsteigender, in der zweiten *g-g-e-b-a* in absteigender Richtung – aufgegeben wird. Die tiefe Zäsur nach der dritten Variation wird nicht nur durch den überraschenden Tonartwechsel von F- nach As-Dur hervorgerufen, darüber hinaus tritt von diesem Punkt an ein geradezu demonstratives Überspielen des Periodenprinzips an die Stelle der Symmetrie in der ersten Werkhälfte. An der überproportionalen Gewichtung des Finale – die im übrigen für die Virtuosenvariation durchaus üblich war – wird der Torsocharakter des op. 1 deutlich: seiner Anlage nach war das Finale offensichtlich für einen umfangreicheren Zyklus berechnet.

Auf eigenartige Weise vermischen sich in den *Abegg-Variationen* Elemente verschiedener Gattungen der Klaviermusik: die Variationen 1–3 lassen sich, indem sie eigentlich pianistische Probleme zum Gegenstand haben, ohne weiteres als Etüden auffassen – ganz deutlich wird das intendierte jeu perlé an den »corrente«- und »con accuratezza«-Vorschriften in Nr. 3. In Nr. 2 handelt es sich darum, einen um ein Achtel verschobenen ›Basso parlando‹ der Oberstimme gegenüberzustellen und dieses Duett durch hinzutretende komplementärrhythmische Mittelstimmen zu einer kontinuierlichen Sechzehntelbewegung zusammenzufügen. In Nr. 1 wird der schnelle Wechsel zwischen Sprungtechnik, Akkordfolgen und doppelgriffig oktavierten chromatischen Skalen thematisiert. Auf der anderen Seite bezieht sich das Abegg-Motiv, das die Variationen konstituiert, auf den Bereich des thematischen Komponierens, und zwar in seinen sublimsten Ausprägungen. Insbesondere die Musik Bachs, die seit Beginn des 19. Jahrhunderts in einem Jahrzehnte währenden Prozeß wiederentdeckt wurde, hatte die Aufmerksamkeit der Musiker auf bestimmte, häufig viertönige, aus Halbtonverbindungen zusammengesetzte und daher zu chromatischer Harmonisierung prädestinierte musikalische Chiffren wie etwa das B-A-C-H-Thema oder das Thema der cis-Moll-Fuge aus dem ersten Teil des *Wohltemperierten Claviers* BWV 849 gelenkt; Tonfolgen dieser Art durchzogen beispielsweise Beethovens späte Streichquartette. Bei den jungen Musikern um 1830, deren Ideal die Poetisierung der Musik war, standen derartige Versuche, zyklische Einheit nicht durch Themen im konventionellen Sinn, sondern durch quasi sprechende, zugleich subkutane, auf individuelle Geheimnisse verweisende und daher Mystifikationen begünstigende Motive zu erreichen, hoch im Kurs. Schumann schloß mit der Wahl dieses Motivs als Variationenthema an Verfahrensweisen an, die aus der ›thematischen Abhandlung‹ der Quartett- und Sonatenkomposition stammen und der Variation zunächst fern liegen – mit einer esoterischen Ausnahme: in mehreren von Beethovens *Diabelli-Variationen*, einer der seltenen Variationenreihen über einen Walzer, wird (am deutlichsten in Nr. XXVIII) die

Halbton-Verbindung isoliert und zum eigentlichen Thema erhoben. Auch wenn es nicht überliefert ist, daß der junge Schumann dieses Werk Beethovens gekannt hat, scheinen hier Affinitäten im thematischen Denken zwischen dem späten Beethoven und der musikalischen Jugend um 1830 auf.

Impromptus op. 5

Unmittelbar nach dem Erscheinen des Drucks der *Abegg-Variationen* plante er eine Reihe weiterer Variationszyklen, darunter über »La Campanella«, dem Finalthema aus dem zweiten Violinkonzert h-Moll von Niccolo Paganini, RSW F 8, 671), über das Allegretto aus Beethovens 7. Sinfonie (RSW F 25, 683 ff.) sowie über Chopins *Nocturne* g-Moll op. 15/3 (RSW F 26, 686 f., NA ed. J. Draheim, Wiesbaden 1992). Den Hintergrund dieser Ansätze bildeten intensive Reflexionen über die Gattungsästhetik der Variation; darauf deutet u. a. die Tatsache hin, daß Schumann in drei Fällen (F 24, op. 5, op. 13) in den Titeln den Variationenbegriff durch andere Bezeichnungen ersetzte. Auch taucht die später im Untertitel des *Carnaval* verwendete Bezeichnung »Scènes« erstmals in den *Scènes musicales sur un thème connu* F 24 (NA ed. A. Boyde, Hofheim/Leipzig 2000) auf. Zur Publikation gelangten nur zwei dieser Variationskonzeptionen: die *Impromptus über eine Romanze von Clara Wieck* op. 5 (1833) und die *Etudes symphoniques* op. 13 (1837). Mit der Bezeichnung *Impromptus* beabsichtigte Schumann möglicherweise, zwei unterschiedliche Bedeutungen miteinander zu kombinieren, die seit den 1820er Jahren aufgekommen waren: zum einen kennzeichnete man mit diesem Begriff eine besonders lockere, zum Potpourri tendierende Fügung der Variationenreihe. Seit 1822 war dann in Wien dem Begriff eine vertiefte Bedeutung durch die neuartigen lyrischen Klavierstücke von Jan V. Voříšek und vor allem Franz Schubert zugewachsen. Als Thema bezeichnet der Titel von Schumanns op. 5 die *Romanza*, welche die zwölfjährige Clara ihrer eigenen *Romance variée* op. 3 zugrundegelegt hatte; beide Variationswerke erschienen im Abstand von einem Monat (Juli, August 1833) voneinander im Druck

– zu einer Zeit, in der Schumann sich entschieden den Gattungen der Klaviersonate und der Orchestersinfonie zuwandte, was auf die Variationen nicht ohne Einfluß blieb. Doch auch das Verhältnis Schumanns zur halbwüchsigen Tochter seines Lehrers wurde durch dieses Werk tangiert, indem es Anlaß zu den ersten zwischen beiden gewechselten Briefen gab (Briefwechsel I, 9 f.). Erst in jüngerer Zeit stieß man auf den erstaunlichen Sachverhalt, daß das Thema der Romanze gar nicht von Clara Wieck stammt, sondern daß ursprünglich Robert es im September 1830 auf der Reise von Paderborn nach Detmold in sein Tagebuch notiert hatte (Schumann: Tb I, 321). Claras Komposition entspricht durchaus dem Typus der damals gängigen Salonvariationen; Robert, der sich im Gegensatz dazu um eine innovative Variationen-Konzeption bemühte, sah entschlossen über den Abstand hinweg und wollte das seinige im Gegenzug Clara widmen; als sich dies dann anscheinend doch als allzu heikel herausstellte, erfolgte die Widmung – sei es als Dank für die Vermittlung an den Verleger Kistner oder als diplomatischer Versuch einer Besänftigung erwachenden Mißtrauens – an Claras Vater, der vielleicht zu ahnen begann, daß mit der Widmung dieser Komposition, deren Druck ihm zu seinem 48. Geburtstag überreicht wurde, in Wahrheit der Kampf um seine Tochter eröffnet war. – Das op. 5 beginnt mit dem einstimmigen Vortrag einer chaconneartigen Baßlinie, an deren Anfang paradoxerweise die Schlußkadenzformel I-IV-V-I steht. Erst danach setzt die Romanze ein, welcher der Baß als harmonisches Fundament zugrundegelegt wird; beide gemeinsam bilden eine Art Doppelthema. Wahrscheinlich hat Beethovens ähnliche, nur wesentlich ausgedehntere und prozeßhaftere, über das allmähliche Anwachsen der Stimmenzahl das Thema erreichende Eröffnung der *Eroica-Variationen* op. 35 Modell gestanden. Ein Basso ostinato dieser Art sollte auch dem nicht geschriebenen Finale von Schumanns früher g-Moll-Sinfonie zugrundeliegen. Über seine Entstehung gibt das Leipziger Lebensbuch II (Tagebuch 7) unter dem 29. Mai 1832 Auskunft: »Abends riß ich mit Clara sechs Bacchische Fugen ab, vierhändig a vista prima. Der holländischen Maid gab ich einen leisen, schönen Kuß u. als ich nach Haus kam gegen neun Uhr, setzt' ich mich an's Klavier

u. mir war's, als kämen lauter Blumen u. Götter aus den Fingern hervor, so strömte der Gedanke auch fort. Das war der Gedanke C. F. G C.« (Tb. I, 400). Die Stimmung, in der Schumann in dieser Zeit seinen Umgang mit der Klaviermusik Johann Sebastian Bachs pflegte, legt nahe, daß der Schreibfehler ›bacchisch‹ durchaus beabsichtigt und doppelsinnig gemeint war. In einer seiner autobiographischen Aufzeichnungen, die wohl aus der Zeit nach 1840 stammt, berichtete Schumann: »Die meiste Zeit fast beschäftigte ich mich mit Bach; aus solcher Anregung entstanden die Impromptus op. 5, die mehr auf eine neue Form zu variiren angesehen werden mögen« (Schumann: Selbstbiographische Notizen, unpaginiert). Wie Beethoven gestaltete auch Schumann das Finale als Fuge, jedoch nicht im Sinn einer Kopie des Bachschen Modells, sondern er baute einen Abschnitt in freiem fugenartigem Charakter (ohne explizite Überschrift) als Moll-Mittelteil in ein dreiteiliges tänzerisches 6/8-Finale ein, dessen Coda zum Ausgangspunkt des Doppelthemas zurückführt. Das op. 5 stellt somit – nach Anton Reichas *L'art de varier* (1804) – den wohl ersten Fall der Rezeption des von Beethoven ausgehenden, später bei Brahms und dann vor allem bei Reger zum Standard werdenden Einbaus der Fuge in einen Variationenzyklus dar. Franz Liszt verwies 1837 in der Pariser *Revue et Gazette musicale* auf die »Familienähnlichkeit« von Schumanns op. 5 zu den beiden größten Variationswerken Beethovens (Liszt 1837 48.), der sowohl die *Eroica-* als auch die *Diabelli-Variationen* mit Fugen beschloß, denen er allerdings noch ein locker strukturiertes Stück folgen ließ. Im Verlauf des op. 5 erscheint Claras Thema in ständig wechselnden Szenerien und in stetem Wechsel von Annäherung und Entfernung, wobei sogar in Variation 5 auf Beethovens *Diabelli-Variationen* Bezug im Sinn eines beiläufig einfließenden Zitats genommen wird. Vom virtuosen Gestus der *Abegg-Variationen* ist im op. 5 kaum etwas verblieben: Schumann wollte die Entwicklung Claras zu einem künstlerisch kontrollierten Virtuosentum führen, indem er sie dazu animierte, mit ihm gemeinsam die Welt Bachs und Beethovens zu erkunden.

Études symphoniques op. 13

1834 begann Schumann ein neues großes Variationenwerk. In noch stärkerem Ausmaß machten sich in seinem op. 13 Tendenzen bemerkbar, die Grenzen der Variationengattung zu überschreiten. Im Vorfeld tauchen unterschiedliche Bezeichnungen auf. Im ursprünglichen Titel der in der belgischen Bibliothèque Royale de Mariemont liegenden autographen Niederschrift des Werkes, die am 15. Januar 1835 abgeschlossen wurde, lautet die Überschrift »Variations pathétiques«. Dieser Titel wurde durch »Fantaisies et Finale sur un thème de Mr. Le Baron de Fricken« ersetzt. Die Bezeichnung »Fantaisies« taucht aber über den einzelnen Stücken nicht wieder auf, sondern dort ist jeweils die Bezeichnung »Variation« gestrichen und durch andere Bezeichnungen, überwiegend durch »Etüde«, ersetzt (Boetticher 1984; Ehrhardt 1996, 42 f.) Im Erstdruck – Juni 1837 – trat der Gattungsbezug zur Sinfonie in Gestalt des Titels *Douze Études symphoniques* hinzu. Doch bereits im Mai des vorausgehenden Jahres hatte der Wiener Verleger Haslinger das Werk unter dem Titel »X Etuden im Orchestercharakter für das Pianoforte von Florestan und Eusebius« angekündigt. Auf die »zwölf Davidsbündleretüden von Florestan und Eusebius« wies Schumann selbst in einer Anzeige in seiner Zeitschrift (8.4.1836) hin. Die Komposition war Teil jenes Netzwerks aus kompositorischer, rezeptorischer und organisatorischer Tätigkeit, für das Schumann das Symbol der »Davidsbündler« erfand. Als Davidsbündlerkomposition entstand sie nicht allein: parallel vollzog sich die Arbeit am *Carnaval* – von Schumann in der Kompositionszeit meist als »Fasching« bezeichnet – und an den Klaviersonaten opp. 11, 22. In enger Verbindung zum op. 13 stehen die *Etüden in Form freier Variationen* über das a-Moll-Allegretto aus Beethovens 7. Sinfonie F 25, das Schumann zwar im Nachhinein »eine sehr unschöne Idee« nannte, das gleichwohl aber eine enge konzeptionelle Verbindung in bezug auf die Gattungsüberschreitung in Richtung Etüde und Sinfonie mit dem op. 13 aufweist, in das Schumann diverse Stücke direkt übernahm. Im Gegensatz zu den *Beethoven-Variationen* beinhaltete das Thema des op. 13 – wie im op. 5 Claras *Romance* – eine private »Erinne-

rung«. Schumann übernahm das Thema, das in einer Skizze als quasi marcia funebre bezeichnet wird, aus einer Variationenreihe, die der Offizier Ignaz von Fricken aus der nordwestböhmischen Stadt Asch (heute Aš) 1834 für Flöte (auf der er dilettierte) komponiert hatte und die er Schumann zur Begutachtung schickte. Mit Frickens Adoptivtochter Ernestine spann Schumann einen »Sommerroman« an, der im September zum Verlöbnis führte, das allerdings im kommenden Jahr wieder aufgelöst wurde. Das Schwanken in der Bezeichnung ist symptomatisch für Schumanns Bestreben, die Variationengattung zur Ausgangsbasis einer neuen Poesie in der Klaviermusik zu machen.

Seine kompositorische Aufgabe sah Schumann im wesentlichen darin, »das Pathetische, wenn etwas davon [im Thema] drinnen ist, in verschiedenen Farben zu bringen (Brief Schumanns an Baron v. Fricken, September 1834, Jugendbriefe 252 f.). Variationen sollten das thematische »Objekt« immer neu beleuchten, »ähnlich wie es aus buntem Glase zusammengesetzte Scheiben gibt, wodurch die Gegend jetzt rosaroth wie im Abendglanz, jetzt golden wie an einem Sonnenmorgen erscheint« (ebd.). Dahinter steht freilich die erzählerische, romananaloge Konzeption der Variation, die Schumann an Schuberts Werken entwickelt hatte (s. o. S. 215). Daß Schumann im Erstdruck des op. 13 auf die Anzahl von zwölf Stücken kam, ist das Resultat eines schwierigen Auslese- und mehrfachen Umstellungsprozesses. Die Zwölf ist diejenige Zahl, in der die Gattungskonventionen der Variation und der Etüde sich treffen: Variationenzyklen umfaßten in der Regel 6 oder 12, Etüdensammlungen bestanden dagegen zumeist aus 12 oder 24 Stücken. Fünf beim Erstdruck nicht berücksichtigte Etüden wurden 1873 von Brahms aus dem Nachlaß Schumanns herausgegeben und figurieren seitdem in den meisten Ausgaben als Anhang. 1852 veranstaltete Schumann eine zweite Ausgabe, die nur zehn Etüden umfaßte, mit der dritten und neunten entfielen gerade jene Etüden, die die Extreme des Mechanischen und Fantastischen auf besonders überzeugende Weise in Übereinstimmung bringen. Das violinistische Idiom der Nr. 3 kommt übrigens ebenso in der Nr. 1 der *Beethoven–Variationen* wie in der Nr. 3 von Claras *Bellini*-Variationen op. 8 (1837) vor. Programma-

tisch erscheint die Fortschreibung des Bach-Bezugs
aus op. 5: gleich die erste Etüde zeigt die taktweise
imitierende Arbeit innerhalb eines Marschcharak-
ters bei gleichzeitiger Distanzierung von der
schulmäßigen Fugentechnik. Daß an achter Stelle
auf den Rhythmus und die Satzstruktur der Französischen Ouvertüre angespielt wird, erweckt Assoziationen an die in der Werkmitte von Bachs
Goldberg-Variationen stehende »Ouvertüre«;
gleichzeitig stellt die achte Etüde ein Musterbeispiel von Schumanns Evozierung von Stimmungen durch eine spezifische Kontrapunktik dar, die
sich weitab von historischen Stilzitaten bewegt. In
beiden Etüden wird auf das Thema aus weiter
Ferne angespielt, während sich andere, wie die Nr.
2, recht eng an die Themengestalt halten: allerdings liegt sie hier im Baß und treibt im Diskant
eine Melodie hervor, die von einem für das op. 13
spezifischen lyrischen Pathos geprägt ist. In der
Nr. 11 erreicht es seinen Höhepunkt, indem sich
das lyrische Ich in ein Duett auseinanderlegt,
dessen motivische Figuren sich in irrationalen
Rhythmen miteinander verschlingen. Jedoch hat
die Faszination, die von den Einzelstücken ausgeht, die Steigerung über die »longue durée« des
Werkganzen hin zur Voraussetzung. Vielleicht war
dies der Grund, warum später Johannes Brahms
unter Bezugnahme auf Schumanns op. 13 die
Vorstellung von »Phantasien über eine Melodie«

im Unterschied zu herkömmlichen Variationen
entwickelte (Johannes Brahms: Brief an Adolf
Schubring, 16.2.1869, in: Brahms-Briefwechsel,
Bd. 8, Berlin 1915, Repr. Tutzing 1973, 218). Eine
große ›Phantasie‹ in diesem Sinn bildet das Finale,
in welchem vom Thema Frickens anfangs nur die
anfängliche Baßfigur Cis-Gis-°Cis übriggeblieben
zu sein scheint, die mit einem ganz neuen Thema,
der Romanze »Du stolzes England, freue dich« aus
der Oper *Templer und Jüdin* von Heinrich Marschner (1829) verbunden ist – ein Gruß an den
Widmungsträger des Werkes, den englischen
Komponisten William Sterndale Bennett (der als
Gegengabe drei Jahre später seine *Fantasie* A-Dur
op. 16 Schumann widmete). Schumann beschrieb
in einem Brief an Fricken die Idee des op. 13: es
solle sich der »Trauermarsch nach und nach zu
einem recht stolzen Siegeszug steigern« (Brief an v.
Fricken 28.11.1834, BNF, 60). Dementsprechend
bildet das Finale als Triumphmarsch den Gegenpol
zum Thema, der am Beginn stehenden »Quasi
Marcia funèbre«. Indem Schumann das Thema in
den durchführungsartigen Partien ab T. 50, auf
beide Hände verteilte, nach und nach wieder
einführte und in der Folge immer wieder verschwinden und wiederauftauchen ließ, kam er in
diesem Finale seiner Neubestimmung des roma-
nanalogen Verhältnisses von Thema und Variation
bereits recht nahe.

Etüden

Schumanns Schwanken in der Benennung von
op. 13 betraf nicht nur dieses eine Werk. Allgemein
stellen bei ihm Einzelwerke fast immer Stationen
eines kompositorischen Entwicklungsprozesses
dar, in welchem die jeweiligen Gattungen einer
grundlegenden Kritik unterzogen werden. In diesem Sinn bildet das op. 13 den Schlußpunkt einer
Entwicklungsphase, innerhalb der Schumann
parallel mit den Variationen auch die Gattung der
Klavieretüde kritisch betrachtete und konzeptio-
nell weiterentwickelte. Obwohl Schumann zur
Entstehungszeit dieses Werkes die Hoffnung auf
die eigene Pianistenkarriere bereits aufgegeben
hatte, blieb er an den Problemen der Klaviertech-

nik weiterhin brennend interessiert – und das
nicht nur im Hinblick auf Clara Wieck, in deren
Persönlichkeit sich um diese Zeit für ihn endgültig
die Pianistin und die Geliebte zum weiblichen
Ideal verbanden. Auch für den Redakteur einer
»romantischen Klavierzeitung« (als welche die
Neue Zeitschrift für Musik vor ihrem Erscheinen
im Sprachgebrauch ihrer geistigen Urheber figu-
rierte) spielten die technischen Aspekte der Klaviermusik eine zentrale Rolle. Allerdings ließ die
starke Fixierung auf die beiden Gattungen von
dem Zeitpunkt an nach, als Schumann die Konzentration auf das Klavier allmählich als beengend
empfand, also etwa seit 1837/38; noch bis in die

großen Etüden- und Variationenbesprechungen des Jahres 1836 aber schwingt sie nach, und sie erlosch auch später keineswegs, wiewohl er sie im Rückblick mitunter als Fehler ansah: »Es schadete dem rein-musikalischen Gehalt meiner früheren Claviercompositionen, daß ich glaubte, sie müßten auch für den Clavier s p i e l e r ein besonderes Interesse haben (durch mechanisch-neue Schwierigkeiten pp.)« (Schumann Tb II, 402).

In seinen Kritiken zeigte Schumann umfassende Kenntnisse des zeitgenössischen, aber auch des zeitlich zurückliegenden Etüdenrepertoires. Gerade in den ersten Jahren der Tätigkeit an der seit April 1834 erscheinenden *Neuen Zeitschrift für Musik* wird deutlich, wie eng Schumanns kompositorische und kritische Tätigkeiten aufeinander bezogen waren. So verstand er auch die Etüde aus ihrer geschichtlichen Entwicklung heraus, an deren Anfang er die *Clavier-Übungen* Johann Sebastian Bachs sah: »Wenn wir darin bis auf die über hundert Jahre alten Exerzizen von Bach zurückgehen und zu deren sorgfältigstem Studium raten, so haben wir Grund dazu; denn nehmen wir das aus, was wir durch Erweiterung des Umfangs unseres Instrumentes an Mitteln, wie durch die schönere Ausbildung des Toncharakters an Effekten gewonnen haben, so kannte er das Klavier in seinem ganzen Reichtum [...] (GS I, 214).

Schumann dachte durch und durch historisch – wie es im Zeitalter des Hegelianismus üblich war –, und er bezog nicht zuletzt daraus die Legitimation für das eigene kompositorische Schaffen. Was er in seiner Betrachtung allerdings nicht berücksichtigte, war der Zusammenhang, der zwischen dem Aufkommen der Klavieretüde im neueren Sinn ab etwa 1800 und der Entwicklung des Klavierbaus besteht. Der Jahrzehnte während Prozeß der Ablösung von Cembalo und Clavichord durch das Hammerklavier war nämlich in dieser Zeit gerade erst abgeschlossen, und das neue Instrument befand sich noch auf einem Entwicklungsstand, der sehr viele Wünsche offen ließ. Der Erwerb einer gesteigerten Spieltechnik, der das eigentliche Motiv für die Entstehung der Etüde als eigenständiger Gattung war, diente zunächst dazu, die Diskrepanz zwischen angestrebter und real erreichbarer Klangwirkung zu verringern. Erst um 1820, als in der jahrzehntelangen Konkurrenz zwischen Wiener Prell- und englischer Stoßzun-

genmechanik die letztere sich durchsetzte und auf dieser Basis 1821 S. Erard in Paris die Repetitionsmechanik entwickelte, waren die Voraussetzungen einer neuen Qualität von pianistischer Virtuosität gegeben, wie sie dann seit etwa 1830 ausgebaut wurde. Dabei übte – wie schon um 1800 – abermals die Violinvirtuosität eine initiierende Wirkung aus, und zwar diesmal durch Niccolò Paganini, der um diese Zeit im Zenit seines europäischen Ruhms stand. Am Ostersonntag, dem 11. April 1830, erlebte Schumann Paganini von Heidelberg aus in einem Konzert in Frankfurt am Main. Das Konzert löste in ihm zunächst zwiespältige Gefühle aus: nie zuvor war ihm das Phänomen der Virtuosität so unvermittelt begegnet. Einerseits bedeutete sie ihm eine »ungeheure Entzückung« und reizte ihn »aufs äußerste zum Fleiß«. Auf der anderen Seite erhoben sich in ihm »Zweifel am Ideal der Kunst« und Enttäuschung über »s[einen] Mangel an der grossen, edeln priesterlichen Kunstruhe« (Schumann Tb I, 282). In jedem Fall wurde ihm durch dieses Erlebnis klar, daß auch in der Klaviermusik kein Weg an der neuen Qualität von Virtuosität vorbeiführte – wie immer man sich zu ihr hingezogen oder von ihr abgestoßen fühlen mochte. Wie sehr ihn Paganini und die Idee der Übertragung von dessen Virtuosentum auf das Klavier faszinierte, zeigt sich in dem literarischen Projekt einer Novelle *Die Wunderkinder*, das er im Sommer 1831 über mehrere Monate verfolgte und in dem er Paganini in den eigenen Leipziger Lebenskreis – den späteren Davidsbund – auf die Weise einbezog, daß er »wunderbar mit auf Cilia [= Clara] einwirken« müsse (Tb I, 342 f.).

Paganini-Etüden op. 3 und op. 10

Vor dem Hintergrund dieses fiktionalen Dreiecksverhältnisses Paganini – Robert – Clara ist die Arbeit zu verstehen, auf die er in dem oben zitierten Etüden-Artikel anspielte: die *Studien für das Pianoforte nach Capricen von Paganini bearbeitet mit Fingersatz, vorbereitenden Uebungen und einem Vorwort über ihren Zweck... op. 3* (1832) sowie die *VI Etudes de concert pour le Pianoforte composés d'aprés* [sic] *des Caprices de Paganini* op. 10 (1833). Als Motiv zur Idee der Bearbeitung vermerkte Schumann am 20. April 1832 im Tagebuch: »Capricen von Paganini zu Studien für Clavierspieler eingerichtet, die sich mehrseitig bilden wollen« (Tb I, 379). Die beiden Hefte der Paganini-Bearbeitungen umfassen jeweils sechs der im Jahr 1820 als op. 1 erschienenen *Venti quattro Capricci per violino solo*. Doch unterscheiden sie sich nicht unerheblich voneinander. Das erste trägt deutlich die Merkmale einer Klavierschule, wenn auch für fortgeschrittene Klavierspieler. In diesem Sinn stellte Schumann ein ausführliches Vorwort voran, in dem er Auskunft über die Zielsetzung sowie eingehende methodische Anleitungen samt Vorübungen zu den einzelnen Etüden gab. Seine Rolle sah er als »Herausgeber« und seine Aufgabe darin, »[...] Solospielern Gelegenheit zu geben, einen ihnen oft gemachten Vorwurf von sich abzuwenden: daß sie nämlich andere Instrumente und deren Eigentümliches zu wenig zur Ausbildung und Bereicherung des eigenen benutzen.« Gegenüber op. 3 zielte Schumann in op. 10 auf größere Selbständigkeit des Klavieristischen, »welche den Violinursprung vergessen lasse, ohne daß dadurch das Werk an poetischer Idee eingebüßt habe« (EP Nr. 2323, ed. E. Sauer, Leipzig o. J., 3). Das Faszinosum von Paganinis *Capricen* lag für Schumann in ihrer Grenzposition zwischen Virtuosität und Poesie. Im *Damenkonversationslexikon* von 1834 heißt es dazu unter Bezugnahme auf Clara Wiecks *Caprices en forme de valses* op. 2: »**Capriccio**, caprice, der [sic] Genre der Musik, welcher sich vom Niedrigkomischen der Burleske durch die Verschmelzung des Sentimentalen mit dem Witzigen unterscheidet. Nebenbei bezweckt sie oft etwas Etüdenartiges. Strenge Symmetrie der Form ist, wie natürlich, in dieser Gattung nicht so notwendig wie in den größeren, edleren der Sonate usw., eine zu ängstliche wäre sogar ein Fehler. Wieviel der Humor immer mehr Eigentum des männlichen Geschlechts geblieben, so hat sich doch die junge Virtuosin, die K l a r a   W i e c k, mit vielem Glück auch in dieser Gattung versucht« (GS II, 207).

Offensichtlich nahm Schumann hier Bezug auf den § 41 des VIII. Programms aus Jean Pauls *Vorschule der Ästhetik*, in dem es um »Das lyrische Komische oder die Laune und die Burleske« geht

und wo die Burleske als lyrische Ausdrucksform des »Niedrig-Komischen« erklärt wird (Jean Paul 1967, 161 f.). Entsprechend heißt es dann im Vorwort zu op. 3: »Keiner anderen Gattung musikalischer Sätze stehen poetische Freiheiten so schön, als der Caprice. Ist aber hinter Leichtigkeit und dem Humor, welche sie charakterisieren sollen, auch Gründlichkeit und tieferes Studium sichtbar, so ist das wohl die echte Meisterschaft [...]« (ed. Sauer, 3).

Die musikalische und die persönliche Motivation waren demnach unauflöslich miteinander verflochten: Schumanns Vorstellung von Virtuosität, die sich auf die Entwicklung der frühreifen Clara richtete, zielte auf die Amalgamierung der Virtuosität Paganinis mit der Ästhetik Jean-Pauls zu einer neuen musikalischen Poesie. In ihr spielte die Caprice als »niedrig-komisches« Gegenstück zur Sonate eine zentrale Rolle.

Toccata op. 7

Von allen seinen Etüden hat Schumann eine am längsten in ihrem Bann gehalten: die *Toccata* C-Dur, die 1834 als op. 7 veröffentlicht wurde, deren früheste Fassung bereits im Heidelberger Winter 1829/30 entstand; 1832 unterzog er sie einer grundlegenden Revision und Erweiterung. Es deutet einiges darauf hin, daß die *Toccata* eine Art von Gewaltstreich darstellt, mit dem Schumann das Problem unzureichender Unabhängigkeit der Finger innerhalb einer Hand lösen wollte und dabei zu mechanischen Hilfsmitteln griff, die zur Schwächung und allmählichen Lähmung der Hand führten. Es wird bezeugt, daß er die *Toccata* in ihrer ersten, frühen Fassung besonders in seiner Heidelberger Zeit häufig spielte (Jansen 1883, 69). Wahrscheinlich, wenn auch nicht zweifelsfrei nachgewiesen, ist die Identität der *Toccata* mit der »Exercice fantastique en double sons«, die in der fraglichen Zeit mehrfach in Tagebüchern und Briefen erwähnt wird (Tb I, 418; Jugendbriefe, 156; BNF, 536; Luebbe 2002, 423–448). Doppelgriffe in Gegenbewegung bilden in der Tat das beherrschende Thema des Stückes, daneben werden schnelle Oktav- und dreistimmige Akkordfolgen geübt. Das eigentlich Besondere sind aber die rhythmischen Finessen, die durch intrikate Synkopierungen auf den ersten und fünften Taktsechzehnteln bei durchgehender Bewegung in der jeweils anderen Stimme derselben Hand verursacht werden. Zu beachten ist, daß die dynamische Bezeichnung des Stückes sich überwiegend im Bereich von piano und mezzoforte bewegt und nur in wenigen Einzelakzenten über das forte hinausgeht. Auch für den Vortrag der *Toccata*, die in der Sonatenhauptsatzform angelegt ist und ein ausgesprochen kantables Seitenthema aufweist, gilt, was Schumann im Vorwort der *Paganini-Studien* als erstrebenswert bezeichnete: »[…] so strebe [der Spieler] nach Schwung und Weichheit des Tones im Anschlag, nach Rundung und Präcision der einzelnen Teile und nach Fluß und Leichtigkeit des Ganzen« (Schumann: Vorwort zu op. 3, ed. Sauer, 3).

Daß Schumann selbst – wie berichtet wird – die *Toccata* im »Allegro commodo«-Tempo zu spielen pflegte, dürfte nicht in purem Unvermögen be-

gründet gewesen sein; so entfalten die beschriebenen rhythmischen Delikatessen ihre Wirkung nur in einem einigermaßen gemäßigten, allerdings völlig gleichmäßigen, Tempo und werden bei überzogener Geschwindigkeit vergröbert und verzerrt wahrgenommen. Aufschlußreich ist die Besprechung in der Zeitschrift *Der Komet* vom 11. September 1834, in der der Vortrag der *Toccata* durch Clara Wieck und Ludwig Schunke miteinander verglichen wird. Obwohl er Schunke eine mehr etüdenartige Auffassung bei höchster Meisterschaft, Clara dagegen eine poetische Auffassung und die Fähigkeit zusprach, dem Stück »durch und durch eine Seele einzuhauchen« (GS II, 395), widmete Schumann das Stück Schunke, der zu dieser Zeit mit seiner »Exzentrizität« und seinem »vornehmen Wesen« neben Clara Wieck und Chopin modellhaft den Davidsbündlerpianisten verkörperte (GS I, 193f.; Jansen 1883, 129, 132–138).

Poetische Tanzzyklen

Tanzmusik hatte im Zusammenhang der durch die Französische Revolution ausgelösten fundamentalen gesellschaftlichen und mentalen Umwälzungen einen völlig neuen Stellenwert erhalten. Als »Teil eines neu sich formierenden ›bürgerlichen‹ Habitus« im Sinn eines veränderten »System[s] der organischen und mentalen Dispositionen und der unbewußten Denk-, Wahrnehmungs- und Handlungsschemata« gehörte das neuartige Tanzen wie auch das private Musizieren der neuen Tänze zu jenen Innovationen und scheinbar spontan improvisierten Verhaltensweisen, die gleichwohl auf »beobachtbaren Regelmäßigkeiten« und benennbaren »Erzeugungsbedingungen« der im Umbruch befindlichen Gesellschaft beruhten (Pierre Bourdieu: Zur Soziologie der symbolischen Formen, Frankfurt/M. 1974, 40). In der Klaviermusik war der Tanz nach dem Ausklingen der Suite bzw. nach deren Transformation zur ›Pièce de caractère‹ um die Mitte des 18. Jahrhunderts weitgehend in den Hintergrund getreten. Von den zahlreichen Tänzen der Suite wa-

ren Menuett und Polonaise so gut wie allein übriggeblieben. Während das Menuett in die zyklischen Verbände der Sinfonie und der Sonate als Finalsatz oder als Zwischensatz zwischen langsamem und beschließendem Satz eindrang, spielte es ebenso wie die übrigen Tänze als selbständiges Klavierstück eine ausgesprochen marginale Rolle und wurde hauptsächlich als Übungsstück für den Kompositions- und Instrumentalunterricht angesehen. Die verbürgerlichte Aufklärung des späten 18. Jahrhunderts verband die aus dem rationalistischen Denken der vorausgehenden Epoche herrührende mechanistische Auffassung des Körpers mit der Idee der Autonomie des menschlichen Individuums, das fortan selbst die Verantwortung für die Gesundheit und Leistungsfähigkeit, aber auch für die Schönheit und die ästhetisch befriedigende Bewegung der eigenen »Körpermaschine« übernahm. Daraus erwuchs eine ausgesprochen bürgerliche Körper-, Bewegungs- und Hygienekultur (Sarasin 2001, 19), die als Waffe gegen das Ancien Régime gerichtet war. In ihr war das Menuett als Relikt der Vergangenheit, gegen die man sich wandte, zum Fremdkörper geworden; dennoch wurde ihm nach wie vor eine begrenzte zeremonielle Bedeutung im gesellschaftlichen Leben zugestanden. Das Nebeneinander der alten und neuen Tänze ist – wie beispielsweise Goethe es in den *Leiden des jungen Werther*, 1774, 1. Buch, Brief v. 16. Junius beschrieb – charakteristisch für diese Zeit des Umbruchs. Vor allem war es der Walzer, der sich als Untergattung des »Deutschen« neben dem »Ländler(ischen)« seit den 1770er Jahren gemeinsam mit dem englischen Kontretanz gegen heftigen Widerstand von seiten der Obrigkeiten durchsetzte und in den 1790er Jahren seinen eigentlichen Durchbruch in den gesellschaftlichen Veranstaltungen erlebte. So verlautet bereits im Todesjahr Mozarts aus Berlin, dort seien »die Walzer, und nichts als die Walzer, jetzt so sehr Mode, daß man beim Tanze auf nichts sonst sieht; nur Walzen muß man können, und alles geht gut« (Anon.: Briefe über Berlin, in: Journal des Luxus und der Moden VII, Weimar 1792, Mikrofiche-Ausg. Hildesheim 1997, 113, Brief vom 18.10.1791). In der napoleonischen Epoche vollzog sich die Adaptation des Walzers bzw. seiner unter dem Sammelbegriff »Deutscher (Tanz)« zusammengefaßten Vorgänger (Flotzinger 1998, Sp. 1876–1879; Widmaier 2002; Edler 2003a, 352 ff.) in die Klaviermusik auf dem Weg der Transkription realer Tanzmusik für Streich-, Zupf- und Blasinstrumente, die auf Bällen und Redouten mit Erfolg gespielt worden waren. Diese Entwicklung erreichte ihren Höhepunkt auf dem Wiener Kongreß, der dem Walzer die Hoffähigkeit brachte, für die von den liberalen Kräften lange gekämpft worden war.

Komponisten wie die Mozartschüler Anton Eberl und Johann Nepomuk Hummel und die frühen Klaviervirtuosen wie Johann Baptist Cramer, Daniel Steibelt und Carl Maria von Weber waren es, die teilweise noch vor 1800 damit begannen, die neuen Tänze in das Klavierrepertoire einzuführen. Während im zweiten und dritten Jahrzehnt des 19. Jahrhunderts die Produktion von Klaviersonaten dramatisch zurückging, expandierte der Markt für Klaviertänze rasant. In Schuberts pianistischem Œuvre hielten sich Sonaten und Tänze quantitativ in etwa die Waage. Seine Walzerfolgen sind einerseits »musikalische Vor-

ratskammern« (so nannte 1713 der Erfurter Komponist Johann Heinrich Buttstedt eine Sammlung von Klaviermusik) von ungewöhnlichen und – trotz oder gerade wegen ihrer quadratischen Regelmäßigkeit – im höchsten Maß originellen und ausdrucksstarken Gedanken, die sich von den Episoden in den weiträumigen ›Erzählungen‹ seiner Klaviersonaten nur durch das enge Format unterscheiden (was aber auch einen eigenartigen Reiz und ihre gattungsmäßige Eigenständigkeit gegenüber jenen gewährleistet). Andererseits sind auch die Tänze durch die Erfahrungen des Klavier- und Kammermusikkomponisten Schubert entscheidend geprägt.

Aus diesen Zusammenhängen wird verständlich, warum Schuberts Tänze, besonders die vierhändigen *Polonaisen* D 599 und 824 und die Sammlung der *Valses nobles* D 969 – die sich nachweislich in seinem Besitz befand – den jungen Schumann noch zu Lebzeiten Schuberts zu Begeisterungsstürmen hinrissen. Zum einen waren sie adäquater Ausdruck seines bürgerlich-fortschrittlich orientierten Lebensgefühls, zum anderen bildeten sie das musikalische Pendant zu den Tanz- und Ballszenen, die Schumann in den Romanen der Zeit aufsuchte, allen voran in denen Jean Pauls. Sie bildeten einen integralen Teil der auf eine neue, humane Welt- und Gesellschaftsordnung gerichteten Kunstauffassung, zu der Jean Paul entscheidend beigetragen hatte und in der die physische Schönheit, wie sie im Tanz zum Ausdruck kommt, eine zentrale Rolle spielt. Von der Tanzbegeisterung des jungen Schumann zeugen mehrere Berichte und eigene Notizen; auch führte der Vierzehnjährige am 15.10.1824 die fünf Jahre zuvor veröffentlichte *Aufforderung zum Tanz* op. 65 von Carl Maria von Weber in den Zwickauer »Abendunterhaltungen« auf (Abb. d. Programms: Burger, 37).

Papillons op. 2

In den *Papillons* op. 2, einem im April 1832 im Druck erschienenen zwölfgliedrigen Zyklus, versammeln sich alle diese Zeitstimmungen und literarischen Bezüge. Von Schuberts Klaviertanz – Folgen, die offenbar die Initialzündung für die

Papillons, Titelblatt der Erstausgabe

Erfindung eigener kleiner Tanzstücke gaben, unterschied sich die Konzeption von Anfang an dadurch, daß die einzelnen Stücke untereinander im Sinn eines raschen Szenenwechsels stark kontrastieren sollten. Sie entstanden über einen längeren Zeitraum verteilt unabhängig voneinander als musikalische Tagebuchnotizen neben allem möglichen anderen wie Fugenversuchen, Kontrapunktstudien, Skizzen zu Klavierkonzerten, Klavierübungen für eine geplante Klavierschule etc.: so finden sich die Nummern 1, 6 und 7 als »Walzer« 6, 4 und 5 im Bonner Studienbuch III, die Nr. 9 als »Valse« im Studienbuch I. Weiterhin griff Schumann in zwei Nummern (5 und 11) auf die eigenen vierhändigen Polonaisen [Nrs. 3, 4] von 1828 zurück. Im Studienbuch III finden sich dann sowohl die Bezeichnung »Papillons« als auch mehrere Versuche, die verstreuten musikalischen Aphorismen nach Takt- und Tonarten zu einem größeren Ganzen zusammenzufügen (Studienbücher III, 53, 88). Die Idee, dieses Ganze mit den beiden Schlußkapiteln »Larven-Tanz« (Nr. 63) und »Brief – Nachtwandler – Traum« (Nr. 64) aus Jean Pauls Roman *Flegeljahre* (1804–05) zu verbinden, hat sich bei dem stets gleichzeitig in musika-

lischen und literarischen Kategorien denkenden Schumann erst allmählich während dieser Anordnungsversuche eingestellt. Seine eigenen Äußerungen erscheinen freilich nicht ganz widerspruchsfrei. Dem Redakteur der Musikzeitschrift *Iris im Gebiete der Tonkunst*, Ludwig Rellstab, dem er unterstellte, ein »Dichter und Geistesverwandte[r...] Jean Pauls« zu sein und dem er das frischgedruckte Exemplar zur Rezension zuschickte, legte Schumann eine zeitliche Folge der Abläufe von Romanlektüre und Komposition nahe, die nach dem Quellenbefund nicht der Realität entsprach: »[…] erlaub' ich mir den Papillons einige Worte über ihr Entstehen hinzufügen, da der Faden, der sie aneinander schlingen soll, kaum sichtbar ist. Ew. Wohlgeboren erinnern sich der letzten Scene in den Flegeljahren – Larventanz – Walt – Vult Masken – Wina – Vults Tanzen – das Umtauschen der Masken – Geständnisse – Zorn – Enthüllungen – Forteilen – Schlußszene und dann der fortgehende Bruder. – Noch oft wendete ich die letzte Seite um: denn der Schluß erschien mir nur ein neuer Anfang – fast unbewußt war ich am Clavier und so entstand ein Papillon nach dem andern […]« (Jugendbriefe, 167 f.). Gegenüber seiner Leipziger Förderin Henriette Voigt brachte er das literarisch-musikalische Verhältnis auf eine Formel, die jede Interpretation im Sinn von illustrativer bzw. »Programm«-Musik ausschließt: »Ich erwähne noch, daß ich den Text der Musik untergelegt habe, nicht umgekehrt – sonst scheint es mir ein ›thöricht Beginnen‹« (BNF, 54). In Schumanns Handexemplar der *Flegeljahre* finden sich numerierte Anstreichungen, aus denen zu ersehen ist, welche Beziehungen Schumann im Nachhinein zwischen der Bewegung innerhalb des literarischen und des musikalischen Textes herstellte; dabei liegt kein einfacher Parallelismus vor, sondern Schumann gruppierte die Szenen von der Nr. 6 an um (Boetticher 1941, 611–613). Was Schumann in Jean Pauls Text fand, war eben jenes Anordnungsprinzip, das er brauchte, um die Fülle seiner angestauten musikalischen Gedanken in ein schlüssiges zyklisches Konzept zu bringen. Darüber hinaus ließen sich einige literarische Bilder in bereits vorhandene musikalische Strukturen einpassen: so diente in Nr. 3 eine Kanonstudie dazu, den grotesken »herumrutschende[n] Riesenstiefel, der sich selbst anhatte und trug«, sinnfällig als ein

»Sich-selbst-Anhaben« des kanonisch behandelten Materials darzustellen. Und selbst das Bild von einer ungeheuren Perücke voll Papilloten, welche der Träger abwickelte und austeilte, fand Schumann in Jean Pauls Maskenball-Schilderung vor.

Wie tragfähig sich indes das experimentelle Konzept letztendlich erweisen würde, dessen war sich Schumann am Ende keineswegs sicher und deshalb begierig, von allen möglichen Leuten (wie etwa von Henriette Voigt), auf deren Urteil er etwas gab, zu erfahren, ob »ihnen die Papillons an sich klar seien.« Auch protokollierte er aufmerksam die Reaktionen der Zuhörer bei den ersten Auditionen: »Die Papillons schienen mir die Gesellschaft nicht au fait gesetzt zu haben – denn sie sah sich auffällig an u. konnte die raschen Wechsel nicht faßen« (Schumann Tb I, 399). Während die als Modelle im Hintergrund stehenden Klaviertänze Schuberts noch aus der realen Situation des Aufspielens bei Bällen und geselligen Zusammenkünften hervorgewachsen waren, bildete bei Schumann – trotz seiner Tanzbegeisterung – die literarische Transformation des Tanzes den Ausgangspunkt. Der szenisch-literarische Grundzug des Werkes erforderte die »raschen Wechsel« ebenso wie eine zyklische Einheit im narrativen Sinn. Dem diente zum einen die »Schmetterlings«-Assoziation, die Schumann wohl weniger von Daniel Steibelts als *Papillons* betitelten Opus 69 (1819) bezog als daß er mit ihr das ihm vorschwebende »rasche, flüchtige Wesen« verband, das ihn an Jean Pauls Schilderung des Faschingsballs faszinierte (vgl. Schumann Tb I, 417). Julius Knorr erläuterte in seinem oben erwähnten *Führer auf dem Felde der Klavierunterrichtsliteratur* (1860) den Titel als »Papillons. Poetische Kleinigkeiten aus einem reichen musikalischen Gedankenschatze herausgegriffen und zusammengestellt, wie sie das bunte Durcheinanderflattern (papillons) auf einem Faschingsballe zu malen am besten geeignet schienen« (GS II, 456). Bereits zwei Monate nach dem Erscheinen des Drucks verfiel aber gerade dieses »bunte Durcheinanderflattern« der Selbstkritik des Komponisten: »Da [...] [bey den *Papillons*] der Wechsel zu rasch, die Farben zu bunt sind und der Zuhörer noch die vorige Seite im Kopfe hat, während der Spieler bald fertig ist. Dieses Sich-selbst-vernichten der Papillons hat vielleicht etwas Kritisches, aber gewiß nichts Künstlerisches. Man mag zwischen einzelnen ein Glas Champagner einschieben« (Schumann Tb I, 407).

Die heftigen Kontraste beziehen sich zunächst auf die tonalen Verhältnisse. Während etwa im Modell der *Valses nobles* von Schubert vor allem die terzverwandten Bereiche für die Harmonik konstitutiv sind, stellte Schumann gleich am Anfang dem D-Dur des ersten das Es-/As-Dur des zweiten und danach das fis-Moll des dritten Stückes übergangslos gegenüber. Selbst innerhalb der ohnehin extrem kurzen Stücke werden weit voneinander entfernte Tonarten einander konfrontiert: so bewegen sich in der Nr. 6 die ersten acht Takte unentschieden zwischen d-Moll und F-Dur; ihnen treten die nächsten acht Takte in A-Dur gegenüber. Die Nr. 11 ist ein Beispiel dafür, wie Schumann nicht nur tonale Mehrdeutigkeit durch »Doppeltonarten« anstrebt, sondern wie er die scheinbare Naturwüchsigkeit einer »einfachen Tonart« – hier das D-Dur – und damit die falsche Sicherheit der Hörerwartung durch die Schlußwendung des ersten Abschnitts in das ›fremde‹ fis-Moll erschüttert. Die Häufigkeit solcher tonalen Verfremdungen führt aber letztlich nicht nur für das jeweilige Einzelstück, sondern für den Zyklus als ganzen zu einem durchgängigen Gefühl der tonalen Instabilität. – Noch weitere Kontrastmittel tragen dazu bei, die Tanzatmosphäre als fiktional zu kennzeichnen: Tempowechsel innerhalb einzelner Nummern sind realer Tanzmusik ebenso unzuträglich wie die spielerisch-humoristische Behandlung des rhythmisch-metrischen Aspekts. Die Symmetrie der korrespondierenden Glieder – Grundbedingung für eine zum realen Tanzen bestimmte Musik – wird zum Gegenstand von überraschenden Abweichungen. Bereits in den Anfangstakten des ersten Stücks kommt ein asymmetrisches Verhältnis dadurch zustande, daß die aufsteigende Bewegung nur einen, die absteigende dagegen drei Takte beherrscht. Zusätzlich erfüllt der zweite Viertakter nicht die Erwartung, durch gleiche Struktur auf den ersten zu antworten: vielmehr steht der 1+3-Gliederung des ersten hier eine 2+2-Gliederung gegenüber. Daraus ergeben sich zwei wesentliche Konsequenzen: zum einen wird das konventionelle Vorder-Nachsatzverhältnis in Frage gestellt; zum anderen werden die einzelnen Viertakter durch ihre Asymmetrie zu selbständigen, individuellen Gebilden, die sich nicht zu übergeordneten Formteilen zusammenschließen (Simonett 1977, 30–32; Edler 2003b, 214–218). Diese parataktische, vom Prinzip des schnellen Wechsels gleichberechtigter, nicht zu einem höheren Ganzen sich zusammenschließender Glieder bestimmte Struktur war es, die Schumann im literarischen Medium der Jean-Paul-Vorlage vorfand und die er liebte; in ihr erkannte er dann allerdings bald – aus dem Abstand kritischer Rezeptionsbeobachtung heraus – die Gefahr der »Selbstvernichtung«. Sie liegt vor allem darin, daß die einheitsstiftenden Momente in op. 2 relativ schwach ausgebildet sind. Es fehlt ein Thema oder eine Tonkonstellation, die – wie in op. 1 – den Zyklus, wenn auch verborgen und unaufdringlich, zusammenbindet. Das »Tiefkombinatorische«, das – wie es Schumann 1840 gegenüber dem Jenenser Theologen Gustav Adolph Keferstein formulierte – zum »Poetischen« und »Humoristischen« hinzutreten müsse, um die innere und äußere Einheit eines Werkes zu garantieren, bleibt durch den literarischen Bezug allzu verdeckt, was noch stärker der Fall gewesen wäre, wenn Schumann seine ursprüngliche Absicht wahrgemacht hätte, den *Papillons* als literarisches Motto den Schlußsatz der *Flegeljahre* voranzustellen (Boetticher 1976, 61). Es gibt allerdings diverse musikalische Grundbausteine, die mehrfach wiederkehren. So kann man in Nr. 6, 7 und 9 das »Papillon«-Skalenmotiv der Nr. 1 erkennen. Auch in Nr. 3, T. 3–5 setzt die aufsteigende Bewegung das Geschehen in Gang und erfährt in den T. 4–6 eine Art Umkehrung; in Nr. 6 lassen sich die T. 3–5 als sein Krebs auffassen. Darüber hinaus überschreiten auch andere Tonkonstellationen die Grenzen der Einzelstücke, so etwa in Nr. 2 die Beantwortung der aufwärtsgerichteten Auftaktquarte durch die abwärtsgerichtete kleine Sekund, was in Nr. 4 und 6 sowie in der Sechzehntel-Figur in Nr. 11, T. 12 aufgenommen wird. Es verfestigte sich jedoch bei Schumann der Eindruck, daß Verbindungen von solcher Subtilität nicht ausreichen, um dem Hörer bzw. Spieler zu jenem ›Faden‹ zu dienen, der die Stücke zu einem Ganzen ›verschlingen‹ sollte. Auch die im Schluß wiederkehrende Einleitung, die deutlich dem Modell von Webers *Aufforderung zum Tanz* nachempfunden ist (Mayeda 1992, 97) und darüber hinaus im finalen Verklingen der Walzer-

bewegung an die 3. Szene im 1. Akt des *Freischütz* gemahnt, kommt der Einheitsbildung nur in einem äußerlichen Sinn zugute.

Intermezzi op. 4

Aus dem gleichen Material, das in den Skizzenbüchern – vornehmlich dem dritten – angesammelt war, wollte Schumann eigentlich noch ein zweites Heft mit *Papillons* gestalten. An dessen Stelle trat aber dann unter dem Titel *Intermezzi* eine andere Konzeption; als op. 4 erschien das neue Werk im Herbst 1833. Die Bezeichnung »Intermezzo«, die schließlich an die Stelle der ursprünglich erwogenen »Pièces phantastiques« trat, taucht neben *Walzer* und *Papillons* schon im Skizzenbuch auf. Für die Verwendung des Terminus als Bezeichnung für einen selbständigen Gattungstypus der Klaviermusik hatte Schumann kein Vorbild; einzig im Zusammenhang eines Sonatenzyklus war er im Sinn einer Überleitung zwischen langsamem Satz und Finale vorher in Johann Ladislaus Dusseks Klaviersonate op. 35/3 (ca. 1797) verwendet worden. Auch Mendelssohn hatte in seiner frühen Kammermusik ab 1824 einzelne Sätze als Intermezzi bezeichnet. Näher liegt allerdings die Annahme, daß der Intermezzobegriff für Schumann demselben Vorstellungskomplex zugehörte, dem er auch eine weitere Bezeichnung entnahm, nämlich »Burla«, das italienische Wort für »Spaß, Posse«, sowie dessen zugehöriges Adjektiv »burlesco«; beide finden sich innerhalb der Materialien zu op. 2 und op. 4 sowie zu den *Variationen über den Sehnsuchtswalzer von Franz Schubert* in den Bonner Studienbüchern. Wie »Burla/Burleske« verweist auch »Intermezzo« auf den Bereich des »niedrig-komischen« italienischen Theaters, vor allem auf die Sphäre der Commedia dell'arte, des jahrhundertealten volkstümlichen Stegreiftheaters mit enger Anbindung an die Opera buffa des 18. Jahrhunderts; »Intermezzo« war selbst Bezeichnung einer von deren Gattungsausprägungen. Dem Stil einer vergangenen Epoche entspricht auch der italienische Werktitel (der einzige in Schumanns Œuvre) samt einer Widmung, die in ihrer umständlichen, der überlebten aristokratischen Zeit zugehörigen Konventionalität durchaus ironisch zu verstehen ist, indem Schumann sich hier die Maske eines italienisierenden Komponisten aufsetzte, wie sie die deutschen Höfe des 18., vereinzelt aber auch noch des 19. Jahrhunderts, bevölkerten: »Intermezzi per il Pianoforte composti e dedicati al Signore Kalliwoda/ Maestro di Capella etc./ per R. Schumann«. Dazu muß man wissen, daß der am Fürstenhof von Donaueschingen als Kapellmeister wirkende Johann Wenzel Kalliwoda in Schumanns Augen zu den kompositorischen »Juste-milieuisten« gehörte – eine für ihn vernichtende Beurteilung (BNF, 66). Der eigentliche Grund für die ironisierende Widmung liegt aber darin, daß sie bloß vorgeschoben war: Als wirkliche Widmungsträgerin vorgesehen war nämlich Clara Wieck, wogegen jedoch vermutlich – wie auch im Fall von op. 5 – deren Vater intervenierte. – Im witzigen Sinn läßt sich auch die Bezeichnung der Mittelteile der in A-B-A-Form angelegten Stücke als ›Alternativo‹ verstehen, was im Kontext der italienisch geprägten musikalischen Terminologie des 18. Jahrhunderts auf das Menuett, also auf den zur Schumann-Zeit stets zur Repräsentation des Zopfigen zitierten Tanz hindeutet. Daß diese Mittelteile aber, weitab von aller Zopfigkeit, zu ernsthaften Gegenspielern der äußeren Abschnitte gestaltet wurden und in ihrer Eigenständigkeit die Einhaltung formaler Symmetrien weitgehend vermissen lassen, steht in einem ironischen Kontrast zu der harmlos-altmodischen Bezeichnung, die so als doppelbödig sich entpuppt. Deuten alle äußeren Indizien darauf hin, daß Schumann in diesem Opus die versunkene Welt des heiteren Masken- und Jahrmarktsspiels beschwören und sozusagen der Gegenwart – speziell den deutschen Philistern – die listig-theatralischen italienischen Arlecchinos, Brighellas und Pulcinellas als Gegenbilder entgegenstellen wollte, so erweist sich der Charakter der *Intermezzi* gegenüber den *Papillons*, entgegen diesem Konzept, als wesentlich unmittelbarerer Ausdruck von »Seelenzuständen«. Im Tagebuch bezeichnete er das »pudelnärrische Intermezzo« (Nr. 3) als »Schrei aus tiefem Herzen« (Tb I, 410), und die Unterlegung des Textes »Meine Ruh' ist hin« an zwei Stellen der Nr. 2 deutet darauf hin, daß die Komposition weniger spielerisch-gelassene Heiterkeit ausdrückt als es der Titel und die publizistische Inszenierung

glauben machen wollen. Aus der Schubertschen Vertonung von »Gretchen am Spinnrade« D 118 wird übrigens nicht eine melodische Ganzheit, sondern nur die dreitönig innerhalb des Terzraums aufsteigende initiale Tonhöhenkonstellation zitiert und in einen dermaßen veränderten Kontext überführt, daß die Beziehung ohne den Verbalhinweis kaum wahrzunehmen wäre. Schumann hatte sich in den *Intermezzi* zum Ziel gesetzt, die »selbstvernichtende« Exzentrizität der *Papillons* zu überwinden – daran lassen die auf engem Raum nebeneinanderstehenden, auf beide Werke bezogenen Tagebucheintragungen keinen Zweifel (vgl auch BNF, 40). Wo die Stücke – wie in den Nr. 3–5 – attacca ineinander übergehen, entstehen längere »erzählerische« Komplexe, die die scheinbare Übersichtlichkeit der »Alternativo«-Teile in Frage stellen, zumal diese wiederum sehr starke Kontraste zu den umgebenden Rahmenteilen aufweisen. Offenbar fand die Begrenzung des Zyklus' auf sechs Stücke erst relativ spät statt. Das Problem eines inneren »Fadens«, der die Verbindung der Stücke untereinander herstellt, erweist sich gegenüber op. 2 eher gesteigert, zumal Schumann in op. 4 auf die bogenförmige Verbindung von Anfang und Schluß des Zyklus' verzichtete: auch harmonisch ist das h-Moll des Schlusses der anfänglichen Doppeltonart A-Dur/ fis-Moll allenfalls im subdominantischen Sinn zuzuordnen. Aber auch innerhalb der in der Zyklusmitte angesiedelten ineinander übergehenden Stücke gibt es keine Zentraltonart: Nr. 3 bewegt sich zwischen a-Moll und E-Dur, Nr. 4 (eine Klaviertranskription des eigenen Liedes »Hirtenknabe« von 1828) zwischen C-Dur und a-Moll, Nr. 5 zwischen F-Dur und d-Moll; in keinem dieser Fälle aber verhalten sich die Tonarten zueinander im funktionsharmonischen Spannungsverhältnis von Toniken zu Dominanten bzw. Parallelen, sondern bilden jeweils tonale Pole, zwischen denen die »metrischen Charaktere« (Krebs 1999, 192–199) eher hin- und herpendeln als daß sie einem harmonischen »Gefälle« unterliegen. Die diskreten motivischen Anspielungen nicht nur auf Schubert, sondern darüber hinaus auf das Abegg-Thema (Nr. 6 T. 43–45), auf Beethovens Liederzyklus *An die ferne Geliebte* op. 98 (Nr. 6 T. 106–109) sowie auf das Trio aus dem dritten Satz des erst 1979 veröffentlichten Klavierquartetts c-Moll (Nr. 4 T. 8/9, Nr. 5 T. 29–32, 106–109) lassen zumindest Vermutungen hinsichtlich weitreichender privater Hintergrund-Bezüglichkeiten aufkommen, belegen aber zugleich die fortschreitende Adaptation bewußt literarischer Verfahrensweisen, womit die Entfernung vom Tänzerischen einhergeht. Allerdings lenken die mehr oder weniger verborgenen Zitate aus fremden und eigenen Werken aufgrund ihrer Isolierung die Aufmerksamkeit von der Wahrnehmung der verbindenden Elemente eher ab und fördern eine aufs Detail gerichtete Rezeptionsweise: insofern erscheint im op. 4 Schumanns kompositorische Annäherung an das literarische Modell Jean Paul um ein beträchtliches Stück vorangeschritten.

Carnaval op. 9

Als nächster Zyklus dieser Art erschien im Sommer 1837 unter der Opuszahl 9 *Carnaval. Scènes mignonnes composées pour le Pianoforte sur quatre notes*. Erstaunlicherweise kam das Werk in zwei quasi parallelen Erstausgaben heraus: einer gekürzten französischen bei Schlesinger in Paris im Juli und der vollständigen bei Breitkopf & Härtel in Leipzig im August. Auch dieser Zyklus gehört seiner Anlage und inhaltlichen Konzeption nach in den Umkreis der literarisch vermittelten Ballszenen. Schumann legte Wert auf die Feststellung, daß die »Zusammenstellung so wie die Ueberschriften n a c h Composition der Musikstücke entstanden« seien (Brief an Ignaz Moscheles, 23.8.1837, BNF, 92). Die Komposition erfolgte offenbar parallel mit den *Sinfonischen Etüden* op. 13 im Winter 1834–35. Die enge zeitliche Nachbarschaft deutet wiederum auf die gemeinsame biographische Situation: Während des vorausgehenden Sommers hatte er den »Roman« mit Ernestine von Fricken durchlebt, und beide Kompositionen kreisen um Motive, die mit ihr verbunden sind: op. 13 um das von ihrem Vater Schumann zugespielte Flötenthema, op. 9 um die Buchstaben des Städtchens Asch, in dem Ernestine und ihr Vater lebten. Gleichzeitig waren dies – wie Schumann in einem rückblickenden Brief an Ignaz Moscheles vom 22. September 1837 bemerkte – »die einzigen

musikalischen Buchstaben aus meinem Namen« (BNF, 101). Die Umstände, die mit dem im Winter 1833/34 erlittenen psychischen Zusammenbruch in Verbindung standen und die zu dem Verhältnis zu Ernestine von Fricken führten, hat Schumann in einer Art Anamnese im Brief vom 11. Februar 1838 ausführlich dargestellt (Briefwechsel I, 95 ff.). Demnach wollte er sich – sogar auf das Anraten seines Arztes – »mit aller Gewalt an ein weibliches Wesen anklammern«. Die Opp. 9 und 13 nahmen in diesem Zusammenhang möglicherweise bewußt eine analoge Funktion im Verhältnis zu Ernestine wie die opp. 4 und 5 zu Clara ein. Darüber, ob und wie Ernestine die beiden Kompositionen aufgenommen hat, fehlen Informationen. Daß ihr keiner der beiden gewidmet ist, erklärt sich daraus, daß die Veröffentlichung zu einem Zeitpunkt stattfand, als das Verhältnis längst aufgelöst war.

Die Ursprünge der Werkkonzeption liegen lange vor der Ernestine-Affäre; sie ging aus den *Variationen über den Sehnsuchtswalzer von Franz Schubert* (s.o. S. 217) hervor. Die gedankliche Beziehung zur Commedia dell'arte, die schon in den Bezeichnungen Intermezzo und Burla angeklungen war und die Schumann mit der Idee des Davidsbundes verband, wurde nun durch die jedem der 21 Stücke beigegebenen Titel zum expliziten Bestandteil des Werkes. In bezug auf den äußeren Umfang der Einzelstücke kehrte Schumann noch einmal zu den *Papillons* zurück. Aber es gab mit den vier Buchstaben, die in der Werkmitte als *Sphinxes* in dreifacher Ausprägung in hohlen Quadratnoten hingelagert sind und die je nach Perspektive – *as-c-h* oder *a-(e)s-c-h* – drei oder vier Töne repräsentieren und überdies je nach Leserichtung in Vorwärts- oder Krebsbewegung eine Vielzahl harmonischer Beziehungen in sich bergen, eine zentrale Konstellation, um die herum die flüchtigen Gebilde zu immer neuen charakteristischen Prägungen sich zusammenfügen und die das Werk in einem unscharf abgegrenzten tonalen Raum um das Gravitationszentrum As-Dur herum positioniert. Auf diese Weise erreichte Schumann eine neue Stufe in der Realisierung der lange verfolgten Idee eines zentralen Gedankens, der weder rhythmisch noch harmonisch festgelegt, nicht einmal explizit vorzutragen ist, mithin nicht als zu bearbeitendes Material dem Werk gegenübersteht, sondern ihm gewissermaßen innewohnt und sein geistiges Zentrum ausmacht, ohne sich thematisch-motivisch konkret zu materialisieren. Er selbst sah in diesem Verfahren ein Spiel, das schon bei Bach anzutreffen sei. Tatsächlich aber weist die Haltung eher Beziehungen zu den Solmisationssilben in den Meßzyklen der Renaissance (etwa dem ›Mi-Mi‹) auf; ähnlich wie diese leisten die vier Notenbuchstaben in den einzelnen Stücken nicht mehr als Initialzündungen: sie bringen das jeweilige thematische, figurative und harmonische Geschehen der Einzelstücke in Gang, beherrschen es aber nicht. Zugleich kündigt sich darin von ferne das Grundprinzip der Dodekaphonie an, welchem zufolge die zwölftönige Reihe ebenfalls kein Thema, sondern die tonale Materialbasis darstellt, von der die unterschiedlichen Charakterprofile ihren Ausgang nehmen. Es gibt keine Themen, die über die Grenzen eines Einzelstückes hinausreichen – es sei denn in der Form bewußten Zitierens –, sondern nur noch die changierende tonale Substanz: Das Ziel einer Verbindung größtmöglicher Vielfalt mit gleichzeitiger Einheit des Materials kommt treffend in dem zwischenzeitlich konzipierten Titel »Faschingsschwänke auf vier Noten« zum Ausdruck, unter dem das Werk in der *Neuen Zeitschrift für Musik* als Komposition von Florestan und Eusebius mit dem Zusatz angekündigt wurde: »Wir sind sehr gespannt« (NZfM 4/1836, 140). Die Wechselbeziehung zwischen musikalischer Komposition und publizistisch-poetischer Einkleidung rührt zutiefst an das Wesen des Werkes, sie nahm jenes inszenierte Spiel mit der Kritik und dem Publikum auf, das etwa siebzig bis achtzig Jahre später Futuristen, Dadaisten und andere Kunstrichtungen zu ihrem Programm machten.

Auf dem extremen Punkt, den er damit erreicht hatte, verharrte Schumann nicht lange. Schon bald sprach er seinem Werk glattweg den »Kunstwerth« ab: »einzig scheinen mir die vielfachen verschiedenen Seelenzustände von Interesse […]« (Brief an I. Moscheles, 22.9.1837, BNF, 101 f.). Dabei war *Carnaval* das erste unter seinen Klavierwerken, mit dem er auf Anhieb einen beträchtlichen Erfolg, wenn auch nicht im Sinn eines Publikumsreißers, verbuchen konnte. Clara nahm op. 9 sofort nach Erscheinen in ihr Repertoire auf – und zwar mit Billigung ihres Vaters, obwohl dieser ihr jeden persönlichen Umgang mit Schumann unter-

sagt hatte; dennoch hatten sich die beiden am 14. August 1837 auf brieflichem Weg miteinander verlobt. Clara spielte das eben erschienene Werk erfolgreich gleich auf der ersten Station ihrer Wien-Reise am 27. Oktober 1837 in Dresden. In Wien betätigte sich gar Vater Wieck in einem Privatkonzert bei dem Konservatoriumsprofessor Joseph Fischhof – einer bedeutenden Autorität im dortigen Musikleben – als Ansager des Programms mit dem »herrlichen Carnaval« im Mittelpunkt (Album, 248), und überdies hatte Clara hier Gelegenheit, das Werk Liszt vorzutragen (Briefwechsel I, 77, 159), der es daraufhin, nachdem er bereits kurz zuvor auf die Anregung von Berlioz hin die erste Rezension von Schumannschen Klavierwerken in der Pariser *Revue et Gazette Musicale* publiziert hatte, seinerseits ins Repertoire nahm. Biographisch ergab sich somit die paradoxe Situation, daß ausgerechnet dasjenige Werk Schumanns die entscheidende künstlerische Annäherung des Paares bewirkte, das gedanklich bei der (Schein-)Alternative zu Clara – nämlich bei Ernestine – seinen Ausgangspunkt hatte. Widmungsträger wurde der junge Lemberger Geiger und Kapellmeister Karol Lipiński, der zu einer Gruppe im Herbst 1836 durch Leipzig durchreisender polnischer Musiker – darunter auch Chopin – gehörte, mit dem viel Kammermusik – darunter Bach-Sonaten – gespielt wurde und über dessen Interesse an seiner Musik und speziell am noch ungedruckten *Carnaval* Schumann sich freute.

Im »humoristischen Maskenroman« – wie Schumann sein Werk in einem anonym erschienenen Artikel von 1840 im *Leipziger Tagblatt* nannte (GS II, 436, Anm. 440) – überlagern sich ständig mehrere Realitätsebenen: die Geselligkeit des Tanzabends ist durchsetzt von den Momenten romanhafter Fiktion; darin steht op. 9 in nächster Nähe zu den *Papillons*, die auch im Titel von Nr. 9 sowie im »Florestan« und im »Großvatertanz« des Finales zitiert werden. Darüber hinaus treten die Figuren der italienischen Theaters aus op. 4 und – neu – die geistige Versammlung der jungen Künstler des Davidsbunds ins Rampenlicht, unter ihnen im Zentrum Eusebius und Florestan, Clara (Chiara), Paganini und Chopin. Diese Überlagerung der Realitätsebenen bedingt das Herbeizitieren unterschiedlicher Gattungen. Der Untertitel »Scènes mignonnes« wurde mitsamt dem »Préambule« aus den Variationen über Schuberts *Sehnsuchtswalzer* übernommen. Von Anfang an stand mithin die Vorstellung einer theaterhaften Fiktion im Hintergrund. Die Mischung aus dramatischen, epischen, aber auch lyrischen Elementen verweist ihrerseits – über Jean Paul hinaus – auf zentrale Manifestationen romantischen Humors wie Ludwig Tiecks *Gestiefelter Kater* (1797), dessen Fortsetzung *Prinz Zerbino* (1799) oder E.T.A. Hoffmanns *Kater Murr* (1821) (wobei allerdings deren und der meisten anderen romantischen Literaten Idol – gerade was die Commedia dell'arte-Sphäre betrifft –, der Venezianer Carlo Gozzi, erstaunlicherweise nicht in Schumanns literarischen Gesichtskreis getreten zu sein scheint). Der Ouvertüren-Funktion des »Préambule« korrespondiert das nicht minder die Bühnensphäre evozierende Finale mit der literarischen Überschrift »Marche des ›Davidsbündler‹ contre les Philistins«, das am Ende die Schlußstretta des »Préambule« aufnimmt und überbietet. Mit dem Davidsbündlermarsch – einem Marsch im Dreivierteltakt, in dem der herbeizitierte, die Gegenseite repräsentierende »Großvatertanz« unversehens mit dem Finale aus Beethovens Es-Dur-Klavierkonzert op. 73 in Beziehung gesetzt wird – band Schumann gewissermaßen den Gesamtkomplex seiner Musik als Ausdruck ästhetisch-sozialer Utopie in den die 1830er Jahre in ganz Europa beherrschenden Diskurs ein. So deutlich einerseits der konzeptionelle Ausgangspunkt in Schuberts Variationen und Tänzen zu erkennen ist, so klar entwächst auf der anderen Seite das op. 9 – gerade auch im Vergleich zu op. 2 und 4 – der Gattung der Klaviertanzsammlung und wird zu einem musikalisch-literarisch-theatralischen Kaleidoskop von singulärer Prägung. In diesem Sinn ist besonders auf den Einbezug des musikalischen Porträts zu verweisen, das eigentlich aus der aufklärerischen Ästhetik des 18. Jahrhunderts zunächst in Frankreich und danach im friderizianischen Berlin stammte. Die musikalischen Charakterstudien der Davidsbündler entfernen sich weit von den Tänzen und stellen in die Tonsprache der 1830er Jahre gewendete Zitate jener Gattungsausprägungen dar, in denen zuerst François Couperin und später u.a. Carl Philipp Emanuel Bach die Möglichkeit musikalischer Portraitierung einschließlich ironisch-witziger und affektiv differenzierter Kommentierung

erprobt hatten (Edler 1997, 205 ff., Edler 2003a, 238 ff.). Dabei bestehen untergründige Querverbindungen innerhalb des Zyklus' ebenso wie über dessen Grenzen hinaus zu früheren eigenen und fremden Werken, so, wenn das Clara charakterisierende »Chiarina«-Stück (Nr. 11) den Gestus der Schubertisch konnotierten »Valse noble« (Nr. 4) aufnimmt und deren »Un poco maestoso« ins »Passionato« steigert – die gleiche Gefühlslage, in der sich vorher bereits »Florestan« (Nr. 6) bewegte und in der er sich in plötzlicher Retardation mit fragender Gebärde an die Flüchtigkeit der *Papillons* erinnerte (T. 19 f.). Sein musikpolitisches Programm – die Poetisierung der zeitgenössischen Virtuosität durch deren Einbeziehung in die Davidsbündler-Sphäre – brachte Schumann auch mit der Einbettung des Paganini-Stücks (Nr. 17), einer Etüde im Stil von opp. 5 und 13, in die wiederum auf die Tanzmusik Schuberts verweisende »Valse allemande« (Nr. 16) zum Ausdruck.

Davidsbündlertänze op. 6

Den letzten der Tanzzyklen, in dem die mit der Schubert-Rezeption der späten 1820er Jahre begonnene Kompositionsphase der poetischen Tanzzyklen auslief, bilden die – ebenso wie op. 9 von ›Florestan & Eusebius‹ als Autoren gezeichneten – *Davidsbündlertänze* op. 6. Sie unterscheiden sich aber dadurch von den vorausgegangenen opp. 2, 4 und 9, daß sie nicht aus bereits existierenden Stücken zusammengestellt, sondern von vornherein als Einheit konzipiert und komponiert wurden. Die Idee des Zyklus wurde mithin nicht erst im Nachhinein am schon vorhandenen Material entwickelt, sondern war a priori Bestandteil der Werkkonzeption. Dabei spielte offenbar Schumanns Wahrnehmung der erfolgreichen Aneignung des *Carnaval* durch Clara eine entscheidende Rolle, zumal dieser ja seinem Gehalt nach durchaus schon den Titel *Davidsbündlertänze* hätte führen können. So wird man das op. 6 unter dem Gesichtspunkt ansehen müssen, daß Schumann sich bemühte, den Erfolg, der das op. 9 für ihn hinsichtlich seiner persönlichen Beziehung zu Clara ebenso wie seiner Wirksamkeit auf das Publikum bedeutete, auszubauen und zugleich Elemente, die ihn mittlerweile am *Carnaval* störten, fernzuhalten. Wie persönlich das op. 6 auf Clara bezogen war, bezeugen die Briefe des Frühjahrs 1838 (Briefwechsel I, 75, 93, 108, 127). Nach dem Zeugnis Joseph Fischhofs spielte Clara aber auch die *Davidsbündler* häufig in Wien (Album, 248); auch die Übereinstimmung der Opuszahl mit Claras *Soirées musicales* dürfte kein Zufall sein. Gewidmet wurde das op. 6 schließlich dem »kleinen [Walther von] Goethe«, dem als Kompositionsschüler bei Mendelssohn in Leipzig lebenden Enkel des Dichterfürsten, in dessen Umgang – ebenso wie in dem mit dem Sohn Mozarts – Schumann gelegentlich Epigonalitätsgefühle beschlichen (Tb II, 74).

Auffälliges äußerliches, für Schumann jedoch durchaus zentrales Merkmal des op. 6 ist die deutsche Sprache in Titel und Vortragsbezeichnungen, die für den *Carnaval* (nach der oben zitierten Ankündigung) bereits vorgesehen war, dann aber wohl im Zusammenhang mit der Pariser Erstpublikation auf der Strecke blieb. Sie mußte zu dieser Zeit noch den deutschen Verlegern abgetrotzt werden, was ein Hinterherhinken des Begriffs musikalischer Bildung hinter dem der allgemeinen signalisiert. Damit durchbrach Schumann nicht nur die Tabuisierung der deutschen Sprache in der Musik, sondern er überschritt auch die Grenze zwischen musikalischer und sprachlicher Kommunikation, ja zwischen Musik und Literatur, oder relativierte sie zumindest durch deutsche Vortragsbezeichnungen wie »Mit Humor«, »Etwas hahnbüchen«, »Ungeduldig«, »Einfach«, »Sehr rasch und in sich hinein«, »Wie aus der Ferne«. Dem Zyklus stehen zwei Motti voran: als musikalisches der Beginn der Mazurka aus Clara Wiecks 1834-36 komponierten *Soirées musicales* op. 6/Nr. 5, und als verbales ein »Alter Spruch«. Das war in der Klaviermusik ohne Beispiel, jedoch für Schumann, der umfangreiche Sammlungen mit Motti anlegte, ein überaus charakteristisches Verfahren (Hotaki 1998, 33-83; Appel 1981, 57 f.; Mayeda 1992, 489 f.). Das Motto ist kein Thema: es verpflichtet nicht zur »Verarbeitung«, sondern schafft sozusagen ein einheitliches Grundklima für den Zyklus, gleichzeitig besorgt es dessen Anbindung an den gesamtkulturellen Kontext. Weiterhin finden sich an zwei Stellen verbale Zusätze erzählerischen Charakters: Die Verbindung zwischen den Nrs. 8 und 9 leistet

der Satz »Hierauf schloß Florestan und es zuckte ihm schmerzlich um die Lippen«, und die als Epilog fungierende Nr. 18 wird mit den Worten eingeleitet: »Ganz zum Überfluß meinte Eusebius noch Folgendes; dabei sprach aber viel Seligkeit aus seinen Augen«. Offen wird damit der pianistische Interpret in eine Erzählerrolle hineingestellt und der Zyklus als Ganzes ansatzweise in Analogie zu Rahmenerzählungen im Stil etwa der *Serapionsbrüder* von E.T.A. Hoffmann oder der *Florentinischen Nächte* von Heine gerückt. In der 1850 revidierten Ausgabe fügte Schumann, um die Entfernung vom Tanzzyklus zu verdeutlichen, den Untertitel »16 [recte: 18] Charakterstücke« hinzu, verunklarte aber damit die in der ersten Ausgabe auf mehrfache Weise betonte zyklische Einheit. Allerdings war der Zyklus von Anfang an in zwei Hefte von je neun Stücken gegliedert, die separat numeriert sind (was viele praktische Ausgaben unterschlagen). Doch spricht dies weniger für die Möglichkeit einer getrennten Aufführung der beiden Teile als für eine Einteilung des Ganzen in zwei Kapitel nach literarischem Modell, die durch ihren unterschiedlichen tonalen Verlauf dem Ganzen das Gepräge geben: er nimmt seinen Ausgang vom G-Dur der Vorlage Claras, durchsetzt dieses aber schon im ersten Stück (T. 42 ff.) mit h-Moll. Diese beiden Tonarten bilden eine Art tonales Doppelzentrum, von dem sich das erste Heft von Nr. 5 an entfernt, um über D-Dur/Moll in den Tonartenbereich um c-Moll/Dur zu wechseln. Der zweite Teil führt von dort zunächst wieder in den Bereich um h zurück, bis in der Nr. 5 (14) völlig überraschend das H-Dur von Es-Dur abgelöst und damit der Übergang in einen anderen – quasi traumhaften – Ausdrucksbereich vollzogen wird. Nicht minder überraschend erfolgt die Rückkehr aus dieser weit entfernten Region nach G/h in der humoristischen Nr. 7, die den eigentlichen Schluß in h-Moll/Dur in Nr. 8 (17) mit der Reprise der Nr. 2 des ersten Teils und – wiederum als Überraschung und explizit als Anhang deklariert – den Schluß der Nr. 9 (18) mit dem ›nicht zugehörigen‹ C-Dur, das auf diese Weise einerseits die Übereinstimmung mit dem Schluß des ersten Teils her-, andererseits aber dessen Annex-Charakter heraus- und damit die Geschlossenheit des Zyklus' infragestellt. Für den tonalen Verlauf leistet Claras op. 6 gewisse Vorgaben: in ihrer Mazurka gibt es bereits ein terzvermitteltes Spannungsverhältnis, und zwar zwischen G- und E-Dur mit starker Betonung der Dominante H-Dur (T. 33–37, 54–58). Außerdem figuriert an vierter Stelle ihres op. 6 (also eine Nummer vor der Mazurka) eine Ballade in d-Moll. Die Aufnahme der Ballade bzw. des Balladenmäßigen wiederum verweist auf Chopin, der als erster rein klavieristische Balladen schrieb und der 1836 bei seinem Besuch in Leipzig seinen dortigen Gastgebern die eben vollendete 2. Ballade F-Dur op. 38 vorspielte, die er vier Jahre später Schumann widmete.

Das Motto verstand Schumann offenbar im wesentlichen als Viertonkonstellation *h – a – e – d*, d. h. als Sequenz eines abwärtsgerichteten Sekundschritts im Quartabstand. Bereits Clara hatte im Mittelteil ihrer *Mazurka* (T. 41–44, 55–56) die Se-

kundstruktur zu einer halbtönigen verengt. Diese Ganz- bzw. Halbtonsequenz durchzieht die *Davidsbündler* insgesamt: im ersten Stück wird sie unauffällig in T. 42 ff. eingeführt und im zweiten (zu dem der Schluß zurückkehrt) auf suggestive Weise in der Konstellation *d – cis – g – fis* herausgestellt. Wie schon im *Carnaval* spielen wiederum Zitate eine große Rolle, so beispielsweise im dritten Stück die aufsteigende Skala der *Papillons*, die augmentiert ab T. 9 im Baß erscheint und in T. 47 ff. mit der »Promenade« aus dem *Carnaval* kombiniert wird. Seinerseits wird das Viertonmotto der *Davidsbündler* in dem Lied »Waldesgespräch« aus dem *Eichendorff-Liederkreis* op. 39/3 zitiert, wo es – besonders durch den Rhythmus – den Ritt der »Hexe Loreley« auf »reich geschmücktem Roß« darstellt.

Sonate oder Fantasie?

Die Zeit, in der – nach den Worten von Friedrich Rochlitz – jeder Musiker, welcher in den Orden der für das Publikum arbeitenden Komponisten aufgenommen werden wollte, »gewöhnlich […] mit Solosonaten [für Klavier] in die Laufbahn trat« (Friedrich Rochlitz: Rezension der Klaviersonaten op. 6 von Joseph Wölfl, in: AmZ 1/1799, Sp. 236), lag um 1830 Jahrzehnte zurück. Schon um 1810 – also zur Zeit der großen Sonaten Beethovens – wurde ein schwindendes Interesse an der Gattung Klaviersonate konstatiert. Die maßgeblichen Klaviervirtuosen aus der Schule Muzio Clementis wie Daniel Steibelt oder John Field hörten um diese Zeit auf, sich in dieser Gattung kompositorisch zu betätigen. Der Ruf nach Erneuerung der Gattung – wie ihn etwa Hans-Georg Nägeli 1803 mit der Forderung nach »grossem Styl, […] grossem Umfang […] mannichfaltigen Abweichungen von der gewöhnlichen Sonaten-Form« erhob (AmZ 5, Intelligenzblatt 23/August 1803, Sp. 97 f.) – konnte an dieser Tendenz letztlich ebensowenig ändern wie die großartige Entwicklung, die die Gattung in den Werken des späten Beethoven, Schuberts, aber auch Johann Nepomuk Hummels, Jan Ladislav Dusseks und Carl Maria von Webers

im 2. und 3. Jahrzehnt des 19. Jahrhunderts nahm. 1839 konstatierte Schumann, die Sonate sei »eine Musikart, die in Frankreich nur mitleidig belächelt, in Deutschland selbst kaum mehr als geduldet wird« (GS I, 452).

Dennoch beschäftigte Schumann die eigene kompositorische Auseinandersetzung mit der Klaviersonate zwischen 1833 und 1839, also über einen Zeitraum von nicht weniger als sechs Jahren. Einerseits stellte die Klaviersonaten das »Kunstgenre« dar, das den Davidsbündlern »am wertesten« war (GS I, 123). Andererseits mußte Schumann feststellen, daß die Klaviersonaten von den jüngeren Komponisten seiner Zeit nur als »Formstudien« angesehen wurden, mit denen sie sich »bei der höheren Kritik einführen und gefällig machen könnten«. Insgesamt war er davon überzeugt, die Form [habe] ihren Lebenskreis durchlaufen: »Also schreibe man Sonaten oder Phantasien (was liegt am Namen!), nur vergesse man dabei die Musik nicht, und das andere erfleht von eurem guten Genius« (GS I, 394 f.). Das Schlüsselerlebnis des jungen Schumann im Bereich der Klaviersonate war die 1819 erschienene fis-Moll-Sonate op. 81 von J. N. Hummel. Er studierte sie

1829 zusammen mit Hummels Klavierkonzert a-Moll op. 85 in Heidelberg und empfand sie als »ein wahrhaft großes, episches Titanenwerk und das G e m ä l d e eines ungeheuren, ringenden, resignirten Geistes« (Jugendbriefe, 80).

Allegro h-Moll op. 8

Geradezu plakativ zeigt sich die Anknüpfung an Hummels op. 81 in dem ersten veröffentlichten unter seinen sonatenhaften Werken: dem Allegro h-Moll op. 8, das als Kopfsatz einer Sonate im Winter 1831/32 entstand. Das oktaviert unisono vorgetragene Motto cis-d-gis, mit dem Hummels Sonate beginnt, wird hier gleich zu Beginn in einer metrumfreien »Prestissimo«-Introduktion aufgenommen und zu den beiden Tonfolgen *h – cis – fis* bzw. *cis-d-fis* abgewandelt. Innerhalb der Konstellation des Hauptthemas (T. 8 f.) übernimmt das Motto die Unterstimme, um im D-Dur-Seitensatz (T. 22 ff.) zur Oberstimmenmelodie aufzusteigen. Von den folgenden Sätzen dieser h-Moll-Sonate hat sich nichts erhalten, die drei Jahre später erfolgte separate Veröffentlichung des Allegro als einziges Ernestine von Fricken gewidmetes Werk (s.o. S. 229) scheint Schumann später bereut zu haben (Jugendbriefe, 165; Boetticher 1984, 47, Tafel VI oben).

Klaviersonate Nr. 1 fis-Moll op. 11

In einem zweiten Anlauf im Jahr 1833 wurden zwei Klaviersonaten gleichzeitig in Angriff genommen und 1835 fertiggestellt: die fis-Moll-Sonate erschien als op. 11 im Juni 1836 und die g-Moll-Sonate (obwohl am 8.4.1836 gemeinsam mit op. 11 angekündigt) als op. 22 erst im September 1839. Offenbar war der hohe Anspruch der Gattung Ursache für die lange Inkubationszeit: die bis dahin dem Publikum als Spezialisten für kleine, jedoch als sehr neuartig empfundene poetische Klavierstücke bekannten Autoren »Florestan und Eusebius« standen unter hohem Erwartungsdruck, als sie sich der Herausforderung der traditionsreichen ranghöchsten Gattung der Solo-Klaviermusik

stellten. Zudem war die fis-Moll-Sonate »Clara« (ohne Nachname) gewidmet, wobei die Musikwelt wußte, daß es sich bei den Autoren ebenso wie bei der Widmungsträgerin um junge Musiker jenes Zirkels handelte, von dem seit anderthalb Jahren die *Neue Zeitschrift für Musik* herausgegeben wurde, in denen man daher die Speerspitze der musikalischen Fortschrittspartei erblickte. Die eigentlich dritte unter Schumanns Klaviersonaten, das op. 14 in f-Moll, wurde 1836 komponiert und im September dieses Jahres – mithin an zweiter Stelle – unter dem Titel *Concert sans Orchestre* veröffentlicht. Eine weitere Sonate in f-Moll, die also seine vierte hätte werden sollen, blieb unvollendet. Schumann bereitete die Publikation von op. 11 entsprechend der Bedeutung des Ereignisses vor: Nach den Erfahrungen mit den bis dahin veröffentlichten Werken wollte er die Rezeption nicht dem puren Zufall überlassen und bat den renommierten Pianisten und Komponisten Ignaz Moscheles (1794–1870), der die letzten Jahrzehnte Beethovens noch selbst bewußt miterlebt hatte, um eine Rezension in der *Neuen Zeitschrift für Musik*. Moscheles, der Schumann zwar grundsätzlich wohlgesonnen war, jedoch eindeutig einer älteren Generation angehörte, löste die heikle Aufgabe mit diplomatischem Geschick: seine Rezension, die am 25. Oktober 1836 in der *Neuen Zeitschrift für Musik* erschien, stellt eines der gattungsgeschichtlich interessantesten Dokumente aus dieser Zeit dar.

Ausgangspunkt des Kopfsatzes und zugleich den Sonatenzyklus verbindendes Element ist ein Rhythmus, in dem eine aus zwei auftaktigen Sechzehnteln und einer volltaktigen Achtel bestehende Figur dreimal wiederholt wird und den Schumann als »Fandangogedanken« bezeichnete. Die Anregung bezog er wahrscheinlich aus der Schilderung einer Tanzszene in Henrik Steffens' 1831 erschienenem *Malcolm. Eine norwegische Novelle*, dessen Lektüre er im April 1832 im Tagebuch (Tb I, 380) vermerkte. Bevor er ihn in die Sonate einbezog, plante er, den Fandango in einer »Fantaisie rhapsodique« zu verarbeiten (F 15; Tb I 379, 401 f.). Die Grundidee von Schumanns erster Klaviersonate entstammte mithin der gleichen Vorstellungswelt wie die Tanzzyklen – niedrige und hohe Stilelemente sollten – wie auch schon in den Klaviersonaten Schuberts – eine organische Verbindung miteinander eingehen. Das Fandango-Motiv verknüpfte Schumann mit einem paukenartigen Rhythmus aus repetierten Quinten, der auf die »Scène fantastique Le Ballet des Revenants« – die Nr. 4 aus den *Quatre pièces caractéristiques* op. 5 von Clara Wieck – Bezug nimmt. Diese thematische Konstellation durchzieht in variierten Gestalten die gesamte Exposition mit Haupt-und Seitenthemenbereich (T. 53–106 bzw. 107–122); eine rondoartige Wiederkehr des Hauptthemas führt von der Seitensatztonart es-Moll in einer Sequenzstruktur über cis-Moll und H-Dur (T. 123–145) in die Tonikaparallele A-Dur, die Tonart der Schlußgruppe (T. 146–175). – Dieser aus sonaten- und rondoartigen Momenten gemischten Exposition vorgeschaltet ist eine gewichtige »Introduzione« von 52 Takten Umfang, die deutlich auf Moscheles' schon erwähnte einsätzige *Sonate mélancolique* op. 49 anspielt (Edler 2004, 46 f.) und die nur einmal – nämlich in den T. 27–30 – thematisch auf den Kopfsatz vorausweist. Die Durchführung besteht aus zwei heterogenen Teilen: einem aus Haupt- (T. 176–205, 222–267) und Seitenthema gefügten Modulationsteil und einer mit der Introduzione (T. 268–279) einsetzenden Scheinreprise (T. 280–331). Ihr gegenüber wirkt die eigentliche Reprise (T. 332–419), die weitgehend in der Grundtonart verharrt und auch den Seitenthemenbereich in die Molldominante zurücknimmt, der sich auch keine Coda anschließt, als formalistischer Überschuß.

Noch stärker zeigt sich im Finale die Tendenz zur Verselbständigung der einzelnen Sektionen des Sonatenhauptsatzes. In diesem Sinn wiederholte Schumann anstelle einer Coda nach der Reprise die gesamte Entwicklung von der Exposition an auf anderen Tonstufen variiert und verdoppelte somit praktisch die Form des Sonatenhauptsatzes zu einer »Parallel Form« (Linda C. Roesner 1991, 265–278), wobei die thematischen Bereiche nicht durch Überleitungen miteinander verbunden, sondern wie in einem Rondo nebeneinander plaziert werden.

Die thematische Konstellation aus Fandango- und Ballet-de-Revenant-Motiv zieht sich als mehr oder weniger verborgene mottoartige Tonkonstellation auch durch die restlichen Sätze der fis-Moll-Sonate. Die Binnensätze sind – gegenüber den komplexen Rahmensätzen – durch eine bemerkenswert schlichte dreiteilige Form geprägt. Im langsamen Satz – einer auf das Justinus-Kerner-Lied »An Anna« von 1828 zurückgehenden »Aria« – war der Terzraum-Aufstieg des Fandango-Motivs bereits enthalten; der Quintsprung tritt, zum originalen Tritonus aus Claras op. 5/4 sequenziert, in den T. 6–9 auffällig hinzu. Im »Scherzo e Intermezzo« näherte sich Schumann – was die Überschriften wie auch die Vortragsbezeichnung »Alla burla, ma pomposo« für das aus einer vierhändigen Skizze entstandene sechzehntaktige »Intermezzo« signalisiert – am meisten der Sphäre von opp. 2, 4 und 9. Verstärkt wird dies durch die direkte Anspielung auf die Buffooper in Gestalt des an das Intermezzo anschließenden, *ad libitum scherzando* vorzutragenden Seccorezitativs, dessen »parodierende Tendenz« schon Moscheles hervor-

Op. 11/4

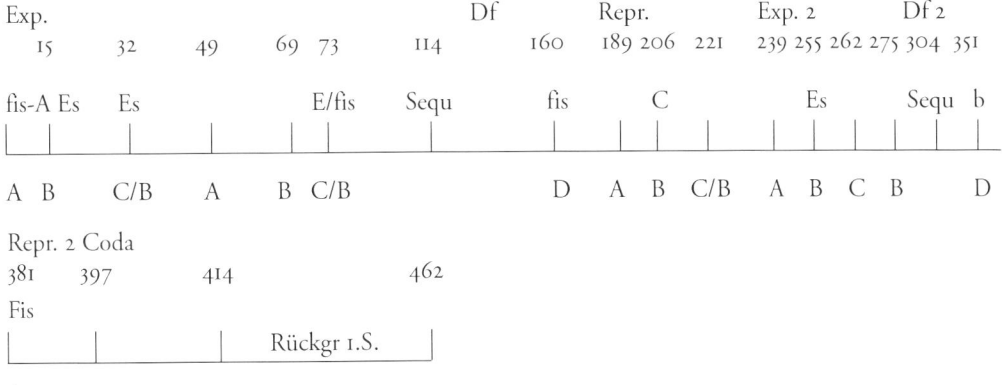

A

hob. Formal ist das Intermezzo das zweite von zwei Trios – eine Anlage, die für Schumanns spätere scherzoartige Sätze, namentlich in Sinfonik und Kammermusik, zum Standard wurde. Der »Scherzo-Spezialist« Mendelssohn erbat sich von Clara anläßlich der Feier ihres 16. Geburtstages den Vortrag gerade dieses Satzes, und sogar zum Vorspiel vor dem durchreisenden Chopin wählte Clara die ihr gewidmete fis-Moll-Sonate aus (Clara Wieck, Tagebucheintrag vom 27.9.1835, Burger, 143.) Andererseits empfand sie – wie auch alle späteren Interpreten – die Problematik des Werkes, wenn sie etwa am 1. September 1835 in der zu dieser Zeit von den Davidsbündlern gepflegten humoristischen Sprache schrieb: »Eben wand ich mich wie ein Wurm durch Ihre Sonate, welche zwei Herren aus Hannover gern hören wollten… viele Grüße von mir, sowie auch von der Davidsbündlerschen Florestanschen Sonate, welche sich sehr darauf freut, noch am Ende ihrer Zaubertöne einige Erleichterung, ›anstatt Fis-Dur H-Moll‹ zu erhalten« (Briefwechsel I, 17 f.). Drei Jahre später schrieb sie aus Wien: »Die Sonate ist doch aber auch gar zu schön! Einer meinte, es kömmen Stellen darin vor, wo man sich vor Dir fürchten könne – ich fürchte mich nicht. Die 2te Sonate erwarte ich mit Ungeduld; oft verliere ich mich im Fantasieren über mein Lieblingsthema« (das Hauptthema des Kopfsatzes von op. 22; Briefwechsel I, 17, 112).

durch ein »Rondo« ersetzte, das er »sehr simpel« fand; es passe aber »innerlich gut zum ersten« Satz (Briefwechsel I, 108, 126, 333). Im September 1839 erschien das Werk dann endlich bei Breitkopf & Härtel, und zwar als op. 22; das hatte zur Folge, daß es häufig unzutreffend als dritte Klaviersonate Schumanns bezeichnet wurde. Es war wohl das späte Publikationsdatum, das es Schumann ermöglichte, in op. 22 im Gegensatz zu den beiden 1836 erschienenen Sonaten deutsche Satz- und Vortragsbezeichnungen beim Verlag durchzusetzen; trotzdem verfiel er im (später komponierten) Finale wieder in die italienischen. Dies lenkte wiederum die Häme der zeitgenössischen und nachfolgenden Öffentlichkeit auf den Umstand, daß das Tempo des ersten Satzes »So rasch wie möglich« in der Coda zu »schneller« und »noch schneller«, im Finale von »Presto« über »Prestissimo. Quasi Cadenza – Immer schneller und schneller« gesteigert wird. Die rasenden Tempi sind eines der prägenden Elemente der Rahmensätze der drei Klaviersonaten insgesamt; sie bilden die Außenseite der hoch-, ja übersteigerten inneren Spannung, die nicht nur mit Schumanns häufig in die Nähe des Siedepunkts sich bewegenden individueller Emotionalität, sondern auch etwas mit dem hohen Anspruch zu tun hat, den die Gattung an den Komponisten stellte und der nicht zuletzt im historischen Phänomen der ungeahnten Steigerung der instrumentalen Möglichkeiten um 1830 sowie in deren poetischer Aneignung durch die beiden Davidsbündlerpianisten Clara Wieck und Ludwig Schunke begründet liegt.

Klaviersonate Nr. 2 g-Moll
op. 22

Offensichtlich bemühte sich Clara mit Erfolg, Schumann in der zweiten, parallel zu op. 11 konzipierten Sonate in g-Moll zu einer übersichtlicheren Anlage zu bewegen (Köhler 1979, 81). Die durchaus zwiespältigen Reaktionen auf die fis-Moll-Sonate scheinen Schumann bewogen zu haben, die Publikation hinauszuzögern und immer wieder Revisionen vorzunehmen. Am 3. März 1838 hielt es Clara für nötig, Schumann von Wien aus einerseits gegen seine diesbezüglichen Selbstzweifel zu festigen, andererseits ihre Vorbehalte gegenüber dem Finale zum Ausdruck zu bringen (Briefwechsel I, 108), das Schumann daraufhin verwarf und 1838

Klaviersonate Nr. 3 f-Moll
op. 14

Als Extremfall auf dieser Linie ist die f-Moll-Klaviersonate op. 14 anzusehen. Ob der Titel *Concert sans Orchestre* tatsächlich, wie zumeist angenommen, auf einen Vorschlag oder gar eine Forderung des Verlegers zurückgeht, ist nicht eindeutig geklärt. Fest steht aber, daß Schumann die Sonate fünfsätzig – mit zwei Scherzi an zweiter und dritter Stelle – an den Wiener Verleger Tobias Haslinger schickte und dieser sie grundsätzlich annahm, aber Auflagen hinsichtlich einer Kürzung machte.

Der Buchhändler- und Verlegersohn Schumann hatte Verständnis für solche Erwägungen und strich im Rahmen einer durchgreifenden Revision das Werk auf die einem Solokonzert gemäße Dreisätzigkeit zusammen, indem er beide Scherzi opferte – was eine totale Preisgabe der ursprünglichen Zykluskonzeption bedeutete; auch bezeichnete er das Werk in seiner privaten Korrespondenz immer als *Concert*. Der Titel der 1853 vorgenommenen abermaligen Revision, in die das zweite der beiden Scherzi wieder aufgenommen wurde, lautete allerdings wieder *3. große Sonate*; das Finale notierte er jetzt statt im 6/16 im 2/4-Takt. Die hohen Ambitionen, die Schumann mit dem Werk verband, kommen in der Widmung an Moscheles zum Ausdruck, den er, wie im Zusammenhang mit op. 11 gezeigt, als Kronzeugen des Sonatenzeitalters ansah und dessen nicht unkritischen Antwortbrief Schumann in der *Neuen Zeitschrift für Musik* auszugsweise veröffentlichte (GS II, 224). Liszt beurteilte das Werk in seinem Bericht in der *Revue et Gazette musicale* höchst positiv. Vor allem aber weist die f-Moll-Sonate, wie schon die beiden Schwester-Werke, einen engen biographischen Bezug zu Clara Wieck auf, der sich im Brief vom 12. Februar 1838 (Briefwechsel I, 104) in der Formulierung ausdrückt: »[…] ein einziger Herzensschrei nach Dir, in dem Du übrigens am Ende noch gar nicht gefunden hast, dass Dein Thema in allen möglichen Gestalten zum Vorschein kömmt (verzeih, der Componist spricht)«. – Während die auf eigene frühe Lieder zurückgehenden langsamen Sätze innerhalb der Zyklen opp. 11 und 22 eher als entspannende Episoden in kontrastierenden Tonarten wirken, kehrt sich in op. 14 die Gewichtung um: Bereits der äußerliche Umstand, daß die »Quasi Variazioni« über ein *Andantino de Clara Wieck* in der Haupttonart f-Moll stehen (was in der dreisätzigen Fassung das Fehlen des zyklusinternen Tonartenkontrasts bedingt), indiziert ihre zentrale Bedeutung. Der Abstieg innerhalb des Terzraums in den ersten drei Takten von Claras Thema – das als nicht überliefert gilt, jedoch in den melodischen Konturen deutliche Beziehungen zu jenem »Notturno« op. 5/2 aufweist, das in der letzten *Novellette* als »Stimme aus der Ferne« erscheint (s. u. S. 245) und im weiteren Klavierwerk Schumanns eine prominente Rolle spielen sollte – wird dem ersten Satz mottoartig

vorangestellt und bildet das Material des Haupt- (T. 1–22) und des episodenhaften Seitenthemas (T. 62–69), während der Aufstieg im Quart- bzw. Sextraum aus dem dritten Abschnitt des »Andantino« den Überleitungs- (T. 26–61) und Rückleitungspartien (T. 70-112) des Kopfsatzes sowie dem Finale zugrundeliegt; in ihnen ist das Moment der Durchführung vertreten, die als eigenständiger Formteil beiden Ecksätzen fehlt.

Fantasie C-Dur op. 17

Unmittelbar anschließend an op. 14 (Briefwechsel I, 126) entstand bis Anfang Dezember 1836 ein neues Werk, die dreisätzige spätere *Fantasie* op. 17, die Schumann in ihrer ersten Fassung bereits am 19. Dezember dem Verleger Friedrich Kistner mit den Worten anbot: »Florestan und Eusebius wünschen gern etwas für Beethovens Monument zu thun und haben zu diesem Zwecke etwas unter folgendem Titel geschrieben: Ruinen. Trophaeen. Palmen. Große Sonate f. d. Pianof. Für Beethovens Denkmal von […]« (BNF, 420).

Hintergrund war ein am 17. Dezember 1835 von einem in Bonn gegründeten Verein zur Errichtung eines Monuments für Beethoven erlassener Spendenaufruf. Schumann eröffnete zunächst den Jahrgang 1836 der *Neuen Zeitschrift für Musik* mit einem Gespräch unter vier Davidsbündlern über dieses Unternehmen, in welchem der Sinn von Künstlerdenkmälern unter höchst unterschiedlichen, ja kontradiktorischen Aspekten erörtert wird; Meister Raro verweist zum Schluß auf das Machbare und auf das von bedeutenden Musikern der Zeit bereits in Gang Gesetzte (GS I, 131–136.) Der Text ist repräsentativ für Schumanns dialektischen Begriff von Musikgeschichte und unerläßlich für das Verständnis des mit ihm auf engste verbundenen op. 17. Auf Schumanns Angebot, das Werk in einer speziellen Ausstattung herauszubringen – »schwarzer Umschlag, oder noch besser Einband mit Goldschnitt, auf dem mit goldenen Buchstaben die Worte stünden: ›Obolus auf Beethovens Denkmal‹. Auf dem Haupttitelblatt könnten etwa Palmenblätter die obersten Worte überhangen […]« (BNF, 420) –, gingen weder Kistner noch Haslinger ein. Erst im

Februar 1838 gelang ein Vertragsabschluß mit Breitkopf & Härtel, die Drucklegung verzögerte sich jedoch noch bis April 1839. Insgesamt änderte sich bis zu diesem Zeitpunkt der Titel fünf Mal: im Angebot an Breitkopf vom Februar 1838 schlug Schumann den Titel »Fata Morgana« vor; am 15. April des gleichen Jahres kündigte er das Werk Clara unter dem Titel »Ruine, Siegerbogen u. Sternbild« und »Dichtungen« an. In der Stichvorlage, deren Titelblatt erstmals die Widmung an Liszt sowie – auf der Rückseite – das Motto von Friedrich Schlegel enthält, lautet der Titel nur noch »Dichtungen«. Erst kurz vor der Drucklegung wurde die Wiederholung des den Kopfsatz beschließenden Zitats »Nimm sie hin denn, diese Lieder« aus dem Schlußstück von Beethovens Liederzyklus *An die ferne Geliebte* op. 98 am Ende des dritten Satzes gestrichen und die Gattungsbezeichnung »Fantasie« festgelegt (Bischoff 1994, 196–200). Später überwog der private Bezug zu Clara, der sich von Anfang mit dem Aspekt des Beethoven-«Obulus« vermischt hatte, den monumentalen Anlaß. Am 18. März 1838 kündigte er Clara das Werk, von dessen Entstehen in den vorausgehenden zwei Jahren sie anscheinend nichts wußte, mit den Worten an: »Außerdem habe ich eine Phantasie in drei Sätzen vollendet, die ich im Juni 36 bis auf das Detail entworfen hatte. Der erste Satz davon ist wohl mein Passionirtestes, was ich je gemacht – eine tiefe Klage um Dich – die andern sind schwächer, brauchen sich aber nicht gerade zu schämen.«

Eine Klaviersonate in memoriam Beethovens zu komponieren, bedeutete wesentlich mehr als ein Denkmal aus Marmor: man begab sich auf das ureigenste Feld des großen Verstorbenen, fast so, als wolle man – wie Schumann Ludwig Börne zitierte – dem lieben Gott ein Denkmal setzen. Doch setzte er eine dialektische Aussage dagegen: »[...] ein Denkmal ist eine rückwärts gedrehte Ruine (wie diese ein rückwärts gedrehtes Monument)« (GS I, 133).

Die Errichtung solcher Denkmäler vollzog sich als Akt bürgerlicher Solidarisierung und Ostentation humanistischer Gesinnung (vgl. Heine: Reisebilder, 74 f.; Traeger 1991, 196–205; Warnke 1992, 22–26). Es ging um die Frage der Entwicklungs- und Erneuerungsfähigkeit von Beethovens zentraler Gattung – der Klaviersonate – mittels deren

Amalgamierung mit der Fantasie. So schrieb Schumann über die *Phantasiesonate* von Friedrich W. Klingenberg (1809–1888): »[...] ein Ringen, sich vom alten Schlendrian loszumachen, ist darin unverkennbar, überhaupt ein Streben, Selbständiges zu leisten [...] Wer ihn übrigens zum Ikarusflug verleitet, scheint klar; es ist Beethoven mit seiner *Sonata quasi fantasia* [...]« (GS II, 10 f.). Auf der anderen Seite war er sich dessen bewußt, daß »wir [...] gewohnt [sind], nach dem Namen, den eine Sache trägt, auf diese selbst zu schließen; wir machen andere Ansprüche auf eine ›Phantasie‹, andere auf eine ›Sonate‹« (GS I, 70). – Die Umrisse der Sonate sind in op. 17 als Manifestation einer solchen gattungsgeschichtlichen Grenzüberschreitung »noch in der Negation« (Kämper 1987, 107) nicht zu verkennen, auch wenn die tonal-formalen Verhältnisse sich grundlegend gegenüber der »Sonatenblütezeit« geändert haben; über sie besteht eine beträchtliche Meinungsvielfalt unter den Exegeten (Köhler 1976; Rosen 1983, 507; Schleuning 1986; Daverio 1987; Schneider 1988; Marston 1992, 1993; Bischoff 1994).

Das Thema, mit dem der »durchaus phantastisch und leidenschaftlich vorzutragende« Kopfsatz einsetzt, formuliert nicht die Tonika aus, sondern es entfaltet einen Mischklang aus Dominante und Subdominante. Entsprechend verbinden sich Elemente aus zwei präexistenten thematischen Gebilden: in den T. 1–14 das im Quintraum absteigende Motiv aus Claras bereits in op. 14 variiertem *Andantino*, und in den T. 15–18 das obengenannte Zitat aus Beethovens *An die ferne Geliebte*, das am Schluß des Satzes (T. 295–309) einen epilogartigen Ausklang bestreitet. Es ist in einer doppelten Bezüglichkeit aufzufassen, nämlich als geheime Botschaft an Clara (»Nimm sie hin denn [...]«) [...] und zugleich als Beschwörung des verehrten Komponisten, unter dessen Zeichen die Liebe der beiden Künstler stehen sollte. Dieses Zeichen der Liebe, und nicht ein einzelnes verstecktes Melodiezitat, ist wohl auch mit dem »leisen Ton« gemeint, der sich – laut der dem op. 17 als verbales Motto vorangestellten Strophe aus Friedrich Schlegels Gedicht »Die Gebüsche« (aus dem Zyklus *Abendröte*, publiziert in *Gedichte* [1809]) – »durch alle Töne im bunten Erdentraum« hindurchzieht; kaum eine Interpretation läßt jedenfalls Schumanns Frage an Clara zu: »Der ›Ton‹

im Motto bist *Du wohl?*« (Briefwechsel II, 562). In zwei unterschiedlichen variierten Formulierungen fungiert das Beethoven-Zitat im Kontext der Sonatenhauptsatzform quasi als Nachsatz des in T. 42 beginnenden Seitenthemas (dessen zweite Hälfte – T. 45–47 bzw. 64–67 – Robert und Clara einander gegenseitig als ihre »Lieblingsstelle« bezeichneten (Briefwechsel II, 562, 577). Beim ersten Mal (T. 49) wird es nur umrissen. Nach F-Dur gewendet, erscheint es in T. 69 ff. in Sopran und Alt variiert und imitiert, bricht dann in T. 72 ab und macht der kurzen »sprechenden« Schlußgruppe (T. 73–81) Platz. – Etwas ganz Neues vollzieht sich in jenem Formteil, der dem Formschema gemäß als »Durchführung« zu bezeichnen wäre; diese Bezeichnung erscheint aber inadäquat, da zwar Material aus den in der ersten Sektion exponierenden Themen aufgegriffen wird, jedoch nicht im Sinn einer »Verarbeitung«, sondern einer Erzeugung völlig neuer Gestalten. Aus der charakteristischen Synkopierung in Verbindung mit der Sequenzierung der T. 34–37 im Quintintervall in den T. 38–41 heraus werden die entsprechenden Strukturen in T. 82–96 und 106–118 entwickelt, in die zweimal (T. 98–105 und 119–128) das Hauptthema zitathaft interpoliert wird. Die zweite Hälfte der Zentralsektion ist gleichfalls in den T. 34–41 vorgebildet; im Gegensatz zur ersten übernimmt sie nicht den Rhythmus, sondern die Melodie, verknüpft sie aber ebenfalls mit der Quintschrittsequenzierung; daraus ergibt sich der viel diskutierte Abschnitt »Im Legendenton«, ein »self-contained *Charakterstück* in its own right« (Daverio 1987, 152) und dennoch nicht nur fest in den Gesamtablauf des Satzes integriert, sondern auch eindeutig dessen Klimax. Die in den T. 204–215 wirkungsvoll bis hin zu dem Ausbruch in die isolierte Brechung des verminderten Septimenakkord mit (enharmonisch verwechselter) hochalterierter Terz – dessen tonale Zusammensetzung dem Wagnerschen *Tristan*-Akkord entspricht — inszenierte Steigerung (vgl. Edler 2003, 261) lastet sozusagen über dem Rest des Satzes, und erst der Beethovens op. 98 zitierende Schluß bewirkt seine dramaturgische Auflösung. Wenn auch die stark veränderte und tonal in den Bereich von Es-Dur gerückte, in T. 225 einsetzende Reprise die thematische »Rückkehr« deutlicher ins Spiel bringt als im Kopfsatz des op. 14, in dem die Durchführung suspendiert

war, zeigt sich in beiden Werken doch ein gleichermaßen weitgehender Schwund des tektonischen Zusammenhalts vermittels der Tonalität: die abschließende Rückkehr zur Grundtonart wirkt als von der thematischen Erzählung herbeigeführte Wendung, für die grundsätzlich ebenso ein anderer Verlauf denkbar wäre wie für sämtliche vorausgehende Sektionen des Satzes. Zugleich wird damit bewußt das Prinzip tonaler Symmetrie ebenso wie das der formalen durchbrochen: in der in Es-Dur einsetzenden Reprise verkürzte Schumann das Hauptthema von dreiunddreißig auf acht Takte. Dies stimmt überein mit seinem Befund anläßlich der Analyse der *Symphonie fantastique* von Berlioz, daß in diesem Werk »gleiche« (symmetrische) mit »ungleichen Takt- und Rhythmusverhältnissen […] frei vereint und angewandt« seien – ein Merkmal, das er für sein eigenes Formdenken wie für das der »neuesten Zeit« überhaupt als substanziell ansah (GS I, 74; vgl. Kleinertz 1997, 150 f.).

Diese Tendenz zur formalen Asymmetrie greift auch auf den Zyklus als ganzen über: auf ein dem Eröffnungssatz entsprechendes Allegrofinale, das bei den vorausgegangenen Klaviersonaten als ebenso unerläßlich wie problematisch sich erwiesen hatte, verzichtete er ganz und schloß stattdessen mit dem langsamen Satz. Dabei korrespondiert die Bewegung C – Es – C innerhalb des Zyklus den terzverwandten tonalen Bezügen innerhalb des ersten und des dritten Satzes. Der Marschcharakter des zweiten Satzes ist beherrscht von den vielfältigen Ausformungen punktierter und synkopierter Rhythmen. Sie entstehen aus den wie potenzierte Vorschläge wirkenden, die Sprünge der Coda T. 233 ff. bereits in sich bergenden Akkordarpeggien der ersten Takte, aus den punktierten Motiven der T. 5–7 sowie den Synkopierungen der T. 9 ff. Die in T. 22 einsetzende punktierte Gestalt nimmt mehr und mehr den Charakter einer Gigue an und spielt in T. 59–74 entfernt auf den Finalsatz der B-Dur-Partita BWV 825 von J.S. Bach an. Im Mittelteil (T. 114–157) entsteht aus potenzierten Synkopenbildungen ein quasi humoristisches neues Thema. – Der zweiteilig gegliederte Finalsatz – mit der Mittelzäsur in T. 71/72 – weist vier Themengestalten auf: nach vier Takten Vorspann entfaltet sich die erste als Baß-Tenor-Konstellation und kehrt als solche im weiteren Verlauf nicht wieder; doch wird die Baßlinie in T.

52 ff. zu einer neuen Themengestalt transformiert. Das Gegenthema in T. 15 ff. läßt sich als Weiterentwicklung der fallenden Skala des ersten Themas auffassen. In T. 34 führt der in das terzverwandte As-Dur versetzte Vorspann zu einem neuen Thema anstelle des ersten. Im Bonner Studienbuch II ist es unter dem Datum von 30. November 1836 als »Trio zur Polonaise« mit dem Vermerk eingetragen »Als ich krank war« und »Darin selig geschwärmt« (Edler 2002b, 141, 333, Abb. 9). Dieses Thema repräsentiert jenes zweite Beethoven-Zitat innerhalb von op. 17, auf das Schumann den Verleger Friedrich Kistner aufmerksam machte (Erler I, 102; BNF, 537, Anm. 507). Zitiert wird – melodisch und harmonisch umgestaltet – die dreifach in Oboe, Klarinette und Horn geführte Oberstimme der T. 123–135 aus dem Mittelteil des Allegretto der 7. Sinfonie, eben jenes Satzes, mit dem sich Schumann in seinen unvollendeten *Beethoven-Variationen* noch bis 1835, also ein Jahr vor dem Beginn der Komposition von op. 17, auseinandergesetzt hatte (s.o. S. 219). Das Thema erfährt in T. 60 ff. eine grandiose Steigerung, gipfelnd in einem apotheotisch-choralhaft wirkenden neuen Thema, die jedoch sogleich vom *ff* ins *pp* zurückgenommen wird.

Faschingsschwank aus Wien
op. 26

Schumanns letzte Klaviersonate – abgesehen von den *Klaviersonaten aus der Jugend* op. 118 aus der Düsseldorfer Periode – entstand in den letzten Wochen des Wien-Aufenthalts im Frühjahr 1839 gleichzeitig mit den *Nachtstücken* op. 23. Der *Faschingsschwank aus Wien*, wie Schumann das Werk betitelte, gehört damit in den Kontext einer neuen kompositorischen Phase. Der Kompositionsprozeß zog sich durch das ganze Jahr 1839, das Finale wurde erst im Januar 1840 abgeschlossen. Das »romantische Schaustück«, wie Schumann den *Faschingsschwank* während des Entstehens bezeichnete, erhielt in der veröffentlichten Version, die erst im August 1841 als op. 26 im Verlag Mechetti erschien, den Untertitel »Fantasiebilder«, womit Schumann an die literarisierenden Titel der opp. 12 ff. anknüpfte (s.u. S. 242). Dieser Titel stellt das

Werk ebenso in den Kontext der *Fantasiestücke* wie die *Humoreske*, obwohl es aufgrund seiner Fünfsätzigkeit mit einem eröffnenden Allegro und abschließenden Finale mit vorausgehendem Intermezzo eher auf einen sonatenartigen Zyklus deutet; als »große romantische Sonate« bezeichnete Schumann das Werk in einem Brief an Simonin de Sire vom 15. März 1839 (BNF, 150).

Der Titel des op. 26 knüpft deutlich an op. 9 an, für das zwischenzeitlich der deutsche Titel »Faschingsschwänke auf vier Noten« vorgesehen war (s.o. S. 230). Die Ecksätze des wie die *Kreisleriana* op. 16 und die *Humoreske* op. 20 (s.u. S. 251 ff.) in B-Dur stehenden Zyklus' sind gegenüber der tradierten zyklischen Gestalt ausgetauscht: der Kopfsatz knüpft an den Gestus des Rondos, das »Finale« an den des Sonatenhauptsatzes an. »Romanze« und »Scherzino« nehmen die angestammten Positionen im Zyklus ein, ihre Titel – wie auch der des Intermezzos – verweisen jedoch wieder stärker auf die karnevalesk-komödienhafte Sphäre der opp. 2, 4, und 9. Romanze und Scherzino sind tonal der Doppeltonart B-Dur/g-Moll und damit den Ecksätzen derart eng verbunden, daß es allein dem Intermezzo überlassen bleibt, einen tonalen Kontrast in den Zyklus hineinzubringen. »Mit größter Energie« vorzutragen, beschwört dieses tonal vagierende Stück – das nach einem Vermerk auf dem erwähnten Frieseschen Vorabdruck eigentlich für die *Nachtstücke* op. 23 vorgesehen war – tatsächlich jene Extase der »phantastischen Nacht«, die Schumann im folgenden Jahr im Eichendorff-Lied »Schöne Fremde« op. 39/6 aufnahm. Die Rondo-Anlage des Kopfsatzes, mit dem Schumann bis in den Beginn des Jahres 1840 hinein beschäftigt war, scheint zunächst auf die Miniaturformen der *Papillons* und des *Carnaval* zu rekurrieren, und das vierte Couplet (mit der Vorzeichnung von Fis-Dur, welches aber schon nach achtzehn Takten [T. 269] wieder verlassen wird) tönt in der Tat die Sphäre des »Großvatertanzes« noch einmal entfernt zitierend an. Die ironische Pointe, daß in die altväterliche Melodik ohne Änderung von Rhythmus und Tempo der Beginn der *Marseillaise* – und zwar in frech donnerndem Fortissimo – eingeschmuggelt wird (T. 293–300), ließe sich als eine Musik à la Heine bezeichnen. Das Coupletthema tritt acht Takte lang in den Hintergrund und klingt bei seinem zum fünften Refrain zurückleitenden Wiedereintritt anders als zuvor: ihm sind nun eine leuchtende Farbe und eine zukunftsgerichtete Energie zugewachsen. Der Finalsatz wird von zwei unterschiedlichen, jedoch nicht kontrastierenden Bewegungszügen beherrscht, nämlich einer duolischen und einer triolischen Achtelbewegung. Entsprechend der Maskenfest-Idee ziehen die einzelnen Erscheinungen in schneller Bewegung vorüber, ohne sich thematisch zu verfestigen. Allerdings macht sich ab T. 26 das Terzraum-Motiv bemerkbar, das in T. 47 formal Seitenthemenfunktion übernimmt und sich mehr

und mehr durchsetzt, ohne den Bewegungsablauf zum Stocken zu bringen. Dieses Motiv stellt die werkinternen Verbindungen zum Kopfsatz (T. 1–3 Baß, 26–27 Oberstimme u.ö.), zum Scherzino (in den durch *f* akzentuierten Halben im Sequenzmodell der T. 17, 19, 21), und zum Intermezzo (T. 1–2 Baß, Schlußtöne der Oberstimmenlinie T. 3–4), darüber hinaus zu den *Novelletten*, den *Kreisleriana* und der *Humoreske* (s. u. S. 249) her. Die Romanze enthält ebenfalls diese Tonkonstellation, darüber weist sie einen engen paraphrasierenden Bezug zu Claras Variationen-*Andantino* aus op. 14 auf.

Fantasiestücke

Am 20. Oktober 1837 schrieb Schumann an den Weimarer Musiklehrer und Mitarbeiter der *Neuen Zeitschrift für Musik* Carl Montag: »Einiges, was ich in einem merkwürdigen Sommer componirt (in diesem nämlich) wird Ihnen gefallen; es sind 2 Hefte Phantasiestücke und 2 Hefte Tänze: Todtentänze, Veitstänze, Grazien-und Koboldstänze« (BNF, 102). Schumann betonte also die Nähe, in der sich die *Fantasiestücke* op. 12 zu den *Davidsbündlertänzen* op. 6 – die er ja ihrerseits später in *Charakterstücke* umbenannte – befinden. Daß er damit eine neue Stufe im Bereich des lyrischen Klavierstücks erreichte, akzentuierte er auch durch die Gegenüberstellung der *Davidsbündler* mit dem *Carnaval* als einer solchen von »Gesichtern« und »Masken« (s.o. S. 231 f.).

Den Begriff »Fantasie« benutzte Schumann zu dieser Zeit auffällig häufig, wobei in Korrespondenz und Tagebüchern ebenso die Singular- wie die Pluralform und schließlich auch das Kompositum »Fantasiestück« vorkommen. Den letztgenannten Begriff etablierte Schumann als musikalische Gattungsbezeichnung, vollzog damit aber zugleich eine zitierende Übernahme aus der Literatur (Betz 2001, 23). Speziell entwickelte er eine Affinität zum Fantasiebegriff der romantischen Literaten, wie ihn konzentriert E.T.A. Hoffmann im ersten Stück der *Fantasiestücke nach Callots Manier* (1814–15), betitelt »Jacques Callot«, formulierte: »[…] [Callots] Zeichnungen sind nur Reflexe aller der fantasti

schen wunderlichen Erscheinungen, die der Zauber seiner überregen Fantasie hervorrief […] Könnte ein Dichter oder Schriftsteller, dem die Gestalten des gewöhnlichen Lebens in seinem innern romantischen Geisterreiche erscheinen, […] sich nicht wenigstens mit diesem Meister entschuldigen und sagen: Er habe in Callots Manier arbeiten wollen?« (Hoffmann 1957, 10).

E.T.A. Hoffmann verwendete den Begriff »Fantasiestücke« als individuellen Werktitel, nicht als Gattungsbezeichnung, und in eben diesem Sinn hat ihn auch Schumann übernommen. Erst indem er ihn 1842 mit den Klaviertriostücken op. 88 auch in den Kammermusikbereich übernahm, und ihn dann 1849 in den Klarinettenstücken op. 73 und 1851 in den Klavierstücken op. 111 wiederaufnahm, leitete er selbst die Etablierung des Begriffs als Gattungsbezeichnung und seine Übernahme durch andere Komponisten ein; bei op. 12 war sie offenbar keineswegs beabsichtigt. Franz Liszt hat sie immerhin so beeindruckt, daß er sie spontan als erster – zumindest in einem privaten Brief – zur Bezeichnung eigener Kompositionen übernahm: »[…] je vous ferai parvenir mes 12 Etudes et une demi-douzaine de F a n t a s i e s t ü c k e (Impressions et Poèmes)« (Brief vom Mai 1838, Album, 109).

In der 1837 einsetzenden Phase der Klavierkomposition, welche die das Jahr 1836 kennzeichnende Konzentration auf die Sonate ablöste, war

Schumann offensichtlich auf Benennungen bedacht, die zum einen die Wahrnehmung der einzelnen Werke in ihrer Individualität fördern (und das bedeutet: ihre Gattungszugehörigkeit nachrangig erscheinen lassen) und zum anderen auf ihre Affinität zur Erzählweise romantischer Literaten verweisen sollten. Er wollte »die Welt seiner Musik« als »das um so viel geistigere Gedicht«, als »Werk des dichterischen Bewusstseins« verstanden wissen (Briefwechsel I, 146). So entstammt der Titel der im darauffolgenden Jahr komponierten *Kreisleriana* op. 16 ebenfalls den *Fantasiestücken nach Callots Manier*, innerhalb derer die so überschriebenen Stücke die Nrs. III des ersten und IX des zweiten Teils bilden. Wie sehr Schumanns Fantasiebegriff in der ästhetischen Welt Hoffmanns und Jean Pauls, der die Fantasie »die Welt-Seele der Seele und de[n] Elementargeist der übrigen Kräfte« nannte (Jean Paul 1967, 47), verwurzelt ist, zeigt ein Gedicht, das Henriette Voigt, die die Entstehung seiner Werke aus nächster Nähe verfolgte, am 19. Mai 1838 Schumann übersandte, worin es u. a. heißt: »Wenn Du in Deinen Phantasien/ In N a c h t und T r ä u m e n aufwärtssteigst,/ Der Erde Elend zu entfliehen,/ Dich ins Gebiet der F a b e l schleichst [...]/ Laß dein Warum dann sanft verhallen,/ D e s A b e n d s wiege Dich in Ruh',/ In G r i l l e n magst Du Dir gefallen,/ Im A u f s c h w u n g flieh dem Himmel zu« (Album, 196 f.). In einer wie auch immer trivialisierten Form finden sich hier Gedanken wieder, wie sie in Novalis' *Heinrich von Ofterdingen* formuliert wurden, etwa in dem Gedicht *Astralis*: »Die Welt wird Traum, der Traum wird Welt,/ Und was man geglaubt, es sey geschehn,/ Kann man von weitem erst kommen sehn./ Frey soll die Phantasie erst schalten,/ Nach ihrem Gefallen die Fäden verweben,/ Hier manches verschleyern, dort manches entfalten,/ Und endlich in magischen Dunst verschweben« (Novalis 1978, 367).

Fantasiestücke op. 12

Biographisch gehört das op. 12 mit den *Sinfonischen Etüden* und dem *Carnaval* zu denjenigen Klavierwerken Schumanns, die das Verhältnis zu

Clara Wieck gleichsam negativ betreffen. Die Widmungsträgerin Robena Ann Laidlaw (deren Namen Schumann um des musikalischeren Klanges willen in »Anna Robena« veränderte) war eine höchst bemerkenswerte 20jährige Pianistin, mit der Schumann seit ihrer erfolgreiche Matinée am 2. Juli 1837 in Leipzig mehrfach zusammentraf (BNF, 90; Briefwechsel I, 53 und III, 970; Tb II, 33; Boetticher 1984, 203). Der Zyklus als ganzer erscheint in einer Gedankenwelt zwischen E.T.A. Hoffmann und Novalis angesiedelt (zu Schumanns Novalis-Rezeption: Tadday 1999, 106). Den nächtlichen Stimmungen und den »Traumeswirren« entspricht der tonale Raum zwischen F-Dur/ Moll und B-Dur/Moll mit dessen Parallele Des-Dur, die sich nur einmal – in der »Fabel«, die in dem in den *Ofterdingen*-Roman interpolierten Märchen Klingsors als Kind und als »Milchschwester« des Eros auftritt – zum quasi dominantisch aufzufassenden C-Dur hin öffnet. Die beiden Hefte, in die die *Fantasiestücke* – analog den *Davidsbündlern* – gegliedert sind, beginnen jeweils mit abendlich-nächtlichen Stimmungen und schließen »mit (gutem) Humor«. Zum zweiten Mal nach dem *Carnaval* trägt jedes der Stücke einen Titel – im Gegensatz zu jenem jedoch in deutscher Sprache. Schumann betonte mehrfach, solche Titel habe er im nachhinein fertigen Kompositionen als Fingerzeige beigegeben (GS I, 83–85; BNF, 148); die außermusikalische Idee war auch hier nicht auslösendes, sondern sekundär hinzutretendes Moment. So evoziert beispielsweise der Titel des Eingangsstücks *Des Abends* eine Atmosphäre, die Schumann schon 1828 in seinem Tagebuch »Hottentottiana« festgehalten hatte: »A b e n d f a n t a s i e: die Dämmrungsstunde ist der eigentliche Feenstab, der aus der Seele Fantasie entlokt, sie ist an sich phantastisch u. das Opiat der Stürme« (Tb I, 111). Die absolute Ruhe, die in der Metapher »Opiat der Stürme« sich ausdrückt, verbunden mit Wärme, Milde, Traumwelt und »In-sich-Schlummern«, wird musikalisch erlebbar durch das vollkommene Gleichmaß einer Triolenbewegung, der die permanent synkopisch in Zweierbewegung ablaufende Melodielinie den Charakter des eigentümlich Schwebenden verleiht. Neben der Vortragsanweisung »Sehr innig zu spielen« ist die Tatsache nicht ohne Bedeutung, daß die Wiederholung ab T. 39 nicht durch Zeichen vorgeschrieben ist, sondern – da es um das »Weiterspinnen« der Bewegung geht – ohne Unterbrechung durchnotiert ist. Auf diese Weise wird die Einteiligkeit des Stückes unterstrichen, die zur Substanz seiner Aussage gehört; die Pausen in T. 16, 37/38, 54 und 75/76 verlieren ihre Funktion als tektonische Einschnitte und werden zu Gesten des nachlauschenden Innehaltens.

Zu »In der Nacht« gab Schumann im Brief an Clara vom 21. April 1838 als Reaktion auf einen enthusiastischen Brief des Dresdner Pianisten Carl Krägen den vielzitierten Kommentar, in dem er auf die aus der hellenistisch-römischen Antike stammende Geschichte von Hero und Leander verwies, wobei er das Ende – den Liebestod – verschwieg (Briefwechsel I, 154; Album, 278; dazu Tadday 1999, 141 f.). Die literarische Bezugnahme verstand Schumann somit als Element der Rezeption: Hinweise auf Werke oder auch nur auf Stoffe bzw. Vorstellungsgehalte aus den Nachbarkünsten stellen die Weichen für die eigentlich angemessene, nämlich das Produktivwerden (ποιειν/poiein) des Hörers, des Interpreten oder im Nachhinein gar des Autors, der seinem Werk nach Abschluß des Produktionsvorganges selbst als Rezipient gegenübersteht. Am Grad der Übereinstimmung, in der sich die assoziierten Inhalte zueinander befinden, bemißt sich die künstlerische und natürlich auch die private Nähe. Dazu tritt – in diesem Fall besonders deutlich erkennbar – als weiterer Faktor die vertiefende Interpretation der Musik wie der eigenen Situation im Sinn eines mythischen, im Menschheitsgedächtnis bewahrten Geschehens, der zugleich in der selbstironischen Anspielung auf die eigene Nichtschwimmer-Existenz aufgehoben wird. Strukturell enthält das Stück lied- wie sonatenhafte Züge: die anfänglich kurzatmig-abgerissen wirkende, zweitaktig gegliederte Figur über wellenartigen Akkordarpeggien gestaltet sich in T. 19–26 zu einer »Kantilene« (wie Krägen sich ausdrückte). Dieser Gegensatz kann durchaus im Sinn der Sonatentheorie des 19. Jahrhunderts als Kontrast eines »männlichen« und eines »weiblichen« Prinzips aufgefaßt werden (Dahlhaus 1984, 75 f.). Der Dur-Abschnitt T. 69–108 wäre dann als kantabler Mittelteil und zugleich als Entwicklung der T. 19–26 zu verstehen, den ein von Durchführungselementen geprägter Abschnitt (T. 109–143) in die Reprise (T. 144) zurückleitet. – Das »mit

gutem Humor« vorzutragende Schlußstück »Ende vom Lied« weckt schon von seinem Titel her Fragen nach der Bedeutung dieser Vortragsbezeichnung. Als Clara sich an Johann Rudolf Zumsteeg (1760–1802) erinnert fühlte, der als Komponist von populären Balladen einen gewissen Nachruhm genoß, bestätigte ihr dies Schumann mit dem Kommentar: »ich dachte dabei, nun, am Ende löst sich doch Alles in eine lustige Hochzeit auf – aber am Schluß kam wieder der Schmerz um Dich dazu und da und da klingt es wie Hochzeit- und Sterbegeläut untereinander […]« (Briefwechsel I, 112, 121). In der Ambivalenz der Ausdruckshaltung ergeben sich Bezüge zum Schlußstück eines anderen Zyklus', nämlich der Nr. 16 der drei Jahre später entstandenen *Dichterliebe*, in dem auf höchst zweideutige Weise der Sarg, in dem die Vergangenheit mit ihren »bösen und argen Träumen« begraben werden soll, mit dem »Heidelberger Faß« und die zugehörige Totenbahre mit der »Mainzer Brück« assoziiert werden – Vergleiche, die eher in die Richtung einer makabren Groteske als eines gemütlichen »guten Humors« zielen. Der aus zwei Auftaktachteln plus Viertel in der linken unter durchgängiger Achtelbewegung in der rechten Hand bestehende Rhythmus, den Schumann zur leicht persiflierenden Gestaltung dieses Kondukts einsetzt, beherrscht ebenso den umfangmäßig bei weitem überwiegenden Mittelteil des »Endes vom Lied« (T. 25–60), und die Coda stellt das übermütig daherstolzierende Eingangsthema in T. 101 ff. in eine Umgebung, für die gleichfalls die Schlußworte der *Dichterliebe* zutreffen: »Ich senkt' auch meine Liebe und meinen Schmerz hinein.«

Novelletten op. 21

Die Monate Januar bis Mai 1838 stellen den Höhepunkt von Schumanns Klavierkompositionsperiode dar. Am 20. Januar begann er mit der Komposition der *Novelletten* op. 21, am 12. Februar der *Kinderszenen* op. 15. Zwischen Mitte März und Anfang Mai entstanden die *Kreisleriana* op. 16 als letzter der drei Zyklen, die nicht nur durch die Chronologie, sondern auch in ihrer Werkkonzeption eng miteinander, aber auch mit den *Fantasie-*

stücken op. 12 verbunden sind (so teilen op. 12, 16 und 21 die Anzahl von acht Stücken innerhalb des Zyklus, was Schumann aber in Briefen gelegentlich vergaß und andere Zahlenangaben machte). Alle drei sind wesentlich angeregt durch die »literarische Trias« Novalis – Jean Paul – Hoffmann; letzterem ist – wie in op. 12 und später in op. 23 – der Titel von op. 16 direkt entlehnt. Doch wurde der literarische Horizont erweitert. Auch arbeitete Schumann während der ganzen Zeit zum wiederholten Mal Bachs *Wohltemperiertes Clavier* und *Choralbuch* durch und wies verschiedentlich in Briefen und im Tagebuch (Schumann Briefwechsel I, 127; Tb II, 53) auf die Auswirkungen auf seinen Klavierstil hin. Am 6. Februar 1838 schrieb er an Clara Wieck nach Wien: »Da habe ich denn auch entsetzlich viel componirt in den letzten drei Wochen – Spaßhaftes, Egmontgeschichten, Familienscenen mit Vätern, eine Hochzeit, kurz äußerst Liebenswürdiges – und das Ganze Noveletten genannt, weil Du Clara heißest und Wiecketten nicht gut genug klingt« (Briefwechsel I, 90). Wie so häufig, liegt in diesem Passus ein Doppelsinn: »Wiecketten« bildet nur unter der Voraussetzung ein Analogon zu »Novelletten«, daß sich die Bezeichnung auf einen Namen bezieht. Dies ist tatsächlich der Fall: für den Winter 1837/38 war die Engländerin Clara Novello von Mendelssohn als erste Konzertsängerin nach Leipzig verpflichtet, und Schumann schätzte sie – besonders wegen ihres Vortrags der Werke Händels – künstlerisch hoch ein (GS I, 377). Und am 8. November schrieb er an Clara Wieck: »Sie heißt auch Clara und singt wahrhaft herrlich, ist sonst sehr interessant äußerlich« (Briefwechsel I, 41). Die Schumann offensichtlich reizvoll erscheinende Konstellation der beiden Claras wurde noch vertieft durch ein Konzert am 4. Dezember 1837 im Gewandhaus, in dem Mendelssohn u. a. Beethovens *Egmont*-Musik aufführte und bei dem Clara Novello mitwirkte. Schumann war zutiefst aufgewühlt: Er notierte die berühmte Strophe der weiblichen Protagonistin des Goethe-Dramas, Klärchen, in sein Tagebuch und las hinterher noch in dem Drama; von diesem Zeitpunkt an redete er Clara Wieck gelegentlich mit dem ihm bis dahin verhaßten Diminutiv »Clärchen« an (Briefwechsel I, 41). Schumann wollte sein »entsetzlich vieles Komponieren« von Clara als ein Erzählen von »Geschichten« verstan-

den wissen; zwei Monate später erinnerte er sie an ihren »alten Robert, – ist er's nicht noch der Läppisch, der Gespenstererzähler und Erschrecker« aus Kindheitstagen (Briefwechsel I, 146), und auch Joseph Fischhof gegenüber bezeichnete er die *Novelletten* als »größere zusammenhängende abenteuerliche Geschichten« (BNF, 118). – Ungeachtet der abermaligen persönlichen Bezüglichkeit zu Clara wurden die *Novelletten* bei ihrer Publikation im Mai 1838 dem Hummel-Schüler Adolph Henselt gewidmet, einem der bedeutenden Pianisten dieser Zeit, der Leipzig um die Jahreswende 1837/38 besuchte; Schumann spielte ihm aus den im Entstehen begriffenen *Novelletten* vor; fortan setzte sich Henselt – ähnlich wie Liszt – nachhaltig für die Verbreitung der Werke Schumanns ein. Die literarische Herkunft einiger solcher Geschichten hat Schumann in den Erstausgaben mitgeteilt: so erschien das h-Moll-Intermezzo der dritten Novellette im Mai 1838 als Vorabdruck in der *Neuen Zeitschrift für Musik* und trug als Motto den Beginn der Hexenszene aus Shakespeares *Macbeth*, sollte also als »Gespenstergeschichte« aufgefaßt werden. Dieser Vorgang wirft ein bezeichnendes Licht auf die formale Konzeption der *Novelletten*. Tanz- und rondoartige Anlagen werden aufgebrochen, erweitert und zu neuartigen Gebilden umgestaltet. Dabei kommen ungewöhnliche tonale Verhältnisse in Verbindung mit neuartigen Variationstechniken ins Spiel, wie etwa bei dem genannten Mittelteil der Nr. 3 der schnelle Wechsel zwischen den sich überlagernden Dur- und Moll-Varianten von H und B und den aus synkopischen Umbildungen der T. 95–98 entstehenden Entwicklungspartien T. 103–172. Im später hinzugefügten »leicht und mit Humor« auszuführenden Rahmenteil ist bereits der erste Viertakter zwischen h-Moll und D-Dur angesiedelt, der anschließende Nachsatz, von dem der Hörer eine diesbezügliche Klärung erwartet, wendet sich vermittels einer einfachen chromatischen Rückung von *cis* nach *c* in die weitest entfernte Tonart F-Dur und konzentriert sich hier auf die Entwicklung eines auftaktigen Viertonmotivs; in den T. 43–49 gipfelt sie in einer Sequenz, in der das B-A-C-H–Motiv als Ziel zutage tritt. Das Ganze stellt sich als eine »Handlung« dar, in der pausenlos unerwartete Ereignisse auftreten, unvermutete Wendungen genommen, lange Spannungsbögen aufgebaut und überraschend aufgelöst sowie permanent motivische Umbildungen vorgenommen werden. Schumann war sich der jüngsten Wendung seines Komponierens voll bewußt; während der Komposition der *Novelletten* schrieb er an Clara: »Ich schreibe jetzt bei weitem leichter, klarer und, glaube ich, anmuthiger […] Mit den Formen spiel ich […]« (Briefwechsel I, 100). – Die Gedichte aus Goethes *West-Östlichem Divan*, die Schumann der zweiten Novellette zuordnete, schrieb er im Brief vom 20. April 1838 für Clara zur Gänze ab, ohne auf die Musik hinzuweisen, die im Zusammenhang damit im Entstehen begriffen war. Auch in der gedruckten Fassung versagte sich Schumann, den poetischen Bezug etwa durch Mottos zum Ausdruck zu bringen. Durch eine von Schumann korrigierte, Liszt »ohne Brief und Gruß« nach Wien zugesandte Abschrift sowie die zugehörigen Einträge ins Tagebuch läßt er sich jedoch nachweisen: Über dem Hauptteil der Abschrift findet sich der Vermerk »Sarazene«, über dem als Mittelteil fungierenden Intermezzo »Suleika« (Cortot 1947; Edler 2002b, 133, 205, Anm. 44, 45). Goethes Gedichte »An Suleika: Freude des Daseins ist groß« und »Suleika: Wie mit innigstem Behagen« thematisieren gewissermaßen das »männliche und weibliche Prinzip«. Eben diesen fundamentalen Gegensatz entfaltet Schumanns Musik in einem toccatenartigen, »äußerst rasch und mit Bravour« zu spielenden Rahmenteil, der ein »etwas langsamer, durchaus zart« zu spielendes Intermezzo als Mittelteil einschließt, dessen girlandenartige Linien sich auf eine für Schumanns Verständnis von »canonischem Geist« charakteristische Weise ineinanderschlingen. Mit dieser Konzeption aber werden die Grenzen zwischen lyrischem Klavierstück und Sonate durchlässig: in deren thematischer Exposition sah die Theorie der Zeit eben jenen prinzipiellen Kontrast grundsätzlich angelegt (vgl. oben S. 234 f.). Am weitesten ausgebildet zeigt sich das erzählerische Prinzip in den Nr. 6 und 8 der *Novelletten*. In großer Freiheit von überkommenen Formschemata werden relativ kurze Abschnitte – gelegentlich nur acht Takte umfassend – miteinander kontrastiert, abgewandelt, über lange Strecken hin verlassen, dann wieder zitierend aufgenommen. Im Schlußstück (Nr. 8) wird die anfängliche Form als scherzoartiger Satz in fis-Moll nach dem zweiten der beiden kontrastierenden Trios aufgebrochen, indem an Stelle der Rückkehr zum A-Teil am Ende eines langen »Entfernungs«-Vorgangs eine »Stimme aus der Ferne« quasi von außen, als Parusie, eintritt. Sie enthält das Zitat aus der »Toccatina« op. 6/1 und aus dem »Notturno« op. 6/2, das Schumann Clara gegenüber am 11. Februar 1838 als diejenige ihrer Kompositionen bezeichnet hatte, die ihm »das Liebste« sei (Briefwechsel I, 100). Von diesem Ereignis an geht der Erzählstrom in »Fortsetzungen« weiter, ohne daß auf das bis dahin Erzählte zurückgegriffen würde: Die in T. 282 einsetzende »Fortsetzung und Schluß« zitiert nach einem Nachklang der »Stimme aus der Ferne« nur noch den »Reiter«-Rhythmus des Trios II, was dann zum Ausgangspunkt ganz neuer Episoden (T. 311–335, 365–388, 389–445) wird und zu einer Wiederholung der »Stimme aus der Ferne«-Parusie (T. 446–479) führt. Insgesamt rekurriert der Schlußteil auf die im Zyklus vorausgehenden D-Dur-Stücke, vor allem auf die walzer- bzw. polonaisenartigen Nr. 4 und 5. Die ähnlich strukturierte, jedoch in allen ihren Episoden »mit vielem Humor« vorzutragende sechste Novellette schließt kaum weniger beziehungsreich mit dem Zitat aus Beethovens Liederkreis *An die ferne Geliebte* op. 98 (vgl. oben S. 238).

Kinderszenen op. 15

Die *Kinderszenen* entstanden nicht nur großenteils gleichzeitig mit den *Novelletten*, sie sollten sogar ursprünglich – wie aus dem überklebten Titel der Stichvorlage hervorgeht – unter der Bezeichnung *Kindergeschichten* als deren Anhang publiziert werden. Erst im Brief vom 21. März 1838 unterbreitete Schumann dem Verleger Härtel den Vorschlag, sie »in einem aparten Hefte« erscheinen zu lassen (BNF, 423), das sich von seiner druckgraphischen Ausstattung her als Geschenk eignen sollte; diesen Zweck sollte außerdem der Untertitel »Leichte Stücke für das Pianoforte« befördern, mit dem das Opus 15 im Februar 1839, als einziges der frühen Klavierwerke Schumanns ohne Widmung, herauskam. Eine vorgesehene Widmung an die Majorin Friederike von Serre in Maxen unterblieb. Ihr wurden stattdessen die opp. 18 und 19 zugeeignet. Den Ausschlag für das Unterbleiben der Widmung gab möglicherweise Claras Frage im Brief vom 21. März 1839 aus Paris: »Wem hast Du denn Deine Kinderscenen gewidmet? nicht wahr, die gehören nur uns Beiden, und sie gehen mir nicht aus dem Sinn, so einfach, so gemüthlich, so ganz ›Du‹ sind sie [...]« (Briefwechsel II 455). Dabei wurden aus den »an die 30 putzigen kleinen Dinger[n]«, wie Schumann die Stücke gegenüber Clara (Briefwechsel I, 121) nannte, für den Druck dreizehn ausgewählt, von den übrigen nur einige wenige später in den Sammlungen *Bunte Blätter* op. 99 und *Albumblätter* op. 124 veröffentlicht. Mit der offensichtlich als verkaufsfördernd intendierten separaten Ausgabe leistete Schumann allerdings dem Mißverständnis Vorschub, die Sammlung gehöre in das Genre der Musik für Kinder und Anfänger. Ein solches gab es seit der Mitte des 18. Jahrhunderts; insbesondere führte der Hallenser Musikdirektor Daniel Gottlob Türk in seinen zweimal *Sechzig Handstücken für angehende Klavierspieler* (1792 und 1795) die grundlegende Neuerung ein, die Stücke außer mit teilweise recht differenzierten italienischen Vortragsbezeichnungen zusätzlich mit deutschen Titeln zu überschreiben, die sich konsequent an der Erfahrungswelt des Kindes orientieren. Titel wie »Wiegenlied, Im Trauertone« (I.33), »Im Volkstone« (I.20), »Schützenmarsch« (I.34) oder »Spinnerlied« (I.35) kommen Schumanns späterem *Album für die Jugend* op. 68 – das gattungshistorisch in seiner Nachfolge steht – bereits erstaunlich nahe (Edler 2003, 101, 250 ff.). – Die diesbezügliche Kritik am op. 15 ließ nicht lange auf sich warten. Ludwig Rellstab monierte, »ein Kind, das nicht drei Hände hat (und selbst dann würde manches demselben schwer fallen) kann diese kleinen Stückchen nicht spielen [...] Endlich und hauptsächlich ist aber der geistige Gehalt dieser Sätzchen durchaus nicht für das Kind; es müßte ein Kind sein, dessen Geschmack schon durch die schärfsten und anreizendsten Gewürze alle Unschuld verloren hätte« (Rellstab 1839, 126 f.). Zwar hatte Schumann sicherlich Grund zum Ärger über die Borniertheit Rellstabs, doch liegt in der von ihm selbst ins Werk gesetzten Abtrennung von den *Novelletten* der Keim der inadäquaten Rezeption bis hin zu dem exzessiven Mißbrauch, der mit der berühmtesten *Kinderszene*, der Nr. 7 (»Träumerei«), ge-

trieben wurde (Csipak/Kapp 1981). – Tatsächlich gehören die *Kinderszenen* dem gleichen literarischen Ideenkreis an wie die übrigen Zyklen seit op. 12 (s.o. S. 242, 244), in denen sich autobiographische und literarische Aspekte überlagern (Starobinski 2002). Lange bevor er das Kind seines Klavierlehrers, Clara Wieck, kennenlernte, schrieb Schumann in den Fragmenten zu der geplanten Idylle *Juniusabende* von 1828: »Ja! Im Menschen ruht ein sanfter Genius, der mit leiser Hand dem ewigen Kind die Pforten neuer Welten u. Schöpfungen entriegelt [...]« (Tb I, 105). Dieser Gedanke verweist direkt auf Klingsors Märchen in Novalis' Roman *Heinrich von Ofterdingen*, wo sich zwischen dem Kind Fabel und einer »schönen Sphinx«, die vor dem Tor zu einer »neuen Welt« liegt, folgender Dialog entspinnt: »Was suchst du? sagte die Sphinx. Mein Eigenthum, erwiderte Fabel. – Wo kommst du her? – Aus alten Zeiten. – Du bist noch ein Kind. – Und werde ewig ein Kind seyn [...]« (Novalis 1978, 350). Die Vorstellung, daß der wahre Dichter vom Geist der Kindlichkeit beseelt ist, zieht sich wie ein roter Faden durch das Werk des Novalis wie durch die romantischen Kunstmärchen: Nahezu vollzählig finden sich die Motive der *Kinderszenen* etwa in E.T.A. Hoffmanns *Nußknacker und Mausekönig* aus dem 1. Band der *Serapions-Brüder* (1819) versammelt; darüber hinaus war der junge Dichter Walt Harnisch aus Jean Pauls *Flegeljahren* Schumanns Identifikationsfigur eines Kind gebliebenen Erwachsenen. Es hat den Anschein, daß Schumann in Clara Wieck von der ersten Begegnung an eine Verkörperung des »ewigen Kindes« in dieser Bedeutung gesehen hat und selbst durch die Verbindung mit ihr diesen Zustand zurückzuerlangen hoffte, beispielsweise in der Äußerung im Brautbuch vom 10. Februar 1836: »Sei Du mein höchstes und letztes Ziel, Clara, Engel an Reinheit u. Unschuld führe mich zur Kindheit zurück!« (zit. n. Nauhaus 1996, 16, 21; Starobinski 2002, 383 f.). Als er die achtzehnjährige Clara in einem Brief mit »Kind« anredete, war sie davon nicht sehr erbaut und fühlte sich nicht ganz ernst genommen. Erst nach und nach gelang es Robert, ihr seinen poetischen Kindheitsbegriff nahezubringen und sie so an das Verständnis der *Kinderszenen* heranzuführen: »Und daß ich es nicht vergesse, was ich noch componirt – War es wie ein Nachklang von Deinen Worten einmal wo Du mir schriebst ›ich käme Dir auch manchmal wie ein Kind vor‹ […] Wann wirst Du denn neben mir stehen wenn ich am Clavier sitze – ach da werden wir beide weinen wie Kinder […] oft nenn ich Dich ›Kind‹ in meinen Gedanken, u. das ist das schönste Wort, was ich nur für jemanden haben kann« (Briefwechsel I, 121, 138, 171). Die gemeinsame Zukunft stellte er sich als eine zweite Kindheit vor: »Ich führte Dich all meine Kindheitsspaziergänge, ich wies Dir alle Stellen, wo ich schon von Dir geträumt […] Die Kinderszenen sind […] sacht, zart u. glücklich wie unsere Zukunft« (Briefwechsel I, 219), Ihr Verständnis signalisierte Clara mit den Worten: »Den Dichter kenn ich; tief in das Innere sind mir seine Worte gedrungen« (Briefwechsel II, 451). So gehören die *Kinderszenen* als »kleine Novelletten« in den Werkzusammenhang des op. 21 als Erzählungen von der »zweiten Kindheit«, bei denen es einen »dünkt […], als ließt ihr mich den Duft einer Blume einziehn, den ich seit meiner Kindheit nicht wieder eingeathmet hätte […]« (Novalis 1978, 375). Rückblickend schrieb Schumann zehn Jahre später, als er sich von der »Davidsbündlerei« seiner frühen Kompositionsphase bewußt distanzierte, an Carl Reinecke, es handele sich um »Rückspiegelungen eines Älteren und für Ältere« (BNF, 290). Dennoch scheinen nicht diese, sondern die Utopie eines Daseins in poetischer Liebe die ursprüngliche Werkidee gewesen zu sein – eine Veränderung in Schumanns Einstellung zu zurückliegenden Werken, die »nicht unabhängig von der öffentlichen Meinung über sein Werk zu sehen« sind (Appel 1987, 114, Anm. 11).

Der Verlauf des Zyklus entspricht dieser Konzeption: so verweist das Eröffnungsstück »Von fremden Ländern und Menschen« auf den *Ofterdingen*, an dessen Beginn der jugendliche Protagonist eine Reise unternimmt, weil er sich den »Anblick neuer Menschen und Länder […] nach den Erzählungen seiner Mutter und mancher Reisenden, wie ein irdisches Paradies sich gedacht, und wohin er oft vergeblich sich gewünscht hatte« (Novalis 1978, 248). Dieses Motiv, das die Handlung zahlloser Märchen in Gang setzt, ist in der romantischen Literatur ungemein verbreitet; u. a. findet es sich auch im letzten Stück von E.T.A. Hoffmanns *Kreisleriana*, betitelt »Johannes Kreislers Lehrbrief« (Hoffmann 1957, 385). Die von

kindlicher Sehnsucht nach der Ferne ausgelöste Reise Heinrich von Ofterdingens entwickelt sich zur Suche nach der blauen Blume, an deren Ende das Auffinden der eigenen dichterischen Existenz steht: Das Kind wird zum Dichter, der Dichter zum Kind. Es scheint dieser gedankliche Rahmen – der durch die Rückkehr in die Ausgangstonart G-Dur musikalisch fundiert ist – mehr als die »materielle« Verbindung durch konkrete Motive zu sein, welcher die Bewegung und die Einheit auch von Schumanns Zyklus stiftet (Hohenemser 1918, 22; Reti 1961, 31–55; Traub 1981). Der Traum des »ewigen Kindes« von der fernen Welt zeigt sich in dem ungewöhnlichen Klangbild des Eingangsstücks, zu dem die »kindlich« einfache, aus zwei Zweitaktern und einem sich daraus entwickelnden Viertakter gebildete Melodie durch die Harmonisierung und durch das Zusammenspiel von linear selbständiger Baß- und triolisierter Mittelstimme gefügt wird. Diese Satzkonstellation wird im Schlußstück *Der Dichter spricht* in den T. 9–12 wieder aufgenommen, jedoch innerhalb eines gänzlich anderen Kontextes. Vorher wurde die Melodie über einer vierstimmigen akkordischen Struktur vorgetragen, die auf das durchstudierte »Choralbuch« Bachs verweist (T. 1–8; s.o S. 244). Nachfolgend entfaltet sich ein Rezitativ, das mehrere andere Kompositionen zitiert: zum einen den *Aufschwung* op. 12/2 (Draheim 1996, 56), darüber hinaus das Rezitativ in der Überleitung vom vierten in den fünften Satz von Beethovens Streichquartett a-moll op. 132, auf das seinerseits Mendelssohn in der Einleitung zum vierten Satz seines op. 13 rekurrierte. Das Schlußstück des Dichters bindet somit die genuine Sprache des Werkes, wie sie keimhaft im »Auszugsstück« »Von fremden Menschen und Ländern« angelegt war, in ein werkübergreifendes musikalisches Netzwerk ein. In dessen Zusammenhang entpuppt sich auch die Gestik des »Bittenden Kindes« als quasi beruhigte, ins Naive zurückgenommene Version der »Lettres dansantes« des *Carnaval*. Oft ist auf den offenen Schluß hingewiesen worden, den dieses Stück mit der Nr. 12, »Kind im Einschlummern«, teilt, wo man – in einem drastischen Bild Alfred Brendels – in den verlöschenden subdominantischen Quartsextakkord »hineinblickt wie in einen Mund, den der Schlaf geöffnet hat« (Brendel 1996, 156). Schlaf und Traum wurden schon in der Ma-

lerei Philipp Otto Runges und Caspar David
Friedrichs als für die Kindheit charakteristische
Zustände des Unbewußten dargestellt (Traeger
1987, 40–43). Betrachtet man in diesem Kontext
die »Träumerei«, deren polemisch gegen Hans
Pfitzners epigonale Inspirationsästhetik gerichtete
motivische Analyse durch Alban Berg (Berg 1981,
191–204) seit langem zu einer Ikone der Schu-
mann-Exegese im 20. Jahrhundert avanciert ist,
dann erlebt man sie als beruhigtes Gegenbild der
nächtlichen Szenen aus den *Fantasiestücken* op. 12.
Im Zustand der zweiten Kindheit löst die Konfrontation mit dem Unbewußten nicht mehr
Liebestodvisionen und »Traumeswirren« aus, sondern ist eingebettet in das Ausruhen der Seele von
den »wichtigen Begebenheiten« und von den Kin-
derspielen des Tages, die ihrerseits auf archaische
Ursprünge verweisen: »Die archaische Gemeinschaft spielt so, wie das Kind spielt und wie das
Tier spielt« (Huizinga 1965, 24).

Kreisleriana op. 16

Von seinen 1838/39 erschienenen Klavierkomposi-
tionen liebte Schumann – laut einem Bekenntnis
gegenüber seinem belgischen Verehrer Simonin de
Sire – »das Stück ›Kreisleriana‹ […] am meisten.
Der Titel ist nur von Deutschen zu verstehen.
Kreisler ist eine von E.T.A. Hoffmann geschaffene
Figur, ein excentrischer, wilder, geistreicher
Capellmeister. Es wird Ihnen manches an ihm
gefallen. Die Ueberschriften zu allen meinen
Compositionen kommen mir immer erst, nachdem ich schon mit der Composition fertig bin«
(BNF, 148). Bereits diese Formulierung schließt
die Möglichkeit einer programmatischen Konzeption des Werkes a priori aus dem Geist des literarischen Werkes aus. Offenbar stellte Schumann,
nachdem er die Stücke geschrieben hatte, fest, daß
sie eine gewisse Einheitlichkeit aufwiesen, die sie
von den umgebenden *Novelletten* und *Kinderszenen* absetzte; assoziativ suchte und fand er daraufhin im Schatz seiner literarischen Bildung einen
Titel, der ihm geeignet erschien, dieses Profil zum
Ausdruck zu bringen und die angestrebte Individualität zu garantieren. In der Tat weisen die
Kreisleriana den höchsten Grad an Geschlossen-

heit unter den drei benachbarten Opera aus, doch
beruht sie ebenso wie bei diesen allein auf der individuellen, nur für dieses eine Opus gültigen
Idee; von Anklängen oder Bezugnahmen auf formale musikalische Modelle entfernt sich das op. 16
möglicherweise am weitesten. Bei E.T.A. Hoffmann werden die im Rahmen der *Fantasiestücke in
Callots Manier* 1814 publizierten *Kreisleriana* als
»kleine größtenteils humoristische Aufsätze in
günstigen Augenblicken mit Bleistift schnell hin-
geworfen […]« (Hoffmann 1993, 34) bezeichnet,
die von Freunden im Nachlaß des fiktiven Kapellmeisters Johannes Kreisler aufgefunden worden
seien. Mehrere dieser Aufsätze tragen den Titel
»(Höchst zerstreute) Gedanken« und stellen repräsentative Dokumente für die Frühgeschichte des
Musikfeuilletons dar (Tadday 1993, 88, 278, Nr.
1004–1007). Tatsächlich handelt es sich um Aufsätze, die bereits vorher separat in der Leipziger
Allgemeinen Musikalischen Zeitung erschienen
waren, die also keinen weiteren Zusammenhang
aufweisen als die Gestalt ihres Autors, die vom
»Herausgeber« Hoffmann – in Anlehnung an
Denis Diderots Roman *Jacques le Fataliste*
(1778/96) – mit den Worten eingeführt wird: »Wo
ist er her? – Niemand weiß es! – Wer waren seine
Eltern? – Es ist unbekannt! – Wessen Schüler ist
er? – Eines guten Meisters, denn er spielt vortrefflich, und da er Verstand und Bildung hat, kann
man ihn wohl dulden, ja ihm sogar den Unterricht
in der Musik verstatten« (Hoffmann 1957, 25).
Hoffmanns Kapellmeister Kreisler, in dem Schumann, so darf man annehmen, sein vorwegge-
nommenes Alter ego erblickte, präsentiert kleine
Geschichten, Gespräche und Reflexionen, in denen es um die gleichen Fragen geht, die auch
Schumann und die Davidsbündler bewegten: um
das Poetische in der Musik vor allem und um den
Kontrast zur prosaischen Welt, an dem der Künstler leidet und der bei ihm psychische Verspannun-
gen auslöst, die er wiederum in exzentrischen
Verhaltensweisen abreagiert. Dabei wird die Tiefe
dieses Leidens an der Stellung am Rand oder außerhalb der Gesellschaft ständig durch Ironisie-
rung kontrastiert bzw. dialektisch aufgehoben.
Nicht die einzelnen Themen, die behandelt werden, sondern eben die (in Hoffmanns Roman
Lebens-Ansichten des Katers Murr 1819–1822 weiter
ausgebaute) psychische Befindlichkeit des Pro-

tagonisten als Spiegelbild bzw. Doppelgänger der »eig'nen Gestalt« (Heine) ist es, was Hoffmanns literarische und Schumanns musikalische *Kreisleriana* von innen her zu einer Einheit zusammenbindet. Insofern erhält Schumanns gegenüber Clara angestellter Vergleich zu den *Kinderszenen* entscheidende Bedeutung: »Meine Kreisleriana spiele manchmal! Eine rechte ordentlich wilde Liebe liegt darin in einigen Sätzen, und Dein Leben und meines und mancher Deiner Blicke. Die Kinderscenen sind der Gegensatz, sacht u. zart u. glücklich wie unsere Zukunft […]« (Briefwechsel I, 219). In den Schumann vertrauten Gegensatz-Kategorien von Jean Pauls *Flegeljahren* (die er zu dieser Zeit Clara zur Lektüre empfahl) stellten sich die *Kreisleriana* als »*Vult*-Stücke« gegenüber den *Walt*-geprägten *Kinderszenen* dar. Clara fand in ihrer ersten Reaktion vieles »humoristisch […], dann wieder mystisch«; doch ging das Werk offenbar an die Grenzen ihrer Verständnisfähigkeit: »Erstaunt bin ich vor Deinem Geist, vor all dem Neuen was darin – überhaupt weißt Du, ich erschrecke manchmal vor Dir, und denke, ist es denn wahr, daß das Dein Mann werden soll? […] Nun, ich verstehe doch wenigstens Alles und Deine Musik, das ist schon beglückend für mich« (Briefwechsel I, 213). Mit den beiden zueinander komplementären Opera verfolgte Schumann die Absicht, Clara die gegensätzlichen Seiten seiner Persönlichkeit zu schildern und sie auf musikalisch-biographische Weise zu seiner geistig-künstlerischen Verbündeten zu machen: »›Kreisleriana‹ will ich es nennen, in denen Du und ein Gedanke von Dir die Hauptrolle spielen« (Briefwechsel I, 138). Doch scheiterte auch diesmal die persönliche Widmung an den äußeren Umständen: Clara selbst riet mit Rücksicht auf das angespannte Verhältnis zu ihrem Vater davon ab. So erfolgte die Widmung an Chopin, den außer Liszt einzigen kongenialen Pianisten und Komponisten, über dessen Reaktion indessen nichts bekannt ist (Briefwechsel I, 229; Draheim 1994, Niemöller 1997, 33–37). – Auffälliges Merkmal der *Kreisleriana* – besonders im Vergleich zu den *Kinderszenen*, aber auch zu den anderen Zyklen – ist die Beschränkung auf den Bereich der Paralleltonarten g-Moll und B-Dur; solche tonalen Parallelen fungieren bei Schumann gemeinhin als Doppeltonarten. Aus dem Rahmen fällt lediglich die in d-Moll

stehende Nr. 1, die sich aber im Mittelteil ebenfalls nach B-Dur wendet. Bedeutungsvoll erscheint das gleichsam untergründige Beziehungsgeflecht, das durch das assoziative Auftauchen und Verschwinden bestimmter zunächst unscheinbarer, erst bei intensiver Durchdringung des Werkes zutage tretender intervallischer Strukturen zustande kommt, wobei ein großer Reichtum an rhythmischen und melodischen, aber auch artikulatorischen und kontrapunktischen Varianten entfaltet wird (Münch 1992, 264). Die zentrale, den gesamten Zyklus durchziehende intervallische Konstellation stellt die auf- und absteigende Bewegung von drei Tönen innerhalb des Ambitus einer Terz dar; wahrscheinlich bezieht sie sich – wie schon die Zitate in (möglicherweise) op. 14 und in op. 21/8 – auf Claras Notturno op. 6/2. Die Beschränkung auf deren erste drei Melodietöne aber legt einen weiteren Zitatbezug nahe, der vorher schon in der *Fantasie* op. 17 auftauchte und später auch das Zentralthema des Klavierkonzertes op. 54 prägte, nämlich zur Szene des Florestan »Aus des Lebens Frühlingstagen« aus Beethovens *Fidelio* (Edler 2002b, 159). Zum ersten Mal begegnet die Terzraumkonstellation im Mittelteil der Nr. 1 als Sequenz *d – es – f / c – d – es / b – c – d / a – b – c*). Die Nr. 2 entwickelt sich aus dem Initialmotiv *b – c – d*, das im Intermezzo I zu *d – c – b* umgekehrt und in dieser Umkehrung in Intermezzo II als *es-d-c* in verändertem Kontext auftritt. In Nr. 3 verbindet sie sich mit einer Weiterbildung des Rhythmus von Nr. 1. Oft tritt die Konstellation nicht gleich zu Beginn auf: so beschließt sie in Nr. 4 in der Form *d – c – b* retardierend eine melodische Geste, in Nr. 6 bildet sie in der auf- und abwärtsgeführten Form *c – d – es* und *es – d – c* den Kern der Melodie und wird zusätzlich in der Aufwärtsform durch einen Schleifer unterstrichen. Ihren Höhepunkt erreicht die kombinatorische Arbeit mit dieser Tonkonstellation in der finalen Nr. 8. Sie folgt den Umrissen einer Rondoform, deren im Charakter stark gegeneinander kontrastierende Abschnitte A (T. 1–24) – B (25–48) – A' (49–72) – C (73–112) – A" (113–145) durch einen nirgends unterbrochenen gigueartigen Rhythmus zusammengehalten werden, der schon in der Nr. 6 vorbereitet, jedoch bereits im Eingangsabschnitt durch »falsche« Akzente des Basses (ab T. 5) gestört wird. Die Kontrastwirkung, hinter denen sich die motivische Einheit verbirgt, beruht auf subtilen strukturellen Abwandlungen in verschiedenen kompositorischen Dimensionen. Zum einen weisen die drei Abschnitte völlig unterschiedliche Stimmkonstellationen auf, zum anderen pendelt die Dynamik zwischen Homogenität (in A *pp*, in C *mit aller Kraft*) und Inhomogenität (im B-Teil überlagern sich *p* in der Ober- und *mf* in der Mittelstimme). Eine wichtige Rolle spielt schließlich der Kontrast zwischen triolischem und duolischem Rhythmus im B-Teil, der zur Aufspaltung des Metrums zwischen 6/8 in der rechten und 2/4 in der linken Hand führt. Der musikalische Sinn läßt sich nur durch eine äußerst genaue Abstufung der Artikulation etwa zwischen akzentuiertem Staccato und nicht akzentuiertem Legato vermitteln. Für derartig neuartige kompositorisch-interpretatorische Denkweisen Schumanns entstand bei Komponisten zumal seit der Mitte des 20. Jahrhunderts ein wachsendes Interesse (Edler 2002a, 724; 2002b, 130).

Arabeske op. 18, *Blumenstück* op. 19

In die Pause nach Abschluß der drei großen Klavierkompositionen fiel Schumanns von Clara Wieck angeregter Versuch, die Redaktion der *Neuen Zeitschrift für Musik* von Leipzig nach Wien zu verlegen; unter den Bedingungen der restriktiven Kulturpolitik des Metternich-Regimes, das keinerlei »Jung-Deutschland-mäßig[e]« (Briefwechsel I, 124) Publikationen duldete, hatte er jedoch keine Chance. Während des halbjährigen Aufenthaltes in Wien vom 3. Oktober 1838 bis zum 4. April 1839 entstanden im wesentlichen die letzten der frühen Klavierwerke, wobei die ersten Monate relativ unproduktiv verliefen, obwohl Schumann vom Klavierbauer Conrad Graf »einen schönen Flügel hergestellt« bekam (Tb II, 74; Briefwechsel I, 309). Ende Januar 1839 hatte er dann folgende Kompositionen fertig gestellt: »Variationen, aber über *kein* Thema: Guirlande will ich das Opus nennen; es verschlingt sich Alles auf eigene Weise durcheinander. Außerdem ein Rondelett, ein kleines, und dann will ich die kleinen Sachen, von denen ich so viel habe, hübsch zu-

sammenreihen und sie ›Kleine Blumenstücke‹ nennen, wie man Bilder so nennt. Gefällt Dir der Name?« (Tb II, 87; Briefwechsel II, 367). Die Ausformung der Stücke gestaltete sich dann allerdings anders als geplant: als »kleine Sachen«, wie sie sich Clara für den Vortrag in den aristokratischen und großbürgerlichen Salons von Wien und Paris schon lange gewünscht hatte, wurden opp. 18 und 19 einzeln veröffentlicht, wobei die Bezeichnung *Blumenstück* auf das op. 19 überging, während Schumann das op. 18 mit *Arabeske* überschrieb. Aus dem »Rondelett« hingegen wurde eine der größten und eigenartigsten Klavierkompositionen Schumanns überhaupt: die *Humoreske* op. 20. Die Widmungen der Werke, über deren Verhältnis zueinander er sich in Briefen (BNF, 167, 169) äußerte, ergaben sich erst im letzten Moment. Am 13. März 1839 hieß es noch: »Die ›Arabeske‹ hat die Webenau, das ›Blumenstück‹ die Serre bekommen, die ›Humoreske‹ – Niemand; sonderbar, ich denke mir auch bei meinen Dedicationen etwas, die doch immer mit der Entstehung einen Zusammenhang haben soll, und konnte Niemanden dazu finden – die Welt versteht aber die Feinheit schwerlich« (Briefwechsel II, 441 f.). Als die drei Stücke im August 1839 im Wiener Verlag Mechetti erschienen, erhielt die befreundete Frau von Serre in Maxen bei Dresden die beiden »Damenstücke« (an Stelle der ursprünglich für sie vorgesehenen *Kinderszenen*), während die *Humoreske* in der Schumann befreundeten Komponistin und Pianistin Julie von Webenau geb. Baroni-Cavalcabò dann doch eine Widmungsträgerin erhielt; sie war eine seiner wichtigsten Bezugspersonen in Wien und wurde von ihm in einer Rezension als diejenige Komponistin bezeichnet, die »neben Klara Wieck und Delphine Hill-Handley die reichste musikalische Ader unter denen ihrer Zeitgenossinnen« habe (GS I, 366).

Wie bereits John Daverio betonte, hat das op. 18 wenig mit der Ästhetik der Arabeske zu tun, wie sie unter den romantischen Literaten vor allem Friedrich Schlegel im *Gespräch über die Poesie* und in den *Fragmenten* entwickelt hatte (Daverio 1987, 162, Anm. 48; vgl. Kranefeld 2000, 53–77). Arabesken und Blumengirlanden waren in der Bildenden Kunst, besonders in der Druckgraphik, verwandte Elemente; entsprechend ähneln sich die beiden Opera im Charakter, kaum jedoch in der Form. Im Hintergrund des »Leicht und zart« vorzutragenden op. 18 steht die Rondoform, wobei beide Couplets des fünfteiligen Ablaufes in Moll stehen. Das erste Couplet wird durch einen expressiven Einschub mit dem Quintfallmotiv (als Bezug zu Claras Notturno op. 6/2) in den Refrain zurückgeleitet, der in der Coda (literarisch als »Zum Schluß« bezeichnet) wieder aufgenommen wird. Hier wie auch im zweiten Couplet (T. 153–159) werden Anspielungen auf das Refrainthema (und möglicherweise sogar auf die Dreitonkonstellation aus op. 16) mit einem Doppelschlagmotiv zu einem meditativen Ausklang zusammengeführt. Schumanns Frage, wie Clara der Titel *Blumenstück* gefalle, ist doppelsinnig. Einerseits war der Ausdruck besetzt durch den Titel von Jean Pauls Roman *Blumen-, Frucht- und Dornenstücke [...] des Armenadvokaten F.St. Siebenkäs* (1797, ²1818), jenem humoristischen Ehe-»Dornenstück«, dem die beiden lange vorher verfaßten »Blumenstücke« *Rede des toten Christus vom Weltgebäude herab, daß kein Gott sei* und *Der Traum im Traum* sowie als »Fruchtstück« ein *Brief des Victor* (aus dem Roman *Hesperus*) eingefügt sind. Während es aber Schumann möglicherweise nur um das Wort als solches (ohne die ihm bei Jean Paul innewohnende alptraumhafte Bedeutung) ging, könnte ein inhaltlicher Bezug in Claras Freude an Blumen liegen. Ihre Zimmer waren ebenso mit Blumen geschmückt wie ihre Abendkleider, Blumen schickte sie ihrem Verlobten von ihren Reisen, und sie legte 1854 – kurz nach Schumanns Verbringung nach Endenich – das erste von mehreren »Tagebüchern« mit getrockneten Blumen an (Hofmann/Schmidt 1992). Im op. 19 werden die fünf Teile, bei Schumann einmalig, mit römischen Zahlen numeriert in der Folge I-II-III-II-IV-V-II-IV-II. Daraus geht hervor, daß die Einleitung wie auch die Abschnitte III (in welchem ein chromatisches Viertonmotiv sich stellenweise zum Krebs des B-A-C-H-Motivs fügt) und V nur einmal auftreten; Abschnitt I kehrt jedoch verändert und erweitert im Abschnitt IV, III in V wieder; insofern verbindet sich die erzählerische Schreibweise, wie sie etwa in den *Novelletten* begegnete, mit Elementen der Variation (Daverio 1997, 177).

Humoreske op. 20

Trotz ihres vergleichbaren Umfangs und der Untergliederung in Teilsätze befindet sich die *Humoreske* – im Gegensatz zur *Fantasie* op. 17 – in bezug auf die Sonate am entgegengesetzten Ende des Gattungsspektrums von Schumanns Klavier-Œuvre. Über die Komposition und ihren Titel äußerte er sich mehrfach, so am 11. März 1838 gegenüber Clara Wieck: »Die ganze Woche saß ich am Clavier und componirte und schrieb und lachte und weinte durcheinander; dies findest Du nun Alles schön abgemalt in meinem op. 20, d. großen Humoreske, die auch schon gestochen wird. Sieh, so schnell geht es jetzt bei mir. Erfunden, aufgeschrieben und gedruckt [...]« (Briefwechsel II, 435). Gegenüber Ernst Adolf Becker bezeichnete er die *Humoreske* als »wenig lustig und vielleicht mein Melancholischstes« (BNF, 166), was darauf hindeutet, daß sich Schumann der Bezeichnung bediente, um auf die Fundierung des Werkes in der namentlich durch Jean Paul geprägten Ästhetik des Humors aufmerksam zu machen. »Wenn der Mensch, wie die alte Theologie es tat, aus der überirdischen Welt auf die irdische herunterschauet: so zieht diese klein und eitel dahin; wenn er mit der kleinen, wie der Humor tut, die unendliche ausmisset und verknüpft: so entsteht jenes Lachen, worin noch ein Schmerz und eine Größe ist [...] Darum waren nicht nur große Humoristen [...] sehr ernst, sondern gerade einem melancholischen Volke haben wir die besten zu danken« (Jean Paul 1967, 129).

Nach Bernhard R. Appel (Appel 1981, 303 f.) gliedert sich das op. 20 in vier Teilsätze, die sich in der Übersicht nach Taktzahlen, Tonarten, Taktarten und Tempo-/Vortragsbezeichnungen folgendermaßen darstellen:

I/1–250

1–36 B 4/4 Einfach – Etwas lebhafter	37–80 B 2/4 Sehr rasch und leicht	81–190 g→B 2/4 Noch rascher	238–238 B 2/4 Erstes Tempo	239–250 B 4/4 Wie im Anfang

II/T. 251 – 504

251–274 g 2/4 Hastig (Innere Stimme)	275–288 2/4 (Episode)	289–357 c→B 2/4 Wie außer Tempo	358–446 d→D 2/4 Nach und nach immer lebhafter und stärker	447–482 2/4 g→D (Akkord-Episode)	483–504 2/4 g→F Wie vorher

III/T. 505 – 642

505–513 F→B 2/4 Adagio (Überleitg.)	549–549 g 4/4 Einfach und zart	550–614 B 2/4 Intermezzo	615–642 g 4/4 (Einfach und zart)

IV/T. 643–832

643–692 B 4/4 Innig/Schneller	693–832 B (m. Ausweichungen) 2/4 Sehr lebhaft – Immer lebhafter – Stretta

Dem eigentlichen Abschluß in T 832 wird »humoristischerweise« noch ein weiterer, mit »Zum Beschluß« überschriebener Abschnitt T. 861–963 angefügt, in den der »Mit einigem Pomp« überschriebene Abschnitt T. 833–860 überleitet.

860–860 g→F 4/4 Mit einigem Pomp	951–951 B mit Ausweichungen 2/4 Zum Beschluß	952–963 B 2/4 Allegro

Eng erscheinen die Beziehungen der *Humoreske* zu den *Kreisleriana*. Mit diesen hat sie die Doppeltonart B-Dur/g-Moll, zahlreiche Themen-und Ausdruckscharaktere, vor allem aber die durchgängige Präsenz jenes Terzraummotivs gemeinsam, das – wie schon in der »Stimme aus der Ferne« der achten Novellette – in den ersten drei Tönen erscheint und damit den semantischen Konnex zu den Werken von 1838 einschließlich des *Fidelio*-Zitats (vgl. S. 249) herstellt. Anders als die »Stimme aus der Ferne«, doch analog zu den *Sphinxes* im *Carnaval*, ist die »Innere Stimme« nicht mitzuspielen. Sie nimmt, ähnlich wie in den untereinander motivisch verbundenen und durch interne Verweise geprägten Romanen Jean Pauls, eine quasi ideelle Daseinsform an und setzt die Vertrautheit des Hörers/Spielers, der auch ein Leser des Notentextes sein muß, mit Schumanns klavieristischem Œuvre voraus. Das Terzraummotiv erscheint zum ersten Mal im Thema der Einleitungspartie, das sich in vielfältiger, oft versteckter Weise und in vielfacher Umgestaltung durch das Werk hindurchzieht und deshalb von Appel als »Motto« bezeichnet wird: es bildet das Ende des Viertakters, der mit einer Quintfallsequenz das Werk auf eine Weise eröffnet, die durch den Einsatz auf einem alterierten subdominantischen Klang entfernt an »Der Dichter spricht« aus den *Kinderszenen* erinnert. Im eigentlichen Eröffnungssatz erscheint es als $f''' – es'' -d''$ in den T. 38/39 und wird in T. 42/43 zu $g'' – f'' – es''$ und in 46/47 zu $c''' – b'' – a''$ sequenziert. Im zweiten Teilsatz tritt es zunächst in den Sequenzen der T. 281–287 (die in beruhigter Form das Thema von »Zum Beschluß« bilden), um dann in umgekehrter Richtung in den Episoden »Wie außer Tempo« und »Nach und nach immer lebhafter und schneller« zur motivischen Substanz zu werden. In dieser

Weise zieht es sich, ähnlich wie in op. 16, wie ein roter Faden durch das Werk und verbindet es auch mit dem vorausgehenden op. 18, wo es in den T. 89–95 sowie in sequenzierter Form im zweiten Teil des 2. Minore der *Arabeske* (T. 153–158) eine herausgehobene Rolle spielt. – Weitere externe Bezüge stellen die Quintsequenz des Eingangs, die in den T. 41/42 des *Blumenstücks* vorweggenommen ist, sowie das chromatische Motiv dar, das in op. 20 zuerst in den T. 683–690 auftritt, in ähnlicher Weise aber den Abschnitt III des *Blumenstücks* (T. 43–60) bestreitet. Es liegt nahe, hierin Anspielungen auf das B-A-C-H-Motiv zu sehen (Appel 1981, 269 f.), das bereits in der 2. Novellette eine vergleichbare Rolle spielte (vgl. oben S. 244). »Zum Beschluß« wird überdies in T. 913–918 auf den Beginn der »Arabeske« Bezug genommen. Auch eine neue, zur gleichen Zeit entstandene Komposition von Clara Wieck ist einbezogen: im »innig« vorzutragenden vierten Teilsatz in den T. 667 ff. paraphrasierte Schumann den Allegro appassionato-Mittelteil (speziell das in T. 53 auftretende Motiv) aus ihrer *Romanze* g-Moll op. 11/2 (Klassen 1990, 99). In dieser hohen Schule der Bezüglichkeiten manifestiert sich »das Tiefcombinatorische, Poetische und Humoristische der neueren Musik, [das seinen] Ursprung aber zumeist in Bach« habe (BNF, 177). Schumann baute sein klavieristisches Œuvre zu einem referentiellen Netzwerk nach dem literarisch-ästhetischen Modell Jean Pauls (den er an anderer Stelle mit Bach in einem Atemzug nannte) aus: das Einzelwerk nimmt sich zugleich als individuelles Gebilde und als Glied eines größeren Ganzen aus, das sich als die über den Werken und Gattungen stehende »humoristische Totalität« bestimmen läßt: »alles muß romantisch, d. h. humoristisch werden« (Jean Paul 1967, 127). Als totalen »Humoristen« in der Musik sah Schumann, wie viele Zeitgenossen, Beethoven an; Bezüge zu seinem Werk in eigenen Kompositionen sind daher potenzierter Ausdruck humoristischer Intentionalität (Appel 1981, 97–110; Bischoff 1994, 279 f.). Am ehesten die sich läßt Gesamtform als eine Weiterentwicklung des in den *Kreisleriana* durchgeführten Prinzips verstehen, einzelne im Charakter scharf profilierte Stücke aneinanderzureihen und sie mittels einer übergreifenden tonal-motivischen Konzeption sowie durch verdeckte Bezüge zu einer Einheit zusammenzufügen.

Nachtstücke op. 23

Über die beiden letzten in Wien begonnenen Klavierwerke, die opp. 23 und 26 (zu letzterem vgl. oben S. 240 f.), informiert Schumanns Tagebucheintrag am 31. März 1839: »Seit Montag an einer ›Leichenphantasie‹ geschrieben wie merkwürdig meine Ahnungen; auch der Abschied von Eduard [Schumann], und wie er noch so gut war, wird mir klar« (Tb II, 89). Ein Brief aus Zwickau vom Vortag war ihm als »der Vorbote« des Todes seines Bruders Eduard erschienen, der am 6. April 1839 tatsächlich eintrat. Am 7. April, als Schumann diese Nachricht noch nicht bekommen hatte, schrieb er an Clara: »[…] ich sah bei der Composition immer Leichenzüge, Särge, unglückliche verzweifelte Menschen, und als ich fertig war und lang nach einem Titel suchte, kam ich immer auf den: *Leichenphantasie* – Ist das nicht merkwürdig?« (Briefwechsel II, 473). Die im Vorfeld der Publikation erwogenen Überschriften »Trauerzug«, »Curiose Gesellschaft«, »Nächtliches Gelage« und »Rundgesang mit Solostimmen« zu überschreiben (Briefwechsel III, 877), geben einen wichtigen Hinweis darauf, daß der Titel *Nachtstücke* durchaus im Zusammenhang mit der Atmosphäre von E.T.A. Hoffmanns gleichnamigen Erzählungen (1816/17) zu verstehen ist, wo sich häufig »curiose Gesellschaften« versammeln und »nächtliche Gelage« ein passendes Szenario für Einbrüche des Dämonisch-Skurrilen in die Alltagswelt abgeben. Die Pointe des ersten Stückes liegt wohl in der dynamischen Dramaturgie von Annäherung und zwischenzeitlicher Entfernung des ostinaten »mehr langsam, oft zurückhaltend« vorzutragenden tonal vagierenden Marsches in C-Dur. Sein Rhythmus wird in drei Couplets unterschiedlichen Umfangs jeweils durch eine andere ostinate Gestalt ersetzt (wobei er aber untergründig dem Hörer bewußt bleibt): der aus den *Kreisleriana* und der *Humoreske* bekannte Terzraumabstieg bestreitet im ersten Couplet (T. 9–16) die Oberstimmenbewegung in gleichmäßigen Vierteln, im zweiten (T. 25–38) die Achtelbewegung im Tenor, die ab T. 33 in der Oberstimme verdoppelt wird. Im kanonisch angelegten 3. Couplet (T. 49–73) wird der Terzraumabstieg zur Sext ausgeweitet und in ein *p* bis *pp* zurückgenommen. Erst der vierte Refrain bringt in einer codaartigen Prolongation die Annäherung und Vergegenwärtigung des Marsches im *ff*, die ihn in der düsteren Pracht einer Totenzeremonie in Szene setzt. Darauf verschwindet er schnell und gerät in den letzten Takten ins Stocken und an die Grenze des Hörbaren. Im Nachhinein vermittelt das Stück den Eindruck einer durchaus unkonventionellen, den um 1840 bereits abgegriffenen Trauermarsch-Topos erneuernden Gestaltung der Begegnung mit dem Tod. Die Nr. 2 evoziert in ihren kontrastierenden Elementen die aus den vorausgegangenen Opera bekannte Verbindung von scherzohaft-kapriziösen mit kontrapunktischen Momenten. Die Nr. 3 versetzt zurück in die Welt überschäumender Festivitäten aus Schumanns Tanzzyklen, deren glanzvolles Des-Dur im Teil C (T. 165–204) durch ein groteskes fis-Moll-Capriccio vorübergehend unterbrochen wird. In der Nr. 4 wird eine zwischen Volks- und Choralton angesiedelte Melodie zu einer durch Arpeggien angedeuteten Laute oder Gitarre gesungen, wobei eine durch Pausen nach jedem Ton unterbrochene quasi kollektive einer durch Legato-Kantabilität ausgezeichneten (ab T. 22) individuell-lyrischen Vortragsweise gegenübersteht; zum Schluß (T. 37) werden beide durch Vereinigung ihrer melodischen Elemente miteinander verschmolzen.

Drei Romanzen op. 28, *Vier Klavierstücke* op. 32

Das 1838/39 als Parergon der Wiener Kompositionstätigkeit entstandene Opus 32 wurde 1841 unter dem Titel *Scherzo, Gigue, Romanze und Fughette* und in der Zweitausgabe 1850 unter dem Titel *Vier Klavierstücke* herausgebracht und der vom eben getrauten Ehepaar Schumann geschätzten jungen Flensburger Pianistin Amalie Rieffel gewidmet. Als erster Publikation innerhalb von Schumanns klavieristischem Œuvre liegt ihr keine einheitliche poetische Idee zugrunde: Stücke unterschiedlichen Charakters sind – ähnlich den späteren Opp. 99 und 124 – albumartig zusammengestellt. Allerdings sind die vier Stücke durch die tonale Ansiedlung im Bereich g-Moll/B-Dur bzw. d-Moll sowohl untereinander als auch mit den zeitlich benachbarten Opera 20 und 26 eng verbunden. Erstmals erfand Schumann keine individuellen

Titel, vielmehr stellen die Bezeichnungen Bezüge zu tradierten Gattungstypen her: das Scherzo zu Beethoven, die Nrs. 2 und 4 zu Bach, mit dem Schumann sich auch in dieser Zeit kontinuierlich intensiv beschäftigte; beide ähneln einander in ihrer punktierten Bewegung im 3/8- bzw. 6/8-Metrum und verweisen darüber hinaus auf die *Kreisleriana*, insbesondere auf deren Schlußnummer (s.o. S. 249 f.). Die »sehr rasch und mit Bravour« vorzutragende »Romanze« ist gemeinsam mit den *Drei Romanzen* op. 28 als Reaktion auf die *Trois Romances* op. 11 zu verstehen, die Clara Wieck während ihres Paris-Aufenthaltes im Frühjahr 1839 komponiert hatte und die sie – wie schon 1833 ihre *Romance variée* op. 3 – ihrem Verlobten widmete (s.o. S. 217 f.). Im Vorfeld der Veröffentlichung des op. 11 kam es zwischen den Verlobten zu einem brieflichen Disput, in dem Clara Wieck an der pragmatischen, weil für die Franzosen verständlichen Bezeichnung »Romance« festhielt. Schumann, der besonders Claras g-Moll-Stück Nr. 2 sehr liebte (s.o. S. 245) und dem nichts wichtiger war als die ästhetische Übereinstimmung mit seiner Freundin, versuchte nun seinerseits, die Bezeichnung, die er bis zu dieser Zeit wohl wegen deren Affinität zur Salonmusik gemieden hatte, mit neuem musikalischen Sinn zu erfüllen und dem naheliegenden Sentimentalitätsverdacht vorzubeugen (Klassen 1990, 98–104; Best 1988, 84 ff.). Das op. 28, mit dem Schumann seine frühe Klavierperiode eigentlich beendete und das er zusammen mit den *Kreisleriana*, den *Fantasiestücken* und den *Novelletten* seinen besten Klavierwerken zurechnete (BNF, 227), formiert einen dreigliedrigen Zyklus, in dem das erste und das letzte Stück »sehr markiert«, das mittlere »einfach« vorzutragen ist. Dieser Symmetrie folgt die tonale und formale Anlage indessen nicht: dem b-Moll des dreiteiligen Eingangsstücks steht das Fis-Dur der Nr. 2 und ein Wechsel zwischen dem als Rahmen dienenden H-Dur im dritten Stück mit cis-Moll/f-Moll und e-Moll in zwei eingeschobenen, das Tempo modifizierenden Intermezzi gegenüber. Der »einfache« Vortrag der zweiten Romanze betrifft eine ungewöhnliche Klangstruktur, in der ein in Terzen geführtes Mittelstimmenduett in der Oberstimme nachgeschlagen und durch akkordische Girlanden umspielt wird. Schumann bediente sich zu ihrer Notierung der Akkolade mit drei Systemen, die vorher bei ihm nur zur Darstellung der »Inneren Stimme« in op. 20 vorgekommen war. Denkbar ist, daß Schumann seinem belgischen Verehrer S. de Sire, der für das op. 28 ursprünglich als Widmungsträger vorgesehen war, nebenbei eine kleine Lektion in Sachen kompositorischer Ökonomie

erteilen wollte (BNF, 149). In der im Oktober 1840 bei Breitkopf & Härtel herausgekommenen Erstausgabe wurde das op. 28 dem befreundeten Grafen Heinrich von Reuß-Köstritz zugeeignet, während de Sire das op. 26 erhielt.

Literatur

Appel, Bernhard R.: Robert Schumanns Humoreske für Klavier op. 20. Zum musikalischen Humor in der ersten Hälfte des 19. Jahrhunderts unter besonderer Berücksichtigung des Formproblems. Diss. phil. masch. Saarbrücken 1981.

–: Ein produktives Mißverständnis: Robert Schumanns »Kinderszenen« op. 15 in der Kritik Ludwig Rellstabs. Die Musikforschung 40 (1987), S. 109–115.

Benjamin, Walter: Der Begriff der Kunstkritik in der deutschen Romantik, hg. von Hermann Schweppenhäuser. Frankfurt a. M. 1978. (Suhrkamp Taschenbuch Wissenschaft, 4).

Berg, Alban: Die musikalische Impotenz der »neuen Ästhetik« Hans Pfitzners. Musikblätter des Anbruch 2 (1920), S. 399–408; wiederabgedruckt in: Alban Berg: Glaube, Hoffnung und Liebe. Schriften zur Musik, hg. von Frank Schneider. Leipzig 1981. (Reclams Universalbibliothek, 899), S. 191–204.

Best, Walther: Die Romanzen Robert Schumanns. Frankfurt a. M. 1988. (Europäische Hochschulschriften, R. 36, 35).

Bischoff, Bodo: Monument für Beethoven. Die Entwicklung der Beethoven-Rezeption Robert Schumanns. Köln-Rheinkassel 1994.

Bodsch, Ingrid: Monument für Beethoven. Die Künstlerstandbilder des bürgerlichen Zeitalters als Sinnstifter nationaler Identität? In: Monument für Beethoven. Zur Geschichte des Beethoven-Denkmals 1845 und der frühen Beethoven-Rezeption in Bonn. Katalog zur Ausstellung des Stadtmuseums Bonn und des Beethoven-Hauses, hg. von Ingrid Bodsch. Bonn 1995. (Veröffentlichungen des Beethoven-Hauses, Ausstellungskataloge, 2), S. 157–178.

Boetticher, Wolfgang: Robert Schumanns Klavierwerke. Neue biographische und textkritische Untersuchungen. Teil I: op. 1–6. Wilhelmshaven 1976 (Quellenkataloge zur Musikgeschichte, 9).

–: Robert Schumanns Klavierwerke. Neue biographische und textkritische Untersuchungen. Teil II: Opus 7–13, mit 132 Notenbeispielen und 32 Bildtafeln. Wilhelmshaven 1984. (Quellenkataloge zur Musikgeschichte, 10, A).

Brendel, Alfred: Der Interpret muß erwachsen sein. Zu Schumanns ›Kinderszenen‹. Musica 35 (1981), S. 429–433; wiederabgedruckt in: ders.: Musik beim

Wort genommen. Über Musik, Musiker und das Metier des Pianisten. München ²1996. (Serie Piper, 8334), S. 154–166.

Brendel, Franz: Robert Schumann mit Rücksicht auf Mendelssohn-Bartholdy und die Entwicklung der modernen Tonkunst überhaupt. In: NZfM 22 (1845), S. 63–67, 81–83, 89–92, 113–115, 121–123, 145–147, 149–150.

Cooper, Kenneth: Art. ›Intermezzo‹ (lyrisches Intermezzo des 19. Jahrhunderts). In: MGG1. Bd. 16. Kassel 1979, Sp. 833–843.

Csipák, Károly/Kapp, Reinhard: Träumerei. Musica 35 (1981), S. 438–443.

Dahlhaus, Carl: Ästhetische Prämissen der ›Sonatenform‹ bei Adolf Bernhard Marx. Archiv für Musikwissenschaft 41 (1984), S. 73–85.

Daverio, John: Schumann's »Im Legendenton« and Friedrich Schlegel's Arabeske. 19th century music 11(1987), S. 150–163.

–: Robert Schumann. The herald of a »new poetic age«. New York 1997.

Draheim, Joachim: Robert Schumann in Heidelberg. In: Musik in Heidelberg 1777–1885. Eine Ausstellung des Kurpfälzischen Museums der Stadt Heidelberg in Zusammenarbeit mit dem Musikwissenschaftlichen Seminar der Universität, Ausstellungskatalog, hg. vom Kurpfälzischen Museum der Stadt Heidelberg. Heidelberg [ca. 1985], S. 144–180.

–: Bemerkungen zu den frühen Variationswerken Robert Schumanns. In: Internationale Robert-Schumann-Tage Zwickau. Red. Hans Joachim Köhler. Zwickau 1988. (Schumann-Studien, 1), S. 75–89.

–: Schumann und Chopin. In: Schumann-Studien 3/4. Im Auftrag der Robert-Schumann-Gesellschaft Zwickau hg. von Gerd Nauhaus. Köln 1994, S. 221–239.

–: Schumanns Kinderszenen op. 15 – Offene Fragen, neue Antworten, unbekannte Materialien. In: Schumann-Studien 5. Im Auftrag der Robert-Schumann-Gesellschaft Zwickau hg. von Gerd Nauhaus. Sinzig 1996, S. 55–64.

Edler, Arnfried: Gattungen der Musik für Tasteninstrumente, Laaber. Teil I. 1997; Teil II 2003; Teil III 2004. (Handbuch der musikalischen Gattungen, 7).

–: Virtuose und poetische Klaviermusik. In: Europäische Musikgeschichte. Bd. 2, hg. von Sabine Ehrmann-Herfort. Kassel, Stuttgart 2002, S. 705–762.

–: Aphoristik und Novellistik – Versuch über das Private in Schumanns Klaviermusik. In: ders.: Musik zwischen Mythologie und Sozialgeschichte. Ausgewählte Aufsätze aus den Jahren 1972 bis 2000, hg. von Wolfgang Horn und Günter Katzenberger. Augsburg 2003. (Publikationen der Hochschule für Musik und Theater Hannover, 13), S. 214–218.

–: Robert Schumann und seine Zeit. Laaber 1982. (Große Komponisten und ihre Zeit); 3., umgearb. und stark erw. Neuaufl. Laaber [in Vorb.].

Ehrhardt, Damien: Zur Genese der Symphonischen Etüden von Robert Schumann. In: Schumann-Studien 5. Im Auftrag der Robert-Schumann-Gesellschaft Zwickau hg. von Gerd Nauhaus. Sinzig 1996, S. 41–54.

Ewers, Hans-Heino: Kindheit als poetische Daseinsform. Studien zur Entstehung der romantischen Kindheitsutopie im 18. Jahrhundert. München 1989.

Fétis, François-Joseph: Biographie universelle des musiciens et bibliographie générale de la musique. Bd III. ²Paris 1866.

Flotzinger, Rudolf: Art. »Walzer«. In: MGG2, Sachteil. Bd. 9. Kassel, Stuttgart 1998, Sp. 1876–1879.

Hallensleben, Horst: Das Bonner Beethoven-Denkmal als frühes »bürgerliches Standbild«. In: Monument für Beethoven. Zur Geschichte des Beethoven-Denkmals 1845 und der frühen Beethoven-Rezeption in Bonn. Katalog zur Ausstellung des Stadtmuseums Bonn und des Beethoven-Hauses, hg. von Ingrid Bodsch. Bonn 1995. (Veröffentlichungen des Beethoven-Hauses, Ausstellungskataloge, 2), S. 29–38.

Heine, Heinrich: Reisebilder Bd. 1: Die Nordsee. 3. Abteilung (1826). In: ders.: Sämtliche Werke, hg. von Gustav Karpeles. Bd. 5. Leipzig [1909].

Hoffmann, E.T.A.: Phantasiestücke in Callots Manier. Blätter aus dem Tagebuch eines reisenden Enthusiasten (1814/15). In: ders.: Poetische Werke, hg. von Klaus Kanzog. Bd. 1. Berlin 1957.

–: Sämtliche Werke, hg. von Hartmut Steinecke u. a. Bd. 2/1, Frankfurt a. M. 1993.

Hohenemser, Richard: Formale Eigentümlichkeiten in Robert Schumanns Klaviermusik. In: Festschrift zum 50. Geburtstag, Adolf Sandberger überreicht von seinen Schülern. München 1918, S. 21–50.

Hotaki, Leander: Robert Schumanns Mottosammlung. Übertragung – Kommentar – Einführung. Freiburg/Br. 1998. (Rombach Wissenschaften, Reihe Litterae, 59).

Huizinga, Johan: Homo ludens. Vom Ursprung der Kultur im Spiel. Reinbek 1965. (Rowohlts deutsche Enzyklopädie, 21).

Jean Paul (Friedrich Richter): Vorschule der Ästhetik. In: ders.: Werke, hg. von Norbert Miller. Bd. 5. Darmstadt 1967.

Kämper, Dietrich: Die Klaviersonate nach Beethoven. Von Schubert bis Skrjabin. Darmstadt 1987. (Grundzüge, 69).

Klassen, Janina: Clara Wieck-Schumann. Die Virtuosin als Komponistin. Studien zu ihrem Werk. Kassel 1990. (Kieler Schriften zur Musikwissenschaft, 37).

Kleinertz, Rainer: Schumanns Rezension von Berlioz' Symphonie phantastique anhand der Klavierpartitur von Liszt. In: Robert Schumann und die französische Romantik. Bericht über das 5. Internationale Schumann-Symposium der Robert-Schumann-Gesellschaft am 9. und 10. Juli 1994 in Düsseldorf, hg. von Ute Bär. Mainz 1997. (Schumann-Forschungen, 6), S. 150 f.

Kranefeld, Ulrike: Der nachschaffende Hörer. Rezeptionsästhetische Studien zur Musik Robert Schumanns. Stuttgart, Weimar 2000. (M&P Schriftenreihe für Wissenschaft und Forschung: Musik).

Krebs, Harald: Fantasy pieces. Metrical dissonance in the music of Robert Schumann. New York 1999.

Liszt, Franz [›Litz‹]: Compositions pour piano de M. Robert Schumann. Revue et Gazette musicale de Paris 4 (1837), S. 488–490.

Luebbe, Michael J.: Robert Schumann's »Exercice pour le Pianoforte«. In: Schumanniana nova. Festschrift Gerd Nauhaus zum 60. Geburtstag, hg. von Bernhard R. Appel. Sinzig 2002, S. 423–448.

MacDonald, Claudia: Schumann's earliest compositions and performances. Journal of musicological research 7 (1987), S. 259–283.

Mähl, Hans-Joachim: Die Idee des goldenen Zeitalters im Werk des Novalis. Studien zur Wesensbestimmung der frühromantischen Utopie und zu ihren ideengeschichtlichen Voraussetzungen. Heidelberg 1965. (Probleme der Dichtung, 7).

Marston, Nicholas: Schumann's monument to Beethoven. 19th century music 14 (1991), S. 247–261.

–: Schumann: Fantasie, Op. 17. Cambridge 1992. (Cambridge music handbooks).

–: »Im Legendenton«: Schumann's unsung voice. 19th century music 16 (1993), S. 227–241.

Marx, Adolf Bernhard: Ludwig van Beethoven. Leben und Schaffen, in zwei Theilen. Bd. I, II. Leipzig 1859.

Mayeda, Akio: Schumann in Heidelberg. Eine Skizze über den Komponisten. In: Musik in Heidelberg 1777–1885. Eine Ausstellung des Kurpfälzischen Museums der Stadt Heidelberg in Zusammenarbeit mit dem Musikwissenschaftlichen Seminar der Universität, Ausstellungskatalog, hg. vom Kurpfälzischen Museum der Stadt Heidelberg. Heidelberg [ca. 1985], S. 181–188.

–: Robert Schumanns Weg zur Symphonie. Zürich, Mainz 1992.

Moscheles, Ignaz: Pianoforte=Sonate. Clara zugeeignet von Florestan und Eusebius. NZfM 5 (1836), S. 135–137.

Münch, Stephan: Robert Schumanns »Kreisleriana« op. 16 und die Musikanschauung E.T.A. Hoffmanns. Die Musikforschung 45 (1992), S. 255–275.

Münster, Robert: Die Beethoven-Etüden Robert Schumanns. Die Musikforschung 31 (1978), S. 53–56.

Nauhaus, Gerd: Schumanns Klaviersonate f-Moll op. 14 und ihre Überlieferung. In: Internationale Robert-Schumann-Tage Zwickau. Red. Gerd Nauhaus. Zwickau 1989. (Schumann-Studien, 2), S. 53–58.

–: »Schwere Abschiede« – Neuentdeckte autobiographische Dokumente Schumanns aus den Jahren 1836 und 1838. In: Schumann-Studien 5. Im Auftrag der Robert-Schumann-Gesellschaft Zwickau hg. von Gerd Nauhaus. Sinzig 1996, S. 7–24.

Niemöller, Klaus Wolfgang: Simonin de Sire in Dinant und Robert Schumann. Eine Freundschaft in Briefen und Widmungen. Revue Belge de Musicologie 47 (1993), S. 161–175.

–: Chopin im Davidsbund Robert Schumanns. Aspekte einer komplexen Beziehung. In: Chopin im Umkreis seiner Freunde, hg. von Irena Poniatowska . Bd. III. Warschau 1997, S. 15–53.

Novalis: Heinrich von Ofterdingen. In: ders.: Werke, Tagebücher und Briefe, hg. von Hans-Joachim Mähl und Richard Samuel. Bd. I. München 1978, S. 367.

Ramann, Lina: Lisztiana. Erinnerungen an Franz Liszt, hg. von Arthur Seidl. Textrev. von Friedrich Schnapp. Mainz 1983.

Reich, Nancy B.: Clara Schumann. Romantik als Schicksal. Eine Biographie. Reinbek 1991.

Rellstab, Ludwig: Besprechung der »Abegg-Variationen«. Iris im Gebiete der Tonkunst 3 (1832), S. 31 f..

–: Besprechung der ›Kinderszenen‹. Iris im Gebiete der Tonkunst 10 (1839), S. 126 f.

Réti, Rudolph: The thematic process in music. London 1961.

Ritzel, Fred: Die Entwicklung der »Sonatenform« im musiktheoretischen Schrifttum des 18. und 19. Jahrhunderts. Wiesbaden ²1974. (Neue musikgeschichtliche Forschungen, 1).

Roesner, Linda Correll: The autograph of Schumann's Piano Sonata in f-Minor. The musical quarterly 61 (1975), S. 98–130.

–: Schumann's »parallel forms«. 19th century music 14 (1991), S. 265–278.

Rosen, Charles: Der klassische Stil. Haydn, Mozart, Beethoven. Kassel 1983.

Schleuning, Peter: »Ein einziger Liebesschrei« – »An die ferne Geliebte«. Der erste Satz von Schumanns Klavierfantasie op. 17. In: Musik, Deutung, Bedeutung. Festschrift für Harry Goldschmidt zum 75. Geburtstag, hg. von Hanns-Werner Heister und Hartmut Lück. Dortmund 1986. S. 80–85.

Schneider, Frank: »Im Legendenton«. Fragwürdiges zu einem musikalischen Topos. In: Das musikalische Kunstwerk. Geschichte – Ästhetik – Theorie. Festschrift Carl Dahlhaus zum 60. Geburtstag, hg. von Hermann Danuser. Laaber 1988, S. 555–563.

Schröter, Axel: »Der Name Beethoven ist heilig in der Kunst«. Studien zu Liszts Beethoven-Rezeption. Teil I. Sinzig 1999. (Musik und Musikanschauung im 19. Jahrhundert, 6).

Schumann, Clara: Das Berliner Blumentagebuch der Clara Schumann 1857–1859, eingel. von Renate Hofmann. Wiesbaden 1991.

Schumann, Eugenie: Robert Schumann. Ein Lebensbild meines Vaters. Leipzig 1931.

Schumann, Robert: Fantasie C-Dur opus 17 für Klavier. Nach den Quellen hg. von Hans Joachim Köhler. Urtext. Frankfurt a. M. 1978.

–: Novelettes op. 21 pour piano, ed. de travail, avant-propos d'Alfred Cortot. Paris, New York 1947.

Simonett, Hans Peter: Taktgruppengliederung und Form in Schumanns »Carnaval«. Diss. phil. masch. Berlin 1977.

Sponheuer, Bernd: Musik als Kunst und Nicht-Kunst. Untersuchungen zur Dichotomie von ›hoher‹ und ›niederer‹ Musik im musikästhetischen Denken zwischen Kant und Hanslick, hg. von Friedhelm Krummacher und Wolfram Steinbeck. Kassel 1987. (Kieler Schriften zur Musikwissenschaft, 30).

Starobinski, Georges: Les ›Kinderszenen‹ op. 15 de Schumann. Composantes littéraires et biographiques d'une génèse. Révue de musicologie 88 (2002), S. 361–388.

Tadday, Ulrich: Die Anfänge des Musikfeuilletons. Der kommunikative Gebrauchswert musikalischer Bildung in Deutschland um 1800. Stuttgart, Weimar 1993.

–: Das schöne Unendliche. Ästhetik, Kritik, Geschichte der romantischen Musikauffassung. Stuttgart, Weimar 1999.

Traeger, Jörg: Philipp Otto Runge: Die Hülsenbeckschen Kinder. Von der Reflexion des Naiven im Kunstwerk der Romantik. Frankfurt a. M. 1987. (Fischer Taschenbücher: Kunststück, 3942).

–: Der Weg nach Walhalla. Denkmallandschaft und Bildungsreise im 19. Jahrhundert. 2., erw. Aufl. Regensburg 1991.

Traub, Andreas: Die »Kinderszenen« als zyklisches Werk. Musica 35 (1981), S. 424–428.

Walker, Alan: Franz Liszt. Vol. I: The virtuoso years 1811–1847. Ithaca, N.Y. 1987.

Warnke, Martin: Politische Landschaft. Zur Kunstgeschichte der Natur. München 1992.

Widmaier, Tobias Art. »Walzer«. In: Handwörterbuch der musikalischen Terminologie, hg. von Hans Heinrich Eggebrecht. Loseblattausg. Stuttgart 2002.

Werke für Klavier zu zwei Händen nach 1840

von Joachim Draheim

Vorbemerkung

Das Jahr 1840 ist der »entschiedene Wendepunkt« im Leben und Schaffen Robert Schumanns, wie sogar sein ziemlich verständnisloser, für zahllose Vorurteile und Fehleinschätzungen verantwortlicher erster Biograph W.J. v. Wasielewski richtig erkannte (Wasielewski ⁴1906, 275). Nach langen und zermürbenden Kämpfen und Prozessen mit seinem ehemaligen Lehrer Friedrich Wieck, bei denen die im Handstreich erworbene Ehrendoktorwürde der Universität Jena ebenso half wie die Unterstützung prominenter Musiker, durfte er am 12. September 1840 die neun Jahre jüngere, bereits in ganz Europa gefeierte Pianistin und Komponistin Clara Wieck heiraten, seine Muse, Interpretin und Gefährtin, ohne die der erfolgreiche, aber labile Musikschriftsteller und bisher noch wenig bekannte Komponist sein Leben in den ihm noch verbleibenden 16 Jahren kaum gemeistert hätte. Hatte Schumann sich bis zum Frühjahr 1840 nach anfänglichen, z.T. fragmentarischen Versuchen in verschiedenen Gattungen in den Jahren 1827–1833 (Lieder, 8 vierhändige Polonaisen, Klavierquartett c-Moll, Klavierkonzert F-Dur, Sinfonie g-Moll) ganz auf das Klavier konzentriert, zumal er bis etwa 1832 noch glaubte, Klaviervirtuose werden zu können, so vollzog sich im Frühjahr 1840, als sich ein erfolgreiches Ende des Kampfes um Clara abzeichnete, ein tiefgreifender Wandel in seinem musikalischen Denken und Schaffen.

Seinem Freund Keferstein, der ihm die Ehrendoktorwürde in Jena verschaffen sollte und ihm Vorwürfe gemacht hatte, er vernachlässige seine Arbeit als Musikredakteur, schrieb Schumann am 19. Februar 1840: »Sie wissen vielleicht nicht, was ich alles in den letzten Jahren zu Tag gefördert als Componist, und wie ich trotzdem meine Pflicht als Redacteur treulich erfüllt […]. Glauben Sie wohl, daß ich in den beiden vergangenen Jahren 400 Seiten Musik geschrieben, die auch meistens gedruckt ist? Und dann denke ich doch auch, meine Musik hat nichts vom Handwerk an sich und kostet dem Herzen mehr, als man ahnen mag, und dann will es doch auch Ruhe nach so großer Anstrengung. // Die Redaction der Zeitung kann nur Nebensache sein, mit so großer Liebe ich sie auch hege. Ist doch jeder Mensch auf das Heiligste verpflichtet, die höheren Gaben, die in ihn gelegt sind, zu bilden … Eben komme ich noch ganz warm vom Componiren. Ich schreibe jetzt nur Gesangsachen, großes und kleines, auch Männerquartette [op. 33], die ich meinem verehrten Freund, der eben diese Zeilen liest, zueignen möchte, wenn er mir freundlich verspricht, mich nicht mehr vom Componiren abzuhalten. Darf ich? Kaum kann ich Ihnen sagen, welcher Genuß es ist, für die Stimme zu schreiben im Verhältniß zur Instrumentalcomposition, und wie das in mir wogt und tobt, wenn ich in der Arbeit sitze. Da sind mir ganz neue Dinge aufgegangen und ich denke wohl auch an eine Oper, was freilich nur möglich, wenn ich ganz einmal von der Redaction los bin« (BNF, 183f.). Schon am 14. April 1839 hatte Schumann an seinen ehemaligen Lehrer Heinrich Dorn geschrieben: »Das Clavier möchte ich oft zerdrücken und es wird mir zu eng zu meinen Gedanken« (BNF, 153).

Um 1840 begann Schumann auch, nicht mehr am Klavier zu improvisieren und zu arbeiten und

Skizzenblätter und -bücher mit zahllosen kleinen Einfällen zu füllen, die später ausgearbeitet wurden, sondern am Schreibtisch kürzere Stücke gleich ins Reine zu schreiben, wie bei den meisten (nicht allen!) Liedern zu beobachten ist, oder größere Werke planvoll zu skizzieren, was z. B. für die *Frühlingssinfonie* durch Quellen belegt ist. Auch hat Schumann zwischen Dezember 1839 (*Drei Romanzen* op. 28) und Februar 1845 (*Vier Fugen* op. 72) mit erstaunlicher Konsequenz so gut wie keine Werke für Klavier geschrieben und sich stattdessen nach dem spektakulären »Liederjahr« 1840 in der ihm eigenen systematischen, fast schon pedantischen Art nach und nach alle anderen musikalischen Gattungen und Formen erschlossen. Eine Ausnahme bilden typische »Gelegenheitswerke« wie das »Schlummerlied aus den Albumblättern« op. 124/16, erschienen 1853, das als »Wiegenlied/ für Marie/ und/ Klara/ zu Weihnachten 1841« geschrieben wurde: die Tochter Marie, das erste Kind des Ehepaars, war am 1. September 1841 geboren worden. Ähnliches darf, obwohl durch die Quellen nicht bezeugt, von dem »Wiegenliedchen« op. 124/6 vermutet werden, das laut Erstdruck 1843 entstand und dann der am 25. April 1843 geborenen Tochter Elise zugedacht sein dürfte. Bei dem Marsch d-Moll (1843) und der Abendmusik B-Dur (1841) aus den 1851 erschienenen *Bunten Blättern* op. 99 (Nr. 11 und 12) könnte es sich um Klavierbearbeitungen von Kammermusik- bzw. Orchesterwerken handeln, bei dem Scherzo g-Moll op. 99/13 (1841) ist dies sicher: es handelt sich um die Klavierfassung des Scherzo einer in Umrissen skizzierten Sinfonie c-Moll, dem einzigen im Particell fertigen Satz.

1841 konzentrierte er sich auf die Sinfonik, im folgenden Jahr 1842 wandte er sich der Kammermusik zu. Der Versuch, die neuartige Form eines weltlichen Oratoriums zu kreieren, gelang mit *Das Paradies und die Peri* 1843 im ersten Anlauf erstaunlich gut und mit nachhaltigem Erfolg. Dagegen scheiterten 1844, vor allem aus gesundheitlichen Gründen, der erste Plan zu einer »deutschen« Oper (*Der Korsar* nach Byron) und das kühne Experiment mit Goethes *Faust*, das allerdings 1853 mit der Ouvertüre zu den *Szenen aus Goethes ›Faust‹* doch noch einen wenigstens vorläufigen Abschluß fand. 1845 war das Jahr der kontrapunktischen Studien (»Fugenpassion«; Tb III, 381), bei

der zunächst auch wieder das Klavier (*Vier Fugen* op. 72), dann der für polyphones Gestalten noch geeignetere Pedalflügel (*Studien* op. 56, *Skizzen* op. 58) und schließlich konsequenterweise die Orgel (*Sechs Fugen über den Namen BACH* op. 60) berücksichtigt wurden. 1846 begann Schumann, sich der Chormusik zuzuwenden, bezeichnenderweise noch bevor er in Dresden als Leiter eines Männerchores und Gründer eines gemischten Chores praktische Erfahrungen sammeln konnte. Für alle diese Kompositionen gilt, daß Schumann, der Wiederholungen und Routine haßte, nicht eher ruhte, bis er in jeder neuen Gattung wenigstens ein gelungenes Werk vorweisen konnte, das seinen strengen Maßstäben standhielt und das er nicht nur aufführen, sondern auch publizieren konnte.

Vergleicht man die 26 vor 1840 entstandenen und als op. 1–23, 26, 28 und 32 in 9 Jahren publizierten zweihändigen Klavierwerke mit den nur 10 als op. 68, 72, 76, 82, 99, 111, 118, 124, 126 und 133 zwischen 1845 und 1854 (ebenfalls 9 Jahre!) veröffentlichten Klavierkompositionen, so fällt nicht nur der Unterschied in der Menge, sondern auch im technisch-musikalischen Anspruch auf. Unter den Klavierwerken nach 1845 sind kaum noch Virtuosenstücke wie die *Toccata* op. 7, die *Sinfonischen Etüden* op. 13, die *Fantasie* op. 17 oder die drei Klaviersonaten op. 11, 14 und 22, mit denen Clara Schumann hätte glänzen können – diese Rolle übernahmen das Klavierkonzert a-Moll op. 54, das Klavierquintett Es-Dur op. 44, wohl das von ihr am häufigsten gespielte Stück, das Klavierquartett Es-Dur op. 47 und das Klaviertrio d-Moll op. 63. Die meisten späten Klavierwerke sind nicht für den Konzertsaal bestimmt, sondern für das häusliche Musizieren oder den Unterricht. Aber auch hier vermeidet Schumann Wiederholungen, denn fast jedes dieser Werke setzt neue Akzente und versucht, neue Aufgabenstellungen exemplarisch zu lösen. Waren die ersten Klavierwerke Schumanns noch von der Absicht geprägt, Klaviervirtuose zu werden, so sind fast alle Kompositionen seit etwa 1835 mehr oder weniger durch Clara Wieck inspiriert, die dann auch immer mehr in die Rolle der Interpretin dieser zunächst nur wenigen verständlichen Musik hineinwuchs.

Autobiographische Bezüge sind bei den späten Werken aber eher selten auszumachen. Sie verdanken ihre Entstehung meistens Anstößen von »außen«, z. B. der Revolution in Dresden 1849 (*Vier Märsche* op. 76), oder dem Wunsch der Verleger nach kürzeren und leichteren Klavierstücken des inzwischen als Komponisten arrivierten Schumann (*Bunte Blätter* op. 99, *Albumblätter* op. 124). Daneben spielen persönliche Interessen, wie die neu erwachte Freude an kontrapunktischer Arbeit (*Vier Fugen* op. 72) oder der Wunsch, wertvolle Musik für pädagogische Zwecke zu schreiben (*Album für die Jugend* op. 68, drei *Klaviersonaten für die Jugend* op. 118) eine wichtige Rolle. Daß Schumann dabei im Ganzen gesehen keineswegs die Freude am Klavier und Klavierspiel verloren hat, zeigt die herausragende Bedeutung, die »sein« Instrument (das er nach Zeugnissen von Zeitgenossen trotz seiner teilweisen Fingerlähmung nach dem unvernünftigen Trainingsexperiment von 1831 immer noch recht gut spielen konnte) bei der Begleitung von Liedern, Duetten und Chören, in der Kammermusik und als Soloinstrument mit Orchester (op. 54, 92 und 134) spielte.

»[…] ein freier Erguß des Innern,
ein Spiel des Geistes« oder
»[…] keine Spur ursprünglicher Schöpferkraft«?

Vier Fugen op. 72,
Sieben Clavierstücke in
Fughettenform op. 126

Das Jahr 1844 brachte tiefe Einschnitte in Robert Schumanns Leben und Wirken. Eine schwere psychische Krise, verbunden mit einem völligen körperlichen Zusammenbruch, der wohl auch eine Folge der strapaziösen, für den Komponisten wenig ersprießlichen Rußlandreise vom Januar bis zum Juni 1844 war, ließ sein Schaffen für einige Zeit fast zum Erliegen kommen. Er gab nach zehn sehr erfolgreichen Jahren die Redaktion und Leitung der von ihm mitbegründeten *Neuen Zeitschrift für Musik* in Leipzig auf und übersiedelte mit der Familie auf ärztliches Anraten im Herbst in das für seine Gesundheit angeblich klimatisch günstigere Dresden, dessen eher provinzielles Musikleben allerdings den Vergleich mit Leipzig nicht aushielt. Im Laufe des Jahres 1845 besserte sich

dort sein Gesundheitszustand aber nur allmählich. Daß Schumann sich zusammen mit seiner Frau Clara von Ende Januar 1845 an mit wahrem Feuereifer kontrapunktischen Studien widmete, darf daher mit der gebotenen Vorsicht als eine besondere Maßnahme zur Selbsttherapie, als ein Mittel geistiger Disziplinierung angesehen werden.

Von »Fugenpassion« ist erstmals am 21. Februar die Rede, dann noch einmal am 15. März. »Kleine contrapunctische Arbeiten« am 23. Februar scheinen Vorübungen für die »Fuge in D Moll« (op. 72/1) gewesen zu sein, die am 25. Februar begonnen und am 28. Februar beendet wurde. Am 1. März sind »Kl.[ara] u. ihre Fugen« erwähnt – gemeint sind die *III Praeludien und Fugen* op. 16, die zwischen dem 28. Februar und 2. März entstanden und noch im selben Jahr durch Schumanns Vermittlung bei Breitkopf & Härtel erschienen, also fünf Jahre eher als seine eigenen Fugen op. 72. Dies zeigt einmal mehr, daß Schumann die Kompositionen seiner Frau genau so ernst nahm wie seine eigenen. Ein Vergleich der beiden fast gleichzeitig entstandenen Zyklen dürfte reizvolle Aufschlüsse auf das gemeinsame kompositorische Streben des Ehepaars ergeben. Die »2te Fuge in D moll« wurde am 4. März begonnen und am 10. März »fertig«, die »3te Fuge in F moll« am 14. März und die »4te Fuge in F Dur« am 20. März beendet (Tb III, 379–383; Litzmann II, 131).

Danach sah Schumann mit der ihm eigenen Logik des systematischen Abarbeitens von musikalischen Gattungen und Stilen die polyphonen Möglichkeiten des Klaviers zunächst für erschöpft an und wandte sich der Orgel und dem Pedalflügel und ihren durch das Pedal erweiterten Spiel- und Klangmöglichkeiten zu. So entstanden zwischen April und November 1845 die *Sechs Fugen über den Namen BACH* op. 60 für Orgel oder Pedalflügel, die *Studien für den Pedalflügel (Sechs Stücke in canonischer Form)* op. 56 und die *Skizzen für den Pedalflügel* op. 58, die alle noch vor den Fugen op. 72 veröffentlicht wurden – so erklärt sich die höhere Opuszahl der Fugen gegenüber den später komponierten Werken. Die übrige kompositorische Tätigkeit Schumanns in diesem Jahr beschränkte sich auf den zweiten und dritten Satz zum Klavierkonzert a-Moll op. 54 (Juni/Juli), die Revision von *Ouvertüre, Scherzo und Finale* op. 52 (Oktober) und die ersten Skizzen zur 2. Sinfonie C-Dur op. 61 (Dezember), d. h. mit den polyphon geprägten Werken op. 56, 58, 60 und 72 hat Schumann in diesem Jahr vor allem die Früchte seiner »Fugenpassion« eingesammelt und durch diese Arbeit offenbar so viel neue Kraft gewonnen, daß er sich wieder größeren Projekten wie einem Klavierkonzert oder gar einer Sinfonie widmen konnte.

Warum Schumann gerade die zuerst entstandenen vier Fugen für Klavier mehr als vier Jahre liegen ließ und sie erst am 19. November 1849 dem Verlag André in Offenbach anbot, ist schwer zu sagen – vielleicht zweifelte er selbst an der Verkäuflichkeit von Musik in strenger Form zu einer Zeit, die nach leichter, seichter und trotzdem brillant klingender Ware verlangte. Dies klingt auch in der Formulierung des Angebots an: »In Hinsicht des letzteren Punktes [der vier Fugen] habe ich den geringsten Honorarsatz, den ich empfange, im Auge gehabt, da ich weiß, daß Fugen ein weniger gangbarer Artikel sind, wobei ich nur noch andeuten möchte, daß Sie in ihnen (den Fugen) nicht gerade trockene Formfugen suchen wollten; es sind, so glaube ich wenigstens, Charakterstücke nur in strengerer Form« (BNF, 1/1886, 375). Trotz dieser treffenden Beschreibung wurde das Angebot am 28. November abgelehnt (RSW, 315). Erst ein Brief an den mit Schumann in enger Geschäftsbeziehung stehenden Leipziger Verleger Whistling vom 19. April 1850 (RSW, 315 f.) brachte das gewünschte Ergebnis, so daß die *Vier Fugen für das Piano-Forte* op. 72 (»Herrn Carl Reinecke gewidmet«) schon im September 1850 erschienen.

Am 19. Oktober 1850 schickte Schumann ein Exemplar des Erstdrucks mit der handschriftlichen Widmung »Carl Reinecke in freundschaftlicher Hochschätzung von Robert Schumann. Düsseldorf. d. 8. Oct. 1850« an Reinecke und schrieb dazu: »Beifolgendes Heft nehmen Sie als Zeichen meiner Lieb- und Werthschätzung freundlich an!« (Erler II, 129). Mit dieser außerordentlich herzlichen Widmung bedankte sich Schumann nicht nur für Reineckes Einsatz bei der Veröffentlichung des *Albums für die Jugend* op. 68 sowie zahlreiche Bearbeitungen seiner Werke (Lieder und Chöre aus op. 25, 27, 33, 36 und 39), die seinen Beifall gefunden hatten, sondern zeigte auch seine hohe Meinung, die er von der musikalischen Kompe-

tenz des nur 14 Jahre jüngeren Kollegen hatte, in aller Öffentlichkeit. Die Widmung eines kompositionstechnisch so anspruchsvollen Werkes war wie ein Ritterschlag für Reinecke, der sich als Dirigent, Pianist, Bearbeiter, Herausgeber und Musikschriftsteller bis an sein Lebensende für Schumann eingesetzt hat.

Der Autodidakt Schumann hatte 1830 einsehen müssen, daß ihm theoretische und kompositionstechnische Kenntnisse fehlten, um Berufsmusiker werden zu können, und bei dem nur sechs Jahre älteren Heinrich Dorn Ende 1831/Anfang 1832 Kompositionsunterricht genommen. Dabei setzte er sich mit Energie, aber auch Widerwillen mit der Form der Fuge auseinander und schrieb am 11. Januar 1832 an seinen Klavierlehrer Friedrich Wieck: »Mit Dorn werd' ich mich nie amalgamiren können: er will mich dahin bringen, unter Musik eine Fuge zu verstehen – Himmel! Wie sind doch die Menschen verschieden: Und allerdings fühl' ich, daß die theoretischen Studien guten Einfluß auf mich gehabt haben. Wenn sonst alles Eingebung des Augenblicks war, so sehe ich jetzt mehr dem Spiel meiner Begeisterung zu, stehe vielleicht manchmal mitten drin still, um mich umzusehen, wo ich bin« (Jugendbriefe, 162).

Fast alle damals entstandenen kontrapunktischen Studien blieben natürlich unveröffentlicht, aber in den nach 1833 komponierten und gedruckten Klavierwerken (z. B. *Impromptus* op. 5, Sonate fis-Moll op. 11, *Sinfonische Etüden* op. 13, Sonate f-Moll op. 14, *Kreisleriana* op. 16 und *Fantasie* op. 17) finden sich immer wieder stark polyphon geprägte Abschnitte, die aber nicht isoliert stehen, sondern in ein poetisch-musikalisches Gesamtkonzept eingebunden sind. Schumanns Musik ist von dieser Zeit an fast immer von einer latenten Polyphonie bestimmt, was sie von der Musik der meisten seiner Zeitgenossen, auch eines so eminenten Beherrschers polyphoner Techniken wie Mendelssohn, unterscheidet. Schumann selbst hat dies später bemerkt, wie wir einer Äußerung gegenüber seinem Biographen Wasielewski entnehmen können: »Es ist mir selbst eigenthümlich und wunderbar, daß fast jedes Motiv, welches sich in meinem Innern heranbildet, die Eigenschaften für mannichfache kontrapunktische Combinationen mit sich bringt, ohne daß ich im entferntesten auch nur daran denke Themen zu formiren, welche die Anwendung des strengen Styles in dieser oder jener Weise zulassen. Es giebt sich unwillkürlich von selbst, ohne Reflexion, und hat etwas Naturwüchsiges« (Wasielewski ³1880, 203 f.; vgl. hierzu und zu den folgenden Ausführungen Keil 1973).

Aus diesen Äußerungen geht eindeutig hervor, daß Schumann polyphones Gestalten nicht als Mittel zum Zweck, sondern als eine Möglichkeit des musikalischen Ausdrucks ansah, die sich in eine Gesamtkonzeption zu fügen hatte und diese zugleich stützen half. 1838 schrieb er: »Die meisten der Bach'schen Fugen sind aber Charakterstücke höchster Art, zum Teil wahrhaft poetische Gebilde, deren jedes seinen eigenen Ausdruck, seine besonderen Lichter und Schatten verlangt« (Kreisig I, 354). Damit hatte er seine Formulierung über die Fugen op. 72 im Brief an André vom 19. November 1850 bereits vorweggenommen. Im Autograph (RSW, 316) sind die vier Stücke auch noch als »Vier Characterfugen« bezeichnet.

Betrachtet man den wie immer bei Schumann sorgfältig disponierten Zyklus als Ganzes, so fällt eine deutliche Zweiteilung auf. Es sind zwei Paare – d-Moll/d-Moll und f-Moll/F-Dur – jeweils ein ruhigeres Stück vor einem schnelleren, eines im Dreiertakt vor einem im Vierertakt (6/8, C – 6/4, C). Die in ruhigen Achteln fließende erste vierstimmige Fuge in d-Moll hat eher den Charakter eines Präludiums, da das Thema rhythmisch wenig profiliert ist und wie eine Begleitfigur wirkt. Da immer wieder eine der vier Stimmen pausiert, ist das Klangbild sehr durchsichtig und locker. Dagegen besitzt die folgende dreistimmige Fuge, ebenfalls in d-Moll, ein sehr markantes, typisches Fugenthema: Ganze Note, Quartsprung abwärts, sequenzierende, absteigende auftaktige Achtelskalen. Der dreistimmige Satz ist ohne Lücken, der Baß gelegentlich sogar oktaviert. Während Schumann also in der ersten Fuge trotz hoher kontrapunktischer Kunst (z. B. Augmentation in T. 51 ff.) den Fugenstil eher verschleiert, hebt er ihn in der zweiten Fuge demonstrativ hervor, z. B. durch Engführungen, Umkehrungen und Orgelpunkte.

Bei dem zweiten Paar, den Fugen Nr. 3 und 4, wiederholt sich dieses Spiel. Auch die 3. Fuge (f-Moll, vierstimmig) hat ein rhythmisch und melodisch unspezifisches Thema in ruhigen Vierteln

und erscheint daher eher homophon als polyphon konzipiert, d. h. von einer chromatisch geprägten Harmonik beherrscht, die nur gelegentlich durch eine aufsteigende Achtel-Skala aufgelockert wird. In T. 44/45 wird das polyphone Spiel sogar gegen alle Regeln von Akkorden unterbrochen. Stimmverdoppelungen, z. B. T. 41 ff. (Oktaven im Baß), T. 56 ff., verstärken diesen Eindruck noch. In der 4. und letzten Fuge (F-Dur, vierstimmig), ist die Synthese von Fuge und Charakterstück, die Schumann offenbar vorschwebte, endgültig vollzogen. Zwar ist das Thema durchaus typisch für eine Fuge, zugleich aber so liedhaft schlicht und melodiös angelegt, daß das ganze Stück wie ein »Lied ohne Worte« in Fugenform erscheint. In T. 56 beginnt eine unmerkliche Erosion des Fugenstils, der immer homophoner wird und in der Coda (T. 70–75) sich als schlichter vierstimmiger akkordischer Satz entpuppt, der den Zyklus ruhig und besinnlich abschließt.

Während Schumanns *Vier Fugen* op. 72 heute so gut wie völlig vergessen sind, haben Schumanns Zeitgenossen den Wert und die Eigenart dieser Fugen erkannt und ihr originelles Konzept einer Verbindung von strenger Form und romantischem Charakterstück verstanden. Der Rezensent der *Neuen Berliner Musikzeitung* vom 7. Mai 1851 hat auch Schumanns schöpferische Auseinandersetzung mit Bach, die für ihn schon seit den dreißiger Jahren von großer Bedeutung war, und seinen damit einhergehenden musikpolitischen Protest gegen das überhandnehmende hohle Virtuosentum gewürdigt. Er schrieb: »Wie Schumann in allen Compositionen deutsche Tiefe und männlichen Ernst mit hervorleuchtender Eigenthümlichkeit bekundet, so auch in diesen vier Fugen. Das wohltemperirte Clavier Bach's liefert für diesen Zweig der Composition den grössten Schatz und enthüllt die unerforschlichen Geheimnisse genialer Verschmelzung der Form mit der Idee dem, der sich ihnen als Geweihter nahen darf. Der Geweihten sind leider in dieser traurigen Zeit des herrschenden Clavier-Raketen-Absolutismus nicht viele, wenn auch viele sich dünken mögen Geweihte zu sein. Doch schnell fort von dieser Episode, denn nicht jammern wollen wir, wo echte unverfälschte Kunst uns vorliegt« (NBMZ 5/1851, Nr. 19 vom 7. Mai, 145).

Ähnlich äußert sich der mit Schumann befreundete Zwickauer Organist, Komponist und Musikschriftsteller Emanuel Klitzsch am 13. Juni 1851 in der von Schumann begründeten, aber längst nicht mehr geleiteten *Neuen Zeitschrift für Musik*, die im übrigen Schumanns Schaffen dieser Jahre oft mit großem Unverständnis gegenüberstand: »Mit welcher Leichtigkeit Sch. die höheren Kunstformen beherrscht, hat er bereits schon durch frühere ähnliche Arbeiten an den Tag gelegt. Allein nicht blos die Fertigkeit in dem Formellen, in der eigentlich künstlichen Arbeit ist es, die ihn zum Meister macht, sondern daß in diesen Kunstformen ein freier Erguß des Innern, ein Spiel des Geistes sich kund giebt, der sich gewisser musikalischen Erregungen nur eben in solchen tiefsinnigen Combinationen enäußern kann. Es sei hierbei an die Studien für den Pedalflügel in canonischer Form (op. 56) erinnert, die überaus herrliche Gebilde musikalischer Conception enthalten. Die vorliegenden vier Fugen sind übrigens von besonderer formeller Klarheit und leicht ausführbar. Jüngeren zum Studium und Freunden dieser Gattung seien sie bestens empfohlen. Einen eigenthümlich elegischen Reiz hat Nr. 3 (f-Moll). Diese Fuge schleicht so still und heimlich her, in so wundersamen harmonischen Combinationen, die uns gleichsam fragend ansprechen, ob wir ihre Trauer verstehen, daß sie wohl die eigenthümlichste der Sammlung ist, die folgende (F-Dur) bietet einen schönen Gegensatz voll heiteren Lebens und frischer Beweglichkeit« (NZfM 34/1851, Nr. 24 vom 13. Juni, 255 f.).

Am 11. Juli 1855 – Robert Schumann war schon seit über einem Jahr in der Heilanstalt in Endenich – erschien in der *Neuen Berliner Musikzeitung* direkt im Anschluss an eine kurze, aber sehr positive Rezension der *Albumblätter* op. 124 eine – die einzige – Besprechung der *Sieben Clavierstücke in Fughettenform* op. 126: »Den schreiendsten Gegensatz zu diesen unmittelbaren Ergüssen eines jugendlich frischen Gemüths bieten die Fughetten. Hier ist auch keine Spur ursprünglicher Schöpferkraft. Sie scheinen ein Product jener müssigen Stunden zu sein, in denen die Fantasie ganz schlummert und der Verstand sich die schwierigsten, aber nüchternsten Probleme aussucht, um seine combinatorischen Fähigkeiten zu üben. Die Themen haben kaum einen musikalischen, geschweige denn einen psychologischen Gehalt – aus

ihnen hätte selbst ein Seb. Bach nicht Rechtes geschaffen. Auszunehmen ist nur No. 6, das einzige Stück, welches Interesse einflösst. Es wird Niemand gegen dergleichen Verstandesarbeiten eines Künstlers so lange Einwendungen machen, so lange er dieselben für sich behält – der Fehler liegt hier in der Herausgabe der Sachen, bei welchen weder der Künstler, noch der Verleger, noch das Publicum ihre Rechnung finden werden« (NBMZ 9/1855, Nr. 28 vom 11. Juli, 218).

Ein größerer Kontrast zu der Bewertung der *Vier Fugen* op. 72, die nur vier Jahre zurücklag, läßt sich kaum vorstellen. Was war geschehen? Offenbar hat der Rezensent, der Komponist Julius Schäffer, Schumanns neues Werk nicht verstanden, nicht verstehen wollen oder nicht verstehen können. Die Rezeptionsgeschichte der Fughetten war auch später eines der trostlosesten Kapitel in der Schumann-Literatur, sofern sie überhaupt gewürdigt wurden. Wasielewski erwähnt sie zwar in seiner Schumann-Biographie (1858), äußert sich aber nicht dazu. Hermann Abert (1903) nennt sie nicht einmal. In Paula und Walter Rehbergs Buch (1954, 496) heißt es: »Es sind sehr gut gearbeitete, doch stellenweise etwas trockene und eintönige Fugen, die wenig Typisches an sich tragen.« Eine rühmliche Ausnahme bildet Walter Dahms (1916, 275), der die Fughetten sogar höher schätzt als die Fugen op. 72. »Es sind dichterisch inspirierte Gebilde, in denen die Kunstform ganz in der poetischen Idee aufgeht und dahinter verschwindet. Wie selbstverständlich gehen die Stimmen ihren kunstvoll gezeichneten Weg und keine leidet Zwang. Es sind kleine Stimmungsbilder, deren Zauber gerade durch die Form noch erhöht wird. Sie sprechen von der Leichtigkeit der geübten Hand des Gestalters; aber sie erzählen auch von den Leiden und Freuden seiner Seele. Eine Erinnerung an Beethovens letzte Klaviersonate lebt in der vierten Fughette. Jedoch ist alles ganz Schumannisch.« Um dies verstehen zu können, muß die Entstehungs- und Drucklegungsgeschichte dieses vorletzten Klavierwerks, das der Komponist noch selbst veröffentlicht hat, kurz dargelegt werden.

Wie die *Vier Fugen* op. 72, so sind die *Sieben Clavierstücke in Fughettenform* op. 126, die zwischen dem 28. Mai und 10. Juni 1853 (Tb III, 626 f.) in Düsseldorf entstanden, wenigstens partiell als Versuche, eine Krise zu bewältigen, zu sehen, auch wenn diese nicht so katastrophal war wie der gesundheitliche Zusammenbruch im Jahre 1844. Der ständig zunehmende Ärger Schumanns mit dem Vorstand des Düsseldorfer Musikvereins, der ihn aus seinem Amt als Städtischer Musikdirektor drängen wollte, die Strapazen des 31. Niederrheinischen Musikfestes in Düsseldorf an Pfingsten, bei dem Schumann seine d-Moll-Sinfonie mit großem Erfolg dirigierte und zum ersten Mal dem genialen jungen Geiger Joseph Joachim begegnete, temporäre Krankheitsanfälle, viele Besucher und Korrekturarbeiten kamen hier zusammen (Tb III, 624/25; Litzmann II, 278). Am 3. Mai konnte er sich aber auch über »Klara's wunderschöne[n] Vortrag der Bachfugen [op. 60]« (Tb III, 623) freuen. Dies mag ihn dazu inspiriert haben, sich noch einmal mit der strengen Form der Fuge auseinanderzusetzen. Am 27. Mai 1853 sind im Haushaltbuch »Contrapunctische Arbeiten« verzeichnet, sozusagen Vorübungen für die »Fughetten«, die erhalten sind, wie Michael Struck gezeigt hat (Struck 1984, 112 ff.). Für den 28. und 29. Mai, den 1., 3. und 6. Juni (Fughette V) ist jeweils »Fughette«, am 9. Juni »6te Fughette« vermerkt (Tb III, 626 f.). Damit schien der Zyklus abgeschlossen; denn Clara Schumann vermerkte damals in ihrem Tagebuch die Arbeit ihres Mannes an »6 Klavierstücken, in Fugenform geschrieben. Eigentlich sind es ordentliche Fugen, alle ganz eigentümlich! Viere sehr melancholisch, zweie außerordentlich energisch« (Litzmann II, 274). Eine siebente Fughette, die den Zyklus in a-Moll abrundet, entstand am 10. Juni (Tb III, 627).

Am 3. September 1853 bot Schumann die *Sieben Clavierstücke in Fughettenform* op. 126 zusammen mit den *Albumblättern* op. 124 dem Verleger Arnold in Elberfeld an (RSW, 535). Da dieser an der Publikation der *Albumblätter* außerordentlich interessiert war, dürfte er die »Fughetten«, die er nicht »bestellt« hatte, als Beigabe akzeptiert haben, zumal es sich um technisch nicht allzu schwere Klavierstücke handelte, im Schwierigkeitsgrad den *Albumblättern* vergleichbar. Doch am 24. Februar 1854, wenige Tage nach dem Ausbruch von Schumanns schwerer Erkrankung, die am 4. März zu seiner Einlieferung in die Nervenheilanstalt in Endenich führte, änderte Schumann seine Meinung und zog – ein wohl einmaliger Fall bei ihm – das Werk wieder zurück. Er schrieb: »Einen

Vorschlag habe ich, der sich vielleicht Ihres Beifalls erfreuen wird. Ich möchte die Fughetten wegen ihres meist melancholischen Charakters nicht erscheinen lassen und biete Ihnen ein anderes, vor Kurzem beendigtes Werk: ›Gesänge der Frühe‹ 5 charakteristische Stücke für Pianoforte […] an« (Struck 1984, 75). Doch der Brief kam zu spät; der Verleger hatte schnell gearbeitet und schrieb am 27. Februar 1854 an Schumann: »Soeben empfange ich Ihre Gesänge der Frühe, die Sie den Fughetten zu substituiren wünschen. Ich sehe wohl ein, daß diese Gesänge ein weit grösseres Publikum finden werden, als die Fughetten, aber ich befürchte, daß letztere bereits gestochen sind« (RSW, 535). Die *Sieben Clavierstücke in Fughettenform* op. 126 erschienen im Mai 1854, als Schumann bereits in Endenich war. Im Herbst 1854, als es ihm etwas besser ging, schickte man ihm ein Exemplar des Drucks, worüber er sich sehr freute, wie er in einem Brief an Clara vom 18. September 1854 schrieb (BNF, 398). Die Widmung an Rosalie Leser, Clara Schumanns treue blinde Freundin, zu der sie während des Ausbruchs von Schumanns Krankheit gezogen war, und die von Clara durch die Schenkung und Widmung des Autographs (RSW, 535) bestätigt wurde, ist ein Ausdruck des Dankes für Hilfe nicht nur in dieser sehr schweren Zeit.

Vergleicht man die *Sieben Clavierstücke in Fughettenform* op. 126 mit den *Vier Fugen* op. 72, so fällt nicht nur die durch den Titel angedeutete knappere Form, sondern auch eine gewisse Reduktion der Mittel auf, die vielleicht, wie Michael Struck vermutete (Struck 1984, 81), didaktische Gründe hat. Schumann verzichtet weitgehend auf Zwischenspiele, rhythmische Vielfalt und kompliziertere kontrapunktische Techniken, erweitert das Spektrum der Modulationen im Verlauf des Zyklus nur allmählich und erreicht durch häufige parallele Stimmführungen oft eine beinahe homophone Wirkung, überrascht andererseits durch kapriziöse Gegenstimmen (Nr. 5, T. 29 ff.), die das kontrapunktische Geflecht durchbrechen, und durch aparte harmonische Reibungen (Sekunden in Nr. 6), die Hans Joachim Köhler zu Recht als Vorahnung auf »den Typus der Regerschen Gigue, die sich natürlich ihrerseits an die Bachschen Modelle anlehnt« deutet. Er weist auch auf das Vorbild von Bachs »Inventionen« hin und faßt seine kluge Würdigung im Nachwort seiner mustergültigen Urtextausgabe (Leipzig, Dresden 1984, Peters) der *Vier Fugen* op. 72 und Fughetten op. 126 folgendermaßen zusammen: »Der Anspruch, kontrapunktische Techniken höheren Grades anzuwenden, wird aufgegeben. Es entstehen im Gegenteil Miniaturen mit charaktervoller Eigenwilligkeit, deren Konstruktion für den Hörer beinahe uninteressant wird« (Köhler a.a.O., 32 f., vgl. Struck 1984, 79).

Damit hätte Schumann, wie schon in den Fugen op. 72, versucht, den strengen Stil und das romantische Charakterstück harmonisch miteinander zu verschmelzen, und dies auch noch in didaktischer Absicht, wie bei den wenig später entstandenen *Klaviersonaten für die Jugend* op. 118, ohne dies allerdings angedeutet oder gar ausgesprochen zu haben. Vielleicht ist dies der Grund für den Mißerfolg des Werks bei Zeitgenossen und Nachwelt. In ihrer stillen Melancholie und beinahe asketischen Klanglichkeit, die nicht unbedingt pianistisch ist, sondern sich auch mit anderen Instrumenten darstellen ließe, in seiner unspektakulären Unaufgeregtheit erscheint der Zyklus wie ein Fremdkörper in der Klaviermusik um 1855, die zunehmend von Pathos und Sentimentalität, vor allem in der überwuchernden Salonmusik, geprägt war. In ihrer gelassenen Nüchternheit und Klarheit sind diese Stücke wirklich unzeitgemäß – erst nach dem 1. Weltkrieg, in der Zeit des Neoklassizismus, hätte eine solche Musik, wie man sie bei Schumann nicht vermuten konnte, wieder geschätzt und verstanden werden können, was aber nicht geschah. Um nicht steril und langweilig zu wirken, verlangen die Fughetten eine hoch differenzierte, liebevolle, Schumanns relativ langsam erscheinende Metronomangaben strikt respektierende Interpretation, die ihnen selten zuteil wird.

»[…] eigentlich recht
aus dem Familienleben heraus«

Album für die Jugend op. 68, Drei Sonaten für die Jugend op. 118

»Die Stücke, die die Kinder gewöhnlich in den Klavierstunden lernen, sind so schlecht, daß

Robert auf den Gedanken kam, ein Heft (eine Art Album) lauter Kinderstückchen zu komponieren und herauszugeben. Bereits hat er schon eine Menge reizender Stückchen gemacht« (Litzmann II, 182). Als Clara Schumann am 1. September 1848 diese Worte im Tagebuch notierte, wurde ihre älteste Tochter sieben Jahre alt. In Schumanns Haushaltbuch heißt es am Vortag: »Idee d. Kinderalbum's – Stückchen f. Marie« und am 1. September dann: »[…] ihr Vergnügtsein – das Kinderalbum« (Tb III, 469). »Stückchen für's Clavier/ Zu Marie'chens 7tem Geburtstag/ den 1sten September 1848/ gemacht vom Papa«, lautet der Titel jenes *Kinderalbums*, dessen Autograph lange verschollen war und sich heute im Besitz des Beethoven-Hauses Bonn befindet und seit 1998 in einer mustergültigen Faksimile-Ausgabe (Bonn 1998, hg. von Bernhard R. Appel) vorliegt. Es enthält insgesamt 14 kleine Klavierstücke, darunter auch Abschriften und Bearbeitungen von Werken anderer Komponisten (Bach, Händel, Mozart, Beethoven und Schubert). Sechs davon wurden in das spätere *Album für die Jugend* übernommen.

Im Verlauf des September hat Schumann, nach eigener Aussage »mit unsäglicher Freude« (Brief an Carl Reinecke, 14.9.1848; Erler II, 57), weiter am Album gearbeitet, am 24. spielte Clara die fertigen Stücke den mit dem Ehepaar befreundeten Malern Eduard Bendemann, Julius Hübner und Gustav Metz vor, am 26. wurden sie geordnet und am 27. an den Verlag Breitkopf & Härtel in Leipzig geschickt (Tb III, 469–471). Nachdem dieser die Herausgabe zu Schumanns großer Enttäuschung auch aus Kostengründen abgelehnt hatte, wurde das neue Werk unter tätiger Mit Hilfe des jungen Komponisten und Schumann-Verehrers Carl Reinecke dem Hamburger Verlag Julius Schuberth & Co. anvertraut, der damit einen solchen finanziellen Erfolg erzielte, daß er später Clara Schumann das nicht geringe Honorar ein zweites Mal auszahlen konnte (Appel 1998, 206 f.). Schon im Dezember 1848 erschienen die 40 (später verbessert in: 43) *Clavierstücke für die Jugend* als op. 68; der von Schumann ursprünglich vorgesehene Titel »Musikalisches Weihnachtsalbum« (im Skizzenbuch) bzw. »Weihnachtsalbum für Kinder, die gern Klavier spielen« (im Projectenbuch) wurde auf Anraten des Verlegers wieder fallengelassen.

Der uns geläufige Titel *Album für die Jugend* erscheint erst in späteren Auflagen.

An Reinecke, der am 23. Dezember 1848 ein
erstes Exemplar »mit freundlichem Weihnachts-
gruß« (Erler II, 57) erhielt, schrieb der Komponist
am 4. und 6. Oktober 1848, indem er eine (von
vielen Klavierpädagogen bis heute leider nicht
beherzigte) Differenzierung zwischen den 1838
entstandenen und nicht für pädagogische Zwecke
bestimmten »Kinderszenen« und den neuen Stük-
ken vornahm: »Ich wüßte nicht, wenn ich mich je
in so guter musikalischer Laune befunden hätte,
als da ich die Stücke schrieb. Es strömte mit ordentlich zu. – […] aber diese [Stücke] sind mir
besonders an's Herz gewachsen – und eigentlich
recht aus dem Familienleben heraus. Die ersten
der Stücke im Album schrieb ich nämlich für unser ältestes Kind zu ihrem Geburtstag und so kam
eines nach dem andern hinzu. Es war mir, als fing
ich noch einmal von vorn an zu componiren. Und
auch vom alten Humor werden Sie hier und da
spüren. Von den Kinderscenen unterscheiden sie
sich durchaus. Diese sind Rückspiegelungen eines
älteren und für ältere, während das Weihnachtsalbum mehr Vorspiegelungen, Ahnungen, zukünftige Zustände für jüngere enthält« (BNF, 290/91;
Erler II, 60 f.).

Auf Schumanns Wunsch, der zunächst sogar an
Randzeichnungen zu den einzelnen Stücken
dachte, entwarf Ludwig Richter (1803–1884), dessen Sohn Heinrich er Kompositionsunterricht erteilte, das berühmt gewordene Titelblatt, ein anmutiges Meisterwerk biedermeierlicher Genre-
kunst, das dann von Christian Hahn lithographiert
wurde (siehe Abb. 13 im Beitrag Baumgärtel,
S. 99). Heinrich Richter berichtet in den ergänzenden Nachträgen zu den *Lebenserinnerungen*
seines Vaters: »In nähere Verbindung kam Richter
mit Robert Schumann. Der […] Komponist besuchte ihn eines Tages und bat um Ausführung
eines Titelblatts zu den Klavierstücken seines Ju-
gendalbums. Richter erwiderte den Besuch, um
sich nach Schumanns Wunsch von dessen Gattin
diejenigen Sätze vorspielen zu lassen, welche er
durch Vignetten erläutert wünschte. Während des
Klaviervortrags seiner Frau saß der Komponist mit
gesenktem Haupt und halbgeschlossenen Augen-
lidern an ihrer Seite und flüsterte vor Anfang jedes
neuen Stücks dessen Überschrift und einige sie

erklärende Bemerkungen. Für das poetisch Ge-
haltvollste dieser kleinen Tongedichte hielt Richter
die Komposition mit dem Titel ›Winterszeit‹; sie
haftete in seiner Phantasie und wirkte dort still
und lange fort. Schumanns Erklärung des Stücks
lautete etwa so: ›Ringsum verschneit liegt Wald
und Flur, dichter Schnee bedeckt die Straßen der
Stadt. Abenddämmerung. Es beginnt in leichten
Flocken zu schneien. Drinnen im traulichen Zimmer sitzen die Alten am hellen Kaminfeuer und
schauen dem fröhlichen Kinder- und Puppenrei-
gen zu‹« (399; vgl. Appel 1998, passim).

Es wäre allerdings verfehlt, aufgrund der vielen
bildhaften Überschriften zu den Stücken des *Albums für die Jugend* anzunehmen, daß es sich hier
um »Programmusik« handelt. Eugenie Schumann,
die jüngste Tochter, erzählt in ihren *Erinnerungen*,
daß ihre Mutter Clara ihr während des Klavierun-
terrichts einmal gesagt habe: »Die Titel zu den
Stücken erfand der Papa erst, als sie fertig waren.
Sie sind sehr zutreffend und können wohl das
Verständnis fördern – nötig sind sie nicht« (166).
Schumann selbst hat einmal die Überschriften zu
den *Kinderszenen* in einem Brief an seinen ehemaligen Lehrer Heinrich Dorn als »feinere Fingerzeige für Vortrag und Auffassung« (5.9.1839, BNF,
171) bezeichnet.

Das *Album für die Jugend* ist progressiv aufgebaut, ohne jemals in Schematismus zu verfallen.
In den zwei Abteilungen »Für Kleinere« und »Für
Erwachsene« werden technische und musikalische Probleme gleichzeitig und mit großer Intensität berücksichtigt. Schumann legt Wert auf eine
Vielfalt der Formen und Stile, er wechselt zwischen homophoner und polyphoner Schreibweise,
geht von einfachen zu schwierigeren Tonarten,
von kürzeren zu längeren Stücken über. Klangstu-
dien und rhythmische Probleme werden ebenso
behandelt wie Anschlagsarten und ihre Differenzierung. Daß es ihm nicht nur um die Erlernung
der Technik, sondern um eine umfassende musikalische Bildung ging, beweisen auch zwei Ideen,
die er in der gedruckten Fassung des Albums nicht
bzw. nicht sogleich realisieren konnte. Ursprünglich war nämlich beabsichtigt, wie schon im *Kinderalbum* für Marie, auch Stücke anderer Komponisten, z. T. in Schumanns Bearbeitung (z. B. das
›Freudenthema‹ aus Beethovens 9. Sinfonie, die
Arie der Zerline *Vedrai carino* aus Mozarts *Don*

Giovanni oder Kaspars Trinklied aus Webers *Frei-schütz*), aufzunehmen, um den Kindern einen er-sten Einblick in die Musikgeschichte zu vermit-teln. Außerdem sollten die berühmten und noch heute lesenswerten *Musikalischen Haus- und Le-bensregeln*, die zusammen mit den Stücken ent-worfen worden waren, mitabgedruckt werden, was erst in der zweiten Auflage im Dezember 1850 geschah.

Der Rezensent der *Signale für die Musikalische Welt* hat die Bedeutung von Schumanns *Album für die Jugend*, seine Stellung im Schaffen des Komponisten und den fundamentalen Unter-schied zu den *Kinderszenen* hellsichtig erkannt. Seinen Ausführungen kann man auch heute noch zustimmen: »Sc h u m a n n hat in diesem Werke […] einen wahren Schatz von Poesie, Gemüth und ächtem Humor niedergelegt, und wüßten wir kaum, daß bis dahin in so kleinem Rahmen so Geistreiches dargeboten wäre; dennoch erscheinen die Stückchen nicht als Scizzen, als Embryo eines großen Ganzen, sondern sie bilden, und das ist eben das Wohlthuende in ihnen, trotz ihres gerin-gen Umfanges, ein befriedigendes, abgeschlossenes Ganzes. Sehr nahe liegt der Vergleich dieses Al-bums mit den › K i n d e r s z e n e n ‹ desselben Verfassers, welche jedoch ungeachtet mancher äußeren Aehnlichkeit sehr verschieden von diesen Clavierstücken sind. Jene hört man häufig Kin-derstücke nennen; das sind sie nicht! Der Compo-nist hat sich mit ihnen nur in seine Kinderjahre zurückgeträumt, hat aber die damaligen Eindrücke mit der Seele eines Aelteren nachgefühlt und somit auch für Aeltere geschrieben, während er d i e -s e s Werk offenbar mit kindlicher Empfindung und eben deshalb so recht eigentlich für Kinder schuf« (Signale 7/1849, Nr. 13 vom 28. Februar, 98 f.; vgl. Appel 1998, 201 ff.).

Julius Schuberth & Co. in Hamburg, wohl der geschäftstüchtigste von Schumanns Verlegern, dessen »ausbeutende Marktschreierei« noch 1860 in einem Brief von Joseph Joachim an Clara Schu-mann (Joachim Briefe II, 105) gerügt wurde, wollte den Sensationserfolg des *Albums für die Jugend* nutzen und verlangte von Schumann »Pendants«, d. h. weitere »gediegene« Werke für junge Anfän-ger auf dem Klavier, was dieser entrüstet ablehnte. Als Schuberth im August 1850 die *12 vierhändige[n] Clavier-Stücke für kleine und große Kinder* op. 85

mit großem Werbeaufwand als eine Fortsetzung des *Albums für die Jugend* ankündigte, blieb der erhoffte Erfolg weitgehend aus – es erschien z. B. keine einzige Rezension.

Schumann, der sich durch Mißerfolge dieser Art niemals irritieren ließ, hatte schon zwischen 1849 und 1851 geplant, »2händige Kindersonaten« zu schreiben, wie im sog. Projectenbuch und an-deren Notizen vermerkt ist (Struck 1984, 117 ff.). Zwischen dem 11. und 24. Juni 1853 komponierte er in Düsseldorf im Anschluß an die *Sieben Cla-vierstücke in Fughettenform* op. 126 zunächst eine »Kindersonate«, dann eine »2te Kindersonate« und schließlich eine »3te Sonate«, wie es im Haus-haltbuch heißt (Tb III, 627 f.). Dem Verleger André in Offenbach bot er am 5. Juli 1853 »Jugend-sonaten« (Struck 1984, 118) an und in einem Brief an August Strackerjan vom 28. Oktober 1853 nennt er als neue Werke auch »drei Sonaten für die Jugend« (Erler II, 202). Die Änderungen der Titel scheinen nicht ganz zufällig, denn als Clara Schumann am 2. Juli 1853 die Sonaten erstmals durchspielte, notierte sie in ihrem Tagebuch, daß diese »Kindersonaten […] für spielende Kinder, wie es wohl keine gibt« (Tb III, 629; Litzmann II, 275) komponiert wären, d. h. daß die Stücke für Kinder viel zu schwer seien. Nachdem André die Publikation abgelehnt hatte, bot sie Schumann am 15. Juli 1853 Schuberth an und schrieb dazu: »Ich habe in jüngster Zeit drei Sonaten für die klavierspielende Jugend komponiert, vom ganz Leichten zum Schwereren nach und nach fort-schreitend. Die erste will ich: Kindersonate hei-ßen, und ich denke, der Absatz soll dem des Ju-gendalbums nicht nachstehen […]« Dieser akzep-tierte natürlich sofort, und am 21. Juli 1853 konnte der Komponist dem Verleger bei der Absendung der Stichvorlagen seine Konzeption erläutern: »Sie erhalten hier die drei Sonaten. Das ist etwas ganz anderes als das Album. Man muß die Jugend auch an die Ausführung größerer Sätze gewöhnen, und dazu sind diese Stücke. Übrigens habe ich die einzelnen Sätze der Sonate so abgeschlossen, daß sie auch als einzelne Stücke herausgegeben werden können. Es würde daher vorteilhaft sein, den Stich so einzurichten, daß neue Sätze immer [auf] neuen Seiten anfangen. Zur ersten Sonate würde ich außer dem notierten Titel vielleicht noch einen anfertigen lassen, der die besondere Bezeichnung Kindersonate hätte« (Struck 1984, 119).

Nachdem Schumann am 5. August das »Puppenwiegenlied« für die erste Sonate komponiert hatte und am 7. August zusammen mit einigen Änderungen in der zweiten Sonate an den Verlag geschickt hatte, wurde er von diesem gebeten, alle Sätze mit programmatischen Überschriften zu versehen, wogegen er sich energisch verwahrte (Tb III, 632; Struck 1984, 120 f.). Es blieb bei »Puppenwiegenlied« (3. Satz der ersten Sonate), »Abendlied« und »Kindergesellschaft« (3. und 4. Satz der zweiten Sonate) und »Zigeunertanz« und »Traum eines Kindes« (3. und 4. Satz der dritten Sonate), da Schumann diesmal andere Prioritäten als im *Album für die Jugend*, nämlich das Erlernen größerer Formen, setzen wollte. Da Schumann mit der Korrektur noch nicht fertig war, dauerte es bis zum Jahresende, daß die »DREI CLAVIERSONATEN für die Jugend No. 1 KINDERSONATE in Gdur (JULIEN zur Erinnerung) No. 2 SONATE in Ddur (ELISEN zum Andenken) No. 3 SONATE Cdur (MARIEN gewidmet)« erschienen. Entgegen Schumanns Intention ist auch in verschiedenen Annoncen des Verlages im Januar 1854 von einem »Pendant zu seinem Op. 68« die Rede (Struck 1984, 121 f.).

Die Rezeption der *Drei Sonaten für die Jugend* ist eines der traurigsten Kapitel in der Wirkungsgeschichte von Schumanns Werken. Es erschien nicht eine einzige Rezension; auch der Versuch des Verlegers, die Sonaten zusammen mit dem *Album für die Jugend* als dessen »3. Abtheilung« oder als Weihnachtsgeschenk zu vermarkten, scheiterte kläglich. Von den Schumann-Biographen seit Wasielewski wird das Werk entweder überhaupt nicht gewürdigt oder als trauriges Zeugnis von Schumanns geistiger Zerrüttung kurz vor dem Ausbruch seiner Krankheit im Frühjahr 1854 angesehen. Davon kann natürlich überhaupt nicht die Rede sein. Die Sonaten zeigen den Komponisten im Vollbesitz seiner schöpferischen Fähigkeiten, sie sind voller hübscher Einfälle, die nur bisweilen, wohl in didaktischer Absicht, etwas weit ausgesponnen sind und eine sehr differenzierte Interpretation verlangen. An Feinheiten der Harmonik, der Satztechnik, die bisweilen orchestrale Effekte andeutet, und der formalen Gestaltung sind sie reich und damit auch interessante Studienobjekte

– nur leider für jüngere Kinder viel zu schwer, sowohl in technischer wie musikalischer Hinsicht, andererseits für Jugendliche und Erwachsene nicht spektakulär genug und somit z. B. für den Konzertsaal ungeeignet. Als fantasievolle Einführung in die Sonaten-, Rondo- und Variationsform und die Kanontechnik (Kanon h-Moll in der zweiten Sonate; vgl. Kapp 1981) könnten sie aber heute noch im Klavierunterricht älterer Schüler von Nutzen sein, zumal der Erstdruck nützliche Fingersätze enthält, die vom Komponisten oder Clara Schumann stammen dürften und auch in der alten Gesamtausgabe beibehalten wurden.

Nicht zuletzt sind die Sonaten aber ein bewegendes Zeugnis für Schumanns Liebe zu seinen Kindern. Wie sehr Schumann gerade die musikalische Entwicklung seiner drei ältesten Töchter Marie (1841–1929), Elise (1843–1928) und Julie (1845–1872) am Herzen lag, beweist einer seiner letzten Briefe, den er am 15. Dezember 1854 aus der Heilanstalt Endenich an den jungen Brahms schrieb: »Über meine Mädchen Marie, Elise, Julie und ihre bedeutenden Talente freue ich mich sehr gern. Hörst Du sie manchmal?« (BNF, 403).

Daß Schumann, mit den *Drei Klaviersonaten für die Jugend* musikalische Porträts seiner Töchter geben wollte, ist kaum zu bezweifeln (vgl. Rehberg, 494 f.). Durch das Zitat aus dem ersten Satz der ersten Sonate im letzten Satz der dritten hat er zugleich einen poetisch-zyklischen Zusammenhang gestiftet, wie er für die meisten seiner Werke charakteristisch ist. Das »träumende Kind« in der Sonate der 12jährigen Marie ist die kleine Schwester, die 8jährige Julie, von deren musikalischer Entwicklung sich der Vater ebenso viel erhoffte wie von der älteren Schwester, der ein musikalisch und technisch schon so anspruchsvolles Werk wie die dritte Sonate gewidmet werden konnte.

»[…] aber keine alten Dessauer«

Vier Märsche op. 76

Als Anfang Mai 1849 die Revolution in Dresden zu blutigen Barrikadenkämpfen und Straßenschlachten eskalierte und man den überzeugten Republikaner Schumann zu einer »Sicherheitswache« einziehen wollte, floh die Familie auf abenteuerlichen Schleichwegen am 5. Mai aus der Stadt, zunächst auf das Gut Maxen zu dem befreundeten Ehepaar Serre, das gleichfalls republikanisch gesinnt war, dann in das nahegelegene Dorf Kreischa. Die hochschwangere Clara kehrte am 7. Mai unter Lebensgefahr in die Stadt zurück, um die noch verbliebenen Kinder Elise, Julie und Ludwig zu holen (Tb III, 490 f.; Litzmann II, 186–188). Bis in den Juni hinein blieb die Familie in Kreischa, wo man auch am 8. Juni Schumanns 39. Geburtstag feierte. Das unmittelbare Erleben der blutigen Revolution, die von preußischem Militär mit äußerster Brutalität niedergeschlagen wurde (»überall unheimlich«, »Schrecken auf Schrecken«, »Bilder einer schauerlichen Revolution« heißt es dazu u. a. im Haushaltbuch; Tb III, 491), hielt Schumann jedoch nicht im geringsten vom Komponieren ab, worüber sich Clara Schumann schon damals sehr wunderte. Als ihr Mann in Seelenruhe an seinem *Liederalbum für die Jugend* op. 79 arbeitete, schrieb sie in ihr Tagebuch: »Merkwürdig erscheint mir, wie die Schrecknisse von außen seine inneren poetischen Gefühle in so ganz entgegengesetzter Weise erweckt. Über den ganzen Liedern schwebt ein Hauch der höchsten Friedlichkeit, mir kommt alles darin wie Frühling vor, lachend wie die Blüten« (Litzmann II, 191).

Gleich nach seiner Rückkehr nach Dresden komponierte Schumann zwischen dem 12. und 16. Juni 1849 (Tb III, 494) fünf Märsche für Klavier, von denen er vier am 17. Juni an seinen Verleger Whistling nach Leipzig schickte und dazu bemerkte: »Sie erhalten hier ein paar Märsche – aber keine alten Dessauer – sondern eher republikanische. Ich wußte meiner Aufregung nicht besser Luft zu machen – sie sind in wahrem Feuereifer geschrieben. Bedingung: sie müssen gleich gedruckt werden – Sie müssen mit sehr großen Notenköpfen gestochen werden – Und da ich die Ausstattung meiner Compositionen immer dem Inhalte gemäß eingerichtet wünsche, so soll auf dem Titel nichts als auf dem Beiblatt steht, kommen – dies Wenige aber mit den größten Schriften und zwar mein Name obenhin, da ich sonst das 1849 nicht anzubringen weiß, das diesmal nicht fehlen darf. Eben so wünsche ich einen Umschlagtitel mit wo möglich noch größerer Schrift – wie sie ja jetzt Mode sind. – […]« (BNF, 461 f.). Am selben Tag schrieb er an Franz Brendel: »Die ganze

Friedrich Krätzschmer, Titelblatt zu op. 76

Zeit über habe ich viel, sehr viel gearbeitet, noch nie drängte es mich so, ward mir's so leicht. Aber die letzten Märsche haben mir doch die größte Freude gemacht« (BNF, 306 f.). Der Verleger erfüllte Schumanns Wünsche prompt, so daß er schon am 10. August 1849 ein Exemplar des Drucks an Liszt schicken konnte und dazu schrieb: »Eine Neuigkeit leg' ich bei – IV Märsche – es soll mich freuen, wenn sie Ihnen zusagen. Die Jahreszahl, die darauf steht, hat diesmal eine Bedeutung, wie Sie leicht sehen werden. O Zeit – O Fürsten – O Volk! -« (BNF, 310).

Als die Märsche am 11. November 1849 in der *Neuen Zeitschrift für Musik* rezensiert wurden, war die Revolution in Deutschland und ganz Europa gescheitert, doch der Kritiker hatte Schumanns Intention sehr wohl verstanden: »Man denke sich nicht Märsche gewöhnlicher Art unter den vorliegenden; wir möchten sie Rhapsodien im Marsch-Charakter nennen. Die Jahreszahl 1849, die sie an der Stirne tragen, bedeutet nicht blos die Zeit ihres Entstehens und Erscheinens; auch ohne dieselbe würde man den Stücken ansehen, daß sie auf der Höhe des modernen Bewußtseins stehen, und daß sie nicht im Boden des Verlebten und Ueberwundenen wurzeln. […] Daraus geht wohl genugsam hervor und wir brauchen uns nicht weiter darüber auszulassen, daß Schumann hier wieder einen Schatz von interessanten, wahrhaft neuen Combinationen geboten hat. Da ist Saft und Kraft, Feuer und Leidenschaftlichkeit! Da findet sich auch Arbeit; aber sie ist nur Mittel zum Zweck, und das ist unserer Ansicht nach die Hauptsache« (NZfM 31/1849, Nr. 39 vom 11. November, 208 f.).

Die Vortragsanweisungen zu den beiden ersten Märschen in Es-Dur (»Mit großer Energie«) und B-Dur (»Sehr kräftig«) weisen unmißverständlich darauf hin, wie ernst es Schumann mit dem revolutionären Hintergrund dieses vierteiligen, tonartlich geschlossenen Zyklus war, während der strenge Marsch-Rhythmus immer wieder variiert oder unterlaufen wird, so daß eher der Eindruck von Charakterstücken in Marschform entsteht. Der vierte Marsch in Es-Dur bildet den glanzvollen Abschluß des Opus – ihm geht ein mit »Lager-Szene« (B-Dur) überschriebenes, eher leichtgewichtiges Stück voran, das, wäre es ein Sonatenzyklus, wohl die Position des Scherzo verträt. Um so gewichtiger und klangmächtiger, eine Orchestrierung geradezu beschwörend ist das Finale, in dessen lyrischem Trio in H-Dur sich das zart angedeutete Zitat der *Marseillaise* (T. 34 ff.) wie ein wehmütiger Abgesang auf die gescheiterte Revolution ausnimmt. Zu Schumanns 39. Geburtstag am 8. Juni 1849 brachte der Leipziger Paulinenchor, einer der führenden Männerchöre der Stadt, zusammen mit Mitgliedern des Opernorchesters ein Ständchen dar, bei dem neben einem Choral und zwei Chorliedern Schumanns auch eine orchestrierte Fassung des Marsches op. 76/4 (noch vor der Drucklegung) erklang (Litzmann II, 215). Schumann hielt sich damals zur Vorbereitung der Premiere seiner Oper *Genoveva* in Leipzig auf – die Orchesterfassung des Marsches, deren Autor nicht genannt wird, scheint verlorengegangen zu sein; einen Rekonstruktionsversuch legte der Verf. 1998 vor (Karlsruhe, Tre Media). Einen fünften Marsch in g-Moll hielt Schumann damals zurück und publizierte ihn erst 1852 in den *Bunten Blättern* op. 99 als Nr. 14 unter dem treffenden Titel »Geschwindmarsch«.

»Ausserordentlich poetische, tief empfundene Compositionen«

Waldszenen op. 82

»Als sie eintraten, sahen sie Dorian Gray. Er saß am Klavier, den Rücken ihnen zugekehrt, und blätterte in einem Bande von Schumanns ›Waldszenen‹. ›Sie müssen mir die Noten leihen, Basil!‹ rief er aus. ›Ich muß diese Musik lernen, sie ist einfach entzückend‹.« Mit dieser Szene beginnt das 2. Kapitel von Oscar Wildes Roman *Das Bildnis des Dorian Gray* (erschienen 1890; Wilde, 139), ein Zeugnis für die weitreichende Beliebtheit, die Robert Schumanns *Waldszenen* op. 82 40 Jahre nach ihrer Entstehung auch im Ausland bereits erlangt hatten. Eine französische Ausgabe der *Waldszenen* unter dem Titel »Dans la Forêt. Morceaux caractéristiques« erschien schon um 1860 bei J. Maho in Paris. »Sie empfangen hier die Waldszenen – ein lang und viel von mir gehegtes Stück. Möchte es Ihnen Lohn bringen, und wenn keinen ganzen Wald, so doch einen kleinen Stamm zum neuen Geschäft« (Boetticher II, 470), schreibt Schumann am 8. Oktober 1850 selbst voller Zuversicht aus Düsseldorf an den Verlag Bartholf Senff in Leipzig, der in diesem Jahr gegründet worden war. Das im November 1850 dort erschienene neue Werk fand jedoch nicht nur beim Publikum, sondern auch in der Fachwelt lebhafte Anerkennung. So schreibt der Rezensent der *Berliner Musik-Zeitung Echo* am 5. Januar 1851: »Unsere Dichter und Musiker flüchten seit einiger Zeit vorzugsweise gern in die Waldeinsamkeit, so gleichen diese neuen Clavierstücke den trefflichen Waldliedern von Gustav Pfarrius. In beiden würde der spähende Kritiker vielleicht Reisig finden, aber er sucht nicht danach; er erfreut sich an dem geheimnißvollen Rauschen, an fern erklingenden Weisen, mystischen Blumen des musikalischen Zauberwaldes und wünscht dem Componisten viele Spieler, die auf seine Wesenheit eingehen und ihn mit Geschicklichkeit und Verständniß vortragen können« (BMZ Echo 1/1850, Nr. 1, 5; weitere anerkennende Rezensionen in: Signale 8/1850, Nr. 51, 489–491; NBMZ 5/1851, Nr. 19, 145 f.).

Den revolutionären Ereignissen der Jahre 1848/49 schenkte der politisch immer interessierte und republikanisch gesinnte Schumann viel Aufmerksamkeit; anders als sein Zeitgenosse Wagner wollte er sich jedoch nicht aktiv engagieren. Durch emsiges Schaffen schirmte er sich von den aufwühlenden Geschehnissen des Tages ab. Es entstanden nach Beendigung der Oper *Genoveva* op. 81 im Spätjahr 1848 in Dresden so verschiedenartige Werke wie die Musik zu Byrons *Manfred* op. 115 und das *Album für die Jugend* op. 68, gleich im Anschluß an die vierhändigen *Bilder aus Osten* op. 66 zwischen dem 24. Dezember 1848 und dem 6. Januar 1849 auch wieder eine Reihe von zweihändigen Klavierstücken, was durch Eintragungen im Haushaltbuch und im Handexemplar belegt ist (Tb III, 479–481; als letztes Stück entstand »Vogel als Prophet«).

Der Wald als spezifisch romantischer Idealraum spielt auch in Schumanns Werk eine bedeutende Rolle. Webers *Freischütz* und Eichendorffs Gedichte, die er hoch verehrte, sind hier die Vorbilder und Inspirationsquellen. Im *Liederkreis* op. 39 (nach Eichendorff, 1840), im 2. Teil von *Das Paradies und die Peri* op. 50 (1843), im 4. Akt der Oper *Genoveva* (1848) und im 1. Teil der Chorballade *Vom Pagen und der Königstochter* op. 140 (1852) sowie in zahlreichen Liedern und Chorliedern hat Schumann seine Affinität zu dieser Sphäre eindrucksvoll bewiesen. Ihre immer wiederkehrenden Motive – rauschende Bäume und Quellen, singende Vögel, einsame Wanderer, Jäger, Hörnerklang, Dunkel und nächtliche Stille –, jene geheimnisvolle Vermischung von Geborgenheit und Bedrohung, haben auch seine Fantasie angeregt. Eine Folge von Charakterstücken für Klavier, in denen diese Thematik durchgespielt werden konnte, lag damit nahe. Die musikalische Umsetzung gelang Schumann mühelos und ohne ein Abgleiten ins genrehafte Klischee. Die wechselnden Bilder schließen sich durch planvolle Anordnung der Tonarten (B-Dur/d-Moll/B-Dur/d-Moll/B-Dur/Es-Dur/g-Moll/Es-Dur/B-Dur) und motivische Beziehungen zwischen den einzelnen Stücken zu einem zyklisch geordneten Ganzen zusammen. Hierzu bemerkte Richard Hohenemser: »Aber in Nr. 4 ›Verrufene Stelle‹ ist die Hauptfigur aus Nr. 3 ›Einsame Blumen‹ eingearbeitet trotz des entschiedenen Stimmungsgegensatzes der beiden Stücke« (Hohenemser 1918, 23). Hohenemser weist auf die Beziehung zwischen der Blume, die aus dem Blut eines Ermordeten entsprossen ist, in den als Motto der »Verrufenen Stelle« beigegebenen Hebbel-Versen und den »Einsamen Blumen« hin, und schreibt außerdem noch: »In Verrufene Stelle gewahren wir auch eine Beziehung zu Nr. 2 ›Jäger auf der Lauer‹, indem beide scheinbar in D-Dur endigen, dann aber mittelst des verminderten Septimenakkordes von Gis nach d-Moll zurückgehen. Es ist klar, daß und warum in beiden Fällen etwas Geheimnisvolles, Spannendes in der Musik liegt.«

Dennoch haben einige der *Waldszenen* auch als losgelöste Einzelstücke sehr bald Berühmtheit erlangt, so vor allem »Vogel als Prophet«, eine der subtilsten Kostbarkeiten romantischer Klaviermusik. Es war ein Lieblingsstück Hermann Hesses, der es sich manchmal von Clara Haskil vorspielen ließ (Hermann Hesse: Musik. Betrachtungen, Gedichte, Rezensionen und Briefe, Frankfurt am Main ²1977, 206 f.). Hesse spricht hier (a.a.O., 221) auch von »Vogel als Prophet« als einem »holden und geheimnisvollen« Stück. Auch die »Verrufene Stelle« (mit einem Gedicht von Hebbel als Motiv), in der Bachsche Kontrapunktik und eine kühne, dissonanzenreiche Harmonik sich zu beklemmender Wirkung verbinden, und das frischvirtuose *Jagdlied* wurden früh sehr geschätzt. Schon der bereits zitierte Rezensent der *Berliner Musik-Zeitung Echo* bemerkte treffend: »Sein legato stammt aus dem wohltemperierten Clavier von Joh. Seb. Bach […]«. Der Einfluß von Mendelssohns Tonsprache, der in Schumanns späteren Werken wie in den *Waldszenen* immer wieder zu beobachten ist, hat besonders das letzte Stück, »Abschied«, geprägt. Es ist neben der »Erinnerung« (op. 68/28) die schönste Huldigung für den frühverstorbenen Freund: der erste Teil erscheint wie die Evokation eines »Lieds ohne Worte«; im Mittelteil mit seinen zarten polyphonen Verflechtungen bricht dann wieder Schumanns unverwechselbarer Stil durch.

Ursprünglich hatte Schumann nicht nur der »Verrufenen Stelle«, sondern auch fünf weiteren Stücken, nämlich »Eintritt«, »Jäger auf der Lauer«, »Vogel als Prophet«, »Jagdlied« und »Abschied« literarische Mottos voranstellen wollen. Vorgesehen waren hier Strophen und Verse von Eichendorff sowie aus zwei damals beliebten Gedichtsammlungen: dem *Jagdbrevier* von Heinrich Laube (Leipzig 1841) und den *Waldliedern* von Gustav

Pfarrius (Köln 1850). Die Texte, zu denen auch Eichendorffs »Hüte dich! Sei wach und munter« (zu »Vogel als Prophet«, von Schumann als op. 39/10 bereits 1840 vertont) gehört, sind erstmals vollständig in den Kritischen Anmerkungen zur Wiener Urtext Edition der *Waldszenen* (UT 50066, Wien 1980) publiziert; dort auch die für den Druck gestrichene Coda zu »Vogel als Prophet«. Diese Mottos, aber auch die Überschriften vieler Stücke bei Schumann wollen nach der oft bekundeten Absicht des Komponisten nicht als programmatische Festlegungen verstanden werden, sondern als poetische Fingerzeige für den Hörer wie für den Spieler zur Verdeutlichung des musikalischen Charakters. Sie wurden immer erst nach der Komposition gesetzt. Daß Schumann es bei den *Waldszenen* dann in der gedruckten Ausgabe bei dem einen Motto mit Hebbels eindrucksvollen Versen bewenden ließ, spricht für sein sicheres künstlerisches Gespür.

Die zum Teil ziemlich platten Reimereien von Laube und Pfarrius hätten dagegen, so hübsch sie auch bisweilen zu den Titeln der Stücke passen, seine *Waldszenen* gefährlich in die Nähe jener biederen Feld-, Wald- und Wiesenromantik gerückt, der seine Musik nicht zugerechnet werden darf. Dies hat auch der Rezensent der *Neuen Berliner Musikzeitung* bei allem zeittypischen poetischen Überschwang richtig erkannt: »[…] Ausserordentlich poetische, tiefempfundene Compositionen, mit denen jedes unbefangene Gemüth den innigsten Verband schliessen wird. Frei von aller schlechten Sentimentalität, hypochondrischen Empfindelei und dem gewöhnlichen Wald- und Landparthien-Enthusiasmus sind diese naiven Klavierstücke die reinste ungetrübteste Herzenergiessung, die nur einer frischen gesunden Naturanschauung entspringen kann. Der Componist hat bei der Einfachheit seines Stoffes auch zu grosse technische Schwierigkeiten vermieden und ist in seiner Formbildung einfacher als wir es bei ihm gewohnt, daher auch einem grossen Kreise, die von Schumann nichts als den Namen kannten, zugänglich geworden« (NBMZ 5/1851, Nr. 19 vom 7. Mai, 145 f.). Die bis ins frühe 20. Jahrhundert reichende musikalische Rezeption von Schumanns *Waldszenen* enthält neben zahllosen epigonalen Salonprodukten auch einige herausragende und originelle Werke, z. B. Stephen Hellers *Im Walde*

op. 86 und 128 und Edward MacDowells *Amerikanische Waldidyllen* op. 51 (vgl. dazu Jost 1989).

»[…] höchst interessant,
zum Theil überraschend schön […]«

Bunte Blätter op. 99, *Albumblätter* op. 124

Zu den lange offenbar unausrottbaren Klischees über Robert Schumann, die erst in den beiden letzten Jahrzehnten durch die intensiven Bemühungen der Schumann-Forschung beseitigt wurden, gehört auch die Vorstellung von einem zwar genialen, aber letztlich lebens- und geschäftsuntüchtigen Träumer und Fantasten. Schuld an diesem Zerrbild war vor allem der erste Schumann-Biograph J. W. von Wasielewski, ein biederer Geiger von durchaus begrenztem musikalischen Horizont, der Schumann als Konzertmeister in Düsseldorf zwar näher kennenlernte, aber nie ein richtiges Verhältnis zu seiner Musik fand und sich nicht scheute, dem Komponisten handwerkliche Mängel, Unklarheit und völlige Unfähigkeit als Dirigent oder Pädagoge zu attestieren. Man fragt sich, wie ein solcher unpraktischer und lebensuntüchtiger Mann nicht nur komponieren und seine Werke an die besten Verleger verkaufen, sondern auch noch zehn Jahre lang, von 1834 bis 1844, die noch heute existierende *Neue Zeitschrift für Musik* – die ihm übrigens gehörte! – herausgeben, zu (auch kommerziellem) Erfolg führen und dabei einen großen Teil der Artikel selbst schreiben sowie eine unübersehbare Korrespondenz in diesem Zusammenhang führen konnte.

Die beiden Sammlungen von Klavierstücken op. 99 bzw. op. 124 sind besonders eindrucksvolle Zeugnisse von Eigenschaften, die man Schumann lange nicht zubilligen wollte: nüchterner Geschäftssinn und künstlerischer Pragmatismus. Wie fast alle großen Komponisten war sich Schumann seines künstlerischen Rangs und seiner Stellung in der Musikwelt etwa ab der Mitte der 1840er Jahre sicher. Im Gegensatz zu seinem Freund und Schützling Johannes Brahms, der große Scheu hatte, der Mit- und Nachwelt einen Blick in seine Werkstatt und sein musikalisches Ringen und Schaffen zu erlauben, und der daher immer wieder

Skizzen, Entwürfe und auch viele fertige Werke, die seinen strengen Maßstäben nicht genügten, vernichtete, bewahrte Schumann Skizzen, Entwürfe, Fragmente und selbst kurze Ideen von wenigen Takten auf, um sie unter Umständen Jahre später doch noch zu verwenden. In der Aphorismensammlung *Aus Meister Raro's, Florestan's und Eusebius' Denk- und Dichtbüchlein* (um 1833) findet sich unter der Überschrift »Unverschämte Bescheidenheit« folgende für seine Ästhetik bezeichnende Bemerkung: »Die Redensart: ›Ich hab's in den Ofen gesteckt‹ birgt im Grund eine recht unverschämte Bescheidenheit; eines schlechten Werkes wegen wird die Welt noch nicht unglücklich, und dann bleibt es auch immer nur bei der Redensart; man müßte sich ja wahrhaftig schämen. Kann die Menschen nicht leiden, die ihre Kompositionen in den Ofen stecken. Fl.« (Kreisig I, 28).

In den frühen Studienbüchern (RSW, 779–784) sind die oft nur ein bis zwei Takte umfassenden Einfälle, fast immer von Klavierwerken, z.T. sogar durchnummeriert. Auf Reisen trug Schumann später kleinformatige Notizbücher mit Notenlinien bei sich, in die er neben Tagebuchnotizen, Adressen, Rechnungen und Briefentwürfen auch Notenskizzen eintragen konnte (RSA VII/3, 4: Dresdner Skizzenheft, Taschennotizbuch). Schon die *Papillons* op. 2, erschienen 1831, greifen z.T. auf Jahre zuvor entstandene Skizzen, z.B. einen nur zur Hälfte erhaltenen Zyklus von sechs Walzern (Studienbuch III, D-BNu, Sign. Schumann 15) bzw. auf die 1828 komponierten acht Polonaisen für Klavier zu vier Händen op. III (Nr. 3, 4 und 7) zurück (vgl. Draheim 1987).

Als Schumanns Erfolg als Komponist – zunächst war er nur als Musikschriftsteller bekannt geworden – seit der Mitte der 1840er Jahre ständig zunahm, was auch an den höheren Honoraren für seine Kompositionen abzulesen ist, wurde er von Verlegern immer wieder mit dem Wunsch nach leicht spielbarer und damit gut verkäuflicher Klaviermusik konfrontiert. Da sich sein kompositorisches Interesse, abgesehen von pädagogisch intendierten Werken wie dem *Album für die Jugend* op. 68, den *Drei Klaviersonaten für die Jugend* op. 118, einem politischen Gelegenheitswerk wie den *Märschen* op. 76 und den technisch eher anspruchsvollen *Waldszenen* op. 82 fast ausschließlich auf andere, größer dimensionierte Gattungen (Oper, Sinfonie, Konzert, Kammermusik, Chorballade usw.) konzentriert hatte, lehnte Schumann solche Angebote mit eiserner Konsequenz stets ab. Er wollte seine Verleger aber nicht ständig vor den Kopf stoßen und fand schließlich eine geniale Lösung, die in der Musikgeschichte wohl kaum eine Parallele haben dürfte. Er sammelte, ordnete und überarbeitete kleinere und technisch meist nicht zu anspruchsvolle Klavierstücke, die oft zu größeren zyklischen Werken gehört hatten, aber aus formalen, nicht musikalischen Gründen aussortiert worden waren, Albumblätter und Gelegenheitswerke für Familie und Freunde sowie frühe Skizzen aus den Jahren 1832 bis 1849 und gab sie als *Bunte Blätter* op. 99 (Dezember 1851) und als *Albumblätter* op. 124 (Dezember 1853) heraus. Am ehesten vergleichbar in ihrer Entstehung sind Mendelssohns *Lieder ohne Worte* und einige Hefte der *Lyrischen Stücke* von Grieg, die nicht als Zyklen oder Hefte konzipiert waren, sondern vom Komponisten aus einem reichen Fundus von Stücken jeweils zusammengestellt wurden.

Beide Sammlungen erschienen bei dem kleinen, aber rührigen Verleger Friedrich Wilhelm Arnold in Elberfeld, beide in zierlichem Notenstich und mit besonders ansprechenden farbigen ornamentalen Titelblättern. Wie immer hatte Schumann Einfluß auf die graphische Gestaltung seiner Notenausgaben genommen und sogar vorgeschlagen, Blätter »in zwölf verschiedenen Farben« zu verwenden, z.B. Grün für die ersten drei »Stücklein« von op. 99, was der Verleger, sicher aus Kostengründen, schließlich ablehnte (Die Musik 34/1941, Heft 1, 13). Die graphische Ähnlichkeit der beiden Titelblätter betont aber die Zusammengehörigkeit der beiden Opera, das Erscheinungsdatum kurz vor Weihnachten legt die Vermutung nahe, daß beide Hefte sich als Weihnachtsgeschenke für anspruchsvolle Musikliebhaber empfehlen sollten. In beiden Werken ist im Erstdruck jedem Stück das Entstehungsjahr beigegeben – Schumann verschleiert also die Tatsache nicht, daß es sich hier nicht wie sonst immer bei ihm um planvoll disponierte Zyklen handelt, sondern um nachträgliche Zusammenstellungen von Einzelstücken aus verschiedenen Jahren. In dieser Hinsicht unterscheiden sich die beiden Sammlungen, die ursprünglich als ein Werk in mehreren Heften geplant waren, kaum voneinander. Op. 99 enthält 14 z.T. etwas längere Stücke aus den Jahren 1837 bis 1849, von denen eines (Nr. 13: Scherzo g-Moll) mit Sicherheit, zwei (Nr. 11: Marsch d-Moll; Nr. 12: Abendmusik B-Dur) wahrscheinlich ursprünglich keine Klavierwerke waren. In op. 124 sind 20 meist sehr kurze Stücke (einige füllen nur eine Seite, die längsten 4 Seiten) aus den Jahren 1832 bis 1845 gesammelt; es handelt sich durchweg um Klavierstücke; nur das letzte (Kanon D-Dur) war ursprünglich für Pedalflügel konzipiert.

Die Suche nach einem geeigneten Titel für diese neue Gattung von nachträglichen Sammelwerken erwies sich zunächst als etwas schwierig. Nachdem Schumann den Titel »Spreu« vorgeschlagen hatte, äußerte der Verleger am 1. Mai 1851 Bedenken. Daraufhin schrieb Schumann am 30. Mai 1851: »Nach vielem Hin- und Hersinnen bin ich auf den Titel Bunte Blätter gekommen. Denn auch mir war der andere [»Spreu«] nicht recht, und ich hatte ihn für das Opus gewählt, da es früher aus etwa 30 kürzeren Stücken bestand« (BNF, 469). Am 1. Juni 1851 akzeptierte Arnold den neuen Titel, am 8. Juni 1851 nahm er das Werk an, am 14. Juni 1851 schickte Schumann die Stichvorlage ab, so daß die Ausgabe in der von Schumann gewünschten Form und Ausstattung noch Ende 1851 erscheinen konnte (RSW, 429). Schumann erhielt am 1. September 1851 ein Honorar von 141, 20 Thaler (Tb III, 679), eine stattliche Summe, wenn man bedenkt, daß er für ein wesentlich umfangreicheres Werk wie die *Rheinische Sinfonie* Es-Dur op. 97 auch nur 200 Thaler bekommen hatte (Tb III, 678).

Am Anfang der *Bunten Blätter* op. 99 stehen »Drei Stücklein« in A-Dur, e-Moll und E-Dur, die in ihrer Prägnanz, Stimmungsdichte und glänzenden, aber nicht ausgesprochen virtuosen Machart charakteristisch, sozusagen exemplarisch für alle weiteren Stücke von op. 99 und 124 sind. Sie entstanden zwischen dem 18. und 21. Dezember 1838 in Wien: »Einiges Hübsche componirt, die zwei ersten Notturnis, am 18ten das in A Dur« heißt es dazu im Tagebuch (Tb II, 84). Das erste Stück in A-Dur schickte Schumann am 18. Dezember 1838 unter dem Titel »Wunsch« aus Wien an seine damals in Paris lebende 19jährige Braut Clara Wieck und schrieb dazu: »Gott grüße Dich mein herziges

Mädchen. Du hast Frühling um mich gemacht und goldne Blumen zucken mit den Spitzen hervor, mit andern Worten, ich componire seit Deinen Briefen, ich kann gar nicht laßen vor Musik. Hier hast Du mein kleines Angebinde zum heiligen Christ. Du wirst meinen Wunsch verstehen.« Clara Wieck antwortete am 26. Dezember: »Schönsten Dank, mein Robert, für Dein schönes inniges Geschenk – es war das Schönste, was Du mir finden konntest, denn es kam aus Deinem Herzen« (Briefwechsel I, 326, 328). Das Autograph trägt die Widmung »An meine geliebte Braut zum heiligen Abend 1838« und enthält, wie auch drei weitere Widmungsautographen des Stückes, gegenüber der Druckfassung zahlreiche interessante Abweichungen.

Nr. 4–8 sind mit »Albumblätter I – V« überschrieben. Von Nr. 4, dem Albumblatt I fis-Moll aus dem Jahre 1841, dessen Autograph verschollen ist, wissen wir nicht, für wen es bestimmt war. Das schlichte Stück von ganz einfachem akkordischem Satz berührt durch seine stille Melancholie und inspirierte sowohl Clara Schumann (op. 20, 1853) wie Johannes Brahms (op. 9, 1854) zu großangelegten Variationszyklen voller subtiler musikalischer Anspielungen, die als Huldigungswerke an den Komponisten zu verstehen sind.

Nr. 5 (Albumblatt II h-Moll, im Charakter »In der Nacht« aus den *Fantasiestücken* op. 12/5, 1837, vergleichbar) und Nr. 7 (Albumblatt IV as-Moll) sind im Druck auf 1838 datiert und tragen im Arbeitsmanuskript die Titel »Fata Morgana« (1837) und »Jugendschmerz« (1839) (RSW, 431). Nr. 5 könnte daher, auch aufgrund seiner Faktur, zu den Stücken gehören, über die Schumann am 17. März 1838 an Clara Wieck in Wien schrieb: »und hab da an die 30 kleine putzige Dinger geschrieben, von denen ich ihrer zwölf ausgelesen und ›Kinderscenen‹ genannt habe« (Briefwechsel I, 121). Nr. 7 ist erst im Winter 1838/39 in Wien entstanden, wie das Notenpapier einer zweiten Handschrift verrät, gehört aber vom Titel her zum Umfeld der *Kinderszenen*, die zu diesem Zeitpunkt schon im Druck waren. Nr. 6 (Albumblatt III As-Dur) ist im Druck wohl versehentlich auf 1836 datiert, weist doch die Tonfolge As-C-H in der rechten Hand (T. 1/2) eindeutig auf den *Carnaval* op. 9, der 1834/35 entstand, aber erst 1837 erschien. Ein Autograph ist zur Zeit nicht nachweisbar. Nr. 8

(Albumblatt V Es-Dur) trägt seinen Titel zu Recht, denn es ist für das (leider verschollene) Album von Pauline Garcia (später: Viardot), der großen und vielseitigen, mit Clara und Robert Schumann eng befreundeten Sängerin, der Widmungsträgerin von Schumanns erstem gedruckten Lieder-Opus, dem *Liederkreis von H. Heine* op. 24 (1840) bestimmt. In Schumanns Brautbuch (D-Zsch, Sign. 5976-A3/A1) ist es mit »In Pauline Garcias Stammbuch/ August 1838.« überschrieben und enthält den Anfang einer nicht ausgeführten Fortsetzung (5 Takte).

Die Novellette h-Moll (Nr. 9) hat im Druck das Datum 1838 und dürfte mit Sicherheit zu den im Frühjahr 1838 entstandenen *Novelletten* op. 21 gehört haben, zu deren Tonartenzyklus, Form und brillanter Pianistik das Stück perfekt paßt.

Das leidenschaftliche Präludium b-Moll (Nr. 10) wurde im Oktober 1839 entworfen; von der folgenden Fuge, die eher ein inventionsartiges Fugato ist, sind zwei längere Fragmente erhalten, aber bisher nicht veröffentlicht (F-Pn, Sign. W. 15, 47 und – in RSW, 431, nicht genannt – Stockholm, Stiftelsen Musikkulturens främjande). Das Scheitern dieses ehrgeizigen Projekts ist durch Briefe Schumanns an Clara eindrucksvoll belegt: Am 27. Oktober 1839 schreibt er: »Das Neuste ist, daß ich gar nicht mehr componiren kann und an einem dummen Präludium mit Fuge schon 8 Tage kaue, zuletzt die Hoffnung aufgegeben hab und Rache geschworen und noch immer auf demselben Fleck stehe« (Briefwechsel II, 767). Zwei Tage später schrieb Clara Wieck aus Berlin: »Gelacht hab ich über Dich mit dem Präludium und Fuge, ich kann gar nicht denken, daß es Dir nur einmal fehlen könnte. Laß es nur nicht fahren« (Briefwechsel II, 769). Doch Schumann schimpfte nur einen Tag später weiter: »Meine Fuge ist wieder um ein Stück kürzer worden – Es geht nicht mehr mit mir. Ich hab meine Phantasie verloren. Lache nur nicht. An meinen Sprüngen und Gedanken mußt Du merken, daß es nicht richtig mehr mit mir ist. Jetzt componire Du nur für mich« (Briefwechsel II, 771). Auf weitere aufmunternde Nachfragen nach dem Stück von Seiten Claras am 1., 5. und 21. November 1839 hat Schumann nicht mehr geantwortet (Briefwechsel II, 773, 777, 795).

Der Marsch d-Moll (Nr. 11) mit Trio in F-Dur, im Druck auf das Jahr 1843 datiert, gibt uns Rätsel auf, zumal ein Autograph zur Zeit nicht nachweisbar ist. Der dichte Klaviersatz macht eher den Eindruck eines Klavierauszuges, z. B. von einem Bläsersatz, doch läßt sich im Jahre 1843, als Schumann sich hauptsächlich mit seinem Oratorium *Das Paradies und die Peri* op. 50 beschäftigte, kein solches Werk nachweisen. Einen Zusammenhang mit den vier *Phantasiestücken* op. 88 für Klaviertrio, die im Dezember 1842 als »Erstes Trio« in a-Moll skizziert wurden (Tb III, 231–233), könnte man sich von der Tonart (d-Moll – die vier Stücke stehen in a-Moll, F-Dur, d-Moll, a-Moll), der Form (A-B-A) und vom Klaviersatz her vorstellen, müßte dann aber einen Gedächtnisfehler Schumanns (1843 statt 1842, was bei einem Datum im Dezember denkbar ist) und die Umarbeitung des ohnehin vom Klavier beherrschten Satzes vom Klaviertrio zum Klavier annehmen. Dies ist auch deswegen nicht ganz unwahrscheinlich, da die nächste Nummer (Abendmusik B-Dur, Nr. 12) vermutlich und die übernächste Nummer (Scherzo g-Moll, Nr. 13) mit Sicherheit Klavierfassungen von Orchesterwerken darstellen.

Die Abendmusik B-Dur (Nr. 12) trägt im Erstdruck das Datum 1841, Schumanns »Sinfoniejahr«, in dem er nachweislich nur zwei Klavierwerke schrieb, das Albumblatt fis-moll op. 99/4 und das »Schlummerlied« op. 124/16, sich ansonsten nach der ihm eigenen Schaffensweise ausschließlich mit sinfonischen Werken beschäftigte. Also kann man wohl davon ausgehen, daß diese anmutige dreiteilige Serenade in Menuettform – übrigens das einzige Menuett bei Schumann neben der 3. Nummer (1850) im *Kinderball* op. 130 für Klavier zu 4 Händen –, vielleicht mit Ausnahme des doch sehr tief liegenden Trios in Ges-Dur, orchestralen Ursprung hat, d. h. einem nach kurzer Zeit aufgegebenen sinfonischen Projekt entstammt.

Für das folgende Scherzo g-Moll (Nr. 13) wird diese Vermutung durch die Quellenlage und Entstehungsgeschichte zur Gewißheit. »Symphonistische Versuche« bzw. »Symphonieanfänge« (Tb III, 164) vermerkt Schumann für den 13., 14. und 17. Oktober 1840 in seinem Haushaltbuch und kommentiert dies im abwechselnd mit Clara geführten Ehetagebuch folgendermaßen: »Bei aller Anstrengung zum Arbeiten und Schaffen jetzt will mir nichts gelingen, was mich oft mit Schwermuth erfüllt. Woher es kömmt, weiß ich nicht. Ganz müßig blieb ich dennoch nicht und habe mich auf ein Gebiet gewagt, auf dem freilich nicht jeder erste Schritt gelingt. Davon später« (Tb II, 112). Vielleicht hat sich Schumann diese Entwürfe, die erhalten sind (RSW, 656 f.), noch einmal vorgenommen, denn im Januar 1841 sind für den 21. »Anfang e.[iner] Symphonie in C Moll« und für den 22. »Symphonie« (Tb III, 172) verzeichnet. Wahrscheinlich beziehen sich diese Notizen aber auf einen sogleich in Partiturform gebrachten zweiten Versuch, eine etwas klassizistisch angehauchte Sinfonie in c-Moll in relativ kleiner Orchesterbesetzung (2 Flöten, 2 Oboen, 2 Klarinetten, 2 Fagotte, 2 Hörner, Streicher – das entspricht fast genau der Besetzung von Mozarts Sinfonie g-Moll KV 550, die Schumann besonders schätzte!) zu schreiben. Warum Schumann dieses reizvolle Experiment schon nach zwei Tagen aufgab und auch, nachdem er im September 1841 sozusagen »nachträglich« eine fast vollständige Skizze der ganzen Sinfonie entworfen hatte, sich auch später »nicht mehr in dieselbe hineinzufinden« vermochte, wie er seinem Biographen Wasielewski anvertraute (Wasielewski ⁴1906, 313), ist schwer zu sagen. Vielleicht spürte er den stilistisch eher rückwärts gewandten Charakter des Entwurfs. Dennoch hat Schumann die Musik der c-Moll-Sinfonie nicht ganz vergessen. Das im Particell (RSW, 657) vollständig skizzierte Scherzo g-Moll, der einzige zu Ende komponierte Satz der Sinfonie, bearbeitete er für Klavier zu zwei Händen und veröffentlichte es als Nr. 13 der *Bunten Blätter* op. 99 (Rekonstruktionsversuch des Verf. 1995, Wiesbaden: Breitkopf & Härtel).

Das letzte Stück der *Bunten Blätter*, der »Geschwindmarsch« g-Moll (Nr. 14), entstand zwischen dem 12. und 16. Juni 1849 zusammen mit den schon im Juli 1849 bei Whistling in Leipzig publizierten *Vier Märschen* op. 76, einem von Schumanns durch die Revolution inspirierten Werken (vgl. S 268 ff.). Vor der Drucklegung wurde der Marsch wohl aus formalen Gründen zurückgehalten, obwohl er von der Tonart (g-Moll) her perfekt in den Zyklus (Es-Dur, g-Moll, B-Dur, Es-Dur) gepaßt hätte. Vielleicht stand der zweite Marsch in g-Moll im Wege oder der aus dem Rahmen fallende 2/4-Takt. Der burlesk-kapriziöse Charakter dieses »Geschwindmarsches« hätte auch nicht zum monumentalen Ernst der

Märsche Nr. 1, 2 und 4 gepaßt – für die Auflockerung des Zyklus im Sinne eines Scherzo-Satzes sorgte bereits die Nr. 2 (»Lager-Szene«).

Die Herausgabe der *Albumblätter* op. 124 gestaltete sich weitaus unkomplizierter als die Publikation der *Bunten Blätter* op. 99 – offenbar wußten beide Seiten nun, was sie wollten. Schumann stellte die kürzeren Stücke, die in op. 99 keinen Platz mehr gefunden hatten, zusammen und bot sie am 3. September 1853 (RSW, 526) zusammen mit den *Sieben Clavierstücken in Fughettenform* op. 126 Arnold an, der sofort akzeptierte, so daß die immerhin 44 Notenseiten umfassende Ausgabe schon im Dezember 1853 mit einer Widmung an Alma von Wasielewski, die Frau seines späteren Biographen, erscheinen konnte.

Die Sammlung, die in vier Hefte zu je fünf Stücken unterteilt ist, gibt in ihrer bunten Fülle und Verschiedenartigkeit einen noch beeindruckenderen Querschnitt durch Schumanns Schaffen von den experimentellen Anfängen bis in das »Fugenjahr« 1845. Da die technischen Ansprüche der meisten Stücke etwas unter denen der *Bunten Blätter* op. 99 liegen, haben einige, auch durch die Aufnahme in Sammelbände und durch Einzelausgaben, Eingang in den Klavierunterricht gefunden, z. B. Nr. 4–7, 11, 16–18. Während für op. 99 keine Rezensionen in Fachzeitschriften nachzuweisen sind, findet sich in der *Neuen Berliner Musikzeitung* vom 11. Juli 1855 eine kurze Würdigung von der Hand des Komponisten und Musikschriftstellers Julius Schäffer (1823–1902): »Die Albumblätter bestehen in einer Sammlung früherer Compositionen; es sind kurze Stückchen, Papierschnitzel, Gedankenspäne, kleine Skizzen aus den Zeiten der Davidsbündler, des Carnevals, der Novelletten, Fantasiestücke u.s.w. Das Jahr der Entstehung ist auf jedem Stücke angegeben, einige reichen bis in das Jahr 1832 hinein, und die späteste Jahreszahl ist 1845. Die kleinen Stücke sind höchst interessant, zum Theil überraschend schön, alle aber Belege von der unendlich fruchtbaren Fantasie des Künstlers zu jener Zeit« (NBMZ 9/1855, Nr. 28 vom 11. Juli, 218). Fast alle Stücke aus op. 124 sind entweder »aussortierte« Teile von größeren zyklischen Werken oder typische Gelegenheitskompositionen. Schumanns eigenes Urteil über die *Bunten Blätter* op. 99 und die *Albumblätter* op. 124 ist sehr typisch für seine Bescheidenheit:

»Er meinte, wenn diese Erzeugnisse ungedruckt blieben, so wäre es kein Verlust, aber die Freunde seiner Muse könnten die ›kleinen Stückchen‹ als musikalische Stimmungen wohl interessieren« (Wasielewski ⁴1906, 474).

Dem Verlag Breitkopf & Härtel bot Schumann in seinem ersten Brief (2. November 1832) an das renommierte Haus, das nur wenige Jahre später sein wichtigster Verleger werden sollte, »für eine spätere Zeit XII Burlesken (Burle) nach Art der Papillons, die bei Kistner erschienen« (BNF, 414) an. Einige Skizzen sowie eine wohl 1833 angelegte unvollständige Liste mit Takt- und Tonartangaben (D-BNu, Sign. Schumann 1, vgl. RSW, 674 f.) ermöglichen es uns, einige dieser Burlen bzw. Burlesken zu identifizieren, auch wenn sie inzwischen in op. 124 andere Überschriften bekommen haben. Es handelt sich meistens um kurze, schnelle und rhythmisch pointierte Stücke von überschäumendem Temperament (vgl. MGG2, Sachteil, Bd. 3, Sp. 277–280, Artikel »Burleske« von Michael Struck):

»Impromptu« op. 124/1	=	*Burle. 3. d min f.dur*
»Scherzino« op. 124/3	=	*Burle. 6. F maj oder*
		Burle. 7. F.maj.
»Burla f-Moll« op. 124/12	=	*Burle. 5. F min. 2/4*
»Larghetto As-Dur«		
op. 124/13	=	*Burle. 8. As maj. 12/8*

Das Scherzino F-Dur op. 124/3 ist im Studienbuch II unter dem Titel *Papillote*, im Studienbuch III unter dem Titel *Papillon* skizziert. Die Burla f-Moll op. 124/12 ist in einer Skizze (D-DÜhi, Sign. 74.115) unter dem Titel »Burla, dedicato al Dottore Peter Schoppe (eine Gestalt aus Jean Pauls Roman *Titan*) notiert. Das nur 9 Takte umfassende Larghetto As-Dur op. 124/13 wird im Streichquartett F-Dur op. 41/2 im Andante, quasi Variazioni weiterentwickelt.

Auch der Walzer As-Dur (Nr. 15), im Erstdruck auf 1832 datiert, und »Elfe« (Nr. 17), im Autograph (Studienbuch II, 60) mit »Papillon sive Burla« überschrieben, könnten zu den Burlesken zählen, obwohl die »Elfe« durch die Datierung 1835 und die Tonfolge (C)-As-C-H eindeutig auf das Umfeld des *Carnaval* op. 9 weist. Mit Sicherheit sind der Walzer a-Moll (Nr. 4, A-Dis(=Es)-C-H in Takt 1 f.) und die zauberhafte Romanze B-Dur (Nr. 11,

A-Es-C-H in Takt 3 f.) dem *Carnaval* op. 9 zuzuordnen, wie schon Wasielewski bemerkt hat (⁴1906, 150).

Datierung im Erstdruck oder in erhaltenen Skizzen, formale und stilistische Gründe sprechen dafür, daß der »Phantasietanz« e-Moll (Nr. 5), der Ländler D-Dur Nr. 7, das Impromptu B-Dur (Nr. 9), der Walzer As-Dur (Nr. 10) und »Botschaft E-Dur« (Nr. 18) wie das Albumblatt op. 99/5 zu den »30 kleinen putzigen Dingern« gehören, aus denen die *Kinderszenen* op. 15 »ausgelesen« (RSW, 527; Briefwechsel I, 121) wurden, wenn man davon ausgeht, daß Schumann nicht nur das Frühjahr 1838, sondern auch das Jahr 1837 meint, wie die wenigen autographen Quellen zu den *Kinderszenen* nahe legen (RSW, 67 f.).

»Leid ohne Ende« (Nr. 8) gehört zu den *Fantasiestücken* op. 12 (erschienen 1838), wie schon Wasielewski (⁴1906, 180) bemerkte, was durch eine gemeinsame Skizze mit »Des Abends« op. 12/1 bestätigt wird, die Schumann am 29. Juli 1837 einem Herrn Streben (Pseudonym für Ernst Graf Sperling, einem Leipziger Bekannten) schenkte (RSW, 528).

Die »Vision« F-Dur (Nr. 14) ist im Brautbuch (RSW, 788 f.) auch mit »Fata Morgana« überschrieben und auf den 13. November 1838 datiert, gehört also zu jener Zeit einer schöpferischen Euphorie Ende 1838/Anfang 1839 in Wien, über die Schumann wohl Ende 1838 an den Pianisten Joseph Fischhof schrieb: »Im Augenblick componire ich stark und möchte mich zum Lieblings-Componisten aller Wienerinnen emporschwingen« (BNF, 146). Ob ihm das bei dem völlig verflachten Musikgeschmack im damaligen Wien mit dieser virtuos-blitzenden Klangstudie gelungen wäre, darf bezweifelt werden.

Das »Phantasiestück« A-Dur (Nr. 19), eine der subtilsten Miniaturen, die Schumann geschrieben hat, bildet auf eigentümliche Weise eine Brücke zwischen den frühen Klavierwerken und dem Liederjahr 1840. Im Brautbuch (RSW, 788 f.) finden sich unter dem Datum des 22. April 1838 fünf Takte in As-Dur ohne Überschrift, die Keimzelle zum späteren nach A-Dur transponierten »Phantasiestück«, das Schumann 1839 offenbar ausarbeitete – darauf deutet das Datum im Erstdruck – und am 19. November 1839 von Leipzig aus an Clara Wieck, die damals bei ihrer Mutter Mariane Bargiel in Berlin lebte, schickte: »Hier auch das Scherzino; Du hetzst den Anfang gern; spiel es recht wie gelegentlich, namentlich den Schluß« (Briefwechsel II, 793). Im Postskriptum eines Briefes von Robert an Clara vom 16. Februar 1840, in dem er erstmals konkret von Liedern und mehrstimmiger Vokalmusik schrieb, heißt es: »Hier, meine Klara, leg ich noch ein Liedchen bei; ich hab's eben gemacht. Lies erst den Text gut und gedenke dann Deines/ Roberts/ Es ist eigentlich das Scherzino in anderer Form« (Briefwechsel III, 933). Die Identität dieses ersten Liedes, das Robert seiner Clara zukommen ließ, war lange umstritten, bis Thomas Synofzik (2004) durch weitere Briefzeugnisse beweisen konnte, daß es sich um den berühmten »Nussbaum« (*Myrthen* op. 25/3) handelte. Vergleicht man nun die Takte 1–2 bzw. 5–6 bzw. 9–10 des »Nussbaum« mit den Takten 4–5 des »Phantasiestücks«, so wird klar, daß es sich nur um das bisher nicht identifizierte Scherzino handeln muß, zu dem auch die Anweisungen Schumanns an Clara gut passen; denn das Stück, im Erstdruck mit »Leicht, etwas graziös« überschrieben, verträgt in der Tat kein zu schnelles Tempo, wozu Clara Wiecks stürmisches Temperament neigte, wie häufige Ermahnungen ihres Bräutigams beweisen. Obwohl Lied und Klavierstück nur im heiter-gelösten Tonfall und in diesem einen markanten Detail (Quintmotiv mit Terzfall) übereinstimmten, haben wir hier einen faszinierenden Beleg dafür, daß sich der mirakulöse »Liederfrühling« schon im Herbst 1839 ankündigte, z. B. auch in der betont sanglichen Stimmführung von Klavierstücken, und sozusagen organisch aus dem Klavierschaffen mit seinem poetischen, redenden bzw. singenden Charakter erwuchs.

Am 1. September 1841, zwölf Tage vor Clara Schumanns 22. Geburtstag, wurde das erste Kind des Ehepaars, die Tochter Marie geboren. Zum ersten gemeinsamen Weihnachtsfest der kleinen Familie schrieb der glückliche Vater ein inniges »Wiegenlied für Marie und Clara« (RSW, 529), das im Druck in den *Albumblättern* op. 124 den Titel »Schlummerlied« (Nr. 16, Es-Dur) bekam. Clara Schumann spielte das rasch bekannt gewordene Stück später oft in ihren Konzerten. Es liegt nahe, daß das wesentlich schlichtere »Wiegenlied G-Dur« (Nr. 6), von dem kein Autograph nachzuweisen ist, das aber im Erstdruck auf 1843 datiert

ist, für die am 25. April 1843 in Leipzig geborene Elise, die zweite Tochter, bestimmt war.

»Leides Ahnung« (Nr. 2) gehört zu den zwischen 1831 und 1835 entstandenen »Exercises« (Beethoven-Etüden), die in ehrgeiziger Weise und mit z. T. hohem technischen Aufwand das Allegretto a-Moll aus der 7. Sinfonie (A-Dur op. 92) variieren. Alle drei Entwürfe des Zyklus blieben unvollständig und wurden erst 1976 von Robert Münster (München 1976, Henle) veröffentlicht; »Leides Ahnung« (RSW, 527) mit dem für Schumann so typischen parallelen Oktaven ist somit der einzige Teil der Variationen, den der Komponist für publikationswürdig hielt.

Der Kanon D-Dur (Nr. 20) ist in einer Skizze (RSW, 529) in drei Systemen notiert und zeigt damit überdeutlich, daß er ursprünglich zu den *Studien für den Pedalflügel: Sechs Stücke in canonischer Form* op. 56, die 1845 erschienen sind, gehört. Das kurze ernste Stück erscheint wie ein feierlicher Epilog nicht nur für die *Albumblätter* op. 124, sondern für Schumanns gesamtes Klavierwerk.

»[…] aber mehr aus Gefühlsausdruck
als Malerei«

Drei Fantasiestücke op. 111,
Gesänge der Frühe op. 133

Den Titel »Fantasiestücke« hat Schumann, wie so manches andere, von E.T.A. Hoffmann, einem seiner Lieblingsdichter, entlehnt; Vorbild waren die *Fantasiestücke in Callot's Manier. Blätter aus dem Tagebuch eines reisenden Enthusiasten.* Der Komponist verwendete ihn für op. 12 (1838, für Klavier), op. 73 (1849, für Klarinette und Klavier), op. 88 (1842/50, für Klaviertrio) und schließlich op. 111 (1852, *Drei Fantasiestücke für Pianoforte*), die zwischen dem 13. und 22. August 1851 (Tb III, 568 f.) in Düsseldorf entstanden waren. Clara Schumann notierte am 15. September 1851 in ihrem Tagebuch: »R. hat drei Klavierstücke von sehr ernstem leidenschaftlichem Charakter komponiert, die mir außerordentlich gefallen« (Litzmann II, 264). Lange schwankte er, ob er diese Stücke nicht »Romanzen« nennen sollte (RSW, 469; BNF, 470), womit er einen unmißverständlichen Hinweis auf die 1840 erschienenen *Drei Romanzen für das Pianoforte* op. 28 gab, die formal im einzelnen und in der Gesamtanlage des Zyklus bemerkenswerte Ähnlichkeit aufweisen. Die *Drei Romanzen* op. 28 (komponiert 1839) sind Heinrich II., Graf (seit 1851 Fürst) von Reuß-Köstritz (1803–1852) gewidmet, die *Drei Fantasiestücke* op. 111 seiner Frau Clotilde, geb. Gräfin Castell-Castell (1821–1860). Wenn man weiß, mit welcher Bedachtsamkeit Schumann Widmungen zu vergeben pflegte, so wird man dies als subtilen Hinweis auf die enge Verwandtschaft der beiden Zyklen, zwischen denen mehr als zehn Jahre liegen, verstehen müssen. In beiden Werken wird ein lyrischer Ruhepunkt – in op. 28 die berühmte, viel gespielte Fis-Dur-Romanze, ein Lieblingsstück Clara Schumanns, in op. 111 das wundervolle As-Dur-Stück (»Ziemlich langsam«) – von weit ausgesponnenen kraftvollen und leidenschaftlichen Stücken in schnellem Tempo umrahmt. Schumann knüpfte aber stilistisch doch eher an die *Fantasiestücke* op. 12, diesmal allerdings ohne Überschriften, an und hoffte zudem, den Verleger mit einem gut verkäuflichen Werk »für die großen Kosten der Oper [*Genoveva*]« entschädigen zu können. »[…] schwer sind sie nicht, aber freilich auch nicht leicht!« meinte er im eben zitierten Brief an den Verlag Peters vom 22. August 1851 (BNF, 470). Leider täuschte sich Schumann – die *Fantasiestücke* op. 111, die im Juli 1852 bei Peters in Leipzig erschienen, gehören trotz ihrer herausragenden Qualität (und trotz des Einsatzes eines Vladimir Horowitz) noch immer zu den verhältnismäßig am wenigsten gespielten Klavierwerken des Komponisten.

Schumanns *Gesänge der Frühe* op. 133 sind nicht, wie häufig geschrieben wurde, seine letzte Komposition, wohl aber das letzte Klavierwerk, dessen Drucklegung er noch selbst betrieben und überwacht hat. Den zwischen dem 15. und 18. Oktober 1853 (Tb III, 639) in Düsseldorf entstandenen fünf Klavierstücken folgten noch mehrere Kammermusikkompositionen sowie im Februar 1854 die sog. »Geistervariationen« für Klavier. Dennoch haben diese Stücke, die in mancher Hinsicht, etwa im Klaviersatz, an die *Fantasiestücke* op. 111 anknüpfen, den Charakter eines Vermächtnisses. Unter dem tiefen Eindruck der Kompositionen des jungen Brahms, den er im selben Monat mit seinem berühmten Aufsatz »Neue Bahnen« als

kommenden Meister in die Musikwelt einführte, stoßen sie kühn in musikalisches Neuland vor und sind den vorangegangenen Klavierwerken kaum vergleichbar, was Interpreten, Hörer und Biographen bis zum heutigen Tag immer wieder verstört hat, so daß nicht selten die vollkommen absurde Behauptung aufgestellt wurde, die Stücke seien von der nahen Krankheit überschattet und deswegen kompositorisch mißlungen.

Schon zwischen 1849 und 1851 plante Schumann einen Zyklus von Klavierstücken unter dem Titel »Gesänge der Frühe. An Diotima«, eine Huldigung an die Romangestalt in Hölderlins *Hyperion*, die wiederum auf Platons *Symposium* zurückgeht. Auch Schumanns Jugendfreund Emil Flechsig berichtete: »[…] von Hölderlins 40-jährigem geistigen Nachtleben wußte er schon in den 1820er Jahren und sprach davon mit scheuer Ehrfurcht« (Burger, 38). Der Untertitel »An Diotima«, der einmal sogar zum Obertitel wurde, blieb in seinen Aufzeichnungen bis in das Autograph hinein erhalten und wurde erst im Druck, der im November 1855 bei F.W. Arnold in Elberfeld erfolgte, gestrichen und durch »[…] der hohen Dichterin Bettina« ersetzt. Schumann kannte und schätzte die umstrittene Schriftstellerin und begabte Amateurkomponistin Bettina von Arnim (1785–1859) schon seit längerer Zeit; sie gehörte 1855 zu den wenigen Personen, die den kranken Komponisten in Endenich besuchen durften.

Während Clara Schumann die »5 Frühgesänge«, wie sie im Tagebuch schrieb, als »ganz originelle Stücke […] aber schwer aufzufassen, es ist so eine ganz eigne Stimmung darin« (Litzmann II, 283) bezeichnete, versuchte Schumann in einem Brief vom 24. Februar 1854, drei Tage vor seinem Selbstmordversuch, dem Verleger Arnold das neue Werk zu erläutern. Er nannte es »5 charakteristische Stücke für Pianoforte« und bemerkte dazu: »Es sind Musikstücke, die die Empfindungen beim Herannahen u. Wachsen des Morgens schildern, aber mehr aus Gefühlsausdruck als Malerei« (Struck 1984, 469), womit er Beethovens Worte über die *Pastorale* beinahe wörtlich zitiert.

Michael Struck faßt seine erhellende Analyse der *Gesänge der Frühe* folgendermaßen zusammen: »Formale und instrumentalstilistische Merkmale des Zyklus stehen in engem Zusammenhang mit seiner ›poetischen‹ Konzeption. In Entsprechung zum Titel des Werkes lassen sich verschiedene Typen des ›Gesanges‹ erkennen: ›Choral‹ bzw. ›choralähnliches Lied‹ (Nr. 1 und 5), imaginäres ›Duett‹ bzw. ›Lied mit Instrumentalbegleitung‹ (Nr. 2 und 4), ›Jagd-‹ bzw. ›Kriegslied‹ mit ›Hörnersatz‹ (Nr. 3). Wie in anderen Stücken Schumanns mit ähnlich zeilen- bzw. ›strophenartiger‹ Reihung von Themenversionen (besonders von 1853) verweist auch hier der Titel auf eine imaginäre vokale bzw. verbale Komponente (›Gesänge‹ der Frühe). Die ›poetische‹ Konzeption wird durch diesen Werktitel ›Gesänge der Frühe‹, die ursprüngliche in den Titel integrierte Widmung ›An Diotima‹ sowie durch Schumanns ausdrucksdeutende Hinweise umrissen. Hölderlins Diotima-Gestalt beeinflußte Schumann bei der Komposition offenbar zunächst im Sinne einer ›poetischen Idee‹. Später unterblieb der Hinweis auf Diotima, doch spielt der Titel weiterhin auf eines der zentralen Themen in Hölderlins Dichtungen – Wechsel von der Nacht zum Tage, Anbruch des Morgens – an« (Struck 1984, 481).

»[…] wie ein im Entschweben freundlich grüßender Genius […]«

Variationen Es-Dur (1854)

Am 7. November 1853 kam es nach langen Querelen zu einem endgültigen Zerwürfnis zwischen Schumann und dem Vorstand des Allgemeinen Musikvereins in Düsseldorf, wobei er sein Amt als städtischer Musikdirektor unter Protest niederlegte (Litzmann II, 244 ff.; Tb III, 641). Vom 4. November 1853, an dem er zwei der inzwischen von Clara Schumann vernichteten fünf Romanzen für Violoncello und Klavier (vgl. Struck 1984, 557 ff.) komponierte, bis zum 17. Februar 1854 hat Schumann nachweislich nichts komponiert, was allerdings nicht voreilig als Schaffenskrise, ausgelöst durch das unrühmliche Ende seiner Amtstätigkeit, interpretiert werden darf. Die Schaffenspause hatte zunächst ganz pragmatische Gründe. Schumann war mit Korrespondenz, Korrekturen und der Vorbereitung der höchst erfolgreichen Konzertreise beschäftigt, die ihn mit seiner Frau Clara vom 23. November bis zum 22. Dezember 1853 durch Holland führte, bei der er sowohl als

Komponist wie auch als Dirigent so große Erfolge hatte, daß die für beide Seiten peinliche und leidige Düsseldorfer Affäre beinahe vergessen wurde (Litzmann II, 286 ff.). Im Januar 1854 beschäftigte er sich intensiv mit seinem »Dichtergarten«, einer Sammlung von Äußerungen großer Dichter über Musik; eine ebenfalls erfolgreiche und anregende Konzertreise mit Clara nach Hannover vom 17. bis zum 30. Januar 1854 bot natürlich keine Gelegenheit zum Komponieren (Litzmann II, 290 ff.; Tb III, 643 ff.).

Erst im Februar 1854 zeigten sich erneut Symptome der Krankheit, die in die Katastrophe führen sollte. »Abends sehr starke u. peinliche Gehöraff[ek]tation«, heißt es am 10. Februar 1854, »Traurige Nacht (Gehör- und Kopfleiden)«, am 11. Februar und »Wunderbare Leiden« am 13. Februar im Haushaltbuch (Tb III, 648; Litzmann II, 295 f.). In Clara Schumanns Tagebuch, das ihr Biograph Berthold Litzmann vom 10. Februar an mit offenbar nur wenigen Auslassungen gegen seine sonstigen Gepflogenheiten wörtlich zitiert, lesen wir u. a.: »Freitag, den 17., nachts, als wir nicht lange zu Bett waren, stand Robert wieder auf und schrieb ein Thema auf, welches, wie er sagte, ihm die Engel vorsangen; nachdem er es beendet, legte er sich wieder und phantasierte nun die ganze Nacht, immer mit offenen, zum Himmel aufgeschlagenen Blicken; er war des festen Glaubens, Engel umschweben ihn und machen ihm die herrlichsten Offenbarungen, alles das in wundervoller Musik; sie riefen uns Willkomm zu, und wir würden beide vereint, noch ehe das Jahr verflossen, bei ihnen sein. […] Der Morgen kam und mit ihm eine furchtbare Änderung! Die Engelstimmen verwandelten sich in Dämonenstimmen mit gräßlicher Musik; sie sagten ihm, er sei ein Sünder, und sie wollen ihn in die Hölle werfen, kurz, sein Zustand wuchs bis zu einem förmlichen Nervenparoxysmus; er schrie vor Schmerzen (denn wie er mir nachher sagte, waren sie in Gestalten von Tigern und Hyänen auf ihn losgestürzt, um ihn zu packen), und zwei Ärzte, die glücklicherweise schnell genug kamen, konnten ihn kaum halten. Nie will ich diesen Anblick vergessen, ich litt mit ihm wahre Folterqualen. Nach etwa einer halben Stunde wurde er ruhiger und meinte, es lassen sich wieder freundlichere Stimmen hören, die ihm Mut zusprechen. Die Ärzte brachten ihn zu Bett, und einige Stunden ließ er es sich auch gefallen, dann stand er aber wieder auf und machte Korrekturen von seinem Violoncellkonzert, er meinte dadurch etwas erleichtert zu werden von dem ewigen Klange der Stimmen […] // Montag, den 20., verbrachte Robert den ganzen Tag an seinem Schreibtisch, Papier, Feder und Tinte vor sich, und horchte auf die Engelstimmen, schrieb denn wohl öfter einige Worte, aber wenig, und horchte immer wieder. Er hatte dabei einen Blick voll Seligkeit, den ich nie vergessen kann; und doch zerschnitt mir diese unnatürliche Seligkeit das Herz ebenso, als wenn er unter bösen Geistern litt. Ach es erfüllte ja dies alles mein Herz mit der furchtbarsten Sorge, welch ein Ende das nehmen solle; ich sah seinen Geist immer mehr gestört und hatte doch noch nicht die Idee von dem, was ihm und mir noch bevorstand […] // Die nächstfolgenden Tage [nach dem 21. Februar] blieb es immer dasselbe, immer abwechselnd gute und böse Geister um ihn, aber nicht mehr immer in Musik, sondern oft nur sprechend. Dabei aber hatte er so viel Klarheit des Geistes, daß er zu dem wundervoll rührenden, wirklich frommen Thema, welches er in der Nacht des 10. [recte: 17.] niedergeschrieben, ebenso rührende, ergreifende Variationen machte […]« (Litzmann II, 297 f.).

Nach den Erinnerungen von Schumanns Düsseldorfer Konzertmeister Ruppert Becker kam die Inspiration zu dem Thema von Franz Schubert, einem der musikalischen Hausgötter Schumanns: »Während einer Stunde, die ich mit ihm zubrachte [am 24. Februar], unterhielt er sich ganz vernünftig – ausgenommen, daß er mir erzählte, die Gestalt Franz Schuberts sei ihm erschienen, habe ihm eine herrliche Melodie geschickt, die er auch aufgeschrieben, und über die er Variationen componirt habe« (BNF, 534). Daß das Thema vage Anklänge an frühere Kompositionen Schumanns (»Frühlings Ankunft« op. 79/20, Mittelteil von »Vogel als Prophet« op. 82/7, langsamer Satz des Violinkonzerts d-Moll) aufweist, ist bis zum Überdruß konstatiert worden, aber kein Grund dafür, ihm Originalität und Eigenständigkeit abzusprechen.

Am 27. Februar war Schumann nach Claras Tagebuch gerade dabei, die Variationen »aufs Reine« (Litzmann II, 300) zu schreiben, und bei der fünften und letzten angelangt, als er, obwohl ständig unter Aufsicht, heimlich das Zimmer

verlassen konnte, zur Rheinbrücke lief und sich in den Fluß stürzte. Er wurde gerettet und nach Hause gebracht; der hochschwangeren Clara glaubte man den Selbstmordversuch verschweigen zu müssen, von dem sie erst nach seinem Tode erfuhr. Sie durfte ihn aber nicht mehr sehen und zog zu ihrer Freundin Rosalie Leser. Am folgenden Tage, dem 28. Februar, schickte er ihr die fertige Abschrift der Variationen mit der Bitte, sie Rosalie Leser vorzuspielen (Litzmann II, 301). Diese Tatsache und das eigenhändige Widmungsblatt »Thema/ mit Variationen/ für das Pianoforte/ Clara/ gewidmet« sprechen dafür, daß Schumann diese Komposition als gültig und vielleicht sogar als abgeschlossen betrachtete.

Clara Schumann hielt dieses unter so tragischen Umständen entstandene letzte Werk ihres Mannes aus begreiflichen Gründen streng unter Verschluß und gestattete nur, daß Johannes Brahms, seit diesen Februartagen ihr unentbehrlicher Freund und Lebensgefährte, der die Haushaltbücher weiterführte und sich um die Kinder kümmerte, wenn sie auf Konzertreise war, 1861 das Thema für seine *Variationen über ein Thema von Robert Schumann für Pianoforte zu vier Händen* op. 23 verwendete, dieses ergreifende »Tombeau« der von ihm heimlich verehrten Tochter Julie widmete und das Thema 1893 im von ihm betreuten Supplementband der Schumann-Gesamtausgabe veröffentlichte. Brahms schrieb dazu die bewegenden Worte: »Das dieses Heft abschließende ›Thema‹ ist ganz eigentlich Schumann's letzter musikalischer Gedanke. Er schrieb es am 7. [recte: 17.] Februar 1854 und fügte noch fünf Variationen hinzu, von deren Mitteilung hier abgesehen wird. Sagt doch gerade an dieser Stelle die leise innige Melodie genug. Wie ein im Entschweben freundlich grüssender Genius spricht er uns an, und wir gedenken mit Verehrung und Rührung des herrlichen Menschen und Künstlers.« Erst 1939 wurden die Variationen von Karl Geiringer bei Hinrichsen in London veröffentlicht; die erste textkritische Ausgabe erschien sogar erst 1995 bei Henle in München, herausgegeben von Wolf-Dieter Seiffert (vgl. Seiffert 1999).

Im Musikleben hat dieses in jeder Hinsicht außergewöhnliche Werk bis jetzt nicht Fuß fassen können, auch stand es lange Zeit unter dem unsinnigen Verdikt, es sei das Werk eines Geisteskranken, wovon natürlich ebenso wenig die Rede sein kann wie bei den vorangegangenen Werken des Jahres 1853. Die Frage, ob es sich trotz der Signatur Schumanns am Ende der fünften Variation nicht doch um ein Fragment handelt, da sie zwar eine klangliche Steigerung und Beschleunigung, aber keinen wirklichen Abschluß enthält, kann nicht endgültig beantwortet werden. Schumanns Lebenssituation ließ jedenfalls für den Augenblick keine Fortsetzung des Zyklus zu.

Betrachtet man das später mit dem eher hinderlichen Beinamen »Geistervariationen« gebrandmarkte Werk unvoreingenommen und ohne ständig an die Begleitumstände seiner Entstehung zu denken, so wird man feststellen, daß Schumann hier stilistisch und vor allem im Klaviersatz an die *Gesänge der Frühe* anknüpft und keinerlei Zeichen von kompositorischem Unvermögen zeigt. Die Variationen bleiben zwar meist metrisch und harmonisch ganz nahe an dem choralartigen Thema, das an den ersten der *Gesänge der Frühe* erinnert, bieten aber im Detail eine Fülle von subtilen klanglichen und rhythmischen Feinheiten. Man denke an das Spiel von Duolen gegen Triolen in der 1. Variation, die freie kanonische Verarbeitung

der 2. Variation, die in der 4. Variation, dem Minore in g-Moll, klanglich gespreizt wird, was an die Werke des Jahres 1845 mit der »Fugenpassion« erinnert. Die »Choralbearbeitung« der 3. Variation weist im Klaviersatz auf den späten Brahms voraus. Die zahlreichen unerhörten Sekundreibungen der 5. Variation betreten noch entschiedener klangliches Neuland, während die nachschlagenden Zweiunddreißigstel den jungen Schumann ins Gedächtnis rufen, etwa den des *Blumenstücks* op. 19.

Es ist wohl kein Zufall, daß Schumann seine Laufbahn als Komponist mit den brillant-verspielten und doch schon so »poetischen« *Abegg-Variationen* op. 1 für Klavier begann und sie mit einem Variationszyklus für Klavier beschloß, der so gar nicht mehr nach Wirkung auf die Außenwelt strebt, sondern nur noch ein intimer musikalischer Dialog mit seiner geliebten Frau Clara ist, mit der er ja kurz vor dem vorläufigen Abschluß der Komposition nicht mehr sprechen durfte. Stellt man beide Werke einander gegenüber, möchte man kaum glauben, daß sie vom selben Komponisten in einem Abstand von kaum 25 Jahren geschrieben wurden.

Literatur

Abert, Hermann: Robert Schumann. Berlin 1903, [4]1920.

Appel, Bernhard R.: Robert Schumanns »Album für die Jugend« Einführung und Kommentar. Zürich, Mainz 1998 [mit einem Faksimile des Erstdrucks einschließlich der »Musikalischen Haus- und Lebensregeln« und der Veröffentlichung aller von Schumann nicht in den Druck aufgenommenen Stücke].

Dahms, Walter: Schumann. Berlin, Leipzig 1916.

Draheim, Joachim: Schumanns Jugendwerk: Acht Polonaisen op. III für Klavier zu 4 Händen. In: Schumanns Werke – Text und Interpretation. 16 Studien. [Bericht über das 2. Internationale Schumann-Symposion am 17. und 18. Mai im Rahmen des 2. Schumann-Festes, Düsseldorf], hg. von der Robert-Schumann-Gesellschaft Düsseldorf durch Akio Mayeda und Klaus Wolfgang Niemöller. Mainz 1987. (Schumann-Forschungen, [2]), S. 179–191.

Hohenemser, Richard: Formale Eigentümlichkeiten in Robert Schumanns Klaviermusik. In: Festschrift zum 50. Geburtstag, Adolf Sandberger überreicht von seinen Schülern. München 1918, 21–50.

Joachim, Joseph: Briefe von und an Joseph Joachim, gesammelt und hg. von Johannes Joachim und Andreas Moser. Bd. 2: Die Jahre 1858–1868. Berlin 1912.

Jost, Peter: Robert Schumanns ›Waldszenen‹ op. 82. Zum Thema »Wald« in der romantischen Klaviermusik, Saarbrücken 1989.

Kapp, Reinhard: Robert Schumann, Canon aus op. 118b. In: NZfM 142 (1981), Nr. 3, 260–262.

Keil, Siegmar: Untersuchungen zur Fugentechnik in Robert Schumanns Instrumentalschaffen. Hamburg 1973 (Hamburger Beiträge zur Musikwissenschaft, 11).

Rehberg, Paula und Walter: Robert Schumann. Sein Leben und Werk. Zürich, Stuttgart 1954, [2]1969.

Richter, Ludwig: Lebenserinnerungen eines deutschen Malers, hg. und erg. von Heinrich Richter. Leipzig 1909.

Schumann, Eugenie: Erinnerungen. Stuttgart 1925.

Schumann, Robert: Jugend-Album Opus 68. Faksimile nach der im Besitz des Robert-Schumann-Museums Zwickau befindlichen Urschrift der Rein-schrift, mit Kommentar von Georg Eismann. Leipzig 1956

Seiffert, Wolf-Dieter: Robert Schumanns Thema mit Variationen Es-Dur, genannt »Geistervariationen«. In: Compositionswissenschaft. Festschrift Reinhold und Roswitha Schlötterer zum 70. Geburtstag, hg. von Bernd Edelmann und Sabine Kurth. Augsburg 1999, S. 189–214.

Struck, Michael: Die umstrittenen späten Instrumental-werke Schumanns. Untersuchungen zur Entstehung, Struktur und Rezeption. Hamburg 1984. (Hambur-ger Beiträge zur Musikwissenschaft, 29).

Synofzik, Thomas: Die Anfänge des Schumannschen Liederjahres – Neue Dokumente und Interpretatio-nen. In: Schumann-Studien 7, hg. von Anette Müller. Sinzig 2004, 137–150.

Wilde, Oscar: Werke in zwei Bänden, hg. von Arnold Zweig. 1. Bd. Berlin 1930.

Windsperger, Lothar (Hg.): Robert Schumann: Skizzen-buch zu dem Album für die Jugend opus 68. Biogra-phische und musikalische Erläuterungen nebst In-haltsverzeichnis und alphabetischer Übersicht, unter Mitwirkung von Martin Kreisig. Mainz 1924. [Faksi-mile-Ausgabe, das Autograph ist zur Zeit nicht zu-gänglich].

Werke für Klavier
zu vier Händen und zwei Klaviere

von Ulrike Kranefeld

In der Mitte des 19. Jahrhunderts stehen Werke mit der Besetzung Klavier zu vier Händen meist im Funktionszusammenhang häuslichen Musizierens und der Instruktion. Robert Schumann allerdings hat nicht sämtliche seiner Werke für diese Besetzung unter diesem Vorzeichen komponiert: Neben Sammlungen von mehr oder weniger instruktiv ausgerichteten Stücken für junge Spieler markieren die übrigen Werke für diese Besetzung, die jeweils im Abstand von mehreren Jahren entstehen, ganz unterschiedliche Stationen im Schaffen des Komponisten und sind ästhetisch deutlich vom kompositorischen Kontext ihrer jeweiligen Entstehungszeit geprägt.

»Fantasien à la Schubert«

VIII Polonaises pour le pianoforte à quartre mains, Anh G1

»Polonaisen von Schubert – lauter aufbrechende Gewitterstürme mit romantischen Regenbogen über feierlich-schlummernde Welten« (Tb I, 119). Mit diesem assoziationsreichen Bild beschreibt der 18jährige Robert Schumann in seinem Tagebuch die vierhändigen Polonaisen von Franz Schubert, die er gerade für sich entdeckt. Durch das Naturbild wird deutlich, daß er in diesen Kompositionen Schuberts nicht einfach einen Beitrag zur vierhändigen Unterrichtsliteratur sieht, sondern seinen Blick gerade auf den »poetischen« Charakter der Komposition richtet. Zahlreiche Hinweise aus Schumanns Umfeld wie auch seine Tage-

buchaufzeichnungen zeugen von einer enthusiastischen Rezeption der Schubertschen Tanzzyklen für Klavier im Sommer 1828. Sein Leipziger Zimmergenosse und Freund Emil Flechsig erinnert sich später: »Für den damals 1828 erst bekannt werdenden Schubert faßte er eine rasende Vorliebe und schaffte alles an, was von ihm zu haben war« (Flechsig 1956, 393).

Die frühe Aneignung der Musik Schuberts findet auf verschiedenen Identifikationsstufen statt: Zunächst spielt Schumann Schubertsche Klaviertänze, allein oder auch zu vier Händen, etwa mit dem Leipziger Studenten Johann Friedrich Täglichsbeck (Tb I, 115), und reflektiert seine ersten Eindrücke in Tagebucheintragungen. Einen Hinweis auf einen möglichen Zusammenhang von Schubert-Rezeption und eigener Produktion gibt dann ein Tagebucheintrag vom 15. August 1828 während der Entstehungsphase seiner eigenen *Polonaisen*. Dort heißt es: »Fantasie à la Schubert«. Schon in den Tagen zuvor berichtet Schumann von ausgiebigem Fantasieren: Wohl inspiriert von Schuberts »Fantasie aus C Dur«, mit der er sich an diesem Tag beschäftigt, spielt er am 13. August abends eine »Fantasie aus X dur« (Tb I, 108) und am folgenden Tag eine »Endfantasie« (Tb I, 109). Ebenso wie er auf literarischem Gebiet »Jean-Pauliaden« produziert, sich also in den sprachlichen Stil seines großen Vorbilds Jean Paul hineinschreibt und hineinfühlt, ist es auf musikalischem Gebiet das Fantasieren »à la Schubert«, das ihn jenseits eines dezidiert analytischen Zugriffs auf den Personalstil des Vorbilds die Musik nachempfinden, ja nachschaffen läßt.

In einer allgemeinen Betrachtung zum Fantasieren aus dieser Zeit identifiziert Schumann eine gleichsam innermusikalische Inspirationsquelle: »In den Minuten, wo man an nichts oder Geringes denkt, wird auch die Fantasie matter u. das Spiel fader, wenn man an die Musik selbst denkt, so kommen leicht contrapunctische Sätze u. Fugen hervor« (Tb I, 112). Zwar sind es bei Schumanns »Fantasie à la Schubert« gewiß keine Fugen, sondern andere prägende musikalische Stilprinzipien, doch bemerkenswert erscheint Schumanns Feststellung, daß sich die Musik in ihrer Struktur im Prozeß einstellt oder »hervorkommt«. Im Mittelpunkt steht also ein intuitives Erfassen stilistischer Merkmale, ohne sie analytisch bis ins Detail zu durchdringen. Eine weitere Stufe im Aneignungsprozeß der Schubertschen Tanzkompositionen ist erreicht, wenn sich aus diesen Improvisationen Kompositionsideen herauskristallisieren und in diesem produktiven Umfeld Schumanns frühe *VIII Polonaises pour le pianoforte à quatre mains* (Anh G1) zwischen dem 7. August und dem 27. September 1828 entstehen: In diesem ersten vollständig erhaltenen vierhändigen Klavierwerk Schumanns vereinigen sich intuitiv rezipierte Momente der Schubertschen Musik mit einem eigenständigen Zugriff auf das Genre der Tanzliteratur. Bekannt waren Schumann wahrscheinlich beide vierhändigen Polonaisen-Sammlungen Schuberts, *4 Polonaisen* D 599 (erschienen 1827) und *6 Polonaisen* D 824 (erschienen 1826). Es stellt sich nun die Frage, welche – intuitiv erfaßten – kompositorischen Merkmale Schumann inspiriert haben könnten und wie er darüber hinaus versucht, einen eigenen Stil auszubilden. Dabei erscheint ein Aspekt zentral, der sich gerade auch dem eher intuitiven Zugang erschließt, nämlich ein spürbar experimenteller Geist, der gerade auch die späten Schubertschen Tänze prägt. Der klar umrissene Rahmen der oftmals kurzen, meist nur sechzehntaktigen Gebilde wird für Schubert zur Chance, im Innern der Komposition mit neuen Spieltechniken, überraschenden harmonischen Wendungen und der besonderen Gestaltung der Melodie zu experimentieren. In ihrer Untersuchung der Polonaisen Schuberts verweist Marie Luise Maintz auf die kompositorische Entwicklung, die zwischen den früheren *Polonaisen* D 599 und den späteren D 824 zu beobachten ist: »Die Tendenz zur Be-

schränkung des Materials bei Komplizierung der Struktur« (Maintz 1995, 265). Schubert nutzt zur Themenbildung gerade seiner späteren Polonaisen ein reduziertes motivisches Material in Form von kurzen rhythmisch-melodischen Impulsen, das dann seine Weiterentwicklung durch Modifikation und Herauslösen von motivischen Partikeln erfährt (Maintz 1995, 264).

Die Komposition des jugendlichen Schumann hingegen lebt mehr vom Prinzip der Fülle, von einer Vielfalt und einem Variantenreichtum des motivischen Materials und der harmonischen Überraschungen. Gerade kontrastierende Wirkungen einzelner musikalischer Gedanken werden zum kompositorischen Mittel. Hierbei zeigen sich Techniken der Montage von motivischem Material, die auch das Klavierwerk der dreißiger Jahre prägen werden. Direkte Ausstrahlung haben die *Polonaisen* übrigens auf die *Papillons* op. 2, in denen Schumann Teile der *Polonaisen* wieder aufgreift.

Deutlich wird in den *Polonaisen* Schumanns Wunsch nach Individualisierung und persönlicher Prägung, der sich nicht zuletzt in der Verwendung von Überschriften in den Trios und anderen sprachlichen Zusätzen offenbart. Interessant ist vor diesem Hintergrund der Blick auf eine rätselhafte Spielanweisung: Im Trio der »Polonaise III« mit dem Titel »Paix et douleur« soll der Secondo-Spieler seine im Pianissimo gehaltene, »poco marcato« artikulierte Begleitstimme mit zwischen den Händen abwechselnden Sechzehntelimpulsen mit scherzante-Ausdruck spielen, während der Primo-Spieler seine lyrische Melodie im »dolente« zu vermitteln hat. Natürlich kann man diese Anweisungen auf den Titel Paix (scherzante) und douleur (dolente) beziehen. Interessant jedoch ist, daß das bis dahin auf Ergänzung und Verschmelzung in gemeinsamen Impulsen aufbauende vierhändige Spiel dadurch zum Spiel zweier individueller Pianisten wird, die durch zwei unterschiedliche innere Impulse bestimmt sein sollen. Zwei Ausdrucksebenen überlagern sich, die Einigkeit des vierhändigen Spiels ist für einen Moment in Frage gestellt. Ob hier nicht auch eine Jean Paulsche Lust an der Verwirrung eine Rolle gespielt hat, sei dahin gestellt.

Eine letzte Stufe der Identifikation mit dem Vorbild Schubert sei in diesem Zusammenhang noch erwähnt. Schumann spielt seine fertig ge-stellten Polonaisen dem Ehepaar Carus vor, gibt sie als Schubertsches Originalwerk aus und schreibt anschließend in sein Tagebuch: »Solche Kniffe u. Pfiffe schaden nichts u. man kann recht leicht seine Leute kennen lernen; wie sie von Schubert waren, da waren sie göttlich, wie von mir, höchstens sehr oder gar recht schön« (Tb I, 124).

Wie für Schubert wird auch für Robert Schu-mann in seinem Jugendwerk die auf den ersten Blick eher unspektakuläre Gattung des Klavier-tanzes zum Experimentierfeld, das sich komposi-torisch dann eröffnet, sobald er die durch je spezi-fische Tanzmetren und -rhythmen oder eine drei-teilige Liedform geprägte Vorgabe als äußeren stabilisierenden Rahmen nutzt. Gerade für den jungen Schumann, der sich in den folgenden Jahren immer wieder reflektierend mit dem Dua-lismus von formaler Stabilität und Freiheit und den daraus resultierenden Möglichkeiten für die Rezeption von Musik auseinandersetzen wird, er-leichtern die stabilen Formkonstanten das Experi-ment und so die Ausbildung eigener Ausdrucks-formen (Kranefeld 2000, 26 ff.).

Johannes Brahms übrigens kommentierte bei der Durchsicht des Nachlasses Schumanns das Autograph der *Polonaisen* auf dem Titelblatt mit der Warnung: »Aus Schumanns Kindheit. Durch-aus nicht zu drucken!« (RSA III/2, Faksimile-Bei-heft, 3).

»Ach, wenn sie nur Herzen hätten!«
Andante und Variationen B-Dur op. 46 für zwei Klaviere allein

Warum Schumann auf die Besetzung Klavier zu vier Händen in den folgenden Jahren zunächst nicht mehr zurückkommt, bleibt unklar. Über zehn Jahre lang wird ihn nun vorerst allein die zweihändige Klaviermusik faszinieren. Erst im Jahr 1843 entsteht ein Werk für zwei Klaviere, das allerdings nicht als Resultat einer erneuten Be-schäftigung mit vierhändiger Klaviermusik zu werten ist, sondern aufgrund der Entstehungsge-schichte als reduziertes Kammermusikwerk gelten kann. Ursprünglich skizziert Schumann zwischen

dem 26. und 30. Januar 1843 das spätere *Andante und Variationen* B-Dur op. 46 als Kammermusik mit der ungewöhnlichen Besetzung zwei Klaviere, zwei Violoncelli und Horn (Tb III, 236). Nach der Fertigstellung des Arbeitsmanuskripts drängt es Schumann, sein Werk und wahrscheinlich auch besonders die klanglichen Möglichkeiten der neu-artigen Besetzung zu hören. Deshalb organisiert er am 13. März im Hause seines Verlegers Härtel eine Art Probeaufführung, an der neben Clara Schu-mann und Felix Mendelssohn Bartholdy wahr-scheinlich auch Mitglieder des Gewandhausorche-sters mitwirken. Diese erste Begegnung mit dem Werk hinterläßt sowohl bei Clara Schumann als auch beim Komponisten selbst keinen enthusiasti-schen Eindruck. Clara Schumann schreibt danach ins Tagebuch: »Es ging nach einigen Malen durch-spielen ziemlich, doch bei weitem noch nicht zart genug war der Klang, – ich fühle wohl wie es sich Robert gedacht, doch das kann man von Anderen nicht verlangen, selbst Mendelssohn faßte mir das Ganze noch viel zu materiell auf« (Tb II, 260). Interessant hierbei ist das beschriebene Scheitern, die ätherische Immaterialität des Stückes in der Interpretation umzusetzen. Möglicherweise trug auch die Besetzung mit zwei Violoncelli und Horn dazu bei, die Verwirklichung des Charakters zu erschweren. Mendelssohn soll für eine Umarbei-tung plädiert haben (BNF, 539, Anm. 530). Schu-mann selbst bezeichnet seine Variationen in einem Brief an seinen holländischen Freund Verhulst als »sehr elegisch«: »[…] ich glaube, ich war melan-cholisch etwas, als ich sie componirte« (BNF, 229). Im August desselben Jahres arbeitet er die Kompo-sition in ein Werk für zwei Klaviere um und kürzt die ursprüngliche Fassung von 478 auf 295 Takte. Dabei steht ihm Mendelssohn zur Seite, der das Werk während der Umarbeitungsphase mehrfach mit ihm probt (Tb III, 349).

Am 19. August 1843 findet dann die Urauffüh-rung der Fassung für zwei Klaviere statt: Clara Schumann und Felix Mendelssohn spielen das Werk im Rahmen eines Konzerts, das die spani-sche Sängerin Pauline Viardot-García, eine Freun-din der Schumanns, im Leipziger Gewandhaus veranstaltet. Clara Schumann notiert anschließend ins Tagebuch: »Dies Stück war wohlthuend nach all den unendlichen Colloraturen, die denn doch keine Musik sind« (Tb II, 268). Diese Bemerkung

Clara Schumanns deutet an, in welchem Spannungsfeld sich Schumann mit dieser Komposition befand: Variationen für Klavier galten zu dieser Zeit als Inbegriff einer Gattung, deren Komponisten sich mehr oder weniger ganz der brillanten Virtuosität verschrieben hatten. Allein die Titel einiger Variationsreihen, die Schumann in der *Neuen Zeitschrift für Musik* bespricht, weisen darauf hin: In den zwei Sammelartikeln »Variationen für Pianoforte« von 1836 (GS I, 219–230) und 1837 (GS I, 296–299) finden sich *Große brillante Variationen* neben *Bravour- oder Concertvariationen.* Nach Clara Schumanns Eindruck entzieht sich Schumanns »gemüthliches« (Tb II, 268), auf Innerlichkeit zielendes Variationswerk op. 46 eben diesen effekthascherischen Momenten, wie sie als »unendliche Colloraturen« in der virtuosen Gesangsliteratur auftauchen. In den Klaviervariationen der Zeitgenossen sind entsprechende virtuose Techniken zu finden, eröffnet die Gattung dem Komponisten doch die Möglichkeit, jede technische Raffinesse und halsbrecherische Spielart in den einzelnen Variationen zu platzieren. In seinen Rezensionen von Variationswerken kritisiert Schumann dann auch die hohe Grundschnelligkeit einzelner Stücke. Mit beißendem Spott schreibt Schumann über Czernys *Einleitung und brillante Variationen über ein italienisches Thema* op. 302: »Hrn. Czerny kann man nicht einholen, mit aller kritischen Schnelligkeit. Hätte ich Feinde, nichts als solche Musik gäb' ich ihnen zu hören, sie zu vernichten. Die Fadheit dieser Variationen ist wahrhaft remarkabel« (GS I, 298). Ein weiterer Kritikpunkt Schumanns an den virtuosen Variationen ist das leere Passagenwerk: »Mit der Gelinekschen Art zu variieren aber, d.i. eine der Hände zum Thema in Tonleitern auf und ab fahren zu lassen, verschone man uns gänzlich« (GS I, 223). An anderer Stelle macht Schumann deutlich, welchen Anspruch er an eine Variationenkomposition erhebt: »Die Zeiten, wo man über eine zuckerige Figur, einen schmachtenden Vorhalt, einen Es-dur-Läufer über die Klaviatur weg in Staunen geriet, sind vorbei; jetzt will man Gedanken, innern Zusammenhang, poetische Ganzheit, alles in frischer Phantasie gebadet. Das andere flackert einen Augenblick auf und vergeht« (GS I, 224). Deutlicher Ausdruck seiner Haltung zum Großteil der zeitgenössischen Variationenkompo-

sitionen ist ein Heine-Zitat, das Schumann einem Abschnitt seiner Rezension über Variationen für Klavier als Motto voransetzt: »Schwarze Röcke, seidne Strümpfe,/ Weiße, höfliche Manschetten,/ Sanfte Reden, Embrassieren -/ Ach, wenn sie nur Herzen hätten!« (GS I, 227).

In Schumanns eigener Komposition stehen die Klaviere nicht im Verhältnis konkurrierender Parts, die sich in ihrer Virtuosität gegenseitig übertrumpfen wollen, sondern in einem merkwürdig anmutenden Verhältnis stillen Einverständnisses, sie sind auf Verwebung statt auf Kontrast oder Auseinandersetzung aus. Statt gegenseitiger Impulse steht gegenseitiges Unterstützen im Mittelpunkt. Schon die Präsentation des ersten Themas findet so statt, indem das Pianoforte II zunächst ein viertaktiges in sich geschlossenes thematisches Gebilde präsentiert, das dann vom Pianoforte I oktaviert wiederholt wird. Auffallend ist der ausgeprägte Wiederholungscharakter, der sich in der ersten Variation zum nachahmenden Prinzip wandelt: Wie ein Echo streut das zweite Klavier melodische Partikel ein, die sich im Zusammenwirken mit dem ersten Klavier zu einem durchlaufenden Bewegungsband ergänzen.

Schumann wendet sich in seinen Rezensionen gegen kompositorische Konzeptionen, die aus einem Konglomerat verschiedener Spieltechniken und -figuren ein Werk formen und so verweigert sich Robert Schumanns eigene Komposition, die er selbst in einem Brief an seinen Verleger als »eine etwas zärtliche Pflanze« (7.9.1843 an Breitkopf & Härtel, BNF, 436) bezeichnet, der äußerlichen Virtuosität, fordert aber dennoch virtuose Spieler. Dies offenbart schon allein die Betrachtung der Schlußpassage des Werkes: Sie bietet keine brillante Schlußwirkung, sondern stattdessen ein ineinandergreifendes Gewebe aus Skalen, die zwar die Klaviatur in ihrer Breite nutzen, aber durch ihre entgegengesetzte Richtung beider Parts eine auf Effekt zielende Wirkung verhindern. Zudem verschwindet dieses im Piano beginnende Gewebe im Diminuendo und Ritardando der letzten Takte. Diese poetische Öffnung im epilogisierenden Nachspiel fordert eine spezifische Rezeptionshaltung: Sie regt zum Weiterträumen, zum Weiterspinnen an, statt frenetischen Applaus herauszufordern.

»Orientalische Dicht- und Denkweise«

Bilder aus Osten op. 66

»Wenn auf dem Titelblatt etwas Tulipanartiges angebracht werden könnte, so wär's hübsch« (Brief an Friedrich Kistner, 19.3.1849, Erler II, 72). Schumanns in einem Brief an seinen Verleger Kistner geäußerte Idee, in der Ausstattung der Notenausgabe seiner 1848 entstandenen *Bilder aus Osten* die durchaus übliche florale Ornamentik eines Titelblatts mit etwas Tulpenartigem zu gestalten, ist kein Zufall und wird bei der Erstausgabe des Werks 1849 auch berücksichtigt (RSA III/2, Faksimilebeiheft, 2001, 10). Die Tulpe als ursprünglich aus dem persischen Raum stammende Blume verweist auf eine literarische Inspiration Schumanns zu diesem Werk. Ende November 1848 liest er laut Tagebuch die »Makamen des Hariri« (Tb III, 476) und sein »Lektürebüchlein« verzeichnet für diese Zeit als Kommentar zu den »Makamen des Hariri v. Rückert«: »Buch für's Leben; doch manches Gekünstelte« (Appel/Hermstrüwer 1991, 75). Gemeint ist ein Text des in Basra im heutigen Irak geborenen persischen Dichters Hariri (1053–1122), der Jahrhunderte lang zur Pflichtlektüre aller Studenten islamischer Hochschulen gehörte und als größtes Sprachkunstwerk des klassischen Arabisch gilt (Schimmel II 1988, 121). Die Orientalistin Annemarie Schimmel nennt sie »Kurzgeschichten in gereimter Prosa« (Schimmel II 1988, 121). Schumann gelangte zu ihnen durch Friedrich Rückert, der die Makamen in einer Ausgabe des französischen Arabisten Silvestre de Sacy kennenlernte und durch seine 1826 bei Cotta erschienene Übertragung »Die Verwandlungen des Abu Seid von Serug oder die Makamen des Hariri von Friedrich Rückert« auch dem deutschen Lesepublikum zugänglich machte. Schumann besaß eine zweibändige Ausgabe der Makamen, die als dritte Auflage der Rückertschen Übertragung 1844 bei Cotta erschienen war. Im ersten Band seines Handexemplars (Robert-Schumann-Haus Zwickau, Sign. Sch 6096-A$_1$/CI) kreuzte Schumann insgesamt fünf Makamen an, die er für besonders interessant hielt, die aber in keinem offensichtlichen Zusammenhang zu den sechs Stücken des Zyklus stehen (s. Appel/Hermstrüwer 1991, 139).

Robert Schumanns Interesse an der Gestaltung der Notenausgabe seines Opus 66 beschränkt sich nicht nur auf die graphische Gestaltung der ornamentalen Verzierung des Titelblatts, sondern zeigt sich auch in einer dem Werk vorangestellten Vorbemerkung des Komponisten und letztlich ebenso in seinen Überlegungen zur Titelgebung. Auch die zwischenzeitlich geplanten Alternativtitel – *Östliche Klänge*, *Östliche Harmonien*, *Makamen* und *Abu Seidiana* (Brief vom 27. März an Kistners Mitarbeiter Bartholf Senff, Brieforiginal verschollen, zit. nach der Abschrift (D-Zsch, Archiv-Nr. 256a, in Teilen abgedruckt in RSA III/2, 342) – beziehen sich auf die genannte literarische Inspiration Schumanns. Der letztgenannte Titel entspricht in seiner Machart dem seines Opus 16, den *Kreisleriana*, die in der Klavierphase der dreißiger Jahre entstanden sind. Bezieht sich dort der Titel auf E.T.A. Hoffmanns Romanfigur des exzentrischen Kapellmeisters Johannes Kreisler, so verweist der Titelentwurf *Abu Seidiana* in sprachlich analog gestalteter Weise auf die Hauptfigur Abu Seid in den Makamen. Diesem »Eulenspiegel des Morgenlandes« (RSA III/2, 357), wie Schumann ihn in seinem Entwurf zur Vorbemerkung seiner *Bilder aus Osten* nennt, begegnet der Erzähler der Makamen, der Kaufmann Hareth Ben Hemmam, auf seinen Reisen. Oftmals in Verkleidung und in verschiedenen Rollen kreuzt der redegewandte und gewitzte Abu Seid von Serug den Weg des Kaufmanns und wird in seinen Maskeraden oft erst spät von diesem erkannt. Außergewöhnlich und bemerkenswert an den Makamen Hariris sind aber nicht das Personal und der inhaltliche Fortgang der Handlung, sondern ihre sprachliche Virtuosität, der Sprachwitz und Ideenreichtum, den dieses Werk arabischer Erzählkunst ausstrahlt.

Die durch Schumanns Offenlegung der literarischen Inspiration evozierten Erwartungen werden beim ersten Hören der sechs Stücke des Zyklus zunächst allerdings nicht erfüllt. Auf deutlich hörbare östliche Klänge, etwa das Nachahmen eines östlichen melodischen Kolorits, wartet der Hörer vergeblich. Als schwaches Indiz kann höchstens der wie ein ornamentaler Schnörkel wirkende Triller im ersten Thema des ersten Bildes gedeutet werden. Schumann betont in seiner Vorbemerkung zu den *Bildern aus Osten*, daß sie ihre Entstehung zwar »einer besonderen Anregung« durch die Lektüre der »Makamen« verdanken, daß ihm aber »bestimmte Situationen« nicht vorgeschwebt haben. Einzig über das letzte Stück sagt Schumann: »[…] und nur das letzte könnte vielleicht als ein Wiederhall der letzten Makame gelten, in der wir den Helden in Reue und Busse sein lustiges Leben beschliessen sehen« (RSA III/2, 80). Doch hält Schumann auch diesen Verweis sprachlich im Konjunktiv und relativiert ihn darüber hinaus mit dem Wort »vielleicht«. Dies ist als Hinweis zu werten, daß Schumann jenseits einer konkreten literarischen Programmatik einen Assoziationsraum für den Hörer eröffnen will.

Einen Hinweis auf eine mögliche tiefere Verbindung seiner Musik mit der literarischen Inspiration gibt dann der letzte Satz der Vorbemerkung, in der er seine Komposition bezeichnet als »Versuch, orientalische Dicht- und Denkweise, wie es in der deutschen Poesie schon geschehen, annähernd auch in unserer Kunst zum Ausdruck zu bringen« (RSA III/2, 80). Schumanns Beobachtungen zur »Dichtweise« der Makamen zeigt der erste Entwurfstext zur Vorbemerkung. Dort spricht Schumann davon, daß der »kunstvoll verschlungene Sprachausdruck, auf d(en)ie (Styl) Musik Einfluß gehabt haben mag« (RSA III/2, 357). Schumanns Ringen um die richtige Formulierung zeigt die Schwierigkeit, die Verbindung zwischen Musik und literarischer Inspiration in Worte zu fassen. »Kunstvoll verschlungen« im Sinne einer polyphon gestalteten musikalischen Struktur sind die *Bilder aus Osten* im Vergleich zu den anderen vierhändigen Stücken Schumanns ohne Zweifel. So weben etwa im zweiten, mit »Nicht schnell und sehr gesangvoll zu spielen« überschriebenen Stück die wandernden Stimmen der vier Hände, die sich jeweils nachahmend überlagern, ein vielschichtiges Gespinst. Dabei ist aber nach kurzer Zeit in ihrer Verwobenheit nicht mehr deutlich, welche Stimme welche imitiert. Aber auch darüber hinaus sind Verknüpfungen zwischen Musik und sprachlichem Kunstwerk denkbar. Auskünfte über die orientalische »Dicht- und Denkweise« erhielt Schumann in Friedrich Rückerts Einleitung zu seiner Übertragung. Über die »Form der Dichtung« schreibt Friedrich Rückert dort:

»Die Ökonomie der Makamen ist die allereinfachste: jede ist ein für sich bestehender und in sich abgerundeter poetischer Haushalt, ohne Wechselbeziehung mit den übrigen, ohne Einwirkung auf sie und von ihnen. In jeder geht ein Abenteuer an und zu Ende, und das nächstfolgende entspringt nicht aus dem vorhergehenden, sondern mit diesem zugleich aus dem gemeinschaftlichen Mittelpunkt, dem Charakter des Helden, der dann im vollen Kreise der Makamen seine volle Entwicklung gefunden hat. Man sieht die Handlung nicht fortschreiten, und doch ist zuletzt das Ziel erreicht; die Darstellung geht nicht vorwärts, sondern dreht sich im Kreise. Die Anordnung ist also planetarisch oder auch ausstrahlend wie die Blätter einer Palme« (Schimmel II 1988, 124).

Auch Schumanns einzelne »Bilder« wirken wie jeweils ein »in sich gerundeter poetischer Haushalt«, klar geprägt durch unterschiedliche, im Wechsel lyrisch und kraftvoll auftretende musikalische Charaktere. Allerdings knüpft Schumann »Wechselbeziehungen« zwischen zwei Stücken, indem er die lyrische Melodie des vierten im letzten Stück epilogisierend wieder aufscheinen läßt. Schumann mag das musikalische Moment dieser Dichtung gespürt haben, die nicht auf Stringenz und Kontinuität der Handlung ausgerichtet ist, sondern auf die Kombination von Einzelbildern, die aber dann aus einem »gemeinschaftlichen Mittelpunkt« entspringen. Dieses Konzept des In-sich-Kreisens mag dem Prinzip eines musikalischen Zyklus entsprechen, der einzelne Momente nebeneinander präsentiert und doch gleichzeitig geheimen inneren Zusammenhang zwischen den einzelnen Stücken herstellt.

Exemplarisch für eine in sich kreisende musikalische Struktur ist das vierte Stück des Zyklus, in dem ein in sich gerundeter musikalischer Gedanke immer wieder präsentiert wird. Anders als im zweiten Stück, das ähnlich imitatorische Züge hat, in dem aber die melodische Gestalt verhängter bleibt, wird hier zunächst eine klare achttaktige Formulierung des thematischen Materials vorangesetzt. Diese thematische Gestalt ist nicht auf Entwicklung angelegt, sondern deutlich vom Moment der Wiederholung und Abrundung geprägt. Im Verlaufe des Stücks wird diese klare Struktur durch Varianten und polyphone Verwebungen immer mehr verschleiert: schweifende, in sich kreisende Gedanken. Alles scheint sich aufeinander reimen zu wollen. Und eben dieses Prinzip des wiederholten Erscheinens entspricht – wenn man so will – auch der »einförmigen orientalischen Reimweise« (Schimmel II 1988, 126) der Ghaselen: In den in den Makamen eingestreuten Gedichten wird jeweils der Reim des ersten Verspaares über das gesamte Gedicht hinweg in den geraden Zeilen wiederaufgenommen. So entsteht eine Magie des Immergleichen und auf sich selbst Zurückverweisenden.

Es überrascht beim Blick auf die *Bilder aus Osten* op. 66, daß Schumann großes Engagement für die Offenlegung der literarischen Anregung zeigt, die erklingende Musik aber gar nicht so fremd und im Vergleich zu den Klavierwerken der dreißiger Jahre so ungewöhnlich erscheint. Das mag damit zusammenhängen, daß Schumann möglicherweise in der »orientalischen Dicht- und Denkweise«, die ihm bei Hariri begegnete, viel Vertrautes fand, das gut in seine Gedankenwelt paßte. Allein die Polarität der beiden Protagonisten Abu Seid und Ben Hareth in ihrer charakterlichen Gegensätzlichkeit mußte Schumann an sein bereits in frühen Jahren entwickeltes eigenes Persönlichkeitskonzept eines kontrastiv angelegten Doppelcharakters Florestan und Eusebius erinnern. Aber auch die Rätselhaftigkeit, die Lust an der Maskerade, der Witz und die sprachspielerische Raffinesse, die diese arabische Dichtung ausstrahlt, hat Schumann wahrscheinlich als verwandt wahrgenommen. Auch Schumann liebte ja besonders in seinem frühen Klavierwerk das Spiel mit Verrätselungen.

>»In jedem Kinde
liegt eine wunderbare Tiefe.«

Zwölf vierhändige Klavierstücke zu vier Händen für kleine und große Kinder op. 85

»Der Mangel an kleineren gehaltvollen Werken, original für das Pianoforte zu vier Händen componiert (keine Arrangements), ist namentlich in den letzten 20 Jahren sehr stark gefühlt worden, und es dürfte daher jetzt dieses neueste Werk unseres genialen Schumann doppelt erwünscht kommen« (Signale 8/1850, 31/32, 309). Die Ver-

lagsankündigung des Jahres 1850 für Robert Schumanns *Zwölf vierhändige Klavierstücke zu vier Händen für kleine und große Kinder* op. 85 ist nicht ohne Grund euphorisch: Als Nachfolgewerk des *Albums für die Jugend* op. 68 angekündigt, versprach die Sammlung verlegerisch ebenso erfolgreich zu werden, zumal das Werk zudem den zeitgenössischen Wunsch nach vierhändiger, auch für Laien spielbarer Musik erfüllte. Gemäß der zentralen Rolle, die das Klavier im Rahmen der bürgerlichen Hausmusik einnahm, entstand auch das Bedürfnis nach vierhändiger »Stübchenmusik«. Mit diesem Begriff benennt Robert Schumann in einer Rezension über Variationen Franz Xaver Chwatals eine Sammlung kurzer, gefälliger Stücke, »sämmtlich instructiven Charakters […], allerliebste Sachen« (GS I, 298). Die Gleichzeitigkeit von instruktiver Absicht und poetischem Anspruch, die bereits das *Album für die Jugend* prägte, liegt nun als konzeptioneller Dualismus auch dem Op. 85 zugrunde: Der didaktischen Absicht gemäß sind in den meisten Stücken der Sammlung dem Primo- und Secondopart klare Rollen der Melodieführung bzw. der Begleitung zugewiesen, wobei deren Schwierigkeitsgrad ähnlich ist und zum Beispiel dadurch begrenzt wird, daß der Primo-Part oft unisono geführt wird. Der instruktiven Funktion der Stücke entspricht neben ihrer klaren, meist dreiteiligen Gliederung und ihren einfachen Tonarten vor allem auch ihre Kürze. Das Phänomen der Kürze kann allerdings nicht nur als instruktives Moment im Sinne von Überschaubarkeit gewertet werden, sondern ebenso auch als poetisches Konzept. Oftmals ist es *eine* zündende kompositorische Idee, die das einzelne Stück konstituiert, wie etwa die sich jagenden Sechzehnteln der beiden Hände des »Springbrunnens« oder der Klangreiz der weit auseinanderliegenden Register im »Bärentanz«. In einer möglichen Gesamtaufführung aller zwölf Stücke hat die Kürze zudem die Konsequenz eines raschen Bilderwechsels, der eine dem Sujet angemessene Lebendigkeit garantiert und die Fantasie beflügelt. Allerdings kommt es dabei zu keinem Bilderrausch wie etwa in den frühen *Papillons* op. 2, über die Schumann nachträglich sagt, daß in ihnen »der Wechsel zu rasch und die Farben zu bunt sind« (Tb I, 407). Mit mehr Distanz zum Erleben, mehr als Bilderbogen erscheinen diese vierhändigen

Stücke Schumanns aus den vierziger Jahren. Sie sind im Vergleich zu den frühen experimentellen Werken Schumanns in ihrer Konzeption weniger aufgebrochen und es besteht bei diesen in sich geschlossenen und abgerundeten Stücken des Op. 85 auch nicht die Gefahr, die Schumann noch für sein frühes Op. 2 formuliert, daß »der Zuhörer noch die vorige Seite im Kopfe hat, während der Spieler bald fertig ist« (Tb I, 407).

Ein offensichtlich poetisierendes Moment erhält die Sammlung durch den Bezug der Titel auf die kindliche Lebenswelt in ihren unterschiedlichen Facetten. So wird für den Hörer ein assoziativer Rezeptionshorizont eröffnet, der sich nicht nur auf eine äußere kindliche Erfahrungswelt wie das Spielen, Tanzen oder das faszinierte Betrachten eines Springbrunnens oder eines Tanzbären bezieht, sondern auch, wie im Stück Nr. 6 »Trauer«, auf die Innenwelt des Kindes. Dabei sind die Titel so gewählt, daß sie Kindern den Zugang zu den Stücken erleichtern. Entsprechend der zeitgenössischen Tendenz in der Pädagogik neigte auch Schumann dazu, die Kindheit als Entwicklungsphase zu idealisieren. In seinem frühen *Denk- und Dichtbüchlein* heißt es, in Anlehnung an Novalis: »In jedem Kinde liegt eine wunderbare Tiefe« (GS I, 20). Voraussetzung und Konsequenz dieser Orientierung an der kindlichen Lebenswelt ist eine notwendigerweise enge Verbindung von Leben und Werk. Ein Blick auf den Kontext der Entstehung und ersten Aufführung belegt dies: So komponierte Schumann etwa das erste Stück der Sammlung, den »Geburtstagsmarsch«, für den 30. Geburtstag seiner Frau Clara am 13. September 1849 und spielte den im klaren, festlichen C-Dur gehaltenen Satz an diesem Tag mit seiner Tochter Marie (Litzmann II, 195). Über das an die Wasserspiele impressionistischer Komponisten erinnernde Stück »Springbrunnen« schreibt Clara: Es ist »höchst originell lieblich, träumerisch; man wird selbst an den Springbrunnen versetzt, sieht allerlei kuriose Dinge darin, die Kugel, die ganz komische Wendungen macht und zuletzt doch wieder ihre erste Stellung einnimmt, kurz, man träumt mit, ohne daß man weiß, bis zum Schluß des Stückes, wo man höchst vergnügt einander anlächelt. So geht es uns, wenn wir (Robert und ich) es zusammen spielen« (Litzmann II, 195 f.). Claras Assoziation zum Wasserspiel bezieht sich

auf einen Brunnen mit Kugel, den die Schumanns während ihres Aufenthalts in Kreischa gesehen haben. Neben diesem Hinweis auf die mögliche visuelle Inspiration ist außerdem interessant, wie Clara die Rezeptionshaltung während des vierhändigen Spiels beschreibt: Die Möglichkeit zum kurzzeitigen Sich-Verlieren, Träumen und Vergnügen zeigt, daß auch Schumanns eigene »Stübchenmusik« vom Dualismus von instruktivem Charakter und poetischem Moment geprägt ist.

In diesem Sinne ist Robert Schumanns Opus 85 also ebenso wie das *Album für die Jugend* op. 68 nicht für den Konzertsaal, sondern deutlich für das bürgerliche Musikzimmer komponiert. Marie von Lindeman, eine Freundin der Schumanns, berichtet von einer Aufführung einiger Stücke aus Op. 85 am Weihnachtsabend 1849 und illustriert hierbei nicht nur die besondere Rezeptionshaltung im hausmusikalischen Kontext, sondern auch die lustvolle, auf Unterhaltung ausgelegte Produktionshaltung der ausführenden Musiker Robert und Clara Schumann: »Den Bärentanz spielte er mit köstlichem Humor, förmlich mit den Händen die tölpischen Bewegungen des Bären nachahmend, mit einem schelmischen Lächeln« (Laux 1965, 33). Auffallend ist die Häufung der Tänze in der Sammlung: drei Märsche, ein Bärentanz und ein Reigen und auch andere Stücke des Zyklus lassen Tanzmetren aufscheinen. Dies entspricht der pädagogischen Überzeugung Schumanns, der über die *Etüden in Walzerform* op. 80 von Johann Peter Pixel schreibt: »Sollten manche solchen pädagogischen Schmeichelmitteln nicht hold sein, so sollen sie doch bedenken, daß man ein Kind, ein Mädchen nicht täglich mit Tonleiter- und Fingerübungen-Spielen quäle, sondern zur rechten Zeit etwas Tanzliches einstreue« (GS I, 204).

»Tanz ist gefrorene Musik«

Ball-Szenen op. 109 und Kinderball op. 130

In seiner Untersuchung zum *Album für die Jugend* op. 68 weist B.R. Appel (Appel 1998, 16 ff.) auf die Bedeutung hin, die Schumanns bevorzugter Dichter Jean Paul in seiner Erziehungslehre *Levana* dem pädagogischen Nutzen des Tanzes zuweist.

Bei Jean Paul heißt es unter § 57 »Tanzen der Kinder«: »Welcher Vater ein altes Klavier oder eine alte Geige oder Flöte hätte, oder eine improvisierende Singstimme: der sollte seine und fremde Kinder zusammenrufen und sie täglich stundenlang nach seinem Orchester hüpfen und wirbeln lassen – paarweise – in Ketten – in Ringen – und recht oft einzeln – sie selber mitsingend, als Selbst-Drehorgeln – und wie sie nur wollten. Im Kinde tanzt noch die Freude [...]« (Jean Paul 1963, 613). Ganz auf Tanz ausgerichtet sind dann auch Schumanns weitere vierhändige Sammlungen, die 1851 fertiggestellten *Ball-Szenen* op. 109 und der *Kinderball* op. 130 aus dem Jahr 1853, die allerdings im Vergleich zu den *Zwölf Klavierstücken* op. 85 nur geringere Verbreitung fanden. Bereits in Schumanns früher Klaviermusik der dreißiger Jahre spielte der Tanz eine wichtige Rolle, wurde sogar zum »Medium der Entwicklung musikalischer Ausdrucksformen« (Maintz 1995, 294), indem Schumann sich in Werken wie den *Papillons* op. 2, den *Davidsbündlertänzen* op. 6 oder dem *Carnaval* op. 9 immer wieder mit Tanzformen auseinandersetzte, dabei aber ihren volksmusikalischen Ursprung mehr und mehr kompositorisch überhöhte und verfremdete. 1828 notiert er in sein Tagebuch: »Tanz ist gefrorene Musik« (Tb I, 105).

Mit seinen beiden späten Tanzzyklen, den *Ball-Szenen* und dem *Kinderball*, scheint Schumann zum volksmusikalischen Ursprung des Tanzes zurückgekehrt zu sein. Ganz unverstellt, in suitenartiger Folge, ohne offensichtliche kompositorische Brüche und Montagespuren, erklingen die Tänze nun wieder, wohl auch unter dem Einfluß der instruktiven Ausrichtung der Zyklen. Während der *Kinderball* sich deutlich an jüngere Spieler richtet, erfordern die *Ball-Szenen* nicht nur technisch reifere Pianisten.

Zunächst hatte Schumann für die *Ball-Szenen* op. 109 den Titel »Kinderball« vorgesehen. Doch später erschien ihm dieser wohl angesichts des Schwierigkeitsgrades und der melancholischen Grundstimmung unpassend. In einem Brief vom 17. Oktober 1852 an Julius von Bernuth bezeichnet er sein späteres Op. 109 als »Maskentanz in 9 ziemlich melancholischen Tanzstücken« (BNF, 361), in einer Widmungszuschrift an Henriette Reichmann als »zwischen Lust und Ernst schwebende Sänge« (RSA III/2, 417). Der von Schumann

zwischenzeitlich bevorzugte Alternativtitel »Maskentanz« entspricht eher dem das Stück beherrschenden Schwebezustand zwischen euphorischer Ballstimmung und Dämpfung durch melancholische Schatten, die sich über die neun Stücke des Zyklus zu legen scheinen. So suggeriert der Aufforderungscharakter des eröffnenden »Préambules«, das dominantisch zur folgenden »Polonaise« überleitet, eine ausgelassene kraftvolle Stimmung, die sich durch die folgende Polonaise im »Nicht zu schnell« wie auch durch den anschließenden zarten, auf einem Sextakkord beginnenden Walzer in mäßigem Tempo zunächst nicht zu erfüllen scheint.

Wie schon im Zusammenhang mit den frühen *Polonaisen* Schumanns erwähnt, bieten gerade Tanzsätze die Möglichkeit des kompositorischen Experiments im Spiel mit den vorgegebenen metrischen, rhythmischen und formalen Strukturen. Und diese Freiheit nutzt Schumann: Prinzipiell ist im Vergleich zu seinen frühen *Polonaisen* der Klaviersatz nun dichter, imitatorische Strukturen häufiger. Auch der Secondo-Part ist nun öfter eingebunden in die Präsentation melodischen Materials. Das achte Stück »Walzer« bietet zudem außergewöhnliche harmonische Überraschungen: Im Gefüge der Takte 56–71, in denen der Primo-Part einstimmige melodische Bögen, der Secondo-Part begleitende Akkordik bietet, bleibt die jeweilige Auflösung der dissonanten Struktur versagt, die Skalen, in denen sich die beiden Spieler bewegen, scheinen nicht mehr zueinander zu passen:

Im Vergleich zu den *Ball-Szenen*, die durch ein »Préambule« eingeleitet und durch eine feierliche »Promenade« abgerundet werden, weist der *Kinderball* weniger zyklische Gestalt auf. Im Gegensatz zu den »melancholischen« Tänzen der *Ball-Szenen*, besteht der *Kinderball* aus einer losen Folge von Polonaise, Walzer, Menuett, Ecossaise, Francaise und Ringelreihen, »meistens fröhliche, mit guter Lust geschriebene Stücke« (BNF, 485), wie Schumann seinen Verlegern Breitkopf und Härtel in einem Brief vom 3. November 1853 mitteilt. Fünf der sechs Tänze entstanden im September 1853 in Düsseldorf, nur für das Menuett nennt Schumann 1850 als Entstehungsjahr.

Insgesamt sind die Stücke des *Kinderballs* op. 130 im Klaviersatz schlichter und deutlicher als die *Ball-Szenen* op. 109 durch ihre instruktive Funk-

aus »Walzer«, *Ballszenen* op. 109/8

tion geprägt: Klare Periodik und transparente Schichtung von Begleit- und Melodiestimme machen die Stücke auch für junge Spieler überschaubar. Die mit »lebhaft« bezeichnete und mit Witz geschriebene »Ecossaise« kann als Training für die Virtuosität und Abwechslung der Hände des Spielers dienen, der den Primo-Part übernimmt. Aber auch die Geschmeidigkeit und Schnelligkeit des Secondo-Parts wird in der Dauerbewegung der rechten Hand in der »Ringelreihe« geübt. In der Wahl der Tänze bevorzugt Schumann wohlmöglich in instruktiver Intention in beiden vierhändigen Zyklen Tänze, die eine klassische Tradition durchscheinen lassen. So verweisen besonders das Menuett und die Ecossaisen auf Vorbilder wie Mozart und Beethoven.

Der Blick auf Schumanns Werke für Klavier zu vier Händen und für zwei Klaviere hat gezeigt, daß diese Werke nicht eine homogene Werkgruppe bilden, die etwa durch ein kontinuierliches Abarbeiten an den Besonderheiten und Möglichkeiten der spezifischen Besetzung geprägt ist, sondern daß jedes Werk für sich in seinem spezifisch ästhetischen Kontext steht: So können die frühen *VIII Polonaises pour le pianoforte à quartre mains*, Anh G1 von 1828, die ganz am Anfang von Schumanns kompositorischer Entwicklung stehen, als Dokument seiner frühen Schubert-Rezeption gelten. Auch seine nur als Fragment erhaltenen und wahrscheinlich gleichzeitig entstandenen *Variatio-*

nen über ein Thema von Prinz Louis Ferdinand*, Anh G2 knüpfen an Schubertsche Klaviervariationen an. Das *Andante und Variationen* op. 46 von 1843, Schumanns einziges Werk für zwei Klaviere, ist im Grunde kein originäres Klavierwerk, sondern Ergebnis eines Kammermusik-Experiments. Die *Bilder aus Osten* op. 66 von 1848 knüpfen dagegen in ihrer Konzeption und literarischen Inspiration an die Klavierwerke der dreißiger Jahre an. Erst ab dem Ende der vierziger Jahre widmet sich Schumann der Komposition von Klavierstücken zu vier Händen in instruktiver Absicht. In den Sammlungen bzw. Tanzzyklen der *12 vierhändigen Klavierstücke für kleine und große Kinder* op. 85 oder dem *Kinderball* op. 130 verbinden sich Instruktion und Poesie, wie auch in den technisch anspruchsvolleren *Ball-Szenen* op. 109.

[Literaturverzeichnis am Ende des nächsten Beitrags]

Werke für Pedalflügel und Orgel

von Ulrike Kranefeld

»Darum bitt ich Sie auch auf Ihr Ehrenwort als Geschäftsmann, vor dem Abdruck der Anzeige gegen Niemanden, auch Ihre und unsere Freunde nicht, etwas verlauten zu lassen« (BNF, 442). Mit diesen Worten verpflichtet Robert Schumann in einem Brief vom 6. Mai 1845 seinen Verleger Whistling auf Verschwiegenheit über sein neu herauszugebendes Projekt. »Man kann in solchen Dingen nicht schnell genug sein, und es schnappt einem der erste Beste die Idee auf und weg« (BNF, 442). Bei dieser »Geheimkomposition« handelt es sich um die im Jahre 1845 in Dresden entstandenen *Studien für Pedalflügel* op. 56. Offensichtlich will Schumann mit dieser Geheimniskrämerei nicht vorrangig eine neue Kompositionstechnik schützen, sondern wohl vor allem die Idee, für ein besonderes Instrument zu komponieren: den Pedalflügel, eine Verbindung von normalem Flügel und angehängtem oder zusätzlich integriertem Baßregister, das durch ein Pedal bedient wird. Bereits Jahre zuvor hat Schumann enthusiastisch auf die Entwicklung dieses neuen Instruments gesetzt und sich davon »neue Aussichten« für das Komponieren versprochen. In einer Besprechung von Klavierkonzerten von Moscheles und Mendelssohn Bartholdy beschreibt er 1837 die zukunftsweisenden Potentiale dieses Instruments: »Mit der immer fortschreitenden Mechanik des Klavierspiels, mit dem kühneren Aufschwung, den die Komposition durch Beethoven nahm, wuchs auch das Instrument an Umfang und Bedeutung, und kömmt es noch dahin (wie ich glaube), daß man an ihm, wie bei der Orgel, ein

Pedal in Anwendung bringt, so entstehen dem Komponisten neue Aussichten, und sich immermehr vom unterstützenden Orchester losmachend, wird er sich dann noch reicher, vollstimmiger und selbständiger zu bewegen wissen« (GS I, 385). 1837, gegen Ende seiner ersten, über Jahre andauernden reinen Klavierphase, spürt Schumann also nun gleichzeitig die Begrenztheit wie die Erweiterungspotentiale des zentralen Instruments seines bisherigen kompositorischen Schaffens: »Das Clavier möcht ich oft zerdrücken und es wird mir zu eng zu meinen Gedanken« (BNF, 153).

Schumanns Einschätzung des Pedalflügels geht also bereits 1837 über die übliche Einordnung als Übeinstrument für Organisten hinaus. Trotzdem greift er die Möglichkeit, sich kompositorisch mit diesem Instrument zu beschäftigen, zunächst nicht auf. Erst rund sechs Jahre später, nachdem er bereits zahlreiche Lieder, Kammermusikwerke, eine Sinfonie und ein Oratorium fertig gestellt hat, wird er 1845 nach einem krisenhaften Jahr voller Umbrüche (länger anhaltende Krankheit, Umzug nach Dresden, Abgabe der Redaktion der *Neuen Zeitschrift für Musik*) von der Idee erfaßt, selbst für den Pedalflügel zu komponieren. Am 24. April des Jahres leihen sich die Schumanns vom Dresdner Musikdirektor Otto Kade eine Pedalklaviatur zu ihrem Flügel. Bereits nach drei experimentellen Tagen am neuen Instrument notiert Schumann am 27. April ins Tagebuch: »Idee f. Pedalflügel zu componiren« (Tb III, 386). Zwischen April und November 1845 entstehen dann die *Studien für Pedalflügel* op. 56, die *Vier Skizzen für Pedalflügel* op. 58 und die *Sechs Fugen über den Namen BACH für Orgel oder Pedalflügel* op. 60 und Schumann ist von der innovativen Kraft seiner Idee überzeugt. In der Ankündigung seines Op. 56 in der *Neuen Zeitschrift für Musik* heißt es: »Der Herr Verfasser gibt mit dieser Composition etwas ganz Neues. Die Idee, ein 16füssiges Pedal an Clavierinstrumenten anzubringen mit dem Zwecke, sich namentlich für die Orgel vorzubereiten, haben schon Manche gehabt: eigens aber für den Pedal-Flügel gesetzte Compositionen existirten bis jetzt noch nicht. Was sich aus dem so erweiterten Instrumente für neue und ergreifende Wirkungen bringen lassen, ist in obigen Studien anzudeuten versucht worden« (*Intelligenzblatt* 6 (1845) zur *Neuen Zeitschrift für Musik* 45 (4. Juni 1845)).

Arnfried Edler weist in seiner Untersuchung zu Schumanns Kompositionen für den Pedalflügel darauf hin, daß die Entwicklung des Instruments und das Interesse an ihm in der ersten Hälfte des 19. Jahrhunderts nicht nur als isoliertes klavierbautechnisches Phänomen zu werten ist, sondern gerade angesichts der orchestralen Klangwirkungen der späten Klavierwerke Beethovens Ausdruck des zeitgenössischen Wunsches nach einer »allgemeine[n] Annäherung an die Vielfalt des Orchesters« war (Edler 1989, 41). Zudem betont Edler das zeitgenössische Bestreben, »das klangliche Profil des musikalischen Satzes insgesamt in Richtung auf eine ausdrucksstarke, mächtige und farbenreiche Baßregion zu verändern« (Edler 1989, 41).

»Fugenpassion«

Schumann betrachtet den Pedalflügel zwar ausdrücklich nicht als reines Übeinstrument für Organisten, dennoch ist nicht zu übersehen, daß die Kompositionen, die Robert Schumann für dieses Instrument schreibt, die polyphone Tradition der Orgelmusik aufgreifen. Diese Gleichzeitigkeit von Anknüpfen an kompositorische Tradition und dem Willen zur innovativen Klangerweiterung beschreibt Schumann in der bereits oben erwähnten Ankündigung seines Opus 56, daß durch den Pedalflügel »nicht blos Gelegenheit gegeben ist, zu der früheren Strenge der Kunst zurückzukehren

und den classischen Orgelwerken Eingang im Zimmer zu verschaffen, sondern auch die Behandlung des Pianofortes dadurch eine ganz andere wird, und eine Fülle neuer Effecte sich erschließt« (*Neue Zeitschrift für Musik* 45, 24.5.1845, 176). Daß Robert Schumann diesen Tradition assoziierenden Aspekt des Instruments kompositorisch nicht unberücksichtigt läßt, hat mit seinem verstärkten Interesse an Fugenkomposition in dieser Zeit zu tun. Zu Beginn des Jahres 1845 finden sich Clara und Robert Schumann in einer Art Arbeitsgemeinschaft zusammen, um gemeinsam »contrapunctische Studien« (23.1.1845, Tb III, 379) zu unternehmen. Mehrere Tagebucheinträge im Februar belegen das fortgesetzte Interesse an dieser Arbeit. Aus »fleißigen Fugenstudien« (18.2.1845, Tb III, 380) entwickelt sich im Laufe der Zeit eine »Fugenpassion«, die dann »kleine contrapunctische Arbeiten« (21.2.1845, Tb III, 381) hervorbringt. Nicht nur für Robert, sondern auch für Clara Schumann mündet diese Arbeit in produktivem kompositorischem Schaffen: »Klara und ihre Fugen«, heißt es am 1. März im Tagebuch (Tb III, 381). Clara Schumann komponiert in dieser Zeit insgesamt sechs Fugen über Themen von Bach und Robert Schumann, drei davon wurden später als ihr op. 16 *III Präludien und Fugen für das Pianoforte* veröffentlicht. Über diese Zeit schreibt Clara: »Heute begannen wir kontrapunktische Studien, was mir trotz der Mühe viel Freude machte, denn ich sah, was ich nie möglich geglaubt, bald eine selbst gemachte Fuge und sah bald mehrere, da wir die Studien regelmäßig alle Tage fortsetzten. Ich kann Robert nicht genug danken für seine Geduld mit mir und freue mich doppelt, wenn mir etwas gelingt, das er dann doch als sein Werk ansehen muß. Er selbst geriet aber auch in eine Fugenpassion« (Litzmann II, 131).

Es war nicht das erste Mal, daß sich Schumann mit Kontrapunkt beschäftigte. Bereits bei seinem Lehrer Heinrich Dorn hatte er sich Anfang der dreißiger Jahre in Harmonielehre, Generalbaß und kontrapunktischen Studien üben müssen. Zudem findet sich unter den »Plänen für zukünftige Stunden«, die Schumann am 20. April 1832 in sein Tagebuch notiert, neben musikalischen und schriftstellerischen Projekten das Vorhaben der »Zergliederung der Bacchischen Fugen« (Tb I, 379). In der Folge beschäftigt er sich intensiv mit dem *Wohltemperierten Clavier*, nennt es seine »Grammatik«. 1837 fertigt er eine Abschrift von Bachs »Kunst der Fuge« an (Tb II, 31). In seinen ursprünglich für das *Album für die Jugend* bestimmten *Haus- und Lebensregeln* heißt es zudem: »Das ›Wohltemperierte Klavier‹ sei dein täglich Brot« (GS II, 166). Als Ergebnis seiner erneuten kontrapunktischen Studien 1845 entstehen dann neben den *Vier Fugen* op. 72 für Klavier die Gruppe mit Werken für Orgel und Pedalflügel.

»Zweibeinige Skelette?«
Studien für Pedalflügel op. 56

Bei den *Studien für Pedalflügel* op. 56 mit dem Untertitel »Sechs Stücke in canonischer Form« handelt sich um sechs Stücke unterschiedlichen Charakters, die alle dem Prinzip eines begleiteten Kanons folgen. Der Grad und die Eigenart der Begleitung differiert allerdings innerhalb des Zyklus: So wird etwa der Oberstimmenkanon der ersten Studie in C-Dur, die in ihrer Motorik und in ihrer sich durchweg komplementär ergänzenden Zweistimmigkeit an die Inventionen Bachs erinnert, allein durch eine lineare Baßstimme im Pedal begleitet. Die Pedal-Baßbegleitung der dritten Studie in E-Dur wird zusätzlich durch akkordisches Spiel in der linken Hand ergänzt, durch die der Oberstimmenkanon eine harmonische Färbung erfährt. Die kompositorische Struktur der zweiten Studie in a-Moll erscheint komplexer, da Schumann hier neben Baßlinie und Akkordik zudem phasenweise eine dritte Stimme hinzutreten läßt, die den ansonsten relativ streng geführten Kanon der Oberstimmen mit frei assoziierenden Melodiepartikeln klanglich unterstützt und erweitert. In der letzten, der sechsten Studie in H-Dur erscheint im Mittelteil ein fünfstimmiges Fugato, in das auch das Pedal zum ersten Mal als eigenständige melodieführende Stimme als fünfter Stimmeinsatz einbezogen wird und damit deutlich die rein begleitende Baßfunktion verläßt.

Das eigentlich überraschende Moment für den Hörer der *Studien* op. 56 Robert Schumanns ist, daß der erste Höreindruck den meist konsequent geführten Oberstimmenkanon über lange Phasen hinweg vergessen macht. Dies ist Ausdruck eines besonderen Umgangs mit kontrapunktischen Techniken, den Schumann immer wieder in seinen Schriften für die *Neue Zeitschrift für Musik* und in seinen Tagebüchern reflektiert. Diese Gedanken münden in einigen Fällen in grundsätzliche ästhetische Überlegungen zur Fugenkomposition. In ihnen spiegelt sich der Versuch einer historisch-kompositorischen Standortbestimmung der Fuge in der Mitte des 19. Jahrhunderts. Schumann betrachtet in seinen Rezensionen zeitgenössische kontrapunktische Kompositionen jeweils vor dem Hintergrund der Tradition und bezieht sie meist auf das Vorbild Bach, gleichzeitig werden sie aber auch auf ihre Zukunftstauglichkeit oder zumindest auf ihren Gegenwartsbezug im Sinne romantischer Kunstauffassung geprüft. In seiner Besprechung der *Präludien und Fugen* op. 35 von Mendelssohn Bartholdy macht er dieses Spannungsfeld deutlich: »Ordentliche Fugenmusterreiter täuschen sich indes, wenn sie in ihnen einige von ihren alten herrlichen Künsten angebracht glauben, etwa *imitationes per augmentationem duplicem, triplicem* etc., oder *cancricantes motu contrario* etc. – ebenso aber auch die romantischen Überflieger, wenn sie ungeahnte Phönixvögel in ihnen zu finden hoffen, die sich hier losgerungen aus der Asche einer alten Form« (GS I, 253). Kompositorisch zu lösen ist diese Binnenspannung der Gattung Mitte des 19. Jahrhunderts in Schumanns Augen nur durch eine geheime Verbindung von Konstruktion und Poesie: »Jedenfalls bleibt immer die die beste Fuge, die das Publikum – etwa für einen Straußschen Walzer hält, mit anderen Worten, wo das künstliche Wurzelwerk wie das einer Blume überdeckt ist, daß wir nur die Blume sehen« (GS I, 253). Denkt man das Bild weiter, so würde dies bedeuten, daß das kontrapunktische Wurzelwerk zwar auf den ersten Blick, im ersten Hören gar nicht sichtbar, hörbar wird, es aber die Blüte der Blume mit ihrer Kraft speist und sie mit musikalischer Lebensenergie versorgt.

In den *Studien* op. 56 präsentiert Robert Schumann eine Möglichkeit, diese Spannung zwischen technischer Erfüllung des kontrapunktischen Satzes und Anspruch auf ein poetisches zukunftsweisendes Potential zu lösen und zwar im Sinne seiner eigenen Forderung, die er bereits 1832 im Tagebuch festhält: »Du aber Fantasie, gieb der Fuge schwesterlich die Hand!« (TB I, 400). Wie

»Lieder ohne Worte« klingen die in jeweils einer Ausdrucksqualität gehaltenen Stücke. Hiermit steht Schumanns op. 56 in der Nähe zu Mendelssohns *Präludien und Fugen* op. 35, über die Schumann in einer Rezension bereits 1837 schreibt: »So könnte man manchem Mädchen die letzte Partie einer [...] Mendelssohnschen Fuge [...] für ein Lied ohne Worte ausgeben« (GS I, 254). Auch Schumann gibt nicht nur durch Überschriften wie »Innig« (Nr. 4) oder »Mit innigem Ausdruck« (Nr. 2) den einzelnen Stücken einen charakteristischen Ausdruck. Diese Verbindung von Ausdrucksqualität und Konstruktion entspricht dem Eindruck, den Schumann von den Fugen seines Idealbilds Bach hat: »Die meisten der Bachschen Fugen sind aber Charakterstücke höchster Art, zum Teil wahrhaft poetische Gebilde, deren jedes seinen eigenen Ausdruck, seine besonderen Lichter und Schatten verlangt« (GS I, 354).

Schumann experimentiert in seinen *Studien für Pedalflügel* op. 56 bewußt und offensichtlich angeregt durch intensive kontrapunktische Übungen mit der Technik des Kanons, das Klangergebnis aber erinnert durchaus an die Charakterzyklen der frühen Klavierphase der dreißiger Jahre. So werden Schumanns zweistimmige Kanons in seinen *Studien* nicht zu »zweibeinigen Skeletten« (GS II, 137), wie er die Gattung zweistimmiger Fugen in Anlehnung an ein Bonmot Beethovens in einer Rezension über Julius Hopfes *Fugen* op. 29 nennt.

Allerdings beleuchtet man nur eine Seite, wenn man davon ausgeht, Schumann knüpfe an den Gestus seiner frühen Jahre an und verstecke die kontrapunktische Technik unter dem spezifisch charakteristischen Eindruck. Im Gegenteil: Es ist zu überlegen, ob dieses Werk Schumanns nicht ein deutliches Licht auf ein ohnehin polyphones Moment seiner frühen Klaviermusik wirft und ins Bewußtsein bringt, daß die ersten bedeutenden Kompositionen Schumanns der dreißiger Jahre wie auch etwa seine bis 1845 fertig gestellten Kammermusikwerke von einer spezifisch polyphonen Belebung der Mittelstimmen geprägt sind und daß auch die typische Variantentechnik Schumanns, mit der er geheime motivische Verbindungen innerhalb seiner Werke stiftet, einem ähnlichen kompositorischen Geist entspringt. Interessanterweise schreibt Schumann 1838 gegen Ende

seiner ersten produktiven Klavierphase diesem Eindruck entsprechend an Clara: »[...] das Clavier wird mir zu eng; ich höre bei meinen jetzigen Compositionen oft auch eine Menge Sachen, die ich kaum andeuten kann, namentlich ist es sonderbar, wie ich fast Alles canonisch erfinde und wie ich nachsingende Stimmen immer erst hinterdrein entdecke, oft auch in Umkehrungen, verkehrten Rhythmen pp. [...]« (Brief an Clara, 19.3.1838, Briefwechsel I, 127). Es bleibt festzuhalten, daß Schumann 1845 bei aller vordergründigen Fixierung auf eine »neue« kontrapunktische Kompositionstechnik während der Phase der »Fugenpassion«, an vorhandenes, bereits bei seinem Kompositionslehrer Dorn wie auch durch eigene Studien erworbenes kompositorisches Potential anknüpft. Die erneute Beschäftigung mit dem Kontrapunkt scheint die Kontrapunktik früherer Jahre von einer intuitiveren Ebene, wie sie die oben stehende Äußerung Schumanns andeutet, auf eine bewußtere gehoben zu haben.

Für den Hörer des op. 56 bleibt diese bewußte und fast konsequent durchgeführte Orientierung am Oberstimmenkanon zunächst mehr, später weniger deutlich wahrnehmbar: Während die barockisierende erste Studie deutlich die Spuren der kontrapunktischen Ausrichtung fast demonstrativ hörbar werden läßt, machen die übrigen Stücke, allein schon durch die akkordische Begleitung, aber auch durch ihre melodische Kontur diese Struktur weitgehend vergessen. In der 5. Studie etwa ist der Oktavkanon zwischen Ober- und Mittelstimme im akkordischen Staccatospiel kaum mehr wahrnehmbar.

Für Schumann ist ein Merkmal der Fugenkomposition der »modernen Zeit« der »Gesang, der feinere Schmelz« (GS I, 253), wie er in der Besprechung der Mendelssohnschen Fugen betont. Gerade die gesanglichen *Studien* Nr. 2 und Nr. 4 entsprechen diesem Anspruch in ihrer Konzentration auf ihre melodische und klangliche Qualität: Der Höreindruck eines romantischen Verwobenseins zweier Stimmen, die sich gegenseitig umschlingen und der tatsächlich streng geführte Oberstimmenkanon schließen sich in diesen Studien nicht aus, sondern sind im Gegenteil nicht voneinander zu trennen. In ihrem Verlauf wirken die Studien wie ein kompositorischer Reflex auf die Forderung Schumanns, in der zeitgenössischen

Fuge mögen sich Konstruktion und Poesie vereinen.

»Variationen, aber über kein Thema«
Skizzen für den Pedalflügel
op. 58

Während die *Studien* op. 56 die Auseinandersetzung mit den kontrapunktischen Techniken aufscheinen lassen, zeigen die gleichzeitig als »Seitenstück« der Studien entstanden *Skizzen* op. 58 ein deutlich anderes Konzept: Sie erinnern an die Klavierwerke der dreißiger Jahre, nur daß Schumann nun mit dem Pedalflügel ein größeres Klangvolumen und im Besonderen eine intensivere Baßregion zu Verfügung steht. Mit den Skizzen kann Schumann sein für sich und sein Komponieren neu entdecktes Instrument klanglich austesten. Entgegen der Erwartung eines Vorläufigen und Fragmentarischen, die der Titel Skizzen suggeriert, präsentieren sich die vier Stücke in merkwürdig geschlossener Form: Jede einzelne Skizze ist durch eine dreiteilige A-B-A-Form gekennzeichnet und dadurch deutlich in sich abgeschlossen und gerundet. Und dennoch verweist jede einzelne Skizze über ihre eigenen Grenzen hinaus, um in Beziehung zur Umgebung zu treten. Die erste und zweite Skizze etwa gehen eine Verbindung ein, die über die bloße Identität des Grundtons C und der Vortragsbezeichnung »Nicht schnell und sehr markirt« hinausgeht. Sie wirken wie zwei aus einem Zusammenhang gelöste Variationen, wie »Variationen, aber über kein Thema« (Brief an Clara, 24.1.1839, Briefwechsel II, 367), wie Schumann einmal seine *Arabeske* op. 18 nannte. Verbindend ist zudem das in beiden Skizzen vorzufindende Spiel mit Metrik und Rhythmik. Beide Stücke »entthronen« zu Beginn die schwere Eins des Dreivierteltaktes, indem sie schwer auf der Zwei beginnen und für den Hörer erst im Verlauf des folgenden rhythmisch-metrischen Geschehens deutlich wird, daß die suggerierte Eins zu Beginn eine Zwei war. Durch diese metrischen Verschiebungen erhalten die beiden ersten Skizzen scherzhafte Züge. Auch die dritte und vierte Skizze sind tonartlich miteinander verbunden und ebenso motivisch verwandt. Der

kompositorischen Tradition entsprechend ist der jeweilige Mittelteil kontrastierend angelegt. Dem impulsiven und im Forte auftrumpfenden Beginn der dritten Skizze in f-Moll steht im Mittelteil zunächst ein im Piano und mit verschlungenen chromatischen Verflechtungen durchsetzter Satz gegenüber, der dann in einen lyrisch anmutenden, ebenfalls im Piano gehaltenen Abschnitt überleitet. Ähnliches geschieht in der vierten Skizze in Des-Dur, in der der akkordische Satz des ersten Teils mit arpeggiobegleiteten, girlandenartigen Melodiebögen im Mittelteil kontrastiert wird.

Robert Schumann war sich sicher, mit seinen Kompositionen für Pedalflügel einen innovativen Weg zu gehen, zweifelte aber am verlegerischen Erfolg und regte deshalb in den Verlagsverhandlungen mit den beiden Verlegern Whistling und Kistner an, jeweils im Titel auf die Spielbarkeit für Orgel und Klavier zu drei oder vier Händen zu verweisen bzw. ein Arrangement für diese Besetzung anzufertigen.

»Bach = Fugen = Gedanken«
Sechs Fugen über den Namen BACH
op. 60

Ein weiteres Ergebnis dieses »kontrapunktischen« Jahres 1845 sind neben den *Vier Fugen* op. 72 für Klavier die *Sechs Fugen über den Namen BACH* für Orgel oder Pedalflügel op. 60. Bereits am 12. März 1845 heißt es im Tagebuch: »Abends *Bach* = Fugen = Gedanken« (Tb III, 382). Zwischen dem 7. April und dem 28. November stellt Schumann dann sechs Fugen fertig, überarbeitet sie aber noch einmal zwischen dem 31. März und 20. Juni des folgenden Jahres. Begleitend dazu und als theoretische Fundierung beschäftigt sich Schumann mit Cherubinis Theorie des Kontrapunkts und der Fuge. Es war nicht Schumanns erster Versuch, die in Tonnamen umsetzbaren Buchstaben eines Namens als thematisches Material für eine Komposition zu nutzen. Schon sein Opus 1, die *Abegg-Variationen* und der *Carnaval* op. 9, in dem er die spielbaren Buchstaben seines eigenen Namens versteckte und in den *Sphinxen* demonstrativ präsentierte, folgten dieser Idee. Nun aber ist es Bach, sein großes kompositorisches Vorbild, dessen Namen er benutzt und so arbeitet er intensiv an dieser Komposition, »um es in etwas des hohen Namens, den es trägt, würdig zu machen, eine Arbeit, von der ich glaube, daß sie meine anderen vielleicht am längsten überleben wird« (Brief Schumanns an Fr. Whistling, 15.3.1846, BNF, 446).

Dabei experimentiert Schumann mit den verschieden Möglichkeiten, das BACH-Motiv in seine Themenbildung zu integrieren und findet immer wieder neue Varianten: Quasi als Motto taucht es auf und erhält in den einzelnen Fugen eine immer wieder neuartige Funktion. So entsteht ein Zyklus von sechs Fugen, die durch mehr verbunden sind als durch das BACH-Motiv. Durch ihre Abfolge legen sie den Eindruck eines mehrsätzigen Zyklus nahe: Die eröffnende wie die abschließende Fuge sind beide in sich steigernd angelegt, der Finalcharakter der letzten Fuge ist deutlich. Innerhalb dieser Rahmenbildung positionieren sich die übrigen Fugen wie Sonatensätze: Die zweite Fuge mit ihrer lebhaften, toccatenhaften Motorik, die dritte »mit sanften Stimmen« und die vierte »Mäßig, doch nicht langsam« zu spielende Fuge und die scherzohafte fünfte Fuge.

Auch wenn Schumann diese Fugen ausdrücklich auch für die Orgel ausweist, so stellt sich doch die Frage, ob nicht gerade die Darstellung der reichen Mittelstimmen in der Interpretation eine farbenreiche Behandlung erfordert, wie sie nur bzw. klanglich befriedigender auf dem Klavier möglich ist. Denn für Schumann ist die Klanglichkeit bzw. Farbigkeit gerade auch bei der Interpretation von Fugen besonders wichtig, wie eine Bemerkung Schumanns im Zusammenhang mit dem Bach-Spiel Claras belegt: »Ueberhaupt […] die Fuge, in der man lebendiges Colorit anbringen kann, ist kein Kunststük mehr, sondern ein Kunstwerk« (Tb I, 396). Nach diesem Prinzip verfährt Schumann auch bei der Komposition seiner Fugen op. 60 und bemüht sich durch die dramaturgische Anlage des Zyklus wie auch durch das besondere Augenmerk auf die Klanglichkeit einem Ideal zu entsprechen, das er bereits über Mendelssohns *Präludien und Fugen* Jahre zuvor geäußert hatte: »Kurz, es sind nicht allein Fugen, mit dem Kopf und nach dem Recept gearbeitet, sondern Musikstücke, dem Geiste entsprungen und nach Dichterweise ausgeführt« (GS I, 254).

Literatur

Appel, Bernhard R./Hermstrüwer, Inge (Bearb.): Robert Schumann und die Dichter. Ein Musiker als Leser. Katalog zur Ausstellung des Heinrich-Heine-Instituts. Düsseldorf 1991. (Veröffentlichungen des Heinrich-Heine-Instituts, Düsseldorf).

Appel, Bernhard R.: Robert Schumanns »Album für die Jugend«. Einführung und Kommentar. Zürich, Mainz 1998.

Edler, Arnfried: »Kompositionen mit neuen Aussichten«. Aspekte zu Schumanns Werken für Pedalflügel. In: Internationale Robert-Schumann-Tage Zwickau. Red. Gerd Nauhaus. Zwickau 1989. (Schumann-Studien, 2), S. 39–45.

Flechsig, Emil: Erinnerungen an Robert Schumann. Aus dem Manuskript erstmalig vollständig veröffentlicht von seiner Urenklin Hilde Wendler. NZfM 117 (1956), S. 392–396.

Jean Paul: Vorschule der Ästhetik. Levana oder Erziehlehre. Politische Schriften. München 1963. (Jean Paul. Werke, hg. von Norbert Miller, 5).

Kranefeld, Ulrike: »Der nachschaffende Hörer«. Rezeptionsästhetische Studien zur Musik Robert Schumanns. Stuttgart, Weimar 2000. (M & P Schriftenreihe für Wissenschaft und Forschung: Musik).

Laux, Karl: »Dresden ist doch gar zu schön«. Schumann in der sächsischen Hauptstadt. Eine Ehrenrettung. In: Robert Schumann. Aus Anlass seines 100. Todestages, hg. von Hans Joachim Moser und Eberhard Rebling. Leipzig 1956, S. 25–42.

Maintz, Marie Luise: Franz Schubert in der Rezeption Robert Schumanns. Studien zur Ästhetik und Instrumentalmusik. Kassel 1995.

Schimmel, Annemarie (Hg.): Friedrich Rückert: Werke, ausgew. und hg. von A.S., 2 Bde. Frankfurt a.M. 1988.

Schumann, Robert: Werke für Klavier zu vier Händen bzw. für zwei Klaviere, hg. von Joachim Draheim und Bernhard R. Appel [Partitur]. Mainz 2001. (RSA, Ser. 3: Klavier- und Orgelwerke, 2).

KAMMERMUSIK

von Irmgard Knechtges-Obrecht

Einführung

Mit Beginn des 19. Jahrhunderts fand ein sich seit längerer Zeit vollziehender Bedeutungswandel des Begriffes Kammermusik seinen Abschluß. Wurde ursprünglich der Terminus in seinem wörtlichen Sinne verstanden und mit dem Aufführungsort verknüpft, definierte er sich jetzt durch Charakter und Besetzung. So zählten zunächst zur Kammermusik all jene Kompositionen, die nicht in Kirche oder Theater gespielt wurden, sondern in der höfischen Kammer. Diese Werke wurden, je nach Möglichkeit, solistisch oder mehrfach besetzt, bzw. rein instrumental oder unter Beteiligung von Singstimmen aufgeführt.

Spätestens seit 1830 bestimmt die Besetzung den Begriff, so daß der Bereich der Kammermusik jetzt ausschließlich jene Instrumentalwerke umfaßt, die für solistische Besetzung komponiert und auch so aufgeführt werden. Die Besetzungsstärke reicht dabei vom Duo (bzw. Duett) bis zum Nonett oder Dezett. Eine darüber hinaus gehende Anzahl Mitwirkender würde vom Hörer nicht mehr im Einzelklangbild, sondern wie ein Orchester wahrgenommen und zählte gemäß der bis heute gültigen Definition somit nicht mehr zur Kammermusik. Gerade aus dieser solistischen Besetzung ergeben sich die hohen Anforderungen der Kammermusik an alle Beteiligten: Der Komponist muß Charakter und Technik jedes einzelnen Instruments berücksichtigen und in einen entsprechenden Zusammenklang mit den übrigen bringen. Die Interpreten müssen einerseits solistische Fähigkeiten besitzen, andererseits aber auch in der Lage sein, sich in dieses Geflecht einzuordnen. Die auf diese Weise interpretierte Musik gilt von jeher als besonders anspruchsvoll und fordert nicht zuletzt auch vom Rezipienten ein hohes Maß an Aufmerksamkeit und Konzentration.

Zur »Königsgattung« der Kammermusik entwickelte sich schon bald das aus dem Divertimento hervorgegangene Streichquartett. Tatsächlich verbindet sich nach wie vor kaum eine andere instrumentale Gattung derart eng mit der Wiener Klassik wie die des Streichquartetts, gilt es doch gewissermaßen als eine »Erfindung« dieser musikalischen Epoche. Entstanden um 1760 in den ersten, noch nicht so bezeichneten Quartetten Haydns und Boccherinis, erhielt die Gattung schließlich gegen Ende der 1770er Jahre in den zahlreichen Kompositionen Haydns ihre grundlegende klassische Gestalt und verdrängte schließlich sogar die bis dahin bevorzugte Triobesetzung. Das Streichquartett blieb für lange Zeit nicht nur die wichtigste Gattung der Kammermusik, sondern auch jene, mit der sich von Anfang an höchste Wertansprüche verknüpften. Es stellte sich allen nachfolgenden Generationen gleichsam als Prüfstein kompositorischer Meisterschaft dar. Insbesondere während des 19. Jahrhunderts sahen viele Komponisten gerade hier ein Experimentierfeld für komplizierte Satztechniken und Klangvorstellungen. Seit Beethovens späten Streichquartetten liegen zahlreiche Versuche vor, die Form zu erweitern oder vollkommen aufzubrechen. Auch als Möglichkeit komplexer Vorstudien für Werke in Orchesterbesetzung wurde das Streichquartett herangezogen und entwickelte sich so gesehen nicht nur im kammermusikalischen Bereich dieser Zeit zu einem Prototyp, sondern nahm für die Musik insgesamt Vorbildcharakter an.

Spätestens zum Ende des 18. Jahrhunderts stellte sich in den Werken Beethovens, der an Haydns und – insbesondere in seinem op. 1 – an Mozarts späte Trios anknüpfte, das Klaviertrio auf eine ähnliche Stufe. Beinahe alle Komponisten des nachfolgenden romantischen Zeitalters fühlten sich diesem Genre verpflichtet. Auch Robert Schumann wandte sich dem Klaviertrio zu, allerdings erst ein wenig später auf seinem systematisch angelegten Schaffensweg. Er begann seinen persönlichen kammermusikalischen Kanon mit Streichquartetten, wobei die ersten drei zugleich sein einziger Beitrag zu dieser Gattung blieben.

Ebenso rückte die Duo-Sonate für ein Streich- oder Blasinstrument und Klavier im 19. Jahrhundert verstärkt in den Vordergrund kompositorischer Interessen. Vor allem in diesem solistischen Zusammenhang eher ungewöhnliche Instrumente wie Horn, Violoncello oder Klarinette wurden von Komponisten wie Schubert, Mendelssohn Bartholdy, Schumann und Brahms auf diese Weise zur Förderung der klanglichen, harmonischen und satztechnischen Entwicklung des gesamten musikalischen Bereichs eingesetzt. Als formale Neuerung brachte insbesondere Schumann neben der tradierten drei- bzw. viersätzigen, zyklischen Anlage in Sonatenform jenes für die romantische Musik wohl charakteristischste Gebilde, die kleine, lyrisch-liedhafte Form in die Kammermusik ein.

Schumann findet zu Beginn seines Schaffens im gesamten Bereich der Kammermusik bereits einen Standard vor, der auf hochartifiziellen Konzeptionen basiert. Die Ausnutzung von instrumententypischen Eigenheiten, Selbständigkeit und Gleichgewichtung der einzelnen beteiligten Stimmen, satztechnische Besonderheiten, große Themenfreiheit und -vielfalt sowie deren subtile Verarbeitung sind nur einige die Gattung prägende Kennzeichen. Dem ehemals höfischen oder häuslichen Kreis musizierender Kenner und Liebhaber waren diese Werke inzwischen längst entwachsen und forderten vielmehr den versierten Künstler, den Virtuosen im öffentlichen Konzert oder zumindest in großen Privatgesellschaften. Auf dieser Grundlage versuchte Schumann, neue, seinem ästhetischen Denken folgende Dimensionen zu eröffnen. Gerade wegen der Vielschichtigkeit und Vieldeutigkeit kammermusikalischer Schöpfungen sah er hier zahlreiche Möglichkeiten, das gesamte Gattungsspektrum in seinem Sinne auszuleuchten und mit neuen Vorstellungen anzureichern. Interessant ist dabei zunächst jene für ihn typische Art und Weise, in der er sich diesem Bereich näherte.

Rezeption kammermusikalischer Werke

Wie in anderen Gattungen verfügte Schumann auch im Bereich der Kammermusik frühzeitig über gute Kenntnisse. Bereits für das Jahr 1823

lassen sich private Hauskonzerte mit kammermusikalischem Repertoire nachweisen, in denen Schumann manchmal selbst den Klavierpart übernahm. Als er um 1838 begann, sich intensiv mit dem Streichquartett auseinanderzusetzen, war ihm die klassische Literatur dieser Gattung relativ geläufig. Mit erhöhter Aufmerksamkeit hatte er die kammermusikalischen Werke aufgenommen, die dank des Einsatzes seines Freundes, des Gewandhaus-Konzertmeisters Ferdinand David, häufig in Leipzig gespielt wurden. In seiner sogenannten »Musikalischen Bibliothek« befanden sich laut seinem »Katalog der musikalischen Bibliothek« (Abschrift im Zwickauer Robert-Schumann-Haus) an »Kammer= und Hausmusik« unter anderem sämtliche Streichquartette Nr. 1–83 von Haydn, elf Quartette von Mozart, Streichquartette, Klaviertrios und das Septett von Beethoven sowie auch die drei Streichquartette op. 44 von Mendelssohn Bartholdy.

Darüber hinaus begründete Schumann, um vor allem neue, zeitgenössische Werke kennenzulernen, aber auch, um sich die Gattung noch mehr zu erschließen, eine Reihe der von ihm so genannten »Quartettunterhaltungen« mit einem Ensemble um den Geiger Ferdinand David. Die vier Musiker (neben David spielten der Geiger Moritz G. Klengel, der Bratschist Hermann Otto Hunger sowie der Cellist Friedrich Wilhelm Grenser) bestritten von Schumann veranstaltete Quartettaufführungen in dessen Wohnung, denen er, als einziger Nicht-Streicher, ausschließlich zum Zuhören beiwohnte. Gespielt wurden unter anderem Werke des mit Schumann befreundeten holländischen Mendelssohn-Schülers J.J.H. Verhulst, des Dresdner Hofkapellmeisters C.G. Reißiger oder des aus Böhmen stammenden Komponisten W.H. Veit. Über seine Eindrücke und Erkenntnisse von sechs dieser Veranstaltungen berichtete Schumann im Winter 1838 in seiner *Neuen Zeitschrift für Musik* unter dem Titel »Quartettmorgen« (Kreisig I 1914, 333–347). Nicht zuletzt aus ihnen wird ersichtlich, welch hohen Anspruch er an die Gattung stellte.

Ursprünglich ging er in seinen Überlegungen und Urteilen zunächst von den späten Werken Beethovens aus. Zahlreiche von dessen Streichquartetten und Klaviertrios hörte er seit 1836 sowohl in öffentlichen Konzerten als auch im privaten Rahmen regelmäßig. Eine Aufführung von

Beethovens Streichquartett cis-Moll op. 131 erlebte Schumann am 11. November 1837 zum ersten Mal, mit nachhaltigem Eindruck (Tb II, 45). Im Sommer 1840 spielten ihm seine Frau Clara und Ferdinand David Beethovens Klaviertrio op. 70 Nr. 1 vor (Tb III, 157), und im Dezember hörte er im Leipziger Gewandhaus zum ersten Mal Beethovens Trio op. 70 Nr. 2 (Tb III, 169). Seine Äußerung, »ich hörte ein Trio v. Beethoven in Es zum erstenmal [...] ein Fest war's für den ganzen Menschen«, belegt Schumanns Wertschätzung dieser Kompositionen (Tb II, 132). Entsprechend räumte er lange Jahre Beethovens Kammermusikwerken einen sehr hohen Stellenwert mit Vorbildcharakter in seinem Denken ein. Auch bevor er 1842 selbst erste kammermusikalische Kompositionen nicht nur verfaßte, sondern dieses Mal auch zum Druck freigab, beschäftigte er sich erneut eingehend mit dem Studium der »Quartette von Beethoven« im April 1842 (Tb III, 212). Zusätzlich wurden jetzt aber auch »Quartette v. Haydn und Mozart« (Tb II, 220) herangezogen, deren Partituren er sich eigens zu diesem Zweck bei diversen Verlagen bestellt hatte.

Im Laufe der Jahre offenbart sich in Schumanns ästhetischem Denken auf diesem Gebiet ein gewisser Wandel. So müsse jetzt nach seiner Aussage neben den zunächst als Maßstab angesehenen späten Quartetten Beethovens, die »erst als Anfänge einer neuen poetischen Ära« gelten (Kreisig II, 74), ab 1842 auch an »schwerbeladene Bäume« in den »Fruchtgärten Mozarts und Haydns« gedacht werden, ohne dabei Beethoven, »der bis zum letzten Atemzuge rang [...] als ein hohes Muster menschlicher Größe« zu vergessen (Kreisig II, 75). Schumann dokumentiert mit solchen Äußerungen, daß er zu Beginn der 1840er Jahre zunehmend Abstand von den Intentionen der »Beethovener« oder »Neuromantiker« nahm. Eine so bezeichnete Partei hatte sich während der 1830er Jahre unter den jungen Musikern formiert, um vom klassischen überlieferten formalen Aufbau zu neuartigen strukturellen Bildungen zu gelangen. Dabei ging es den »Beethovenern« nicht ausschließlich um *Formen*, sondern zuerst um den *Geist*, der aus den Werken Beethovens spricht. Dieser wird modern und fortschrittlich genannt, also (musik-)politisch verstanden (vgl. Griepenkerl, Musikfest, 1841). Hierbei stand die differen-

zierte Darstellung einzelner und auf ein Werk bezogener charakteristischer Seelenzustände im Vordergrund der Kompositionen, die durch eine zugrundeliegende »poetische Idee« zusammengehalten werden sollten. Die »Neuromantiker« hielten Beethoven für den Protagonisten der von ihnen vertretenen Richtung und sahen in dessen späten Kammermusikwerken den Ausgangspunkt ihrer Intentionen.

Obwohl Schumann diesen Ansatz in seinen Grundzügen zunächst durchaus unterstützte, beschritt er schon bald einen anderen, zwar ebenfalls neuartigen, aber eigenen Weg. So galt für ihn nicht mehr ausschließlich die Ableitung des kompletten Themenmaterials aus einem einzigen Kernmotiv, das als Grundgedanke einer »poetischen Musik« empfunden wurde, sondern dies war nur ein Aspekt einer größeren Verbindung mit anderen, ebenso wichtigen Elementen. Bevor Schumann selbst an die Komposition seiner kammermusikalischen Werke des Jahres 1842 ging, hatten sich seine Einstellung und sein Denken nicht nur leicht modifiziert, sondern auch in neuem Gefüge gefestigt. Zwar stand Beethovens Schaffen nach wie vor an erster Stelle in Schumanns Denken und Komponieren, aber den kammermusikalischen Werken Mozarts und Haydns wies er jetzt mindestens denselben Stellenwert zu. Für Schumann kam außer einigen Streichquartetten von Schubert (der im kammermusikalischen Bereich nicht die Bedeutung für ihn erlangte wie im sinfonischen) und Mendelssohn Bartholdy nichts an Niveau und Inhalt den Werken Haydns, Mozarts und Beethovens gleich.

Interessant und gleichzeitig typisch für Schumann bleibt, daß nicht nur die intensive Rezeption kammermusikalischer Werke seine gesamte Schaffenszeit durchzieht, sondern auch seine kompositorische Auseinandersetzung mit entsprechenden Gattungen. Und ebenso, wie sich seine ästhetische Sichtweise im Laufe der Jahre modifizierte, verlief auch die Stilentwicklung in seinen kompositorischen Beiträgen zur Kammermusik nicht immer kontinuierlich in dieselbe Richtung. Bestimmte Faktoren behielt Schumann jedoch in beiden Fällen bei. So blieb insbesondere der Aspekt des Poetischen wegweisend für sein ästhetisches Denken, den er von Anfang an kompositorisch in allen seinen kammermusikalischen Werken einzulösen versucht. Auch hier zeigt sich ein entscheidender Zug des gesamten Schumannschen Schaffensprozesses, da sich bei ihm seine Musikkritik und das eigene Produzieren von Musik stets wechselseitig beeinflußten.

Entstehung kammermusikalischer Werke in zyklischer Sonatenform

Lange bevor Robert Schumann seine ersten Opera zum Druck beförderte, unternahm er in recht jungen Jahren zahlreiche kompositorische Versuche. Obwohl seine ersten veröffentlichten Werke allein dem Klavier gewidmet waren, beschäftigte er sich schon vorher mit diversen, auch kammermusikalischen Gattungen. Es entstanden unter anderem Streichquartette und Klavierquartette. Studien dieser Art reichen nachweislich bis ins Jahr 1828 zurück, blieben allerdings zeitlebens ungedruckt, größtenteils fragmentarisch bzw. unvollständig und gingen auch nicht in die später ab 1842 entstandenen, veröffentlichten Kammermusikwerke ein.

Bei seinen ersten Versuchen auf dem Gebiet des Streichquartetts orientierte sich Schumann vorwiegend an den späten Quartetten Beethovens, weil diese zunächst eher seinem ästhetischen Standpunkt entsprachen. Da sich Schumanns Sichtweise aber, wie bereits dargelegt, im Laufe seines Lebens wandelte, rückte er später von dieser Phase in Beethovens Schaffen zugunsten von dessen früher entstandenen Werken ab. Während seiner ersten kompositorischen Ansätze aber hielt Schumann eine systematische Ausdehnung und Weiterführung der in Beethovens Spätwerk vorliegenden Strukturen für entscheidend, um typisch romantische Strömungen auszuprägen. Letztlich verfolgte er die musikalische Ausarbeitung seines Gedankengangs nicht kontinuierlich in diese Richtung, sondern wandte sich stattdessen ab 1830 überwiegend der Klaviermusik zu, die er bis 1840 ausschließlich veröffentlichte. Seine ersten 23 gedruckten Opera gehören bekanntermaßen diesem Bereich an, bis erst um 1840 schlagartig neue Schaffensimpulse einsetzten. Durch seine bisher gesammelten Erfahrungen änderte sich Schumanns Ansatz zur Weiterführung der klassischen Formen.

Schumann begann, in einer für ihn charakteristischen, systematisch wirkenden und zuerst jahrweise eingeteilten Fortsetzung alle musikalischen Gattungen zu erobern. Während der zurückliegenden Jahre hatte er in seiner Klaviermusik in formaler, harmonischer und motivischer Hinsicht vielfältige Konzeptionen entwickelt, die geradezu ihrer folgerichtigen Übertragung auf Orchester- und Kammermusik harrten. Überraschenderweise wandte er sich nun aber nicht einer vergrößerten instrumentalen Besetzung zu, sondern zunächst der Singstimme. Die Veränderung seiner kompositorischen Denk- und Vorgehensweise ließ »das Clavier […] zu eng zu meinen Gedanken« werden, wie er seinem ehemaligen Kompositionslehrer Heinrich Dorn schrieb (BNF, 153). 1840 wurde zu Schumanns sogenanntem »Liederjahr«, in dessen Verlauf in rascher Abfolge mehr als die Hälfte seiner sämtlichen Sololieder entstanden. Singstimme und Instrument werden von Anfang an eng miteinander verbunden. Verwoben in das vielfältige Gefüge, führt der Gesang als eine der Stimmen des Klaviersatzes die melodische Linie des Instrumentalen fort. Wenngleich die Hinwendung zum Lied darüber hinaus auch der privaten Situation seiner Heirat mit Clara Wieck sowie seinem ausgeprägten Interesse an Literatur und Poesie entgegenkam und somit zu erklären wäre, könnte man darin aber auch ein »Ausweichmanöver« sehen, das Schumann wählte, um dem ungleich höheren Anspruch mehrerer Instrumente noch eine Weile zu entgehen (vgl. Edler, 149).

Nachweislich erlebte die Intensität von Schumanns »Quartettbegeisterung« (Tb II, 51) aber gerade während der Jahre 1838/39 einen erneuten Aufschwung, der sich in einigen weiteren Kompositionsversuchen niederschlug. Seiner Braut Clara, die ihn zur Komposition von Streichquartetten animiert hatte, teilte er im Februar und März 1838 mit, er wolle »drei Violinquartette« schreiben: »Auf die Quartetten freue ich mich selbst; das Clavier wird mir zu eng; ich höre bei meinen jetzigen Compositionen oft noch eine Menge Sachen, die ich kaum andeuten kann […]« (11.2. u. 17./18.3.1838, Briefwechsel I, 100 und 127). Daß Schumann sowohl diese Quartett-Versuche als auch die sinfonischen Ansätze der Jahre 1838/39 nicht weiter verfolgte, könnte daher tatsächlich zu der Annahme verleiten, er habe hier Rückschläge empfunden und wolle nicht ein weiteres Mal »scheitern«. Mit Sicherheit sah Schumann den »Prüfstein-Charakter« und hohen Maßstab des aus der klassischen Ära überlieferten Streichquartetts. Auch der seinerzeit verbreitete Gedanke, daß ein Komponist dann erst wirklich etwas gelte, wenn er eine Sinfonie und ein Streichquartett vorgelegt hat, gemahnten ihn vermutlich zur Vorsicht. Letztlich dienten auch ihm gerade diese beiden Gattungen als Legitimation zur Aufnahme in den Kreis bedeutender Komponisten.

Von Schumanns insgesamt knapp zwanzig kammermusikalischen Opera setzt sich der weitaus größte Teil mit der klassischen zyklischen Sonatenform auseinander. Gut ein Drittel der Werke bewegt sich in freien Formen. Bestimmend für Schumanns ästhetische Intention bleibt von Anfang an der Aspekt des Poetischen, dessen Einlösung in allen diesen Werken eine wichtige Rolle spielt. Auch seine frühen, unveröffentlicht und teilweise unvollständig gebliebenen Versuche weisen bereits jene für seine späteren gedruckten Kammermusiken charakteristischen Stilmerkmale auf, zumindest in entscheidenden Ansätzen (vgl. Kohlhase, Kammermusik I, 1979, 10). Scheinen gerade solche poetisch gemeinten musikalischen Momente rein analytisch oftmals nicht nachweisbar zu sein, so fallen doch in jedem Fall allein vom Höreindruck her »Originalität, Phantasie oder Neuartigkeit« deutlich auf. Eine intensivere Beschäftigung zeigt dann die strukturelle Wirksamkeit dieser Momente, wodurch sich letztlich die gesamte Komposition bestimmt (Kohlhase, Kammermusik I, 1979, 3). Deren Unterschiedlichkeit ist darauf zurückzuführen, daß Schumann in der musikalischen Umsetzung seiner poetischen Idee von den ersten kammermusikalischen Versuchen an bis hin zu seinen letzten Werken eine überaus große Bandbreite zu entwickeln vermag.

Als eines der signifikantesten Kennzeichen in der Umsetzung seiner Intention dienen »assoziative Verklammerungen innerhalb der Zyklen« sowie darin aufgenommene Zitate aus früher entstandenen eigenen Werken bzw. aus Werken anderer Komponisten. Derlei Anspielungen sollen in poetischer Weise ganz bewußt Assoziationen wecken (vgl. Kohlhase, Kammermusik I, 1979, 44).

Schumann verfügt dabei über ein breites Spektrum seiner zudem eigenwilligen Methoden. So beläßt er es nicht beim einfachen Zitieren, sondern verwendet wesentlich subtilere, von ihm entwickelte Formen der Themenkopplung und Themenmetamorphose (vgl. Kohlhase, Kammermusik I, 1979, 63). Mit seinen Zitaten aus fremden Werken belegt er darüber hinaus seine Vorlieben, greift er doch meist auf Kompositionen von Bach, Beethoven und Mendelssohn Bartholdy zurück. In den Werken, die nicht konventionell festgelegten Formtypen folgen, übernehmen solche assoziativen Verklammerungen stellenweise formale Funktionen. Auch in diesen Zyklen mit Charakterstücken, aber ganz besonders in jenen dem Modell der Sonatenform folgenden Kompositionen, erzielt Schumann durch diese Techniken eine starke äußere wie innere Geschlossenheit in unterschiedlichster Ausprägung. Verknüpfungen zwischen den einzelnen Sätzen untereinander bleiben bei den Sammlungen mit Charakterstücken eher selten. Hier können auch mehrere Sätze einem Zyklus angehören, zwischen denen keine engen motivischen Bezüge auffallen.

Bemerkenswert bleibt an Schumanns eigenwilligem, von ihm selbst bestimmten kompositorischen Weg vor allem die Tatsache, daß er seine zum Druck freigegebenen Kammermusiken für mehrere Instrumente erst nach der Orchestermusik, also nach seinem sogenannten »Sinfonischen Jahr«, intensiv bearbeitete und nicht, wie beispielsweise Schubert, in genau umgekehrter Reihenfolge vorging. Schubert sah gerade in der größeren kammermusikalischen Besetzung eine gute Möglichkeit der Vorbereitung auf sinfonische Kompositionen. Für Schumanns andersartige Vorgehensweise könnte eine Rolle gespielt haben, daß er sich nach seiner schwer errungenen Heirat mit Clara Wieck zunächst (nicht zuletzt, um auch bei seinem Schwiegervater reüssieren zu können) mit großen Sinfonien einen Namen machen wollte, was zu seiner Zeit durchaus üblich war. Darüber hinaus kannte Schumann aber auch durch seine diversen früheren Ansätze den hohen inhaltlichen Gattungsanspruch der Kammermusik und wollte möglicherweise zuerst in quasi »unverfänglicheren« Orchesterwerken mit der speziellen Problematik einzelner Instrumente experimentieren, bevor er diese zum solistischen Einsatz brachte.

Jedenfalls stehen ab 1841 für Schumann aus der Klassik tradierten zentralen Gattungen instrumentaler Musik auf dem Programm. Er verfaßt 1841 Sinfonien, sinfonische Stücke und den ersten Satz des späteren Klavierkonzerts op. 54 in seiner Fantasiefassung. Im folgenden Jahr 1842 betätigt sich Schumann auf dem Gebiet der instrumentalen Kammermusik. Mit den Opera 41/1–3, 44, 47 und 88 entsteht jetzt eine ganze Reihe kammermusikalischer Werke. Schumann arbeitet den althergebrachten klassischen Kanon in der Reihenfolge Streichquartett, Klavierquartett, Klavierquintett, dann Klaviertrio und später schließlich Duo-Sonate in der ihm eigenen enzyklopädisch-systematisch angelegten Schaffensweise ab. Wie so oft bündelt er auch hierbei die Komposition bestimmter Gattungen mit eruptiver Intensität während eines relativ kurzen Zeitraums.

Die Streichquartette

Eine aktuelle Anregung, seine breit angelegte kammermusikalische Phase von 1842 gerade mit der klassischen Königsgattung Streichquartett zu eröffnen, boten Schumann vermutlich die 1838 vollendeten Quartette op. 44 von Felix Mendelssohn Bartholdy, die er kurz zuvor gehört hatte. Das Kennenlernen dieses Musikerkollegen und seiner Streichquartette ließen Schumann auf mehr Distanz zur sogenannten »Beethoven-Partei« gehen, obwohl Schumann auch nicht Mendelssohns konträr zu deren Maxime stehende klassizistische Art des Komponierens aufgriff. Seine Wertschätzung von Beethovens Œuvre änderte sich keineswegs, sondern verlagerte lediglich ihr Gewicht, indem Schumann seinen Ausgangspunkt jetzt von dessen Werken der mittleren statt der späten Schaffensphase nahm. Mit seinen eigenen drei Streichquartetten op. 41 knüpft Schumann bewußt und nachhaltig erkennbar an Beethovens *Sechs Streichquartette* op. 18 sowie die drei sog. *Rasumowsky-Quartette* op. 59 an. Auch das äußerst subtile Einflechten von Zitaten aus Beethovens Werken in op. 41 dürfte in diesem Zusammenhang zu sehen sein, wobei Schumanns Beweggründe noch wesentlich vielschichtiger waren. Zum einen demonstriert er damit seine Verehrung für den

großen Vorgänger, widmet diesem in gewisser Weise die Trias seiner Streichquartette, zum anderen deutet er aber zugleich an, woran er sich sowohl formal als auch inhaltlich orientiert und setzt somit nicht zuletzt einen Maßstab, der den hohen, selbst gestellten Anspruch seiner Quartette unterstreicht (vgl. auch Kohlhase, Kammermusik I, 1979, 46 ff.).

Mit diesem einzigen Fall des Zusammenfassens dreier Werke gleicher Gattung unter einer Opusnummer in seinem kammermusikalischen Schaffen steht Schumann noch ganz unter dem Einfluß klassischer Tradition. Spätestens seit der Mitte des 19. Jahrhunderts wurde dieses Verfahren aufgegeben und solche Werke grundsätzlich mit einer einzelnen Opuszahl versehen. Man hielt sie in ihrer Gestaltung nun für zu individuell. Thematische Erfindungen sowie deren Verarbeitung führten zu charaktervollen Einzelwerken, die sich nicht bündeln ließen. Wie noch zu zeigen sein wird, komponiert Schumann allerdings auch nur auf den ersten, mehr äußerlichen Blick im konventionellen Rahmen. Jedoch fällt auf, daß er auf diesem Gebiet nicht mehr in dem hohen Maße experimentiert, wie er es in seiner gesamten frühen Klaviermusik tat.

Bevor sich Schumann aber an diese als äußerst schwierig geltende Gattung heranwagte, studierte er mit Beginn des Jahres 1842 nochmals intensiver die Streichquartette Mozarts und Haydns. »Quartettistische Gedanken im[m]er«, bestimmen im Februar 1842 sein Leben sowie »Quartettversuche« im Juni (Tb III, 216), bis seine Bemühungen schließlich in der Komposition der drei Streichquartette op. 41 gipfeln. Die Werke entstanden in einem unglaublichen Schaffensrausch zwischen Anfang Juni und Ende Juli 1842. Schon zum Geburtstag seiner Frau Clara am 13. September legte Schumann die Quartette im Manuskript auf deren Gabentisch. Zu Anfang des folgenden Jahres 1843 erschienen im Verlag Breitkopf & Härtel in Leipzig die Stimmen dieser, im Rückblick auf ihre erste Anregung, Mendelssohn Bartholdy gewidmeten Quartette und Ende 1848 deren Partiturausgabe. Vom Verleger Raimund Härtel wünschte sich Schumann, daß sein Opus zum Geburtstag des Widmungsträgers im Februar 1843 erscheinen sollte und unterstützte seine Druckofferte mit den Worten: »Verlassen Sie sich aber darauf, daß ich keine Mühe gespart, etwas recht Ordentliches hervorzubringen, ja ich denke mir manchmal, mein Bestes« (Brief an Härtel, 15.10.1842, BNF, 433). Als es im Dezember 1847 um die Fertigstellung der Partiturausgabe ging, äußerte sich Schumann Härtel gegenüber in unveränderter Einschätzung: »Meine bei Ihnen erschienenen Quartette haben durch den Tod Mendelssohns, dem sie gewidmet sind, besondere Bedeutung für mich wiedergewonnen. Ich betrachte sie noch immer als mein bestes Werk der früheren Zeit, und Mendelssohn sprach sich oft in demselben Sinne gegen mich aus« (Brief an Härtel, 3.12.1847, BNF, 450).

Die Trias dieser Streichquartette blieb Schumanns erster und einziger Beitrag zur Gattung und nimmt nicht zuletzt deshalb eine herausragende Stellung ein. Nachdem er das Klavier lange Jahre als sein Hauptinstrument betrachtet hatte, eröffnet er sein »Kammermusikjahr« erstaunlicherweise ohne Klavierbeteiligung. Auch damit exponiert er die Quartette op. 41, denn alle weiteren kammermusikalischen Werke binden das Klavier wieder ein.

Klavierquintett und -quartett

Im März 1841 hörte Schumann eine Aufführung von Beethovens Streichquintett C-Dur op. 29, über die er in seinem Tagebuch urteilt: »*Quintett C dur v. Beethoven* schaffte mir Genuß, wie lange Keines« (Tb II, 153). Möglicherweise ist hierin ein Auslöser zum eigenen kammermusikalischen Komponieren in Quintett-Besetzung zu sehen, wobei Schumann allerdings eine andere Instrumentenkombination wählte. Jedenfalls entstand, nochmals angespornt durch die erfolgreiche Uraufführung seiner drei Quartette op. 41, im Herbst 1842 das Klavierquintett in Es-Dur op. 44. Nicht Blasinstrumente, wie Mozart oder Beethoven bei ihren Klavierquintetten, sondern ein Streichquartett stellte Schumann dem Klavier zur Seite. Was zu jener Zeit noch als recht ungewöhnlich galt, wurde später von Brahms und Dvořák übernommen. Zur Entstehungszeit von Schumanns Quintett sah man das Tasteninstrument jedoch noch deutlich in der Führungsrolle und die Streicher in begleitender Funktion. Wenn Schumann jetzt also

im Rahmen seines planvollen »Durcharbeitens« der Gattungen nach dem Streichquartett ein Klavierquintett bzw. dann auch -quartett vorlegte, will er vor allem den Aspekt gleichberechtigt miteinander musizierender Klangkörper, wie er im Streichquartett längst praktiziert wurde, auf die Klavierkammermusik übertragen. Da er die Möglichkeiten eines ausgewogenen Verhältnisses zwischen vier Streichern gerade in op. 41 sozusagen »ausgelotet« hatte, kombinierte er eben diesen Klangverbund mit dem Klavier. Nur noch drei Streichinstrumente neben dem Klavier folgen unmittelbar im Klavierquartett op. 47 und schließlich nur noch zwei im Klaviertrio. Bevor er allerdings zur kleinstmöglichen Duobesetzung in seinen Violinsonaten kam, probierte Schumann diese erst noch in Gestalt der weniger gebundenen Sammlungen mit Charakterstücken, in denen er das Klavier mit ganz ausgefallenen Instrumenten kombinierte.

Nicht zuletzt ist natürlich die Einbeziehung des Klaviers auf die außergewöhnlichen Fähigkeiten seiner jungen Frau Clara, der ausgezeichneten Pianistin und eben auch stolzen Widmungsträgerin des Klavierquintetts op. 44 zurückzuführen. Überdeutlich merkt man gerade diesem Werk die daraus resultierende, brillante Ausgestaltung des Klavierparts an. Clara Schumann war es denn auch, die dieses Werk regelmäßig in zahlreichen Konzerten mit gleichbleibend großem Erfolg aufführte, ohne schon ahnen zu können, daß es einmal zu den bedeutendsten Kammermusikwerken des Jahrhunderts zählen würde. Nicht nur die zeitgenössischen Rezensenten reagierten überschwenglich und lobten Originalität sowie Erfindungskraft des Komponisten, sondern auch die Nachwelt: Von seiner Uraufführung im Januar 1843 an erfreut sich Schumanns Klavierquintett bis in unsere heutige Zeit einer ungebrochen regen und positiven Rezeption.

Keine zwei Wochen nach dessen Komposition, die Druckvorlage war kaum vollendet, begann Schumann mit der Skizzierung seines Klavierquartetts op. 47, das er erstaunlich schnell innerhalb von sechs Tagen vollendete. Im Vergleich zum Quintett hielt sich der Erfolg des Klavierquartetts allerdings in Grenzen, was häufig damit begründet wird, daß nicht alle Sätze gleichwertig erscheinen. Es mag aber auch mit der unterschiedlichen Rolle des Klaviers zusammenhängen. Grundsätzlich wird gerade in diesen beiden einzigen größer besetzten Kammermusikwerken Schumanns deutlich, welch hohen Wert er »seinem« Instrument beimaß. Obschon er die Instrumentation in ihrer Gesamtheit sieht und ausgewogen, gleichberechtigt sowie transparent anlegt, bleibt die Präsenz des Klaviers ständig hörbar. So tritt die Streichergruppe diesem stellenweise als Block gebündelt gegenüber oder verdoppelt dessen Stimme. Solche Maßnahmen unterstützen natürlich den Eindruck einer gewissen Vorrangstellung des Klaviers. Während dieser Effekt im Klavierquintett noch verstärkt auftritt, nimmt Schumann im Klavierquartett op. 47 die Dominanz des Klaviers deutlich zurück. Was somit der Komposition inhaltlich zu Gute kam, wirkte sich vermutlich nachteilig auf deren Publikumswirksamkeit aus.

Die Klaviertrios und die *Phantasiestücke* op. 88

Im Anschluß an diese beiden Werke wandte sich Schumann den kleiner besetzten Gattungen zu. So entwarf er zum Abschluß seines »Kammermusikjahres« im Dezember 1842 ein Werk in Triobesetzung (Streicher und Klavier) in a-Moll sowie im Januar 1843 ein »Andante und Variationen für zwei Klaviere, zwei Celli und Horn«. Keines der beiden Werke fand in seiner ursprünglichen Gestalt den Weg in die Öffentlichkeit: Das »Andante und Variationen« wurde für zwei Klaviere umgearbeitet und erschien in dieser Fassung 1844 als op. 46. Das Klaviertrio lieferte das Material für die mehr als sieben Jahre später gedruckten *Phantasiestücke* op. 88. Die Originalfassung seines op. 46 in der Besetzung für fünf Instrumente ließ Schumann sich im März 1843 u. a. von seiner Frau Clara und Mendelssohn vorspielen. Offensichtlich gestaltete sich besonders das Zusammenspiel der »begleitenden« Instrumente Violoncelli und Horn schwierig (die Namen dieser Instrumentalisten sind leider nicht überliefert), so daß er sich auf Anraten Mendelssohns zur Bearbeitung für zwei Klaviere allein entschloß (vgl. BNF, 539, Anm. 530). Seinem Freund, dem holländischen Komponisten und Dirigenten J.J.H. Verhulst berichtete Schumann

über diese Probe: »Die Variationen für 2 Claviere etc. hörte ich erst einmal; es ging aber nicht besonders. So etwas will einstudirt sein; der Ton darin ist sehr elegisch, ich glaube, ich war melancholisch etwas, als ich sie componirte« (BNF, 229). Erst 1893 edierte Brahms im Rahmen der Alten Gesamtausgabe diese ursprüngliche Fassung von op. 46.

Mit der Originalfassung seines op. 88 nahm Schumann schon 1842 die Linie zur kleiner besetzten Form des Klaviertrios auf, gestaltete aus diesem Versuch aber letztlich eine Folge von Charakterstücken. Jene für die Gattung übliche zyklische Sonatenform griff er dabei in der Tat nicht auf. Vermutlich bestärkte ihn dies in der Annahme, dem Gattungsanspruch nicht gerecht zu werden, was sich zum Teil auch in der höchst verwickelten Druckgeschichte von op. 88 widerspiegelt.

Obwohl Schumann nicht die zyklische Sonatenform, sondern eine eigenwillige, freie Satzgestaltung und -anordnung verwandte, betrachtete er das Werk dennoch als sein »Erstes Klaviertrio«, das er dem Verleger Peters 1844 mit entsprechenden Worten anbot. Da »das Trio […] aber nicht so groß« sei, zeigte er sich wohl damit einverstanden, das Honorar durchaus niedriger anzusetzen (12.12.1844, BNF, 439). Trotz der Zusage einer Verlagsübernahme durch Peters sandte Schumann das Manuskript aber erstaunlicherweise nicht ein, sondern teilte im Mai 1845 dem Verleger mit, er habe das Werk absichtlich zurückgehalten, da gerade sein Klavierquartett op. 47 erschienen sei. Eine zu schnelle Aufeinanderfolge gleichartiger Werke hielte er hinsichtlich des Verkaufserfolgs für unklug. Als Drucktermin schlug Schumann jetzt das Jahresende 1845 vor (27.5.1845, BNF, 540). Aber auch zu diesem Zeitpunkt erfolgte keine Übersendung des Manuskripts. Stattdessen meldete Schumann gut zwei Jahre später, im Dezember 1847, daß im Verlag Breitkopf & Härtel sein erstes (!) Klaviertrio op. 63 erscheinen werde. Um Verwirrungen vorzubeugen, fügte er hinzu, »es ist dies nicht dasselbe, was ich Ihnen früher zum Verlag anbot, sondern ein eben erst vor Kurzem componirtes und viel größeres, als das Ihnen offerirte«. Gleichzeitig fragte er vorsichtig, ob der Verleger Peters sein nunmehr als zweites Klaviertrio bezeichnete (das spätere op. 88) noch zu drucken wünsche (Brief an C.F. Peters, 13.12.1847, Erler I, 322 f.).

Zur selben Zeit arbeitete Schumann aber bereits an einem weiteren Trio in F-Dur, das er folgerichtig als »drittes« zählte. Unter anderem trug er sich jetzt mit der Gedanken, dieses mit dem bereits existierenden, immer noch ungedruckten (späteren op. 88) unter einer Opusnummer zusammenzufassen. Eine Idee, die er übrigens auch schon während der Komposition seines tatsächlich ersten Klaviertrios op. 63 erwogen hatte, »das ein Opus mit dem ersten [op. 88] werden« sollte, wie seine Frau Clara mitteilte (Litzmann II, ⁷1925, 166 f.). Aber auch das plötzlich als »zweites« bezeichnete Klaviertrio in F-Dur erschien 1849, mit der Opusnummer 80 versehen, allein im Druck. Erst 1850, nach einer größeren Überarbeitung, bei der insbesondere die beiden Ecksätze erhebliche Änderungen erfuhren, erschien das 1842 als erstes Klaviertrio begonnene, so lange liegen gebliebene Werk nicht bei Peters, sondern im Verlag Friedrich Kistner unter dem Titel *Phantasiestücke* op. 88 (BNF, 540).

Im Vergleich zu den drei offiziellen, im Druck so bezeichneten Klaviertrios op. 63, op. 80 und op. 110 sind die Stücke aus op. 88 in ihrer 1850 veröffentlichten Fassung von deutlich schlichterer Faktur. Sie entstammen Schumanns Bemühungen, bereits in seinem »Kammermusikjahr« 1842 die Triobesetzung zu bewältigen, dabei aber auch in dieser Gattung, ausgehend von der tradierten Form, neue Wege zu suchen. Jener zunächst als Klaviertrio gedachte Versuch scheint ihn dabei im Ergebnis nicht befriedigt zu haben. Vielleicht befand er sich aber auch in seiner persönlichen Entwicklung zu diesem Zeitpunkt noch nicht auf der entsprechenden Stufe. Jedenfalls sah er sich veranlaßt, die Stücke lange Zeit zurückzuhalten und nicht als Klaviertrio an die Öffentlichkeit zu geben. All seine bis dahin entstandenen Kammermusiken waren stärker besetzt und von daher dem bereits 1841 erkundeten orchestralen Klangbild noch ein wenig näher als die Triobesetzung. Mit kleinerer Besetzung stieg in Schumanns Augen wohl auch der musikalische Anspruch einer Komposition, wie er 1842 in seiner Rezension über einige gerade erschienene Trios von Kollegen formulierte: »Im Kammerstil, in den vier Wänden, mit wenigen Instrumenten zeigt sich der Musiker am ersten« (Kreisig II, 89). Das vorsichtige Herantasten an die klein besetzte Form wird dadurch

nochmals begründet. Den hohen Gattungsanspruch selbst hatte Schumann bereits 1836 untermauert, als er in bezug auf Triokompositionen äußerte, daß es keineswegs reiche, nur die entsprechenden Werke von Haydn und Mozart zu kennen, denn »die höchsten Berge sind noch immer nicht erstiegen worden, und die Meerestiefe mag noch manche Schätze hegen« (Kreisig I, 173).

Während der Jahre 1844 bis 1850, die Schumann in Dresden verlebte, standen kammermusikalische Projekte zunächst nicht im Mittelpunkt seiner kompositorischen Bemühungen. Erst 1847, nachdem er weitere reichhaltige Erfahrungen in diversen anderen Bereichen gesammelt hatte (unter anderem schrieb er sein erstes großes Werk für Chor, Solostimmen und Orchester *Das Paradies und die Peri* op. 50), skizzierte Schumann innerhalb weniger Tage im Juni das bereits erwähnte erste seiner drei zu Lebzeiten veröffentlichten und im Druck so benannten Klaviertrios op. 63 in d-Moll. Erstmals im Bereich solcher Werke verwendet Schumann keine italienischen Satzbezeichnungen, sondern deutsche. Diese setzt er so treffend ein, daß sie bis heute als Paradebeispiel dafür gelten können, wie erschöpfend vorangestellte Anweisungen Ausdruck und Charakter der nachfolgenden Sätze widerspiegeln können. Stellenweise überarbeitet überreichte er das Manuskript des Trios seiner Frau Clara zu deren 28. Geburtstag am 13. September 1847. Noch am selben Abend spielte sie es im privaten Kreis mit zwei befreundeten Streichern durch und äußerte sich sofort begeistert: »Es klingt, wie von einem, von dem noch vieles zu erwarten steht, so jugendfrisch und kräftig, dabei doch in der Ausführung so meisterhaft«. Insbesondere der fulminante Eröffnungssatz war für sie »einer der schönsten, die ich kenne« (Litzmann II, ⁷1925, 167). Tatsächlich bedeutete dieses Werk nicht nur Clara Schumann so viel, sondern zählt bis heute zu den kammermusikalischen Perlen des Schumannschen Œuvres. Es erlebte zunächst in rascher Folge mehrere Aufführungen im privaten Kreis, bis am 13. November 1848 bei einer »Musikalischen Unterhaltung« des Leipziger Tonkünstler-Vereins seine öffentliche Uraufführung erfolgte. Die Interpreten waren der spätere Schumann-Biograph Wasielewski (Violine), der Leipziger Gewandhauscellist Andreas Grabau sowie der Pianist Heinrich Encke. Noch im selben Jahr 1848 erschien das Klaviertrio bei Breitkopf & Härtel in Leipzig.

Bereits vor dessen Vollendung begann Schumann im August 1847 mit seinem nächsten, dem späteren zweiten, Klaviertrio in F-Dur, das er Ende Oktober fertigstellte (Tb III, 435 ff.): »Ein in Schumanns gesamtem Schaffen ziemlich einmaliger Fall, daß sich die Komposition zweier Werke gleicher Gattung sozusagen miteinander verschränkt« (Nauhaus 2004, 16). Als zusätzliche Anregung, nach seinem eher mißglückten Trio-Versuch des Jahres 1842 in Gestalt der späteren *Phantasiestücke* op. 88, jetzt mit gleich zwei Produktionen wieder in die Gattung einzusteigen, betrachtet Nauhaus die »Bekanntschaft und künstlerische Zusammenarbeit« mit den Brüdern Franz und Friedrich Schubert, die als Geiger bzw. Cellist in der Königlichen Kapelle Dresdens wirkten (Nauhaus 2004, 23). Clara Schumann bestritt Ende der 1840er Jahre mit diesem Brüderpaar sowohl häusliche »Trio-Soireen« als auch öffentliche Kammermusikauftritte, bei denen Schumann zahlreiche Klaviertrios anderer Komponisten, aber auch sein eigenes, später unter der Opuszahl 63 gedrucktes hörte.

Erst im Oktober 1851, jetzt in Düsseldorf lebend, schrieb Schumann das dritte seiner so bezeichneten Klaviertrios in g-Moll op. 110 (Tb III, 573 f.). Alle drei Triokompositionen knüpfen in ihrer formalen Konzeption an traditionelle Muster an. Wie in seinen übrigen kammermusikalischen Werken auch, entwickelt Schumann beeindruckende Methoden, um unter Beibehaltung der für die Gattung überlieferten und auch typischen Struktur diese systematisch mit ungewohnten, weiterführenden Inhalten anzureichern. Gemessen an seinen sämtlichen bisher komponierten Kammermusiken treten gerade in den Klaviertrios die kühnsten Neuerungen auf. Allem voran trägt dazu deren oftmals komplizierte polyphone Stimmführung bei, die mit einem Verzicht auf groß angelegte melodische Bögen einhergeht. Stattdessen arbeitet Schumann mit kurzgliedrigen thematischen Vorwürfen, die in ein dichtes Beziehungsgeflecht untereinander treten. Tragende Bedeutung erhalten dabei jene intensiven Studien polyphoner Musik (»Fugenstudien«), die der Komponist während des Jahres 1845 durchführte. Neben diesen verbindenden Gemeinsamkeiten bestehen aber auch krasse Unterschiede zwischen seinen drei Klaviertrios.

Die ersten beiden demonstrieren diesen Gegensatz besonders, da sie fast gleichzeitig komponiert wurden. Häufig werden biographische Ursachen für die Unterschiedlichkeit dieser Werke bemüht. Tatsächlich durchlebte Schumann vor deren Komposition eine Zeit seelischen und körperlichen Mißbefindens, was man dem zuerst entstandenen Trio noch anzumerken glaubt, während sich sein Zustand im Verlaufe von dessen Komposition gebessert habe. Diese »Besserung« könne man dem zweiten Trio op. 80 in seiner deutlich weniger bedrückten Stimmung anmerken. Rein musikalisch betrachtet zeigt aber gerade die Verschiedenartigkeit dieser beiden gleichbedeutenden und gleichwertigen Werke unabhängig von biographischen Befindlichkeiten Schumanns Vielseitigkeit, die er innerhalb derselben Gattung zur selben Zeit aufzubringen vermag. Auch er selbst benannte die divergierende Grundstimmung der Werke: »Das Trio ist das von mir zuletzt componirte (in F-Dur [op. 80]) – es ist von ganz anderem Charakter als das in D [op. 63] – und wirkt freundlicher und schneller. Auf den Anfang des Adagio – und auf ein Allegretto (statt des Scherzo) freue ich mich immer, wenn es daran kommt« (Brief an Carl Reinecke, 1.5.1849, BNF, 303).

Trotzdem wurde das erste Klaviertrio op. 63 sowohl von Schumanns Umfeld als auch von der zeitgenössischen Öffentlichkeit sofort positiv angenommen. Dem zweiten erging es ähnlich. Gerade dieses op. 80 gehörte rasch zu Clara Schumanns Lieblingsstücken. 1849 bezeichnete sie es als eines der Stücke »Roberts, die mich von Anfang bis zum Ende in tiefster Seele erwärmen und entzücken. Ich liebe es leidenschaftlich und möchte es immer und immer wieder spielen« (Litzmann II, ⁷1925, 173).

Eine nochmals anders geartete Stimmung strahlt das dritte Klaviertrio op. 110 aus, für die ebenfalls private Befindlichkeiten Schumanns verantwortlich gemacht wurden. Bei einer ersten Probe dieses Trios im November 1851 in Düsseldorf mit Clara Schumann am Klavier und dem Cellisten Christian Reimers übernahm der Düsseldorfer Konzertmeister und spätere Schumann-Biograph Wilhelm Joseph von Wasielewski den Geigenpart. Seine Reaktion auf den Eindruck dieser ersten Probe lautete: »Diesem originellen Werke liegt in den drei ersten Sätzen eine gereizte, düstere Stimmung zu Grunde, welche nicht gerade zum Mitgenuß einladet. Schumann mochte dies selbst empfunden haben, und hatte daher gesucht, dem Finale einen humoristisch schwungvollen Ton zu geben. Er meinte aber selbst, nachdem er's gehört, es habe damit nicht so recht gehen wollen. In der That hat der Humor dieses Satzes etwas Erzwungenes; wenigstens ist er nicht spontan« (Wasielewski, Lebenserinnerungen, 1897, 126). Tatsächlich hatte Schumann diesen letzten Satz ursprünglich mit »Mäßig« überschrieben, was er erst nachträglich in »Kräftig, mit Humor« änderte (Kohlhase, Kammermusik II, 1979, 171). Um den »Humor« dieses Satzes aber zu verstehen, muß man Schumanns eigenwillige Auslegung des Begriffes kennen, die sich weniger auf Witzigkeit im herkömmlichen Sinne, als viel stärker auf unvermittelt aufeinandertreffende musikalische Kontraste bezieht. Die vermeintlich »düstere« Stimmung glaubte Wasielewski auch in den übrigen Werken dieses Herbstes 1851 in Düsseldorf zu erkennen.

Die Violinsonaten

Während dem Klaviertrio op. 110 bereits andere vorausgegangen waren, stellen die beiden Violinsonaten in a-Moll op. 105 und d-Moll op. 121 Schumanns erste Beiträge zur Gattung dar. Auch diese dritte Phase einer intensiven Beschäftigung mit Werken in überlieferten zyklischen Formen und dem Aufgreifen einer neuen Gattung erfolgte nicht ohne zusätzliche erkennbare Motivation. Auf seinem selbst bestimmten systematischen Weg zur Erschließung der Kammermusik mit Klavier gelangte Schumann, von der größeren Besetzung ausgehend (zunächst vier, dann drei, dann zwei Streichinstrumente und Klavier) nun zur kleinstmöglichen, dem Duo. Als äußere Anregung zur Komposition von Sonaten für Violine und Klavier diente sicherlich ein Schreiben vom Januar 1850 von Ferdinand David, dem Freund und Konzertmeister des Leipziger Gewandhauses, in dem es heißt: »Deine Fantasiestücke für Piano u. Clarinette [op. 73] gefallen mir ungemein; warum machst Du nichts für Geige und Clavier? es fehlt

so sehr an was Gescheidtem Neuen und ich wüßte Niemand der es besser könnte als Du« (Brief Ferdinand David an Robert Schumann vom 18. Januar 1850. Schwarz, Briefe, 1966, 296 f.). Erst eineinhalb Jahre später kam Schumann dieser Bitte nach und schrieb innerhalb weniger Tage des Septembers 1851 seine Sonate in a-Moll für Pianoforte und Violine, die er verhältnismäßig rasch zum Druck beförderte. Bereits im Januar 1852 erschien das Werk im Verlag Friedrich Hofmeister in Leipzig. Die Uraufführung der Sonate op. 105 durch Ferdinand David mit Clara Schumann am Klavier im Leipziger Gewandhaus am 21. März 1852 erzielte nur mäßigen Erfolg. Offensichtlich hatten das zeitgenössische Publikum und die Kritiker Schwierigkeiten beim Verständnis dieser Sonate. Weshalb das so war, läßt sich nur vermuten. Möglicherweise empfanden auch die Zuhörer jene »verdüsterte Stimmung«, die Wasielewski allen drei Kammermusikwerken aus dem Herbst 1851 (außer den beiden Violinsonaten op. 105 und op. 121 das Klaviertrio op. 110) attestierte (Wasielewski ⁴1906, 469).

Da sich die Violinsonate op. 105 keines besonderen öffentlichen Zuspruchs erfreute, erlebte Schumann sie in erster Linie durch Aufführungen im privaten Kreis. Eine Düsseldorfer Erstaufführung fand vermutlich in der 3. Trio-Soirée am 31. Januar 1853 im Cürtenschen Saale statt. Die Interpreten waren am Klavier Julius Tausch, Schumanns Nachfolger im Amt des Musikdirektors, sowie der junge Konzertmeister des Düsseldorfer Orchesters, Ruppert Becker. Spätere Aufführungen der Sonate überzeugten Clara Schumann zunehmend von deren Schönheit. Erst der befreundete junge Geiger und Hannoveraner Hofkonzertmeister Joseph Joachim vermochte sie bei einem Besuch im Schumannschen Haus am 23. September 1853 in Düsseldorf »so tief ergreifend« zu spielen, »daß es einem an die innersten Saiten des Herzens schlug; so hatte ich es mir wohl immer gedacht, daß es klingen müßte, aber nie gehört« (Litzmann II, ⁷1925, 279).

Wenige Wochen nach dieser ersten Violinsonate arbeitete Schumann bereits an einer zweiten in d-Moll. Seinem späteren Biographen Wasielewski hatte er mitgeteilt, daß er mit seiner ersten Violinsonate nicht ganz zufrieden sei, »da habe ich denn noch eine zweite gemacht, die hoffentlich besser gerathen ist« (Wasielewski ⁴1906, 469). Wenngleich auch anzunehmen ist, daß Schumanns Äußerung scherzhaft gemeint war und er vermutlich auf Wasielewskis Kritik an op. 105 anspielte, dokumentiert er in seiner neuen Komposition schon rein äußerlich durch die Bezeichnung »Zweite grosse Sonate für Violine und Pianoforte« klare Unterschiede. Zum einen trägt hierzu das Attribut »grosse« bei, zum anderen fällt die Bevorzugung der Violine auf, die jetzt im Titel an erster Stelle genannt wird, was in der zeitgenössischen Literatur höchst ungewöhnlich war. Ob Schumann damit dem Widmungsträger Ferdinand David eine Reverenz erweisen wollte oder der Violinpart an sich betont werden sollte, muß offen bleiben. Sowohl Wasielewski als erster Interpret der Sonate, als auch die Zuhörer empfanden über diese äußeren Phänomene hinaus auch inhaltlich bemerkenswerte Neuerungen. Nach diversen Aufführungen im privaten Kreis erfolgte die eigentliche öffentliche Uraufführung, bestritten von Joseph Joachim und Clara Schumann, am 29. Oktober 1853 in Düsseldorf. »Sie ist für mich eine der schönsten Schöpfungen der neuern Zeit, in ihrer herrlichen Einheit der Stimmung und Prägnanz der Motive«, schrieb Joachim im September 1853 an einen befreundeten Musiker, »sie ist voll hoher Leidenschaft, – fast herb und schroff in ihren Accenten – und der letzte Satz könnte an eine Seenlandschaft mahnen in seinem herrlichen Auf- und Niederwogen. Du mußt sie spielen; am liebsten einmal mit mir!« (Joachim, Briefe I, 1991, 74 f.).

Bei der Drucklegung dieses Werkes zeigte Schumann weniger Eile als bei seiner ersten Violinsonate. Zum einen wollte er nicht zwei gleichartige Werke kurz hintereinander erscheinen lassen, zum anderen hielt er sich aber dadurch auch die Option offen, noch Änderungen am Notentext durchzuführen. Erst im Januar 1853 bot er die Sonate dem Verlag Breitkopf & Härtel in Leipzig an, verschwieg allerdings, daß er zuvor schon mit anderen Verlagen Kontakt aufgenommen hatte. Der Verleger Hermann Härtel hatte die Sonate im März 1852 in Leipzig gehört, von Clara Schumann und Ferdinand David aus dem Manuskript gespielt, und bei dieser Gelegenheit sein Interesse an einer Drucklegung bekundet (Brief Schumanns an Härtel, 4.1.1853, BNF, 478 f.). Trotzdem bahnten sich längere Verhandlungen an, da Schumann

hoffte für seine zweite, umfangreichere Violinsonate mehr verlangen zu können als für die erste (Brief an Härtel, 17.3.1853, BNF, 480). Der Verlag zeigte sich jedoch nicht zur Zahlung eines höheren Honorars bereit. Schon die gleichzeitig bei Breitkopf & Härtel im Druck befindliche zweite Fassung der 4. Sinfonie op. 120 wurde nach Meinung des Hauses mit einem recht hohen Honorar bedacht. Und schließlich, schrieb Hermann Härtel, sei ja der finanzielle Erfolg von Schumanns größeren Werken »leider noch immer sehr zweifelhaft« (Brief Härtels an Schumann, 21.4.1853, Corr. Bd. 25, Nr. 4686). Da der Verlag sogar drohte, vom Druckangebot zurückzutreten, lenkte Schumann letztlich ein, so daß seine zweite Violinsonate op. 121 im November 1853 erscheinen konnte. Bereits im Oktober sandte Schumann ein Vorab-Exemplar an Ferdinand David, den Widmungsträger des Werkes. Musikalisch verklanglicht Schumann diesen Zusammenhang durch einen direkten Bezug im Hauptthema des Kopfsatzes, dessen Anfangstöne die vertonbaren Buchstaben des Namens David: d-a-f[für v]-d aufgreifen.

Obwohl der Violinsonate op. 121 zu Schumanns Lebzeiten ein größerer Erfolg beschieden war als ihrer Schwester in a-Moll, konnten sich beide Werke in der Folgezeit kaum durchsetzen. Sie zählen bis auf den heutigen Tag nicht zu den gängigen Repertoirestücken der Geiger und tauchen infolgedessen eher selten in den Konzertprogrammen auf. Seine dritte und letzte Sonate für diese Besetzung komponierte Schumann aus einem gänzlich anderen Zusammenhang heraus zwei Jahre später. Zunächst entstand im Oktober 1853 eine Violinsonate sozusagen als »Gemeinschaftsproduktion«. Die daran beteiligten Komponisten waren außer Schumann der junge, in Düsseldorf als Schüler Schumanns weilende Komponist und Dirigent Albert Dietrich sowie Johannes Brahms. Gedacht war diese sogenannte *F.A.E.-Sonate* für den gemeinsamen Freund und Geiger Joseph Joachim, dessen Besuch man in Düsseldorf erwartete. Den genaueren Hintergrund schilderte Albert Dietrich in seinen *Erinnerungen*: »Schumann schlug uns in heiterer Stimmung vor, gemeinschaftlich eine Violinsonate zu componiren. Joachim sollte dann errathen, von wem jeder Satz wäre« (Albert Dietrich, Erinnerungen, 1898, 4 f.). Als dann der geniale junge Geiger endlich in Düsseldorf eintraf, fand am 28. Oktober 1853, einen Abend vor der Uraufführung von Schumanns Violinsonate op. 121, die geplante »*F.A.E.* sonatenüberraschung« statt (Tb III, 640) Die ebenfalls anwesende Gisela von Arnim, Tochter Bettine von Arnims, überreichte dabei im Kostüm einer Gärtnerin Joseph Joachim einen Blumenkorb. »Unter den Blumen aber lag das Manuskript einer Violinsonate in a-Moll. Auf dem Umschlage stand von Schumanns Hand: F.A.E. In Erwartung der Ankunft des verehrten und geliebten Freundes Joseph Joachim schrieben diese Sonate Robert Schumann, Albert Dietrich und Johannes Brahms« (Kalbeck [4]1921, 129).

Dietrich hatte den Kopfsatz verfaßt, Schumann den zweiten sowie das Finale und Brahms das Scherzo. Lange Zeit ging man davon aus, »F.A.E.« bezöge sich auf die Anfangsbuchstaben von Joachims Lebensmotto »Frei aber einsam«. Erstmals schriftlich zu belegen ist dieses Motto erst einen Monat nach dem Überreichen der Sonate, so daß auch andere Wortspiele denkbar wären. In direktem Anschluß an diese Aktion komponierte Schumann zwei weitere Sätze, die, gemeinsam mit den beiden für die *F.A.E-Sonate* geschriebenen, eine vollständige dritte Violinsonate ergaben. An das vereinbarte musikalische Motiv der ursprünglichen Sonate hält Schumann sich in seinen nachkomponierten Sätzen nur noch bedingt. Ähnlich wie in seinen beiden anderen Violinsonaten gestaltet er hier wesentlich individueller und unabhängig von jeglicher Vorgabe. Lediglich dem in der abwärts verlaufenden Tonfolge *f – a – e* charakteristischen Intervall einer Sexte weist er auch in diesen Sätzen substanzielle Bedeutung zu. Seine vollständige dritte Violinsonate beurteilten Joseph Joachim und Johannes Brahms auffallend positiv, wobei sie besonders deren knappe Proportionen hervorhoben. Entsprechendes äußerte Joachim gegenüber Schumann: »Die Ergänzung der Sonate paßt prächtig in ihrer concentrirt-energischen Weise zu den übrigen Sätzen. Das ist jetzt freilich ein anderes Ganzes!« (Joachim, Briefe I, 1911, 110).

In der Folgezeit und auch nachdem Schumann bereits in der Endenicher Heilanstalt war, spielten seine Frau und der befreundete junge Geiger diese dritte Violinsonate mehrfach im privaten Rahmen. Interpreten wie Zuhörer zeigten sich offensichtlich jedes Mal »begeistert« und »ergriffen«. Ganz im Gegensatz zu diesen Reaktionen wurde die Sonate nach Schumanns Tod nicht mehr gespielt, ja deren pure Existenz sogar möglichst verschwiegen. Jetzt zählte sie zu jenen mit Makeln behafteten späten Werken des Komponisten, denen man deutliche Spuren von dessen letzter Erkrankung nachsagte. Mit dem Umgang dieser Vorurteile sowie der entsprechenden Werke hatten sowohl Schumanns Witwe als auch seine engsten Freunde große Probleme. Wie so viele andere Werke auch hielt man die Sonate bewußt zurück und verhinderte dadurch erfolgreich deren Veröffentlichung. Erst mehr als hundert Jahre nach ihrem Entstehen erschien sie in gedruckter Form, gründlich in ihren autographen Vorlagen überprüft und dem Schumannschen Willen so weit wie möglich angenähert, sogar erst in jüngster Vergangenheit im Rahmen der Neuen Gesamtausgabe aller Werke Robert Schumanns.

Entstehung kammermusikalischer Werke in freien Formen

Unter dem Blickwinkel des aus der Klassik Gewohnten galten zu Schumanns Zeit kammermusikalische Werke in zyklischer Sonatenform als anspruchsvollere Kompositionen gegenüber solchen in freien Formen. Gerade Schumann lieferte für den demnach niedriger zu bewertenden Bereich eindrucksvolle Beiträge. Während sein kammermusikalischer Kompositionsweg in den Sonatenwerken von der größeren zur kleineren Besetzung verlief, Stücke für zwei Instrumente also zuletzt entstanden, verläuft diese Entwicklung im Bereich der freien Formen genau umgekehrt. Grundsätzlich bedingen ohnehin gänzlich andere Faktoren die Entstehung der Werke. Vor allem bietet erst Schumanns allmählich erfolgender Rückzug ins Persönlich-Intime die Basis sowohl für die kleinstmögliche Duobesetzung als auch für die Loslösung von vorgegebenen zyklischen Formen.

Während sich diese Entwicklung grundsätzlich schleichend über einen längeren Zeitraum vollzog, brachte 1849 eine explosionsartige Häufung von

Faktoren neue Aspekte in Schumanns Denken und Komponieren, die ein eruptives Komponieren auf kammermusikalischem Gebiet in Gestalt von Charakterstücken auslösen. Den spontan-plötzlichen Anteil daran haben die politischen Ereignisse. Als die revolutionären Wirren im Mai 1849 Dresden erreichten, beschäftigten sie Schumann nicht mehr nur gedanklich, sondern beeinträchtigten sein Privatleben mit greifbaren Konsequenzen. Da er nicht aktiv an den Geschehnissen teilnehmen wollte, flüchtete er aus der Stadt in das nahe gelegene Dorf Kreischa auf das Herrenhaus Maxen zum befreundeten Major von Serre und dessen Familie. Obwohl Schumann also die reale Konfrontation mit der Revolution vermied, dokumentiert sie sich dennoch in seinem kompositorischen Schaffen. Sein »fruchtbarstes Jahr« nannte er diese Phase später, die tatsächlich eine ungeheure Flut an Werken hervorbrachte. Eine Begründung dafür lieferte Schumann in einem Brief an den befreundeten Ferdinand Hiller vom April 1849, in dem es heißt: »Sehr fleißig war ich in dieser ganzen Zeit – mein fruchtbarstes Jahr war es – als ob die äußern Stürme den Menschen mehr in sein Inneres trieben, so fand ich nur darin ein Gegengewicht gegen das von Außen so furchtbar Hereinbrechende« (10.4.1849, BNF, 302).

Schumanns Verhalten bot der Nachwelt wiederholt Anlaß zur Diskussion. Häufig wurde ihm unterstellt, er habe sich von der belastenden aktuellen Tagespolitik ablenken wollen, indem er die Flucht in eine häusliche Idylle antrat. In gewisser Weise leistete seine Frau Clara dieser Vermutung sogar durch eine Äußerung Vorschub, die sie in Hinblick auf das *Liederalbum für die Jugend* op. 79 machte: »Merkwürdig erscheint es mir, wie die Schrecknisse von außen seine innern poetischen Gefühle in so ganz entgegengesetzter Weise erweckt. Über den ganzen Liedern schwebt ein Hauch der höchsten Friedlichkeit […]« (Litzmann II, [7]1925, 191). Tatsächlich sollte man aber nicht so weit gehen, Schumanns Haltung als Ausdruck einer Resignation oder auch einer Abkehr von politischen Alltagsdingen zu verstehen. Grundsätzlich war er schon als junger Mensch ein erklärter Gegner der Reaktion und vertrat stets eine freisinnige Denkweise. Nur für ein gewaltsam-revolutionäres Durchsetzen jeglicher Ideale trat er nie ein. So blieb er auch während der Aufstände in Dresden

seiner Haltung treu. Darüber hinaus ist dies längst nicht das einzige und schon gar nicht das wichtigste Motiv, das Schumanns Hinwendung zur intimen Kammermusik in freien Formen auslöste, höchstens das auffälligste und zeitlich begrenzteste. Zu einer Art Hausmusik auf hohem Niveau und ohne Aufgabe inhaltlicher Ansprüche, zum Komponieren im »Volks-« oder »Märchenton« gelangte er noch durch andere Faktoren, deren Ausbildung sich aber wesentlich unauffälliger vollzog und über einen längeren Zeitraum erstreckte.

Nachdem Schumann 1844 die Leitung der von ihm zehn Jahre zuvor begründeten *Neuen Zeitschrift für Musik* aufgegeben hatte, stand ihm als nun »freischaffender« Künstler zunehmend mehr Zeit zur Verfügung, die er ganz dem kompositorischen Schaffen widmen konnte. Neben diesem temporären Moment machte sich auch der neue Wohnort bemerkbar. Die in Dresden gegenüber Leipzig vollkommen andere, höfisch bestimmte und konservativere Atmosphäre auch im Musikleben bot Schumann neue Erfahrungen und Bedingungen, die sich auf den Kompositionsvorgang auswirkten. In Dresden gründete Schumann 1847 einen Chorgesangverein, dem er längere Zeit vorstand. Die dadurch ausgelöste intensive Beschäftigung mit dem *a capella*-Chorgesang schlug sich wiederum in zahlreichen Kompositionen für diesen Klangkörper nieder. Gerade hier liegt ein ganz enger Berührungspunkt zwischen Schumanns Schaffen und einer solchen Art des geselligen und volkstümlichen Musizierens. Rasch zeigte er sich auch in kompositorischer Hinsicht mit diesem Metier vertraut und entwickelte große Freude an Werken des für ihn neuen Genres. Seine dort erworbenen Erfahrungen brachte er letztlich wieder in sein instrumentales kammermusikalisches Schaffen ein.

Zum Idealfall der in diesem Bereich erforderlichen Komponierweise erklärte er eine der größeren Öffentlichkeit verständliche Musik: ein gewisses Streben nach Popularität also, bei Erhalt der inhaltlichen und gestalterischen Postulate der früheren Werke. Wenn Schumann somit kompositorische Gattungsansprüche zugunsten der Eingliederung in eine Sphäre außerhalb des virtuosen Auftritts im großen Konzertsaals zurücknahm, schuf er im Ergebnis dennoch hochwertige Beiträge, deren Interpretation im geselligen bzw. häuslichen Umfeld durchaus möglich war. Seinem generellen Anspruch, der Mittelmäßigkeit und Verflachung entgegenzuwirken, war Schumanns Ansinnen auch in diesem Bereich. So war ihm die allgemeine Verständlichkeit seiner Musik wichtig, ohne dabei der leichten Muse zu verfallen.

Die Duo-Kompositionen

Das Komponieren von kammermusikalischen Stücken in freien Formen beginnt Schumann mit ganz kleiner Besetzung, dem Duo. Erst spät, und, von dem zunächst als Klaviertrio gedachten op. 88 abgesehen, auch nur einmal, stellt er in diesem Bereich drei Instrumente zusammen. Dem Genre und dessen Bedingungen entsprechend geht er besetzungsmäßig anders vor, als bei seinen Werken in zyklischer Sonatenform. Auf Grund der Transparenz dieses Klangbildes lassen sich die musikalischen Strukturen in den Charakterstücken noch besser erkennen. Schumann beweist gerade hier ein breites Spektrum seiner kompositorischen Vielseitigkeit. Rein äußerlich fallen die Wahl ungewöhnlicher Instrumente und eigenwillige formale Konzeptionen auf. Schumanns erste, auf dieser Grundlage im Jahr 1849 komponierten vier Duo-Kompositionen mit Klavierbeteiligung dokumentieren sogleich die meisten Momente dieser Vielschichtigkeit. Der Einsatz und die dabei gewählte Reihenfolge diverser Blasinstrumente vermittelt wieder die von Schumann gewohnten systematischen Züge: Jeweils ein in der Literatur bisher vernachlässigtes Instrument stellt er in je einer Sammlung mit dem Klavier zusammen, um so auf breiter Ebene die unterschiedlichsten Klangwirkungen und kompositorischen Techniken zu erkunden. Der Klarinette (op. 73) folgen das Horn (op. 70), das Violoncello (op. 102) und schließlich die Oboe (op. 94). Quasi als »Nachzügler« kommt 1851 auch noch die Viola (op. 113) zum Zuge. Daß Schumann seinen Reigen mit der Klarinette eröffnet, kommt nicht von ungefähr, brachte er doch diesem Instrument immer schon eine große Vorliebe entgegen. Auch in seinen vorher entstandenen Orchesterwerken wies er der Klarinette mehrfach eine auffallende Rolle zu.

Jene aus dem Jahr 1849 stammenden, vier von fünf Sammlungen für ein Soloinstrument und Klavier vermitteln einerseits in ihrem gesamten Erscheinungsbild paradigmatischen Charakter, gelten andererseits jede für sich genommen als ebenso individuelle wie signifikante Spielart des neuen Genres. Seine im Februar 1849 verfaßten *Fantasiestücke für Klavier und Klarinette (ad lib. Violine oder Violoncell)* op. 73 nannte Schumann im Autograph »Soiréestücke«, bevor er ihnen denselben Namen gab wie seinen 1842 komponierten Stücken op. 88. Hatte er zunächst wohl noch Ort und Anlaß einer zukünftigen Aufführung der neuen Sammlung im Rahmen der berühmten Dresdner Kammermusik-Soireen vor Augen, geht die Bezeichnung »Fantasie« bei instrumental besetzten Werken hauptsächlich auf Schumanns Klaviermusik zurück. An keiner anderen Stelle taucht dieser Titel so oft in derartigen Zusammenhängen auf. Offensichtlich ließ sich jene mit dem Terminus verbundene Stimmung für Schumann nur im transparenten Klangbild eines Charakterstücks mit wenigen Instrumenten optimal umsetzen.

Fast zur selben Zeit wie die Stücke op. 73, die Clara Schumann sofort nach deren Vollendung mit dem Klarinettisten Johann Gottlieb Kotte (Tb III, 484) »mit großem Vergnügen« aus dem Manuskript probte (Litzmann II, ⁷1925, 183), schrieb Schumann sein *Adagio und Allegro für Klavier und Horn (ad lib. Violoncell oder Violine)* op. 70. Auch für dieses Werk hatte er zunächst einen anderen Titel vorgesehen. Später änderte er dann »Romanze und Allegro« zu »Adagio und Allegro«, tauschte also die eher poetische, aus der Lyrik stammende Benennung des ersten Satzes durch eine gebräuchlichere italienische Satz- bzw. Tempoanweisung aus. Möglicherweise schien ihm dieser Satz so besser zum folgenden schnellen zu passen. Obwohl das »Adagio« lyrisch-poetische Züge einer Romanze trägt, wirkt es gleichzeitig wie eine langsame Einleitung zum als Hauptsatz verstandenen »Allegro«. Als Vorstudie und Anregung gleichermaßen könnte Schumanns op. 70 zu seinem in unmittelbarem Anschluß komponierten *Konzertstück für vier Hörner und großes Orchester* op. 86 aufgefaßt werden, das bis heute zu den schwierigsten Stücken der wenig umfangreichen Horn-Literatur gehört. Ebenso anspruchsvoll gestaltete Schumann den Hornpart seines op. 70, das in dieser ursprünglich vorgesehenen Version am besten zur Geltung kommt, aber von Anfang an häufiger in der Fassung für Cello erklang, während die für Violine eher als Notbehelf gelten sollte. Den Hornpart schrieb Schumann Julius Schlitterlau, einem ausgezeichneten Hornisten der Dresdner Hofkapelle, sozusagen auf den Leib. Mit diesem Interpreten spielte ihm Clara Schumann die Stücke erstmals aus dem Manuskript vor und beurteilte sie als »prächtig, frisch und leidenschaftlich« (Litzmann II, ⁷1925, 183).

Kurze Zeit später entstanden im April 1949 *Fünf Stücke im Volkston für Violoncell (ad lib. Violine) und Pianoforte* op. 102, die sich wesentlich schneller der Popularität erfreuten als die übrigen Duos dieses Jahres und insofern auch häufiger aufgeführt wurden. Hier verbalisierte Schumann schon im Titel durch die Angabe »im Volkston« erstmals eine der grundlegenden Absichten seines Komponierens in diesem Genre. Gewidmet wurden die Stücke dem mit Schumann bekannten Cellisten Andreas Grabau aus dem Leipziger Gewandhausorchester. Ähnlich wie der Klarinette brachte Schumann auch dem Cello von jeher ein gesteigertes Interesse entgegen. Auch diesem Instrument gestattete er in vielen seiner Orchesterwerke Passagen, die es in wunderbarer Kantilene solistisch hervortreten lassen. Möglicherweise wollte er auch hier instrumententechnische Erfahrungen sammeln, die seinem ein Jahr später geschriebenen Solo-Konzert für das Cello op. 129 zu Gute kamen.

Den Abschluß dieser herausragenden Phase von Duo-Kammermusiken bilden *Drei Romanzen für Oboe (ad lib. Violine) mit Begleitung des Pianoforte* op. 94 vom Dezember 1849. Auffallend ist hier wie in den übrigen Duos, daß Schumann Alternativbesetzungen nicht nur zuläßt, sondern schon im Titel vermerkt. Als ihn der Verleger Simrock im November 1850 bezüglich der Oboen-Romanzen op. 94 fragte, »ob denn Schumann wenigstens nicht dem Publikumsgeschmack besser entsprechen wolle, wenn er auf dem Titelblatt […] die Oboenstimme auch als für Klarinette spielbar anzeige« (zit. n. Boetticher I, 182), reagierte Schumann vehement: »Wenn ich originaliter für Klarinette und Klavier komponiert hätte, würde es wohl etwas ganz anderes geworden sein.

Es tut mir sehr leid, Ihrem Wunsche nicht nachkommen zu können, aber ich kann nicht anders« (zit. n. Boetticher I, 182). Demgegenüber wesentlich weniger streng hatte sich Schumann im Zusammenhang mit seinem op. 70 verhalten. Da bot er dem Verleger Kistner bereitwillig an, noch eine Violinstimme zu erstellen: »Ich habe vor kurzem ein Adagio mit ziemlich ausgeführtem, brillanten Allegro für Pfte. und Horn (oder Violoncell) geschrieben […] Auch für Violine arrangiert müßte es sich ausnehmen, ich würde Ihnen auch diese Stimme liefern« (zit. n. Boetticher I, 182). Eine Aufklärung dieser nur scheinbar divergierenden Einstellung ergibt sich daraus, daß es Schumann um eine deutliche Unterscheidung von Original- und Ad-libitum-Besetzung auf dem Titelblatt seines op. 94 ging und nicht um die grundsätzliche Problematik von Alternativbesetzungen (vgl. Nauhaus 2004, 26).

Während er in seinen Sonatensatz-Werken jegliche Ad-libitum-Version konsequent ablehnt, kommt er in allen Sammlungen mit Charakterstücken (außer natürlich in dem zunächst als Klaviertrio geplanten op. 88) offensichtlich den Wünschen der Verleger entgegen. Diese sahen in der Möglichkeit, die Stücke auch auf gebräuchlicheren Instrumenten interpretieren zu können, eine Garantie für deren größere Verbreitung und bessere Verkäuflichkeit. Schumann seinerseits profitierte durch die Bereitschaft, hier Konzessionen einzugehen, wiederum von dem verstärkten Interesse der Verleger an einer Veröffentlichung seiner Werke. Im Gegensatz zu seinen zyklischen Kammermusiken konnte er in diesem Bereich rein merkantilen Aspekten nachgeben, ohne seine Musik inhaltlich damit anzutasten, weil alternative Besetzungsmöglichkeiten seinen kompositorischen Intentionen in diesem Rahmen nicht widersprachen. Einerseits griff er zwar Bedingungen des privaten, nicht virtuosen Musizierens im großen Konzertsaal auf, andererseits aber blieb ihm keineswegs gleichgültig, welches Instrument zum Einsatz kam. So liegt sein Kompromiß darin, daß er selbst die Alternativen festlegte und dadurch doch in gewisser Weise Klangfarbencharakteristika und technische Besonderheiten berücksichtigen konnte.

Als herausragendste Bedeutung von Schumanns kammermusikalischen Kompositionen in freien

Formen gilt, daß er jenes für die romantische Musik so bezeichnende kleine, lyrische Charakterstück in diesem Bereich etabliert. Noch einen letzten neuen und ungewöhnlichen Aspekt brachte Schumann gegen Ende seines Schaffens in die Gattung ein. Für die Titel seiner letzten beiden in Düsseldorf entstandenen Sammlungen wählte er den Begriff »Märchen«, der ähnlich wie die »Romanze« aus der Literatur stammt und die Assoziationen des Rezipienten noch intensiver als die Bezeichnung »Fantasiestück« in eine bestimmte Richtung lenkt. Das ebenso fantasievolle, aber noch mehr erzählende Moment der Stücke gerät dadurch deutlich in den Vordergrund. Gewidmet wurden beide Sammlungen zwei zum Düsseldorfer Umfeld Schumanns gehörenden Personen: dem Geiger, Düsseldorfer Konzertmeister und ersten Biographen Schumanns, Wasielewski, der auch als guter Bratschist galt, sowie dem Komponisten und Dirigenten Albert Dietrich, Schumanns Düsseldorfer Lieblingsschüler.

Anfang März 1851 entstanden die *Märchenbilder. Vier Stücke für Klavier und Viola (Violine ad lib.)* op. 113, denen Schumann diverse Namen gab. Der heute bekannte erschien erstmals auf dem Titelblatt der Druckfassung, hier optisch noch betont durch eine Vignette, die eine von Kindern umringte Märchenerzählerin darstellt. Bei ihrer frühesten Erwähnung im Haushaltbuch hießen die Stücke noch »Violageschichten«, einen Tag später schon »Mährchengeschichten« oder nur »Mährchen«, nach ihrer Fertigstellung schließlich »Mährchenlieder« (Tb III, 555 f.). Bevor die Beziehung zum Märchenhaften hergestellt wurde, war für Schumann zunächst das von der Musikwelt deutlich vernachlässigte Instrument interessant. Der rasch erfolgte Wechsel zum »Märchen« demonstriert, welche »erzählenden«, der menschlichen Stimme nahekommenden Eigenschaften Schumann gerade bei diesem Streichinstrument entdeckte. Ein Charakteristikum, das noch stärker dem Cello zugeschrieben wird, für das Schumann »im Volkston« komponierte. Im Märchenhaften ebenso wie im »Volkston« lag für Schumann ein Hauptbestandteil seiner sämtlichen Charakterstücke. Insofern erstaunt es nicht, daß er für sein letztes Werk in diesem Bereich sowohl den »Märchenton« als auch die Viola heranzieht.

Märchenerzählungen op. 132

Im Oktober 1853 erweiterte Schumann die bisher von ihm vorgezogene Duo-Kombination mit Klavier zu einem Duo aus Blas- und Streichinstrument mit Klavier. So entstanden, unmittelbar nach Brahms' erstem Besuch in Düsseldorf, die *Märchenerzählungen. Vier Stücke für Klarinette (ad lib. Violine), Viola und Klavier* op. 132. Hier faßte Schumann ein letztes Mal mehrere der bisher bereits konstatierten entscheidenden Aspekte zusammen, in dem er diese Stücke zunächst als »Mährchenphantasieen« bezeichnete (Tb III, 638). Interessanterweise darf das Blasinstrument durch das hohe Streichinstrument Violine ersetzt werden, nicht aber die Viola, deren Klangbild auf das Engste mit Art und Charakter dieser musikalischen »Märchen« verbunden zu sein scheint. Als Anregung oder sogar Vorbild könnte Schumann das in Düsseldorf gehörte berühmte *Kegelstatt-Trio* (KV 498 aus dem Jahre 1786) von Mozart für dieselbe eigenwillige Besetzung gedient haben, von der er glaubte, daß sie sich »höchst romantisch ausnehmen« werde (Litzmann II, ⁷1925, 282). Im Januar 1854 erlebte er sein eigenes Werk erstmals in dieser Zusammenstellung durch seine Frau Clara, die es mit dem Klarinettisten Johann Kochner und dem Bratschisten Wasielewski in einem Düsseldorfer Abonnementskonzert aufführte. Dem Verlag Breitkopf & Härtel bot Schumann es mit den Worten an: »Die Zusammenstellung der Instrumente in den ›Märchenerzählungen‹ ist von ganz eigenthümlicher Wirkung« (3.11.1853, BNF, 485). Offenbar hatte auch der Verleger den Eindruck, in eine Marktlücke zu stoßen, denn die Albert Dietrich gewidmeten vier Stücke op. 132 wurden erstaunlich rasch gedruckt.

Op. 132 bleibt Schumanns letzter, zu Lebzeiten gedruckter Beitrag zur Kammermusik. Seine tatsächlich letzte Betätigung auf diesem Gebiet stellen die nochmals für Duobesetzung im November 1853 geschriebenen »Romanzen für Violoncello und Klavier« dar, die zu Schumanns Lebzeiten nicht im Druck erschienen und als verschollen gelten müssen. Offensichtlich wurden sie 1893 durch Clara Schumann vernichtet, da sie eine Herausgabe der Stücke nach ihrem Tod befürchtete. In einem Brief vom März 1855, den Schumann aus der Endenicher Heilanstalt an Brahms sandte, legte er diesem seine Überlegungen bezüglich des Titels der neuen Komposition dar. Interessanterweise zog er auch hier wieder die Benennung »Phantasiestücke« in Betracht (11.3.1855, BNF, 406).

Kammermusikwerke in Sonatenform

Schumann eröffnet in allen seinen kammermusikalischen Werken neue Dimensionen, auch dort, wo er tradierte klassische Gattungen übernimmt. Hinsichtlich der Besetzung wartet er bei den Kompositionen in zyklischer Sonatenform nicht mit nennenswerten Besonderheiten auf. Außer bei seinen drei Streichquartetten op. 41 wird das Klavier stets beteiligt. In seinem Klavierquintett op. 44 stellt Schumann dem Klavier nicht wie in klassischen Vorbildern ein Bläser-, sondern ein Streichquartett zur Seite. Formal folgen alle Werke zunächst einem konventionellen viersätzigen Grundriß. Als einzige Ausnahme findet sich in Schumanns Schaffen seine erste Violinsonate op. 105, die dreisätzig bleibt. In deren an mittlerer Position platziertem »Allegretto« verbinden sich die charakteristischen Merkmale der beiden in einer viersätzigen Anlage gewohnten Sätze: Liedartige, in fließendem Duktus perlende Passagen wechseln mit solchen, die heiter-beschwingte und rhythmisch pointierte Tanzmotivik eines Scherzos aufweisen. Grundsätzlich bleibt somit in allen diesen Werken die zyklische Sonatenform in ihrer traditionellen Konzeption erhalten. Ebenso scheinen die von Schumann verwendeten Satztypen äußerlich dem herkömmlichen Muster zu entsprechen. Die Tonartenbeziehungen der Sätze untereinander zeigen ebenfalls keine nennenswerten Abweichungen von der zeitgemäßen Praxis.

Als charakteristisch und spezifisch für Schumann erweist sich jedoch das Abweichen von der überlieferten Abfolge der Sätze. So vertauscht er in der viersätzigen Konzeption gerne entgegen der herkömmlichen Anordnung die Mittelsätze. In vielen Fällen steht der Tanzsatz, ein nicht immer ausdrücklich so bezeichnetes »Scherzo«, an zweiter und der langsame Satz erst an dritter Stelle. Im ersten seiner Streichquartette op. 41 schreibt Schu-

mann ein deutlich gekennzeichnetes Scherzo als zweiten Satz, ebenso im Klavierquartett op. 47, im ersten Klaviertrio op. 63 sowie in der zweiten Violinsonate op. 121, wobei er in letztgenanntem Fall wie so oft die klare Bezeichnung vermeidet. Dennoch weisen alle angeführten Sätze eindeutig scherzohafte Züge auf. Wesentlich ausgefallener gestaltet sich die Situation im dritten Streichquartett aus op. 41, in dem Schumann auf eigenwillige Weise Prinzipien einer Variationenfolge in den eigentlich scherzoartigen zweiten Satz einbringt. Traditionell verfährt er hingegen im zweiten Quartett dieser Serie, in seinem Klavierquintett op. 44 sowie nach neueren Erkenntnissen wohl auch in seiner dritten Violinsonate WoO 2, wo der üblicherweise dort erwartete langsame Satz an zweiter und ein ausdrücklich so benanntes »Scherzo« an dritter Stelle steht. Obwohl ein solcher Hang zur Regelmäßigkeit Schumanns ästhetischer Anschauung und dem gewünschten poetischen Ansatz offenbar zu widersprechen scheint, bricht er die gegebenen Formen äußerlich kaum auf. Tatsächlich aber arbeitet er im Rahmen dieser Vorgaben mit äußerst subtilen Mitteln, um seinen Bestrebungen entsprechende Modifizierungen zu erzielen. Diese führen in erster Linie zur »Umprägung der tradierten Formstrukturen« (Kohlhase, Kammermusik I, 1979, 114). Schumann folgt inhaltlich keinem festen Schema, sondern gestaltet jeden Satz für sich genommen individuell. Durch Beigabe intensiver musikalischer Verbindungen prägt er ihn darüber hinaus als fest zum jeweiligen Werk gehörig. Zu diesem Zweck führt Schumann ein Phänomen ein, das den außergewöhnlichen Reiz und zu einem großen Teil die Neuartigkeit seiner Kammermusikwerke ausmacht.

Bereits in seinen gedanklichen Ansätzen in jugendlichem Alter formulierte Schumann die Intention poetischer Bezüge einzelner Segmente eines Werkes untereinander, die sich auf dessen gesamten Charakter auswirken. In seinen kammermusikalischen Sonatenwerken entwickelt er ein solches dichtes Beziehungsgeflecht daher nicht nur innerhalb der einzelnen Sätze, sondern vor allem auf die Komposition als Ganzes gesehen. Einer so erzielten, von ihm als »poetisch« empfundenen Geschlossenheit dienen die besonders in seinen beiden Klaviertrios op. 80 und op. 110 auffallenden engen Verklammerungen. Als Abschluß des tänzerischen dritten Satzes aus op. 80 »klingt der Beginn des Finales vor – ein Kunstgriff, den Schumann einige Male angewandt hat« (Nauhaus 2004, 22). Das thematische Material des langsamen zweiten Satzes aus op. 110 knüpft motivisch an dessen Kopfsatz an. Auch in seinem Klaviertrio op. 63 verbindet Schumann den dritten und vierten Satz durch deren thematische Substanz und schließt darüber hinaus beide Sätze durch einen Attacca-Übergang eng zusammen.

In seiner dreisätzigen ersten Violinsonate op. 105 erzeugt Schumann durch eine ausgeprägte thematische Korrespondenz zwischen allen Sätzen eine bogenförmige Konzeption. Besonders die beiden am Modell der Sonatenhauptsatzform orientierten Ecksätze sind durch Zitate und Reminiszenzen eng aufeinander bezogen. Von tragender Bedeutung erweist sich hierbei das zu Beginn der Sonate von der Violine vorgestellte Hauptthema. Schumanns zweite Violinsonate op. 121 lebt von der poetischen Verbundenheit ihrer beiden Mittelsätze. Das an zweiter Stelle verwendete, wie häufig bei Schumann nicht ausdrücklich so bezeichnete, fünfteilige Scherzo wirkt für sich allein genommen bereits durch einheitliche motivische Elemente seiner einzelnen Abschnitte recht geschlossen. Kurz vor Ende dieses Satzes erklingt ein Zitat der bekannten Choralzeile »Aus tiefer Not schrei' ich zu dir«, deren motivisches Material Grundlage für das im folgenden langsamen Satz durch mehrere Variationen geführte Thema wird. Zusätzlich sind die beiden Mittelsätze durch das Einbringen des Hauptthemas aus dem Scherzo in die dritte, ausdrucksmäßig kontrastierende Variation des ansonsten eher ruhig verlaufenden Satzes miteinander verknüpft. Im Klavierquartett op. 47 verbinden sich insbesondere die beiden letzten Sätze insofern, als das schwungvolle Hauptthema des vierten Satzes motivisch auf die Coda des vorangegangenen Satzes zurückgreift.

Die Sonatensatzform bleibt im Bereich der Kammermusik Schumanns die am häufigsten anzutreffende. Sätze dieser Art finden sich nicht bei den Werken in freien Formen, sondern ausschließlich bei jenen in gebundenen Formen, wo sie zum wichtigsten Satztypus schlechthin werden. Aber auch hier hält sich Schumann nur auf den ersten Blick streng an die vorgegebenen klassischen Bedingungen. So bewegt er sich in der formalen Anlage bei der Mehrzahl dieser Sonatensätze zwar auf traditionellem Boden, bereichert sie aber derart mit neuen musikalischen Inhalten, daß sich die herkömmliche Konzeption weitet. Dem äußeren Umfang nach stehen die drei Blöcke Exposition, Durchführung und Reprise meist ausgewogen hintereinander, nur selten gestaltet sich die Durchführung mit deutlich abweichender Länge in die eine wie in die andere Richtung. Die Exposition nimmt meist ihren konventionellen Verlauf, in dem Haupt- und Seitensätze im Charakter kontrastieren. In klassischer Weise ist der Seitensatz überwiegend lyrisch gehalten. Ungewohnt und neuartig wirkt aber eine auffällige Verwandtschaft zwischen diesen beiden Themenblöcken, wobei sich meistens das Seitenthema aus dem Hauptthema ableitet. Auch dieses Verfahren setzt Schumann ein, um die intendierte geschlossene Wirkung des gesamten Satzes zu unterstreichen. Daß dem Seitenthema in der Durchführung keine nennenswerte Rolle mehr zufällt oder es sogar unberücksichtigt bleibt, verstärkt diesen Effekt zusätzlich. Erscheint es doch, wird dann aber nicht die an dieser Stelle aus der Klassik gewohnte Verknüpfung der beiden Themenkomplexe angestrebt. Als typisch für Schumann erweist sich vielmehr die Einführung neuer Themen im Durchführungsabschnitt, die ihrerseits ebenfalls motivisch eng mit dem Hauptthema korrespondieren, so daß eine noch intensivere Verschränkung entsteht.

Schumann folgt in den Kopfsätzen seiner kammermusikalischen Werke also lediglich im Umriß dem konventionell geprägten Prinzip. Inhaltlich führt er nicht nur hinsichtlich des thematischen Materials, sondern insbesondere bei dessen Verarbeitung neue Verfahren ein. Wie zu zeigen sein wird, zieht das eine das andere unabdingbar nach sich, wobei diese Folgerung in beide Richtungen wirkt. Meistens bleibt der Eröffnungssatz der umfangreichste und bedeutendste eines Werkes. Dessen Gewichtung wird häufig noch durch eine mehr oder weniger ausladende, dem Allegroteil vorausgeschickte langsame Einleitung hervorgehoben. Besonders auffallend werden diese Tendenzen schon in Schumanns erstem veröffentlichten Kammermusik-Opus, den drei Streichquartetten op. 41. Gerade weil er damit eine traditionsreiche Gattung aufgreift, werden Änderungen und Neuerungen besonders gut erkennbar. Da Schumann die einzelnen musikalischen Themen anders aufbaut und mit einem speziell auf den Zusammenhang des jeweiligen Werkes zugeschnittenen, individuellen Charakter versieht, muß er auch für deren »Verarbeitung« andere Techniken als bisher gewohnt entwickeln. Kontrastreiche Themenbildungen und daraus erwachsende Konflikte im klassischen Sinne des Sonatenhauptsatzes vermeidet er fast überall, da sie nicht seinem poetischen Ansatz entsprechen. Alle Themen entstehen meistens aus einem Grundmotiv, das einer Art Keimzelle gleicht. Es muß sich dabei nicht unbedingt um eine melodische Formel handeln, oftmals bilden auch bestimmte Intervalle oder kurze rhythmische Figuren diese Keimzelle. Von dort geht Schumann nicht mehr im Sinne von Beethovens ableitend-kontrastierender Entwicklung und dessen thematischer Arbeit aus, sondern indem er aus seinem Kernmotiv fortwährend neue Bildungen entwickelt. Dies geschieht durch Fortspinnung motivischer Details, durch pure Transposition, durch Ausleuchten von verschiedenen harmonischen Seiten, durch variatives Umformen und vieles mehr. Nur das motivische Grundmaterial bleibt auf jeden Fall erhalten. Auf diese Weise entsteht das bereits erwähnte charakteristische Beziehungsgeflecht innerhalb der einzelnen Sätze. Über die Satzgrenzen hinaus wirken diese Keimzellen insofern verbindend, als sie zumindest assoziativ aufgegriffen werden. Die so gewonnene Ausdrucksintensität und innere Geschlossenheit der Werke in zyklischer Sonatenform rückt diese in gewisser Weise von ihrer Wirkung her durchaus in die Nähe der Charakterstücke.

Schumanns Streichquartette op. 41 nehmen in der Entwicklungsgeschichte der Gattung eine singuläre Stellung ein. Vorbilder sind zwar vorhanden, aber musikimmanent kaum noch zu erkennen. Schumann dehnt den vorgegebenen Rahmen weit aus und entwickelt einen neuartigen Beziehungsreichtum, mit dem er auch das anschließend komponierte Klavierquintett op. 44 ausstattet. Im Prinzip verfährt er in allen seinen Kammermusikwerken so, wie zuvor in seiner Klaviermusik: Die Basis bilden motivische Einfälle, die oft nur wenige Takte umfassen, aber durch bestimmte prägnante Momente außerordentlich charakteristisch erscheinen. Allein deren

nicht dialektisch angelegter Aufbau verhindert eine weitere Verarbeitung im klassischen Sinne. In Frage kommt nur Schumanns spezifische Weise des permanenten Verwandelns der Themen oder einzelner Bestandteile derselben. Daher ergibt sich aus der veränderten Bauweise dieser in der Exposition vorgestellten Themen jene neuartige Technik in der Durchführung, die sich deutlich von den bekannten klassischen Mustern abhebt. Dieser Zustand, daß Schumanns Melodik von vornherein »unklassisch« angelegt ist, tritt gerade bei seiner Kammermusik in der »Sequenzstruktur« der Themen »besonders unverdeckt hervor« (Edler, 166).

Da nun andere Aspekte im Vordergrund stehen und den formalen Aufbau des Sonatensatzes bestimmen, spaltet sich dieser in dem entsprechende Segmente auf. So gliedert die permanente Verwandlung des thematischen Materials den Satz in verschiedene musikalische Episoden, die meist unter Verzicht auf jene aus der Klassik gewohnten überleitenden Passagen direkt aufeinander folgen. Insofern bringt auch der Durchführungsteil – in der Klassik ein Ort intensivster thematischer Verarbeitungsprozesse – gegenüber der Exposition in Schumanns Werken nichts grundlegend Neues. Eher noch wirken im umgekehrten Sinne die veränderten Durchführungstechniken zurück in die Exposition hinein, da die dort vorgestellten Themen von Grund auf anders konzipiert werden müssen. Als neuartiges Moment in Schumanns »Durchführungsarbeit« ist in erster Linie seine subtile und weit reichende Technik der Sequenzierung zu nennen. Hinzu tritt das Wiederholen ganzer Abschnitte in transponierter Form, allerdings nie wörtlich, vielmehr gekürzt und in Teilen modifiziert. Themen bzw. Themensegmente werden auf diese Weise von allen denkbaren Seiten »betrachtet«, jedoch in ihrer Substanz und charakterlichen Prägnanz nicht verändert. Auch kontrapunktische Verdichtungen werden zunehmend eingebracht. Vor allem in seinen späteren kammermusikalischen Werken erlangen Kombinationen der Sequenztechnik mit Fugen, Fugatos und fugierten Phasen große Bedeutung. Ähnliches gilt für die Imitationstechnik, die sich am meistens in ihrer strengsten Form, dem Kanon, zeigt. Kohlhase prägte für diese spezielle Methode in Schumanns Kammermusik die treffende Bezeichnung »Kaleidoskoptechnik« (Kohlhase, Kammermusik

I, 1979, 117). Dieser Terminus umfaßt auch jene gerade im Durchführungsabschnitt auffallende besonders farbenreiche harmonische Vielfalt.

Die Reprisen in seinen Sonatensätzen gestaltet Schumann meistens schematisch, indem die Expositionsverhältnisse wörtlich wiederholt werden. Häufig aber verkürzt er diese auch oder spart wie im dritten Streichquartett aus op. 41 einen ganzen Komplex aus. Grundsätzlich bleibt die Reprise in dieser Gestalt erforderlich, um die Geschlossenheit der Sätze noch zusätzlich durch eine bogenförmige Konzeption abzurunden.

Ein letztes Mal werden Schumanns Streichquartette op. 41 herangezogen, da sich gerade hier seine ebenso rasch verlaufende wie vielseitige kompositorische Entwicklung innerhalb absolut klassischer Gattungen demonstrieren läßt. Während er im Kopfsatz der ersten Quartetts noch eine relativ klassische Ausformung mit gegensätzlichen Themen, einer beinahe regulären Durchführung, vollständiger Reprise und thematisch gearbeiteten Überleitungen wählt, spiegelt schon das dritte und letzte jene vom klassischen Modell weit entfernte, neu entwickelte Kompositionsweise wider. Als substanziell für den gesamten Verlauf des Kopfsatzes aus op. 41/3 erweisen sich die im vorgeschalteten »Andante espressivo« auftretenden motivischen Elemente, die Schumann quasi als Keimzellen dienen. Aus ihnen entwickelt sich, metrisch verändert, das Hauptthema des »Allegro molto moderato«. Hier, wie auch im ariosen Seitensatz erlangt das Intervall einer fallenden Quinte konstitutive Bedeutung. Die ungewöhnlich kurze Durchführung bringt keinerlei motivisch-thematische Arbeit im klassischen Sinne. Schumann deutet stattdessen das vorgestellte Grundmaterial auf vielfältige Weise klanglich und in seinem Ausdruck um, wobei der Schwerpunkt wieder auf dem von der fallenden Quinte beherrschten Kopfmotiv des Hauptthemas liegt. Die Reprise hingegen spart diesen Bereich ganz aus und setzt sofort mit dem melodischen Seitenthema ein.

Auch der Eröffnungssatz des Klavierquintetts op. 44 beginnt ohne Einleitung sofort mit seinem energisch auftretenden Hauptthema, dessen klavieristisch inspirierter Impetus das gesamte Werk durchzieht. Obwohl ein lyrisches Seitenthema kontrastierend einsetzt, bleibt doch – vor allem

im Durchführungsabschnitt – der markante Beginn des Hauptthemas dominierend. Auch das Streichermotiv der langsamen Einleitung zum Kopfsatz des Klavierquartetts op. 47 beeinflußt in individueller Prägung maßgeblich das thematische Geschehen im nachfolgenden Allegroteil, wo es in den akkordisch prägnanten Beginn des Hauptthemas und die daraus sequenzierend entwickelte Fortführung des Klaviers eingeht. Der Grundcharakter dieses Themas beherrscht den gesamten Satz, so daß sich auch die Durchführung überwiegend auf variative Umformungen von dessen Bestandteilen sowie der Motivik des Einleitungsteils beschränkt. Wie häufig bei Schumann fällt auch hier das eigentliche Hauptthema in der Reprise zugunsten einer verkürzten, bereits modifizierten Form weg.

In Schumanns später entstandenen Klaviertrios bestimmen ähnliche Faktoren das musikalische Geschehen, wobei sich als Novum die inzwischen vorgenommenen Fugen-Studien deutlich niederschlagen. Eine dadurch erzielte Verfeinerung der kompositorischen Möglichkeiten und Erweiterung der Ausdrucksmittel gepaart mit dem Einbringen formaler Mittel der Bach-Zeit unterstützen Schumanns Intention. Mit seinen musikalisch hochstehenden Trios grenzt er sich bewußt gegen seine zur selben Zeit komponierten, einfacher und volkstümlicher gehaltenen Werke der Dresdner Zeit ab. Entspringen die einen dem Bereich der Musik im privaten Rahmen, dem Kontakt mit Chorvereinigungen und biedermeierlicher Schlichtheit, spiegeln vor allem die Klaviertrios das weit auch über dem gehobenen Dilettantentum liegende künstlerische Niveau der Dresdner Kammermusikmatineen wider.

Im Kopfsatz des Klaviertrios op. 63 drängt das stürmische Hauptthema vorwärts, steigert sich sequenzierend unter Aufbau rhythmischer Spannungen bis hin zu einer kleinen Erholungspause, die letztlich in das motivisch eben daraus entwickelte, nicht minder schwungvolle Seitenthema überleitet. Polyphone Strukturen und kühne Synkopenbildungen verstärken den besonderen Reiz dieses Kopfsatzes, der bereits in seiner Exposition durchführungsartige Tendenzen zeigt. Die eigentliche Durchführung ist für Schumanns Verhältnisse recht umfangreich und kombiniert motivische Materialien der Exposition mit neuen thematischen Einfällen. Entscheidend bleibt für diesen Satz ein stets präsenter Kontrast zwischen spannungsgeladener und lyrischer Atmosphäre, der nach einer größtenteils mit der Exposition übereinstimmenden Reprise in der energischen Coda ein letztes Mal aufgegriffen wird.

Auch der Kopfsatz des Klaviertrios op. 80 lebt von einer derartigen Ausdrucksgegensätzlichkeit einzelner Abschnitte. Schon das rhythmisch markante Hauptthema erhält durch seine alterierte Begleitfigur eine deutliche Binnenspannung. Zusätzlich stellt sich die nur zu Beginn kurz markierte Grundtonart erst nach umfangreichen dissonanten Verschärfungen wieder ein. Permanente Sequenzierungen bringen auch hier in der Exposition des Hauptthemas bereits durchführungsartige Elemente. Erst im Anschluß daran nimmt Schumann die Spannung etwas zurück, um das Seitenthema korrekt in der Dominante und mit gewohnter lyrisch-liedhafter Attitüde einsetzen zu lassen. Dessen motivischer Kern erweist sich allerdings rasch als Variante des Hauptthemenkopfes, womit – wie bei Schumann meistens – eine enge Verbindung hergestellt wird. Die Durchführung dieses Kopfsatzes ist wie die aus op. 63 ungewöhnlich breit dimensioniert. Schumann setzt zur Ausgestaltung von deren dramatisch-erregtem Duktus kontrapunktische Techniken ein, die er mit jener durch Kohlhase so treffend benannten »Kaleidoskoptechnik« kombiniert. Kontrastierend wirken demgegenüber die liedartige Motivik aus dem Seitensatz sowie ein Zitat der ersten beiden Liedzeilen aus Schumanns *Eichendorff-Liederkreis* op. 39 Nr. 2 (»Dein Bildnis wunderselig, hab' ich im Herzensgrund«).

Noch stärker von monothematischen Tendenzen geprägt ist das zwei Jahre nach den beiden anderen entstandene dritte Klaviertrio op. 110. Dessen kompletter Kopfsatz wird durch die auf- und abschwingende Akkordfiguration seines Hauptthemas bestimmt, das vor allem harmonisch auf vielfältige Weise umgedeutet wird. Auch den Seitensatz gewinnt Schumann aus diesem, nun in seinem Ausdruck modifizierten Material. Die zweiteilig angelegte Durchführung greift zunächst den Seitensatz auf, bevor eine Fuge mit drei Durchführungsabschnitten zur ebenfalls ungewöhnlich gestalteten Reprise zurückführt. Vom Klangbild her scheint gerade dieses Klaviertrio

impressionistisch wirkende, lyrische Melodielinien vorwegzunehmen. Eine gleichermaßen intensive wie gewichtige Beteiligung des Cellos zeigt nicht zuletzt, daß Schumann die gewünschte Emanzipation auch dieses Instruments vervollkommnet hat.

Zeitgleich entstanden die ersten beiden Violinsonaten Schumanns, die in kleinstmöglicher kammermusikalischer Besetzung sämtliche Ansätze der vorherigen Werke weiterführen. Im Kopfsatz seiner ersten Violinsonate op. 105 gestaltet Schumann aus dem prägnanten Beginn des Hauptthemas, wobei er auf einen regelrechten Seitensatz verzichtet, die komplette Durchführung. Sequenzierungen und Transformierungen dieses einen Motivs bewirken, daß er den gesamten Satz zu beherrschen scheint. Von geradezu beruhigender Wirkung empfindet man dessen beinahe wörtliche Wiederkehr in der umfangreichen Coda des dramatischen, von polyphonen Verschränkungen lebenden Finalsatzes.

In der zweiten Violinsonate op. 121 wird ein direkter musikalischer Bezug zum Widmungsträger und Geiger Ferdinand David im Hauptthema des Kopfsatzes und bereits zuvor in den schroffen Akkorden der langsamen Einleitung hergestellt, indem Schumann mit den Anfangstönen die vertonbaren Buchstaben des Namens d-a-f [für v] -d aufgreift. Diesem sich anagrammatisch auf David beziehenden Hauptthema kommt für den gesamten Kopfsatz tragende Bedeutung zu. In der Durchführung entwickelt sich dann die Begleitfigur dieses Themas zu einem formbildenden, stets präsenten Motiv. Ebenso schickt Schumann in seiner letzten, zwei Jahre später entstandenen Violinsonate WoO 2 dem schnellen Teil des Kopfsatzes eine langsame Einleitung voran, die das Hauptthema des anschließenden Sonatenhauptsatzes antizipiert. Diese Übereinstimmung wurde vermutlich durch die zeitliche Nähe der Komposition der dritten zur offiziellen Uraufführung sowie weiterer Aufführungen der zweiten Violinsonate veranlaßt. Die kompositorischen Mittel und motivischen Verknüpfungen ähneln jenen in den beiden vorherigen Violinsonaten angewandten. Neuartig ist lediglich eine enorme Straffung des musikalischen Geschehens im Kopfsatz der letzten Violinsonate, der insgesamt einen recht komprimierten Eindruck hinterläßt.

Von unterschiedlicher Konzeption sind die Mittelsätze in Schumanns Kammermusikwerken nicht nur, was ihre Reihenfolge betrifft. Gerade hier scheint der Komponist ein breites Experimentierfeld gesehen zu haben, zumal in diesen Sätzen am ehesten die miniaturhafte Gliederung sowie die charaktervolle melodische Vielfalt aus den frühen Klavierwerken durchschlagen kann. Die Position der bei Schumann häufig an zweiter Stelle stehenden Scherzi nehmen bis auf wenige Ausnahmen Tanzsätze ein, die immer recht schnell gehalten, oftmals aber nicht ausdrücklich so benannt sind. Diese Sätze folgen der dreiteiligen Lied- bzw. Da-Capo-Form, deren erster und letzter Teil identisch sind, wobei sich der meist weichere und lyrische Mittelteil kontrastierend abhebt. Bleiben sie so gesehen traditionell, verhelfen Schumanns spezifische Neuerungen ihnen dennoch zu charaktervoller, auf den jeweiligen Zusammenhang bezogenen Prägnanz. Neben der Verklammerung einzelner Formteile untereinander durch motivische Assoziationen ist eine Erweiterung der herkömmlichen Liedform zur Fünfteiligkeit durch die Einführung eines zweiten Trioteils typisch für Schumann.

Während die beiden ersten Streichquartette aus op. 41 regelrechte Scherzosätze aufweisen, bildet der zweite Satz aus op. 41/3 eine der bemerkenswerten Ausnahmen. Schumann gestaltet ihn als Variationensatz, was ohnehin schon recht ungewöhnlich ist, aber dadurch noch gesteigert wird, daß er ihn durch eigenwillige rhythmische Komponenten mit deutlich scherzoartigen Zügen versieht. Im Klavierquintett op. 44 an dritter und im Klavierquartett op. 47 an zweiter Stelle schreibt Schumann für ihn typische, fünfteilig konzipierte Scherzosätze, die beide von einem stürmisch aufbrausenden, lebhaften Tenor beherrscht sind. Ihre Trioteile sind kunstvoll gestaltet und bringen in op. 44 tonartlich und vom Ausdruck her deutliche Kontraste, indem mal sprühende Virtuosität, mal lyrische Sensibilität hervortritt. Bei op. 47 zeigt sich besonders der zweite Trioteil durch seine zahlreichen Dissonanzen ausdrucksstark und farbenreich. Auffallend sind hier zudem das komplizierte polyphone Gefüge sowie durchführungsartige Elemente in beiden Trioteilen.

Auch seine drei Klaviertrios stattet Schumann mit scherzoartigen Sätzen aus, wobei er den aus op. 110 wieder zur Fünfteiligkeit erweitert. So bleiben im dritten Satz des Klaviertrios op. 80 ein tänzerischer Charakter und die heitere Grundstimmung vorherrschend, wobei kanonische Stimmführungen und relativ komplexe Verschränkungen der einzelnen Elemente die formalen Strukturen geschickt verschleiern. Durch ausgeprägte thematische Einheitlichkeit zeichnet sich Schumanns letztes Klaviertrio op. 110 aus, dessen scherzoartiger dritter Satz in einen Rahmenteil und zwei Trioteile zerfällt. Der aufwärts gerichtete Vierklang mit folgender fließender Rückführung des drängenden Eröffnungsthemas entspringt dem motivischen Grundmaterial, aus dem Schumann die Themen aller Sätze gestaltet. Zahlreiche Wiederholungen des harmonisch verschärften und mehrfach modifizierten Themas ähneln wiederum den motivischen Elementen der beiden kontrastierenden Trioteile, die ihrerseits in Charakter, Rhythmik und Motivik deutliche Affinität zu den einzelnen Abschnitten aus dem Finalsatz dieses Klaviertrios aufweisen.

Nimmt der Mittelsatz aus der einzigen dreisätzigen Violinsonate op. 105 ohnehin eine Sonderstellung ein, da er beide im viersätzigen Modell üblichen Mittelsätze vereint, sind die das Scherzo vertretenden Sätze der anderen beiden Violinsonaten zur Fünfteiligkeit erweitert. In op. 121 bleibt die motivische Verbundenheit zwischen Scherzo- und Trio-Themen derart eng, daß der Kontrast zwischen diesen Teilen nicht motivisch, sondern nur noch in deren Charakter auszumachen ist. In der letzten Violinsonate WoO 2 umschließt eine ungewöhnlich kurze Scherzopassage zwei vom Ausdruck her deutlich abgesetzte, umfangreichere Trioteile, die allesamt von ähnlicher motivischer Substanz beherrscht werden.

Für die langsamen Sätze seiner Kammermusikwerke wählt Schumann keinen einheitlichen Formtypus. In den meisten Fällen verwendet er die Da-capo-Form, die manchmal wie in seinen Scherzosätzen zur Fünfteiligkeit erweitert wird. Häufig setzt er aber auch an die Stelle des langsamen Satzes eine Variationenfolge oder zumindest Anklänge an diese Technik (Kohlhase, Kammermusik I, 1979, 105). Besonders deutlich zeigt sich dieses Verfahren in den langsamen Sätzen des Streichquartetts op. 41/2, des Klavierquartetts op. 47, des Klaviertrios op. 63 und der Violinsonate op. 121. Daß er dabei die dezidierte Bezeichnung »Variation« vermeidet, entspringt Schumanns spezieller, poetisch gemeinter Auffassung dieser musikalischen Form, die ihn frühzeitig veranlaßte, das gesamte Prinzip des Variierens neu zu definieren. Die Art, einzelne Variationen einfach aneinander zu reihen hält er für überkommen. Das Verhältnis zwischen Thema und Variation möchte er ganz anderes gewichtet haben, indem das Thema immer als geistiges Zentrum eines Ganzen dienen soll, so daß es »stellenweise verborgen im Hintergrund stehen wie auch mit anderen Gestalten in Zusammenhang gebracht werden kann« (vgl. Edler, 126). Schon das Thema muß infolgedessen anders, in Schumanns Sinne »poetischer« konzipiert sein, hält es doch die folgenden, für sich genommen individuell gestalteten Einzelszenen bindend zusammen, ohne selbst nach einem stupiden Verfahren ständig verändert zu werden. Dies rückt auch die Schumannsche Variationstechnik in die Nähe seiner lyrischen Charakterstücke und prädestiniert sie somit zur Verwendung im langsamen Satz der Sonatenform. Eine ausgeprägt lyrische Grundhaltung ist allen langsamen Sätzen in Schumanns Kammermusikwerken eigen und wird an keiner Stelle aufgehoben.

Im langsamen dritten Satz des Klavierquartetts op. 47 verbindet Schumann seine Idealvorstellung einer Variationenreihe mit seiner Intention einer poetischen Geschlossenheit insofern, als er die Kantilene des weit schwingenden, lyrischen Themas durch mehrere, auf reiner Sequenzierung beruhende Variationen führt, die symmetrisch zu einem Zentrum angelegt sind. Dieses Zentrum selbst besteht aus einer umfangreicheren, nur noch lose mit dem Thema verbundenen Passage, die sich allerdings auch nicht deutlich dagegen abhebt. Im Vergleich zum charaktervollen Variationensatz aus dem Streichquartett op. 41/2 verwendet Schumann hier eher einfache Methoden des Variierens. Das Kantilenenthema erscheint in den einzelnen Abschnitten fast wörtlich oder nur geringfügig verändert, das harmonische Gerüst wird vollständig beibehalten. Galt dieser Satz von jeher als der problematischste des gesamten Klavierquartetts, läßt sich der langsame, an zweiter Stelle stehende Satz aus dem Klavierquintett op. 44 geradezu als dessen gewichtiger Mittelpunkt verstehen. Breit dimensioniert, in kompliziert geformter symme-

trischer Anlage bindet dieser Trauermarsch in der Substanz seiner expressiven Motivik die thematischen Beziehungen zwischen allen Sätzen des Quintetts. Besonders der eigenwillige Charakter dieses Satzes gab der Nachwelt reichlich Anlaß zu Spekulationen, zumal sich einige vermeintlich beziehungsreiche musikalische Anspielungen feststellen lassen, die Schumann sicher nicht bewußt in der nachher und von außen hineininterpretierten Zielsetzung aufgriff.

Satztechnisch mindestens ebenso kompliziert und expressiv gestaltet sich der dreiteilig angelegte langsame Satz aus dem Klaviertrio op. 63, in dem Schumann mit einem komplexen Geflecht aus Melodien- und Stimmenvielfalt das gesangliche Ausgangsthema sowie ein kontrastierendes Thema im Mittelteil auf kühne Weise variiert. Eine derart subtil gestaltete polyphone Technik prägte bereits den einige Jahre zuvor entstandenen langsamen Satz aus Schumanns Streichquartett op. 41/3. Auch dem langsamen Satz des Klaviertrios op. 80 ist eine »hoch kontrapunktische Verdichtung auf engstem Raum« eigen (Nauhaus 2004, 23), wobei Schumann hier zusätzlich kanonisch geführte Unterstimmen gegen die ausdrucksvolle Kantilene der Violine setzt. Im langsamen Satz seines letzten Klaviertrios op. 110 wählt Schumann ebenfalls die dreiteilige Da-capo-Form, in deren Rahmenteilen eine ausdrucksvolle Kantabilität im Vordergrund steht. Harmonische Verzeichnungen führen zur Verschleierung der eigentlichen Grundtonart. Der langsame zweite Satz »Intermezzo« aus Schumanns letztem kammermusikalischen Werk in zyklischer Sonatenform, der Violinsonate WoO 2, gehörte bereits zu deren gemeinschaftlich mit drei Komponisten erstellten »Vorgängerin«, jener *F.A.E.-Sonate*. Entsprechend erhält das sich auf den Widmungsträger Joseph Joachim beziehende Anagramm (die Tonfolge $f - a - e$) zentrale Bedeutung und löst einen reizvollen Dialog zwischen Klavier und Violine aus.

In den Finalsätzen seiner kammermusikalischen Werke verwendet Schumann überwiegend die traditionell dort vorgesehene Sonatensatzform, nur selten schreibt er ein regelrechtes Sonaten-Rondo. Das Reihungsprinzip der Rondoform verwendet er allerdings mehrfach, wobei er nur wenige der Schluß-Sätze explizit als »Rondo« bezeichnet. Insofern wirkt die Rondoform auf eine neuartige Weise doch in das Sonatensatzmodell hinein und gestaltet sich zum »Sonaten-Rondo« in spezifisch Schumannscher Ausformung. Schumann war ein erklärter Gegner des in vielen zeitgenössischen Kompositionen vorkommenden gewöhnlichen Rondotyps, der ihm inhaltlich leer und nichtssagend erschien, da die einzelnen Themen in keiner Weise in Beziehung zueinander stünden. Die willkürliche Aneinanderreihung bunter Gedanken widersprach grundsätzlich seinem Wunsch nach poetisch empfundener Ganzheit, inneren Zusammenhängen und Geschlossenheit. Schon 1837 formulierte er: »Gerade zum Rondo gehört die ätherische Schaffkraft, der die Form unter der Hand wegläuft, und die sich am seltensten findet. Wir haben mehr gute Fugen als gute Rondos« (Kreisig I, 293). Für die Schlußsätze seiner kammermusikalischen Werke modifiziert Schumann diesen herkömmlichen Rondotypus, indem er einen gedanklichen Zusammenhang, beispielsweise durch motivische Beziehungen zu einem der übrigen Sätze herstellt. Insbesondere da, wo er die Sonatenform mit Rondo-Elementen zum Sonatenrondo vermischt, schafft er die innere Geschlossenheit durch innere Bezüge zwischen den einzelnen Formteilen des Satzes.

Unter den Finalsätzen der Streichquartette op. 41 fällt der aus Nr. 3 besonders auf, weil er als einziger dem regelrechten Modell des Sonatenrondos folgt, während die beiden anderen eher in Richtung Sonatenhauptsatzform tendieren. Bleibt insbesondere das Finale aus op. 41/1 monothematisch, da als Seitenthema in Wirklichkeit eine modifizierte Form des Hauptthemas auftritt, so folgen in op. 41/3 quirlige, harmonisch farbenreich ausgeführte Themen aufeinander. Deren lebhafte Motorik wird durch einen »Quasi Trio«-Abschnitt in ruhigerer Diktion unterbrochen, der die eindringlichste Kontrastierung zum übrigen Geschehen bildet. Schumann betont insgesamt deutlich stärker die Elemente des Rondos als die der Sonatensatzform. Der formal als variiertes Sonatenrondo gedachte Schlußsatz des Klavierquintetts op. 44 knüpft nicht nur mit seinem energischen Gestus, sondern auch thematisch an den Kopfsatz an. Der bemerkenswerten harmonischen Vielfalt folgt eine weiträumige Coda, die in ihrem emphatischen Fugato-Abschnitt die substanziell miteinander verwandten Hauptthemen der Ecksätze

verbindet. Auch das Finale des Klavierquartetts op. 47 ist eine relativ komplizierte Kombination aus Rondo und Sonatensatz. Die Modifizierungen des Hauptthemas verlaufen zunächst sequenzierend, dann fugiert, wobei die polyphone Ausgestaltung des motivischen Materials zunehmend differenzierter wird. In gleichem Maße werden die harmonischen Verhältnisse komplizierter, die hier kühner als in den vorherigen drei Sätzen verlaufen. Ein Mittelteil verhält sich durch seine neue Thematik zwar kontrastierend, erinnert jedoch zusätzlich an einen Abschnitt des vorangegangenen Scherzosatzes.

Bei den Schluß-Sätzen seiner drei Klaviertrios verwendet Schumann ebenso interessant gehaltene Mischformen. Das »mit Feuer« zu spielende Finale aus op. 63 folgt der Sonatenhauptsatzform, zeigt aber gleichzeitig durchaus rondoartige Züge. Eine ausgefeilte kontrapunktische Gestaltung bestimmt hier, wie im kompliziert strukturierten Schluß-Satz des Klaviertrios op. 80, die umfangreichen Durchführungsabschnitte. Während jedoch in op. 63 dem geschlossen wirkenden Hauptthema ein komplexer Seitensatz gegenübersteht, bildet in op. 80 das schwungvoll aufwärts strebende Hauptthema die Grundsubstanz für alle weiteren motivischen Bildungen. Obwohl Schumann gerade hier eindeutig dem Sonatensatzmodell folgt, fügt er trotzdem kein charaktervoll ausgestaltetes Seitenthema ein, sondern deutet ein solches höchstens an. Im tänzerisch-burlesken Finale seines Klaviertrios op. 110 schließlich, das sich als mit Sonatensatzelementen durchzogenes Rondo entpuppt, akzentuiert Schumann die einzelnen Themen besonders individuell. Da aber auch sie identischen Grundmustern (z. B. bestimmte Intervallsprünge) folgen, die ihrerseits mit den vorherigen Sätzen korrespondieren, entsteht auch hier das Gefühl einer starken Geschlossenheit des gesamten Werkes.

Die Schlußsätze seiner drei Violinsonaten hält Schumann demgegenüber enger an der konventionellen Sonatenhauptsatzform. Im dramatischen, von polyphonen Verschränkungen und harmonischer Vielfalt lebenden Finale aus op. 105 steuert er sogar ganz bewußt durch »den regelmäßigsten Aufbau innerhalb der ganzen Sonate« den »asymmetrischen Tendenzen« der übrigen Sätze entgegen (Edler 1982, 184). Bestimmend für das Geschehen im heiter-bewegten Finale der Violinsonate op. 121 wird ein durch Dreiklangsbrechungen charakterisiertes Hauptthema, dem das weit geschwungene, gesangliche Seitenthema kontrastierend gegenübersteht. Wie in der ersten Violinsonate ist auch hier die Durchführung von fugierten Abfolgen durchzogen. Dem Finalsatz seiner letzten Violinsonate stellt Schumann als Motto das F-A-E-Motiv voran, das thematisch in die folgende Exposition hineinwirkt. Da er diesen Satz zum ursprünglichen Gemeinschaftswerk, der *F.A.E.-Sonate* beisteuerte, muß er dem vorgegebenen Tonbuchstabenmotiv stärker folgen. Der Durchführungsabschnitt, wie die gesamte Sonate in deutlich komprimierter Dichte, zeichnet sich ebenfalls durch zahlreiche fugiert konstruierte Verläufe aus.

Die Kammermusikwerke in freien Formen

Alle bisher beschriebenen konventionellen Satztypen verwendet Schumann fast ausschließlich in seinen Sonatensatzzyklen, nicht in seinen Sammlungen mit Charakterstücken. Mit diesen will Schumann ganz bewußt einen Gegenpol schaffen, so daß auch in formaler Hinsicht andere Aspekte in den Vordergrund treten. Bei seinen Kompositionen in freien Formen fällt zunächst eine Erweiterung der Besetzung auf, die sich weniger auf die Anzahl der Instrumente bezieht, als vielmehr in deren eigenwilliger Kombination liegt. Schumann stellt dem stets beteiligten Klavier bevorzugt solche Instrumente zur Seite, die bisher eher vernachlässigt und mit wenigen Originalkompositionen bedacht wurden. Nicht zuletzt bereichert er damit deren zum Teil auch heute noch schmales Repertoire. Eine direkte Anregung boten Schumann oftmals Künstler aus seinem Umfeld, die das entsprechende Instrument beherrschten. Sie spielten ihm seine neuen Kompositionen noch aus dem Manuskript vor, so daß er auf Grund des Höreindrucks vor der endgültigen Drucklegung noch erforderliche Korrekturen vornehmen konnte. Manchmal halfen ihm auch technische, instrumentenspezifische Ratschläge der jeweiligen Künstler. Während seiner Dresdner Zeit standen

Schumann zahlreiche bekannte Musiker der ortsansässigen Hofkapelle zur Verfügung. Waren dies für die Triobesetzung jene bereits erwähnten Brüder Schubert, im Bereich der Blasinstrumente der Klarinettist Kotte (*Fantasiestücke* op. 73) sowie der Hornist Schlitterlau (*Adagio und Allegro* op. 70), so gab für die Violine fast immer der mit Schumann seit langem eng befreundete Leipziger Konzertmeister Ferdinand David den Ausschlag. Ebenfalls vom Leipziger Gewandhaus kam der Cellist Andreas Grabau, der Schumann im Dezember 1849 die ihm gewidmeten *Stücke im Volkston* op. 102 vorspielte. Erst später in Düsseldorf traten der junge Geiger Joseph Joachim und verstärkt Schumanns erster Biograph und Düsseldorfer Konzertmeister Wasielewski hinzu, dem darüber hinaus ausgezeichnete Fähigkeiten im Violaspiel zugeschrieben wurden. Er bot zu einem guten Stück den Anlaß zu den ihm auch gewidmeten *Märchenbildern* op. 113.

Den stärksten Akzent in seinem kammermusikalischen Schaffen setzt Schumann durch das systematisch-planvolle Einbringen der kleinen lyrischen Form des für die Romantik so typischen, klavieristisch bestimmten Charakterstücks in die Gattung. Entsprechend entwickeln sich die formalen Bedingungen für diese Kompositionen. Spielte die Struktur der dreiteiligen bzw. erweiterten Da-capo-Form in Schumanns Sonatensatzzyklen meist nur im Tanzsatz oder dessen Vertreter eine Rolle, so erscheint sie in den Sammlungen mit Charakterstücken naturgemäß am häufigsten. Die einzelnen Abschnitte stehen sich in der Regel kontrastierend gegenüber, wobei der Mittelteil meistens weicher und lyrischer gehalten ist. Aber auch in diesem Bereich hält sich Schumann nicht strikt an den Formtypus. Vielmehr bricht er diesen auf und entwickelt stattdessen unkonventionelle formale Grundrisse.

Ebenso ist die Anzahl der Sätze seiner Sammlungen unterschiedlich und unterliegt im Gegensatz zu Schumanns Verfahren in den zyklischen Werken weder der Regelmäßigkeit noch einem strengen Schema. Während die Sammlungen op. 88, op. 113 und op. 132 vier Sätze umfassen und insofern noch den Werken in Sonatenform am ehesten ähneln, gliedert Schumann op. 73 und op. 94 in drei sowie op. 102 in fünf Sätze. Zwar werden die einzelnen Sätze tonartlich aufeinander bezo-

gen, stehen also in verwandtschaftlichem Verhältnis zueinander, die für die Sonatensatzzyklen typische Verklammerung der Sätze durch Zitate oder
Reminiszenzen jedoch kommt in den Sammlungen mit Charakterstücken nicht in dieser Ausprägung vor. Eine der wenigen Ausnahmen bildet
hierbei die Sammlung op. 73 *Drei Fantasiestücke
für Klavier und Klarinette*. Hier sind die Sätze
schon rein äußerlich dadurch verbunden, daß sie
ohne Unterbrechung aufeinander folgen. Darüber
hinaus baut Schumann innere motivische Bezüge
auf, die eine enge poetische Verknüpfung erzeugen. Dennoch läßt sich auch den übrigen Sammlungen nicht einfach eine willkürliche, lose Abfolge
einzelner Stücke nachsagen. Vielmehr sind alle
Stücke zumindest von ihrem Charakter her der im
Gesamttitel umrissenen Stimmung zuzuordnen.
Das führt nicht zuletzt dazu, daß die Stücke der
Sammlungen keinesfalls austauschbar sind. Sie
sind nicht nur äußerlich, sondern noch viel stärker
in ihrer charakterlichen Ausprägung individuell
auf den jeweiligen Rahmen zugeschnitten.

Passend zum intimen, aus der Klaviermusik
kommenden Charakterstück verwendet Schumann die kleinstmögliche kammermusikalische
Besetzung. Bevor aber diese Duo-Kompositionen
betrachtet werden, muß zunächst auf ein Opus in
Triobesetzung eingegangen werden, das deutlicher
als kein anderes die Schwelle zwischen den kammermusikalischen Werken in zyklischer Sonatenform und jenen in freien Formen markiert. Es
handelt sich dabei um das schon im »Kammermusikjahr« 1842 komponierte, zunächst als Klaviertrio
bezeichnete und erst 1850 nach einer Umarbeitung
unter dem Titel *Vier Phantasiestücke für Klavier,
Violine und Violoncello* veröffentlichte op. 88.
Lange Zeit hegte Schumann den Plan, es seinen
übrigen Klaviertrios zur Seite zu stellen. Im Gegensatz zu diesen orientiert er sich bei seinem op.
88 nicht am Modell der Sonatenform. Generell
wird hier eine zyklische Bindung weniger bedeutsam, als vielmehr die Unterschiedlichkeit in Ausdruck und Charakter der allesamt liedartigen
Einzelsätze. Die Bezeichnungen dieser Sätze passen sich dem durch ihren späteren Drucktitel
evozierten Milieu der Fantasie bestens an: Der
kurzen, liedhaften »Romanze« folgt eine weiträumige »Humoreske«, deren »Humor« sich im
mehrfach zwischen lyrisch und effektvoll wech-

selnden Ausdrucksgehalt zeigt. Das wiederum
kantabel ablaufende »Duett« zwischen Cello und
Violine führt zur bunten Vielfalt marschartiger
Passagen im »Finale«.

Im Gegensatz zu diesem op. 88 entstehen in
Schumanns »fruchtbarstem« Jahr 1849 mehrere
Kompositionen in Duobesetzung, die von Anfang
bewußt in nicht zyklischen, sondern freien Formen konzipiert sind. Gleich die erste davon erhält
jenen Drucktitel, den Schumann letztlich auch
seinem »Zwitter« op. 88 gibt. Diese *Drei Fantasiestücke für Klavier und Klarinette* op. 73 eröffnen
mithin nicht nur ein neues Genre in Schumanns
Schaffen, sondern führen gleichzeitig die mit op.
88 vorgelegten Strukturen weiter. Jedes der Stücke
aus op. 73 ist für sich genommen auf einen thematischen Kern bezogen und darüber hinaus auch
mit den anderen beiden verknüpft. Formal verfährt Schumann recht frei, wobei er das melodiöse
Moment betont, bei differenzierter klanglicher
Gestaltung mit einem ausgefeilt-raffinierten Klaviersatz. Auch im fast gleichzeitig komponierten
Adagio und Allegro für Klavier und Horn op. 70
stellt er insbesondere im langsamen ersten Satz die
kantable Melodik in den Vordergrund. Wie in den
übrigen Werken auch, werden beide Instrumente
gleichberechtigt am musikalischen Geschehen
beteiligt. Das dunkel eingefärbte, introvertierte
»Adagio« erinnert durch seine Stimmführung an
ein klavierbegleitetes Solo-Lied, was nochmals
Schumanns ursprüngliche Bezeichnung »Romanze« versinnbildlicht. Gegenüber dieser als absolut »romantisch« empfundenen Atmosphäre
setzt sich das folgende »Allegro« in beinahe klassisch traditioneller Gestaltung mit seinem lebhaften, rhythmisch pointierten Hauptthema und
dem getrageneren Seitensatz deutlich ab. In diesem Satz gestattet Schumann dem Horn-Solisten
auf seinem durchaus schwierig zu spielenden Instrument die deutlich virtuosere Partie.

Auch die Kombination von Cello und Klavier
in der Sammlung *Fünf Stücke im Volkston* op. 102
ist gleichermaßen ausgefallen wie eigenwillig.
Schumann überläßt dem Streichinstrument die
dominierende Rolle und weist dem Klavier eine
eher begleitende und stützende Funktion zu, die
seltener melodieführende Passagen erhält. Das
rhapsodische, an eine Singstimme erinnernde
Moment des Celloparts wird intensiv und klang-

schön ausgestaltet. Schumann verzichtet in derartigen Sammlungen meist bewußt auf poetisierende Titel, um keinen äußeren programmatischen Ansatz vorzugeben. In op. 102 allerdings erhält das erste Stück die eigenwilligen Anweisungen »Mit Humor« und »Vanitas Vanitatum«. Was auf den ersten Blick widersprüchlich erscheinen mag, deutet es doch auf eine eher tragische Komik, wird erst durch genauere Kenntnis von Schumanns spezifischem Verständnis des Begriffs »Humor« verständlich. Demnach entwickelt sich der »grimmige, barsche« Humor dieses Stückes vor allem durch bewußt ausgespielte Gegensätzlichkeiten zwischen dem rhythmisch prägnanten Thema von südosteuropäischem Kolorit, das Zwei- und Dreivierteltakt überlagert und einem »polternden« Mittelteil sowie dem späteren Zusammenbringen dieser beiden »Sphären« (vgl. Nauhaus 2004, 25, 27). Die weit geschwungene, mit dem Klavier duettierende Kantilene des Cellos im zweiten Stück erinnert an ein melancholisches Volkslied. Im balladenartigen dritten Stück ließe sich das Zentrum des gesamten Werkes ausmachen, dessen Bogen sich über die tänzerische, reigenartig verlaufende Nr. 4 im letzten Stück rundet, das mit seinen charakteristischen hüpfenden Rhythmen an den Duktus des Beginns erinnert. Obwohl diese fünf Stücke zunächst also in keinem Zusammenhang zu stehen scheinen, vermittelt Schumann doch eine latente Geschlossenheit, indem er sie motivisch verknüpft, wobei das Intervall der Quarte als Keimzelle dient. Den mehrfach in seinen Werken bemühten »Volkston« trifft Schumann auch hier in seiner ganz persönlichen Auslegung des Begriffs. Nicht um das Zitieren volkstümlicher Musik oder das Aufgreifen folkloristischer Momente geht es ihm dabei, sondern um einen klaren Gegenpol zu hochstilisierter, virtuoser Musizierweise unter Beibehaltung inhaltlicher Ansprüche. Möglicherweise verstand Schumann darüber hinaus sein op. 102 als Vorstudie zum Cellokonzert op. 129, das er im folgenden Jahr 1850 komponierte.

In seiner letzten Duo-Komposition des ertragreichen Jahres 1849, den *Drei Romanzen für Oboe und Klavier* op. 94, finden sich im Vergleich zu den übrigen weniger satztechnische und harmonische Kühnheiten. Auch entstehen keine deutlichen motivischen Bezüge zwischen den einzelnen Stük-

ken, in denen ein ausgewogener, ruhiger Grundtenor bei melodisch einprägsamer Gestaltung vorherrscht. Im insgesamt vollen Klangbild besticht das virtuos geführte Blasinstrument. Obwohl auch in Duobesetzung gehalten, gehören die erst 1851 in Düsseldorf entstandenen *Märchenbilder für Klavier und Viola* op. 113 aus verschiedenen Gründen doch wesentlich enger zu den für drei Instrumente konzipierten *Märchenerzählungen* op. 132 von 1853. Beide Sammlungen umfassen vier Sätze und verwenden die in diesem Zusammenhang selten anzutreffende Bratsche. Insbesondere op. 113 stellt eines der ganz wenigen Werke für Viola und Klavier dar, das nicht in Sonaten- oder Variationenform steht. Der »märchenhaften« Attitüde wird durch einen fantasievoll erzählenden Gestus der Musik Rechnung getragen, wobei Schumann nicht auf konkrete Märchenstoffe Bezug nimmt. Ebenso wie beim »Volkston« stehen auch hier die ungekünstelte Schlichtheit und eine allgemeine Verständlichkeit im Vordergrund. Die einzelnen Stücke aus op. 113 weichen in ihrer Stimmung stark voneinander ab, wobei besonders der Gegensatz zwischen der dramatisch geprägten Nr. 3 und dem wehmütig wirkenden letzten Stück auffällt. Zwei rasche, energische Sätze werden von zwei langsamen, melancholischen eingerahmt, die nur geringe motivische Querverbindungen aufweisen. Eine zyklische Verbundenheit wird dadurch höchstens im weitesten Sinne empfunden. Ähnlich verhält es sich mit den *Vier Märchenerzählungen für Klarinette, Viola und Klavier* op. 132, in denen die tonartliche Disposition so angelegt ist, daß ein gewisser Zusammenhalt entsteht. Neben wenigen Kernmotiven, die einige Abschnitte der Stücke miteinander verbinden, bleibt der wohl markanteste Aspekt dieser Komposition deren ungewöhnliche Instrumentenkombination, die ein interessantes, romantisch empfundenes Klangbild entstehen läßt.

Entwickelte Schumann in seinen Kammermusikwerken in zyklischer Sonatenform Methoden, überlieferte konventionelle Verfahren entgegen deren bisheriger Intention in seinem poetischen Sinne zu erweitern und in neue musikalische Regionen zu führen, ohne dabei deren Gattungsanspruch aufzugeben, so etabliert er im Bereich der freien Formen ein neues Genre, das er im Gegensatz zu dessen ursprünglichem Ansatz mit konzep-

tionellen Inhalten bereichert. Interessant und typisch für Schumann bleibt, daß bei klarer Trennung der beiden Bereiche und ihrer Vorgaben
gewisse formale Strukturen, motivische und harmonische Techniken sowie der charaktervolle

Ausdrucksgehalt sich vermischen. Auf beiden
Seiten finden sich Vielseitigkeit widerspiegelnde
Kompositionen auf hohem Niveau, die Altherge-
brachtes aufgreifen und zugleich die Basis für
kommende Generationen bereiten.

Systematische Aufstellung der kammermusikalischen Werke nach Gattung bzw. Besetzung

Kammermusik ohne Klavier

Streichquartett a-Moll op. 41 Nr. 1 (1842)
Introduzione. Andante espressivo – Allegro
Scherzo. Presto
Adagio
Presto

Streichquartett F-Dur op. 41 Nr. 2 (1842)
Allegro vivace
Andante, quasi Variazioni
Scherzo. Presto – Trio – L'istesso tempo
Allegro molto vivace

Streichquartett A-Dur op. 41 Nr. 3 (1842)
Andante espressivo. Allegro molto moderato
Assai agitato – Un poco Adagio – Tempo risoluto
Adagio molto
Finale. Allegro molto vivace

Kammermusik mit Klavier

Klavierquintett Es-Dur op. 44 (1842)
Allegro brillante
In Modo d'una Marcia. Un poco largamente.
   Agitato
Scherzo. Molto vivace
Allegro, ma non troppo

Klavierquartett Es-Dur op. 47 (1842)
Sostenuto assai. Allegro ma non troppo
Scherzo. Molto vivace
Andante cantabile
Finale. Vivace

*Trio für Klavier, Violine und Violoncello Nr. 1
   d-Moll op. 63 (1847)*
Mit Energie und Leidenschaft
Lebhaft, doch nicht zu rasch

Langsam, mit inniger Empfindung
Mit Feuer

*Trio für Klavier, Violine und Violoncello Nr. 2
   F-Dur op. 80 (1847)*
Sehr lebhaft
Mit innigem Ausdruck – Lebhaft
In mäßiger Bewegung
Nicht zu rasch

*Trio für Klavier, Violine und Violoncello Nr. 3
   g-Moll op. 110 (1851)*
Bewegt, doch nicht zu rasch
Ziemlich langsam
Rasch
Kräftig, mit Humor

*Sonate für Violine und Klavier Nr. 1 a-Moll op. 105
   (1851)*
Mit leidenschaftlichem Ausdruck
Allegretto
Lebhaft

*Sonate für Violine und Klavier Nr. 2 d-Moll op. 121
   (1851)*
Ziemlich langsam, kurz und energisch. Lebhaft
Sehr lebhaft
Leise, einfach
Bewegt

*Sonate für Violine und Klavier Nr. 3 a-Moll WoO 2
   (1853)*
Ziemlich langsam
Intermezzo. Bewegt, doch nicht zu schnell
Scherzo. Lebhaft
Finale. Markiertes, ziemlich lebhaftes Tempo

Kammermusik in freien Formen für zwei Instrumente

Adagio und Allegro für Klavier und Horn (ad libitum Violoncell oder Violine) op. 70 (1849)

Langsam, mit innigem Ausdruck

Rasch und feurig

Fantasiestücke für Klavier und Klarinette (ad libitum Violine oder Violoncello) op. 73 (1849)

1. Zart und mit Ausdruck
2. Lebhaft, leicht
3. Rasch, mit Feuer

Drei Romanzen für Oboe und Klavier (Violine oder Klarinette ad libitum) op. 94 (1842)

1. Nicht zu schnell
2. Einfach, innig
3. Nicht schnell

Fünf Stücke im Volkston für Violoncello (ad libitum Violine) und Klavier op. 102 (1849)

1. Vanitas vanitatum. Mit Humor
2. Langsam
3. Nicht schnell, mit viel Ton zu spielen
4. Nicht zu schnell

5. Stark und markiert

Märchenbilder für Klavier und Viola (Violine ad libitum) op. 113 (1851)

1. Nicht schnell
2. Lebhaft
3. Rasch
4. Langsam, mit melancholischen Ausdruck

Für drei Instrumente

Vier Phantasiestücke für Klavier, Violine und Violoncello op. 88 (1842)

1. Romanze. Nicht schnell, mit innigem Ausdruck
2. Humoreske. Lebhaft
3. Duett. Langsam, und mit Ausdruck
4. Finale. Im Marsch Tempo

Vier Märchenerzählungen für Klarinette (Violine ad libitum), Viola und Klavier op. 132 (1853)

1. Lebhaft, nicht zu schnell
2. Lebhaft und sehr markiert
3. Ruhiges Tempo, mit zartem Ausdruck
4. Lebhaft, sehr markiert

Literatur

Dietrich, Albert: Erinnerungen an Johannes Brahms in Briefen, besonders aus seiner Jugendzeit. Leipzig 1898.

Edler, Arnfried: Robert Schumann und seine Zeit. Laaber 1982. (Große Komponisten und ihre Zeit).

Griepenkerl, Wolfgang Robert: Das Musikfest oder Die Beethovener. Novelle. 2. mit e. Einl. und e. musikalischen Zugabe von G. Meyerbeer verm. Aufl. Braunschweig 1841.

Kalbeck, Max (Hg.): Briefwechsel. Johannes Brahms im Briefwechsel mit Heinrich und Elisabet von Herzogenberg. Bd. 1. 4., durchges. Aufl. Berlin 1921.

Kohlhase, Hans: Die Kammermusik Robert Schumanns. Stilistische Untersuchungen. 3 Bde. Hamburg 1979. (Hamburger Beiträge zur Musikwissenschaft, 19).

Joachim, Joseph: Briefe von und an Joseph Joachim, gesammelt und hg. von Johannes Joachim und Andreas Moser. Bd. 1: Die Jahre 1842–1857. Berlin 1911.

Nauhaus, Gerd: Robert Schumanns Kammermusik der Dresdner Zeit. Schumann-Studien 7, hg. von Anette Müller. Sinzig 2004, S. 13–30.

Schwarz, Werner: Eine Musikerfreundschaft des 19. Jahrhunderts. Unveröffentlichte Briefe von Ferdinand David an Robert Schumann. Kassel 1966, S. 282–303. Sonderdruck aus: Saarbrücker Studien zur Musikwissenschaft, 1. Zum 70. Geburtstag von Joseph Müller-Blattau.

Wasielewski, Wilhelm Joseph von: Aus siebzig Jahren. Lebenserinnerungen, mit dem Bildnis des Verf. Stuttgart, Leipzig 1897.

ORCHESTERMUSIK

Sinfonien

von Jon W. Finson

Wenn es eine Gattung gab, die Robert Schumann während seiner Zeit als Herausgeber und Kritiker der *Neuen Zeitschrift für Musik* ganz in Anspruch nahm, so war es die Sinfonie. Über ihre Zukunft schrieb er im Juli 1839 resigniert: »Die neueren Sinfonien verflachen sich zum größten Teil in den Ouvertürenstil hinein, die ersten Sätze namentlich; die langsamen sind nur da, weil sie nicht fehlen dürfen; die Scherzos haben nur den Namen davon; die letzten Sätze wissen nicht mehr, was die vorigen enthalten« (GS I, 424). Diese bestürzende Lage bedeutete für die Komponistengeneration im Schatten Beethovens zugleich Krise und Niedergang. Die »großartige Form, wo Schlag auf Schlag die Ideen wechselnd erscheinen und doch durch ein inneres geistiges Band verkettet« sind (ebd.), hatte inhaltliche wie auch strukturelle Probleme. Im Jahr 1839 hatte der Niedergang der Gattung aus Schumanns Sicht bereits beunruhigend lange angehalten, über eineinhalb Jahrzehnte seit Beethovens 9. Sinfonie. Dafür gab es mehrere Gründe: Felix Mendelssohn Bartholdy sollte seine besten Beiträge zu dieser Gattung erst noch publizieren, Berlioz (dessen Werke noch nicht in Partitur veröffentlicht waren) erschien der deutschen Tradition fremd, und auch die Sinfonien Franz Schuberts lagen noch nicht vor. Robert Schumann fühlte sich durch »den Imperativ der Originalität« (Bonds 1996) stark unter Druck gesetzt: Ihn plagte weniger die »Angst vor dem Einfluß Beethovens« als die Verlegenheit, wie dessen Formentradition in einem erneuerten harmonischen und melodischen Idiom zu erhalten sei. Das in den 1830er Jahren entwickelte Idiom schien sich in den meisten Fällen besser für kurze Charakterstücke zu eignen als für den großen Rahmen eines mehrsätzigen Orchesterwerkes. Zwar hatten Schumann

und die mit ihm befreundeten Davidsbündler es gelernt, glänzend mit charakteristischem Material auf kleinem Raum zu arbeiten, doch die Arbeit mit Material, das sich zur Verbindung längerer Sätze »durch ein inneres geistiges Band« eignete, war etwas ganz anderes.

Den Weg »nach vorn« zeigte schließlich (ungeachtet ihrer verspäteten Premiere) die Entdeckung, Aufführung und Veröffentlichung von Schuberts »Großer« C-Dur-Sinfonie: Sie bewies, daß sich das neue Idiom in ein großformatiges Werk einbauen ließ und man zugleich »die grotesken Formen« des späten Beethoven vermeiden konnte (Die C-dur-Sinfonie von Franz Schubert, GS I, 459–464). Schumann begriff Schubert teils als Vorbild, teils und vor allem jedoch als Inspiration und brachte die Sinfonie damit auf einen Kurs, mit dem er mehr als jeder andere seiner Zeitgenossen eine Brücke schlug zwischen Beethoven auf der einen und der Generation von Brahms, Tschaikowsky und César Franck auf der anderen Seite. Freilich verkörpern Schumanns Werke mehr als eine bloße Übergangsphase in der Sinfoniegeschichte: Seine Werke haben auch für sich genommen Bestand – wegen ihrer formalen Stringenz, ihrer breiten Palette orchestraler Klangfarben und ihrer charakteristischen Melodik und Harmonik. Schon dies allein würde Schumann einen beachtlichen Platz in der Geschichte der Sinfonie sichern.

Sinfonie g-Moll –
Erste Anfänge und musikkritische Arbeiten

Auch wenn Schumann der sinfonischen Form bis 1841 weitgehend aus dem Wege ging, hatte er doch bereits im Jahrzehnt zuvor beträchtliche Erfahrungen mit dieser Gattung gesammelt: zunächst mit seiner frühen Sinfonie g-Moll (WoO 29, manchmal als »Zwickauer Sinfonie« bezeichnet) und später, indem er als Redakteur der *Neuen Zeitschrift für Musik* auf der Grundlage von Partituren oder Aufführungen zahlreiche Werke rezensierte und überdies als Konzertbesucher zahlreiche weitere Sinfonien kennenlernte. In beiden Funktionen, als Orchesterkomponist wie auch als Musikkritiker, zeigte er sich ausgesprochen talentiert und kenntnisreich.

Schumanns erste ernsthafte Annäherung an die Orchestermusik entsprang wahrscheinlich seiner Enttäuschung darüber, daß er physisch nicht mehr in der Lage war, die Pianistenlaufbahn einzuschlagen. Im Juni 1832 ließ er alle diesbezüglichen Hoffnungen fahren und begann kurz danach ernsthaft mit dem Studium von Partiturkomposition und Instrumentierung. Seine im Herbst begonnene Sinfonie g-Moll war im November bereits so weit fortgeschritten, daß er bei Christian Gottlob Müller, dem Direktor des Leipziger Musikvereins Euterpe, anfragen konnte, ob er geneigt wäre, »ihm Unterricht in der Instrumentierung zu ertheilen und die ergebenste Bitte, zu diesem Zweck einen eigenen Symphoniesatz, der nächstens in Altenberg gespielt werden soll, mit ihm durchzusehen« (Jugendbriefe, 192 f.). Die erste Aufführung in Altenberg (bei Zwickau) fand im Zusammenhang mit einem Konzert von Clara Wieck am 18. November 1832 statt. Weitere Aufführungen des revidierten Satzes folgten in Schneeberg (18. Februar 1833) und in Leipzig (29. April 1833), hier wiederum im Rahmen eines Konzertes mit Clara Wieck als Solistin. Nach dieser ersten Erfahrung sollte Schumann beim Komponieren von Orchestermusik sein Leben lang nach dem gleichen Muster verfahren – er kombinierte seine Sinfonien stets mit Auftritten Claras als Pianistin und orchestrierte sie in einem gleichsam empirischen Verfahren, d. h. im hörenden Nachvollzug. Das Publikum fand (in dieser frühen Zeit) den gemeinsamen Auftritt zweier begabter junger Leute, später den des Ehepaares schon für sich genommen reizvoll, und Robert gewöhnte sich an, seine Sinfonien nach mehrfachem Höreindruck zu überarbeiten.

Seine Sinfonie g-Moll wurde nie vollendet. Die beiden erhaltenen, voll instrumentierten Sätze kommen nicht nur recht selbstbewußt daher, sondern zeigen bereits einige der Merkmale, die seine späteren Arbeiten in dieser Gattung auszeichnen sollten. So wird zum Beispiel der erste Satz von einem fanfarenartigen Motto eingeleitet (Beispiel 1), das im Verlauf der klar durchstrukturierten Sonatenform immer wieder an Schlüsselstellen auftritt. Schumann sollte auch später mit Motti arbeiten, wie etwa zu Beginn seiner 1. Sinfonie B-Dur, wobei er sowohl von Schubert wie von Beethoven inspiriert wurde. Was den verbleibenden Teil der Kopfsatz-Exposition angeht, so finden wir die üblichen Teile, darunter ein zweites Thema in Dur sowie eine Schlußgruppe. Schumann hatte bereits erkannt, daß eine Komposition für größere Besetzung einen etwas ruhigeren harmonischen Puls verlangt als Klaviermusik und aus demselben Grund wählte er für seine Neben- und Schlußthemen keine unverwechselbaren Melodien, sondern begnügte sich mit eher belanglosen Skalen. Und obgleich er dieses Material für die Durchführung des ersten Satzes recht geschickt abspaltete und neu kombinierte, entsteht angesichts des Mangels an wirklich origineller Melodik (abgesehen von dem Eröffnungsmotiv) insgesamt der Eindruck, das Werk sei die Arbeit eines begabten Kompositionsschülers. (Schumanns frühe Klavierwerke zeigen weitaus mehr Originalität und Reife.)

Der zweite Satz der Sinfonie g-Moll hingegen kündigt schon eher die funkensprühende Originalität an, die Schumanns spätere Sinfonien aus-

Beispiel 1

zeichnet. Schon die Form ist ungewöhnlich: ein lebhaftes Scherzo, das sein Material aus der Überleitung des ersten Satzes bezieht, wird umrahmt von einem Andantino. Und die Moll-Melodie, die sich, von Tutti-Akkorden angekündigt, durch die langsamen Rahmenabschnitte windet (Beispiel 2), hat verblüffende Ähnlichkeit mit dem Anfang der 4. Sinfonie d-Moll sowie der langsamen Introduktion zum ersten Satz der 2. Sinfonie C-Dur. In Form und Melodie des zweiten Satzes erhaschen wir einen ersten, flüchtigen Blick auf die formale Experimentierfreude und melodische Originalität des reifen Sinfonikers. Bevor er das Werk beiseite legte, skizzierte Schumann noch ein Scherzo und die Anfänge eines fugierten Finales (Sammlung Wiede 11/300d, Boetticher I, 638; s. Beispiel 2). In der Orchestrierung zeigt die Sinfonie g-Moll ebenfalls schon vielversprechende Ansätze, wenn auch keine wirklich sichere Beherrschung. In mehrmals revidierten Entwürfen (Wiede 11/37 und 11/300a–c, Finson 1989, 11) instrumentiert Schumann den Satzverlauf in einer Reihenfolge, die er fortan in den meisten Orchesterautographen einhalten wird, wobei er Pauken, Trompeten und Hörner zusammenfaßt und darunter das übliche Holzbläserquartett und ganz unten die fünf Streicherstimmen setzt. Dieses Orchester wird eher zurückhaltend eingesetzt – das Gros des thematischen Materials erhalten die Streicher, während die begleitenden Holzblasinstrumente verstärkende Akzente setzen. Letzteren weist Schumann nirgends eine so prominente thematische Rolle zu, wie wir sie aus Beethovens klanglich innovativer Instrumentierung kennen. Immerhin ist die Sinfonie g-Moll gekonnt instrumentiert und brachte Schumann den Respekt der Leipziger Musiker ein, denn im Juni 1833 schrieb er an seine Mutter: »Meine Sinfonie, die kurz vor Eduard's Ankunft hier gespielt ward, hat mir viel Freunde unter den größten Kunstkennern gemacht, als [Ferdinand] Stegmayer, [Christian August] Pohlenz, und [Franz] Hauser« (Jugendbriefe, 212). Dem Komponisten fehlte 1833 der Wille, die Sinfonie zu beenden, aber sie verschaffte

ihm doch eine wichtige erste Übung in den Grundlagen der Gattung.

Eine ganz andere Art der Schulung auf dem Gebiet des Sinfonischen brachte Schumanns neue Tätigkeit als Redakteur der *Neuen Zeitschrift für Musik* mit sich. Während dieser Zeit schrieb er mehrere herausragende Rezensionen neuer Sinfonien, darunter seine Beurteilung der »Sinfonie von H. Berlioz« (GS I, 69–90). Andere Rezensionen trugen Titel wie »Die Preissinfonie« (GS I, 136–142), »Sinfonien« (GS I, 263 f.), »Neue Sinfonien für Orchester« (GS I, 424–430) und »Die C-dur-Sinfonie von Franz Schubert« (GS I, 459–464). In diesen Kritiken untersuchte er die unterschiedlichen Lösungen, mit denen sich die Komponisten seiner Zeit der Zwickmühle des Sinfonischen zu entledigen suchten, wobei er Berlioz' Werk faszinierend, aber brüchig, Lachner und andere Komponisten dagegen unzureichend fand. Einen neuen Weg sah Schumann einzig in der wiederentdeckten C-Dur-Sinfonie von Franz Schubert: »Die völlige Unabhängigkeit, in der die Sinfonie zu denen Beethovens steht, ist ein anderes Zeichen ihres männlichen Ursprungs.« Schubert vermeide nicht nur »die grotesken Formen [...], wie wir sie in Beethovens spätern Werken antreffen«, sondern er zeige auch »das Glänzende, Neue der Instrumentation, die Weite und Breite der Form, den reizenden Wechsel des Gefühllebens, die ganze neue Welt, in die wir versetzt werden«. Den Anfang des Werks fand Schumann besonders überzeugend, und er nahm ihn sich denn auch später in vielen seiner eigenen Sinfonien zum Vorbild: »Diesen Eindruck der Sicherheit gibt gleich die prunkhaft romantische Einleitung, obwohl hier noch alles geheimnisvoll verhüllt scheint. Gänzlich neu ist auch der Übergang von da in das Allegro; das Tempo scheint sich gar nicht zu ändern, wir sind angelandet, wissen nicht wie.« Den Fortschritt der Gattung sah er offensichtlich darin, die Beethovensche Tradition mit dem neuen von Schubert aufgezeigten Weg zu verbinden: »Die Sinfonie hat denn unter uns ge-

Beispiel 2

wirkt, wie nach den Beethovenschen keine noch« (GS I, 463 f.).

Ergänzt wurde Schumanns Lehrzeit im sinfonischen Komponieren durch die Ankunft Felix Mendelssohns in Leipzig, der 1835 die Leitung des Gewandhaus-Orchesters übernahm und es zu neuen Höchstleistungen führte. In Schumanns »Rückblick auf das Leipziger Musikleben im Winter 1837/38« heißt es: »Ehe wir von den Gewandhauskonzerten auf ein Halbjahr Abschied nehmen, möchten wir noch erst ihren 40 bis 50 Vertretern im Orchester einen Ehrenkranz aufsetzen … es sind immer dieselben [Musiker], so daß sie wohl die Beethovenschen Sinfonien ohne Notenblatt spielen könnten. Dazu nun einen Konzertmeister [Ferdinand David], der ebenfalls z. B. die Partituren des Letzteren auswendig, einen Direktor, der sie gleichfalls aus- und inwendig weiß – und der Ehrenkranz ist fertig« (GS I, 378). Natürlich umfaßte Mendelssohns Repertoire mehr als nur Beethovens Sinfonien, so daß Schumann sich umfassend über das breite Spektrum zeitgenössischer Orchestermusik informieren konnte. Er erkannte überdies, wie nützlich ihm das Gewandhaus-Orchester bei der Förderung seiner Werke sein konnte und daß er mit seiner Hilfe mehr über Orchestrierung und Ausführung seiner eigenen Musik lernen würde. Wiederum war es Schuberts C-Dur-Sinfonie, die ihm eine besonders lehrreiche Lektion gab. Schumann hatte Mendelssohn die Partitur zugesandt, und ihr nachhaltiger Erfolg bei der Leipziger Erstaufführung trug dazu bei, daß sie unmittelbar darauf bei Breitkopf im Druck erschien (Deutsch 1952, 528–532). Es überrascht daher nicht, daß Schumann, als er sich wieder der Sinfonik zuwandte, großes Aufsehen erregte. Schließlich hatte er sich fast ein ganzes Jahrzehnt auf diesem Gebiet geschult, indem er die einschlägigen Werke als Kritiker studierte, sie von einem der besten Orchester seiner Zeit aufgeführt hörte und ihre Veröffentlichung aufmerksam verfolgte.

Das »symphonische Jahr«

Auch wenn Schumann sich durch Übung, Kritik und Wahrnehmung auf seine eigene Beschäftigung mit der Sinfonie im Jahre 1841 (seinem sogenann-

ten »symphonischen Jahr«) umfassend vorbereitet hatte, so war es ganz offensichtlich seine Eheschließung mit Clara, die seinen Ehrgeiz auf diesem prestigeträchtigen Feld aufs Neue entfachte. Schumann selbst hat diese Verbindung nach dem Besuch einer Probe von Schuberts C-Dur-Sinfonie in einem Brief an Clara ausdrücklich gezogen: »Ich war ganz glücklich und wünschte nichts, als Du wärest meine Frau und ich könnte solche Sinfonien schreiben« (Jugendbriefe, 308). Noch keinen Monat nach der Hochzeitszeremonie im September, nach einer siebenjährigen Pause der Komposition für Orchester, finden wir am 13./14. Oktober 1840 (Tb III, 164) die Erwähnung »symphonistische[r] Versuche«, denen Schumann später ein sinfonisches Fragment in c-Moll (heute in der Universitätsbibliothek Bonn, D-BNu, Schumann 19) zuordnete. Dieses Fragment steht allerdings wohl eher im Zusammenhang mit einigen am 21. Januar 1841 begonnenen Skizzen, die der Komponist in seinen Haushaltbüchern als »Anfang e[iner] Symphonie in C Moll« (Tb III, 172) vermerkte. Wie immer auch die Verbindung zwischen den existierenden Skizzen und den erwähnten Daten auch gewesen sein mag, in den ersten Monaten seiner Ehe waren Schumanns kompositorische Gedanken auf die Sinfonie ausgerichtet. Diesen Fehlstarts folgte eine ungeheuer kreative Phase, in der er seine erste vollständige Sinfonie (die 1. Sinfonie B-Dur) komponierte und veröffentlichte sowie zwei weitere komplette Orchesterwerke (*Ouvertüre, Scherzo und Finale* sowie die 4. Sinfonie d-Moll) abschloß und überdies eine vollständige Skizze für eine freilich unvollendet gebliebene Sinfonie c-Moll entwarf. 1841 komponierte Schumann also mehr als die Hälfte seines gesamten sinfonischen Schaffens.

1. Sinfonie B-Dur op. 38 – »Frühlingssinfonie«

Schumann skizzierte den vollständigen Entwurf seiner 1. Sinfonie in nur vier Tagen zwischen dem 23. und 26. Januar 1841. Seine Begeisterung schlug sich als »Symphoniefeuer« und »Juchhe! Symphonie fertig!« in den Haushaltbüchern nieder (Tb III, 173). Der letzte Ausruf bezieht sich freilich auf die Fertigstellung der Skizze; die Ausarbeitung in Partitur dauerte, obwohl Schumann sie gleich darauf in Angriff nahm, bedeutend länger: die ersten beiden Sätze vom 27. Januar bis 8. Februar, die beiden letzten nach einer einwöchigen Pause vom 15. bis 20. Februar (Tb III, 174 f.). Wie symbolisch Schumanns Fleiß mit seinem Stolz über seine Heirat verbunden war, erfaßte zuerst Clara. Sie schreibt in ihr gemeinsames Tagebuch: »Ich muß Dir, mein lieber Mann, gestehen, ich hätte Dir solch eine Gewandheit nicht zugetraut – Du flößt mir immer neue Ehrfurcht ein!!!« (Tb II, 143) Robert sprach von Anfang an von seiner »Frühlingssymphonie«. Die Bezeichnung war höchstwahrscheinlich angelehnt an Friedrich Rückerts Gedichtzyklus »Liebesfrühling«, aus dem Schumann Anfang Januar gemeinsam mit Clara 12 Gedichte (op. 37) vertont hatte. Das Frühlingssymbol findet sich außerdem in einem Gedicht Adolf Böttgers, das Clara als Schumanns direkte Inspirationsquelle anführte: »O wende, wende deinen Lauf, – Im Tale blüht der Frühling auf!« (Jansen, 245).

Noch bevor Schumann die Partitur fertig ausgearbeitet hatte, wagte er sich damit an eine eingeschränkte Öffentlichkeit: Er spielte Teile daraus Freunden vor, die die Kunde in Leipzig verbreiten sollten. Den Anfang machten am 14. Februar der Pianist und Kritiker Ernst Wenzel und der Gewandhaus-Paukist Ernst Pfundt; der Organist Carl Becker und der Arzt Moritz Reuter folgten am Abend darauf (Tb III, 174). Diese Zusammenkünfte boten natürlich auch Gelegenheit, erste Reaktionen einzuholen. Vorsichtiger näherte sich Schumann dem wichtigsten Kritiker und Richter in Leipzig, Felix Mendelssohn, dem er das Werk erst präsentierte, nachdem er die Partitur gründlich durchgesehen und Ende Februar noch einige Korrekturen eines Kopisten eintragen hatte. Anfang März war es dann so weit: »Freitag den 6ten ging ich früh mit meiner Partitur zu Mendelssohn. Es verlangte mich, sein Urtheil darüber zu hören. Was er sagte, erfreute mich sehr. Er sieht und trifft immer das Rechte. Merkwürdig, die meisten seiner Correcturen betrafen veränderte Stellen, und stimmten meistens mit meiner ersten Skizze überein. Das heißt ein ergründender Blick« (Tb II, 151).

Und Mendelssohn gab Schumann mehr als nur treffende Kommentare: Er schlug eine Aufführung für Ende März vor, bei einem Gewandhaus-Konzert zugunsten der Pensionskasse mit Clara als Solistin. Am 10. März 1841 erschien der Dirigent erneut für einige Stunden, um die Partitur mit Schumann durchzugehen. Dieser nahm bis zum Monatsende weitere Überarbeitungen und Stimmenkorrekturen vor und erbat sich für die Streicherstimmen sogar den Rat des Geigers Christoph Hilf (Erler I, 257). Nach zwei Proben folgte am 31. März die Uraufführung, die laut A. Dörffel eine mächtige Sensation hervorrief: »Die Symphonie ging prächtig von statten. Die Zuhörer fühlten sich von dem Werke außergewöhnlich angeregt. […] Nach dem zweiten Satz, dem *Larghetto*, trat unter dem Eindrucke der Posaunen, die unvermuthet am Schlusse gleichsam wie ferner Orgelklang vom Gotteshause herüber ertönend, sich hören lassen, dieselbe feierliche Stille ein, welche wohl bei keiner Aufführung seitdem ausgeblieben ist. […] Dagegen frappirten im Finale nach dem Hauptthema die gestoßenen Töne der Holzblasinstrumente, die Hoboen zuerst mit den Fagotten, dann mit den Clarinetten, im Verein mit dem Pizzicato der Violinen und Violen so lebhaft, daß Viele im Hintergrunde des Saales sich erhoben, um zu sehen, was auf dem Orchester vorgehe und solche merkwürdige Klangwirkung mit sich bringe« (Dörffel, 96).

Wie Schumann erwartet hatte, verschaffte ihm der Aufführungserfolg ein Publikationsangebot von Breitkopf & Härtel, das er ein paar Tage später, am 8. April 1841, annahm (BV, 363, Nr. 755). Noch aber störten ihn einige Details der Instrumentierung in der ersten Aufführungsfassung, die in seinem Partiturautograph sichtbar sind (US-Wc, ML 96.S415 Case, Library of Congress). Er muß Hermann Härtel um Zeit zur Überarbeitung gebeten haben, und gegen Ende Juni erbat er sich eine weitere Verlängerung: »die Symphonie bis September zu liefern versprochen« (BV, 365, Nr. 770). Trotzdem wollte der Komponist das Stück noch einmal hören, daher unternahm er eine vollständige Revision und erstellte bis zum 27. Juli eine neue Partitur. Danach sicherte er sich die Unterstützung Breitkopfs für eine Probe im August, die Ferdinand David dirigieren sollte. Dieser schrieb am 4. August etwas verwundert an Felix Mendelssohn:

»Gestern war Schumann bei mir und hat mir eine Stunde lang was vorgeschwiegen, woraus mir dann endlich klar wurde, daß er seine Symphonie gern noch einmal vor dem Publicum hören möchte« (Eckhardt 1888, 130). Weitere Beratungen mit David über die Instrumentation folgten, die Stimmen wurden kopiert, und am 13. August 1841 fand eine neue Probe des gesamten Stücks mit dem Gewandhaus-Orchester statt. Die Stimmen verwendete Schumann als Stichvorlagen für die Erstausgabe, die nach zahlreichen Korrekturen schließlich am 10. November 1841 erschien. Auch danach ließ Schumann das Stück nie wirklich ruhen. Als Breitkopf sich zu einer Veröffentlichung in Partitur entschloß (sie erschien im Januar 1853), fügte der Komponist noch einige kleinere Korrekturen ein.

Die langwierige, auf mehrfaches Hören gründende Revision der 1. Sinfonie spiegelt nicht so sehr Schumanns Unsicherheit bei der Orchestrierung als seine Hartnäckigkeit, durch ein nachprüfbares Vorgehen ein zufriedenstellendes Ergebnis zu erzielen: Er schrieb die Sinfonie, hörte sie sich an, revidierte sie, hörte sie dann wieder und überarbeitete sie erneut, um sie auf diese Weise dem Klangkörper, für den sie bestimmt war, nahtlos anzupassen. Schon bei seiner unveröffentlichten *Symphonie g-Moll* hatte er dieses Vorgehen gewählt und behielt es auch danach stets bei. Folglich waren Schumanns Beiträge zu der Gattung besonders sorgfältig auf das – wie z. B. das Gewandhaus-Orchester mit etwa 50 Spielern – kleinere deutsche Orchester seiner Zeit abgestimmt. Gespielt von einem modernen Orchester mit der heute üblichen großen Besetzung, mangelt es seinen Sinfonien daher leicht an klanglicher Balance. Das Problem ergibt sich mithin nicht etwa aus Schumanns Unfähigkeit in der Orchestrierung, sondern umgekehrt aus seiner besonders akribischen Arbeitsweise.

Schon seit der Uraufführung erntete Schumann mit seiner 1. Sinfonie wohlwollende Kritiken. Seine eigene *Neue Zeitschrift für Musik* hielt sich verständlicherweise bedeckt, doch die *Allgemeine musikalische Zeitung*, keiner solchen Zurückhaltungspflicht unterworfen, merkte an: »Unseres Wissens ist aber diese Sinfonie das *erste* Orchesterwerk Herrn Schumanns, und mit Rücksicht hierauf verdient dieselbe unsere vollkommenste Anerkennung, da sie nicht nur gut und fliessend geschrieben, sondern auch meist kenntnissreich, geschmackvoll, oft sehr glücklich und wirksam instrumentirt ist.« Im weiteren verwies der Rezensent auf die Verwandtschaft zwischen der Kopfsatz-Eröffnung mit der entsprechenden Passage in Schuberts großer Sinfonie C-Dur (AmZ 43, Nr. 16, 21.4.1841, 330 f.).

Schumanns 1. Sinfonie setzt ersichtlich die lange Tradition der »Motto«-Eröffnungen fort, in die Schuberts Sinfonie C-Dur und Beethovens c-Moll-Sinfonie gehören. Die Ähnlichkeit zwischen den Motti Schumanns und Schuberts – in beiden Fällen umspielen Blechbläser die Tonika in Terzen – fällt unmittelbar ins Auge (vgl. Beispiele 3a und 3b).

Beispiel 3a

Beispiel 3b

Ebenso auffällig sind die Ähnlichkeiten zwischen Schuberts langsamer Einleitung und derjenigen Schumanns in ihrem allmählichen Accelerando bis zum Allegro – ein Merkmal, das Schumann 1840 in seiner Schubert-Rezension bewundernd herausgestellt hatte (»Gänzlich neu ist auch der Übergang von da in das Allegro« – Kreisig I, 464). Die punktierten Rhythmen im Hauptthema sind eine weitere Gemeinsamkeit, während der Bezug zu Beethoven weniger hörbar, aber nicht minder real ist: Schumanns ersten Satz, wiewohl nicht monothematisch zu nennen, durchzieht fast in seiner ganzen Länge das eröffnende Kopfmotiv bzw. dessen punktierter Rhythmus, ähnlich wie das Kopfmotiv und sein Rhythmus es in Beethovens 5. Sinfonie vorgeführt haben. Eine weitere Anleihe macht er bei Schuberts Neigung, sich über Mediantenbeziehungen von Tonart zu Tonart zu bewegen. Seine Wiederholung des Hauptthemas mitten in der Durchführung (T. 178 f.) ist hingegen dem ersten Satz von Berlioz' *Symphonie fantastique* entlehnt. Deshalb verzichtet Schumann auch auf die Wiederholung des Hauptthemas in der Reprise (T. 317 ff.), auch wenn die am Ende der Durchführung erneut aufgegriffene Eröffnungsfanfare (T. 294 f.) gelegentlich als Ersatz für die Wiederholung des Hauptthemas interpretiert worden ist, da beide dasselbe Kopfmotiv aufweisen. Die mitreißende Coda (T. 381 ff.) mit ihrem pastoralen Legato-Zwischenspiel zum Ende hin bildet den Abschluß dieses lebhaften und ungewöhnlichen »Frühlingsbeginns«. So nennt Schumann den Satz denn auch in den programmatischen Überschriften, wie er sie auf der ersten Seite seines Autographs für alle Sätze vergeben hat (US-Wc, ML 96.S415 Case, Library of Congress).

Dem zweiten Satz im selben Autograph gab Schumann zwei verschiedene Titel: »Abend« auf der Titelseite, »Idylle« auf der ersten Seite der mit dem Autographen zusammen gebundenen Skizzen. (Schumann tilgte später alle explizit programmatischen Satzbezeichnungen aus seinen Sinfonien, da er es vorzog, daß das Publikum sich seiner Fantasie bediente.) Gleich welcher von beiden Angaben wir folgen, die Atmosphäre in diesem Satz ist entspannt, was nicht nur durch das Tempo (»Larghetto«) bestimmt wird, sondern auch durch die allgegenwärtigen, langsam durchschwingenden Hemiolen (drei längeren Schlägen im Zeitraum von zwei Takten; siehe zum Beispiel T. 3 ff.). Mit seinen sanft dahinplätschernden Begleitfigurationen, zumeist in den zweiten Violinen und Bratschen, und der kantablen Melodielinie, die zunächst in den ersten Violinen liegt, mag uns dieser Satz an Beethovens »Szene am Bach« aus seiner 6. Sinfonie erinnern. Schumann behandelt seine Melodie wie eine Variationenreihe: Das Thema erscheint zunächst in der Grundtonart (T. 1–23), wird dann in der Dominante von den Celli aufgegriffen (T. 41–55) und kehrt danach in Solohorn und Oboe zur Tonika zurück (T. 78–100). Die Melodie läßt er weitgehend unverändert, während die Begleitfigurationen mit jeder Wiederholung des Themas komplexer werden. Im ursprünglichen Entwurf hatte Schumann diesen Variationenzyklus mit einer regelgerechten Coda abgeschlossen, doch später besann er sich eines Besseren und skizzierte die Überleitung zum attacca anschließenden dritten Satz, wie wir sie heute kennen. Ihre Wirkung, mit den von Dörffel (Dörffel, 96) so bewunderten düsteren Posaunen, ist geheimnis-

voll und fesselnd; das Verfahren der Überleitung selbst erinnert an Beethovens 5. und 6. Sinfonie.

Das Anfangsmaterial des Scherzos scheint sich direkt aus der Überleitung zwischen den Sätzen zu entwickeln, und im Scherzo finden wir Hemiolen (T. 5–9), wie sie auch einen Großteil des zweiten Satzes bestimmen. Im Autograph gab Schumann diesem Satz die später unterdrückte Bezeichnung »Frohe Gespielen«. Das Spielerische entsteht hier nicht nur durch das rhythmische Wechselspiel des in Moll gehaltenen eigentlichen Scherzos mit seinen Querverbindungen zum zweiten Satz, sondern auch durch das erste, im Zweiertakt gehaltene Trio. Dessen Primärmaterial weist wiederum zurück auf das Fanfarenmotiv des ersten Satzes. Mit dieser thematischen Zyklusbildung stellt sich Schumann erneut in die Beethovensche Tradition. Das zweite Trio fügte er dem Scherzo erst hinzu, nachdem er den Rest der Sinfonie instrumentiert hatte: In den Skizzen taucht es nicht auf, und die auskomponierte Fassung schrieb Schumann auf anderes Papier als den Rest des Autographs. (Allerdings wissen wir, daß er das zweite Trio zum Zeitpunkt der Premiere am 31. März vollendet hatte, denn es wird in den Rezensionen erwähnt.) Mithin ähnelt der dritte Satz einer Reihe von kontrastierenden, aber ineinander verflochtenen Miniaturen nach der Art von Schumanns früheren Klavierzyklen. Auch dies mag seiner ursprünglichen Konzeption der »Frohen Gespielen« entsprochen haben.

Das Finale der 1. Sinfonie mit seinem skalenförmigen Einstieg zeigt sich ganz im Einklang mit dem Überschwang seines programmatischen Titels »Voller Frühling«. Das *staccato* artikulierte Hauptthema (T. 7–42) kommt leicht und verspielt daher, während das Seitenthema (T. 66–97) die kraftvolleren rhythmischen Motive der Eröffnung aufnimmt. Einer der schönsten und schlagendsten Effekte in diesem Satz tritt kurz vor dem Eintritt der Reprise auf: Jagdhorn-Rufe und eine Kadenz der Soloflöte münden direkt in die Wiederholung des Hauptthemas. Mit solchen Gesten verankert Schumann die *Frühlingssinfonie* fest im Pastoralen und verkündet damit eher die Praxis Beethovens als diejenige Schuberts. Insgesamt gründet der unmittelbare Erfolg der 1. Sinfonie also darin, daß Schumann hier sein von einem genialen schöpferischen Geist hervorgebrachtes Material im Rahmen einer traditionellen sinfonischen Gestik verwendet.

Die Krönung seines Debüts auf der sinfonischen Bühne sollte die noch vor der Premiere erfolgende Widmung an den sächsischen König Friedrich August II. sein. Dazu bat Schumann K.J. Capinski, einen alten Bekannten und Konzertmeister am Dresdner Hof, um Unterstützung, und dieser riet ihm: »Die Übersendung der Partitur geschieht mittelst der Generaldirection der Königlichen musicalischen Capelle, neben der unterthänigsten Zuschrift an S.M. den König, ist auch eine Zuschrift an S. Excellenz den Generaldirector Baron von Lüttichau um gütige Einbegleitung erforderlich« (Boetticher 1940, 61). Schumanns Widmung wurde akzeptiert und später mit einer goldenen Tabatiere belohnt, die sowohl Verdienst als auch Ansehen des Komponisten mehrten: So nahm seine Laufbahn als Sinfoniker einen verheißungsvollen Anfang.

Ouvertüre, Scherzo und Finale op. 52

Der beachtliche und unmittelbare Erfolg der 1. Sinfonie bestärkte Schumann in seiner Hinwendung zum Sinfonischen und er verlor keine Zeit damit. Vier Tage, nachdem er am 8. April 1841 den Verkauf der 1. Sinfonie an Breitkopf bestätigt hatte, begann er am 12. April mit den Skizzen für eine Ouvertüre E-Dur und beendete sie bereits am nächsten Tag. Die Instrumentierung folgte umgehend vom 14. bis 17. April, was darauf hindeutet, daß Schumann das Stück ursprünglich als selbständige Konzertouvertüre konzipiert hatte (Tb III, 179 f.). Erst zwei Tage später kam es ihm in den Sinn, ein Scherzo und ein Finale hinzuzufügen und die Ouvertüre damit zum mehrsätzigen Werk auszubauen, dessen Skizzenfassung er zwischen dem 19. und 21. April beendete. Mit der Instrumentierung kam Schumann indessen nur langsam und schrittweise voran. Vom 25. April bis 3. Mai orchestrierte er das Scherzo und vom 6. bis 8. Mai das Finale, erst dann heißt es in seinen Haushaltbüchern: »Fertig mit d. ›Suite‹« (Tb III, 182). Danach legte er das Stück beiseite und wandte sich anderen Projekten zu, darunter einer

»Phantasie« für Klavier (der künftige erste Satz des Klavierkonzerts op. 54) und der 4. Sinfonie d-Moll. Die Partitur der Ouvertüre legte Schumann zwei Monate beiseite, unterzog sie am 23. und 24. August 1841 einer Durchsicht und ließ anschließend die Stimmen kopieren (am 3. Oktober verzeichnet er eine Zahlung »für Ausschreiben der Symphonette«) (Tb III, 196). Einige Wochen später, am 27. Oktober, schreibt Clara in das Ehetagebuch: »Sie haben mich aufgefordert in den Gewandhausconcerten einmal zu spielen; Robert hat es zugesagt, wenn erst mein eigenes Concert im Nov:[ember] vorüber ist« (Tb II, 189). Wir wissen jedoch nicht, wann Robert und Clara die Einzelheiten festgelegt haben; in jedem Fall standen Ouvertüre, Scherzo und Finale (als Eröffnungsstück), die 4. Sinfonie d-Moll, von Clara Schumann und Franz Liszt gespielte Klaviermusik sowie eine Auswahl anderer Werke auf dem Programm des groß angelegten Konzerts. Ferdinand David dirigierte anstelle von Mendelssohn, der nach Berlin zurückgekehrt war.

Das Werk löste ein gemischtes Echo aus, das denn auch in der Hauptsache für seine verspätete Publikation verantwortlich war. Das Publikum reagierte gleichgültig, was Clara den äußeren Umständen zuschrieb: »auch ärgerte ich mich, daß Roberts Symphonieen nicht besonders ausgeführt wurden, und hatten sich diesen Abend überhaupt manche kleine Fatalitäten ereignet, mit Wagen, vergessenen Noten, wacklichen Stuhl beim Spielen, Unruhe vor Liszt ect: ect:« (Tb II, 195). Weitere Gründe für die unbefriedigende Rezeption nannte Robert in einem Brief an Carl Coßmaly vom 8. Januar 1842: »Die beiden Orchesterwerke, eine zweite Symphonie (D moll) und eine Ouvertüre, Scherzo und Finale, die in unserm letzten Concert aufgeführt worden, haben den großen Beifall nicht gehabt wie die erste [Sinfonie]. Es war eigentlich zu viel auf einmal – glaub' ich – und dann fehlte M e n d e l s s o h n als Dirigent. Das schadet aber alles nichts – ich weiß, die Stücke stehen gegen die 1ste [Sinfonie] keineswegs zurück und werden sich früher oder später in ihren Weise auch geltend machen« (BNF, 212). Doch die Leipziger vergaßen die kühle Aufnahme der Ouvertüre bei der Premiere nicht so schnell, und als Schumann das Werk am 5. November 1842 bei Hofmeister unterbringen wollte (BNF, 434), erhielt er eine

Absage. Daraufhin ließ der Komponist die Partitur zwei weitere Jahre ruhen.

Nachdem die Schumanns Ende 1844 nach Dresden gezogen waren und sich im musikalischen Leben der Stadt etabliert hatten, wandte sich Robert erneut der *Ouvertüre* zu. Am 12. Dezember 1844 versuchte er erfolglos, sie als vierhändiges Klavier-Arrangement bei Breitkopf zu plazieren (RSA I/1/5, 85 f.), dann am 30. März 1845 bei Haslinger in Wien (BV, 402, Nr. 1061). Als diese Versuche fehlschlugen, überarbeitete er das Stück vom 9. bis 20. Oktober (Tb III, 403 f.). Er nahm sich die Kritik an der Leipziger Uraufführung zu Herzen und retuschierte die ersten beiden Sätze nur leicht, während er den letzten Satz, dessen Papiersorte im Autograph (Gesellschaft der Musikfreunde in Wien, A 289) von dem der beiden vorausgehenden Sätze abweicht, vollständig neu faßte. Nach Abschluß der Arbeit vermerkte er auf der letzten Seite der Partitur »In Umarbeitung beendigt 20. Oktober 1845« und schickte den Satz unverzüglich zu seinem Kopisten, der die Wiederholungen einfügte (Zahlung am 28. Oktober, Tb III, 404). Nun machte Schumann sich daran, Aufführungen für dieses Stück und für sein überarbeitetes Klavierkonzert op. 54 zu organisieren, deren erste, mit seiner Frau als Solistin, am 4. Dezember in Dresden stattfand. Am 14. Februar 1846 wurden *Ouvertüre, Scherzo und Finale* erneut zugunsten der Orchester-Pensionskasse in Leipzig gegeben, und inzwischen war es Schumann gelungen, das Werk zur Publikation als Orchesterstimmensatz an Julius Kistner zu verkaufen (Erler I, 328). Wie schon bei der 1. Sinfonie mußte auch die *Ouvertüre* einige Zeit warten, bis sie 1853 als Partitur erschien. Die zeitgenössische Kritik zeigte sich freilich auch von der überarbeiteten »Sinfonietta« etwas enttäuscht.

Wie aber ist es zu erklären, daß *Ouvertüre, Scherzo und Finale* bis heute das am seltensten aufgeführte und am wenigsten anerkannte unter Schumanns Orchesterwerken geblieben ist? Ein Grund liegt sicherlich in seiner vagen Gattungszugehörigkeit. Sie irritierte sogar die Schumanns, wie Claras erste Erwähnung von op. 52 im Ehetagebuch (Mai 1841) zeigt: »Wir wissen es noch nicht zu benennen, es besteht aus Ouvertüre, Scherzo und Finale« (Tb II, 162). Schumanns wechselnde Bezeichnungen – »Symphonette«, *Suite*«, »Sinfo-

nietta« usw. – deuten ebenfalls auf dieses Problem hin. Und auch als der Komponist die *Ouvertüre* bei den verschiedenen Verlegern zu plazieren suchte, mußte er sich der dem Dilemma der Gattungsfrage stellen, wie sein Brief an Hofmeister vom 5. November 1842 erkennen läßt: »es unterscheidet sich von der Form der Symphonie dadurch, daß man die einzelnen Sätze auch getrennt spielen könnte; namentlich verspreche ich mir aber von der Ouvertüre guten Erfolg. Das Ganze hat einen leichten, freundlichen Charakter; ich schrieb es in recht fröhlicher Stimmung« (BNF, 434). Doch Hofmeister blieb unbeeindruckt: »Nur diese zweite Sinfonie, die eigentlich keine rechte Sinfonie nach beigebrachtem Zuschnitt ist, will mir nicht als mein Verlagsartikel scheinen. Es ist mir das Werk nicht so freundlich gehalten vorgekommen als ich's im vorigen Jahre hörte, wie Ihre erste Symphonie« (Brief Hofmeisters an Schumann, 8.11.1842, Corr. Bd. 14, Nr. 2400).

Solche Kommentare betreffen freilich nicht nur die unkonventionelle Abfolge der Sätze, sondern auch etwas, was in der Struktur und dem Material der einzelnen Teile selbst liegt. Schumann hätte das Werk auch dadurch nicht regelkonformer zu machen vermocht, wenn er den üblichen langsamen Satz hinzufügt und das Ganze als »Symphonie« bezeichnet hätte, weil die ursprünglichen drei Sätze recht ungezwungen, ja formwidrig daherkommen. Einen ersten Wink dieser nachlässigen Haltung gibt die Orchestrierung, die nur zwei Hörner aufweist (statt der bei Schumann üblichen vier) und ursprünglich im Finale eine Posaune *ad libitum* verlangte. (Die Revision von 1845 verlangt freilich die standardmäßigen drei Posaunen, ebenfalls *ad libitum*; vgl. Autograph, A-Wgm, A 289.) Zudem sind die Sätze ein wenig kürzer als ihre Entsprechungen in Schumanns anderen Sinfonien, was zwar der ursprünglichen Intention des Komponisten entspricht, sich jedoch als eben der Faktor erwies, der die Hörer verwirrte, die mit den Erwartungen der 1. Sinfonie kamen.

Die Ouvertüre beginnt so, wie es Schumanns gewohntem sinfonischen Stil zu entsprechen scheint: mit einer langsamen Einleitung in Moll. Doch sie ist nur siebzehn Takte lang, und es fehlt die imposante Wirkung der Fanfare aus der 1. Sinfonie. Das Hauptthema (T. 18 ff.) schlägt eine verspielte Richtung ein, während das Seitenthema

(T. 59 ff.) aus recht nichtssagenden Ganztonskalen besteht, die so gewöhnlich daherkommen, daß der Komponist die Oboenstimme für die Partitur-Veröffentlichung mit Verzierungen interessanter zu machen suchte. Das Schlußthema der Ouvertüre (T. 109–116) ist ebenfalls skalenförmig geprägt und verlangt dem Hörer keine übermäßigen Anstrengungen ab. Schumann strebte nach unmittelbarer Eingängigkeit und kleidete deshalb sein thematisches Material in eine vereinfachte Sonatenform ohne Durchführung – laut Czerny eine Konvention für »kurze Ouvertüren« (Czerny, Bd. II, 45), der etwa Rossini in den meisten seiner Opernouvertüren folgte. Den insgesamt vorherrschenden Eindruck leichter Unterhaltung vermag auch Schumanns spritzige Coda kaum zu zerstreuen. Er hatte also einen ersten Satz mit »leichtem, freundlichen Charakter« produziert, der mit seinen rund sechs Minuten Dauer gut zweieinhalb Minuten kürzer ist als der kürzeste Kopfsatz all seiner Sinfonien.

Das thematische Material des Scherzos ist mit der Coda der Ouvertüre verwandt, was Kontinuität herstellt, wobei der punktierte Rhythmus die Figur im eigentlichen Scherzo lebendiger macht. Zusätzliche Kontinuität schafft Schumann auf harmonischem Wege: Die Tonart des zweiten Satzes, cis-Moll, hat die gleichen Vorzeichen wie das parallele E-Dur des ersten Satzes. Die weniger imposante und dafür eingängigere Wirkung (der »leichte, freundliche Charakter«), die sich Schumann erhoffte, offenbart sich auch in dem Mangel an harmonischen Kontrasten des Trios in Des-Dur (es besitzt ein Zwischenspiel in E-Dur, T. 67 f., das es mit dem eigentlichen Scherzo und auch mit den umrahmenden Sätzen verbindet). Im Trio wird außerdem ein Kopfmotiv verwendet, das aus dem eigentlichen Scherzo entlehnt ist, diesmal jedoch ohne dessen ungleichmäßige Rhythmen. Während das imposantere Scherzo der 1. Sinfonie zwei Trios enthielt, haben wir hier nur eines, jedoch greift Schumann die Beethovensche Andeutung eines *perpetuum mobile* auf, indem er nach der Wiederholung des Scherzos, jedoch vor der Coda, ein Fragment des Trios aufblitzen läßt. Dieser Mittelsatz von op. 52 hat eine wunderbar launische Art, und mit seinem begrenzten Material und eingeschränkten Tonbereich auch er leicht verständlich.

Für das Finale schuf Schumann ein klassisches *lieto fine*, indem er die Ausflüge in kontrastierende Tonarten auf ein Minimum beschränkte und das Ausmaß des thematischen Materials reduzierte. Auf die einleitende Fanfare folgt ein fugiertes Hauptthema, das mit seinen lebhaft punktierten Rhythmen freilich kaum als ernst bezeichnet werden kann. Das kantable Seitenthema (T. 25–64) dient zugleich als Überleitung, da es in E-Dur beginnt und zum Abschluß hin nach H-Dur moduliert. Das eher in sinfonischem Stil gehaltene Schlußthema (T. 65–105) greift Motive aus dem Hauptthema auf, die Zahl melodischer Einfälle bleibt also begrenzt. Das Finale hat zwar, anders als die Ouvertüre, eine gewichtige (über hundert Takte lange) Durchführung, doch die Reprise eröffnet kaum neue Perspektiven. Das Hauptthema (T. 235–273) entwickelt sich hier über einem Orgelpunkt auf der Dominante, das Seitenthema kehrt harmonisch praktisch unverändert wieder und schließt wiederum in H-Dur. Schumann hat die Schlußwendung nicht transponiert, weil seine Coda Haupt- und Seitenthema stark augmentiert bestätigt. Wir haben es dabei weniger mit einer Durchführung als mit einer Wiederholung zu tun, und der Abschluß des Satzes wird einfach über eine Folge von Kadenzen erreicht. Das Finale berührt also nur zwei Haupttonarten (Tonika und Dominante) und verwendet nur zwei melodische Gestalten und ist damit weit entfernt von dem kunstvoll ausgearbeiteten, abwechslungsreichen letzten Satz der 1. Sinfonie. Schumann demonstriert zwar auch in diesem Stück seinen Erfindungsgeist, doch nicht seine gewohnte, überbordende Fantasie. Mit solcher Zurückhaltung an harmonischen und thematischen Abschweifungen hoffte er wohl, das Stück eingängiger und damit populärer zu machen. Dieser Intention entspringt auch seine Widmung an Johann Verhulst, den Dirigenten des Leipziger Musikvereins Euterpe (einem Konzertverein aus Amateuren und Berufsmusikern, der mit dem Gewandhausorchester nicht vergleichbar war). Doch die großen Erwartungen, die Schumann mit seiner 1. Sinfonie geweckt hatte, vermochte er mit seinem Opus 52 nicht zu erfüllen. Aller Gefälligkeit zum Trotz blieb die Komposition das unbeliebteste von Schumanns mehrsätzigen Orchesterwerken.

4. Sinfonie d-Moll

Auch mit seinem dritten großen Orchesterwerk
aus dem »Sinfoniejahr« näherte sich Schumann
der mehrsätzigen Gattung eher experimentell.
Doch in diesem Fall war es ihm damit auf eine
besondere Weise ernst: Er wählte eine Moll-Ton-
art, entwickelte sein Material aus nur zwei grundlegenden Melodie-Kernen und verknüpfte alle
Sätze zu einem ununterbrochenen Fluß. Mit diesen Kunstgriffen schuf er ein Musterbeispiel für
organische Komposition, das wohl zu den bewun-
dernswertesten Manifestationen der Romantik in
der Instrumentalmusik des 19. Jahrhunderts gehört.

Schon die allerersten Skizzen der d-Moll-Sinfonie strahlten etwas ganz Besonderes aus. Am 29.
Mai 1841, unmittelbar nach dem Abschluß der
Phantasie für Klavier und Orchester (dem späteren
ersten Satz seines Klavierkonzerts op. 54), vermerkt
Schumann einen »Gedankenanflug z. e. Symphro-
nie« (Tb III, 184). Clara vertraut dem gemeinsamen Ehetagebuch den einzigartigen Charakter des
Stücks an: »[Robert] hat gestern eine Symphonie
wieder begonnen, welche aus einem Satze bestehen, jedoch *Adagio* und *Finale* enthalten soll.
Noch hörte ich nichts davon, doch sehe ich aus
Roberts Treiben, und höre manchmal das *D moll*
wild aus der Ferne her tönen, daß ich schon im
Voraus weiß, es ist dies wieder ein Werk aus tiefster Seele geschaffen« (Tb II, 166). Der Entwurf
muß Schumann leicht von der Hand gegangen
sein, denn im Autograph ist der Beginn der Instrumentierung bereits auf den 7. Juni datiert (A-
Wgm, A 292). Am 9. Juni unterbricht er die Arbeit
für die Revision der 1. Sinfonie und kehrt erst am
13. Juni zur d-Moll-Sinfonie zurück (Tb III, 184 f.).
Offenbar bereitete ihm der letzte Satz Schwierigkeiten und hielt ihn mehrere Wochen auf. Schließlich notiert er am 1. August 1841: »Zieml.[ich]
glükl.[iche] Beendigung m.[einer] IIten Symphro-
nie« (Tb III, 189). Er nahm die Instrumentierung
nicht vor dem 28. August (Tb III, 192) wieder auf,
doch dann ging die Arbeit rasch voran, so daß er
am 9. September notieren konnte: »Früh d. Symphonie vollendet geschrieben« (Tb III, 193). Eine
letzte Erwähnung folgte einen Monat später, zwischen dem 2. und 4. Oktober (Tb III, 195 f.). Die
Entscheidung, das Stück zusammen mit op. 52 bei

einem Konzert mit Clara aufzuführen fiel, wie wir
gesehen haben, um den 27. Oktober 1841.

Wenn die gewollte Bescheidenheit der *Ouvertüre* das Premierenpublikum unbefriedigt ließ, so
zeigte es sich von der Sinfonie d-Moll eher verwirrt. Natürlich hatten die Zuhörer nicht ganz
Unrecht; die Sinfonie bestand wirklich »aus einem
Satze«, bezahlte diese Innovation jedoch mit einem Mangel an Verständlichkeit. Die Schumanns
waren sich wohl bewußt, daß die neue Sinfonie
nicht denselben Erfolg hatte wie die 1. Sinfonie –
die Gründe dafür fanden wir bereits in dem Bericht über das am selben Abend uraufgeführte
Opus 52. Die kühle Rezeption hinderte Robert
freilich nicht daran, seine »zweite« Sinfonie gleich
nach dem Konzert bei Breitkopf & Härtel unterbringen zu wollen. Der Verlag sandte folgende
vielsagende Replik: »Wir sind Ihnen noch die
Antwort wegen Ihrer zweiten Sinfonie schuldig.
Wir haben die Sache von allen Seiten erwogen,
glauben aber, so gerne wir, wie Sie wissen, Ihre
Kompositionen verlegen, und so sehr wir wünschen, daß das freundliche Verhältniß in welchem
wir zu Ihnen stehen, noch wohl lange und immer
dauern möge, diesmal doch nicht auf Ihre Offerte
eingehen zu können. Wir wollen hier nicht davon
sprechen, daß diese neue Sinfonie an Umfang
kleiner ist, als die frühere, denn der Honorarpunkt
kann zwischen Ihnen und uns nicht zur Sprache
kommen, oder ließ sich wenigstens sicher gleich
erledigen. Es will uns aber scheinen, als ob es weder für Ihre erste noch für diese zweite Sinfonie
und deren Verbreitung gut sein könnte, wenn die
zweite schon jetzt, wo sich die erste erst noch den
Weg ins große Publikum brechen soll, erschien.
Wir haben mehrfach in ähnlichen Fällen erlebt,
daß ein so schnelles Erscheinen zweier Werke eines
und desselben Componisten, in demselben Genre
beiden schadet, und sollten selbst glauben, daß
dies schon mehreren Heften Ihrer schönen Lieder,
von welchem, wohl mehr durch Zufälligkeit,
Saumseligkeit der Verleger, als nach Ihrem
Wunsch, zufällig einmal eine ganze Reihe von
Heften zu gleicher Zeit erschienen, schon mehr
oder weniger der Fall gewesen sein müßte. Dies
der Grund wenn wir diesmal, und gewiß zu unserem aufrichtigen Bedauern, nicht auf Ihren
Wunsch eingehen können, obschon uns, wie Sie
auch aus den Äußerungen unseres R[aimund]

H[ärtels] gesehen haben, das Werk sehr angesprochen hat« (Brief Breitkopf & Härtels an Schumann, 18.12.1841, Corr. Bd. 13, Nr. 2119). Zwischen den Zeilen ließe sich außerdem lesen, daß Breitkopf die Reaktion des Premierenpublikums nicht entgangen war und das finanzielle Risiko, eine weitere Sinfonie von einem Komponisten herauszubringen, der sich auf diesem Gebiet noch nicht bewährt hatte, nicht eingehen mochte. Als Schumann das Werk mehrere Jahre danach, am 6. Oktober 1843 (BV, 393, Nr. 984), Karl Böhme von C.F. Peters anbot, erinnerte sich dieser vielleicht noch an die Uraufführung, als er am 7. Oktober postwendend antwortete: »Eine Symphonie von Kalliwoda [6. Sinfonie F-Dur] habe ich bereits noch zu ediren...« (Corr. Bd. 16, Nr. 2709).

Wenn man bedenkt, daß Schumann bereits zwei Jahre zuvor Carl Koßmaly gegenüber selbstbewußt von seiner »zweiten« Sinfonie gesprochen hatte, so erscheint es seltsam, daß er sie schon nach dem zweiten vergeblichen Publikationsversuch fallen ließ. Immerhin war er bei Opus 52 hartnäkkig geblieben und hatte damit, bei minimalen Überarbeitungen, innerhalb weniger Jahre Erfolg gehabt. Doch die d-Moll-Sinfonie ließ er bis lange nach der Veröffentlichung seiner 2. Sinfonie C-Dur und der 3. Sinfonie Es-Dur ruhen. Erst 1851, in seiner Position als Städtischer Musikdirektor in Düsseldorf womöglich unter dem Druck, neue Werke vorzulegen, und ermutigt von dem überwältigenden Erfolg seiner 3. Sinfonie, nahm sich Schumann die alte Partitur wieder vor und entschloß sich sie zu überarbeiten. Am 12. Dezember 1851 notierte er in den Haushaltbüchern, er habe mit der »Reinstrumentation d. alten 2ten Symphonie angefangen«, und nur eine Woche später, am 19. Dezember, war die Arbeit beendet (Tb III, 579 f.). Noch aber zögerte der Komponist. Erst ein Jahr darauf, am 30. Dezember 1852, berichtete er: das »4h[än]d[ig]e Arrang.[ement] d. Symphonie in D moll beendigt« (Tb III, 612). Daß Schumann zunächst einen Klavierauszug anfertigte, entsprang wahrscheinlich seiner Hoffnung, die Sinfonie endlich veröffentlichen zu können. Schließlich stellte er das Stück am 3. März 1853 bei einem Wohltätigkeitskonzert in Düsseldorf erneut vor. Über die Premiere schrieb er: »Abends m.[ein] Concert. – *Dmoll*symphonie u. Freude daran« (Tb III, 618). Das Stück beeindruckte die Düsseldorfer

Hörer derart, daß Schumann seinem alten Freund Johann Verhulst am 3. Mai 1853 von einer erneuten Aufführung beim Niederrheinischen Musikfest berichten konnte: »Daß die alte Symphonie, deren Du Dich vielleicht noch erinnerst, bei solcher Gelegenheit wieder zum Vorschein kommen würde, hätte ich damals, als wir sie in Leipzig hörten, auch nicht gedacht. Es ist beinahe gegen meinen Willen, daß sie aufgeführt wird. Aber die Herren vom Comité, die sie vor Kurzem gehört, haben so in mich gedrängt, daß ich nicht widerstehen konnte. Ich habe die Symphonie übrigens ganz neu instrumentirt, und freilich besser and wirkungsvoller, als sie früher war« (Erler II, 193f.).

Angesichts der unglücklichen ersten Rezeption schien Schumann von diesem Erfolg offenbar selbst überrascht. Doch er nutzte sofort die Gunst der Stunde und bot die Sinfonie Breitkopf & Härtel am 6. April 1853 erneut zur Veröffentlichung an (BV, 551, Nr. 2223). Diesmal verfügte er auch über eine stärkere Position bei den Verhandlungen: Sie zogen sich über den ganzen April hin, und am 19. Mai sandte der Komponist die korrigierten Stimmen, den Klavierauszug und die Partitur des jetzt als 4. Sinfonie d-moll op. 120 bezeichneten Werks an Härtel (BV, 555, Nr. 2260). Die Premiere der zweiten Fassung in Leipzig, am 27. Oktober 1853 beim vierten Abonnementskonzert der Gewandhaus-Spielzeit, zeitigte ganz andere Reaktionen als die Uraufführung knapp zwölf Jahre zuvor. Schumanns über ein Jahrzehnt zurückliegende Prophezeiung – »ich weiß die Stücke [op. 52, op. 120] stehen gegen die 1ste [Sinfonie] keineswegs zurück und werden sich früher oder später in ihrer Weise auch geltend machen« (Brief an Carl Koßmaly, 8.1.1842, BNF, 212) – hatte sich erfüllt. Dies lag nicht daran, daß er die 4. Sinfonie drastisch umgearbeitet hätte, sondern daran, daß in der Zwischenzeit sowohl das Musikverständnis des Publikums als auch Schumanns Ruf als Orchesterkomponist gereift waren.

Der lange Entstehungsprozeß der 4. Sinfonie, wie er in beiden Fassungen überliefert ist, gestattet uns einen interessanten Einblick in Schumanns Kompositionswerkstatt. Jede Version hat ihre Stärken und ihre Fürsprecher; beide lassen die besonderen Umstände ihrer Entstehung und damit Schumanns Neigung erkennen, seine Orchesterwerke durch eine von der Erfahrung bestimmte

Vorgehensweise eng auf das für die jeweilige Aufführung vorgesehene Ensemble abzustimmen. Da
von der Skizze der 4. Sinfonie jedoch nur ein
kurzes Fragment erhalten ist (Hallmark 1984, 39–
51), müssen wir alle eventuellen Hinweise auf ihre
ursprüngliche Konzeption dem Autograph der
ersten Fassung (A-Wgm A 292) entnehmen. In
späteren Jahren bezeichnete Schumann seine 4.
Sinfonie als »Phantasie«: in den Haushaltbüchern
(Tb III, 580), auf einer später verworfenen Titelseite für die Fassung von 1851 (D-B Ms. autogra.
Schumann 17, 39ʳ) und auch auf der ersten Partiturseite desselben Manuskripts (3ʳ). Der Begriff
paßt freilich am besten auf Schumanns Konzeption von 1841. Sie beginnt, nach einem einleitenden Forte-Akkord, mit einer verschlungenen d-
Moll-Melodie von durchaus »suchendem« Charakter (sie basiert auf Kern A, s. Beispiel 4).

Die Melodie erweist sich als erstes wichtiges
»Thema« der Sinfonie, das jedoch vage, geheimnisvoll und recht ziellos wirkt. In der Fassung von
1841 folgt dieser langsamen, rätselhaften Einleitung eine Reihe aufsteigender Akkorde, die mit
zunehmendem Tempo (*stringendo*) wiederholt
wird (T. 22–31) (Taktangaben nach: Schumann,
Robert. *Symphonie Nr. 4 d-Moll. Erstfassung 1841.*
Hg. Jon Finson. Wiesbaden: Breitkopf & Härtel,
2003). Das Allegro bringt eine neue melodische
Idee (Kern B, Beispiel 5), die sich durch beide
Ecksätze zieht. Das Hauptthema (T. 32–59) verläuft in der üblichen Weise als Sechzehntakter mit
melodischer Fortspinnung, und für die Überleitung verwendet Schumann Kern B. Das zweite
Thema, erwartungsgemäß in F-Dur (T. 92–107),
besteht eigentlich aus kaum mehr als absteigenden, immer wieder von Kern B durchbrochenen
Skalen in den Holzbläsern (s. Beispiel 5).

Nach einer weiteren Überleitung folgt die
ebenfalls von Kern B abgeleitete Schlußgruppe (T.
130–144). Die Exposition ist also monothematisch.
Die einzelnen Abschnitte (nur abgegrenzt durch
Kadenz-Harmonien) gehen fast nahtlos ineinander über, und der Schluß liegt nahe, Schumann
habe die in der zögerlichen langsamen Einleitung
gesuchte melodische Idee »gefunden«.

Im ersten Satz der Fassung von 1841 wird die
Exposition nicht wiederholt, sondern mündet direkt in eine lange, offene Durchführung, die aus
großen Blöcken wiederholten Materials aufgebaut
ist. Auf die Überleitung (T. 148–173) folgt ein
ausgedehntes Modell (T. 174–320), das in der
Folge (T. 321–467) fast identisch wiederholt wird,
und nach zwei weiteren kurzen Modellen erreicht
Schumann den Orgelpunkt auf der Dominante
(T. 540–563), der normalerweise die Reprise ankündigen würde. Als er aber Tonika D-Dur
schließlich erreicht, greift er eine lyrische Melodie
(T. 564–643) vom Schlußteil der großen Durchführungsabschnitte wieder auf. Das erneute Erscheinen von Kern B des Hauptthemas (T. 644)
kennzeichnet dann nicht den Beginn der Reprise,
sondern der Coda. Schumann entwickelt in diesem Satz bewußt eine kontinuierliche thematische
Weiterführung; die großen, wiederholten Blöcke
in der Durchführung dienen ihm nur zur formalen (nicht zur harmonischen) Stabilisierung. Damit nimmt er dem Satz den abgeschlossenen
Charakter und treibt den Hörer stattdessen in den
verbleibenden Teil der »Phantasie« – ein Effekt,
der angesichts der Erwartung einer Reprise zunächst verwirren kann. Schumann geht hier über
die bloße thematische Zyklusbildung hinaus und
erreicht eine organische melodische Transformation, die zwar einer Fantasie angemessen ist, aber

Beispiel 4

Beispiel 5

in der Sinfonie, selbst bei Beethoven, ohne Beispiel war (obwohl das Phänomen in einigen Klaviersonaten Beethovens, etwa in der Sonate op. 27/2, durchaus auftritt).

In den Binnensätzen dieser »symphonischen Phantasie« ist das gesamte Material von Kern A und B des Kopfsatzes abgeleitet. Die Romanza in a-Moll, der langsame Satz der 4. Sinfonie, beginnt mit einem melancholischen Lied ohne Worte für Solo-Oboe und die geteilten Celli, dessen Melodie entfernt mit Kern B verwandt ist. Zwar schrumpft der einleitende Sprung zu einem Tonschritt, doch die melodische Wendung aus dem zweiten Teil des Kerns ist deutlich erkennbar. Offensichtlicher ist Kern A, der zuerst in Moll als wörtliches Zitat aus der langsamen Einleitung (T. 12–22) aufgegriffen wird und dann ornamentiert in Dur als zartes Violinsolo erscheint (T. 26–42). Den Abschluß dieser Episode bildet eine Wiederholung des romanzenartigen »Liedes ohne Worte«. Der Anfang des eigentlichen Scherzos (d-Moll) besteht aus der Umkehrung von Kern A, der in der zweiten Phrase (T. 17–24) fast wörtlich aufgegriffen wird, während das Trio (B-Dur) die ausgezierte Fassung von Kern A aus dem Mittelteil der Romanza wiederholt. Statt der üblichen Reihenfolge Scherzo-Trio-Scherzo entscheidet sich Schumann zugunsten der formalen und harmonischen Abwechslung für eine nochmalige Wiederholung des Trios (T. 177 ff.), das in stetem Accelerando in das folgende »Allegro vivace« mündet. In der Überleitung, die quasi als langsame Einführung fungiert, greift er Kern B auf und weckt damit im Hörer die Erwartung, im Finale werde Material aus dem ersten Satz entwickelt, wie es bereits in der Romanza und dem Scherzo geschah.

Doch das thematische Material des Finales ist eine Überraschung, vor allem in der Erstfassung von 1841. Statt Kern A oder B verwendet der Komponist D-Dur-Material vom Ende der Exposition des ersten Satzes, und zwar so, wie er es bereits in dessen Durchführung verarbeitet hatte. Dazu kommt ein launiger melodischer Exkurs (T. 5–9), der typisch ist für die Arabesken in Schumanns anderen Werken, vor allem am Ende der Coda des Kopfsatzes in der 1. Sinfonie. Auch hier entsteht weniger der Eindruck einer thematischen Zyklusbildung als der einer kontinuierlichen thematischen Transformation vom Anfang bis zum Ende,

einer echten sinfonischen Fantasie »aus einem Satze«. Das zweite Thema des Finales (T. 45–84) ist aus dem Anfang der Romanza abgeleitet, und das punktierte Schlußmaterial samt seinen kadenzierenden Wendungen (T. 85–122) formiert sich zu einem mitreißenden Ende. Zugunsten des Eindrucks einer kontinuierlichen thematischen Verwandlung verzichtet Schumann auch im Finale (wie schon im ersten Satz) auf die Wiederholung der Exposition. In der nicht sehr ausgedehnten Durchführung verarbeitet er überwiegend Motive aus der Schlußgruppe der Exposition nebst Überleitung. Die Reprise (T. 217 ff.) überspringt das Hauptthema und wendet sich direkt dem zweiten Thema und der folgenden Schlußgruppe über einem Dominant-Orgelpunkt zu. Um so überzeugender gerät der Einstieg in die D-Dur-Coda (T. 295 ff.) – ein Effekt, der dazu dient, die Sinfonie als Ganzes (zumindest harmonisch) zu beschließen. Dies erklärt vielleicht, warum Schumann die ein wenig mechanischen Kadenzen länger ausdehnt, als das Finale für sich genommen dies erfordern würde.

Die 4. Sinfonie in der Fassung von 1841 ist ein kühner Wurf, der – als Ganzes gesehen – seinesgleichen sucht. Zwar kündeten thematische Zyklusbildung und Variation in Beethovens Sinfonien bereits von den Möglichkeiten einer Gattung, »wo Schlag auf Schlag die Ideen wechselnd erscheinen und doch durch ein inneres geistiges Band verkettet« sind, und es hatte ja durchaus andere Fantasien für große Besetzung (meist für Solo-Instrument und Orchester) gegeben. Doch in dem Ausmaß, in dem Schumann die transformatorischen Methoden der Fantasie auf die Regeln des viersätzigen Sinfonie-Aufbaus übertrug, ist sein Werk ohne Beispiel in der Geschichte der Sinfonie: »Der kontinuierliche, ununterbrochene Fluss des Werkes ist der höchste Ausdruck von Schumanns Versuch, die Elemente zyklischer Integration radikal einzusetzen« (Bonds 1996, 134).

In seiner Überarbeitung der 4. Sinfonie von 1851 und der veröffentlichten Fassung von 1853 rückte Schumann von seiner radikalen Ursprungskonzeption wieder ein Stück ab. Im Interesse einer größeren Kontinuität entschloß er sich zu zahlreichen Änderungen, u. a. indem er Kern B in die Überleitung von der langsamen Einführung zum ersten Satz und außerdem in den vierten Satz einfügte. Mit dieser herausgehobenen Stellung von Kern B nähert sich die Sinfonie noch stärker einem ihrer Modelle an, nämlich Beethovens Fünfter, die ebenfalls auf einer zentralen melodischen Idee aufgebaut ist. Mit den anderen Korrekturen freilich arbeitete Schumann der Kontinuität entgegen und beugte sich der Konvention, vor allem mit der in den ersten Satz und ins Finale eingefügten Reprise. Und innerhalb der Überleitung vom Scherzo zum Finale unterbricht er den Fluß zwischen den Sätzen mit einer Kadenz auf dem Dominantseptakkord und anschließender Generalpause. Schumann unterstreicht in dieser Fassung also die viersätzige Struktur und arbeitet die Konventionen der Sonatensatzform und des periodischen (also paarweisen, wiederholten) Aufbaus der Periodenstruktur deutlicher heraus. Mit dieser Reaktion auf die frühe Kritik an seinem Werk betont der Komponist, ungeachtet der ungewöhnlich progressiven thematischen Transformation, die traditionelle Form der Sinfonie.

Der kontroverseste Aspekt an der Partitur von 1853 bleibt jedoch ihre Uminstrumentierung. Brahms' Auffassung, Schumann habe in der späteren Fassung die Stimmen – vor allem die Melodiestimmen – häufiger verdoppelt, ist sicherlich gerechtfertigt. Die Besetzung wurde üppiger, aber auch überladener, was sich auch auf Artikulation und Dynamik auswirkt. Wo die frühere Fassung manchmal etwas unklar bleibt und vieles dem Interpreten überläßt, erscheint die Partitur von 1853 vielleicht allzu präskriptiv. Diese Tendenz, die Ausführenden genauestens zu instruieren, zeigt sich auch in der neuen Mensur für das Allegro im ersten Satz. Schumann hat die Notenwerte halbiert (der aus Achteln bestehende Kern B steht nun in Sechzehnteln), um der Wahl eines zu langsamen Tempos vorzubeugen. Eine weitere Veränderung ist die Besetzung mit modernen Instrumenten wie etwa Ventilhörnern und -trompeten sowie der sich damals zunehmend durchsetzenden B-Klarinette. Auch hier macht sich Schumanns gewohnte Arbeitsweise bemerkbar: Er paßte seine Orchestrierung an das jeweils vorhandene Ensemble an. Sein Düsseldorfer Orchester bestand aus Berufsmusikern und Amateuren (Wendt 1998, 30 f.); eine solche Formation benötigte genaue Anweisungen, weswegen Schumanns Partitur nichts dem Zufall überließ. Die zusätzlichen Stimmverdopplungen der zweiten Fassung spiegeln vielleicht auch die unterschiedliche Zuverlässigkeit der Spieler wider: Wenn etwas schief ging, gab es stets eine Stimme, die einspringen konnte.

Schumann selbst betrachtete die 1853er Fassung als eindeutige Verbesserung, wie Clara schrieb: »Mein Mann war mit der ersten Bearbeitung nicht zufrieden und ließ dieser nach 10 Jahren eine zweite folgen, die, welche gedruckt ist« (Brief an August Manns vom 6.11.1891, Litzmann III, 550). Johannes Brahms freilich, dem Clara das Autograph der ersten Fassung geschenkt hatte, widersprach: »Ich finde es nun einmal entzückend, wie das liebliche Werk auch sofort im lieblichsten, angemessensten Gewande da war. Daß Schumann es später so schwer behängt hat, dazu mag ihn das schlechte Düsseldorfer Orchester verführt haben, aber alle seine schöne, freie und anmutige Bewegung ist in dem schwerfälligen Kleid unmöglich geworden« (Brief von Johannes Brahms an Franz Wüllner, Dezember 1889, Brahms–Briefwechsel, Bd. 15, Berlin 1922, Repr. Tutzing 1974, 160 f.). Gewiß hätte Schumann seine ursprüngliche Konzeption keinesfalls unverändert gelassen, doch müssen wir uns fragen, wie die Sinfonie heute aussehen würde, wenn er sofort einen Verlag für sie gefunden hätte statt mehr als ein Jahrzehnt zuwarten zu müssen. Hätte sie anstelle der herkömmlichen Wiederholungen und häufigen Verdopplungen der Endfassung (neben einigen geringfügigen Verbesserungen der Instrumentierung) die jugendliche Frische der ersten Fassung bewahrt? Diese Frage muß natürlich unbeantwortet bleiben.

So oder so, ob man die erste oder die zweite Fassung vorzieht: Die 4. Sinfonie d-Moll ist eines von Schumanns einflußreichsten Orchesterwerken. Zu ihren direkten Nachfahren gehören sinfonische Fantasien im französischen Repertoire, wie Camille Saint-Saëns' 3. Sinfonie c-Moll (»Orgelsinfonie«, 1886) oder Vincent d'Indys *Symphonie sur un chant montagnard français* (1886). Der indirekte Einfluß von Schumanns Werk ist freilich noch größer und hat wohl noch reizvollere Folgen gezeitigt. Zuerst und am unmittelbarsten nämlich beeinflußte Schumann die sinfonischen Dichtungen seines Zeitgenossen und Kollegen Franz Liszt. Trotz der persönlichen Spannungen zwischen den beiden bewunderte Liszt Schumann zutiefst. Seine Klavierwerke führte er regelmäßig auf, und als

Kapellmeister in Weimar vernachlässigte er auch Schumanns Arbeiten für größere Ensembles nicht. Für die progressive thematische Transformation in Schumanns op. 120 dürfte er sich sehr interessiert haben, denn er wandte dieselbe Methode in seinen sinfonischen Dichtungen an. Diese wiederum hatten großen Einfluß auf spätere Komponisten wie Richard Strauss. Schumanns 4. Sinfonie ist ein bedeutender Schritt in der musikalischen Entwicklung des 19. Jahrhunderts.

Sinfonie c-Moll

Wir können das »symphonische Jahr« nicht verlassen, ohne wenigstens kurz auf Schumanns vollständige Skizze für ein viertes sinfonisches Werk eingegangen zu sein, eine Sinfonie c-Moll (D-BNu Schumann 19), die der Komponist vom 21. bis 26. September 1841 parallel zur Satzkorrektur seiner 1. Sinfonie entwarf (Tb III, 195). Warum Schumann dieses Projekt in Angriff nahm, obwohl er bereits zwei fertige, noch unaufgeführte sinfonische Werke in der Schublade hatte, bleibt rätselhaft. Daß er das Stück weder vollenden noch orchestrieren konnte, erstaunt indessen weniger. Das Werk, das aus einem Sonatenallegro mit einer langsamen Einleitung, einem Adagio, einem Scherzo und einem Rondo-Finale besteht, ist in einem ziemlich fantasielosen musikalischen Idiom geschrieben, das für die Generation Beethovens typischer ist als für diejenige Schumanns (s. Finson 1982, 395–418). Und die langsame Einleitung ist mit einer reduzierten Besetzung für Holzbläser, Hörner und Streicher (ohne Trompeten, Pauken oder Posaunen) sehr sparsam instrumentiert. So bescheiden war Schumann nicht einmal bei seiner *Ouvertüre, Scherzo und Finale* gewesen. Nach dem überwältigenden Erfolg der breit angelegten 1. Sinfonie und dem Experiment mit der 4. Sinfonie war es für Schumann schlechterdings nicht möglich, die Zeit einfach auf eine frühere Phase der Gattungsgeschichte zurückzudrehen. Die Sinfonie c-Moll blieb also unvollendet bis auf das Scherzo, das Schumann in überarbeiteter Form für Klavier als Nr. 13 in *Bunte Blätter* op. 99 veröffentlichte. Gleichwohl erinnert diese verworfene Skizze eines ziemlich altmodischen Stücks daran,

wie sehr Schumann dem Fortschritt verpflichtet war: Bei aller Verwurzelung in der Tradition sah er die wichtigste Aufgabe der Sinfonie darin, die deutsche Musik voranzubringen. Ein Komponist mußte von den Prinzipien ausgehen, die Beethoven entwickelt hatte und mochte sich vielleicht auf Schubert berufen, doch mit einer bloßen Nachahmung älterer Stilrichtungen und Formen war es nicht getan. In seinen Kritiken der 1830er Jahre verlangte Schumann von der sinfonischen Tradition schöpferisches Umdenken – ein Anspruch, an dem er sich in den 1840er und 1850er Jahren selbst maß. Wenn er in dieser ehrgeizigen Phase das Publikum mit seiner 4. Sinfonie zu weit hinter sich gelassen hatte, so wartete er eben mit der Veröffentlichung, bis das ästhetische Empfinden sich weiterentwickelt hatte.

2. Sinfonie C-Dur op. 61

Von Ende 1841 bis Ende 1845 komponierte Schumann Werke anderer Gattungen, vor allem Kammermusik und sein Oratorium *Das Paradies und die Peri*. Unterdessen versuchte er weiter erfolglos, seine beiden unveröffentlichten Sinfonien zu publizieren, bis er 1845 schließlich *Ouvertüre, Scherzo und Finale* überarbeitete und verkaufen konnte. Wie schon 1841 fühlte er sich durch den Abschluß ermutigt, eine weitere Sinfonie in Angriff zu nehmen. Abermals ließ er sich durch eine Probe und Aufführung von Schuberts »großer« C-Dur-Sinfonie in den neu begründeten Dresdner Abonnementskonzerten am 6. und 9. Dezember 1845 inspirieren (Tb III, 408). Nur drei Tage später, am 12. Dezember, verzeichnen Schumanns Haushaltbücher »symphonistische Gedanken«, und am 17. Dezember heißt es: »1ster Satz fast fertig« (Tb III, 408). Zwischen dem 18. und 20. Dezember skizzierte Schumann das Scherzo, vom 21. bis 24. Dezember das Adagio und vom 25. bis 28. Dezember den letzten Satz (Tb III, 408 f.). Der Entwurf seiner 2. Sinfonie dauerte also mit etwas über zwei Wochen erheblich länger als die seiner Orchesterwerke im Jahre 1841, für die er nur knapp vier bis fünf Tage benötigte. Das Autograph (im Privatbesitz; vormals Sammlung Wiede 11/20) (Boetticher I, 632) gibt den Grund an: Es genügte

Schumann nicht mehr, für jeden Satz einen vollständigen Entwurf anzufertigen, sondern er notierte jetzt für einige Passagen mehrere alternative Versionen, vor allem beim Finalsatz (Finson 1986, 143–168). In seinem Tagebuch aus der Zeit kurz nach der Komposition der 2. Sinfonie im April 1846 erklärte er: »Ich habe das Meiste, fast Alles, das kleinste meiner Stücke in Inspiration geschrieben, vieles in unglaublicher Schnelligkeit, so meine 1ste Symphonie in B Dur in vier Tagen, einen Liederkreis von zwanzig Stücken ebenso, die Peri in verhältnismäßig ebenso kurzer Zeit. Erst vom Jr. 1845 an, von wo ich anfing alles im Kopf zu erfinden und auszuarbeiten, hat sich eine ganz andere Art zu componiren zu entwickeln begonnen« (Tb II, 402).

Nicht nur die Skizzen, auch die erste Ausarbeitung in Partitur dauerte bei op. 61 länger als bei den früheren Orchesterwerken. Einen Großteil des Januars 1846 saß Schumann über seinen *Vier Gesängen für Chor* op. 59, und erst am 12. Februar kehrte er wieder zur 2. Sinfonie zurück (Tb III, 413). Doch am 22. Februar notierte er »Nur kleine Fortschritte in d. Symphonie« (Tb III, 414) und ließ das Stück gut zwei Monate liegen. In dieser Zeit klagte er mehrfach über Anfälle von »Melancholie«. Am 5. Mai 1846 schließlich lesen wir, er habe sich die »Symphonie wieder vorgenommen«, und der erste Satz wurde am 8. Mai fertig (Tb III, 278). Schumann arbeitete noch einige Tage weiter, doch erneut zeigten sich gesundheitliche Probleme, und erst am 14. September 1846 beendete er das Scherzo (Tb III, 292). Das Adagio hingegen wurde etwas schneller fertig, nämlich am 21. September (Tb III, 327), während das komplizierte Finale ihn bis zum 19. Oktober beschäftigte (Tb III, 330). Unmittelbar anschließend, vom 20. bis zum 27. Oktober, unternahm Schumann mehrere Durchgänge an Überarbeitungen und Korrekturen, und während eines kurzen Aufenthalts in Leipzig vom 22. bis 24. Oktober sprach er mit Mendelssohn über die Möglichkeit, das neue Werk aufzuführen (Tb III, 330).

Ende Oktober war schließlich alles fertig, und Schumann schrieb an Mendelssohn: »Wenn die Notenschreiber hier Wort halten, so hoffe ich die Symphonie noch bis zum 5ten Concert fertig zu bringen. Eine Freude sollte mir's sein. Wäre es dann möglich, daß Sie schon Dienstag eine Probe

hielten, so kommen wir Montag; im andern Fall erst Dienstag. Darauf geben Sie mir wohl eine Zeile Antwort! – Eigenes Concert geben wir nicht« (27.10.1846, BNF, 260). Mendelssohn machte sich unverzüglich an die entsprechenden Vorbereitungen und schrieb an die Direktion der Gewandhaus-Konzerte: »Einem Briefe des Hrn. *Dr. Schumann* zu Folge hat er die Idee ein eignes Concert zu geben wieder aufgegeben, wünscht dagegen seine neue (M.S.) Symphonie im 5ten Abonnement-Concert aufgeführt. Da auf meinem Programm-Entwurf die *es dur* Symph. v. *Mozart* stand, für welche sich später gewiß noch Platz findet, so zweifle ich nicht, daß die neue Symph. v.[on] *Schumann* eine Bereicherung des Concert-Repertoirs ist, habe ihm daher geantwortet, daß ich bereit bin seine Symph. im 5ten Conc.[ert] anzusetzen, und bitte Sie, seiner Zeit, die Herren Directoren von dieser Veränderung in Kenntniß zu setzen« (Brief Felix Mendelssohns an Heinrich Dörrien vom 28. Oktober 1846, Mendelssohn-Briefe, 91 f.).

Die folgenden Ereignisse, wie sie sich aus Rezensionen, Briefen und Autographen rekonstruieren lassen, zeigen einmal mehr Schumanns gewissenhaft überprüfende Arbeitsweise bei der Orchestrierung sowie sein zielstrebiges Vorgehen beim »Vermarkten« seiner Sinfonien. Am 3. November 1846 traf das Ehepaar in Leipzig ein, wo bereits alle nötigen Vorbereitungen für die Aufführung getroffen waren: »Mendelssohn hatte durch sorgfältige Proben dafür gesorgt, daß Alles gut ging, und David, dem das Scherzo wie auch die hohen Kettentriller im Adagio eine derbe Nuss zu knacken gab hatte nicht eher geruht, als bis das Zusammenspiel seiner Violinen ebenso genau als rein und sauber war« (Dörffel I, 114). Das Konzert fand am Donnerstag, dem 5. November, statt: »Daß man der neuen Symphonie von allen Seiten mit gespanntesten Erwartungen entgegenkam, insbesondere von Seiten der Special-Verehrer Schumann's, lag in dem Ansehen begründet, das der Componist als Symphoniker gewonnen hatte« (Dörffel I, 114). Die Musiker aber murrten über die ungewohnt schwierige Partitur, und die Ereignisse unmittelbar vor der Aufführung der Sinfonie führten zum Streit: Mendelssohn hatte die Sinfonie ans Ende des Programms gesetzt, und im ersten Teil sollten Auszüge aus Webers *Euryanthe* und Rossinis *Guillaume Tell*, unter anderem die Ouvertüre, gespielt werden. Letztere erregte ein solches Aufsehen, daß das Publikum eine Wiederholung forderte, so daß der ohnehin schon lange Abend noch länger wurde. Endlich kam die 2. Sinfonie an die Reihe: Jetzt waren Zuhörer und Orchester jedoch ermüdet und das Werk wurde weniger begeistert aufgenommen, als sein Komponist erhofft hatte. In der Presse kam es daraufhin zu einer öffentlichen Auseinandersetzung über die Wiederholung der Rossini-Ouvertüre und die daraus resultierende Kränkung Schumanns. Zugleich hörte dieser aber auch, seine Orchestrierung lasse zu wünschen übrig, nahm deshalb die Partitur mit nach Dresden und gestattete sich vom 9. bis zum 12. November drei weitere Tage mit »Symphoniecorrecturen«. Am 13. kehrte er nach Leipzig zurück (Tb III, 331 f.), um am 16. November zusammen mit seiner Frau ein Sonderkonzert zu geben.

Bei dieser zweiten Aufführung setzte Mendelssohn die neue Sinfonie an den Anfang des Programms, um die Unzufriedenheit Schumanns und seiner Verehrer wiedergutzumachen. Das Orchester spielte das inzwischen vertraute Werk mit größerer Sicherheit, und die revidierte Orchestrierung kam hervorragend an.

Erfolgreiche Aufführungen wie diese zogen Verleger an, von denen Julius Kistner den Anfang machte. Schumann gab das Stück jedoch an Friedrich Whistling ab: »Zuerst wünschte ich etwas Schriftliches über unser Uebereinkommen wegen der Symphonie, über meine und Ihre Bedingungen etc., was wir ja ziemlich alles mündlich besprochen. Die Zahlung des Honorares setzen Sie bei *Ablieferung der Partitur*« (Brief an Fr. Whistling, 20.11.1846, Erler II, 10). Diese letzte Vereinbarung ergab sich daraus, daß Schumann das Stück – wie gewohnt – auch nach der zweiten Leipziger Aufführung noch einmal durchgehen wollte.

Wie schon seine Erste reichte Schumann auch die 2. Sinfonie mit einigen Monaten Verspätung beim Verlag ein. Das Autograph (US-NYpm Lehman Deposit, The Pierpont Morgan Library) zeigt, unter anderem, umfassende Revisionen der langsamen Einleitung zum ersten Satz, die Transposition der ursprünglichen C-Klarinetten-Stimmen nach B in den ersten drei Sätzen sowie eine

vollständige Uminstrumentierung des vierten Satzes. Zahlreiche überarbeitete Abschnitte finden sich in der Hand von Karl Gottschalk, Schumanns Dresdner Kopisten, dessen Honorierung der Komponist am 28. März 1847 notierte (Tb III, 344). Am selben Tag versprach er Whistling die fertige Sinfonie »in drei bis vier Wochen« (BV, 425, Nr. 1215), doch die Revision zog sich noch über weitere zwei Monate hin. Schumann sandte dem Verleger am 7. Mai nur die Streicherstimmen (BV, 427, Nr. 1227), am 9. Mai weitere Korrekturen zum ersten Satz (BV, 427, Nr. 1228), am 17. Mai die Holzbläserstimmen (außer den Klarinetten) (BV, 427, Nr. 1229b) und am 14. Juli die geänderten Holzbläserstimmen sowie die Partitur (BV, 429, Nr. 1246). Natürlich hatte er in dieser Zeit noch andere Projekte in Arbeit, und im Februar war er einen Monat lang mit seiner Frau auf Reisen. In jedem Fall arbeitete er zwischen Dezember 1846 und Juli 1847 nicht ausschließlich an den Revisionen von op. 61, doch scheint einige Zeit vergangen zu sein, bevor er seine Instrumentierung wieder anschaute (den Versand der Partitur schob er wegen einer Aufführung in Zwickau im Juni auf). Die Satzkorrektur der 2. Sinfonie folgte vom 27. September bis 19. Oktober 1847, und Anfang Dezember 1847 erschien das Stück im Druck.

Auch für die 2. Sinfonie wählte Schumann einen königlichen Widmungsträger: den schwedisch-norwegischen König Oskar I. (RSW, 265).

Bei ihrem Erscheinen erhielt die 2. Sinfonie gute Kritiken. Manche Rezensenten sahen sie gar als Meilenstein in Schumanns Laufbahn, wie etwa A. Dörffel: »Der Componist hat mit diesem Werke einen neuen Höhepunkt seines Schaffens erreicht. Während in seinen früheren Werken die Kraft, welche erfindet, die Phantasie, vorzugsweise thätig war und sich in ihnen die Schätze ihres Reichthums enthüllten, – die Kraft aber, welche gestaltet, die Kraft der Combination und objectiven Darstellung, hinter den Schwingen jener zurückblieb, so zeigen sich in den späteren Werken beide Kräfte in gleichem, ja selbst in entgegengesetztem Verhältniß zu einander« (NZfM 28, Nr. 17, 20.2.1848, 97). Doch das überschwenglichste Lob erschien später in einem in der *Neuen Zeitschrift für Musik* in Fortsetzungen veröffentlichten Essay von Ernst Gottschald (Robert Schumann's zweite Symphonie. Zugleich mit Rücksicht auf andere, insbesondere Beethoven's Symphonien. NZfM 32, Nr. 27 ff., April 1850, 137–139, 141–142, 145–148, 157–159). Dieser siedelt Schumanns 2. Sinfonie zuerst im Umfeld anderer zeitgenössischer Werke an, dann im Kontext der Sinfonien Beethovens – all dies in der Absicht, Schumann zu dessen direktem Nachfolger zu erklären: »Die Grundidee der neunten Symphonie, welche ist es? Frage bei Schumann's Zweiter Symphonie an, sie wird Dir Rede stehen, und sagen, ›Das ist mein Vorbild, wir sind zum Preise einer und derselben Idee geschaffen‹! In der That das sieggekrönte Ringen des einzelnen Subjects nach vollständigster Durchdringung mit und absolutem Aufgehen in liebevoller geistiger Allgemeinheit ist auch die Idee der neunten Symphonie« (NZfM 32, Nr. 31, 16.4.1850, 158).

Gottschalds Vergleich zwischen Beethovens 9. und Schumanns 2. Sinfonie ist freilich weniger weit hergeholt, als er zunächst erscheinen mag. Anthony Newcomb bemerkt, die 2. Sinfonie C-Dur folge dem aufs Finale hin ausgerichteten archetypischen Bauplan des triumphal ausgehenden Kampfes gegen Widerstände, wie er sich in Beethovens 5. und 9. Sinfonie finde (Newcomb 1984, 234). Und Schumann selbst schrieb über sein Werk an den Hamburger Dirigenten Georg Dietrich Otten: »Die Symphonie schrieb ich im December 1845 noch halb krank; mir ist's, als müßte man ihr dies anhören. Erst im letzten Satz fing ich an mich wieder zu fühlen; wirklich wurde ich auch nach Beendigung des ganzen Werkes wieder wohler. Sonst aber, wie gesagt, erinnert sie mich an eine dunkle Zeit« (Brief an Georg Dietrich Otten, 2.4.1849, Erler II, 73).

Die langsame Einleitung zum ersten Satz, die erst nach dem Entwurf der übrigen Teile entstanden war, beginnt ähnlich wie die 4. Sinfonie mit der Suche nach einem Thema, zwischen Dur und Moll changierend. Sie nimmt das Schlußmaterial und das punktierte Hauptthema des ersten Satzes vorweg und führt unmittelbar ins Allegro, das mit seinen ausgesprochen ungleichmäßigen Rhythmen gereizt wirkt. Das zweite Thema (T. 73–91) moduliert nach Schubertscher Manier, beginnend in Es-Dur und mit Wiederholung des gleichen Materials in G-Dur (T. 85), während die Schlußgruppe (T. 92–104) mit Motiven aus dem Hauptthema endet. Die Durchführung (T. 105–244) ist

nicht nur recht umfangreich, sondern auch – vor allem in der Zurückleitung – von dramatischer Rhetorik geprägt. Hier arbeitet Schumann Material aus der langsamen Einleitung über einem langen, verhaltenen Orgelpunkt auf der Dominante um, der dann im Tutti, akzentuiert von Blechbläsern und Pauken, spannungsreich in das Hauptthema mündet. Die umfangreiche Coda (T. 308–391) endet in beinahe martialischen Trompetenfanfaren.

Das Scherzo, das wie in Beethovens Neunter unmittelbar auf den ersten Satz folgt, hat wie sein Vorbild etwas geradezu Dämonisches. Dies liegt allerdings nicht an seinen Moll-Harmonien, seinem dramatischen Beginn oder seiner Folge von imitativen Sequenzen, sondern an den Gefahren, die den Violinen bei den virtuosen Streicher-Figurationen drohen. Gilt dies schon für das eigentliche Scherzo mit seinem vorgeschriebenen Tempo von MM. [Viertelnote] = 144 (die Violinen haben hier Sechzehntel zu spielen), dann um so mehr für die Coda (T. 360 ff.), die bei den meisten Aufführungen noch im Tempo anzieht. Eine Atempause gönnen die beiden Trios – im ersten spielen die Holzbläser Staccato-Triolen, das zweite, in *legato*, gewährt den Violinen mehr Ruhe. Im Ganzen aber ist das Scherzo »eine derbe Nuss zu knacken«: Seine Dramatik, wenn auch nicht ganz so furios wie bei den Scherzi in Beethovens 5. und 9. Sinfonie, ist ähnlich aufgeregt wie diese.

Das Adagio erhält seine düstere Stimmung durch seinen bewußt unzeitgemäßen Bezugsrahmen. Sein Hauptthema ist vielfach als Anspielung auf Bach interpretiert worden, genauer: auf Melodien aus dem Largo im *Musikalischen Opfer* oder (etwas entlegener) aus der Arie der *Matthäuspassion* »Erbarme dich« (Maaß 1998, 98–100). Lassen wir diese Frage einmal beiseite, scheint Schumann mit seinem Hauptthema jedoch tatsächlich einen »Affekttypus« in Moll heraufzubeschwören, der die »dunkle Zeit« spiegelt, in der die Sinfonie entstanden ist. Das Nebenthema (T. 26–35) setzt – obgleich im üblichen Dur – den klagenden Ton des Satzes fort, und der Schlußteil (T. 36–61) wendet sich wieder Motiven aus dem Hauptthema zu. In dem im fugierten Stil gehaltenen durchführenden Zwischenspiel (T. 62–73) unterstreicht Schumann die Bach-Anklänge des Hauptthemas mit einem Thema, das über Marpurgs *Abhandlung von der Fuge* durchaus mit dem *Musikalischem Opfer* in Verbindung gebracht werden kann. Schumann hatte Marpurg konsultiert, als er seine *Studien für den Pedalflügel* op. 56, seine *Skizzen für den Pedalflügel* op. 58 und seine *Sechs Fugen über den Namen BACH* op. 60 komponierte – jene Stücke also, die unmittelbar vor der Skizze für op. 61 entstanden (Maaß 1998, 103). Nach den energiegeladenen Anfangssätzen sorgt der langsame Satz also für ein recht melancholisches Zwischenspiel.

Beispiel 6

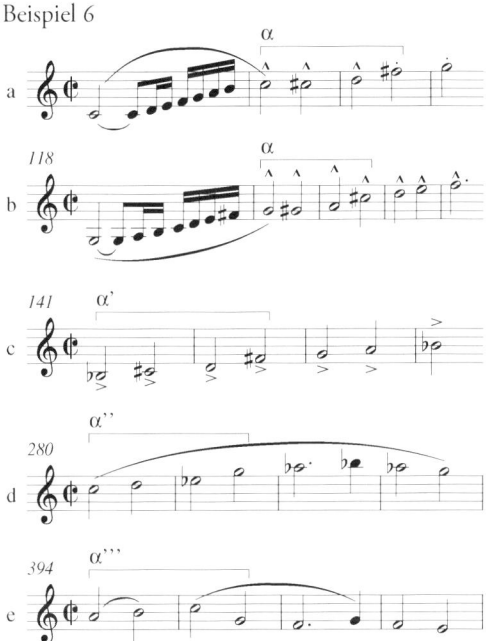

Das Finale der 2. Sinfonie kann als Schumanns technische Meisterleistung auf dem Gebiet der Sinfonie angesehen werden. Ursprünglich hatte der Komponist das Ende des dritten Satzes mit »attacca« bezeichnet, um den dramatischen Kontrast zwischen dem verhaltenen Schluß des dritten und dem ausgelassenen Anfang des vierten Satzes hervorzuheben. Dieser fröhliche Ausbruch leitet eine schwungvolle Rondo-Form ein, die wie folgt skizziert werden kann: A (Hauptthema in C-Dur, 5–46), Überleitung (47–62), B (Nebenthema + Schlußgruppe in G-Dur, 63–104), A (verkürztes Hauptthema in C-Dur, 105–117), C (Durchführung, 118–358; Rückführung über G-Dur-Orgelpunkt, 359–393), A' (»Ausbruch«, variiert in C-Dur, 394–450), B (Nebenthema in C-Dur, 451–

473), A'' (Coda in C-Dur, 493–589). Doch über solche Schemata ist der Raffinesse von Schumanns thematischer Arbeit nicht beizukommen. Der Komponist zitiert an vielen Stellen Material aus den vorangegangenen Sätzen: Das überleitende Material (T. 47–62) ist aus dem Scherzo abgeleitet, das zweite Thema (T. 63–92) aus dem Adagio, und in der Durchführung verwandelt sich das Kopfmotiv der Eröffnung nach und nach in eine Choralmelodie (siehe Beispiel 6), die in verschiedenen Variationen präsentiert wird. Das Finale ähnelt also in mehrfacher Hinsicht dem Finalsatz von Beethovens 9. Sinfonie: Es dient als triumphaler Schluß, zitiert Passagen aus vorausgehenden Sätzen und variiert ausgiebig eine kantable Melodie.

Damit sind die Parallelen zwischen Schumanns 2. Sinfonie und Beethovens Neunter freilich auch schon erschöpft. Ersteres Werk bleibt überwiegend in Dur, letzteres in Moll. Schumanns Stück ist erheblich kürzer als das von Beethoven und nicht annähernd so gewaltig. (Das aggressive Dreinschlagen des älteren Komponisten lag dem sanfteren Naturell seines poetischen Nachfolgers fern.) Schließlich fehlt dem Schumannschen Werk der Chor, eine Tatsache, die Gottschald an der 2. Sinfonie als bemerkenswert heraussticht: »Ludwig konnte es noch nicht mit den bloßen Instrumenten, er mußte von der Dichtkunst das Wort borgen, R o b e r t   v o l l b r i n g t ' s   z u m   e r s t e n   M a l e   m i t   d e n   b l o ß e n   I n s t r u m e n t e n« (Robert Schumann's zweite Symphonie. Zugleich mit Rücksicht auf andere, insbesondere Beethoven's Symphonien. NZfM 32, Nr. 31, 16.4.1850, 159). Was die beiden Werke allen Unterschieden zum Trotz jedoch verbindet, vor allem im Finale, sind die offene Anschaulichkeit der Form und der thematischen Verarbeitung, die zum Markenzeichen der deutschen Sinfonik des 19. Jahrhunderts geworden sind: wo nämlich »Schlag auf Schlag die Ideen wechselnd erscheinen und doch durch ein inneres geistiges Band verkettet« sind.

3. Sinfonie Es-Dur op. 97

Nach der Veröffentlichung von op. 61 wandte sich Schumann anderen Gattungen zu: der Oper, Werken für Chor und zugleich seiner neuen Aufgabe als Chorleiter. Doch vieles deutet darauf hin, daß sein größter Ehrgeiz nach wie vor der Sinfonie galt, wie etwa seine Bewerbung um die Position des musikalischen Leiters der Gewandhauskonzerte im Sommer 1849 zeigt. Als sie erfolglos blieb, erfüllte er sich seinen Traum von der Dirigentenlaufbahn, indem er Ferdinand Hillers Einladung als Städtischer Musikdirektor nach Düsseldorf annahm – eine Stellung, welche die Leitung von Abonnementskonzerten und eines Chores, die Aufführung von Kirchenmusik an hohen Festtagen für die zwei großen katholischen Kirchengemeinden sowie Verpflichtungen beim jährlich stattfindenden Niederrheinischen Musikfest umfaßte. All dies folgte auf die politischen Umwälzungen des Jahres 1848, den Dresdner Mai-Aufstand von 1849 und die allgemeinen Bestrebungen nach einem vereinten Deutschland samt dem sie begleitenden Nationalismus.

Die Schumanns hegten starke Sympathien für die republikanische Sache, wenn sie auch nicht so weit gingen wie Wagner, der aus Sachsen wegen seiner politisch radikalen Auffassungen ins Exil fliehen mußte. Clara notierte während des Dresdner Aufstands in ihrem Tagebuch: »So müssen sich die Menschen das bißchen Freiheit erkämpfen! wann wird einmal die Zeit kommen, wo die Menschen alle gleiche Rechte haben werden? wie ist es möglich, daß der Glaube unter den Adligen, als seien sie andre Menschen als wir Bürgerlichen, so eingewurzelt durch so lange Zeiten hindurch sein konnte!« (Litzmann II, 189). Robert drückte seine politischen Sympathien in seiner Musik aus, nach der altbewährten deutschen Tradition, auf kulturellem Wege einzufordern, was die politische Tat nicht erzwingen konnte. Trat Schumann für seine Ziele auch weniger offensiv ein als Wagner (der für seine radikalen Ansichten einen hohen Preis zahlte), so war sein Patriotismus doch kaum weniger inbrünstig. Er verband sich vor allem mit der Sinfonie: »Wenn der Deutsche von Sinfonien spricht, so spricht er von Beethoven: die beiden Namen gelten ihm für eines und unzertrennlich, sind seine Freude, sein Stolz. Wie Italien sein Neapel hat, der Franzose seine Revolution, der Engländer seine Schiffahrt usw., so der Deutsche seine Beethovenschen Sinfonien; über Beethoven vergißt er, daß er keine große Mahlerschule aufzu-

weisen, mit ihm hat er im Geist die Schlachten wieder gewonnen, die ihm Napoleon abgenommen; ihm wagt er selbst Shakespeare gleich zu stellen« (GS I, 424). Dieser Artikel über »Neue Sinfonien für Orchester« stand als Ermahnung an die neue deutsche Komponistengeneration, sich Beethoven zum Vorbild zu nehmen. Besonders offensichtlich wird Schumanns leidenschaftlicher Kulturpatriotismus in seinen Anspielungen auf die verhaßte Vorherrschaft der Franzosen – ein Haß, der die Entwicklungsjahre des Heranwachsenden (wie auch bei Wagner und Mendelssohn) durchgehend geprägt haben dürfte.

Als Schumann daher als Musikdirektor nach Düsseldorf kam, wollte er nicht nur der neuen Heimat seine Sympathie bekunden, sondern auch sein unerschütterliches nationales Denken ausdrücken. Beides wurde durch seine Reisen innerhalb der Region gestärkt, deren wichtigste die beiden Besuche Kölns darstellten. Ein erster kurzer Aufenthalt dort erfolgte im Herbst 1850, wie Clara berichtet: »Sonntag, den 29., fuhren wir zu unsrer Zerstreuung nach Köln, das uns gleich beim ersten Anblick von Deutz aus entzückte, vor allem aber der Anblick des grandiosen Domes, der auch bei näherer Besichtigung unsere Erwartungen übertraf« (Litzmann II, 227). Ein zweiter, längerer Ausflug wurde vom 4. bis 6. November aus Anlaß einer Aufführung des Klavierkonzerts unternommen. An ihrem Abreisetag besuchten die Schumanns erneut den Dom: »Früh Austernkeller. – Dann in d. Dom« (Tb III, 544). Wasielewski, der persönlich ausgewählte Düsseldorfer Konzertmeister und erste Biograph des Komponisten, berichtet darüber: »Schumann erhielt seiner Aeußerung zufolge den ersten Anstoß zu [der 3. Sinfonie] durch den Anblick des Cölner Domes« (Wasielewski ²1869, 234). In seinen Haushaltbüchern notiert Schumann, daß er die ersten Skizzen am 7. November« 1850 begann, unmittelbar nach der Rückkehr von seiner zweiten Fahrt nach Köln (Tb III, 544). Der Kölner Dom besaß im 19. Jahrhundert größte Bedeutung als politisch-kulturelles Symbol deutscher Einheit. Der Bau wurde 1248 begonnen, jedoch nicht vollendet. Erst 1842 stellte die preußische Regierung dann nahezu die Hälfte der Mittel für die Wiederaufnahme der Bauarbeiten zur Verfügung, die 1880 abgeschlossen wurden.

Zur Symbolik des Doms schrieb Wasielewski

weiter: »Während der Composition [der 3. Sinfonie] wurde der Meister dann noch durch die, in jene Zeit fallenden, zur Cardinalserhebung des Cölner Erzbischofs v. Geißel stattfindenden Feierlichkeiten beeinflußt. Diesem Umstande verdankt die Symphonie wohl geradezu den fünften, in formeller Hinsicht ungewöhnlichen Satz (den vierten der Reihenfolge nach), ursprünglich überschrieben, ›Im Charakter der Begleitung einer feierlichen Ceremonie‹« (Wasielewski ²1869, 234 f.). Die Zeremonie fand am 12. November 1850 statt, Schumann skizzierte den vierten Satz nicht vor Ende des Monats. Wir haben also allen Grund zu der Annahme, daß die politische Symbolik, die in der Erhebung eines Deutschen in ein hohes geistliches Amt lag, Schumann ebenfalls inspiriert hat.

Die politische Bedeutung einer Anregung durch den Kölner Dom und seinen herausgehobenen Geistlichen ist freilich nur ein Aspekt des Kulturpatriotismus der 3. Sinfonie: Ihr getragener, feierlicher Ton ist nur eine und nicht einmal die vorherrschende ihrer Eigenschaften. Die Bezeichnung »rheinisch« erwarb sich die Sinfonie nach Wasielewski aus folgendem Grund: »In Betreff des Charakters der anderen Sätze fügte er [Schumann] hinzu: ›es mußten volksthümliche Elemente vorwalten, und ich glaube es ist mir gelungen‹, was auch auf zwei Stücke (nämlich das zweite und fünfte), in ihrer planen, und im guten Sinne, so weit das bei Schumann überhaupt möglich war, populären Haltung, mindestens Anwendung finden dürfte« (Wasielewski ²1869, 235). In seinen Briefen an den Verleger Simrock deutete der Komponist selbst indirekt den »populären« und regionalpatriotischen Charakter seines Werkes an: »Es hätte mich gefreut, auch hier am Rhein ein größeres Werk erscheinen zu sehen, und gerade diese Symphonie, die vielleicht hier und da ein Stück Leben wiederspiegelt« (19.3.1851, Erler II, 138). Schumann heuchelt hier freilich ein wenig, denn er hatte das Stück allerdings unmittelbar nach seiner Fertigstellung im Dezember 1850 bereits dem damals in New York ansässigen Hamburger Verleger Julius Schubert angeboten und ihm bis zum 1. März 1851 ein Vorkaufsrecht eingeräumt (BV, 499, Nr. 1753). Doch Schubert hatte abgelehnt: »Für die Cello Stücke [op. 102] & d Sinfonie hab ich augenblicklich keine Kräfte« (Brief Julius und Fritz Schuberths an Schumann, 27.12.1850,

Corr. Bd. 22, Nr. 4079). Gleichwohl waren die Bemerkungen Schumanns über die lokale Natur der Sinfonie gegenüber Simrock ehrlich gemeint, und in den *Signalen für die Musikalische Welt* hieß es denn auch nach der Premiere: »Der durchgehende Hauptcharakter des sehr bedeutenden Werkes scheint uns als ein volksthümlicher intendirt zu sein, da die melodischen Elemente bei einer durchweg selbständigen und künstlerisch edlen Formation meisthin das einfach Kräftige und Frappante eines Volksgesanges ausdrücken, wie vornehmlich im zweiten and fünften Satze« (Signale 9, Nr. 8, 20.2.1851, 74).

Das Ausmaß des Nationalgefühls und des volkstümlichen Tons in der 3. Sinfonie erklärt vielleicht auch die ungewöhnliche Kompositionsreihenfolge der Sätze. Wie bei der 2. Sinfonie schrieb Schumann mehrere vollständige Entwürfe für die verschiedenen Sätze (*F-Pc*, Mss. 329, 334, jetzt in F-Pn, *Départment de la musique*): Doch anders als bei jener entstand dieses Werk Satz für Satz jeweils zunächst als Skizze, dann als Partitur. So entwarf Schumann den ersten Satz vom 7.–9. November 1850, um ihn vom 11.–23. November in Partitur auszuarbeiten. Das Skizzieren und Instrumentieren von Scherzo und »Allegretto« (dritter Satz) überlappte (25.–28. November), während Schumann den Abschluß der Instrumentierung in seinem Autograph (D-B, Mus. ms. autogr. R. Schumann 12) auf den 29. November bzw. 1. Dezember datierte. Die letzten beiden Sätze entstanden in besonders engem zeitlichen Zusammenhang: Das Adagio (vierter Satz) skizzierte Schumann am 1., das Finale am 4. Dezember, während er die Instrumentierung des Ersteren am 5. und dies des Finales am 9. Dezember zu Ende brachte (Zusammenfassung der Chronologie in RSA I/1/3, 183). Zudem belegen die Skizzen laut Linda Correll Roesner, »daß Schumann bereits bei der Skizzierung des dritten Satzes die Idee zu einem Thema für den fünften Satz (T. 26 ff.) und damit auch die zum Hauptthema des vierten Satzes – formal ähnlich dem Wiederauftauchen dieses Themas im fünften Satz – hatte« (RSA I/1/3, 185). Dieser besonders eng miteinander verzahnte Entstehungsprozeß der Einzelsätze erklärt vielleicht den inneren Zusammenhalt der 3. Sinfonie, die sowohl auf thematische Zyklusbildung wie auf eine »volkstümliche« Wirkung baut.

Nachdem Schumann die Partitur wie gewohnt am 12. Dezember 1850 noch einmal durchgegangen war, sandte er sie an Carl Gottschalk in Dresden, um Stimmen für eine Aufführung in Düsseldorf kopieren zu lassen (BV, 499, Nr. 1746). Sie waren nicht vor Ende Januar fertig, und so plante Schumann das Stück für das Abonnementskonzert in Düsseldorf am 6. Februar 1851 ein. Doch dies war nur die erste Anhörprobe: Unmittelbar danach überarbeitete er die Partitur (Tb III, 553) wie er es schon bei den früheren Sinfonien gehalten hatte und nahm ein Aufführungsangebot für den 25. Februar in Köln an, was vorbereitende Revisionen am 15. und 22. Februar nötig machte (Tb III, 553 f.). Dann wiederholte Schumann das Stück am 13. März 1851 in Düsseldorf und nahm danach abschließende Publikationsverhandlungen mit Simrock auf. Auch bei dieser Sinfonie finden wir also Schumanns typische Arbeitsweise, um der Instrumentation den letzten Schliff zu geben.

Nachdem Partitur und Stimmen der 3. Sinfonie im Laufe des Oktober 1851 gedruckt worden waren, erschien sie endlich in Leipzig, wo sie freundlich aufgenommen wurde (die Berichte aus Düsseldorf und Köln waren gemischt gewesen). Die *Neue Zeitschrift für Musik* ehrte die Publikation mit einer groß herausgestellten Rezension von Theodor Uhlig: »Mit Vergnügen berichten wir zuerst, daß wir in den Befürchtungen, die wir in Bezug auf die neue Symphonie Schumann's zu hegen veranlaßt worden waren, nach Durchsicht derselben uns insofern einigermaßen getäuscht gefunden haben, als zwar dieses Werk nicht nur in der hinreichend bekannten Art und Weise des Componisten überhaupt, sondern auch in der nämlichen musikalischen Manier gehalten ist, welche die Compositionen seiner neuesten Epoche charakterisirt, gleichwohl aber innerhalb dieser Manier verhältnißmäßig klar, wenigstens viel klarer erscheint, als die Berichten vom Rheine her vermuten ließen, sowie von einer außerordentlichen Gestaltungskraft (weniger jedoch von einer starken melodischen Erfindungskraft) des Componisten zeugt, und von einer sehr bedeutenden Wirkung im Ganzen wie im Einzelnen sein muß« (NZfM 36, Nr. 11, 12.3.1852, 117). Sodann gibt Uhlig einen kurzen Abriß der Sinfoniegeschichte, in der Schumann (vor allem mit seiner 2. Sinfonie) als direkter Nachfolger Beethovens erscheint, und

in welcher der Kritiker die Abfolge der Sätze in der traditionellen Sinfonie anhand von Schumanns fünfsätzigen Schema diskutiert. Uhligs Haupteinwand gegen die 3. Sinfonie galt dem *lieto fine*: »Der 5te Satz erscheint uns musikalisch sehr unbedeutend und in der Form vollständig verfehlt« (NZfM 36, Nr. 12, 19.3.1852, 133).

Als Schumanns »typischste« Sinfonie bietet die Dritte formale wie klangliche Innovationen, die auf der sinfonischen Tradition aufbauen. Häufig wird auf die grundlegende fünfsätzige Struktur des Werkes hingewiesen, die es bekanntlich schon vorher gab: Beethovens 6. Sinfonie (*Pastorale*) und Berlioz' *Symphonie fantastique*. Beide Stücke waren auch in anderer Hinsicht vorbildhaft: Beethovens Sechste hatte starke außermusikalische Bezüge von ländlichem, gelegentlich volkstümlichem Charakter, und Berlioz vertauschte in seiner noch expliziter programmatischen *Symphonie fantastique* die übliche Reihenfolge von langsamem Satz und Scherzo. Sein Werk zeigt den Einfluß Beethovens in seiner Verwendung populären Materials und dem fünfsätzigen Aufbau; der vierte Satz dient bei beiden Komponisten als Vorbereitung auf den fünften. Bei Schumann ist natürlich der bewußte *stile antico* im vierten Satz neu, wie auch dessen direkte thematische Verknüpfung mit der Durchführung des fünften Satzes (die beiden bilden sozusagen ein Paar: feierliche Einleitung und triumphales Finale). Die ursprüngliche Bezeichnung für den vierten Satz (»Im Character der Begleitung einer feierlichen Ceremonie«) hat Schumann in der Druckfassung unterdrückt, doch der durch den streng angewandten Kontrapunkt der fünf Gattungen und die Orchestrierung entstehende kirchenmusikalische Ton (»die Instrumentation an und für sich [erinnert] unmittelbar an den Orgelklang der christlichen Kirche«, so Uhlig) macht den Bezug auch ohne direkten Hinweis deutlich. Reinhard Kapp erläutert überzeugend, daß ein nach der Premiere in der *Rheinischen Musik-Zeitung* erschienenes Programm »aus dem engeren Schumannkreis« stammt (es ist in seinem Aufsatz über das Stück abgedruckt – Kapp 1981, 188–190).

Das Hauptthema des ersten Satzes trägt seinen volkstümlichen Charakter vom ersten Ton an vor sich her – jedoch nicht in Form einer volksliedhaften Melodie, sondern in einem springenden Fanfarenmotiv, das Schumann mit einem »lebhaften« Hemiolenrhythmus (drei Betonungen innerhalb von zwei Takten, also ein 3/2- statt des eigentlichen 3/4-Metrums) kombiniert. Zunächst liegt dieses Motiv in den Violinen, doch schließlich setzt zum Orchestertutti (T. 21 ff.) das Horn ein und kündet von einer ländlichen Gegend – geprägt nicht von pastoraler Entspannung, wie in Beethovens Sechster, sondern von einem tatkräftigen Geist, wie es dem mächtigen Rheinstrom gebührt. In dem zeitgenössischen Programm in der *Rheinischen Musik-Zeitung* klingt dies so: »Die neue Tondichtung unseres verehrten Componisten beabsichtigt wohl nicht einen heroischen Charakter: sie entrollt uns vielmehr […] ein Stück rheinisches Leben in frischer Heiterkeit« (Kapp 1981, 189). Schumanns formaler Ansatzpunkt für die Exposition dieses Sonatensatzes ist gleichermaßen einfallsreich: Statt sich an den üblichen Ablauf von Hauptthema, Überleitung, zweitem Thema, Schlußgruppe und dann einer Reprise der gesamten Exposition zu halten, wiederholt er jeden dieser Abschnitte einzeln. Wir hören also Hauptthema (T. 1–20), Überleitung (T. 21–56), Hauptthema wiederum in Es-Dur (T. 57–76), Überleitung (T. 77–94), und erst dann werden Nebenthema und Schluß zweimal gespielt (T. 95–126 bzw. 127–165). Und wie in vielen anderen seiner nach der Sonatensatzform aufgebauten Werke erreicht Schumann die Dominante über die Mediante, indem er sein Seitenthema (T. 95–110, 127–142) in c-Moll faßt, bevor das Ende der Exposition in B-Dur erreicht ist. Dieser erste Satz strahlt jene nationale Begeisterung und Vitalität aus, die Schumanns erste Jahre in Düsseldorf bestimmten.

Der zweite, mit »Scherzo« überschriebene Satz in C-Dur kommt einem ländlichen Fest recht nahe, mit seinen beharrlichen Orgelpunkten und den wichtigtuerisch stampfenden Tanzrhythmen im ersten Abschnitt, die Volkstümlichkeit symbolisieren. Das »Programm« in der *Rheinischen Musik-Zeitung* spricht sogar von »ein[em] behäbige[n] Rheinlandleben: man denkt an schöne Wasserfahrten zwischen rebengrünen Hügeln und freundliche Winzerfeste« (Kapp 1981, 189). Das erste Trio (T. 17–32) in dieser episodischen Form nimmt eine Sechzehntel-Stakkato-Figur auf, die im vierten Satz als Material für das Kopfmotiv des kontrapunktischen Themas wiederkehrt (was

zweifellos damit zusammenhängt, daß Schumann an mehreren Sätzen parallel gearbeitet hat). Der Satz ist nicht als Rondo aufgebaut: Das zweite Trio in a-Moll (T. 33–48) folgt unmittelbar auf das erste, jedoch mit einem ruhigeren Thema. Dieser harmonische Seitensprung leitet wiederum eine Anspielung auf das eigentliche Scherzo in A-Dur (T. 49–56) ein, bevor das zweite Trio schließt (T. 57–78). Eine Reprise des eigentlichen Scherzos in der Grundtonart C (T. 79–133) beendet die Sequenz. Diese Beschreibung kann Schumanns motivischem und formalem Erfindungsgeist freilich kaum gerecht werden, denn er arbeitet in jedem Abschnitt des Satzes Material aus vorangegangenen Abschnitten kontrapunktisch ein. Damit erscheint, was ursprünglich kontrastierende Episoden waren, wie ein organisch aus dem Augenblick heraus entwickeltes Ganzes, und deshalb – ebenso wie wegen seines folkloristischen Tons – ist dieser Satz vielleicht Schumanns am stärksten durchgeformtes Scherzo.

Der dritte Satz zeigt, wenn man dem zeitgenössischen Programm folgt, eine leicht distanzierte, impressionistische Ader: »Der Tondichter lehnt sinnend sein Haupt in's alte Burgfenster: holde Träume durchwogen seine Seele!« (Kapp 1981, 189). Der Satz, obgleich lyrisch und sanft im Ton, und obwohl er in Klarinetten und Fagotten *cantabile* beginnt, bietet uns kein unzweideutiges »Lied ohne Worte« nach Art der Romanza in der 4. Sinfonie. Schumann weckt auch keine patriotischen Gefühle durch Hornmotive oder Orgelpunkte, mit denen er im ersten bzw. zweiten Satz die rheinische Gegend aufscheinen läßt. Nein, dieser Satz erinnert viel eher an die »Idylle« im langsamen Satz der 1. Sinfonie. Wie schon im zweiten Satz finden wir auch hier überlappendes Material, das auf organische Weise präsentiert wird: Das Hauptthema wird von einer schnelleren Sechzehntelfigur abgelöst (T. 5 ff.), die Schumann später erneut mit dem ersten Thema verbindet. Dasselbe Material kehrt außerdem in leicht variierter Form im Hauptthema des Finales wieder (auch das Resultat des teilweise parallelen Entstehungsprozeß der Binnen- wie der beiden letzten Sätze). Die »kontrastierende Episode« dieses Satzes enthält skalenförmiges Material (T. 18 ff.), das Schumann mit der bereits erwähnten, unbeschwerteren Sechzehntelfigur kombiniert: ein

sanfter, gefälliger Effekt als kurze Atempause inmitten der aggressiveren ersten und der gewichti-
geren Schluß-Sätze.

Wer von Anfang berücksichtigt, daß vierter
und fünfter Satz in musikalischer wie dramatischer
Hinsicht zusammengehören, vermeidet den Fehler
Uhligs, der den fünften Satz als unangemessen
frivol bezeichnete. Rein kompositionstechnisch
gesehen, gehen die beiden Sätze in Schumanns
Skizzen unmittelbar ineinander über. Das Hauptthema des fünften steht direkt unter den letzten
Akkorden des vierten Satzes, nicht einmal ein
Tempowechsel wird angezeigt (siehe F-Pn, Mss.
329, 7ʳ). In Analysen wird häufig darauf verwiesen,
daß in der Durchführung des fünften Satzes (T.
98 ff.) das Fugenthema des vierten Satzes mit Motiven aus der Exposition verbunden wird. Wahrscheinlich orientierte sich Schumann dabei an
Beethovens 6. Sinfonie, deren vierter Satz (»Ge-
witter, Sturm«) den fünften (»Frohe, dankbare
Gefühle nach dem Sturm«) vorbereitet. Das inof-
fizielle Programm für die 3. Sinfonie in der *Rheinischen Musik-Zeitung* legt diese Beziehung jedenfalls nahe. Über den Abschluß des vierten Satzes
heißt es dort: »Alles gipfelt sich in kunstvoller Figuration bis zum enharmonisch aus *es moll* ver-
setzten Solo-Eintritt aller Bläser in *h-dur* – die
Posaunen voran, wie drei behäbige Prälaten, den
Segen ertheilend […] worauf es wieder wie Orgelklang leise zurückwallt in's verhallende *Es moll*.
Fünfter Satz. Lebhaftes Finale (*es dur*, 4/4) mit
frischem, weit ausgesponnenen Einleitungsthema,
in welches sich die Tongeister der vorigen Sätze
verflechten. Es ist Alles in's Freie hinausgeeilt und
erfreut sich am lustigen Abend der Erinnerung«
(Kapp 1981, 189). Obwohl das Programm den Inhalt von Beethovens 6. Sinfonie nicht erwähnt,
besitzt die Idee des Kontrasts zwischen den dunklen Tönen der »langsamen Einleitung« und der
freudigen Feier im »Allegro« bei Schumann wie
bei Beethoven eine ähnlich dramatische Wirkung.
Auch das Bild eines priesterlichen Segens zum
Ende eines Gottesdienstes, bevor die Gläubigen
sich in angeregter Unterhaltung vor der Kirche
versammeln, ist durchaus vergleichbar.

Seinem Finale gab Schumann die übliche So-
natenallegroform, wenn auch ohne Wiederholung
der Exposition. Vielleicht entwickelt er sein thematisches Material darum etwas anders als sonst.

Im Entwurf nennt er die erste Doppelperiode (T.
1–16), ganz normal, »Thema I«, »Thema II« aber
(T. 17–26) verläßt die Tonart Es-Dur nicht, ebenso
wenig wie »Thema IIa« (T. 27–38). Die Überlei-
tung nach B-Dur beginnt erst in Takt 47, wo die
»Nebengruppe« die Themen II und IIa in der
Dominante variiert wiederholt (T. 57–79). Erst an
dieser Stelle präsentiert der Komponist seine
Schlußgruppe mit den Tonwiederholungen (T.
80 ff.), die ohne klare Kadenz ins Zentrum der in
Takt 106 beginnenden Durchführung einmündet.
Wie in den vorangegangenen Sätzen demonstriert
Schumann auch hier in seiner Organisation des
Materials eine durch die subtil »organische« Entfaltung bedingte formale Anschaulichkeit – ein
Höhepunkt seiner meisterhaften Kompositionstechnik. Schließlich treten auch die Hornmotive
wieder auf und sorgen, im Verein mit den ausgelassenen Rhythmen und der bewegten Harmonie,
für ein Resümee und den Abschluß der gesamten
»nationalen« Sinfonie.

Schumanns sinfonisches Erbe

In der sinfonischen Gattungsgeschichte steht
Robert Schumann in direkter Linie zwischen
Beethoven und Schubert am Anfang des 19. Jahrhunderts und Brahms, Mahler, Franck, Saint-
Saëns und Tschaikowsky an seinem Ende. Deutliches und unverwechselbares Zeichen für Schumanns Beitrag zur Gattung ist, daß er Beethovens
thematische Zyklusbildung in Verbindung mit
ihren programmatischen und dramatischen Folge-
rungen weiterentwickelt. Daß er Material in aufeinander folgenden Sätzen variiert wieder auftreten
ließ, erweckte den Eindruck, als seien Sinfonien
– um Schumanns Metapher zu verwenden – No-
vellen vergleichbar, in denen die Charaktere immer wieder in wechselnden Situationen erscheinen. Ob man hier nun von einem echten narrativen »Plot« oder eher von dessen musikalischer
Analogie sprechen kann: Der Kunstgriff erlaubte
es Generationen von Sinfonikern, die von Carl
Dahlhaus apostrophierten »höheren Ideale der
Tonkunst« für die Instrumentalmusik zu beanspruchen, so daß diese nicht bloß der Literatur
ebenbürtig sei, sondern diese an intellektuellem

Bestreben sogar übertreffe. Diese Vorstellung von der Überlegenheit der Musik kann erklären, warum Schumann, wie viele seiner erfindungsreichen Nachfahren, seine Sinfonien unbedingt von expliziten programmatischen Bindungen (unabhängig von der Rolle außermusikalischer Inspiration) freihalten wollte, in dem Glauben, so erst recht die intellektuelle Fantasie des Hörers anzuregen. Wer der motivischen Feinarbeit der Sinfoniker am Ende des 19. Jahrhunderts lauscht (denn die Sinfonie blieb die höchste Ausdrucksform innerhalb der Instrumentalmusik), hört eine Tradition, die von Schumann maßgeblich vorangebracht wurde. Manchmal wird sein Einfluß ganz offensichtlich, wie in Brahms' 3. Sinfonie, welche die Dritte Schumanns zitiert, in Saint-Saëns' »sinfonischer Phantasie« seiner 3. Sinfonie, wo Schumanns Werk als Vorbild klar erkennbar ist, oder in Iberts *Symphonie sur un chant montagnard français*, die nach dem Vorbild von Schumanns op. 120 entstand. Manchmal liegt die Verwandtschaft weniger offen, wie etwa im Fall der thematischen Zyklusbildung in Francks d-Moll-Sinfonie und in Tschaikowskys 4. Sinfonie, oder bei den intertextuellen Bezügen zwischen Mahlers verschiedenen »Wunderhorn«-Sinfonien.

Die »novellistischen« Eigenschaften, die Schumann selbst von seinen Vorgängern übernommen hatte, gab er weiter an seine Erben. Der pastorale und patriotische Tonfall seiner 1. bzw. 3. Sinfonie beeinflußte ganz unmittelbar Brahms' 2. Sinfonie sowie Mahlers »Wunderhorn«-Sinfonien. Im allgemeineren Sinne betrachteten russische und französische Komponisten der Folgegeneration Schumann ebenfalls als »modernen« Nationalsinfoniker. Dieser letzte Aspekt verdankte sich nicht nur seiner Auffassung, eine Sinfonie könne, zum Beispiel, das Lokalkolorit des Rheinlands verkörpern, sondern auch der Tatsache, daß er sich mehrfach offen für die Sinfonie als Nationalsymbol ausgesprochen hatte. Immerhin hatte auch die Société Nationale de Musique ihre Wurzeln in einem französischen Nationalstolz, der sich nicht nur durch die Niederlage von 1870/71 gedemütigt sah, sondern auch durch die Vorherrschaft von Instrumentalwerken aus der Feder Schumanns und Mendelssohns in französischen Konzertsälen.

Der Aspekt, der im Zusammenhang mit Schumanns Sinfonien nach wie vor am kontroversesten diskutiert wird, ist die Orchestrierung. Den Zeitgenossen galten Schumanns Sinfonien als beispielhaft für ihre gewandten Holz- und Blechbläsersatz, der vor allem in den mittleren Lagen des Orchesters für eine dichte Textur sorgte. Diese Art der Orchestrierung verhalf Schumanns sehr kleiner Besetzung (meist um die 50 Musiker) zu einem soliden, fast massiven Instrumentalklang – einem Klang, wie ihn auch Brahms und Franck anstreben. Doch Schumanns Orchestrierung, so sorgfältig er sie durch sein »Trial-and-Error«-Verfahren auf die instrumentalen Möglichkeiten seiner Zeit zugeschnitten hatte, erwies sich später als seine Achillesferse. Das heute üblich gewordene hundertköpfige Orchester läßt die scharfe Klarheit und das kontrapunktische Detail seiner Kompositionen verschwimmen, weil die sorgfältig abschattierten Holzbläserstimmen von einer viel zu großen Streichergruppe erdrückt werden. Schumann strebte mit seiner Instrumentation nicht nach Brillanz (an der ihn Tschaikowsky und Mahler irrtümlicherweise maßen), sondern eher nach kräftigem Klang bei einem fünfzigköpfigen Ensemble. Um seinen Einfluß auf nachfolgende Komponistengenerationen zu verstehen, müssen wir zu den Besetzungen zurückkehren, für die er komponiert hat. Als Dirigent erreicht man das einfach, indem man die Anzahl der Musiker reduziert – erst dann bekommt man eine Ahnung von dem einzigartigen Klang, der Schumann vorschwebte, sowie von seiner beträchtlichen Begabung im Kontrapunkt. Erst dann erkennen wir auch die wahre Bedeutung seines Beitrags zu dieser »einzigartigen Form«.

Literatur

Boetticher, Wolfgang: Robert Schumann an Seine Königliche Majestät. Die Musik 33 (1940), S. 58–65.

Bonds, Mark Evan: After Beethoven. Imperatives of originality in the symphony. Cambridge, MA 1996.

Czerny, Carl: School of practical composition; or, Complete treatise on the composition of all kinds of music, transl. and preceded by a memoir of the author, and a complete list of his works, by John Bishop. Bd. 2. London [1848?].

Deutsch, Otto Erich: The discovery of Schubert's Great C-Major Symphony: a story in fifteen letters. The musical quarterly 38 (1952), S. 528–532.

Eckhardt, Julius: Ferdinand David und die Familie Mendelssohn. Leipzig 1888.

Finson, Jon: The sketches for Robert Schumann's C Minor Symphony. Journal of musicology 1 (1982), S. 395–418.

–: The sketches for the fourth movement of Schumann's Second Symphony, Op. 61. The journal of the American Musicological Society 39 (1986), S. 143–168.

–: Robert Schumann and the study of orchestral composition: the genesis of the First Symphony, Op. 38. Oxford 1989.

Hallmark, Rufus: A sketch leaf for Schumann's D-Minor Symphony. In: Mendelssohn and Schumann. Essays on their music and its context, ed. by Jon W. Finson and R. Larry Todd. Durham, NC 1984, S. 39–51.

Jansen, Friedrich Gustav: Die Davidsbündler. Aus Robert Schumann's Sturm- und Drangperiode. Ein Beitrag zur Biographie R. Schumann's nebst ungedruckten Briefen, Aufsätzen und Portraitskizzen aus seinem Freundeskreise. Leipzig 1883.

Kapp, Reinhard: Einführung und Analyse, in: Schumann, Robert: Sinfonie Nr. 3; Es-Dur, op. 97 ›Rheinische‹. Taschenpartitur, Orig.-Ausg. [München] 1981, S. 165–235.

Maaß, Ingeborg: Zur Bach-Rezeption in Schumanns C-Dur Symphonie op. 61. In: Robert Schumann. Philologische, analytische, sozial- und rezeptionsgeschichtliche Aspekte, hg. von Wolf Frobenius. Saarbrücken 1998 (Saarbrücker Studien zur Musikwissenschaft, N. F., 8), S. 97–105.

Newcomb, Anthony: Once more ›Between absolute and program music: Schumann's second Symphony. 19th century music 7 (1984), S. 233–250.

Wendt, Matthias: Die originalen Besetzungsstärken der (vocal-) symphonischen Werke Schumanns. In: Robert Schumann. Philologische, analytische, sozial- und rezeptionsgeschichtliche Aspekte, hg. von Wolf Frobenius Saarbrücken 1998 (Saarbrücker Studien zur Musikwissenschaft, N. F., 8), S. 26–41.

Ouvertüren

von Peter Jost

Zur Gattungsgeschichte

Wenn in theoretischen oder ästhetischen Schriften des deutschsprachigen Raumes Ouvertüren bis ins frühe 19. Jahrhundert hinein als »Symphonien« bzw. »Sinfonien« bezeichnet wurden (z. B. Türk 1802, 440: »Sinfonie […] zu Mozarts Don Juan«), verweist die begriffliche Unschärfe auf die gemeinsamen Ursprünge beider Gattungen. Die beiden vorherrschenden Typen der Ouvertüre, die einsätzige französische »Ouverture« und die mehrsätzige italienische »Sinfonia«, hatten vielfältige Erscheinungsformen und – eben auch terminologische – Mischungen bzw. Übertragungen ausgeprägt, die offensichtlich noch lange nachwirkten. Der synonyme Gebrauch ist jedoch in dieser Zeit nur noch in einer Richtung festzustellen: Eröffnungsstücke zu Opern oder Schauspielen, Ouvertüren im eigentlichen Wortsinn, konnten als »Symphonien« bezeichnet werden, für die Verselbständigungen der mehrsätzigen »Sinfonia« als instrumentale Kammer- oder Orchesterwerke wurde indes der Name »Symphonie« verbindlich. Der enge Zusammenhang mit der Ouvertüre blieb insofern jedoch gewahrt, als sich in der zweiten Hälfte des 18. Jahrhunderts – parallel zur aufblühenden Sinfonie – die neue einsätzige Ouvertüre für die italienische Oper aus der Reduktion der »Opernsinfonie« auf den »ersten, schon immer gewichtigsten Satz des sinfonischen Zyklus« (Kunze 1993, 47) entwickelte, was demnach die lange Nachwirkung der Bezeichnung »Sinfonie« für Ouvertüren insbesondere italienischer Opern zu erklären hilft.

Diese Verbindung schlägt sich auch formal in einem beträchtlichen Anteil von Ouvertüren in Sonatensatzform nieder (vgl. Steinbeck 1973, 163: von 118 untersuchten Ouvertüren zwischen 1788 und 1881 stehen etwa zwei Drittel in Sonatensatzform). Theoretisch wird die freie Formgebung zwar betont, zugleich aber die Tendenz zur (erst sehr viel später so benannten) Sonatensatzform festgehalten. So schreibt Heinrich Christoph Koch in seinem Lexikon: »Die anjetzt gewöhnlichern Einleitungssätze zu großen Singstücken, denen man den Namen Ouvertüre giebt, haben eine unbestimmte und willkührliche Form; gemeiniglich giebt man ihnen eine dem ersten Allegro der Sinfonie gleiche oder ähnliche Form. Auch der Charakter derselben ist […] unbestimmt, und richtet sich gemeiniglich nach dem Charakter des Singstückes, dem die Ouvertüre zur Einleitung dient« (Koch 1802, 1131 f.). Von Interesse ist hier vor allem die suggestive Nähe von Form und Charakter, wobei der Autor, ohne es auszusprechen, die Problematik der Zusammenführung beider Aspekte geahnt haben dürfte. Der Einschub des »gemeiniglich« deutet für beide Gesichtspunkte einen allgemeinen Trend an, weist diesen aber zugleich als Norm zurück. Koch will weder Form noch Charakter auf eben diesen Trend hin normieren, sondern grundsätzlich »unbestimmt« lassen. Möglicherweise haben ihn zeitgenössische Erfahrungen wie die sogenannte Potpourri-Ouvertüre – also Einleitungsstücke, die Themen oder Motive der nachfolgenden Musik lose aneinanderreihen – dazu verleitet. Solche Ouvertüren wurden namentlich für leichtere Genres – sprich: Singspiele, Ballette, komische Opern und Operetten – benutzt und im späteren 19. Jahrhundert zum Teil scharf verurteilt. Dabei dürften sie dem »Charakter des Singstücks«, das auf sie folgt, durchaus entsprochen haben (insoweit die Abfolge verschiedener Zitate insgesamt ein repräsentatives Abbild ergibt), zugleich stehen sie jedoch in denkbar großer Ferne zu einem vorgegebenem Muster oder Schema wie der Sonatensatzform. Wichtiger als die Form war die Frage des Charakters, des ästhetischen Schlüsselbegriffs in der Musiktheorie seit dem zweiten Drittel des 18. Jahrhunderts. Eine Ouvertüre sollte den »Charakter des Innhalts der folgenden Handlung im Allgemeinen anzeigen« (Forkel 1778, 65 f.). Dabei blieb es nicht: Das »Charakteristische« verlangte letztlich eine Beziehung »auf den Hauptinhalt, auch wohl bloß auf wichtigere Theile der darauf folgenden Oper etc.« (Türk 1802, 440), jedenfalls eine über das Allgemeine hinausgehende Konkretheit. Je konkreter sich eine Ouvertüre jedoch auf das Nachfolgende, das sie als Eröffnung vorzubereiten hatte, bezog, desto stärker wurde die Spannung zu einem vorgegebenen Schema wie dem der Sonatensatzform, die durch entsprechende Ouvertüren Glucks und Mozarts für die nachfolgenden Komponistengenerationen eine nicht zu unterschätzende Vorbildfunktion für die Gattung einnahm. Die Reihe der drei *Leonoren-* (1805–07) sowie der *Fidelio-Ouvertüre* (1814) mag dafür als markantestes Beispiel einstehen.

Mit Beethoven greift eine Persönlichkeit in die Gattungsgeschichte ein, die neben der Tradition der Ouvertürenkomposition zur Eröffnung einer Oper (*Leonore* bzw. *Fidelio*), eines Schauspiels (*Egmont*), eines Festspieles (*König Stephan*, *Die Ruinen von Athen* sowie *Die Weihe des Hauses*) oder eines Balletts (*Die Geschöpfe des Prometheus*) auch den Schritt zur Konzertouvertüre unternahm. Die 1807 komponierte Ouvertüre zu *Coriolan*, einer heute vergessenen Tragödie von Heinrich Joseph von Collin, geht nicht auf einen Auftrag für eine Schauspielmusik bzw. Schauspielouvertüre zurück, ja ist offensichtlich gar nicht mehr an die Aufführung des Trauerspiels selbst gebunden. Denn zum Zeitpunkt der Komposition war Collins 1802 entstandenes Drama bereits vom Spielplan verschwunden, und die Uraufführung fand im März 1807 nicht in einem Theater, sondern in einem Subskriptionskonzert im Palais Lobkowitz (zusammen mit dem 4. Klavierkonzert und der 4. Sinfonie) statt. Zwar rechnet Beethoven wohl noch mit der Bekanntheit der zeitweise sehr er-

folgreichen Tragödie, wagt aber bewußt die davon unabhängige Aufführung im Konzertrahmen, entbindet demnach die Ouvertüre von ihrer ursprünglichen Funktion einer Einleitung. Wenige Jahre später ist dann bei Beethovens op. 115 jeder Zusammenhang mit einem Bühnenstück gelöst. In den Skizzen zu dieser Komposition heißt es lapidar: »Overture zu jeder Gelegenheit – oder zum Gebrauch im Konzert«; erst postum erhielt sie den Beinamen *Zur Namensfeier*, da den Anstoß zur Ausarbeitung der Skizzen ein Konzert zum Namenstag des österreichischen Kaisers 1814 lieferte – zu dem dann das Werk gar nicht fertig wurde.

Mit den ersten Konzertouvertüren – eine Bezeichnung, die sich »erst seit etwa 1831« etablierte (Pelker 1997, Sp. 1253), aber de facto bereits um 1820 nichts Ungewöhnliches mehr darstellte –, veränderte sich das Gattungsgefüge der Ouvertüre grundlegend. Unabhängig davon, ob Beethoven wirklich der erste war, der Ouvertüren zum »Gebrauch im Konzert« konzipierte, verbreitete sich diese Aufführungsart bereits zu Lebzeiten des Komponisten sehr rasch. Ernst Ludwig Gerber sprach 1818 von der »neue[n] Mode, die Concerte mit einer blossen Ouvertüre anzufangen« (zit. n. Pelker 1993, 29). Dabei konnte es sich um Schauspiel- oder Opernouvertüren handeln, deren separate Aufführungen oder gar besondere Einrichtungen fürs Konzert bereits Ende des 18. Jahrhunderts begegnen, oder aber um sogenannte »charakteristische« Ouvertüren, die von vornherein als selbständige Instrumentalwerke geschrieben wurden. Selbstverständlich sind dabei mannigfache Übergangsformen denkbar. So entstand Carl Maria von Webers Ouvertüre *Der Beherrscher der Geister* (1811) für eine geplante, aber nie ausgeführte Oper. Aus einer Opern- wurde eine Konzertouvertüre, und ähnliche Wandlungen werden wir auch bei Schumann antreffen. Die Entfunktionalisierung als Eröffnungsstück rückte die Ouvertüre generell wieder näher an die Sinfonie heran, von der sie auch die Möglichkeit einer vorangestellten langsamen Einleitung bzw. einer abschließenden Coda übernahm. Da verwundert es wenig, daß die Idee der Überlegenheit der Instrumentalmusik gegenüber der Vokalmusik in der romantischen Ästhetik vielfach nicht an der Sinfonie als ihrer anspruchsvollsten und höchststehendsten Gattung, sondern an der Ouvertüre exemplifiziert wurde (vgl. dazu

Steinbeck 2002, 32 ff.). Allerdings waren Ouvertüren häufig in Konzertprogrammen an erster Stelle plaziert (vgl. das Zitat von Gerber) und fungierten insofern wieder als Eröffnungsstücke. Diese Stellung und Funktion wirkte sich offenbar ungünstig auf die Qualität der Werke aus, denn schon 1813 sprach Gottfried Weber abschätzig vom »Ouvertürenstil« (zit. n. Steinbeck 2002, 40), und der geringere Aufwand gegenüber der mehrsätzigen Sinfonie wurde vielfach auf den Anspruch ausgedehnt, so daß sogar in Nachschlagewerken von der »leichtern Form der weniger ausgeführten Ouvertüre« (Häuser 1828, 20) die Rede war.

Der Begriff der »Konzertouvertüre« wird bis heute in besonderer Weise mit Mendelssohn verbunden. Seine vier zwischen 1826 und 1835 entstandenen Beiträge erhielten nicht nur diese ausdrückliche Bezeichnung, sondern galten für die Zeitgenossen und namentlich für Schumann als Musterbeispiele der Gattung. Die Ouvertüre zu Shakespeares *Sommernachtstraum* (1826) wurde erst mit der Komposition der ergänzenden Schauspielmusik (1842) als Einleitungsmusik zur Aufführung der Komödie benutzt, was ihre Veröffentlichung 1835 als *Concert-Ouvertüre No. 1* erklärt. Auch die Ouvertüren *Meeresstille und Glückliche Fahrt* (1828) und *Das Märchen von der schönen Melusine* (1833–35) beziehen sich auf literarische Vorlagen, die erste auf zwei kurze Gedichte Goethes, die bereits Beethoven für sein Chorwerk op. 112 miteinander kombinierte, die zweite auf die Libretto-Fassung des bekannten Märchens von Franz Grillparzer (ursprünglich für Beethoven geschrieben, 1833 dann von Conradin Kreutzer für die Oper *Melusina* benutzt). Zwar spielte auch bei der *Hebriden*-Ouvertüre (1829–32) Literatur eine bestimmte Rolle insofern, als das Werk ursprünglich den Titel *Die Fingalshöhle* trug und damit der Rezeption der angeblichen, von James Macpherson veröffentlichten Ossian-Gesänge (*Fingal* 1762, *Temora* 1763) Rechnung trug. Aber die unmittelbare künstlerische Inspiration ging hier von der Landschaft selbst aus.

Mendelssohns Konzertouvertüren sind sämtlich auf außermusikalische Phänomene, genauer: auf poetische Anregungen, bezogen, ihre Charakteristik richtet sich jedoch nach der Spezifik dieses Poetischen. Kreiert er bei den Ouvertüren, die konkrete Handlungsabläufe, »Geschichten« als Vorlage haben (*Sommernachtstraum*, *Die schöne Melusine*, *Meeresstille und Glückliche Fahrt*), eine der literarischen Vorlage adäquate Sphäre, die durchaus unterschiedliche, ja konträre Ausdrucksbereiche umfassen, so mußte er bei der *Hebriden*-Ouvertüre, der ja ein konkretes Sujet fehlt, um die notwendige Charakteristik zu erhalten, stärker auf »malende« Mittel zurückgreifen, denen Mendelssohn als erklärter Gegner »beschreibender« oder »illustrativer Musik« oder sonstwie »programmgebundener Musik« sonst eher skeptisch gegenüberstand. Als weitere Konsequenz mußte diese Ouvertüre auch auf der thematischen Ebene, im Gegensatz zur Reihungstendenz insbesondere der *Sommernachtstraum*-Ouvertüre, anders gestaltet werden. Das fehlende Sujet wird in gewissem Sinne durch das prägnante Eingangsmotiv, das als einheitstiftende Klammer wirkt, kompensiert.

Die Einteilung der Ouvertüren nach ihrer Zweckbestimmung in Opern-, Schauspiel-, Konzertouvertüren sowie – bislang noch nicht erwähnt, aber seit dem Beginn des 19. Jahrhundert in großer Zahl präsent – Festouvertüren wird den vielfältigen Verflechtungen innerhalb dieser Gattung kaum gerecht. So sind Konzertouvertüren mit poetischen Bezügen wie die erwähnten Schlüsselwerke Mendelssohns von solchen ohne nähere Titelspezifizierung zu trennen, etwa in der Gegenüberstellung von »programmatischen« und »reinen Konzertouvertüren« (Steinbeck 1973, 4 ff., 11 ff.); dabei ist allerdings die Benennung »programmatisch« zum Ausdruck einer Beziehung auf eine Inspirationsvorlage möglicherweise mißverständlich, da, wie bei Mendelssohn zu sehen, solche Ouvertüren nicht notwendigerweise als Programmmusik zu gelten haben. Ferner sind bei diesen Typen Mischformen sowie Übergänge möglich, wie wir sie auch bei Schumann vorfinden werden. Deshalb erscheint eine Aufteilung in Grundtypen nach Maßgabe »der musikalischen Konkretion eines außermusikalischen Sujets« (Steinbeck 1973, 12), wie sie Paul Bekker 1911 anhand der Ouvertüren Beethovens vornahm, nach wie vor brauchbar: 1) szenisch-dramatisch, 2) sinfonisch-dramatisch und 3) handlungslos. Besonderer Wert wird in diesem Zusammenhang auf die Frage zu legen sein, wie die formalen Auswirkungen der Zuordnung der Schumannschen Ouvertüren zu diesen Grundtypen jeweils aussehen.

Schumanns Beurteilung der Gattung

Die rasch sich ausweitende Praxis, Ouvertüren in Sinfoniekonzerten, namentlich zu deren Eröffnung, zu spielen, läßt sich auch in der Programmplanung des Leipziger Gewandhauses nachweisen. Daher verwundert es kaum, wenn Schumann als Redakteur der *Neuen Zeitschrift für Musik* relativ häufig Werke dieser Gattung zu besprechen hatte. Dabei bildete – wie in den zeitgenössischen Beiträgen von Musiktheorie und -ästhetik – das Verhältnis der Ouvertüre zur Sinfonie ein zentrales Thema der Reflexionen des Komponisten. Einer der Anlässe zu ausführlicheren Überlegungen stellte 1835 die Besprechung des Lisztschen Klavierauszugs der *Symphonie fantastique* von Hector Berlioz dar. Schumanns Ausgangspunkt ist – wie bei vielen anderen Komponisten in dieser Zeit – die tiefe Zäsur der Beethovenschen Ära. Für die Gattung der Sinfonie schien nach der Neunten, dem »äußerlich größten vorhandenen Instrumentalwerke«, wie Schumann es ausdrückte, »Maß und Ziel erschöpft« (Kreisig I, 70). Bei seiner kurzgefaßten Bilanz des Sinfonieschaffens seit Beethovens Tod kommt er auch auf Mendelssohn zu sprechen: »Mendelssohn, ein produktiv wie reflektiv bedeutender Künstler, mochte einsehen, daß auf diesem Wege [= dem der Sinfonie] nichts zu gewinnen sei, und schlug einen neuen ein, auf dem ihm allerdings Beethoven in seiner großen *Leonoren-Ouvertüre* vorgearbeitet hatte. Mit seinen Konzertouvertüren, in welchen er die Idee der Symphonie in einen kleineren Kreis zusammendrängte, errang er sich Kron' und Szepter über die Instrumentalkomponisten des Tages« (Kreisig I, 70). Nun hatte Mendelssohn durchaus bereits vor der Komposition seiner ersten Konzertouvertüre umfangreiche sinfonische Studien getrieben (12 Jugendsinfonien, 1821–23, aber auch die 1. Sinfonie op. 11, 1824) bzw. parallel zur Komposition von Ouvertüren solche von Sinfonien unternommen. Schumann mußte zumindest die Existenz der 1. Sinfonie, die ein Jahr zuvor, 1834, im Druck erschienen war, bekannt sein. Dennoch stehen diese sinfonischen Bemühungen Mendelssohns nicht im Widerspruch zu Schumanns Vermutung, sein Freund habe eingesehen, daß »auf diesem Wege nichts zu gewinnen sei«, denn Mendelssohn selbst

distanzierte sich um diese Zeit von seiner 1. Sinfonie. Sicherlich aber – und darauf dürfte es Schumann angekommen sein – vermochte ein solches Werk nicht die Bahn zu einer neuen Richtung für die nach-Beethovensche Produktion bereiten. So dürfte der neue Weg zur Konzertouvertüre im wahrsten Sinne ein »Ausweg« gewesen sein, was durch die Schwierigkeiten, die Mendelssohn mit seinen Sinfonieprojekten seit 1829 zunächst hatte (*Reformationssinfonie*, *Schottische* und *Italienische*, gezählt nach der Chronologie der Veröffentlichungen als 5., 3. und 4. Sinfonie), bestätigt wird (vgl. Steinbeck 2002, 101 ff.).

Schumanns Formulierung von der Ouvertüre als »Symphonie im kleineren Kreis« bekräftigt einerseits die allgemeine Ansicht eines gegenüber der »Großen Symphonie« zurückgenommenen Anspruchs – denn ein Zusammendrängen läßt gewisse Abstriche unvermeidbar erscheinen –, bewahrt aber andererseits die »Idee der Symphonie«. Was darunter zu verstehen sei, erläutert Schumann an dieser Stelle nicht, seine Hochschätzung der Mendelssohnschen Konzertouvertüren, die sich auch in Einzelbesprechungen niederschlägt, verweist aber auf eine enge Verwandtschaft beider Gattungen, die sich vor allem auf zwei Ebenen zeigt: formal in der Auseinandersetzung mit der Sonatensatzform, gehaltlich in der Kohärenz mit dem »Poetischen«. Besonders beeindruckte Schumann offenbar die durchaus zurückhaltende, auf wesentliche Züge der Vorlage sich beschränkende Charakteristik der Musik. Aus Anlaß der Leipziger Aufführung der Ouvertüre zum *Märchen von der schönen Melusine* im Dezember 1835 schreibt er, nachdem er die Handlung kurz nacherzählt hat: »So dichterisch Mendelssohn immer auffaßt, so zeichnet er auch hier nur die Charaktere des Mannes und des Weibes, des stolzen ritterlichen Lusignan und der lockenden hingebenden Melusine; aber es ist, als führen die Wasserwellen in ihre Umarmungen und überdeckten und trennten sie wieder. Und hier mögen wohl in allen jene lustigen Bilder lebendig werden, bei denen die Jugendphantasie so gern verweilt, jene Sagen von dem Leben tief unten im Wellengrund, voll schießender Fische mit Goldschuppen, voll Perlen in offenen Muscheln, voll vergrabener Schätze, die das Meer dem Menschen genommen, voll smaragdener Schlösser, die turmhoch übereinander gebaut usw.« (Kreisig I, 143). Mendelssohn beschränkt sich auf Andeutungen der Hauptmomente: eine einheitsstiftende Wellenfigur, um den Schauplatz zu charakterisieren, sowie auf kontrastierende Themen, die für die Hauptpersonen einstehen, läßt aber zugleich einen breiten Raum für Assoziationen solcher »Wassersagen«, wie sie Schumann selbst im Zitat exemplarisch anführt.

Schumanns Hochschätzung der Mendelssohnschen Konzertouvertüren sticht noch stärker ab, wenn man seine harsche Kritik gegenüber »Dutzend- und Juste-Milieu-Ouvertüren« (Kreisig I, 146) bedenkt. Den Ausdruck des »Juste-Milieu« hatte er 1836 in der Einleitung einer Sammelbesprechung verschiedener neuerschienener Ouvertüren zur Kennzeichnung der »Mittelmänner« eingeführt, die vor allem »Erzeugnisse des Tages«, »Geschöpfe des Augenblicks« produzieren (Kreisig I, 144 f.). So urteilt er über die beiden Ouvertüren op. 38 und 44 von Johann Wenzel Kalliwoda: »Als Einleitungssätze zu dieser oder jener öffentlichen Zusammenkunft mögen diese Ouvertüren gut geheißen werden. Das Volk will dabei so wenig wie möglich nachdenken. Es gibt noch dies und das vor Schauspielanfang, vor dem eigentlichen Konzert abzumachen, – da sind denn musikalische Allgemeinheiten, leichte, hübsch gestellte Redensarten am rechten Ort« (Kreisig I, 145). Wenn Schumann nachfolgend bei der Rezension der Ouvertüre *zu Schillers Jungfrau von Orleans* von Ignaz Moscheles lobend bemerkt, daß sie »kaum zu einem andern Sujet gedacht werden könne, so sehr scheint sie uns von dessen Geiste durchdrungen« (Kreisig I, 146), so wird deutlich, daß die Beliebigkeit und Anspruchslosigkeit von Ouvertüren einen besonderen Kritikpunkt bildet, umgekehrt aber der Bezug zur poetischen Vorgabe eine spezifische Qualität darstellt.

Die Zweckbestimmung von Ouvertüren wird dabei durchaus nicht aus dem Auge verloren. Anläßlich einer Besprechung einer Opernouvertüre von Christoph Ernst Friedrich Weyse spricht Schumann 1838 die altbekannte Frage an, »ob die Ouvertüre ein Bild des Ganzen geben oder nur einfach einleiten soll«. Er favorisiert keine der beiden Lösungen, kritisiert aber, daß im vorliegenden Fall »keins von beiden Prinzipien beobachtet« scheint. Vor allem aber stört ihn der mangelnde Bezug zur Eigenart des Opernstoffes: »Doch hätte ich nach der Handlung, der die Ouvertüre zur Einleitung bestimmt ist, ein phantastischeres, komplizierteres Gemälde vermutet« (Kreisig I, 332). Bezeichnend ist in diesem Zusammenhang ein Detail seiner Beurteilung der ergänzenden Musikstücke Mendelssohns für den Shakespeareschen *Sommernachtstraum*. Über die nun in die Schauspielmusik integrierte Ouvertüre heißt es: »Die Blüte der Jugend liegt über sie ausgegossen, wie kaum über ein anderes Werk des Komponisten, der fertige Meister tat in glücklichster Minute seinen ersten höchsten Flug. Rührend war mir's, wie in den später entstandenen Nummern oft Bruchstücke aus der Ouvertüre zum Vorschein kommen, und nur in den Schluß des Ganzen, der den Schluß der Ouvertüre fast wörtlich bringt, stimme ich nicht ein« (Kreisig II, 156). Als Begründung führt Schumann an, daß gerade diese Schlußszene etwas Originelles, Neues und – das wird aus den Ausführungen deutlich – stärker auf den Inhalt dieser Szene Bezogenes verlange. Der abrundende Effekt der Schauspielmusik durch die Reprise des Ouvertürenschlusses muß vor diesem Bezug zurücktreten. Im Umkehrschluß hat nun die Ouvertüre, von der ursprünglichen Konzert- zur Schauspielouvertüre umfunktionalisiert, wieder stärker den Zweck der Einleitung, gleichsam als antizipierendes Abbild des Ganzen, zu übernehmen. Da die umgekehrte Chronologie – die zusammen mit einer Schauspiel- oder auch Opernmusik entstandene Ouvertüre wird später separat als Konzertouvertüre aufgeführt – wohl häufiger als der spezielle Fall der Musik zum *Sommernachtstraum* sein dürfte, läßt sich Schumanns Kritik wohl dahingehend interpretieren, daß die enge Verbundenheit von Bühnenmusik mit den jeweiligen Szenen nicht für die Ouvertüre übernommen werden kann. In ihr muß offenbar der Stoffbezug zugunsten innermusikalischer Gestaltung stärker abstrahiert werden.

Versucht man Schumanns Ansichten über die Gattung der Ouvertüre zu resümieren, so heben sich in den zitierten Äußerungen vor allem zwei Punkte heraus: 1) Die Ouvertüre, insbesondere die Konzertouvertüre, steht in enger Verbindung mit der Sinfonie, quasi als nahe Verwandte mit zurückgeschraubten Ansprüchen. Ihr Gattungsfeld kann gleichsam als Neben- oder Umweg zur Sinfonie beschritten werden. Eindeutig ist aber ihre rangmäßige Unterordnung – 1839 bemerkt Schumann geradezu überdeutlich: »Die neueren Symphonien verflachen sich zum größten Teil in den Ouvertürenstil hinein« (Kreisig I, 424). Legt er an die Sinfonie, mit deren Namen man »in der Instrumentalmusik die größten Verhältnisse« bezeichne (Kreisig I, 70), entsprechend hohe Maßstäbe an, so liegt die Meßlatte bei Ouvertüren deutlich niedriger. Hier besteht die Möglichkeit für eine breitere Wirkung und auch zur eventuellen Integration von Zeitbezügen wie in den Ouvertüren zu national oder politisch bedeutsamen Ereignissen; Publikum, Musiker wie Kritiker können durchaus zugleich zufrieden gestellt werden (Kreisig I, 420). Allerdings bergen die Zugeständnisse an den Geschmack der breiten Masse die Gefahr, ins »Juste-Milieu« abzusinken. 2) Trotz ihrer abgeschwächten Stellung gegenüber der Sinfonie bleiben auch Ouvertüren der Forderung nach Charakteristik verbunden. Die Konkretheit ihres Bezuges hängt von ihrem Typ und ihrer Funktion ab, generell bevorzugt Schumann aber die Konzentration auf wesentliche Züge der »poetischen« Vorlage. Das Bonmot »Dem großen Haufen freilich gilt es gleich, ob Beethoven zu einer Oper vier Ouvertüren schrieb, und ob z. B. Rossini zu vier Opern eine Ouvertüre« (Kreisig I, 505) bezeichnet treffend die scharfe Verurteilung der Beliebigkeit. Deutlich ist Schumanns Neigung zu mit poetischen oder literarischen Titeln versehenen Werken, da »handlungslose« Kompositionen tendenziell an musikalischer Charakteristik verlieren: Das scheinbare Lob einer Ouvertüre von Adolph Friedrich Hesse (»sie hat ein allgemeines komfortables Gesicht, rundet sich […] sehr glücklich ab und ist in guter Stunde gemacht«) wird insofern durch die Bemerkung konterkariert, sie »mag sich gut zur Eröffnung etwa eines Kotzebueschen Stückes schicken« (Kreisig I, 332), entbehre also mit anderen Worten einer näher bestimmbaren Charakteristik.

Übersicht und Allgemeines

Von Schumann liegen insgesamt neun Ouvertürenkompositionen – genauer: Werke, die zur Bezeichnung des Ganzen oder eines Teiles den Begriff »Ouvertüre« benutzen – vor. In der Chronologie der Entstehung sind dies:

- *Ouvertüre und Chor* op. I Nr. 3 (Werkverzeichnis: Anhang I Nr. 9), 1822/23;
- *Ouvertüre, Scherzo und Finale* op. 52, 1841/1845–46;
- *Ouvertüre* zu *Genoveva* op. 81, 1847;
- *Ouvertüre* zu *Manfred* op. 115, 1848;
- *Ouvertüre zu Schillers Braut von Messina* op. 100, 1850–51;
- *Ouvertüre zu Shakespeares Julius Cäsar* op. 128, 1851;
- *Ouvertüre zu Goethes Hermann und Dorothea* op. 136, 1851;
- *Fest-Ouvertüre mit Gesang* op. 123, 1853;
- *Ouvertüre* zu *Szenen aus Goethes ›Faust‹* WoO 3, 1853.

Ferner sind zwei unausgeführte Pläne, nämlich eine *Ouvertüre* zu *Kleists Käthchen von Heilbronn* (20. Juni 1841, Tb III, 185) sowie *Ouvertüre mit Chor* (ca. 1849/50, Projectenbuch, 16; Düsseldorfer Merkbuch, 2) nachweisbar. Der Entstehungszeitraum der vom Komponisten selbst als gültig anerkannten acht Ouvertürenkompositionen reicht von 1841 bis 1853. Rechnet man das unveröffentlichte Jugendwerk *Ouvertüre und Chor* sowie die kritische Begleitung der Gattungsentwicklung seit 1834 in der *Neuen Zeitung für Musik* mit hinzu, so hat sich Schumann nahezu sein ganzes künstlerisch produktives Leben hindurch mit der Ouvertüre und der ihr inhärenten Problematik »am Rande der ›großen‹ Form« (Struck 1990) beschäftigt. Die Parallele zur Sinfonie, zu der erste Versuche bis auf 1830 zurückgehen und deren Auseinandersetzung mit der Publikation der 4. Sinfonie op. 120 im Jahre 1853 endet, liegt auf der Hand. Eine der Kompositionen spielt denn auch explizit ins benachbarte Gattungsfeld hinüber: *Ouvertüre, Scherzo und Finale* op. 52 ist der Verlegenheitstitel eines Werkes, das zwar drei »typische« Sinfoniesätze enthält, dem aber aufgrund seiner lockeren Fügung die Bezeichnung »Sinfonie« letztlich verweigert wurde. Da zwischendurch neben »Suite« auch Titelgebungen wie »Symphonette« oder »Sinfonietta« (Tb III, 182, 196 u. 390) erwogen wurden, wird dieses Werk im Zusammenhang mit den Sinfonien behandelt. Zwei weitere Werke gehören durch die Mitwirkung eines Chores in ein

Gattungsfeld der Vokalmusik: die allenfalls für das kompositorische Denken und die Ambitionen des zwölfjährigen Schumann interessante Doppelkomposition *Ouvertüre und Chor* op. I Nr. 3 (Faksimile und Teilübertragung der ersten Notenseite in Mayeda 1992, 31 f.) sowie die im Zusammenhang mit den anderen Chorwerken mit Orchester behandelte *Fest-Ouvertüre mit Gesang* op. 123 (vgl. S. 483 f. in diesem Band).

Somit verbleiben für die anschließende Einzelbesprechung sechs Werke, die ein weites Spektrum an Typen und Gestaltungen abdecken: Nach funktionalem Maßstab bewegen sie sich zwischen den Polen der »freien Konzertouvertüre« (einem Ausdruck Schumanns folgend, vgl. Kreisig I, 147) und der Theaterouvertüre. Die *Ouvertüren* zu *Genoveva* und zu *Manfred* scheinen indes von Anfang an in doppelter Funktion, als Einleitung zur entsprechenden dramatischen Musik wie auch als Konzertstück, konzipiert worden zu sein. Sie wurden nicht nur vom Komponisten selbst gesondert zur Aufführung, sondern auch separat zum Druck gebracht. Obwohl dies nicht zwingend eine Konsequenz der Entstehungsgeschichte sein muß, erscheint es doch als sehr bezeichnend, daß gerade diese beiden Ouvertüren – im Gegensatz zur abschließend entstandenen *Ouvertüre* zu *Szenen aus Goethes ›Faust‹* – jeweils als erster Werkteil entworfen und ausgeführt wurden. Eine ähnliche Doppelfunktion hätte wohl auch die *Ouvertüre zu Goethes Hermann und Dorothea* erhalten, wäre, wie vor ihrer Komposition erwogen, der Plan eines Singspieles (Briefe an Moritz Horn, 21.11. u. 8.12.1851, Erler II, 163 u. 165) bzw. nachträglich der Plan eines Konzertoratoriums (Brief an Moritz Horn, 20.12.1852, Erler II, 184) realisiert worden. Selbst die *Ouvertüre zu Schillers Braut von Messina*, deren Ausführung sich einem dann aufgegebenem Opernplan verdankt, enthält, zumindest nach Meinung des Komponisten, noch Reflexe ihrer ursprünglichen Bestimmung als Einleitung, denn Schumann selbst charakterisierte sie als »kurz u. mehr Theater- als Concertouverture« (Brief an Gustav Schmidt, 23.3.1852, Erler II, 171).

Allen Ouvertüren ist gemeinsam, daß sie, wenngleich mit individuell genauer zu bestimmenden Abweichungen, sich der Sonatensatzform bedienen, in den meisten Fällen mit vorangestellter langsamer Einleitung und abschließender Coda. Dies ist nach der Hochschätzung der Ouvertüren Beethovens und Mendelssohns als »exempla classica«, wie sie sich in den entsprechenden Rezensionen Schumanns äußert, auch kaum anders zu erwarten. Die Extrempunkte auf formaler Ebene markieren zwei in der Chronologie dicht aufeinander folgende Beiträge, nämlich die geradezu musterhaft dem traditionellen Schema folgende *Ouvertüre zu Schillers Braut von Messina* sowie die mit einer Überblendung verschiedener Formmodelle arbeitende *Ouvertüre zu Shakespeares Julius Cäsar*. Solche Divergenzen ergeben sich nur teilweise aus musikimmanenter Experimentierlust, die für die Gattungsbeiträge insgesamt – man denke an den Verzicht auf einen Durchführungsteil in der *Ouvertüre* aus op. 52 – recht hoch zu veranschlagen ist. Ihre tiefere Begründung finden sie dagegen im jeweils zu erläuternden Reflex der Ouvertüren auf ihr gewähltes Sujet.

Sofern sie eine konkrete Vorlage im Titel aufweisen, wurde ihre Entstehung, wie schon angedeutet, meist durch einen Plan für eine umfangreichere, dramatische Behandlung angeregt. Lediglich für die *Ouvertüre zu Shakespeares Julius Cäsar* ist kein solcher Zusammenhang bekannt. Vielmehr, so scheint es, hat die Vollendung der *Ouvertüre zu Schillers Braut zu Messina* diejenige zur Shakespeare-Tragödie unmittelbar nach sich gezogen und hätte vielleicht sogar noch weiter fruchtbar wirken können, denn Clara Schumann überlieferte in ihrem Tagebuch die »Idee« ihres Mannes, »zu mehreren der schönsten Trauerspiele Ouvertüren zu schreiben« (Litzmann II, 259). Soweit bekannt, ging der Komposition der Ouvertüren immer die erneute (und oft mehrfache) Lektüre des entsprechenden Textes voraus – die eigentliche Anregung zur Komposition vollzog sich demnach durch die Lektüre selbst und insofern jenseits der Frage, ob daraus eine Theater- oder eine Konzertouvertüre werden würde.

Haben die Ouvertüren bei Mendelssohn eine »Schlüsselstellung« für die nachfolgenden neu konzipierten oder überarbeiteten Sinfonien, so entspricht das Verhältnis zur Sinfonie bei Schumann eher dem bei Beethoven: die Sicht der Ouvertüre als eigenständige Gattung, die im Hinblick auf Form und Ausdruckscharaktere größere Freiheiten als die Sinfonie gewährte, im Gegenzug aber durch das Sujet auch stärker gebunden war.

Auf keinen Fall aber bedeutete die Komposition von Ouvertüren eine Alternative im Sinne eines neuen Weges, wie ihn Schumann für Mendelssohn in Anschlag brachte, um sich durch diesen »Umweg« das Gebiet der Sinfonie – im Sinne eines gewichtigen, zukunftsweisenden Beitrags – zu erobern. Dies belegt bereits die Chronologie: Ouvertüren sind bei Schumann in der Mehrzahl erst nach der Komposition der letzten, der 3. Sinfonie (Nov./Dez. 1850), entstanden, einige sogar im unmittelbaren Anschluß an vorangegangene Sinfonien (so op. 52 nach der 1. Sinfonie, op. 100 nach der 3. Sinfonie). In einem Punkt jedoch schloß sich Schumann unmittelbar an die Konzertouvertüren Mendelssohns an: Immerhin sieben Ouvertüren weisen Relationen zu literarischen Werken, darunter einige von höchstem Rang, auf, sind also »poetische Musik« nicht nur im imaginären Sinne, sondern auch im realen Bezug.

Ouvertüre zu *Genoveva* op. 81

In der Operngeschichte des 19. Jahrhunderts ist es eher ungewöhnlich, daß die instrumentale Einleitung zur Bühnenhandlung als erstes Musikstück innerhalb des Gesamtwerks entworfen und ausgeführt wird. Wie die Aufzeichnungen des Haushaltbuchs vermerken, löste die Lektüre von Friedrich Hebbels Drama *Genoveva* in Schumann, der zu dieser Zeit geradezu fieberhaft nach einem Opernstoff suchte, unmittelbar »Ouverturengedanken« aus mit dem weiteren Vermerk »u. Entschluß zu diesem Text« (Eintrag vom 1. April 1847, Tb III, 344). Noch vor dem ersten Konzept für die Textfassung der Oper (8. April) wurde die Ouvertüre in einer »1ste[n] Skizze« (3.–5. April 1847, Tb III, 345) entworfen, dann allerdings erst wieder im Winter hervorgeholt und beendet (17.–26. Dezember 1847, Tb III, 447 f.). Dazwischen und – »Nachbesserungen« betreffend – auch danach liegen langwierige Diskussionen mit dem beauftragten Librettisten Robert Reinick um den Text, wohingegen dessen Vertonung relativ rasch von statten ging (vgl. zur Oper selbst den Artikel »Bühnenmusik«).

Schon durch die Chronologie der Entstehung

ist der Typ Theaterouvertüre, der, die musikalischen Hauptmomente in geraffter Form zusammenfassend, ein Abbild der Oper in nuce gibt, ausgeschlossen – er war ohnehin aus dramaturgischen Gründen: Vorwegnahme der Spannung – umstritten. Im Gegenzug hat Schumann freilich bei der Ausführung der Vertonung keinesfalls motivische Rückgriffe auf die Ouvertüre ängstlich vermieden. Insbesondere die beiden Motive zu Beginn, ein Quintfall mit anschließender Punktierung sowie eine prägnante Trillerfigur (T. 3–4), tauchen in der Oper vor allem im Zusammenhang mit der Person Golos wieder auf. Das erstgenannte Motiv spielt auch in der Ouvertüre, die formal dem üblichen Sonatensatzschema mit langsamer Einleitung (T. 1–26), Exposition (T. 27–106), Durchführung (T. 107–203), Reprise (T. 204–283) und ausgedehnter Coda (T. 284–350) folgt, eine bedeutende Rolle. Der lose Zusammenhang mit der Bühnenhandlung unterstreicht die Doppelrolle des Eröffnungsstücks als Theater- und Konzertouvertüre. Einerseits bestehen Verbindungen zur Theatermusik, andererseits sind diese nicht so eng, um die Eigenständigkeit der Ouvertüre zu gefährden. Denn im Vordergrund steht zweifellos das durch den Stoff – wobei hier mehr an den überlieferte Legende bzw. die Fassung Ludwig Tiecks als an die Dramatisierung Hebbels zu denken ist – bedingte Ausdrucksspektrum: der durch den eröffnenden verminderten Septakkord im c-Moll-Rahmen spannungsgeladene Beginn, der sich im rhythmisch nuancierten, kurzatmigen Hauptthema fortsetzt, dann aber in der Waldsphäre des durch Hörnersignale eingeleiteten Seitenthemas einen wirkungsvollen Kontrast erhält, die äußerst dichte Durchführung, die Quintfall und Hörnersignal miteinander verbindet, sowie schließlich die nach C-Dur sich auflichtende, am Ende geradezu hymnische Coda.

Die Separataufführung der Ouvertüre am 25. Februar 1850 in Leipzig wurde im Gegensatz zur einige Monate später erfolgten Uraufführung der Oper zu einem großen Erfolg. Die Vorhersage, sie werde als »große[s] charaktervolle[s] Tongemälde« eine »Zierde der Concertprogramme« werden (Signale 8, Nr. 9, Februar 1850, 79), erfüllte sich allerdings nicht. Sie steht bis heute lediglich am Rande des Repertoires, ist aber immerhin das nach der *Ouvertüre* zu *Manfred* am häufigsten aufgeführte Werk unter den hier näher besprochenen sechs Kompositionen.

Ouvertüre zu *Manfred* op. 115

Schon früh begeisterte sich Schumann für den englischen Dichter Lord Byron, der nicht nur durch seine Aufsehen erregenden Werke, sondern auch durch sein kurzes, skandalträchtiges Leben die Intellektuellen seiner Zeit faszinierte. *Manfred*, dessen Titelfigur mit seinem unsteten, an einer geheimnisvollen Schuld leidenden und an der Welt und ihrem Sinn zweifelnden Wesen den Inbegriff des romantischen, an sich selbst zugrunde gehenden Helden darstellt, las Schumann zum ersten Mal mit 18 Jahren (vgl. Tb I, 183 f.). Am 29. Juli 1848, wenige Tage vor der endgültigen Beendigung seiner Oper *Genoveva*, deutet ein Eintrag ins Haushaltbuch (»Manfred v. Byron«, Tb III, 466) auf eine erneute Lektüre hin, die sich später in Form von Vorlesungen im kleinen Kreis wiederholte (Tb III, 476, 505, 531, 580). Bereits am 5. August erfolgten Skizzen zur Ouvertüre, die allerdings dann erst im Herbst (Entwurf 14.–19., Partitur 26.–31. Oktober 1848, Tb III, 473 ff.) fortgeführt wurden. Erst nach Vollendung der Ouvertüre wurde die Bühnenmusik (6.–23. November 1848; 15 Nummern in drei Abteilungen) konzipiert, der Schumann nach dem Untertitel der literarischen Vorlage schließlich die Gattungsbezeichnung »Dramatisches Gedicht« gab und auf die hier nicht näher eingegangen werden soll (vgl. Artikel »Bühnenwerke«).

Die auffallendste Abweichung von der üblichen Sonatensatzform betrifft die Großanlage der Ouvertüre. Die langsame Einleitung kehrt, klanglich verändert und auf ihre wesentlichen Motive komprimiert, als Abschluß wieder. Introduktion und Epilog bilden also einen Rahmen um den eigentlichen Sonatensatz. Der Rückgriff auf die Einleitung verweist geradezu überdeutlich auf die Unabhängigkeit von der übrigen *Manfred*-Musik, da sie keineswegs die Trost und Hoffnung assoziierende Verklärung verdoppelt, durch die Schumann in der letzten Nummer durch den Chorsatz mit dem »Requiem«-Beginn seine Vorlage verändert, sondern zur »negativen« Ausgangslage zurückkehrt.

Nicht weniger gewichtig muten freilich die internen Abweichungen von der Konvention an. So fehlt der zu erwartende Kontrast zwischen Haupt- und Seitenthema (T. 26 ff. u. 52 ff. sowie in der Reprise T. 194 ff. u. 217 ff.) wie überhaupt das Ausdrucksspektrum der Thematik relativ einheitlich auf spannungsvolle, leidenschaftliche Erregung zugeschnitten ist, musikalisch durch Changieren zwischen den Tongeschlechtern und starker Chromatik umgesetzt. Die Ausdifferenzierung mit kontrastiven Ausdrucksmomenten ist dagegen auf funktional weniger gewichtige Abschnitte verlagert, beispielsweise in die Schlußgruppe, wo zu Beginn ein lyrischer Gedanke Gestalt gewinnt (T. 70 ff.). Charakteristisch erscheint außerdem das Verschleiern von Formzäsuren. So ist zunächst nicht deutlich zu entscheiden, wo die Durchführung beginnt: bereits mit den gehaltenen Pianissimo-Bläserakkorden (T. 109) – ausdrucksmäßig bis dahin der größte Gegensatz zum fiebrig erregten Verlauf – oder erst mit dem Rückgriff auf das Seitenthema (T. 116). Die Reprise, in welcher der expressive Schlußteil der Exposition (T. 96 ff.) als Ganzes fehlt, legt dann eher die zweite Möglichkeit nahe. Nicht von ungefähr werden sogar die beträchtlichen Tempounterschiede zwischen Binnensatz und Rahmenteilen (»Langsam« – »In leidenschaftlichem Tempo« – »Langsam«) durch allmähliche Beschleunigung bzw. Verzögerung abgemildert. Demgegenüber ist der Eröffnungstakt vor der Introduktion (»Rasch«) zu kurz, um als Bewegungsgegensatz wahrgenommen zu werden, wohl aber verweist der Dynamikkontrast zwischen diesem Forte-Auftakt und dem nachfolgenden Kopfmotiv der Introduktion im Piano/Pianissimo bereits auf die Spannungen im weiteren Verlauf des Werkes voraus. Als letzte Abweichung sei die Präsenz von »Abbruchstellen« erwähnt, die in der ohnehin auf zielstrebige Fortführung angelegten Sonatenform, erst recht aber in einem auf leidenschaftliche Bewegung abgestimmten Werk wie der *Ouvertüre* zu *Manfred* völlig unvermutet auftauchen. Zum ersten Mal wird der Bewegungselan in Takt 68 abgestoppt, indem in abrupter klanglicher Reduktion eine in sich kreisende Figur exponiert wird, die sich in der Folge als bedeutendes Nebenmotiv erweisen wird. In Takt 96 hält der Satz erneut inne, diesmal mit einer ausdrucksvollen Tonrepetition, der sich die

Kreiselfigur unmittelbar anschließt. In der Durch-
führung weichen die kontrastiven Konturen dieser
Figur zu den thematischen Motiven jedoch auf.
Gleich zu Beginn (T. 116 f.) wird diese Figur mit
dem Seitenthema zusammengeführt, und auch in
den beiden Steigerungsabschnitten (»Mit großer
Kraft«, T. 132 ff. sowie T. 158 ff.) wird sie integriert
(T. 143, 145 bzw. 167, 169).

Solche stockenden, überwiegend lyrisch anmutenden »Verweilstellen« – diejenige aus den Takten
96 ff. kehrt in gedrängter Form in der Durch-
rung wieder (T. 126 ff.) – stellen nur die Kehrseite
des insgesamt äußerst ruhelosen Satzgeschehens
dar. Alles andere als statisch sind dementsprechend
auch die Themengestalten selbst: Durch Abspal-
tung und rhythmische Varianten, vor allem aber
harmonische Veränderungen scheint das Themen-
material vielmehr in einem steten Prozeß von
Umdeutungen und Neubeleuchtungen zu stehen.
Allerdings sieht es aus, als komme das Geschehen
trotz aller Dynamik und Ruhelosigkeit nicht wirklich von der Stelle, und insofern erscheint der
Rückgriff auf die Einleitung am Ende nur als
Konsequenz dessen, was im Binnensatz angelegt
ist. Das schon erwähnte Changieren zwischen Dur
und Moll betrifft nicht nur Einzelstellen, sondern
das Werk insgesamt, denn, obwohl die Vorzeichnung Es-Dur als Tonika vermuten läßt, tendiert
der Satz stetig nach es-Moll, der Tonart, die am
Ende schließlich bekräftigt wird. Der zu Chromatik und verschärfenden Alterationen neigende
Tonsatz macht in letzter Konsequenz auch nicht
vor der das Tongeschlecht bestimmenden Terz
halt, zweifellos ein singulärer Fall innerhalb der
Ouvertüren Schumanns.

Faßt man die typischen Merkmale dieser Ouvertüre zusammen – die Tendenz zu äußerer Einheit bei starker innerer Differenzierung, der stete
variative Fluß in einem dichten, polyphonen Satz,
der überwiegend düster-schmerzliche Ausdruck –,
läßt sich kaum ein treffenderes Bild des Byron-
schen Titelhelden vorstellen. Obwohl im Rahmen
der gesamten *Manfred*-Vertonung als Eröffnung
für die folgende Schauspielmusik gedacht, bezieht
sich die Ouvertüre nicht auf bestimmte konkrete
Szenen, sondern konzentriert sich ganz auf das
Abbild des Wesens, des Charakters des Protagonisten. Durch Vermeidung jeder szenischen Konkretheit zugunsten des rein Sinfonischen ermög-

licht Schumann aber auch eine werkimmanente
Rezeption, für die die »poetische Dimension«, also
die Kenntnis des Sujets, nicht mehr unentbehrlich
erscheint. Nicht zuletzt dieser Sachverhalt dürfte
dazu beigetragen haben, daß die Ouvertüre von
Anfang an – im Gegensatz zur übrigen *Manfred*-
Musik – einen festen Platz im Konzertrepertoire
behaupten konnte. Die hohe Qualität des Werkes,
nach Schumann eines seiner »kräftigsten Kinder«
(Brief an Liszt vom 25. Dezember 1851, BNF, 353),
aber auch die gelungene Umsetzung des Wesens
der Titelfigur, wurde bereits von den Zeitgenossen
hervorgehoben. In einer Kritik zur von Schumann
selbst geleiteten separaten Uraufführung in Leipzig am 14. März 1852 heißt es: »[…] ein Werk von
edelstem Inhalt und schöner Form. Das Colorit ist
ein vorzugsweise düsteres, nur hier und da unterbrochen von zuckenden Lichtern einer aufflam-
menden Leidenschaft. Das Bild des Manfred,
dieses von Zweifeln umhergeworfene und gepei-
nigte Gemüth, die Qualen einer weltverachtenden
Skepsis, der Stolz einer großen, aber einsamen
Seele – Alles ist mit lebendigen Farben ausgemalt
[…]« (Signale 10, Nr. 12, März 1852, 99).

Ouvertüre zu Schillers Braut von Messina op. 100

Das heute gegenüber anderen Dramen weniger
bekannte Trauerspiel *Die Braut von Messina oder
die feindlichen Brüder* (so der vollständige Titel des
1803 vollendeten Stücks) behandelt den (frei erfundenen) tragischen Konflikt zwischen den nach
dem Tode ihres Vaters verfeindeten Brüdern Don
Manuel und Don Cesar. Ihre Feindschaft bricht
wieder auf, als sie sich nach der Versöhnung durch
ihre Mutter Isabella in ihre bis dahin unbekannte
Schwester Beatrix verlieben. Beide um Lösung des
Konflikts bemühte Frauen können das tragische
Geschehen, das in Mord und sühnendem Selbstmord der Brüder gipfelt, weder aufhalten noch
verhindern. Schumann lernte die Tragödie spätestens 1826 bei der 12. Sitzung des von ihm selbst
initiierten *Litterarischen Vereins* kennen, in dem
»Meisterstüke unserer Dichter und Prosaiker«
vorgelesen wurden, darunter nahezu sämtliche
Dramen Schillers (Schoppe 1991, 21 f., 27). Die

Anregung zur erneuten Lektüre im Herbst 1850 erhielt Schumann offenbar jedoch von außen. Richard Pohl [Pseud. Hoplit], ein später durch seine Beziehungen zu Berlioz, Liszt und Wagner bekannter Schriftsteller, hatte die Premiere von Schumanns *Genoveva* in Leipzig miterlebt und als eines der Haupthindernisse für einen durchschlagenden Erfolg das Textbuch zu dieser Oper erkannt. Aus eigener Initiative wählte er Schillers *Braut von Messina* als Stoffvorlage und schickte am 18. Oktober 1850 Schumann ein darauf basierendes Libretto zu (zu Details vgl. Pohl 1878, 170 f.). Der Komponist antwortete ihm erst mit großer Verspätung am 19. Januar 1851: »Es war ein immerwährendes Schwanken zwischen Annehmen und Ablehnen gerade dieses gewiß interessanten Stoffes. Endlich glaube ich mich doch für das Letztere entscheiden zu müssen; es haben so bekannte Stoffe immer Gefahr, wie Sie selbst auch sagen. Ja, gäbe es kein Schiller'sches Stück, mit allen Händen griffe ich wohl darnach. [...] E i n e Frucht hat bereits Ihr erster Brief getragen. Nachdem ich, mir die Braut von Messina zu vergegenwärtigen, die Tragödie wiederholt gelesen, kamen Gedanken zu einer Ouvertüre, die ich dann auch vollendete« (BNF, 335). Die Genese der Ouvertüre läßt sich anhand der Eintragungen im Haushaltbuch verfolgen (Tb III, 548–550). Demnach entstand der Entwurf zwischen dem 29. und 31. Dezember 1850, die Partitur zwischen dem 3. und 12. Januar 1851.

Klassischen Zuschnitt hat nicht nur die Gesamtform mit ihren regelmäßigen Proportionen, sondern auch die thematische Gestaltung. Die langsame Einleitung (T. 1–25) präsentiert in nuce bereits das motivische Grundmaterial, aus denen sich die Themen des Hauptsatzes entwickeln, wie auch deren Ausdruckskontrast. Dem energischen Zweiunddreißigstel-Aufschwung mit den nachfolgenden charakteristischen Akkordschlägen im Fortissimo zu Beginn folgt eine Legato-Passage im Pianissimo, deren Kern sich um ein einfaches Terzenmotiv bewegt. Der expressiv aufgeladenen Aufregung schließt sich die Beruhigung an, dem düsteren Beginn in c-Moll folgt die Ausweichung in As-Dur, die gleichwohl durch verschärfende Alterationen spannungsgeladen bleibt. Im weiteren Verlauf werden diese beiden extremen Ausdrucksgegensätze sich als konstitutiv für die Ou-

vertüre erweisen. Motivisch fungiert vor allem die Folge von Sekundschritten aus den ersten drei Akkordschlägen (*fis-g-as* im Diskant, *as-g-f* im Baß) als wichtige Keimzelle für die Gestaltung der Themen. Die Exposition (T. 41–104) in deutlich schnellerem Tempo (»Sehr lebhaft«) nimmt zu Beginn sogar diese Akkordschläge in rhythmischer Verbreiterung auf, und auch das Seitenthema beginnt mit eben diesen Sekundschritten (*des-c-h*, T. 72–74). Kehrt die Aufschwungsfigur der Streicher aus der Einleitung bereits zuvor zu einer formelhaften Wellenfigur in den Holzbläsern verfremdet wieder, erweist sie doch erst in der Durchführung (T. 105–184) ihr reichhaltiges Gestaltungspotential. Die Kombination mit dem aus dem Hauptthema bekannten (T. 30 ff.) punktierten Skalenmotiv führt zu energischen Steigerungen (T. 129 ff. und 158 ff.), denen aber jeweils wirkungsvolle lyrische Gegenpassagen folgen, wobei deren zweite die Aufschwungsfigur des Anfangs dezidiert wiederaufgreift. Nach der geradezu schematisch verlaufenden Reprise (T. 185–261) ist es der zweiteiligen Coda vorbehalten, alle motivisch-thematischen Elemente gleichsam in Engführung nochmals zu exponieren und zu einer Schlußsteigerung zu führen.

Musikalische Entsprechungen zu konkreten Handlungselementen des Sujets würde man in der *Ouvertüre zu Schillers Braut von Messina* wohl vergeblich suchen. Sie wären ohnehin schwer zu gestalten, denn Schiller stellt nicht die Charakteristik der Szenerie oder der Figuren, sondern den tragischen Konflikt als solchen in den Vordergrund. Dieser prägt trotz einiger Aufhellungen letztlich auch die düstere Atmosphäre der Musik. Nach der Typisierung Paul Bekkers ist die Ouvertüre demnach als »sinfonisch-dramatisch« zu bezeichnen. Wenn Schumann selbst von »mehr Theater- als Concertouvertüre« sprach, dann sicherlich nur im Sinne einer musikalischen Umsetzung der Grundsphäre des Stücks, denn die Parallele zum Sujet ist jenseits jeder Programmatik nur auf der Ausdrucksebene zu finden. Was die Ouvertüre damit an spezifischen Bezügen zu ihrer Vorlage verliert, gewinnt sie jedoch durch ihre »ideelle« Übereinstimmung. Denn die geradezu musterhafte Erfüllung des Formschemas des Sonatenhauptsatzes mit ihrem Konfliktpotential konträrer Themen entspricht genau der Konstellation des Dramas – Feindschaft und Eifersucht versus Versöhnung und Liebe –, mit dem Schiller die antike Tragödie wiederzubeleben versuchte.

Bereits die ersten Aufführungen ließen erkennen, daß die neue Komposition es beim Publikum wie auch bei der Kritik schwer haben würde (vgl. etwa Signale 9, Nr. 45, November 1851, 402). Schumann wunderte die recht kühle Aufnahme umso mehr, als er bei »dieser Ouvertüre […], so klar und einfach in der Erfindung« ein »schnelleres Verständniß erwartet« hätte (Brief an Richard Pohl vom 7. Dezember 1851, BNF, 353). Offenbar standen die relativ komplexe Verarbeitung der Themen wie überhaupt die dichte Faktur dem Verständnis im Wege, woran auch die klare formale Anlage kaum etwas ändern konnte. Letztlich aber dürfte auch das Fehlen von prägnanten, eingängigen Themengestalten dafür verantwortlich sein, daß diese Ouvertüre keinen Eingang ins Konzertrepertoire fand.

Ouvertüre zu Shakespeares Julius Cäsar op. 128

Nur elf Tage nach Beendigung der *Ouvertüre zu Schillers Braut von Messina* begann Schumann den Entwurf zu einer neuen Ouvertüre zu einem Trauerspiel: das Haushaltbuch verzeichnet am 23. Januar 1851 lapidar: »Julius Cäsar«. Diesen Entwurf konnte der Komponist offenbar zwei Tage später beenden, allerdings weist der Eintrag dazwischen, am 24. Januar, auf unerwartete Schwierigkeiten hin: »›Julius Cäsar‹ Schiffbruch?« Diese dürften dann am Folgetag gelöst worden sein, so daß Schumann das neue Werk zwischen dem 27. Januar und dem 2. Februar 1851 instrumentieren konnte (Tb III, 551 f.). Der Entwurf ist insofern von besonderem Interesse, als sich am Rande der ersten Notenseite Notizen zu den Hauptmomenten der Shakespeare-Tragödie – »Cäsar./ Römisches Leben. // Brutus/ Verschwörung. Calpurnia. Die Idus. Tod.// Philipp[i]/ Octavianus Rache. Sieg über Brutus« – wie auch »gleichsam als schaffenspsychologisch wirksames Motto« (Struck 1990, 251) deren letzten Worte: »›Dies war ein Mann!‹« mit dem Hinweis auf Sprecher und zu würdigende Person: »Antonius vom Brutus in J.

Cäsar.« finden (Faksimile in Kast 1981, 74). Shakespeare gehörte schon sehr früh zu den hochgeschätzten, gleichberechtigt neben Jean Paul oder Goethe rangierenden Autoren. Im Rückblick notierte Schumann etwa in seinen *Materialien zu einem Lebenslauf*: »Übrigens mit allen Klassikern vertraut. 1827 vor allem Jean Paul, auch Shakespeare« (Boetticher II, 12). Die Lektüre speziell von *The Tragedie of Julius Caesar* (Schumann besaß die Ausgabe *W. Shakespeare's dramatische Werke* in der Übersetzung von Ernst Ortlepp) ist in den bekannten autobiographischen Dokumenten nicht belegt, aber man darf sicher davon ausgehen, daß Schumann unmittelbar vor der Komposition das Drama erneut zur Hand genommen hat.

Auf den ersten Blick folgt auch diese Ouvertüre dem Schema langsame Einleitung – schneller Hauptteil der Sonatensatzform. Allerdings deuten bereits die nur unwesentlich kontrastierenden Temporelationen (»Kräftig, gemessen« – »Etwas schneller«) sowie die Umfänge (Eröffnungsteil mit 40 Takten größer als der vermeintliche Expositionsabschnitt T. 41–75 mit 35 Takten) darauf hin, daß die Formkonzeption komplizierter als zunächst angenommen ausfällt. Spätestens die überraschende Wiederkehr des Eröffnungsteils nach der Durchführung (T. 75–114) weist auf eine »spannungsvolle Distanz zur Sonatensatzform« (Struck 1990, 252) hin. Besitzt der Eröffnungsteil durchaus Merkmale der traditionellen Einleitung insofern, als der zweite Abschnitt den Anfang mit dem Signal-Motiv nahezu unverändert aufgreift und auch in der weiteren Entfaltung variativ auf bereits exponiertem Material basiert, so läßt sich andererseits diese Eröffnung selbst bereits als erster Expositionsabschnitt ansehen, was die (verkürzte) Wiederkehr nach der Durchführung erklären würde. Mit der Entfaltung des Motivpotentials der Eröffnung besitzt ferner die »eigentliche« Exposition bereits durchführungsartige Züge. Kontraste entstehen jedoch weniger aus der Abwandlung des Grundmaterials als durch klangliche und rhythmische Modifikationen, wobei die Einbeziehung marschartiger Gebilde in Durchführung und Coda wohl als Reflex auf Kampf und Krieg in der Vorlage des Shakespeare-Stücks interpretiert werden kann. Die trotz vielfacher innerer Differenzierung monothematische Konzeption entspricht mit der Konzentration auf das »Heroische«

– eine Ausdrucksqualität, die gleich zu Beginn der Ouvertüre unzweideutig mit dem Signalmotiv artikuliert wird – durchaus der Anlage bei Shakespeare. In dessen *Julius Cäsar* steht die Frage der »Größe« von Persönlichkeiten im Kampf um die Macht mit ständigen Relativierungen der Hauptpersonen Cäsar und Brutus wie auch der Nebenfiguren Antonius, Octavian oder Cassius im Mittelpunkt. Insofern läßt sich die Ouvertüre als »kompositorisch autonomes Analogon zur literarischen Vorlage« (Struck 1990, 260) bezeichnen. Trotz gewisser Tendenzen zu konkreteren inhaltlichen Bezügen in der Durchführung, die sich allerdings nicht eindeutig identifizieren lassen, folgt die Komposition demnach dem »sinfonisch-dramatischen Typ«.

Wurde die Ouvertüre bei der Uraufführung am 3. August 1852 in Düsseldorf noch freundlich aufgenommen (vgl. Signale 10, Nr. 34, August 1852, 299), so war das Echo bei späteren Begegnungen zurückhaltend bis kritisch. Dazu dürfte das Fehlen ausgeprägter Kontrastcharaktere, möglicherweise auch der für eine Ouvertüre zu einer Tragödie zunächst irritierende Befund beigetragen haben, daß die Coda nach einer kurzen Überleitung von der Grundtonart f-Moll nach F-Dur wechselt (T. 186). Eduard Hanslick deutete dies als Signum für »eine republikanische Ouverture, die den Sturz des gewaltigen Unterdrückers als glücklichen Sieg der Volksfreiheit feiert« (Hanslick ²1897, 358). Allerdings ließe sich mit kaum geringerer Berechtigung der Schluß auch als Sieg Octavians, des späteren Kaisers Augustus, über die Gegner Cäsars deuten.

Ouvertüre zu Goethes Hermann und Dorothea op. 136

Der Stoff des Versepos *Hermann und Dorothea*, das Goethe 1797 als Versuch einer Verbindung von zeitgeschichtlicher Idylle und antikem Epos niederschrieb, beschäftigte Schumann über viele Jahre hinweg. Obwohl die Geschichte der zu zunächst scheiternden, dann doch noch glücklich endenden Liebe des schüchternen Gastwirtssohns Hermann zur tatkräftigen, aber armen Dorothea

wegen ihrer biederen Einkleidung bereits von den Zeitgenossen kritisiert wurde, gehörte sie zur Lieblingslektüre des Komponisten. 1845 notierte Schumann in sein »Lektürebüchlein«: »Hermann u. Dorothea v. Göthe/ (zum 10tenmal wenigstens)« (Faksimile und Übertragung in Nauhaus 1991, 58 f.). Im Anschluß daran dürfte sich die Idee zu einer Oper über den Stoff (vgl. Tb III, 383, 385) entwickelt haben. Sechs Jahre später korrespondierte er mit Moritz Horn über ein Singspiel (im Projectenbuch als »Liederspiel« bezeichnet), komponierte dann im Dezember des Jahres die Ouvertüre und verfolgte noch 1852 Pläne für eine umfassendere Musik: »Aus Hermann und Dorothea ein Concert-Oratorium zu machen, könnte mir wohl gefallen. Theilen Sie mir vielleicht gelegentlich etwas Näheres mit! Eine Ouverture ist bereits fertig, wie ich Ihnen wohl schrieb« (Brief an Moritz Horn, 20.12.1852, Erler II, 184). Es blieb dann allerdings bei der in bemerkenswert kurzer Zeit ausgeführten Ouvertüre (Entwurf 19.–20., Partitur beendet am 23. 12. 1851, Tb III, 580).

Ein Verweis auf den ursprünglichen Plan als Singspiel blieb der Ouvertüre freilich erhalten. Zur Begründung der Aufnahme der französischen Nationalhymne in das Werk ließ Schumann in die Partitur folgende Anmerkung einfügen: »Zur Erklärung der in die Ouverture eingeflochtenen Marseillaise möge bemerkt werden, dass sie zur Eröffnung eines dem Goethe'schen Gedichte nachgebildeten Singspiels bestimmt war, dessen erste Scene den Abzug von Soldaten der französischen Republik darstellte.« Ob darüber hinaus der Zeitbezug, nämlich der Staatsstreich Louis Napoleons am 2. Dezember 1851, eine Rolle spielte, ist schwer zu entscheiden, da der Eintrag Schumanns ins Haushaltbuch am Tag danach (»Nachrichten a.[us] Frankreich«, Tb III, 579) vage bleibt. Auch die für das glücklich endende Epos unerwartete Wahl der Grundtonart h-Moll dürfte mit der bedrückenden Anfangssituation der Vorlage mit den flüchtenden Bewohnern der Region zu tun haben. Wie in der *Ouvertüre zu Shakespeares Julius Cäsar* läßt sich der Musik die Sonatensatzform nicht ohne Widersprüche unterlegen. Dem sechstaktigen Gedanken zu Beginn aus emphatischer Synkopen-Wendung und weichen Achteltriolen folgt übergangslos die »Marseillaise« in H-Dur. Deren formale Funktion ist von Anfang an mehrdeutig.

Bildet sie als Nachsatz zusammen mit der Anfangsgestalt als Vordersatz das Hauptthema oder handelt es sich um eine zweiteilige, kontrastive Hauptthemengruppe? Einerseits verbinden sich Motive beider Gestalten miteinander (vgl. T. 11 ff.), andererseits wird der Kontrast durch die ausführliche Präsentation beider Glieder (T. 18 ff. bzw. T. 28 ff.) eher verstärkt als gemildert, eine Tendenz, die sich auch in der Durchführung (T. 75–134) fortsetzt. Als vorgeprägtes Material bleibt die Hymne – trotz einiger Ansätze zur motivischen Verarbeitung – ohnehin ein Fremdkörper, verstärkt durch die »realistische« Instrumentation mit einer »Trommel hinter der Szene«. Als eigentliches Gegengewicht zum Anfangsgedanken entwickelt sich dagegen in der nach H-Dur aufgehellten Coda (T. 217 ff.) eine neue thematische, heiterbeschwingte Gestalt, die unverkennbar aus dem bis dahin auf ihre traditionelle Funktion beschränkten Seitenthema entwickelt wird. Die Idylle bleibt jedoch nicht ungetrübt, da gegen Ende (T. 240 ff.) nochmals die Hauptthemenglieder zu Wort kommen. Obwohl das formale Gerüst unangetastet bleibt, weichen die Positionen und Funktionen der Einzelelemente erheblich vom herkömmlichen Schema der Sonatensatzform ab.

Durch die engen Bezüge zu einzelnen Details der literarischen Vorlage vertritt die Ouvertüre eher den »szenisch-dramatischen Typ«, allerdings ist die große Bedeutung der »Marseillaise« vom Sujet her kaum zu legitimieren (es sei denn als allgemeine zeitgeschichtliche Folie). Demgegenüber droht jedoch der Gesamteindruck des Goethe-Werkes, verstärkt durch die eigenartig gebrochenen Ausdruckscharaktere (»kriegerisch und anmutig zugleich« notierte die Widmungsträgerin Clara Schumann, Litzmann II, 259) in Verbindung mit der unkonventionellen Füllung der Form, verloren zu gehen. Jedenfalls empfanden dies schon Zeitgenossen, wenn die Kritik der postumen Erstaufführung am 26. Februar 1857 bemängelte, daß »von dem wohlthuenden, innigen und sinnigen Eindruck, den das Gedicht auf jeden Gebildeten machen muß, in der Musik nicht die Spur wiederklingt« (Signale 15, Nr. 10, März 1857, 117).

Ouvertüre zu *Szenen aus Goethes ›Faust‹* WoO 3

Die Niederschrift der Ouvertüre im August 1853 (Entwurf 13.–15., Instrumentierung 16.–17. August, Tb III, 633) bildete den Abschluß der Musik zu *Szenen aus Goethes ›Faust‹* – ihr gingen freilich längere Überlegungen zur Konzeption voraus (vgl. Wasielewski 41906, 422 u. 440), zu denen sich zumindest eine frühe Skizze (von 1847/48, vgl. RSW, 631) erhalten hat. Die abschließende Ausführung der Ouvertüre hätte eine enge thematische Anbindung an die bereits vorliegende Vertonung ermöglicht, aber Schumann verzichtete, abgesehen von einigen motivischen Reminiszenzen namentlich des Seitenthemas (T. 31 ff.) zu einzelnen Szenen, darauf zugunsten einer eigenständigen, allgemeiner auf das Sujet bezogenen Komposition. In der Anlage zeigt sie Parallelen zur *Ouvertüre* zu *Genoveva*: Kontrastreicher, dichtgedrängter Ablauf mit Einleitung, Exposition, Durchführung, Reprise und in die parallele Durtonart führender, hymnischer Coda. Bei der Wahl der Tonika d-Moll könnte die Tradition eine Rolle mitgespielt haben: Seit Mozarts *Don Giovanni* hat diese Tonart eine Assoziation zur Verführung zum Bösen, zu Tod und Teufel, scheint also für den *Faust*-Stoff besonders geeignet. Einmal mehr entpuppt sich die Introduktion als thematischer Fonds par excellence: Aus dem gestischen Motiv mit dem dissonanten Doppelvorhalt *b-gis* über dem Quintton zu Beginn und seiner Fortführung (T. 10 ff.) geht ein Großteil der Satzgestalten, vor allem aber das Hauptthema (T. 16 ff.), hervor. In das neue Thema der Coda (T. 111 ff.) klingen zwar auch eine Variante des Hauptthemas und Motive aus der Introduktion hinein, der Schlußteil folgt dennoch recht unvermittelt und wirkt alles andere als organisch eingebunden.

Ob Schumann wie bei den *Ouvertüren* zu *Genoveva* und zu *Manfred* je eine separate Aufführung und eine eigenständige Veröffentlichung gedacht hat, scheint eher zweifelhaft, da er bis zu seinem Zusammenbruch im Februar 1854 keine entsprechenden Schritte dazu unternahm. Zu Gehör kam die Ouvertüre erst mit der ersten Gesamtaufführung von WoO 3 am 14. Januar 1862 in Köln. Die Kritik nahm die Instrumentaleinleitung nur beiläufig zur Kenntnis. Bei späteren Aufführungen wurde vor allem die Qualität der Themen bemängelt – ohnehin hatten zu dieser Zeit Wagners *Faust-Ouvertüre* sowie Liszts *Faust-Sinfonie* bereits andere Instrumentalwerke zu diesem Stoff in den Schatten gestellt.

Literatur

Forkel, Johann Nikolaus: Musikalisch-Kritische Bibliothek. Bd. 1. Gotha 1778.

Häuser, Johann Ernst: Musikalisches Lexicon. Bd. 2. Meißen 1828.

Hanslick, Eduard: Aus dem Concert-Saal. Kritiken und Schilderungen aus 20 Jahren des Wiener Musiklebens 1848–1868, 2., durchges. u. verb. Aufl. Wien und Leipzig 1897.

Kast, Paul (Bearb.): Schumanns rheinische Jahre, Düsseldorf 1981.

Koch, Heinrich Christoph: Musikalisches Lexikon, Frankfurt a. M. (Repr. hg. von Nicole Schwindt, Kassel u. a. 2001).

Kunze, Stefan: Die Sinfonie im 18. Jahrhundert. Von der Opernsinfonie zur Konzertsinfonie, Laaber 1993. (Handbuch der musikalischen Gattungen, 1).

Mayeda, Akio: Robert Schumanns Weg zur Symphonie, Zürich, Mainz 1992.

Nauhaus, Gerd: Schumanns ›Lektürebüchlein‹. In: Robert Schumann und die Dichter. Ein Musiker als Leser, Katalog zur Ausstellung […] in Düsseldorf, bearb. von Bernhard R. Appel und Inge Hermstrüwer, Düsseldorf 1991, S. 50–87.

Pelker, Bärbel: Die deutsche Konzertouvertüre (1825–1865). Werkkatalog und Rezeptionsdokumente, 2 Tle., Frankfurt a. M. 1993.

–: Ouvertüre. MGG2, Sachteil. Bd. 7. Kassel, Stuttgart 1997, Sp. 1242–1256.

Pohl, Richard: Erinnerungen an Robert Schumann. Nebst ungedruckten Briefen. Deutsche Revue 2 (1878), S. 169–181, 306–317.

Schoppe, Martin: Schumanns ›Litterarischer Verein‹. In: Robert Schumann und die Dichter. Ein Musiker als Leser, Katalog zur Ausstellung […] in Düsseldorf, bearb. von Bernhard R. Appel und Inge Hermstrüwer, Düsseldorf 1991, S. 17–32.

Steinbeck, Susanne: Die Ouvertüre in der Zeit von Beethoven bis Wagner. Probleme und Lösungen, München 1973. (Freiburger Schriften zur Musikwissenschaft, 3).

Steinbeck, Wolfram: Die Symphonie im 19. und 20. Jahrhundert, Teil 1: Romantische und nationale Symphonik, Laaber 2002. (Handbuch der musikalischen Gattungen, 3,1).

Struck, Michael: Am Rande der ›großen Form‹ – Robert Schumanns Ouvertüren und ihr Verhältnis zur Symphonie (mit besonderer Berücksichtigung der Ouvertüre zu Shakespeare's Julius Cäsar op. 128). In: Probleme der symphonischen Tradition im 19. Jahrhundert. Internationales Musikwissenschaftliches Colloquium Bonn 1989, hg. von Siegfried Kross unter Mitarbeit von Marie Luise Maintz, Tutzing 1990, S. 239–278.

Türk, Daniel Gottlob: Klavierschule, oder Anweisung zum Klavierspielen für Lehrer und Lernende (1789), neue verm. und. verb. Aufl. Leipzig 1802.

Konzertante Werke

von Joachim Draheim

»… ich kann kein Concert schreiben für den Virtuosen; ich muß auf etwas Anderes sinnen.«

Vorbemerkung

Der Impuls, Werke für ein Soloinstrument und Orchester zu schreiben, für die sich Mitte des 18. Jahrhunderts der Begriff »Konzert« einbürgerte, kam bis ins 20. Jahrhundert hinein häufig, wenn auch keineswegs ausschließlich, aus dem Bedürfnis der Komponisten, Stücke für den eigenen Gebrauch im »Konzert« zur Verfügung zu haben. Die Ambivalenz des Wortes »Konzert«, die bis heute musikalische Laien verwirrt, spiegelt dies sehr genau wider. So schrieben Mozart, Beethoven, Hummel, Weber, Mendelssohn, Chopin, Liszt, Brahms, Rachmaninow und Prokofjew Klavierkonzerte meist für sich selbst, allenfalls noch für Freunde und Schüler. Die hochvirtuosen Violinkonzerte von Paganini, Spohr und anderen großen Geigenvirtuosen des 19. Jahrhunderts dienten in erster Linie dazu, das eigene Können ins hellste Licht zu setzen. Schon aus dieser unvollständigen Aufzählung wird deutlich, wie sehr die Gattung »Konzert« im 19. Jahrhundert von der Violine und vor allem dem Klavier, das sich durch Verbesserungen der Bauweise und der Mechanik auch gegenüber einem stark besetzten Orchester klanglich behaupten konnte, dominiert wird. Wenn Komponisten in dieser Zeit für ein anderes Instrument als das von ihnen selbst virtuos beherrschte schrieben, steckte meistens ein Auftrag oder eine Inspiration durch einen Virtuosen dieses Instruments dahinter, dessen kompositorischer Ehrgeiz gar nicht oder schwächer ausgeprägt war. Gelegentlich gaben Musiker sogar Ratschläge zur Verbesserung

der Solostimme oder schrieben Kadenzen. Dies gilt sicher noch nicht für Beethovens Violinkonzert D-Dur op. 61, das von dem Geiger Franz Clement in Auftrag gegeben und trotz sehr kurzer Vorbereitungszeit aus der Taufe gehoben wurde, wohl aber für die Violinkonzerte von Mendelssohn (e-Moll op. 64) und Brahms (D-Dur op. 77), die ohne die detaillierten Ratschläge von Ferdinand David und Joseph Joachim, die auch durch Quellen (Briefe, Manuskripte) belegt sind, wohl nicht den klassischen Rang einnehmen würden, der ihnen zugebilligt wird.

Bei Robert Schumann liegen die Dinge anders und auch etwas komplizierter. Seine frühen Klavierkonzertversuche in den Jahren 1827–1831, als er noch von einer Karriere als Klaviervirtuose träumte, scheiterten alle in einem relativ frühen Stadium, da ihm die kompositorische Erfahrung, nicht zuletzt auf dem Gebiet der Instrumentation, weitgehend fehlte. Soweit aus den Fragmenten, vor allem dem fast fertig skizzierten Klavierpart des ersten Satzes eines Klavierkonzerts F-Dur (1830/31), zu erkennen ist, waren Schumanns Vorbilder Klavierkonzerte von Hummel, Herz und Kalkbrenner, bei denen das Orchester nur begleitende Funktion hat. Klavierkonzerte von Mozart (d-Moll KV 466) und Beethoven (Es-Dur op. 73), mit dem sein Freund Ludwig Schuncke am 27. Januar 1834 im Leipziger Gewandhaus brillierte und die auf eine gleichberechtigte Partnerschaft von Klavier und Orchester setzten, sollte er erst später kennenlernen, was für seine Haltung gegenüber der Gattung »Klavierkonzert« allerdings von entscheidender Bedeutung war.

Da Schumann seit Herbst 1831 wegen des bekannten »Handübels (Erlahmung meiner rechten

Hand)« (Eismann, Quellenwerk, 78 f.), das er durch ein unvernünftiges Trainingsexperiment noch erheblich verschlimmerte (vgl. Burger, 104–106), den Gedanken an eine Virtuosenlaufbahn allmählich aufgeben mußte, verlor er auch als Komponist das Interesse an Klavierkonzerten, beobachtete aber die zeitgenössische Produktion (Chopin, Mendelssohn, William Sterndale Bennett, Hummel, Herz, Kalkbrenner, Moscheles u. a.) mit kritischer Aufmerksamkeit. Die insgesamt sowohl qualitativ wie quantitativ nicht befriedigende Lage veranlaßte ihn 1839 zu folgender Feststellung: »Und so müssen wir getrost den Genius abwarten, der uns in neuer glänzender Weise zeigt, wie das Orchester mit dem Klavier zu verbinden sei, daß der am Klavier Herrschende den Reichtum seines Instruments und seiner Kunst entfalten könne, während daß das Orchester dabei mehr als das bloße Zusehen habe und mit seinen mannichfaltigen Charakteren die Szene kunstvoller durchwebe« (Kreisig II, 386).

Erst 1839 versuchte sich Schumann erneut, diesmal von der Liebe zu seiner Braut Clara Wieck, der gefeierten Klaviervirtuosin, inspiriert, an einem Klavierkonzert d-Moll. Das Scheitern dieses ehrgeizigen Projekts ist durch den Briefwechsel dokumentiert (vgl. S. 378 f.). Sein Dilemma brachte Schumann am 16. Januar 1839 hellsichtig auf den Punkt: »Vom Concert sagt' ich Dir schon; es ist ein Mittelding zwischen Symphonie, Concert u. großer Sonate; ich sehe, ich kann kein Concert schreiben für den Virtuosen; ich muß auf etwas Anderes sinnen« (Briefwechsel II, 367).

Erst nach der Heirat mit Clara Wieck und von der Euphorie des ersten Ehejahrs getragen, gelang Schumann nicht nur seine erste Symphonie, die im Januar 1841 in einem wahren Schaffensrausch zu Papier gebracht wurde, sondern auch – allerdings in zwei Etappen 1841 und 1845 – ein Klavierkonzert (a-Moll op. 54) ganz eigener Prägung, dem 1849 und 1853 zwei Konzertstücke (op. 92 und op. 134) folgen sollten. Alle diese Werke waren für seine Frau Clara und zu ihrem Gebrauch bestimmt, wenn auch keines der drei Stücke im Druck ihr gewidmet ist.

Alle anderen konzertanten Werke Schumanns verdanken ihre Entstehung einer Anregung von außen – mit Ausnahme des Cellokonzerts a-Moll op. 129, dessen Rezeptionsgeschichte mehr als

merkwürdig verlief. Das Konzertstück F-Dur op. 86 für vier Hörner und »grosses« Orchester, wie es ausdrücklich im Erstdruck von 1851 heißt, sollte die erweiterten klanglichen und technischen Möglichkeiten des gerade erst erfundenen Ventilhorns in exemplarischer Weise demonstrieren, ein wohl einmaliger Fall in der Gattungsgeschichte des Konzerts, daß nicht ein bestimmter Instrumentalist, sondern ein Instrument an sich inspirierend wirkte. Die *Phantasie* a-Moll op. 131 für Violine und Orchester (oder Klavier) und das Violinkonzert d-Moll von 1853 wären ohne die Begegnung mit dem genialen jungen Geiger Joseph Joachim, der damals bereits Beethovens und Mendelssohns Violinkonzerte durch seine Interpretationen zu Repertoirestücken gemacht hatte, niemals entstanden. Bleibt noch das Cellokonzert a-Moll op. 129 vom Oktober 1850, bei dem Schumann offenbar zunächst nicht an einen bestimmten Cellisten gedacht hat, schon gar nicht an den musikalisch beschränkten Cellovirtuosen Robert Emil Bockmühl, der erst nach Vollendung des Werks als Interpret in Betracht gezogen wurde und sich der ihm angetragenen Aufgabe in kläglicher Weise entzog. Schumann liebte das Violoncello, das er in seiner Jugend zumindest im Ansatz gelernt (Eismann, Quellenwerk, 18), in seiner Kammermusik und Sinfonik immer bevorzugt behandelt und für das er 1849 bereits die *Fünf Stücke im Volkston* op. 102 mit Klavier geschrieben hatte. Er sah offenbar eine Marktlücke, d. h. einen Mangel an wertvollen Werken für Violoncello und Orchester. Die geradezu groteske frühe Rezeptionsgeschichte des Cellokonzerts war vielleicht auch eine Folge von Schumanns mutigem, aber strategisch ungeschickten Vorgehen. Wäre das Stück im Auftrag eines renommierten Cellisten entstanden, hätte es sich sicher sehr viel schneller durchgesetzt.

»… ein Mittelding zwischen Symphonie, Concert u. großer Sonate.«

Klavierkonzert F-Dur, Konzertsatz d-Moll

Schumanns Auseinandersetzung mit der Gattung »Klavierkonzert« reicht bis in seine Jugendzeit zurück. Die ersten Versuche, die mit der zunächst geplanten Karriere eines Klaviervirtuosen zusammenhängen, sind jedoch entweder bisher nicht nachweisbar (e-Moll, 1827, Projectenbuch, S. 43, RSW, 658; Es-Dur, Dezember 1828, Tb I, 157, RSW, 658) oder nur als Fragmente erhalten (c-Moll, 1830/31, in: Studienbuch III, 119: 7 Takte Klavierstimme, Studienbuch V, 13: 1 Takt Partiturfragment; F-Dur, 1830/31, umfangreiche Reinschriften und Skizzen in Studienbuch I, II und III). Von dem F-Dur-Konzert wurde zumindest die Solostimme des ersten Satzes beinahe fertig: sie zeigt den jungen kompositorischen Autodidakten noch weithin im Banne der zeitgenössischen, später von ihm z.T. eher gering geschätzten Virtuosenliteratur eines Hummel, Moscheles, Herz oder Kalkbrenner. Am 20. August 1831 schickte Schumann die Exposition der Solostimme an den damals verehrten Hummel in Weimar, dessen a-Moll-Klavierkonzert op. 85 er fleißig studiert hatte, und schrieb dazu: »Schüchtern leg' ich hier das erste Solo eines Concertes bei, nach dem Ew. Wohlgeboren besser vielleicht als aus allen Beschreibungen den Standpunkt meiner jetzigen Bildung beurtheilen können. Zur Entschuldigung, daß ich mich schon im Concertstil versucht habe, erwähn' ich noch, daß ich vor diesem sehr viel, Größeres und Kleineres, gearbeitet hatte, u. daß mir die Concertform, da sie freier ist, eine leichtere schien, als z.B. die der Sonate« (BNF, 32). Hummel antwortete erst am 24. Mai 1832 (Album, 91), lobte Schumanns »reges Talent«, tadelte den »zuweilen schnell aufeinanderfolgenden Harmoniewechsel«, ohne dabei auf Einzelheiten des Klavierkonzerts, das Schumann Hummel sogar widmen wollte, wie aus dem Autograph hervorgeht, und eines zweiten, nicht näher genannten Werkes einzugehen (s. Wendt, Hummel). Das an Hummel gesandte Autograph ist verschollen, das Konzert blieb unvollendet. Eine von Claudia MacDonald unternommene Rekonstruktion des ersten Satzes ohne Orchester wurde am 17. März 1992 im Oberlin College in Oberlin/Ohio von Sedmara Zakarian Rutstein erstmals der Öffentlichkeit vorgestellt (RSW, 659 f.).

In den folgenden Jahren konzentrierte sich Schumann mehr und mehr auf das Klavier allein als das passende Medium seines kompositorischen Wollens und Könnens. Dabei beobachtete er die zeitgenössische Produktion von Klavierkonzerten

hellwach und kritisch, seit 1836 auch in Rezensionen der Werke von Mendelssohn, Chopin, Moscheles u. a. in seiner *Neuen Zeitschrift für Musik*. Daß er 1834 der 14jährigen Clara Wieck den Schlußsatz ihres Klavierkonzerts a-Moll op. 7 instrumentierte, ist erst in jüngster Zeit entdeckt worden und sollte nicht übersehen werden (RSW, 754 f.).

Aber erst 1839, als sich ein Ende des zermürbenden Kampfes um Clara Wieck abzuzeichnen begann, wandte sich Schumann wieder eigenschöpferisch der Gattung »Klavierkonzert« zu. Im Januar und Februar 1839 arbeitete er in Wien intensiv an einem Klavierkonzert d-Moll, zu dem ihn natürlich die von ihm getrennte Clara Wieck angeregt und inspiriert hatte. Am 7. Januar 1839 schrieb sie an ihren Bräutigam aus Leipzig: »Nimm mir es nicht übel, lieber Robert, wenn ich Dir sage, daß in mir sehr der Wunsch rege geworden ist, daß Du doch auch für Orchester schreiben möchtest. Deine Fantasie und Dein Geist ist zu groß für das schwache Klavier. Sieh doch, ob Du es nicht kannst?« (Briefwechsel II, 345). Sechs Tage später bekräftigte sie diese Idee in einem Brief aus Nürnberg: »Nun, wie ist es denn, mein Lieber, mit den Orchestercompositionen? findest Du meinen Wunsch unrecht? gewiß nicht. Das Clavier reicht nicht aus für Dich, das sagt alle Welt, und die Welt hat hier einmal ganz gewiß recht« (Briefwechsel II, 351). Darauf reagierte Schumann am 16. Januar mit der Bemerkung: »An die Symphonie will ich schon denken, erst aber das Concert fertig machen« (Briefwechsel II, 358). Sein Brief vom 19. Januar knüpft hier an: »Meine geliebteste Klara, wenn ich Dir auf Deinen Nürnberger Brief, den ich Mittwoch erhielt, noch nicht geantwortet habe, so ist nur das schöne Concert in D Moll (avec accomp.) daran Schuld, das mein Mädchen mir entlockt, und von dem ich mich gestern und vorgestern gar nicht losmachen konnte; […]« (Briefwechsel II, 359). Auf der nächsten Seite heißt es dann noch: »Mit meinem Brief hab heute Geduld; das Concert spielt mir im Kopf herum; dann hab' ich einen steifen Nacken vor Erkältung. Der erste Satz ist ganz fertig, auch die Instrumentation ziemlich; beides nicht schwierig, weder zu spielen noch zu faßen« (Briefwechsel II, 361).

Am 26. Januar war die Euphorie jedoch bereits verflogen: »[…] – die ganze vergangene Woche verging unter Componiren; doch ist keine rechte Freude in meinen Gedanken und auch keine schöne Schwermuth. Vom Concert sagt' ich Dir schon; es ist ein Mittelding zwischen Symphonie, Concert u. großer Sonate; ich sehe, ich kann kein Concert schreiben für den Virtuosen; ich muß auf etwas Anderes sinnen. Doch glaub' ich mit meinem in acht Tagen fertig zu werden« (Briefwechsel II, 367). Am 7. Februar mußte er schließlich bekennen: »Mein Concert ist noch nicht fertig – ich wollte es erzwingen, da ist nichts Gutes geworden« (Briefwechsel II, 385). Der Brief vom 20. Februar enthält nur noch die lakonische Feststellung: »Das Concert noch nicht fertig.« (Briefwechsel II, 397).

Das lange Zeit nicht zugängliche Autograph dieses Werks kam 1974 aus der Sammlung Wiede in den Besitz der Universitätsbibliothek Bonn. Es besteht aus zwei Teilen auf unterschiedlichem Papier, die zusammengebunden sind: einem nicht ganz vollständigen, z. T. sehr flüchtig notierten Partiturkonzept (27 Seiten) und einem ebenfalls unvollständigen, kaum deutlicher geschriebenen Klavierparticell (4 Seiten), das erst nachträglich mit »Concertsatz für Pianoforte« überschrieben worden sein dürfte. Die unbetitelt gebliebene Partitur enthält auf S. 28 noch 4 Takte in d-Moll für Klavier unter der Überschrift »Scherzo«, die wahrscheinlich auch für das Konzert bestimmt waren. Schumann hat sich 1839 Gedanken darüber gemacht, ob ein Scherzo, »wie es uns von der Sinfonie und Sonate geläufig, mit Wirkung im Concert anzubringen sei?« (GS 3, 65). Aus allen diesen Angaben dürfte hinreichend gesichert sein, daß Schumann bis zur Aufgabe des Projekts ein mehrsätziges Klavierkonzert und nicht ein einsätziges Konzertstück schreiben wollte.

Der Versuch vom Frühjahr 1839 markiert den entscheidenden Schritt zum Klavierkonzert a-Moll op. 54. Das musikalische Konzept für dieses Gipfelwerk der Gattung hatte Schumann aber schon im zitierten Brief vom 26. Januar 1839 im Hinblick auf das geplante d-Moll-Klavierkonzert gültig formuliert: »... ein Mittelding zwischen Symphonie, Concert und großer Sonate. ... kein Concert ... für den Virtuosen ...« (Briefwechsel II, 367). Bereits hier fällt der bedeutsame Anteil des Orchesters am thematischen Geschehen und die enge Verzahnung mit dem Solopart auf, dem

seinerseits oft Begleitfunktion zukommt (T. 70 ff.). Die formale Anlage des Satzes ist originell, wenn auch noch nicht restlos ausgereift: Exposition, Durchführung und Reprise des von leidenschaftlicher Energie durchpulsten Sonatensatzes sind nur schwer gegeneinander abzugrenzen. Die überraschend mit der Dominante einsetzende kurze langsame Einleitung, die in ihrer Orchestrierung, rhythmischen Gestalt und harmonischen Abfolge unüberhörbar auf die Ouvertüre zu Mozarts *Don Giovanni* anspielt und eine Art von »Vorhang« zum Sonatensatz bildet, findet unter den Klavierkonzerten bis zur Mitte des 19. Jahrhunderts keine Parallele. Das harmonisch aparte, lyrische Seitenthema des Allegro passionato, das zuerst in den Holzbläsern erklingt (T. 46 ff.), erscheint wie ein Zitat aus der letzten Nummer der im Jahr zuvor entstandenen *Kinderszenen* op. 15, »Der Dichter spricht«, schlägt aber auch eine klangliche Brücke zum Hauptthema des Kopfsatzes des a-Moll-Klavierkonzerts.

Nach langjähriger Beschäftigung mit den schwer zu lesenden und zudem falsch zusammengebundenen Manuskriptblättern hat der belgische Pianist und Schumann-Forscher Jozef De Beenhouwer eine Rekonstruktion und Ergänzung des Konzertsatzes gewagt, die er am 7. Dezember 1986 mit den Wiener Symphonikern unter der Leitung von Peter Gülke im Großen Konzerthaussaal in Wien erstmals der Öffentlichkeit vorstellte und in einer praktischen Ausgabe (Wiesbaden 1988, Breitkopf & Härtel, hg. von J. Draheim) vorlegte. Diese Partitur stellt das Ergebnis einer nochmaligen Revision der Quellen und gründlichen Überarbeitung dar. Sie erhebt nicht den Anspruch einer definitiven Lösung, sondern stellt einen sorgfältig abgewogenen Vorschlag zur Diskussion, der sich darum bemüht, Schumanns Intentionen richtig zu deuten und ihnen mit stilistischer Einfühlung gerecht zu werden.

»Das Clavier ist auf das feinste mit dem Orchester verwebt –«

Klavierkonzert a-Moll op. 54

Die Heirat mit Clara Wieck am 12. September 1840 war ein entscheidender Wendepunkt nicht nur in Schumanns Leben, sondern auch in seinem Schaffen. Hatte er sich bis zum Frühjahr 1840 als Komponist so gut wie ausschließlich auf das Klavier konzentriert und sich im Laufe des glücklichen Jahres 1840 das Gebiet des ein- und mehrstimmigen Liedes in ungeahnter Fülle erschlossen, so mußte er nach der Hochzeit dafür Sorge tragen, seiner Familie, d. h. seiner Frau und den Kindern, eine sichere finanzielle Basis zu geben. Dies war durch seine Tätigkeit als Herausgeber und Redakteur der von ihm gegründeten *Neuen Zeitschrift für Musik* und mit den nur langsam steigenden Honoraren für seine Kompositionen nicht zu leisten. Als Komponist gehörte Schumann um 1840 noch nicht zu den Arrivierten. So trafen sein eigener kompositorischer Ehrgeiz, der von Anfang an auf alle und vor allem die repräsentativen Gattungen Oper und Symphonie gerichtet war, der Wunsch seiner Frau, ihn als renommierten Komponisten zu sehen, und wirtschaftliche Notwendigkeit zusammen.

Getragen von der Euphorie nach der erfolgreichen Aufführung der *Frühlingssinfonie* am 31. März 1841, begann Schumann schon am 12. April 1841 mit seinem nächsten großen Orchesterwerk – »wir wissen es noch nicht zu benennen, es besteht aus Ouvertüre, Scherzo und Finale …« schreibt Clara Schumann zwischen dem 2. und 9. Mai im Ehetagebuch (Tb II, 162), und fährt an dieser Stelle fort: »… und hat auch schon wieder neue Ideen zu einer Clavierfantasie mit Orchester, die er doch ja festhalten möge! –«. Nach den Aufzeichnungen im Haushaltbuch wurde die *Phantasie* am 4. Mai 1841 begonnen, am 14. Mai in der Skizze beendet und am 19. und 20. Mai instrumentiert (Tb III, 181–183), d. h. noch bevor Schumann das neue Orchesterwerk *Ouvertüre, Scherzo und Finale* op. 52 am 9. Mai abgeschlossen hatte. Offenbar war es Schumann in einer solchen schöpferischen Hochstimmung möglich, an zwei Orchesterwerken gleichzeitig zu arbeiten, weil es sich um verschiedene Stadien der Komposition handelte. Während er die *Phantasie* für Klavier und Orchester in Skizzenform bzw. als Particell schuf – leider haben sich von beiden keine Spuren erhalten –, konnte er die Instrumentation eines bereits fertig skizzierten Werks als eine mehr technische als schöpferische Arbeit gleichzeitig bewältigen.

Eine zur Kontrolle vor der Drucklegung mit Ferdinand David, dem mit Schumann befreundeten Konzertmeister des Gewandhausorchesters, angesetzte Durchspielprobe der *Frühlingssinfonie* am 13. August 1841 wollte man nutzen, um die zwischen dem 3. und 12. August revidierte *Phantasie* hören zu können. Dazu wurden auch eilends Stimmen ausgeschrieben (Tb II, 179; Tb III, 190). Clara Schumann, im neunten Monat schwanger mit ihrer Tochter Marie, konnte das Werk unter Davids Leitung sogar zwei Mal durchspielen und notierte anschließend im Ehetagebuch ihre Eindrücke: »Die Fantasie in A moll spielte ich auch; leider nur hat der Spieler selbst im Saale wenig Genuß (im leeren Saale nämlich), er hört weder sich, noch das Orchester. Ich spielte sie aber zwei mal, und fand sie herrlich! fein einstudirt muß sie den schönsten Genuß dem Zuhörer bereiten. Das Clavier ist auf das feinste mit dem Orchester verwebt – man kann sich das Eine nicht denken ohne das Andere. Ich freue mich es einmal öffentlich zu spielen, wo es denn freilich noch ganz anders gehen muß, als in der heutigen Probe. Robert hatte demohngeachtet seine Freude daran! er hätte sie wohl noch etliche Male hintereinander hören, und ich sie spielen mögen« (Tb II, 180; Litzmann II, 31).

Am 20. August 1841 fixierte Schumann die Erfahrungen aus dem zweimaligen Hören der *Phantasie* (Tb III, 191), was Clara Schumann im Ehetagebuch folgendermaßen kommentierte: »Er hat seine Fantasie nun ganz in Ordnung gebracht, hie und da noch ein Horn oder ein Fagott weggenommen …« (Tb II, 183). Schumann berichtete am 10. September 1841 Mendelssohn, der am 28. Juli 1841 vermutlich Einblick in die Partitur genommen hatte, über die Probe: »An Musik ist unter solchen Umständen [Geburt eines Kindes] nur wenig zu denken – Doch spiel ich mir manchmal aus meiner Phantasie, die Sie auch sahen. Wir haben sie neulich gehört. Die Musiker spielten wie aus den Wäldern zusammengelaufen (unter uns gesagt), aber nur das Erstemal – das Zweitemal ward's lichter – es hat mit ungemein gefallen. Mit den Bläsern hatten Sie Recht – man sah das Clavier zuweilen nur …« (RSA I/2/1, 183 f.).

Eine erneute Revision der Partitur, wohl im Zusammenhang mit einem Verlagsangebot, erfolgte vom 11. bis 13. Januar 1843 (Tb III, 235).

Aber alle Versuche, die *Phantasie* an einen Verleger zu verkaufen, scheiterten in der Zeit von der Probeaufführung am 13. August 1841 bis zum Dezember 1843, obwohl Schumann in seinem ersten Angebot an Kistner in Leipzig, einen seiner Hauptverleger, gute Argumente für eine Annahme zu haben meinte (RSA I/2/1, 185–188; Tb III, 725, Anm. 350; BNF, 438, 540). Er schrieb am 14. August 1841: »Es fehlt auch sehr an Compositionen für Pianoforte mit Orchester; namentlich an kürzeren …« (RSA I/2/1, 185). Nach Kistner sagten auch Whistling in Leipzig, Hoffmann in Prag, Schuberth in Hamburg, Peters und Breitkopf & Härtel in Leipzig trotz bescheidener Honorarforderungen ab (RSA I/2/1, 185–188; Tb III, 725, Anm. 350; BNF, 438, 540). Offenbar war die Zeit für Schumanns neuartige Konzeption eines einsätzigen »Concertstücks« (so einer der Titelvorschläge, ein anderer lautete »Allegro affettuoso« op. 48) noch nicht gekommen, jedenfalls nicht, wenn der Komponist noch nicht so prominent war und keinerlei Erfolge und Erfahrungen auf diesem Gebiet vorzuweisen hatte. Denn die einsätzigen Konzertstücke von Chopin (op. 2, 13, 14, 22) und Mendelssohn (op. 22, 29, 43), beides konzertierende Pianisten, waren zu diesem Zeitpunkt bereits veröffentlicht.

Warum Schumann erst im Juni und Juli 1845, als er mit seiner Familie schon über ein halbes Jahr in Dresden lebte, zwei weitere Sätze zu der *Phantasie* hinzukomponierte und somit die klassische Dreisätzigkeit eines Konzerts herstellte, ist nicht leicht zu beantworten. Die schwere gesundheitliche Krise des Jahres 1844, die erst im »Fugenjahr« 1845 allmählich überwunden wurde, dürfte der Hauptgrund gewesen sein. Sicherlich hat auch Clara Schumanns Wunsch und Drängen, endlich »ihr« Klavierkonzert zu bekommen, das allerdings durch Dokumente direkt nicht belegt ist, dazu beigetragen. Solange das Klavierkonzert nicht existierte, diente ihr das Klavierquintett Es-Dur op. 44, das konzertante Züge trägt, als willkommener Ersatz, z. B. auf der Rußland-Tournee im Frühjahr 1844. Bei der Komplettierung zum Klavierkonzert ging Schumann in bemerkenswerter Weise vor. Er schrieb zunächst zwischen dem 14. Juni und 12. Juli den als »Rondo« bzw. »Concertrondo« bezeichneten Schlußsatz (Tb III, 391 f., 394), was Clara Schumann in ihrem Tagebuch am

27. Juni so kommentierte: »Robert hat zu seiner Phantasie für Klavier und Orchester in A-moll einen letzten schönen Satz gemacht, so daß es nun ein Konzert geworden ist, das ich nächsten Winter spielen werde. Ich freue mich sehr darüber, denn es fehlte mir immer an einem größern Bravourstück von ihm« (Litzmann II, 133). Erst danach komponierte Schumann vom 14. bis 16. Juli 1845 (Tb III, 394) den relativ kurzen 2. Satz, der somit Brückenfunktion hat und im Druck denn auch treffend »Intermezzo« genannt wurde. Noch bei der Uraufführung am 4. Dezember 1845 in Dresden war dieses Intermezzo nicht mit dem Schlußsatz verbunden – an der raffinierten Überleitung, von der nicht weniger als sieben Varianten existieren, hat Schumann ungewöhnlich beharrlich gefeilt (vgl. RSA I/2/1, 170 ff., 279 ff.). Ende Juli 1845 war die Arbeit am Konzert weitgehend abgeschlossen (Litzmann II, 133).

Die *Phantasie* a-Moll bildete nun den ersten Satz eines dreisätzigen Klavierkonzerts und wurde bei dieser Gelegenheit sicherlich nochmals revidiert. Wir können über diese Revision allerdings nur noch Vermutungen anstellen, denn die ursprüngliche Fassung der *Phantasie*, die 1841 im Leipziger Gewandhaus erklang und danach noch zweimal überarbeitet wurde, muß als verloren gelten. Das einzige erhaltene Partiturautograph, das teilweise von einem Kopisten und von Clara Schumann geschrieben wurde, stammt eindeutig erst aus der Dresdner Zeit, wie Bernhard R. Appel nachgewiesen hat (RSA I/2/1, 190 ff.). Der erste Satz enthält zwar wesentlich mehr autographe Korrekturen als die beiden folgenden, diese können aber erst 1845 in Dresden entstanden sein, also nicht identisch mit den Revisionen vor und nach der Probeaufführung sein. Daß die Partitur in ihrer unkorrigierten Gestalt Elemente der Fassung von 1841 enthält, ist wahrscheinlich, aber im einzelnen nicht zu beweisen. Somit sind Versuche, die ursprüngliche Version der *Phantasie* zu rekonstruieren, unseriös und zum Scheitern verurteilt (vgl. RSA I/2/1, 180 ff.). Die Korrekturen im Düsseldorfer Autograph, das als Stichvorlage diente und somit dem Erstdruck schon sehr nahe steht, sind im übrigen zwar zahlreich, betreffen aber in keinem Fall die musikalische Substanz des Werks wie z. B. im Fall der beiden Versionen der d-Moll-Sinfonie von 1841 und 1851. Es handelt sich hauptsächlich um Streichungen im Orchester, die der klanglichen Durchsichtigkeit dienen, sowie eine melodische Profilierung der Klavierstimme in den Takten 205–258. Dies könnte vielleicht ein Relikt der ursprünglichen Fassung sein.

Die Uraufführung des Klavierkonzerts fand am 4. Dezember 1845 im Hôtel de Saxe in Dresden mit Clara Schumann am Klavier und unter der Leitung von Schumanns Freund Ferdinand Hiller, dem das Stück auch im Druck gewidmet ist, statt. Der Erfolg war groß; Schumanns neuartige Konzeption eines Klavierkonzerts wurde sogleich verstanden, wie z. B. der Bericht in der *Allgemeinen Musikalischen Zeitung* vom 31. Dezember 1841 (Nr. 52, Sp. 927 f.) zeigt und wo es u. a. heisst: »Wir haben alle Ursache, diese Composition sehr hoch zu stellen und sie den besten des Tonsetzers anzureihen, namentlich auch deshalb, weil sie die gewöhnliche Monotonie der Gattung glücklich vermeidet und der vollständig obligaten, mit großer Liebe und Sorgfalt gearbeiteten Orchesterpartie, ohne den Eindruck der Pianoleistung zu beeinträchtigen, ihr volles Recht widerfahren lässt und beiden Theilen ihre Selbstständigkeit in schöner Verbindung zu wahren weiss« (RSA I/2/1, 195 f.). Eine zweite Aufführung am 1. Januar 1846 im Leipziger Gewandhaus, die durch einen Irrtum Jansens (BNF, 519) und Erlers (Erler II, 1) bis in die jüngste Zeit als Uraufführung genannt wurde, fand, wie Bernhard R. Appel gezeigt hat (RSA I/2/1, 200), wohl doch nicht, wie bisher angenommen, unter der Leitung Mendelssohns, sondern Niels Wilhelm Gades statt, der sich in dieser Saison mit Mendelssohn die Leitung der Gewandhauskonzerte teilte. Diese ebenfalls sehr erfolgreiche Aufführung führte auch ohne weitere Komplikationen dazu, daß zunächst, wie üblich, die Solostimme und die Orchesterstimmen im Juli 1846 bei Breitkopf & Härtel, Schumanns wichtigstem Verleger, erschienen.

In der *Neuen Zeitschrift für Musik* erschien am 15. Januar 1847 (Nr. 5, 17–19) eine sehr detaillierte, z. T. sogar kritische, aber insgesamt anerkennende Rezension des Konzerts von Alfred Dörffel (RSA I/2/1, 206–209). Doch Schumann schrieb am 20. Februar 1847 an Franz Brendel, seinen Nachfolger als Chefredakteur der Zeitschrift: »Die wohlwollende, gründliche und sorgsame Beurtheilung des Concertes in A moll hat mir Freude gemacht!«

(BNF, 267). Während eine Aufführung des Konzerts in Wien am 1. Januar 1847 (Tb III, 339) mit Clara Schumann am Klavier ohne große Resonanz blieb, konnte Schumann den Erfolg einer weiteren Aufführung in Prag am 2. Februar (Tb II, 414) in Briefen an seinen Jugendfreund Moritz Reuter (3.2.1847, BNF, 263) und an Carlo Mechetti in Wien (8.2.1847, BNF, 264) voller Stolz melden. Daß Schumann sein Klavierkonzert, das er für Clara geschrieben hatte, die es zwischen 1845 und 1887 mehr als 100 Mal in ganz Europa spielte (RSA I/2/1, 212), zu seinen besten und liebsten Werken zählte, belegt die Erwähnung in einem seiner letzten Briefe aus Endenich vom 18. September 1855, in dem er an die Aufführung am 17. Mai 1853 in Düsseldorf erinnert, die besonders erfolgreich war und anläßlich derer er letzte Revisionen vorgenommen hatte: »… das A-Concert von mir, so herrlich von Dir gespielt, mit glänzendem Beifall …« (BNF, 399).

Das Klavierkonzert a-moll op. 54, dessen komplexe Entstehungsgeschichte ihm an keiner Stelle anzuhören ist, gilt seit langem als Prototyp des romantischen Klavierkonzerts. Selbst der hyperkritische erste Schumann-Biograph Wasielewski bezeichnete es als »ein Meisterwerk in jeder Hinsicht« (Wasielewski ²1869, 202). Sein Einfluß auf die weitere Entwicklung der Gattung, besonders deutlich im Falle von Edvard Griegs in der gleichen Tonart stehendem Konzert op. 16, ist kaum zu überschätzen. In Anknüpfung, aber nicht Imitation von Beethovens 4. und 5. Klavierkonzert (G-Dur op. 58, Es-Dur op. 73), die Schumann nachweislich besonders gut kannte und schätzte, gelang ihm eine perfekte Balance zwischen symphonischem Anspruch, konzertanter Bravour und konstruktiver Dichte, die Clara Schumann nach der Probe der *Phantasie* am 13. August 1841 treffend beschrieb, die aber für das ganze Konzert Gültigkeit hat: »Das Clavier ist auf das feinste mit dem Orchester verwebt – man kann sich das Eine nicht denken ohne das Andere.« (Tb II, 180).

Daß Schumann zudem das Orchester, vor allem im 1. und 2. Satz, kammermusikalisch reduziert, einzelne Orchesterinstrumente dafür solistisch profiliert, auf lange Tuttiritornelle fast vollkommen verzichtet, dafür auch das Klavier das Orchester begleiten läßt – alles dies kündigt sich im Konzertsatz d-Moll von 1839 an –, war für die

Zeitgenossen neu und ungewohnt, fand aber schnell breite Zustimmung. Der ältere Typus des Klavierkonzerts (Hummel, Moscheles, Field, Chopin) mit langen Tuttiritornellen und einem weitgehenden bloßen Begleiten des solistisch auftrumpfenden Klaviers kam danach gänzlich aus der Mode, wie fast alle Klavierkonzerte der Folgezeit, die sich im Repertoire hielten (Brahms, Grieg, Tschaikowsky, Saint-Saëns, Ravel, Rachmaninow u. a.) zeigen. Stattdessen kam es zu einer gleichberechtigten Partnerschaft von Klavier und Orchester, das auf Grund der Fortschritte im Klavierbau auch immer größer besetzt werden konnte, ohne dabei das Klavier klanglich zu übertönen.

Im ersten Satz, der ursprünglich selbständigen *Phantasie*, hat Schumann auf ingeniöse Weise eine Idee verwirklicht, die er 1836 anläßlich einer Rezension von zwei Klavierkonzerten von Ignaz Moscheles (Nr. 5 op. 87; Nr. 6, *Concert fantastique*, op. 90) geäußert hatte: »Allerdings fehlt es an kleineren Konzertstücken, in denen der Virtuose den Allegro-, Adagio- und Rondo-Vortrag zugleich entfalten könnte. Man müßte auf eine Gattung sinnen, die aus einem größern Satz in einem mä-

ßigen Tempo bestände, in dem der vorbereitende Teil die Stelle eines ersten Allegros, die Gesangstelle die des Adagios und ein brillanter Schluß die des Rondos verträten. Vielleicht regt die Idee an, die wir freilich am liebsten mit einer eignen außerordentlichen Komposition wahr machen möchten« (Kreisig I, 163). Danach wäre das einleitende Allegro affettuoso a-Moll (T. 1–155) zugleich Exposition und 1. Satz eines Konzerts, das Andante espressivo As-Dur (T. 156–258) der langsame Satz und zugleich Teil der Durchführung, und die Reprise (T. 259–398), Kadenz (T. 398–457) und Coda (T. 458–544) würden so etwas wie einen brillanten Schlußsatz bilden. Daß dabei alle Themen aus einer melodischen Keimzelle (C – H – A – A, wohl auch eine Chiffre für »Clara«, deren Davidsbündlername ja »Chiara« lautete) stammen, zeigt die folgende Tabelle.

Der geniale Konstruktionsplan wird aber zugleich in der Schumann eigenen Art verschleiert, dadurch daß der »langsame Satz« (T. 156 ff.) mit den solistisch das Klavier begleitenden (nicht mit ihm dialogisierenden) Holzbläsern Klarinette und Flöte in As-Dur steht. Dies ist die von a-Moll am

1. Oboe, T. 4

Klavier, T. 59

1. Klarinette, T. 67

Klavier, T. 156

Klavier, T. 205

1. Oboe, T. 458

weitesten entfernte Tonart, sozusagen eine ferne »Traumwelt«, in der die Konflikte einer Durchführung zunächst weit weg sind. Dazu kommt eine andere Taktart (wiegender 6/4-Takt gegenüber straffem 4/4-Takt des Anfangs). Daß bei einer solchen Konzeption die Kadenz nicht mehr der Fantasie eines Interpreten überlassen werden konnte, sondern auskomponiert wurde und sich als ein weitgehend unvirtuoses, thematisch dicht gearbeitetes Charakterstück erweist, versteht sich von selbst. Schumann setzt sie, wie Mendelssohn in seinem Violinkonzert e-Moll op. 64, das er zu diesem Zeitpunkt noch nicht kannte, nicht, wie üblich, an das Ende des ersten Satzes, sondern an den Übergang von der Durchführung zur Reprise. Er zitiert in T. 402 als Huldigung an seinen verstorbenen Freund und Mitbegründer der *Neuen Zeitschrift für Musik* Ludwig Schuncke (1810–1834) einen Takt (80) aus dem 1. Satz von dessen genialer, Schumann gewidmeter Sonate g-Moll op. 3 (1834).

Zu einem so ungewöhnlich konzipierten, bereits in sich abgeschlossenen Werk nach vier Jahren zwei weitere Sätze hinzuzukomponieren, ohne daß ein Bruch spürbar wird, konnte nur einem so klug disponierenden und in größeren Formzusammenhängen denkenden Komponisten wie Schumann gelingen. Gerade diese Eigenschaften sind ihm in der Literatur seit der zweiten Hälfte des 19. Jahrhunderts törichterweise immer wieder abgesprochen worden. Er komponierte zuerst das abschließende Rondo, das im Haushaltbuch (Tb III, 391 f.) auch noch so genannt wurde, im Erstdruck nicht mehr. Es ist aber in der Tat ein Rondo, das in fast klassischer Manier mit einem Sonatenhauptsatz verschränkt wurde. Dieser Satz des Konzerts (Allegro vivace) zeigt am deutlichsten Freude an virtuosen Spielfiguren und glitzernder Brillanz, wie man sie aus früheren Klavierkonzerten kennt, und dies sogar in der hohen Diskantlage des Klaviers, die der junge Schumann aus Widerwillen gegen das hohle Geklingel zeitgenössischer Klaviervirtuosen wie Herz und Kalkbrenner verabscheut hatte. Der Satz lebt aus dem reizvollen Kontrast zwischen dem markant rhythmisierten Hauptthema in klarem ¾-Takt, das im zweiten Takt eine Umkehrung des Kernthemas des ersten Satzes beinhaltet, und dem konsequent hemiolischen Seitenthema in E-Dur (T. 189 ff.), das zuerst in den Streichern

erscheint. Schumanns schon früh ausgeprägte Neigung, Taktschwerpunkte zu verschleiern und mit rhythmischen Doppeldeutigkeiten zu operieren, zeigt sich hier von ihrer brillantesten Seite, zumal das hemiolische Prinzip sich schon in den Takten zuvor ankündigt und auch nach dieser Stelle die fließenden Achtelketten immer wieder unterminiert und damit Spannung aufbaut.

Daß der zweite Satz kein wirklich langsamer sein konnte, war nach dem besonderen Aufbau des ersten Satzes klar. So schrieb Schumann ein anmutiges Intermezzo in A-B-A-Form von nur 108 Takten (Andantino grazioso) im mediantischen F-Dur mit einer lyrischen Kantilene im Mittelteil in C-Dur, sozusagen ein »Pastorale« nach dem Sturm der Gefühle im ersten Satz. Die Orchestration (ohne Oboen, Trompeten und Pauken) erscheint fast kammermusikalisch, dem gelassen mit dem Orchester dialogisierenden Klavier wird dabei im Mittelteil sogar ein zweites Soloinstrument, d. h. genauer gesagt die gesamte Cellogruppe, beigesellt, die sich in einer einprägsamen Kantilene ergeht. Übrigens straft die durchsichtige und abwechslungsreiche Faktur gerade dieses Satzes das immer noch nicht verstummte Vorurteil von Schumanns angeblich zu dicker und undifferenzierter Instrumentation einmal mehr Lügen. Daß der Satz mit einer Umkehrung des Kernthemas des ersten Satzes beginnt, die sich als konstruktives Hauptelement erweist, und, wie erwähnt, im zweiten Takt des 1. Themas des dritten Satzes wiederkehrt, sichert die zyklische Einheit des ganzen Werks, die noch an einer Reihe anderer Merkmale gezeigt werden kann (vgl. Voss 1979, Gerstmeier 1986). Der Übergang zum dritten Satz, an dem Schumann intensiv feilte (vgl. RSA I/2/1, 170 ff., 279 ff.), benutzt das Kernthema des ersten Satzes (in den Holzbläsern) im Wechsel mit einer chromatischen Quintfall-Sequenz im Klavier, die an den Anfang des ersten Satzes erinnert und den charakteristischen Quintfall im Hauptthema des 3. Satzes vorwegnimmt, und erreicht damit einen geradezu magischen Moment der Spannung und Erwartung. Natürlich erinnert dies an den Übergang vom 2. zum 3. Satz in Beethovens Es-Dur-Klavierkonzert (op. 73) und ist doch ganz und gar typisch für Schumann, der nach den Worten Theodor W. Adornos »musikalisch den Gestus des sich Erinnerns, nach rückwärts Schauens und Hörens entdeckte« (Adorno 1971, 351).

Schumanns Klavierkonzert war schon im 19. Jahrhundert, nicht zuletzt durch den Einsatz Clara Schumanns, eines seiner bekanntesten und beliebtesten Stücke. Aber erst im 20. Jahrhundert wurde es, vor allem durch den Einsatz fast aller bedeutenden Pianisten und Pianistinnen, auch solcher, die, wie Ferruccio Busoni, Schumann insgesamt ferner standen, zu einem Kernstück des Repertoires.

»… das schöne Konzertstück – … das herrliche Konzertstück«

Introduktion und Allegro appassionato (Konzertstück) G-Dur op. 92, Konzert-Allegro mit Introduktion d-Moll op. 134 für Klavier und Orchester

Mit dem Klavierquintett Es-Dur op. 44 (1842) und dem Klavierkonzert a-Moll op. 54 (1841/45) hatte Schumann für seine konzertierende Frau Clara zwei hervorragende und auch sogleich beim Publikum erfolgreiche Werke geschaffen, die ihre pianistischen Fähigkeiten in das hellste Licht setzten. In seinem »fruchtbarsten Jahr« (BNF, 302) 1849 gesellte sich ein drittes Stück hinzu, das der Komponist, die Arbeit an den vierhändigen *Klavierstücken für kleine und große Kinder* op. 85 unterbrechend, zwischen dem 18. und 26. September 1849 (RSW, 401) in wenigen Tagen vollendete. Am 20. September vermerkte Clara Schumann über dieses »Konzert-Allegro mit Einleitung« in ihrem Tagebuch: »Ich freue mich sehr darauf, es zu spielen – sehr leidenschaftlich ist es, und gewiß werde ich es auch so spielen. Die Introduktion, die mir ganz klar geworden (Robert spielte mir es erst einmal vor), ist sehr schön, die Melodie eine tief empfundene, – das Allegro muß ich erst noch genauer kennen, um einen vollkommenen Eindruck davon zu haben« (Litzmann II, 196). Der Uraufführung am 14. Februar 1850 im Leipziger Gewandhaus war kein durchschlagender Erfolg beschieden. Clara Schumann berichtet, daß ihr »die Angst fürchterlich mitgespielt« habe, und fügt dann noch hinzu: »Aber im ganzen genommen war ich heute sehr unglücklich, und der Grund lag

erstens in dem Ärger oder vielmehr Betrübnis darüber, daß ich mich von der Angst so beherrschen lasse konnte, zweitens in dem Gefühle, daß das Publikum das schöne Konzertstück nicht würdigte, wie es dasselbe verdiente, und ich immer dachte, am Ende trüge ich Schuld daran; kurz, ich war tiefbekümmert« (Litzmann II, 203).

Auch der Rezensent der *Signale für die Musikalische Welt* (8/1850, 66) hatte bei aller Bewunderung für die Musik und Claras Klavierspiel offenbar Probleme mit Schumanns neuartiger Konzeption eines einsätzigen Konzertstücks und der ungewohnten Rolle des Soloinstruments gegenüber dem Orchester: »Das im Programm näher bezeichnete Manuscript von Robert Schumann unterscheidet sich in Form und Haltung, so wie in der Bildung der Gedanken und deren Folge wesentlich von allen anderen Compositionen, die für Pianoforte im Concertstyl geschrieben sind; […] Die Pianofortepartie scheint uns weniger günstig bedacht als z. B. diejenige des Amoll-Concertes von demselben Autor; dagegen ist sie auf charakteristische Weise mit dem Orchester innig verschmolzen und bildet mit diesem zusammen ein Kunstwerk erhabener Weihe.«

Auch eine durchaus erfolgreiche Aufführung in Schumanns Benefiz-Konzert in Düsseldorf am 13. März 1851, diesmal unter Leitung des Komponisten, brachte kaum mehr Resonanz, obwohl Schumann in einem Brief an den Verleger Whistling (D-Zsch, 4602-A2c) vom 15. März 1851 »eine größere Wirkung« konstatierte. Schon im 19. Jahrhundert blieb dieses Werk, für das Schumann 1852 Breitkopf & Härtel in Leipzig als Verleger gefunden hatte, immer im Schatten des viel gespielten Klavierkonzerts, mit dem es so viele Gemeinsamkeiten hat, vor allem was die thematische Arbeit, den Klaviersatz und die Instrumentation betrifft. Auch Clara Schumann spielte es nur selten.

Für die »Introduktion« (»Langsam«) gilt in besonderem Maße, was Clara Schumann über die *Phantasie* a-Moll für Klavier und Orchester in ihr Tagebuch geschrieben hatte: »Das Clavier ist auf das feinste mit dem Orchester verwebt – man kann sich das Eine nicht denken ohne das Andere« (Tb II, 180; Litzmann II, 31). Es ist hier also weniger von einem Dialog mit Frage und Antwort zu sprechen als von einem fließenden Ineinanderaufgehen der zarten melodischen Linien der Holzbläser und des Hornes, für die Schumann im Jahre 1849 besonderes Interesse zeigte, mit den quasi präludierenden, harfenartigen Arpeggien des Klaviers, deren Spitzentöne die Melodik z. T. nachschlagen, z. T. unisono mittragen. Das motivische Material dieser lyrischen Einleitung, deren Klangzauber auch in Schumanns Schaffen beinahe einzig dasteht und die sich gegen Ende in einer kurzen Kadenz des Klaviers dramatisch belebt, spielt im folgenden Sonatenhauptsatz (T. 43 ff.) des Allegro appassionato eine bedeutsame Rolle, vor allem im zweiten Teil der Durchführung, wo es auch zu einer klanglichen Reminiszenz an den Anfang kommt. Im Allegro wird allerdings die Reihenfolge der beiden dominierenden ersten Motive der Introduktion vertauscht: zuerst taucht dort der an zweiter Stelle stehende charakteristische Quartauftakt mit folgendem Quintabsprung auf und wird in mannigfacher Weise durchgespielt. Im Allegro appassionato, zu dem das Klavier rhythmisch vorbereitend in wenigen Takten überleitet, sind Soloinstrument und Orchester wieder mehr blockhaft einander gegenübergestellt und nur in Teilen der Durchführung, eben dort, wo auf die Introduktion zurückverwiesen wird, »auf das feinste« miteinander »verwebt«. Endete die Einleitung unerwartet mit einem a-Moll-Akkord, so überrascht die Exposition mit einer gänzlich unorthodoxen Disposition der Tonarten. Das fanfarenartige, zwischen Klavier und Orchester geteilte erste Thema steht nicht in G-Dur, sondern in der Mollparallele e-Moll, seine Fortsetzung im Klavier in C-Dur. E-Moll ist auch die Tonart des zweiten Themas (T. 90 ff.), einer prägnanten melodischen Gestalt, die zunächst im Baß des Klaviers erscheint. Schon lange vor dem kapriziösen dritten Thema (T. 152 ff.), das wiederum fast ganz vom Soloinstrument vorgetragen wird, wendet sich der Satz nach C-Dur, das vom die Exposition abschließenden Tutti bestätigt wird. Die Durchführung greift alle Themen, auch die der Introduktion, in immer neuen Kombinationen und Varianten auf und verliert sich bis ins ferne es-Moll, in dem das zweite Thema begegnet. Die Reprise (T. 300 ff.) setzt mit einer majestätischen Wiederaufnahme der ersten Themas ein, das diesmal ganz dem Orchester vorbehalten bleibt, und verläuft meist den Erwartungen entsprechend. In der glanzvollen, klanglich expansiven Coda werden

nicht nur die Holzbläsermotive, sondern auch die Klavierarpeggien der Einleitung in modifizierter Form aufgegriffen.

Zu ihrem 34. Geburtstag am 13. September 1853 schenkte Schumann seiner Frau Clara nicht nur einen Flügel der Firma Klems in Düsseldorf, sondern auch mehrere neue Kompositionen. Sie schrieb in ihr Tagebuch: »Was ich nun aber auf dem Flügel liegend fand, das erfüllte mich wahrhaft mit Wehmut, denn es war doch des Glückes gar zu viel! Die Früchte seines rastlosen Fleißes waren es. Ein Konzert-Allegro mit Begleitung des Orchesters, für mich komponiert, desgleichen eine Phantasie für Violine mit Orchester (für Joachim komponiert) …« (Litzmann II, 277). Das im Vormonat in wenigen Tagen (24.–30. August, RSW, 557) entstandene *Konzert-Allegro* wurde im November und Dezember dieses Jahres auf der triumphalen Konzertreise des Ehepaares durch Holland mehrmals aufgeführt, zum ersten Mal am 26. November in Utrecht unter Leitung des Komponisten. Am 13. Februar 1854, wenige Tage vor seinem geistigen Zusammenbruch, bot Schumann das Werk unter Hinweis auf die ähnlich konzipierte Fantasie für Violine op. 131 dem Leipziger Verleger Senff an: »… ein Concertstück mit Introduction für Pianoforte mit Orchester. Dies hat meine Frau in Holland, im Haag, Amsterdam und Utrecht, immer mit sehr großem Erfolg gespielt. Es ist heitern Charakters, der Fantasie, die Joachim spielte, verwandt und in gleicher Zeit mit ihr entstanden« (Struck 1984, 201 f.).

Nachdem Clara Schumann das *Konzert-Allegro* am 23. Oktober 1854 auch im Leipziger Gewandhaus vorgestellt hatte, erschienen zwei anerkennende Rezensionen in den *Signalen für die Musikalische Welt* (Signale 12/1854, 346) und in der *Neuen Zeitschrift für Musik*, wo es als »ein glücklich concipirtes, geistvoll ausgeführtes Tonstück, in dem uns aus jeder Note Schumann's Eigenthümlichkeit und Genialität in unverkürzter Frische und Anmuth entgegentritt« (NZfM 41/1854, 206 f.) bezeichnet wird. Der junge Brahms, den das Ehepaar Schumann am 30. September 1853 kennengelernt und sogleich ins Herz geschlossen hatte, schätzte das Werk außerordentlich und machte sich um die Drucklegung verdient, die im Juni 1855 als op. 134 bei Bartholf Senff in Leipzig erfolgte. Eine enthusiastische Rezension in den *Signalen für die Musikalische Welt* (Signale 13/1855, 321 f.) betont den »inneren Kunstwerth« des Werks, aber auch den Zeitpunkt der Entstehung vor dem Ausbruch von Schumanns Krankheit. Daß ihm das »herrliche Konzertstück« dann von dem verehrten Meister, den er in der Heilanstalt in Endenich mehrmals besuchte, gewidmet wurde, bereitete Brahms »große Freude« (Schumann/Brahms, Briefwechsel I, 68), wie er am 30. Januar 1855 an Schumann in Endenich schrieb. Darüber hinaus blieb der akkordisch geprägte, für Schumann durchaus neuartige Klaviersatz mit seinem barokkisierenden Passagenwerk, das etwa in der Durchführung an Bachs *Chromatische Fantasie und Fuge d-Moll BWV 903* erinnert, nicht ohne deutlichen Einfluß auf sein späteres Schaffen, bis hin zum in gleicher Tonart stehenden ersten Klavierkonzert. Die erst nach Schumanns Tod 1856 einsetzende, offenbar leider auch von Clara Schumann, die das Stück schon seit 1855 nicht mehr spielte, geteilte Mißachtung des *Konzert-Allegros* und seine Einschätzung als ein von der nahenden Geisteskrankheit überschattetes Gelegenheitswerk von düsterem Charakter sind aus heutiger Sicht schwer nachzuvollziehen. Die scharfsinnigen und erhellenden Analysen von Reinhard Kapp (Kapp 1984, 162 ff.) und Michael Struck (Struck 1984, 199–240) haben inzwischen den Wert und die Originalität dieses Spätwerks erwiesen und machen ein weiteres Beharren auf gedankenlos übernommenen Vorurteilen unmöglich.

Die Wahl der Tonart d-Moll und der in der Coda erfolgende »Durchbruch« (Edler 1982, 197) nach D-Dur stellen das *Konzert-Allegro* in eine Reihe mit einigen der bedeutendsten Werke Schumanns, der 4. Sinfonie, des Violinkonzerts, der zweiten Violinsonate op. 121 und der Chorballade *Der Königssohn* op. 116. Von seinen Vorgängern, dem Klavierkonzert a-Moll op. 54 und *Introduktion und Allegro appassionato* G-Dur op. 92, unterscheidet sich dieses dritte und letzte vollendete Werk für Klavier und Orchester durch die starke Dominanz des Soloinstruments, das weniger mit dem Orchester »verwoben« als ihm in fantasievoller, neuer Weise gegenübergestellt ist. Die beiden Themen der langsamen Introduktion, die improvisatorischen und präludierenden Charakter hat und ohne merkbare Zäsur in einem dramatischen

Accelerando in den Sonatenhauptsatz (T. 23 ff.) übergeht, bleiben auch in diesem präsent und übernehmen u. a. Überleitungsfunktionen. Ein »Kernrhythmus« verbindet alle Themen des Stükkes miteinander (Struck 1984, 210). Im Allegro verschiebt sich das Gewicht eindeutig von dem wenig geschlossenen und mehr rhythmisch als melodisch profilierten ersten Thema zum zweiten, einem lyrischen Gedanken über einem für den späten Schumann charakteristischen Quint-Orgelpunkt (T. 52 ff.) der Durparallele (F-Dur), der zu den erlesensten Eingebungen des Komponisten zu zählen ist. Zunächst vom Klavier vorgestellt, wird er von den Holzbläsern wiederholt und dabei von zarten Arpeggien des Soloinstruments begleitet. In der relativ kurzen (T. 106–140) modulationsarmen Durchführung erscheint er überraschend in der Grundtonart d-Moll in der Oboe, die im Verlauf des Werks eine immer bedeutsamere Rolle spielt. Zwischen Reprise und Coda schiebt sich eine ausgedehnte, hochvirtuose und modulationsreiche Solokadenz (T. 219 ff.), die somit die Funktion einer zweiten Durchführung erhält und in der das zweite Thema zunächst von Triolen umspielt, dann von (für Schumann ungewöhnlichen) Tremolando-Passagen eingehüllt wird und schließlich, in den Holzbläsern erklingend, wie eine »Vision« erscheint. Die Coda (T. 272 ff.) wird von einem neuen »synthetischen Codathema choralhafter Prägung« (Struck 1984, 227 ff., 591 ff.) beherrscht, wie es in ähnlicher Weise auch im Violinkonzert und der *Phantasie* für Violine op. 131 aus der gleichen Zeit begegnet, und das an den Choral »Du meine Seele singe« anklingt. Diese subtile Anspielung ist möglicherweise sogar bewußt gesetzt, da der Beginn der Introduktion nicht nur deutliche thematisch-motivische Verwandtschaft zu zwei berühmten Werken der Vergangenheit, Webers Konzertstück f-Moll op. 79 und Mozarts Klavierkonzert d-Moll KV 466, sondern auch zu Schumanns eigenem Lied »Aus den hebräischen Gesängen« mit dem Textanfang »Mein Herz ist schwer« aus den (der Braut Clara) gewidmeten *Myrthen* op. 25 aufweist. Somit mag dieses bemerkenswerte Stück, das Schumann für seine geliebte Frau schrieb und das er seinem musikalischen Erben widmete, mit der gebotenen Vorsicht auch als Akt der Befreiung aus schwerem persönlichen Leid, das sich Ende Juli 1853 (Litzmann II, 275; Tb III, 631) auch in einer gesundheitlichen Krise artikuliert hatte, angesehen werden (vgl. Struck 1984, 230–236).

»etwas ganz curioses«.

Konzertstück F-Dur
für vier Hörner und großes
Orchester op. 86

Es gehört zu den Schaffensprinzipien Robert Schumanns, daß er sich phasenweise gerne auf eine musikalische Gattung oder Form, ja sogar auf ein Instrument konzentrierte, um alle Möglichkeiten auf diesem Gebiet auszuloten und wenigstens ein exemplarisches Werk zu schaffen. So schrieb er im Jahre 1849 in Dresden eine Reihe von Kammermusikwerken, in denen er jeweils ein im Repertoire bisher vernachlässigtes Instrument im Duo mit Klavier erprobte: *Fantasiestücke* op. 73 für Klarinette, *Adagio und Allegro* op. 70 für Horn, *Fünf Stücke im Volkston* op. 102 für Violoncello und *Drei Romanzen* op. 94 für Oboe.

Die intensive Beschäftigung mit dem Horn, das in der ersten Hälfte des 19. Jahrhunderts durch die Einführung der Ventile vorher ungekannte spieltechnische Möglichkeiten hinzugewann, bei der Komposition von *Adagio und Allegro* op. 70 (14.–17. Februar 1849, Tb III, 483 f.) inspirierte ihn so sehr, daß er schon am 18. Februar mit einem »4 Hornstück« begann, wie es im Haushaltbuch (Tb III, 484) heißt, einem Werk in der durchaus ungewöhnlichen Besetzung von vier Hörnern und Orchester. Schumann selbst bezeichnete das Stück in Briefen wenig später treffend als »etwas ganz curioses« (BNF, 458) und »eines meiner besten Stücke« (Erler II, 78). Schon am 20. Februar war es zu Ende skizziert (Tb III, 484); die Instrumentierung erfolgte in der relativ kurzen Zeit vom 27. Februar bis zum 11. März 1849.

Am 15. Oktober 1849 kam es zu einer Probe des Werks (mit Klavierbegleitung) in der Wohnung des Dresdner Hornisten Joseph Rudolph Levy (1802–1881), eines Mitgliedes der renommierten Dresdner Hofkapelle (Tb III, 506). Schumann schrieb darüber am 14. Januar 1850 an seinen Freund Ferdinand David, den Konzertmeister des Leipziger Gewandhausorchesters, der mit der Vorbereitung einiger Konzerte des Ehepaars Schumann in Leipzig betraut war: »Im Pensionsconcert würde meine Frau jedenfalls spielen (am liebsten das Es-dur-Concert von Beethoven), und auch ich hätte etwas, was das Publikum vielleicht interessiren würde. Du hast vielleicht davon gehört, ein Concertstück für vier Hörner mit großem Orchester. Ich habe das Stück mit großer Passion gemacht, und es hat mir auch gut gefallen, wie es mir die vier Capellhornisten vorgeblasen. Gefällt Dir nun mein Vorschlag, so sprich mit Deinen Hornisten, die die ausgeschriebenen Stimmen bereits haben, daß sie das Stück baldmöglichst zu studiren anfangen« (BNF, 325).

Die Uraufführung des Konzertstücks fand am 25. Februar 1850 im Leipziger Gewandhaus unter der Leitung von Schumanns Freund Julius Rietz, des damaligen Gewandhauskapellmeisters, statt, der auch in diesem Konzert erstmals die Ouvertüre zu Schumanns einziger Oper *Genoveva* dirigierte, die wenige Monate später in Leipzig ihre Uraufführung erlebte. Die Solisten waren Mitglieder des Orchesters (Eduard Pohle, Jehnichen, E.J. Leichsenring, C. Wilke), das damit einmal mehr seinen Ausnahmerang in Europa bestätigte. Wie Schumann im Haushaltbuch vermerkte, fand das Stück beim Publikum »freundliche Aufnahme« (Tb III, 519). Im Druck erschien es im November 1851 bei Schuberth & Co. in Hamburg, Leipzig und New York. Eine von diesem sehr geschäftstüchtigen Verlag 1862 veröffentlichte Bearbeitung für Klavier und Orchester stammt nicht, wie in letzter Zeit in fahrlässiger Weise behauptet wurde, vom Komponisten oder gar von Clara Schumann, sondern möglicherweise von Joachim Raff – sie kann nur als stilistisch gänzlich mißlungen bezeichnet werden.

Die Originalfassung stand von jeher wegen des hohen Schwierigkeitsgrades der vier Solostimmen und ganz besonders des ersten Hornes, das gelegentlich besonders exponiert wird, im Schatten von Schumanns Konzerten für Klavier oder Violoncello – gelegentlich wurden zwei Hornisten eingesetzt, um den sehr strapaziösen Part des ersten Horns auszuführen. Schon der erste Rezensent der *Signale für die Musikalische Welt*, der das Werk zwar »eigenthümlich und werthvoll«, aber auch »zu lang und ausgedehnt für den Zweck« fand, hatte anläßlich der Leipziger Uraufführung be merkt: »… Zudem wird es nicht viele Hornisten geben, die jene ausdauernden Fähigkeiten besitzen, welche die Partien der Solostimmen verlangen« (Signale 8/1850, 79). Der besondere Reiz dieses Werks erwächst allerdings in erster Linie aus seiner ungewöhnlichen Besetzung, aus der Spannung zwischen dem typisch »romantischen« Klang des Hornquartetts, das z. B. von Schubert (»Nachtgesang im Walde«), Mendelssohn (»Wer hat dich, du schöner Wald«) und Schumann (*Jagdlieder* op. 137) zur Begleitung eines Männerchors eingesetzt wurde, und der Form des barocken »Concerto grosso« bzw. der »Sinfonia concertante« des 18. Jahrhunderts, die im 19. Jahrhundert eher selten verwendet wurde. Schumann läßt die vier Hörner einzeln und als klangmächtiges, homogenes Quartett mit dem stark besetzten Orchester, in dem nicht ohne Absicht noch zwei »Waldhörner in F ad libitum« eingesetzt sind, im wahrsten Sinne des Wortes »konzertieren«, d. h. wetteifern, und erreicht dabei immer wieder neue Klangwirkungen, von verhaltener Melancholie (Romanze) bis zu strahlender, geradezu explodierender Pracht (Ecksätze).

Die Form des »Konzertstücks« fordert ein nahtloses Übergehen der drei Sätze ineinander, vergleichbar dem nur ein Jahr später entstandenen Cellokonzert a-Moll op. 129, das im Autograph noch als »Concertstück« bezeichnet wird. Während im ersten Satz (»Lebhaft«) in Sonatensatzform und im von übermütiger Laune sprühenden Schlußsatz (»Sehr lebhaft«), ebenfalls in Sonatensatzform, die vier Hörner ihr virtuoses Potenzial ausreizen, ohne daß dem Orchester nur eine Statistenrolle zufällt, überrascht Schumann im langsamen dreiteiligen Mittelsatz (»Romanze« d-Moll) mit kanonischer Führung der beiden ersten Hörner und besonders subtiler Instrumentation. Die vier Hörner übernehmen z. B. vom Orchester einen stark chromatisch geprägten choralartigen vierstimmigen Satz, der von den Streichern z. T. pizzicato und rhythmisch verzwickt begleitet wird – ein Klangeffekt von geradezu magischer Wirkung, der einem Hector Berlioz alle Ehre gemacht hätte. Daß dieser Satz im Finale (T. 485 ff.) als Reminiszenz erscheint, gehört zu den von Schumann immer wieder mit großem Geschick eingesetzten Mitteln, eine zyklische Verklammerung von mehrsätzigen Werken zu erreichen.

»… ein durchaus heiteres Stück«.

Konzert a-Moll für Violoncello (oder Violine) und Orchester op. 129

Am 24. Oktober 1850, dem Tag seines ersten Düsseldorfer Konzerts, beendete Schumann ein *Concertstück für Violoncell mit Begleitung des Orchesters*, wie es in der autographen Partitur, im Haushaltbuch (Tb III, 541) und im sogenannten Projectenbuch (RSW, 544) heißt. Seiner Frau Clara erschien dieses in einer Phase schöpferischer Euphorie zwischen dem 10. und 16. Oktober skizzierte Werk, entgegen einem heute bisweilen immer noch grassierenden Vorurteil, »besonders so recht im Cellocharakter geschrieben« (Litzmann II, 258). Sie bestätigte dies in einer Tagebuchnotiz vom 11. Oktober 1851: »Ich spielte Roberts Violoncellkonzert einmal wieder und schaffte mir dadurch eine recht musikalisch glückliche Stunde. Die Romantik, der Schwung, die Frische und der Humor, dabei die höchst interessante Verwebung zwischen Cello und Orchester ist wirklich ganz hinreißend, und dann, von welchem Wohlklang und tiefer Empfindung sind alle die Gesangstellen darin!« (Litzmann II, 258 f.).

Dennoch gelang es Schumann zunächst nicht, einen Interpreten oder Verleger für das am 1. November vollendete Cellokonzert zu finden. Nach einer ersten Probe mit Klavier am 23. März 1851 (Tb III, 556) mit dem Cellisten Christian Reimers in Düsseldorf wandte sich der Komponist im Oktober 1851 an den Frankfurter Cellisten Robert Emil Bockmühl, der jedoch trotz zunächst geäußerter flammender Begeisterung auch nach seiner im Frühjahr 1852 erfolgten Übersiedlung nach Düsseldorf bis 1853 immer neue Ausflüchte fand, das Konzert nicht öffentlich spielen zu müssen. Seine gut gemeinten Verbesserungsvorschläge hat der Komponist mit Ausnahme der Modifikation des Tempos des ersten Satzes von ursprünglich $\downarrow$ = 144 (Autograph) auf $\downarrow$ = 130 (Erstdruck; Bockmühl hatte $\downarrow$ = 96 – höchstens $\downarrow$ = 100 vorgeschlagen!) vollständig ignoriert. Der Verfasser technisch schwieriger, aber musikalisch seichter Virtuosenstücke für Cello konnte und wollte Schumanns Konzept, in dem das Soloinstrument nicht immer dominiert und das Orchester wesentlichen Anteil am musikalischen Geschehen hat, nicht verstehen. Bockmühl hat schließlich wenigstens die technische Einrichtung der Solostimme für den Druck (Bögen, Fingersätze) übernommen, jedoch auch hierbei nicht immer glücklich operiert (vgl. Draheim 1993, 249 ff.).

Am 1. November 1852 wandte sich Schumann an den Leipziger Verleger Friedrich Hofmeister: »Das Concert für Violoncell […] ist jetzt druckfertig«, verlangte als Honorar 24 Louisdor (»so billig wie möglich«) und meinte hoffnungsvoll: »Anderentheils glaube ich, daß gerade, da so wenig Compositionen für dies schöne Instrument geschrieben werden, der Absatz ein den Wünschen entsprechender sein wird.« (Draheim 1993, 256 ff.). Hofmeister lehnte aus Kostengründen ab und Schumann versuchte es am 14. September 1853 bei dem kleinen Verlag Carl Luckhardt in Kassel, erhielt aber wieder eine Absage (Draheim 1993, 258). Schließlich bot der in dieser Hinsicht an Kummer gewöhnte, aber stets geduldig und zielstrebig vorgehende Komponist das Werk am 3. November 1853 dem Verlag Breitkopf & Härtel in Leipzig an: »Das Violoncellconcert ist vielleicht auch etwas, das, da es an solchen Compositionen sehr mangelt, Manchem erwünscht kommen wird. Auch dieses Concert ist ein durchaus heiteres Stück« (BNF, 485). Zu Schumanns großer Freude wurde es diesmal sofort akzeptiert. Schon am 15. November machte er den originellen Vorschlag, »ein Saitenquartettarrangement, in das die obligaten Blasinstrumente eingeschlossen würden«, auszuarbeiten, d. h. also eine Fassung mit reiner Streicherbegleitung, wie sie bei Klavierkonzerten bis zur Mitte des Jahrhunderts gebräuchlich war, worauf der Verlag allerdings nicht einging (Draheim 1993, 259 f.).

Unklar ist, ob damals oder schon vorher die Idee einer besser verkäuflichen Alternativfassung des Konzerts für Violine anstelle des weniger verbreiteten Violoncello geboren wurde. Vielleicht wurde sie durch die inspirierende Begegnung Schumanns mit dem genialen jungen Geiger Joseph Joachim im Jahre 1853 angeregt, in dessen Nachlaß in der Hamburger Staats- und Universitätsbibliothek 1987 eine als Stichvorlage angelegte Kopistenabschrift der Violinstimme mit autographen Eintragungen (Stichnoten, Dynamik) gefunden wurde. Zwei eigenhändige Notizen auf

dem Titelblatt des Manuskripts – »Dies Concert ist auch für Violine transscribirt erschienen« und »Der Schluß noch zu rectificiren« deuten darauf hin, daß Schumann die für diese Zeit ungewöhnliche Alternativversion einem Verleger anbieten wollte. Die geschickt gemachte Einrichtung der Solostimme beschränkt sich mit Ausnahme der Schlußtakte auf eine Transposition um eine Oktave, an wenigen Stellen auch um zwei Oktaven nach oben sowie notwendige Veränderungen bei Doppelgriffen, vor allem in der Kadenz des dritten Satzes, während der Orchesterpart unverändert bleibt. Die Uraufführung der Violinfassung fand am 29. November 1987 in der Kölner Philharmonie statt, mit Saschko Gawriloff, Violine und dem Westfälischen Sinfonieorchester Recklinghausen unter der Leitung von Walter Gillessen. Gleichzeitig erschien auch bei Breitkopf & Härtel in Wiesbaden die vom Verf. herausgegebene Erstausgabe der Violinfassung in Form eines Klavierauszuges – für Aufführungen kann die bis auf die Schlußtakte unveränderte Partitur des Cellokonzerts benutzt werden.

Am 15. Februar 1854 schickte der Verlag Breitkopf & Härtel einen Revisionsabzug des Cellokonzerts (Draheim 1993, 260), von dem zunächst nur der Klavierauszug und die Orchesterstimmen erscheinen sollten. In der Nacht vom 17. zum 18. Februar 1854 kam es dann zu jenem furchtbaren Ausbruch von Schumanns Krankheit, die sich vor allem in quälenden Gehörshalluzinationen äußerte und von dem Clara Schumann einen erschütternden Bericht gibt. Sie schreibt u. a.: »Die Ärzte brachten ihn zu Bett, und einige Stunden ließ er es sich auch gefallen, dann stand er aber wieder auf und machte Korrekturen von seinem Violoncellkonzert, er meinte dadurch etwas erleichtert zu werden von dem ewigen Klange der Stimmen« (Litzmann II, 297). Diese Korrekturen wurden am 21. Februar (Draheim 1993, 261), sechs Tage vor dem Selbstmordversuch, an den Verlag zurückgeschickt, so daß das Konzert im August 1854 in einer vom Komponisten autorisierten Form erscheinen konnte.

Auch nach der Publikation verlief die Rezeption des Cellokonzerts äußerst schleppend. Die einzige bisher nachweisbare Rezension in der *Neuen Berliner Musikzeitung* vom 17. Januar 1855 von dem Geiger und Komponisten Karl Böhmer

(1799–1884) ist gerade durch ihr vollkommenes Unverständnis gegenüber Schumanns Tonsprache sehr aufschlußreich. Zwar attestiert er dem Konzert »viel Schönheiten« und »eine ernste, würdige Ruhe«, findet aber, daß es »etwas seltsame Harmoniefolgen« enthielte und vor allem als »Concertstück« zurückstehe. Auch ließe es »sehr oft etwas Unbefriedigendes fühlen, so dass der Spieler weder diese [gemeint sind die Fantasie für Violine op. 131 und das Cellokonzert] noch sich selbst so recht zur Geltung bringen kann.« Er zweifelt am öffentlichen Erfolg des Werks und befindet, daß »am wenigsten … eine Production mit Pianobegleitung zu rathen sein [dürfte]« (*Neue Berliner Musikzeitung* 9/1855, Nr. 3 vom 17. Januar, 17 f.).

Kurioserweise konnte erst vor wenigen Jahren mit einiger Sicherheit geklärt werden, wann und wo die Uraufführung von Schumanns Cellokonzert stattfand. Früher wurde häufig, wenn auch mit Vorbehalt, auf ein Konzert am 9. Juni 1860, zur Feier von Schumanns 50. Geburtstag, im Leipziger Konservatorium mit dem »großherzoglich oldenburgischen Kammermusikus« Ludwig Ebert (1834–1908) hingewiesen. Wie aus zwei kurzen Zeitungsberichten (Signale 18/1860, 342; NZfM 52/1860, 227) eindeutig hervorgeht, hat bei dieser *Musikalischen Abendunterhaltung* jedoch kein Orchester mitgewirkt, wie bisweilen behauptet wurde. Von einer wirklichen Uraufführung kann somit bei einer Darbietung mit Klavierbegleitung nicht die Rede sein. Bisher waren als erste sicher bezeugte Aufführungen mit Orchester nur diejenigen am 10. Dezember 1867 in Breslau (mit David Popper) und am 24. Dezember 1867 in Moskau (mit Bernhard Cossmann) bekannt, also 13 Jahre nach Erscheinen des Werks. Nachforschungen ergaben, daß der erwähnte Ludwig Ebert das Cellokonzert auch mit der Großherzoglichen Hofkapelle Oldenburg unter der Leitung des Konzertmeisters Karl Franzen in einem Konzert am 23. April 1860 spielte, wie Anzeigen in der *Oldenburger Zeitung* vom 27. März und 17. April 1860 dies ausweisen. Zuvor war er mit dem Versuch, das Konzert mit Orchester aufzuführen, an dem Oldenburger Hofkapellmeister August Pott (1806–1883) gescheitert, der das Werk als »widerwärtig, greulich und langweilig« abgetan und eine Aufführung abgelehnt hatte (Georg Linnemann: Musikgeschichte der Stadt Oldenburg, Oldenburg

1956, 218). Obwohl weder in Voranzeigen noch in der Rezension der *Oldenburger Zeitung* vom 1. Mai 1860 von einer Uraufführung die Rede ist, dürfte dies die früheste Aufführung des Stückes mit Orchester sein.

Erstaunlich bleibt aber die Hellsichtigkeit und das große Verständnis, mit dem ein anonymer Rezensent in der *Oldenburger Zeitung* vom 1. Mai 1860 über Aufführung und Werk berichtet: »Dies Schumannsche Concert ist aber weit davon entfernt, Concessionen zu machen, sei es dem Publikum oder dem Spieler, sondern ist wie die späten Concerte Beethovens, die Mendelssohns u.s.w. ein symphonisch gehaltenes Tonwerk, in welchem dem Soloinstrumente nur eine bevorzugtere Stellung vor den andern Instrumenten des Orchesters eingeräumt ist.« Erst gegen Ende des 19. Jahrhunderts setzte sich Schumanns Cellokonzert als Repertoirestück durch. Der Hinweis des Komponisten auf seinen heiteren Charakter wurde allerdings lange von vielen Interpreten durch verschleppte Tempi und sentimentales Rubato ad absurdum geführt, ebenso die formale Anlage nicht verstanden. Der ursprüngliche Titel »Concertstück«, der durch die nahtlosen Übergänge zwischen den drei Sätzen gerechtfertigt ist und zugleich den »sinfonischen« Anspruch reduziert, sollte genügen, dieses Werk nicht mit dem Klavierkonzert op. 54 in derselben Tonart zu vergleichen, sondern viel eher mit dem Konzertstück F-Dur op. 86 für vier Hörner und Orchester vom Frühjahr 1849, mit dem es in mancher Hinsicht (Satzfolge und Charakteristik, Taktart und Tempo des dritten Satzes) verwandte Züge trägt.

Im ersten Satz (»Nicht zu schnell«) mit seinem weit ausschwingenden melodischen Hauptthema und dem durch charakteristische Intervalle (Sekunde, Septe) hervorgehobenen anmutig verspielten Seitenthema (T. 52 ff.) sind die kantablen Möglichkeiten und alle Lagen des Soloinstruments wirkungsvoll genutzt. Viele Passagen werden nur von den Streichern, manchmal in Art eines Rezitativs, begleitet, die Holzbläser, ganz selten auch Hörner und Trompeten, setzen markante thematische Akzente hinzu. Der zweite Satz (»Langsam«, T. 286 ff.) wächst unversehens aus dem letzten Tutti hervor, das von einem allein dem Orchester vorbehaltenen Thema beherrscht wird. Als Brücke dient ein harmonisch verfremdetes Zitat (T. 280–

282) jener plagalen Wendung, die schon als »Vorhang« dem ersten Satz vorangestellt ist und später
den Kopf des ersten Themas im dritten Satz bildet
– ein weiterer Beleg für Schumanns subtile Kunst
der zyklischen Verklammerung. Die lyrischen
Qualitäten dieses Satzes sind selbst von hartnäckigen Schumann-Verächtern nie ernsthaft bestritten
worden. Durch das Hinzutreten eines zweiten
Solocellos entsteht die Illusion mehrstimmigen
Akkordspiels. Eine Reminiszenz an das Hauptthema des ersten Satzes im Orchester wird vom
Soloinstrument aufgegriffen, wieder verdrängt
und mündet in ein dramatisch erregtes Accompagnato-Rezitativ (T. 331 ff.). Eine kurze Kadenz des
Cellos führt mitten hinein in das Finale (»Sehr
lebhaft«). In diesem technisch überaus heiklen,
von kapriziöser Laune sprühenden Rondo mit Sonatensatzelementen spielen sich Solist und Orchester meist ohne große modulatorische Bewegung
das thematische Material in ständigem Wechsel
zu, was nicht nur den verhinderten Interpreten
der Uraufführung offensichtlich irritiert hat. Vor
der kurzen Schlußstretta in A-Dur steht eine vom
Orchester begleitete Kadenz des Soloinstruments
(T. 684 ff.). Es war ebenso überflüssig wie ge-
schmacklos, hier noch eine zusätzliche Kadenz
einzufügen, wie es leider früher viele Cellisten
getan haben, da die wohlabgewogenen Proportionen des Konzerts dadurch empfindlich gestört
wurden. Erst in letzter Zeit hat sich Schumanns
Cellokonzert, das die von Dvořák, Anton Rubin-
stein, Robert Volkmann, Lalo, Saint-Saëns, Elgar
und anderen erfolgreich weitergeführte Gattung
(nach den zu dieser Zeit vergessenen Werken von
Haydn, Boccherini und Danzi) überhaupt erst
begründet hat, ohne verfälschende Eingriffe als
Standardwerk etabliert (textkritische Edition von
J. Draheim, Wiesbaden: Breitkopf & Härtel
1997).

»… ein Gelegenheitsstück,
und zwar durchaus kein glückliches«
und »… eine gewisse Ermattung«

Phantasie a-Moll / C-Dur
für Violine und Orchester,
Violinkonzert d-Moll

Den knapp 22jährigen genialen Geiger Joseph
Joachim lernte das Ehepaar Schumann beim 31.
Niederrheinischen Musikfest in Düsseldorf, bei
dem er besonders durch eine maßstabsetzende
Interpretation von Beethovens damals noch um-
strittenen Violinkonzert »ungeheuren Enthusias-
mus« (Tb III, 625) erregte, kennen und schätzen.
Joachim schickte am 2. Juni die Partitur des
Beethoven-Konzerts als Geschenk an Schumann
und schrieb dazu: »Möchte doch Beethoven's
Beispiel Sie anregen, den armen Violinspielern,
denen es, ausser der Kammermusik, so sehr an
Erhebendem für ihr Instrument fehlt, aus Ihrem
tiefen Schacht ein Werk an's Licht zu ziehen, wunderbarer Hüter reichster Schätze!« (Joachim Briefe
I, 59). Nachdem Joachim Ende August nochmals
zum Besuch erschienen war (»Joachim alles bezau-
bernd … Schöne Stunden« (Tb III, 634) heißt es
im Haushaltbuch), setzte Schumann ein lange
gehegtes Vorhaben in die Tat um, zu dem ihn auch
schon sein Freund Ferdinand David, der Konzertmeister des Leipziger Gewandhausorchesters,
wiederholt animiert hatte, nämlich konzertante
Werke für die Violine zu schreiben.

So entstand zunächst zwischen dem 2. und 7.
September 1853 eine *Phantasie* für Violine und
Orchester bzw. Klavier, wie es in Schumanns
Haushaltbuch (Tb III, 634 f.) vermerkt ist, Ende
des Monats dann das später heiß umstrittene Violinkonzert d-Moll. Die *Phantasie* schickte Schumann schon am 14. September an Joachim und
schrieb dazu, er habe »während des Schaffens […]
an Sie gedacht«, und fuhr dann fort: »… es ist
mein erster Versuch. Schreiben Sie mir, was daran
vielleicht nicht praktikabel« (Joachim Briefe I,
77). Am 23. September kam Joachim überraschend
nach Düsseldorf, probierte das Werk zur großen
Freude des Komponisten, studierte es ein und
brachte es am 27. Oktober im letzten von Schumann geleiteten Düsseldorfer Konzert zur Uraufführung. Im November richtete er auf Wunsch des

Komponisten die Violinstimme ein (Bogenstriche, Fingersätze) und machte nochmals einige kleinere Verbesserungsvorschläge, die Schumann durchwegs akzeptierte (Joachim Briefe I, 100–103). Am 17. November wurde die *Phantasie* dem Leipziger Verlag Kistner angeboten: »Es fehlt ganz an solchen brillanten Concertstücken für die Violine; dieses insbesondere hat noch einen sehr heitren Charakter. Joachim hat es hier vor Kurzem mit dem größten Effect in einem unserer Concerte gespielt und wird es, wie er mir sagt, bald auch in Leipzig und Berlin. Er spielt es auswendig und mit einer Meisterschaft, wie er nur sie hat« (BNF, 486). Im Juni 1854 erschienen die Stimmen und eine vom Komponisten besorgte Alternativfassung mit Klavierbegleitung, die von den Geigern leider bis heute meist übersehen wurde, zumal bis vor kurzem nur bearbeitete Fassungen mit nicht von Schumann stammenden schlechten Klavierauszügen im Umlauf waren. Erst 2002 erschien eine Urtext-Ausgabe der Version mit Klavier (Wiesbaden: Breitkopf & Härtel, hg. von J. Draheim).

Die ersten Rezensionen nach der Leipziger Aufführung vom 12. Januar 1854 waren sehr positiv und sprachen von Schumanns »bestem Concertstück« (Signale 12/1854, 28) und einem »herrlichen Werk« (NZfM 40/1854, 42). Auch Johannes Brahms und der stolze Widmungsträger Joachim schätzten es hoch. Schumanns Krankheit und sein Tod am 29. Juli 1856 warfen einen Schatten auch auf dieses Werk, das nach einem Gedenkkonzert in Leipzig am 23. Oktober 1856 als ein »Gemälde von düsterer Färbung« (Signale 14/1856, 505) und »ein Gelegenheitsstück, und zwar durchaus kein glückliches« (NZfM 45/1856, 194) bezeichnet wurde. Obwohl Joachim die *Phantasie*, ganz im Gegensatz zum *Violinkonzert*, bis an sein Lebensende gelegentlich gespielt und sich sogar energisch einer auf größere Brillanz zielenden technischen Überarbeitung des Soloparts widersetzt hat (Struck 1984, 257 f.), blieb sie bis heute ein Stiefkind des Repertoires, ebenso wie das »Schwesterwerk«, das *Konzert-Allegro* op. 134, mit dem sie so viele strukturelle und atmosphärische Gemeinsamkeiten hat.

Die langsame Introduktion (a-Moll, »Im mäßigen Tempo«) besteht aus einem Orchesterthema, dessen ruhig-fließende Achtelbewegung sanfte Melancholie atmet und das durch raffinierte me-

trische Verrückungen besonderen Reiz gewinnt, und einem Solothema (T. 12 ff.), das den Charakter einer virtuosen rezitativartigen Improvisation hat. Beide Themen werden in der Durchführung des sich nahtlos anschließenden Sonatenhauptsatzes (»Lebhaft«) reminiszenzartig verarbeitet.

Das erste Thema des in der Dur-Parallele C-Dur stehenden Sonatensatzes ist von einer bei Schumann seltenen launigen Verspieltheit, das zweite Thema (T. 69 ff.) »erscheint tonartlich … bemerkenswert wenig geschlossen« (Struck 1984, 265) – das intendierte G-Dur wird nur flüchtig gestreift, was dem Thema eine beim späten Schumann häufig beobachtete schwebende Grazie verleiht. Solo-Oboe und Solo-Klarinette greifen es, von der Violine begleitet, kurz auf. Hier und in der Schlußgruppe ergeht sich das Soloinstrument in originellen, z. T. aus dem ersten Thema abgeleiteten Spielfiguren. Nach der kurzen, vor allem durch ihre seltsam in sich kreisende Harmonik bemerkenswerten Durchführung (T. 120–154) und der planmäßig verlaufenden Reprise ist eine kleine Solokadenz eingefügt, die keinerlei thematische Beziehung zum Stück hat, dem Geiger aber einige ebenso knifflige wie klanglich reizvolle Aufgaben (Tremolopassagen) stellt. Der Übergang zur Coda mit den Arpeggien der Violine und dem unvermittelt einfallenden Orchester erinnert an die entsprechende Stelle im ersten Satz von Mendelssohns Violinkonzert. Die Coda (T. 263 ff.) spielt in geistvoller Weise mehrere Themen des Werkes durch und wird durch ein »synthetisches Codathema liedhafter Prägung« (Struck 1984, 273), wie es für alle konzertanten Spätwerke Schumanns charakteristisch ist, zu einem heiter-beschwingten Kehraus.

Um dem Werk gerecht zu werden, ist allerdings eine strikte, aber dennoch flexible Befolgung von Schumanns minutiösen und durchdachten Spielanweisungen (Metronomangaben, Dynamik, Artikulation) unabdingbar. Auch die von Joseph Joachim stammenden Strichbezeichnungen und Fingersätze geben, wenn auch sicher im Einzelfall revisionsbedürftig, wichtige Hinweise auf die Interpretation, für die Fantasie (!) und Temperament, wie sie der junge Joachim in so reichem Maße besaß, die wichtigsten Voraussetzungen sind. Vor allem darf weder das einleitende »Im mäßigen

Tempo« noch das folgende »Lebhaft« verhetzt werden. Eine Oktavierung der Violinstimme, wie noch in neueren Aufnahmen zu hören, verbietet sich aus musikalischen und satztechnischen Gründen von allein.

Das Violinkonzert d-Moll vom September/Oktober 1853 ist Schumanns letzte Komposition für Orchester. Kein bedeutendes Werk der Musikliteratur ist mit so vielen Mißverständnissen belastet und Geheimnissen umgeben, keines hat eine so merkwürdige und verwickelte Rezeptionsgeschichte erlebt (vgl. Struck 1984, 291 ff. und Struck 1988). Erst 84 Jahre nach seiner Entstehung erschien es 1937 in einer außerordentlich mangelhaften Ausgabe im Druck, erstmals gespielt wurde es in einer verstümmelten Version. Die Nationalsozialisten propagierten es als »Ersatz« für das verfemte Violinkonzert des Juden Mendelssohn. Seitdem (und auch schon vorher) wurde viel Überflüssiges und viel grober Unfug über das Stück geschrieben. Man erlebt nur sehr selten eine kompetente, den deutlich artikulierten Intentionen des Komponisten folgende Interpretation wie etwa die Yehudi Menuhins, bei der nicht Solist oder Dirigent die Noten ändern, transponieren, kürzen oder die Tempoangaben mißachten. Erst die minutiösen Analysen und Studien zur Entstehungs- und Rezeptionsgeschichte, die Reinhard Kapp (Kapp 1984) und Michael Struck (Struck 1984, 1988) vorgelegt haben, brachten Klarheit in das undurchdringliche Dickicht von Vermutungen, Fehlurteilen und Halbwahrheiten.

Noch bevor die *Phantasie* op. 131 erstmals probiert worden war, begann Schumann am 21. September 1853 schon wieder mit einem »Stück f. Violine« (Tb III, 636), wie im Haushaltbuch vermerkt ist. Die Inspiration durch das außergewöhnliche Spiel des jungen Joseph Joachim war also noch nicht abgeebbt – die *Phantasie* op. 131 erscheint somit wie eine allerdings durchaus eigenständige Vorstudie zu einem »echten«, diesmal dreisätzigen Violinkonzert, wie es sich Ferdinand David und Joachim von Schumann gewünscht hatten. Am 1. Oktober, einen Tag nach der denkwürdigen ersten Begegnung mit dem jungen Brahms, war das »Concert f. Violine beendigt«, am 3. Oktober »fertig instr.« (Tb III, 637). Schon am 7. Oktober wollte Schumann es Joachim

schicken und bemerkte dazu: »Hier lege ich auch etwas Neues bei, was Ihnen vielleicht ein Abbild von einem gewissen Ernst gibt, hinter dem oft eine fröhliche Stimmung hervorsieht. Oft waren Sie, als ich schrieb, meiner Phantasie gegenwärtig, was wohl zu der Stimmung beitrug. Sagen Sie mir Alles, was Ihnen nicht [sic!] zu schwer, wie ich denn Ihnen wirklich schon zum Genießen unmögliche Gerichte oder wenigstens Bissen vorgesetzt habe. Streichen Sie alles durch, was nach Unausführbarkeit schmeckt« (Joachim Briefe I, 84). Die Abschrift war jedoch noch nicht fertig, so daß Schumann das Konzert erst am 13. Oktober abschickte, das Begleitschreiben konnte er dem gerade in Düsseldorf anwesenden Joachim selbst übergeben: »Sie erhalten hier das Concert; möge es Sie anmuthen! Es scheint mir leichter, als die Phantasie, auch das Orchester mehr [in] Thätigkeit. Es sollte mich nun sehr freuen, wenn wir es im 1sten Concerte hier hören könnten …« (Joachim Briefe I, 85). Aus dieser Uraufführung im Abonnementskonzert am 27. Oktober wurde jedoch nichts, weil die Zeit zu knapp war und man sich von Joachim eine Wiederholung des Beethoven-Konzerts wünschte. Dieser spielte aber dann erstmals die *Phantasie* op. 131, begann das Konzert zu üben und machte möglicherweise schon damals einige Verbesserungsvorschläge für die technische Gestaltung der Solostimme, die von Schumann, wie den Quellen zu entnehmen ist, dankbar übernommen wurden wie bei der *Phantasie*.

Anläßlich einer Reise des Ehepaars Schumann nach Hannover, wo Joachim als Konzertmeister wirkte, wurde das Violinkonzert zweimal erprobt – am 25. Januar 1854 mit Klavier und am 30. Januar mit Orchester. Die zweite Probe scheint nicht ganz befriedigend gewesen zu sein, da der Geiger »etwas ermüdet« (Tb II, 449) war, wie Schumann im Tagebuch vermerkte. Joachim geht in einem Brief an Schumann vom 17. November 1854 – als dieser bereits seit einem halben Jahr in der Nervenheilanstalt in Endenich war – darauf ein: »Könnte ich Ihnen doch Ihr D moll Concert vorspielen; ich habe es jetzt besser inne, als damals in Hannover; wo ich es in der Probe Ihrer so unwürdig spielen mußte, zu meinem großen Verdruß, weil ich den Arm beim dirigiren so sehr ermüdet hatte. Jetzt klingt der 3/4 Takt [im dritten Satz] viel stattlicher …« (Joachim Briefe I, 228).

Von einer Geringschätzung des Werks kann also bis zu diesem Zeitpunkt nicht die Rede sein. Erst nach Schumanns Tod 1856 kamen Zweifel auf. Am 15. Oktober 1857 meinte Joachim in einem Brief an Clara Schumann: »… es ist im letzten Satz namentlich entsetzlich schwer für Geige, aber ich hab's so ziemlich in die Finger gespielt. Wunderschöne Stellen sind im ersten und zweiten Satz …« (Joachim Briefe I, 453). In seinem nächsten Brief vom 21. Oktober regte er an, ob man »nicht bei Gelegenheit eines Leipziger Aufenthaltes in einer Probe das Schumann'sche Violinconcert endlich ordentlich mit Orchester hören« (Joachim Briefe I, 454) könnte. Diese Probe mit dem Gewandhausorchester fand statt und ließ Clara Schumann und Joseph Joachim zu dem Entschluß kommen, das Konzert weder aufzuführen noch zu publizieren. Vergessen, was oft behauptet wurde, war es im 19. Jahrhundert keineswegs, wie mehrere Erwähnungen in der Schumann-Literatur beweisen. Seinem Biographen Andreas Moser gab Joachim in einem Brief vom 5. August 1898 eine differenzierte Begründung, warum er das Werk, dessen Manuskript ihm Clara Schumann inzwischen geschenkt hatte, zurückhielt: »Der Umstand, daß es nicht veröffentlicht worden ist, wird Sie schon zu dem Schluß bringen, daß man es seinen vielen herrlichen Schöpfungen nicht ebenbürtig an die Seite stellen kann. Ein neues Violinconcert von Schumann – mit welchem Jubel würde es von allen Kollegen begrüßt worden sein! Und doch durfte gewissenhafte Freundessorge für den Ruhm des geliebten Tondichters nie einer Publication das Wort reden, so vielumworben es auch von Verlegern war. Es muß eben leider gesagt werden, daß es eine gewisse Ermattung, welcher geistige Energie noch etwas abzuringen sich bemüht, nicht verkennen läßt. Einzelne Stellen (wie könnte das anders sein!) legen wohl von dem tiefen Gemüth des Schaffenden Zeugniß ab; um so betrübender aber ist der Contrast mit dem Werk als Ganzes« (Struck 1984, 317; Struck 1988, 85).

Die falsch verstandene Pietät ging so weit, daß Joachims Sohn Johannes beim Verkauf des Nachlasses seines Vaters 1907 an die Preußische Staatsbibliothek Berlin dieser die Auflage machte, daß Schumanns Violinkonzert frühestens 100 Jahre nach dem Tode des Komponisten, also 1956, veröffentlicht werden dürfe. Zwei Großnichten Joachims, die Geigerinnen Jelly d'Aranyi und Adila Fachiri, behaupteten in den dreißiger Jahren, der Geist Schumanns bzw. ihres Großonkels sei ihnen bei spiritistischen Sitzungen erschienen und habe verlangt, das (angeblich verschollene) Violinkonzert zu finden und zur Aufführung zu bringen. Erst eine Initiative des Musikverlags Schott machte dem absurden Spektakel ein Ende und veranlaßte Johannes Joachim, das Werk vorzeitig zur Aufführung und zum Druck freizugeben. Diesen besorgte Georg Schünemann, der damalige Leiter der Musikabteilung der Staatsbibliothek, ohne die Quellen (autographe Partitur, Partiturabschrift, Stimmen, zwei Klavierauszüge) mit genügender Akribie auszuwerten (Mainz 1937, Schott); er leistete sich auch eine Reihe katastrophaler Lesefehler. Paul Hindemith fertigte anonym, da in dieser Zeit bei den nationalsozialistischen Machthabern in Ungnade gefallen, eine entstellende Einrichtung der Violinstimme an, die bei der mit viel propagandistischem Beiwerk (u. a. Rede von Goebbels) veranstalteten Uraufführung mit dem Solisten Georg Kulenkampff und dem Berliner Philharmonikern unter der Leitung von Karl Böhm im Deutschen Opernhaus in Berlin-Charlottenburg benutzt wurde. Eine Uraufführung des Werkes in Amerika durch Yehudi Menuhin, der sich stets für das unbearbeitete Original eingesetzt hat, war von den Nazis aus naheliegenden Gründen verhindert worden.

Was Menuhin in einem Brief an den Dirigenten Vladimir Golschmann vom 22. Juli 1937 über das Violinkonzert geschrieben hat, besitzt noch heute uneingeschränkte Gültigkeit: »This concerto is the historically missing link of the violin literature; it is the bridge between the Beethoven and the Brahms concertos, though leaning more towards Brahms. Indeed, one finds in both the same human warmth, caressing softness, bold manly rhythms, the same lovely arabesque treatment of the violin, the same rich and noble themes and harmonies.« (Struck 1984, 342; Struck 1988, 87). Das Konzert trägt keinerlei Spuren von nachlassender Geisteskraft an sich oder ist von der nahenden Krankheit überschattet, wie bis zum Überdruß immer wieder behauptet wird, sondern bietet ein besonders eindrucksvolles Beispiel für die neuartige Konzeption eines Solokonzerts, die Schumann auch in anderen konzertanten Werken des Jahres 1853 (*Phantasie* für Violine op. 131, *Konzert-Allegro* für Klavier op. 134) erfolgreich erprobt hat. Merkmale sind u. a. das blockhafte Gegenüberstellen von Solostimme und Orchester, aus dem dann einzelne Instrumente in einen intensiven Dialog mit dem Solisten treten, die Adaption barocker Figurations- und Harmonie-Modelle und die liedoder choralartige Ausgestaltung der Satzschlüsse.

Der erste Satz (»In kräftigem, nicht zu schnellem Tempo«) setzt, wie sonst kaum bei Schumann, mit einer vollständigen Tuttiversion des majestätischen, auf Bruckner vorausweisenden ersten Themas ein, das sehr bald dem lyrischen zweiten Thema (T. 89 ff.) weichen muß. Dieser wundervolle, für den späten Schumann charakteristische melodische Gedanke über einem Dominant-Orgelpunkt der Dur-Parallele erweist sich als das eigentliche Zentralthema nicht nur des ersten Satzes, sondern des ganzen Konzerts. Von Bachs Sonaten und Partiten für Violine solo, zu denen Schumann im Frühjahr 1853 eine Klavierbegleitung geschrieben hatte, sind die zahlreichen, oft nur von den Streichern begleiteten Figurationen der Solovioline inspiriert. Sie als virtuosen oder repetitiven Leerlauf anzusehen, verkennt ihre melodisch-motivische Bedeutung. Die nach Dur gewandte Coda wird von zwei aus dem ersten und zweiten Thema abgeleiteten neuen »synthetischen Codathemen liedhafter Prägung« in »konzertierender Gestaltung zwischen Violine und Orchester« (Struck 1984, 376) beherrscht.

Das schlichte und innige Gesangsthema des zweiten Satzes (»Langsam«) weist eine gewisse, in der Literatur oft überbetonte Verwandtschaft mit dem sogenannten »Geisterthema« auf, das Schumann in der Nacht vom 17. auf 18. Februar 1854 beim Ausbruch seiner Krankheit komponierte.

Die oft in tiefster Lage agierende Solovioline ist in das subtile orchestrale Gewebe dieses Satzes eingebettet, dessen warmes Klangbild von Synkopengängen der Celli noch zusätzlich verschleiert wird. Melodische Führung und Begleitfiguren werden zwischen Orchester und Violine immer wieder ausgetauscht.

Die kurze Überleitung zum Schlußsatz (»Lebhaft, doch nicht zu schnell«), die durch ein Accelerando herbeigeführt wird, erinnert an den Übergang zum letzten Satz der d-Moll-Sinfonie. Dieser am meisten geschmähte Satz des Konzerts ist ein etwas verschachteltes Sonatenrondo mit überraschenden Reminiszenzen an die zwei ersten Sätze, wie sie für Schumann typisch sind. Den Charakter einer gravitätisch schreitenden Polonaise voller kapriziöser Episoden hat Joseph Joachim im bereits zitierten Brief an Schumann vom 17. November 1854 vortrefflich beschrieben: »Wissen Sie noch, wie Sie lachten und sich freuten, als wir meinten, der letzte Satz klänge, wie wenn Kociusko mit Sobiesky eine Polonaise eröffneten: so stattlich?« (Joachim Briefe I, 228 f.). Das Bemühen heutiger Interpreten, durch ein viel zu schnelles Tempo aus diesem Satz ein brillantes Virtuosenstück zu machen, ist vergeblich, zumal die auf- und abrasenden Läufe und Arpeggien der Violine dann fast unspielbar werden. In der sehr umfangreichen Coda (T. 269–309) erscheint wieder ein »synthetisches Codathema«, diesmal von den Klarinetten, Hörnern und Bratschen angestimmt, das in den meisten Aufführungen nicht genügend klanglich hervortritt. Das geistvolle Spiel mit Themen und Motiven und ihren Ableitungen und Varianten, das zahlreiche, oft verdeckte Bezüge innerhalb des Satzes und des ganzen Konzerts aufweist, setzt sich bis zum strahlenden Dur-Schluß fort.

Literatur

Th. W. Adorno, Berg. Der Meister des kleinsten Übergangs. In: Gesammelte Schriften. Bd. 13, Frankfurt a. M. 1971.

Draheim, Joachim: Das Cellokonzert a-Moll op. 129 von Robert Schumann: Neue Quellen und Materialien. In: Schumann in Düsseldorf. Werke – Texte – Interpretationen. Bericht über das 3. Internationale Schumann-Symposion am 15. und 16. Juni 1988 im Rahmen des 3. Schumann-Festes, Düsseldorf, hg. von Bernhard R. Appel. Mainz 1993. (Schumann-Forschungen, 3), S. 249–264.

Edler, Arnfried: Robert Schumann und seine Zeit. Laaber 1982. (Große Komponisten und ihre Zeit).

Gerstmeier, August: Robert Schumann. Klavierkonzert a-Moll, op. 54. München 1986. (Meisterwerke der Musik, 42).

Joachim, Joseph: Briefe von und an Joseph Joachim, gesammelt und hg. von Johannes Joachim und Andreas Moser. Bd. 1: Die Jahre 1842–1857. Berlin 1911.

Kapp, Reinhard: Studien zum Spätwerk Robert Schumanns. Tutzing 1984.

Schumann, Clara, Johannes Brahms: Briefe aus den Jahren 1853–1896, im Auftr. von Marie Schumann hg. von Berthold Litzmann. Leipzig 1927. Bd. 1: 1853–1871.

Schumann, Robert: Konzert für Klavier und Orchester a-Moll, op. 54. Einführung und Analyse von Egon Voss. Taschenpartitur. München, Mainz 1979.

–: Klavierkonzert a-Moll op 54. Faksimile der autographen Partitur. Hg. von Heinrich-Heine-Institut, Düsseldorf, mit Geleitworten von Joseph A. Kruse und Akio Mayeda und einer Einführung von Bernhard R. Appel, Kassel 1996.

–: Klavierkonzert a-Moll op 54. Hg. von Bernhard R. Appel, Mainz 2003 (RSA, Serie I: Orchesterwerke, Werkgruppe 2: Konzerte, Bd. 1).

Struck, Michael: Robert Schumann. Violinkonzert D-Moll (WoO 23). München 1988.

VOKALMUSIK

Lieder

von Christiane Tewinkel

Zur Bedeutung Schumanns als Liedkomponist

Der Beitrag, den Robert Schumann für die Gattung »Lied« geleistet hat, ist in seiner Bedeutung kaum zu überschätzen. Mit über 260 erhaltenen Kompositionen, dazu etwa zwei Dutzend Fragment gebliebenen, zu Lebzeiten nicht für die Veröffentlichung freigegebenen oder verschollenen Liedern steht Schumann quantitativ zwar im Schatten Schuberts, der mehr als doppelt so viele Lieder geschrieben hat. Zeitgleich mit Beethovens letzten Liedkompositionen, von denen viele in ihrer Orientierung an den Maßgaben der individuellen Aufführungssituation noch deutlich in der Tradition des Liedes als Geselligkeitsform standen, hatte Franz Schubert den Kunstanspruch der Gattung etabliert, ohne dabei doch das gesellige Moment gänzlich aufzugeben. Die grandiose Erfolgsgeschichte, die das Lied dann im 19. Jahrhundert schreiben sollte, verdankt sich nicht zuletzt dieser Funktionalität. Sie ist kaum zu denken ohne die zeittypischen gesellschaftlichen Faktoren, das Erstarken einer bildungsbürgerlichen Schicht, den Siegeszug der Hausmusik und das aufkommende Genre des gemischten Konzertes.

Zur selben Zeit aber sind es veränderte ästhetische Bedingungen, die die Entstehung einer nachgerade neu zu nennenden Gattung ›Lied‹ motivieren. Sie resultieren zum Teil aus Vorgängen, die sich außerhalb des unmittelbar musikalischen Bereiches abspielen. Die Eigenart des Liedes, Verbindung zweier Künste zu sein, profitiert zum einen von einer Ästhetik, die in der Nachfolge der um 1800 einsetzenden literarischen Bewegung die Verwandtschaft der Künste von neuem proklamiert und die Rückkehr zu einer vermuteten ursprünglichen Einheit von Wort, Gesang und Instrumentalmusik unter dem besonderen Vorzeichen einer neu definierten Sprachlichkeit der Musik betrachtet.

Mehr noch aber zehrt das Lied von den inhaltlichen und formalen Neuerungen auf dem Gebiet der Literatur. Wiederholt hat man in diesem Zusammenhang auf die Emanzipation des lyrischen Ichs aus der Stereotypie rollenhaften Sprechens hingewiesen. Schumann selbst urteilt im Rückblick auf die 1830er Jahre: »Für das Lied hatte schon Franz Schubert vorgearbeitet, aber mehr in Beethovenscher Weise, dagegen in den Leistungen der Norddeutschen die Wirkung Bachschen Geistes sich kundgab. Die Entwickelung zu beschleunigen, entfaltete sich auch eine neue deutsche Dichterschule: Rückert und Eichendorff, obwohl schon früher blühend, wurden den Musikern vertrauter, am meisten Uhland und Heine komponiert. So entstand jene kunstvollere und tiefsinnigere Art des Liedes, von der natürlich die Früheren nichts wissen konnten, denn es war nur der neue Dichtergeist, der sich in der Musik widerspiegelte. [...] Und in Wirklichkeit ist vielleicht das Lied die einzige Gattung, in der seit Beethoven ein wirklich bedeutender Fortschritt geschehen« (Kreisig II, 147). Polemisch zeichnet Schumann das Bild einer »älteren Behandlung, wo das Gedicht nur eben so nebenher lief« und spricht von »den schlotternden Begleitungsformeln« (Kreisig II, 147) vergangener Zeiten.

Das Vermögen, ein »Gedicht in seiner leibhaftigen Tiefe« wiederzugeben, wie Schumann es an selber Stelle als Zielvorgabe für den Liedkomponisten formuliert, macht seine eigene überragende

Bedeutung für die Geschichte des Liedes aus. In dem durch persönliche Doppelbegabung privilegierten Zugriff auf Musik und Literatur, der Fähigkeit, klavieristische Virtuosität und satztechnische Komplexität mit einer unerhörten Sensibilität für das Wort zu verbinden, der Eigenart schließlich, Einzellieder zu vielschichtigen, bald narrativ linear, dann wieder gleichsam kreisförmig angeordneten Gruppen zusammenzustellen, ist Robert Schumann unerreicht geblieben. Seine Herangehensweise läßt das Lied teilhaben am »neuen Paradigma der absoluten Kunstmusik, in bezug auf beides: Deren Kunstcharakter sowie deren Bestimmung für die Öffentlichkeit des professionellen Konzertsaales. Diese Ortsbestimmung plaziert Schumanns Lieder in den Entfaltungsprozeß der europäischen Moderne« (Brinkmann 1997, 6).

Erst in der Nachfolge Robert Schumanns kann es zu Liedern wie denen Claude Debussys, Arnold Schönbergs oder Wolfgang Rihms kommen, erst vor dem modellhaften Hintergrund des Schumannschen Liederjahres 1840 läßt sich überhaupt von einem Liederjahr Hugo Wolfs 1888 sprechen. Und erst mit dem Nachdenken über Schumanns Lieder kann eine Werkbetrachtung einsetzen, die – dessen ›kongenialen‹ Umgang mit der dichterischen Vorlage immer wieder beschwörend – im Lied die wechselseitige Durchdringung von Dichtung und Musik erkennt und analytisch festzumachen sucht. Daß die von der Warte der Schumannschen Kompositionen aus geschaffenen Parameter nicht für alle Beispiele der Gattung, für alle Komponierenden gleichermaßen in Anschlag zu bringen sind, wird dabei oft übersehen.

Äußeres Zeichen der Aufwertung der Dichtung bei Robert Schumann sind jene Titelangaben, bei denen er seine Lieder »Gedichte von« nennt oder den Dichtern gewissermaßen unterstellt, noch an der auskomponierten Werkgruppe prominent beteiligt gewesen zu sein. *Liederkreis von H. Heine* heißt es auf dem Titelblatt der Erstausgabe jener Komposition, mit der Schumann im Frühjahr 1840 als Liedkomponist an die breite Öffentlichkeit tritt, »[N]ach dem Sinn des Gedichts« wird er über das nach seinem Tod als op. 142, 2 erschienene, gleichwohl bereits im Frühsommer 1840 entstandene Lied »Mein Wagen rollet langsam« auf einen Text desselben Dichters schreiben.

Solche Formulierungen sind zum einen der Niederschlag einer durch die zeitgenössische Diskussion verstärkt in den Blick genommenen gemeinsamen Wurzel von lyrischer Dichtung und Musik. Umgekehrt schaffen und untermauern sie ein Kunstverständnis, das der Ästhetik einer die Grenzen von Genres und Disziplinen aufweichenden »progressiven Universalpoesie« (Friedrich Schlegel) verpflichtet ist. Einige der Kompositionen Schumanns, etwa die »Mondnacht« op. 39/5, sind in diesem Sinne nicht nur zum Inbegriff des romantischen Liedes geworden. Sie stehen exemplarisch für das Wesen der deutschsprachigen Romantik überhaupt.

Priorität des literarischen Textes

Als Sohn eines Buchhändlers und Verlegers ist Robert Schumann zeit seines Lebens ein äußerst aufmerksamer Leser. Seit frühester Jugend schreibt er selbst – vier Vertonungen eigener Texte sind bekannt, wenn Schumann auch von einer Veröffentlichung absieht –, versucht sich mit einem literarischen Verein schon als Gymnasiast an gezielter Lektürearbeit und fertigt bis ins hohe Erwachsenenalter hinein Exzerpte gelesener Werke an. Seine Besprechungen neuer Kompositionen in der *Neuen Zeitschrift für Musik* weisen ihn als Autor aus, der die Ansprüche der zu dieser Zeit noch recht jungen Musikkritik geschickt zu erweitern weiß und wiederholt eine literarisierende Darstellung wählt.

Zu Schumanns Eigenart als Komponist trägt diese ungewöhnliche musikalisch-literarische Sozialisation wesentlich bei, mehr noch, eine Entscheidung schon des Heranwachsenden für die eine oder andere Kunst hätte »leicht einen passablen Schriftsteller oder erfolgreichen Durchschnittsmusiker vielleicht von virtuosem Schlage ergeben können, keineswegs aber die große Gestalt Robert Schumann« (Schoppe 1987, 8). Schumanns doppelte Kompetenz findet in der Liedkomposition ein hervorragendes Ventil; daß er den Textvorlagen zu seinen Liedern außergewöhnlich großes Gewicht beimißt, scheint schon wegen seiner Liebe zur Literatur auf der Hand zu liegen.

Beredtes Zeugnis seiner literarischen Interessen und ihrer Bedeutung für sein Schaffen geben neben dem »Dichtergarten« zwei besondere Textsammlungen aus Schumanns Hand, die Ende der dreißiger Jahre begonnenen »Abschriften verschiedener Gedichte zur Composition« (zu denen indessen auch Clara beiträgt) und die um 1825 aufgenommene »Mottosammlung«. Das Manuskript der »Gedichtabschriften« umfaßt 169 Gedichte von 34 verschiedenen Dichtern. Von diesen wurden insgesamt 101 vertont; das Büchlein enthält somit die Textvorlagen zu 94 Kompositionen Robert und 7 Kompositionen Clara Schumanns. Es sind überwiegend Gedichte von Zeitgenossen, die hier aufgenommen wurden.

Das Corpus der »Mottosammlung« hingegen umfaßt insgesamt 1229 Exzerpte und Notate. Formal und stilistisch sind die Einträge überaus heterogen. Nicht immer handelt es sich um Gedichte. Schumann nützt knapp die Hälfte seiner Einträge für eine – auch wiederholte – Verwendung in der *Neuen Zeitschrift für Musik*. Dort werden die betreffenden Zeilen unter die Titel- und Jahrgangsangaben gerückt, von wo aus sie sich bald mehr, bald weniger deutlich auf den großangelegten Eingangsartikel der jeweiligen Nummer beziehen lassen. Die in die »Mottosammlung« am häufigsten aufgenommenen Dichter, Philosophen und Musiker sind Ludwig van Beethoven, Friedrich Ludwig Bührlen, Lord Byron, Adelbert von Chamisso, Heinrich Joseph von Collin, Johann Wolfgang Goethe, Jean Paul, Friedrich Gottlieb Klopstock, Wolfgang Menzel, Wolfgang Amadeus Mozart, Wilhelm Müller, Novalis, Ernst Raupach, Friedrich Rückert, Friedrich Schiller, Ernst Schulze, Friedrich Leopold Graf zu Stolberg-Stolberg und Karl Friedrich Zelter. Typisch für die »Mottosammlung« ist dabei eine gewisse Verknappung, die es mit sich bringt, daß Schumann mitunter Einzelstrophen aus einem längeren Gedicht herauslöst, typisch sind aber auch der sentenzhafte Charakter der Exzerpte und bestimmte inhaltliche Schwerpunkte, die er setzt. Sie interessieren gerade mit Blick auf sein Liedschaffen.

Denn schon in den späten 1830er Jahren, während des Jahrzehnts intensiver Klavierkomposition und vor jeder ausgedehnten Beschäftigung mit dem Lied, scheint sich Schumann verstärkt dem Gesang und seiner besonderen Wirkung zuzuwenden. Schon der 18jährige hatte am 13. August 1828 im Tagebuch notiert: »Im Gesang ist das Höchste vereint, Wort u. Ton, der unarticulirte [sic] Menschenbuchstabe; er ist die eigentliche extrahirte Quintessenz des geistigen Lebens« (Tb I, 105). Von fern scheint hinter diesem Notat die Jahrzehnte zuvor von Rousseau und Herder in Gang gesetzte Diskussion über den Ursprung der Sprache auf; daß der Gesang älter und eigentlicher sei als das Wort, wurde dort immer wieder behauptet, und noch Novalis notiert, daß die menschliche Stimme »Princip und Ideal der Instrumentalmusik« (Novalis III, 309) und das vollkommene Bewußtsein dem Gesang zu vergleichen sei: »Die innere *Selbstsprache* kann dunkel, schwer, und barbarisch – und griechisch und italiänisch seyn – desto vollkommner, je mehr sie sich dem Gesang nähert« (Novalis II, 611). Das neunte, von Schumann Anfang der dreißiger Jahre geführte Heft der »Mottosammlung« verzeichnet gleich mehrere Einträge von Novalis, darunter das deutlich auf Rousseaus Anfang der 1750er Jahre entstandene *Essay über den Ursprung der Sprachen, worin auch über Melodie und musikalische Nachahmung gesprochen wird* verweisende Notat: »Unsre Sprache war zu Anfang viel musikalischer, sie hat sich nur nach u. nach so prosairt, so enttönt; sie ist jezt mehr Schall geworden, Laut, wenn man dieses schöne Wort erniedrigen will; sie muß wieder Gesang werden. Die Consonanten verwandeln den Ton in Schall« (Hotaki, 502).

Im ersten Heft der »Mottosammlung« aber, das den Zeitraum von Juni 1836 bis August 1838 begleitet, findet sich eine Vielzahl von Einträgen zum Singen, die sich weniger theoretisch geben, so etwa Jean Pauls »Nach Haller steht die Singstimme in ihrer höchsten Tiefe noch höher als der höchste Sprechton« (Hotaki, 143), Carl Maria von Webers »O du erstes vom Schöpfer und verliehnes Instrument, göttliche Kehle, du, nachdem sich alle andre bilden, du allein der größten u. wahrsten Rührung fähig; wie ehrwürdig erscheinst du mir im Chorgesang u. selbst mittelmäßig benutzt, ergreifst u. durchglühst du mich« (Hotaki, 147), Johann Gottfried Seumes »Lieder spielen, wie mit Wachs, mit Herzen:/ Rührt der Sänger nur den rechten Ton« (Hotaki, 150) und Ludwig Tiecks »Also muß ein liebes Singen/ Innig/ Wie es flüchtig geistig schwebet,/ Kaum bewußt sich, daß es lebet,/ Das geliebte Herz durchdringen« (Hotaki, 156). Ab 1840 verwendet Schumann in der *Neuen Zeitschrift für Musik* gleich dreimal Eichendorffs Verse »Viele Boten gehn und gingen/ Zwischen Erd und Himmelslust,/ Solchen Gruß kann keiner bringen/ Als ein Lied aus frischer Brust« (Hotaki, 437), sechsmal dessen »Ja, Menschenstimme, hell aus frommer Brust!/ Du bist doch die gewaltigste, und triffst/ Den rechten Grundton, der verworren anklingt/ In all den tausend Stimmen der Natur« (Hotaki, 439).

Wie eng die Verwandtschaft von Literatur und Musik ist, wird gerade von den Dichtern der Zeit immer wieder reflektiert. Mit einem Entwurf zu den 1836 in der *Neuen Zeitschrift für Musik* abgedruckten Worten, man vermute ein Interesse »verschiedene unsre Kunst betreffende Ansichten bedeutender Menschen, wenn sie auch nicht Künstler vom Fach waren, kennen zu lernen, daher von Zeit zu Zeit Derartiges mitgetheilt werden soll« (NZfM 5, Nr. 47, 9.12.1836, 3), annotiert Schumann ein weiteres Exzerpt von Novalis zur Musik. Besonders interessant wird diese Nähe zwischen den Künsten, wo es sich um die lyrische Dichtung handelt, eignet dieser doch naturgemäß eine gewisse Musikalität. Der zeitgenössische Blick auf die Lyrik – vor allem wohl motiviert durch das vielfältig begründbare, breit gestreute Interesse an der Literatur des Mittelalters und der Volksdichtung – ist sich der Tatsache bewußt, daß das Lied Vorläufer des Gedichtes ist und eine Vertonung dessen Ursprünge nur mehr restituiert. Helmut Schanze spricht in diesem Zusammenhang von einer »Urduplizität der Künste« (Schanze 2002, XXIV).

Fühlbarer Beweis dieser Herkunftsgeschichte ist, daß Gedichte stets phonästhetische Züge tragen. Als reimtragende, metrisch gebundene, in mannigfaltiger Weise mit Alliterationen, Anaphern und Assonanzen versehene Gebilde bringen sie Ton und Musik bereits mit sich. Entsprechend nennt Schumann zum Beispiel Friedrich Rückert einen »geliebten Dichter, der, großer Musik in Worten und Gedanken, dem wirklichen leider oft gar nichts hinzuzutun übrigläßt« (Kreisig I, 496).

Eine spezifische Kompositionsweise ist damit allerdings nicht vorgegeben. Daß Schumann über die Komposition von op. 24 berichtet, er habe »einen großen Cyclus (zusammenhängend) Heine'scher Lieder ganz fertig gemacht« (Brief an Clara Wieck, 24.2.1840, Briefwechsel III, 946), mag suggerieren, daß das Lied des Dichters unfertig ist und der Ausführung oder Ergänzung durch den Komponisten bedarf. Ein solcher Blickwinkel unterliegt aber schnell der Gefahr, das Gedicht als defizitär darzustellen und die Vertonung zu einem kunstlosen, längst projizierten Appendix zu reduzieren.

Schumanns besonderes Verdienst scheint dagegen in einem Verfahren zu liegen, das die Textvorlage weder zum bloßen Auslöser degradiert noch ihr die Musik unterordnet. Auch das Genre der Gelegenheitsarbeit kennt er kaum. Vielstrophige Lieder, denen der funktionale Kontext über die Schlichtheit der Textvorlage, den einfachen musikalischen Satz und eine für das gesellige Singen konvenable drucktechnische Ausstattung eingeschrieben ist, gibt es bei ihm nicht. Tatsächlich scheinen in seinen Liedern zwei Künste gleichberechtigt aufeinander zu treffen, wenn es auch die neuzeitliche Auffassung eines bedeutungstragenden musikalischen Zeichensystems sein mag, die dieser Annahme zugrundeliegt. Die Komplexität aber, die sich nun aus der Zusammenfügung von Musik und Gedicht ergibt (welches seinerseits stets individuelle Füllung einer festen Form ist) macht den besonders Reiz der Beschäftigung mit seinen Liedkompositionen aus. Überaus faszinierend wird sie dort, wo Schumann Gedichte vertont, die das Singen oder die Musik selbst thematisieren.

So hat Schumann nicht nur Gattungsgeschichte geschrieben, sondern auch unseren hermeneutischen Blick geprägt. Nicht umsonst ist es ein Schumannsches Opus, das Kofi Agawu zu grundsätzlichen Überlegungen zur Liedanalyse motivierte und vor jenem Interpretationslapsus warnen ließ, bei dem Auffälligkeiten in der einen Domäne mit dem Seitenblick auf die andere erklärt, Dichtung und Musik im Lied eben nicht als eigenständige, immanent sinntragende Systeme gesehen werden (Agawu 1992, 8–10). Und nicht umsonst ist ›Kongenialität‹ ein Terminus, der in der Literatur zu Schumanns Liedern immer wieder gebraucht wird. Peter Andraschke nennt Schumanns Lieder »kongeniale Auseinandersetzungen, nicht in dem Sinne einer Verdoppelung des Poetischen mit musikalischen Mitteln, sondern indem die Lyrik kompositorisch neu beleuchtet und erdacht wird. Zu den bereits in der Sprache enthaltenen Bedeutungen treten eigene und weiterführende schöpferische Einsichten und Ansätze hinzu« (Andraschke 1993, 161). Müßte die analytische Interpretation der Lieder Schumanns entsprechend die getrennte Betrachtung von Musik und Text pflegen, um der Bipolarität der Gattung, den je verschiedenen Zeichensystemen Rechnung tragen zu können, gerade mit Blick auf die Hypothese einer wechselseitigen Durchdringung, so stellen sich diesem Ansinnen doch organisatorische Zwänge entgegen. Auch die Einzelbesprechungen weiter unten müssen zumeist der Chronologie der Ereignisse folgen, vorliebnehmend mit der Auffassung, daß Lieder eine Spirale des Lesens eröffnen: Zuerst entsteht der Text, dann die Musik, die Ausführende lesen auf ihre Weise, die Hörerinnen und Hörer ebenfalls.

Wie ein Beweis für die Wertschätzung der Dichtung, nicht nur an sich, sondern auch in ihrer Bedeutung für das Zeichensystem des Liedes, mutet Schumanns Rücksicht gegenüber der Integrität seiner Vorlagen an. Selten nur greift er merkbar in die Textgestalt ein, und wo er es tut, handelt es sich vornehmlich um wenig bekannte Autoren. Helmut Schanze sieht entsprechend Schumanns Eingriffe von der gleichen Treue zum Text angetrieben, »die ihm ein Lied von Goethe und Heine (wenige Wortänderungen ausgenommen) quasi sakrosankt« (Schanze 2002, XIX) macht. Im Spätherbst 1849 vertont Schumann für eine Publikation im *Deutschen Musenalmanach* das ihm von Christian Schad (1821–1850) zugesandte Gedicht »Sommerruh« WoO 7 für zwei Singstimmen und Klavier. Angelegentlich bittet er den Verfasser des Gedichtes für die massiven Textänderungen um Verzeihung. Seine Worte werfen ein Licht nicht nur auf den Ausnahmecharakter solchen Eingriffs, sondern auch auf die prominente Rolle, welcher die Textvorlage innerhalb seines Konzeptes von Liedkomposition spielt: »Zu dem beifolgenden Lied zuvörderst eine Entschuldigung der Textveränderung. Der Anfang gab mir ganz die Stimmung einer Sommermondnacht. In der Folge nimmt das Gedicht eine etwas sinnliche Wendung, und es mag ihm, als Gedicht, dies un-

verwehrt sein. Anders in der Musik; – diese sträubt sich dagegen, namentlich von Frauenmund gesungen. So habe ich denn v o r s c h l a g s w e i s e ein paar andere Zeilen hinzugefügt, an deren Stelle Sie auch andere setzen mögen, wenn nur die anfängliche Stimmung des Gedichts erhalten bleibt« (26.11.1849, BNF, 317).

Dabei scheint sich bei aller Liebe zur Literatur, bei allen direkten oder indirekten Verweisen auf literarische Werke auch in den Klavierkompositionen, etwa den *Papillons* op. 2, die von Anspielungen auf Jean Paul durchsetzt sind, oder der *Fantasie* C-Dur op. 17, der ein Motto von Friedrich Schlegel vorangestellt ist, für Schumann tatsächlich erst im Frühjahr 1840 die Wendung hin zur Liedkomposition anzudeuten. Noch im Sommer 1839 hatte er in einem Brief an Hermann Hirschbach gefragt: »Componiren Sie noch mehr für Gesang? Oder sind Sie vielleicht wie ich, der ich Gesangscompositionen, solange ich lebe, u n t e r die Instrumentalmusik gesetzt habe, und nie für eine große Kunst gehalten?« (30.6.1839, BNF, 158). Die Bevorzugung der rein instrumentalen Formen, ihre Positionierung als größte, formal anspruchsvollste musikalische Gattung scheint Schumann trotz seiner bald einsetzenden Konzentration auf das Lied beizubehalten.

Textdichter

Die Summe der Dichter und Dichterinnen, die Schumann vertont, beläuft sich auf gut sechzig. Eine genauere Zahl anzugeben verbietet sich, da Autoren vereinzelt anonym bleiben und es Liedkompositionen gibt, die nicht fertiggestellt oder aber von Schumann, der den Druck seiner Kompositionen stets aufmerksam in die Wege leitete und betreute, offenbar nicht für die Veröffentlichung vorgesehen wurden. Die etwa vierzig Dichter und Dichterinnen, die Schumann nur ein einziges Mal vertont, sind heute in der Mehrzahl unbekannt. Daß sich seine literarischen Interessen mit Plänen für konkrete Liedkompositionen verschränken lassen, zeigt eine Überprüfung der Textvorlagen; häufig entnimmt er zur Vertonung vorgesehene Texte direkt der entsprechenden Gedichtausgabe eines Autors. Eher selten greift er auf

Anthologien zurück, etwa die zu seiner Zeit seit Jahrzehnten populären Almanache.

Fast durchgängig handelt es sich bei den vertonten Gedichten um Texte von Zeitgenossen oder, im Falle Goethes, Byrons und Elisabeth Kulmanns, um Jüngstverstorbene. Schumann selbst hat das Aufkommen der gleichsam neuen Gattung ›Lied‹ entsprechend der Bildung einer »neue[n], deutsche[n] Dichterschule« zugeschrieben und in diesem Zusammenhang »Rückert und Eichendorff«, »Uhland und Heine« (Kreisig II, 147) als prominente Vertreter genannt. Tatsächlich komponiert er ein Drittel seiner Lieder auf Texte von Heinrich Heine, Friedrich Rückert und Joseph von Eichendorff. Ludwig Uhland hingegen bleibt mit nur drei Liedern, von denen allein eines zu Lebzeiten veröffentlicht wird, im Hintergrund dieser Auswahl.

Zweifellos nimmt Schumann mit der Nennung dieser Namen eine besondere Ausprägung der an literarischen Tendenzen reichen Zeit in den Blick. Es soll nur darauf aufmerksam gemacht werden, daß zeitgleich zu der um 1800 einsetzenden literarischen Romantik die Figur Goethes beherrschend ist und jahrzehntelang beherrschend bleiben wird; daß ein breiter Strom von Trivialliteratur, eine Unmenge von Ritter-, Schauer- und Familienromanen den literarischen Markt überschwemmt; daß die tief romantisch sich gebende Dichtung von Novalis, Schlegel, Tieck oder Brentano in den Jahren, in welchen Schumann das Liedkomponieren aufnimmt, von Dichtern wie Heine oder Eichendorff bereits für eine neuere, modernere Zeit adaptiert und gebrochen beziehungsweise aufwendig rekonstruiert wird.

Was aber macht die romantische Dichtung und das, was sich solcherart in ihre Nachfolge stellt, aus? In der »Wiedererweckung der Poesie des Mittelalters« (Heine, 8/1 1979, 126) sah Heine den Anfang der Romantik in Deutschland. Tatsächlich ist sowohl das Motiv- als auch das Formeninventar schon der Dichtung des Jahrhundertanfangs nicht zu denken ohne die philologischen Arbeiten, die seit der Mitte des 18. Jahrhunderts geleistet werden. Bahnbrechende Editionen auf dem Gebiet der alt- und mittelhochdeutscher Literatur werden durch die Schweizer Bodmer und Breitinger und den Berliner Gymnasialprofessor Christian Heinrich Myller besorgt. Schon 1758/59 erscheint

Bodmers und Breitingers Edition der Minnelieder der Manessischen Sammlung aus Zürich. Mit einer Veröffentlichung, die unter anderem *Parzival*, das ganze *Nibelungenlied*, *Tristan* und *Iwein* enthält, legt Myller 1782 die wichtigsten Werke der mittelhochdeutschen epischen Dichtung geschlossen vor. Erduin Julius Koch, einer der bedeutendsten Kenner der älteren deutschen Literatur, präsentiert mit dem *Grundriss einer Geschichte der Sprache und Literatur der Deutschen von den ältesten Zeiten bis auf Lessings Tod* (1795/98) wenig später die Summe der bisherigen Forschungsergebnisse im Bereich der altdeutschen Literatur.

Der frühromantische Dichterkreis arbeitet sich mit erstaunlicher Einhelligkeit und Schnelligkeit in die altdeutsche Zeit ein. Brentano überträgt seit 1802 Minnelieder. Im selben Jahr veröffentlicht Friedrich Schlegel die romantische Erneuerung eines Minnelieds. August Wilhelm Schlegel kennt die Minnelieder durch die Bodmer/Breitingersche Ausgabe und spricht in seinen *Vorlesungen über Schöne Literatur und Kunst* über das *Nibelungenlied*. Ludwig Tieck wird durch Wackenroder auf Koch aufmerksam, sucht gemeinsam mit dem Freund in Bibliotheken nach alter Literatur und trägt Material für Koch zusammen. Tieck faßt nachhaltiges Interesse für die altdeutsche Literatur und Kunst und gibt im Herbst 1803 220 *Minnelieder aus dem Schwäbischen Zeitalter* heraus. Es sind vor allem seine Vorrede zu dieser Sammlung, aber auch Brentanos Aktivitäten auf dem Feld der literarischen Tradition und der Volkspoesie, die Jacob und Wilhelm Grimm den entscheidenden Anstoß zur lebenslangen Beschäftigung mit der alt- und mittelhochdeutschen Sprache und Literatur geben. 1812 veröffentlichen sie die *Kinder- und Hausmärchen*, 1816 erscheinen die *Deutschen Sagen*. Für die Erschließung der Volkslieddichtung hatte Johann Gottfried Herders *Stimmen der Völker in Liedern* von 1778/79 einen wichtigen Impuls bedeutet.

1806/08 geben Brentano und Arnim in Heidelberg die dreibändige, über 700 Lieder enthaltende Sammlung *Des Knaben Wunderhorn* heraus. Als maßstabsetzende Anthologie deutscher Volkslieder beeinflußt diese Sammlung von Balladen, Liebesgedichten, Soldatenliedern oder Wiegengesänge – wiewohl viele der Texte vor allem von Arnim großzügig redigiert, wenn nicht sogar erst geschrieben wurden – entscheidend die Entwicklung der Lyrik des 19. Jahrhunderts. Anders als noch Herder können die Herausgeber gänzlich auf deutschsprachige Texte zurückgreifen.

Die Kopplung an den Gesang ist der Sammlung von vornherein eingeschrieben. So schlägt denn auch Goethe, der sich gleichfalls von entlegener Dichtung inspirieren läßt und dessen *West-östlicher Divan* eine Flut orientalisierender Lyrik auslösen wird, in seiner Besprechung des *Wunderhorns* als idealen Aufbewahrungsort für die Sammlung das Klavier vor und beschwört nichts weniger als die Utopie einer wahrhaften Volkskunst: »Würden dann diese Lieder, nach und nach, in ihrem eigenen Ton- und Klangelemente von Ohr zu Ohr, von Mund zu Mund getragen, kehrten sie, allmählich belebt und verherrlicht, zum Volke zurück, von dem sie zum Teil gewissermaßen ausgegangen: so könnte man sagen, das Büchlein habe seine Bestimmung erfüllt, und könnte nun wieder, als geschrieben und gedruckt, verloren gehen, weil es in Leben und Bildung der Nation übergegangen« (Goethe 19/1998, 259–260).

Daß sich die grundsätzliche Begeisterung für die Volks- und Kunstdichtung vergangener Jahrhunderte gerade während der Zeit der Napoleonischen Besatzung auf die eigene Vergangenheit, die eigene kulturelle Identität konzentriert, befördert derartige Editionsprojekte. Auch die in Sagenerzählungen, Gedichten und Romanpassagen sich spiegelnde Rheinromantik – Schumann wird mehrere Lieder und Chorsätze auf Texte entsprechenden Inhalts schreiben – ist diesem Kontext zuzuordnen.

Zu den Motivfeldern des Mittelalters, des Orients, des Rheins und des Märchens tritt ein neues Formenrepertoire. Schon Goethes *Wilhelm Meisters Lehrjahre* suchte die Form des von Liedern durchsetzten Romans, die Novalis, Tieck, Brentano und Eichendorff, womöglich im Sinne jener von Friedrich Schlegel proklamierten »progressiven Universalpoesie«, die »alle getrennten Gattungen der Poesie wieder zu vereinigen« (Schlegel 1988, 114) anstrebe, wiederholt aufgriffen. Der hohe, mitunter pathetische Ton verschwindet: Metrisch und strophisch regelmäßige, sangbar sich gebende lyrische Formate und eine neue Konzentration auf den klanglich reizvollen Reim verdrängen die von der klassischen Tradition bestimmte

Dichtkunst noch des späten 18. Jahrhunderts. Anders als es die Begriffsgebung nahe legen mag, hatte sich der überwiegende Teil der Texte etwa des *Wunderhorns* der nun beliebt werdenden Form der vierzeiligen, regelmäßig drei- bzw. vierhebigen Volksliedstrophe nicht gefügt. Die Volksliedstrophe aber wird charakteristisch für die Dichtung Heines, Rückerts oder Eichendorffs, und für die musikalische Bearbeitung erweist sie sich als besonders günstig.

Heinrich Heine (1797–1856) ist mit dreiundvierzig Liedern der von Schumann am häufigsten vertonte Dichter. Heine hatte sich mit seinem 1827 erstmals erschienenen *Buch der Lieder*, das bis 1855 zwölf weitere Ausgaben erlebte, früh einen Namen als Lyriker gemacht. Robert Schumanns Handexemplar des *Buchs der Lieder* von 1827 hat sich erhalten. Bis auf den Text für die »Tragödie« op. 64/3, den Schumann wohl im *Taschenbuch für Damen. Auf das Jahr 1829* fand, stehen darin alle Gedichte, die er für seine Liedkompositionen ausgewählt hat.

Heine absorbiert die Einflüsse der Zeit in besonderer Weise. Die Minnelyrik begegnet ihm seit der Studienzeit. Die Schriften Herders, etwa über Volkslieder oder vergleichende Literaturgeschichte, gehören zu seinen frühesten Bildungseindrücken, und auch Goethes *West-östlicher Divan* zählt zu seinen favorisierten Gedichtsammlungen. Zugleich ist er ein wichtiger Rezipient des *Wunderhorns*, dessen Lektüre er seinen Lesern noch in der im französischen Exil geschriebenen Abhandlung *Die Romantische Schule in Deutschland* anempfiehlt. Seine eigene lyrische Dichtung amalgamiert diese Einflüsse, ohne sie naiv zu übernehmen. Typisch für Heine ist eine ironische Brechung des Vorgestellten, die sich in einer unerwartet unglücklichen Wendung gegen das Ende der jeweiligen Gedichtfabel hin manifestiert, indessen vor allem durch stilistische Dissonanzen frühzeitig antizipiert wird. Entsprechend hat sich beim Blick auf die Vertonungen Schumanns das Erkenntnisinteresse auch auf die Frage gerichtet, in welcher Weise seine Musik den heineschen Humor bzw. seine Ironie darstellen könne. Freilich, darauf weist Beate Perrey hin, gehört zu dieser Problemstellung die unterschwellige Forderung, Musik müsse das Gesagte duplizieren; anderseits unterschlägt sie, wie deutlich sich Schumann zu Heine äußert (Perrey 2002, 8–9; vgl. dagegen Tadday 1999, 112 f.).

Schumann und Heine begegnen sich ein einziges Mal, im Mai 1828, fast auf den Tag genau drei Jahre vor der von beruflichen Schwierigkeiten und einer immer schärfer werdenden Zensur motivierten Abreise Heines ins lebenslange, freiwillige Exil nach Paris. Als ein »ironisches Männchen« (8.5.1828, Tb I, 64) erscheint der Dichter dem jungen Schumann. Über Grabbe notiert er im selben Jahr, »er erinnert oft an die Bizarrerie in den Heinischen Liedern, jenen brennenden Sarkasmus, große Verzweiflung, alle die Caricaturen von Hoheit u. Würde hat er mit Heine gemein« (31.10.1828, Tb I, 129). Ein Tagebucheintrag von 1833 – »Musikalische Gedichte, mit unterlegten Liedern von H. Heine, verfaßt u. Heine zugeeignet« (8.3.1833, Tb I, 417) – bezeugt, daß Schumann frühzeitig über eine musikalische Reaktion auf Heines Dichtung nachdachte. Im Mai 1840 sandte er Heine ein Exemplar seines *Liederkreises* op. 24, erhielt von diesem aber keine Antwort. Die ausbleibende Reaktion resultiert wohl nicht aus absichtsvoller Ignoranz, auch nicht aus Heines durchaus dokumentiertem musikalischen Unverstand. Da dieser noch drei Jahre später klagt, bislang keine in Deutschland entstandene Vertonung seiner Gedichte erhalten zu haben, ist zu vermuten, daß die Sendung ihn nicht erreicht hat.

Auf Texte des als Lyriker ungemein produktiven Orientalisten Friedrich Rückert (1788–1866) hat Schumann achtundzwanzig Lieder geschrieben. Rückerts Gedichtsammlung *Liebesfrühling* entstand nur wenige Jahre nach Heines *Buch der Lieder* und wurde 1844 erstmals selbständig publiziert. 1836–1839 erschien in sechs Bänden die *Weisheit des Brahmanen, ein Lehrgedicht in Bruchstücken.* Daneben stehen die virtuose gestaltete Dichtung nach dem Vorbild orientalischer und italienischer Formen – dieser Werkgruppe entstammt etwa der Text zu Schumanns op. 25/25 (»Ich sende einen Gruß wie Duft der Rosen«) –, und die Bearbeitungen und Übersetzungen morgenländischer Texte und Stoffe. Im Mai 1842 sendet Schumann Rückert ein Exemplar der von ihm und seiner jungen Frau komponierten *Zwölf Lieder* op. 37. Drei Wochen später bedankt sich Rückert mit einem Gedicht bei dem Ehepaar, im Januar 1844 treffen die beiden den Dichter in Berlin.

Die fünfundzwanzig Texte von Emanuel Geibel (1815–1884), die Schumann vertont, entstammen in der Mehrheit nicht direkt der Schöpfung Geibels, sondern sind Übertragungen aus dessen Hand, wie überhaupt Geibel nicht nur als Lyriker, sondern auch als Übersetzer, bisweilen auch Bearbeiter bzw. stilgetreuer Nachahmer bekannt geworden ist. 1840 erscheint ein Band *Gedichte*, bis 1877 folgen fünf weitere Gedichtsammlungen. Zeitgleich erstellt Geibel eben Übertragungen etwa aus dem Griechischen und dem Spanischen. Sein gemeinsam mit Paul Heyse 1852 herausgegebenes *Spanisches Liederbuch* wird noch Hugo Wolf inspirieren. Schumann und Geibel treffen sich im Frühsommer 1846 mehrere Male.

Johann Wolfgang von Goethe (1749–1832) und Justinus Kerner (1786–1862) gehören ebenfalls zu den von Schumann bevorzugten Dichtern. Für die neunzehn Lieder auf Texte von Goethe nützt Schumann vor allem die vollständige Werkausgabe letzter Hand. Hier sind es die Gedichte, der Roman *Wilhelm Meisters Lehrjahre* mit seinen eingestreuten Gedichten und der Gedichtzyklus *Westöstlicher Divan* mit den zugehörigen *Noten und Abhandlungen*, die das Vorgestellte kommentieren und in Literatur und Kulturgeschichte des Vorderen Orients einführen, die Schumann interessieren. In der Handschrift Claras finden sich im Abschriftenbuch allein zwölf Gedichte Goethes, von denen freilich nur eines, die »Nähe des Geliebten« als op. 78/3 zur Vertonung kommt. Kerner tut sich, darin Goethe womöglich ähnlich, mit einer besonders vielfältigen schriftstellerischen Tätigkeit hervor. Von Haus aus Arzt, verfaßt er Studien zur Medizin und zu Geschichte und Landeskunde Baden-Württembergs. Gleichwohl bleibt sein poetisches Werk mit den Gedichtsammlungen, den erzählenden Werken und Herausgeberschaften am umfangreichsten. Schumann schreibt allein zwanzig Vertonungen von Kerner-Gedichten, von denen freilich einige wenige nicht zu Lebzeiten veröffentlicht werden; hinzu kommen weitere zur Komposition vorgesehene Textabschriften.

Von Joseph Freiherr von Eichendorff (1778–1857), dessen Werk zwar nicht zu Schumanns literarischen Schlüsselerlebnissen zu zählen ist, den er aber gleichwohl im Sommer 1845 als Liederdichter bewirbt (»Sind Ihnen die Lieder von Eichendorff nicht bekannt? In diesen würden Sie noch vieles finden, was Sie ganz besonders zur Composition reizen müßte« (20.8.1845 an Albert Heintz, BNF, 248), sind insgesamt sechzehn Gedichte vertont. Zu einer persönlichen Bekanntschaft Schumanns mit Eichendorff und der außergewöhnlichen Gelegenheit, einem Dichter die Komposition seiner Texte zu präsentieren, kommt es im Januar 1847 in Wien anläßlich einer privaten Matinee. Clara Schumann notiert später in ihrem Tagebuch, daß Eichendorff zu ihr gesagt habe, »Robert habe seinen Liedern erst Leben gegeben«, sie habe indessen erwidert, »daß seine Gedichte erst der Komposition das Leben gegeben« (Litzmann II, 150 f.). Ein ihm von Clara übersandtes Albumblatt sendet Eichendorff mit einem kurzen Gedicht zurück.

Gedichte des in Frankreich gebürtigen Adelbert von Chamisso (eigentlich Louis Charles Adelaide de Chamisso, 1781–1838) hat Schumann dreizehn Mal vertont. Auch er übt sich wie viele seiner Zeitgenossen in verschiedenen Genres, auch er fungiert als Herausgeber verschiedener Almanache. Einige der gemeinsam mit Gustav Schwab betreuten Jahrgänge des in Leipzig erscheinenden *Deutschen Musenalmanachs* enthalten Texte, die auch Schumann vertont. Für Schumann wird Chamisso auch als Übersetzer der Gedichte von Pierre Jean de Béranger und Hans Christian Andersen (1805–1875) wichtig. Der aus dem Neugriechischen übertragene Text eines anonymen Autors »Verrathene Liebe« op. 40/5 verdankt sich ebenfalls Chamissos Übersetzung.

Jeweils zwölf Liedtexte stammen von dem schottischen Dichter Robert Burns (1759–1796), dessen in einer Mischung aus Hochsprache und Dialekt abgefaßten Gedichte über mehrere Übersetzungen den Weg in den deutschsprachigen Raum fanden, und von August Heinrich Hoffmann von Fallersleben (1798–1874), je elf von der herausragend begabten, frühverstorbenen Elisabeth Kulmann (1808–1825) und dem bereits dem Biedermeier zuzuordnenden Nikolaus Lenau (eigentlich Nikolaus Niembsch, Edler von Strehlenau, 1802–1850).

Der heute gänzlich unbekannte Friedrich Wilhelm Traugott Schöpff (1826–1916), der unter dem Pseudonym Wilfried von der Neun mehrere Gedichtsammlungen publiziert, schickt Schumann im Dezember 1849 einen Brief mit Textvorschlägen, offensichtlich, um eine zukünftige Publikation durch beigefügte Kompositionen aufzuwerten. 1850 läßt er Schumann nochmals einen ganzen Gedichtband zukommen. Dieser enthält alle acht Texte, die Schumann als *Sechs Gesänge* op. 89 und als vierte und fünfte Nummer von op. 96 vertont. Im Frühsommer des Jahres treffen Schumann und Schöpff zweimal in Leipzig zusammen.

Robert Reinick (1805–1852) ist einer der wenigen Textdichter, mit denen Schumann regelmäßigen Kontakt pflegt. Ein persönlicher Umgang ist durch das Tagebuch ab 1845 belegt. Von März 1846 an pflegt man auch Pläne für eine gemeinsame Oper; geplant ist eine Bearbeitung der *Genoveva* nach Hebbel und Tieck. Daß Schumann bald »Bedenken wegen Reinick« hegt (11.4.1847, Tb III, 345), scheint die Freundschaft zu dem Dichter nicht zu trüben. Die acht von Schumann 1840 vertonten Gedichte Reinicks entstammen dem ersten Heft seiner *Lieder eines Malers* (1837).

Jeweils fünf Texte sind von Hans Christian Andersen, auf dessen Gedichte Schumann vermutlich über die Lektüre eines Gedichtbandes von Chamisso trifft, von Lord Byron (eigentlich George Gordon Noel Lord Byron, 1788–1824), dessen Dichtung im übrigen auf Heine von größtem Einfluß ist und der Schumann in der von seinem Vater 1821–1827 herausgegebenen, von diesem teils selbst übersetzen Werkausgabe begegnet, von Christian Friedrich Hebbel (1813–1863), Eduard Mörike (1804–1875) und von der schottischen Königin Maria Stuart (1542–1587), wiewohl deren tatsächliche Autorschaft nicht letztgültig zu beweisen ist. Aus den 1850 erschienenen *Waldliedern* des Gymnasiallehrers Gustav Pfarrius (1800–1884) wählt Schumann für sein op. 119 drei Gedichte aus. Ebenso viele Texte vertont er von Friedrich Schiller (1759–1805).

Von denjenigen Autoren, die Schumann zwei- oder nur einmal vertont, sind vor allem Ludwig Bechstein, Anastasius Grün, Paul Heyse, Karl Leberecht Immermann, Thomas Moore, Julius Mosen, August Graf von Platen-Hallermünde, Gustav Schwab, William Shakespeare, Percy Bysshe Shelley, Moritz Graf Strachwitz und Marianne von Willemer (die das irrtümlich Goethe zugeschriebene Gedicht »Suleika« (op. 25/9) verfaßte) heute noch bekannt.

Viele der übrigen Dichter und Dichterinnen entstammen Schumanns engerem Bekanntenkreis. Dies betrifft etwa die Jugendfreundin Claras, Lilly Bernhard, den Hamburger Komponisten und Musikschriftsteller Karl Christern, den Mitarbeiter der *Neuen Zeitschrift für Musik*, Freund und behandelnden Arzt Schumanns Wolfgang Müller von Königswinter oder den Kunstkritiker und Dramaturgen Titus Ulrich. Mehrere Vorlagen findet Schumann in Anthologien. Den Text von Frédéric Ferdinand Braun etwa entnimmt er dem *Deutschen Musenalmanach für das Jahr 1850*, den von Melchior von Diepenbrock dem *Liederbuch des deutschen Volkes* (1834) von Karl von Hase, jenen von Johann Gabriel Seidl der Anthologie *Orpheus. Musikalisches Taschenbuch für das Jahr 1841*. Andere Texte werden Schumann zugesandt, so etwa im Falle der Gedichte von Christian L'Egru oder Christian Konrad Schad. Auch diese letzte Gruppe der heute vergessenen Autoren stellt einen essentiellen Bestandteil des reichen literarischen Panoramas der Zeit dar.

Zum musikalischen Satz

Wesentliche Voraussetzung für das Aufkommen und Blühen einer veränderten Gattung ›Lied‹ war also die Ausbildung einer bald selbstbewußt subjektiven, bald fingiert volkstümlichen, dann wieder pragmatisch auf die Affirmation freundschaftlicher Bindung gerichteten Dichtung. Zu ihr tritt nun ein Blick auf die Musik, der diese, der Weltanschauung der Frühromantiker entsprechend, als Sprache über der Sprache und romantischste aller Künste begreift. Für das Lied ist diese schon von den Vertretern der idealistischen Ästhetik vorbereitete Vorrangstellung der Musik, wiewohl sie selten in Zusammenhang mit konkreten Werken formuliert wird, von immenser Bedeutung. Denn auch wenn das Lied als textgebundene Gattung kaum Nutznießerin einer auf die reine Instrumentalmusik gemünzten Musikanschauung werden kann, scheinen doch mit der Erhebung der Musik zur ranghöchsten Kunst alle Voraussetzungen gegeben, die Rolle der Musik im Lied maximal aufzuwerten. Die Rekonstruktion einer Einheit der Künste vollzieht sich mithin vor dem Hintergrund eines veränderten musikästhetischen Blicks. Individuelle Faktoren treten hinzu: Als Schumann 1840 ans Liedkomponieren geht, liegt ein ganzes Jahrzehnt von Klavierkompositionen hinter ihm, ein ausführliches Experimentieren mit virtuosen, mitunter recht eigenwillig geformten Miniaturen, die in ihrer Faktur wie in den suggestiven verbalen Beigaben beim Publikum nicht selten auf Unverständnis gestoßen waren.

So stellen sich seine Lieder als Zusammenlauf der Entwicklungen in Lyrik, Musikästhetik und Formenrepertoire dar, der durch persönliche Affinität zur Dichtung und pianistische Meisterschaft zusätzlich gewinnt. Die Charakteristika seines ungeheuer reichen, heterogenen Liedschaffens im einzelnen erschöpfend zu erfassen und zu beschreiben, fällt schwer. Schumann mag zwar einige jener Vokalformen vernachlässigen, die noch Beethoven wiederholt aufnimmt und die diesen hörbar in die Tradition des 18. Jahrhunderts stellen – die ungebrochenen Anklänge etwa an den opernhaften Stil, den Kirchengesang oder das schlicht gesetzte, vielstrophige Geselligkeitslied. Doch auch bei ihm greift der Archetypus ›Lied‹ als Komposition für solistischen Gesang mit Klavierbegleitung weit. Seine Lieder schließen ungewöhnliche Varianten ein, den choralartigen Satz op. 24/8 (»Anfangs wollt’ ich fast verzagen«), das opera-buffa-ähnliche Lied der Philine aus op. 98a oder die als Melodram gesetzte Ballade op. 122/1 (»Der Knabe träumt, man schicke ihn fort«), schließlich das recht häufig zu beobachtende Phänomen des Klavierstücks mit Text, eines vorgeblich allein auf das Instrument gerichteten musikalischen Satzes, der zu seiner Vervollständigung der Gesangsmelodie nicht bedarf. Was den Zugriff auf Form und Satz auch bei diesen vermeintlichen Ausnahmeerscheinungen bestimmt, scheint die grundsätzliche Entscheidung zu sein, die Wahl der konkreten musikalischen Form sinnhaft auf den Text abzustimmen und zu gleicher Zeit das Kalkül der Gelegenheit, den Gedanken an eine konkrete Aufführungssituation hintanzustellen.

Zwei Konvolute im besonderen stützen den Einblick in Schumanns Schaffensweise, die »Gedichtabschriften« und die drei großen ab 1840 geführten Liedbände (Staatsbibliothek zu Berlin

– Preußischer Kulturbesitz, Musikabteilung mit Mendelssohn-Archiv, Mus.ms.autogr. Robert Schumann 16), in denen Schumann neue Kompositionen eintrug. Daß es für ihn der lyrische Text ist, der trotz aller Aufwertung der Musik, trotz des Bildes vom gleichberechtigten Dialog, der aus der Gleichsetzung von Musik und Text entstehen und Interpretations-Modelle wie das der wechselseitigen Durchdringung zweier Künste zeitigen wird, am Anfang jeder Liedkomposition steht, zeigen so scheinbar pragmatische Details wie jenes, daß die »Gedichtabschriften« Dokument einer gezielt auf das Lied gerichteten Lektüre sind und Schumann vertonte Texte aus dieser Sammlung nachgerade ausstreicht.

Dem Fokus auf den Text entspricht womöglich die Bevorzugung der hohen Stimme. Schumann beginnt seine Liedkompositionen anfangs nicht mit dem Improvisieren am Klavier, wie vormals bei den Klavierstücken, sondern fast durchgängig mit Melodieskizzen zur Vokalstimme. »Meistens mach' ich sie stehend oder gehend, nicht am Clavier. Es ist doch eine ganz andere Musik, die nicht erst durch Finger getragen wird – viel unmittelbarer u. melodiöser« (Brief vom 24.2.1840, Briefwechsel III, 947). Nahe liegt indessen, diese Konzentration auf die Gesangsmelodie mit Schumanns pianistischer Eloquenz zu erklären. Plausibel wäre demnach, »daß von Schumann die Singstimme, weil sie ihm als Klavierspieler fremder war, aufgezeichnet wurde, während von ihm der Klaviersatz leichter im Gedächtnis gespeichert werden konnte« (Hallmark 1984, 110). In einem zweiten Schritt dann kopiert er die Melodie aus der Skizze und versieht sie mit einem Klavierentwurf, hernach fertigt er selbst oder ein Kopist eine Reinschrift an. Korrekturen begleiten alle Schritte. Nach dem Liederjahr 1840 ändert sich die Schaffensweise zwar. Kaum arbeitet Schumann noch mit einstimmigen Skizzen – »flüchtig geschriebene, stark durchkorrigierte Klavierentwürfe gehen gewöhnlich den Reinschriften voran« (Hallmark 1984, 110). Dennoch ist auch hier davon auszugehen, daß die Vokalmelodie die chronologische Priorität hat.

Gut die Hälfte seiner Lieder trägt Schumann auf diese Weise in die drei Liedbände ein, nicht ohne sie mit Tinte oder Bleistift bald weniger, bald mehr nachzubearbeiten oder, wie in seltenen Fäl-

len, den Liedband selbst zur Werkstatt zu machen. Äußerst selten isoliert er dabei das Wort. Denn auch bei rein strophischen Kompositionen bemüht er sich, den Text der Folgestrophen mit in das Notenbild hineinzuschreiben. Notfalls geschieht dies unter Nutzung zweier Systeme: einerseits klare Vorgabe für den Druck, andererseits Aussage für die enge Zusammengehörigkeit von Musik und Wort, gegen die Beliebigkeit einer rein funktionalen Musik, die nur mehr ein Vehikel zum Durchgang durch vielstrophige lyrische Gebilde bietet. Doch arbeitet Schumann selbstverständlich mit Wiederholungen. Dies zeigt vor allem die arbeitserleichternde Strategie der Alphabetisierung oder Numerierung von Takten in den Liedbandeintragungen. Sehr häufig genutzt, macht sie die Vorherrschaft von Wiederholungs- bzw. Strophenstrukturen durchsichtig und beweist zu gleicher Zeit, wie selten diese ohne Modifikationen in Erscheinung treten.

Noch bei der Vorbereitung auf den Erstdruck, nicht selten sogar noch nach diesem, kommt es zu Änderungen. Wie sorgfältig Schumann arbeitet, zeigen Aussagen wie jene über die zwanzig Lieder umfassende Urform der *Dichterliebe*, die er zunächst dem Verlag Breitkopf & Härtel anbietet: »Seit zwei Jahren habe ich daran gearbeitet und gefeilt« (unveröff. Brief vom 6.8.1843, D-DS, Breitkopf & Härtel Archiv Nr. 51 – zit. n. RSW, 207).

Die Zahl der Dur- übertrifft die der Moll-Lieder um mehr als das Doppelte. Die Kreuztonarten überwiegen. G-Dur ist die mit Abstand am häufigsten gewählte Tonart, ihr folgen A-Dur, dann B- und Es-Dur. Zu vorzeichenreichen Tonarten wie Des-Dur, Fis-Dur oder es-Moll greift Schumann äußerst selten – um so interessanter erscheint in diesem Licht das Fis-Dur eines so exponierten Liedes wie »Frühlingsnacht« op. 39/12, wie überhaupt zu beobachten ist, daß die Entscheidung für vokale und pianistische Virtuosität oftmals mit der Einbeziehung von im Quintenzirkel höher angesiedelten Tonarten einhergeht. Das Tonartenspektrum etwa von op. 39 oder 48 ist weitaus breiter gefächert als jenes von op. 79, ein Umstand, der aufführungspraktischen Überlegungen geschuldet sein dürfte, sich jedoch in diesen keinesfalls erschöpft.

Zu den Charakteristika der Lieder Schumanns

gehört das ingeniöse Spiel mit einer spät eingeführten, destabilisierten, leicht modifizierten oder plötzlich neu gesetzten Tonika. Schumann wählt bisweilen fremdtonale Einstiege (so etwa bei »Schöne Fremde« op. 39/6), er moduliert über den Verlauf des Liedes hin in eine terzverwandte Tonart (»Nun hast du mir den ersten Schmerz getan« op. 42/8), überführt eine Moll-Grundtonart vorübergehend in die Dur-Variante (»Hochländers Abschied« op. 25/13), wendet sie gegen Ende eines Liedes nach Dur (»Erstes Grün« op. 35/4) oder läßt das ganze Stück zwischen Dur und Moll wechseln (*Der Handschuh* op. 87). Manchmal, wie etwa beim »Herbst-Lied« op. 89/3 oder gegen Ende der *Dichterliebe* op. 48, ist die Wendung nach Dur verbunden mit enharmonischer Verwechslung, um die Notierung bzw. den Lesevorgang zu erleichtern. Diese Erscheinung begleitet mitunter ein entsprechender Eintrag schon in der Reinschrift.

Einige wenige Lieder sind in harmonischer Hinsicht besonders interessant, entweder wegen eines scharfen, gleichwohl temporär bleibenden Tonartwechsels innerhalb des Liedes (»Ich wandelte unter Bäumen« op. 24/3) oder wegen eines gezielt hergestellten und beibehaltenen Schwebezustandes zwischen zwei möglichen Grundtonarten (»Auf einer Burg« op. 39/7). Halbschlüsse tauchen häufig auf (»Schneeglöckchen« op. 96/2). Diese Eigentümlichkeiten gehen über punktuell wirksame tonmalerische Details hinaus. Sie spiegeln die Aussagekraft der harmonischen Großarchitektur von Kreisen oder Zyklen in das individuelle Lied hinein.

Zu solcher Aufweichung des tonalen Koordinatensystems und dem semantischen Mehrwert, der daraus erwachsen kann, tritt ein an der Klavierminiatur geschulter, erfinderischer Umgang mit der Kleinform ›Lied‹ und den aus der Textvorlage resultierenden Vorgaben von Metrum, Rhythmus und Strophigkeit. Die häufige Alphabetisierung oder Numerierung einzelner Takte in den Reinschriften der Liedbände macht zwar sichtbar, wie wichtig auch für Schumann musikalische Strophenstrukturen und Wiederholungen sind. Dennoch ist er ein Meister des unmerklichen Strophenübergangs. Scharfe, unmotivierte Grenzen zwischen Textblöcken meidet er. Einzelne Stücke aus dem *Liederalbum für die Jugend* op. 79

gehören zu den wenigen Beispielen für äußerst schlicht gehaltene strophische Gebilde. Ihre scheinbare Kunstlosigkeit entspricht der Formelhaftigkeit der Textvorlagen und deren volkstümlicher Diktion.

Ein Mittel, den Text in der Musik förmlich aufgehen zu lassen, Einzelverse dem musikalischen Fluß einzugliedern und Strophenübergänge zu glätten, sind die ostinat vorgebrachten Formeln vor allem des frühen Liedschaffens, die als nachschlagende Achtel, Arpeggien, Akkordbrechungen und -repetitionen oder aber als punktierte Rhythmen in Erscheinung treten können und die nicht selten gleich anfangs eines Liedes eine gewisse Stimmung etablieren, dies nicht zuletzt über tonmalerische Effekte. Sie ermöglichen, wie etwa in »Der Nußbaum« op. 25/3, die geschmeidige Einfügung auch schwieriger Versgebilde in die musikalische Struktur. Das Liedschaffen ab 1849 zeigt dagegen häufig weniger gleichförmig verlaufende, oft hochkomplexe Klaviersätze, denen die zwischenzeitlich erworbene Erfahrung mit Kompositionen für Orchester deutlich anzuhören ist. In Zusammenhang mit den *Liedern und Gesängen aus J.W.v.Goethes ›Wilhelm Meister‹* op. 98a weist etwa Hans John auf die Binnenpolyphonie des Klavierparts hin, die Vielzahl von Dissonanzen, Modulationen und trugschlüssigen Wendungen, die kurzen Vor- und Nachspiele der Lieder, schließlich auch das Spektrum der einbezogenen Formen – Strophenlied, Ballade, durchkomponierter Gesang – und die vielen aufführungspraktischen Anweisungen (John 2004, 175).

Zyklusbildung

Eine der wichtigsten Neuerungen Robert Schumanns auf dem Gebiet der Liedkomposition ist die Zusammenstellung einzelner Lieder zu Kreisen oder Zyklen. Ein Bedeutungsunterschied zwischen den beiden Begriffen ist dabei zumindest aus dem Wortgebrauch Schumanns nicht zu erschließen. Eine ökonomische Erklärung, die sich bei der Frage nach den Ursachen für dieses Vorgehen zunächst aufdrängt, ist sicherlich bedeutsam. Kurze Kompositionen lassen sich wegen des unverhältnismäßig großen editorischen und drucktechni schen Aufwandes nur schwer einzeln publizieren und sind auf die Einfügung in anthologieähnliche Veröffentlichungen oder vom Komponisten selbst konzipierte Sammlungen angewiesen. Dennoch zieht die nicht zuletzt solchen publikationsrelevanten Überlegungen geschuldete Vorgehensweise im Falle Schumanns große Konsequenzen nach sich. Das Sinnpotential der mit individueller Überschrift (zum Beispiel *Myrthen*, *Liederalbum für die Jugend*) versehenen, auf einen einzigen Autor (etwa von der Neun) sich beziehenden bzw. auf einem bereits bestehenden Gedichtzyklus (beispielsweise *Frauenliebe und Leben*) beruhenden Liedsammlungen greift über die Summe der einzelnen Teile hinaus. Dabei soll nicht verschwiegen werden, daß an eine Aufführung vollständiger Zyklen zu Schumanns Zeiten offenbar kaum gedacht wurde. Ihre Kohärenz scheinen sie zunächst mehr auf dem Papier als auf dem Podium oder im privaten Raum zu beweisen.

Drei große Zyklen im besonderen sollen an dieser Stelle vorgestellt werden, um Schumanns innovatives Vorgehen zu erhellen: die *Dichterliebe* op. 48, der *Liederkreis* op. 39 und die *Lieder und Gesänge aus J.W.v. Goethes ›Wilhelm Meister‹* op. 98a.

Schon die Eintragungen in die »Gedichtabschriften« als erste Wegmarke des Kompositionsprozesses lassen erkennen, daß die Konzentration auf das einzelne Lied für Schumann in gewisser Weise ein Durchgangsstadium darstellt. In den meisten Fällen, selbst bei heute kaum mehr bekannten Dichtern, gelangt er nicht über Sekundärverwertungen wie Zeitschriften oder Almanache, sondern über Gedichtbände und Werkausgaben an seine Textvorlagen. Manchmal fertigt er Exzerpte an, dann wieder markiert er in den entsprechenden Büchern die in seinen Augen zur Vertonung geeigneten Gedichte. Die Einbindung in größere Zusammenhänge ist in diesen Publikationen bereits angelegt.

Bisweilen – prominent etwa bei den Gedichten aus Heinrich Heines *Lyrischem Intermezzo* von 1827 – liegt der Quelle, auf die Schumann nun zugreift, ein narrativer Strang zugrunde, der die Isolierung einzelner Gedichte zwar erlaubt, indem diese formal und inhaltlich geschlossene Gebilde darstellen, aber auch dann noch genügend Module für eine sinnträchtige Aufeinanderfolge und einen erzählerischen Rahmen zu liefern vermag, wenn nur wenige Texte ausgewählt und womöglich nicht in der ursprünglichen Reihenfolge präsentiert werden. Immerhin besteht das *Lyrische Intermezzo* aus nicht weniger als 66 Gedichten, von denen die Ende Mai bis Anfang Juni 1840 entstandene *Dichterliebe* am Ende nur noch sechzehn umfaßt.

Von Anfang an, das zeigt die erste Reinschrift der Komposition (die freilich, wie es die Eintragungen in die Liedbände fast durchgängig zeigen, Arbeitsschrift bleibt), sieht Schumann ein Gebilde aus mehreren Liedern vor. In dem betreffenden Liedband ist vor den Seiten mit diesen zwanzig Liedern auf Texte aus dem *Lyrischen Intermezzo* ein einzelner Zettel eingeklebt, der die Komposition als Sammlung deklariert und mit der Textquelle in Verbindung bringt: »Gedichte/ von Heinrich Heine./ 20 Lieder und Gesänge/ aus dem Lyrischen Intermezzo/ im Buch der Lieder«. Während Schumann mit dem ersten Heine-Lied längst die Nr. 62 dieses zweiten Liedbandes erreicht hat, beginnt er die Numerierung nun von neuem mit 1 und läßt die zwanzig Lieder nahtlos aufeinander folgen. Noch am 6. August 1843, ein Jahr vor der Erstausgabe, spricht er in einem Brief an Breitkopf & Härtel von einem »Cyklus von 20 Liedern die ein Ganzes, aber auch einzeln für sich ein Abgeschlossenes bilden« (unveröff. Brief vom 6.8.1843, D-DS, Breitkopf & Härtel Archiv Nr. 51, zit. n. RSW, 207).

Bei dieser Zahl wird es jedoch nicht bleiben. Als der Heine-Zyklus schließlich im Spätsommer 1844 als op. 48 bei Peters erscheint, hat Schumann vier Lieder herausgenommen. »Dein Angesicht« und »Es leuchtet meine Liebe« erscheinen als op. 127/2 und 3 erst 1854, »Lehn' deine Wang'« und »Mein Wagen rollet langsam« sogar erst postum 1858, als op. 142/2 und 4. Über den genauen Zeitpunkt und den Grund für den schwerwiegenden Eingriff in das Zyklusganze läßt sich nur spekulieren. So ist die These geäußert worden, Schumann habe vor allem solche Lieder entfernt, in welchen zu deutlich Todesgedanken geäußert würden (Dinslage 1993, 34). Was die neue Fassung angeht, so hat Beate Perrey vor dem Hintergrund einer spezifisch romantischen Gattungsästhetik argumentiert, das Konzept des Fragments erlaube, die Integrität des Werkganzen auch nach Entfernung einzelner Teile als unbeschädigt anzusehen (Perrey 2002, 225).

Auch dem viel kleineren *Liederkreis* op. 24 liegt mit der Gedichtgruppe *Lieder* aus Heines Gedichtsammlung *Junge Leiden* eine quasi narrative Abfolge zugrunde, ebenso Adelbert von Chamissos Gedichtzyklus *Frauenliebe und Leben*, dessen letztes Gedicht über das Alter Schumann allerdings unvertont läßt. Derweil gibt es selbstverständlich auch ohne einen narrativen Faden Möglichkeiten, Zusammenhalt zwischen einzelnen Texten zu stiften. Geradezu rollenspielartig lassen sich die Gedichte aus Goethes Roman *Wilhelm Meisters Lehrjahre* zusammenfügen. Zyklusbildend kann überhaupt die Wahl von Gedichten eines einzigen Autors werden, so bei den *Sieben Liedern* op. 104 nach Elisabeth Kulmann, die Schumann mit eigenen Texten zur Biographie der Dichterin durchsetzt, beim *Liederkreis* op. 39 nach Eichendorff, den Liedern nach Kerner op. 35, nach Robert Reinick op. 36, Wilfried von der Neun op. 89 oder jenen auf Gedichte Nikolaus Lenaus op. 90. Aus Friedrich Rückerts Gedichtsammlung *Liebesfrühling* wählen Robert und Clara Schumann Texte für die gemeinsame Komposition des *Liebesfrühlings* op. 37 aus. Gerade diese eher einheitlich anmutenden, gleichwohl nicht explizit narrativen Liedkomplexe scheinen dabei Möglichkeiten für verschiedene Lesarten bereitzuhalten, zu Projektionen in besonderer Weise einzuladen.

Dann wieder liegt Schumann an der Zusammenführung einer Vielzahl von Gedichten verschiedener Autoren. In seinem Brautgeschenk an Clara, den *Myrthen* op. 25, verwendet er Texte von nicht weniger als neun Autoren, wenn es für ihn selbst auch nur sieben gewesen sein mögen, indem das »Räthsel« op. 25/16 nicht von Lord Byron stammt, wie lange irrtümlich angenommen, sondern von der englischen Dichterin Catherine Fanshawe, und das Goethe zugeschriebene Gedicht »Lied der Suleika« (op. 25/9) von dessen Freundin Marianne von Willemer verfaßt wurde. Das *Liederalbum für die Jugend* op. 79 ist ein weiteres prominentes Beispiel für eine auf den ersten Blick recht inhomogen scheinende Zusammenstellung. Indessen bezeugt eine briefliche Äußerung vom 19. Dezember 1849, wie sehr Schumann auch hier an kohärenzstiftenden Momenten interessiert war: »Sie werden es am besten aussprechen,

was ich damit gemeint habe, wie ich namentlich dem Jugendalter angemessene Gedichte, und zwar nur von den besten Dichtern, gewählt, und wie ich vom Leichten und Einfachen zum Schwierigen überzugehen mich bemühte« (an Emanuel Klitzsch, BNF, 324).

Interessante Eigenart der Schumann zur Verfügung stehenden Textsammlungen ist, daß sie bisweilen von einem ihnen eingeschriebenen Rahmen umgeben sind. Schon in den Schriften der Frühromantiker wird das eigene dichterische Tun reflektiert, gerät die Kunst selbst zum Gegenstand. An den beiden großen Heine-Zyklen, die Schumann verwendet, wird dieses Spiel mit verschiedenen Erzähleben besonders anschaulich. Heine stellt seinem *Lyrischen Intermezzo* als Geschichte einer unerwiderten, immer wieder enttäuschten Liebe einen einleitenden Text über einen »trübseligen und stummen« Ritter voran und beendet den Zyklus mit einem ebenfalls selbstbezüglichen Gedicht über die »alten, bösen Lieder«, ähnlich jenem, das die neun *Lieder* aus *Junge Leiden* (op. 24/9) beschlossen hatte: »Mit Myrthen und Rosen, lieblich und hold,/ Mit duft'gen Zypressen und Flittergold,/ Möcht' ich zieren dieß Buch wie 'nen Todtenschrein/ Und sargen meine Lieder hinein.« Schumann scheint sich von solchen Perspektivwechseln nachgerade anstecken zu lassen und schafft etwa in seinem Opus 25 durch neue Überschriften ein äquivalentes Gefälle zwischen Introduktion, Werkinnerem und Beschließung. Rückerts Gedichte »Du meine Seele, du mein Herz« und »Hier in diesen erdbeklommnen Lüften« waren dessen *Liebesfrühling* noch ohne Überschrift beigegeben. Schumann nennt seine Lieder auf diese Texte »Widmung« bzw. »Zum Schluss« und stellt sie an Anfang und Ende der Clara zugeeigneten *Myrthen*.

Was den musikalischen Umgang mit solcherlei Rahmenstrukturen angeht, so fällt wohl allererst das ausgedehnte Klaviernachspiel der *Dichterliebe* op. 48 ins Auge. Zu lesen wäre es als Antwort auf die sonderbare harmonische Schwebesituation, ja Fragmenthaftigkeit des ersten Liedes mit seiner ins Offene weisenden Schlußwendung, die nun – weit über eine erste, schnelle Lösung durch den Beginn des zweiten Liedes hinaus – noch einmal aufgegriffen wird: Schumann stellt an das Ende des Gesangsparts dieses sechzehnten Liedes einmal mehr eine Dominante, löst sie nun aber, wenn auch erst allmählich, auf und verwandelt mit dieser Auflösung nach Cis/Des hin zugleich den aus dem ersten Lied bekannten Dominantseptakkord auf cis in die enharmonisch verwechselte Tonika Des-Dur. Gegen die Verheißung der scheinbar lange zuvor, »Im wunderschönen Monat Mai« erwachenden Gefühle steht auf diese Weise der – trotz aller zwischenzeitlich durchlebten, im übrigen meist negativen Liebeserfahrungen – frühzeitige, forciert resolute Abschluß mit der Liebe: ein Ende dort, wo kaum erst etwas angefangen hatte. Eine besondere Rolle spielt dabei die gleichsam reflektierende Überhöhung durch das Klavier. Die Anweisungen »Adagio«, dann auch »Andante espressivo« stehen, anders als zuvor in diesem Zyklus, nunmehr in italienischer Sprache und weisen gänzlich in den instrumentalen Raum.

Ähnlich verfährt Schumann mit dem Ende des Zyklus *Frauenliebe und Leben* op. 42. Auch hier liegt eine Rückbindung an das erste Lied vor, wenn sie auch weniger delikat als in der *Dichterliebe* erscheint. Deutlich zitiert das instrumentale Nachspiel dieses achten Liedes Motivik und Harmonik des Eingangsliedes, das – »Seit ich ihn gesehen,/ Glaub' ich blind zu sein« – ganz der Strahlkraft der ersten Begegnung gewidmet war. War B-Dur die Grundtonart dieses ersten Liedes gewesen, so wechselt Schumann nun für das Nachspiel von d-Moll, der Tonika dieser auf den »ersten Schmerz« konzentrierten letzten Nummer des Zyklus, durch eine chromatische Rückung nach B-Dur. Eigens gibt er dem Nachspiel die Anweisung »Tempo wie das erste Lied« bei.

Auch das letzte Lied (»Mit Myrten und Rosen«) aus dem Heine-Liederkreis op. 24, der auf ein insgesamt recht enges Tonartenspektrum zugreift, verbindet sich über die Tonart D-Dur mit dem Eingangslied. Noch einmal scheinen metapoetische Verse einen plötzlichen musikalischen Perspektivwechsel zu zeitigen. Schumann gibt der letzten Strophe und dem nur wenige Takte langen instrumentalen Nachspiel die Anweisungen »langsamer und immer langsamer«, »ritardando«, schließlich »Adagio« bei.

Interessanter freilich sind seine Möglichkeiten, einen Zusammenhang durch Textauswahl, Textanordnung und die kompositorische Arbeit erst zu schaffen. Dabei konstituiert nicht allein eine

mehr oder minder deutliche Narrativität bzw. Linearität das Zyklusgeschehen. Zusammenhangstiftend kann auch die Wiederaufnahme poetisch-musikalischer Motive werden, die, ohne daß sie unmittelbar erzählerischen Sinn erzeugen würde, dieselben doch immer neu zu beleuchten vermag, kommt es doch in einem literarischen oder musikalischen Zyklus womöglich nicht allein auf erkennbare Handlungsstränge, sondern auf eine gewisse innere Kohärenz an, ein latent vorhandenes Zentrum, das in viele Einzelheiten hinein ausstrahlt.

Ebenfalls im Frühsommer 1840 entsteht der *Liederkreis* op. 39 nach Gedichten von Joseph von Eichendorff. Ein Vergleich der Seitenzahlen der Gedicht-Ausgabe von 1837 mit den »Gedichtabschriften« und den Eintragungen in die »Mottosammlung« läßt erkennen, daß Robert Schumann bzw. Clara Wieck den gesamten Band sukzessive durchblättert haben muß, um währenddessen oder danach einzelne Gedichte, die für diese Sammlung nicht selten aus einem Roman isoliert wurden, zu exzerpieren. Ein inhaltlicher Zusammenhang zwischen den Gedichten im Sinne einer geschlossenen Geschichte ergibt sich nicht.

Schumann komponiert in nur wenigen Wochen und trägt die fertigen dreizehn Lieder in neuer Reihenfolge in die ersten beiden Liedbände ein, nicht ohne dabei Lieder von Mosen, Rückert, Byron (Fanshawe), Chamisso, Heine und Burns zu interpolieren. Er ändert die Reihenfolge nochmals für den Druck 1842, nimmt vor dem zweiten Druck 1850 das Lied »Der frohe Wandersmann« (später als op. 77/1 publiziert) heraus und ersetzt es durch das Lied »In der Fremde« (»Aus der Heimath«). Die verbleibenden zwölf Gedichte verwenden Stoffe der Volksdichtung und arbeiten mit typisch romantischen Motivfeldern wie ›Rhein‹, ›Nacht‹ oder ›Wald‹. Doch während sie einander formal stark ähneln und ihr Idiom eindeutig auf Eichendorff als Verfasser weist, stellen sie letztlich recht unterschiedliche Facetten seiner Dichtung dar.

Vor allem die großen Unterschiede zwischen Eintragungsfolge, Erst- und Zweitdruck haben immer wieder zu recht abenteuerlichen Mutmaßungen über eine Verbindung zwischen der aktuellen Lebenssituation Schumanns und der Anlage des Zyklus geführt. So vermutet Patrick McCreless beispielsweise, daß die ursprüngliche Anordnung der zwölf Lieder, d. h. die Reihenfolge, in der sie komponiert wurden, durch das E-H-E Motiv determiniert sei. Der Gedanke an die bevorstehende Heirat habe Schumann beschäftigt; fünf der zwölf Lieder stehen in E, der Bogen vom ersten Lied »Waldesgespräch« zu »Schöne Fremde« zum letzten Lied »Auf einer Burg« zeichne E-H-e (McCreless 1986, 23). Hans Joachim Köhler hingegen erklärt die Veränderung der Liedabfolge damit, daß der spätsommerliche Entscheid des Leipziger Appellationsgerichts, gegen und anstelle von Friedrich Wieck Clara Wieck die Zustimmung zur Eheschließung mit Schumann zu erteilen, diesen dazu bewogen haben muß, von der ursprünglich vorgesehenen Anordnung Abstand zu nehmen, insbesondere aber den von »Kargheit und Archaik« (Köhler 1988, 36) geprägten Schluß des *Liederkreises* gegen ein enthusiastisches Ende einzutauschen.

Doch geht es um diese Letztfassung des *Liederkreises* op. 39, lassen sich Binnenbezüge auch vermittels vieler anderer, von der biographischen Situation unabhängiger Parameter aufzeigen. So hat ebenfalls Hans Joachim Köhler auf die prominente Stellung des Quintintervalls hingewiesen (Köhler 1985, 31–39), wenn auch im Auge behalten werden muß, daß die Quinte das primäre Fundament tonaler Musik darstellt und eher nach der Existenz eines musikalischen Satzes zu fragen wäre, in dem die Quinte keine prominente Stellung einnimmt. Substantieller scheint der Hinweis auf die verwendeten Tonarten bzw. die Tongeschlechter. E-Dur bzw. e-Moll ist die Rahmentonart des Zyklus, wie Schumann ihn zunächst vorsieht, fis-Moll und Fis-Dur umgreifen den *Liederkreis* in der Letztfassung. Berühmt geworden ist Theodor W. Adornos Einschätzung, nach welcher die Überschrift ›Liederkreis‹ wörtlich zu nehmen sei – »die Folge schließt sich den Tonarten nach zusammen und durchmißt zugleich einen modulatorischen Weg von der Melancholie des ersten, in fis-Moll, zur Ekstase des letzten im Dur des gleichen Tons. Ähnlich wie die ›Kinderszenen‹ ist das Ganze zweiteilig gegliedert, und zwar im einfachsten Symmetrieverhältnis, mit der Zäsur nach dem sechsten Lied« (Adorno 11/1974, 89).

Auch auf der Textebene läßt sich nach kohärenzstiftenden Merkmalen suchen. Wegen der offenbaren Absenz einer sich logisch entwickelnden Erzählung hat sich das Interesse zumeist auf einzelne Motive gerichtet. So erkennt Eric Sams im relativ weit zu fassenden Konzept des Emotionalen, wie es die Texte präsentieren, ein vereinheitliches Moment: »[M]ost of the poems are about a scene, a season, and a time – […] in all these scenes and seasons, there is an overwhelming personal emotion« (Sams 1969, 92). Herwig Knaus geht von einer »sinnvoll strukturierte[n] Reihung ohne fortschreitend äußeres Geschehen« (Knaus 1974, 17) aus, äquivalente musikalische Form dafür ist ihm die Suite. Barbara Turchin konzediert zwar, daß die ausgewählten Gedichte Eichendorffs weder als fertiger Zyklus übernommen werden noch in der ursprünglichen Reihenfolge wiedererscheinen. Gleichwohl zeichnet sie das Bild einer Wanderung durch einen Wald; neun der zwölf Gedichte machten den Wald zum Thema, der physische Akt des Wanderns sei das Gegenstück einer emotionalen Reise von »emotionaler und physischer Entfremdung zur Erfüllung in der Liebe« (Turchin 1985, 236 f.). Eckart Busse zufolge steht im Zentrum des *Liederkreises* ein emotionales Motiv, das auf dem Erlebnis der Liebesbegegnung mit Clara beruhe. Die Durchgängigkeit dieses in der Textvorlage fixierten Motivs nehme der musikalische Zyklus mit seinen Tonverwandtschaften und seinen klar aufeinanderbezogenen Tempi auf (Busse 1975, 51). Ähnlich ist auf das Motiv des Rauschens hingewiesen worden – sieben der Gedichte nehmen das Verb ›rauschen‹ bzw. seine substantivierte Form auf, in drei weiteren rühren sich schaurig die Bäume (»Zwielicht«), schwingt sich ein Lied in die Luft (»Intermezzo«) oder spielt Frühlingsluft (»Wehmut«). Wird noch eben berücksichtigt, daß im »Waldesgespräch« vom hin- und her irrenden Waldhorn die Rede ist, bleibt »Die Stille« die einzige Nummer, die sich allem enthält – die Stille (Tewinkel 2003, 18).

Der *Liederkreis* ist so wenig willkürliche Sammlung von Texten und Liedern, wie er tatsächlich einen Kreis beschreibt. Angesichts der vielfältigen Ergebnisse allerdings, die die Beschäftigung mit Kompositions-, Eintragungs-, Erstdruck- und Zweitdruckabfolge unter verschiedenen Blickwinkeln zeitigen kann, scheint es dringlich, von der Projektionsleistung Kenntnis zu geben, die bei solcherart gelenkter Lesart des Zyklus erbracht wird. David Ferris diskutiert die Interaktion zwischen Zuhörenden und Aufführenden eingehend und behauptet, »Schumann and his contemporaries were experimenting with the very question of aesthetic coherence itself and leaving it up to their listeners, each in his or her own fashion, to realize and develop whatever unifying meaning the songs of the cycle may imply« (Ferris 2000, 7).

Die Texte für Schumanns op. 98a hingegen, die *Lieder und Gesänge aus J. W. v. Goethes ›Wilhelm Meister‹*, denen als Komplement das *Requiem für Mignon* op. 98b beigefügt ist, gehen nicht auf eine Gedichtausgabe, sondern auf den Roman selbst zurück und stellen gewissermaßen dessen lyrisches Substrat dar. Nur ein einziges Gedicht, »Ich armer Teufel, Herr Baron«, bleibt unvertont. In einem Brief an den Verleger Johann August André weist Schumann nachdrücklich auf die Affinität zum Vorlagenkontext hin: »Für angemessen würde ich es nun bei der Herausgabe der Lieder u. Gesänge halten, wenn sie in der Folge, wie im Romane, zu stehen kämen« (unveröff. Brief vom 2.4.1850, D-DÜhi, 09.5028/d/17; zit. n. RSW, 423–424). Gleichwohl wird sich die Reihenfolge der neun Lieder in der Letztfassung beträchtlich ändern.

Textquelle für Schumann sind die betreffenden Bände der 1828 erschienenen Werkausgabe letzter Hand. Schon dem Roman eignet ein Prozeßcharakter, der sich nun in der Abfolge der von verschiedenen Stimmen zu singenden Lieder wiederholt, wenn sie auch in vollkommen anderer Reihenfolge als dort erscheinen. Zudem lassen sich neben der auffälligen Tonartendisposition wiederkehrende musikalische Motive unterscheiden. Zu einer Grundtonart g-Moll (Tonart des ersten und dritten Liedes; das letzte Lied steht in G-Dur) lassen sich fast alle Lieder in Beziehung setzen. Mignon, der das erste und letzte Lied zugeordnet ist, erscheint als zentrale Figur, an welcher durch die Aufhellung von Moll nach Dur auch die Entwicklung von Sehnsuchtsgedanken (»Kennst du das Land«) hin zur Verklärung (»So laßt mich scheinen, bis ich werde«) anschaulich wird.

Zu den zentralen musikalischen Motiven gehören, so Ulrich Mahlert (Mahlert 1983), neapolitanische Wendungen als Ausdruck von Trauer und Schmerz, Trugschlüsse besonders in den Tonikagegenklang hinein, Chromatik und Hemio-

len. Der Gesang im besonderen ist geprägt vom Intervall der verminderten Quinte und deklamatorischen Passagen, das Klavier bewegt sich oft in Triolenachteln und Sechzehntelfigurationen, betont nicht selten gegenmetrisch die Zwei des Taktes und läßt den Baß häufig in Oktaven laufen.

Goethe, der noch 1829 »das Klassische […] das Gesunde, und das Romantische das Kranke« (Gespräch 2.4.1829 mit Johann Peter Eckermann, Goethe 39/1999, 324) nennt, läßt seine zwei romantischen Gestalten, Mignon und den Harfner, durch den Tod aus ihrem kranken, überspannten Dasein scheiden. Gerade die Psychologisierung dieser beiden Gestalten scheint auch Schumann besonders angeregt zu haben. Er entspricht mit der gleichmäßigen Verteilung an die Figuren den formalen Vorgaben eines Liederspiels, legt jedoch mit der Plazierung der Mignon-Lieder und, vor allem, der wirkkräftigen Wendung nach G-Dur am Ende des Zyklus die Betonung auf die Entwicklung dieser einen Figur.

Anfänge – Das Liederjahr 1840 – Spätes Liedschaffen

Die ersten Lieder schreibt Schumann 1827 und 1828, während des letzten in Zwickau verbrachten Gymnasialjahres und innerhalb der ersten Leipziger Studienwochen. In seinem Projectenbuch vermerkt er unter der Jahreszahl 1827 »(Zwickau) Lieder (Texte von Bўron, E. Schulze, auch eigene)« (Projectenbuch, 43). Überliefert sind aus dieser Zeit zunächst *Zwei Jugendlieder* (M1), eines davon auf einen Text von Ernst Schulze (1789–1817), dessen Werke Schumann – so verzeichnet es das Sitzungsprotokoll des »Litterarischen Vereins« und so legt es ein Motto von Schulze nahe, das Schumann einer eigenen Übersetzung aus dem Lateinischen voranstellt – 1825/27 las. Dem anderen liegt ein eigener Text zugrunde, »Lied für XXX« überschrieben. Dessen zwei erste Strophen gleichen denen eines Gedichtes aus den überlieferten Jugenddichtungen Schumanns. Die Widmungsträgerin des dort »Lied für I[da]« genannten Textes war die gleichaltrige Ida Stölzel gewesen, Tochter des Besitzers des Gasthofs »Goldener Anker« in

Zwickau. Schumann erwähnt sie in seinem Tagebuch.

Aus derselben Zeit stammen die *Elf Jugendlieder* (M2) auf Texte von Byron, Kerner, Goethe, Jacobi und wiederum Schumann selbst. Von diesen sendet Schumann am 15. Juli 1828 einige zur Beurteilung an den Braunschweiger Kapellmeister und Komponisten Gottlob Wiedebein (1799–1854), der freundlich antwortet. Seinen Brief druckt Schumann fast zehn Jahre später in der *Neuen Zeitschrift für Musik* ab unter der Überschrift *Brief eines älteren Meisters an einen jungen Künstler* (NZfM 8, Nr. 27, 3.4.1838, 2 f., 106 f.). Jahre später dann kommt Schumann selbst in eine ähnliche Situation. Der Brief, den er 1846 an den an ihn herantretenden Gymnasiasten Ludwig Meinardus schreibt, ähnelt passagenweise jenem, den er selbst von Wiedebein erhalten hatte.

Auch den Komponisten Carl Gottlieb Reissiger (1798–1859) hatte Schumann um Beurteilung gebeten. Dieser jedoch reagiert weit kritischer. Obgleich beide Männer Schumann nachdrücklich ermuntern, schreibt er zunächst keine weiteren Lieder. Gleichwohl nimmt er Material aus den elf Liedern M2 in seine Klavierwerke auf, so aus Nr. 7 (Thema im zweiten Satz der Klaviersonate Nr. 1 fis-Moll op. 11), aus Nr. 8 (Thema im zweiten Satz der Klaviersonate Nr. 2 g-Moll op. 22) und aus Nr. 9 (Anfang der *Intermezzi* op. 4/4).

Zeitlebens verzichtet Schumann auf eine Publikation dieser damals möglicherweise für die Leipziger Sängerin und Arztgattin Agnes Carus gedachten Jugendlieder. Bis auf das erste Lied aus M1 und das Fragment gebliebene elfte aus M2, die beide noch gar nicht veröffentlicht wurden, erscheinen alle Lieder erst postum. Jene drei Lieder, die Schumann in Varianten seinem Klavierwerk eingefügt hatte, werden von Johannes Brahms in den Supplementband der alten Schumann-Gesamtausgabe aufgenommen. Weitere sieben kommen erst im 20. Jahrhundert heraus.

Erst zwölf Jahre später wird sich Schumann wieder dem Lied zuwenden. Bis 1840 verfaßt er fast ausschließlich Klavierkompositionen. Wegen der überaus großen Zahl von Liedern, die Schumann nun plötzlich komponiert – bei einigen der berühmt gewordenen Zyklen wie etwa der *Dichterliebe* op. 48 braucht er dafür kaum mehr als eine Woche – wird dieses Jahr 1840 das ›Liederjahr‹

genannt. Fast die Hälfte aller Liedkompositionen entstehen, eine »regelrechte Flut ein- und mehrstimmiger Lieder, unter ihnen einige der bis heute prominentesten und meistaufgeführten Werke im Gesangsrepertoire« (RSA VIII, Suppl. Band 6, 2003, 23): der *Liederkreis* nach Heinrich Heine op. 24, die *Myrthen* op. 25, *Belsatzar* op. 57, der *Liederkreis* nach Joseph von Eichendorff op. 39, die *Dichterliebe* op. 48, *Frauenliebe und Leben* nach Adelbert von Chamisso op. 42 und die *Zwölf Lieder* nach Justinus Kerner op. 35. Den Eintragungen in die Liedbände ist oft anzusehen, in welcher Hast und zugleich ungeheuren Konzentration Schumann arbeitet; mit exakten Daten versehen, folgen die Lieder dicht aufeinander. Zusammen mit den Kompositionen der Jahre 1849 bis 1851 liegen dann etwa neunzig Prozent der erhaltenen Liedkompositionen Robert Schumanns vor.

Für die kompositorische Eruption des Liederjahres lassen sich verschiedene Erklärungen anführen. So gilt es zunächst, sich der Tatsache zu versichern, daß Schumann seit der Rückkehr aus Wien Anfang April 1839 wenig produktiv gewesen war. Der Tod des Bruders Eduard hatte zur Konfrontation mit der katastrophalen Situation des familieneigenen Geschäfts geführt, Mitte Juli war der Gerichtsprozeß in Gang gesetzt worden, im Oktober die alte Freundin Henriette Voigt gestorben, Herbst und Winter waren geprägt von immer neuen Behinderungen und Verleumdungsversuchen seitens Friedrich Wiecks. Nun, mit Beginn des neuen Jahres 1840, setzt ein kreativer Schub ein.

Er richtet sich fast durchgängig auf das Lied. Die wohl prominenteste Erklärung dafür bringt ein zentrales biographisches Moment in Anschlag, die bevorstehende Hochzeit mit Clara Wieck. Über ein Jahr langwieriger Verhandlungen, Enttäuschungen und Rückschläge geht dem 1. August 1840 voraus, an dem das Leipziger Gericht zugunsten Robert Schumanns urteilen wird. Die vielfältigen, oft enthusiastischen Äußerungen im Tagebuch und den Briefen insbesondere an Clara lassen sich durchaus auf die Antizipation dieses Ereignisses und seine für alle Beteiligten schwerwiegenden, gleichwohl freudigen Konsequenzen hin lesen.

»Ich schwärme jetzt viel Musik, wie immer im Februar. Du wirst Dich wundern, *was* ich alles gemacht habe in dieser Zeit – *keine* Claviersachen.

Du erfährst es aber noch nicht« (Briefwechsel III, 914 f.), schreibt Schumann am 7. Februar des Jahres an Clara. Am 16. Februar berichtet er, »Ich will Dir nur sagen, ich hab' sechs Hefte Lieder, Balladen Großes u. Kleines Vierstimmiges gemacht. Da wird Dir Manches recht gefallen« (Briefwechsel III, 933). Am 22. Februar heißt es: »Seit gestern früh hab' ich gegen 24 Seiten Musik wieder geschrieben (etwas Neues, von dem ich Dir weiter gar nichts sagen kann, als daß ich dabei gelacht und geweint vor Freude) […]. […] Das Träumen u. Musiciren macht mich beinahe todt jetzt; ich könnte darin untergehen. Ach Clara, was das für eine Seligkeit ist für Gesang zu schreiben« (Briefwechsel III, 941 f.). Zwei Tage später berichtet Schumann dann: »Die vorigen Tage hab ich einen großen Cyklus (zusammenhängend) Heine'sche Lieder [op. 24] ganz fertig gemacht. Außerdem noch eine Ballade ›Belsazar‹ [op. 57], ein Heft aus dem West-Östlichen Divan v. Göthe, ein Heft von R. Burns (einem Engländer, noch wenig componirt) dann noch zwei Hefte v. Mosen, Heine, Byron u. Göthe [insgesamt op. 25]; das gibt mit dem Cyklus 7 Hefte. Sieh, ist das nicht gut von mir? Und dann auch ein Heft 4stimmiger, darunter eines für 4 Frauenstimmen, was recht eigen klingen muß; sie sind meistens recht schwärmerisch, die Texte. Wie mir das Alles leicht geworden, kann ich Dir nicht sagen, und wie ich glücklich dabei war« (Briefwechsel III, 946 f.). Am 13. März schickt er Clara die Lieder op. 25/19 und 20, anmerkend, daß diese »meine ersten gedruckten« seien, »also kritisire sie mir nicht zu stark. Wie ich sie componirte, war ich ganz in Dir. Du romantisches Mädchen verfolgst mich doch mit Deinen Augen überall hin, und ich denke mir oft, ohne solche Braut kann man auch keine solche Musik machen, womit ich aber Dich besonders loben will« (Briefwechsel III, 978 f.). Interessant ist auch die Nachricht vom 25. Mai des Jahres, weil Schumann hier die alte, ubiquitäre Identifikationsfigur für den Dichter-Sänger benennt: »[D]ann hab' ich wieder so viel componirt, daß mir's manchmal ganz unheimlich vorkömmt. Ach, ich kann nicht anders, ich möchte mich todtsingen wie eine Nachtigall« (Briefwechsel III, 1048). Über den *Liederkreis* op. 39 schreibt er Clara am 22. Mai: »Der Eichendorff'sche Cyklus ist wohl mein aller Romantischstes und es steht viel von Dir darin, Du meine liebe theure Braut« (Briefwechsel III, 1043).

Es sind solcherlei Bemerkungen, die mit zu der vulgärpsychologischen Vermengung von spezifischem Vokalgenre und Lebensgeschichtsschreibung geführt haben. Indem sich dieses Jahr 1840 als erster großer, unter Mühen erreichter Höhepunkt einer nun schon jahrelang andauernden Liebesbeziehung darstellt, imaginiert man nur zu gern, daß sich Schumanns Begeisterung darüber allererst im Gesang als persönlichster, menschlichster aller Ausdrucksformen manifestiert habe.

Dabei läge es ebenso nahe, an die großen Anstrengungen dieses Jahres 1840 zu erinnern und das Potential, das etwa die Lyrik hat, emotionale Ausnahmezustände verdichtend darzustellen und zu kanalisieren. Noch Äußerungen vom Herbst legen die Verschränkung kompositorischer Präferenzen mit positiven wie negativen Erfahrungen nahe. Am 25. Oktober schreibt Schumann über sein op. 25 an Georg Kastner in Paris, daß es sich um eine Liedersammlung handle, die »von der Zeit, in der sie entstanden, einer vielfach durch Schmerz und Freude bewegten, die Spuren an sich trägt« (BNF, 199).

Weitere Gründe für Schumanns überraschende, totale Wendung hin zur Vokalmusik sind denkbar. So hat man mit ästhetischen Überlegungen argumentiert, einem – dem romantischen Ideal der Musik als Sprache über der Sprache freilich antipodisch gegenüberstehenden – erwachenden Deutlichkeitsstreben Schumanns, das der Konkretheit des Wortes bedürfe, um den jeweiligen Gefühlsausdruck zu präzisieren. Einer anderen Erklärung zufolge mag es Schumann nach einer Vielzahl poetisch inspirierter Klavierkompositionen nur konsequent erschienen sein, den poetischen Text direkt ins Werk hinein zu ziehen.

Doch können auch äußere Faktoren eine Rolle gespielt haben. So, wie sich die vormalige Konzentration auf Kompositionen für Klavier nicht nur mit dem eigenen Ehrgeiz als Pianist, sondern auch mit der besonderen Präsenz der hochbegabten Clara Wieck erklären ließe, mag die Liebe zu dieser und die Freude über die geplante Vermählung ein zwar unbedingt förderlicher, dennoch zweitrangiger Faktor gewesen sein, dem sich längst finanzielle Überlegungen vorgelagert hatten. Möglicherweise suchte Schumann wegen der hohen

Verantwortung für eine in absehbarer Zeit entstehende Familie nach einer publikumswirksamen, gut zu vermarktenden Gattung. In Zeiten weit verbreiteten Lesefiebers und einer vom Bürgertum begeistert gepflegten Hausmusik mag es profitabel erschienen sein, Lieder zu schreiben. »Da man mich,« schreibt Schumann schon am 23. Februar 1840 an Breitkopf & Härtel über die Sammlung seiner neun Lieder op. 24, einen der wenigen Liedkomplexe, die noch im selben Jahr publiziert werden, »nur als Claviercomponisten kennt, so denke ich, daß sie hie und da Interesse erregen wird« (BNF, 428). Denkbar sind darüber hinaus auch Gründe gattungstypologischer Art. Bei einem Komponisten, der die verschiedenen Genres geradezu systematisch in den Blick nimmt – so wendet sich Schumann etwa in den 1830er Jahren in besonderem Maße der Klaviermusik zu, 1841 der Sinfonik, 1842 der Kammermusik – scheint die längerfristige Konzentration auf die Gattung ›Lied‹ nur konsequent.

Anfang Januar nun nimmt Schumann die Arbeit an den 1839 begonnenen *Nachtstücken* op. 23 von neuem auf. Wenig später setzt die Liedkomposition ein. Eine heute verschollene Niederschrift des Liedes »Du bist wie eine Blume« ist auf den 23. Januar datiert und mit einer Widmung an die flämische Sängerin Elisa Meerti (1821–1878) versehen, die erhaltene Abschrift der Vertonung vom »Schlusslied des Narren« aus Shakespeares *Was ihr wollt* op. 127, 5 im ersten Liedband mit dem Datum 1. Februar gekennzeichnet.

Das Liederjahr reicht bis in den Januar 1841 hinein. Nur wenige Werke überbrücken dann die Zeit bis zum Jahr 1849, in dem Schumanns zweite große Phase der Liedkomposition einsetzt. Es sei dies ein »erster Sangeslaut nach langem Schweigen«, steht zwar auf dem mit dem 24. Juni 1846 datierten Autograph des Liedes »Auf dem Rhein« (op. 51/4). Doch erst 1849 wird sich Schumann wieder verstärkt der Komposition von Liedern zuwenden. In den nun folgenden zwei Jahren komponiert er unter anderem das *Spanische Liederspiel* op. 74, das *Liederalbum für die Jugend* op. 79, die *Lieder und Gesänge aus J. W. v. Goethes ›Wilhelm Meister‹* op. 98a, *Sechs Gedichte und Requiem* nach Nikolaus Lenau op. 90 und die Lieder nach Elisabeth Kulmann op. 103 und 104. Im Dezember 1852 entstehen die *Gedichte der Königin Maria*

Stuart op. 135 als letzter größerer Liedkomplex, noch im September 1853 arbeitet Schumann an den *Zwei Balladen* op. 122. Liederspiele und thematisch gebundene Zyklen machen einen wichtigen Teil dieser ab 1849 komponierten Lieder aus.

Rasch gerät bei einem allzu konzentrierten Blick auf das Liederjahr 1840 der zweite große Schaffensschub in den Hintergrund, wie überhaupt die idealisierende Verquickung persönlicher mit kompositorischen Faktoren dort problematisch wird, wo man sich anschickt, Schumanns Liederjahr einem organischen Modell von Latenzphase, Hochzeit und postklimaktischer Zeit einzuordnen. Derweil gilt es daran zu erinnern, daß der Mythos vom Spätwerk dem Umfeld der Rezeption Ludwig van Beethovens entstammt. Eine Einschätzung wie die von Gerald Abrahams und Eric Sams geäußerte, daß nämlich bei Schumann »mit dem Nachlassen des persönlichen subjektiven Elements eine Schwächung der Inspiration« (Abraham 1994, 83) einhergehe, birgt entsprechend die Gefahr, angesichts eines einseitig arretierten Biographie- und Meisterwerkbegriffs die vielfältigen Mechanismen, die künstlerischem Schaffen zugrundeliegen, aus dem Auge zu verlieren. So warnt auch Ulrich Mahlert mit Blick auf Schumanns 1849 entstandenes op. 98a nachdrücklich davor, »die faßliche, dem liedhaften Periodenprinzip näherstehende Gestaltungsweise des Liederjahres 1840 als den ›eigentlichen‹ Liedstil Schumanns auszugeben und den andersartigen Spätstil nicht eigenständig, sondern als uninspirierte, grüblerisch konstruierte Verfallserscheinung zu interpretieren« (Mahlert 1983, 144).

Gleichviel: Schumanns Liederjahr als Zeit einer plötzlich einsetzenden, intensiven Konzentration auf das Lied ist modellhaft geworden für die Lebensgeschichtsschreibung anderer Komponisten. Auch im Falle von Brahms (1868, nach Kalbeck) oder Hugo Wolfs (1888) spricht man von Liederjahren. Allerdings zeigt diese Parallelisierung, daß es bei aller Orientierung am Vorbild Schumanns kaum um das Nacherleben einer konkreten biographischen bzw. kompositorischen Situation gehen kann, sondern das Genre seine Produktionsbedingungen zumindest teilweise zu zeitigen scheint.

Die Zyklen des Liederjahres

Liederkreis nach Heinrich Heine
op. 24

Entstanden in den Tagen vor dem 23. Februar 1840, ist der *Liederkreis nach Heinrich Heine* op. 24 der erste Liedkomplex, mit dem Schumann als Liedkomponist an die Öffentlichkeit tritt. Versehen mit dem Hinweis, an der beigefügten Sammlung habe er »lange mit Lust und Liebe gearbeitet« (23. Februar 1840, BNF, 428), sendet Schumann die neun Lieder an Breitkopf & Härtel in Leipzig, wo sie im Mai erscheinen. Der *Liederkreis* gehört damit zu den wenigen Kompositionen, die im Liederjahr publiziert werden.

Die Entstehungsgeschichte der Gedichte ist recht verworren, ohne daß sie für den Gehalt des Zyklus unmittelbar von Bedeutung wäre. Freilich vermag ein Blick auf sie zu zeigen, wie sorgfältig Heinrich Heine, immerhin der meistvertonte Dichter Schumanns und frühzeitig Gegenstand seiner kompositorischen Erwägungen, an Texten arbeitete: Unter der Überschrift *Lieder* war der neunteilige Gedichtzyklus jener übergeordneten Sammlung eingegliedert, die als *Junge Leiden* zum 1827 erschienenen *Buch der Lieder* gehörte. Die betreffenden Gedichte hatte Heine etwa ab 1816 geschrieben und mit einigen weiteren für die 1822 erscheinenden Sammlung *Gedichte* als *Minnelieder* zusammengefügt. Für die Neuherausgabe im *Buch der Lieder* 1827 verändert er den Titel zugunsten der einfacheren Überschrift *Lieder*, fügt ein weiteres Gedicht hinzu und streicht die eigentlichen Minnelieder. Was bleibt, ist persönlich formulierte Liebeslyrik in vierzeiligen, metrisch unregelmäßig gefüllten Volksliedstrophen. Kreuz- und umarmender Reim wechseln sich ebenso ab wie die Zahl der Senkungen, die bald drei, dann wieder vier beträgt. Heine geht immer wieder vom Jambus bzw. Trochäus in den Daktylus über.

Heines großes Thema ist auch in diesem Zyklus die enttäuschte oder unerwiderte Liebe. Enger biographischer Anlaß für das stete Kreisen um diese Thematik mag etwa das vergebliche Werben des jungen Heine um seine Cousine Amalie, später um deren Schwester Therese gewesen sein. Doch hat vor allem die Lesart Theodor W. Adornos dazu beigetragen, in der von Heine immer wieder geschilderten Erfahrung von Fremdheit und Ablehnung, dem spezifisch Heineschen Umgang mit verschiedenen sprachlichen Ebenen, das Leid des aufgrund seiner jüdischen Herkunft Ausgegrenzten zu erkennen. Unterdessen führt die frühe Lyrik Heines zugleich lyrische Formen und Topoi fort, die zum Teil bis zurück zum Petrarkismus reichen.

Schumann vertont die neun ausgewählten Texte unter Einbeziehung eines engen Tonartenkreises. Das erste Lied auf den Text »Morgens steh ich auf und frage« steht in D-Dur, der Rahmentonart des Zyklus. Die recht einfache Begleitung kommt mit Achtelgängen im Klavierbaß und nachschlagenden Achtelakkorden in der rechten Hand aus. Meist nimmt die Singstimme die Oberstimme dieser rechten Hand voraus. Indessen macht Berthold Hoeckner am Beispiel gerade dieses ersten aller publizierten Lieder Schumanns ein interessantes liedästhetisches Phänomen aus, das Auseinanderdriften nämlich von instrumentaler und vokaler *persona* als Scheidung zweier Erzählhaltungen. Das fis″ in der Klavieroberstimme des vorletzten Taktes sei Zielpunkt einer diatonisch aufsteigenden Linie, die die Gesangsstimme zuvor in Gang gesetzt habe und die in ihrer Zielstrebigkeit das stete Kreisen des Textes durchbreche. »Somit steht die Äußerung des Protagonisten unter der Spannung, daß er etwas anderes sagt als er singt und spielt« (Höckner 1993, 25).

Das zweite, stürmische Lied (»Es treibt mich hin, es treibt mich her!«) steht in der Paralleltonart h-Moll. Schumann fügt den immer wieder zu Daktylen beschleunigenden Text in einen Dreiertakt ein. H-Dur ist die Tonart des dritten Liedes »Ich wandelte unter den Bäumen«. Mit der Rückung nach G-Dur in der Liedmitte und der wiederum unvermittelten Wendung in die Tonika entspricht Schumann dem Wechsel der Erzählebene innerhalb des Gedichtes. In die fahle Subdominantparallele der Zyklusgrundtonart D-Dur, e-Moll, weicht das folgende Lied (»Lieb' Liebchen, leg's Händchen auf's Herze mein«) aus, das, so zeigt es das Autograph, Schumann zunächst mit einem dreiteiligen Vorspiel ausstattet, dann aber mit dem Auftakt der Gesangsstimme beginnen läßt. Der von fern an die Achtelbewegung des ersten Liedes gemahnenden Begleitung fehlt immer wieder der Baß. »Die instrumentale persona hat sozusagen ›Herzrhythmusstörungen‹, wenn der Akzent auf den schweren Taktzeiten ausbleibt […]. Die Ungeduld des Protagonisten richtet sich nun auf die fiebernde Erwartung des Todes« (Höckner 1993, 27). Das folgende fünfte Lied (»Schöne Wiege meiner Leiden«) wendet sich nach E-Dur. Heine hatte den Text wohl als Abschiedsgruß auf Hamburg geschrieben, das er im Sommer 1819 nach dreijährigem Aufenthalt verließ. Schumann unterlegt behaglich sich wiegende E-Dur-Akkorde und wiederholt gegen Ende des Liedes die erste Gedichtstrophe, schafft aber besonders mit den Chromatismen und Zwischendominanten seiner fünften und sechsten Strophe scharfe Interpolationen.

E-Dur ist die Tonart auch des sechsten Liedes (»Warte, warte, wilder Schiffmann«) mit seinen Repetitionen und harschen, tonleiterartigen Viertelläufen. Demgegenüber stellt das siebte Lied »Berg’ und Burgen schau’n herunter«, das in der Dominanttonart A-Dur steht, einen Ruhepol dar. Der Text steht in der Tradition rheinromantischer Dichtung, unterhöhlt deren affirmative Kraft aber durch ironische Brechung und Wendung in das persönliche Erleben hinein. Es ist das einzige Strophenlied des Zyklus. Schumann schreibt schon im Autograph die drei ersten Textstrophen untereinander in die Komposition hinein und notiert, daß die Begleitung auch im Stil zu wiederholen sei. Zu besonderer Bekanntheit ist das choralartige achte Lied in d-Moll (»Anfangs wollt’ ich fast verzagen«) gelangt. Der Text wurde für einen kriegsversehrten Schulfreund geschrieben. Der Sinngehalt der ursprünglich in dessen Stammbuch geschriebenen Verse verschob sich durch Einfügung in den Zyklus der *Lieder* mit ihrem steten Liebesklagen. Schumanns Melodiebeginn erinnert an Georg Neumarks Lied »Wer nur den lieben Gott läßt walten«. Auf Heines »Aber fragt mich nur nicht, wie?« reagiert er mit einer phrygischen Wendung in den Halbschluß hinein, der sich erst mit dem D-Dur des abschließenden Liedes »Mit Myrthen und Rosen, lieblich und hold« löst.

Myrthen op. 25

»Seiner geliebten Braut« widmet und schenkt Robert Schumann die im Januar begonnenen, doch erst Anfang April fertiggestellten *Myrthen* op. 25. Seit dem 16. Jahrhundert gilt die Myrthe im Volkstum als Brautschmuck. Den sechsundzwanzig Liedern der Sammlung liegen Gedichte verschiedener Autoren zugrunde, darunter auch Übersetzungen aus dem Englischen bzw. Schottischen. Der Eintragungsfolge in den ersten Liedband ist abzulesen, daß Schumann tatsächlich entlegene Kompositionen zu einem Strauß bindet, wenngleich sich innerhalb des Zyklus immer wieder Paarungen finden. Explizit formt Schumann die äußeren Ränder der anthologieartigen Zusammenstellung als solche aus: Das erste Lied macht die von ihm selbst »Widmung« genannte Vertonung des unbetitelten Rückertschen Gedichtes »Du meine Seele, du mein Herz«, das letzte Lied dessen »Hier in diesen erdbeklommnen Lüften«. Schumann nennt sein Lied »Zum Schluss«. Beide stehen in As-Dur, doch während Schumann sich anfangs in üppigen Arpeggien und Akkordrepetitionen ausläßt, überschreibt er das letzte Lied »Adagio« und setzt es schlicht akkordisch. Ebenfalls aus Rückerts *Liebesfrühling* stammen die Vorlagen zum elften und zwölften Lied, die sich von der Faktur her ähnlich zueinander verhalten; während dem ersten eine an Akkordbrechungen, Arpeggien und Auszierungen reiche Begleitung beigegeben ist, darbt das zweite über statischen Akkorden. Schumann nennt die zwei Kompositionen »Lieder der Braut« und setzt beide in G-Dur. Ein weiterer Text Rückerts, »Ein Gruss an die Entfernte« aus den *Oestlichen Rosen*, war Quelle für die Nr. 25, »Ich sende einen Gruss wie Duft der Rosen«, das Schumann im Autograph mit der Bemerkung »In Erwartung Klara’s« versieht.

Acht weitere Textvorlagen für op. 25 sind von dem Schotten Robert Burns, der aus einem starkem Nationalbewußtsein heraus oft mit dialektalen Wendungen arbeitete, die sich freilich in der Übersetzung nicht vermittelt. Schumanns Textquelle ist die erst eben, 1840, erschienene Übertragung von Wilhelm Gerhard. Die Verbindung zwischen den betreffenden acht Liedern ist auch über mehrere Nummern hinweg zu spüren. Das sparsam gesetzte »Jemand« (Nr. 4), in e-Moll beginnend und nach E-Dur sich wendend, ist das Gegenstück zum sprechgesanglichen, leicht polternden »Niemand« (Nr. 22) in F-Dur. Die wiederholte Nennung des »niemand« zitiert dabei mit dem stets dominantisch vermittelten Sekundschritt nach unten die – freilich variabler gestalteten – Phrasenenden über den vielen Wiederholungen des »jemand« im früheren Lied. Mehrere der Texte Burns' stehen deutlich in der Tradition der Rollenlyrik, so das an vierzehnte Stelle gesetzte »Hochländische Wiegenlied«, die mit den typischen Wiederholungsformeln der Volksdichtung ausgestattete Wehklage der »Hochländer-Wittwe« (Nr. 10) – Schumann unterlegt im Klavier einen spröde schlagenden, ostinaten Rhythmus – und das übermütig mit dem Motivinventar des Soldatenlieds spielende »Hauptmann's Weib« (Nr. 19), dem folgerichtig die Klage der verlassenen Soldatenbraut nachgeordnet ist (»Weit, weit!«, Nr. 20). Die verbleibenden zwei Gedichte von Burns thematisieren die Liebe zur Heimat, dem Hochland: Nr. 13 (»Hochländers Abschied«) läßt Schumann in h-Moll beginnen, um es nach einem kurzen Zwischenspiel für die dritte von vier Strophen kurzzeitig nach H-Dur zu wenden, in einen deutlich abgesetzten, träumerischen Innenteil. Nr. 23 (»Im Westen«) hingegen ist vom ruhigen Wechsel zwischen zwei- und gedoppelten eintaktigen Phrasen geprägt.

Goethes *West-östlichem Divan* sind mehrere Lieder verpflichtet, so das zweite, »Freisinn« überschriebene, das fünfte (»Sitz' ich allein«) und sechste (»Setze mir nicht du Grobian«). Schumann komponiert diese letzten beiden Lieder just in dem Augenblick, in welchem der von Friedrich Wieck zu erbringende Nachweis seiner Trunksucht aussteht. Auch der Text des achten Liedes »Talismane« stammt aus dem *Divan*. Schumann kürzt beträchtlich, wiederholt aber die Akklamation des »Gottes ist der Orient!/ Gottes ist der Occident!« und setzt sie in überklare C-Dur-Dreiklangsbrechungen. Fälschlich hat man auch die »Suleika«, die Schumann als »Lied der Suleika« an neunte Stelle der *Myrthen* setzt, Goethe zugeschrieben. Doch obgleich in dessen *Divan* publiziert, stammt der Text von der 1784 geborenen Marianne von Willemer.

Von Julius Mosen ist der Text des »Nussbaum«, der an dritter Stelle der *Myrthen* steht. Schumann

schreibt einen zu vervollständigenden Klaviersatz: Über die durchgängig laufenden Sechzehntelakkordbrechungen im Klavier, denen nur dann und wann eine Oberstimme beigegeben ist, lagert sich die Stimme als Melodieträger. Den eigentlichen Beginn des Liedes zögert der Einstieg über die Subdominante sanft hinaus. Heinrich Heine hingegen hat den Text zu »Die Lotosblume« (Nr. 7) geschrieben. Ihr rätselhaftes Erwachen bei Nacht unterlegt Schumann, nachdem er von der Grundtonart F-Dur zunächst in die Dominante C-Dur gewechselt war, mit dem plötzlichen Erscheinen eines Des-Dur-Akkordes als Subdominante zum bald folgenden As-Dur. Aus Heines Gedichtzyklus *Die Heimkehr* stammen zwei weitere Lieder des Zyklus, »Was will die einsame Thräne?« (Nr. 21) und »Du bist wie eine Blume«. Schumanns op. 25/24 ist nur eine von über zweihundert Vertonungen dieses wohl am häufigsten bearbeiteten aller Heineschen Lieder.

Von Catherine Fanshawe, Lord Byron und Thomas Moore sind vier weitere Lieder des Zyklus. Wie er es schon bei Goethe (Nr. 5 und 6) und Rückert (Nr. 11 und 12) getan hatte, so verknüpft Schumann auch mit den »Zwei Venetianischen Liedern« von Thomas Moore – englische Gedichte auf ein italienisches Thema – zwei Texte durch Binnennumerierung. Beide Lieder stehen in der Tonart G-Dur und bilden im Klaviersatz eine gondelnde Bewegung nach. Aus Byrons *Israelitischen Gesängen* stammt der Text zu Nr. 15, »Mein Herz ist schwer!«, das zunächst in e-Moll steht, sich aber sowohl für einen Mittelteil als auch am Schluß nach Dur wendet. Schumann wird die fallende verminderte Quart, die leittönig in den Grundton hinaufgeführt wird (über den Worten »Mein Herz ist schwer«) als Klagegeste in op. 98a/6 wiederaufnehmen (dort zu den Worten »der ist bald allein«), wie überhaupt die deklamatorische Führung der Singstimme und der von Chromatismen durchzogene Klaviersatz auf das Spätwerk vorzuweisen scheinen. Der Titelzusatz zu op. 25/16 mit der Verfasserangabe »Lord Byron« zeigt dagegen die falsche Zuschreibung des Gedichtes »Räthsel«. Tatsächlich hat Catherine Maria Fanshawe (1765–1834) den Text verfaßt. Geschickt schafft Schumanns Vertonung in H-Dur am Ende eine Verknüpfung zwischen Singstimme und Klavier, zwischen dem zu erratenden Tonnamen ›h‹

und seinem Signifikat. »Scherz, dessen Auflösung die Musik erleichtern hilft«, notiert Schumann im Autograph. Dort ist zu sehen, daß er für das Ende des Liedes den Vorschlag einer dreitaktigen *ad libitum*-Einfügung eines Chores macht.

Die Lieder nach Geibel und Chamisso op. 30 und 31

Die im Hochsommer 1840 komponierten *Drei Gedichte nach Emanuel Geibel* op. 30 erscheinen noch im Dezember des Jahres. Schumann sieht sie als Geschenk für Clara vor. Es sind gewissermaßen Einzelporträts geworden: Wie eine musikalische Illustration des Kupferstiches zum ersten Buch der 1806/08 veröffentlichten *Wunderhorn*-Gedichtsammlung erscheint das temporeiche erste Lied »Der Knabe mit dem Wunderhorn« (H-Dur, mit einem Mittelteil in E-Dur). Dem ergeben im Minnedienst aufgehenden »Pagen« (ebenfalls E-Dur) gibt Schumann einen entsprechend unaufgeregten Satz. Der heißblütige »Hidalgo« schließlich – »den Damen gilt die Zither/ die Klinge dem Rival!« – steht im Zentrum des letzten Liedes, dem ein herbes rhythmisches Muster folkloristisches Kolorit gibt und das sich in einem Mittelteil nach der Dominante, hier also nach A-Dur, wendet.

Kurz zuvor, im Juli des Liederjahres 1840, hatte Schumann das Gegenstück zu dieser ganz auf männliche Figuren gerichteten Sammlung komponiert. Adelbert von Chamissos blutige Ballade »Löwenbraut« gab die Vorlage für die erste Nummer der *Drei Gesänge nach Adelbert von Chamisso* op. 31. Erzählt wird die Geschichte von »des Wärters Tochter«, die kurz vor ihrer Vermählung noch einmal in den Käfig des geliebten Löwen tritt, um Abschied von ihm zu nehmen: »Wir waren in Tagen die nicht mehr sind,/ gar treue Gespielen wie Kind und Kind«. Der Löwe will die Braut nicht gehen lassen, der panisch werdende Bräutigam fragt nach einer Waffe, der Löwe zerreißt die frühere Gespielin und legt sich zu ihr, »bis tödtlich die Kugel ihn trifft in das Herz«. G-Moll ist die Tonart der Balladenkomposition, die mit der Übersetzung der Zornesgesten des Löwen in scharfe, doppelt punktierte Akkorde ihren dramatischen Höhepunkt erreicht. Immer wieder werden die gravitätischen Takte des Anfangs mit ihren aus tiefen Oktavschritten hervorwachsenden Akkordketten aufgenommen. Sie machen auch das ins pianissimo zurücksinkende, »Adagio« überschriebene Ende aus. Weniger dramatisch gibt sich die Alltagserzählung »Die Kartenlegerin«, eine von Chamisso erstellte Übertragung eines Gedichtes von Pierre Jean de Béranger. In der Mittagsruhe der Mutter macht sich ein junges Mädchen daran, die eigene Zukunft aus den Karten zu lesen. Den Ergebnissen der Kartenschau entsprechend, verändert das buffoneske Lied vielfach seinen Ton, wechselt etwa im Gesang von flink deklamierenden Passagen zu den ironischen Klagegesten über »o das war ein harter Schlag!« Die an letzte Stelle der kurzen Folge gesetzte »Rothe Hanne« stammt ebenfalls von Béranger. Schumann gibt dem Lied über die Frau eines gefangenen Wilddiebes durch *ad libitum*-Chorpassagen (»Sei Gott du mit der rothen Hanne!/ der Wilddieb sitzt in sicher Huth!«) den Charakter einer Volksballade. Die Balladen seines op. 31 widmet Schumann der einstigen Verlobten Ernestine von Zedtwitz.

Die Lieder nach Kerner und Reinick op. 35 und 36

Noch im November und Dezember 1840 entstehen die *Zwölf Gedichte. Eine Liederreihe nach Justinus Kerner* op. 35. Schumann gewinnt seine Vorlagen aus dem 1834 erschienenen Gedichtband von Kerner, derweil davon auszugehen ist, daß er schon die 1826 publizierte, schmalere Vorgängersammlung *Gedichte* kannte.

Für die Liedsammlung ordnet er die Texte vollkommen neu an. In es-Moll (bei der Eintragung in den Liedband war es noch e-Moll gewesen) hebt das erste Lied »Lust der Sturmnacht« an, sich erst auf vielerlei Umwegen nach Es-Dur wendend, ganz der Struktur der Vorlage verpflichtet, die das Toben des Unwetters in den zwei Außenstrophen zeichnet und ihm in den zwei Innenstrophen das Bild einer heimeligen Idylle gegenüberstellt: »ruht es sich so süß hier innen«. Repetierte Achtel und im Sechzehntelabstand nachschlagende Akkorde geben gerade den musikalischen

Außenstrophen ein wildes Drängen. Bedächtig dagegen gestaltet sich die Polyphonie das zweiten Liedes »›Stirb, Lieb' und Freud'!‹« (As-Dur) über ein »Mägdelein«, das den Schleier nimmt und über den Sprecher, dem darüber das Herz zerbricht; »es ist die Herzallerliebste mein,/ bleibt's bis zum jüngsten Tag«. »Wanderlied« heißt das dritte der Lieder op. 35. Ein übermütiges Springen durch den gebrochenen B-Dur-Akkord prägt den Beginn der Gesangsstimme. Dem Sichtwechsel dessen, der weit wandert, korrespondiert die auffällige Wendung nach Ges-Dur für die vierte Strophe »Da grüssen ihn Vögel/ bekannt überm Meer,/ sie flogen von Fluren/ der Heimath hieher«. Schumann wiederholt den Text der ersten Strophe in einer hoch auffahrenden Reprise, in der mit der Wiederholung der Zeile »es treibt in die Ferne mich mächtig hinaus!« die Gesangsstimme den Spitzenton a'' erreicht. Bekannt geworden ist das vierte Lied der Reihe, die zarte, noch bei Kerner »Frühlingskur« überschriebene Liebesklage »Erstes Grün« in g-Moll, die sich durch ein Klavierritornell in G-Dur immer wieder aufklart. Das romantisch verklärte Bild des Waldes evoziert das fünfte Lied »Sehnsucht nach der Waldgegend«. Schumann konzipiert einen Klaviersatz aus eigenwillig variierten Akkordbrechungen, die von Außen- und Binnenstimmen umrankt werden. Mit Blick auf die fast durchgängig vorenthaltene Tonika g-Moll spricht August Gerstmeier davon, daß das Lied »seine Tonart [flieht]. Schon der Beginn ist ein zielgerichtetes Wegstreben von der Tonika in den Bereich der Durparallele« (Gerstmeier 1982, 138). Das Ende in g-Moll wirkt zugefügt; die nach unten führende Klavierbaßlinie verliert sich im Nichts. Homophon akkordisch gestaltet sich dagegen die sechste Nummer »Auf das Trinkglas eines verstorbenen Freundes« (Es-Dur), eine Mixtur aus Studentenlied und harmonisch farbreichem Choral. Die auftaktig angesprungene Quarte dann ist, wie schon bei Schubert, Aufbruchssignal der »Wanderung« (B-Dur). »Stille Liebe« heißt das achte Lied. Ein empfindsames, durch Fermaten und Pausen stilisiert improvisatorisches Vorspiel wird mehrere Male zitiert. »Frage« ist das neunte Lied (Es-Dur, obgleich die Tonika kaum in Erscheinung tritt) überschrieben, das – so legt es die Titelgebung wohl nahe – mit der suggestiven Öffnung nach G-Dur endet,

das als nachgezogene Zwischendominante zur Tonikaparallele hörbar wird. »Stille Thränen« ist an zehnte Stelle gesetzt (C-Dur). Getragene Akkordrepetitionen im 6/4-Takt schaffen eine an harmonischen Farben reiche Basis, von der aus die Gesangsstimme frühzeitig zum g'' steigt. »Dieselbe Weise« (wie beim elften Lied, »›Wer machte dich so krank?‹«) merkt Schumann über der zwölften Nummer »Alte Laute« an. Beide stehen in As-Dur; Melodieführung und Klavierbegleitung sind nur punktuell verschieden. Die durch Dynamik, Liegeakkorde und den rezitativischen Ton der Gesangsstimme vermittelte Zurückhaltung geht mit dem verhaltenen Sprechen des lyrischen Ich überein: »Dass ich trag Todeswunden,/ das ist der Menschen Thun«, hieß es im elften Lied – »Die Tage sind vergangen,/ mich heilt kein Kraut der Flur« im zwölften.

An wenigen Tagen im Juli und August des Liederjahres 1840 entstehen die *Sechs Lieder aus Robert Reinicks* »*Lieder eines Malers*« op. 36. Der Dichter hatte 1837 das erste von drei *Liederheften eines Malers* veröffentlicht, aus dem nun Schumann seine Texte gewinnt. Das erste Lied, »Sonntags am Rhein« (D-Dur) gehört zu den zahlreichen Klavierliedern Schumanns mit rheinischer Thematik. Begeisterung für den als vaterländisch geltenden Fluß und eine gewisse Bewunderung für den rheinischen Katholizismus treten zusammen. Die ruhig repetierten Akkorde, die mit Beginn der letzten Strophe durch glockig angeschlagene Oktaven bzw. Quinten im Baß verstärkt werden, dazu die plötzliche Rückung nach der Tonikaparallele h-Moll bei »Vom Dorfe hallet Orgelton« oder die mit Beginn der vierten Strophe »Und ernst in all die Herrlichkeit« eingefügte Wendung von e-Moll nach F-Dur addieren farbkräftige, mitunter kirchlich-mittelalterlich sich gebende Effekte. Tonumspielungen und kurzleibige Arpeggien dann verleihen der Begleitung des »Ständchen« (G-Dur) den Anstrich einer nächtlichen Serenade. »Nichts Schöneres« titelt das ariettengleiche Liebeslied der dritten Nummer des Zyklus in einem heiteren, durch den 6/8-Takt verlebendigten C-Dur. »Schrieb's bei schönem Sonnenschein, auch des Lebens«, annotiert Schumann die Liedbandeintragung des vierten Liedes »An den Sonnenschein« (A-Dur) – erst wenige Wochen zuvor hatte des Leipziger Gericht zugunsten der Vermählung des jungen Paares entschieden. »Dichters Genesung«, in G-Dur beginnend, doch immer wieder nach E-Dur wechselnd, schildert eine nächtliche Begegnung mit der Elfenkönigin, die das lyrische Ich als kathartisch erlebt: »Da wehte der Morgen, da bin ich genesen!«, heißt es bei Reinick, »Fahr' wohl nun, du Elfenkönigin,/ Jetzt will ich ein anderes Lieb mir erlesen«. Schumann setzt diese Abschiedsworte wie das Ende des balladenhaften Liedes überhaupt in E-Dur. Das letzte Lied, »Liebesbotschaft« (F-Dur), ist zugleich das zuletzt komponierte der Folge. »Tag des 2ten Aufgebotes«, schreibt Schumann an den Rand seiner Eintragung in den Liedband. Er streicht Reinicks dritte Strophe mit ihren warnenden Worten »Doch vor des Tages verletzender Glut,/ Freundliche Wolken, o, nehmt sie in Hut!« und konzentriert sich ganz auf die zärtlichen Wünsche des lyrischen Ich für die Angebetete. Lange melodische Bögen kennzeichnen die Gesangsstimme, die in diatonischen Wellenbewegungen immer wieder eine Sexte nach oben, dann eine Oktave oder Undezime nach unten durchmißt.

Dichterliebe op. 48

Im Frühsommer 1840 dann entsteht einer der wichtigsten Liederzyklen Schumanns, die *Dichterliebe* op. 48. Schumann selbst vermerkt im Liedband »Angefangen am 24sten Mai 1840«. Die sechzehn Nummern fassende *Dichterliebe* wird erst im Spätsommer 1844 erscheinen. Noch im November 1843 freilich bietet Schumann dem Verlag Peters das Werk in einer Gesamtzahl von zwanzig Liedern an.

Heinrich Heines *Lyrische Intermezzo*, das Schumanns *Dichterliebe* zugrundeliegt, handelt von einer Liebe, die »Im wunderschönen Monat Mai« beginnt und mit dem Begraben aller Träume endigt. Daß damit eine Geschichte erzählt ist, die, bei scheinbarer Aktualität für das lyrische Ich, längst eine vergangene ist, vielleicht sogar eine recht alltägliche, macht der Text selbst wiederholt durchsichtig. Die Reflexion über das eigene Sprechen und Erzählen ist Teil der Liebes-Geschichte. Ein subtiles Signal für die Distanzierung vom Dargestellten bietet schon die Erzählzeit des ersten

Gedichtes. Von Zukünftigem – von springenden Knospen, aufgehender Liebe, von Sehnen und Verlangen – spricht das lyrische Ich und verbleibt doch im Imperfekt und Perfekt. »Es ist eine alte Geschichte«, heißt es viel später, »Doch bleibt sie immer neu;/ Und wem sie just passiret,/ Dem bricht das Herz entzwei.« Auch das Schlußgedicht spricht über das Erlebte und zugleich von sich selbst und den eigenen Möglichkeiten, damit umzugehen: »Die alten, bösen Lieder,/ Die Träume schlimm und arg,/ Die laßt uns jetzt begraben,/ Holt einen großen Sarg.«

Schumann schreitet nach anfänglichem Verweilen in den niederen Kreuztonarten weit aus – zunächst in den Moll-Bereich, dann in die b-Tonarten, schließlich, über H und E, zurück nach cis-Moll bzw. Des-Dur. Schon das Eingangslied »Im wunderschönen Monat Mai« nutzt die Aussagekraft der Harmonik: Der eigentümlich zwischen Vergangenheit und Verheißung schwebenden Stimmung des Textes entspricht Schumann mit einem »Langsam, zart« überschriebenen Lied aus in filigrane Sechzehntel gebrochenen Akkorden, die zwar rasch nach A-Dur modulieren, aber dennoch stetig auf fis-Moll als Grundtonart deuten. Der fremdtonale Einstieg, die Abwesenheit einer akkordisch bestätigten Tonika ebenso wie der Halbschluß über Cis am Ende verhindern eine exakte Verortung. Der fis-Moll-Beginn des zweiten Liedes »Aus meinen Tränen spriessen« liefert immerhin die verspätete Aufhebung dieser anfänglichen Desorientierung. A-Dur wird gleichwohl die Tonart sein, in dieses Lied endet. Nach D-Dur wechselt dann das »Munter« überschriebene, fast aufgeregte dritte Lied »Die Rose, die Lilie, die Taube, die Sonne«. Ein »früher Spiegel der Bitterkeit« (Pousseur 1982, 35) ist das an vierte Stelle gesetzte »Wenn ich in deine Augen seh'« (G-Dur, gegen Ende mit starker Tendenz in Richtung der Subdominante C-Dur). Die rezitativartige Führung der Gesangsstimme und das imitatorische Eingreifen des Klaviers bleiben in diesem Zyklus singulär. Sonderbar rauschhaft wirkt danach, bei »Ich will meine Seele tauchen« (h-Moll), das Miteinander von raschen Arpeggien und Außenstimmen. Mit dem sechsten Lied, »Im Rhein, im heiligen Strome« (e-Moll) fliegt der Zyklus in die Wirklichkeit aus. Ähnlich wie schon in op. 24/7 kommt es zu einer Verknüpfung zwi-

schen rheinromantischen Tendenzen und individueller Liebesgeschichte. Doch war es dort der
»spiegelhelle«, gleichwohl gefährliche Strom gewesen, der das lyrische Ich an die »fromm und mild«
»lächelnde, aber falsche Liebste erinnerte, so
glaubt der Sprecher nun in dem im Dom aufbe-
wahrten Marienbildnis, »auf goldenem Leder ge-
mahlt«, ein Abbild der Geliebten zu erkennen.
Scharf wird daraufhin der Wechsel in das siebte
Lied »Ich grolle nicht« (C-Dur) mit seinen Akkordrepetitionen und den wirkkräftigen harmonischen
Fortschreitungen. Der Bruch ist damit gesetzt,
und nur folgerichtig erscheint, daß die Betulich-
keit der flitternden Zweiunddreißigstel im achten
Lied »Und wüssten's die Blumen, die kleinen« (C-
Dur) gegen Ende einem schockartig arretierten
Akkordsatz weicht. Ihm nachgestellt sind auffah-
rende Sechzehnteltriolen über einem Orgelpunkt
a, die den für die Modulation nach a-Moll wesentlichen Schritt gis-a immer wieder zitieren. Auf a-
Moll endet das Lied. Von trügerischer Munterkeit
dann sind die an die Vorlage zu op. 40/4 erinnernden Verse des neunten Liedes »Das ist ein Flöten
und Geigen« (d-Moll). Undurchlässig dicht setzt
Schumann die Läufe und Akkordbrechungen der
rechten Klavierhand; ihre Energie kann sich erst
mit dem Einhalten der regelmäßig pochenden
Baßfigur legen, dem »diminuendo« der letzten
Takte und dem Ausklingen im »pianissimo« eines
D-Dur-Akkordes. Dem fragilen Satz des zehnten
Liedes »Hör' ich das Liedchen klingen« (g-Moll)
dann ist die kontrollierte Grobheit des elften Liedes, »Ein Jüngling liebt ein Mädchen«, gegenübergestellt. Der erzählerischen Darlegung der verschiedenen Zweierbeziehungen, der Wendung
vom Jüngling zum geliebten Mädchen, das ihrerseits in einen zweiten verliebt ist, der wiederum
eine andre liebt, entspricht Schumann mit einer
Sequenz des Melodiebeginns in die Subdominant-
parallelregion, dann mit der Modulation in die
Dominante B-Dur – dem Leid und dem Nachse-
hen aber, das der Jüngling hat, mit einer über
Stock und Stein gehenden Rückkehr in die Tonika
Es-Dur. Harmonisch intrikat gestaltet sich das
zwölfte Lied des Zyklus, »Am leuchtenden Sommermorgen« (B-Dur), mit dem in zarte Sechzehntelarpeggien aufgefächerten doppelt übermäßigen
Terzquartakkord am Anfang, der nachgerade zau-
berischen Wendung nach G-Dur über »Sei unsrer

Schwester nicht böse«. Mit dem dreizehnten Lied
»Ich hab' im Traum geweinet« (es-Moll) ist die
Gruppe der Schlußlieder erreicht. Herb geht die
deklamierende, unbegleitet bleibende Linie der
Gesangsstimme den spröden Akkordeinwürfen
des Klaviers voraus. Zweimal noch wird dann –
läßt man sich auf eine auf narrative Strukturen
fokussierte Lesart der *Dichterliebe* ein – die Illusion des Glücks beschworen. Die vierzehnte
Nummer »Allnächtlich im Träume« (H-Dur)
scheint in der Schlußwendung *ais'-cis''-h'* das Liebesgeständnis des vierten Liedes zu zitieren, und
»Aus alten Märchen« (Nr. 15, E-Dur) zeichnet
über einem schwingenden 6/8-Takt noch einmal
das Bild einer wunderbaren Parallelwelt. Mit einem weitgespannten Eingangsschlag über cis hebt
dann das letzte, am 31. Mai und 1. Juni komponierte Lied »Die alten bösen Lieder« (cis-Moll,
später Des-Dur) an. Die letzte Liedstrophe steht
der Lautstärke und berechenbaren Rhythmik der
ersten Strophen entgegen; der Selbstreferentialität
des Textes entsprechend, verändert sich nun die
Faktur des Satzes – die »traumhaft schönen und
eloquenten Klänge des langen instrumentalen
Nachspiels breiten endlich einen ganzen Kosmos
von Versöhnung aus« (Brinkmann 1997, 42). Das
noch im Autograph notierte Cis-Dur, deutliches
Zeichen einer Anbindung an den Schluß des ersten Liedes, ist gemäß Schumanns eigenem Nota-
bene »Hier ist besser Des Dur vorzuzeichnen«
enharmonisch nach Des gewendet.

»mein aller Romantischstes«

Der *Liederkreis* op. 39
nach Eichendorff

Die später im *Liederkreis nach Joseph Freiherrn von
Eichendorff* op. 39 zusammengefaßten Lieder
komponiert Schumann im Mai und Juni des Jahres. Bis heute gilt der Zyklus als eines der großen Werke romantischer Liedkunst. »Der
Eichendorff'sche Cyklus ist wohl mein aller Romantischstes«, schreibt Robert Schumann selbst
am 22. Mai 1840 an Clara Wieck (Briefwechsel III,
1043). Vorlage ist der 1837 erschienene Gedichtband Eichendorffs, der sowohl unselbständige als
auch selbständige Gedichte versammelt. Die ro-

mantische Technik, lyrische Passagen in große epische Wegstrecken einzufügen, kennt auch Eichendorff. Eine Vielzahl der Gedichte des Bandes entstammen seinen Romanen und Erzählungen. Doch indem die Quelle ihn verborgen hält, wird dieser Kontext für Schumann unerheblich.

Die Vertonung indes, zumal die Reihenfolge der Lieder in der Letztfassung, läßt durchaus Prozeßcharakter erkennen. Auffällig erscheint etwa die Aufhellung vom fis-Moll des ersten zum Fis-Dur des letzten Liedes, die Ähnlichkeit im Gestus des sechsten und zwölften Liedes als Schlüsse zweier Zyklushälften, ferner das Quasi-Pausieren im siebten Lied »Auf einer Burg«, das dazu veranlaßt hat, jenes Prinzip der Genrevermischung, das die Romane der Dichter des beginnenden 19. Jahrhunderts nach Maßgabe der Forderungen der Frühromantiker prägt, auch in der Komposition des *Liederkreises* zu erkennen. Demnach wäre »Auf einer Burg« als lyrisches Innehalten innerhalb eines größeren episch-narrativen Ganzen zu verstehen.

»Traurig das eine, im abgerungen fröhlichen Ton das zweite« (Adorno 11/1974, 89), schrieb Adorno in seinem großen Essay über den *Liederkreis* op. 39 über die zwei ersten Lieder. Für das erste »Aus der Heimath hinter den Blitzen roth« mit seinem gegenwartsleeren Text, der das lyrische Ich einerseits in die Vergangenheit, andererseits auf das eigene Totsein in der Zukunft und das Ruhen in »Waldeinsamkeit« (die Wortschöpfung geht auf Ludwig Tiecks Märchen *Der blonde Eckbert* (1797) zurück, wo sie im Lied des Waldvogels erscheint) schauen läßt, wählt Schumann ein fis-Moll, dem er durch die Anweisung »Nicht schnell«, durch kleinschrittige Gesangsmelodik und gleichförmige Arpeggien im Klavier Zurückhaltung gibt. Synkopisch versetzte Klavierakkorde prägen das zweite Lied »Intermezzo« in A-Dur, wie überhaupt die Entscheidung zu einem individuellen Gestus in Begleitung und Führung der Gesangsstimme charakteristisch für alle Lieder des *Liederkreises* bleiben wird. Freilich stellt sich das dritte, balladenartige Lied, »Waldesgespräch« (E-Dur), das die Loreley-Thematik aufnimmt, dieser Eigenart entgegen. Hornquinten und scharfe harmonische Effekte, etwa der Trugschluß über den Worten »du schöne Braut, ich führ' dich heim«, zeichnen das Bild einer schaurigen Begeg-

nung im Wald. »Die Stille« als das im Stillen gesungene Lied eines, der ein Geheimnis hat, steht in G-Dur. »Das vierte und fünfte Lied«, schreibt Adorno, »wenden sich zum intimen Charakter zurück, steigern aber dessen Zartheit« (Adorno 11/1974, 89). Tatsächlich gilt die fünfte Nummer des *Liederkreises*, »Mondnacht«, als eines der berühmtesten deutschen Lieder. Gerhard Kaiser spricht von einem besonderen »Weltverhältnis« (Kaiser 1998, 108) schon des Textes und liest diesen auf seine religiösen Implikationen hin. Daß in der dritten Strophe des Gedichtes kein Ich spricht, sondern stattdessen von der »Seele« die Rede ist, zeige, wie sehr sich das lyrische Ich einem Geschehen unterwerfe: »Etwas Mächtiges widerfährt ihm in der Bewegung der Seele« (Kaiser 1998, 110). Das wesentliche Ereignis des Gedichtes bezeichnet Kaiser entsprechend als ›Himmelskuß‹. So kann die über mehrere Oktaven gespreizte None zwischen dem Contra-H der linken und dem cis''' der rechten Klavierhand als Sinnbild zweier voneinander weit entfernter Welten gelesen werden, die allmählich zueinander finden. »Zart, heimlich« überschreibt Schumann das in E-Dur stehende Lied. Die tonale Verortung der »Mondnacht« bleibt zunächst offen und klärt sich erst mit den ausgedehnten E-Dur-Schichtungen der T. 10–13, die den durch die Spreizung des Anfangs und den suggestiven (Doppel-) Dominantbereich entstandenen Raum gleichsam ausfüllen. Sekund- und Terzschichtungen in Repetitionen und eine zurückgehaltene Dynamik dann schaffen eine im emphatischen Sinn romantische Atmosphäre. Deutlich merkbar weitet sich zu den Schlußworten »als flöge sie nach Haus« der Dreiachtel- zum Dreivierteltakt. Reinhold Brinkmann hat mit Blick auf eine Synopsis verschiedener Quellen auf die Schwierigkeiten hingewiesen, die Schumann an dieser Stelle mit dem Irrealis des Gedichts gehabt haben muß: »es geht um Schumanns offenbare Neigung zum festen, indikativischen Enden, um seinen Wunsch, das ›nach Haus‹ festzuschreiben und festzuhalten, während doch gleichzeitig deutlich ist (und vermutlich Schumann auch deutlich war), daß Eichendorffs Gedicht dieses Neigung nicht bestätigt« (Brinkmann 1997, 38). Die Dominante zu E, H-Dur, ist die Tonart des folgenden Liedes »Schöne Fremde«, das freilich in der Dominantparallele dis-Moll beginnt. Ein durchgängig mehrstimmiger Klaviersatz, der im Kern aus ostinaten Achteln und nachschlagenden Sechzehnteln besteht, schafft einen unruhigen, erwartungsvollen Hintergrund. Die Singstimme der dritten Strophe durchmißt in immer neuen Anläufen vom fis' aus den Raum bis zur None gis''. Erst mit der nun folgenden Abkadenzierung ist die Tonika verläßlich erreicht – »das H-Dur des ekstatischen Schlusses wirkt, als wäre es nicht vorweg da, sondern aus dem Gang der Melodie erst erzeugt« (Adorno 11/1974, 91).

Von solchem Überschwang wendet sich das siebte Lied »Auf einer Burg« zu einem nachgebildet alten, d. h. polyphon gehaltenen, dennoch mit moderner Harmonik ausgestatteten Satz. Die Tonart der ersten und dritten Strophe ist e-Moll, für das a-Moll der zweiten und vierten Strophe spricht die halbschlüssig wirkende Wendung nach E-Dur am Ende des Liedes. Der Beginn des folgenden Liedes wird entsprechend den Eindruck geben, als werde ein tonikales a-Moll nachträglich präsentiert. Stillstand und Balance zweier Extreme sind die Hauptmerkmale von »Auf einer Burg«. Zwei Welten werden gezeichnet, die voneinander zu wissen scheinen, aber dennoch geschieden sind: hier der alte Ritter auf seiner Burg, dem die Zeitläufe nichts anhaben, dort die junge Braut auf dem fahrenden Schiff, die, dies ein altes Motiv der Volkslieddichtung, gerade am Tag ihrer Vermählung bittere Tränen weint. Auf die Zitathaftigkeit der Vorlage reagiert Schumann mit einem zitathaften Satz – gewiß steht die Vertonung mit der fallenden Quinte als zentralem Motiv und den imitatorisch beginnenden Phrasen in der Tradition jener Mittelalterverehrung, die sich durch die romantische Literatur zieht, Ausdruck einer gegenwartskritischen Haltung, die in der Beschäftigung mit vergangenen Zeiten Bestätigung für die bedroht geglaubte nationale Identität sucht und zu gleicher Zeit Anregungen für das eigene künstlerische Schaffen zu erhalten hofft. »In der Fremde«, an achte Stelle gesetzt, nimmt das Motiv der fallenden Quinte auf und bewegt sich auf ähnliche Weise zwischen a-Moll und e-Moll als Grundtonart. Erst ganz am Ende wird a-Moll eine schwache Oberhand gewinnen. Schumanns exponiert im Klavier eine zweitaktige Phrase, die nicht weniger als siebzehn Mal wiederholt wird. Wie in der »Mondnacht«, so begegnet er auch hier dem

Konjunktiv in besonderer Weise. Unrast der Motivik, eine scharfe Teilung zwischen zwei harmonischen Ebenen und die fortwährende, nicht eingelöste Suggestion einer sicheren harmonischen Verortung sind zentrale Charakteristika der Komposition. Ruhig dagegen gestaltet sich das neunte Lied »Wehmuth« (E-Dur). Anders als das vorangegangene hat dieses Lied so gut wie keine Pausen. Es ist vollstimmig gesetzt, Klavier und Gesangsstimme gehen bis auf einen einzigen Augenblick (»da wird das Herz mir frei«) überein. Einerseits liegt damit ein Klaviersatz vor, der die Gesangsstimme nicht braucht. Anderseits ist das zugrundeliegende harmonische Gerüst so einfach, sind Tempo, Dynamik und Intervallik der Oberstimme so eingängig, daß das Lied ganz auf seine Oberstimme fixiert zu sein scheint – Arnfried Edler hat in einem ähnlichen Zusammenhang von einem »Klavierstück mit unter- oder überlegtem Text« (Edler, 213) gesprochen. Es ist dies besonders interessant, weil es im Gedicht um die Macht des Singens geht; das Leid, Inhalt und vielleicht auch Auslöser des Gesanges, wird im Singen, zumindest für die Zuhörenden, aufgehoben. Auch »Zwielicht« (e-Moll) gilt als eines der großen romantischen Lieder. Eichendorffs Gedicht setzt die rätselhafte Ambivalenz der Dämmerung als Gleichnis für eine gefährdete Liebe, eine trügerische Freundschaft. Auffällig sind die beiden Passagen, deren Diktion schon im Gedichttext heraussticht und die Schumann nun rezitativisch setzt: »was will dieses Grau'n bedeuten?« und »hüte dich, sei wach und munter!« Polyphonie prägt den Satz, doch noch einmal muß, wie schon bei »Auf einer Burg«, das »Historisieren als Schein« (Brinkmann 1997, 51) begriffen werden. Schon der erste Takt ist dabei harmonisch mehrdeutig, die Tonachse g umkreisend, gleichwohl in beide Richtungen als äußeren Rand ein cis setzend. Das kontrapunktische Geflecht in der Begleitung verdichtet sich über die ersten drei Strophen hinweg. Erst die vierte Strophe wird die Vielgerichtetheit der kontrapunktischen Linie durch Vertikalisierung der Stimmen aufheben und die leise Unausgeglichenheit der bisherigen Synkopen ins Gleichgewicht rücken.

Fis-Moll, A-Dur und E-Dur waren die Tonarten der ersten Lieder gewesen. Mit »Im Walde« (A-Dur) wird diese Bewegung der Tonarten spiegelgleich zurück bzw. weiter ins Fis-Dur des letzten Liedes geführt. Schumann wird den Text 1849 nochmals als Chorlied vertonen (op. 75/2). Ein zu gleichen Teilen munter und echoartiger Viertel-Achtel-Rhythmus bestimmt den Gang der Klavierbegleitung. Die Ton- und Akkordrepetitionen lassen an von fern klingende Jagdhörner denken und kommen erst mit der Vertonung der letzten Zeile »und mich schauert im Herzensgrunde« zur Ruhe. »In der Vision der sogleich verschwindenden Hochzeit«, schreibt Adorno, »zielt Eichendorffs […] Allegorie ins Zentrum des allegorischen Wesens selber, die Vergänglichkeit« (Adorno 11/1974, 81). Das Lied endet mit einem fahlen Plagalschluß, die Gesangsstimme erreicht zugleich den tiefsten Ton im gesamten Zyklus. »Ziemlich rasch. Leidenschaftlich« ist dagegen das letzte Lied »Frühlingsnacht« überschrieben. Schon der Anblick des Autographs im Liedband macht deutlich, wie sehr die Wahl der Tonart Fis-Dur Aussage ist – die vielen Vorzeichen im Verbund mit den unzähligen Repetitionen im Klavier bedeuten einen Aufwand an Aufschreibarbeit, der seinesgleichen sucht. Die rasch repetierten Sechzeheltriolen ermöglichen eine Vielzahl an Durchgangs- und Vorhaltsnoten, ohne den grundsätzlichen harmonischen Gang des Stückes zu verschleiern. Auffällig ist die Einführung immer neuer Zwischendominanten, denen die Septime als zusätzliche Farbe beigegeben ist. Schumann komponiert ein Lied, das die gesamte erste Strophe damit verbringt, den Halbschluß – Vorbereitung für die endlich erscheinende Tonika in T. 10 – zu erreichen. In Tonart, Tongeschlecht und Diktion steht das Lied im scharfen Kontrast zum ersten. »Frühlingsnacht« ist das virtuoseste, im Ambitus am weitesten ausgreifende Stück des gesamten *Liederkreises*. Beispiellos ist der im piano stehende Fis-Dur-Akkord über vier Oktaven, den das Instrument am Schluß ausbreitet. Schon im Gedicht war diese Idee des »hingerissen über sich Hinausgreifenden« (Adorno 11/1974, 93) angelegt. Eichendorff bezieht sich auf das Bild des Menschen, der im Zustand vollkommenen Glücks mühelos mit seiner Welt zu kommunizieren weiß. Seine Ekstase ist so groß, daß aus dem bloßen Wahrnehmen der vielen Stimmen der Natur ein Inmitten-Darin, aus den verschiedenen Sprachen und Bedeutungen eine einzige geworden ist.

Die Andersen-Lieder op. 40

Vom 16. bis 18. Juli 1840 arbeitet Schumann an den *Fünf Liedern für eine Singstimme* op. 40. Der dänische Dichter Hans Christian Andersen ist Verfasser von vier Texten, bei dem fünften Gedicht handelt es sich um einen neugriechischen Text von unbekannter Hand. Alle Vorlagen aber hat Adelbert von Chamisso ins Deutsche übertragen. Schumann findet die fünf Texte im Anhang zu dessen 1834 in zweiter Auflage erscheinenden *Gedichten*. Ein synkopisch gewebter Klangteppich prägt die Begleitung des ersten Liedes »Märzveilchen« (G-Dur). »Muttertraum« (d-Moll), Schilderung des Bildes einer an der Wiege wachenden Mutter, die noch kaum um die Nähe des Todes zum jungen Leben weiß, ist durchzogen von einer dichten Sechzehntelkette, die sich zu den Worten der am Fenster lauernden Raben »dein Engel wird unser sein« zu düster repetierten Akkorden verdichtet. »Der Soldat«, das bittere Lied eines, der den eigenen Kameraden exekutieren mußte, steht an dritter Stelle. Die Tonart d-Moll ist beibehalten, doch bestimmt im Klavier ein markantes rhythmisches Muster aus Viertel, trommelwirbelnder Fünftole (später Triole oder Quartole) und wiederum zwei Vierteln den überwiegenden Teil des Liedes. Tragisch ist auch die Vorlage zum vierten Lied »Der Spielmann« (d-Moll), eine Variation der Thematik der trauernden Braut, des übergangenen Liebhabers, der auf ihrer Hochzeit zum Tanz aufspielen muß. Inhaltlich verwandt ist Heines »Das ist ein Flöten und Geigen« aus dem *Lyrischen Intermezzo*. »Die Braut nur gleicht dem getünchten Tod«, heißt es in Chamissos Übersetzung in der ersten Strophe, »Es ist gar grausig, wenn Einer so stirbt,/ Wann jung sein Herz um Freude noch wirbt«, in der vorletzten. Die Ballade wird von einem verminderten Akkord eingeleitet, der sich zwar alsbald als Doppeldominante erweist, dem Anfang indes etwas Herrisches und zugleich aus den Fugen Geratenes gibt. Kreisende Spielfiguren in der rechten Hand über einem kräftigen, walzerähnlichen Baß zeichnen das Bild einer grotesk verzerrten Tanzszenerie. Nach G-Dur wenden sich die letzten Zeilen mit ihrem Erzählwechsel hin zu einem Beobachter, der Gott anspricht und die Geschichte auf sich bezieht – der Apostrophe in op. 45/2 nicht unähnlich. Seltsam versöhnlich verhallen die Schlußtakte mit ihren lang ausgehaltenen G-Dur-Akkorden. Unbekannt ist der Autor des letzten Gedichtes »Verrathene Liebe«, das die Tonart G-Dur beibehält und die zauberhafte Geschichte eines Kusses erzählt, der heimlich gegeben und empfangen, doch durch die Zeugenschaft der Sterne im Wortsinne publik gemacht wird: »Nun singen's auf Strassen und Märkten/ die Knaben und Mädchen im Chor.« Der dem kleinen Gedicht inhärenten Steigerung entspricht die dynamische Entwicklung des Liedes und die winzige Stretta des Klaviernachspiels.

Frauenliebe und Leben op. 42

In nur zwei Tagen Mitte Juli 1840 entsteht der Zyklus *Frauenliebe und Leben* op. 42 nach Texten von Adelbert von Chamisso. Es gehört zu den schwierigen Erscheinungen der Rezeptionsgeschichte, daß die Aufnahme von op. 42 unter der Historizität der Textvorlage ungemein gelitten hat. Die acht Gedichte, die Schumann aus dem neunteiligen Zyklus von Chamisso auswählt, thematisieren auf zeittypische Weise Momente im Leben einer Braut, Ehefrau und Mutter. Matthias Walz sieht entsprechend den günstigsten Zugang zum Text darin, ihn als Biedermeierdichtung zu lesen – »›Biedermeier‹ dabei nicht als diminuierende Verurteilung verstanden, sondern als schwieriger, aber hier treffender Epochenbegriff für die Zeit nach Klassik und Romantik« (Walz 1996, 99–100). Die in den Texten vorgestellte Alltagsgeschichte eines Frauenlebens bilde sozial- und geistesgeschichtliche Phänomene ab und bedeute konkrete Lebenshilfe; der Gedichtzyklus spiegele ein dichterisches Ideal, dem allererst an sprachlicher und formaler Vielfalt gelegen ist: »Dichterische Meisterschaft bedeutete um 1830 […] die Beherrschung der Formen und der Techniken: in der Modifikation und Funktionalisierung der poetischen Elemente beweist sich der nachklassische Lyriker« (Walz 1996, 101).

Entsprechend läßt sich die Wiederaufnahme von thematischem Material des ersten Liedes im Schlußabschnitt des letzten Liedes als »Ausdruck des Rückzugs in die Erinnerung« (Walz 1996, 102) deuten. Daß Schumann mit diesem achten Gedicht endet und nicht mit dem an neunter Stelle stehenden ruhigen Lebensrückblick, habe, so Walz, womöglich damit zu tun, daß seine Komposition eine »Tonsprache der musikalischen Unmittelbarkeit, des Erlebens, der inneren Erfahrung« (Walz 1996, 114) pflege. Schumanns Sprecherin ziehe sich zurück – »aber sie findet dort nicht Bewältigung, Distanz und Ruhe, sondern sie erlebt die erste Verstörung noch einmal« (Walz 1996, 114). Schumann musikalisiere mithin »keine Weiblichkeitsideologie, sondern emotionale Haltungen, die jeder Liebende erfahren kann« (Walz 1996, 115).

Bis auf diese Streichung des letzten Gedichtes orientiert sich Schumann eng an der Vorlage. Mit dem ersten Lied setzt er als Ausgangstonart B-Dur fest. Die Subdominante Es-Dur ist Tonart des zweiten und vierten Liedes, das dritte weicht in die Parallele c-Moll aus, hellt sie freilich zum Schluß nach Dur auf. Das fünfte Lied steht wieder in B-Dur. Recht plötzlich wendet sich dann das sechste Lied nach G-Dur. Das ausgelassene D-Dur der siebten Nummer trübt der d-Moll-Beginn des achten und letzten Liedes. B-Dur wird dann die Tonart des Nachspiels sein.

Mit dem Larghetto des ersten Liedes »Seit ich ihn gesehen,/ glaub' ich blind zu sein«, dem sarabandenartigen Rhythmus und den vielen das Tempo nochmals drosselnden Vorhalten entspricht Schumann dem reflexiven Duktus des Textes mit seinen regelmäßigen Trochäen. Lebhaft dagegen erscheint die Schwärmerei des zweiten Liedes »Er, der Herrlichste von Allen«, das mit seinen raschen Achtelrepetitionen und dem Melodiegang in der Stimme, der die Zentraltöne der Tonika durchsteigt, von ferne an den ekstatischen Gestus der »Widmung« op. 25/1 erinnert. Das folgende »Ich kann's nicht fassen, nicht glauben« setzt dem Jubel über die neue Liebe in einer deutlich abgesetzten Binnenstrophe und einer in die Parallele Es-Dur modulierenden dritten Strophe eine Ebene der Reflexion, des tatsächlichen Ent-Rückens entgegen. Mit dem vierten Lied »Du Ring an meinem Finger« sind die ausgeglichen wirkende Geradtaktigkeit und der Dur-Genus wieder etabliert. Die stete Wiederkehr des Eingangsthemas, von Schumann durch fast rondoähnliche Form garantiert, suggeriert womöglich jene Stabilität, die auch das Eheversprechen, auf das mit Blick auf den Ring angespielt wird, verheißt. Das folgende Brautlied »Helft mir, ihr Schwestern,/ freundlich mich schmücken« scheint einmal mehr die Erinnerung an die »Widmung« wachzurufen. Nur auf dem Umweg über die Doppeldominante erreicht das sechste Lied »Süsser Freund, du blickest/ mich verwundert an« seine Tonika; Schumann tilgt aus der Textvorlage die Strophe, die sich auf die Mutterschaft bezieht, dies wohl nicht »aus vornehmer Zurückhaltung, sondern um die werktypische Konzentration auf das Wesentliche, nämlich das rein Emotionale, nicht zu stören« (Walz 1996, 114). »Fröhlich, innig« ist dann das siebte Lied mit seinem atemlosen Sechsachteltakt überschrieben. Wohl wegen der einfachen Reime (»Das Glück ist die Liebe, die Lieb' ist das Glück,/ ich hab's gesagt und nehm's nicht zurück«) und der unbedingten Idealisierung der Mutterschaft (im übrigen durch zwei männliche Autoren) ist daraus das am meisten diffamierte Lied des Zyklus geworden. Schumann realisiert durch Vortragsanweisungen und eine Verdichtung der schweifenden Sechzehntelbewegungen zu Akkorden eine stete Beschleunigung. Wie in »Frühlingsnacht« op. 39/12 findet sich auch gegen Ende dieses Liedes, bei »du meine Lust!«, als Glücksgeste der Gang von der Subdominantterz über die Dominante in den Grundton. Um so kühler wirkt dann trotz des bereits bedächtig werdenden Nachspiels die plötzliche Wendung nach d-Moll im folgenden achten und letzten Lied »Nun hast du mir den ersten Schmerz gethan«. Sparsame Liegeakkorde und der herb rezitativische Stil der Gesangsstimme sind geeignet, den schroffen Gegensatz zwischen den fünf- und zweihebigen Versen des Gedichtes aufzunehmen.

Das Werk einer Ehe

Liebesfrühling nach Rückert op. 37

Gemeinsam mit seiner jungen Ehefrau komponiert Schumann im Winter und Frühjahr 1840/41 den *Liebesfrühling* (Rückert) op. 37. Entsprechend trägt das Werk eine doppelte Opuszahl (37/12). Die seltene Zusammenarbeit gestaltet sich solcherart, daß Clara das in der Letztform zweite (»Er ist gekommen in Sturm und Regen«), vierte (»Liebst du um Schönheit, o nicht mich liebe!«)

und elfte Lied (»Warum willst du And're fragen, die's nicht meinen treu mit dir«) komponiert, während Robert die übrigen Lieder inklusive der an siebte und zwölfte Stelle des Zyklus gesetzten Duette schreibt.

Rückerts *Liebesfrühling* umfaßt ursprünglich etwa vierhundert Gedichte. Zuvor hat Robert Schumann Rückert bereits mehrfach vertont, nun, im Januar 1841, komponiert er weitere neun Lieder. Das Ehetagebuch der Zeit spiegelt recht deutlich, daß Clara Schumann für ihren Anteil ungleich mehr Zeit benötigt. Im Frühsommer schreibt sie schließlich vier Lieder, von denen sie für ihren Mann eine Reinschrift vorbereitet – zu diesem Zeitpunkt ist das Lied »Die gute Nacht« noch dabei –, die sie ihm zum Geburtstag am 8. Juni schenkt. Schon am 23. Juni schreibt Robert Schumann an Breitkopf & Härtel: »Ich möchte meiner Frau an ihrem Geburtstag, der Mitte September fällt, eine kleine Freude bereiten mit Folgendem: Wir haben zusammen eine Anzahl Rückertscher Lieder componirt […] Diese Sammlung hätte ich ihr nun gern an jenem Tag gedruckt beschert. Ist es Ihnen nun möglich, dies Heft bis zu jener Zeit fertig zu bringen?« (BNF, 431) Der Bitte wird stattgegeben. Im Mai 1842 sendet Robert Schumann ein Exemplar der unter beider Eheleute Namen veröffentlichten *Zwölf Lieder* an Rückert, der die Gabe dankbar mit einem eigens geschriebenen Gedicht quittiert.

Zyklusbildend ist – trotz der verschiedenen Autorschaft – die Herkunft der Texte und die Thematik der Gattenliebe, die das gemeinsame Opus durchzieht. Schumann spricht in dem zitierten Brief von Liedern, »die sich wie Fragen und Antworten auf einander beziehen« (BNF, 431). Ferner ähnelt die melodische Führung der Gesangsstimme im ersten, recht zurückhaltenden Lied, das die Geliebte einer Perle vergleicht, jener des letzten Liedes – wenn auch das erste in As- und das letzte in Es-Dur steht. Große Ähnlichkeit verbindet daneben das neunte (»Rose, Meer und Sonne/ sind ein Bild der Liebsten mein«) und das zehnte Lied (O Sonn', o Meer, o Rose!«). Beide stehen in H-Dur und im Zweiviertel-Takt, durch die Anweisung über die Nr. 10, »Tempo, wie im vorigen Lied« wird noch einmal eine Verbindung geschaffen. As-Dur ist die Tonart des dritten Liedes des Zyklus, in dem eine Nachtigall die »werthen/ grossen reichen Herren« fragt, ob sie ihrer denn nicht bedürfen? Schumann erfindet eine feine akkordische Begleitung, deren entlegenster harmonischer Schritt die Wendung hin zur Subdominantparallele ist. Das übernächste Lied des Opus, »Ich hab' in mich gesogen/ den Frühling treu und lieb« (F-Dur), lebt von einer polyphonen Begleitfigur, die sequenziert bzw. transponiert wird. Spärlich wirken dagegen die akkordischen Schläge des sechsten Liedes, »Liebste, was kann denn uns scheiden?«, ebenfalls in As-Dur. As-Dur bleibt die Tonart des an siebte Stelle gesetzten Duetts, deren Gesangsstimmen zunächst kanonisch aufeinanderfolgen, um erst gegen Ende, erst mit der bekräftigenden Wiederholung der ersten Zeile »Schön ist das Fest des Lenzes«, in der Subdominante zusammenzufinden. Das längste, komplexeste Lied der Sammlung ist das achte. Es beginnt mit einem weitgefaßten doppeldominantischen Akkord über dem Ausruf »Flügel!«, dem zwar folgerichtig die Dominante folgt. Die stabile Einsetzung einer Tonika H-Dur aber verweigert dieser erste Liedteil. »Sehr langsam« überschreibt Schumann dann den Mittelteil in fis-Moll. Der letzte Teil des Liedes schließlich nimmt das erste Tempo auf. Inhaltlich wird eine Verbindung zum Bild des stürzenden Ikarus gezogen. An letzter Stelle der Lieder op. 37 steht ein schlichtes Duett in Es-Dur, »So wahr die Sonne scheinet«.

Die besondere Verfasserschaft, das gewissermaßen vagierende Geschlecht das lyrischen Ich, das bald männlich, dann wieder weiblich ist, die eingestreuten Duette – all diese Faktoren fügen eine Bedeutungsdimension hinzu, die die Aufführungssituation in besonderer Weise zu vergegenwärtigen vermag. »Eine komplette Aufführung der *Zwölf Lieder* als ›Dialog‹ gibt diesem Werk eine neue Identität, die es stärker wirken läßt als bloß einen weiteren Liederzyklus wie die des Liederjahres und es von den anderen, berühmteren Solo-Zyklen abhebt. Es stellt die *Zwölf Lieder* neben die anderen, späteren Zyklen für mehrere Solostimmen: *Spanisches Liederspiel* (op. 74), *Minnespiel* (op. 101) und *Spanische Liebeslieder* (op. 138). Es rückt die Erfindung dieser Art von Liederzyklus von 1849 zurück ins Jahr 1841« (Hallmark 1994, 289).

Lieder und Gesänge

Spezifisch für Schumanns Liedschaffen ist die Zusammenstellung einzelner Sammlungen zu größeren Werkverbünden. So gehören die insgesamt zwanzig *Lieder und Gesänge* von op. 25, 51, 77 und 96 als Hefte I–IV zusammen. Jedes dieser vier Hefte umfaßt Kompositionen auf Texte verschiedener Autoren. Bisweilen sind sie über Jahre hinweg entstanden. Sie gewinnen damit einen gänzlich anderen Status als die offenbar von vornherein auf Kohärenz hin konzipierten Zyklen.

Von den im Frühjahr und Spätherbst des Liederjahres 1840 entstandenen Liedern op. 27 auf Texte von Hebbel, Burns, Chamisso, Rückert und Zimmermann entspricht das erste, »Sag' an, o lieber Vogel mein« (Hebbel, C-Dur) in seiner einfachen Melodieführung und der simplen Akkordik, die sich in der dritten Strophe gleichwohl zu Triolenachteln auffächert, dem Schlichtheitsideal des Volksliedes. Das zweite, »Dem rothen Röslein gleicht mein Lieb'« (Burns), ist in Melodie und Rhythmus weitaus bewegter gestaltet, das dritte, »Was soll ich sagen?« (Chamisso), wird von düster hinabsinkenden Oktaven im Klavier eingeleitet. Die rezitativartig einsetzende Gesangsstimme begleiten Arpeggien und Akkorde. Das vierte Lied »Jasminenstrauch« (Rückert) lebt von Sechzehntelumspielungen im Klavier, die wohl einmal zugunsten einer fragend aufgefächerten Doppeldominante »Wie geschah' mir in der Nacht?« innehalten. »Gar zu schwierig zu componirn, soll das geheime Naturwesen im Gedicht einigermaßen getroffen werden. Kaum mehr als Versuch«, notiert Schumann an der Seite der Eintragung in den großen Liedband. Von dem nicht weiter bekannten G. Zimmermann stammen die Distichen für das letzte Lied »Nur ein lächelnder Blick« (Es-Dur).

Nur wenige Tage nach dem positiven Gerichtsentscheid, am »9ten August 1840«, wie es in der Liedband-Eintragung heißt, schreibt Schumann das Lied »Sehnsucht« (d-Moll) auf einen Text von Geibel. Ebenso wie das zweite und dritte Lied aus dieser später op. 51 genannten Zusammenstellung, die erst 1850 veröffentlicht wird, erscheint es zunächst einzeln. Selbstbewußt ausschweifend, geradezu chopinesk, gestaltet sich das eintaktige Vorspiel, das am Ende minimal verändert wiederholt wird. »Einfach« dagegen ist das »Volksliedchen« (G-Dur) auf einen Text von Rückert gehalten, das vermutlich schon im Frühling 1840 entstand. Von dem Hamburger Liederkomponisten und Musikschriftsteller Karl Christern stammt der Text zu dem munteren dreistrophigen Lied »Ich wand're nicht« (B-Dur). Schumann erhielt den Text vermutlich direkt vom Autor. Fast fünf Jahre nun liegen zwischen dem 30. Dezember 1841, an dem dieses Lied komponiert wurde, und der vierten Nummer der Sammlung, »Auf dem Rhein« auf ein Gedicht von Karl Leberecht Immermann. In dessen Textvorlage kommt es zu einer raren Mischung von Motiven, dem des Rheins mit seinem Goldschatz der Nibelungen und jenem ewiger Liebe und Treue: »Mir ward in's Herz gesenket/ Ein Schatz, gleichwie dem Rhein,/ Er ist darin ertränket,/ Wird ewig drinnen seyn.« Für Schumann ist das strikt homophon gestaltete Lied in F-Dur ein »erster Sangeslaut nach langem Schweigen« – die Worte begleiten den Eintrag des Liedes in den letzten der drei großen Liedbände, hinzu tritt die Angabe »d. 24 Juni 1846/ in Maxen«. Wiederum Jahre später, am 28. Oktober 1849, entsteht in Dresden das »Liebeslied« in A-Dur auf ein Gedicht von Goethe. Den Titel hat Schumann selbst zugefügt. Es ist ein seltsam elliptischer, oftmals reimloser Text, den er hier vertont; bedeutungsschwer wiegt das Miteinander der letzten beiden Zeilen »will ihn umarmen/ und kann es nicht.«

Ursprünglich war »Der frohe Wandersmann« (D-Dur) Teil des *Liederkreises* op. 39 gewesen und hatte dort noch die Ausgabe von 1842 eingeleitet. Über die Gründe für die Streichung und die Ersetzung durch das Lied »In der Fremde« (fis-Moll) läßt sich nur spekulieren. Womöglich hängt die Änderung damit zusammen, daß die Komposition »in ihrer ungebrochenen Positivität merkwürdig verquer zu Stimmung und Gehalt des Zyklus insgesamt stand« (Brinkmann 1997, 71). Jon Finson hat die These vertreten, das Lied gebe, darin dem Eingangslied der *Schönen Müllerin* ähnlich, den Auftakt zu einem Zyklus von Wanderliedern, welches Versprechen mit der Anlage des *Liederkreises* aber nicht eingelöst werde (Finson 1994). Tatsächlich zeichnet sich das früheste der Lieder aus op. 77 – die Niederschrift im Liedband trägt das Datum 22. Juni 1840, die anderen Lieder entstehen sämtlich erst im Frühsommer bzw.

Sommer 1850 in Dresden – durch eine heitere Auftaktbewegung aus, deren Schwung, indem diese Figur nun immer wieder zitiert wird, das gesamte Lied durchzieht. Dem 1826 erschienenen *Taugenichts* entstammend, den Schumann dann im Winter 1840/41 las, hatte »Wem Gott will rechte Gunst erweisen« als erstes der vielen eingestreuten Lieder schon in der Novelle stimmungssetzend gewirkt. Das zweite Lied »Mein Garten« (a-Moll, dann A-Dur), das hier die Gruppe der im Frühsommer und Sommer 1850 entstandenen Kompositionen beginnen läßt, wendet sich gänzlich in den privaten Raum. Hoffmanns von Fallerslebens Gedicht ist eine traurige Gleichniserzählung: Alle Blumen blühen im Garten, doch die Eine, Richtige fehlt – dennoch gilt: »liebes Herz, gieb dich zufrieden,/ hast du dich doch heiss bemüht!«

Von Friedrich Halm stammt die Vorlage für »Geisternähe« (A-Dur), eines der wenigen Lieder, das Schumann mit einem schillernden Klangteppich ausstattet, auf jene Anwesenheit in Abwesenheit reagierend, die das Gedicht thematisiert, indem es Symbole wie »Frühlingsluft«, »Rosenduft« oder »Harfenklänge« nennt und doch immer nur sagen will, daß das geliebte Gegenüber stets geisterhaft präsent ist. Mit ihren vielen Repetitionen ähnelt die Vertonung der »Frühlingsnacht« op. 39/12. Der Titel ist von Schumann. Von einem ihm noch unbekannten Dichter, der heute als Oskar Ludwig Bernhard Wolff (1799–1851) identifiziert ist, kommt der Text zu »Stiller Vorwurf« (a-Moll), das von einem scheinbar immergleichen melodischen Auf und Ab in der Gesangsstimme geprägt ist, gleichwohl »nach und nach leidenschaftlicher« überschrieben ist. Die Steigerung entspricht der geläuterten Liebe des verlassenen lyrischen Ich, seinem Geständnis »ich kann dir nicht zürnen/ kann dir nur verzeih'n«. Von seltener Deutlichkeit dann sind die Tonmalereien des letzten Liedes »Aufträge« (A-Dur) mit seinen fliegenden Zweiunddreißigstelketten und der eleganten Sechzehntelakkordik darunter. Die Gedichtvorlage variiert jenes in der romantischen Dichtung populäre Motiv des Liebesbotschaftsträgers, das bekannt geworden ist durch das *Wunderhorn*-Gedicht »Wenn ich ein Vöglein wär'« und schon bei Heine in ironischer Entstellung auftaucht.

Über einen Zeitraum von zehn Jahren in Leipzig und Dresden geschrieben, erscheinen die *Lieder und Gesänge* op. 77 im März 1851. Nicholas Marston hat gezeigt, daß die Sammlung mehr sein könnte als zufällige Zusammenfügung (Marston 1998, 76–89). Deutlich ist die Nähe der Lieder in A-Dur bzw. a-Moll zu erkennen, allzu deutlich grenzen sich die äußeren Lieder in ihrer mehr oder minder strengen Strophigkeit von den durchkomponierten Binnenliedern ab. Im übrigen hat sich ein Manuskripttitelblatt erhalten, nach welchem die vier erst 1850 komponierten Lieder in einer Sammlung *Bunte Lieder* op. 92 aufgehen sollten. Auch inhaltlich, so Marston, ist eine gewisse Kohärenz auszumachen: Immerhin folgt auf die Zuversicht des »Wandersmann« mancherlei Rückblick und Einsicht in die Nichtänderbarkeit der Dinge, darauf mit »Aufträge« der Ausblick auf eine neue Liebe, ein neues Leben.

Statik ist das auffallende Charakteristikum der Schumannschen Vertonung des berühmten Goethe-Gedichtes »Wandrers Nachtlied«, das wegen seines sensibel austarierten Rhythmus oft für nicht vertonbar befunden wurde. Schumann fügt einen vollstimmigen Klaviersatz in C-Dur zu, dessen langsamer Gang nur durch eingesprengte Triolenterzgänge aufgelockert wird. Wie die übrigen vier Stücke von op. 96, so ist auch dieses Lied im Juli 1850 entstanden. Von einem unbekannten Dichter stammt die Textvorlage zum zweiten Lied »Schneeglöckchen«, das Schumann in As-Dur setzt und entsprechend der an den Schluß gestellten Frage »wo ist mein Vaterland?« halbschlüssig in die Dominante zur Tonikaparallele, C-Dur, wendet. Der Mittelteil hatte in A-Dur gestanden. Das dritte (»Ihre Stimme«, Platen) und fünfte Lied (»Himmel und Erde«, von der Neun) steht in As-Dur. Beide sind durch melodische Linien verbunden: Die Vertonung der Worte »doch drängt auch nur von ferne (dein Ton zu mir sich her)« taucht zu Beginn des späteren Liedes transponiert wieder auf, ebenso findet sich dort, über den Worten »O seid ihr denn Verwandte«, ein Anklang an den Beginn des früheren Liedes. Energisch ratternde Sechzehntel und markante Oktaven im Klavierbaß geben dem vierten Lied »Gesungen!« (c-Moll, von der Neun) eine Äußerlichkeit, die die Schlußaussage des Gedichtes – »drum mit des Herzens Gewalt friedvoller Lieder/ zaubert das wilde Geschrei

des Wahnsinns nieder!« – zu konterkarieren scheint, wäre da nicht die wiederholte Aufhellung nach C-Dur, die Zurücknahme der Dynamik hinein ins piano.

Romanzen und Balladen

Das Gegenstück zu den Heften mit *Liedern und Gesängen* sind die zwölf *Romanzen und Balladen* op. 45, 49, 53 und 64, die ebenfalls als Hefte I-IV zusammengehören. Auch hier stellt Schumann bisweilen erst nach Jahren zusammen, nicht ohne noch einmal an eine Revision des lange zuvor Komponierten zu gehen.

Im Spätherbst 1840 entstehen die ersten beiden Stücke der *Romanzen und Balladen* op. 45. Die dritte Nummer aus diesem op. 45 hatte Schumann vermutlich schon im Frühling des Jahres geschrieben. Eichendorffs »Der Schatzgräber« erzählt die Geschichte eines Mannes, der nächtlich »in Berges Tiefen« wie irrsinnig nach einem Schatz sucht. Ihm gegenüber sind die »Engel Gottes« gestellt, die »dieweil in stiller Nacht« singen; dieser Gesang schwebt noch nach dem Unglückstod des Schatzgräbers »wehmüthig in der Luft«. Das religiös assoziierte Motiv des Gesanges von irgendwo verwendet Eichendorff recht häufig – daß es sich hier mit dem bizarren Bild des Schatzgräbers verbindet, führt zu einer Polarität zwischen oben und unten, Dämonen- und Christusglauben, irdischem Gut und Ewigkeit, nicht zuletzt aber zu stilistischen Brüchen innerhalb des kurzen Gedichtes. Schumann setzt die Ballade in g-Moll und arbeitet vor allem mit Achtelketten, die er in langgedehnten Skalen durch den 12/8-Takt führt. Die auf den Schatzgräber herabfallenden Trümmer malt er mit kräftigen Akkorden, das von unten erschallende »Hohnlachen« mit einem in Terz- und Sekundklänge zersplitterten verminderten Akkord. Gänzlich in den Baßbereich legt er die – gleichwohl nach G-Dur sich aufklarenden – Schlußtakte. Ebenfalls von Eichendorff stammt das sechsstrophige Gedicht »Frühlingsfahrt« über zwei Gesellen, die zusammen ins Leben hinausgehen, aber horribel verschiedene Dinge erleben. Der eine zieht sich früh zurück, zu »Liebchen«, »Hof und Haus«, der andere läßt sich von den »tausend

Stimmen im Grund« locken und geht in den Wogen des Lebens verloren, um »müde und alt« wieder aufzutauchen. Schumann setzt den Text zunächst in ein überklares D-Dur, in dem Klavier und Gesang weitgehend unisono bzw. parallel geführt werden. Zum musikalischen Mittelteil wird die Vertonung der Strophen über den zweiten Gesellen mit ihrer Wendung nach d-Moll. Freilich wird der Hörer in die Irre geführt; an Durchgangstönen und Zwischendominanten reich, bringt der Mittelteil die neue Tonika an keiner Stelle in Grundposition. Nachgerade geläutert klingt die Reprise des D-Dur-Teiles am Ende, die Bitte des allwissenden Erzählers »ach Gott führ' uns liebreich zu dir«. Die betont munteren punktierten Rhythmen des Anfangs sind einem ebenen Achtel-Ostinato gewichen, die harmonische Verunsicherung des Mittelteils erscheint nur noch am Rande, etwa in der Sequenz unter »Tränen im Auge mir schwellen«: wehmütiges harmonisches Echo der Tonika-Dominante-Wendung aus den Takten zuvor. Wie die komprimierte Veranschaulichung des Weges aus der Heimat heraus und zurück zu ihr wirkt danach das viertaktige Nachspiel. Rätselhaft noch für heutige Ohren und Sinne bleiben die Ausfälle von Heines der *Heimkehr* entstammendem Gedicht »Wir saßen am Fischerhause«. Schumann nennt sein Lied »Abends am Strand«. So idyllisch der Text über die plaudernd Beisammensitzenden auch beginnt, so trügerisch schön die Schilderung der nachgerade paradiesischen Welt am Ganges ist, so scharf ist die Zäsur, die mit der Vergegenwärtigung der Menschen in Lappland, »plattköpfig, breitmäulig, klein«, spürbar wird. Die letzten Zeilen kehren zurück in die erzählte Gegenwart, eine unwirkliche Stille legt sich über die Szenerie: »Die Mädchen horchten ernsthaft,/ und endlich sprach Niemand mehr,/ das Schiff war nicht mehr sichtbar,/ es dunkelte gar zu sehr.« Die Vertonung in G-Dur lebt von ostinaten Achtelketten, die sich mit den Schilderungen aus fernen Ländern zu Akkordrepetitionen verdichten und von einem üppigen E-Dur und H-Dur, e-Moll und h-Moll aus die deprivierte unisono-Führung über dem mehr gefühlten als bestätigten a-Moll erreichen. Der Schluß verweigert der Gesangsstimme die Abkadenzierung auf dem Grundton und erreicht stattdessen, gleichsam fragend, die helle Terz. Freilich kompensiert die

vielfache Bestätigung des Grundtons g ganz zum Ende diese Öffnung.

Mitte Mai 1840 entsteht als erste Nummer der drei geradezu kontrast- und konfliktbesessenen *Romanzen und Balladen* op. 49 »Die beiden Grenadiere« auf einen Text von Heinrich Heine, in herbes g-Moll gesetzt, von einem kräftigen akkordischen Auftakt und markanten punktierten Rhythmen eingeleitet. Geschildert wird die Geschichte zweier Grenadiere, die, aus Rußland kommend, erfahren müssen, daß ihr Kaiser – es ist Napoleon – gefangen genommen wurde. Beide weinen, doch während der eine nur mehr an »Weib und Kind zu Haus« denkt, spürt der andere »weit bess'res Verlangen«. Er ist noch immer bereit, sein Leben für den Kaiser hinzugeben. Bekannt geworden ist vor allem die Passage, in welcher dieser zweite Grenadier imaginiert, wie er im Grabe liegt und anläßlich der Wiederkehr seines Kaisers »gewaffnet hervor[steigt]«, ihn »zu schützen«. Schumann wendet die Ballade mit diesen letzten beiden Gedichtstrophen nach G-Dur und beginnt, die *Marseillaise* zu zitieren. Den auffahrenden letzten Akkordtakten läßt er indessen eine radikal verlangsamte, dynamisch zurückgenommene, durch Durchgangstöne und Zwischendominanten brüchig gewordene Schlußpassage folgen.

Von Heine stammt auch der Text zur zweiten Nummer »Die feindlichen Brüder« (h-Moll), dessen Eintrag in den ersten großen Liedband Schumann mit der Angabe »Berlin, d. 24sten April 1840 geschrieben« begleitet. Noch heißt die Ballade hier wie bei Heine »Zwei Brüder«. Auch dieser Text erzählt von zwei jungen Männern, die Meinungsverschiedenheiten haben. Diesmal aber wird tatsächlich mit Waffen gefochten: »Gräfin Laura's Augenfunken/ zündeten den Brüderstreit«. Die musikalischen Mittel sind dezenter als bei den »Grenadieren« – Schumann entscheidet sich für eine rhythmisch regelmäßige, recht zurückhaltende Vertonung, die mit dem Tod der Brüder und dem Wechsel nach g-Moll einen Höhepunkt erreicht. Auf den 7. November des Jahres ist die Komposition »Die Nonne« datiert. Es bleibt das einzige Gedicht des 1796 geborenen Schweizer Theologen und Lehrers Abraham Emanuel Fröhlich, das Schumann vertont. Zweifach ist die Blickrichtung der Beobachtung auch hier – sie gilt der Nonne im Garten und der Braut im Saal. Die vierte und letzte Strophe faßt das Doppelbild mit den der Nonne zugedachten Worten zusammen: »Wie glüht im Rosenkranze/ sie unter'm weißen Kranze,/ und unter rother Rose/ erbleich' ich Freudenlose!« Des-Dur ist die Tonart des Liedes, das in bedächtiger Quasi-Polyphonie anhebt und für die Schilderung der Hochzeitsfeierlichkeiten kurzzeitig gegen ein helles E-Dur ausgewechselt wird.

Das erste Lied der *Romanzen und Balladen* op. 53 ist Ende Oktober 1840 in Leipzig entstanden. Der Text des Wiener Literaten Johann Gabriel Seidl (1804–1875) steht ganz in der Tradition der Königsballade: Minstrel Blondel steht vor Schloß Dürrenstein, singt und hofft darauf, endlich König Richard Löwenherz zu finden. Weil er, so scheint es, so treu ist in seinem Hoffen – »Suche treu, so findest du!«, lautet die Schlußzeile zu jeder der sieben Strophen –, findet er den König tatsächlich und kann dessen Befreiung in die Wege leiten. Schumann gewinnt den Text aus *Orpheus. Musikalisches Taschenbuch für 1841*, wo die Komposition im Folgejahr auch zum ersten Mal abgedruckt wird. Von den insgesamt sieben Strophen streicht er die dritte, in welcher über Richards Schicksal spekuliert wird. Die Komposition steht in G-Dur, die Melodik wirkt einfach, bisweilen altertümlich. An der Stelle, die schildert, wie der gefangene König singend antwortet, weicht Schumann in ein lange verheißenes, endlich strahlend sich entfaltendes D-Dur aus.

»Alt« ist auch die Geschichte von der »Loreley« (E-Dur), hier in einer Fassung von Wilhelmine Lorenz. Nur in Andeutungen ist derweil von der Lorelei und ihrer unglückseligen Anziehungskraft die Rede. Die Warnung »gedenke mein« verbleibt als Essenz. So ist aus dem kurzen Text keine Ballade, sondern ein Lied geworden. Es entstand Anfang April als erstes dieser Stücke op. 53. Doppeldominantisch über dem dominantischen Orgelpunkt H ist der Einstieg; gebrochene Sechzehntel werden über das ganze Lied hin beibehalten.

»Der arme Peter«, Heines Gedichtgeschichte in drei Aufzügen, lieferte die Vorlage für die letzte Nummer aus op. 53. »1840 componirt, 1843 aufgeschrieben«, notiert Schumann im dritten Liedband. Vermutlich sind die drei *attacca* aufeinanderfolgenden Liedteile im Herbst 1840 entstanden. Erzählt wird in leicht sich verschiebender Erzähl-

perspektive die Geschichte von Hans und Grete, die einander lieben und heiraten, während Peter »so still und so stumm« danebenstehen und zusehen muß. »In meiner Brust da sitzt ein Weh,/ das will die Brust zersprengen«, beginnt das zweite Lied, das gänzlich mit und für Peter spricht. Wie eine Rück- und Vorschau erscheint danach das dritte Gedicht – »Er hat verloren seinen Schatz,/ drum ist das Grab der beste Platz,/ wo er am besten liegen mag/ und schlafen bis zum jüngsten Tag!« Von den Quinten des sich anscheinend fürs Aufspielen zum Tanze bereitmachenden Instrumentes, dem bedingungslos heiteren, auch über die Ansage »ich thäte mir was zu Leide« hinwegschwingenden G-Dur des ersten Teiles sinkt das zweite Lied mit seinen rasselnden chromatischen Spielfiguren in Gesang und Klavier nach e-Moll. Punktierte, bisweilen doppelt punktierte Rhythmen geben dem letzten Lied, ebenfalls in e-Moll, eine gravitätische Diktion.

Texte von Mörike und Heine liegen den *Romanzen und Balladen* op. 64 zugrunde. Mörikes »Die Soldatenbraut« (B-Dur), von Schumann beim Eintrag in den Liedband mit der Angabe »Dresden 27 Mai 47« versehen, macht den Anfang. Auf die inhaltliche Formelhaftigkeit des Rollengedichts reagiert er einmal mehr mit punktierten Marschrhythmen und stilisierten Trommelwirbeln, die jedoch, dies auch wegen der dynamischen Zurückhaltung, an keiner Stelle martialisch wirken. Für die dritte Strophe, in der die Braut sich die eigene Hochzeit ausmalt, führt Schumann die Gesangsstimme in eine sangliche, höherlagige Melodie und verbirgt die Punktierung im Klaviertenor, wie von ferne. Mörikes Gedicht »Das verlassene Mägdlein«, ebenfalls ein stilisiertes Rollengedicht, setzt Schumann in ein karges g-Moll und gibt ihm durch polyphone Anlage einen ›alten‹ Klang. Dem traurigen Einerlei des Alltags, dem immergleichen morgendlichen Ritual scheint das immer neue Anheben der chromatisch bzw. in engen Sekunden geführten Stimmen zu entsprechen. Auch diese kleine Sammlung beschließt eine Trilogie von Heine. Die inhaltlichen und formalen Brüche zwischen den drei Gedichten der Vorlage sind vom Autor offenbar gewollt: »Dieses zweite Lied«, steht über den drei Dreizeilern »Es fiel ein Reif in der Frühlingsnacht«, »ist ein rheinisches Volkslied, und nur das erste und dritte habe ich selbst gedichtet.« So wechselt auch die Erzählperspektive. Der Aufforderung »Entflieh' mit mir und sey mein Weib« des ersten Gedichtes folgt die zarte Ballade vom Jüngling und dem Mädchen, die heimlich fliehen: »Sie sind gewandert hin und her,/ Sie haben gehabt weder Glück noch Stern,/ Sie sind gestorben, verdorben.« Am ehesten nach Heine, wenngleich ungewohnt melancholisch, klingt der dritte Teil »Auf ihrem Grab, da steht eine Linde« mit seinen Anflügen von Stereotypien – »Die Winde wehen so lind und so schaurig,/ Die Vögel singen so süß und so traurig« – und den schönen Schlußversen »Die schwatzenden Buhlen sie werden stumm,/ Sie weinen und wissen selbst nicht warum.« Ein unruhiger Grund aus synkopisch aneinandergereihten Akkordrepetitionen liegt unter dem ersten Lied in E-Dur, markante Oktaven und starke rhythmische Kontraste schaffen zusätzliche Dramatik. Zurückgenommen erscheint dagegen das zweite Lied (e-Moll) mit seiner äußerst sparsamen Begleitung. Das letzte Lied hat Schumann als Duett vertont. Es steht in hellem C-Dur und prägt einen naiv-schlichten Volksliedton aus.

Späte Lieder

Liederalbum für die Jugend op. 79

Anthologieähnlich ist die Vorlage beschaffen, die Schumann sich für das *Liederalbum für die Jugend* op. 79 zusammenstellt. Sie umfaßt, was die schließlich veröffentlichten Lieder angeht, nicht weniger als neunundzwanzig verschiedene Gedichte. Schumann vertonte ursprünglich neun weitere Lieder, d.h. sieben Lieder und zwei Duette. Charakteristisch für die Textvorlagen des *Liederalbums* ist eine Mischung aus Volks- und Kunstdichtung. Schumann selbst schreibt von »dem Jugendalter angemessene[n] Gedichte[n]« (BNF, 324) (an Emanuel Klitzsch, 19. Dezember 1849). Auf ein riesiges Repertoire an echter und kunstvoll imitierter Volksdichtung zurückgreifend, hat er Texte ausgewählt, die zwar vereinzelt von anonymen Verfassern stammen mögen, dann wieder von prominenten Figuren wie Goethe oder Fallersleben geschrieben wurden, die sich aber letztlich in Ton und Formung nahe stehen. Neben den *Kinderliedern* von Hoffmann von Fallersleben, die in verschiedenen Ausgaben vorliegen, ist seine Haupttextquelle das 1843 in Leipzig erschienene, von Karl von Hase herausgegebene *Liederbuch des deutschen Volkes*.

Daß Schumann in diesem Zyklus »vom Leichten und Einfachen zum Schwierigen überzugehen« sich bemühte, wie er am 19. Dezember 1849 an seinen Zwickauer Freund Emanuel Klitzsch (BNF, 324) schrieb, ist dem *Liederalbum* nachgerade anzusehen. Als explizit für die Jugend vorgesehenes Werk rückt die im Frühsommer 1849 entstandene Sammlung in die Nähe der Opera 68, 85, 109, 118 und 130. Gleichwohl pflegt auch dieses Album eine vor allem ideelle Verbindung zum Jugendalter. Ulrich Mahlert hat in diesem Zusammenhang auf das heikle Problem hingewiesen, daß die Lieder »in ihren Anforderungen an Umfang, Beweglichkeit und Gestaltungsvermögen der Stimme die durchschnittlichen vokalen Möglichkeiten von Kindern und Jugendlichen« übersteigen, anderseits die der Sammlung angemessene »Schlankheit und Leichtigkeit« (Mahlert 1998, 156) von erwachsenen Stimmen kaum mehr erreicht wird.

Die ersten vier der im April, Mai und Juni 1849 in Dresden und Kreischa entstandenen Lieder aus op. 79, »Der Abendstern«, »Schmetterling«, »Frühlingsbotschaft« und »Frühlingsgruss«, sind vielstrophig, dabei extrem kurz und technisch anspruchslos. Wie die folgenden zwei Lieder »Vom Schlaraffenland« und »Sonntag«, die sich etwas anspruchsvoller geben, stammen ihre Texte von Heinrich Hoffmann von Fallersleben. Als Zweiereinheit sind dann die von Emanuel Geibel aus dem Spanischen übertragenen »Zigeunerliedchen« konzipiert. Schumann setzt beide Lieder in a-Moll und färbt sie durch das auffällige übermäßige Sekundintervall zwischen dem f und dem gis ein; dem zweiten Lied gibt er durch arpeggierte Akkorde zusätzliches Kolorit. Von Ludwig Uhland stammt der Text des neunten Stückes, »Des Knaben Berglied«, den Schumann mit einem auskomponiert ›nachhallenden‹ Vorspiel über *g-c-e* versieht. Das berühmte »Mailied« von Christian Adolf Overbeck, heute in der Weise Mozarts bekannt, setzt er mit einer zweiten Stimme *ad libitum* in G-Dur. Aus der Gedichtsammlung *Des Knaben Wunderhorn* stammt der Text zum elften Lied, »Käuzlein«. Schumann setzt es in ein durch staccato-Begleitung und Vorschläge in der Gesangsstimme, durch Pausen und scharfe Dynamikwechsel angespitztes a-Moll. Wiederum auf einen Text von Hoffmann von Fallersleben ist das folgende Lied »Hinaus in's Freie!« geschrieben. Weit schweift die Gesangsstimme von Anfang an aus – vom Auftakt bis zur Eins des zweiten Taktes überspringt sie eine Undezime. Eine rasch tickernde Sechzehntelreihe begleitet das dreizehnte Lied »Der Sandmann« auf ein Gedicht von Hermann Kletke. Das vierzehnte Lied »Marienwürmchen« ist zu einem der bekanntesten Lieder des Albums geworden. Von Schumann noch dem *Wunderhorn* zugeordnet, wo er mit dem Zusatz »Mündlich« versehen worden war, stammt der Text von der Dichterin und Erzieherin Caroline Rudolphi. Der kindliche Ton steht beispielhaft für eine Reihe oft nur vermeintlich apokrypher Kinderreime, die Eingang in das *Wunderhorn* gefunden haben. Goethe ließ in seiner berühmten *Wunderhorn*-Besprechung an dieser Stelle das Wort »Unsinn« fallen, gab aber dennoch zu: »ins Zarte geleitet« (Goethe 19/1998, 260). »Die Waise« (Hoffmann von Fallersleben) behält die kindliche Perspektive bei. Es ist eines der wenigen Lieder des *Liederalbums*, das Schumann in Moll setzt. Das sechzehnte Lied »Das Glück« (Hebbel) ist für zwei Stimmen vorgesehen, die sich bald hoquetusartig, dann wieder imitatorisch ergänzen und erst mit der sechsten Textstrophe tatsächlich zusammengeführt werden: »Ei, Du verzagst?/ Laß' es gewähren,/ Bis Du's erjagst,/ Kannst Du's entbehren.« Von Hans Christian Andersen stammt der Text zum »Weihnachtlied«, das an siebzehnter Stelle steht. Schumann legt unter die melodiöse Oberstimme einen choralhaften Satz und addiert am Ende jeder Strophe eine zusätzliche Zeile für Chor. Die Vertonung von Goethes Ballade »Die wandelnde Glocke« (g-Moll) wird mit üppigen Akkordschlägen ein- und ausgeleitet. »Im erzählenden Ton« überschreibt

Schumann das durchkomponierte Lied. Die Geschichte über das Kind, das »nie zur Kirche sich bequemen« wollte und das von der lebendig gewordenen Glocke geholt wird, versieht er entsprechend der leisen Dramatik der siebenstrophigen Textvorlage mit Anweisungen wie »Nach und nach stärker« oder »Immer stärker«. Filigran ist dagegen die Klavierbegleitung des Duetts »Frühlingslied« (C-Dur) gehalten, abermals auf einen Text von Hoffmann von Fallersleben, von dem auch der Text zum folgenden Lied »Frühlings Ankunft« (G-Dur) stammt. Mit der Autorschaft des einundzwanzigsten Liedes, »Die Schwalben« (C-Dur), das Schumann wiederum als Duett setzt, verhält es sich ähnlich wie beim »Marienwürmchen«. Schumann bezieht sich vermutlich auf die von Hase herausgegebene Sammlung *Liederbuch des deutschen Volkes*. Tatsächlich stammt das Gedicht wohl von Auguste von Pattberg, die recht häufig veröffentlichte, ohne ihren Namen nennen zu lassen, und die auch den *Wunderhorn*-Herausgebern eigene und von ihr aufgezeichnete Texte sandte. Wie ein Rückschritt in die Simplizität gerade der ersten Nummern gestaltet sich dann das Schlaflied und Nachtgebet »Kinderwacht« (F-Dur), ebenfalls auf einen Text aus dem *Liederbuch*, der Melchior von Diepenbrock zugeschrieben wird. Schumann streicht entgegen häufiger Gewohnheit aus dem zwölfzeiligen Gedicht acht Zeilen. Eine Bordunquinte als »naturhaft-elementare Ausdrucksform« (Gerstmeier 1982, 159) steht am Grund des Liedes »Des Sennen Abschied« (C-Dur). Der Text entstammt ursprünglich Schillers *Wilhelm Tell*, Schumann gelangt jedoch ebenfalls durch das *Liederbuch* an ihn. Auch »Des Buben Schützenlied« (Nr. 25) mit seinen markant punktierten Rhythmen ist dieser Quelle zuzuordnen. Die Vertonung von Mörikes »Er ist's« (Nr. 23, A-Dur) gehört ebenfalls zu den bekanntesten Liedern des *Liederalbums*. Dem »Harfenton« der Gedichtvorlage entspricht Schumann mit arpeggierten Akkorden im Klavier, der Ambitus der Gesangsstimme erreicht mit dem a" (»ja, du bist's«) einen Höhepunkt und bestätigt Schumanns Einschätzung, daß das *Liederalbum* progredierend aufgebaut sei. Der Hochton a" wird erst mit dem letzten Lied, dem der Mignon, wieder aufgegriffen. Als *ad libitum*-Terzett komponiert Schumann das »Spinnelied« (Nr. 24, F-Dur) auf einen Text aus dem

Wunderhorn, den er wiederum dem *Liederbuch* entnimmt. Die rührige, ostinate Bewegung in der rechten Klavierhand mag an Schuberts *Gretchen* denken lassen. Rückerts »Schneeglöckchen« scheint eines der wenigen Komplemente zu den zahlreichen Frühlingsliedern der Sammlung, doch heißt es auch hier: »im Haine läut's/ den Frühling ein«. Von Goethe dann stammen die Vorlagen zu den beiden letzten Liedern, dem »Lied Lynceus des Türmers« und der »Mignon«. B-Dur ist die Tonart des einen, g-Moll die des letzten Liedes. Recht düster wirken die parallel geführten Oktaven im Klavier beim ersteren, die von Schumann in beiden Strophen allmählich akkordisch angefüllt werden und gemeinsam mit einem großangelegten Crescendo den Gang des Liedes in die Affirmation begleiten. Mignon dann »schließt«, so Schumann selbst in seinem Brief an Klitzsch, »ahnungsvoll den Blick in ein bewegteres Seelenleben richtend« (BNF, 324). Ulrich Mahlert erkennt in dieser Positionierung ein Zeichen für die Desillusionierung angesichts des politischen Zeitgeschehens, die Schumann nun mit Blick auf eine hoffnungsvolle Jugend aufzuheben suche. Es bleibt dieses letzte das einzige Lied Schumanns, das er identisch in einen anderen Zyklus übernimmt – »Mignon« steht am Eingang des kaum später entstandenen op. 98a. Schon wenige Monate nach der Entstehung wird das *Liederalbum* im November 1849 publiziert. Auf Schumanns Wunsch hin ist es Ludwig Richter, der die Titellithographie besorgt.

Drei Gesänge für eine Singstimme op. 83

Im Frühjahr 1850 schreibt Schumann seine *Drei Gesänge für eine Singstimme* op. 83, eine Zusammenstellung, die zu den sicherlich disparatesten gehört, die er als Liedkomponist vorlegt. »Resignation« (Des-Dur, Text von unbekannter Hand) heißt die Berg- und Talfahrt durch eine unerwiderte Liebe: »So hoffnungslos mein Lieben?/ gewiß! doch trostlos nicht«, steht in der zweiten Strophe, »jenseits ist Wiederseh'n« wird es später heißen. Schumann wendet den Mittelteil des Liedes nach Moll, deutet die Grundtonart indes-

sen enharmonisch um und zeichnet vier Kreuze vor. Fragile, an einzelne Nummern der *Dichterliebe* op. 48 erinnernde Sechzehntelarpeggien prägen die an zweite Stelle gesetzte »Blume der Ergebung« (A-Dur) auf einen Text von Rückert. Eine bedächtige Akkordik dann liegt unter den drei Strophen des letzten Liedes »Einsiedler«. Schon Eichendorff verquickt naturreligiöse mit christlicher Thematik: mit der Ansprache »Komm, Trost der Welt, Du stille Nacht!« verbindet sich das Bild des Schiffers – »Singt über's Meer sein Abendlied/ Zu Gottes Lob im Hafen«. Schumann setzt das Lied »Langsam« und läßt es in d-Moll anheben, das er gegen Ende jeder der drei Strophen nach F-Dur hin aufklaren läßt. Die getragene Akkordik erinnert an die Diktion des Kirchenlieds.

Sechs Gesänge nach Wilfried v. der Neun op. 89

Die *Sechs Gesänge nach Wilfried v. der Neun* (Pseudonym von Friedrich Wilhelm Traugott Schöpff) op. 89 komponiert Schumann an wenigen Tagen Mitte Mai 1850. Schon im August des Jahres erscheint die Erstausgabe. Schumann hatte den betreffenden Gedichtband im April 1850 vom Autor selbst erhalten, nachdem dieser ihm im Dezember des Vorjahres einige wenige Gedichte brieflich vorgelegt hatte. Die Texte, die Schumann nun auswählt, umkreisen das Thema der Liebe in gleichnisartigen Naturschilderungen. Für das Eingangslied »Es stürmet am Abendhimmel« gibt er dem Klavier ein durch ostinate Sechzehntel dramatisch aufgeladenes cis-Moll, nicht ohne dabei den Beginn, dem energiegeladenen jambischen Metrum der Verse entsprechend, durch den Einstieg über die Dominante als Bewegung auf ein Ziel hin zu inszenieren. Der Klaviersatz wird fast durchgängig dreistimmig bleiben; dem orchestralen Effekt scheint das »ausladende Gepränge von Bühnenmusik« (Mahlert 1987, 227) zu entsprechen, das Ulrich Mahlert in der Gesangsstimme erkennt. Flinke triolische Akkordbrechungen durchziehen das zweite Lied »Heimliches Verschwinden« in A-Dur. Das an dritte Stelle gesetzte »Herbst-Lied« (der Titel stammt von Schumann) steht noch einmal in cis-Moll. Den Schluß des Gedichts »Dennoch spricht von naher Wonne/ Greiser Wipfel Farbenpracht« verändert Schumann: Bei ihm sprechen die Wipfel von »ferner Wonne«; die üppigen Klavierarpeggien unter der plötzlich gelängten Gesangsphrase bringen Belebung. Mit dieser Wendung führt Schumann zugleich die Tonart Des-Dur als enharmonisch verwechselten Gegen-Genus zur Ausgangstonart cis-Moll ein, dem Vorgehen in op. 48/16 (»Die alten, bösen Lieder«) nicht unähnlich. Auch dem folgenden Lied fügt er mit »Abschied vom Walde« einen eigenen Titel bei. Die gleichnamige Komposition von Mendelssohn für Männerchor auf ein Gedicht von Eichendorff (»O Täler weit, o Höhen«) wird ihm bekannt gewesen sein. In von der Neuns Vorlage spricht ein Wanderer zum herbstlichen Wald. Schumann komponiert eine elegische Klage in b-Moll, die sich erst am Schluß nach B-Dur hin aufklart. »Frisch« lautet dagegen die Vortragsanweisung zum fünften Lied »In's Freie« (B-Dur), das bei von der Neun noch »Wann zu singen« geheißen hatte. Schumann streicht für die Vertonung die dritte Gedichtstrophe und wiederholt an ihrer Stelle die erste. Ein marschartig geschärfter Rhythmus zieht sich durch Klaviersatz und Singstimme. Das sechste Lied aus op. 89 schließlich, dem eine eigenwillig volkstümelnde Bearbeitung des Heideröslein-Motivs zugrundeliegt (»Sagt mir nun, ihr Röselein,/ Müssen denn Dornen sein?«, heißt es zuletzt in den acht Zweizeilern der Vorlage – Schumann dichtet stattdessen »merk' dir's fein, Dornröslein müssen sein!«), beginnt mit einer Frage an die Rose – »müssen denn Dornen sein?« –, die Schumann zunächst für Gesang allein setzt und dann, dem Fragegestus entsprechend, halbschlüssig enden läßt. Erst danach beginnt das eigentliche Lied in A-Dur, hell und anmutig, darin fast ironisch.

Gänzlich in den idyllischen, weltabgewandten Raum der Natur wenden sich diese Lieder, und so sieht denn auch Mahlert einen unmittelbaren Zusammenhang der Komposition zum Scheitern der Vormärzbewegung. Resignation und Rückzug seien die Hauptmerkmale des Zyklus, wie Schumann ihn zusammenstellt: Herbstlieder stehen im Zentrum, und das einzige Frühlingslied (»Heimliches Verschwinden«) klagt, »daß der Lenz so heimlich floh«. Mahlert erinnert an die Parallele

zwischen der Schilderung der Jahreszeitenwechsel und der Hoffnung auf politische Veränderung: »Besonders aus dem ›natürlichen Fortschritt‹ vom Winter zum Frühling leitete man hoffnungsvoll immer wieder die zwangsläufige Gewißheit ab, daß die ›Eiszeit‹ der Unfreiheit unter dem restaurativen System abgelöst, überwunden würde vom ›Völkerfrühling‹ demokratischer Verhältnisse« (Mahlert 1987, 225). Ähnlich verhalte es sich mit der Thematisierung von Nacht und Unwetter. Weil die Wirklichkeit die Erfüllung der politischen Wünsche versage, verlege sich die Dichtung auf die Schilderung von Regelkreisen und natürlichen Zyklen. Von der Neuns naturmetaphorische, entpolitisierte Lyrik rufe indirekt zu Demut und Beugung unter die Verhältnisse auf. Noch in Schumanns Zyklus macht Mahlert eine Rückzugsbewegung aus: Das Hauptmotiv des Scheidens werde am Beispiel erhabener Naturszenerien entwickelt, um schließlich ganz in die Privatheit zurückgenommen zu werden.

Lieder nach N. Lenau und Requiem op. 90

Anfang August 1850 komponiert Schumann die *Lieder nach N. Lenau und Requiem* op. 90. Sechs der sieben verwendeten Texte stammen von Lenau selbst. Tagebuchnotizen vom Dezember 1838 ist zu entnehmen, daß sich Schumann recht früh mit dem Dichter beschäftigte und ihn auch persönlich kennenlernte. Entsprechend stehen in der ersten Abteilung des Abschriftenbuchs sämtliche, freilich der 1840 erschienenen Auflage der *Neueren Gedichte* entnommenen Texte, die später in op. 90 Eingang finden. Das »Altkatholische Gedicht« indessen, ebenfalls in deutscher und lateinischer Fassung ins Abschriftenbuch aufgenommen, stammt aus dem von Eichendorff herausgegebenen Band *Gedichte von Leberecht Dreves* von 1849, möglicherweise auch aus der von Dreves betreuten Textsammlung *Lieder der Kirche – deutsche Nachbildungen alt-lateinischer Originale* (1846). Schumann vertont den deutschen Text.

Offensichtlich war er bei der Komposition des Requiems davon ausgegangen, daß Lenau bereits vor Jahresfrist verstorben sei. Tatsächlich aber starb dieser erst am 22. August, wenige Wochen nach Komposition des Requiems. In einem Brief an den Verleger Julius Kistner (26./27. August 1850) spricht Schumann daher davon, daß Lenau, »ohne es zu wissen, von mir ein Todtenlied gesungen worden ist« (Erler II, 124). Aus tagesaktueller Überlegung heraus animiert er den Verleger, die Publikation baldmöglichst vorzunehmen, und op. 90 erscheint noch im Dezember des Jahres. Daß Schumann trotz früher Kenntnisnahme erst spät an die Komposition geht, läßt sich womöglich damit erklären, daß es im Liederjahr 1840 eine nur »geringe Affinität zwischen dem resignativen Vorstellungsgehalt der Gedichte Lenaus und dem Erfahrungshorizont des Komponisten« (Velten 1998, 91) gab. Denn op. 90 ist der wohl schwermütigste Liedzyklus geworden. Von der Munterkeit des Anfangs gerät er alsbald in immer deutlicher werdende Melancholie und Niedergeschlagenheit. Dies hat einige Deuter dazu bewogen, eine Progression bzw. einen zyklischen Charakter zu erkennen, für den im übrigen auch die Eintrübung vom Es-Dur des ersten nach dem es-Moll des letzten Liedes spräche oder die enharmonische Umdeutung, die dem dritten Lied unmittelbar vorangeht.

Das schlichte »Lied des Schmiedes« (Es-Dur) steht am Anfang von op. 90. Regelmäßig auf die linke und rechte Hand des Klaviers verteilte Akzente geben ihm einen kräftigen Puls. Das zweite Lied »Meine Rose« steht in B-Dur und erreicht nach einem farbreichen Trugschluß einen Mittelteil in Ges-Dur, der in eine Reprise der ersten Strophe mündet. »Kommen und Scheiden« ist das dritte Gedicht überschrieben, melancholischer Anklang an Goethes ungleich lebhafteres *Willkommen und Abschied*: »Und als Lebwohl sie winkte mit der Hand,« schreibt Lenau im letzten der drei Zweizeiler, »War's, ob der letzte Jugendtraum mir schwand.« Schumann läßt sein Lied in einem zunächst nur ahnbaren Ges-Dur anheben: Eine frageartig aufsteigende Dreiklangsbrechung über der Doppeldominante führt in einen Dominantliegeklang, in dessen Nachhall erst die Gesangsstimme einsetzt. Komplementär verlaufen dann die ersten Takte des Liedes, wie ein Gespräch zwischen Gesang und Instrument, das erst im Laufe der Zeit gleichstimmig wird. Die Schlußpassage übernimmt abermals das Instrument;

längst ist zu diesem Zeitpunkt Ges-Dur enharmonisch durch Fis-Dur ersetzt. Die »alpenländische Volksmusik, der Jodler« (Gerstmeier 1982, 152) steht hinter dem Lied »Die Sennin« (H-Dur). Lenaus Text spricht vom Dialog zwischen Sennin und Berg, der durch ihren »Ruf in's Thal« ausgelöst wird, dann aber auch vom ausbleibenden Echo und den gleichsam verwaisten Felsen im Falle, daß »dich Liebe fortbewogen,/ Oder dich der Tod entzogen«. Ein belebter Teppich aus triolischen Dreiklangsbrechungen und der übermütige Sprung der Gesangsstimme vom Grundton h' in die Quinte fis'', dann die untere Oktave fis'', geben dem Lied von Anfang an einen suggestiven klanglichen Rahmen. Wie geschickt Schumann mit den musikalischen Implikationen des Gedichtes umgeht, zeigt die Vertonung der Verse »Horch, o Sennin, wie dein Sang«. In der Überleitung hatte der Klavierdiskant noch eben die Gesangsmelodie des Anfangs zitiert. Unter der tonikalen Passage der nun einsetzenden Gesangsstimme liegt als deutlich vernehmbarer Orgelpunkt ein fis, das mit dem Hochton der Singstimme ein Rahmenintervall von vier Oktaven schafft. »Hier wird im Vers ausgesprochen, was die Musik hörbar macht: sie vollzieht die klangliche Wirkung des Gesangs. […] Es wird der weiterklingende, im offenen Raum verhallende Klang abgebildet« (Gerstmeier 1982, 155). Mit dem *memento mori* aber trübt sich die Stimmung ein. Das Lied moduliert in die falbe dritte Stufe, Dis-Dur, wo es ausklingt. In den Texten zu den letzten beiden Liedern dann ist vollkommene Melancholie erreicht. »Einsamkeit« zeichnet das Bild eines im Wald Umherwandernden, der sich nur von Gott angenommen fühlt: »Nicht verloren hier im Moose«, heißt es am Ende, »Herz, dein heimlich Weinen geht,/ Deine Liebe Gott versteht,/ Deine tiefe, hoffnungslose!« »Der schwere Abend« dann gibt sich vollends selbstzerstörerisch: »Und als ich mußte scheiden/ Und gute Nacht dir bot,/ Wünsch' ich bekümmert beiden/ Im Herzen uns den Tod.« Schumann wählt für die Begleitung des fünften Liedes, »Einsamkeit«, ein Miteinander aus gleichmäßig laufenden Achteln und rahmenden Liegestimmen. Die Eingangsszenerie färbt ein trübes es-Moll, das sich mit der Apostrophe des lyrischen Ich an das eigene Herz nach H-Dur wenden wird. Der traurige Gartenspaziergang des »Schweren Abends« steht ebenfalls

in es-Moll. Duolen, Liegeakkorde und hemiolische Fügungen bzw. Synkopierungen über Takt-
grenzen hinweg geben dem Dreivierteltakt einen
schwermütig schleppenden Duktus. Die Schlußwendung mit dem Todeswunsch ist angetan, die
letzte Nummer einzuleiten, das »Requiem« in Es-
Dur. »Wie Harfenton« lautet die Spielanweisung
für seine gebrochene Akkordik. Die dynamisch
und agogisch zurückhaltende Komposition entfaltet sich über einer textlichen Mixtur aus religiöser
Dichtung und Liebeslyrik. Jener, »der nach seli-
gem Verein/ trug Verlangen/ ist gegangen/ zu des
Heilands Wohnung ein«.

Hebräische Gesänge op. 95

Der Option, die Anfang Dezember 1849 entstandenen *Hebräischen Gesänge* (Byron) op. 95 mit
Harfe zu begleiten, entspricht die Faktur der Begleitung. Durchgängig sind es Arpeggien oder
gebrochene Akkorde. Schumann hatte die vom
eigenen Vater 1821–1827 herausgegebene und teilweise selbst übersetzte Werkausgabe Byrons vorgelegen. Die in Richter 11 geschilderte Geschichte
des Jephtha, der dem Herrn schwört, nach dem
Sieg gegen die Ammoniter zum Dank dasjenige
zum Brandopfer zu bringen, was er nach der
Rückkehr als erstes aus seiner Haustüre kommen
sieht, und der daraufhin seine Tochter opfern
muß, formt Byron in eine Ansprache der Tochter
an den Vater um. Es ist ein Lächeln unter Tränen,
das hier dargestellt wird: »denk' meiner, die Ruhm
dir erwarb,/ und vergiss nicht, dass lächelnd ich
starb!«, heißen die letzten Verse des fünfstrophigen
Gedichtes in der leicht veränderten Fassung
Robert Schumanns. C-Moll ist die Tonart dieses
Liedes, g-Moll die des folgenden »An den Mond«,
das im Bild des glänzenden Mondes ein Gleichnis
für »längst vergangner Tage Licht« zu erkennen
glaubt. »Mit Begeisterung« überschreibt Schumann die dritte Nummer, »Dem Helden«, eine im
forte und fortissimo darzubringende, von üppig
schweifenden Arpeggien begleitete Hymne (B-
Dur), die die Gesangstimme mit hoch auffahrenden Exklamationen hören läßt.

Lieder und Gesänge aus J.W. v. Goethes ›Wilhelm Meister‹ op. 98a

Im Jahr 1849 vertont Schumann besonders viele
Texte von Goethe, ein Umstand, der sicherlich
mit den zahlreichen Goethe-Feiern aus Anlaß des
100. Geburtstages in Verbindung zu bringen ist.
Den *Wilhelm Meister* hatte Schumann nachweislich dreimal gelesen. Entgegen sonstiger Gewohnheit exzerpiert er die Textvorlagen direkt aus dem
Roman, dem schon bei der Erstveröffentlichung
schlichte Weisen für die eingestreuten Gedichte
beigegeben worden waren. Schumann rechnet
offensichtlich mit einem Publikum, das den Roman kennt und sich sein Handlungsgerüst anhand
der lyrischen Texte mühelos in Erinnerung zu rufen vermag. Die neun Lieder des Zyklus *Lieder
und Gesänge aus J.W.v. Goethes ›Wilhelm Meister‹*
op. 98a – nur ein Text bleibt unvertont – entstehen
im Frühsommer. Schumann komponiert die Lieder der Mignon zuerst und wendet sich dann jenen des Harfners und dem der Philine zu. Das
Eingangslied »Kennst du das Land« ist zugleich
die letzte Nummer des Ende 1849 publizierten
Liederalbums für die Jugend op. 79.

In einem Brief an Johann August André vom 2.
April 1850 unterstreicht Schumann, daß die gute
Aufnahme des Mignon-Liedes ihn ermutigt habe
– »ich habe nämlich alle Lieder und Gesänge aus
Göthes W. Meister componirt, und dazu auch das
Requiem für Mignon für Solostimmen, Chor und
Orchester als Schlußstück. Am liebsten hätte ich
nun die Gesänge u. Requiem als ein Opus herausgegeben« (unveröff. Brief an Johann August André, 2.4.1850, D-DÜhi, 09.5028/d/17; zit. n. RSW,
423). Nach der Ablehnung durch André und trotz
eines Angebotes von Kistner erscheinen die opera
98 a und b schließlich 1851 bei Härtel.

Philine ist es, die im Roman noch vor dem
Harfner und Mignon erscheint, eine heitere junge
Frau, die die Hauptfigur Wilhelm Meister char-
mant umgarnt. Den Harfner zeichnet Goethe als
mönchische Gestalt. Mignon wiederum, die wohl
komplexeste, zugleich am wenigsten greifbare Figur, wird zunächst als Kind vorgestellt. Gestalt
und Auftreten sind von ihrem eigenwilligen Umgang mit Sprache und Gesang geprägt. Oft bleibt
sie stumm, dann wieder spricht sie »ein gebroch-

nes mit französisch und italienisch durchflochtenes Deutsch« (Goethe 9/1992, 463). Entsprechend muß sich der Erzähler verbiegen, als es um die Wiedergabe dessen geht, was sie singt. »Melodie und Ausdruck gefielen unserm Freunde besonders«, heißt es über das Lied »Kennst du das Land«, »ob er gleich die Worte nicht alle verstehen konnte. Er ließ sich die Strophen wiederholen und erklären, schrieb sie auf und übersetzte sie ins Deutsche. Aber die Originalität der Wendungen konnte er nur von ferne nachahmen. Die kindliche Unschuld des Ausdrucks verschwand, indem die gebrochene Sprache übereinstimmend, und das Unzusammenhängende verbunden ward. Auch konnte der Reiz der Melodie mit nichts verglichen werden« (Goethe 9/1992, 504). Goethe erzeugt durch diese Herleitungsfiktion eine mehrfache Brechung, die das Problem von Versprachlichung und Verschriftlichung ins Bewußtsein ruft. Das Beispiel der Mignon führt vor, daß glückende Kommunikation erst dort stattfinden kann, wo das Wort zugunsten des Gesanges in den Hintergrund rückt – »nur wenn sie den Mund zum Singen auftat, wenn sie die Zither rührte, schien sie sich des einzigen Organs zu bedienen, wodurch sie ihr Innerstes aufschließen und mitteilen konnte« (Goethe 9/1992, 626).

Diese Um-Schreibung des Gesangs muß mitgedacht werden, wenn es nun um Schumanns Vertonung geht. Schumann plaziert das Lied »Kennst du das Land« an erster Stelle, anders als im Roman, wo es, entsprechend dem Auftritt der Mignon, erst nach den drei Liedern des Harfners erscheint. Es ist zugleich das einzige Strophenlied des Zyklus. Die Anlage entspricht dem regelmäßigen Aufbau des Gedichtes mit seinen Wiederholungen, den formelhaften Apostrophen an einen Geliebten, Beschützer und Vater und dem sechsfachen Ausruf »dahin«.

Früh werden die zyklusbildenden musikalischen Motive vorgestellt. Schon mit Einsetzen der Gesangsstimme wird eine Neigung zu rezitativischer Deklamation hörbar. Die Aufhellung der Ausgangstonart g-Moll über die Serie der Lieder hinweg kündigt sich *in nuce* mit der Wendung nach F-Dur in Takt 7 an. Reich wird der Zyklus an jenen orchestral anmutenden Effekten sein, wie sie sich hier etwa beim rhythmischen Crescendo von duolischen hin zu triolischen Sechzehnteln

zeigen, die den Blick auf die ersehnte Ferne suggerieren mögen.

B-Dur als parallele Durtonart ist die Tonart der folgenden Ballade des Harfners, die noch bei Goethe an erster Stelle gestanden hatte. Wegen ihres Balladencharakters ragt die Vertonung ebenso aus dem Liedkomplex hervor wie die Arietta der Philine. Der schon im Roman genannten Harfe entspricht Schumann mit Akkorden im Klavier, die bald arpeggiert, bald in Sechzehntelfünftolen, Achteltriolen oder sogar -duolen ausgeschrieben werden. Vereinzelt – etwa bei »Der König sprach's, der Page lief«, »Gegrüsset seid ihr hohen Herrn«, »Ich singe, wie der Vogel singt« – wird mit Tonmalerei gearbeitet.

Das dritte Lied »Nur wer die Sehnsucht kennt« fällt in das anfängliche g-Moll zurück. Im Roman wird von einem Lied gesprochen, das »Mignon und der Harfner als ein unregelmäßiges Duett mit dem herzlichsten Ausdrucke sangen« (Goethe 9/1992, 603). Nicht wie zuvor auf ein südliches Land richtet sich die Sehnsucht, sondern sie bezieht – dies möglicherweise in Vorwegnahme der Verklärung und ›Auffahrt‹ des letzten Mignon-Gedichtes – den Blick ans »Firmament/ Nach jener Seite« ein. Die Vertonung dieser Zeilen sticht durch Hemiolen, die Wendung nach B-Dur und tänzerisches Nachschlagen der rechten Klavierhand hervor. Schumann weitet die emphatische kleine Sexte vom Anfang in den repriseartigen Takten 18 ff. zu einer Oktave aus. Auffällig ist auch der anfängliche Wechsel von Duolen zu Triolen, die neapolitanische Wendung über »es brennt/ mein Eingeweide« und der farbige Melodiegang *as'-f'-fis'-a'* (T. 35–37).

Mit dem vierten Lied, »Wer nie sein Brod mit Tränen aß« (c-Moll), noch einmal dem Harfner zugeschrieben, ist das subdominantische Feld erreicht. Deutlich fallen die Gedichtstrophen auseinander in ein Hier und Dort, Schilderung der eigenen miserablen Situation und Anklage. Zentral ist die Vorstellung einer Schuld, der der Mensch hilflos ausgeliefert ist. Die zweite Strophe mit ihrer Apostrophe an die »himmlischen Mächte« legt einen lebendigeren, dynamisierteren Vertonungsabschnitt nahe, Schumanns Vortragsanweisung lautet »Erst langsam, dann heftiger«. Sowohl mit der Ballade als auch dem vorigen Lied verbindet sich dieses vierte Lied über nachschlagende Achteltriolen und Arpeggien. Auch der neapolitanische Sextakkord findet sich hier, als Komplement der überraschenden Perspektivverschiebung bei »der kennt euch nicht, ihr himmlischen Mächte«. Reich ist der Klaviersatz an chromatischen Gängen und diffiziler Intervallik. Die Gesangsmelodie über »auf seinem Bette weinend saß« stellt eine scharfe, nachgerade schmerzlich verminderte Quinte aus, die abschließende Wiederholung der Sentenz »denn alle Schuld rächt sich auf Erden« überträgt das chromatische Prinzip in die Gesangslinie, nicht ohne dabei den Zielton g nach unten zu oktavieren. Trugschlüssig wird T. 28 an den Folgetakt mit seinem Gegenklang-Beginn angebunden – eine Wendung, die im folgenden Lied wieder begegnen wird.

Dieses führt trotz der zeitweisen Auflichtung nach Dur Genus und Grundtonart des vierten Liedes fort. »Heiss' mich nicht reden, heiss' mich schweigen!« nun erhält schon im Roman eine eigenartige Stellung. Man zeichne, heißt es, im Nachhinein ein Gedicht von Mignon auf, das sie öfters vorgetragen habe. Aus der Vorlage macht Schumann das wohl freieste Lied, reich an rezitativischen Passagen, an Tempo-, Genus- und Tonartwechseln, leidenschaftlich beginnend, derweil in einen »Adagio« überschriebenen Schlußteil mündend, der die ersten und letzten Gedichtzeilen nochmals erscheinen läßt. Die Melodieführung über »heiß' mich schweigen« in T. 13 f. mit dem angesprungenen fis' und dem als verminderte Terz angegangenen Vorhalt as' über g' erinnert an die letzten Worte des dritten Liedes, »weiß was ich leide«. Auch dort hatte Schumann die Melodie in ein Miteinander aus Chromatik und engen Terzintervallen eingefügt. Die Selbstreferentialität des Textes – Mignon bittet redend darum, schweigen zu dürfen – spiegelt sich in der Interaktion zwischen Gesangsstimme und Klavier: Während die Erklärung »allein das Schicksal will es nicht« vorgetragen wird, klingt im Klavier eine Sequenz zu der Fügung *des''-c''-g'* über den Worten »Ich möchte dir mein ganzes Inn're zeigen«: Überführung des verbal kommunizierten Wunsches, sich mitzuteilen, hinein in den musiksprachlichen Raum, das Instrument.

As-Dur scheint die Tonart des sechsten Liedes »Wer sich der Einsamkeit ergibt« zu sein. Gleichwohl gilt dies nur vorbehaltlich. Der Einstieg über

der Subdominante, die frühe Wendung nach c-Moll und das sporadische, wie zufällige Erscheinen der Tonika tragen dazu bei, daß das tonale Zentrum fast durchgängig verschleiert bleibt. Schumann setzt im Klavier einmal mehr fast durchgängig Achteltriolen, die er dann und wann durch Arpeggien oder in Sechzehntelreihen gebrochene Akkorde ablöst. Der Höhepunkt des Liedes ist mit den Worten »mich Einsamen die Pein« erreicht, der, indem er über einem verminderten Akkord eintritt, die Erinnerung an das vierte Lied (»in's Leben uns hinein«) wachruft.

Es-Dur ist die Tonart der folgenden Arietta der Philine »Singet nicht in Trauertönen«. Nachgerade als Antipode zur Klage des Harfners und den vielfältig gerichteten Sehnsuchtsbezeugungen der Mignon erscheint diese Nummer. Der klar gestaltete Satz, die überschaubare dreiteilige Form, der Verbund aus munterer, rhythmisch dichter Klavierbegleitung und koketter Stimmführung, der heitere, buffoneske Ton läßt die Komplexität der anderen Lieder um so deutlicher hervortreten.

So ist denn auch mit dem achten Lied »An die Thüren will ich schleichen« (Harfner) wieder c-Moll erreicht und das rasche Tempo durch ein langsames ersetzt. Bereits im Roman begleiten Trauer und Zurückhaltung die Darbietung: »Am dem traurigen Gesange […] erkannte er den Harfenspieler. Das Lied, das er sehr wohl verstehen konnte, enthielt den Trost eines Unglücklichen, der sich dem Wahnsinne ganz nahe fühlt« (Goethe 9/1992, 703 f.). Die Klavierbegleitung, deren Einstieg über der Dominante abermals eine Distanz zur Tonika c-Moll schafft (welche sich mit dem Schlußakkord nach Dur auflichten wird), setzt gleich anfangs eine gegenmetrische Betonung auf die Zwei des Taktes. Wie es zuvor so häufig geschehen war, bewegt sich auch hier der Klavierbaß in Oktaven. Bereits bekannt ist auch die Einsetzung von Vertreterklängen – auffällig der helle, nachgerade tröstlich klingende Trugschluß zu den Worten »Fromme Hand wird Nahrung reichen«.

»So laßt mich scheinen, bis ich werde«, das neunte und letzte Lied, stand schon bei Goethe an letzter Stelle. Der Text spielt beziehungsreich mit religiöser Metaphorik; Mignons rätselhafte Geschlechtslosigkeit wird hier bis zur Körperlosigkeit geführt. Während das erste Lied ihrer Herkunft galt, ist dieses Lied ihrer Hinkunft, Auffahrt und

Verklärung gewidmet. Rhythmisch und metrisch hat die Vertonung Ähnlichkeit mit dem vorangegangenen Lied, doch gerät die Betonung auf der Zwei des Taktes rasch in den Hintergrund, indem sich die ans Ende des Taktes gesetzte Sechzehntelfigur löst und Achteltriolen beginnen, das rhythmische Gewebe zu prägen. Das g-Moll des ersten Liedes, das ebenfalls der Mignon zugedacht gewesen war, hellt sich nun nach Dur auf. Die Modulation in die strahlende Subdominante C-Dur, die mit den Worten »und keine Kleider, keine Falten/ umgeben den verklärten Leib« erreicht ist, steigert den Effekt. Noch einmal arbeitet Schumann mit auffälliger Intervallik. Schon der Übergang vom dritten in den vierten Takt überspannt im Gesang eine verminderte Quinte. Ein früher Höhepunkt des Liedes ist mit den Worten »ich lasse dann die reine Hülle« erreicht: Der Zwischendominante folgt nicht die Subdominante C-Dur bzw. c-Moll, sondern trugschlüssig ein satter Akkord über Es.

Es mögen diese eigenwilligen Effekte gewesen sein und die Anforderungen an Sänger, Instrumentalisten und Hörer, die die Kritik der Zeitgenossen auf den Plan riefen. Die Lieder enthielten »zu viel von der unerquicklichen Manier des Componisten«, schrieb beispielsweise Theodor Uhlig 1851 in der *Neuen Zeitschrift für Musik* Uhlig gefiel zwar das »heitere Lied Philinen's«, das Strophenlied »Kennst du das Land« und die Ballade des Harfners. »Die übrigen sechs Lieder jedoch, deren Gedichte seiner subjectiven Neigung nur zu willig Vorschub geleistet, sind mit geringen inneren Unterschieden in der Hauptsache als unerquicklich zu bezeichnen, obwohl sie die eben besonders angeführten drei Lieder an musikalischer Originalität und Tiefe der Auffassung ohne allen Zweifel übertreffen« (NZfM 35, Nr. 21, 21.11.1851, 220). Die Beargwöhnung von Schumanns letztem großen Liedzyklus hat sich bis in unsere Zeit gehalten. Noch Eric Sams äußert sich verwundert über einige Lieder aus op. 98a – die »disjointed and wilful music must be among the strangest examples offered of an art that is essentially unitary, intimate and responsive to language« (Sams 1969, 222), schreibt er über das Lied »Heiss' mich nicht reden«. Für das letzte Lied hat er nur mehr Verachtung übrig: »Ideas gleam and fade; nothing coheres. [...] in the music as a whole not a flicker of life, despite the palpably intense effort of crea-

tion« (Sams 1969, 226 f.). Mahlert hingegen konzediert eine ›unnatürliche‹ Sprachgestaltung, insofern diese »weder in der musikalischen ›Natürlichkeit‹ quadratischer Korrespondenzmelodik aufgeht noch die ›Natürlichkeit‹ der Sprachmelodie als oberstes Postulat erstrebt« (Mahlert 1983, 142), spricht sich aber zugleich dafür aus, den Spätstil Schumanns als eigene Erscheinung zu betrachten und nicht allein vor der Folie der Kompositionen des Liederjahres zu beurteilen.

Tatsächlich hebt sich Schumanns op. 98a nicht nur von den Liedern der ersten großen Schaffensphase, sondern auch von den zeitgleich entstandenen ab. Zentrale Faktoren sind dabei die liederspielartige Konstellation, die durch den Handlungshintergrund eigentümlich eingefärbt wird, ein besonderes Wort-Ton-Verhältnis, das zu einer Vertonungsweise führt, die sich den Worten taktweise anpassen und verändern kann, derweil orchestral anmutende, hochexpressive musikalische Mittel aufgeboten werden, und ein durch diese beiden Strategien in den Blick gerücktes Moment von Öffentlichkeit, das dem Genre ›Lied‹ zu diesem Zeitpunkt noch fremd zu sein scheint.

»eines jener wunderbegabten Wesen«

Die Kulmann-Lieder op. 103 und 104

Als Tochter deutschstämmiger Eltern wurde Elisabeth Kulmann 1808 in St. Petersburg geboren, wo sie bereits 1825 starb. Elf Sprachen, heißt es, habe sie gesprochen, zahlreiche Gedichte, Übersetzungen und Märchen verfaßt. Seit den 1830er und 1840er Jahren begann man auch in Deutschland, sich für die Lebensgeschichte des Wunderkindes zu interessieren. Daß ihr Herausgeber Karl Friedrich von Großheinrich massiv auf das Werk der früh verstorbenen Autorin Einfluß nahm, wird den Zeitgenossen kaum bewußt gewesen sein. Ende Mai und Anfang Juni 1851 komponiert Schumann insgesamt zwölf Lieder auf Gedichte Kulmanns. Elf sind als op. 103 und 104 erschienen, eines blieb verschollen.

Beide Liedsammlungen werden noch im Oktober des Jahres publiziert. Op. 103, »vier ganz leichte« (Brief an Julius Kistner, 10.6.1851, Erler II,

150 f.) *Mädchenlieder nach Elisabeth Kulmann*, die am 30. Mai entstanden waren, umfaßt für Klavier und Gesangsstimme gleichermaßen überschaubare, wenig virtuose Liedminiaturen, in denen die beiden Gesangsstimmen rhythmisch fast durchgängig parallel geführt werden. Anders als sonst verfährt Schumann mit seinen Vorlagen recht frei, indem er immer wieder ganze Strophen daraus tilgt. Die *Sieben Lieder für eine Singstimme nach E. Kulmann* op. 104 sind demgegenüber komplexer. Schumann hat hier eine Art Requiem für Elisabeth Kulmann verfaßt, eine huldigende Lebensnachzeichnung in Wort und Klang. Ein »Liederheft eigenthümlicher Art« (Erler II, 150 f.) nennt er selbst die annotierte Komposition (Brief an Kistner). Im Erstdruck stellt er den sieben Liedern eine Widmung voran, in der er Kulmann »eines jener wunderbegabten Wesen« nennt, »wie sie nur selten, nach langen Zeiträumen auf der Welt erscheinen«. Die »Dichterin in manche Kreise einzuführen, wo sie bis jetzt noch nicht gekannt«, macht er ausdrücklich zum Zweck seiner Komposition. Jedes einzelne Gedicht dann erläutert er mit Blick auf eine Lebensstation der Dichterin. »Mond, meiner Seele Liebling,/ Wie siehst du heut so blaß?/ Ist eines deiner Kinder,/ O Mond, vielleicht unpaß?« reimt etwa der Anfang der Textvorlage zum ersten Lied (g-Moll). Schumann bemerkt, es handele sich um eines der zahlreichen Gedichte an die eigene Mutter, die Kulmann »mit zärtlicher Liebe bis an ihr Ende verehrte«. Nach B-Dur dann wendet sich das lebhafte zweite Lied »Viel Glück zur Reise, Schwalben!«, das Schumann immer wieder mit raschen Arpeggien durchsetzt. In dem betreffenden Text erkennt er den Beleg dafür, daß die Dichterin »eine warme Patriotin« gewesen sei. Wiederum in g-Moll steht das dritte Lied »Du nennst mich armes Mädchen«, das mit dem Perspektivwechsel – das lyrische Ich bittet, sich doch einmal »mein nied'res Hüttchen« anzusehen – eine veränderte Begleitung vorstellt. Schumann wertet die Binnenpassage des Liedes durch die Anweisung »Lebhafter« bzw. »Schneller« auf: Im Vergleich mit den sparsamen Liegeakkorden des Anfangs entsteht nun tatsächlich der Eindruck einer Nahaufnahme. B-Dur ist noch einmal die Tonart des vierten, graziösen Liedes »Der Zeisig«. Es ist ein recht schlichter Text über den Wettgesang zwischen lyrischem Ich und Zei-

sig, den Schumann hier ausgewählt hat: »So reizend naive enthalten die Dichtungen jener Zeit an die Hundert«, annotiert er. Sechzehntel in Terz- und Quartbewegungen dann zeichnen den Hintergrund des fünften Liedes »Reich' mir die Hand, o Wolke«. Schumann beginnt in c-Moll und stabilisiert die Grundtonart g-Moll (am Ende des Liedes aufgeklart nach G-Dur) erst mit dem fünften Takt. Elisabeth Kulmann habe sich »visionsartig mit ihren Hingeschiedenen« (Schumann) beschäftigt; die Textvorlage liest er als sprachgewordene Todesahnung. Sie intensiviert sich mit dem sechsten Gedicht »Die letzten Blumen starben« (g-Moll), das im Sterben der Blumen die Antizipation des eigenen Sterbens erkennt. »Ein Gedicht voll trüber Todesahnung«, schreibt Schumann und komponiert einen langsamen Satz mit nahezu deklamierender Gesangsstimme. Der Gegenklang Es-Dur ist die Tonart des letzten Liedes »Gekämpft hat meine Barke« – »Wohl kurz vor ihrem Ende gedichtet.« Fast wie eine Anklang an das letzte Lied aus op. 98a erscheint dieser Blick der Sprecherin auf den eigenen Tod, nicht zuletzt wegen des motivisch verwandten Beginns in der Klavierstimme und der rasch laufenden Akkordachtel in der rechten Hand. Mit den nachgestellten Worten aber beginnt auch Schumann zu dichten: »So schied sie von uns, leicht wie ein Engel, der von einem Ufer zum andern übersetzt, aber in weithinleuchtenden Zügen die Spuren einer himmlischen Erscheinung zurücklassend.« So großen Eindruck machte seine Komposition auf den Kulmann-Herausgeber Großheinrich, daß dieser eine Sendung der 6. Auflage ihrer *Dichtungen* an Schumann veranlaßte.

Die Lieder op. 107, 117, 119, 125 und 127

Unbekannt sind heute zumeist die Dichter von Schumanns *Sechs Gesängen für eine Singstimme* op. 107, im Januar und Spätsommer 1851 sowie einige Monate darauf, im Januar 1852, komponiert. Von dem mit Schumann persönlich bekannten Titus Ullrich stammt die Vorlage zum Lied »Herzeleid« (e-Moll), einer recht unglücklich geratenen Bearbeitung des Ophelia-Motivs, das Schumann in

Bebilderung der ersten Gedichtzeile »Die Weiden lassen matt die Zweige hangen« mit einem präzise zu artikulierenden Immer-wieder-Hinab gebrochener Akkorde ausstattet. Ullrich war es auch, dessen an zweite Stelle gesetztes, metrisch recht holpriges Fensterputzerinnengedicht »Die Fensterscheibe« (h-Moll) reimt: »Hast mich ja nicht einmal angeblickt,/ als leis mein Herz geknickt.« Von Eduard Mörike stammt »Der Gärtner«, an dritte Stelle gesetzt und in ein helles D-Dur sich wendend. Zuverlässig wiederkehrende Triolenbewegungen – nicht etwa galoppierende Akkordrepetitionen – geben den Eindruck des elegant sich bewegenden »Leibrößleins«. Motivgeschichtlich gut eingeführt sind dagegen die auskomponierten Kreisungen der »Spinnerin« (wiederum h-Moll) im nächsten Lied. Über der ostinaten Akkordik des Klavierbasses spinnt sich ein Faden, der das ganze Lied hindurch gehalten wird. Schumann ändert schon Heyses erste Strophe »Auf die Nacht in den Spinnstuben/ Da singen die Mädchen,/ Da lachen die Dorfbuben,/ Wie flink gehen die Rädchen!«, so daß sie nun lautet: »Auf dem Dorf' in den Spinnstuben/ sind lustig die Mädchen./ Hat Jedes seinen Herzbuben,/ wie flink geht das Rädchen!« Auch das lyrische Ich des folgenden Gedichts ist einsam. »Ich zieh so allein/ In den Wald hinein«, hebt jede der drei Strophen von Wolfgang Müller von Königswinter an. Auffällig an der Vertonung in a-Moll sind die agogischen und dynamischen Gegensätze. Schumann deutet die ersten Verse ins Positive um und läßt seine musikalischen Strophen »Ziemlich lebhaft« beginnen, nimmt aber diese Heiterkeit mit der je letzten Zeile zurück – sie hatte auch bei Müller stets »Voll Pein!« gelautet. Eine barkarolenartige Atmosphäre schließlich charakterisiert das »Abendlied« (C-Dur) auf einen Text von Johann Gottfried Kinkel. Schumann hat nur die äußeren beiden Strophen des vierstrophigen Gedichtes vertont.

Mitte März 1851 entstehen die *Vier Husarenlieder* auf Texte von Nikolaus Lenau. Im Oktober 1852 veröffentlicht, stellt dieses op. 117 einen der raren Liedkomplexe für Baßstimme dar. Rollengedichte, die das Leben des gemeinen Soldaten schildern, liegen den Liedern zugrunde. Sie zeichnen das Bild eines zwischen Wein, Weib, Gesang und Kampf hin- und hergerissenen, dem zivilen mehr als dem kriegerischen Leben zuneigenden

Charakters; radikalisierende Züge sind von Anfang an auszumachen. Albrecht Riethmüller hat darauf hingewiesen, daß der enge inhaltliche Hintergrund des Soldatenliedes für die Musik durchaus von Vorteile sein kann: »Ein illustrativer Raum entsteht, Fanfaren, Marsch, Schlachtschilderungen, Tonmalereien werden eröffnet« (Riethmüller 1993, 46). Signalhafte Wendungen bestimmen denn auch die Vertonungen. Dem wiederholten »trara« des ersten Gedichtes »Der Hußar,/ Trara!/ Was ist die Gefahr?« entspricht schon der fortissimo und unisono geführte Einsatz im Klavier, ferner die Prominenz des gebrochenen Quartsextakkordes. Mit dem zweiten Lied wendet sich das vormalige B-Dur nach g-Moll. Punktierungen prägen die marschmäßige Vertonung eines Textes, der das Gespräch des weindurstigen Soldaten mit seinem blutrünstigem Säbel wiedergibt – jener kann in Friedenszeiten, dieses nur im Kriege trinken. Schumann halbiert die Strophenzahl, indem er jeweils zwei Textstrophen in eine musikalische fügt. Sonderbar scheint auch die Vorlage zum dritten Lied mit seiner Zeichnung zweier sehr verschiedener Welten und der Umwertung einzelner Motive: Hier ging der Sprecher eben noch »lustigen Geigern« nach, dort nun musiziert »Kanonengebrumm«. Schwere Oktavgänge im Klavierbaß und eine holzschnittartig einfache Akkordik prägen die Vertonung in Es-Dur. Schumann läßt das Lied nicht mit den überdeutlich lautmalerischen Versen »Kanonengebrumm/ musicirt herum« enden, sondern bringt eine Reprise der ersten Strophe, rundet also den Gegensatz des Textes im Lied zu einer A-B-A'-Form. Von c-Moll nach C-Dur hellt sich ganz zuletzt das vierte Lied »Da liegt der Feinde gestreckte Schaar« auf. Es ist ein dem Geschehen nachgeordneter Text; den Husar rufen neue Aufgaben, »und weiter springt sein lustiges Pferd/ mit rothem Huf«. Deutlich sind die tonmalerischen Effekte, der Trompetenruf und das Springen des Pferdes zu vernehmen.

Auf den 27. September 1851 sind die *Drei Gedichte aus den Waldliedern von G. Pfarrius* zu datieren, die als op. 119 im Mai 1853 erscheinen werden. Punktierte Rhythmen, jenen nicht unähnlich, die Schumann an den Anfang von op. 77 stellt, prägen den Gang des ersten Liedes »Die Hütte« (»Im Wald, in grüner Runde«, G-Dur). Ins Sonderbare dann ist das zweite Lied »Warnung« (h-Moll) gewendet mit seinen Anklängen an das von Schumann als op. 96/1 vertonte Goethesche »Ein gleiches« – »o schweige, Vöglein, schweige,/ du singst dich in den Tod!«, heißt es hier – und Eichendorffs »Zwielicht«. Mit der Dämmerung beginnt auch dieses Gedicht. Eine immer von neuem herabsinkende Leiter aus synkopiert gesetzten Achteln und Vierteln, die mitunter in langen Akkorden innehält, bestimmt den Klaviersatz. Heitere Akkordschläge dann prägen die Vertonung des an dritte Stelle gesetzten Zwiegesprächs »Der Bräutigam und die Birke«, abermals in G-Dur.

Im Juni und Juli 1850 sowie im Januar 1851 komponiert Schumann die *Fünf heitern Gesänge für eine Singstimme* op. 125. Vom »Frühlingslied« (A-Dur) auf einen Text von Ferdinand Braun geht es zu der filigranen »Frühlingslust« (Heyse, D-Dur) über die deutlich auf die »Silberglöcklein« der Textvorlage reagierende »Meerfee« (von Buddeus, wieder in A-Dur) bis hin zur derben Lebhaftigkeit von »Jung Volkers Lied« (E-Dur) auf einen Text von Mörike. Fort von den hellen Kreuztonarten, hin nach B-Dur wendet sich auf einmal das letzte Lied »Husarenabzug« (Candidus) mit seinen auskomponierten Trommelwirbeln.

Bekannter geworden sind die *Fünf Lieder und Gesänge von J. Kerner, H. Heine, Graf Strachwitz und Shakespeare* op. 127, vielleicht, weil Schumann hier mit Kerner oder Heine Dichter vertont, denen er sich an anderer Stelle ausführlich zugewandt hat, vielleicht aber auch, weil die Vertonungen hörbar einer früheren Zeit entstammen. Schumann kompiliert Kompositionen aus zwei verschiedenen Jahren. Aus dem Liederjahr 1840 sind vier der fünf Nummern, einzig die vierte ist Anfang August 1850 entstanden. G-Moll ist die Tonart des ersten Liedes »Sängers Trost« (Kerner), in dem sich ein getragenes Tempo mit unablässigen, wenn auch zurückhaltenden Sechzehntelfiguren im Klavier verbindet. Ostinat durchgehalten werden auch die Sechzehntel in Heines an Todesahnung reichem Liebesgedicht »Dein Angesicht« (Es-Dur), unmerklich freilich, sieht Schumann doch feine Temponuancierungen vor und pflegt an einigen Stellen, etwa in der Passage T. 11–14, farbintensive Harmoniewechsel – dort geht es vom trügerisch hellen Gegenklang G-Dur plötzlich in die Zwischendominante über Des nach Ges-Dur. Feurig wirkt dagegen Heines »Es leuch-

tet meine Liebe« (g-Moll), wie das vorangegangene Lied einst dem Liedkomplex, der später als op. 48 publiziert werden sollte, zugehörig. Schumann setzt den bizarren, selbstbezüglichen Text, der eine Vielzahl romantischer Motive auf engstem Raum zusammendrängt, in einen 12/8-Takt, der von stetig auf- und abwallenden Akkordbewegungen und -repetitionen lebt. Einmal mehr müssen dann bei »Mein altes Ross« (e-Moll, Strachwitz) punktierte Rhythmen für das Motivfeld des Soldatischen einstehen – wenn der Text auch wenig mehr als den Traum eines Soldaten darstellt, der sich an frühere Zeiten erinnert: »Mein Kamerad,/ wie Schad', wie Schad',/ das Alles, Alles ist aus!« Ein Kehraus ist die fünfte, mehr heiter vorzutragende als zu singende Nummer der Sammlung, das recht sinnfreie »Schlusslied des Narren« aus Shakespeares *Was ihr wollt* (a-Moll). Die Komposition stellte seinerzeit, im großen Liederjahr 1840, den Auftakt für Schumanns Hinwendung zum Lied dar.

Der letzte Zyklus – *Gedichte der Königin Maria Stuart* op. 135

»Robert beschenkte mich mit Liedern nach Texten der Maria Stuart«, notiert Clara Weihnachten 1852 in ihrem Tagebuch, »sein erster Kompositionsversuch nach langer Zeit wieder« (Litzmann II, 269). Fünf der schottischen Königin Maria Stuart (1542–1587) zugeschriebenen Gedichte, die Gisbert Freiherr Vincke ins Deutsche übertragen hatte, gaben die Vorlage für Schumanns letzten Liedzyklus *Gedichte der Königin Maria Stuart für eine Singstimme* op. 135, der wahrscheinlich noch im Sommer 1855 erschien. Es sind schwere Lieder geworden, die tonartlich im engen Kreis von e-Moll und a-Moll verbleiben. »Abschied von Frankreich«, vor dem Hintergrund des Lebensweges einer Königin zu verstehen, die Kindheit und Jugend in Frankreich verbrachte, wird von Schumann mit jener fließenden Sechzehntelbegleitung ausgestattet, die, wenn auch hier melancholisch zurückgenommen, noch einmal an die Faktur des früheren Liedschaffens erinnert. Anders sind die vier weiteren Lieder des Zyklus beschaffen: Eine langsame, innerlich wirkende Akkordik, über dem die Singstimme das Gebet »Nach der Geburt ihres Sohnes« vorträgt, prägt das zweite, plagal endende Lied. Ähnlich nach innen gewandt, indes durch die vielen, oft angesprungenen Vorhalte in der Singstimme mit einem bitter flehenden Ton versehen, wirkt das »Gebet« des fünften Liedes. Bewegt gestaltet sich dagegen das dritte Lied mit seinen strengen Punktierungen, der Brief »An die Königin Elisabeth«. Das vierte Lied, »Abschied von der Welt«, thematisiert einmal mehr die Situation einer Frau, die in ihrem Leben »schwer gestrafet« wurde und der allein die »Todesfreudigkeit« bleibt. Sparsame Gesten walten vor – ein deklamatorischer Duktus, einfache Akkorde, die leitmotivisch wiederaufgenommene diatonische Abwärtslinie des ersten Klaviertaktes.

Die nachgelassenen Lieder op. 142

Die durchgängig bereits 1840 komponierten *Vier Gesänge für eine Singstimme* op. 142 zählen zum nachgelassenen Werk. Veröffentlicht wurden sie erst im Januar 1858. Lange hat man geglaubt, das vierte Lied dieser Sammlung, »Mein Wagen rollet langsam« (Heine), sei Schumanns letzte Liedvertonung gewesen. Tatsächlich entstand sie wie das zweite Lied im Kontext der Komposition der *Dichterliebe* op. 48 – Schumann isolierte bekanntlich vier Kompositionen aus der anfänglich zwanzig Nummern umfassenden Gruppe. »Mein Wagen rollet langsam« war im Liedband an sechzehnter Stelle plaziert und mit dem Vermerk »29 u. 30 Mai« versehen worden. Es ist die Schilderung einer Traumfahrt. Dem lyrischen Ich, auf Reisen durch »lustiges Waldesgrün« erscheinen beim Sinnen und Träumen, dem Denken an die Liebste auf einmal »drei Schattengestalten«: »Sie huschen und schneiden Gesichter/ So spöttisch und doch so scheu/ Und quirlen wie Nebel zusammen/ Und kichern und huschen vorbei.« – die insgesamt dreimalige Nennung des Verbs »huschen« verdankt sich Schumanns Eingriff in den Text und schafft eine deutliche Beziehung zur Dreizahl der Schattengestalten. Schumann bezieht den plötzlichen Fiktionsbruch schon dort ein, wo sich der Fokus auf die sinnende Person selbst richtet: Von den

kontemplativen, in Orgelpunkte eingetauchten Akkordbrechungen des Anfangs in B-Dur wendet er sich bereits in T. 17 in ein recht entlegenes Des-Dur und zu spröden staccato-Akkorden. Ein bedächtig schreitendes, immer wieder zitiertes Repetitionsmotiv hatte dagegen den an erste Stelle gesetzten »Trost im Gesang« (Es-Dur) auf einen Text von Justinus Kerner eingeleitet; das lyrische Ich zog hier eine Verbindung zwischen dem in der Nacht Wandernden und der eigenen desolaten Situation. Stürmische Triolen dann prägten die Heine-Vertonung »Lehn' deine Wang' an meine Wang'« (g-Moll), die im zweiten großen Liedband noch an sechster Stelle der späteren *Dichterliebe* op. 48 gestanden hatte. »Schwermuth im Frühling« hatte das folgende Lied noch in der Liedband-Eintragung geheißen – nun nennt Schumann es »Mädchen-Schwermuth« (e-Moll). Der Text stammt von Lilly Bernhard, einer Hamburger Freundin Claras. Schumann notiert eine Begleitung, die sich den Baßraum erst nach und nach erschließt. Auch die Führung der Gesangsstimme greift anfangs kaum über den Raum der Quart hinaus.

Einzelne Balladen und Melodramen

Schon im Februar 1840 entstand die durchkomponierte Ballade *Belsatzar* op. 57 auf die gleichnamige Ballade Heines über die im Buch Daniel 5, 1–30 geschilderten Ereignisse um den babylonischen König Belsazar, der sich an den Beutestücken aus dem Tempel von Jerusalem vergreift und für diese Gotteslästerung schwer bestraft wird. Schumann trägt die Ballade an erster Stelle in den ersten großen Liedband ein. Die rastlosen Sechzehntel, die er gleich anfangs einführt, ohne mit ihnen allerdings die Tonika e-Moll zu installieren, werden lange beibehalten; beim Schwenk auf die Knechtschar, die »Beifall brüllt«, verfällt er kurzzeitig in spitze Akkordik, dann in ein fast vulgäres Unisono. Mit dem Ausruf des Königs »ich bin der König von Babylon!« ist der erste Höhepunkt des Liedes erreicht. Eine radikale Wendung tritt bald danach mit einer veränderten Begleitung ein. Leise, gleichmäßige Akkordrepetitionen mögen für die plötzliche Bangigkeit des Königs stehen – auf jeden Fall aber stimmen sie auf die sich ankündigende Katastrophe ein. Tief aus dem Klavierbaß hervor entspinnt sich unter den Akkordrepetitionen eine chromatische Linie. Die Gesangsstimme wird um das e' herum arretiert, bis sie in einen gänzlich trockenen Rezitationston erreicht. »Leise und deutlich zu recitieren«, schreibt Schumann über die antiklimaktische Schlußpassage. Mit einem Plagalschluß endet das Lied.

Schillers lange Ballade *Der Handschuh*, vom ihm selbst noch »Erzählung« genannt, ist der wohl prominenteste der drei Texte des Dichters, die Schumann vertont. Das freie Metrum und eine ungewöhnlich variabel geführte Reimung geben der Vorlage den Eindruck subtil kontrollierter Freiheit. Geschildert wird eine Szene in einem mittelalterlich anmutenden Löwengarten: Vor aller Augen erlaubt sich Fräulein Kunigund, ihren Handschuh in den Zwinger zu werfen und zu Ritter Delorges zu sprechen: »›Herr Ritter, ist eure Lieb' so heiß,/ Wie ihr mir's schwört zu jeder Stund',/ Ei, so hebt mir den Handschuh auf!'« Der Ritter steigt gelassen hinab und bringt den Handschuh wieder, doch wirft er ihn dem Fräulein ins Gesicht: »›Den Dank, Dame, begehr' ich nicht!'/ Und verläßt sie zur selben Stunde.« Schumann läßt seine Ballade op. 87 in D-Dur anheben, führt sie aber mit der Schilderung des Einzugs der Raubtiere rasch nach d-Moll. Für den Handschuhwurf der Kunigunde und die Rettungsaktion des Ritters zeichnet er später fis und cis vor, doch ist wegen der überaus reichen harmonischen Bewegung – die im übrigen die gesamte Ballade charakterisiert – kaum zu entscheiden, ob diese Passage eher in D-Dur oder in h-Moll steht. Im Klavier arbeitet Schumann fast durchgängig mit Akkorden. Pianistische Oberstimme bzw. Gesangsführung sind von signalhaft starken Quart- und Oktavsprüngen geprägt, und nur ein einziges Mal, nur für die Frage »ist Eure Lieb' so heiss«, ist eine winzige Kantilene eingefügt. Der rezitativische Ton der Gesangsstimme, wenngleich vollständig auskomponiert, rückt den *Handschuh* in die Nähe der Melodramen Schumanns. Im selben Jahr 1849, in dem op. 87 entsteht, komponiert er eine Fassung für Chor.

Der Verleger Julius Kistner lehnte die Veröffentlichung von *Schön Hedwig* (Hebbel) op. 106

ab, eines Werkes, das Schumann »wie noch nicht existirt und von sehr eigenthümlicher Wirkung« beschrieb, »wie sich das in geselligen Kreisen kundgab, wo wir die Ballade manchmal aufführten« (Brief an Kistner, 17.12.1852, Erler II, 182). Entstanden war sein Melodram auf einen Text von Hebbel kurz vor Weihnachten 1849. Die Erstausgabe sollte erst dreieinhalb Jahre später im Mai 1853 erscheinen. Wie bei den Melodramen op. 122/1 und 2 fügt Schumann Text und Musik, Stimme und Instrument auf radikale Weise zusammen und gleichzeitig auseinander.

Die mit musikalischen Mitteln angereicherte Rezitation des Textes steht in den drei Melodramen Schumanns im Vordergrund. Frei bleibt die Stimme von jeder Anweisung zu Tonhöhe, Tonlänge oder Ausdruck, und immer wieder werden ganze Zeilen oder sogar Zeilengruppen ohne jede Klavierbegleitung gesprochen. Es war kein Geringerer als Eduard Hanslick, der als Zeuge einer Aufführung der beiden Schumannschen Hebbel-Balladen durch Clara Schumann und Marie Seebach notierte: »Obwohl grundsätzlich gegen dies melodramatische Genre eingenommen, in welchem sich die Musik vom gesprochenen Worte spröde sondert, wie Oel und Wasser, und eine Kunst die andere beeinträchtigt, anstatt sie zu mehren – konnten wir uns doch diesmal eines verhältnismäßig reinen Eindrucks erfreuen« (Hanslick 1979, 106).

Hebbels zwölfstrophige Ballade *Schön Hedwig* schildert eine aus der Volksdichtung bekannte Prüfungssituation, die sich mit einer Brautwerbung verknüpft. Freilich ist sie hier seltsam modifiziert: Dem Ritter im Kreise seiner Vasallen naht das junge Mädchen Hedwig, das von ihm drei Fragen erhält: wohin sie komme, wohin sie gehe, warum sie ihm stets folge. Schließlich fragt er sie sogar, ob sie ihn liebe – mit dem Blick, den der Erzähler an dieser Stelle auf die aufmerksam zuhörende Gesellschaft richtet, ist ein minimal retardierendes Moment eingefügt. Hedwig bejaht und wird, obzwar sie sich der Unziemlichkeit ihres Geständnisses bewußt wird, vom Ritter zur Braut genommen.

Ein prachtvoll mit Akkorden, Oktaven und punktierten Rhythmen ausgestattetes, »Festlich heiter« überschriebenes D-Dur-Vorspiel macht den Anfang der Vertonung Schumanns. Motive wie die kraftvoll angesprungene Sexte oder die Punktierungen werden immer wieder auftauchen, überhaupt das Vorspiel gegen Ende der Rezitation des Textes noch einmal ausführlich zitiert. Über einem einfachen Liegeakkord in D beginnt nun die Deklamation des Textes. Mit den Zeilen, die dem Eintreten Hedwigs zugeordnet sind, belebt sich das Geschehen im Klavier, das tiefe Register wird zugunsten des Mittelregisters verlassen und filigrane Linien über Akkordrepetitionen durchbrechen die Statik des Anfangs. Damit ist die Gegensätzlichkeit der Charaktere etabliert. Die nachfolgenden Passagen werden hie und da mit bereits bekanntem Material arbeiten, sind aber – womöglich der wenig spektakulären Handlung entsprechend – klanglich zurückhaltend angelegt, anders, als es etwa bei der *Ballade vom Haideknaben* oder den *Flüchtlingen* (op. 122/1 und 2) der Fall ist.

Schumanns *Ballade vom Haideknaben* op. 122/1 auf einen Text von Hebbel schildert die furchtbare Tragödie eines Jungen, der den eigenen Mord träumt, aufwacht, von seinem Meister mit »dreissig Thalern zum Haideort« geschickt wird, auf dem Weg einen Hirtenknecht um Hilfe bittet und von diesem um des Geldes willen erschlagen wird. Zum Ende werden die erzählerischen Stränge, wird die Traumsequenz mit dem nun Geschehenden enggeführt: »›Er zog ein Messer!‹ – War das, wie dies? –/ ›Ach ja, ach ja!‹ – Er zog's? – ›Und stieß‹ –/ Er stieß Dir's wohl so durch die Kehle?/ Was hilft es auch, dass ich dich quäle?«

Die Komposition des Melodrams, die Schumann dem 1828 geborenen Komponisten Carl Debrois van Bruyk widmete, stand am 15. September 1853 auf der Agenda. Während Schumann die Vorlagen zu den zwei anderen, zuvor entstandenen Melodramen längst in sein Abschriftenbuch aufgenommen hatte, verdankt sich die Entstehung von op. 122/1 van Bruycks Zusendung einer Eigenkomposition. »Sie haben gewissermaßen«, wird Schumann am 18. November 1853 an ihn schreiben, »auch Schuld an der Composition des ›Haideknaben‹, denn ohne die Ihrige wäre sie mir vielleicht als musikalisch behandlungsfähig entgangen« (BNF, 383).

Herabtrudelnde chromatische Figuren im Klavier verschleiern zunächst die Grundtonart h-Moll. Überall dort, wo von den Träumen und

Ängsten des Knaben die Rede ist, werden sie wiederauftauchen. Ihnen gegenübergestellt ist die klar identifizierbare Akkordik eines anderen Erlebnisbereiches – dem des Meisters, des Hirten und des Knechts. Tremolierende Oktaven mögen für die Winde über der Heide stehen, für das mitleidigschaurige Flüstern der Blätter und die Dramatik der Verführungssituation. Gegen Ende, zu den Worten »Die Taube erzählt wie der Knabe/ geweint und gebetet habe« legen sich dieselben Tremoli noch einmal unter die Erzählung. Nach H-Dur wendet sich dann der Schlußakkord.

Von Percy Bysshe Shelley, selbst mehrfach Flüchtling und Durchbrennender, stammt die Vorlage zu Schumanns drittem Melodram *Die Flüchtlinge* op. 122/2. Der Text liegt Schumann in der Übersetzung durch Julius Seybt vor. Elf dynamische Strophen aus je vier zweihebigen und einem oft nur einhebigen letzten Vers, die kurz vor Ende vorübergehend von einer metrisch erratischen Passage abgelöst werden, schildern ein Unwetter auf See und blenden hinein in das intime Gespräch zweier fliehender Liebender. Dann richtet sich der erzählerische Blick zurück an Land, wo der Bräutigam steht, »bleich/ Vor Scham« und ein Greis einen Fluch ausspricht, »Wie aus Vaters Munde/ Nie kam!« Auch dieses von Schumann am 13. Juni 1852 und 16. September 1853 komponierte Stück ist van Bruyck zugeeignet. Schumann hebt an mit auf dem Leitton gis beginnenden, huschend aufsteigenden A-Dur-Tonleitern, die im Abwärtslauf durch g und f geführt werden. Über einer tremolierenden Oktave auf d, der Grundtonart d-Moll entsprechend, beginnt dann bald die Deklamation des Textes. Tremoli, eilig durchsprungene Akkorde und glissandischnelle Läufe werden die gesamte Vertonung prägen.

Mehrstimmige Lieder

Ein gutes Viertel der Lieder, die Schumann komponiert, sind für mehrere Stimmen mit Begleitung des Klaviers gesetzt. Schon im Liederjahr 1840 beginnt Schumann mit der Komposition von solcherart mehrstimmigen Liedern. Die Mutter der mit Schumann befreundeten Julie von Webenau, Josephine von Baroni-Calvacabò, geb. Castiglione, ist Widmungsträgerin der *Drei mehr-stimmigen Lieder nach Emanuel Geibel* op. 29. Sie entstanden Ende Juli/Anfang August und im Oktober 1840. Woher Schumann die Textvorlage bezog, ist nicht bekannt, kamen doch die *Gedichte* Geibels erst im Oktober des Jahres heraus. Freilich wurde das dritte der vertonten Gedichte schon 1838 in *Büchners Deutschem Taschenbuch* herausgegeben, den Text von Nr. 2 kannte Schumann wohl durch eine Vertonung von Johanna Mathieux von 1838.

Ganz einer herzigen, detailliert ausgemalten Szenerie ist das an erste Stelle gesetzte »Ländliche Lied« verpflichtet, das bei Geibel noch »Frühling« hieß. Von der schneeweißen Primel ist hier die Rede, der Kirschblüte am Baum, den Vöglein und dem Sonnenglanz – Geibel schildert ungebrochen, was Heine in Gedichten wie »Mein Herz, mein Herz ist traurig« aufnehmen, aber zugleich ironisch entstellen wird. Schumann wählt G-Dur als Tonart und läßt die zwei Soprane mit einer munter nach oben weisenden Tonleiter quasi-kanonisch einsetzen. »Langsam« ist dagegen das folgende »Lied« für drei Stimmen überschrieben (g-Moll), die Klage einer Verlassenen. Für den Vers »denn du bist fern«, an das Ende jeder der drei Strophen gestellt, fügt Schumann die oft imitatorisch verlaufenden Stimmen jeweils für einen kurzen Moment homophon zusammen. Ausdrücklich »für kleinen Chor (Triangel und Tambourin ad libitum)« vorgesehen ist das an dritte Stelle gesetzte »Zigeunerleben«.

Im Juni 1840 komponierte Schumann die *Vier Duette* op. 34 auf Texte von Robert Reinick, Robert Burns und Anastasius Grün. A-Dur ist die Tonart des ersten Liedes »Liebesgarten« (Reinick), »Liebhabers Ständchen« von Robert Burns (d-Moll) teilt sich als Serenade in das Werben des Jünglings und die immer neuen Körbe, die das umworbene Mädchen gibt. Schumann geht recht freizügig mit der Textvorlage um, läßt einige Zeilen extensiv wiederholen und streicht dem Mädchen zugedachte Verse. Die wohl auffälligste Strategie, zu der er greift, ist die Simultansetzung der bei Burns notgedrungen nacheinander zu lesenden Abschnitte. Ein dichter Mittelgrund aus ostinaten Sechzehnteln bzw. Achteln mag einerseits für jene dramatisch wertvolle Wetterlage stehen, die mit den Hinweisen auf den »Regenguß«

angedeutet ist, dem der Bursche ausgesetzt ist. Andererseits steht er für die Konfrontation zwischen beiden ein – scharf trifft gegen Ende des Duetts die Ansage »nein!« auf die Bitte »o lass' mich ein!« Glücklich dagegen geht das Werben des Finlay aus. Schumann arbeitet in »Unter'm Fenster« (A-Dur) mehr als zuvor mit musikalischer Stichomythie: Burns' ebenfalls von Wilhelm Gerhard übersetzte Vorlage läßt einen gewissen »Finlay« an der Kammertür hartnäckig um Einlaß bitten, doch Schumann streicht die Vorlage so weit zusammen, daß davon nur der reine Dialog übrig bleibt. Durch die Tilgung des wiederkehrenden »sagte Finlay« erhält der Text sein besonderes Tempo. Von Grün, den Schumann nur ein einziges Mal vertont, stammt die Vorlage zu »Familien-Gemälde« (F-Dur). Grün zeichnet das Bild eines Doppelpaares, alt ist das eine, jung das andere. Der Großmutter Anlitz lächelt »Wie sonn'ger Wintertag«, die Herzen der Jungen blühen und klingen »Wie Blumenhaine im Mai«; das »alte stille Paar« denkt an die Vergangenheit, das »junge Pärchen« träumt von »ferner, künftger Zeit«. Daß der Perspektivwechsel sich hier einmal nicht an einzelne Personen bindet, sondern an den wechselnden Blick auf die Einheit aus zwei Paaren, zwei Jahreszeiten, zweierlei Zeitempfinden gekoppelt bleibt, mag mit ein Grund dafür gewesen sein, daß dieses Lied wesentlich ruhiger gestaltet ist als die drei vorangegangenen. Vorwiegend sind es ruhige Akkordgänge, die Schumann für die Begleitung auswählt. Auffällig bleibt das lange Nachspiel, das die Eingangsmelodie zitiert.

Von Anfang Oktober 1840 dann sind die *Drei Duette* op. 43, für Alt und Sopran geschrieben. Das dem *Wunderhorn* entstammende, ursprünglich bei Herder stehende »Wenn ich ein Vöglein wär'« faßt Schumann in einen grazilen Dreiertakt. Die Tonart e-Moll scheint nur an den Anfängen und Enden der Strophen auf, Dur bestimmt ansonsten den Lauf der harmonischen Entwicklung. Zweiteilig ist das folgende »Herbstlied« (a-Moll) auf einen Text von Siegfried August Mahlmann. Mahlmann, den Schumann nur einmal vertont, stellt der Melancholie des Sommerausgangs die Behauptung gegenüber, daß Herbst und Winter nur Jahreszeiten des Verborgenen sind: »Der Winter sei willkommen,/ Sein Kleid ist rein und neu!/ Den Schmuck hat er genommen,/ Den Keim bewahrt er treu!« Entsprechend stellt Schumann dem bedächtigen ersten Liedteil mit seiner mehrstimmig geführten Klavierbegleitung im zweiten Liedteil weit ausschweifende Sechzehnteltriolen gegenüber. Reinicks »Schön Blümlein« erinnert von ferne an Goethes »Ich ging im Walde/ So für mich hin«. Freilich sind es hier »Schmetterling' und Bienen,/ Die Käfer hell und blank«, die dem Blümlein eine Umgebung schaffen, aus der es nicht fortgetragen zu werden wünscht. C-Dur ist die Grundtonart des Liedes. Musikalisch scheint sich die Vertonung an »Und wüssten's die Blumen, die kleinen« aus der *Dichterliebe* op. 48 anzulehnen – erst mit dem Dank an das lyrische Ich, das geht, ohne die Blume zu brechen, weichen die flirrenden Sechzehnteltriolen einer klaren Akkordik.

Jahre später erst entstehen die übrigen mehrstimmigen Lieder Schumanns. Im Spätsommer 1849 schreibt er die *Vier Duette* op. 78 (Sopran und Tenor) auf Vorlagen von Rückert, Kerner, Goethe und Hebbel. Das »Tanzlied« (G-Dur) von Rückert lebt vom plötzlichen Stimmungswechsel eines Tänzers, der betrachten muß, wie andere die Geliebte umschwärmen – »wie sie dich fassen,/ muss ich erblassen,/ möchte vergehen in Harm«. Schumann reagiert mit starken harmonischen Farben auf die wiederholt vorgetragenen Bedenken, trübt dort die Grundtonart nach g-Moll ein, wendet sich hier in ein mehr angedeutetes als realisiertes As-Dur, das plötzlich in ein überhelles D-Dur umschwenkt. Weniger schwierig ist das in »Er und sie« (Kerner, Es-Dur) geschilderte Verhältnis. Pendelbewegungen aus Triolenachteln schaffen eine ruhige Basis und stimmen ein auf das erst nach einigem Anlauf tatsächlich zweistimmig werdende Liebesgeständnis. Goethes »Nähe des Geliebten« gab die Vorlage zu Schumanns »Ich denke dein«. Schumann führt die Stimmen durchgängig parallel und komponiert für das Klavier eine vor allem durch dichte Triolenbewegungen reiche Begleitung. Den Liedern, die von Liebe und Eifersucht erzählen, seltsam zugefügt erscheint das an vierte und letzte Stelle gesetzte Hebbelsche »Wiegenlied«, von Schumann »Wiegenlied am Lager eines kranken Kindes« genannt (G-Dur, gleichwohl über e einsetzend), heiterer Überredungsversuch an einen Knaben, der nicht einschlafen will. Schumann streicht die zweite

Strophe, in der von der Mutter die Rede ist, und konzentriert sich ganz auf das Wunschbild der in der Sonne reifenden Kirschen, die dem Knaben nach dem Aufwachen zukommen sollen. Statische Duolen, geschmeidig laufende Triolen stehen für die innere und die Verlockungen der äußeren Welt.

Im Frühsommer und Frühling des folgenden Jahres 1850 waren die *Drei Lieder für drei Frauenstimmen* op. 114 entstanden. »Nänie« nennt Schumann den von Ludwig Bechstein noch »Vögleins Begräbnis« überschriebenen Text, zeichnet für die die mittlere der drei identischen Liedstrophen über das Begräbnis eines Singvogels ein »pianissimo« vor und setzt das Ganze in ein in bedächtigen Akkorden schwingendes e-Moll. Nicht bekannt ist, woher Schumann das Gedicht von Christian L'Egru erhielt, Vorlage für das an zweite Stelle gesetzte »Triolett« (A-Dur). Spät erst fächert sich das dritte Lied »Spruch« (F-Dur) zur Dreistimmigkeit auf. Schumann hat sich erlaubt, aus den »Angereihten Perlen« der mehr als hundertsechzigzeiligen Rückertschen Vorlage nur zwei Verse zu übernehmen: »O blicke, wenn der Sinn dir will die Welt verwirren,/ zum ew'gen Himmel auf, wo nie die Sterne irren!«

Deutlich zyklushaft nun gestalten sich nur drei der mehrstimmigen Werkkomplexe dieses Jahres, das *Spanische Liederspiel* op. 74, das *Minnespiel* op. 101 und die *Spanischen Liebeslieder* op. 138 (No. 3 der nachgelassenen Werke). Es sind dies zugleich Werke, denen die Aufführungssituation eingeschrieben ist. Im 19. Jahrhundert stellt das Liederspiel ein eigenes Genre dar. Um sich seine Bedeutung für das häusliche Musizieren vorzustellen, mag schon der Hinweis auf die Entstehungsbedingungen der *Schönen Müllerin* genügen. Auch dieser poetisch-musikalische Zyklus entsprang seinerzeit dem geselligen Beisammensein unter Freunden.

Was die beiden mit spanischem Kolorit versehenen Liederspiele angeht, so verdankt sich ihr Übertrag ins Deutsche dem Dichter Emanuel Geibel, der allein oder gemeinsam mit anderen in diesen Jahren Übersetzungen von lyrischer Dichtung aus Spanien und Portugal herausgab, nicht ohne bei der Eindeutschung mitunter original zu werden. Die weit auseinanderliegenden Opuszahlen der beiden Schumannschen Liederspiele sind

darauf zurückzuführen, daß es zu einer Veröffentlichung des zweiten (op. 138) erst 1857 kam; Schumann bot sein Opus im Juli 1853 dem Verleger
Julius Kistner an, erhielt aber zu dieser Zeit ab-
schlägigen Bescheid.

Neun Lieder und ein im Anhang hinzugefügtes
machen Schumanns op. 74 aus – drei Sololieder,
fünf Duette für wechselnde Besetzungen und zwei
Quartette. Es geht in ihnen um erste Begegnungen
und heftiges Verliebtsein, ums Durchbrennen, die
Vorfreude auf eine Zeit ohne »Liebesgluth«, um
Kummer und erwiderte Liebe. Schumann arbeitet
mit quicken Wortwiederholungen, mit tänzerischen Tempi und suggestiver Harmonik. »Er ist
verrathen«, an fünfte Stelle gesetzt und mit »Im
Bolerostempo« überschrieben, gibt das Beispiel
eines fast opernhaft übermütigen Quartetts. Lebendig wird auch das affirmative Quartett-Finale
»Ich bin geliebt«. Das für Bariton gesetzte Lied
eines Contrabandiste, eine Selbstvorstellung nebst
Ansprache an sein lustig laufendes Pferdchen, ist
zugefügt; wer hier der Verfasser bzw. Übersetzer
ist, ist nicht zu klären.

Aus Rückerts *Liebesfrühling* stammen die Texte
zum *Minnespiel* op. 101, das, wenngleich weniger
extrovertiert im Ton, ebenfalls für mehrerlei Besetzungen gedacht ist. Eine vierhändige Klavierbegleitung dann liegt unter den zehn *Spanischen
Liebesliedern* op. 138. Schumann teilt sein Opus in
zwei Hälften, stellt beiden eine je eigene Nummer
für das Klavier voran, setzt die Geibelschen Übersetzungen ebenfalls bald für Solostimme, bald als
Duett oder Quartett und nutzt, wie bei der fünften Nummer, dem »Flutenreihen Ebro« für Bariton, den Raum für effektvolle Ideen. »Gleichsam
Guitarre« schreibt er über die staccato bezeichneten Sechzehntel des unteren Händepaars.

Selbständige oder nicht
für die Veröffentlichung
vorgesehene Lieder

Zu den Liedern Schumanns, die gemischten Liedsammlungen eingegliedert wurden, gehört das
»Soldatenlied« auf einen Text von Hoffmann von
Fallersleben, das vermutlich im Januar 1844 auf die
briefliche Aufforderung des Dichters hin entstand,

für ein geplantes Kinderliederalbum ein Lied bei-
zusteuern. In einem ähnlichen Kontext entsteht
im November 1849 die »Sommerruh« für zwei
Singstimmen und Klavier WoO 7, auf einen in
Schumanns Privatkorrespondenz überlieferten
Text von Christian Schad. Die Veröffentlichung
war für den *Deutschen Musenalmanach* geplant.
Titel und Entstehungszeit der übrigen etwa zwei
Dutzend Lieder, Liedfragmente bzw. Kompositionspläne für Lieder sind dem Werkverzeichnis
(McCorkle) zu entnehmen; nicht bekannt ist, ob
die je vorliegende Fassung von Schumann fertig-
gestellt und autorisiert wurde.

Veröffentlichungen in der *Neuen Zeitschrift für Musik*, Bearbeitung, Aufführung

Die ersten überhaupt publizierten Lieder stehen
in der Musikbeilage der *Neuen Zeitschrift für
Musik*, die dem Heft ab 1838 beigesellt ist, weil
Schumann die Leserschaft mit Werken großer
zeitgenössischer und klassischer Komponisten
bekanntzumachen wünscht. So werden auch die
später als op. 25, 19 und 20 veröffentlichten Lieder
fünf Monate vor der Publikation im Verbund der
Myrthen der »Sammlung von Musikstücken alter
und neuer Zeit« beigelegt (NZfM 12, Nr. 25,
24.3.1840). Bis 1841 erscheinen in den Musikbei-
lagen Stücke von insgesamt 37 Komponisten,
darunter zehn bis dahin unpublizierte eigene
Werke, darunter wiederum drei weitere Lieder
(op. 27/2, op. 35/10 und op. 39/5). Zwischen 1842
und 1851 werden darüber hinaus op. 49/1, op.
51/1–3, op. 53/1 und 107/3 als Vorabdrucke in anderen Musikzeitschriften, Almanachen oder Lie-
deralben veröffentlicht.

Neben die Menge dieser und der ordnungsge-
mäß publizierten Kompositionen tritt wie ein
Schatten die riesige Zahl von Transkriptionen vor
allem für Klavier, die andere Komponisten von
den Liedern Schumanns erstellt haben, darunter
Clara Schumann, Franz Liszt und Carl Reinecke,
der mit Schumann brieflich über seine Bearbeitung von op. 36 kommunizierte. Der Bogen
spannt sich von Klaviersatzabschriften bis hin zu
eigenständigen Kompositionen. Clara Schumann

bevorzugte die Zusammenziehung von Singstimme und Begleitung. Reinecke und Liszt dagegen, die beide sich etwa zwischen 1850–1880 kreativ mit dem Schumannschen Liedschaffen beschäftigten, erlaubten sich mitunter Freiräume, die bei Reinecke bis zu einer »expressiven und geradezu ausschweifenden« (Bromen 1997, 190) Übertragungsweise, zu regelrechten Liedfantasien führen und, im Falle Liszts, »klaviertechnische virtuose und überaus effektvolle Transkriptionen in der Nachfolge der spielfreudigen Schubert-Übertragungen« (Bromen 1997, 191) einschließen konnten.

Natürlich wußte auch Schumann, dessen Klavierwerke zumal mit einer gewissen Kühle aufgenommen wurden, um die Bedeutung entsprechender Bemühungen für seine Positionierung auf dem musikalischen Markt, auch wenn er – so in einem wohlwollenden Brief vom 30. Juni 1848 an Reinecke – sich nicht als »Freund von Liedertransscriptionen« betrachtete und einige der Lisztschen Bearbeitungen als »ein wahres Gräuel« (BNF, 284) empfand. Bromen weist darauf hin, daß er dennoch »die Übertragung von [Liszts] *Widmung*, die einzige noch zu seinen Lebzeiten entstandene Transkription eines seiner Lieder durch Liszt, in seinem von ihm selbst erstellten Werkverzeichnis erwähnte und ein Exemplar dieser Übertragung der von ihm eigenhändig während seiner Düsseldorfer Zeit zusammengestellten Sammlung von Notendrucken seiner Werke beiordnete« (Bromen 1997, 104–105).

Dem Beispiel Liszts, Reineckes und Clara Schumanns schließen sich viele Komponisten an. »Bei Durchsicht von Hofmeisters *Handbuch der musikalischen Literatur* nach Transkriptionen, die allein von Schumann-Liedern in Deutschland veröffentlicht wurden, stößt man auf eine kaum überschaubare Anzahl von Übertragungen und Bearbeitungen, unter denen sich […] so illustre Namen wie Jaell, Raff, Gustav Jansen, Kirchner (der ganze Liederzyklen Schumanns transkribierte), Heller, Joachim, Jadassohn, Tausig und Henselt befinden« (Bromen 1997, 192).

Was die Aufführung der Lieder angeht, so sind die Anfänge ähnlich zögerlich, sieht man einmal von der Schwierigkeit ab, erste Aufführungen überhaupt nachzuweisen. Nur vereinzelt, etwa im Falle der Lieder op. 39 und der Begegnung der Schumanns mit Eichendorff in Wien im Januar 1847, ist eine Darbietung im privaten Rahmen dokumentiert. Was den öffentlichen Raum angeht, so nimmt Clara Schumann immer wieder Lieder in ihre Konzertprogramme auf, präsentiert aber selten vollständige Liedkomplexe, sondern bringt nur einzelne Nummern. Sie begleitet eine Vielzahl von Sängerinnen und Sängern, darunter Amalie Joachim, Sophie Schloß, Pauline Viardot-García oder Julius Stockhausen. Stockhausen wird es auch sein, der die erste nachgewiesene Aufführung der vollständigen *Dichterliebe* op. 48 bestreitet, am 30. April 1861 in Hamburg, mit Johannes Brahms am Klavier (Hofmann 1983, 52). Bezeichnend ist, daß die Geschlechterrollen der Liedzyklen zumindest auf die ersten Aufführungen offenbar nicht von Einfluß sind. So begleitet Clara Schumann in einer gemeinsam mit ihrem Mann ausgerichteten Matinee für geladene Zuhörer am 8. Dezember 1844 in Leipzig Livia Frege bei op. 48/7 (Programmsammlung, Nr. 228 und AmZ 46/51, 18.12.1844, Sp. 868f.). Am 24. Februar 1862 musiziert sie zusammen mit Julius Stockhausen in Basel Lieder aus *Frauenliebe und Leben* op. 42 (Programmsammlung, Nr. 610).

Literatur

Abraham, Gerald/Sams, Eric: Schumann. Aus dem Engl. von Klaus Stemmler. Stuttgart 1994. (The new Grove – die großen Komponisten) (Metzler Musik).

Adorno, Theodor W.: Zum Gedächtnis Eichendorffs. Coda: Schumann. In: ders.: Noten zur Literatur, hg. von Rolf Tiedemann. Frankfurt a. M. 1974. (Gesammelte Schriften, 11), S. 69–94.

Agawu, Kofi: Theory and practice in the analysis of the nineteenth-century Lied. Music analysis 11 (1992), S. 3–36.

Andraschke, Peter: Schumann und Eichendorff. Zur Rezeption von Schumanns Liederkreis op. 39. In: Wendt (Hg.) 1993, S. 159–172.

Brinkmann, Reinhold: Schumann und Eichendorff.

Studien zum Liederkreis Opus 39. München 1997. (Musik-Konzepte, 95).

Bromen, Stefan: Studien zu den Klaviertranskriptionen Schumannscher Lieder von Franz Liszt, Clara Schumann und Carl Reinecke. Sinzig 1997. (Schumann-Studien Sonderband, 1).

Busse, Eckart: Die Eichendorff-Rezeption im Kunstlied. Versuch einer Typologie anhand von Kompositionen Schumanns, Wolfs und Pfitzners. Würzburg 1975. (Aurora-Buchreihe, 2).

Dinslage, Patrick: Traum, Phantasmagorie und Ironie in den Heine-Liedern Robert Schumanns, dargestellt an Mein Wagen rollet langsam op. 142/4. In: Wendt (Hg.) 1993, S. 33–42.

Edler, Arnfried: Robert Schumann und seine Zeit. Laaber 1982. (Große Komponisten und ihre Zeit).

Ferris, David: Schumann's Eichendorff Liederkreis and the genre of the romantic cycle. Oxford 2000.

Finson, Jon: The intentional tourist. Romantic irony in the Eichendorff Liederkreis of Robert Schumann. In: Schumann and his world, ed. by R. Larry Todd. Princeton, N.J. 1994, S. 156–170.

Gerstmeier, August: Die Lieder Schumanns. Zur Musik des frühen 19. Jahrhunderts. Tutzing 1982. (Münchner Veröffentlichungen zur Musikgeschichte, 34).

Goethe, Johann Wolfgang von: Wilhelm Meisters theatralische Sendung. Wilhelm Meisters Lehrjahre. Unterhaltungen deutscher Ausgewanderten, hg. von Wilhelm Voßkamp und Herbert Jaumann. Frankfurt a. M. 1992. (Sämtliche Werke, Briefe, Tagebücher und Gespräche. 40 Bde., hg. von Hendrik Birus. Abt. 1, 9) (Bibliothek deutscher Klassiker, 82).

–: Ästhetische Schriften 1806–1815, hg. von Friedmar Apel. Frankfurt a. M. 1998. (Sämtliche Werke, Briefe, Tagebücher und Gespräche. 40 Bde., hg. von Hendrik Birus. Abt. 1, 19) (Bibliothek deutscher Klassiker, 152).

–: Johann Peter Eckermann. Gespräche mit Goethe in den letzten Jahren seines Lebens, hg. von Christoph Michel. Frankfurt a. M. 1999. (Sämtliche Werke, Briefe, Tagebücher und Gespräche. 40 Bde., hg. von Hendrik Birus. Abt. 2, 12) (Bibliothek deutscher Klassiker, 167).

Hallmark, Rufus: Die handschriftlichen Quellen der Lieder Schumanns. In: Robert Schumann – ein romantisches Erbe in neuer Forschung. Acht Studien, hg. von der Robert-Schumann-Gesellschaft Düsseldorf. Mainz 1984. (Schumann-Forschungen, [1]), S. 99–117.

–: Schumann und Rückert. In: Wendt (Hg.) 1993, S. 91–118.

–: Die Rückert-Lieder von Robert und Clara Schumann – Zur Geschichte ihrer einzigen gemeinsamen Arbeit. In: Schumann-Studien 3/4. Im Auftrag der Robert-Schumann-Gesellschaft Zwickau hg. von Gerd Nauhaus. Köln 1994, S. 270–290.

Hanslick, Eduard: Geschichte des Concertwesens in Wien. Wien 1869/70. Nachdr. Hildesheim 1979. Bd. 1/2.

Heine, Heinrich: Zur Geschichte der Religion und Philosophie in Deutschland. Die romantische Schule, bearb. von Manfred Windfuhr. Hamburg 1979. (Historisch-kritische Gesamtausgabe der Werke, 8/1).

Herttrich, Ernst: Schumann und Geibel. In: Wendt (Hg.) 1993, S. 122–131.

Hoeckner, Berthold: Schumann and romantic distance. Journal of the American Musicological Society 50 (1997), S. 55–132.

Höckner, Berthold: Spricht der Dichter oder der Tondichter? – Die multiple persona und Robert Schumanns Liederkreis op. 24. In: Wendt (Hg.) 1993, S. 18–32.

Hofmann, Renate und Kurt Hofmann: Johannes Brahms. Zeittafel zu Leben und Werk. Tutzing 1983. (Publikationen des Instituts für Österreichische Musikdokumentation, 8).

Hotaki, Leander: Robert Schumanns Mottosammlung. Übertragung, Kommentar, Einführung. Freiburg i. Br. 1998. (Rombach Wissenschaften, Reihe Litterae, 59).

John, Hans: Das Verhältnis Robert Schumanns zu Friedrich Wieck in den Jahren 1839/40. Auswertung der im Dresdner Staatsarchiv befindlichen Prozessakten. In: Internationale Robert-Schumann-Tage Zwickau. Red. Hans Joachim Köhler. Zwickau 1988. (Schumann-Studien, 1), S. 38–57.

John, Hans: Die Goethe-Vertonungen Robert Schumanns. In: Schumann-Studien 7, hg. von Anette Müller. Sinzig 2004, S. 165–181.

Kaiser, Gerhard: Geschichte der deutschen Lyrik von Goethe bis zur Gegenwart. Bd. 1: Geschichte der deutschen Lyrik von Goethe bis Heine. Ein Grundriß in Interpretationen, Teil 1. Frankfurt a. M. 1988. (Suhrkamp-Taschenbuch, 2087,1).

Kaldewey, Helma: Die Gedichtabschriften Robert und Clara Schumanns. In: Robert Schumann und die Dichter. Ein Musiker als Leser. Katalog zur Ausstellung des Heinrich-Heine-Instituts, bearb. von Bernhard R. Appel und Inge Hermstrüwer. Düsseldorf 1991. (Veröffentlichungen des Heinrich-Heine-Instituts, Düsseldorf), S. 88–99.

Knaus, Herwig: Musiksprache und Werkstruktur in Robert Schumanns »Liederkreis« mit dem Faksimile des Autographs. München 1974. (Schriften zur Musik, 27).

Köhler, Hans Joachim: Robert Schumann: Liederkreis nach Gedichten von Joseph von Eichendorff, Op. 39, für Singstimme und Klavier. Originalausg. für Sopran oder Tenor. Frankfurt a. M. 1985, S. 31–39.

–: Robert Schumanns Eichendorff-Liederkreis op. 39 – Preisgabe einer zyklischen Idee? In: Internationale Robert-Schumann-Tage Zwickau. Red. Hans Joachim Köhler. Zwickau 1988. (Schumann-Studien, 1), S. 33–37.

McCreless, Patrick: Song order in the song cycle: Schumann's Liederkreis, op. 39. Music analysis 5 (1986), S. 5–28.

Mahlert, Ulrich: Fortschritt und Kunstlied. Späte Lieder Robert Schumanns im Licht der liedästhetischen

Diskussion ab 1848. München 1983. (Freiburger Schriften zur Musikwissenschaft, 13).

–: Rückzug in die Idylle. Robert Schumanns Sechs Gesänge von Wilfried von der Neun, op. 89. In: Schumanns Werke – Text und Interpretation. 16 Studien. [Bericht über das 2. Internationale Schumann-Symposion am 17. und 18. Mai im Rahmen des 2. Schumann-Festes, Düsseldorf], hg. von der Robert-Schumann-Gesellschaft Düsseldorf durch Akio Mayeda und Klaus Wolfgang Niemöller. Mainz 1987. (Schumann-Forschungen, [2]), S. 223–228.

–: Pädagogik und Politik. Zu Schumanns Lieder-Album für die Jugend op. 79. In: Robert Schumann. Philologische, analytische, sozial- und rezeptionsgeschichtliche Aspekte, hg. von Wolf Frobenius Saarbrücken 1998. (Saarbrücker Studien zur Musikwissenschaft, N.F., 8), S. 154–162.

Marston, Nicholas: Schumann's Lieder und Gesänge, 3tes Heft, op. 77. Remarks on sources and structure. In: Robert Schumann. Philologische, analytische, sozial- und rezeptionsgeschichtliche Aspekte, hg. von Wolf Frobenius Saarbrücken 1998. (Saarbrücker Studien zur Musikwissenschaft, N.F., 8), S. 76–89.

Möller, Eberhard: Gottlob Wiedebein, Carl Gottlieb Reissiger und die frühen Lieder von Robert Schumann. In: Schumann-Studien 7, hg. von Anette Müller. Sinzig 2004, S. 119–136.

Nauhaus, Julia M.: »Ihr Profil war völlig griechisch«. Unbekannte Porträts von Elisabeth Kulmann. In: Schumann-Studien 7, hg. von Anette Müller. Sinzig 2004, S. 185–215.

Novalis: Schriften. Die Werke Friedrich von Hardenbergs in vier Bänden und einem Begleitband, hg. von Paul Kluckhohn und Richard Samuel. 3., nach den Handschr. erg., erw. und verb. Aufl. Stuttgart. Bd. II. 1981; Bd. III 1983.

Ozawa-Müller, Kazuko: Anmerkungen zu Schumanns Liedern in den Beilagen der Neuen Zeitschrift für Musik. In: Schumann-Studien 5. Im Auftrag der Robert-Schumann-Gesellschaft Zwickau hg. von Gerd Nauhaus. Sinzig 1996, S. 83–95.

Perrey, Beate Julia: Schumann's Dichterliebe and early romantic poets. Fragmentation of desire. Cambridge 2002. (Cambridge studies in music theory and analysis, 18).

Pousseur, Henri: Schumann ist der Dichter. Fünfundzwanzig Momente einer Lektüre der »Dichterliebe«. In: Robert Schumann II, hg. von Heinz-Klaus Metzger und Rainer Riehn. München 1982. (Musik-Konzepte Sonderband), S. 3–128.

Riethmüller, Albrecht: Lenaus Husarenlieder als Klavierlieder Schumanns. In: Wendt (Hg.) 1993, S. 43–54.

Rölleke, Heinz: Interpretation von Kerner-Liedern in ausgewählten Beispielen. In: Wendt (Hg.) 1993, S. 55–60.

Sams, Eric: The songs of Robert Schumann. London 1969.

Schanze, Helmut: Die Gattung ›Lied‹ im Spannungsfeld von Dichtung und Musik. In: Wendt (Hg.) 1993, S. 9–17.

– (Hg.): Literarische Vorlagen der ein- und mehrstimmigen Lieder, Gesänge und Deklamationen. Unter Mitarb. von Krischan Schulte. Mainz 2002, S. XIII-XXXII. (RSA, Ser. 8: Supplemente, 2).

Schlager, Karlheinz: Erstarrte Idylle. Schumanns Eichendorff-Verständnis im Lied op. 39/VII (Auf einer Burg). Archiv für Musikwissenschaft 23 (1976), S. 119–132.

Schlegel, Friedrich: Kritische Schriften und Fragmente. Studienausgabe in sechs Bänden, hg. von Ernst Behler und Hans Eichner. Paderborn 1988. Bd. 2.

Schoppe, Martin: Schumanns frühe Texte und Schriften. In: Schumanns Werke – Text und Interpretation. 16 Studien. [Bericht über das 2. Internationale Schumann-Symposion am 17. und 18. Mai im Rahmen des 2. Schumann-Festes, Düsseldorf], hg. von der Robert-Schumann-Gesellschaft Düsseldorf durch Akio Mayeda und Klaus Wolfgang Niemöller. Mainz 1987. (Schumann-Forschungen, [2]), S. 7–16.

Synofzik, Thomas: Die Anfänge des Schumannschen Liederjahres. In: Schumann-Studien 7, hg. von Anette Müller. Sinzig 2004, S. 137–150.

Tadday, Ulrich: Das schöne Unendliche. Ästhetik, Kritik, Geschichte der romantischen Musikanschauung. Stuttgart, Weimar 1999.

Teitge, Hans Erich (Hg.): Mondnacht. Das Gedicht von Eichendorff und seine Vertonung durch Robert Schumann in vier Faksimiles. Berlin 1989.

Tewinkel, Christiane: Vom Rauschen singen. Robert Schumanns Liederkreis op. 39 nach Gedichten von Joseph von Eichendorff. Würzburg 2003. (Epistemata, Reihe Literaturwissenschaft, 482).

Turchin, Barbara: Schumann's song cycles. The cycle within the song. 19th century music 8 (1985), S. 231–244.

Velten, Klaus: Robert Schumanns Lenau-Vertonungen op. 90. In: Robert Schumann. Philologische, analytische, sozial- und rezeptionsgeschichtliche Aspekte, hg. von Wolf Frobenius Saarbrücken 1998. (Saarbrücker Studien zur Musikwissenschaft, N.F., 8), S. S. 90–96.

Walz, Matthias: Frauenliebe und Leben op. 42 – Biedermeierdichtung, Zykluskonstruktion und musikalische Lyrik. In: Schumann-Studien 5. Im Auftrag der Robert-Schumann-Gesellschaft Zwickau hg. von Gerd Nauhaus. Sinzig 1996, S. 97–118.

Wendt, Matthias (Hg.): Schumann und seine Dichter. Bericht über das 4. Internationale Schumann-Symposion am 13. und 14. Juni 1991 im Rahmen des 4. Schumann-Festes, Düsseldorf. Mainz 1993. (Schumann-Forschungen, 4).

Westphal, Christiane: Robert Schumann: Liederkreis von H. Heine op. 24. München 1996. (Musikwissenschaftliche Schriften, 30).

Wolff, Viktor Ernst: Robert Schumanns Lieder in ersten und späteren Fassungen. Leipzig 1914.

Weltliche a capella-Chormusik

von Thomas Synofzik

Mit etwa 70 Gesängen nimmt die *a capella*-Chormusik im Schaffen Schumanns einen quantitativ bedeutenden Rang ein. Knapp die Hälfte davon ist für gemischte Stimmen komponiert, Männergesänge sind doppelt so stark vertreten wie Frauengesänge. Für Chormusik mit eigenständiger Klavierbegleitung bietet Schumanns Schaffen nur ein einzelnes Beispiel: das »Zigeunerleben« op. 29/3. Die beiden anderen unter dieser Opuszahl vereinten Lieder dieser Sammlung sind solistisch konzipierte mehrstimmige Gesänge, gleiches gilt für die Quartette in den Liederspielen op. 74, 101 und 138 und die Terzette op. 114. Zwei 1840 entstandene Lieder für Solostimme und Klavierbegleitung erweiterte Schumann durch eine Chorpartie: die Ballade »Die rothe Hanne« op. 31/3 und das patriotische Lied »Der deutsche Rhein« WoO 5 (= op. 27b). Letzteres, entstanden mit dem bewußten Ziel, »für das Volk sangbar zu schreiben« (Tb II, 122), wurde zu Schumanns Lebzeiten seine meistgedruckte Komposition; er bearbeitete es auch für Männerchor *a capella*. Die späteren ›patriotischen‹ Lieder op. 62 und WoO 4 blieben hinter der Popularität dieses Liedes weit zurück.

Besetzungsfragen

Die Bezeichnung *a capella* wurde erst in der der zweiten Hälfte des 19. Jahrhunderts im heutigen Sinne üblich, Schumann verwendete sie noch nicht. Teilweise erschienen Schumanns *a capella*-Chöre »mit willkührlicher Begleitung« (op. 69 und 91), auch die Bezeichnung *ad libitum* wurde dafür benutzt (WoO 4, op. 137, op. 146/20).

Nur in den Liedern op. 55 verwendet Schumann den Begriff »gemischter Chor«. Der war 1847 noch so ungewöhnlich, daß die *Neue Zeitschrift für Musik* ihre Rezension unter die erläuternde Überschrift »für gemischten (ganzen) Chor« stellte. Terminologische Schwierigkeiten zeigen sich auch, wenn der Leipziger Liederkranz, Widmungsträger des op. 55, zunächst als »Liedertafel mit Frauenstimmen« (Litzmann II, 133) bezeichnet wird. Daß Schumann nicht schon früher für »gemischten Chor« komponierte, hat institutionelle Gründe. Weltlichen *a capella*-Gesang gab es im wesentlichen nur in zwei Formen: entweder in solistischer Besetzung, »wenn 4 Leute zusammen spazieren gehen, in den Wald, oder auf dem Kahn« (Brief Felix Mendelssohn Bartholdys an Karl Klingemann, 1.8.1839, zit. n. Synofzik 2002, 743), oder als Männerchor in der von Zelter 1809 begründeten Institution der Liedertafel und ihren Nachfolgern. Die 1792 gegründete Berliner Singakademie, in der Frauen und Männer nicht nur musikalisch, sondern auch politisch gleichberechtigt waren, hatte zwar gleichfalls zahlreiche Nachahmer in ganz Deutschland gefunden, doch die sangen fast ausschließlich »geistliche Kompositionen« (Litzmann II, 175).

In den Titeln seiner Gesänge für Männerstimmen differenziert Schumann zwischen den Angaben *für vierstimmigen* oder *mehrstimmigen Männergesang* (op. 33, op. 65) bzw. *für vier Männerstimmen* (op. 137) und *für Männerchor* (WoO 4) oder *großen Männerchor* (op. 62) (RSW, 272, Quelle Ib). Das dürfte Rückschlüsse auf die Besetzungsstärke zulassen. In den *Ritornellen* op. 65 sind für alle Gesänge genaue Besetzungsangaben gemacht, die Bandbreite reicht von solistischer Besetzung

(Nr. 1, Nr. 5) über drei bis vier Sänger pro Stimme (Nr. 2, Nr. 7) bis zu der auf das volle Ensemble bezüglichen Anweisung »verstärkte Stimmen« (Nr. 2, Nr. 6). Ebenso veröffentlichte Schumann die *Romanzen* op. 69 und 91 *für Frauenstimmen*, betonte im Verlagsangebot an Simrock allerdings: »auch im Chor zu singen« (Brief Schumanns an N. Simrock, 16.4.1849, Schumann Briefedition, Reihe A, Bd. 5). Nr. 2 und Nr. 5 sind jedoch ausdrücklich »Für Solostimmen« spezifiziert.

Rezeption

Sowohl in der chorischen Praxis als auch in der musikwissenschaftlichen Forschung haben Schumanns *a capella*-Gesänge nur wenig Beachtung gefunden. Bearbeitungen und die erwähnten mehrstimmigen Lieder mit Klavierbegleitung erlebten weitere Verbreitung als die *a capella*-Originalkompositionen. Als populärster Männerchorsatz Schumanns galt 1887 der ›Waldchor‹ aus *Der Rose Pilgerfahrt* op. 112 (Elben ²1887, 432). Über Werke wie die »Romanze vom Gänsebuben« und »Der König von Thule«, die zu den Höhepunkten der Chorliteratur des 19. Jahrhunderts zu zählen sind, urteilte der Schumann-Biograph Walther Dahms 1913, sie seien »verblaßt und haben für die lebendige Musikausübung keine höhere Bedeutung mehr« (Dahms 1916, 381).

Im Jahr 1990 – um ein willkürliches Beispiel zu wählen – wies der deutsche Schallplattenmarkt keine einzige Gesamteinspielung einer vierstimmigen *a capella*-Chorsammlung Schumanns auf (Angaben nach Bielefelder Katalog Schallplatten, Compact Discs, MusiCassetten Klassik 38/1990, 2, 518–525). Die meistproduzierten Gesänge in chorischer Besetzung waren das klavierbegleitete »Zigeunerleben« op. 29/3 und Chor-Bearbeitungen des »Frühlingsgruß« nach Schumanns Sololied im *Liederalbum für die Jugend* op. 79. Zum Teil sogar mehrfach in chorischen Versionen verfügbar waren die klavierbegleiteten Trios op. 114 sowie die Quartette aus den Liederspielen op. 74 und op. 138. Schon zu Schumanns Lebzeiten hatten sie Eingang in das Repertoire von Chorvereinigungen gefunden.

Die wenige Sekundärliteratur betont einmütig die funktionale Bindung an Schumanns eigene Tätigkeit als Chorleiter und verzichtet vor diesem Hintergrund weitgehend auf ästhetische Auseinandersetzungen. Schumanns Chorkompositionen werden als »Gelegenheitskompositionen« (Rehberg ²1969, 595; ebenso: Edler, 227) oder »Gebrauchsmusik« (Donath 1981, 225; ebenso: Demmler 1989, 484) ohne künstlerische Ambitionen abgetan: »Es war die äußere Anregung einer Chorpraxis, die Schumann zum *a capella*-Chor brachte, sein künstlerisches Wollen erforderte aber den instrumentalen Ausdruck« (Fellerer 1981, 99).

Mit der neuen Sicht auf Schumanns Spätwerk seit den 1980er Jahren galten gerade die *a capella*-Chorwerke als Beispiele für »eine neue, nachromantische Ästhetik […] der sich auch Schumann nicht verschloß« (Demmler 1989, 483). Sie dienten als Beleg einer »Tendenz zum Populären«, indem sich Schumann an den »Interessen der Laienchorvereine« orientiere (Demmler 1989, 483; fast gleichlautend: Spies 1997, 202).

Ohne überhaupt den Versuch einer genauen Klärung der Entstehungschronologie zu unternehmen, wurde dem Sololied allgemein die zeitliche Priorität zugesprochen – implizit damit zugleich eine ästhetische. Demgegenüber wird zu zeigen sein, daß die Beschäftigung mit Vokalmusik in den Jahren 1840, 1846/47 und 1849/50 offenbar stets von der Chorkomposition ausging. Ein Drittel von Schumanns publizierten Chorkompositionen entstand, bevor er eigene Erfahrungen als Chorleiter gesammelt hatte; nur ein Teil des in der folgenden Zeit komponierten Repertoires fand Eingang in seine eigene chorische Praxis. Von der Behauptung, daß unter Schumanns Chören »Strophenlieder homophoner, harmonisch wie rhythmisch unkomplizierter Satzweise für den chorischen Alltag dominieren« (Spies 1997, 202), ist einzig die Beobachtung einer homophonen Satzweise zutreffend. Doch ist daraus noch nicht zu folgern, daß Schumann »nur in der Vertikale der Harmonie« (Wörner 1949, 236; ebenso Fischer-Dieskau 1981, 61) denke – auch ein homorhythmischer Satz kann kontrapunktisch konzipiert sein. Strophisch gehalten ist nur ein Drittel von Schumanns publizierten Chorgesängen, unter den gemischten Chören gar nur ein Sechstel. Gerade die differenzierte Rhythmik und die dissonanzen- und modulationsreiche Harmonik unterscheiden Schumanns Chorstil von dem seiner Zeitgenossen. Die folgenden Betrachtungen bemühen sich um differenzierte Sichtweise und versuchen, ausgehend nicht von einer »realistischen Wende«, sondern einem »romantischen Wandel« (Tadday 1999, 184) in der Musikanschauung Schumanns, stilistische Entwicklungen ebenso wie Momente ästhetischer Kontinuität aufzuzeigen.

Erste Hinwendung zur Chorkomposition 1840

Ein ganzes Jahrzehnt lang hatte sich Schumann vor 1840 fast ausschließlich der Klavierkomposition gewidmet. Obwohl Schumann noch im Sommer 1839 an Hermann Hirschbach schrieb, er habe Vokalkomposition Zeit seines Lebens »unter die Instrumentalmusik gesetzt, und nie für eine große Kunst gehalten« (30.6.1839, Erler I, 206), wandte er sich dann im folgenden Jahr plötzlich ausschließlich dieser verschmähten Liedkomposition zu. Bei der Suche nach Gründen und Auslösern wurde stets vom Klavierlied ausgegangen. Doch als Schumann am 16. Februar erstmals seiner Braut von den neuen Liedkompositionen berichtete, führte er unter den bis dahin entstandenen Kompositionen auch »Vierstimmiges« auf, das spätere op. 33 (16.2.1840, Briefwechsel III, 933).

Frühere Vermutungen, die Sololiedkomposition habe bereits 1839 begonnen, konnten widerlegt und das am 23. Januar 1840 komponierte Heine-Lied »Du bist wie eine Blume« op. 25/24 als frühestes Sololied nachgewiesen werden (Synofzik 2004, 141). Wenn Schumann dann aber drei Wochen nach diesem 23. Januar bereits über 30 einzelne Lieder komponiert hat, liegt es nahe, wenigstens die sechs vierstimmigen Lieder noch vor den 23. Januar 1840 zu verlegen.

In der Tat können gerade zur Zeit der Jahreswende 1839/40 von zweierlei Seite konkrete Einflüsse festgemacht werden, die die Hinwendung zur Männergesangskomposition aus Schumanns damaliger Situation heraus verständlich machen. Gerade zu dieser Zeit nämlich gab es in Schumanns Zeitschrift eine Kontroverse *Über Liederta-*

feln. Der derzeit »wuchernde 4stimmige Männergesang« wurde von Eduard Krüger als »Unkraut« und »übertriebene Modethorheit« beschimpft. Liedertafeln seien dem Streben nach einem »ewigen künstlerischen Genuß in der Musik« verderblich (Krüger 1839/35, 138). Die beschränkten stimmtechnischen und musikalischen Potenzen in der breiten Masse der Sänger verlangten nach Krügers Ansicht kompositorische Rücksichtnahmen, »möglichst weit gelegte, leicht faßliche Harmonieen ohne große Künstlichkeit«; »die Auswahl gehöriger Texte [sei] nicht sehr groß; Studenten-, Wein- und Kriegslieder geben den natürlichen Text« (Krüger 1839/36, 142).

Kritische Leserreaktionen auf den Artikel ließen nicht lange auf sich warten und Schumann gab durch die den jeweiligen Zeitschriftennummern vorangestellten Mottos zu erkennen, daß auch er die Ansichten Krügers nicht teilte. Bei den abendlichen Tafelrunden des realen Teils von Schumanns Davidsbund im Leipziger Kaffeebaum dürften vierstimmige »Männergesänge zum umgangsmäßigen Musizieren« (Synofzik 2002, 742) gehört haben. Anfang Januar 1840 erhielt Schumann von einem »Davidsbündler« (Geschäftsnotizen. NZfM 12/1840, 40, 160) aus Petersburg eine Replik auf Krügers Streitschrift. Der Autor, F.A. Gelbcke, argumentiert auf zwei Ebenen: Laiengesang in Form der Liedertafeln sei nicht schädlich, sondern musikpädagogisch im Gegenteil äußerst wertvoll (Gelbcke 1840/13, 49). Daß es schlechte Beispiele im gängigen Repertoire gibt, besage nichts über die ganze Gattung: »So lange es Bessere gibt, die bessere Ziele verfolgen, ist noch nichts verloren« (Gelbcke 1840/14, 54). Gelbckes Ausführungen dürften für Schumann in seiner damaligen Situation besondere Aktualität besessen haben. Auch die Frage der Hierarchie der Gattungen kommt bei Gelbcke zur Sprache: »vorschnell ist es, nach meiner Meinung einen Zweig der Musik durchaus zu verdammen, der wie alle die andern von gutem Stamme wuchs (nur freilich nicht aus dem romantischen Gipfel), und wenn er voll Raupen und gelber Blätter ist, schon einer Hand entgegenstreben wird, die ihn wartet und reinigt« (ebd.). Es besteht kein Grund anzunehmen, Schumann habe sich durch seine Liedkompositionen von seiner Überzeugung, Gesang- unter Instrumentalkompositionen zu stellen, distanziert.

Die romantische Gattungshierarchie ist klar definiert, die ›romantischen Gipfel‹ bleiben der Instrumentalmusik vorbehalten. Doch warum sollte
ein Komponist die niederen Gattungen – auch
den Männergesang – deswegen verschmähen,
wenn er auch in ihnen Besseres schaffen kann als
andere. Aufgrund der geringen Dimensionen und
der Anregung durch die Textworte falle »diese
Compositionstgattung so oft in täppische Hände«
(ebd.). Beides machte sie jedoch auch für einen
Komponisten wie Schumann attraktiv, der gerade
eine mehrmonatige Schaffenskrise durchlebt hatte.
Besonders die von Gelbcke erhobene Forderung,
alle Stimmen gleichzeitig zu denken, dürfte Schumann gereizt habe. Wohl nicht zufällig empfiehlt
Schumann wenig später jungen Komponisten,
sich vor der Komposition von Klavierfantasien
erst im vierstimmigen Satz zu üben: »Könnte man
doch […] beim Bundestage bewirken, daß kein
Verleger eher von jungen Komponisten druckte,
ehe sie einen Band ordentlicher vierstimmiger
Choräle vorgelegt […]« (»12« [Rezension] NZfM
12/1840, 42, 167; vgl. GS III, 220).

Neben diesen theoretischen Anregungen dürften die zu dieser Zeit fast täglichen Kontakte zu
Felix Mendelssohn Bartholdy weitere Impulse
gegeben haben. Denn nach längerer Zeit hatte
sich dieser im Dezember 1839 gerade wieder mit
Männergesangskomposition beschäftigt. Hintergrund war einerseits die Mitgliedschaft in der
jüngeren Leipziger Liedertafel, andererseits der
mehrmonatige Besuch seines Jugendfreunds Ferdinand Hiller, der in seinen Erinnerungen einen
anschaulichen Bericht über eine am 7. Dezember
1839 entstandene Komposition für die Liedertafel
gibt: »Mendelssohn hatte […] den drolligen Einfall, wir sollten dasselbe Gedicht in Musik setzen
und die Sänger erraten lassen, von wem von uns
Beiden die eine und die andere Composition
herrühre. Gesagt, gethan. […] nur selten unter-
brach irgend ein lustiges Wort die Stille – das
Clavier wurde nicht berührt. […] Der Abend kam
und das Unternehmen gelang vollkommen. […]
Später entschuldigte sich Mendelssohn […], durch
Herausgabe des Liedes [Liebe und Wein op. 50/5]
dem Geheimniß ein Ende gemacht zu haben«
(Hiller 1874, 134 f.; der Klammereinschub dort als
Fußnote).

Der Titel des Liedes stammt von Mendelssohn,

Hiller gab seine Komposition später unter dem
Titel »Trinklied« heraus. Julius Mosen hatte das
Gedicht unter dem Titel »Der Zecher […] als
Doctrinair« veröffentlicht. Die Tatsache, daß sich
derselbe Text auch unter den von Schumann zu
Beginn des ›Liederjahres‹ komponierten Männer-
gesängen befindet, legt nahe, daß Schumanns
Vertonung als Reaktion auf dieses Kompositions-
duell entstand.

Sechs Lieder für vierstimmigen Männergesang op. 33

Der hohe Anteil von Texten mit Naturthemen
(Nr. 1, 3, 5 und 6) zeigt eine Abkehr von den nach
Krüger im Männergesang üblichen Themen. Generell beachtet Schumann in seinen für chorische
Vertonung gewählten Texten, daß sich subjektive
Lyrik »besser zu einstimmiger Behandlung« (»13.«
[d.i. Robert Schumann] [Rezension]. NZfM
17/1842, 34, 140, vgl. Kreisig II, 339) eignet. Von
der satztechnischen Anlage her zerfällt die Sammlung in zwei Hälften: Während die drei ersten
Lieder streng vierstimmig gehalten sind, kommt
es in den folgenden mehrfach zu Stimmteilungen
und Unisonoführungen wie auch zur Unterscheidung von Solo- und Tutti-Abschnitten. Typisch
für die späteren Chorgesänge Schumanns wird ein
bereits hier in »Frühlingsglocken« op. 33/6 begeg-
nender Effekt eines sich plötzlich akkordisch auf-
spaltenden chorischen Unisono. In »Rastlose
Liebe« op. 33/5 werden zu Beginn im taktweisen
Wechsel jeweils beide Bässe oder beide Tenöre im
Unisono geführt. Das stürmische Wechselspiel
beruht auf offener Imitation, die von den beiden
verbleibenden Stimmen harmonisch fundiert
wird. Auch derartige Scheinimitationen sind typisch für Schumanns Chormusik. Auf regelrechte
Fugato-Abschnitte, die »höchstens Dilettanten in
ein gelehrtes Staunen versetzen«, denen er aber
»niemals große Bedeutung abgewinnen können«
habe (»R.[obert] S.[chumann]« [Rezension]
NZfM 9/1838, 10, 42; vgl. GS I, 342), verzichtet
Schumann selbst dort, wo Goethes Vers »Wie sollt
ich fliehen« die wörtliche Bedeutung des Begriffs
Fuga assoziieren läßt (Louis Spohr spielt mit die-

sem Effekt in seiner 1818 entstandenen Männerquartettvertonung).

Hatte Eduard Krüger in seiner Schmähschrift auf die Schwierigkeiten einer »reine[n] Ausführung des verminderten Septimenaccordes« verwiesen und dessen Gebrauch in Männerchorsätzen generell abgelehnt (Krüger 1839/36, 141), so bezieht Schumann gerade in »Rastlose Liebe« eine deutliche Gegenposition und läßt sogar alle drei möglichen Transpositionen des verminderten Septakkords aufeinanderfolgen (T. 66 ff.).

Ein Meisterwerk romantischer Harmonik stellt »Die Lotosblume« op. 33/3 dar. Der Rezensent der *Allgemeinen musikalischen Zeitung* rügte »Harmonieverbindungen, modulatorische Abschnitte [...], die sich nicht natürlich entfalten« und insbesondere »die Anhäufung dissonirender Akkorde in der Stelle von E dur bei dem Uebergange nach Des dur« (»Δ.« [Rezension]. AMZ 44/1842, 42. Sp. 825 f., hier Sp. 826). Wie in Schumanns am 12. Februar entstandener Sololiedvertonung wird auch hier mit Hilfe eines Tonartenwechsel im siebten Vers (»und ihm entschleiert sie freundlich«) ein musikalischer Entschleierungseffekt realisiert. Die gerügten harmonischen Fortschreitungen besitzen kontrapunktische Logik: Oft wird eine Auflösung dissonanter Klängen hinausgezögert, indem durch Sekundschritt einzelner Stimmen neue Dissonanzen entstehen.

Eine Skizze zu diesem Lied (D-BNu Autogr. Schumann 3; vgl. Musikantiquariat Hans Schneider, Katalog Nr. 188: Robert Schumann, Tutzing, 1974, 13) steht in E-Dur und scheint durch die Notation im Violinschlüssel für Frauenstimmen ausgewiesen. Mit einem am 24. Februar erwähnten Lied für Frauenstimmen (Brief Schumanns an Clara Wieck, 24.2.1840, Briefwechsel III, 946 – RSW Anh. K1 mißversteht dies als ganzes Heft) ist wahrscheinlich das eröffnende Lied der Sammlung gemeint. Es ist – erweitert durch eine angehängte zweitaktige Coda – das einzige Strophenlied der Sammlung und mit 18 Takten der kürzeste unter Schumanns publizierten Männergesängen überhaupt. Auch durch seine starke Beschränkung hinsichtlich der Stimmumfänge fällt das Lied aus dem Rahmen. Nur die späteren Gesänge für Frauenstimmen op. 69 und 91 weisen ähnlich kleine Stimmumfänge auf. Daß Frauenchöre sich im Umfang noch mehr einzuschränken hatten als

Männerchöre, war ein offenbar allgemein akzeptierter Grundsatz (Lorenz, Oswald, [Rezension] Mehrstimmige Gesänge für weibliche Stimmen. NZfM 14/1841, 24, 97).

Als weiteres charakteristisches Merkmal der Sammlung ist auf metrische Aspekte zu verweisen: In vier Liedern (op. 33/2, op. 33/4–6) kommt es zu Taktwechseln. In Mosens Zecher-Lied wechseln auch Hiller und Mendelssohn für die nicht dialogischen Strophen 2 und 4 die Taktart, anders als Schumann allerdings zum ternären 6/8-Takt. Schumanns Vertonung (op. 33/4) zeigt besondere Raffinesse, indem sie zur dialogischen dritten Strophe, die wie bei Hiller und Mendelssohn auf das musikalische Material der ersten zurückgreift, nicht in den ursprünglichen 3/4-Takt zurückwechselt, sondern im 2/4-Takt (mit Tempobeschleunigung) verbleibt.

Sowohl »Der Zecher als Doctrinair« – wo das Wort »Liebesschmerz« mit der Vortragsanweisung »Mit etwas tremolirender Stimme« versehen ist – als auch »Die Minnesänger« sorgen für humoristische Momente der Sammlung. Für »Die Minnesänger« wählt Schumann der mittelalterlichen Thematik entsprechend eine musikalische Bar-Form, bei der Stollen und Abgesang allerdings in verschiedenen Taktarten stehen. Heines Spiel mit einer Häufung des Vokalklangs »ei« wird von Schumann in einem »Finale giocoso« auf die Spitze getrieben.

Kompositionen für den Leipziger Liederkranz 1846

Der Konzentration des Liederjahres folgte eine mehrjährige Abstinenz. Schon mehrere Monate bevor Schumann am 24. Juni 1846 erneut ein Sololied als »ersten Sangeslaut nach langem Schweigen« (Synofzik 2004, 141) komponierte, wandte er sich Ende Januar und Anfang Februar 1846 dem Chorlied zu. Der erste diesbezügliche Haushaltbuch-Eintrag vermerkt das Novum nur mit Gattungsbezeichnung: »4stimmiges Lied«, erst die folgenden Lieder werden mit Titeln verzeichnet. Dieses erste Lied bleibt unidentifizierbar, entgegen bisherigen Vermutungen (Tb III, 412; RSW, 258) kann es sich nicht um Mörikes »Jägerlied« handeln, das laut Vermerk in den »Gedichtabschriften« (Gedichtabschriften Nr. 66, 117) erst im Juni entstand.

Aus Mendelssohns jüngerer Leipziger Liedertafel wurde im Februar 1846 ein Liederkranz mit Sängern und Sängerinnen. Verleger und Mitgründer Raimund Härtel wandte sich am 22. Januar 1846 an Schumann mit der Bitte um »ein vierstimmiges Lied ohne Begleitung für Sopran, Alt, Tenor & Baß« für ein geplantes Album, zu dem auch Mendelssohn, Gade und David beisteuern wollten. Entschuldigend fügte er hinzu, er gehe davon aus, Schumann werde »wohl schon irgend Etwas dieser Art noch nicht Gedrucktes liegen haben« (zit. n. Ozawa 2002, 554). Schumann hatte keine derartigen Kompositionen in der Schublade, doch der äußere Anlaß fiel zusammen mit einer erneuten Einsicht in den kontrapunktischen Schulungswert von Chorkomposition. Denn am selben Tag hatte Schumann an Carl Reinecke geschrieben: »Zur Ausbildung eigenen melodischen Sinnes bleibt immer das Beste, viel für Gesang, für selbständigen Chor zu schreiben, überhaupt so viel wie möglich innerlich zu erfinden und zu bilden« (Erler II, 4). Auf der Basis der im Vorjahr entstandenen kontrapunktischen Instrumentalkompositionen wandte sich Schumann nun erneut dem vierstimmigen Vokalsatz zu. Nur in einem der bis zum 11. Februar 1846 entstehenden neun Gesänge griff er dabei auf streng polyphone Techniken zurück: im »Hirtenknabengesang« auf einem Text von Annette von Droste-Hülshoff. Es handelt sich um einen Doppelkanon für zwei Sopran- und zwei Tenorstimmen, die vorgesehene Publikation unterblieb schließlich.

Vier Gesänge für Sopran, Alt, Tenor und Baß op. 59

Den Text des »Gute Nacht« op. 59/4 hatte Schumann bereits 1841 für den mit Clara Schumann gemeinsam komponierten *Liebesfrühling* op. 37 ausgewählt, dort aber Clara zur Vertonung übergeben, da die Anrede »Freund, hörest Du« das Gedicht als Frauenlied kennzeichnet. In seiner Chorvertonung weist Schumann diese Anrede nun einer Solosopranstimme zu, bevor sie vom ganzen Chor wiederholt wird. Bei Schumann setzen sowohl chorische als auch solistische Anrede synkopisch ein; insgesamt sind derartige, für Schumann typische antizipatorische Dehnungen des Phrasenbeginns in den Chorliedern der zweiten Hälfte der 40er Jahre weitaus häufiger als in der ersten Sammlung von 1840. Emanuel Klitzsch bescheinigte dem Lied eine »leise Melancholie«, »einen aus Schmerz und Trost gemischten, jedoch mehr beruhigenden, Seelenfrieden erzeugenden Eindruck« (Klitzsch, Emanuel. [Rezension] NZfM 29/1848, 35, 203), wozu harmonisch die Bevorzugung subdominantischer Klänge beiträgt.

Gedichte von August Graf von Platen hatte Schumann 1845 erstmals gelesen; aus demselben Jahr stammen drei von Clara Schumann vorgenommene Gedichtabschriften. Von den zwei zusammengehörigen Gedichten des »Am Bodensee« kopierte sie jedoch nur den ersten Teil. Für die beiden folgenden Fünfzeiler mußte sich Schumann offenbar nochmals ein Exemplar der Gedichtsammlung besorgen, was den zweiwöchigen Abstand zwischen der Komposition des ersten und des zweiten Teils erklärt. Beide Teile bleiben streng vierstimmig und verzichten auf Stimmteilung und Unisonoführung. Sowohl textlich wie musikalisch bieten sich Bezüge zu dem späteren Zedlitz-Liedpaar op. 141/2–3 für Doppelchor. Die jeweils ersten Lieder beruhen auf demselben Rhythmus. Im dritten Takt des »Am Bodensee I« überrascht eine mediantische Rückung; die anschließende vierfache Quintschrittfolge von G-Dur über c-Moll, F-Dur nach B-Dur kann als Ausdruck des weiten Schiffwegs bis an das »Ufer der Ferne« gesehen werden. Im zweiten Teil unterdrückt Schumann die Anrede »o Theure« im zweiten Vers der letzten Strophe und ersetzt sie durch den Einschub eines zweimaligen »wehe mir«. Ein verminderter Septakkord wird dabei zweimal chromatisch versetzt (vgl. den ähnlichen Effekt in »Rastlose Liebe« op. 33/5, T. 66 ff.), das »Verlangen« bleibt unaufgelöst, bis dann am Schluß des Liedes doch noch die Anrede »o Theure« kommt und dem Lied einen Schluß nicht in der Ausgangstonart c-Moll, sondern in gleichsam exterritorialem F-Dur beschert.

Die Nr. 1 »Nord oder Süd« ist mit 144 Takten der umfangreichste der 1846 komponierten Chorgesänge (unter den späteren Liedern wird er allein durch das *achtstimmige* Talismane op. 141/4 von 1849 übertroffen). Schumann streicht den originalen Gedichttitel »So oder so« und läßt von den sieben Strophen die vierte und fünfte aus. Die verbleibenden Strophen vertont er zunächst mit nur kleinen Abweichungen strophisch, wechselt dann jedoch in der Schlußstrophe »Schlaf oder Tod« abrupt in die Tonika-Parallele fis-Moll und läßt erstmals solistische Stimmen hervortreten. In Mörikes »Jägerlied« schreitet ein Vöglein mit Pendelharmonik in gleichmäßigen staccato-Vierteln (vgl. die ebenfalls im staccato gesetzten »Vöglein hoch im Fichtenbaum« op. 33/1). Ein chorisches Unisono aller vier Stimmen dient zum Ausdruck eines Pfeils (T. 25).

Fünf Lieder von Robert Burns für gemischten Chor op. 55

Die mit identischem Anlaß und in unmittelbarer Nachbarschaft zu den Gesängen aus op. 59 entstandenen Burns-Vertonungen op. 55 prägt ein grundsätzlich anderer Charakter. Hier wurde von »ausgesprochenen Gelegenheitswerken« (Popp 1971, 19) gesprochen, die Nr. 3 zeige Schumann auf dem Tiefpunkt seiner Inspiration (Halsey 1972, 359). Doch der andere Charakter dieser Sammlung ist auf dem Hintergrund der gewählten Textvorlagen zu sehen – gemäß Schumanns Grundsatz, »daß die Musik die ursprüngliche Stimmung des Gedichts treffen, aber nicht überbieten soll« (Brief Schumanns an Robert Franz, 10.2.1854, Briefe und Dokumente im Sch.-Haus, 32).

Schumann meinte, daß Burns zu seinen Liedern »meistens durch alte Volks-Melodieen angeregt wurde« (»W.Z.« [nach Kreisig: Robert Schumann]. [Rezension] NZfM 16/1842, 52, 207; vgl. Kreisig II, 83) und seine Gedichte sich deshalb am natürlichsten »in jene Form, wie sie dem wirklichen Volksliede eigen ist« (»12« [d.i. Robert Schumann] [Rezension] NZfM 17/1842, 8, 33; vgl. Kreisig II, 85) fügten. Bereits 1840 hatte sich Schumann zweimal mit chorischen Vertonungen nach Texten von Burns für Männerstimmen beschäftigt, die beide unveröffentlicht blieben: eine 16taktige zweistrophige Vertonung des Gedichts »Gersten-

mehlbrode« und eine länger ausgeführte des Gedichts »Die Freiwilligen von Dumfries« (»Der stolze Gallier«; vgl. Ozawa 2002, 539–568; auf S. 568 Erstveröffentlichung von »Gerstenmehlbrode«).

Als »kunstlos ländlicher Gesang« will das erste Lied der Sammlung ertönen. Eine »Annäherung an den schottischen Nationalcharakter« (»A.[ugust] K.[ahlert]« [Rezension] AMZ 50/1848, 19. Sp. 310 f.) zeigt sich einerseits in der bordunartig auf dem Ton c verharrenden Baßstimme der solistischen Strophen-Teile, andererseits in der Oktavparallelführung von Sopran und Tenor. Durch Teilung der Altstimme wird dennoch ein vierstimmiger Satz gewahrt. Nicht spezifisch für den schottischen Volkston, aber doch typisch für Schumanns Chorstil, ist das chorische Unisono, das hier im dritt- und viertletzten Takt die Worte »sing ich allein« ausdrückt. Auch das dritte Lied spielt mit dem Prinzip des Bordunbasses. Mit Ausnahme eines verminderten Septakkords in Takt 13 bleibt das ganze Lied dreistimmig: Sopran und Alt werden unisono geführt. Die häufigen Zweiermelismen in den Oberstimmen sind ein alter Topos zum Ausdruck des Worts »ziehen«. Das erst nachträglich im September komponierte Schlußlied »Hochlandbursch« erscheint als bewußtes Gegenstück zum eröffnenden »Hochlandmädchen«: Auch hier werden Solo- und Tuttichor gegenübergestellt, vereint treten beide Chöre am Schluß der Strophen – mit kurioser Mehrtextigkeit – zusammen. Der eigentliche Textvortrag geschieht überwiegend im chorischen Unisono.

Zwischen diese drei folkloristischen Gesänge sind zwei kunstvollere Lieder eingefügt. In die Gattung des humoristischen Liedes gehört das »Mit Humor« vorzutragende Lied »Zahnweh«. Aufgrund der sängerischen Anforderungen des Liedes prophezeite August Ferdinand Riccius, daß »das Lied [...] für immer unbenutzt schlummern wird, obgleich die Auffassung dieses Liedes in dem ganzen Hefte unbezweifelt die genialste zu nennen ist« (August Ferdinand Riccius [Rezension] NZfM 31/1849, 36, 190). Das ganze Lied ist durchzogen von großen, meist verminderten, teils auch übermäßigen Intervallsprüngen, wechselt zwischen Unisono und Drei-, Vier-, Fünf- und Sechsstimmigkeit, wobei auch hier wieder zahlreiche Beispiele für die parallele Oktavführung zweier

Stimmen zu finden sind. In T. 19 bis 23 erklingen alle zwölf Töne der chromatischen Tonleiter.

Burns' Gedicht »Die gute alte Zeit« antizipiert die romantische Sehnsucht nach dem goldenen Zeitalter. Historisierenden Charakter zeigt einerseits die nur in diesem Lied des Zyklus bis zu den Schlußtakten konsequent gewahrte strenge Vierstimmigkeit und andererseits die regelmäßigen Taktwechsel zum Dreiermetrum.

Schumann als Liedmeister der Dresdner Liedertafel

Am 30. Oktober 1847 teilte Ferdinand Hiller Schumann den Entschluß mit, als Musikdirektor nach Düsseldorf zu gehen, und hinterließ ihm als »Erbschaft« die Dresdner Liedertafel (Tb III, 443). Hillers Vorgänger war von Februar 1843 bis November 1845 Richard Wagner gewesen. Wagners Bruder Albert blieb bis 1849 Mitglied der 1839 gegründeten Liedertafel. Die Zahl der aktiven Mitglieder ging – bedingt durch die Unruhen der Revolutionsjahre – zwischen 1846 und 1850 von 63 auf 48 zurück. Man versammelte sich wöchentlich am Samstag im Gartensaal der Gesellschaft Harmonie. Wollte ein »gebildete[r] Mann« als Mitglied aufgenommen werden, so hatten die übrigen darüber abzustimmen. Das Aufnahmegeld betrug 1 Taler, als Jahresbeitrag waren 3 Taler zu zahlen; der Liedmeister wurde für seine Tätigkeit jedoch nicht honoriert. Zu Schumanns ersten Amtshandlungen gehört die Notenbeschaffung. Dazu wandte er sich an seinen Verleger und Musikalienhändler Friedrich Whistling und fügte sogleich hinzu, daß »die Liedertafel [...] keine großen Fonds« habe (22.12.1847, Erler II, 37). Neben der Musik kam auch die Politik nicht zu kurz: Nach einer ersten Singestunde, deren Programm vom Liedmeister bestimmt wurde, folgten Aussprachen »in strenge[r] parlamentarische[r] Form« (Kötzschke 1939, 19), danach wurden noch Lieder nach den Wünschen der Mitglieder gesungen. Über eine der Versammlungen im März 1848 hieß es im Protokoll: »Die Gespräche waren sämtlich auf die politischen Zeitereignisse gerichtet« (Kötzschke 1939, 32).

Jährlich im Januar oder Februar wurde das Stiftungsfest begangen, zu dem mehr als 100 Gäste, auch Frauen, geladen wurden. Aus diesem Anlaß schrieb Schumann am 22. Dezember 1847 an Whistling: »Es ist [...] Ende Januar großes Stiftungsfest der Liedertafel mit allerhand Feierlichkeiten – da wünsch ich denn gern, daß einige der Lieder [op. 62] gesungen würden« (Erler II, 40). Tatsächlich erklang dann beim Stiftungsfest der frischgedruckte »Schlachtgesang« op. 62/3 (Kötzschke 1939, 29).

Seit Juli 1847 hatten sich die fünf Dresdner Männergesangvereine Liedertafel, Orpheus, Liederkranz, Arion und Odeon zum Allgemeinen Dresdner Sängerverein zusammengeschlossen, vor allem um bei öffentlichen Aufführungen zusammenzuwirken. Abgesehen vom Stiftungsfest wurden andere Auftritte der Liedertafel deshalb im Verbund durchgeführt. Am 10. Mai 1848 gab es in der großen Wirtschaft des Großen Gartens ein gemeinsames Konzert dieses Sängervereins unter Leitung von Johann Wilhelm Hartung, der dazu auch die von ihm geleiteten Musikcorps hinzuzog. Sie führten Schumanns »Freiheitslied« (Tb III, 460) WoO 4/3 auf. Eine weitere Aufführung derselben Ensembles gab es am 7. Juni 1848 am selben Ort, diesmal erklang »Schwarz-Rot-Gold« WoO 4/2. Doch Schumanns Interesse an der Liedertafel hatte inzwischen stark abgenommen, am 17. Juni verzeichnete er zum letzten Mal im Haushaltbuch eine Probe der Liedertafel (Tb III, 463), am 3. August nimmt er noch an einer Sängerfahrt nach Blasewitz teil (Tb III, 466). Am 21. Oktober aber schreibt er sein Abschiedsgesuch. An der feierlichen Überreichung und Weihe einer von den Frauen der Vereinsmitglieder gestickten Fahne am 17. Mai 1848 und 28. Juli 1848 scheint Schumann ebensowenig teilgenommen zu haben, wie an den Auftritten der Liedertafel am 2. Mai (Benefizkonzert zugunsten der Schleswig-Holsteiner Freischaren), am 10. Juli (Huldigung des Reichsverwesers Erzherzog Johann) und 18. Oktober. Sein Hauptinteresse galt mittlerweile seiner Neugründung eines gemischten Dresdner Chorvereins.

Ritornelle in canonischen Weisen op. 65

Als Hiller Schumann am 30. Oktober 1847 das Angebot zur Übernahme der Liedertafel macht, hatte Schumann kürzlich gerade drei Kanons für Männerstimmen nach Texten von Rückert komponiert. Die Idee dazu war bereits im Vorjahr entstanden, als an eine Übernahme der Liedertafel noch nicht zu denken war: Am 29. Mai 1846 übertrug Schumann während eines Aufenthalts in Maxen vier Gedichte von Rückert mit dem Vermerk »zu Canons« in seine »Gedichtabschriften« (Gedichtabschriften Nr. 65, 116). Nachdem er diese in Musik gesetzt hatte, traf er Mitte November 1847 eine zweite Gedichtauswahl von zehn für Kanons geeigneten Texten.

Der Titel des op. 65 setzt den Begriff *Ritornelle* als Sammelbezeichnung der drei- und vierzeiligen Kurzgedichte. Ein ursprünglich geplanter Titel formulierte genauer: *Vierzeiler und Ritornelle von Rückert als Kanons für mehrstimmigen Männergesang* (Schumann, Robert. Werkverzeichnis, zit. n. Wasielewski ⁴1906, 377). Denn nur den Nummern 2, 4 und 7 liegen Ritornelle (nach italienischen Vorlagen) zugrunde, die übrigen Kanons basieren auf Vierzeilern (nach persischen Vorbildern). Im Zusammenhang der Komposition schulte sich Schumann am Studium klassischer Musterkompositionen, wie ein für die *Neue Zeitschrift für Musik* verfaßter Artikel bezeugt (Schumann, Kuriosum, den englischen Nationalkanon: »Non nobis Domine« betreffend, 1848, 22 f.; Kreisig, 298 ff.).

Der früheste Kanon »Gebt mir zu trinken« op. 65/4 entstand am 11. September 1847 im Zusammenhang einer Begegnung mit seinem Freund Julius Becker, der in der Lößnitz einen Weinberg besaß. Wie bei dem nächsten Kanon »Laßt Lautenspiel und Becherklang« op. 65/2 handelt es sich um einen Einklangskanon. Beide enden mit einer nachträglich hinzugefügten Coda, die im letzteren Fall durch kunstvolle motivische Verknüpfungen mit den Kanonzeilen verbunden ist. Da im Text das Wort »Fasching« fällt, gab Schumann den Kanon Hiller nach Düsseldorf mit auf den Weg, um sich beim dortigen Carnevalverein für die im Mai verliehene Ehrenmitgliedschaft zu bedanken (vgl. Ozawa 2005, 205).

Die folgenden Kanons gehen über die Besetzung mit drei gleichen Stimmen hinaus. Das führt entweder zur Ergänzung freier, nicht kanonisch gebundener Stimmen oder zu anderen Einsatzintervallen. Im Kanon Nr. 5 »Zürne nicht des Herbstes Wind« imitieren sich die beiden Tenor- und die beiden Baßstimmen jeweils in der Oberquint. Die Baßstimmen setzen dabei eine Oktave tiefer als die Tenorstimmen ein, was nur durch Beschränkung des Stimmumfangs auf eine Quinte möglich ist und die Bevorzugung chromatischer Engschrittigkeit erklärt.

Am 4. November starb in Leipzig Felix Mendelssohn Bartholdy. Der am folgenden Tag komponierte Kanon »Die Rose stand im Tau« ist die direkte kompositorische Auseinandersetzung mit der Nachricht von dessen Tod und bildet somit das vokale Gegenstück der »Erinnerung« op. 68/28 vom 2. September 1848. Ein Autograph des Kanons widmete Schumann neun Tage später »Der Gattin seines ewig verehrten Freundes« (Crum 1983, 51). Hier nun arbeitet Schumann erstmals mit freien Stimmen: Kanonisch sind nur Tenor I und Baß I geführt, letzterer imitiert im Taktabstand in der Unterquinte, die zuerst einsetzende Tenor I-Stimme wird homorhythmisch von einem dreistimmigen Unterchor begleitet. Ausgangsmotiv ist dabei eine transponierte Form des BACH-Themas, das Schumann kurz zuvor in seinen Orgelfugen op. 60 auf vielfache Weise bearbeitet hatte. Ursprünglich stand der Kanon in g-Moll (Erler 1905/06, 108), das BACH-Thema somit in der Originalgestalt. Angesichts der Bach-Begeisterung Mendelssohns erhält diese Anspielung eine weitere Bezugsebene (vgl. den Brief Schumanns an Felix Mendelssohn mit einem anderen BACH-Thema, 24.9.1845, BNF, 250).

Die Nr. 6 »In Sommertagen rüste den Schlitten« setzt sich durch Rückgriff auf das Prinzip einer tonalen Beantwortung des eröffnenden Quartintervalls über strenge Kanontechnik hinweg, die abgesehen davon jedoch konsequent vierstimmig durchgeführt wird. Ausnahmsweise verzichtet dieser Kanon auf eine Coda. Der am nächsten Tag komponierte vierstimmige Kanon »In Meeres Mitten« bildet den kunstvollen Höhepunkt der Sammlung: Nicht nur gibt es hier Einsätze auf drei verschiedenen Tonstufen, es handelt sich zudem um einen Transpositionskanon (*Canon per*

Beispiel 1: *Die Rose stand im Thau* op. 65/1 T. 1–4 (Frühfassung in g-Moll)

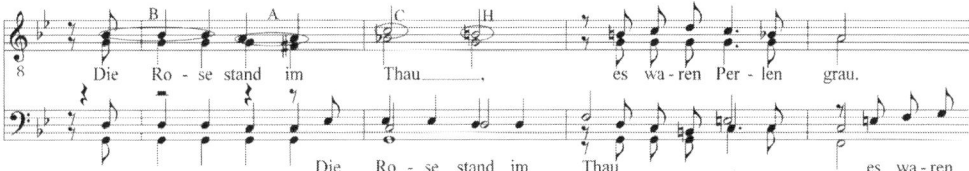

tonos), der mit jedem Durchgang um einen Ganzton absinkt. Entgegen der durch Marpurg etablierten Terminologie überschreibt ihn Schumann als *Canon infinitus*, vielleicht um den Bezug zum Titel »In Meeres Mitten« herzustellen. Aus Gründen des Stimmumfangs wird für die praktische Ausführung nach zweieinhalb Durchgängen ein Schlußpunkt gesetzt.

Nach zehntägiger Pause und den ersten zwei Versammlungen der Liedertafel mit Schumann als Leiter komponiert Schumann schließlich noch die Nr. 3, die wiederum auf die anfängliche Form des Einklangkanon mit drei gleichen Stimmen zurückgreift. Diesen wird hier jedoch ein voller vierstimmiger Chor ohne Kanonbindung an die Seite gestellt – vielleicht bereits ein Niederschlag der ersten praktischen Erfahrungen mit der Liedertafel.

Drei Gesänge für (großen) Männerchor op. 62

Am 4. Dezember hatte Schumann in seiner Liedertafel erstmals seine »Canon's« (Tb III, 446) erprobt. Zwei Tage später wandte er sich – möglicherweise als Reaktion auf die parlamentarischen Debatten in der Liedertafel – ganz anderem Männerchorrepertoire zu: »patriotischen Lieder[n]« (Tb III, 450). Nach einem wiederum von Rückert stammenden »Freiheitslied« und Klopstocks »Schlachtgesang«, den Schumann um vier Strophen kürzt, entsteht am 9. Dezember noch »Der Eidgenossen Nachtwache«. Über den Hintergrund berichtete Schumann: »Wem hätten nicht die Siege der freien Schweiz das Herz gerührt. In den Eichendorffschen Gedichten fand ich nun eines, wie es auf die augenblicklichen Zustände nicht schöner passen könnte, und dazu höchst poetisch. Soll so ein Stück einschlagen, so muß es rechtzeitig in der Welt erscheinen. [...] das ganze Heft ließe sich noch als gutes Weihnachtsgeschenk dem Fürst Metternich bescheeren« (Brief an Fr. Whistling, 22.12.1847, Erler II, 38 f.). Ende November hatten die eidgenössischen Truppen über die konservativen Sonderbundkantone gesiegt. Eichendorffs Gedicht, das eigentlich den Titel »Der Tiroler Nachtwache« trägt, entstand anläßlich des Tiroler Aufstands 1810 und wird von Schumann nun auf das aktuelle Zeitgeschehen bezogen. Die geringe Anzahl der unter einer Opusnummer vereinten Gesänge hat ihren Grund in deren ungewöhnlicher Ausdehnung, einzig der dritte wird vom Schlußlied des op. 33 noch übertroffen. Strophische Vertonung findet sich nur in den ersten drei Strophen des »Freiheitsliedes«. Alle drei Lieder weisen als Abschluß einen reprisenartigen Abschnitt auf. In den beiden ersten Gesängen wiederholt Schumann dazu den Text der Anfangsstrophen, im »Schlachtlied« ist eine solche reprisenartige Gestaltung schon von Klopstock durch Wiederaufgriff einzelner früherer Verse angelegt. Schumann greift zusätzlich den Anfangsvers der vierten Strophe wieder auf und hängt am Schluß ein »Hurrah« an. Die Reprisentechnik läßt Vorbilder instrumentaler Formbildungen erkennen: Am deutlichsten ist das in »Der Eidgenossen Nachtwache«, wo der zweite Abschnitt zunächst in der Tonikaparallele A-Dur steht, in der Reprise dann in die Tonika fis-Moll versetzt wird. Im »Freiheitslied« beginnt die Reprise subdominantisch und wendet sich dann zur Tonika. Im »Schlachtlied« kommt es zu einer dramatischen Kombination des musikalischen Materials der beiden vorangegangenen Teile. Wahrscheinlich kannte Schumann die wenige Jahre zuvor bei Diabelli erschienene Vertonung desselben Textes von Franz Schubert. Sie ist doppelchörig gehalten, bleibt jedoch hinter dem, was Schumann mit vier Stimmen an dramatischer Dichte im Schlußteil erreicht, zurück.

Drei Gesänge mit Begleitung von Harmoniemusik (ad libitum) WoO 4

Auf einem ganz anderen Niveau bewegt sich die einzige *a capella*-Komposition des Jahres 1848. Die Chöre galten als »die am wenigsten verschleierte musikalische Parteinahme Schumanns für die republikanische Bewegung« (Edler, 227). Doch während sich die Gesänge op. 62 »auf! in den Flammentod« stürzen wollten, so werden nun ganz im Gegenteil beschwichtigende Töne angeschlagen: »die Wildheit wirst du zähmen. Dir ist der Taumel ja verhasst«. Gerade diese Verse, die der Berliner Orientalist Julius Fürst am 27. März mit Bitte um Vertonung übersandte, wirkten als Auslöser. In einem Brief an Fürst bezweifelte Schumann, daß seine Komposition »populär werden, d.h. […] sich eine Beliebtheit bis in die weitesten Kreise des Volkes hinaus erwerben möchte« (Zitat aus dem Antwortbrief von Julius Fürst an Schumann, 19.4.1848, zit. n. Hirschberg 1914, 59). Und das, obwohl Schumann die Anforderungen deutlich niedriger steckt als in den drei »Patriotica« (Brief Schumanns an F. Hiller, 1.1.1848, BNF, 279) des Vorjahres. Die Stimmumfänge aller drei Lieder sind kleiner gehalten, Solotakte einzelner Stimmen werden nun konsequent vermieden. Anderseits hatte es im op. 62 kein Unisono aller vier Stimmen wie in Takt 3–4 des »Freiheitssang« oder am Schluß des »Zu den Waffen« gegeben. Alle drei Gesänge sind strophisch vertont, auch dies unterscheidet sie von den drei Gesängen op. 62.

Für »nicht übel gelungen« (Brief R. Schumanns an Clara Schumann, 5.4.1848, Briefwechsel III, 1230) hielt Schumann seine Komposition von Freiligraths »Schwarz-Rot-Gold«. Das erst am 17. März 1848 im Londoner Exil entstandene Gedicht hatte Schumann offenbar über seinen Leipziger Freund Ernst Ferdinand Wenzel erhalten (vgl. Brief Fr. Whistlings an Schumann, 1.4.1848, Corr. Bd. 19, Nr. 3461). Es bleibt vorerst unklar, ob die Auslassung aller »explizit republikanischen bzw. fürstenfresserischen Strophen« (Kapp 1993, 395) auf Schumann zurückgeht. Am 11. April vervollständigte Schumann die Sammlung durch einen dritten Gesang, der als der musikalisch bedeutendste gelten darf. Es ist wohl kein Zufall, daß

sich für dieses Lied keine Aufführung zu Schumanns Lebzeiten nachweisen läßt und auch Schumann selbst in seiner Liedertafel nur die beiden anderen Lieder vornahm. Daß »der Chor […] nicht zuviel Kreuze und Bee« (Kreisig I, 490) will, wußte Schumann seit langem, trotzdem wählt er hier die Tonart b-Moll. Die zweite Hälfte der Strophen wechselt zum triolischen Zweiertakt in der parallelen Dur-Tonart. Das Gedicht stammt von Titus Ullrich, den Schumann als »wahre[n] Revolutionsprophet[en]« (Brief Schumanns an Fr. Whistling, 24.4.1848, BNF, 521) rühmte und dem »im Innersten aufregend[en]« (Nauhaus 1991, 60 f.) »Hohen Lied« einen Ehrenplatz auf seinem Schreibtisch gewährte. »Zu den Waffen« ist wortgewandte und bilderreiche, aber kaum verhüllte Herrschaftskritik. Möglicherweise im Zusammenhang mit der öffentlichen Erstaufführung des Fürstschen »Freiheitssang«, erstellte Schumann einen *ad libitum*-Begleitsatz für Harmoniemusik, bei der er erstmals nicht für Natur-, sondern für Ventiltrompeten und -hörner schreibt.

Lediglich der »Deutsche Freiheitssang« erschien 1848 in einem Benefizalbum. Nachdem ein Verlagsangebot der kompletten Sammlung an Luckhardt im März 1849 (BV Nr. 1431, vgl. RSA VII/3/4, 146) gescheitert war, dürfte sich eine spätere Publikation aufgrund des Zeitbezugs der Text von selbst verboten haben.

Der Dresdner Chorverein

Nur zwei Wochen nach der ersten Versammlung der Liedertafel sproß bei Schumann die Idee zur Gründung eines gemischten Chorvereins (Tb III, 445). Clara Schumann berichtete am 11. Dezember im Tagebuch: »Robert ist jetzt mit Leib und Seele dabei, einen Verein für gemischten Chor […] zu stiften, den er Cäcilienverein getauft hat. Morgen geht die Einladung in Umlauf« (Litzmann II, 175). Die heilige Cäcilia konnte schließlich doch nicht als Namenspatronin fungieren, da in Dresden bereits früher ein Cäcilienverein existiert hatte und dessen Leiter Otto Kade nun ebenfalls zum Ende des Jahres 1847 zu einer Wiederbelebung aufrief. Trotz dieses Konkurrenzprojekts hatte Schumanns Chorverein wenige Monate später

Beispiel 2: Solfeggie Nr. 3 RSW Anh. L1.

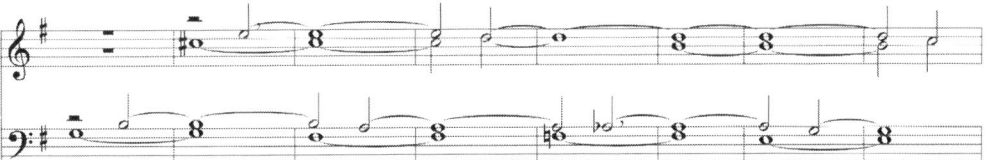

eine stattliche Größe von über 100 aktiven Mitgliedern erreicht. Dabei waren die Außenstimmen mit jeweils fast einem Drittel der Sänger am stärksten besetzt, der Tenor blieb die schwächste Stimme.

Der Gründungsaufruf war von Robert und Clara Schumann gemeinsam unterzeichnet worden, auch bei den Proben gab es eine Art »Doppelleitung«: Clara Schumann begleitete am Klavier, »Schumann ließ […] oft Stellen fünf bis sechs Mal wiederholen um einen festeren Einsatz oder eine feinere Nüancierung zu erzielen« (Lindemann 1898, 9 f.). Geprobt wurde mittwochs abends im Probenlokal der Liedertafel, zu der es auch personell zahlreiche Überschneidungen gab. Am 5. Januar 1848 trat der Chorgesangsverein zum ersten Mal zusammen. Robert Schumann hielt das Probenrepertoire in einem Chornotizbuch (D-Zsch; Archiv-Nr.: 4871 / VII C, 6 – A 3, hier zitiert nach Robert Schumannsche Singakademie, 1898, S. 14) fest. Begonnen wurde mit drei Solfeggien, die Schumann als spezielle Übungsstücke komponiert hatte. Sequenzartig werden darin Treffsicherheit für ungewöhnliche Intervallsprünge und die Intonation dissonanter Klangbildungen trainiert. Das »Aushalten schwerer Intervalle« (die Übertragung folgt einer Faksimileabbildung in J. Stargardt-Erasmushaus Auktionskatalog 652, 19. September 1992, Nr. 514, 257) etwa übte Schumann in der Solfeggie Nr. 3 auf folgende Weise:

Außerdem stand auf dem Programm der ersten Probe ein Choral von Bach, drei Lieder von Mendelssohn und Hauptmanns »Über allen Gipfeln« op. 25/2. Alte Musik, später auch mit Kompositionen von Palestrina, Gallus und Anerio, spielt eine wichtige Rolle. Ein in Schumannscher Spartierung erhaltenes *Adoramus te* von Palestrina (RSW Anh. O9. Faksimile in: Abert ³1917, 90) ist ebenso homorhythmisch gehalten wie Schumanns

eigene Chorsätze. Das neuere Repertoire beschränkte sich neben eigenen Kompositionen vornehmlich auf Leipziger Zeitgenossen, außer Mendelssohn und Hauptmann kam später noch Gade hinzu.

Auch in diesem Verein durfte die Geselligkeit nicht zu kurz kommen: Nach der Probe gingen die Frauen heim, während Schumann »mit einigen der Herren gewöhnlich noch ein Stündchen zubrachte« (Lindemann 1898, 13). Außerdem unternahm man Ausflüge, so im Sommer 1848 nach Meißen und nach Pillnitz. Auch dabei wurde viel gesungen, gleich ob in einer Weinlaube, beim Mittagsmahl, im Meißner Dom oder gar zu Ehren seiner Majestät des Königs. Chormitglied Emil Naumann berichtete: »Der Verein unternahm an einem schönen Sommertage mit einem Elbdampfschiffe eine Tagespartie nach Pillnitz und dem Porsberge. Unter den hohen Kastanienbäumen der Schloßrestauration ward ein, durch heitere Lieder (Schumann, Mendelssohn und Hauptmann) anmuthig unterbrochenes Mittagsmahl eingenommen, worauf sich die lachende Karavane zur Bergbesteigung in Bewegung setzte. […] Auf der Rückfahrt von einer anderen Partie des Vereins, nach Meißen, mußten wir ihm sein Lied ›Mich zieht es nach dem Dörfchen hin‹ nochmals vorsingen« (Erler II, 54).

Romanzen und Balladen für Chor op. 67, 75, 145/14–15, 146/17 und 20 (März 1849)

Über ein Jahr lang leitet Schumann seinen Chorverein, bevor er sich im März 1849 erneut der Komposition für gemischten Chor zuwendet.

Eine neue Idee, eine neue Gattung beflügelte ihn zur Komposition: »2 Balladen f. Chor« notierte Schumann am 6. März 1849 im Haushaltbuch (Tb III, 485). Es handelt sich um den »König von Thule« und »Schön Rohtraut« op. 67/1–2, die wohl nicht zufällig durch ein gemeinsames Anfangsmotiv verbunden sind. »Schön Rohtraut« wurde gleich am nächsten Tag von Schumann »direkt aus seiner Feder« (Lindemann 1898, 12) im Chorverein geprobt. Hintergründig ist Schumanns Gestaltung des Liebesdialogs über Standesgrenzen hinweg: Den Vers des Pagen überträgt Schumann den Altstimmen, die Frage der Königstochter, die »nicht spinnen noch nähen mag«, sondern »fischen und jagen« geht, jedoch den jeweils geteilten Tenören und Bässen.

Zweieinhalb Wochen später berichtete Schumann seinem Verleger Whistling: »Ich habe mit wahrer Passion eine Sammlung Balladen für Chor zu schreiben angefangen; etwas, was, wie ich glaube, noch nicht existiert« (23.3.1849, Boetticher II, 447 f.). Die für die die literarische Gattung der Ballade in Deutschland typischen dialogischen Elemente boten die Möglichkeit, mit dem Medium des Chors kleine Mini-Dramen zu gestalten; in seinen späteren orchesterbegleiteten Chorballaden op. 116, 139, 140 und 143 übertrug Schumann diesen Ansatz auf größere Formen. Aus dem Konzept einer reinen Balladen-Sammlung wurde nach kurzer Zeit eine Mischsammlung mit Romanzen und Balladen, wobei Schumann im Drucktitel jedoch »das Wort Balladen für Chor im Titel [...] besonders, und mehr als das Wort Romanzen hervorgehoben« (Brief Schumanns an Fr. Whistling, 18.4.1849, Boetticher II, 448) wünschte. Am 13. März 1849 notierte Clara Schumann im Tagebuch: »Robert komponiert jetzt Romanzen und Balladen für gemischten Chor, ein Genre, in dem noch nichts geschrieben ist« (Litzmann II, 183 f.). Gerade an diesem Tag hatte Schumann die »Romanze vom Gänsebuben« komponiert, die vom Text her einzige Romanze im engeren Sinne (mit Adaption des Endecasillabo als quantifizierendem Versmaß und der typischen Assonanz anstelle echter Reime). Der Begriff Romanze war in Deutschland jedoch längst zum Synonym für jegliche Art von Volkspoesie geworden. Schumanns Vertonung beweist vor allem durch ihre differenzierte Vortragsbezeichnung bis hin zu Trillern und Portamenti einen sprühenden Humor. Der Refrainteil entlehnt sein Thema dem Trio-Mittelteil eines 1843 komponierten Marschs (op. 99/II).

Der sowohl von Robert wie von Clara Schumann erhobene Neuheitsanspruch ist speziell auf die Komposition für gemischten Chor zu beziehen. Fast sämtliche von Schumann vertonten Uhland-Balladen hatte Conradin Kreutzer für Männerchor gesetzt (vgl. Tb I, 128/133), »Ein König in Thule« war von Friedrich Silcher für Männerchor bearbeitet worden, eine zum Volkslied gewordene Bearbeitung des »Heidenröslein« hatte Heinrich Werner 1828 in der Männerchorsammlung *Arion* veröffentlicht. Einzige Ausnahme ist eine Vertonung des »Heidenrösleins« für Sopran, Alt, Tenor und Baß von Moritz Hauptmann op. 25/4. Da Schumann sie kannte, ist seine Vertonung als Gegenentwurf zu verstehen. Bei Hauptmann wird der erste Vers von einem Solo-Tenor, der dritte bis fünfte Vers von zwei solistischen Frauenstimmen vorgetragen. Der Schlußvers ist imitatorisch mit zweimaliger Nachahmung eines eintaktigen Motivs gesetzt. Nur in sieben der insgesamt 18 Takte singt der ganze Chor. Schumann hingegen bleibt konsequent vierstimmig, Abweichungen vom homorhythmischen Satz ergeben sich einzig durch Melismen einzelner Stimmen. Während Hauptmann den ersten Vers in gleichmäßigen Vierteln deklamiert, prägt Schumann eine charakteristische rhythmische Gestalt, die mit ihren toposhaften Pausen gleich zu Beginn das Rosenbrechen musikalisch vorausahnen läßt.

Die vollstimmige Satzweise ermöglicht dissonanzreiche Harmonik, während Hauptmann abgesehen von einigen Quartsext- und drei Dominantseptakkorden rein konsonant (vgl. Synofzik 2002, 745) bleibt. Besonders in bezug auf das »Heidenröslein« rügte Rezensent Riccius »Härten und Gemachtes«: »die lang liegenden Bässe vermögen [...] wohl dem Musiker Aufmerksamkeit abzunöthigen, aber an die Künstler muß man, und gewiß in diesem Fache nur zuletzt denken« (August Ferdinand Riccius [Rezension] NZfM 31/1849, 36, 189). Schumann wies die Kritik zurück: »›Härten‹ wüßt' ich keine (der Text müßte sie denn rechtfertigen) – und gegen das »Machen« protestiere ich auch feierlich« (Brief Schumanns an Fr. Brendel, 6.11.1849, BNF, 315).

Beispiel 3a: Moritz Hauptmann, *Heidenröslein* op. 25/4 T. 1–4

Beispiel 3b: Robert Schumann, *Heidenröslein* op. 67/3 T. 1–4

Die deutlichste Ausprägung erfuhr Schumanns chorischer Balladenstil in der mit »kräftig deklamatorischem Vortrag« zu singenden Chorfassung von Schillers *Der Handschuh*, den Schumann nur in einer noch im selben Jahr erfolgten Umarbeitung für Solostimme mit Klavierbegleitung veröffentlichte. In der Sammlung des op. 67 ist diesem durchkomponierten Balladenstil am ehesten die durchkomponierte Vertonung des »Ungewitter« von Chamisso zu vergleichen, mit ihrem unisono gesetzten Königsruf von tagespolitischer Aktualität: »Ich bin der empörten Zeiten unmächtiger, bangender Sohn«.

Das andere Extrem bilden die beiden strophischen Vertonungen des »John Anderson« (op. 67/5 und op. 145/14) von Burns, die im Abstand von nur zwei Tagen entstanden. Wiederum fordern Burns' Verse musikalisch besondere volkstümliche Einfachheit heraus, Clara Schumann hob in einem Tagebucheintrag vom 16. März 1849 einige »im Schottischen Charakter« komponierte »Balladen und Romanzen« besonders hervor (Litzmann II, 184). Nur eine der vier Burns-Vertonungen, »Der Bänkelsänger Willi« op. 146/17, erfüllt die poetologischen Bedingungen einer Ballade. Schottisch folkloristisch wirken hier die häufigen Schleifer und Vorschläge, der Deklamationsstil ähnelt jedoch dem des *Handschuhs*. Von den beiden Vertonungen des »John Anderson« zeigt die zweite die deutlicheren Anklänge an den schottischen Volks-

ton, mit charakteristischen Vorschlägen und Melismen sowie durch bordunartige Führung der beiden Mittelstimmen bedingten harmonischen Effekten. Geradezu experimentell ist der Beginn mit einem durch die None im Baß fundierten A-Dur-Dreiklang.

Schon im zweiten Heft op. 75 tritt der Balladencharakter zurück, deutsche Volkspoesie ist in der Überzahl. Schumanns Vertonung des »Schnitter Tod« wirkt durch Unisono-Beginn und Anklänge an die alte dorische Tonart archaisierend. Die politisch brisante 3. Strophe mit dem Vers »auch die Kaiserkronen wird er nicht verschonen« kann gemäß einer »provokanten, auf das Anstößige eigens hinweisenden Anmerkung« (Kapp 1993, 387) ausgelassen werden (Brahms strich sie in seiner Volksliedversion von vornherein).

»Vom verwundeten Knaben« und »Der traurige Jäger« ziehen für jeweils eine Hälfte der Romanze eine in Oktaven parallel geführte fünfte Stimme hinzu. Eigentümlich ist die harmonische Gestaltung des zweiten Gesangs: Als Tonartenvorzeichnung ist ein b notiert, der Anfangsakkord mit den Tönen *a/c'/a'/c''* bleibt jedoch ebenso doppeldeutig wie die abwechselnd auf F-Dur und a-Moll endenden Kadenzen in T. 4–16. Die zweite Hälfte des Liedes beginnt dissonant, wechselt zum Wort »Jagen« in die jägerische Tonart Es-Dur, um sich nach den Worten »der blies so irrer Weise« in mehrdeutigen übermäßigen Sekund- und übermäßigen Quintsextakkorden zu verlieren und schließlich fern der Ausgangstonart (und fern einer angeblichen »konventionellen Harmonik« (Best 1988, 220)) unvermittelt in D-Dur zu enden.

Die einen Tag zuvor komponierte zweite Eichendorff-Vertonung »Im Walde« op. 75/7 erlaubt durch Vergleich zur Solovertonung von 1840 eine Nagelprobe für Schumanns Auffassung, »daß durch diese [chorische] Art der Behandlung der Balladencharakter zu einer fast wirkungsvolleren Aussprache kommt, als durch einzelne Gesangsstimmen« (Brief Schumanns an Fr. Whistling, 23.3.1849, Boetticher II, 447 f.). Balladenhaft wird Eichendorffs Gedicht allerdings erst, indem Schumann (ebenso wie in der Eichendorff-Vertonung »Meerfey« op. 69/5) eine mittlere Strophe hinzudichtet (vgl. dazu Brinkmann 1997, 76). Während in der Soloversion fröhliche Hochzeitsszene und subjektive Betroffenheit unverbunden gegenüberstehen, erzählt er nun »eine Geschichte und mindert damit das Maß persönlicher Betroffenheit zugunsten der Darstellung von kollektiver Erfahrung« (Geck 2001, 63). Die girlandenartige Sopranmelodie am Anfang der Chorversion ist alles andere als »volksliedhaft« (Best 1988, 215); in einem Sololied wäre sie kaum vorstellbar, im Chorsatz aber kann sich der Hörer die Melodie ersatzweise im diatonischen Abwärtsgang des Tenors suchen. Durch Fermatenendungen, eingeschobene Echotakte und die um einen Achtelschlag verfrühte Endung in Takt 5/6 wirkt der Anfang bühnenhaft dramatisch frei. Eine ›fort›reitende‹ Dynamik entwickelt dann jedoch die zweite Hälfte der beiden ersten Strophen (»da blitzten viel Reiter …«) – wiederum liegt die ›Melodie‹ teils im Sopran und Tenor, teils aber auch im Alt. Vor den beiden Schlußversen der dritten Strophe kommt es zu einem Taktwechsel vom 6/8 zum 2/4-Takt. Nachdem nun »alles verhallt« ist, endet das Spiel mit Echoeffekten. Bei dem nach c-Moll entrückten Schauer »im Herzensgrunde« werden die Chorstimmen an die Untergrenze ihres Stimmumfangs geführt, so tief, daß die Chorsoprane gar für zwei Takte aussetzen müssen. Mit dem dort erreichten D-Dur-Halbschluß wollte Schumann das Lied ursprünglich enden lassen; erst später hängte er eine sechstaktige Rückmodulation zur Ausgangstonart B-Dur an.

Von der Besetzung her ein Unikum im Chorrepertoire bildet Schumanns Vertonung des »Schiffleins« von Uhland. In Uhlands Schiffgesellschaft finden ein Hornist, ein Flötist und eine Sängerin zusammen, was Schumann zu einer naturalistischen Umsetzung anregte, sicherlich auch als Nachwirkung der am selben Tag abgeschlossenen Instrumentation des Horn-Konzertstücks op. 86.

Romanzen für Frauenstimmen op. 69 und 91

In direkter Nachbarschaft zu den Romanzen und Balladen für gemischten Chor, teilweise sogar im Wechsel damit, wandte sich Schumann im März 1849 nach neun Jahren nochmals der Besetzung für *a capella*-Frauengesang zu. Unbelegbar bleibt die Behauptung, daß er »aus den weiblichen Mitgliedern seines Vereins für Chorgesang einen kleinen Frauenchor gebildet« (RSA V/2, 66) habe; Tatsache ist lediglich, daß im Chorverein zuweilen auch reine Männer- oder Frauengesänge vorgenommen wurden.

Hier beschränkt sich die Gattungsbezeichnung auf *Romanzen*, am Anfang der Sammlung steht mit Eichendorffs »Die Musikantin« (bei Schumann: »Tamburinschlägerin«) sogar eine Bearbeitung aus dem Spanischen. Sieben der zwölf Gesänge sind strophisch vertont. Der für Frauenchor beachtete kleinere Gesamtambitus führt zu häufigeren Parallelführungen, das satztechnische Niveau ist weniger anspruchsvoll als in den Chören für Männer- und gemischten Chor. Auf die in fast allen anderen Chorsammlungen (außer op. 65 und op. 137) üblichen Stimmteilungen für einzelne Töne oder Passagen wird hier verzichtet. »Tamburinschlägerin« beginnt mit einer Oktavparallelführung von erstem Sopran und Alt. Die fast durchgängige Deklamation in gleichmäßigen Achteln ist Tribut an das Tamburinschlagen, für Auflockerung sorgen lediglich »schwirrende« Melismen. Im »lust›gen Wirbeltanz« des »Waldmädchen« op. 69/2 sind metrische Raffinessen verborgen: Nicht nur wechseln die letzten beiden Verse vom 3/8- in den 2/8-Takt; auch schon die ersten drei Takte sind zwar im auftaktigen 3/8-Takt notiert, lassen sich aber auch als volltaktiger 2/8-Takt auffassen. Die Nr. 3 »Klosterfräulein« wartet mit der Besonderheit auf, daß die Melodiestimme nicht im Sopran, sondern im ersten Alt liegt.

Gleich zwei Romanzen auf Texte von Eduard Mörike hatte Schumann bereits 1847 als Sololied vertont. Walter Best hat ausführliche Analysen der Parallelvertonungen vorgelegt, der von ihm behauptete »lapidare Stil« (Best 1988, 276 und ähnlich 265) wird jedoch in beiden Fällen durch metrische Unebenheiten in Frage gestellt: Die »Soldatenbraut« op. 69/4 wechselt in den Schlußversen der beiden ersten Strophen vom 6/8- in den 2/4-Takt. »Das verlassene Mägdelein« op. 91/10 ist im 3/4-Takt notiert, enthält aber eine implizite Gliederung als auftaktiger 2/4-Takt.

Der bisher vierstimmige Chor ist in der »Meerfey« um eine dritte Sopranstimme erweitert, die sich in kanonischen Imitationen einer melismatischen Wellenbewegung mit dem ersten Alt abwechselt, wodurch eine »trotz äußerer Schlichtheit subtile musikalische Struktur« (Klassen 1993, 149) entstehen kann. Streng kanonisch vertonte Schumann »Die Capelle«, wohl nicht zufällig schließen beide Hefte der Sammlung mit einem Kanon (op. 69/6 und op. 91/12). Es handelt sich um einen Doppelkanon in der Unterquarte. Satztechnische Probleme bereitete ein Quartsextakkord im vierten Takt. In einem Albumblatt vom 16. April 1849 behalf sich Schumann zunächst mit einer Änderung der beiden Schlußtöne in der Unterstimme des 3. Taktes zu es' (im Anhang von RSA V/2, 55 als »Kanonfassung« veröffentlicht; Faksimile des Albumblatts im Faksimilebeiheft. 15). Im Arbeitsmanuskript wird aus dem problematischen Quartsextakkord durch nachträgliche Abänderung der Altstimme zu f' ein unproblematischer Terzquartakkord – das Kanonprinzip wird in jedem Fall geopfert. (Beide heute verfügbare Ausgaben scheinen an dieser Stelle fragwürdig: RSA V/2 druckt in der zweiten Strophe in T. 17 g', in T. 4 und T. 30 jedoch f'; Alfred Dörfel gibt generell der kanonischen Stimmführung g' den Vorrang.)

Auch das zweite Heft beginnt mit einem Chorsatz (»Rosmarien«), in dem erster Sopran und erster Alt zu Beginn in Oktavparallelführung gekoppelt sind. Hans Michael Beuerle hat auf motivische Verknüpfungen hingewiesen (Beuerle 1987, 297 f.), die jedoch die Dichte der Brahmsschen Vertonung

desselben Texts nicht erreichen. Beim »Jäger Wohlgemuth« schwankte Schumann zwischen der Besetzung für Frauen- und für gemischten Chor. Die Version für Frauenstimmen war die ursprüngliche; vielleicht aus textlichen Gründen versuchte Schumann jedoch eine Umarbeitung. Doch die Akzentparallelen in T. 4 und die dreitaktige Unisonoführung der beiden Unterstimmen, wie sie im Schumannschen Frauenchorsatz häufig begegnet, wären im gemischtstimmigen Chorsatz aus dem Rahmen gefallen. Der Versuch, sie auszumerzen, führt zu einer intolerablen Alt-Stimmführung in T. 4.

An die Grenze zur Ballade stößt »Der Wassermann« vor. Dem strophischen Tanz der beiden ersten Strophen folgt eine charakteristische Umsetzung des folgenden Dialogs zwischen der Maid und dem Wassermann. Des letzteren Rolle wird von den Altstimmen übernommen, während die Worte der Maid vom gesamten Chor in ängstlicher staccato-Deklamation vorgetragen werden. »Der Bleicherin Nachtlied« ist im Taschennotizbuch (RSA VII/3/4, 47) nicht wie mancher andere Chor als bloße Melodieskizze, sondern gleich im kompletten Satz skizziert, denn dieser lebt von seiner spannungsreichen Harmonik mit zahlreichen übermäßigen Dreiklängen. Am Schluß steht mit »In Meeres Mitten« nochmals ein Kanon. Die beiden äußeren Ritornelle hatte Schumann bereits in op. 65/7 für Männerstimmen als *Canon per tonos* vertont, hier wird der kanonische Satz mit freien Stimmen zur Sechsstimmigkeit erweitert.

Jagdgesänge für 4 Männerstimmen (mit 4 Hörnern ad lib.) op. 137

Die Jagdgesänge op. 137 sind im Zusammenhang der zu Anfang desselben Jahres komponierten Waldszenen op. 82 und der für den Dresdner Kapellhornisten Joseph Rudolph Levy und sein Hornquartett geschriebenen Hornwerke op. 70 und op. 86 zu sehen. Der mit Schumann persönlich bekannte jungdeutsche Publizist Laube wandte sich in seiner Sammlung von knapp 100 Gedichten und Gedanken explizit an Berufsjäger, nur bedingt an »jene Laien [...], die [...] die Jagdsignale und Fanfaren der romantischen Dichter, wie diese vor dreißig und vierzig Jahren in unsrer Gesangs-Literatur aufkamen« suchen (Laube 1841, 9). Offen bekennt der Autor, er sei »kein Dichter ächten Schlages, keiner, dem die Dinge in vollendeter Versform zu Gebote stehen« (Laube 1841, 9 f.). Die Anziehungskraft für Schumann mag von einzelnen musikalischen Anmerkungen ausgegangen sein. So trägt das erste der ausgewählten Gedichte den Zusatz: »Ein Lied zu Waldhörnern.«. Schumann wollte das Gedicht zeitweilig dem »Jagdlied« op. 82/8 als Motto voranstellen und vertonte es 1852 ein zweites Mal als Einlage zu seiner Chorballade *Vom Pagen und der Königstochter* op. 140.

Die Hornbegleitung ist laut Titelblatt fakultativ, obwohl es in Nr. 1 ein Vor- und Nachspiel, in Nr. 4 sogar Zwischenspiele gibt. Die Nr. 4 »Frühe« fällt aus dem Rahmen der übrigen Gesänge: sie ist als einzige nicht strophisch angelegt. Schon bei der Niederschrift im Abschriftenbuch vermerkte Schumann zu diesem Lied: »Als Canon« (Gedichtabschriften, Nr. 86, 144; D-Zsch; Archiv-Nr.: 4871 / VIII, 4 – A 3). Tatsächlich macht das Lied in für Schumanns *a capella*-Chöre ungewöhnlicher Weise starken Gebrauch von Imitationstechniken. Zudem werden den Sängern einerseits »deplacierte Septimensprünge« (Gebhardt 1998, 125), andererseits chromatische Engschrittigkeit abverlangt. Auch den Text dieses Liedes plante Schumann als Motto für eine der *Waldszenen* (»Jäger auf der Lauer« op. 82/2). Am Ende führt Schumann einen zyklusübergreifenden Bezug ein, indem er ein bei Laube nicht vorgesehenes »Auf zur Jagd!« an den Schluß stellt und dazu das Anfangsmotiv der Nr. 2 »Habet Acht!« verwendet, nun jedoch nicht in d-Moll, sondern in D-Dur.

Das letzte der fünf Lieder, das auch bei Laube am Schluß der Sammlung steht und deutsch-nationale Töne anschlägt, ist auf die »Melodie des Mantelliedes« gedichtet. Gemeint ist eine Melodie von Carl Eberwein aus dem Singspiel Leonore von Karl von Holtei (Neudruck in Johns 1988, 86). Schumanns Vertonung erweist sich davon jedoch unabhängig.

Am 23. Mai 1849 notierte Clara Schumann im Tagebuch: »Robert hat in den letzten Tagen 5 Jagdlieder für Männerchor mit Begleitung von 4 Hörnern (ad libitum) geschrieben, die wir ehestens im Verein zu probieren hoffen« (Litzmann II, 191). Doch Schumanns eigenen Aufzeichnungen im Chornotizbuch zufolge ist eine solche Probe nie erfolgt, und im Gegensatz zu den übrigen postum publizierten Chorwerken läßt sich im Falle der Jagdgesänge auch kein Publikationsversuch Schumanns nachweisen.

Vier doppelchörige Gesänge für größere Gesangvereine op. 141

Durch Gegenüberstellung von Tutti- und Soloquartett hatte Schumann schon in *Das Paradies und die Peri* op. 50 und den Burns-Chören op. 55 mit doppelchörigen Effekten experimentiert; auch die »Romanze vom Gänsebuben« vom März 1849 gehört zu dieser Gruppe von Stücken. Im Mai 1849 erprobte er diese Kompositionsweise an der Motette *Verzweifle nicht im Schmerzensthal* für zwei Männerchöre *a capella* auf einen Text von Friedrich Rückert. Fünf Monate später ist es wiederum ein Text von Friedrich Rückert, der Schumann zu einem erneuten Versuch in dieser Richtung inspiriert. Innerhalb von knapp zwei Wochen entstehen zwischen dem 11. und dem 22. Oktober die *Vier doppelchörigen Gesänge* genau in der später publizierten Folge. Im Verlagsangebot an Friedrich Hofmeister spricht Schumann von einem »bis jetzt unbebauten Terrain« (28.10.1851, Schumann Briefedition, Reihe A, Bd. 3). Das autographe Titelblatt bestimmt die Kompositionen »für größere Gesangvereine«. In seinem eigenen Chorverein wagte sich Schumann offenbar nur an den ersten der vier Gesänge (RSW, 585).

Ähnlich wie in der Motette op. 93 stehen die Texte der Gesänge op. 141 an der Grenze zwischen weltlicher und geistlicher Dichtung, die religiösen Konnotationen der mehrchörigen Satztechnik sind zweifellos beabsichtigt. Allerdings handhabt Schumann das Medium Doppelchor auf sehr spezielle Weise: Nur selten treten die beiden Chöre als geschlossene Klanggruppen auf. Oft setzen Einzelstimmen isoliert ein oder werden mit Stimmen des anderen Chores zu neuen Klanggruppen kombiniert. Eher selten sind auch konzertierende Effekte, wie sie für Mehrchörigkeit in ihrer ursprünglichen Form typisch waren. Beispiele bieten die Verse »stürzende Bäche, wogender Fluss« (op. 141/2) und »wenn ich handle, wenn ich dichte« (op. 141/4). Wird ein Textabschnitt im chorischen Wechsel wiederholt, so gibt es meist keine direkten melodischen, sondern nur rhythmische Übereinstimmungen (vgl. z. B. den Anfang der Nr. 1). Als Höhepunkt der Sammlung wird allgemein das abschließende »Talisman« gerühmt, ein Text, den Schumann bereits in seinen Myrthen op. 25 für Solostimme vertont hatte. Die davon unabhängige doppelchörige Komposition enthält das einzige echte Fugato in einem Schumannschen a capella-Chor – mit ›harten Gängen‹ und sogar einem Einsatz in Themenumkehrung.

Den drei übrigen Gesängen hingegen wurde vorgeworfen, sie entbehrten »des organischen Aufbaues« (Dahms 1916, 598). Gerade die beiden mittleren Nummern jedoch sind Musterbeispiele, wie organisch Schumann nicht nur den einzelnen Gesang konstruiert, sondern auch zyklische Bezüge zwischen den einzelnen Nummern stiftet. Durch ein dichtes Motivgewebe findet Schumann zu einer zeitgemäßen Form chorischer Kontrapunktik, die nicht auf historisierende Fugato-Kunststücke rekurrieren muß.

Die vom Dichter als »Ungewisses Licht« betitelten vier Strophen notierte Schumann wahrscheinlich im Zusammenhang der im Haushaltbuch dokumentierten Lektüre von Gedichten Zedlitz' im März 1846 und versah den Eintrag mit der Anmerkung: »Für Männer- oder gemischten Chor« (Gedichtabschriften, Nr. 63, 114). Erst nachträglich ergänzte Schumann den Text des im op. 141 folgenden Gesangs. Dessen Titel »Zuversicht« stammt von Schumann, es handelt sich um die letzten beiden Strophen eines eigentlich siebenstrophigen Gedichts mit dem originalen Titel »Der Blick gen Himmel«. Es folgt bei Zedlitz direkt auf »Ungewisses Licht« und beantwortet dessen abschließende Frage, nach dem Ursprung des von fern schimmernden Lichts. Beide Gedichte verwenden das Bild des Menschen als Wandersmann. Im zweiten Gedicht hat er die Bahn des Lebens durchschritten und steht entsetzt vor dem uferlosen Meer der grauen Ewigkeit. Dann jedoch kommt über »Fluth und Wogen« die Liebe geflogen und deren »süße Stimme« spricht die beiden von Schumann vertonten, bei Zedlitz

in Anführungszeichen stehenden Schlußstrophen. Schon durch die Auslassung der fünf Anfangsstrophen verzichtet Schumann auf eine musikalische Umsetzung der dialogischen Elemente in beiden Gedichten; die transzendente Thematik widersetzt sich einer solch realistisch balladenhaften Darstellungsweise. Die Tenorstimmen beider Chöre intonieren gemeinsam das stürmische Ausgangmotto, dessen Motive beide Chorsätze in verschiedenen Gestalten durchziehen. Führt der Blick nach oben in op. 141/3 anfangs zu einem stetigen Absinken der Tonhöhe, so wechselt im Schlußteil die Einsatzreihenfolge und es tritt die aufsteigende Variante des Motivs a in den Vordergrund. Die stürmende Wanderschaft menschlichen Lebens findet ihre musikalische Umsetzung in einem charakteristischen Rhythmus

Entsprechend den Unebenheiten des menschlichen Lebenswegs können die Punktierungen auf der zweiten Taktzeit zu duolischen ♩♫ oder triolischen Achteln ♩♫ umgeformt werden. Abgesehen von den Schlußtakten gibt es nur eine Abweichung von diesem Grundrhythmus, an jenem Punkt nämlich, wo der Wanderer in der Ferne ein schimmerndes Licht erblickt. An dieser Stelle wird der zweitaktige Rhythmus durch Notenwertdopplung zu einem viertaktigen vergrößert:

Die Tonart H-Dur an dieser exponierten Stelle bietet einen Bezug zum ersten Lied des Zyklus. Dort modulierte die dritte Strophe nach dem G-Dur-Beginn zur Mediante H-Dur, um der fernen »Himmelsruh« tonartlichen Ausdruck zu verleihen.

Das Düsseldorfer Singekränzchen

Auch in Düsseldorf wandte sich Schumann noch einmal der a capella-Chormusik zu, obwohl sich der von ihm hier geleitete Chor des Düsseldorfer Musikvereins mit derartigem Repertoire nicht beschäftigte. Doch neben den offiziellen Musik-vereinskonzerten veranstaltete das Ehepaar Schumann auch private Hauskonzerte, bei denen in wenigstens einem Fall am 13. Januar 1851 auch vierstimmige Lieder aufgeführt wurden (Tb III, 550). Zwischen September 1851 bis Mai 1852 etablierte sich aus Mitgliedern des Musikvereins ein Singekränzchen, das sich fast regelmäßig sonntags in den Häusern der mindestens 16 Mitglieder traf (Tb III, 571–593). Ein außerhalb des wöchentlichen Turnus stehendes »Quartettkränzchen« oder »Kränzchenquartett« (Tb III, 576 f.) war offenbar eine separate Gründung, die über zwei Versammlungen nicht hinwegkam.

Romanzen und Balladen für Chor Heft 3/4 (1849/51) op. 145/11–13, 146/16 und 18

Die zitierte Privataufführung vom Januar 1851 gab offenbar den Impuls zur erneuten Beschäftigung mit der Komposition von a capella-Werken: Am 20. Januar 1851 entstand das postum im op. 145 veröffentlichte Lied »Die Nonne«, dessen Text bereits Anfang der 1840er Jahre von unbekannter Hand, vielleicht einer Freundin Clara Schumanns, in die sonst ausschließlich von Robert und Clara Schumann zusammengestellte Sammlung von Gedichtabschriften eingetragen worden war. Wohl nicht zufällig macht sich Schumann in den ersten Wochen der regelmäßigen Treffen des Singekränzchens im Herbst 1851 daran, zwei neue Sammlungen mit a capella-Chören zusammenzustellen und dem Verleger Whistling zu übersenden. Der ließ sie jedoch trotz einer Mahnung Schumanns (Brief Schumanns an Fr. Whistling, 12.11.1852, BNF, 477) liegen, so daß die Publikation erst nach Schumanns Tod durch den Elberfelder Verleger F. W. Arnold erfolgte.

Unabhängig von den größeren Sammlungen und Zyklen waren 1849 noch drei einzelne Lieder für gemischten Chor entstanden. Im Hochsommer komponierte Schumann am 14. August das »Sommerlied« auf einen Text von Friedrich Rückert. Die sieben Strophen Rückerts werden auf vier musikalische Abschnitte verteilt, wobei die nur zweihebigen vier Anfangsverse jeder Strophe de-klamatorisch unterschiedlich behandelt werden. Die Schlußstrophe kombiniert das musikalische Material der Strophen 1–3 und 4–6, das hier jedoch metrische Verschiebungen erfährt.

Anderthalb Wochen später, am 23. August 1849, wandte sich Schumann Ludwig Uhland zu, der in diesen späten Chorwerken zum meistvertonten Dichter wird. Etwas weniger plakativ als Kreutzer in seiner Männerchorvertonung von »Der Schmid« spielt auch Schumann mit musikalischen Hämmereffekten und ›pythagoreischen‹ Dreiklangsbrechungen. Die kurz vor den *Vier doppelchörigen Gesängen* op. 141 entstandene Vertonung von Uhlands »Der Traum« bildet in ihrem völligen Verzicht auf Melismen und die dadurch bedingte völlige Homorhythmik aller vier Stimmen ein Extrem innerhalb Schumanns grundsätzlich homophon gehaltenem Chorstil, dem nur noch das erst 1988 von Bernhard R. Appel veröffentlichte »Glockentürmers Töchterlein« vom Mai 1851 an die Seite zu stellen ist.

Während die im Mai 1851 komponierte Uhland-Ballade »Der Sänger« noch einmal ein typisches Beispiel für Schumanns chorischen Balladenstil mit flexibler rhythmischer Deklamation und einer Unisonopassage zu den Worten »Er kommt zum Völkerfeste« gibt, experimentiert die Vertonung von Uhlands »Brautgesang« mit Solotakten einzelner Chorstimmen, wie es sie in Schumanns Chören sonst nur in dialogischen Passagen (»Der Zecher als Doctrinair« op. 33/4 und »Schön Rohtraut« op. 67/2) gibt.

Nachspiel

1889 publizierte der zu dieser Zeit in New York lebende Komponist und Organist Horace Nicholl (1848–1922) den Erstdruck von »Zwei Gesänge für Sopran, Alt, Tenor und Bass componirt von Robert Schumann«. Obwohl die Ausgabe keine Quellenangabe macht, besteht angesichts der Kompetenz der verantwortlichen Verlage Schuberth und Ries & Erler kein Grund, eine Fehlzuschreibung oder gar Fälschung von Nicholl anzunehmen. Trotzdem blieben die beiden Chöre in allen bisherigen Werkverzeichnissen unbeachtet. Daß keine autographen Kompositionsvermerke in

Haushaltbüchern oder Werkverzeichnissen nachweisbar sind, ist bei Schumann selten, trifft jedoch auch auf »Glockentürmers Töchterlein« zu. Während das Lied »Wehmuth« auf einen Text zurückgreift, den Schumann bereits 1840 in seinem Eichendorff-Liederkreis vertont hatte, verwendet das andere ein Gedicht aus Geibels »Junius-Liedern« von 1848. Da Schumann diesen Gedichtband nur 1852 als Textvorlage für die Chorballade *Vom Pagen und der Königstochter* op. 140 benutzte, liegt es nahe, auch diese Chorsätze auf die Düsseldorfer Zeit zu datieren.

Literatur

Abert, Hermann: Robert Schumann. 3., neu bearb. und verm. Aufl. Berlin 1917. (Berühmte Musiker, 15).

Best, Walther: Die Romanzen Robert Schumanns. Frankfurt a. M. 1988. (Europäische Hochschulschriften, R. 36, 35).

Beuerle, Hans Michael: Johannes Brahms. Untersuchungen zu den A-cappella-Kompositionen. Ein Beitrag zur Geschichte der Chormusik. Hamburg 1987.

Brinkmann, Reinhold: Schumann und Eichendorff. Studien zum Liederkreis Opus 39. München 1997. (Musik-Konzepte 95).

Crum, Margaret: Catalogue of the Mendelssohn papers in the Bodleian Library, Oxford, comp. by Margaret Crum. Vol. 2: Music and papers. Tutzing 1983. (Musikbibliographische Arbeiten, 8).

Dahms, Walter: Robert Schumann. Berlin, Leipzig 1916.

Demmler, Martin: »Nicht zuviel Kreuze und Bee«: Die Tendenz zum Populären in Schumanns spätem Vokalwerk. Musica 43 (1989), S. 483–486.

Donath, Friedrich: Aspekte der Inspiration im späten Vokalschaffen Robert Schumanns. In: Robert Schumann: Universalgeist der Romantik. Beiträge zu seiner Persönlichkeit und seinem Werk. In: Robert Schumann: Universalgeist der Romantik. Beiträge zu seiner Persönlichkeit und seinem Werk, hg. von Julius Alf und Joseph A. Kruse. Düsseldorf 1981. (Veröffentlichungen des Heinrich-Heine-Instituts, Düsseldorf), S. 220–237.

Edler, Arnfried: Robert Schumann und seine Zeit. Laaber 1982. (Große Komponisten und ihre Zeit).

Elben, Otto: Der volksthümliche deutsche Männergesang. Geschichte und Stellung im Leben der Nation. Der deutsche Sängerbund und seine Glieder. Tübingen ²1887.

Erler, Hermann: Ein ungedruckter Canon für vier Männerstimmen und sechs ungedruckte musikalische Haus- und Lebensregeln Robert Schumanns. Die Musik 5 (1905/06) 20, S. 107–109.

Fellerer, Karl Gustav: Schumanns Chorlied. In: Robert Schumann: Universalgeist der Romantik. Beiträge zu seiner Persönlichkeit und seinem Werk, hg. von Julius Alf und Joseph A. Kruse. Düsseldorf 1981. (Veröffentlichungen des Heinrich-Heine-Instituts, Düsseldorf), S. 88–100.

Fischer-Dieskau, Dietrich: Robert Schumann. Wort und Musik. Das Vokalwerk. Stuttgart 1981.

Gebhardt, Armin: Robert Schumann. Leben und Werk in Dresden. Marburg 1998.

Geck, Martin: Zwischen Romantik und Restauration. Musik im Realismus-Diskurs der Jahre 1848 bis 1871. Stuttgart, Weimar 2001.

Gelbcke, F.A.: Ueber Liedertafeln und Männergesang. NZfM 12/1840, 13, 49–50, und 14, 53–54.

Halsey, Louis: The choral music. In: Robert Schumann. The man and his music, ed. by Alan Walker. London 1972, S. 350–389.

Hiller, Ferdinand: Felix Mendelssohn Bartholdy. Briefe und Erinnerungen. Köln 1874.

Hirschberg, Leopold: Soldaten, Krieg und Vaterland bei Robert Schumann. Die Musik 14 (1914) 2, S. 51–60.

Johns, Susanne: Das szenische Liederspiel zwischen 1800 und 1830. Ein Beitrag zur Berliner Theatergeschichte. Bd. 2: Notenteil. Frankfurt a. M. 1988. (Quellen und Studien zur Musikgeschichte von der Antike bis in die Gegenwart, 20).

Kapp, Reinhard: Schumann nach der Revolution. Vorüberlegungen, Statements, Hinweise, Materialien, Fragen. In: Schumann in Düsseldorf. Werke – Texte – Interpretationen. Bericht über das 3. Internationale Schumann-Symposion am 15. und 16. Juni 1988 im Rahmen des 3. Schumann-Festes, Düsseldorf, hg. von Bernhard R. Appel. Mainz 1993. (Schumann-Forschungen, 3), S. 315–415.

Klassen, Janina: Romantische Poesie und Chorlied. Robert Schumanns Meerfey nach Joseph von Eichendorff für fünf Frauenstimmen op. 69/5. In: Schumann und seine Dichter. Bericht über das 4. Internationale Schumann-Symposion am 13. und 14. Juni 1991 im Rahmen des 4. Schumann-Festes, Düsseldorf, hg. von Matthias Wendt. Mainz 1993. (Schumann-Forschungen, 4), S. 148–158.

Kötzschke, Richard: 100 Jahre Dresdner Liedertafel. 1839–1939. Dresden 1939.

Krüger, Eduard. Ueber Liedertafeln. NZfM 11 (1839), 35, 138–140, und 36, 141–143.

Laube, Heinrich: Jagdbrevier. Leipzig 1841.

Lindemann, Marie von: Erinnerungen. In: Robert Schumannsche Singakademie zu Dresden. Begründet am 5. Januar 1848. Festschrift zur Feier des 50jährigen Jubelfestes am 5. Januar 1898, S. 8–14.

Nauhaus, Gerd: Schumanns Lektürebüchlein. In: Robert Schumann und die Dichter. Ein Musiker als Leser. Katalog zur Ausstellung des Heinrich-Heine-Instituts, bearb. von Bernhard R. Appel und Inge Hermstrüwer. Düsseldorf 1991. (Veröffentlichungen des Heinrich-Heine-Instituts, Düsseldorf), S. 50–87.

Ozawa, Kazuko: Robert Burns, der Jakobitismus und die Gerstenmehlbrode. In: Schumanniana nova. Festschrift Gerd Nauhaus zum 60. Geburtstag, hg. von Bernhard R. Appel. Sinzig 2002, S. 539–568.

–: Robert Schumann: Mitglied europäischer Vereine. In: Robert und Clara Schumann und die nationalen Musikkulturen des 19. Jahrhunderts. Bericht über das 7. Internationale Schumann-Symposion am 20. und 21. Juni 2000 im Rahmen des 7. Schumann-Festes. Düsseldorf, hg. von Matthias Wendt. Mainz 2005 (Schumann-Forschungen, 9), S. 166–216.

Popp, Susanne: Untersuchungen zu Robert Schumanns Chorkompositionen. Diss. Bonn 1971.

Rehberg, Paula und Walter: Robert Schumann. Sein Leben und sein Werk. Zürich, Stuttgart ²1969.

Robert Schumannsche Singakademie zu Dresden. Begründet am 5. Januar 1848. Festschrift zur Feier des 50jährigen Jubelfestes am 5. Januar 1898.

Schumann, Robert: Kuriosum, den englischen Nationalkanon: »Non nobis Domine« betreffend. NZfM 28 (1848) 6, S. 22 f.

Spies, Günther: Reclams Musikführer Robert Schumann. Stuttgart 1997. (Reclams Musikführer).

Synofzik, Thomas: Mendelssohn, Schumann und das Problem der Männergesangskomposition um 1840. In: Schumanniana nova. Festschrift Gerd Nauhaus zum 60. Geburtstag, hg. von Bernhard R. Appel. Sinzig 2002, S. 739–766.

–: Die Anfänge des Schumannschen Liederjahres – Neue Dokumente und Interpretationen. In: Schumann-Studien 7, hg. von Anette Müller. Sinzig 2004, S. 137–150.

Tadday, Ulrich: Das schöne Unendliche. Ästhetik, Kritik, Geschichte der romantischen Musikanschauung. Stuttgart, Weimar 1999.

Wörner, Karl Heinrich: Robert Schumann. Zürich 1949.

Die großbesetzten vokal-instrumentalen Werke

von Hansjörg Ewert

Einleitung

Geschichtlicher und biographischer Kontext

Wäre das Publikum die leitende Instanz der Musikgeschichte, müßten für das 19. Jahrhundert die großbesetzten Werke für Soli, Chor und Orchester neben der Oper im Zentrum des musikhistorischen Interesses stehen. Die Institutionen – das stehende Konzertwesen wie die Musikfeste – zogen nicht nur viele Menschen zum hochgestimmten Gemeinschaftserlebnis an, sondern bildeten zuerst den Begriff eines spezifischen Publikums, das sich aus dem Selbstverständnis der kulturtragenden ›Bildungs‹-Bürger-Schicht der Städte formierte. In Singvereinen organisierte sich die aktive Teilnahme der Musikliebhaber am Konzertleben und die Komponisten wurden für dieses Gemeinwesen in Verantwortung genommen. Daraus resultierte eine programmatische Hochschätzung von Oratorien, Chorballaden, Kantaten oder ähnlichen Formen, die gleichermaßen das kulturelle Selbstbewußtsein repräsentierten wie das Selbstverständnis dieser Kultur reflektierten. Da diese Musikpflege von den Zentren breit in die Provinzen ausstrahlte, kulminiert darin eine gehobene ›mittlere‹ Musik, deren Rang eigens an diesen historischen Bedingungen zu ermessen wäre.

Wenn die Leitlinie der Geschichtsschreibung dementsprechend gezogen würde, müßte diesen Werken sowohl in Schumanns Schaffen eine besondere Bedeutung beigemessen werden als auch umgekehrt Schumann wegen dieser Werke eine herausragende Position für die Musik des 19. Jahrhunderts, vor allem in ihrem Einfluß auf die entsprechenden Kompositionen etwa von Brahms, Bruch und Mahler beanspruchen können. Kein anderer Komponist hat mit vergleichbarem Anspruch die Möglichkeiten des vokal-instrumentalen Komponierens ausgelotet oder gar erweitert, stofflich gefächert vom einfachen Lied über das Märchen bis zur hohen Literatur und der katholischen Liturgie.

Daß die Behauptung von der zentralen Bedeutung dieser Musik heute jedoch Unverständnis hervorrufen muß, liegt einerseits an dem nachhaltigen Funktionsverlust, den sie spätestens im 20. Jahrhundert erlitt, als das Konzertleben sich einseitig an einer Höherschätzung von Instrumentalmusik orientierte, die zeitgleich mit den in Frage stehenden Werken formuliert, aber noch nicht realisiert worden war, und Chormusik weitgehend im Kirchenasyl überlebte. Andererseits hängt es mit der offenkundigen Zeitgebundenheit ihrer Texte, aber auch ihres musikalischen Habitus zusammen. Die historische Bedeutung dieses Repertoires und seine problematische Rezeption stehen in eklatantem Mißverhältnis zueinander. Damit wären die Bedingungen deutlich bezeichnet, wenn nicht bereits von Zeitgenossen schwerwiegende Einwände hinsichtlich der Zeitgemäßheit und des Kunstverständnisses dieser Musik geltend gemacht worden wären.

Gattungsprobleme

Hinterfragt man die gelenkte oder verweigerte Rezeption, um die historische Bedeutung des Repertoires freizulegen, tun sich grundsätzliche Unsicherheiten in der Bewertung und Einordnung der einzelnen Werke auf. Zunächst einmal ist der Gegenstand selbst kaum zureichend scharf umrissen: Das Kriterium der großen vokal-instrumentalen Besetzung kann die Verlegenheit nicht verleugnen, mit der so heterogene Werke wie das nur wenige Minuten dauernde *Lied beim Abschied zu singen*, die kaum als Chorwerk zu bezeichnende *Ouvertüre mit Rheinweinlied* und abendfüllende Oratorien und Opern, Messe und Requiem zu einem gedanklichen Zusammenhang zusammen gezwungen werden; die Grenzen zwischen den *Liederspielen* mit Klavier und der Klavierfassung von *Der Rose Pilgerfahrt* sind ebenso fließend wie die Einordnung der Motette *Verzweifle nicht im Schmerzensthal* als Chorwerk mit fakultativer Orchesterbegleitung unentschieden. Folgt man der Hypothese, daß gerade im Zusammenwirken von Vokalsolisten, Chor und Orchester Leitlinien des Musikverständnisses kulminieren, daß die große, gemeinsame Besetzung die gesellschaftliche Öffentlichkeit repräsentiert, daß das kompositorische Problem in der Einlösung des sinfonischen Anspruchs und der in Schumanns Klavierwerken und Liedern erreichten Höhe des Poetischen nun auch in oratorischen Großformen bestand, ist es keineswegs gleichgültig, wie sich die vokalen und die instrumentalen Anteile der Komposition zueinander verhalten.

Da das zeitgenössische Vergleichsmaterial – etwa die entsprechenden Werke von Louis Spohr, Carl Löwe, Friedrich Schneider, Heinrich Marschner oder Ferdinand Hiller – noch grundsätzlicher verloren gegangen ist, stellt es sich um so schwieriger dar, die einzelnen Werke in diachronen Gattungsgeschichten zu verankern: Was von Besetzung und Aufführungsmodus her als Oratorium gelten könnte, steht quer zur Oratoriendiskussion seiner Zeit und gehorcht weder den stofflichen Vorgaben noch den musikalischen Formen und Tönen der Gattung; die Oper *Genoveva* gilt als ausgesprochen wenig opernhaft; die Chorballade wurde durch Schumanns Beiträge erst als Gattung fixiert. Selbstverständlich ist diese Differenziert-

heit Programm eines Komponisten, dessen vielfach erklärtes Ziel es war, eben auch im naturgemäß besonders traditionsverhafteten Gebiet der Chor-Orchester-Komposition Neues zu schaffen. Dieser Anspruch liegt nicht zuletzt in der Schaffung ›neuer Genres‹ beziehungsweise dem Verwischen der Grenzen eingefahrener Gattungen, was sogar bei Schumanns engeren Mitarbeitern auf Befremden stieß.

Hinzu kommt, daß die meisten der in Aussicht genommenen Stücke in Schumanns zweiter Lebensphase entstanden sind und deshalb von vornherein mit den entsprechenden Vorbehalten belastet waren. Gerade in bezug auf die Werke, die sich an eine breitere Öffentlichkeit richteten, manifestiert sich die Kritik in der vermeintlich unkritischen Bindung der Musik an qualitativ und geschmacklich minderwertige Texte und der Angleichung der Musik an die bequemen Hörerwartungen des bürgerlichen Konzertpublikums. Diese Vermischung von gesellschaftsbezogener und ästhetischer Argumentation hat eine lebens- und eine sozialgeschichtliche Dimension, die sich im Zugeständnis einer gesellschaftlichen Funktion der Musik treffen. Komposition für die vokal-instrumentale Besetzung fiel bei Schumann ja tatsächlich mit einem biographischen Umbruch zusammen. Zu Beginn der 1840er Jahre hatte er seine Rolle als Komponist in der Gesellschaft neu zu bestimmen begonnen, indem er sich unter anderem den großen, ›öffentlichen‹ Formen des Konzertlebens zuwandte. Er stellte seine Kompositionsweise um und benutzte sein erstes gültiges vokalsinfonisches Werk, das ›Oratorium‹ *Das Paradies und die Peri*, um sich dem Publikum als Dirigent eigener Werke zu präsentieren. Die etwa zeitgleich erfolgte Aufgabe der Redaktion der Zeitschrift, bietet ein zusätzliches Indiz, daß die aufgespalteten Rollen in den Komponisten romantischer Fantasien für einen Zirkel eingeweihter Spezialisten einerseits und den Publizisten eines autoritativ geschmacksbildenden Organs andererseits in der komponierten öffentlichen Rede des Komponisten zum zuhörenden Publikum zusammengeführt werden sollten.

Voraussetzungen

Zunächst ist es jedenfalls bemerkenswert, wie Schumann im Fall dieses Repertoires die Zeitschrift zur kritischen Reflexion und publizistischen Vorbereitung der eigenen Produktion benutzte – und damit zumindest im Spiegel der rezensierten Tagesproduktion die poetologischen Maßstäbe seines Komponierens erahnen läßt. Besonders aussagekräftig wirken die Stellungnahmen zur Oratoriendiskussion, die bei Schumann vom anerkennenden Nachruf auf eine absterbende Gattung bis hin zur emphatischen Behauptung einer »neuen Gattung Musik« »für den Konzertsaal« (GS II, 42) führt. Es sind wenige Werke, die das Fadenkreuz seiner Wertung bilden. Aber es ist schwer zu entscheiden, inwieweit Schumann mit seinen Kompositionen auf aktuelle Tendenzen reagierte oder aber umgekehrt erst seine Rezensionen in dem mittlerweile führenden meinungsbildenden Organ den Boden bereitet hatten für die fast sensationelle Aufnahme, die Schumanns ›weltliches Oratorium‹ 1843 erfahren sollte. Selbst Schumann gegenüber kritisch eingestellte Zeitgenossen erkannten im Erfolg der *Peri* noch keineswegs eine sich dem Publikumsgeschmack anbiedernde Tendenz, sondern sahen die in der Presse artikulierten aktuellen Forderungen von Schumann erstmals wirklich eingelöst. Mit der Aufführung im Rahmen der geradezu idealtypischer Realisierung des Konzertwesens in den Gewandhauskonzerten war dieser Anspruch verwirklicht worden. In diesem einen Fall sind Anspruch und Funktion einmal glücklich zusammengekommen.

Die Dresdner Zeit von 1844–1850 stand insofern unter gänzlich anderen Voraussetzungen, als im Mittelpunkt des dortigen Musiklebens die Hofoper stand, die von den Auftritten des Kapellmeisters Richard Wagners dominiert wurde. Ein mit Leipzig vergleichbares Konzertleben mußte erst aus der Bürgerschaft heraus etabliert werden, nicht ohne daß es zu personellen und ästhetischen Abgrenzungen kam. Für die Schumanns, die sich damit aus dem Zentrum des Interesses an den Rand gedrängt fühlten, bedeutete das ein Überdenken der eigenen Position. Die Teilhabe an der gesellschaftlich so anders gearteten Musikkultur verschaffte sich Schumann durch die Übernahme zunächst eines Männerchors, wenig später durch die Gründung eines gemischten Chors, womit ihm zum ersten Mal ein Organ zur Erprobung seiner Kompositionen zur Verfügung stand. Er entwickelte dabei ein neues Verständnis von Chorkomposition, das im Hinblick auf den Chor didaktisch, auf die eigene Komposition gerichtet in der neu gewonnenen Flexibilität bei der Handhabung eines solchen Klangkörpers zum Tragen kam.

Das Engagement in Düsseldorf ab 1850 stellte wiederum veränderte Koordinaten (Kapp 1993). Dorthin wurde der inzwischen anerkannte Komponist der Konzertkultur in eine leitende und repräsentative Stellung berufen, und zwar vor allem als ausübender Dirigent mit Verpflichtungen für Konzert und Kirche. Die Ausfüllung dieses ersten wirklich öffentlichen Amtes als Musikdirektor ließ auch den Komponisten von Sinfonien und Gesangsstücken mit Orchester wieder produktiv werden. Die Bedingungen der öffentlichen Rolle, verbunden mit der für Schumann ungewohnten Mentalität des katholischen Rheinlandes veränderten die Vorstellung von einem Publikum und damit die Musik, die sich an dieses Publikum richtete.

Daß die programmatische Kunstkritik des Vormärz eine Teilnahme auch der Musik an den aktuellen Themen der Zeit forderte und mit der gesellschaftlichen Funktion den Kunstanspruch dem breitenwirksamen Erfolg im Publikum unterzuordnen verlangte, daß demnach Musik nicht um ihrer historischen Repräsentativität oder gegenwarts- oder wirklichkeitsfernen Artifizialität zu schätzen sei, macht die epochenspezifische Dimension des Problems aus.

Da Schumann sich während der Entstehung der meisten seiner größeren vokal-instrumentalen Werke kaum mehr publizistisch geäußert hat, läßt sich seine Stellung zur gesellschaftlichen Funktion der Musik nur aus den Werken selbst ableiten. Mag auch *Das Paradies und die Peri* in der Zeit der nationalsozialistischen Herrschaft durch Umstellung der Teile patriotisch funktionalisiert worden, die paraliturgischen Szenen von Fausts und Mignons Verklärung zum Gebrauch bei kulturnationalen Goethe-Feiern geeignet gewesen sein, die Motette die Stimmung während der scheiternden Revolution widerspiegeln oder die Chor-Balladen auf Texten des einschlägig bekannten Ludwig Uhland beruhen – alles das macht Schumanns Werke nicht zu engagierter Musik im Sinne der Fortschrittspartei. Vielmehr konnte man umgekehrt gerade die Wendung zu Märchen für Jugendliche und damit fürs familiäre Wohnzimmer (*Der Rose Pilgerfahrt*), zu volkspoetischen Chorballaden und Legenden (*Genoveva*) sowie die Bindung an klassisch gewordene Literatur als ausdrückliche Abwehr der drängenden Fragen der Zeit erkennen.

Schumann richtete damit seine Kunst an die Menschen, die tagsüber ihrem bürgerlichen Erwerb nachgehen und abends die eben auch durch Musik gehobene Geselligkeit pflegen; die in der Singakademie aktiv sind, ihr Wohnzimmer mit einem Klavier einrichten und ihre Kinder mit Singen und Instrumentalunterricht in diese kultivierte Lebensform einführen lassen. Gerade diese sind es, die diese Kultur mit ihren Stadttheatern, Konzertsälen, Zeitschriften, Konservatorien und Vereinen von Freunden der Tonkunst tragen, gerade sie, die die besondere Stellung des Künstlers als Genie über der Gesellschaft projizieren. In der Absicht, diese kulturtragenden und kunstinteressierten Mitbürger weiterzubilden, behandelt er sein Publikum nicht als Masse, die identifikatorisch überwältigt werden will, sondern als Versammlung von differenzierten Innerlichkeiten. Wenn er *Das Paradies und die Peri* »für heitere Menschen« und »für den Concert-Saal« bestimmt, anderes *für* die Jugend oder zu bestimmten Gelegenheiten schreibt, kommt diese Diversifikation des Publikums produktionsästhetisch zum Ausdruck. Aus dieser habituellen Lebenswelt stammen die Stoffe und Vorlagen, die die Musik ergreift. Die Aufgabe scheint also zu sein, die vorgefundene Befindlichkeit einer breiten, selbstbewußten und sich differenzierenden Mittelschicht aufzugreifen, ohne selbst ins kompositorische juste-milieu abzudriften. Man hat aus diesem Grund versucht, den Begriff des ›poetischen Realismus‹ für die Düsseldorfer Jahre Schumanns fruchtbar zu machen (Geck 2001).

Gattungen und Gelegenheiten des Singens

Mit dem Singen von Liedern ist die unmittelbarste Verknüpfung von Musik und geselligem Leben gegeben, Singen ›im Volkston‹ galt geradezu als Verkörperung idealer Gemeinschaft, vor allem, wenn nicht der Einzelne singend seine Individualität preisgibt, sondern die gemeinschaftliche Organisation im Chor noch vom Kollektiv der Instrumente überhöht, der Chorklang durch das Orchester homogenisiert wird. Schumanns kleinerformatige Kompositionen für Chor und Orchester thematisieren explizit im Titel Singen (*Beim Abschied zu singen*) oder Lied (*Neujahrslied, Adventlied, Nachtlied* oder auch *Ouvertüre mit Rheinweinlied*). Auffällig dabei ist, wie in diesen Fällen auch der jeweilige Anlaß zum Singen im Titel anklingt. Es handelt sich entweder um einen Anlaß aus dem Jahreszyklus oder allgemein aus dem täglichen Leben: Trinken, Abschied und Schlaf. Das ist gewiß auch im Sinne der Aufführungsmöglichkeiten kalkuliert: Die sich wiederholende Gelegenheit schafft Bedarf an entsprechenden Kompositionen, wenn das gemeinsame Feiern einen Rahmen erhalten soll; eine Konzertveranstaltung in einer betreffenden Zeit erhält umgekehrt die Farbe der augenblicklichen Gelegenheit.

Allerdings prägt die gemeinsame Haltung kompositorisch überhöhter Gelegenheit musikalisch keine gemeinsame Form aus. Vielmehr scheint Schumann hier wie in anderen Werkgruppen die Verbindung zu möglichst unterschiedliche Realisierungen zu nutzen. Die Bandbreite reicht dabei vom strophischen Chorlied (*Beim Abschied zu singen*) über Kantaten-Formen mit Solisten (*Adventlied, Neujahrslied*), die doppelchörige Motette und einen sinfonischen Chorsatz (*Nachtlied*) bis hin zur Kombinationsform von *Ouvertüre mit Rheinweinlied*. Entsprechend breit gelagert sind das implizierte Publikum (von der singenden Gesamtheit eines Musikfestes bis zum anspruchsvollen Konzertpublikum), die eingesetzten Töne (z. B. Volkston, Liedertafelklang, Choralidiom, barockisierender Prunk und abstrakt sinfonischer

Stil) und der Anspruch unterschiedlicher kompositorischer Parameter (etwa die Anforderungen an den Chor, die vom einfachen, homophonen Satz, der vom Blatt zu singen ist, bis zur diffizilen Chorpartitur reichen).

Fest-Ouvertüre mit Gesang über das Rheinweinlied op. 123

Am deutlichsten trägt die *Ouvertüre mit Rheinweinlied* aus dem Jahre 1853 das Signum der Gelegenheit: Sie ist für das Abschlußkonzert des 31. Niederrheinischen Musikfestes in Düsseldorf geschrieben und als letztes Stück vor dem wohl darauf folgenden geselligen Beisammensein aufgeführt worden. Die Mitwirkenden sollten nach dem Orchesterkonzert noch einmal gemeinsam singend in Aktion treten, deshalb inszeniert die Ouvertüre zum Abschluß ein schlichtes Strophenlied nach drei Strophen eines bekannten Gedichts von Matthias Claudius und auf die verbreitete Melodie von Johann André (von 1776), das vom Publikum vierstimmig vom Blatt zu singen war. Im Trinklied mit seinem rheinischen Lokalkolorit wurden Ausführende und Publikum zur geselligen Gemeinschaft im Musikfest-Gedanken.

Schumann wählte für dieses Stück die nicht ganz unübliche Form einer Ouvertüre mit Cantus firmus. Den kontrapunktischen Habitus der Kirchenmusik vermied er jedoch zugunsten ›choralbearbeitungsmäßiger‹ (Struck 1984, 57) motivischer Bearbeitung und Verschränkung von Sonatenrondo-Prinzipien mit sukzessiver Entwicklung der endgültigen Liedmelodie.

Zur Verbindung der instrumentalen Darbietungsform der Ouvertüre mit dem gemeinsamen Singen hat Schumann sich einen Text für ein arios geführtes Tenor-Rezitativ schreiben lassen. Das Verfahren erinnert an Beethovens Neunte Sinfonie, wo auch ein Rezitativ die Brücke zum Choreinsatz markiert. Was bei Beethoven als zurückweisende Korrektur der bisher gehörten Musik aufgefaßt ist (»O Freunde, nicht diese Töne«), dient bei Schumann hingegen der Vermittlung der beiden gegensätzlichen Musiken. Man kann darin den Abstand zwischen der philosophisch-humani-

stischen und sozialen Utopie der Sinfonie und dem bürgerlich-repräsentativen Charakter der Ouvertüre bestimmt sehen (Struck 1993, 305), aber damit wäre überdeckt, wie bald und nachhaltig Beethovens Werk in eben genau letzterem Sinn funktionalisiert werden konnte und umgekehrt, wie utopisch Schumanns Versuch erscheinen mußte, die beiden unterschiedlichen Musikkulturen in dieser Art zusammenhalten zu wollen. Der offenbar eher laue, jedenfalls in keiner Weise nachhaltige Erfolg der *Ouvertüre mit Rheinweinlied* spricht gegen eine gelungene Vereinigung von kompositorischem Anspruch und erfüllter Gelegenheit.

Zieht man den Zwischentext zur Interpretation heran, so findet sich hinter der Aufforderung, in das bekannte »Lied der Lieder«, mithin ins Singen an sich einzustimmen, die Bedingung dieses Singens: Es erscheint vermittelt durch das Hören (»horcht, horcht«) als Wiederklingen eines Liedes aus der Zeit des authentischen Singens (»kehrt stets der alte Klang«), wie es im ›natürlichen‹ Volkslied fingiert worden war. Dieses Singen kann im »Töneweben« des Ouvertürensatzes rekonstruiert werden. Mit dem Bild des Gewebes ist auf die Textur der Instrumentalmusik verwiesen, in der die Liedmelodie auf zweifache Weise vorgeprägt erscheint: erstens als motivisches Material, das in abgespalteter, sequenzierender Verarbeitung sukzessive, aber nicht integral, eingeführt wird; zweitens als Fokus, durch den die instrumentalmusikalischen Teile des Sonatensatzes gebündelt werden. In diesem zweiten Sinne können etwa der punktierte Marschduktus der langsamen Einleitung und die Signal-Gesten in den instrumentalen Überleitungen zu den gesungenen Strophen als Ableitungen von den punktierten Rhythmen und der Dreiklangsmelodik der Liedmelodie verstanden werden.

Diese beiden Prinzipien bestimmen die musikalische Form insofern, als die Liedelemente mit ihrer spezifischen Verarbeitung dem Sonatensatz mit seinen Techniken als deutliche Interpolationen gegenüberstehen. Durch diese Verschränkung und den damit verbundenen Einfluß der Ritornelltechnik resultieren formale Mehrdeutigkeiten (Struck 1984, 57). Das geringe Gewicht des Seitenthemas und der Durchführung bestätigt eine Deutung im Sinne eines Sonatenrondos.

Als verselbständigte Konzertouvertüre (vgl. den Artikel »Ouvertüren« S. 361 ff. in diesem Band) zum Schluß eines Abschlußkonzerts thematisiert die Komposition auf verschiedenen Ebenen das Verhältnis von Anfangen und Schließen: Das von Länge und Gewicht her unproportionale Verhältnis von der Ouvertüre zu einem Strophenlied richtet das Interesse selbstreflexiv auf das Verhältnis von Lied und Ouvertüre. Die lockere Fügung des Sonatenhauptsatzes im ›Ouvertürenstil‹ sowie der repräsentative Gestus (»Feierlich«) der Instrumentierung und der punktierten, fanfarenartigen Motive in der langsamen Einleitung stehen in gegenseitiger Spannung mit dem schlußbildenden gemeinsamen Singen mit seinem affirmativen Fanfarengestus, gerade indem der Aufwand des Eröffnens durch diese Form des Schließens nicht eingelöst wirkt.

Beim Abschied zu singen
op. 84

Lied für Chor und Blasinstrumente oder Klavier, Dresden 1847, Text nach Ernst Freiherr von Feuchtersleben. – Eine Gelegenheitskomposition im strengen Sinne und das einzige Stück dieser Gruppe, das tatsächlich als Lied komponiert wurde, ist das »Lied zum Abschied« (TB III, 2, Anm. 593, 758 f.). Wiewohl nicht buchstäblich als Zugabe, ist das kurze Stück in betonter Nebensächlichkeit als Dank für ein kleines Musikfest entstanden, das 1847 in Zwickau zu Ehren des mittlerweile berühmten Sohns der Stadt veranstaltet wurde. Die Besetzung mit Bläsern ist obligat. Möglicherweise ist das den äußeren Bedingungen des ausführenden Chors geschuldet, bei dem Schumann ausdrücklich auf die Notwendigkeit von Proben verzichtet hat, denn die bei dem Festkonzert beteiligten Musiker hätten die Beschränkung keineswegs notwendig gemacht. Vielleicht aber manifestiert sich darin auch ein Gebrauch von Choraufführungen mit mehr oder weniger fingierter Freiluft- oder Serenadenstimmung, ein Ton von Leichtigkeit und vielleicht sogar aus guter alter Zeit. Damit wäre die Gelegenheit, die konkrete des Komponisten am Ort seiner Herkunft und die abstrakte des Abschiednehmens, als spezi-

fische Klanglichkeit in die Komposition eingegangen. Die einfache strophische Form und der Choralanklang des Textes von Feuchtersleben »Es ist bestimmt in Gottes Rat« stehen im Dienste dieser Wirkung.

Das Harmonie-Oktett setzt nicht einfach den Chor-Satz instrumental aus, vielmehr perspektiviert es diesen, indem Auftakte und Einwürfe in der Begleitung ausgespart und nur mit Haltetönen gestützt werden. Auffälliger noch ist die Funktion der Bläser in instrumentaler Einleitung, Überleitung und Nachspiel: Obwohl verwandt im Ton der formelhaft-schlichten Melodik, haben die Instrumente ihre eigene Musik, die in ihrer potenzierten Vorhaltigkeit eine deutlich reflexive Einstellung hervorruft. Im Charakter einer gewohnten Intonation wird den Zuhörern eine vertraute Situation des gemeinsamen Singens evoziert, die aber durch die Distanz zwischen Instrumentalmusik und Chorsatz und durch die klangliche Belebung der Formel auf dem Bläseratem und der ausdrücklichen *dolce*-Beseelung zum unmittelbaren Erlebnis gesteigert erscheint. Diese Vermittlung von Vertrautem und einmaligem Erlebnis erreicht auch der Chorsatz durch seine Differenzierung des nur scheinbar einfachen Strophenprinzips sowie durch die Gegenüberstellung von Tutti und Chorsolisten. Während der Chor eher statisch homophon und syllabisch deklamiert, wird die solistische Besetzung im engen Rahmen des Lieds von der unbegleiteten Solostimme über Duett und Terzett bis zum begleiteten Solistenquartett variiert und am emotionalen Höhepunkt individueller Betroffenheit – bei den Worten »dann weine« – kanonartig und melismatisch bewegt. Das ist mitnichten ein Ausbruch aus der vorgestellten Singhaltung, aber doch ein hinreichendes Zeichen für den Unterschied im Zusammenleben zwischen Individuen und der noch so idealen Gemeinschaft. Die Artikulation des Einzelnen gegenüber dem Allgemeinen ist im Memento-Gestus des Gedichts durch die Gegenüberstellung von antithetischen Doppelstrophen (Gottes Rat/des Menschen Herz – Blühen/Verwelken – Liebe/Verlassen) mit jeweils wie abgebrochen wirkender Kurzzeile realisiert. Genau diese Kurzzeile, ob als Scharnier, als Echo oder Fazit formuliert, wird für Schumann zum musikalischen Raum, in dem sich das im Gesetz des Gedichts unterdrückte Individuum artikuliert. Nicht nur durch Einleitung und Nachspiel behauptet die Musik ihre Autonomie gegenüber dem Text, sondern auch in der formalen Organisation der Strophe. Diese zeigt sich als Rahmenform mit erweiterter und veränderter, nämlich das Verhältnis von Chor und Solisten zuspitzender Reprise mit einem Anhang, der die allgemeine Aussage wieder an die reale Gelegenheit zurückbindet: »auf Wiederseh'n«. Die Musik bildet die Reaktion von Hörern auf das Sinngedicht ab.

Adventlied für Sopran, Chor und Orchester op. 71, *Neujahrslied für Chor und Orchester* op. 144

Adventlied: Dresden 1848. Text nach Friedrich Rückert; Neujahrslied: Dresden 1849/50, Düsseldorf 1850, Text nach Friedrich Rückert. – Die beiden kantatenartigen, auf textreiche Gedichte von Friedrich Rückert komponierten Werke gelten allgemein als eher politisch denn religiös motiviert, wobei das *Adventlied* – hierbei handelt es sich immerhin um den Text »Dein König kommt in niedern Hüllen«, der bis heute in Kirchengesangbüchern zu finden ist – die politische Erwartung vor bzw. während der Revolution, das *Neujahrslied* die Ungewißheit über die Zukunft unmittelbar nach der Revolution aufgreife (Edler, 228 f.). Schumanns Textwahl scheint von den Tagesereignissen motiviert; immerhin wollte er den »gewissen Zeitbezug« des *Adventlieds* auf der Partitur dokumentieren, indem die Jahreszahl 1849 auf das Titelblatt gedruckt werden sollte (Brief an H. Härtel, Anfang August 1849, BNF, 463 f.). Die in beiden Werken zum Tragen kommende religiöse Überhöhung tagespolitischer Themen – die Sehnsucht nach Frieden im *Adventlied*, die Willkür der Herrschaft der Zeit, die nur durch blinden Tatendrang im Nachhinein gerechtfertigt wird, im *Neujahrslied* – läßt sich jedoch nicht einfach als Vorsichtsmaßnahme eines von seiner Veranlagung her eher mutlosen und unpolitischen Komponisten beiseite schieben. Vielmehr sind die Widersprüche der Zeit nicht mehr in einem verbindlichen Gemeinschaftsgefühl aufgehoben, die Emphase der Beschwörung von Brüderlichkeit, die in beiden Werken durchschlägt und im *Neujahrslied* wie notwendig auf das musikgeschichtliche Modell Beethovens rekurriert, widerspricht zu radikal der Erfahrung der Brüder auf beiden Seiten der Barrikaden. Die Wendung in ein Allgemeineres scheint ein übergeordneter Kultus gewährleisten zu sollen, und es sind traditionelle, im Ritus abgesicherte Formen, die die Gemeinschaft in der Komposition stiften.

Schumann wählt dazu im Ansatz die überkommene Kantaten-Anlage, die im 19. Jahrhundert keine verbindliche Form mehr bildet. Aber die Versatzstücke von Solo und Chor, Chorpolyphonie und Choral, Rezitativ und Arioso oder – in gesellschaftlichen Funktionen ausgedrückt – das Verhältnis von Vorsänger und Gemeinde lassen diese Gattungsbezeichnung treffender erscheinen als »Motette« oder »geistliches Gedicht«, was Schumann dem verbrauchten Begriff der »Cantate« vorgezogen hatte (Brief an Härtel, 2.5.1849, BNF, 460). Gerade der Rekurs auf eine barocke Gattung scheint dem gewollt naiven und historisierend geistliche Vorlagen paraphrasierenden Text des *Adventlieds* angemessen. Allerdings gibt Rückerts gebetartiges Gedicht nicht von selbst etwa eine Unterteilung in Soli und Chor vor; es ist Schumanns Zugriff, den Text rollenmäßig zu dynamisieren. So fließt in die paradiesische G-Dur-Idylle im 6/4-Takt der ersten Strophe mit Sopran-Solo und Frauenchor das Bild von den Töchtern Zions (»Dein König kommt«) in der Neuformulierung eines musikalischen Topos ein; dem ist »der mächtige Herrscher ohne Heere« zunächst im martialischen Männerchor entgegen gesetzt, bevor dieser in seinen an Händel erinnernden Einwürfen und in scheinpolyphonem imitatorischem Satz Friedensfürst sein darf. In der vierten Strophe (Nr. 3), die im biblischen Bild der Beruhigung von Meer und Sturm die Utopie des neuen Bundes beschwört, wird die Besetzung von Sopran-Solo und Frauenchor wiederholt, allerdings nicht mehr im stereotypen Vor- und Nachsingen, denn das Solo geht im Kollektiv auf und wird im weiteren Verlauf des Stücks nicht mehr benötigt. Stattdessen wird der Chor in der eindringlichen Bitte um Frieden solistisch vereinzelt. Diese doppelte Perspektive von versammelten Einzelnen und großer Gemeinschaft wird vor der Aufgipfelung zum

Schluß (»O lass dein Licht auf Erden siegen«) noch einmal im sukzessiven Einsatz von Tenor- und Baß-Solo zum Chorsolisten-Ensemble bestätigt.

Im Zentrum des *Adventlieds* steht ein eigentümlicher Choral »O Herr von großer Huld und Treue,/ o komme du auch jetzt auf's Neue/ zu uns, die wir sind sehr verstört!« (Nr. 4). Hier wird ein deutlich altertümlich markiertes Idiom verfremdet eingesetzt. Durch die weiblichen Endungen der ersten beiden Verse entsteht ein Ungleichgewicht der Choralzeilen, eine Instabilität, die erst im 4/4-Takt der letzten Zeile ausgewogen wird. Entscheidender ist aber, wie der Choral perspektivisch von innen aufgebrochen wird: Aus dem Text der letzten beiden Choralzeilen entwickelt der Komponist einen Mittelteil (b), der von drei Durchführungen des Chorals nach einem Schema von a-a-b-a gerahmt wird. Advent bedeutet in dieser Komposition also vor allem das Überdenken des Verhältnisses von alt und neu, in politischen Termini die erhoffte Rückkehr zu einem friedvollen Ausgangszustand, »dagegen sich die Welt empört«. Die religiöse Legitimation von altem und neuem Bund versucht der Komponist im Verhältnis von alter und neuer Musik umzusetzen; dabei greift er auch aktualisierend auf musikalische Topoi und verfestigte Thementypen kontrapunktischer Musik zurück. Eine Stellungnahme im Sinne einer politischen Erwartungshaltung gegenüber der Revolution sollte man in dem Werk nicht suchen.

Das Verhältnis von Zeit und Gesellschaft ist auch Thema des *Neujahrslieds*. Des Neuen gab es zur Zeit der Entstehung im Dezember 1849 einiges zu bedenken, nicht nur die sich konsolidierende politische Lage nach der Revolution. In dieser Zeit wurden die Düsseldorfer Pläne offiziell, die sich formierende neudeutsche Partei drängt Schumann in die Position des Alten. Die Willkür der Zeit wird in Rückerts Text am Jahreszyklus allegorisiert, das neue Jahr als Herrscher begrüßt, der aus dem Dunkel kommt, Ungewisses bringt und schließlich so fallen wird wie jetzt das alte. Gleich was es ist, sollen »Thaten geschehen«, anhand der dabei entstehenden Narben Zeit sichtbar werden als das, »was gethan« ist. Dieser Zeiterfahrung steht das »Wir« des Textes gegenüber, im Gestus der bündischen Männerchorpoesie die bereits als Brüder auftretenden Menschen.

Schumann realisiert den Text in Form einer Feier, die aus der Akklamation der personifizierten Zeit durch einen Zeremonienmeister (Baß-Solo) und die versammelte Brüder-Gemeinde besteht. Dabei entsteht in Nr. 4, angeleitet durch ein Rezitativ des Vorsängers eine gleichsam liturgische Frage-Antwort-Struktur. Der rituelle Charakter manifestiert sich zusätzlich durch diverse Rahmenformen in den ersten Nummern, bei denen Schumann selbst vor rahmender Wiederholung ganzer Strophen des ohnehin schon textreichen Gedichts nicht zurückschreckt. Auch Schumanns streng deklamierende Vertonung unterstützt die repetitive Wirkung der mechanischen daktylischen Kurzzeilen, die nur durch die wechselnde Reimstruktur in der zweiten Strophenhälfte dynamisiert werden. Dieses kollektive Sprechen wird ab und zu wie zur Artikulation der Vielen im Ganzen durch Fugati und scheinpolyphone Abschnitte unterbrochen. In der Kulmination der Mittel im Chor Nr. 3 erscheint die Gemeinde als hörige Masse, fremdbestimmt durch das markante Kopfmotiv zu »wir alle«, das auf dem Höhepunkt den Kollektivismus über den Chor hinaus auch ins Orchester-Tutti treibt (Studierbuchstabe G). Den Schlußchor gestaltet Schumann denn auch als ein anderes Bild von Gemeinschaft, indem er ihn, über Rückerts Vorlage hinaus, als Choralbearbeitung komponiert. »Wie fest auf dem Grunde« der Gemeinschaft jeder für sich stehen kann, zeigt sich im Zitat des Chorals »Nun danket alle Gott«, das Schumann im Chor-Baß gegen den Rückert-Text der anderen Stimmen einführt und dann vom gesamten Chor unisono gegen das noch am Alten festhaltende Orchester singen läßt. Über der zeitlichen Herrschaft steht das gesungene Bekenntnis zu dem, »der große Dinge thut/ an uns und aller Zeit,/ der ewig war und ist/ und ewig bleiben wird.« Ob auf diesem Fundament die drei abschließenden »Heil!«-Rufe anders zu klingen vermögen als diejenigen der Masse des zuvor besprochenen Chors?

Nachtlied für Chor und Orchester op. 108

Dresden 1849, Text nach Friedrich Hebbel – Wenige Monate vor dem *Neujahrslied*, im November 1849, war ein groß angelegtes Chorwerk entstanden, das eine ganz andere Zeiterfahrung thematisiert hatte. Wiewohl Hebbels *Nachtlied* einen der intimsten Vorgänge im menschlichen Leben, das Einschlafen, thematisiert, reagiert Schumann auf den Text nicht ›lyrisch‹ verdichtet wie in seinen Klavierliedern, sondern mit großer Besetzung, ausladenden Textwiederholungen und einer ›dramatisch‹ sinfonischen Durchbruchsform: musikalisch also alles andere als ein Lied. Diese Versetzung eines Gedichts von der stillen Aufbewahrung in einer Gedichtsammlung aufs Konzertpodium geht im Druck einher mit der Widmung an den Dichter, die zusammen mit dem kompositorischen Aufwand den Anspruch des Komponisten, über den Text zu verfügen, geltend macht. Der Widerspruch zwischen dem Liedbegriff des Gedichts und dem Textverständnis der Vertonung bildet die Herausforderung der Komposition.

Als *Nachtlied* partizipiert Hebbels Gedicht an der Aura der Abend-, Schlaf- und Wiegenlieder, die im Text ausdrücklich im Bild der Amme und des Kinds als eine Ursituation des Singens angesprochen und in den daktylisch wiegenden Strophen lyrisch verdichtet ist. Der beschriebene Vorgang allerdings, das Einschlafen, ist dem Singen nicht mehr erreichbar; das Gedicht spricht nicht aus der Perspektive der Singenden, sondern derjenigen, die in den Schlaf gesungen werden. Damit tut sich in den ersten beiden Strophen ein Widerspruch zwischen Aussage und Liedform des Gedichts auf: Der Übergang vom Wachzustand in Schlaf wird als existenzbedrohendes Anschwellen einer geradezu paradox empfundenen Gegenwelt erlebt. Noch entscheidender ist die durchaus positive, organische oder gar erotische Konnotation (»quellende, schwellende Nacht«; »steigendes, neigendes Leben«) dieses subjektauslöschenden Vorgangs, der sprachlich und klanglich durch die rhythmisch gesteigerten Assonanzen verkörpert wird. Die Regression in Schlaf und Wiegenlied bewahrt das kleine Leben vor dem Ansturm der Transzendenz.

Schumann organisiert Hebbels Dreischritt (Näherkommen von außen, Wachsen von innen, Schlaf) in zwei ungefähr gleich langen Teilen, dualistisch durch den Wechsel von d-Moll nach D-Dur dargestellt. Gegenüberstellung ist überhaupt ein leitendes Prinzip der Komposition; es wird an den Parametern der Besetzung (Abwechslung von Chorgruppen), Lage und Harmonik durchgeführt. Die beiden Formteile beziehen sich gleichzeitig allerdings weniger antithetisch aufeinander, sondern im Übergang: Der erste Teil mit den ersten beiden Strophen des Gedichts ist als Einleitung zum zweiten Teil hin angelegt; nach einem gestaltlich, rhythmisch und harmonisch diffusen, durch strukturierte Abwärtszüge geführten Instrumentalvorspiel brechen nur zögerlich konkrete musikalische Gestalten aus der stockenden, blockhaften Artikulation der Gedichtzeilen aus; ein signalhafter Ruf aus der Ferne (E-Dur-Fanfaren) setzt einen zaghaften Ansatz zu Melodik frei, der aber durch den unsanglichen Tritonusanlaut der Frage »sage, was ist da erwacht?« kontrapunktiert wird, bevor das appellative Signal »sage« einen Doppelpunkt zur zweiten Strophe setzt. Diese ist fast gänzlich in der allmählichen Beschleunigung auf das Allabreve des Dur-Teils hin gerichtet, gewinnt ihre Energie aus der Engführung auseinandergebrochener Zeileneinheiten, die sich in metrisch pointierten und durch einen Oktavsprung verräumlichten Gestaltung des Wortes »riesenhaft« entladen. Der als Trugschluß gestaltete Höhepunkt des ersten Teils (Studierbuchstabe C) bildet die dem Prinzip der weitgehenden Textwiederholung nicht unterworfene Katastrophe, die Auslöschung des Ich (»welches das meine verdrängt«) und formal die Wiederkehr des Einleitungsmotivs.

Der zweite Teil bringt die Bewahrung des Subjekts im Schlaf durch die Evokation des schützenden Kreises um das gefährdete Leben zur Anschauung, indem dieser Vers breit ausgeführt und durch die Wiederkehr einer signifikanten musikalischen Erscheinung des Worts »Schlaf« die Kreismetapher ausführt. Das kompositorische Dilemma, daß nämlich die endlich in Bewegung geratene Musik das Abebben von Bewegung darstellen soll, zeigt die mit »etwas bewegter« überschriebene Passage, in der der Satz, angeleitet vom Horn, »etwas markirt« aktiviert wird, um daraufhin am tiefsten Punkt des Stücks zu versinken:

Daß das Einschlafen in diesem Lied ein Vorgang auf Leben und Tod ist, wird dort erschütternd erfahrbar, ausgezeichnet in der Wendung nach es-Moll im dreifachen pianissimo und durch ein Tremolo. Erst nach der folgenden Eintrübung und einer Erinnerung an das Einleitungsmotiv, wird die die Bewegungsrichtung der Melodik nach oben und damit zum guten Schluß gewendet.

Schumann nimmt Hebbels Gedicht die Liedhaftigkeit. Wenn das Bild von Amme und Kind als Angelpunkt des Liedbegriffs gilt, muß es auffallen, daß Schumann, der doch den sparsamen Text durch unzählige Wiederholungen anschwellen läßt, diese Textzeile als einzige unwiederholt läßt. Dabei kann es nicht mangelndes Interesse an dieser Stelle sein, zeichnet der Komponist sie doch analog zu der besprochenen Todesstelle in es-Moll durch ein Tremolo und, bei der zurückgenommenen musikalischer Gestaltlichkeit äußerst signifikant, durch eine intensive motivische Verbindung und harmonische Einbindung in das ›Schlaf‹-Motiv aus. Selbst der metaphorisch verstellte Grund des Singens ist Schumann noch zu direkt. Wenn jedoch danach die von den Bläser-Soli geleiteten Melodie-Fragmente wieder einsetzen, erheben sich »mit Ausdruck« und *dolce* Soli der Klarinette und der Oboe wie Vokalisen über diesen von der Sprache bestimmten Gestalten. Wenn der Chor längst schweigt, sozusagen über den Schluß des Stücks hinaus, schwingt über einem wenig grundtönigen Klang die wie naturhafte Vokalise der Klarinette aus Singequart und Quartsextklang. Wahre Vokalität, ließe sich folgern, erscheint jenseits des Vokalensembles in den Instrumenten und wie etwas, das nicht gemacht wird, sondern geschieht.

Verzweifle nicht im Schmerzensthal op. 93

Motette für doppelten Männerchor, Text nach Friedrich Rückert – Die zunächst *a capella* komponierte, zu Aufführungszwecken dann mit Orgel und später mit Orchesterbegleitung versehene Motette *Verzweifle nicht im Schmerzensthal* wirkt in ihrem anspruchsvollen Habitus von geradezu sinfonischer Formgebung. Zwar mochte die Besetzung mit doppeltem Männerchor sowie die Benutzung

eines Textes von Friedrich Rückert das liberale bürgerliche Milieu ansprechen, doch dürfte die Entstehung 1849 im selbstgewählten Exil während der Revolution in Dresden kaum im Sinne einer politischen Stellungnahme zu verstehen sein.

In der dezidierten Leugnung der Männerchorrealität wirkt die sowohl kompositorisch als auch aufführungspraktisch anspruchsvolle Motette vielmehr utopisch. Der Text unterstreicht das durch die Verbindung eines persönlichen, in der Selbstansprache der zweiten Person Singular formulierten »de profundis«-Gestus mit einer nahezu formelhaft offiziellen und durch Bibelanklänge angereicherten Sprache (Bischoff 2002, 92). Die Kettenform des Ghasels, in der jeder der gleichmäßig metrisierten Sätze mit demselben Reim abgeschlossen wird, steht in der Vorlage im Kontext einer Ansprache des komischen Helden, eine Art arabischen Eulenspiegels, die er, von einer Krankheit genesen, nach einem opulenten Mahl an seine Freunde richtet. Schumann entfernt seinen Text nicht nur insofern von Rückerts Gedicht, indem er die Worte eines einzelnen mit dem vielleicht durch seine persönliche Situation motivierten Motto »Verzweifle nicht« von den verheißenen »Gnaden ohne Zahl« her achtstimmig auffaltet, sondern auch durch zwei Wortänderungen und die Sprache seiner Musik, die die orientalische Tönung des Originals zugunsten einer allgemein geistlichen, eher protestantisch klingenden ›musikalischen Prosa‹ zurückdrängen. Bemerkenswert ist dabei, wie in den fünf Teilen der Komposition das Verhältnis der musikalischen Ausdehnung »oft umgekehrt proportional zur Textlänge« steht (Popp 1971, 103).

Vom Text entfernt sich die Komposition auch durch formale Strategien: Auffällig ist die Isolierung des Anfangs-Mottos in seiner Wiederholung am Ende des zweiten Abschnitts (Nr. 1, T. 133 ff.); noch deutlicher greift die Rahmenbildung durch die Wiederkehr des Anfangs deutend in die Struktur des Textes ein. Überhaupt wird der Schluß von wiederholten Textbausteinen zu musikalischen Quadern aufgetürmt, wobei die Schlußsätze des Gedichts zunehmend in den Hintergrund geraten. Vielleicht sucht Schumann nach einem gänzlich anders gearteten Pendant zu Rückerts Kettenreimen, indem er am Schluß seiner Komposition die Anfangsworte und die »Gnaden ohne Zahl«, die in ungezählten Wiederholungen aus einem aufwendigen Fugato (»und hoffe Gut's vom Hauch des Herrn«, Nr. 5, ab T. ⁺105) entwickelt werden, ineinander schlingt.

Diese Rückkehr wird durch eine der seltenen dramaturgischen Aufspaltungen des Chors markiert, indem »Verzweifle nicht« solistisch wiederaufgegriffen und gegen das scheinbare Finaltutti gesetzt wird (Studierbuchstabe M, T. ⁺67), bevor der gesamte in der Fuge sich selbst bestätigende Chor zu den Ausgangsworten zurückkehrt. Ansonsten wird der Doppelchor kaum rollenmäßig oder dialogisch konkretisiert; selbst wo ein solistischer Innenraum erzeugt wird, bleibt die abstrakte, primär musikalische doppelchörige Struktur erhalten. Stattdessen wird beispielsweise die Faktur im fünften Abschnitt motivisch zum Ausdruck der Ambivalenz von Verheißung und zu in der Musik vorweggenommener Erfüllung dynamisiert: Während das Tutti auch die »Freuden ohne Zahl« noch in engen Tonschritten (»im Menschenleben eng und schmal«), die von den angestrengten Aufwärtslinien des Anfangs abgeleitet sind, zaghaft ausschreitet, posaunen diatonische Fanfaren in vereinzelten Stimmgruppen diese Freuden bereits heraus.

Oratorien

Das Paradies und die Peri
für Soli, Chor und Orchester
op. 50

Dichtung aus Lalla Rookh von Thomas Moore. – Kontext. Entscheidend für die Einschätzung von Schumanns historischer Bedeutung ist *Das Paradies und die Peri.* Man muß dabei dieses Werk selbst nicht notwendig bedeutender einschätzen als jene, die sich bis heute im Konzertleben durchgesetzt haben. Gerade die Unsicherheit in der Bewertung des Stücks heute, die Schwierigkeiten, den kompositorischen Anspruch mit der naiven Religiösität, dem flachen Orientalismus und der märchenhafter Simplizität zu vermitteln, lassen es als besonders seiner Zeit verhaftet erscheinen. Seine Bedeutung in gut komponierte Musik und unerträglichen Text auseinanderzudividieren, verbietet sich von selbst.

Das Stück entstand seit 1841, zu einer entscheidenden Zeit also, in der Schumann sein Verhältnis als Komponist zur Öffentlichkeit neu bestimmt, Werke für große Besetzung und repräsentative Aufführung zu komponieren begonnen und das ersehnte Fernziel in der Komposition einer deutschen Oper formuliert hat. Der programmatische Funktionswandel, dem das Oratorium in der Musikkritik des Vormärz unterzogen wurde, gab der kunstreligiösen Grundfärbung der ersten Jahrhunderthälfte eine neue nationalreligiöse Wendung. Die große Besetzung für Solisten, Chor und Orchester wurde dabei nicht nur zum Repräsentanten einer großen, öffentlichen Komponistenfigur, sondern ebenfalls zum Repräsentanten einer zum Volk konkretisierten Menschheit. Daß auch dieses Volk, wie Schumann es im Volkston der Innerlichkeit und in der Gemeinschaft ›heiterer Menschen‹ musikalisch faßte, eine utopische Fiktion war, lehrte spätestens die Erfahrung der Masse bei den Aufständen 1848/49.

Das Paradies und die Peri allerdings markiert einen entscheidenden, vielleicht den einzigen Augenblick, in dem Schumanns Konzeption aufzugehen schien. Zahlreiche Aufführungen machten das Werk zu einem seiner größten Erfolge, die Anerkennung war allgemein, die Hoffnung auf eine Fortsetzung des Wegs schien eine neue musikalische Perspektive zu eröffnen. Schumann selbst war ausgesprochen zufrieden mit dem Werk und hat es verschiedentlich als seine beste Arbeit bezeichnet. Mit der ersten Aufführung dieses Werks am 5. Dezember 1843 im Leipziger Gewandhaus versuchte Schumann sich also auch als Dirigent zu etablieren, eine Rolle, die dem neuen Selbstverständnis ebenso entsprach, wie sie seiner Person entgegenstand. Seine größte Leistung erkannte der Komponist allerdings in der Schaffung einer neuen Gattung und in dem Rezitativ und Gesang vermittelnden ariosen Gesangsstil.

Gattung und Stoff. »Ein neues Genre für den Concert-Saal« sollte damit geschaffen sein. Das dürfte
zunächst einmal auf die eigentümliche Verbindung
des exotischen Stoffs mit religiösen Tönen gemünzt sein, die fiktive östliche Spiritualität unüberhörbar christlich-romantisch einfärbt, jedoch
ohne die Bindung geistlicher Traditionen auf die
imaginierte Bühne des Konzertsaals stellt, diese
kunstreligiös überhöhend. Charakteristisch ist die
lose Reihung von Bildern, die von vornherein
keinem dramatischen Zug gehorchen – klanglich
kolorierte Bilderbögen, eher abgeleitet von einer
Ästhetik lebender Bilder als von einer dramaturgisch geführten Handlung.

Die Frage, wie sich ein orientalisches Märchen,
ein ›rein-romantischer‹ Stoff also, mit dem Programm eines das gesellschaftliche Leben poetisierenden und sich an die Öffentlichkeit wendenden
Komponisten verbindet, ist vielschichtig. Zunächst wäre der Unterschied zwischen der Vorlage
und dem vertonten Text, den Schumann 1841
wohl auf Anregung seines Zwickauer Schulfreun-
des Emil Flechsig auf der Basis verschiedener
Übersetzungen selbst zusammengestellt hat, zu
bedenken. Das Attribut des ›Romantischen‹ ist
bereits auf der Ebene der Vorlage und ihrer kaum
erforschten deutschen Rezeption problematisch,
da die als zweitklassig eingeschätzte Bedeutung
von Thomas Moores Versepos *Lalla Roockh* (1817)
und dessen offenbar populär-romantische Breitenwirkung den Stoff mit der Patina des Verbrauchten
oder zumindest abgesunkener Romantik überzie-
hen. Das exotische Kolorit, das nur ungenau zur
bestimmten ›couleur locale‹ der zeitgenössischen
Oper paßt, trägt das Parfüm des Modischen mit
sich: Gleichzeitig feiert der Peri-Stoff in der
Hauptstadt Europas, im »großstädtischen Show-
business« des Pariser Balletts und in einer daher
entwickelten Mode-Kreation Triumphe (Edler,
235 f.). Schumann selbst hat mehrere Sujets aus
Moores Epos als Vorlagen für Opern erwogen.

War der Stoff also, als Schumann ihn ergriff,
schon kaum mehr als rein romantisch zu bezeichnen, so kann seine schlicht allegorisierende Bedeu-
tungshaftigkeit ›Romantik‹ ohnehin nur in einem
didaktischen Verständnis vermitteln, wie Schumann es als störenden Beigeschmack an den
Oratorien Löwes bemerkt hatte. Es gibt allerdings
kein Zeugnis, daß Schumann den Text so aufge-

faßt haben könnte. Vielmehr sprach er davon, wie
sehr der Text für Musik geeignet sei und daß die
»Idee des Ganzen« so dichterisch und rein sei, daß
sie ihn begeisterte (Brief an Verhulst, 19.6.1843,
BNF 229 f.). Es dürfte also wohl seine spezifische
Märchenhaltung, die abstrakt-religiöse Grund-
tönung und der distanzierende Erzählgestus des
»es war einmal« gewesen sein, der Schumann zu
einem neuen Genre jenseits des biblischen, patri-
archalischen oder historischen Oratorientons
animierte.

Die von Schumann hervorgehobene Eignung
des Stoffes für Musik geht über die schwebende
Musikalität der Verse hinaus auf die spezifisch
bildhafte Dramaturgie des Ganzen. Diese wird
von der Figur der Peri getragen, einem engelgleich
geflügelten Zwitterwesen zwischen Paradies und
Welt. Offensichtlich faszinierte Schumann die
über das elementarische Elfenwesen hinausgehende Schuldfähigkeit der Peris (»ihr sündiges
Geschlecht«), in der sie dem aus dem Paradies
vertriebenen Menschen verwandt sind, denn im
Erstdruck der Partitur ließ Schumann sie folgendermaßen charakterisieren: »Die Peri's sind nach
der orientalischen Sage anmuthige Wesen der
Luft; sie waren einmal im Paradiese, aus dem sie
aber eines Fehltritts halber verwiesen wurden«
(Nauhaus 1987, 136). Schumanns Libretto zufolge
kann man das Wesen ihrer Schuld in ihrem Verhältnis zum Schönen deuten: In unernsthafter,
parasitärer Teilhabe am Ästhetischen kennen und
konsumieren sie noch die verborgensten Kostbarkeiten der Welt, die künstlichen Blumen und artifiziellen Paradiese einer exotischen Romantik.
Erlösung kann die Peri finden, die mitleidend an
den innerweltlichen Schicksalen der Menschen
»des Himmels liebste Gabe« von der Erde zur
Pforte des Paradieses bringt.

Schumanns Text realisiert das Märchen in einer
dreifachen Stufenfolge. Indem die Peri an menschliche Handlungen gebunden ist, wird die Handlung dabei im gesellschaftlichen Wertesystem
verankert: Der Heldentod des tätigen Mannes
und noch mehr der Opfertod der leidenden Frau
reichen wohl, diese beiden Konzeptionen des
Menschen ins Paradies gelangen zu lassen, nicht
aber zur Erlösung von der Erbschuld. Erst als ein
reuiger Verbrecher angesichts eines betenden Kindes sich seiner eigenen Kindheit und des Paradie-

ses der Unschuld erinnert, erst als der Blutstropfen der Heldentat und der Seufzer des Mitleids in der Träne des Sünders synthetisiert werden, öffnet sich das Paradies auch für die Peri. Die hybride Bilderflut, vom Paradiesesquell zur Reueträne vielgestaltig auf Wasser gebaut, findet ihren Höhepunkt in der Erzählung, wie dem Blick des Kindes im Gebet zum Himmel die Erscheinung des Engelskinds von oben entspricht, das seine verlorene Heimat sucht. Die Erlösung vollzieht sich in der Erinnerung an die Kindheit vor dem Sündenfall.

Der stereotype Vorgang von Rahmenhandlung (Peri vor dem Paradies) und Bilderfolge (Peri an drei verschiedenen irdischen Schauplätzen) ist nicht in einen dramatisch wirksamen Spannungsaufbau eingespannt. Zwar steigert sich im Text die Intensität der Bemühung der Peri: Im ersten Bild ist sie es, die den sinnlos vergossenen letzten Blutstropfen des Helden in einer Art Heiligsprechungsliturgie transzendiert, wobei durch die spezifische Faktur des Chors das Geschehen ins Allgemeine gehoben erscheint. Im zweiten Bild scheint in der von der Pest verseuchten Welt der Schimmer einer Erlösungshoffnung auf, indem die Peri aus Mitleid mit den Menschen, die unter der Erbschuld leiden müssen, zauberkräftige Tränen weint. Nach einer nur kurz ›retardierenden‹ Verzagtheit der Peri fallen die beiden Parallelwelten im dritten Teil in einem Bild zusammen. Die Bilder selbst aber werden immer schlichter und innerlicher: Auf die Schlachten-Szenerie des ersten folgt die lastende Schwere des Pest-Bilds und die fast völlig handlungsfreie Erzählung von der Erinnerung an das Kindsein, bei der Bild und Rahmen bereits durchlässig werden. »Des Himmels liebste Gabe« ist diesem Weg zufolge nicht in der Gesellschaft (Tod fürs Vaterland) und nicht in der Familie (gemeinsamer Liebestod), sondern im Bezug des schuldig gewordenen einzelnen auf seine Kindheit zu erlangen.

Erschwerend für Abwechslung und Spannung kommt hinzu, daß die Bewegungen der Peri zwischen oben und unten gleichzeitig einer Darstellung entspricht, nach der die irdischen Bilder solche von gestörten Paradiesen sind; die paradiesische Schönheit Indiens und Afrikas und diejenige des Kindseins im Libanon unterscheiden sich bei allem Bemühen um differenzierte Koloristik nicht grundsätzlich voneinander und vom himm-

lischen Paradies, und alle Schilderungen paradiesischer Zustände scheinen als verlorene oder ersehnte der Musik entschieden zugänglicher als das am Schluß erreichte. Das könnte erklären, warum der dritte Teil des Werks von der Kritik als der problematischste empfunden worden ist.

Chöre. Charakteristisch für Schumanns Komposition sind die Funktionen des Chors und des Solisten-Ensembles für die Handlung, die sowohl betrachtend als auch handelnd sein können: Die Bandbreite reicht von kurzen Turbae-Einwürfen (I, 6 und 7) über handelnde Figuren (III, 18) oder kommentierend Beteiligte (II, 11 und 17) bis hin zur oratorisch abgehobenen Sentenz, die nur notdürftig mit der Handlung verknüpft wird (I, 9). Der Chorklang wird vielfältig differenziert in kleine und große, Männer- und Frauenchorbesetzung und Doppelchörigkeit mit dem Solisten-Ensemble.

Große Aufmerksamkeit wurde allgemein dem Schlußchor des ersten Teils zuteil, jener gleichsam paraliturgischen Auszeichnung der ersten Himmelsgabe »Denn heilig ist das Blut«, die die Worte der Peri überhöht. Der Chor, der zuvor die einander feindlich gegenüberstehenden Heere dargestellt hatte, steigt hier ohne Handlungsfunktion in die Stretta der Peri ein, zunächst als bekräftigendes Echo, dann als ein Gegenüber, das aus den handlungsimmanenten Worten der Peri eine Akklamation macht, bei der sie endlich den Chor-Sopran mitsingt. Darauf folgt ein großer Fugenteil mit einem barockisierenden soggetto im hohen Notenbild eines ›stile antico‹, der dem Teil gleichsam gesetzesmäßige Verbindlichkeit verleiht. Der Einsatz von Kontrapunkttechniken, tonaler Beantwortung, Stimmtausch, Engführung sowie die Einführung eines ebenfalls imitatorischen Gegenthemas, knüpft an die Tradition geistlicher Musik an – Schumann selbst führte ein solches soggetto später im *Requiem* durch – und damit an eine Norm erhebender Musik, die dem entspricht, wofür die Heldenepisode des Werks steht, nämlich die Repräsentation vaterländischer Gemeinschaft.

Am Ende des dritten Teils, dem Schluß des gesamten Werkes, wird das Heilige mit anderen Mitteln beschworen, wodurch das Oratorientypische des Blut-Chors relativiert erscheint in seiner Final-Funktion lediglich für die erste, aufs Ganze

gesehen nicht zureichende Stufe des Erlösungs-
wegs. Am deutlichsten wird das in einer Wiederaufnahme des Textabschnitts »Opfer der Erden-
welt« im Schlußchor (III, 26, Studierbuchstabe
D), der zwar wörtlich zitiert wird, allerdings ohne
daß die Fugensprache in der Folge reaktiviert
würde. Im Schlußchor werden Erfahrungen mit
dem hymnischen Tonfall umgesetzt, der zum Kern
der Schumannschen Synthese gehört, wie sie
schließlich im Schlußteil der *Szenen aus Goethes
›Faust‹* kulminieren sollte. Entsprach das Finale
des ersten Teils mit seiner Schlußfuge und ihrem
heroisch-pathetischen Thema in all seiner drama-
tisch-konventionellen Realisierung also noch
weitgehend dem traditionellen Gattungskonzept
des Oratoriums, so setzt sich in den beiden folgenden Teilen das Neue der Konzeption auch mit
anderen kompositorischen Techniken und Tönen
durch.

Besondere Schätzung erfuhr auch der Chor der
Nil-Genien (II, 11), der zu Beginn des zweiten
Bildes die Teilhabe der Peri am Übernatürlichen
auf, wie Schumann gesagt hätte, sehr ›materielle‹
Weise schildert. Das sprudelnde Wasser der Nil-
Quelle bildet eine äußerst sensualistische Wahr-
nehmungsfolie für die Peri, die von den Wasser-
geistern (»sehet das holde, liebliche Kind«, »hört,
wie sie singt!«) im Zugleich von Naturereignis und
sehnsüchtigem Gesang für das Ohr des Zuhörers
geradezu bildlich evoziert wird. Schumann hat
diesen bei Moore nicht vorgebildeten Chor mit
seinem charakteristischen Klang ohne Baß sicher
auch um der Abwechslung willen und zur Gewichtung des Choranteils hinzugefügt. Für den
Ablauf des Ganzen aber ist entscheidend, daß das
so entstandene Bild vor dem folgenden eigentlichen Tableau die Erzählerfigur um die Perspektive
des Chors aus der Handlung heraus dynamisiert.
Das Verhältnis von Bild und Erzählung ist dadurch weniger dramatisiert als vielmehr mehrdeutig gemacht. Die Aufforderungen des Chors
(»seht«, »hört«, »still!«) führen nicht zu einem
Auftritt Peri, sondern der Tenor-Testo nimmt
daraufhin wieder das Wort. Indem der Chor die
Erscheinung der Peri evoziert, weist er die Hörer
auf die Musik und ihre Imagination zurück. In
letzter Konsequenz erklärt dieses aufgeweichte
Verhältnis von Erzählung und Handlung, warum
das ganze Werk mit der Aufnahme der Peri ins

Paradies – also innerhalb der Erzählung – und
nicht in der Rahmenhandlung mit einem oratorisch überhöhenden Schlußchor endet. Das My-
sterium der Verwandlung und Entsühnung, das
Das Paradies und die Peri gestaltet, hat sozusagen
den Schlußchor in sich hinein genommen und an
die vorletzte Position versetzt in dem Vokalsatz
›reiner Tonkunst‹ »O heil'ge Thränen« (III, 24).
Im Anschluß daran wird die Figur der Peri selbst
zur Stimme der Erzählung, die aus der Erzählung
heraus – »wie selig bin ich« – die von der Gemeinschaft bestätigte Perspektive der ersten Person
Singular artikuliert.

Erzählhaltung. Besonders stolz war Schumann auf
die Vereinheitlichung der Musiksprache, sowohl
in der Aufweichung von Nummerngrenzen als
auch im Ausgleich von Rezitativ und Arie. Während ersteres als richtungsweisender Fortschritt
weitgehend anerkannt wurde, nahmen die Zeitgenossen das zweite mehr oder weniger irritiert auf.
Manchem fehlte das dramatische Rezitativ, während andere zuviel Rezitativ hörten. Dem Fortschritt im Formalen stand das Gefühl von fehlen-
den Kontrasten gegenüber. Will man darin nicht
lediglich einen eher unentschlossenen graduellen
Fortschritt zur Durchkomposition erkennen, muß
man die Funktion dieses gesteigerten Arioso für
das Werk deuten. Sie liegt nicht zuletzt in der erwähnten Aufhebung des musikalischen Unter-
schieds von Erzählung und Handlung in der ei-
gentümlichen Struktur der *Peri.* Selbstverständlich
gibt es sehr reduzierte, nah an der Sprache geführte
Passagen, die als Rezitativ in einem neuen Verständnis fungieren können. Beeindruckendstes
Beispiel ist das Erzähler-Bariton-Solo nach dem
Frauenchor der Peris (III, 22), wo der gestützte
Erzählton mit ausdrucksvollen Instrumental-Soli
versetzt ist.

Das lebende Bild des zweiten Teils, nach dem
Aufbau der Pest-Szenerie und dem in der Träne
der Peri aufscheinenden Heilungsversprechen,
realisiert die Möglichkeiten der spezifischen Ora-
torien-Konzeption. Erzählung und Handlung
werden in Nr. 14 strophisch umgesetzt, indem die
Erzähler-Figur, hier im Alt, in zwei Strophen der
von Seufzer-Figuren geprägten Musik wie von
innen heraus den Zustand des jungen Mannes
schildert, der in der dritten Strophe zu derselben

Musik als zweiter Tenor zu Wort kommt. Der in die Erzählerfigur verlagerte innere Monolog wird im Mezzosopran-Solo Nr. 15 fortgesetzt. Aus einem liedhaften Arioso mit da capo entwickelt sich nach und nach ein agitato-Gesang des ersten, des Erzähler-Tenors, dessen steigende Erregung wiederum über die direkte Rede des Jünglings im zweiten Tenor in eine ausgebreitete Arie der Geliebten (II, 16) mündet. Diese Steigerung aus erzählter und erlebter Handlung ist nur dadurch möglich, daß die Rollen nicht unterschieden und die einzelnen Nummern nicht abgeschlossen werden. Umgekehrt wird die vielschichtige Erzählerfigur musikalisch zur handelnden.

Nach dem wiederum erzählten und instrumental dargestellten Sterben des Paars spricht die Peri es handlungsimmanent mit einem Schlaflied an, in das der Chor, ohne Handlungsfunktion, einstimmt. Mit dem Topos des Schlaflieds wird das anonyme Singen des Volkslieds evoziert: Es singt hier mit der Peri, und die einzigen, die bei der imaginierten Szene singen könnten, sind die Zuhörer vor der Bühne. Gleichzeitig aber ist der Erzähler in dieses Ensemble hineingenommen, indem der Chor-Baß im Satzfundament seine Rolle übernimmt, die so gewissermaßen mit dem Schlaflied in der Handlung enggeführt wird. Am Schluß des Satzes bleiben Schlaflied, gleichzeitig personalisiert und anonymisiert, (»Schlaf« von Peri und Chor) und Kommentar (»bis ihre Seelen auferwacht« im Baß) gemeinsam stehen.

Mehrfach und wie konsequent werden die eigentlichen Handlungsträger und die Stimmen des Erzählers vermittelt: So hebt die Erzählung mit einem Alt-Solo an, das nach dem Auftrittslied der Peri der Tenor-Erzähler ablöst, wodurch der Alt für die Partie des Engels frei wird. Der Tenor bleibt Erzähler bis zur eben beschriebenen Passage im zweiten Teil. Im dritten Teil wird dann der Bariton als Erzähler eingeführt, der danach die geringfügige Rolle des reuigen Sünders personifiziert. Damit wird vermieden, daß sich ein auktorialer Testo vor die Peri schiebt; erzählt wird aus der Perspektive der Betrachtung und deren Wechselwirkung mit der Handlung. Die vielen Stimmen des Erzählers werden zusammengehalten und profiliert durch die klangliche Inszenierung und die musikalische Formung, die die Musik an sich zum Medium des Erzählens erhebt.

Auch beginnt das Werk kaum so, wie man es sich bei einem öffentlichen Kunstwerk für den Konzertsaal vorstellt: nicht mit einer repräsentativen Ouvertüre, nicht mit einem allgemein gehaltenen Eröffnungs-Chor, nicht einmal mit dem Aufnehmen der Erzählung in einem auktorialen Rezitativ. Letzteres ist vielleicht das, was der Zuhörer am stärksten vermißt, weil sich dadurch die gewohnte Erzählhaltung des Oratoriums nicht einstellt. Der Einsatz des Alt, arios gekennzeichnet durch den regelmäßigen Melodiebau und den abgeleiteten Motivkopf der zuvor gehörten Musik, ist wie eingesponnen in die Musik des Vorspiels und wird erst mit den deklamierenden Tonrepetitionen und dem Tremolo der hohen Streicher, die zu den markierten Schlägen der Bässe im Beschleunigungsteil erklingen, zum Accompagnato-Rezitativ umfunktioniert. Die dieser Entwicklung zugrundeliegende Sequenzierung des deklamatorischen Quartsprungs treibt den Gestus der Betrachtung hinaus in die Handlung. Diese allmähliche Entstehung der Erzählerfigur aus der Musik wird fortgesetzt, indem nach dem eingeschobenen Lied der Peri (I, 2) der traditionelle Testo im Tenor, nun idealtypisch rezitierend, das Wort ergreift (I, 3). In den ersten Violinen steht der Rezitation eine melodische Geste gegenüber, ein Motiv, das bereits das Vorspiel bestimmt hatte. Dieses im Laufe des Stücks entwickelte Motiv als ›Leitmotiv‹ der Peri zu bezeichnen, griffe zu kurz, obwohl hier im Rezitativ die Konstellation von Engel des Lichts (im oratoriengemäßen Rezitativ) und gefallenem Engel Peri (im instrumentalen Gesang) eine solche Deutung unterstützen könnten. Aber der eigentliche Auftritt der Peri zuvor mit dem vorweggenommenen Ausblick auf die Paradieses-Freuden, die Stelle also, wo ein Leitmotiv im eigentlichen Verständnis geprägt werden müßte, ist frei von besagtem Motiv.

Entscheidendes ist also bereits geschehen, bevor die Überleitung der Nr. 1, die in der Partitur nicht als Einleitung bezeichnet ist, die Handlung in Gang setzt. Der Beginn des Alt-Solos ist noch Bestandteil dieses Vorspiels, in das er als Reprise integriert ist; den vom folgenden musikalisch isolierten Text »Vor Eden's Thor, im Morgenprangen stand eine Peri schmerzbefangen« möchte man durch die musikalische Inszenierung als eine Art Motto vor oder über dem ganzen Stück verstehen.

Worin aber besteht das Motto bei einem Text, der weniger Motto als Anfang der Erzählung ist? Gewiß ist es das Bild der Peri vor dem Paradies, sozusagen mit hängenden Flügeln, das durch die gestische Qualität des Motivs evoziert und durch den ersten Satz konkretisiert wird. Es ist kein sehrendes, aufwärts gerichtetes Sehnsuchtsmotiv; man möchte es eher als resignativ und ergeben charakterisieren, als Zeichnung einer Figur, die als Lauschende vorgestellt und nicht als Handelnde, sondern als Aufnehmende und Vermittelnde entwickelt wird. Der an sich unauffällige Text wird aber über das Bild hinaus durch seine Position und musikalische Funktionalisierung noch weiter mit Bedeutung angereichert: Es ist, als sei in der stimmlichen Einkleidung in die Alt-Stimme das erzählende Präteritum inthronisiert, Ort (»Vor Edens Thor«), Zeit (»im Morgenprangen«) und Figur (»Peri schmerzbefangen«) stehen unter dem Geist der Erzählung (»stand«), der diesen Einsatz so reflexiv klingen läßt. Das ist natürlich nicht allein das Verdienst der Vertonung dieses einen Satzes, denn musikalisch ist das Vorspiel nichts weniger als ein prägnantes Motto. Die Ausfaltung der Zeit und des Raums in der Instrumentaleinleitung ist ein Vorgang, die Erzählhaltung zu entwickeln und den Zuhörer darin einzuwickeln.

Der Rose Pilgerfahrt
op. 112

Märchen von Moritz Horn. Stellt *Das Paradies und die Peri* den Versuch dar, die überkommene Oratorienform in ein zeitgemäßes, weltliches und urbanes Konzertstück zu überführen, so transformiert nach Schumanns eigenen Worten *Der Rose Pilgerfahrt* einen vergleichbaren Stoff ins »Dörfliche, deutsche« (Brief an E. Klitzsch, 9.8.1851, Erler II, 157). Hier ist es nun der Klang der Innerlichkeit und der intendierte Bereich der ins Gesellige erweiterten Familie, die den Ton des Werks angeben. Die stilisierte Naivität des Dörflichen bleibt dadurch natürlich ebenso fingiert wie der Exotismus des großformatigen Schwesterwerks.

Zur Bewertung muß ein gewandeltes Denken in Gattungen in Anschlag gebracht werden: Zwar sollte wiederum kein Oratorium im eigentlichen Sinne entstehen, aber auch nicht unbedingt mehr eine emphatische Gattung zwischen den institutionalisierten etabliert werden. Vielleicht kann man aus Schumanns brieflicher Bezeichnung des Werks als »ein sehr anmuthiges Märchenidyll« (Brief an F. Kistner, 27.12.1851, BNF, 471) eine Anwendung von klassizistischen Theorien zu den unterschiedlichen Genres rekonstruieren: Das Werk sollte demnach als musikalische Idylle eingeschätzt und am Maßstab der artifiziellen Naivität statt am oratoriengemäßen Ausdruck des Erhabenen gemessen werden. Man darf dann jedenfalls die Wahl des Stoffs nicht als ›biedermeierlich‹ bediente Populärromantik mißverstehen, sondern muß ihn als Maskierung einer wie auch immer ästhetischen oder didaktischen Darstellungsabsicht ernst nehmen. Gerade deshalb allerdings verbietet sich die Einschränkung des Adressatenkreises »für die Jugend«, die im eingeschränkten thematischen und musikalischen Anspruch sicher auch, aber eben nicht allein angesprochen ist. Die häufig einfache Melodiebildung mit symmetrischen zweitaktigen Einheiten und Dreiklangsbrechungen steht gleichermaßen im Dienste leichter Hör- und Aufführbarkeit wie der genregemäßen Verkleinerung. Indem beispielsweise das zweite Ensemble in der ersten Nummer des Werks (»O sel'ge Frühlingszeit«) explizit Erinnerung und den Rückblick Erwachsener auf Frühling und Jugend thematisiert, sind Erwachsene ebenso als Adressaten impliziert wie Jugendliche.

Die Erstausgabe verzichtet auf eine musikalische Gattungsbezeichnung und kennzeichnet das Werk lediglich als »Mährchen von Moritz Horn, Musik von Robert Schumann«. Das von dem Düsseldorfer Maler Theodor Mintrop gestaltete Titelbild illustriert die verschiedenen Bilder der Handlung, wodurch sich die Musik deutlich der geselligen Praxis nachgestellter ›lebender Bilder‹ zur Musikbegleitung öffnet (vgl. Appel 1993). Umrankt von einem Bilderbogen des äußeren Lebens steht der Aufstieg der Rose vom Elementarwesen über die erblühte Mädchenrose zum entschwebenden Engelwesen in aufsteigender Linie in der Mitte des Bildes. Allein das Bild von der Mutterschaft der Rose hat genauso am äußeren Bogen wie am inneren Aufstieg teil.

Um vom organischen Leben in den Bereich der beseelten Existenz aufgenommen zu werden, wird die Rose von den Eltern eines an enttäuschter Liebe gestorbenen Müller-Mädchens an Kindes statt angenommen, nachdem sie zunächst die mißtrauische Ablehnung durch die bürokratisch geregelte Welt erfahren mußte. Als Paten ihrer Menschwerdung fungieren die mahnende Elfenfürstin, die ihr zur Gewähr der Rückkehr ins Elfenreich eine magische Rose mitgegeben hatte, und der Totengräber, der eben die menschliche Rose beerdigt und die vermenschlichte Königin der Blumen für eine Nacht aufgenommen und mit väterlichem Segen versehen hatte. Aus ihrer Ehe mit einem jungen Jäger entsprießt eine Tochter, der sie nach einem Jahr ihren Rosen-Talisman überläßt. Nach Schumanns Willen fällt sie – anders als in Horns Text vorgesehen – damit nicht ins pflanzliche Dasein zurück, sondern wird zum Engel verklärt. Diese letzte, transzendierende Wendung öffnet die Märchenwelt dann doch zum säkularen Oratorium und perspektiviert das Symbol zur Erlösungsvorstellung im Sinne christlicher Mädchenerziehung. Das behutsame Bild der Pubertät im Übergang vom elfenhaften Mädchen ins Stofflich-Weibliche scheint in der männlichen Projektion sofort ins Engelhafte entrückt werden zu müssen.

Das flüchtige, unstoffliche Gewebe der ursprünglichen Klavierbegleitung ist aus zum Teil improvisatorisch anmutenden Figuren gewoben, die mal sich arabeskenhaft auflösend wirken, mal sich gestalthaft verdichten. Schumann selbst hat die Priorität der Klavierfassung, die ihm »des zarten Stoffes halber auch vollkommen hinreichend erschien und noch erscheint« in einem Brief an den Verfasser des Märchens bestätigt (Brief an M. Horn, 29.9.1851, BNF, 349) und nur um der Möglichkeit einer größeren Verbreitung willen orchestriert. Zwar trägt diese Orchesterpartitur natürlich körperlicher, materieller auf, ist aber in ihrer klaren Farbigkeit und Durchsichtigkeit so fein instrumentiert, daß man gerade in ihr das Eigenartige von Schumanns Entwurf besonders gut erfahren kann. Die Instrumentation mit ihren differenzierten Bläserfarben erhöht die Plastizität der miniaturistischen Details, die in der Klavierfassung entschieden flüchtiger wirken. Die liebevoll detaillistische Ausführung ist für Schumanns Märchenidylle konstitutiv.

Die Artifizialität von Schumanns einfachen Konzeptionen verläuft auf dem schmalen Grat zwischen dem elitären Anspruch einer autonomen Kunst und der stereotypen Gefühligkeit einer Massenkultur, gegen die sich sein erzieherischer Anspruch richtet. Dieser Widerspruch zwischen Innerlichkeit und Breitenwirkung ist in *Der Rose Pilgerfahrt* am deutlichsten aus der Entfaltung der Todesthematik abzulesen. Tod und Vergänglichkeit spielen eine entscheidende Rolle im Verwandlungsvorgang der Rose. Im ersten Teil werden die Begräbnisszene und die Erinnerung an die verstorbene Frau des Totengräbers gemessen am jugendlichen Rezipientenkreis und am Kleinformat der Anlage breit ausgeführt; der Tod der Rose und sozusagen das ›Memento mori‹ der kurzen Blütezeit des Pflanzensymbols bestimmen den zweiten Teil. Wie ein tränenverhangener Schleier liegt die Farbe der Vergänglichkeit über dem gesamten Werk. Im zentralen kontemplativen Chor »O sel'ge Zeit« (Nr. 18), der die verhaltene Erinnerung Erwachsener an die längst vergangene erste Liebe thematisiert, wird die Stimme der Zuhörer außerhalb der Handlung aktiviert und die Zeit als vergangene erfahrbar gemacht. Aber selbst ein so handfester Topos wie ein Jägerchor wird im vierstimmigen Männerchor »Bist du im Wald gewandelt« (Nr. 15) nicht einfach für Jugendliche reduziert, sondern in den melancholischen Flor der Zivilisationsmüdigkeit getaucht. Trotz der an der Oberfläche so unkomplizierten Geschichte von Mädchenliebe und –leben klingt das Ganze wie aus der Perspektive isolierter, einsamer Innerlichkeit, die musikalisch anhand des durchgehaltenen Fadens der Vergänglichkeitsthematik gerichtet ist. Die wenn man so will therapeutische Wiederholung, die in der deutlichen Analogie zwischen dem Liebestod der Müllertochter Rose (»ein Tod voll Schmerzen«) und dem Opfertod der in ihrer Gestalt inkarnierten Blumenkönigin (»ein Tod voll Morgenrot«) vollzogen wird, verklärt zwar endlich das tränenverhangene Verwandlungsmärchen, ohne aber die schmerzliche Grundhaltung aufzugeben.

Dieser Perspektive gehorcht auch die Erzählhaltung des Märchens. Im Gegensatz zum bedeutungsgeladenen, deklamatorischen Gestus der etwa zur gleichen Zeit entstehenden Chor-Orchester-Balladen ist *Der Rose Pilgerfahrt* von einem lyrischen Märchenton bestimmt. Personifiziert ist der Erzähler des Märchens in der Tenorstimme, die allerdings anders als ein oratorischer Testo weniger rezitiert, als vielmehr den Ton des klavierbegleiteten Kunstlieds anstimmt. Damit besteht nur selten und auch nur ein gradueller Unterschied zwischen den kurzen Gesangspartien der Handelnden und der Erzählerfunktion, was die Form auf einen Liederzyklus oder ein Liederspiel hin durchsichtig macht. Weiter aufgeweicht erscheint der personale Erzähler, indem der Tenor zwischenzeitlich im Liebesbild für den jugendlichen Liebhaber der Rose von seiner Erzählerrolle freigestellt wird und Alt sowie Baß, die Elterninstanz assoziierend, die Erzählung übernehmen. Der angesprochene musikalische Schleier also scheint als Märchenton und Erzählerinstanz zu fungieren, sein Medium ist die umhüllende Melodie, die jede realistische oder dramatische Textausdeutung und jede Kante der Handlung weichzeichnet. Die Gesangsstimmen sind nämlich in auffälliger Weise eingebettet in sukzessive wie auch simultane Verdopplungen der Melodietöne in der Begleitung. Gewiß dient diese Stütze der Stimme zur Erleichterung der Ausführung. Indem die Begleitung aber oft die Linien nicht identisch mit den Singstimmen führt, indem manchmal umgekehrt eine autonome instrumentale Phrase nur durch den Text ausbuchstabiert erscheint, wirkt die Musik wie im Vordergrund der Handlung.

Verstärkt wird die primär musikhafte Wahrnehmung der Handlung durch die bereits angesprochene Miniaturtechnik. Das liederzyklische Prinzip der Reihung von kleinformatigen Charakterstücken, durch das sich vor allem in den eingestreuten Duetten von Sopran und Alt eine hausmusikalische Musizierhaltung vor die dramaturgische Motiviertheit schiebt, folgt eher der Vorstellung einer lockeren Bilderfolge als einer stringenten Dramaturgie. Alle Mittel wirken zusammen im Dienste einer distanzierten Betrachtungsweise, die entlastet ist von aller angestrengten Bedeutung, mit der die ›ernste‹ Musik in Oratorium, Oper und Sinfonie zu dieser Zeit beschwert ist.

Diese ästhetische Distanz wird bereits mit dem Eingangsensemble bestimmt. In einer kanonisch geführten Girlande von Dreiklangstönen sind gleichermaßen die elementare pflanzliche Existenzform, die still-bewegten Frühlingslüfte sowie

die wie unengagierte entspannte Erzählhaltung assoziierbar. Das Frühlingsbild des Miniaturkanons, das sich in seiner Drehbewegung zunächst orchestral, dann vokal-instrumental zwischen Sopran-Solo und Begleitung und schließlich zwischen zwei Sopranen ausfaltet, versinnbildlicht mottohaft das Geheimnis des Zyklischen, das die Genrebilder wie in einer umrankenden Arabeske zusammenhält. Der zweite Teil dieser ersten Nummer führt den immer wieder zu vollziehenden Perspektivwechsel in der ästhetischen Wahrnehmung vor: Drei Frauenstimmen artikulieren in homophoner und deklamatorisch beseelterer Melodik als im Kanon den Betrachter im Bild (»O sel'ge Frühlingszeit«), nicht zufällig in deutlicher Assonanz zum Chor Nr. 18 (»O sel'ge Zeit«), der den erinnernden Gestus der Musik im Bild der Jugendliebe fixiert (Dietel 1987). Die winzige kanonische Entfaltung des Mottos im ersten Chor nimmt bereits etwas von der Meditation der Zeiterfahrung im späteren Chor vorweg. Hier allerdings wird sie im Nachspiel durch eine ebenso miniaturistische Vignette, die das empfindsame Beteiligtsein des Ensembles neutralisiert und dann in einer kreatürlichen naturmusikalischen Geste in Luft aufgelöst.

Daß Musik ganz andere Dimensionen haben kann als diejenigen, die in der sich vertiefenden Kluft zwischen ernster und leichter Musik gefaßt werden, scheint zur damaligen Zeit nur im Medium »für die Jugend« denkbar gewesen zu sein. *Der Rose Pilgerfahrt* bietet neben einer der klanglich luftigsten Partituren Schumanns nicht zuletzt eine hintergründige Reflexion über Wesen und Möglichkeiten der Musik.

Die Oper

Schumann und die Oper: das paßt nach weit verbreiteter Ansicht nicht zusammen! Schon die großen instrumentalen Formen, die Sonaten und Sinfonien, werden normalerweise als problematisch erfahren bei einem Komponisten, der auf die Miniatur, die aphoristische Zuspitzung und die minutiöse Lyrik spezialisiert erscheint und Formen vor allem in der zyklischen Reihung gestaltet. Seine entgrenzende Fantasie und die Begabung der scharfen, aber flüchtigen Charakterzeichnung stehen im Widerspruch zur bühnenwirksamen Typisierung mit dem breiten Pinsel, die die Oper erfordert. Schumanns Zeitgenossen allerdings haben diese vergröbernde Rezeption nicht uneingeschränkt geteilt. Erst recht nach Mendelssohns Tod 1847 mußte man von ihm, der sich mit sinfonischen Werken und dem weltlichen Oratorium *Paradies und Peri* an die Spitze der zeitgenössischen Komponisten in Deutschland gestellt hatte, wie selbstverständlich auch ein modellgebendes Engagement für die Oper erwarten können. Allerdings hatte die Kritik aus der Antinomie von lyrischer Kleinform und dramatischem Großwerk die Kategorien von Subjektivität und Objektivität auf die Einschätzung auch der Komponisten übertragen. Gerade für den geforderten Anschluß der musikalischen Kunst an die politischen und gesellschaftlichen Entwicklungen des Vormärz mußte die romantische Musikästhetik korrigiert und die Musik aus ihrer Selbstbezüglichkeit herausgeführt werden. Was etwa Giacomo Meyerbeer, dem Berliner in Paris und erfolgreichsten Opernkomponisten im zweiten Drittel des 19. Jahrhunderts, gelungen war, nämlich von der ›subjektiven‹ ›romantischen‹ Oper *Robert le Diable* (1831) zur ›objektiven‹ historischen ›Großen Oper‹ *Les Huguenots* (1836) oder *Le Prophète* (1849) durchzudringen, hatte auch in Deutschland einen neuen Maßstab für die Wirkung von Musik gesetzt, obwohl die auf die großstädtische Pariser Bühne berechnete Musikdramaturgie hier eher in programmatischen Schriften als in adäquater Umsetzung auf der Bühne erfahren werden konnte. So kontrovers Meyerbeer in Deutschland auch besprochen wurde, hatte er durch die Funktionalisierung der zentralen europäischen Operninstitution in Paris für sein perfektionistisches Gesamtkunstwerk, das mit der Steigerung der orchestralen und szenischen Mittel einherging, der Oper eine neue mediale Qualität gegeben.

Um gegen die ästhetische Überwältigung halten zu können, griff nicht zuletzt Schumann in seiner *Hugenotten*-Rezension (*Fragmente aus Leipzig*, 1837, GS II, 220–225) zu kunstmoralischen Argumenten, die allerdings nicht aus der Anschauung einer adäquaten Aufführung, sondern lediglich aus dem Studium des Klavierauszugs gewonnen wurden. Unterschwellig wirken solche Argumentationen noch heute weiter in der qualitativen Unterscheidung von Instrumentalmusik und Oper.

Damit ist ein zweites Rezeptions-Kriterium benannt, warum Schumann und Oper nicht zusammenpassen sollten. Auch dieses wurde bereits im Umfeld der Diskussion um Schumanns einzige Oper eingeführt, ja bildete geradezu einen Ausgangspunkt der sich zuspitzenden Parteiungen um ›absolute‹ Sinfonik einerseits und musikalische Dramatik andererseits. Der musikalische und der szenische Aspekt der Oper wurden in der Argumentation zunehmend gegeneinander geführt, Komponisten in genuine Musiker und Dramatiker unterschieden. Schumann selbst hatte dieses Argument gegen Wagners *Tannhäuser* ins Feld geführt, nicht ohne die an den Noten gewonnenen Kritikpunkte gegen die Musik allerdings im Erlebnis einer Aufführung selbst zu relativieren und Wagners Bedeutung für das Musiktheater doch anzuerkennen.

Ein Leitbegriff der zeitgenössischen Diskussion war »Effekt«: Effekthascherei haben sich Schumann und Wagner auch gegenseitig vorgeworfen, um die jeweilige Gegenposition zu dem, was jeder von beiden als eigene dramatische Wahrhaftigkeit in Anspruch genommen hat, zu diffamieren. Die vor allem vom Erfolg Wagners und nicht unerheblich von den Formulierungen in dessen Schriften geleitete Operngeschichte schien Wagners Position so unfraglich zu bestätigen, daß auch seine nachträglichen, äußerst abschätzigen Bemerkungen über Schumanns *Genoveva* ungeprüft als geschichtsmächtige Einschätzungen übernommen worden sind. Dabei mußte sich Wagners Konstruktion von Musikgeschichte über kurz oder lang als selbstverständlich parteiische Selbstpositionierung erweisen.

Viele briefliche Äußerungen und unzählige Opernpläne zeugen von der Bedeutung, die Schumann der Opernkomposition auch für sein Selbstverständnis als Komponist beigemessen hat, sein vielzitiertes tägliches »Morgen- und Abendgebet« will er gar der deutschen Oper gewidmet haben: da sei zu wirken! (Brief an C. Koßmaly, 1.9.1842, BNF, 220). Wirkung ist dabei zunächst einmal auch in der quantitativen Breitenwirkung zu sehen, und dem nebenbei damit verbundenen wirtschaftlichen Erfolg. Wirkung in die Breite hatte auch die programmatische Musikkritik von der neuen Oper gefordert. Eine nationale Institution und vor allem ein identitätsbehauptendes Nationalkunstwerk erwartete man von der Oper, die wie keine andere Kunstform die Menge anzusprechen vermochte. Der ideologische Überbau wölbte sich über die Erfahrungen, die man mit dem Erfolg der ›welschen‹ Opern aber auch mit dem Genre des Singspiels bei Lortzing oder Flotow gemacht hatte; allein die gesuchte ›deutsche Oper‹ existierte bis dahin nur in Ansätzen.

Die Opernprogrammatik begründete sich denn auch primär historiographisch, indem man die erkannte Leerstelle durch ein klassisches Modell produktiv zu machen trachtete. Beethoven, der mit seinen Sinfonien sowohl für Schumann als auch für Wagner den Ausgangspunkt ihrer Ambitionen markiert hatte, konnte dafür ebensowenig herangezogen werden wie Carl Maria von Weber, welcher mit dem *Freischütz* zwar einen Anfang gemacht hatte, der aber bei dessen Nachfolgern in singspielhafter Trivialromantik abgeflacht war. Webers *Euryanthe* hingegen, eine große dialoglose Oper, konnte zwar den Komponisten einen vielfach zu bewundernden und lehrreichen Anknüpfungspunkt bieten, vermochte jedoch wegen durchschlagender Erfolglosigkeit die opernpolitischen Erfordernisse genau nicht zu erfüllen.

Mit diesen Opern und den von der romantischen Musikästhetik eingesetzten Vorbildern Gluck und Mozart ist keinesfalls das aktuelle Repertoire deutscher Opernhäuser um die Mitte des 19. Jahrhunderts umschrieben. Allenfalls an der Hofoper in Dresden, die durch das Engagement ihres zweiten Kapellmeisters Wagner zumindest zeitweise geradezu ein Laboratorium darstellte, wurde das Repertoire einigermaßen systematisch erarbeitet. Unter Ausnutzung der einmaligen institutionellen Repräsentativität, die das Haus und seine Besetzung beanspruchen konnte, inszenierte Wagner sich als Erben Webers, lud Spontini zu einer Musteraufführung ein, paßte Gluck den gegenwärtigen Gepflogenheiten an und positionierte seine eigenen Werke in diesem Umfeld. Einige dieser Aufführungen hat Schumann in Dresden besucht und in einem später veröffentlichten *Theaterbüchlein* reflektiert (GS IV, 288–292). Hatte er ab 1840 in der *Neuen Zeitschrift für Musik* bereits begonnen, sich schreibend in die Opernkomposition einzuarbeiten, indem er Opern, die keinerlei Bedeutung für die weitere Entwicklung haben sollten, rezensierte, so sah er sich in Dresden zum ersten Mal wirklich mit herausfordernden Opernaufführungen konfrontiert. Mehr oder weniger regelmäßig traf er sich mit Wagner, lieh sich während der Arbeit an *Genoveva* auch mehrmals die *Lohengrin*-Partitur aus und wurde bereits vor deren Veröffentlichung mit Wagners Denkschriften vertraut.

Allerdings mochte Schumann konkreten Verbesserungsvorschlägen nicht entsprechen, die Wagner nach einer Lesung des *Genoveva*-Textbuchs gemacht haben will (Wagner 1994, 332 f.), obwohl ihm dessen Überlegenheit zumindest in der Beherrschung des Metiers, nicht nur im Verfertigen der eigenen Texte, sondern auch in der bühnenerprobten Kenntnis des Repertoires und der pragmatischen Handhabe des Opernbetriebs deutlich gewesen sein dürfte. Welche Rolle schließlich Wagner bei den Intrigen um die dann doch nicht zu Stande gekommene Dresdner Uraufführung der *Genoveva* spielte, ist unklar, jedenfalls muß ihm die Partitur zur Begutachtung vorgelegen haben, ohne daß eine Stellungnahme seinerseits bekannt geworden ist.

So diametral einander entgegen gesetzt wie sie heute scheinen, konnten die beiden Kontrahenten zu ihrer Zeit nicht gesehen werden. Als 1850 im kurzen Abstand *Genoveva* in Leipzig und *Lohengrin* in Weimar zum ersten Mal aufgeführt wurden, bestätigte die Kritik die beiden Werke als einer gemeinsamen Richtung zugehörig; beide wurden wegen ihrer Ansätze zur Durchorganisation des dramatischen Ablaufs gewürdigt, beide kritisiert aus dem Blickwinkel einer eingängigen Melodik. Der Versuch einer Neubewertung der *Genoveva* hängt maßgeblich davon ab, wie weit es möglich ist, darin einen Gegenentwurf zu Wagners Konzeptionen zu erkennen, denn an diesen gemessen ist dieses beabsichtigte Hauptwerk gemeinhin für gescheitert erklärt worden.

Opernpläne

Hatte der noch unreife junge Schumann aus seiner Shakespeare-Begeisterung zur Vertonung des *Hamlet* gegriffen, so finden sich später, anscheinend bunt gemischt, lyrische wie epische Lesefrüchte, komische wie tragische Stoffe, orientalische, nordische, slawische und auch deutsche. Einige Stoffe finden sich unter den nur selten wirklich in konkreten Textentwürfen manifesten Plänen, die Schumann dann anderweitig benutzt hat: *Das Paradies und die Peri*, *Faust*, *Hermann und Dorothea*, *Wilhelm Meister* oder *Manfred* waren offenbar alle einmal auf ihre Eignung zum Operntext überprüft worden, bevor sie, sei es vor der Herausforderung ausweichend oder sei es im klaren Bewußtsein vom Unterschied zwischen literarischer Gestalt und Veroperung, in andere Formen verwandelt worden sind. Am weitesten gedieh ein Projekt zu Lord Byrons *The Corsair*, das 1844 über das erhaltene Szenarium hinaus erst nach der Komposition einer Chor-Introduktion mit Auftrittsarie des Protagonisten abgebrochen worden ist (*Der Korsar*, Opernfragment (1844), hg. von J. Draheim, Wiesbaden: Breitkopf & Härtel 1983).

Besonders interessant ist eine Überschneidung mit Mendelssohn, der ihm auch den wenigstens zum Szenarium gediehenen *Tristan*-Stoff vermittelt hatte: Mendelssohn hatte bereits sehr konkrete Vorstellungen einer *Genoveva*-Oper für die gefeierte Sängerin Jenny Lind schließlich verworfen, bevor er die *Lorelei* zum Thema einer – nicht weit gediehenen – Oper gemacht hat. Es ist gut möglich, daß Schumann, mit Lind und Mendelssohn befreundet, von dem Plan unterrichtet und seinerseits davon angeregt worden ist. Wenn er aber von

Mendelssohns Kapitulation gewußt hat, müßte er vor den Tücken des als undramatisch geltenden Stoffes gewarnt gewesen sein.

Genoveva op. 80

Entstehung. Der Stoff der *Genoveva* an sich mochte für die Vertonung reizvoll erscheinen. Als verbreitete Legende, aufbereitet im Volksbuch und ikonographisch tief im kollektiven Bewußtsein verwurzelt, erzieherisch durchaus wertvoll, was die Erlösung der bedrängten Tugend am Ende anbelangte, konnte man darin einen Stoff erkennen, aus dem eine anspruchsvolle wie populäre deutsche Oper zu wirken sein könnte: Der Klang des deutschen Waldes, eine durch und durch musikhafte Frauenfigur, die sich nur passiv, erduldend und im Gebet artikuliert sowie übernatürliche Geschehnisse, die das musikalische Geisterreich zum Klingen bringen konnten. Obwohl alles das bei Schumann vorkommt, setzte er ästhetisch jedoch ganz anders an. Das Legendenbild mit Genoveva und ihrem von einer Hirschkuh gesäugten Kind Schmerzenreich im Wald fällt aus – gemäß der Textvorlage des gleichnamigen Trauerspiels von Friedrich Hebbel, der genau dieses Bild erst nachträglich seinem Stück anfügte, um es vielleicht doch noch für die Bühne zu retten.

Der eigentliche Anstoß traf Schumann allerdings unerwartet während der Vorbereitung zur Vertonung einer Oper nach Lord Byrons *Mazeppa*. Die Lektüre von Hebbels *Genoveva*, einem relativ neuen und noch nicht auf der Bühne erprobten Stück eines der avanciertesten zeitgenössischen Dramatiker provozierte Anfang April 1847 unmittelbar die Komposition einer Ouvertüre. Damit war eine Entscheidung gefallen, die über die krisenhafte und schwierige Entstehung des Textes und der Musik hinweg zur Vollendung tragen sollte. Als programmatische Ouvertüre kann man darin den leidenschaftlichen, den lyrisch-inspirierten und den ritterlichen Aspekt der in der langsamen Einleitung als grüblerisch und reflexiv geschilderten Figur des Anti-Helden Golo erkennen. Schumann selbst dagegen deutete in einem Brief die Ouvertüre als Vorgeschichte der Handlung, »was im Hause Siegfrieds am Tag vorher geschah«

(an Wilhelm Taubert, 4.10.1850, D-Zsch, Briefab-
schriften 1850, Nr. 311).

Mit der Arbeit und den opernhaften »Tiraden«
seines Librettisten, des Dresdner Malers und
Dichters Robert Reinick, unzufrieden, hatte sich
Schumann mit der Bitte um Hilfe bei unerwarte-
ten dramaturgischen Problemen sogar an Hebbel
selbst gewandt (Brief an Fr. Hebbel, 14.5.1847,
BNF, 268). Da auch das nicht zu den gewünschten
Resultaten führte, mußte Schumann am Ende
selbst die Verantwortung für das aus Hebbels
Vorlage, Reinicks Material und eigenen, unter
Benutzung der *Genoveva*-Version Ludwig Tiecks
zusammengestellten Texten kompilierte Libretto
übernehmen. Schumanns Anstreichungen in seinem Hebbel-Exemplar, die von Reinick mitgeteilten Absonderlichkeiten, mit denen der Komponist
ihn mehrfach zur Umarbeitung seines Entwurf
veranlaßt hatte (R. Reinick an Ferdinand Hiller,
11.11.1848, Sietz 1970, 401), sowie die als erstes
entstandene Ouvertüre legen die Vermutung nahe,
Schumann habe eine ursprünglich radikalere,
vielleicht mehr auf den negativen Helden Golo
konzentrierte Konzeption nach Hebbel während
der Arbeit am Text zugunsten einer konventionel-
leren Gestaltung zurückgedrängt. Folgt man dieser
Hypothese, so lassen sich die Szenen, die nahe an
Hebbels Text geführt sind oder größere Komplexe
teilweise wörtlich übernehmen, als Ausgangs-
punkte der Erfindung annehmen. Daß Schumann
sich mit seiner Vertonung besser näher an den
Kern der Legende angelehnt hätte, als sich an seinem Trauerspiel zu orientieren, war jedenfalls
Hebbels Fazit zu Schumanns Bearbeitung.

Dramaturgie. Man verfehlt also offensichtlich
Schumanns Absichten, wenn man die Oper als
Vertonung entweder der Legende oder der Tragödie Hebbels zu verstehen versucht. Hebbel hatte
ja bereits die Legende für eine analytische Cha-
rakter-Studie funktionalisiert, indem er die vertraute Oberfläche der Legende als Folie für ein
extremes psychologisches Verhalten benutzt
hatte. Augen und Zunge Genovevas, die in der
Legende ihre Ermordung beglaubigen sollen, hat
Hebbel zu lesbaren Zeichen verdichtet, welche
die in der Sprache entfaltete innere Handlung
tragen. Für den Gebrauch der Musik mußte die
sprachliche Differenzierung erheblich vergröbert

werden. Das erreichte Schumann einerseits durch
eine an Tieck angelehnte legendenhafte Einrahmung, die formal-musikalisch durch einen Choral stabilisiert wird. In der Rolle eines an der eigentlichen Handlung nicht beteiligten Bischofs
und auf dem öffentlichen Podium eines Gottesdienstes ist eine gesellschaftliche Außenwelt etabliert, aus der die innere Handlung erwächst und
in die sie schließlich wieder integriert wird. Dieser Rahmen gewährleistet auch die Ehe zwischen
Genoveva (Sopran) und dem Pfalzgrafen Siegfried (Bariton), was in zwei Duetten der beiden
gestaltet ist, die trotz aller Veränderungen, die die
Protagonisten wie die Musik erfahren haben, die
Handlung einfassen. Das Geschehen innerhalb
des Rahmens wird durch zwei Ohnmachten der
Protagonistin abgesteckt, die Trennung und Wie-
dervereinigung mit dem Gatten darstellen. Im
vierten Akt erkennt sie ihn, aus ihrer Ohnmacht
erwachend, am Klang seiner Stimme wieder,
während sie ihn im ersten Akt irrtümlich mit
seinem Stellvertreter Golo (Tenor) verwechselt
hatte, der im Rahmen mit einer Arie als Antago-
nist gegen die öffentliche Zweisamkeit des Duetts
exponiert worden war.

Mit der hier sichtbar werdenden Konfiguration
ist ein anderes Mittel der Zurichtung des Textes
für die Zwecke der Musik angesprochen. Schumann reduziert das musikalisch agierende Personal
auf vier Figuren, die eng aufeinander bezogen
werden: Golo wird ausdrücklich als Stellvertreter
und Ziehsohn Siegfrieds gezeichnet, möchte wie
dieser sich als Ritter erweisen, ist aber zugleich
liebend und sängerisch veranlagt, was dem Pfalzgrafen in seiner öffentlichen Mission für den
christlichen Kreuzzug nicht gegeben ist. Golos
Amme Margaretha (Mezzosopran), eine unchrist-
licher Zauberei verdächtige Hexe, erscheint erst
im Inneren der Handlung, wie eine Projektion
Golos und Genovevas, nachdem Golo die ohn-
mächtige Genoveva geküßt und diese ihn im Kuß
mit ihrem Gatten identifiziert hatte (Finale erster
Akt). Die standhafte Jungfrau (Genoveva) und der
abgeklärte Vaterheld (Siegfried) fungieren also
gewissermaßen als Idealprojektionen gegenüber
dem leidenschaftlichen Draufgänger (Golo) und
der gefallenen Mutter (Margaretha), die früher ihr
uneheliches Töchterchen ertränkt hatte. Daß an
entscheidender Stelle, der Peripetie im Verhältnis

zwischen ihm und der Pfalzgräfin, Golos fragwürdige illegitime Herkunft zum katastrophischen Motiv gemacht wird, unterstreicht, welche Bedeutung die geschlechtliche Vereinigung für dieses Beziehungsexperiment zwischen in positive und negative Klischees auseinandergefalteten Mann- und Fraubildern einzunehmen hat. Schließlich steht trotz Schumanns Verzicht auf das Kind Schmerzenreich im Hintergrund der Handlung wie der Legende ja die Schwangerschaft Genovevas und Siegfrieds möglicher Zweifel daran, ob das Kind seiner frisch angetrauten Frau von ihm sei.

Die Konfiguration entspricht also einer Spiegelung über Kreuz, die auch in den Stimmfächern angedeutet scheint: Sopran und Tenor bilden gemäß der konventionellen Operndramaturgie ein Paar, Mezzosopran und Bariton das andere. Das widerspricht aber der Konstellation in der Handlung, die Genoveva mit Siegfried zum idealen, Golo mit Margaretha zum intriganten Paar zusammenbindet. Genau hier liegt das oft bemerkte dramaturgische Problem der Figur Golos, die nicht in operngemäßer Typenhaftigkeit gezeichnet ist.

Motive. Musikalisch entspricht dem die Gestaltung der Motive. Daß Schumann wiederkehrende Motive benutzt, ist immer erkannt worden. Allerdings führt der Begriff des ›Leitmotivs‹ insofern in die Irre, als er hier erstens nicht figurenbezogen angewendet werden kann; zweitens werden manche Motive zwar durchaus im Sinne von ›Leitmotiven‹ durch charakteristische Instrumentierung, isolierende Wiederholung, szenische Gebärde oder sprachliche Modellierung faßlich gemacht, von Schumann aber durch motivische Verarbeitung, durch melodische und rhythmische Umformung, immer wieder bis zur Unkenntlichkeit aufgeweicht. Will man das nicht als Schwäche der Schumannschen Leitmotivik gegenüber Wagners Gebrauch abwerten, muß die Bedeutung dieser Technik gerade in ihrer Offenheit und Vielbezüglichkeit gesehen werden.

Bezeichnenderweise ist eine deutliche Exposition zweier ›Leitmotive‹ an das erste Auftreten Margarethas gekoppelt. Bei der Herrin des Spiegels erscheinen zwei zentrale Motive im musikalischen Zerrspiegel aufeinander bezogen. Die Strophenform dieses Auftrittslieds macht Schumann

sich dabei kompositionstechnisch zunutze, indem er die beiden Motive in einer Art Doppelexposition im Dialog von Singstimme und Orchester vorstellt. In der Gesangsstimme der ersten Strophe wird ein Gesangsmotiv exponiert (Quintsprung abwärts, schrittweise Führung mit Punktierung aufwärts); Wort und Ton verbinden sich hier einmal zu einem Erkennungszeichen »Sieh da welch feiner Rittersmann« (I, 7, T. 2 ff.), das durch unmittelbare Wiederholung (I, 7, T. 7 ff.) und analoges textloses Instrumental-Zitat in der zweiten Strophe (I, 7, T. 25 ff. und 29 ff.) fixiert wird. Dieses Motiv läßt sich unschwer auf den Choral der ersten Szene und seine Vorausnahme in der Ouvertüre beziehen. Das in der ersten Strophe instrumental erklingende Motiv (Oktavsprung nach oben, punktierte Abwärtsbewegung, die durch eingeschobene Leittöne strukturiert ist) wird umgekehrt also zunächst in der Konstellation als Gegenmotiv herauspräpariert, um in der zweiten textiert zu werden: »Die Frau allein, der Graf beim Heer! Da fällt's dem hübschen Burschen ja nicht schwer!« (I, 7, T. 27–33).

Durch die sogleich variierte, weil modulierende Wiederholung bei seiner Exposition ist das Motiv musikalisch präzisiert, ohne jedoch durch den Text ›leitmotivisch‹ einer Figur oder der Bühnenpräsenz zugeordnet werden zu können. Das geschieht erst im nachfolgenden Dialog, wo das Motiv, ebenfalls in der Konstellation mit einer instrumentalen Version des »Rittersmann«-Motivs, zu einer textlich-musikalischen Kennfigur wird (»Fürwahr, ein schönes Weib des Küssens werth!«; I, 7, T. 112 ff.). Als solche kann sie im zweiten Akt zitiert werden (II, 8, T. 161 ff.), erlaubt aber auch in anderer Textierung das Mithören dieses prägnanten Textes (etwa im Chor »Stoßt an und trinket aus!«; II, 8, T. 47–53). Bereits in der ersten Strophe von Margarethas Auftrittslied wird das Motiv durchführungsmäßig verarbeitet, indem die beiden charakteristischen Merkmale auf einen Motivkern konzentriert werden. Der Gesang ist dabei nach Bedarf in die autonome musikalische Technik eingesetzt (I, 7, T. 15 f., analog T. 35 ff. mit integrer Einheit von Gesang und Orchester). Es gehört zu den szenischen Qualitäten dieser Musik, sie in der Verarbeitung geradezu im Orchestergraben versinken zu hören, während die Figur sich auf die Bühne zurückzieht (I, 7, T. 45–51).

Obwohl das Motiv »schönes Weib« in seiner Doppelexposition deutlich kontrastierend auf das »Rittersmann«-Motiv bezogen wird, können beide Motive bruchlos ineinander überführt werden. Diese die Konturen der musikalischen Gestalten und damit der Figuren auf der Szene verwischende Ambivalenz ist Schumanns Musik eigen, und insofern ist es bedeutungsvoll, daß die Motive gerade in der Perspektive der holzschnitthaft gezeichneten Gegenspielerin, in der Karikatur also, ihre motivisch schärfste Ausprägung erfahren. Motivische Spiegelung bestätigt die spiegelbildliche Deutung der Figurenkonstellation und die Auseinandersetzung mit den Bildern des ›edlen Ritters‹ und der ›heiligen Frau‹/›Hexe‹ als asymmetrische Projektionen Golos.

Um so erstaunlicher ist es, daß das zentrale Symbol des Spiegels und die eigentliche Spiegelszene kaum leitmotivisch ausgestattet sind, lediglich das dritte Spiegelbild benutzt eine Art Umkehrung des Arabeskenmotivs, wie sie bereits im ersten Akt zunächst zu den Worten: »seit bösem Wandel du dich ergeben, schwarze Künste treibst« (I, 7, T. 93–97) erklingt. Dort wurde diese Form des Motivs auch spiegelbildlich, das heißt in annähernder Krebsgestalt auf eine deutliche Variante des »schöne Weib«-Motivs bezogen (I, 7, T. 134–145). Der parallel zur Demontage Genovevas gestaltete dritte Akt ist in sich zweigeteilt. Analog zum zweiten Akt wird zunächst die Fallhöhe heraufgesetzt, bevor die Katastrophe hereinbricht. Die von Wagner kritisierte dramaturgische Doppelung der Katastrophe durch Golos Nachricht und deren Bestätigung im Zauberspiegel wird jedoch plausibel durch die merkwürdige Rahmung der Spiegelszene: Sie beginnt mit einem Traum Margarethas und wird mit ihrer Geistervision beendet, als ginge es hier um eine Psychoanalyse des Weibsbilds als Hexe – der Umwandlung des ›edlen Ritters‹ zum Mittäter der Hexe entspricht die Umkehrung der Hexe zur Retterin.

Szenen. Die spiegelbildliche Konfiguration wird auf geradezu formalistische Weise in vier etwa gleichlangen Akten durchgeführt, die aus jeweils zwei handlungsmäßigen und bühnentechnischen Bildern bestehen, wovon das erste Bild des ersten und das letzte des vierten Akts den äußeren Handlungsrahmen bilden. Im zweiten Akt wird die Konfiguration in Beziehung auf Genoveva und Golo durchgespielt, im dritten in Beziehung auf Siegfried und Margaretha. In beiden Fällen wird das Geschehen aus einer hoffnungsvollen Grundstimmung auf das Wiedersehen heraus in die Katastrophe geführt. Im ersten Fall hat Schumann das gemeinsame Duettieren zwischen Sopran und Tenor als eine utopische Liebesszene aus dem Geist des Volkslieds *Wenn ich ein Vöglein wär'* heraus gestaltet. In einem über zwei Nummern (II, 8–9) beziehungsweise Auftritte angelegten Komplex wird die zentrale Konfrontation des jungen Paars inszeniert: Ausgehend von einer szenischen Anordnung, bei der Genoveva in einer Arie ihrer Bedrückung Ausdruck verleiht, während im Hintergrund die Knechte ein bedrohliches Gelage halten, versucht sie im gemeinsamen Singen mit Golo ihrer Angst beizukommen. Das Volkslied, das Schumann bereits als Duett zu hausmusikalischen Zwecken komponiert und veröffentlicht hatte (op. 43/1), wird konfrontiert mit dem traditionellen großen Duett zwischen Sopran und Tenor in einer konventionellen Operndramaturgie. Vor dem Hintergrund eines solchen Duetts als Abschluß einer Steigerung vom Dialog über ein dialogisierendes Arioso zum affirmativen Zwiegesang mit applausfördernder Stretta muß Schumanns Duettszene am Aktanfang dramaturgisch schwach wirken, zumal die dramatische Steigerung am Ende implodiert.

Gerade bei diesem Szenenkomplex zeigt der Entstehungsprozeß im Skizzenbuch (D-Zsch; Archiv-Nr.: 127-A1) auffällige Störungen des sonst regelmäßig, anscheinend am Text entlang geführten Kompositionsvorgangs. Die sich in verschiedenen Fassungen dokumentierenden Schwierigkeiten betreffen besonders die musikalische Form der Arie mit instrumentalem Vorspiel (II, 8), die Vermittlung der geschlossenen Formen (dieselbe Arie und das Lied) mit dem dramatisch-musikalischen Fluß sowie die Proportionen des Steigerungsverlaufs.

Ihre Energie erhält die Steigerung harmonisch durch Chromatisierung (chromatische Züge in den Stimmen, harmonisch in herausgehobenen neapolitanischen Wendungen), aufsteigende Stimmeinsätze und Sequenzierung sowie Sprünge in den Stimmen. Entscheidender aber ist die Verdichtung durch motivische Arbeit, die sich ebenso wie die Durchführung in der Ouvertüre vor allem anhand eines Motivs gestaltet, das in der Literatur meist auf Golo bezogen wird.

Schumann hat den Konflikt, der sich bei Hebbel wie bei Tieck über mehrere Stufen entwickelt, zu einer Szene (die Nummernfolge II, 8 und 9) zusammengezogen. Die in der Steigerung erreichte Spannung bleibt jedoch nicht schlußbildend stehen, sondern implodiert mit dem Bastard-Vorwurf und wird durch Golos anschließenden Monolog ins Innere der Figur genommen. Damit entsteht ein im Gegensatz zur linearen Steigerung gerundeter Bogen: Monolog Genoveva – Dialog, Lied und Duett Genoveva/Golo – Monolog Golo. Die monologische Innenperspektive bei dieser Überblendung von einer Figur in die andere wird verstärkt durch die instrumentale Rahmung von Vor- bzw. Nachspiel; die Figuren entsteigen reflexiver Musik und sinken wieder in sie zurück. Am Schluß der Szene bröckelt Golo geradezu ab, indem das Orchester seine Stimme übernimmt und er seine letzten Worte unabhängig in die sich von ihrer sprachlichen Ausgangsfassung losgelösten Musik hineinspricht (II, 9, T. 158–174).

Mit spezifisch musiktheatralischen Mitteln gestaltet Schumann den Bühnenraum in einen Vordergrund und den im Trinklied der Knechte akustisch bedrohlich präsenten Hintergrund, der am Ende des Aktes über die in Genovevas ›Preghiera‹ (II, 11) zeitweise wiederhergestellte Innerlichkeit hineinbrechen wird. Der Hintergrund wird zusätzlich durch Teichoskopie (Genoveva beschreibt, was sie sieht; II, 8, T. 81–91) und die Sprachfähigkeit eines zitierten Leitmotivs (II, 8, T. 161 ff.; der Chor singt »Fürwahr ein schönes Weib des Küssens werth!«, womit Margaretha im Finale des ersten Aktes Golos Vergehen kommentiert hatte) aufgeschlossen. Was Genoveva als »wilden Lärm« mit dem traulichen Singen eines Volkslieds zu betäuben hofft, wird für den mehr wissenden Zuhörer als Brechung der Duett-Situation erfahrbar; die Unterscheidung von im Singen überwundener Ferne (»Wenn ich ein Vöglein wär'«) und lärmendem Kontrapunkt einer gewaltsam überwältigenden Nähe (die Erinnerung an den Sündenfall des geraubten Kusses) wird zum Katalysator.

Schumann unterscheidet das Singen von Vereinigung von der gesungenen Vereinigung im Duett.

Für das erste steht die intime Integrität eines gesungenen Volkslieds, ein vermitteltes Singen, an dem der emotional beteiligte Sänger nicht mehr teilnehmen kann. Zunächst scheint er, im Anblick der singenden Partnerin versunken, seinen Einsatz verpaßt zu haben, was diese rücksichtsvoll im Übergang zur zweiten Strophe auffangen kann. Dann bricht er jedoch »sich vergessend« aus dem Zwiegesang aus, zunächst unterschwellig als Gegenstimme zu der weitersingenden Genoveva, dann in einen Dialog übergehend, den Genoveva nicht aufnimmt, indem sie die im Duett-Lied aufgehobene Grenze zwischen »ich« und »dir« unter Berufung auf das Verhältnis von des Herrn Gemahlin und Knecht wiederherstellt. Nun ist es Golo, der die Tonlage des Singens vorgeben möchte. Im Lied war das Miteinandersprechen in Schlaf und Singen aufgehoben, nun wird hier die Unmöglichkeit, »es reden, aussagen« zu können, zum emphatischen Singen, in der textlichen Redundanz des opernhaften Singens, das Schumanns schlichtes Arioso sonst vermeidet. Genoveva kann sich dem von Golo vorgegebenen Singen im Duett nur entziehen, indem sie ihn mit dem unfairen Vorwurf seiner illegitimen Herkunft konfrontiert, nachdem ihr leitmotivisches Gebaren zunächst weniger eindeutig war als ihre Worte. Diese Form der unmittelbaren musikalischen Gefühlsaussage findet in der maßvollen Faktur der Duette zwischen Genoveva und Siegfried in der Rahmenhandlung ihr Korrektiv.

In der diskutierten Steigerungspartie markiert das Rittersmann-Motiv in seiner durch den Quintfall bedingten Starre die gewaltsame Zudringlichkeit Golos. Was zu Beginn des eigentlichen ›Duetts‹ als Einheit von Sprachvertonung und melodischem Bogen erscheint (»Dass ich es reden, aussagen könnte, […]«; II, 9, T. 93–96), wird zunächst unter Mißachtung der ›richtigen‹ Deklamation dem starren Motiv angepaßt – auch eine Methode, ein Motiv durch den Widerspruch von Sprache und Musik zu profilieren. Vor dem Höhepunkt der Passage dringt Golo musikalisch geradezu mit diesem Motiv auf Genoveva ein (»In meine Arme, Weib […]«; II, 9, T. 134–139), nachdem er ihr zwischendurch (II, 9, T. 104 f.) gegen ihre eigene Musik dieses Motiv aufgedrängt hatte. Wollte man weiter versuchen, Genovevas melodische Zusammenziehung (»O mein Gemahl«; II, 9,

T. 126–129) und Golos Spreizung der Quinte
(»Mein bist du«; II, 9, T. 129–132) als Ableitungen
des Motivs zu deuten, verschwömme die motivische Prägnanz jedoch in bloßer Materialität. Trotz
allem verbietet sich eine eindeutige Zuordnung
des Motivs zur Figur Golo; Genovevas erste musikalische Äußerung in der Oper überhaupt wird
aus dem Motiv entwickelt (im Duett mit Siegfried
I, 3, T. 18–22: »Ob auch getrennt, uns eint ein
heilig Band«). Kann man also das besagte Motiv
wenn schon nicht personal einschichtig auf Golo
münzen, so läßt es sich zur leichteren Verständigung von der sozusagen neutralen Fassung im
Eröffnungschoral ableiten.

Der dritte Akt ist von Siegfrieds Vorfreude auf
die Heimkehr her gestaltet. Verwundet liegt er in
Straßburg, einem Ort, der gewiß nicht zufällig
ebenfalls die Sphäre des Volkslieds anklingen läßt,
war doch das Volkslied des zweiten Akts als »Lied,
das uns der Sänger aus dem Elsaß lehrte« eingeführt worden. Der verkleideten Margaretha war es
nicht gelungen, den Grafen zu Tode zu pflegen.
Deshalb versucht sie ihn nun mit audiovisuellen
Vorspiegelungen die Untreue Genovevas vorzu-
gaukeln. Hatte Siegfried den Berichten des ver-
leumderischen Golo noch nicht völlig zu trauen
vermocht, erliegt er nun der Macht der Bilder und
der zauberhaften Chormusik, mit denen sie begleitet werden.

Wie der zweite Akt aus der gebethaften Inner-
lichkeit Genovevas herauswächst, ist dieser zweite
Teil des dritten Aktes aus einem erinnernden Monolog Margarethas heraus entwickelt und in eine
Geistererscheinung mit der Vision des baldigen
Todes geführt. Der Traum zu Beginn des Spiegel-
Finales (III, 15, T. 1–57) vertieft die Figur der
Margaretha, die bisher nur als typenhaft verfestigte
Intrigantin gezeichnet war. Dieser intensive Augenblick einer inneren Geschichte hinter der einfachen Vordergrundsgeschichte ist musikalisch
besonders dicht gestaltet, und zwar ausschließlich
mit instrumentalen Mitteln. Verschiedene gewissermaßen vormotivische Elemente sind wie Ge-
dankenfetzen aneinandergereiht. Dabei sind besonders zwei motivgenerierende Komplexe wirksam. Erstens stellt die ›Erregungsfigur‹ eine
Krebsform des »Rittersmann«-Motivs dar, indem
der Grundton durch einen aufsteigenden Quartsextakkord mit abschließendem Quintaufschlag

umspielt wird. Zweitens findet sich eine sozusagen
ausformulierte Variante des Arabeskenmotivs, die
die aufsteigende Bewegung des »bösen Wandels«
mit der aufwärtsgerichteten Leittonverbindung der
»schöne Weib«-Erscheinung kombiniert. An zwei
Stellen (III, 15, T. 19 f. und 34 ff.) wird dem der
betonte Quintfall des »Rittersmann«-Motivs vorangestellt, so daß die beiden Motivbereiche zu einer Phrase zusammengezwungen werden, das eine
Mal bezeichnenderweise zu Margarethas Worten
»Dummer Traum«. Musikalisch kann man diese
dramaturgisch retardierende Stelle als Ort zentraler Durchführung ansehen.

Indem Margaretha im Klopfen Siegfrieds den
Freier ihres getöteten Töchterchens imaginiert,
geraten die Generationen durcheinander, als ob
zumindest nahe gelegt sein soll, daß Siegfried der
Vater des Kindes gewesen sein könnte. Das Ineinander von reellen Trugbildern und Träumen sowie
der Geistererscheinung, die aus dem von Siegfried
zerschlagenen Zauberspiegel tritt, machen den
Spiegel als zentrales Symbol der Konfiguration
manifest. Der Glaube an die Realität von Bildern
und Erscheinungen wirkt von Hebbels zeichen-
hafter Handhabe der Legendensymbole abgeleitet
und für die Opernbühne umgesetzt. Wenn im
letzten Akt Genoveva in der ausweglos scheinenden Situation unter ihren Mördern in der Wildnis
trostreich ein Muttergottesbild erscheint, ist den
Vorspiegelungen der schwarzen Magie ein Zeichen
entgegengesetzt, das den transzendentalen Bezugsrahmen der Legende bildlich faßt. Dadurch ist
Genoveva gefestigt gegen alle Zumutungen Golos
und seiner Handlanger, daß sie selbst die untrüg-
lichen Zeichen ihrer Verurteilung durch Siegfried,
dessen Ring und Schwert, nicht mehr ernstlich
gefährden können.

Rezeption. Schumanns *Genoveva* ist vom Opern-
betrieb kaum rezipiert worden. Nachdem die geplante Aufführung an der Dresdner Hofoper, für
deren Bedingungen und eventuell auch Personal
sie entworfen war, wegen Intrigen, wie Schumann
selbst vermutete, aber vielleicht auch nur wegen
interner Mißverständnisse überhaupt nicht zustande gekommen war, stand auch die Uraufführung in Leipzig unter einem unguten Stern. Die
Vorbereitungen und Proben, wie sie im Briefwechsel mit dem einstudierenden Kapellmeister

Julius Rietz dokumentiert sind, enthüllten gravierende Unsicherheiten im szenischen und musikalischen Detail. Dennoch kann man insofern von einem Achtungserfolg sprechen, als die Kritik das Neue der Konzeption – vor allem in der szenischen Durchkomposition – und den Anspruch der Musik auch da bemerkte, wo sie dem Werk ablehnend gegenüberstand (Brendel 1850). Die Kritik richtete sich neben dem Text auf den Grad der Durchkomposition, das Verhältnis von lyrischer Melodie und problematischer Harmonik sowie das Verhältnis von Szene, Gesang und Orchester.

Das anfangs so kontroverse, geradezu unsicher wirkende Urteil wurde bis heute nur in relativ wenigen Folgeaufführungen zur Überprüfung gestellt. Die bisweilen geäußerte Hochschätzung der Musik konnte die von Anfang an dem Stück anhaftende Skepsis über die pragmatische Machbarkeit und vor allem die theatralische Wirksamkeit nicht außer Kraft setzen. In jüngster Zeit haben konzertante Aufführungen das Interesse an der Musik dokumentiert; Inszenierungen in Bielefeld, Leipzig und Berlin vermochten eine antirealistische Auffassung der Oper zu bestätigen.

Schumanns eigener Anspruch, allein der dramatischen Wahrhaftigkeit gefolgt zu sein, darf also offenbar nicht im Sinne eines identifikatorischen realistischen Konzepts mißverstanden werden. Vielmehr gehört die artifizielle Distanzierung, wie sie in der strengen Rahmenbildung zum Ausdruck kommt, grundlegend zu seinem Verständnis der Oper. In dem Maße, wie sie als Oper damit von der konventionellen Vorstellung von Operndramaturgie weg gerückt wird, erscheint sie als Teil eines übergeordneten Projekts des Komponisten zum Verhältnis von Literatur und Musik, geradezu als »Literatur-Oper« und »hagiographisches Erlösungsdrama« im Kontext der *Faust-Szenen* und des *Manfred* (Daverio 1997, 336–356). Der Akzent sollte dabei jedoch weniger auf der ›Literatur‹ als auf dem gemeinsamen Verfahren liegen, literarisch geprägte Fragmente in einer Bilderfolge zu reihen. Die lyrisch-epische Reihung mit eingelassenen dramatischen Augenblicken rekonstruiert die vereinzelten Fragmente in einer autonom musikalischen Gestaltung auf ein erst durch die Musik gestiftetes Ganzes hin. In der Überblendung von Märchen bzw. Legende und Psychodrama liegt die Bedeutung der Musik für das Drama.

Literaturvertonungen

In der Kritik an der Oper *Genoveva* kam immer wieder zur Sprache, daß die zeitgenössische Opernpraxis keinen adäquaten Maßstab zur Beurteilung von Schumanns Opernkonzept bieten kann. Stattdessen wurde versucht, die Komposition im Kontext anderer Großwerke auf literarisch anspruchsvolle Vorlagen zu verankern: *Genoveva*, *Manfred*, *Szenen aus Goethes ›Faust‹* und auch das *Requiem für Mignon*, in der ästhetisch der Anspruch der jeweiligen Vorlagen und inhaltlich der Gedanke der Erlösung die verbindenden Kriterien darstellten. Trotz der wörtlich aus Hebbels Drama übernommenen Szenen ist *Genoveva* mehr von dem realisierten musiktheatralischen Ganzen als vom Konzept einer Literaturoper her zu bewerten; die hier zu behandelnden Werke hingegen sind grundsätzlich in ihrem Verhältnis zur literarischen Vorlage zu verstehen.

Zu den Grundlagen der Musikanschauung im 19. Jahrhundert gehört ja tatsächlich die Bestimmung der Musik in ihrem Verhältnis zur Dichtung. Schumanns besondere Bedeutung für die Entwicklung dieser Denkfigur hat Franz Liszt zum Ausgangspunkt seiner Würdigung Schumanns gemacht: »Schumann war es, welcher die Notwendigkeit eines näheren Anschlusses der Musik im allgemeinen und der reinen Instrumentalmusik insbesondere an Poesie und Literatur klar in seinem Geiste erkannte« (Liszt 1855/1981, 220).

Schumann war zeitlebens ein Leser, seine Ambitionen auf eine musterhafte deutsche Oper versuchte er zu einem nicht geringen Teil aus literarisch geprägten Stoffen zu animieren. Dabei allerdings hatte sich ein nicht zu lösender Widerspruch aufgetan zwischen der Hochschätzung des autonomen literarischen Kunstwerks und den Anforderungen an einen praktikablen Operntext. Der Versuch einer Synthese führte zu der besagten Gruppe von Werken, die zu eng miteinander verflochten sind, um sie nicht auch als drei sehr unterschiedliche, aber sich ergänzende Ausprägungen eines übergeordneten Projekts zu verstehen. Bis auf die tatsächliche Oper *Genoveva*, die die geschlossene Form durch eine an die Quadratur des Kreises gemahnende vielfache Absicherung zu erkaufen versucht, handelt es sich um Stücke, die programmatisch auf ein allein musikalisches Werkganzes verzichten: Bei dem *Requiem für Mignon* und den *Szenen aus Goethes ›Faust‹* handelt es sich um vertonbare Abschnitte aus epischen beziehungsweise dramatischen Kontexten ohne Anspruch auf eine kohärente Handlung; mit *Manfred* komponierte Schumann sozusagen eine konzertante Lesung des als Lesedrama konzipierten Werks von Lord Byron, bei der die Musik, wie er an Liszt schrieb, lediglich die Folie darstellt (Brief an Fr. Liszt, 25.12.1851, BNF, 354). Daß die Unvollständigkeit konstitutiv ist, läßt sich auch daran erkennen, daß in *Manfred* genau so wenig wie in den *Faust-Szenen* alles Vertonbare auch vertont ist.

Gemeinsam ist allen vier Werken der Gedanke des Szenischen, sei er in der Oper tatsächlich ausgeführt, sei es im Verständnis von imaginären Szenen für den Konzertsaal. In der Korrespondenz mit Liszt über die Aufführung des *Manfred* kommt sogar auf Seiten des Komponisten eine bemerkenswerte Unsicherheit darüber zum Ausdruck, ob und wie die Geister auf der Bühne darzustellen seien. Das läßt sich einerseits in Zusammenhang bringen mit den gleichzeitigen musikalischen Inszenierungen jenseits des Opernhauses bei Hector Berlioz, andererseits an damals gebräuchliche Darbietungsformen wie die gleichsam konzertante Darstellung lebender Bilder oder der inszenierten Lesung von Dramen. Schumann soll seinerseits *Manfred* in einer persönlich engagierten Weise vorgelesen haben, die sicher identifikatorisch verstanden werden darf.

Allerdings waren gerade solche zitierenden, anspielenden und sich an das Vorstellungsvermögen der Zuhörer richtenden Darbietungsformen an einen konsensfähigen Kanon literarischer und kulturgeschichtlicher Bildung gebunden. Erst die kulturnational motivierten Gedenkfeiern zum

hundertsten Geburtstag Goethes nach der gescheiterten Revolution 1849 haben für Schumann den repräsentativen Rahmen für ein solches Literaturverständnis geschaffen. Besonders Goethe, dessen Werke der Komponist zwar immer gelesen, aber zunächst lange musikalisch nicht mehr für aktuell erachtet hatte, konnte nun die Funktion übernehmen, Schumanns Musik eine breitere Öffentlichkeit und eine höhere Allgemeinheit zu erschließen. Die Funktion der Musik ihrerseits liegt nicht in der illustrativen Auflösung des Textes, sondern in einem sich gegenseitig ergänzenden oder kommentierenden Verhältnis von Text und Musik, das nicht im Diskurs der Oper, wohl aber demjenigen des Konzerts als Bildungsveranstaltung zu realisieren war.

Die verallgemeinerbare Aussage wird auch in der merkwürdigen Konstanz der literarischen Motive deutlich. Wirkt *Manfred* schaffenspsychologisch geradezu wie das Ausfantasieren des ›schwarzen‹ Bereichs der unmittelbar zuvor entstandenen *Genoveva*, so liegt literarisch die Parallele zum Faust-Stoff auf der Hand. Allerdings hat das »Drama des großen Einsamen« (Edler, 248) grundsätzlich keine Musik: Faust singt nur wenige Worte, Manfred gar nicht, Wilhelm Meister kommt gar in der Musik nicht vor, und der Sänger Golo in der *Genoveva* ist Tenor und vermag schon allein damit dem prototypischen Rollenbild des singenden Kontrahenten nicht zu entsprechen. Der musikalische Empfindungsbereich ist derjenige der Projektionen, etwa der Geister und der Natur in *Manfred*, und der passiven, undramatischen weiblichen Figuren, vor allem Genoveva und Mignon, wie schon im Oratorium der Peri.

Das Verhältnis von Literatur und Musik stellt sich bei Schumann also nicht als Vereinahmung des einen durch das andere dar. Vielmehr ist in den Literaturvertonungen ein Versuch sich gegenseitig ergänzender Koexistenz unternommen, bei dem das literarische Kunstwerk als Ganzes in seiner Autonomie belassen, die Musik umgekehrt ihre Autonomie in der Bündelung der fragmentierten Ausschnitte zu einem eigenen Werkzusammenhang behauptet.

Requiem für Mignon
op. 98b

Das *Requiem für Mignon aus Goethes ›Wilhelm Meister‹* von 1849 stellt insofern einen Extremfall der Literaturvertonung als fragmentarische Szene dar, als die Werkeinheit des gesamten Opus 98, der *Lieder, Gesänge und Requiem für Mignon aus J. W. v. Goethes ›Wilhelm Meister‹*, nicht einmal durch eine konstante (vokal-orchestrale) Besetzung gewährleistet ist. Es handelt sich um eine Zusammenstellung der bekannteren Liedtexte aus Goethes Roman *Wilhelm Meisters Lehrjahre*; seit der Erstveröffentlichung des Romans mit den Vertonungen von Johann Friedrich Reichardt sind die eingestreuten Lieder des Harfners, Mignons und Philines immer wieder als Klavierlieder komponiert worden. Auch Schumann komponierte die Lieder mit Klavier und ordnete sie neu zu einem zwischen Sopran- und Baßstimme alternierenden Zyklus, den er mit den im Roman so bezeichneten Exequien Mignons, besetzt mit Solisten, Chor und Orchester, abschloß. Zwar ließe sich eine pragmatische Einheit aus der Gestaltung von Konzertprogrammen im 19. Jahrhundert durchaus herleiten, bei denen gerne ein gemischtes Programm aus Liedvortrag und Orchesterwerk geboten wurde; aber Schumann selbst war skeptisch, ob der institutionalisierte Musikbetrieb eine solche Konstellation überhaupt als Einheit aufzufassen bereit wäre. Die über die musikalische Aufführung hinausweisende Unvollständigkeit des Werks auf den Roman hin ist jedenfalls konstitutiv; in der Partitur ist dem durch eine vorangestellte Regieanweisung aus Goethes Roman Rechnung getragen.

Die ursprünglich bekundete Absicht, *Wilhelm Meister* als Vorlage zu einer Oper zu benutzen, scheint keinerlei Konkretisierung erfahren zu haben: Wilhelm Meister selbst als ariensingender Opernheld ist für Schumanns Musik- und Literatur-Verständnis ohnehin kaum denkbar, und der Roman entwirft die musikablen Figuren geradezu im Kontrast zum Erziehungsprogramm des Protagonisten. Der Komponist scheint mit der partiellen Musikalisierung von Goethes Bildungsroman eben nicht im Sinne der Oper ein doppeltes Verständnis von Bildung zu verbinden: Bildung erstens als Voraussetzung des Publikums, das kulturnationale Bildungsgut parat, das heißt in diesem Fall den Roman gelesen zu haben und den Kontext im Konzert von sich aus herstellen zu können; Bildung zweitens aber auch im Verständnis des Romans als Bildung des Menschen zum tätigen Leben in der Gesellschaft, wie es zugleich biographisch mit Schumanns sich wandelndem Selbstverständnis als Komponist in der Öffentlichkeit zu verbinden ist. Der Tod Mignons, des Kunstgeschöpfs aus reiner Sehnsucht, symbolisiert das Bekenntnis zur bürgerlichen Existenz, die die lyrische Intensität und Schwerverständlichkeit des ›Inkommensurablen‹ ins Allgemeine hebt. Neben der Übergabe des Lehrbriefs an Wilhelm Meister im Roman bildet die öffentliche Feier der Exequien, bei denen das geheimnisvolle Kind Mignon als Engel aufgebahrt und mit medizinischen Mitteln mumifiziert im Marmor versenkt wird, die Initiation des Titelhelden.

Gleichzeitig verbindet sich mit dieser Zeremonie im »Saal der Vergangenheit« ein ästhetisches Programm, eine Ästhetik des Überindividuellen und Allgemeinen, die sich musikalisch gegen die visuelle Performativität einer Aufführung auf das Hören von Musik konzentriert: »die wahre Musik ist allein fürs Ohr«, heißt es im Roman unmittelbar vor dem Tod Mignons. Das komponierte *Requiem für Mignon* kann damit als idealtypisches Muster für die kunstreligiöse Überhöhung der im Musikhören gestifteten Gemeinschaft gelten (vgl. Krummacher 1995).

Im Roman ist die Musik Teil einer räumlichen Inszenierung der Trauerfeier: Zwei unsichtbare Ensembles singen antiphonisch die in gehobener rhythmischer Prosa gehaltenen Worte im feierlich ausstaffierten »Saal der Vergangenheit«. Schumann realisiert diese imaginäre Szene geradezu wörtlich. Je zwei Sopran- und Alt-Solisten verkörpern die um Mignon trauernden Kinder, während der allgemeine Chor durch Aufforderungen, nicht auf die scheinbare Realität zu schauen, sondern in geistiger Schau zu künstlerischer Verarbeitung des Gesehenen zu gelangen, die Erinnerung an die Tote in das Bekenntnis zum tätigen Leben verwandelt. Der allgemeine Chor wird an zwei Stellen differenziert. Ein in der Tradition freimaurerisch klingender Männerchor richtet das Augenmerk der ernsten Gemeinde auf die künstlerische Gestaltung: »in euch lebe die bildende Kraft«; ein

Baß-Solist artikuliert darauf die Aufforderung, ins Leben zurückzukehren.

Schumann hält sich getreu an den literarischen Text und seine Rollenanweisungen; er konstruiert ihn jedoch musikalisch neu, etwa indem er die zentrale Aufforderung zum geistigen Sehen in der dritten Nummer der Komposition durch ausgiebige Textwiederholungen ausbreitet und in ihrem deiktischen Charakter (»seht«) zuspitzt. Das Zusammenspiel der schwebenden Deklamation rhythmischer Prosa mit den wenig von präfixierten Taktgruppen bestimmten musikalischen Verläufen auf der Basis von absteigenden Quartgängen macht den eigentümlich paraliturgischen Charakter dieser Musik aus, die die Zeitgenossen ähnlich wie bei den *Szenen aus Goethes ›Faust‹* auch als einen Entwurf einer neuen geistlichen Musik verstanden.

Eine schlüssige Deutung des *Requiem für Mignon* ist nur im Rahmen einer Gesamtanalyse des Opus möglich. Bereits das erste Lied »Kennst du das Land« hatte ein harmonisches Durchbruchsmodell von g-Moll nach C-Dur vorgegeben, das dann aber resignativ zurückgenommen wurde. Damit scheint der gesamte Zyklus von Anfang an unter die Zielperspektive des *Requiems*, und damit einer Goethe sicher nicht adäquaten Erlösungsvorstellung, gestellt: Allerdings ist auch der subkutane Durchbruch hier von c-Moll nach C-Dur im Tonartenplan schließlich nach F-Dur abgebogen. Motivische Zusammenhänge zwischen den Liedern und der Abschluß-Szene stiften ein lockeres Beziehungsgeflecht, das bei den offenen und wenig prägnanten Bildungen ein weites Assoziationsfeld erschließt. Allerdings läßt sich die Musik nur sehr eingeschränkt »als motivisch gearbeiteter Prozeß verstehen« (Krummacher 1995, 278). Bei einer Gesamtanalyse des Opus würde die poetologische Dimension mit ihrer Ausrichtung auf das Verhältnis von Kunst und Leben und in ihrer daraus resultierenden Bestimmung der Funktion der Kunst für das Leben den Anspruch der Komposition bestimmen.

Szenen aus Goethes ›Faust‹
WoO 3

Die *Szenen aus Goethes ›Faust‹* stellen sich besonders komplex dar. Das liegt zum einen, wie bei Schumann so oft, an der schwierigen Gattungszuordnung, die wieder einmal von der Oper ausging, dann explizit an das Oratorium angelehnt wurde, um schließlich mit dem Sammeltitel »Scenen aus […]« unter eine möglichst neutral spezifizierende Beschreibung gestellt zu werden. Die Komplexität wirkt zudem dadurch gesteigert, daß die Komposition in einer dezidiert fragmentarischen Konstellation auf einen poetisch übermächtigen Text reagiert; Schumann selbst sprach von »Ergriffensein von der sublimen Poesie«, die das Experiment der Vertonung ohne konkrete Absichten auf Veröffentlichung ausgelöst hatte (Brief an F. Mendelssohn Bartholdy, 24.9.1845, BNF, 250), aber auch von der gegenüber *Paradies und Peri* großartigeren Dichtung, die ihn auch zu größerer kompositorischer Anstrengung animiert habe (Brief an Fr. Brendel, 3.7.1848, BNF, 285). Als eines »der hervorragendsten Werke der neueren Tonkunst« (Brendel 1850, 3 f.) wurde die Schlußszene dann auch anerkannt. In der Tat kann man zumindest für einen Tag, Goethes 100. Geburtstag am 29. August 1849, von einem Schlüsselwerk sprechen, das gleichzeitig in Dresden, Leipzig und Weimar aufgeführt wurde.

Das betrifft allerdings allein die letzte Szene, die schließlich nur die dritte Abteilung des fertigen Werks umfassen sollte. Zwar hatte Schumann schon im Sommer 1849 im Zuge der Vorbereitungen für die große Goethe-Feier mit der Komposition der vorangehenden Teile begonnen, zwar richtete er seine Gedanken bereits auf eine Veröffentlichung zusammen mit weiteren Szenen aus *Faust*, weil das Stück ihm so, »für den Aufwand, den es verlange, zu kurz« schien (Brief an Fr. Liszt, 31.5.1849, BNF, 305), aber der lange sich hinziehende und offensichtlich nicht von vornherein von einer auf ein Ganzes gerichteten Konzeption geleitete Kompositionsprozeß fand 1853 mit der Ouvertüre zwar einen Abschluß, aber keine zu Lebzeiten des Komponisten durch Aufführung oder Druck bestätigte Vollendung. Bis heute ist es deshalb umstritten, inwieweit die Faustszenen als Werkganzes anzusehen sind, oder anders gefragt, ob das Fragmentarische der Gestalt konstitutiv oder doch eher als mehr oder weniger zufälliges Produkt einer nicht zu Ende geführten Arbeit zu nehmen ist.

Heute läßt sich das Ganze jedenfalls nur als – zufällige oder absichtliche – Fragmentierung eines kanonischen Werkes durch einen spezifischen kompositorischen Zugriff verstehen. Zunächst einmal bleibt festzuhalten, daß die Schlußszene ein integres Ganzes darstellte wie etwa in derselben Zeit auch das *Requiem für Mignon*. Liszt hatte unter dem begeisterten Eindruck der Aufführung vorgeschlagen, allenfalls »eine längere symphonische Introduction, welche das mystische Element, den eigentlichen Schauplatz der ganzen Scene, dem Ohr und dem Gemüth der Zuhörer mehr einprägte« (Brief Liszts an Schumann, 7.9.1849, Corr. Bd. 21, Nr. 3713, zit. n. RSW, 62), voranzustellen. Genau das nicht getan zu haben, hatte eigentlich schon die Entscheidung zur strukturellen Fragmentarik bedeutet. Denn die nachträgliche szenische Exposition von Motiven der Schlußszene – Gretchen als »una poenitentia« durch die erste, Faust strebend bemüht durch die zweite Abteilung – hat ein zumindest teilweise narrative Erzählstruktur in Gang gesetzt, ohne wirklich auf eine illusorisch schlüssige Durchkomposition beider Teile der Tragödie zu zielen. Schumanns Problem bestand offenbar darin, wie eine episodische Struktur in eine tragfähige musikalische Form überführt werden konnte.

Im Blick auf Goethes Werk und seine musikgeschichtliche Produktivität muß zunächst die Dominanz des zweiten Teils der Tragödie und vor allem das Fehlen der meisten und am meisten populären Lieder verzeichnet werden: Kein Flohlied Mephistos, kein *König in Thule*, und – bei der intendierten Konzentration der ersten Abteilung auf Gretchen besonders überraschend – kein *Gretchen am Spinnrad*. Auch die in der Konstellation von Monolog und Auferstehungschor musikalisch so attraktive Osternachts-Szene ist nicht vertont worden, was als Hinweis darauf gewertet werden könnte, daß weniger das eigentlich Szenische als die intendierte formale Gestaltung die Auswahl geleitet hat. Schumanns *Faust* ist ein ganz anderer als derjenige der zeitgenössischen Theater- oder Hausmusikrealität.

Entscheidend für die Einschätzung des Werks als Ganzem dürfte dabei die Bewertung des unproportionierten Verhältnisses der beiden ersten Abteilungen sein. Geht man von der Beobachtung aus, daß in der ersten Abteilung Gretchen, in der zweiten Faust szenisch fokussiert werden, so kann man der Tragödie ersten Teil stellvertretend in der Gretchen-Perspektive wiedererkennen, den zweiten Teil hingegen in seinem Bogen von Wiedergeburt zu Tod als gesteigerte Präsenz von Faust aus beschreiben. Die beiden Teile sind von Schumann sinnbildlich wie zwei Stadien einer Entwicklung zugespitzt organisiert, sinnbildlich auch insofern, als ein Abstraktionsprozeß von der Realität subjektiv erfahrener Sinnenwelt in die Allegorie objektiver Maximen vollzogen wird. Die Zielperspektive ist mit dem Schlußchor von Schumanns dritter Abteilung ausgesprochen: »Alles Vergängliche« – und das meint hier dann eben auch die Selbstreflexivität des Mediums Musik – »ist nur ein Gleichnis/ Das Unzulängliche/ Hier wird's Ereignis«: damit trägt die Musik über die Vertonung einer an sich bereits hoch musikalisierten Sprache hinaus der Einsicht Rechnung, daß »sich das *Faust*-Spiel am Ende auch den traditionellen Darstellungsmöglichkeiten der Bühne« entzieht. Die Musik kann wohl nicht die Figuren identifizieren, aber dieses »zeichenhafte, sinnbildhafte ›meteorologische Theater‹« (Goethe, *Faust*, Bd. 2, 780 f.) in einem quasi liturgischen Rollenspiel bedeutungsvoll aufladen.

Erste und zweite Abteilung. Die erste Abteilung exponiert Gretchen in drei recht kurzen Stationen nach dem ersten Teil der Goetheschen Tragödie. Schumann konzentriert die Figur dabei auf die Schuld-Thematik, die für die Verklärung Gretchens (una poenitentium) im Marienbild des Schlusses exponiert wird. Gerade für einen Hörer, der Goethes *Faust* aus der Lektüre oder von der Bühne kennt, dürften die ersten beiden Szenen nach der Ouvertüre und in ihrer Kürze uneigentlich vorgekommen sein, wie kurz aufscheinende Erinnerungsbilder, die einer ganz anderen Logik folgen als derjenigen einer narrativen oder dramatischen Kohärenz. Erst die dritte entfaltet sich als eine eigentlich dramatische Szene.

Der Ausschnitt aus dem Quartett »im Garten« hat dabei die Funktion, den gesamten Vorgang in der Realität des Dialogs zwischen zwei Liebenden zu erden. Faust, keineswegs faustisch exponiert, und Gretchen werden im spielerischen Gespräch vorgestellt, das im Orchester von einer öffentlich-geselligen Walzer-Gestik getragen wird. Die fragmentarisch-offene Szenenreihung ist natürlich bei Goethe schon vorgegeben, dort aber in einer szenischen Aktion und eben der Reihung verankert. Bei Schumann setzt die Szene mit der Apostrophierung Gretchens als »kleinem Engel« ein und endet im banalen Abschied »auf baldiges Wiedersehen« – die irdische, dramatische Liebesgeschichte ist dadurch hinreichend angespielt, in einem Spiel, das im leichtesten Ton den Ausgang des Welttheaters im alltäglichen Menschenleben ansetzt.

Die beiden folgenden Szenen verzichten auf Faust und führen die Schuld- und Buße-Motivik an Gretchens Gebet an die Mater dolorosa »im Zwinger« und an der Konfrontation mit dem eigenen Gewissen (der böse Geist) und der christlichen Gesellschaft (Sequenz der Totenmesse) durch. Beides ist unmittelbar auf die Schlußszene bezogen, indem die Demuts-Geste gegenüber der Mater dolorosa (»Ach neige, du Schmerzensreiche«, I, 2) – wie ja bereits in Goethes Text – einen Vorklang der Erscheinung der Mater gloriosa (»Neige, neige, du Ohnegleich«, III, 6) darstellt und das im »Dies irae« (I, 3) ins Innere der Gretchen-Figur projizierte jüngste Gericht in der Gegenwärtigkeit von Fausts Verklärung gespiegelt ist.

Erscheint so der erste Teil als ein Weg vom ausschnitthaft abgebildeten äußeren Leben zum inneren Gleichnis, so kann man das auf höherer Ebene in der Konstellation von Sonnenaufgang und Mitternacht der zweiten Abteilung gespiegelt finden. Vor allem die Achse, die durch Fausts Erblinden gebildet wird, läßt die farbige Anschauung (»Am farb'gen Abglanz haben wir das Leben«) des wirklichen Lebens in die innere Schau, in der sich für Faust akustisch das als tätiges Leben realisiert, was sein Grab werden soll. Vom Geblendetsein des Anfangs über das Erblinden bis hin zur Verblendung über den eigenen Tod wird in diesem Teil ein Bogen gespannt, der gesteigert Gretchens Weg nach Innen wiederholt. Was in der ersten Abteilung Personifikation der psychischen Befindlichkeit Gretchens war, ist auf der höheren Stufe des Welttheaters in den allegorischen Figuren Ariels, der Weiber Mangel, Schuld, Sorge und Not sowie

des Antipoden Mephistopheles mit seinen Lemuren gestaltet, wobei letzterer gleichzeitig als Figur der Allegorese selbst eintritt, indem er es ist, der Faust erblinden und sein Ende besiegeln läßt: »Es ist vollbracht.«

Zusammenfassend wird man die Erfahrung relativieren wollen, der zufolge in »diesem offenbaren Sich-Abfinden mit dem Unabgeschlossen-Bruchstückhaften […] ein für das künstlerische Bewußtsein des 19. Jahrhunderts zutiefst symptomatischer Zug der Resignation gegenüber der Übermacht der integralen klassischen Werke« (Edler, 257) zum Tragen komme. Nimmt man Brendels Rezension der Leipziger Erstaufführung zum Kronzeugen, war die Integrität des Goetheschen *Faust* alles andere als anerkannt, vielmehr überwog nicht nur aufgrund der Entstehungsumstände, sondern auch der dichterischen Qualität das Gefühl grundsätzlicher Heterogenität, die vor allem die »Reflexionspoesie« des zweiten Teils durchaus fragwürdig erscheinen ließ (Brendel 1849, 113). Durch Schumanns konstruktiven Zugriff aber werden die beiden Teile aufeinander bezogen und durch die Auswahl wird ein intertextuelles Gewebe freigelegt und verdichtet, das durch das unproportionale Verhältnis der Teile keineswegs überlagert wird. Natürlich sind die Beziehungen bei Goethe vorgebildet, aber indem Schumann sie in eine veränderte Konstellation bringt, erfahren sie eine Ausdrücklichkeit, die den Ausgangstext mitunter auch verändert.

Ein solcher neuer Zug liegt in der Verbindung der Gartenszene mit der Ariel-Szene der zweiten Abteilung: War Faust in der Komposition der ersteren für die folgenden Szenen verabschiedet worden – und daß dieser Abschied von Schumann bewußt gesetzt wird, erkennt man daran, daß er eigens dafür Verse aus der nächsten Szene (»Ein Gartenhäuschen«) bei Goethe borgt –, wird er nun, emphatisch mit dem Sonnenaufgang enggeführt, aufs Neue begrüßt. Mit dem Blumenorakel (»er liebt mich«) und dem neuen Tagesanbruch wird in beiden Fällen eine symbolische Verheißung für die Zukunft inszeniert, die ebenfalls in beiden Fällen die Fallhöhe zur jeweils nächsten Szene markiert. Während die jeweils zweiten Bilder Selbsterkenntnis bringen, – im einen Fall durch Gretchens Angst (»was mein armes Herz hier banget«), im anderen personifiziert in der Allegorie der Sorge – so zeichnen sich die dritten durch ihre Thematisierung der Zeit aus, die in der liturgischen Sequenz »Dies irae« sowie im verfremdeten paraliturgischen Gesang der Lemuren als Totengräber dem subjektiven Augenblick als objektive Instanz gegenübergestellt ist. Die Isolierung jeweils dreier Bilder aus dem Leben einer leidend schuldig werdenden Frau und einem handelnd schuldig werdenden Mann zwingt den Betrachter förmlich zum Analogieschluß und läßt die Explikation als Gleichnis in der dritten Abteilung erwarten. Die inhaltlich vom ersten zum zweiten Teil gesteigert erscheinende Existenz wird in der größeren Ausführlichkeit der Exemplifizierung im zweiten Teil unterstützt, die zusätzlich also dramaturgisch eine gesteigerte Erwartungshaltung auf die Auflösung hin erzeugt. Diese tritt jedoch dann nicht auf der Handlungsebene, sondern in der Deutung als Gleichnis ein.

Dritte Abteilung. Die dritte Abteilung in ihrer Integrität der Vertonung von Goethes Schlußszene hat, wie oben bemerkt, als Ausgangspunkt und Ziel des gesamten Werkes zu gelten. Vor allem der abschließende Chorus mysticus in seiner strukturellen Musikbedürftigkeit hat den Komponisten herausgefordert, offenbar gerade weil die Musik dazu kaum von Vorbildern abzuleiten war. Das vielfach differenzierte Chor- und Solisten-Ensemble ohne signifikante Handlungsfunktion läßt die Szene als großformales chorsinfonisches Experiment erscheinen. Der allegorischen Haltung entspricht eine formal ausgewogene Gestaltung: Die mittlere der sieben Nummern bildet eine Achse, die inhaltlich durch die Verwandlung des schuldig gewordenen Strebenden »im Puppenstand« gekennzeichnet ist; dieser Chor der Engel ist in sich selbst gerundet durch die Wiederaufnahme der Anfangsworte am Schluß: »Gerettet ist das edle Glied/ der Geisterwelt vom Bösen:/ Wer immer strebend sich bemüht,/ den können wir erlösen!« (III, 4). Davor wird in Chor und Männerstimmen von Pater ecstaticus und Pater profundus die Liebe als elementares Naturereignis geschildert (III, 1 und 2) und im Dialog von Pater seraphicus der »mittleren Region« und den seligen Knaben die Aufwärtsbewegung eingesetzt: »Steigt hinan zu höh'rem Kreise!« (III, 3). Nach der Verwandlung sind es die Frauen, die, vermittelt durch

den Doctor Marianus, das Erlösungswerk vollenden (III, 5 und 6), bevor der Chorus mysticus in seiner abschließenden Sentenz das von jedem stofflichen Erdenrest befreite Gleichnis auflöst.

Seine Schlußfunktion bestätigt die gleichsam paratextuelle Faktur dieses Chors in seinem teilweise archaisierenden, am stile antico angelehnten Notenbild und seiner kontrapunktischen Technik, mit der zwei archetypische Subjekte, der sequenzierende Quintfall der Kadenz und die chromatische Linie, gegeneinander geführt sind. Der zweite Teil lehnt sich mit seiner rondohaften Struktur an eine andere traditionelle Schlußgestaltung an, die aber statt einer zu erwartenden Apotheose die Musik sich im Unstofflichen verflüchtigen läßt.

Als Brendel in seiner Rezension den zweiten Teil von Goethes *Faust* als »Reflexionspoesie« apostrophierte, hatte er die Schlußszene davon explizit ausgenommen; diese sei vor allem »Stimmung«, im romantischen und modernen Verständnis, wie er es zuvor in seinen musikgeschichtlichen Reflexionen entwickelt hatte (Brendel 1849). Und nur diese hatte Schumann bisher vorgestellt. Dennoch dürfte es zu weit gehen, dem von dem einseitig romantisch verstandenen Schumann abgeleiteten Verständnis die Intention der Darstellung des poetischen Inhalts als allein ausschlaggebend für den musikalischen Verlauf anzunehmen: »die Musik versteht sich als tönende Übersetzung der hinter dem Text stehenden ›Seelenstimmungen‹, denen sie bis in die feinsten Nuancen hin zu folgen sich bemüht« (Edler, 258). Dagegen ließe sich erstens die Frage einwenden, warum Schumann dafür gerade diesen abstraktsymbolischen Text ausgewählt habe; es gäbe doch wahrlich plastischere Seelenstimmungen als diejenigen der abstrakten Allegorien, die aller identifikatorischen Sympathie entledigt sind. Zweitens rechtfertigt das nicht unzutreffende Argument, Schumann zerstöre recht unbekümmert die formale Gestaltung des Sprachkörpers nicht notwendig den Schluß, also müsse die Musik den Inhalt der sprachlichen Vorlage umsetzen. Die musikalische Deklamation kann durchaus im Sinne der musiksprachlichen Formung und Profilierung analysiert werden. Der bei Goethe nicht gedeckte antiphonierende Choreinsatz zur letzten Strophe des Doktor Marianus (»Dir, der Unberührbaren«, III, 6; Edler, 258) etwa verstärkt das Allegorische

und ritualisierte Allgemeine mehr als die poetische
Seelenstimmung.

Die Einheit des bruchstückhaften Werks wird
oft in seiner motivischen Argumentation gesucht.
Zwar kann man dabei nicht von einem leitmotivi-
schen Gewebe im Sinne der Musikdramen Wagners ausgehen, ohne Schumanns anders gearteter
Technik Gewalt anzutun, aber die Übertragung
aufgefundener Motive auf mehr oder weniger abstrakte Ideen erlaubt vielleicht auch eine über die
bloße Erinnerungsfunktion hinausgehende Deutung der dadurch gestifteten semantischen Beziehungen. Schumanns Motiv-Technik beruht weniger auf deutlichen figurenbezogenen musikalischen
Vokabeln als auf rhythmischen, harmonischen
oder melodischen Zellen, die untergründig im
musikalischen Gewebe wirksam werden. Es ist
schwierig zu entscheiden, wie weit diese Zellentechnik einer personalstilistischen Manier verpflichtet ist oder bewußt motivischen Verweischa-
rakter auch über das Einzelwerk hinaus beansprucht.

Unter den Faust-Vertonungen zwischen büh-
nenmusikalischer Pragmatik (Schauspielmusik),
Veroperung (Gounod), lyrischer Vereinzelung
(Lieder) und programm-musikalischer Instrumentalmusik beansprucht Schumanns Werk eine besondere Stellung, die mit der Gattung Oratorium
kaum hinreichend beschrieben ist, auch wenn die
symbolisch-religiöse Färbung im Sinne kulturreli-
giöser Überhöhung des Konzertsaals Verbindungs-
linien zur Oratorienpraxis aufweist. Das Besondere
liegt in der lyrischen Intensivierung von Original-
Ausschnitten verbunden mit der konzentrierten
großformalen Anlage im Sinne eines autonom
musikalischen Kunstwerks. Indem es sich von der
Vorlage des Goetheschen *Faust* löst, wird es frei für
eine eigene ästhetische Konzeption, die selbstreflexiv sich als Musik einsetzt, wo das Sprachkunstwerk nicht wirken kann: in der Präsenz des »Ereignisses« von Anschauung und Deutung des »Unbe-
schreiblichen«, in der Gestaltung von Verwandlung
und der Auflösung ins Geistige, das schließlich
nicht in einer hymnischen Apotheose materialisiert werden kann.

Manfred op. 115

Dramatisches Gedicht. Wie bei verschiedenen anderen Werken war Schumann auch bei seinem
»dramatischen Gedicht« *Manfred* überzeugt davon, etwas unerhört Neues geschaffen zu haben:
»Das Ganze müßte man dem Publikum nicht als
Oper oder Singspiel oder Melodram, sondern als
›dramatisches Gedicht mit Musik‹ ankündigen. –
Es wäre etwas ganz Neues und Unerhörtes.«,
schrieb er an Franz Liszt (5.11.1851, BNF, 349 f.).
Das kann sich weder auf die werkhafte Gestalt
einer Schauspielmusik noch auf die melodramatische Technik beziehen. Schumann mag seine eigene, innovative Leistung gerade darin gesehen
habe, die auf dem Theater und sonst durchaus
gebräuchliche Praxis melodramatischer Zwitter-
formen auf ein künstlerisches Niveau zu heben.

Die Intention in der Komposition des von Byron als Lese-Drama oder ›mental theatre‹ entworfenen Gedichts ist allerdings alles andere als eindeutig. Eine mögliche Motivation läßt sich aus
dem Vorworts einer der von Schumann benutzten
Übersetzungen herauslesen: *Manfred* war dort zum
Paradigma einer Literatur-Vertonung erklärt worden, die nicht wie in der Oper zu einem »treulosen
Vertrag« zwischen Wort und Ton, also zur Aufgabe
der Autonomie des Textes zugunsten seiner musikalischen Gestaltung führte (Clement 1996).

So dramatisch die Bilder auch wirken mögen,
so wenig wird man eine ursprünglich szenische
Absicht, vielleicht sogar in Form einer Oper, annehmen können. Daß am Ende der drei Abteilungen und damit auch des konzertanten Gedichts
»der Vorhang fällt«, ist allerdings durchaus im
Sinne des dramatischen Vorgangs zu verstehen.
Auch die Zwischenaktmusik zwischen erster und
zweiter Abteilung, in Gestalt eines Genrebilds
musikalischer Geselligkeit innerhalb (als Zeichnung der Welt, an der die Hauptfigur Manfred
gerade keinen Anteil hat) und außerhalb der
Handlung (als traditionelles musikalisches Intermezzo bei einer Theateraufführung), bindet das
Werk an Erfahrungen im Theater zurück. Besonders herausfordernd für ein Verständnis als lediglich imaginäre Szenerie ist eine Regie-Anweisung,
die weder im gesprochenen Text noch in der Musik zur Wirkung gelangt wie am Ende von Nr. 3:
»(Manfred erwacht aus seiner Ohnmacht. Die

Morgendämmerung bricht an und beleuchtet die höchsten Felsenspitzen.)« (nach Klavierauszug S. 18). Das legt eine wenigstens halbszenische Lichtregie nahe, wie sie in Aufführungen heute gerne eingesetzt wird. Weder die Morgendämmerung noch das zum Alpenkuhreigen einer Hirtenschalmei (vorgestellt durch ein Englisch-Horn-Solo) geforderte Herdengeläute, beides doch im üblichen Zuständigkeitsbereich der Musik, sind jedoch musikalisch materialisiert worden.

Die Handlung allerdings, mit Ausnahme weniger unprofilierter Dialogpartien, ist auf die Titelfigur konzentriert. Manfred – ein romantischer Verwandter Fausts, allerdings weniger von Erkenntnisdrang getrieben als von Schuldgefühlen – sucht durch das Gespräch mit Elementargeistern, mit der personifizierten Natur und den Triebkräften des Lebens Vergessen und Entsühnung von einer inzestuösen Beziehung zu seiner Schwester Astarte. Ihre endlich heraufgezwungene Erscheinung verheißt Manfred den ersehnten Tod. Obwohl er in seiner Todesstunde den vom Abt des nahe gelegenen Klosters gebotenen geistlichen Beistand und die Entsühnung durch die Kirche nicht annimmt, scheint er, wie vor ihm Faust, in den Worten der lateinischen Totenmesse vom ewigen Licht aufgenommen zu sein. Ein musikalisches Zeichen stiftet Schumanns umstrittene Deutung des Schlusses: Eine Melodie, die »sehr ausdrucksvoll« Astartes Aussprache von Manfreds Namen auf seine Frage, ob sie – das Geistwesen – ihn – den noch ans Körperliche Gebundenen – noch liebe, artikuliert hatte, läßt hier nun gleichsam Manfreds Namen unter den von ferne her klingenden Gesang »lux perpetua luceat eis« tönen. Dieses Motiv war bereits in der Ouvertüre bedeutsam vorgeführt worden.

Bei alledem hat die Hauptfigur keine Musik; die Klosterbrüder singen, die Geister singen, sogar ein einfaches »Ja« Arimans wirkt, unterlegt mit einem es-Moll-Akkord, musikabler als das gesamte Drama des großen Einzelgängers: Manfred spricht. Das gesprochene Wort steht im Widerspruch zu demjenigen, was durch Musik ausgedrückt werden kann, und das ist das Entscheidende für Schumanns ästhetisches Konzept. Wenn Manfred melodramatisch zur Musik spricht, spricht er bestenfalls über das, was er nicht hat oder nicht ist.

Geistererscheinungen oder innere Projektionen sind der Stoff der Musik, aber nicht das schuldbehaftete Schicksal des Protagonisten. Manfreds Ansprache an Astarte Nr. 11 beispielsweise entspricht dem Modell Rezitativ und Arie, nur daß Manfred zu Astarte spricht, die Musik hingegen für die schweigende Angesprochene steht – die selbst dann allerdings mit ihrer eigenen Stimme spricht. Ob das Sprechen der Astarte, auch und gerade als Sprechen, den Umschlagpunkt zu Manfreds Erlösung markiert?

Die Konzeption widerspricht heute wie wohl auch damals einem Musikhören, das sich auf die Musik als das ästhetisch leitende Medium konzentriert. Daß nicht die Vereinigung, sondern die säuberliche Trennung von Sprache und Musik versucht wird, entspricht dem Stoff, der Körperliches und Geistiges (so wird die Sonne als »Körpergott« und als Abbild des »Unbekannten« gefeiert: »Abschied von der Sonne«, Nr. 13) nicht den menschlichen Gesetzen unterworfen sehen möchte, die die Geschwisterliebe zwischen Manfred und Astarte tabuisiert.

Das Reflexionsniveau, auf dem Schumann das Verhältnis von Sprache und Musik angeht, wird in der *Ouvertüre* zu *Manfred* vorgegeben, einem seiner gelungensten Orchesterwerke. Den melodramatischen Weg, den er auch in einzelnen Deklamationen mit Klavier erprobt hatte, hat der Komponist indes nicht fortgesetzt, wohl aber das poetologische Reflektieren über Musik im Medium der musikalischen Komposition, etwa bei den Chorballaden.

Chorballaden

Von heute aus gesehen kann die sogenannte Chorballade als eine eigentlich erst von Schumann geprägte Gattung erscheinen. Zwar lassen sich in opern- oder kantatenmäßig vertonten Balladen Vorläufer ausmachen; diese sind jedoch, soweit überhaupt bekannt, zu vereinzelt, um gemeinsame Gattungsmerkmale erkennen zu lassen. Schumanns vier Kompositionen in diesem Genre erkunden die Grenzen eines spezifisch balladesken Darstellungsmodus, so daß sich aus ihnen ein reflektiertes Gattungsbewußtsein herauslesen läßt.

Sie wurden im 19. Jahrhundert nicht nur recht oft aufgeführt (vgl. Jarczyk 1978), sondern auch in zum Teil noch erfolgreicheren Werken kompositorisch rezipiert. Insgesamt aber gehören sowohl Gattung als auch die meisten Kompositionen zu den Erscheinungen, die zwar das städtische Musikleben und seine Institutionen in Deutschland in der zweiten Hälfte des 19. Jahrhunderts getragen, aber wenig über ihre regionale und institutionelle Verankerung und zeitliche Gebundenheit hinaus gewirkt haben.

Auch Schumanns Balladen gehorchen zunächst den institutionellen Bedingungen, die er Düsseldorf vorfand: Er entsprach damit einem besonderen Bedarf an nicht abendfüllenden weltlichen Chor-Orchesterwerken, der für die Mitwirkung der Chorvereinigungen an den städtischen Abonnementskonzerten bestand. Bedingung war ein Chorsatz, der von den musikliebenden bürgerlichen Mitgliedern zu bewältigen war und die Mitwirkung von geübten Dilettanten als Gesangssolisten erlaubte. Auch eine Wechselwirkung mit der gesellschaftlichen Gepflogenheit, ›lebende Bilder‹ zur Musikbegleitung zu stellen, ist zumal deswegen anzunehmen, weil etwa eine entsprechende Aufführung von Uhlands *Des Sängers Fluch* 1851 in Düsseldorf stattgefunden hatte. Wie das in der musikalischen Praxis ausgesehen haben mochte, liegt im Halbdunkel umgangsmäßiger Musizierformen (Appel 1993). Die zu vertonenden Texte sollten dem geselligen wie politischen Milieu der Mitwirkenden entsprechen. Uhlands und Geibels Balladen in ihrem altdeutsch-vaterländischen Habitus werden den poetischen Hausschatz nicht nur der Sangesfreunde aus den Männerchören, sondern auch der bürgerlichen Familien insgesamt bestimmt haben, die als Trägerschicht der städtischen Kultur fungierten.

Auffällig ist das in allen vier von Schumann herangezogenen Texten durchgehaltene Thema der Legitimität und des Verhältnisses von Tradition und Erneuerung. Liest man die Texte zusammen, so erscheinen diese Themen geradezu systematisch durchdiskutiert von der Akklamation eines neu erworbenen Königtums im *Königssohn* bis hin zur Bestrafung jugendlicher Hybris gegenüber zerbrechlichen Traditionen im *Glück von Edenhall*. In *Des Sängers Fluch* ist die an der brutalen Macht eines Königs gescheiterte Synthese von Erfahrung

(alter Barde) und Unmittelbarkeit (junger Sänger) personifiziert, in *Vom Pagen und der Königstochter* die Gewalt der Natur über die Standesgesetze und die Willkür eines Vaterkönigs.

Der Ton der Balladen wird von einer offen liegenden und für Schumann nicht typischen orchestralen Tonmalerei bestimmt, die gewisse ästhetische Vorbehalte hervorgerufen haben. Das reicht von sozusagen außermusikalischen Erscheinungen wie den Fanfaren und Signalen zur Andeutung einer herrschaftlichen Szenerie über die Aktivierung traditioneller Topoi wie Jagd, Unwetter oder Fest bis hin zu einem ausgesprochen klangmalerischen Wasserwesenbild in der dritten Ballade in *Vom Pagen und der Königstochter*. Gerade in diesem Werk gehört die Bildhaftigkeit jedoch insofern grundlegend zur kompositorischen Konzeption, als Schumann vier zusammengehörige Balladen Geibels zu einem Bilderbogen aus vier musikalisch eben durch ihren jeweiligen Ton präzise voneinander abgegrenzten Bildern zusammenstellt. Tonmalerei wird dabei zum Mittel einer leicht durchhörbaren Formbildung im Sinne des programmatischen Laienbezugs dieser Kunst. Was hier durch den Komponisten experimentell in eine Richtung forciert wurde, erscheint in den drei anderen Balladen der Gruppe entschieden kleingliedriger. Bisweilen werden die im Text ausgesprochenen Gegenstände oder Bewegungen in der Tradition tonmalerischer Musik unmittelbar darauf in einer kurzen klanglichen ›Audiovision‹ umgesetzt.

Erkennt man in den Werken zunächst einmal den Versuch, die drei konstitutiven Haltungen (lyrisch, episch, dramatisch) der Ballade musikalisch auszuwerten, so bekommen auch die kritisierten Tonmalereien eine tiefere Bedeutung. Waren lautliche Klangmalereien bereits in der literarischen Ballade ein herausstechendes Mittel stimulierender, vermittelnder Vortragsweise, so können auch die musikalisch aufblitzenden Aktualisierungen weniger illustrierend an das innere Auge des Zuhörers gerichtet als aktiv an sein Vorstellungsvermögen appellierend aufgefaßt werden. Damit wäre dem epischen Vorgang der Vergegenwärtigung von bekannten Bildern aus dem kollektiven Unterbewußtsein Raum gegeben. Schumann muß es gereizt haben, in solchen kurz aufblitzenden Epiphanien prägnant charakterisierende Formulierungen zu finden und zu einem solchen

Verlebendigungsprozeß zu arrangieren. Die dabei entstehende Flüchtigkeit des musikalischen Augenblicks sollte also nicht als dramatisches Unvermögen und mangelnde Direktheit des Ausdrucks, sondern als medienbewußte Strategie gewertet werden. So etwas müssen Schumanns Zeitgenossen im Sinn gehabt haben, wenn sie seine Kunst, die vielen Zuhörern in ihrem identifikatorischen Bedürfnis matt vorkommen mußte, immer wieder als ›reflektiert‹ qualifizierten. ›Reflektiert‹ wirkte dabei sicher ebenso die motivische Verarbeitung wie auch die sprachliche Durchdringung und der distanzierte Ausdruck, der durch die explizite Erzählhaltung der Ballade erreicht wird. Bei den späten Balladen von Schumann scheint es also weniger um unmittelbaren Ausdruck als um den Ausdruck des Vermittelten zu gehen.

Der Königssohn
op. 116 (1851)

Ballade von Ludwig Uhland. In Schumanns erster Chorballade liegt die politische Dimension der Balladendichtung besonders offen. Die märchenhafte Handlung vom Königssohn, der mittellos auszieht und schließlich ein neues Reich gründet, beantwortet parabolisch die Frage nach der Legitimation von Herrschergewalt, die 1848/49 an Brisanz gewonnen hatte. Die durch Traditionen und die Gesetze der Erbfolge gestützte Monarchie muß ihren jüngsten, ihren ›liebsten‹ Sohn mittellos ziehen lassen, nicht allerdings ohne dessen Wunsch nach der alten, rostigen Krone zu entsprechen, die bald im Text der Ballade ohne weitere Erklärung golden auf seinem Haupt glänzen wird. Das Unmotivierte, Erklärungslose ist konzeptuell in der literarischen Balladentechnik begründet und lädt hier wie an anderen Stellen das lapidare Geschehen geradezu magisch auf. Indem die Musik die Requisiten und Handlungsmotive ebenso lapidar bedient – sehr deutlich in diesem Stück durch das herrscherliche Ornat der Blechbläser und durch fanfarenmäßigen Aufschwünge – erlangt die zweidimensionale Erzählweise eine sozusagen balladeske Wucht.

Zugleich entwickelt sie sich mit dem Text vom narrativen Gestus zur ›dramatischen‹ Apotheose,

indem die Erzählfunktion am Schluß völlig aufgegeben ist. Dennoch bleibt der vermittelte Habitus der Ballade erhalten, da das Finale ausdrücklich als letztes, schönstes Lied einer Sängerfigur, in das der Chor einfällt, und nicht als spontane Äußerung des Volkes inszeniert ist. Die Akklamation des neuen Königs und seines zu begründenden Herrscherhauses geschieht gleichsam nacherzählend mittels der Erinnerung an seine im Verlauf des Stücks vollbrachten Handlungen. Damit ist die Ballade sowohl in ihrer vaterländischen Begründungsfunktion als auch in ihrem rhapsodischen Gestus realisiert.

Die Handlung: Ein jüngster Königssohn zieht mit Schiff und Mannschaft, versehen mit dem glanzlos gewordenen Zeichen des alten Königtums, in die Welt. In einem Unwetter verliert er alles bis auf sein Leben und die nun glänzende Krone, die ihn, angespült an dem ihm bestimmten Land, als König ausweist. Was er so ererbt, muß er sich erwerben, in diesem Fall in einer Vision, die er aus dem Meer, das ihn zum zweiten Mal geboren hat, herausruft: durch Rückübertragungen der Königsmetaphern Löwe und Adler, mit denen der Königssohn sich aneignet, was ihm vorenthalten worden war. Die Entwicklung des Jungen zum König verläuft über zwei Stadien: die Zähmung des wilden Pferdes (der Zügellosigkeit) und der Erlösung einer Jungfrau aus dem Drachen (des männlichen Begehrens). Bereits als stürmischer Reiter wird er vom Volk als König begrüßt (darin erfüllt sich der Löwentraum), aber erst aus dem Brechen des Drachenbanns (der Einlösung des Adlertraums), übertragen also mit der Familiengründung, wird das Fundament des neuen Königtums gelegt. Gewährsmann des neuen Reiches ist der alte, blinde Sänger der Ballade, der im utopischen Augenblick, wunderbarerweise sehend, sein letztes Lied, die Erfüllung seiner Dichterfantasien singt.

Mit dieser Figur tritt der fiktive Rhapsode, der in der Realisierung der Ballade als Chorballade gefährdet war, in ihre Aufführung selbst ein. Die Erzählerfunktion hat Schumann teils einer nicht als Figur in der Handlung stehenden Alt-Stimme, teils dem Chor übertragen, der damit eine Doppelrolle als Erzähler wie als Handlungsträger übernimmt. Die doppelte Belegung kann zudem insofern als konstitutiv gelten, als der Chor zusätz-

lich in seiner Erzählrolle handlungsgemäß differenziert wird: Wo etwa im Text von den Meer-
jungfrauen erzählt wird, die singend das Königreich der Fluten markieren, erzählen nur die
Frauenstimmen; zum vierstimmigen Männerchor
wird der Erzähler, wo die jungfräuliche Braut aus
dem Drachen herausgeküßt wird. Wo jedoch der
Chor-Erzähler, in der Handlung verschwindend,
die staunende Menge übernimmt, entsteigt die
Alt-Stimme der Erzählung, als Pendant des Sängers in der Handlung.

Wenig konsistent erscheint die Rolle des Fi-
schers in der Handlung. Seine Partie wird in der
Handlung in keiner Weise berufsspezifisch ausgewiesen, als archetypischer Fischer der Ballade
hingegen wird er gegenüber dem deutlich model-
lierten Sänger mit der Harfe nicht erkennbar.
Vielmehr übernimmt er die Rolle des Publikums
in der Handlung. Durch seine Beschreibung der
Szenerie und seine hinweisende Versinnlichung
(»Doch sieh!«) wechselt die Perspektive von Schiff
und Meeressturm ans Land, von wo aus die Ankunft des Königssohns erfahren wird.

Möglicherweise hat diese solchermaßen evozierende Haltung von Uhlands Ballade Schumann
zur Vertonung gereizt. Die Musik übernimmt die
sehr kurzen, schnell wechselnden und nur erzählten Situationsbilder, am deutlichsten in der Un-
wetter-Szene mit Blitz und Donner. Wie eindrücklich ist nicht bereits das erste akustische Bild
der feierlich-lastenden Posaunen vor dem Einsatz
der Erzählung. Das kleingliedrige Reagieren der
Musik auf den Text wird dann aber mit der bereits
angesprochenen Intonation des herrscherlichen
Tons und der unspezifischen Motivik in eine narrative Grundfarbe getaucht. Gewiß also ist es auch
der imaginierende und reflektierende Gestus dieser einfachen Balladenkunst, die Schumann zur
Prägung einer eigenen Gattung herausgefordert
hat. Innerhalb der Handlung entspricht dieser
Haltung die Doppelung der im Meer erblickten
allegorischen Visionen des Königssohns und deren
Realisierung; auf der poetologischen Ebene die
Selbstthematisierung der Kunst durch die Harf-
ner-/Sängerfigur. Die Ballade hält im Gewande
einer vorzeitlichen Begebenheit und mit der Rolle
des blinden Harfners in der mangelhaften Gegenwart die Möglichkeit einer besseren Welt wach,
die sie gleichzeitig durch Erinnerung an die alten

Geschichten legitimiert. Die Einlösung der Utopie
aber wäre das letzte Lied der Kunst. Nicht verwunderlich ist es daher, daß die drei folgenden
Balladen nicht mehr mit einer Apotheose, sondern
mit Katastrophen enden.

Des Sängers Fluch
op. 139 (1852)

Richard Pohl nach Balladen von Ludwig Uhland.
Wie sehr es Schumann im *Königssohn* um Rolle
und Auftritt des Balladensängers ging, zeigt sich
daran, daß genau diese in der folgenden Ballade
Des Sängers Fluch zum zentralen Sujet gemacht
wurden. Die Alt-Stimme der Erzählung markiert
den Rahmen um eine einzige Szene, die weitgehend in dramatischer Wechselrede abläuft. Die
Funktionen von Singen und Sagen wurden gespal-
ten und in zwei Figuren personifiziert, einem
jungen Sänger (Tenor) und einem alten Barden
(Bariton). Indem die Vorlage, wiederum eine
Ballade Uhlands, vom Bearbeiter Richard Pohl
zum szenischen Rahmen für einen Zyklus von
›Einlage‹-Liedern und -Balladen eingerichtet worden ist (Jarczyk 1978, 40–58), werden in Schumanns Komposition die Auftrittssituation und die
Wirkung von Musik auf die Zuhörer thematisiert.
In einem ersten Durchgang werden die idealtypischen Singweisen des Lieds im melodiösen Ro-
manzenton und der Ballade in nordischer Barden-
Diktion vorgestellt. Darauf folgen in chiastischer
Vertauschung ein Helden- und ein Liebeslied, die
die Grenze zwischen sängerischem Auftritt und
szenischer Realität aufheben. Dafür benutzt Schumann das Mittel des Duetts: zunächst innerhalb
der geschlossenen Einlage-Form im zweistimmi-
gen Gesang zwischen Sänger und Harfner, in das
dann der Chor refrainartig eintritt, dann im
selbstvergessenen Zwiegesang von Königin und
Sänger, in dem die geschlossene Singsituation sich
zu direkter Zwiesprache öffnet. Damit ist ausdrücklich nicht der bloßen Dramatisierung das
Wort geredet, sondern genau der vorgeführte
Prozeß der Dramatisierung im selbstreflexiven
Modus dieser Balladen bezeichnet.

Die Typisierungen von Lied und Ballade, Singen und Sprechen, weiblichem Heimatgefühl und

vaterländischer Männlichkeit leisten ein Verfahren vielfältiger Spiegelungen, das für diese Musik konstitutiv ist.

Die Handlung entspricht einer therapeutischen Situation: Das unrechte, versteinerte Machtgebaren eines alten Königs hat seine junge Königin krank gemacht. Der junge Sänger und der erfahrene alte Harfner sind aus der Heimat der Königin gerufen worden, um diese durch den Vortrag der heimatlichen Gesänge von Frühling und Liebe wieder an die Lebensadern anzuschließen, von denen sie in der Fremde abgeschnitten worden ist. Der Harfner ermutigt den zaghaften Jüngeren, der der Wirkung seiner Stimme im Kreis der Krieger unsicher ist. Vor König und Königin singt er zunächst eine Romanze im provencalischen Ton (Appel 1987) von der verloren gegangenen Einheit von Gesang und Rittertum.

Auf Aufforderung des mit solcher verweichlichten Kunst unzufriedenen Königs trägt der Harfner daraufhin eine nordische Schauerballade vor, mit der ein vom König verübter Mord an einem Sänger aufgedeckt wird. Die Königin versucht daraufhin, die Konkurrenz von Schönheit und Wahrheit zu schlichten, indem sie zum Kompromiß ein vaterländisches Heldenlied vorschlägt. Das gewünschte Lied im Duett beider Sängerfiguren allerdings reißt das zuhörende Volk zu revolutionären Freiheitskundgebungen hin, durch die der König seine Macht außer Kontrolle geraten sieht. Auch der zweite Beschwichtigungsversuch durch die Königin schlägt ins Gegenteil um: Indem sie den Jüngling ein Lied aus der Zeit gegenseitiger Jugendliebe singen läßt, vergessen sich die beiden in aller Öffentlichkeit und vereinigen sich in einem Liebesduett. Statt der Entsagung, die das Lied bestätigen sollte, steigern sich die Liebenden im gemeinsamen Singen, bis der König dem mit dem Schwert ein Ende macht. Mit dem toten Sänger verläßt der Harfner das Schloß des Königs, das er zur Verwüstung und zum Vergessenwerden verflucht. Die Memorialfunktion der Balladendichtung bezieht auch das aktive Vergessen ein.

Bis auf das spruchhafte Ende, bei dem er im homophonen Kollektiv die Erzählerfunktion übernimmt, ist der Chor an der Handlung beteiligt und also nicht in oratorischer Kommentarfunktion eingesetzt. Indem er auf die vorgetragenen Gesänge reagiert, wird die Plastizität der szenischen Konstellation erhöht und die Musik auf ihre szenische Funktion hin analysiert: »Wie schlägt der Greis die Saiten so wundervoll und mild« (Nr. 5). Das in Frauen- und Männerchor differenzierte Volk nimmt im folgenden den patriotischen Gesang zum Anlaß, für die Sänger Partei zu ergreifen. Mit Harfe und Schwert, gekrönt mit Lorbeeren, verkörpert das gemeinsame Singen in Form eines großen Opernfinales für die Königin die utopische Heimat, für den König die Unterminierung seiner Autorität. Gleichzeitig wirkt das dramatische Opernfinale im Konzertsaal als vaterländische Hymne.

Besonders interessant für den Dramatisierungsvorgang der Ballade ist der Wechsel vom Vorsingen ins unmittelbar dramatische Singen, wie es von Schumann in der folgenden Nr. 11 sorgfältig komponiert worden ist: Die Aufforderung des Königs: »Fangt an« etabliert im Orchester ein wiederholtes zweitaktiges Vorspiel-Modell, das nach der ersten Strophe im Lied des Sängers wiederholt und damit gleichsam die Außenperspektive gewahrt wird. Die erste Strophe selbst ist musikalisch bereits das Lied, vom Text her aber noch erklärender Vorspann des Sängers, der sich allerdings nur mehr allein an die Königin richtet: »Lausche Jungfrau […] einem Liede«. Die Strophenform und die damit verbundene Harfenbegleitung markieren ausdrücklich die szenische Aufführungssituation. Bereits mit der zweiten Strophe treten Musik und Gesang in einer für Schumann typischen Phasenverschiebung auseinander: Indem der Gesang verfrüht in das Vorspiel eintritt, ist der Text vor Beendigung der melodischen Phrase früh beendet und das Orchester muß sie zu Ende singen. In der vierten Strophe, die im Gestus der Erinnerung die Aussage des Liedes mit der szenischen Situation verknüpft, wird die Begleitung intensiviert, und die Melodie befreit sich allmählich von der strophischen Vorgabe. Gleichzeitig setzt die Stimme der Königin mit erinnernden Echos ein und führt den Text dieser Strophe wiederholend über dem Gesang der fünften Strophe im Tenor weiter. Als teilnehmender Beobachter vermittelt der Harfner den szenischen Vorgang des Duetts: »Was hör' ich! sie vergessen sich beide in dem Lied, der König zornentbrannt nach seinem Schwerte greift!« Während nun die Königin die beiden folgenden

Strophen des Liedes singt, die zweite davon in direkter Rede, hat der Sänger die Ebene des vermittelten Singens bereits verlassen und sich den Liedtext als gemeinsamen, unmittelbaren Ausdruck der gegenseitigen Liebe angeeignet. Fragt er zunächst noch mit einer dem Liedton angemessener Stimme immer wieder, ob die Königin ihn noch liebe, wird schließlich in selbstmörderischer Exaltation der Rahmen des Lieds gesprengt und in die Katastrophe geführt. Wie in der Peripetie des Duetts im zweiten Akt der *Genoveva* wird das Singen von Liedern zum Katalysator unterdrückter Gefühle. Das läßt sich auf die gesamte Ballade mit der von ihr durchgeführten Konkurrenz von Sängern und Rittern, Kunst und Herrschaft übertragen. Schumann inszeniert das in einer doppelt vermittelten Rahmenform. Die Ballade wird mit einem Vorspiel eröffnet, das über einem Präsenz bezeichnenden Paukenwirbel ein enges getragenes Motiv exponiert, das im Stück den narrativen Erzählduktus repräsentiert. Durch die Alt-Stimme der Erzählerin wird die prägnante Anfangsgestalt sprachlich konkretisiert: »Es stand in alten Zeiten«. Der Duktus des Erinnerns steht über einer Ballade, die genau das Erinnern und Vergessen zur Aufgabe des Sängers erklärt. Im abschließenden Chorsatz, der, wo nicht wie zu Anfang auf ein deklamatorisches Unisono reduziert, in strikter Homophonie und Zeilenführung die Erzählerfunktion übernimmt, wird das Motiv zu den letzten Worten (»Das ist des Sängers Fluch«) umgekehrt und neutralisiert. Indem die Erzählung vom Präteritum ins Präsens wechselt, entsteht das konkrete Bild der beiden Sänger vor des Königs Schloß. Aus deren Dialog entsteht ein Duett, das die Einheit der Figur über ihrer Aufspaltung in die beiden unterschiedlichen Sängerfunktionen bestätigt. Während sich musikalisch durch feierliche Trompetenfanfaren die Szenerie aufbaut, fällt die Perspektive noch einmal auf die Erzählung zurück. Das muß zwar insofern als dramaturgische Notwendigkeit angesehen werden, als damit dem Zuhörer im Konzertsaal die neue Szene und ihre weiteren Protagonisten teichoskopisch vermittelt werden, verstärkt aber damit genau die imaginierende Rezeptionshaltung, die für diese Balladenkunst als konstitutiv erkannt wurde. Anders gesagt wird damit die Erzählerfunktion verstärkt, die nach dem nur über dramatische Mittel verleben-

digten Bild dazwischen den Faden wieder aufnehmen wird.

Wie die Altistin die Figuren ins Bild geführt hat, so führt sie sie in Nr. 12 auch wieder hinaus, bevor der alte Sänger seinen Fluch ausruft. Damit sind zwei unterschiedliche Erzählmodi um die eigentliche dramatische Szene gelegt. Die beiden präsentischen inneren Erzählerinnen-Passagen verzichten notwendigerweise auf das rahmende musikalische Erzählmotiv. Daß allerdings der Barde in der Ballade, die Erzählerin der Handlung und der Komponist der Ballade gewissermaßen dieselbe Rolle spielen, mag man an der bardenhaften Gebärde ablesen, die in Takt 8 des Vorspiels die »Fugen des Erzähltons« zu sprengen scheint. Die daraus resultierende Theatralität ist allerdings weniger ein Merkmal erhöhter Dramatik als gleichsam konzertant vorgeführter Dramatisierungsprozeß.

Vom Pagen und der Königstochter op. 140 (1852)

Vier Balladen nach Em. Geibel. War in *Des Sängers Fluch* die Komposition innerhalb der Rahmenform als eine stete Steigerung sängerischer Vortragssituationen gestaltet worden, die durch Interpolation von anderen Texten ermöglicht worden war, so stehen die vier Balladen nach Geibel zwar in einem Handlungszusammenhang, sind aber als Reihung in sich geschlossener Bilder gestaltet. Auch steht keine Einheitlichkeit gewährende Barden-Figur im Hintergrund der Erzählung. Obwohl Schumann gegenüber Geibels Ausgangstext narrative Textpassagen rollenmäßig aktiviert (Jarczyk 1978, 86–91), tritt zumindest in den ersten beiden Balladen in der Alt-Stimme eine starke Erzählerin in Erscheinung. Dennoch wirkt es so, als habe Schumann ein ganz anderes ästhetisches Konzept verfolgt. In der besagten diskontinuierlichen Bilderfolge erscheint der Handlungsaspekt stark zurückgedrängt. Die Bilder, in die die Handlung eingefügt ist und mit der sie vor allem in der ersten und zweiten Ballade nur in lockerem Zusammenhang stehen, werden allein durch die chor-orchestrale Ausführung evoziert. In dieser musikalischen Bildhaftigkeit gehört die Orchesterfaktur zu den farbigsten unter Schumanns Werken. Die musikspezifische Flüchtigkeit wird in diesem Werk geradezu zum Wahrnehmungsmodus erklärt, indem in der letzten Ballade das Verklingen der Musik innerhalb der Balladenhandlung und des Werks im Konzert in eins gesetzt sind im letzten Wort: »verklungen«. Die scheinbar natürlich verschwindende Vision wird lediglich in einer schneidenden Dissonanz im drittletzten Takt ausdruckshaft auf die Zuhörer hin perspektiviert.

In den Balladen 1 und 4 ist der Chor konstitutiv am szenischen Bild beteiligt, indem er einen öffentlichen Rahmen für die private Handlung bildet: im ersten Fall den Szenentypus der Jagd, vor deren Hintergrund die nicht standesgemäße, tabuisierte Liebesbegegnung Page und Königstochter stattfindet, im zweiten Fall der des Hochzeitsfestes, in das ein übernatürliches Geschehen zerstörend eingreift. Zwischen Jagdbild und Tanzbild sind ein Meeresunwetterbild, das die Erregung bei der Ermordung des Pagen durch den königlichen Vater ausmalt, und ein surrealistisches Bild im Reich der Wassergeister eingespannt.

Dieses Bild ist zentral im Verständnis der Ballade als selbstreflexive Form, da hier die Perspektive umschwenkt; unter Wasser, dem besonders musiknahen Medium der Flüchtigkeit (»das Wasser klingt, es singt die Luft«, wie es in der dritten Ballade heißt), und unter traditionell musikhaften Nixenwesen wird die funktionale Bedeutung der Musik in den Hintergrundmusiken der Szenen (Jagd, Fest) reflektiert und die Fertigung des gesellschaftsdestruktiven mythischen Instruments vorgeführt. Seelenlose Naturgeister finden das Skelett des ermordeten Pagen und bitten den Meermann, aus dem elfenbeinern glänzenden Spielzeug ein Musikinstrument zu fertigen. Die menschliche Materie und das goldene Haar der Meerkönigin, das über die Knochenharfe gespannt wird, vereinigen sich gut romantisch zu einem Symbol der übernatürlichen Macht der Musik, die die unnatürliche traditionelle Weltordnung des Königs und seines Standesbewußtseins aufzuheben vermag.

Das Ganze läßt sich psychologisch verstehen als Traum, der aus dem schlechtem Gewissen des Königs geboren ist, denn er war es selbst, der den ermordeten Knaben mit den Worten ins Meer geworfen hatte: »so magst um die Königin jetzt der Wassernixen minnen«. Aber solche Psychogisierungen verfehlen die programmatische Zweidimensionalität der scheinbar naiven Balladenform. Entscheidender wirkt die Gegenüberstellung von einer funktional affirmativen Kunst, die die Gesellschaft bestätigt, mit einer autonomen Kunst, die von woanders her kommt, selbstgesetzlich klingt wie das Rauschen der Wellen und aus der wie seelenlosen Gleichgültigkeit der Natur gegenüber den menschlichen Wertungen spielt. Die Konkurrenz dieser beiden Weisen von Kunst wird in der letzten Ballade explizit gemacht durch den Spielmann, der dem König gegenüber erklärt, daß das menschliche Musizieren vor dem harfenden Meermann zu schweigen habe. Das Gattungsmerkmal der Unmotiviertheit oder Unerklärtheit in der Ballade wird in dieser Komposition wie in *Des Sängers Fluch* zum Ausgangspunkt der poetologischen Selbstreflexion. Der diskontinuierliche Bilderbogen, wiewohl in der letzten Ballade durch die Wiederaufnahme der Meeresmusik verflochten, läßt die Musik das sein, was ihr Text über sie aussagt.

Das Glück von Edenhall
op. 143 (1853)

Ballade nach Ludwig Uhland bearbeitet von L. Hasenclever. Schumanns letzte Chorballade, eine Dramatisierung von Uhlands *Glück von Edenhall*, scheint zunächst gänzlich aufzugehen in ihrer Funktion als Konzertstück für Männerstimmen, Männerchor und Orchester. Weder gibt es einen Erzähler noch wird Musikalisches in der Ballade thematisiert. Vielmehr handelt sich hiermit um ein schlichtes Gleichnis, wie durch jugendliche Hybris die geheiligte Tradition einer Familie, die im zerbrechlichen Symbol eines kristallenen Trinkgefäßes gefaßt ist, mit einem Mal der Vernichtung preisgegeben wird. Natürlich bietet der Text genügend Gelegenheiten zu klanglichen Ausdeutung des Gesagten, was in der einfachen Machart dieses Stücks allerdings recht didaktisch klingt, wenn z. B. das im Text bemerkte Donnergrollen in der Musik nachträglich mit einem

Paukenwirbel illustriert ist. Das Stück krankt ein wenig daran, daß das zentrale Symbol zwar als klingendes eine musikalische Aufgabe stellt, diese jedoch nicht ausreichend ausformuliert ist: »Wie klingt es milde, tief und voll, gleich dem Gesange der Nachtigall, dann wie des Waldstroms laut Geroll, und jetzt wie ferner Donnerhall!« Bedeutungsvolle Naturlaute sollen wie das Rauschen der großen Vergangenheit in dem Zauberglas von Feenhand klingen, ein Lichtwunder wie das von Wagners Gral böte Gelegenheit zu einer Klangfarbenstudie; der Text allerdings benennt das alles eher nüchtern, als daß er es für die Vertonung ausführte. Schumann dehnt die angesprochene Partie durch eine dissonierende Orgelpunktpassage und bedeutungsschwere Bläsersoli aus, kann aber in der knappen Diktion der Ballade auch musikalisch nicht einholen, was den Ausschlag zur Vertonung dieses Stücks gegeben haben könnte: Daß nämlich allein im Klang des Glücks von Edenhall, wie das Glas genannt wird, die Mahnung zur Wahrung der Tradition hörbar

wäre, würde dieser nicht durch den Lärm des übermütigen Gelages übertönt. Balladenhaft an dem Ganzen ist – und das ist die besondere Gattungsprägung dieses Stücks – die durch den Text vorgegebene Refrainstruktur, die jeden Abschnitt mit den Worten »Glück von Edenhall« enden läßt. Die Magie der ständigen Wortwiederholung kommt allerdings durch den schmetternden Jubel der vorherrschenden C-Dur-Faktur wenig zum Tragen. Mit einer nachgedichteten Strophe schafft Schumann eben über das Aufrufen der Trompetenklangs (»schmetternden Trompeten«) einen Rahmen, der zudem aus dem trauermarschähnlichen Abschluß der Handlung eine äußerlich anmutende Finalwirkung herausschlägt.

Vielleicht trifft man die Absicht dieser Komposition, wenn man die Erzählerfunktion des Balladenbarden vollständig vom Orchester absorbiert erkennt. Der Zeitbezug dieser Ballade in ihrer Thematisierung leichtsinniger und mutwilliger Gefährdung der Tradition ist eher in der Absicht als in der musikalischen Wirkung zu erkennen.

Liturgische Werke

Zwischen religiöser Kunst und Kunstreligion

Wenn Schumann sich in seiner letzten produktiven Lebensphase der Komposition des lateinischen Meß-Ordinariums und des Requiems widmete, war das alles andere als selbstverständlich. Diese Formen waren zumal im vorwiegend protestantischen Kräftefeld der romantischen Geistesströmung schließlich zunehmend zwischen die liturgische Funktion der Musik und den sich ausdifferenzierenden Autonomie-Anspruch der musikalischen Kunst geraten und damit kaum mehr als zentrale kompositorische Aufgabe zu verstehen. Zwar hatte gerade die protestantische Romantik Anschluß an die transzendentalen Frömmigkeitsformen, an die bildkräftigen Symbole und die empfindsamen Gebetstöne des Katholischen gesucht. Aber das war zu Beginn der zweiten Jahrhunderthälfte bereits fragwürdig geworden und unter anti-romantischen Korrektur-

impulsen einem strengeren Verständnis von Kunst auf der einen, Ritus auf der anderen Seite gewichen. Längst hatte die Kunst die Möglichkeit ergriffen, ihre Autonomie durch selbstzugeschriebene quasireligiöse Funktionen zu untermauern, ›Kunstreligion‹ der großen, erhabenen Musik als Bedeutung einzukomponieren (Krummacher 1979).

Auf der anderen Seite stehen die expliziten Bemühungen um eine Restauration der Kirchenmusik, also einer bewußt funktionalen Musik in den sich wandelnden Vorstellungen der Liturgie, die im protestantischen Bereich weitgehend verloren erkannt worden waren. Unter dem Einfluß romantischer Geistesströmungen wurden hier idealisierend restaurative Züge wirksam, während im katholischen Bereich im Selbstverständnis einer nicht abgebrochenen Kontinuität die eingetretene Verfestigung zunächst Reformen ausreichend erscheinen ließ (Konrad 1987, 72 f.). Um die Jahrhundertmitte jedoch waren die retrospektiven

Tendenzen als künstlerisch weitgehend unfruchtbar erkannt und an den Rand wenn auch einflußreicher Interessengemeinschaften wie die des aufstrebenden Caecilianismus und seines historistischen *a capella*-Ideals gerückt. Die Komposition des Messe-Ordinariums oder auch anderer lateinischer liturgischer Texte in der Faktur der Orchestermesse mit Solisten steht dabei zwischen einer konzertanten Inszenierung der Musik im Gottesdienst und einer fingierten Liturgie-Szene einer säkularisierten Religion im Konzertsaal.

Motivationen. Über Schumanns Motivation zur Vertonung der liturgischen lateinischen Texte läßt sich nur spekulieren. Die Bedingungen der Einschätzung und Interpretation ändern sich beträchtlich je nachdem, wo man die Werke zwischen dem beschriebenen verspäteten romantischen Diskurs und dem öffentlichen Wirkungspostulat, wie es in Schumanns geplantem protestantischen National-Oratorium *Luther* erfüllt werden sollte, ansiedelt. Da weder in der Systematik der Gattungen ›geistlicher Musik‹ bei Schumann hinsichtlich Oper, Oratorium, Kantate, Motette übergeordnete Stilmerkmale zu erkennen wären, die sich vom Personalstil der Dresdner und Düsseldorfer Zeit des Komponisten unterscheiden ließen, noch auf eine brauchbare allgemeine Systematik geistlicher Musik um die Mitte des 19. Jahrhunderts jenseits von abstrakten Bemerkungen zur ›Reinheit der Tonkunst‹ oder konkreten Erscheinungen des Kirchenstils wie Fugen oder ›stile antico‹ zurückgegriffen werden kann, empfiehlt es sich, die Betrachtung eine Ebene tiefer anzusetzen. Die Musik auf lateinische liturgische Vorlagen sollte zunächst von der Behandlung zu allgemein verstandener geistlicher Töne und von der Diskussion um Oratorium oder geistliche Musik gelöst werden.

Unabhängig von dem manchmal für den späten Schumann bemerkten Mystizismus läßt sich erst einmal nach spezifischer auf die Werke zielenden Beweggründen für die lateinischen Kompositionen zu suchen. Die drei im folgenden vorgeschlagenen Motivationen betreffen a) die sprachliche Vorlage als Medium, b) den liturgischen Text als dramatische religiöse Szene und c) den spezifischen Charakter des öffentlichen Kirchenraums.

a) Der Texte des Meß-Ordinariums und des Requiems mit ihrer Vertonungsgeschichte stellen für den geschichtsbewußten Komponisten um die Mitte des 19. Jahrhunderts eine objektive musikgeschichtliche Verpflichtung dar. Schumann hatte ohne Bezug auf die lateinische Liturgie geschrieben: »Der geistlichen Musik die Kraft zuzuwenden, bleibt ja wohl das höchste Ziel des Künstlers« (Brief an Strackerjan, 13.1.1851, BNF, 335). Ohne das lapidare Zitat überbewerten zu wollen mag man darin den Ansporn hören, in der Musik mit der längsten Tradition und den vielfach vertonten Texten etwa der Psalmen oder eben der Liturgie vor der Geschichte zu bestehen und aus dieser Anforderung die eigenen Kräfte aufs höchste inspiriert und angestachelt zu sehen. Das kann nicht elementar genug gedacht werden, schließlich ist nicht einmal die bloße Faszination von der formelhaften lateinischen Kirchenprosa mit ihren religiös und musikgeschichtlich aufgeladenen Wörtern als Motivation auszuschließen. Gerade das Zelebrieren einzelner Wörter im großen Stil, ohne befürchten zu müssen, diese könnten in der Wiederholung an Bedeutung einbüßen, mußte einen sprachsensiblen Musiker wie Schumann reizen. Die bei ihm oft angekreideten Fehlbetonungen oder manche ungewohnt oder gar skurril anmutenden Deklamationen in den lateinischen Werken sind vielleicht als Spuren einer experimentellen Morphologie in ›musikalischer Prosa‹ zu lesen. Damit setzten eben gerade diese Werke eine Tendenz in zugespitzter Weise fort, die nach verbreiteter Ansicht einen der fortschrittlichen Züge in Schumanns Vokalschaffen ausmacht. In diesem Sinne steht eine ästhetische Deutung der zu besprechenden Werke noch aus.

b) Die Bedeutung der lateinischen Vorlage kann aber auch weniger im Verständnis und der Ausdeutung der Worte als in ihrer gleichsam szenischen Qualität für Schumanns dramatische Ambitionen erkannt werden. Der fremde Kultus wird in seiner performativen Qualität aufgefaßt, die der unbeteiligten Schar der Gläubigen im Kirchenraum im Extremfall den geheimnisvollen unsichtbaren, schweigenden Vollzug der Wandlung in der musikalischen Inszenierung des *Sanctus* in der Messe sinnlich vor Ohren führt. Genau auf diese Qualitäten hatte Schumann 1837 sein Augenmerk in einer Konzertkritik einer Messe von Cherubini gerichtet, die modellbildend auf Schumanns Verständnis des Textes eingewirkt haben könnte: »Nenne man es hochkirchlich, wundersam, so sind dies noch alles keine rechten Worte für den Eindruck, den es im Ganzen, aber besonders in einzelnen wie aus den Wolken klingenden Stellen macht, wo es einen schaurig überläuft; ja was selbst weltlich, curios, beinahe bühnenartig klingt, gehört wie der Weihrauch zum katholischen Ceremoniell und wirkt auf die Phantasie, daß man den ganzen Pomp eines solchen Gottesdienstes vor sich zu haben glaubt« (GS II, 129).

Die Frage wäre also weniger, inwieweit die Werke den tatsächlichen Vorgaben des liturgischen Gebrauchs entsprechen als vielmehr, ob sie nicht eher eine musiktheatrale Evokation eines solchen Zeremoniells darstellen. Das mag auch erklären, warum die Repräsentation des Zeremoniells nur jeweils in einem Einzelwerk denkbar war. Die musikhistorischen Inszenierungstechniken wie die barockisierenden Monumentalstil-Zitate des *Gloria* oder die traditionellen Fugen-Ansätze der klassischen Orchestermesse lassen sich ebenso in dieser Perspektive sehen wie die romantischen Inszenierungen von frommer Innerlichkeit im Offertorium *Tota pulchra es* oder erhabener Heiligkeit im *Sanctus*-Komplex der Messe. Eventuell läßt sich die auffällige, wie rufende Dehnung der Schlußsilbe von »Kyrie«, »Gloria« und »Sanctus« in der Messe als artifizielle pathetische Geste den theatralen Darstellungsmitteln zuschlagen. Die Deutung wird jedenfalls am Ende davon abhängen, ob man den Chor als tragischen Darsteller vor den Zuschauern und Zuhörern agieren sieht oder ob man im Chor die zuhörende Gemeinde repräsentiert erkennt.

c) Ein weiterer Aspekt richtet sich auf das Verhältnis von Kirche und Öffentlichkeit. Diese für die Oratoriendiskussion zentrale Frage erlangt im Hinblick auf die Messen-Komposition eine entscheidende Grundsätzlichkeit. Das hatte für Schumann in Düsseldorf zunächst eine pragmatische Dimension. Die Aufführung von Kirchenwerken gehörte dort zu den öffentlichen Aufgaben des städtischen Musikdirektors. Dieser Verpflichtung kam Schumann mit überlieferten Aufführungen der C-Dur-Messe von Beethoven und einer Messe in g-Moll von Moritz Hauptmann auch nach, während eine Aufführung seiner eigenen Messe in der Kirche offenbar nicht zustande kam. Was das verhindert haben könnte ist schwer einzuschätzen,

zumal der Status solcher Kirchen-Aufführungen nicht eindeutig zu erkennen ist: Waren solche Aufführungen in der Kirche, wie es für Requiem-Aufführungen zumindest üblich gewesen zu sein scheint, eher Konzerte im Kirchenraum, oder muß man davon ausgehen, daß ein Teil der sich verdichtenden Probleme darin lag, daß der Dirigent Schumann auch mit seiner Musik mit den liturgischen Vorgaben nicht zurecht kam?

Wie dem auch sei: Seine Düsseldorfer Position bot dem Komponisten ungewohnte Aufführungsmöglichkeiten, und er gedachte sie offenbar zu nutzen. Das schließt natürlich nicht aus, daß er durch die Erfahrungen im Rheinland und speziell durch seinen Besuch des Kölner Doms ein neues Verhältnis zu Religion und Liturgie gewonnen haben könnte. Doch auch das muß nicht automatisch zu einer persönlich betroffenen, identifikatorischen Ausdeutung des heiligen Textes geführt haben. Gerade die Möglichkeit der Distanzierung durch die lateinische Sprache und die musikalische Tradition der Messevertonung entsprachen mehr der Tendenz zur ›Reflectiertheit‹ bei gleichzeitiger ›Objectivierung‹, wie die Schlagworte lauteten, mit denen die Schumann-Kritik die noch ungeklärten Positionen zur geistlichen Musik zwischen den Konservativen und den Neudeutschen zu profilieren versuchte.

Vielleicht muß man also in der Komposition von Messe und Requiem den Versuch einer repräsentativen Synthese sehen, für die Musik eine allgemeine Bedeutung im Sinne einer vertieften Öffentlichkeit zu gewinnen. Die festlichen Gottesdienste zum Patronatsfest der Maxkirche und zu Fronleichnam in der Lambertuskirche in Düsseldorf waren über das Gottesdienstliche hinaus auch gesellschaftliche Anlässe, bei denen auch die Düsseldorfer Honoratioren, die als Chorsänger oder Dilettanten im Orchester unter Schumann Leitung mitwirkten, ihre Person im öffentlichen Leben repräsentierten. Besonders im Gedanken des Liturgischen konnte eine symbolische Öffentlichkeit konstituiert werden, die in Schumanns Gestaltung weniger im Verständnis eines nationalkatholischen Aktionismus als in einer musikhistorisch begründeten Haltung, die die gewonnene Innerlichkeit mit einem zeremoniellen Gemeinschaftsgefühl vereinte, wirksam werden sollte. Die Musik wird daher vor allem als Musik für öffentliche Räume, Kirche wie Konzertsaal (vgl. Kapp 1984 im Exkurs »Hallen«, 144–155), und für symbolische Handlungen zu analysieren sein. Ausgehend von der biographischen Realität der Räume und Funktionen Schumanns in Düsseldorf müßte die musikalische Imagination von Raum und Zeremonie umfassend thematisiert werde. Entscheidend für die noch ausstehende Bewertung der Gelungenheit von Schumanns Messe und Requiem wird die Frage nach dem Stellenwert sein, den man im skizzierten Kontext dem persönlichen Bekenntnis, der öffentlichen Funktion und der Stellung zum Kontext der Gattung und ihren denkbaren Intertexten zumißt.

Messe op. 147

Die im Frühjahr 1852 komponierte Messe liegt in zwei Versionen vor, einer Orchesterfassung und einer Bearbeitung nur mit Orgelbegleitung, die nahelegt, daß für Schumann die Öffentlichkeit nicht nur der große Raum der Orchestermesse, sondern die mögliche Verbreitung im gottesdienstlichen Gebrauch bedeutete. Weder eine Gesamt-Aufführung noch den Druck im gewünschten Sinne hat Schumann noch erleben können. Die nach Programmentwürfen beabsichtigte und dann nur als Teilaufführung von Kyrie und Gloria realisierte Vorstellung in einem Abonnementskonzert 1853 verdeutlicht eindrücklich, in welcher Form musikalische Öffentlichkeit im Konzert gedacht werden konnte: Zusammen mit einer Sinfonie, einer Chorballade, drei Liedern sowie dem 4. Klavierkonzert von Beethoven waren die verschiedenen Erscheinungsformen öffentlicher Musikdarbietung geradezu idealtypisch versammelt. Über die unvollständige Messe schien man nicht sonderlich erstaunt und empfand die beiden Teile offenbar pauschal als typisch Schumann. Die Orgelfassung könnte 1853 durch die Ausschreibung eines Kompositionswettbewerbs angeregt sein, was auch die nachträgliche Komposition eines dafür geforderten Offertoriums (*Tota pulchra es*) erklären ließe. Auch nach der postumen Veröffentlichung 1863 hat die Messe alles andere als eine einhellig positive Rezeption erfahren. In einer Rezension der Druckausgabe kommt die bis heute wirksame

Diskrepanz zwischen der kompositorischen Physiognomie Schumanns und einer mehr idealiter vorgestellten als tatsächlich existierenden Kirchenmusik zum Ausdruck. Wie immer man es bewertet, so scheint doch allgemein eine gewisse Distanziertheit in der Komposition gespürt worden zu sein.

Die traditionellen Züge von Schumanns Messenkomposition liegen ebenso in den Vorbildern und Konventionen der klassischen Orchestermesse – wie die traditionellen Fugati auf typenhaft geschnittene soggetti in den Abschnitten »cum sancto spirito« im *Gloria* und »et vitam venturi« im *Credo* – wie in den ebenfalls bewährten Techniken der Strukturierung der textreichen Sätze durch übergeordnete Motivblöcke wie in den sogenannten Credo-Messen. Wie zum Beispiel Beethoven in seiner *Missa solemnis* durchsetzt auch Schumann den Credo-Satz der Messe mit vokalen und instrumentalen Einwürfen, die zu Beginn am Wort »Credo« exponiert worden sind. Es handelt sich um ein syllabisches Viertonmotiv, das das Wort zweimal in Sekundschritten artikuliert, die durch einen Fundamentalschritt (Quinte oder Quarte) voneinander abgesetzt werden. Zu diesem buchstäblichen Fundamentalismus paßt es, daß in der Fortführung die inhärente harmonische Bewegung neutralisiert wird, indem ein dritter Credo-Ruf zum Ausgangston zurückkehrt. Das statische Element im Chor wird im Orchester durch Punktierungen verstärkend ausartikuliert und durch Vorwegnahme der Einsatztöne fixiert. Im Wechsel mit dem folgenden Text werden Formteile gegliedert, wobei allein die silbenmäßige Artikulation des Credo-Rufs ohne die diastematische Ausgangsgestalt ausreicht. Nach dem so gekennzeichneten Teil über den Vater (»unum Deum«) folgt der Teil über den Sohn (»filium Dei unigentum«), in dem das Viertonmotiv hintergründiger und ohne die sprachliche Auszeichnung »Credo« erfolgt.

Dieser Mittelteil des *Credo* wird durch zwei eigenständige Fakturen vereinheitlicht, die die ansonsten eher rezitierende Gebetsstruktur musikalisch fassen: erstens eine quartweise aufsteigende kanonische Wendung, die »et ex Patre« und »genitum« zu einem inneren, und zweitens eine durch den vierstimmigen Männerchor mit Begleitung der Fagotte, Bratschen und Violoncelli markierten Faktur, die »et in unum« (T. 47) und »qui propter« (T. 90) zu einem äußeren Rahmen zusammenschließen.

Durch statische Chromatik und pendelnde Begleit-
bewegung werden »et incarnatus« und »Crucifixus«
zu einem sakralen Innenraum im öffentlichen und
wie allgemeingültigen Gesetz formulierten *Credo*
ausgewiesen, bevor das »et resurrexit« sowohl aus
dem breiten Takt als auch aus dem tonartlichen
Rahmen des Gesamten ausbricht.

Mit dem heiligen Geist kehrt die Musik zum
Credo-Ruf zurück (»erstes Tempo«), modifiziert
zwar, aber in Kompositionstechnik und Begleitung
sozusagen idealtypisch geklärt gegenüber seinem
ersten Auftreten. Die Schlußfuge wird als entstehende Doppelfuge aus »et vitam venturi« mit barockisierenden Fundamentalschritten und Credo-
Subjekt inszeniert (Popp 1971, 162 ff.). Das abschließende »Amen« nimmt den Credo-Ruf vokal
und instrumental auf.

Faktur als gliedernde und formbildende Maßnahme wird auch in der Grobstruktur des *Gloria*
eingesetzt, das wie das *Credo* dreiteilig angelegt ist.
Vermittelt durch den Wortstamm »gloria« wird
»glorificamus« durch Artikulation, harmonische
Bewegung, Instrumentation, Dreiklangs-Auf-
schwung und tremolo auf die anfangs breit entfaltete Grundhaltung des gesamten Satzes bezogen,
der schließlich auch mit der liturgisch nicht vorgesehenen Wiederholung des Gloria-Mottos abgeschlossen wird. Über solcherart wirksame Analogien kann das »Quoniam tu solus sanctus« (T. 165)
als Wiederaufnahme des »Gloria«-Rufs gehört
werden. Musikalische Formbildung bei gleichzeitiger Zeichenhaftigkeit wird durch eine Faktur
erreicht, die wie ein Zitat aus der Generalbaßzeit
wirkt: Ein regelmäßiger, basso-continuo-artiger
laufender Baß in den tiefen Streichern und der
Orgel (»markirt« zu spielen) mit charakteristischen
harmonisch-melodischen Wendungen im Vier-
Viertel-Metrum bestimmt einen tonartlich abgehobenen und im Tempo verlangsamten Formteil
»Domine Deus, rex coelestis« (*Gloria*, T. 110–136).
Neben der herausgehobenen »Gloria«-Fanfare
bildet dieser Satz ein weiteres Bild von Majestät
aus. Beide Majestas-Symbole werden schließlich
in der Schluß-Fuge »Cum sancto spiritu« (ab
T. 187) mit ihrem archaisierenden Soggetto zusammengeführt. Das gesamte *Gloria* wirkt mithin
weniger als Vertonung des Textes Satz für Satz
oder Wort für Wort als wie ein großer musikalischer Entwurf über die »Gloria«-Vorstellung.

Neben solchen Mitteln, die einzelnen Sätze mit
übergeordneten Gedanken und topischen musikalischen Formungen zu fokussieren, muß die kompositorische Technik, den gesamten Messe-Zyklus
durch motivische Verflechtungen zusammenzu-
binden, zur Diskussion gestellt werden. Darunter
ist wie bei anderen Großwerken weniger eine deutlich faßbare ›Leitmotiv‹-Technik zu verstehen, die
etwa im Sinne einer theologischen Ausdeutung
einzelner Satzteile – wie beispielsweise das *Agnus
Dei* mit der entsprechenden Formulierung »Agnus
Dei« im *Gloria* (T. 136 f.) – verbinden könnte;
Schumann entspricht dem mit einer triolischen
Begleitfigur. Vielmehr finden sich in der Messe wie
in verschiedenen anderen Werken des späten
Schumann sozusagen vor-motivische morpholo-
gische Gruppen, die als flexible Motivbasis für unterschiedliche Ausprägungen zur Verfügung stehen;
neben einer, Stabilität vermittelnden, stark diatonischen Gruppe, die etwa im Fugenthema »cum
sancto spiritu« (*Gloria* ab T. 187) ausgeprägt ist
und auch über die Messe hinaus auf entsprechende
Sätze des unmittelbar danach entstehenden Requiems verweist, findet sich ein Reservoir, das aus
abwärtsgerichteten Leittonstrebungen besteht.

Beide Gruppen streben von einer wiedererkennbaren, individuellen Motivsprache weg, die
erste in ihrer Tendenz zur typenhaften Verallge-
meinerung, die zweite in ihrer melodisch-harmo-
nischen Flexibilität.

Ein weiteres Mittel, die Musik bedeutsam klingen zu lassen, liegt in der Dichte des Chor- und
Orchestersatzes. Nur in wenigen Ausnahmen wird
von der Möglichkeit der Differenzierung des Satzes durch vokale oder instrumentale Soli Gebrauch
gemacht. Im »Gratias agimus tibi« des *Gloria*
werden die Sopran-Stimme und – vorimitatorisch
zum Chor – die Oboe solistisch eingesetzt, als
antwortender Kontrast zur majestätischen Gloria-
Gestik; das *Benedictus* wird der Tradition der
klassischen Orchestermesse entsprechend solistisch
behandelt, im Sinne der religiösen Szene wie als
Worte des Zelebranten, unterlegt mit einer asso-
ziierbaren Ahnung des aufsteigenden Weihrauchs in
Solo-Violoncello und -Viola. Indem die Orgel
obligat die Begleitung übernimmt, ist die sakrale
Szenerie deutlich ausgemalt.

Die auffälligste Durchbrechung des kompakten
Satzes findet sich im Offertorium *Tota pulchra es,*

das mit ähnlichen instrumentatorischen Mitteln als Duett zwischen Sopran und Violoncello zur Begleitung der Orgel gestaltet ist. Zweifelhaft ist, ob in diesem Bild frommer Innerlichkeit das Herzstück der Messe zu erblicken ist, oder ob nicht vielmehr ein dramaturgisches Intermezzo vorliegt. Wenn das *Offertorium* tatsächlich nur zur Teilnahme an dem angesprochenen Kompositionswettbewerb nachkomponiert und damit zumindest nicht Teil der ursprünglichen Konzeption der Messe ist, liegt letzteres nahe. Verfolgt man allerdings die Hypothese vom Verhältnis von religiöser Szenerie und Distanz, wird man darin eine nachträgliche Schärfung erkennen können.

Den Eindruck bedeutungsschwerer Dichte vermittelt vor allem das *Kyrie*, das wie ein Eingangsportal vor und damit über der Messe gewölbt wirkt. Gerade hier verzichtet Schumann geradezu programmatisch auf die Möglichkeit der Subjektivierung des liturgischen Geschehens auf die conditio humana hin, wie ein späterer Kritiker bemerkte, der die »reinmusikalische« Bedeutung der Messe über die verfehlte liturgische Funktion setzte (nach Appel, RSA IV/3/2, XXXVI). Sowohl die hier wie in der ganzen Messe auffällige Betonung des jeweils ersten Worts und, hier vor allem, der ersten Silbe, als auch die scheinkanonische Satztechnik lassen weniger konkrete musikhistorische Assoziationen aufkommen als vermuten, der Komponist könne hier vom klanglichen Raumgefühl des Kirchenschiffs und seiner Akustik ausgegangen sein. Die Beschwerung tendenziell jeder Taktzeit im langsamen Tempo und das allmähliche Aufbauen des vollen Klangs stehen im Dienste dieser Komplexität mit einfachen Mitteln.

Im Zentrum der Messe steht der *Sanctus*-Komplex, den Schumann entgegen der liturgischen Gepflogenheiten in einer Bogenform durchkomponiert. Nicht wie üblich die Wiederholung des *Hosanna* gliedert den Ablauf, sondern ein Rahmen, der mit dem eigentlichen *Sanctus* in As-Dur um *Benedictus* und Elevation gelegt ist, wiederum Räumliches, in diesem Fall den der Gemeinde nicht zugänglichen Innenraum der eucharistischen Handlung assoziierend. Wiederum ist es also das zentrale Wort »Sanctus«, im Notenbild durch die hohlen Noten eines alla-breve-Großtakts (in der Reprise als 4/2 notiert) ausgezeichnet, das mottoartig den ganzen Komplex bündelt und die

Form gegen den eigentlichen liturgischen Ablauf trägt. Der darauffolgenden Tutti-Phase (»Pleni sunt« und »Hosanna«) folgt eine gleichsam zwischen Solisten und Chor antiphonierende Phase: »Benedictus« mit Tenor-Solo, verschränkt mit Frauenchor, bevor der ganze Chor übernimmt; für die Komposition der Elevation, der Erhebung der Hostie, die nicht zu den vertonten Teilen des Ordinariums in der klassischen Tradition gehörte, aber wohl in der rheinischen und jedenfalls der französischen Tradition üblich war, konnte Schumann in den Messen des von ihm geschätzten Luigi Cherubini ein Vorbild finden. »O salutaris hostia« antwortet in seiner Messe durch das eröffnende Quartintervall vermittelt auf das »Benedictus«, nun im Wechselgesang von Baß und Chor, später in einer Art Echo zwischen Sopran und Chor. Die Bewegung der Erhebung wird ebenfalls aus dem vorausgegangenen Satz übernommen, indem die tiefen Streicher plus Fagott Dreiklänge von unten aufsteigen lassen, die von einer arabeskenhaft abwärts geführten Triolenbewegung der Violinen beantwortet werden. Diese textfreie Musik von oben führt in die Reprise des »Sanctus« zurück, wobei die Triolen in der Begleitfigur der Violinen binär neutralisiert erscheinen. Der Weg vom Tutti zum Wechselgesang und zurück führt in das Zentrum der Messe, sei es im Sinne der Subjektivierung durch die Aufspaltung des Satzes in innerlicher, solistischer Melodik und symbolischen Artikulation des einzelnen in den Kirchenbänken, oder sei es im Sinne einer dramatischen Handlung zwischen den Akteuren der imaginierten Liturgie. Die abschließende, liturgisch nicht gedeckte Amen-Fuge mit ihrem barockisierenden Duktus am Ende des gesamten Teils markiert den nicht vermittelbaren Perspektivwechsel zwischen dem wie auch immer verstandenen Innenraum und der im Hören vollzogenen Teilhabe.

Requiem op. 148

Daß man ein Requiem für sich selber schreibe, ist seit der anekdotisch dämonisierenden Rezeption von Mozarts Requiem, dem locus classicus der Gattung »Requiem« zu einem Topos geworden, den sich auch Schumann in seinem Requiem von

1852 zu eigen gemacht haben soll. Die Enttäuschung und Skepsis, die bereits Brahms diesem
Werk entgegengebracht hat und die die Rezeption
bis heute bestimmt, mag damit zusammenhängen,
daß das Werk selbst sich gerade einer solchen
emphatischen Deutung entzieht. Weder lassen
sich Anzeichen einer besonderen persönlichen
Betroffenheit aus der Partitur herauslesen noch
bedient das Werk die theatrale Dramatik, die man
gemeinhin vor allem mit den drastischen Ausma-
lungen der apokalyptischen Sequenz *Dies irae* in
den prominenten Vertonungen des 19. Jahrhundert verbindet.

Natürlich soll damit keinesfalls ausgeschlossen
werden, daß die krisenhafte Zuspitzung von
Schumanns Düsseldorfer Lebensweise und der
Verlauf seiner Erkrankung Todesgedanken hervorgerufen haben können, die schließlich zum
Suizid-Versuch geführt haben. Der Tod ist in
vielfältiger Ausprägung zum Motiv mehrerer später Kompositionen geworden. Dabei ist jedoch
nicht jede kompositorische Auseinandersetzung
mit dem Thema automatisch auf das eigene Sterben zu beziehen. Entscheidend ist vielmehr die
auffällige Dominanz des liturgischen oder quasi-
liturgischen Gedenkens bei Schumann, ein Kultus
des kollektiven Erinnerns, der die musikalische
Behandlung vermittelt. Im »altkatholischen Requiem« des letzten der Lenau-Lieder (op. 90/7)
und seiner intendierten Gedenkfunktion für den
Dichter liegt das ebenso offen wie in *Faust's Verklärung* und im *Requiem für Mignon*, die als Bekenntnis zum erinnernden Weiterleben gleichzeitig Memorialfunktion im Kontext der Goethe-
Feiern von 1849 beanspruchten. Es ist also
durchaus wahrscheinlich, daß Schumann sein la-
teinisches Requiem in erster Linie für öffentliche
Gedenkveranstaltungen beabsichtigt haben
könnte; zumindest eine dokumentierte Prager
Aufführung von Schumanns Requiem anläßlich
des 50. Todestages von Ludwig van Beethoven
(Appel, RSA IV/ 3/3, 144) entsprach ideal einer
Intention, die die Rezeption des Werks aufs Ganze
gesehen nicht einzulösen vermochte.

In zweiter Linie mochte Schumann mit seinem
Requiem weniger zwar seinen eigenen, geahnten
Tod als vielmehr die Organisation seines eigenen
Nachlebens im Auge gehabt haben. Als geschichts-
bewußtem Komponisten war ihm gewiß an der

Dauer seines Werks und seiner Person gelegen, die
im repräsentativen Rahmen von Schumann-Fei-
ern, wie er sie zu Lebzeiten erfahren hatte, durch
eine zentrale, sakrale Aufführung an Weihe und
Würde gewinnen mußte. Das könnte die eigenartige Verhaltenheit des Werkes erklären helfen: Erstens durfte zur Verbreitung der Anspruch an die
Aufführbarkeit nicht zu hoch angesetzt sein, zweitens sollte die Musik nicht aufwühlen, sondern im
Gestus des feierlichen Gedenkens verharren.

Zwei Beobachtungen, eine entstehungsge-
schichtliche und eine formale, können diese Sicht
auf das Requiem stützen. Die Skizzen zum ersten
Satz enthüllen einen schwierigen, stark reflektierten Kompositionsvorgang, der das Problem des
dramaturgischen Ablaufs der musikalischen Liturgie auf den Anfang konzentriert. Das ist verständlich, wenn man die Festlegung der Perspektive
zwischen unmittelbarer Betroffenheit und vermit-
teltem Gedenken als grundsätzliche Vorentschei-
dung annimmt. Solange Schumann anscheinend
versucht hatte, das Requiem in der traditionell
adäquaten Tonart d-Moll zu skizzieren, verlief sich
der Kompositionsprozeß offenbar in mehreren
Ansätzen, ohne zu einem befriedigenden Abschluß
zu gelangen (Appel, RSA IV/3/3, 180). Erst nach
der endgültigen Verwerfung des so gut wie kompletten Satzes und der Entscheidung eines vielleicht von der Finalperspektive motivierten Neu-
ansatzes in Des-Dur wird ein kontinuierlicher
Schreibverlauf erkennbar. Allerdings rückt Schumann nicht nur, wie Bernhard R. Appel nachweist,
demonstrativ vom unerwünschten oder lähmen-
den Einfluß des Mozartschen Requiems ab, der
allerdings in der Skizze trotz der verbindenden
Tonart kaum wirklich nachzuweisen ist; Schumann wendet sich damit vielmehr auch von einer
Tonart ab, in der er selbst fixiert schien: Die 4.
Sinfonie, das Violinkonzert, die Chor-Orchester-
Ballade *Des Sängers Fluch* und andere hatten einen
repräsentativen d-Moll-Ton formuliert, von dem
das Requiem sich frei machen muß. Die neue
Tonart hingegen knüpft an den mehrfach vermittelten Ton in *Der Rose Pilgerfahrt* an, deren »Tod
voll Morgenrot« sich in Des-Dur vollzieht.

Das Abstandnehmen wird auch werkimmanent
versinnbildlicht, indem die in Text und Ton aufeinander Bezug nehmenden Rahmenteile in Des-
Dur Binnenteile umrahmen, die in Kreuz-Tonar-

ten stehen und das wie in der Messe herausgehobene *Sanctus* die Wendung zurück in den Bereich der b-Tonarten markiert. Hier setzt die zweite Beobachtung an, die das Requiem als vermitteltes Gedenken zu verstehen nahelegt: Ein Bild von Ruhe und Licht, »Requiem aeternam dona eis, Domine, et lux perpetua luceat eis«, bildet den Rahmen einer Zeremonie, in der der Text weniger als musikalisch aktualisierter oder erfüllter dramatisch vorgeführt wird, denn als formelhaft gebeteter erscheint, einerseits in den zum Teil homophonen, ungewohnten oder gar irritierenden Deklamationen, andererseits in konventionalisierten kontrapunktischen Allgemeinplätzen, die der gesellschaftlichen Funktion so angemessen erscheinen. Die Rahmenbildung an sich liegt dabei textlich natürlich nahe und ist etwa auch von Hector Berlioz in seinem Requiem von 1837 musikalisch ebenso realisiert worden wie der liturgische Text dort den kompositorischen Absichten fügsam gemacht worden war.

Die nicht dem liturgischen Gebrauch entsprechende Gestaltung des Offertoriums (»Domine, Jesu Christe« (VI), mit dem Vers »Hostias« (VII), des *Sanctus* (VIII) mit *Benedictus* (IX) mit *Agnus Dei* und Communio »Lux aeterna«, die Schumann dem anfänglichen *Lux perpetua* des Introitus anpaßt, verbindet verschiedene Teile attacca, wodurch ein großer Komplex entsteht, der das Gewicht von der Sequenz »Dies irae« weg auf diesen eucharistischen zweiten Teil des Requiems verlegt. Dadurch entsteht der Eindruck einer zielgerichteten allmählichen Verwandlung zurück zum Ausgangspunkt. Der Schluß des Offertoriums-Verses »quarum hodie memoriam facimus«, und damit der Memorial-Gedanke, trifft damit unmittelbar auf das *Sanctus*, als liege im Gedenken das Geheimnis der Verwandlung.

Bedeutungsvoll erscheint besonders die enharmonische Umdeutung von gis-Moll des nach dem Vers gekappten Offertoriums – Schumann strich nachträglich die dem liturgischen Gebrauch entsprechende Wiederholung des Offertoriums – nach As-Dur im *Sanctus*, wodurch die Wendung nach Des-Dur eingeleitet wird. Die damit bezeichnete Mitte der Verwandlung selbst wird jedoch musikalisch möglichst sparsam ausgeführt; das ebenfalls zunächst kurze »Pleni sunt coeli« reduzieren den Chorsatz sogar auf ein Unisono, bevor mit dem-

selben Text zunächst eine Fuge, dann eine Steigerungspartie gestaltet wird, die unmittelbar zum Höhepunkt des »Hosanna« sequenziert. »Hosanna« beziehungsweise »Pleni« und »Sanctus« werden schließlich als zwei aufeinanderbezogene Einheiten gleichsam antiphonal isoliert. Die Gliederung verläuft hier also zwischen *Sanctus* und *Benedictus*, was die fehlende Wiederholung des »Hosanna« nach dem *Benedictus* erklärt. Das *Agnus Dei* wirkt wie eine Moll-Interpolation im Des-Dur von *Benedictus* und »et lux perpetua«, das direkt angeschlossen wird.

Besonderes Augenmerk ist auf die motivische Substanz gelegt worden (Edler, 264), die wie in der Messe und anderen Werken nicht von klaren und unveränderlich wiedererkennbaren Motiven geprägt ist, sondern von zwei geradezu archetypisch wirkenden Konstellationen, von denen eine streng diatonisch zwei Quarten übereinander schichtet, die andere in gleichsam ungenauer Umkehrung durch ein flexibles chromatisches Moment gekennzeichnet ist. Die erste dieser Motivgruppen, gerne als Signum eines Händelschen Monumentalstils charakterisiert, wird mit dem Introitus-Vers »Te decet hymnus« exponiert und spannt den implizierten zeitlosen Raum des Kirchenstils in kontrapunktischer Durchführung auf.

Die zweite Motivgruppe, idealtypisch abgeleitet vom *Crucifixus* aus Bachs h-Moll-Messe, bestimmt den Perspektivwechsel zum menschlichen Ausdruck im *Kyrie*. In der anschließenden polyphonen Engführung der beiden Bereiche »Te decet hymnus« und »Kyrie« ist allerdings die Kyrie-Form stark zurückgedrängt. Dafür bestimmt sie zwei in der ersten Person handelnde und damit aufeinander beziehbare Teile der Sequenz und den Vers des Offertoriums.

Als Bauprinzip sind diese motivischen Züge zu verfolgen, und sie zeugen von der Absicht, auch die für die Dilettanten in den städtischen Musikvereinen bestimmt Musik vom Niveau der sinfonischen Verarbeitung her zu entwerfen. Zum Verständnis der Werke tragen sie indes nur mittelbar bei. Als bisher kaum kontextualisierte Werke mitten im Herzen des bürgerlichen deutschen 19. Jahrhunderts harren Schumanns Messe und Requiem noch ihrer Würdigung. Für den heutigen Konzertbetrieb werden sie schwerlich zurückzugewinnen sein.

Literatur

Abert, Hermann: Robert Schumanns ›Genoveva‹. Zeitschrift der Internationalen Musikgesellschaft 11 (1910), S. 277–289.

Appel, Bernhard R.: Robert Schumann und der provençalische Ton. In: Schumanns Werke – Text und Interpretation. 16 Studien. [Bericht über das 2. Internationale Schumann-Symposion am 17. und 18. Mai im Rahmen des 2. Schumann-Festes, Düsseldorf], hg. von der Robert-Schumann-Gesellschaft Düsseldorf durch Akio Mayeda und Klaus Wolfgang Niemöller. Mainz 1987. (Schumann-Forschungen, [2]), S. 165–178.

–: »Mehr Malerei als Ausdruck der Empfindung« – Illustrierende und illustrierte Musik im Düsseldorf des 19. Jahrhunderts. In: Akademie und Musik. Erscheinungsweisen und Wirkungen des Akademiegedankens in Kultur -und Musikgeschichte. Institutionen, Veranstaltungen, Schriften. Festschrift für Werner Braun zum 65. Geburtstag, hg. von Wolf Frobenius. Saarbrücken 1993. (Saarbrücker Studien zur Musikwissenschaft, N.F., 7), S. 255–268.

–: Werkfragmente in Robert Schumanns Skizzen zur Messe op. 147. In: Schumann in Düsseldorf. Werke – Texte – Interpretationen. Bericht über das 3. Internationale Schumann-Symposion am 15. und 16. Juni 1988 im Rahmen des 3. Schumann-Festes, Düsseldorf, hg. von Bernhard R. Appel. Mainz 1993. (Schumann-Forschungen, 3), S. 73–90.

–: Robert Schumanns ›Album für die Jugend‹. Einführung und Kommentar. Zürich, Mainz 1998.

–: Robert Schumann als Dirigent in Düsseldorf. In: Robert Schumann. Philologische, analytische, sozial- und rezeptionsgeschichtliche Aspekte, hg. von Wolf Frobenius Saarbrücken 1998. (Saarbrücker Studien zur Musikwissenschaft, N.F., 8), S. 116–137.

Billington, Steven Miles: Robert Schumann's Genoveva. A source study. Diss. New York University 1987.

Bischoff, Bodo: Von Teilnahmslosigkeit über Skepsis zur Faszination: Robert Schumanns Begegnungen mit Richard Wagner und seinen Dresdner Opern. In: Die Dresdner Oper im 19. Jahrhundert, hg. von Michael Heinemann. Laaber 1995. (Musik in Dresden, 1), S. 227–241.

–: »… Der Gnaden spendet ohne Zahl …« Zu Schumanns Motette ›Verzweifle nicht im Schmerzensthal‹ (Friedrich Rückert) op. 93. In: Schumanniana nova. Festschrift Gerd Nauhaus zum 60. Geburtstag, hg. von Bernhard R. Appel. Sinzig 2002, S. 88–113.

Boetticher, Wolfgang: Das ungeschriebene Oratorium »Luther« von Robert Schumann und sein Textdichter Richard Pohl. In: Beiträge zur Geschichte des Oratoriums seit Händel. Festschrift Günther Massenkeil zum 60. Geburtstag, hg. von Rainer Cadenbach und Helmut Loos. Bonn 1986, S. 298–307.

Brendel, Franz: Robert Schumanns Oper Genoveva. NZfM 33 (1850), S. 1–4, S. 17–18.

Buck, Charles Chulsoo: Robert Schumann and the stile antico. Diss. Stanford University 1994.

Clement, Jochen: Lesedrama und Schauspielmusik: Zu Schumanns Manfred op. 115. In: Schumann-Studien 5. Im Auftrag der Robert-Schumann-Gesellschaft Zwickau hg. von Gerd Nauhaus. Sinzig 1996, S. 143–152.

Cooper, Frank: Operatic and dramatic music. In: Robert Schumann. The man and his music, ed. by Alan Walker. London 1972, S. 324–349.

Dahlhaus, Carl: Die Musik des 19. Jahrhunderts. Laaber ²1989. (Neues Handbuch der Musikwissenschaft, 6).

–: Zur Problematik der musikalischen Gattungen im 19. Jahrhundert. In: Gattungen der Musik in Einzeldarstellungen. Gedenkschrift Leo Schrade, hg. von Wulf Arlt. Bern, München 1973, S. 840–895.

Daverio, John Joseph: Schumann´s new genre for the concert hall. Das Paradies und die Peri in the eyes of a contemporary. In: Schumann and his world, ed. by R. Larry Todd. Princeton, N.J. 1994, S. 129–155.

–: Robert Schumann. Herald of a »new poetic age«. New York 1997.

–: Schumann´s Ossianic manner. 19th century music 21 (1997/98), S. 247–273.

Dietel, Gerhard: Veraltete Musik im 19. Jahrhundert. Bemerkungen zu Robert Schumanns Oratorium Der Rose Pilgerfahrt. In: Alte Musik als ästhetische Gegenwart. Bach, Händel, Schütz. Bericht über den internationalen musikwissenschaftlichen Kongreß, Stuttgart 1985, hg. von Dietrich Berke. Kassel 1987. Bd. II. S. 311–317.

Dinglinger, Wolfgang: Studien zu den Psalmen mit Orchester von Felix Mendelssohn Bartholdy. Köln 1993. (Berliner Musik Studien, 1).

Dutronc, Jean-Louis: Goethe et les musiciens. In: Mythe de Faust 1. Faust de Gounod. Vol. 2. Paris 1976, S. 62–71.

Edler, Arnfried: Landschaft und Mythos im Manfred von Byron und Schumann. In: Festschrift Klaus Hortschansky zum 60. Geburtstag, hg. von Axel Beer und Laurenz Lütteken. Tutzing 1995, S. 401–412.

–: Robert Schumann und seine Zeit. Laaber 1982. (Große Komponisten und ihre Zeit).

Ewert, Hansjörg: Anspruch und Wirkung. Studien zur Entstehung der Oper Genoveva von Robert Schumann. Tutzing 2003. (Würzburger musikhistorische Beiträge, 23).

Geck, Martin: Friedrich Schneiders ›Weltgericht‹. Zum Verständnis des Trivialen in der Musik. In: Studien zur Trivialmusik des 19. Jahrhunderts, hg. von Carl Dahlhaus. Regensburg 1967. (Studien zur Musikgeschichte des 19. Jahrhunderts, 8), S. 97–109.

–: Zwischen Romantik und Restauration. Musik im Realismus-Diskurs der Jahre 1848 bis 1871, Stuttgart, Weimar 2001.

Goethe, Johann Wolfgang: Faust, hg. von Albrecht Schöne. Frankfurt a. M. 1999.

Griepenkerl, Wolfgang Robert: Die Oper der Gegenwart. NZfM 27 (1847) Nr. 17 vom 26.8.1847, S. 97–104.

Grim, William Edward: The Faust legend in music and literature. Lewiston . Bd. I. 1988. (Studies in the history and interpretation of music, 5). Bd. II. 1992. (Studies in the history and interpretation of music, 36).

Halsey, Louis: The choral music. In: Robert Schumann. The man and his music, ed. by Alan Walker. London 1972, S. 350–389.

Hanslick, Eduard: Robert Schumann als Opernkomponist. In: Die moderne Oper. Kritiken und Studien. Berlin 1875, S. 256–273.

–: Das Paradies und die Peri von Schumann. In: ders.: Aus dem Concert-Saal. Kritiken und Schilderungen aus 20 Jahren des Wiener Musiklebens 1848–1868. 2., durchges. und verb. Aufl. Wien, Leipzig 1897, S. 155–158.

Harwood, Gregory W.: The genesis of Robert Schumann´s liturgical works and a study of compositional process in the Requiem, op. 148. Vol. 1, 2. New York, N.Y. 1991.

Heldt, Brigitte: Betrachtungen zu Form- und Gattungsproblemen in Robert Schumanns Werken für Solostimmen, Chor und Orchester. In: Beiträge zur Musikgeschichte der Stadt Düsseldorf, hg. von Julius Alf. Köln 1977. (Beiträge zur rheinischen Musikgeschichte, 118), S. 35–44.

Hirschbach, Hermann: Musikalisch-kritisches Repertorium aller neuen Erscheinungen im Gebiete der Tonkunst, Leipzig, 1 (1844), S. 253, zit. nach Knepler Bd. II, 1961, S. 795.

Hoy-Draheim, Susanne: Robert Schumanns Opernpläne nach Dramen von William Shakespeare. In: Robert Schumann und die Dichter. Ein Musiker als Leser. Katalog zur Ausstellung des Heinrich-Heine-Instituts, bearb. von Bernhard R. Appel und Inge Hermstrüwer. Düsseldorf 1991. (Veröffentlichungen des Heinrich-Heine-Instituts, Düsseldorf), S. 100–105.

Hoy-Draheim, Susanne: Robert Schumanns Oper ›Genoveva‹ und sein Opernplan ›Doge und Dogaressa‹. Variationen eines Themas. In: Internationale Robert-Schumann-Tage Zwickau. Red. Gerd Nauhaus. Zwickau 1989. (Schumann-Studien, 2), S. 103–108.

Janz, Bernhard: »Kennst du das Land, wo die Zitronen blühn?«: Zur Bedeutung der Mignon-Gestalt im Schaffen Robert Schumanns. In: Festschrift für Winfried Kirsch zum 65. Geburtstag, hg. von Peter Akkermann. Tutzing 1996. (Frankfurter Beiträge zur Musikwissenschaft, 24), S. 254–266.

Jarczyk, Michael: Die Chorballade im 19. Jahrhundert. Studien zu ihrer Form, Entstehung und Verbreitung. München, Salzburg 1978. (Berliner musikwissenschaftliche Arbeiten, 6).

Kapp, Reinhard: Studien zum Spätwerk Robert Schumanns. Tutzing 1984.

–: Lobgesang. In: Neue Musik und Tradition. Festschrift Rudolf Stephan zum 65. Geburtstag, hg. von Josef

Kuckertz und Helga de La Motte-Haber Laaber 1990, S. 239–249.

–: Schumann nach der Revolution. Vorüberlegungen, Statements, Hinweise, Materialien, Fragen. In: Schumann in Düsseldorf. Werke – Texte – Interpretationen. Bericht über das 3. Internationale Schumann-Symposion am 15. und 16. Juni 1988 im Rahmen des 3. Schumann-Festes, Düsseldorf, hg. von Bernhard R. Appel. Mainz 1993. (Schumann-Forschungen, 3), S. 315–415.

Kirsch, Winfried: Oratorium und Oper. Zu einer gattungsästhetischen Kontroverse in der Oratorientheorie des 19. Jahrhunderts. (Materialien zu einer Dramaturgie des Oratoriums). In: Beiträge zur Geschichte des Oratoriums seit Händel. Festschrift Günther Massenkeil zum 60. Geburtstag, hg. von Rainer Cadenbach und Helmut Loos. Bonn 1986, S. 221–268.

Knepler, Georg: Musikgeschichte des 19. Jahrhunderts. Bd. II: Österreich, Deutschland. Berlin 1961.

Konrad, Ulrich: Der Beitrag evangelischer Komponisten zur Messenkomposition im 19. Jahrhundert. Kirchenmusikalisches Jahrbuch 71 (1987), S. 65–92.

Krüger, Eduard: Recension. Robert Schumann: Das Paradies und die Peri. Op. 50. Allgemeine musikalische Zeitung 47 (1845), S. 561–570, S. 585–589, S. 606–611, S. 617–622.

–: Musik für das Theater. Opern im Clavierauszug. Robert Schumann, op. 81. Genoveva. Große Oper in vier Acten nach Tieck und Hebbel. NZfM 34 (1851), S. 129–131, 141–144.

Krummacher, Friedhelm: »An Goethe vorbei«? Gedanken zu Schumanns Faust-Szenen. In: Analytica. Studies in the description and analysis of music in honour of Ingmar Bengtsson, ed. Anders Lönn, Erik Kjellberg. Stockholm 1985. (Publications. Royal Swedish Academy of Music, 47), S. 187–202.

–: Requiem für Mignon: Goethes Worte in Schumanns Musik. In: Georg Friedrich Händel – ein Lebensinhalt. Gedenkschrift für Bernd Baselt 1934–1993, hg. von Klaus Hortschansky. Halle 1995. (Schriften des Händel-Hauses in Halle, 11), S. 261–287.

Leven-Keesen, Kathrin: Robert Schumanns »Szenen aus Goethes Faust« WoO3. Studien zu Frühfassungen anhand des Autographs Wiede 11/3. Berlin 1996. (Musicologica Berolinensia, 1).

Liszt, Franz: Schriften zur Tonkunst. Ausgew. und hg. von Wolfgang Marggraf. Leipzig 1981. (Reclams Universal-Bibliothek, 866), S. 219–252.

Mahling, Christoph-Hellmut: ›… mit grosse Liebe und Hingebung geschaffen …‹: Bemerkungen zu Robert Schumanns Das Paradies und die Peri. In: Festschrift Arno Forchert zum 60. Geburtstag am 29. Dez. 1985, hg. von Gerhard Allroggen. Kassel 1986, S. 222–227.

Meyer, S.: The trope of the double in Schumann´s Genoveva. Opera journal 27 (1994), S. 4–26.

Mintz, Donald: Schumann as an Interpreter of Goethe´s Faust. Journal of the American Musicological Society 14 (1961), S. 235–256.

Nauhaus, Gerd: Quellenuntersuchungen zu Schumanns Das Paradies und die Peri. In: Robert-Schumann-

Tage 1985. Wissenschaftliche Arbeitstagung zu Fragen der Schumann-Forschung, 10, hg. Günther Müller. Zwickau 1986, S. 68–75.

–: Schumanns Das Paradies und die Peri. Quellen zur Entstehungs-, Aufführungs- und Rezeptionsgeschichte. In: Schumanns Werke – Text und Interpretation. 16 Studien. [Bericht über das 2. Internationale Schumann-Symposion am 17. und 18. Mai im Rahmen des 2. Schumann-Festes, Düsseldorf], hg. von der Robert-Schumann-Gesellschaft Düsseldorf durch Akio Mayeda und Klaus Wolfgang Niemöller. Mainz 1987. (Schumann-Forschungen, [2]), S. 133–148.

–: Der Rose Pilgerfahrt op. 112. Schumanns Abschied vom Oratorium. In: Schumann in Düsseldorf. Werke – Texte – Interpretationen. Bericht über das 3. Internationale Schumann-Symposion am 15. und 16. Juni 1988 im Rahmen des 3. Schumann-Festes, Düsseldorf, hg. von Bernhard R. Appel. Mainz 1993. (Schumann-Forschungen, 3), S. 179–199.

Newcomb, Anthony: Schumann and late eighteenth-century narrative strategies. 19th century music 11 (1987), S. 164–174.

Niemöller, Klaus Wolfgang: Robert Schumann und Giacomo Meyerbeer: Zur rezeptions-ästhetischen Antinomie von deutscher und französischer Romantik. In: Robert Schumann und die französische Romantik. Bericht über das 5. Internationale Schumann-Symposium der Robert-Schumann-Gesellschaft am 9. und 10. Juli 1994 in Düsseldorf, hg. von Ute Bär. Mainz 1997. (Schumann-Forschungen, 6), S. 97–106.

Paley, Elizabeth Sara: Narratives of ›incidental‹ music in German romantic theater. Diss. Madison, Wisconsin 1998.

–: »The voice which was my music«: Narrative and nonnarrative musical discourse in Schumann's Manfred. 19th century music 24 (2000), S. 3–20.

Pohl, Richard: Erinnerungen an Robert Schumann. Nebst ungedruckten Briefen. Mitgetheilt von Richard Pohl. Deutsche Revue über das gesamte nationale Leben der Gegenwart 2 (1878). Bd. 4, S. 169–181, S. 306–317.

Popp, Susanne: Untersuchungen zu Robert Schumanns Chorkompositionen. Diss. Bonn 1971.

Probst, Gisela: Robert Schumanns Oratorien. Wiesbaden 1975. (Neue musikgeschichtliche Forschungen, 9).

Ruiter, Jacob de: ›Wahre Kirchenmusik oder Heuchelei?‹ Zur Rezeption des ›Stabat mater‹ von Pergolesi in Deutschland bis 1820. Die Musikforschung 43 (1990), S. 1–15.

Siegel, Linda: Schumann's Genoveva as German romantic drama. Comparative drama 6 (1972/73), S. 257–274.

Siegel, Linda: A second look at Schumann´s Genoveva. Music review 36 (1975), S. 17–41.

Sietz, Reinhold: Zur Textgestaltung von Robert Schumanns »Genovefa«. Die Musikforschung 23 (1970), S. 395–410.

Struck, Michael: Die umstrittenen späten Instrumentalwerke Schumanns. Untersuchungen zur Entstehung, Struktur und Rezeption. Hamburg 1984. (Hamburger Beiträge zur Musikwissenschaft, 29).

–: Am Rande der »großen Form«: Robert Schumanns Ouvertüren und ihr Verhältnis zur Symphonie (mit besonderer Berücksichtigung der Ouverture zu Shakespeare's Julius Cäsar op. 128). In: Probleme der symphonischen Tradition im 19. Jahrhundert. Internationales Musikwissenschaftliches Colloquium, Bonn 1989. Kongressbericht, hg. von Siegfried Kross unter Mitarb. von Marie Luise Maintz. Tutzing 1990, S. 239–278.

–: Kunstwerk – Anspruch und Popularitätsstreben – Ursachen ohne Wirkung? Bemerkungen zum Glück von Edenhall op. 143 und zur Fest-Ouverture op. 123. In: Schumann in Düsseldorf. Werke – Texte – Interpretationen. Bericht über das 3. Internationale Schumann-Symposion am 15. und 16. Juni 1988 im Rahmen des 3. Schumann-Festes, Düsseldorf, hg. von Bernhard R. Appel. Mainz 1993. (Schumann-Forschungen, 3), S. 265–314.

Tunbridge, Laura: Schumann's ›Manfred‹ in the mental theatre. Cambridge opera journal 15 (2003), S. 153–183.

Wehner, Ralf: Studien zum geistlichen Chorschaffen des jungen Felix Mendelssohn Bartholdy. Sinzig 1996. (Musik und Musikanschauung im 19. Jahrhundert, 4).

Wendler, Beate: Von Byron zu Schumann. Schumanns Manfred-Verständnis: Ein Beitrag zur Psychologie des Schaffensprozesses. In: Internationale Robert-Schumann-Tage Zwickau. Red. Gerd Nauhaus. Zwickau 1989. (Schumann-Studien, 2), S. 109–115.

Wendt, Matthias: »Peri-Gedanken« – Die Skizzen zu Robert Schumanns Das Paradies und die Peri. Eine Bestandsaufnahme. In: Schumann-Studien 5. Im Auftrag der Robert-Schumann-Gesellschaft Zwickau hg. von Gerd Nauhaus. Sinzig 1996, S. 119–142.

Wolff, Hellmuth Christian: Schumanns Genoveva und der Manierismus des 19. Jahrhunderts. In: Beiträge zur Geschichte der Oper, hg. von Heinz Becker. Regensburg 1969. (Studien zur Musikgeschichte des 19. Jahrhunderts, 15), S. 89–94.

Zanoncelli, Luisa: Von Byron zu Schumann oder die Metamorphose des Manfred. In: Robert Schumann I, hg. von Heinz-Klaus Metzger und Rainer Riehn. München 1981. (Musik-Konzepte Sonderband), S. 116–147.

WIRKUNGSGESCHICHTLICHE ASPEKTE

Robert Schumann in fremden Werken:
Von Clara Wieck-Schumann bis zur Neuen Musik

von Wolf Frobenius

Zum Thema

Wie der Titel des Beitrags andeutet, geht es nicht um die gesamte kompositorische Schumann-Rezeption, sondern nur um ausdrückliche Bezugnahmen auf Schumann in eigenständigen Werken. Zwar haben zweifellos auch nicht ausdrücklich bekundete kompositorische Orientierungen an Schumann stattgefunden und können zuweilen viel bedeutsamer gewesen sein als die ausdrücklichen Bezugnahmen; doch existieren sie nur für eine notwendigerweise subjektive Wahrnehmung, die nicht immer beweiskräftig ist. Die Maßgabe »in eigenständigen Werken« soll z. B. Paraphrasen u.ä. ein- und bloße Transkriptionen für andere Besetzungen ausschließen, wobei es freilich zu erörternde Grenzfälle geben mag. Die nach diesen Kriterien ermittelten Werke sind im Anhang chronologisch aufgelistet, wobei Vollständigkeit weder angestrebt wurde noch möglich gewesen wäre.

Zur Literatur

Anders als der vorliegende Beitrag thematisiert die bisherige Sekundärliteratur nicht nur die ausdrücklichen kompositorischen Bezugnahmen auf Schumann, sondern die gesamte kompositorische Schumann-Rezeption. Im einzelnen geht es um die kompositorische Rezeption Schumanns insgesamt (Edler), um die bestimmter Werke (besonders, doch nicht ausschließlich *Kinderszenen* op. 15, *Album für die Jugend* op. 68, *Waldszenen* op. 82 und *Manfred* op. 115; Geißler, Günther Müller, Appel, Jost 1989, Andraschke) und Werkgruppen wie Schumanns Klaviermusik (Gesell), um die Rezeption Schumanns durch bestimmte Komponisten, insbesondere durch Clara Wieck-Schumann (Klassen, François-Sappey), Brahms (Floros 1980, 1983, 1997, Kross, Neighbour, Danuser 1984, Pillecyn), d'Indy (Jost 2002), Saint-Saëns, Dvořák (Beveridge, Jost 1994), Tschaikowsky (Blank 1973, Bjalik, Melnikowa), Bruckner (Mayeda), Mahler (Kapp), Thilman (Schulz), Reimann (Borchardt), Kurtág (Spangemacher 1998), Schnebel (Schröder, Fricke), Holliger (Lagaly), Nono (Jeschke), Pousseur (Jost 2000), Ruzicka (Frobenius), um die Rezeption in bestimmten Ländern wie Frankreich (Alain, Brody, Gut, Ehrhardt 1998, Jost 1998), Tschechien/Slowakei (Pavlicková, Cerny, Vyslouzil, Fukac), Rußland (Shitomirskij 1960, Blank 1979), Skandinavien und der DDR sowie in bestimmten Epochen, bes. nach 1950 (Frobenius). Bearbeitungen (Transkriptionen) bis 1886 verzeichnet McCorkle (RSW); die Liedparaphrasen von Liszt und Reinecke behandelt Bromen. Diese Übersicht verdeutlicht nicht nur, wie stark Schumanns Musik ausgestrahlt hat, sondern auch, wie weitgehend diese Ausstrahlung auch schon erörtert worden ist. Auch von daher empfiehlt sich eine Beschränkung auf die ausdrücklichen kompositorischen Bezugnahmen auf Schumann.

Phasen der kompositorischen Bezugnahme auf Schumann

Rein statistisch läßt sich die ausdrückliche kompositorische Schumann-Rezeption in drei Phasen gliedern: I. 1842–1900, II. 1900–1960, III. 1960 bis heute. Von diesen stellen I. und III. (mit 44 bzw. 71 Belegen) Hoch-Phasen und II. (mit nur 10 Belegen) eine Tief-Phase dar (die III. gipfelt in den 1980er Jahren). Dieser Befund erklärt sich durch das jeweilige Verhältnis der festgestellten Phasen zur musikalischen Romantik, das die I. als noch zur Romantik gehörend, die II. als antiromantisch (modern) und die III. als postmodern charakterisiert: da Schumann als ein Inbegriff der musikalischen Romantik gilt, wird er in der Romantik und der Postmoderne stark, in der Antiromantik jedoch nur wenig rezipiert. (Bezeichnenderweise wirkt Schumann in der II. Phase gelegentlich mit einer eher »unromantisch« scheinenden Tendenz weiter, so wenn sich Prokofjew Schumanns *Toccata* op. 7 zum Vorbild für seinen »motorischen« Stil nimmt, z. B. in seiner *Toccata* op. 11 [1912].)

Rezipierte Werkbereiche

Schumann selbst komponiert lange nur Klaviermusik, bevor er sich nacheinander auch der Liedkomposition, der Sinfonik, der Kammermusik und den übrigen Gattungen zuwendet; und bei ihm ist »bis etwa 1842 eine relativ einheitliche Hinwendung zum poetisch sensiblen Hörer« (Edler, 305) festzustellen (obschon Schumann durchaus zwischen schwerer verständlichen Werken wie *Carnaval* op. 9 und leichter verständlichen wie den *Davidsbündlertänzen* op. 6 oder den *Fantasiestücken* op. 12 unterscheidet), wonach aber auch »Werke von großer Einfachheit und bewußter Volkstümlichkeit (vor allem Vokalkompositionen – die späteren Lieder, Chöre und oratoriumsartigen Werke – und die an Kinder gerichteten Klavierwerke)« (Edler, ebd.) zu verzeichnen sind.

Ganz entsprechend wird zuerst – und bis heute am häufigsten – auf Schumanns Klaviermusik Bezug genommen; und diese Bezugnahmen haben anfangs eher privaten Charakter, was sich schon darin zeigt, daß die betroffenen Klavierstücke da-

mals noch nicht publiziert sind. So spielt Clara im Adagio ihrer g-Moll-Sonate (WoO, 1842) auf das »Wiegenlied für Marie und Klara zu Weihnachten« 1841 an, das erst 1853 als »Schlummerlied« (Nr. 16) in *Albumblätter für Klavier* op. 124 erscheint; und wie dann auch Brahms in den seinigen (op. 9, 1854) zitiert sie in ihren *Variationen über ein Thema von Robert Schumann* op. 20 (1853; zugrunde liegt das erste der fünf Albumblätter aus Schumanns *Bunten Blättern* op. 99) jene *Romance variée* (1831–33) von ihr selbst, über die Schumann die *Impromptus* op. 5 (1833) komponiert hatte. Ebenso dürfte der von Stephen Heller 1849 im Trauermarsch (T. 56–59) von *Aux Mânes de Frédéric Chopin. Élégie et marche funèbre pour le piano* op. 71 zitierte Anfang des zweiten Satzes der *Fantasie* op. 17 (Müller-Kersten, 187–190, bes. 189 f.) damals nur Insidern bekannt gewesen sein.

Doch bald wird auch auf Schumanns Lieder (die seinen Durchbruch als Komponist bringen) sowie die populäreren großbesetzten Vokalwerke und didaktischen Klavierwerke Bezug genommen. So werden Lieder und Gesänge aus op. 25, 138, 39, 139 und 81 (*Genoveva*) sowie *Abendlied* (wohl aus op. 107 *Sechs Gesänge*, Nr. 6: »Es ist so still geworden«) paraphrasiert (und zwar von Liszt, Heller, Raff, Busoni und Rachmaninow), und Reinecke schreibt 1860 ein *Impromptu über ein Motiv aus Schumanns Manfred* f. 2 Kl. (op. 66), Glasunov 1893 *Carnaval, Ouvertüre nach Schumann* op. 45; op. 68 wird zitiert (Gade 1857) oder Gegenstand von Variationen (Ravel 1890, Novák 1892/93), op. 6 »fortgeschrieben« (Kirchner 1872), op. 12 Thema für Variationen (Heller 1877) und op. 15 zitiert (ebd.) oder »fortgeschrieben« (Kirchner 1881).

Im Gefolge der zunehmenden Infrastruktur des öffentlichen Musiklebens bzw. der neuen Medien (Rundfunk, Tonträger) werden schließlich auch die hausmusikalisch nur unbefriedigend darstellbaren bzw. die weniger populären Werkbereiche Schumanns Gegenstand ausdrücklicher kompositorischer Bezugnahme, so das Klavierkonzert op. 54 (Zimmermann 1953), die *Fantasiestücke* für Klavier und Klarinette op. 73 (Jolles 1956), das *Concert sans orchestre* op. 14 (Schnebel 1960/61), die *Papillons* op. 2 (Baur 1972, N.A. Huber 1986), die *Waldszenen* op. 82 (Günther, um 1980), *Scherzo, Gigue, Romanze und Fughette für Klavier* op. 32 (Günther, um 1980), der Konzertsatz d-Moll o.O. (Ruzicka 1981), die *Gesänge der Frühe* op. 133 (Holliger 1987) und das *Blumenstück* op. 19 (Bhagwathi 1994).

Arten der kompositorischen Bezugnahme auf Schumann

Die ausdrücklichen kompositorischen Bezugnahmen auf Schumann lassen sich folgendermaßen einteilen:

Zitate

Daß die frühesten Schumann-Zitate (Clara 1842 und 1853, Brahms 1854 und Heller 1849) privaten Charakter haben, wurde oben schon hervorgehoben. Diskret bleibt auch Niels W. Gade mit seiner Bezugnahme auf das ihm gewidmete »Nordische Lied« (op. 68/41) in *Fra Skizzebogen* (1857) Nr. 3 »Stille Tanker« (»Stille Gedanken« – wohl an Schumann): er zitiert – nach einem vorspielartigen, wiederholten Viertakter – choralartig und ebenfalls mit Wiederholung die erste Zeile von Schumanns »Nordischem Lied« (*Album für die Jugend* op. 68 [1848], Nr. 41), die dessen Grundmotiv darstellt und aus den Tönen *G – a – d – e* gebildet ist (vgl. die Überschrift »Gruß an G[ade]«), wonach drei Zweitakter nachspielartig den 1. Teil abschließen. Der 2. Teil beginnt als Reprise mit dem Vorspiel, wobei die Wiederholung des Viertakters zwecks Steigerung durch einen zweimaligen Auftritt der ersten zwei Takte ersetzt ist; statt der ersten Zeile des »Nordischen Liedes« folgt eine die Erregung fortführende affirmative melodische Geste, die ihrerseits überboten wird von einem klimaktischen, aperiodischen Gebilde, dem abebbende Wellen folgen.

Doch wenn Stephen Heller im Epilog («Schumann spricht«) seiner *Variationen über ein Thema von Robert Schumann* (op. 12, Nr. III) *für das Pianoforte* op. 142 (1877), die in Var. 1 mit einer Anspielung auf op. 12/1 (»Des Abends«) beginnen, auf »Der Dichter spricht« aus Schumanns *Kinderszenen* op. 15 anspielt (Müller-Kersten, 316–320),

kann er schon mit einer gewissen Bekanntheit dieser Stücke rechnen; und spätestens im 20. Jahrhundert kann von einem privaten Charakter der Zitate nicht mehr die Rede sein, so bei Eisler 1943, Schnebel 1961, Henze 1971, Baur 1972 II und III sowie 1980 II, Holloway 1973/74, Venzago 1974, Kleemann 1974, Günther 1980 ff., Huber 1981 und 1987, Nono 1984 und 1988/89, Boehmer 1986/87 und Holliger 1990 sowie bei Henri Pousseur, der in Nr. 9 seines *Dichterliebesreigentraum* (1992/93) den Anfang von »Aufschwung« aus den *Fantasiestücken* op. 12 zitiert und im Postludium das musikalische Material von »Der Dichter spricht« aus den *Kinderszenen* op. 15 verwendet (Jost 2000, 127).

Variationen über Themen

Die frühesten – Claras op. 20 (1853) und Brahms' op. 9 (1854), die beide auf Schumanns *Albumblatt* op. 99/4 (1841) basieren und auch beide jene *Romance variée* Claras (op. 3, 1831–33) zitieren, über die Schumann seine *Impromptus* op. 5 (1833) komponiert hatte – wurden bereits erwähnt, ebenso Hellers Schumann-Variationen op. 142 von 1877, denen ein deutlicher Hommagecharakter eignet. Letzteres gilt auch schon für Brahms' *Variationen über ein Thema von Robert Schumann* für Klavier zu vier Händen op. 23 von 1861: zugrunde liegt das Thema von Schumanns sog. Geister-Variationen, das als seine letzte Eingebung galt.

Ravels *Variationen über ein Thema von Schumann* (1890) hingegen, denen der Choral »Freue dich, o meine Seele« aus Schumanns *Album für die Jugend* op. 68 zugrunde liegt, sind eher didaktisch motiviert; und Nováks *Variace na Schumannova téma* (1892?), denen das »Thema« aus Schumanns op. 68/34 zugrunde liegt und deren Teile mit Preludio, Papillon (später geändert in Capriccio), Albumblatt, Toccatina, Serenata, Scherzo, Elegie, Alla Schumann und Finale überschrieben sind, verbinden die Konzeptionen von Variationszyklus und Zyklus von Charakterstücken in an Schumann angelehnter Weise miteinander. Späte Beispiele für den Typus Variationen bieten Kurt Schwaens *Variationen über ein Thema von Schumann* (1964), denen der *Soldatenmarsch* aus op. 68

zugrunde liegt, Kurt Hessenbergs *Konzertante Variationen über ein Thema von Robert Schumann* f. Kl. u. Orch. op. 88 (1971/72) und die *Variationen* über Themen aus Schumanns *Papillons* op. 2 in Jürg Baurs *Musik mit Schumann* (1972) I; danach wird dieser Satztypus anscheinend kaum mehr gepflegt.

Verarbeitung von Themen oder Motiven

In dieser Rubrik sind Kompositionen versammelt wie Claras Fugen (1845) über Themen, die Schumann für sie entworfen hat, aber auch Raffs *Capriccio in Rondoform über Themen aus Schumanns Genoveva* (1855), Reineckes *Impromptu über ein Motiv* [sc. *Rufung der Alpenfee*] *aus Schumanns Manfred* für zwei Klaviere A-Dur op. 66 (1860) und Francis Salaberts *En rêvant de Schumann. Grande Fantaisie sur les thèmes les plus célèbres du maître* für Klavier (1935). Verarbeitungen dieser Art (unter die aber weder Variationszyklen [s. oben 2.] noch Paraphrasen im engeren Sinn [s. unten 4.] fallen sollen), werden auch noch in der 2. Hälfte des 20. Jahrhunderts gepflegt. So ist in Heinz (Henry) Jolles' Klavierstück *Schumanniana* (1956) das erste Thema des ersten von Schumanns drei *Fantasiestücken* f. Pianoforte u. Klarinette op. 73 verarbeitet; Johannes Paul Thilmans *Sinfonisches Vorspiel. Huldigung für Robert Schumann* op. 100 (1961) bezieht sein Material aus den ersten vier Takten von *Der Dichter spricht* aus *Kinderszenen* op. 15; Tilo Medeks *Leipziger Kaffeebaum* für zwei Klaviere (1971) benutzt einen »Motivkeim aus Schumanns Davidsbündlern op. 6 Nr. 8, der für zwei Klaviere viel prädestinierter zu sein scheint als für Klavier zu zwei Händen« (Medek); Aribert Reimann schreibt seine *Sieben Fragmente für Orchester (in memoriam Robert Schumann)* (1987–88) über das sog. »Letzte Thema« der Klaviervariationen Es-Dur von 1854, das auch Brahms variiert hat; und Stefano Gervasoni verwendet das Fragemotiv («Warum?«) aus op. 12/3 und eine Variante davon als Grundmaterial von *Atemseile. Hommage à Schumann-Celan* (1997; frühere Fassung als *Descedesesasf, Trio-rito per violino, viola e violoncello*, 1995). Gerne werden auch die *Lettres dansan-*

tes oder die *Sphinxes* aus *Carnaval* op. 9 verarbeitet, ersteres z. B. in Friedrich Schenkers *Klavierstück I* (1972; über ASCH), letzteres in Günther Beckers *Quasi una fantasmagoria. Szenen nach Robert Schumanns Sphinxes (Carnaval op. 9)* für Bläserquartett (1980) und Nicolaus A. Hubers *Air mit »Spinxes«* f. Kammerensemble (1987). (Dagegen hatten Cesar Cui im ersten der zwei Scherzi op. 2 von 1857, das auf den musikalischen Buchstaben des Namens seiner Braut[BAmBErG] und seines eigenen [CC] basiert, und Max Reger in der Violinsonate op. 72 von 1893, in der die Tiernamen SCHAF und AFFE in Töne umgesetzt sind, sowie Sergej Prokofiew, der 1908 ein Stück über EsCHE schreibt, nur die Technik der Verschlüsselung durch Tonbuchstaben von Schumann bezogen und benutzt Gervasoni in dem soeben genannten Werk *Atemseile* diese Technik zur Ableitung einer zweiten Material-Zelle).

Paraphrasen im engeren Sinn

(Gemeint sind nicht bloße Transkriptionen wie z. B. die Clara Schumanns in *30 Mélodies de Robert Schumann* [Paris 1873], die nur die Singstimme in den Klaviersatz integrieren und möglichst nahe am Original bleiben.) Sie betreffen zunächst Schumanns Lieder und setzen ein mit Liszt, der 1848 Schumanns Lied »Widmung« (op. 25/1), 1872 das Lied »Frühlingsnacht« (op. 39/12) und 1881 das »Provenzalische Minnelied« (op. 139/4) in klavieristisch und formal ausgreifenden Gestaltungen paraphrasiert (in anderen Phasen seines Schaffens freilich auch möglichst originalnahe Transkriptionen verfertigt), und Carl Reinecke, der 1848, 1849, 1871 und 1880 Bearbeitungen von Schumannliedern publiziert (insgesamt 44) und vor allem in denen von 1871 durch freizügigere Originalbehandlung, reichere bearbeitungstechnische Gestaltungsmittel, expressive bis ausschweifende Übertragungsweise bis zur Verdeckung der Originalstrukturen sowie fantasie- und durchführungsartige Zusätze die Grenze zur Liedfantasie überschreitet (Bromen, 190), und werden u. a. auch von Stephen Heller (*Improvisata über die Romanze »Fluthenreicher Ebro«* aus R. Schumann's *Spanischen Liebesliedern für Pianoforte* op. 98, 1861) und Joachim Raff

(*Abendlied von Schumann, Paraphrase*, 1866) gepflegt. Auch Zyklen werden neu herausgearbeitet,
so von Hans Pfitzner (*Acht Frauenchöre von R.
Schumann, mit Instrumentalbegleitung versehen
und zu einem Ganzen verbunden*, 1910), Robin
Holloway (*Fantasy-Pieces* f. 13 Instr. op. 16 [1970–
71], d.i. 5 Sätze über den Heine-Liederkreis) und
Brunhilde Sonntag, die im 1. und 4. Lied von *Irritationen* (1994) jeweils Schumanns op. 39/1 paraphrasiert. Aber auch Instrumentalstücke werden
paraphrasiert, so von Glasunow (*Carnaval, Ouvertüre nach Schumann*, 1893), Robin Holloway (*Scenes from Schumann* [nach op. 15], 1969/70), Heinz
Holliger (*Gesänge der Frühe* 1987) und Hans Zender (*Schumann-Fantasie*, 1997, rev. 1999).

Exkurs. Eine besondere Art der Bearbeitung, die
freilich nicht ohne weiteres als kompositorischer
Akt zu gelten hat, ist die Textierung von Instrumentalmusik. So bearbeiten A. Paur op. 68 Nr. 41,
37 und 18 für sechsstimmigen Chor (1860; »Erinnerung«, »Norddeutsches Schifferlied« und
»Schnitter-Wiegenlied«) und ein Anonymus u. a.
op. 85 Nr. 12 (»Abendlied«) und op. 32 Nr. 3 (»Romanze«; wird zu *Des Mädchens Abschiedsklage; Vier
Lieder*, 1860); ebenfalls bei Schuberth erscheint
1863 ein *Neues Lieder-Album für die Jugend. 27
Lieder für eine Stimme mit Pianoforte-Begleitung
für große und kleine Kinder componirt von Robert
Schumann aus Opus 6, 13, 68, 85, 118 mit Text von
Johann Hermann* [*Budy*] *versehen* (die Texte stammen u. a. von Reinick, Bechstein, v. Zedlitz,
Goethe und Heine); Arrigo Boito unterlegt Schumanns »Abendlied« (offenbar op. 85/12) die Verse
»Era già l'ora …« (Dante, *Purg.* VIII, 1 ff.; Donà,
Sp. 1709), und Heinz Holliger textiert in *Gesänge
der Frühe* f. Chor, Orch. und Tonband (1987) den
(zum Chorsatz gewordenen) ersten Satz von Schumanns gleichnamigem Werk mit einem Jahreszei-
tengedicht von Hölderlin (das Weitere von Schumanns Klaviersatz ist dann elektronisch verfremdet
vom Tonband zu hören, wozu drei weitere Höl-
derlin-Vertonungen treten; Wilson, 7; Lagaly).
Kompositionsgeschichtlich bemerkenswert scheint
jedoch, wenn Camille Mauclair durch Übertragung der Rhythmen und Klangfarben der *Kinderszenen* und der *Noveletten* Gedichte in freien
Rhythmen schafft (ab 1893), die ihrerseits wieder
vertont werden (Edler, 309 f.), u. a. von Ernest

Chausson (*Trois Lieder* op. 27, 1896), Ernest(e)
Bloch (*Historiettes au crépuscule*, 1903), Carol-Bé-
rard (= Louis Ollivier; *Cinq Poèmes*, 1907) und
Charles Pineau (zwei Gedichte von C. Mauclair,
Paris 1924; die Anthologie *Poètes d'aujourd'hui*
[Paris 1919] nennt auch Charpentier, Fabre, Ma-
riotte, Samzeuilh und Florent Schmitt); zumindest
Chausson, der mit Mauclair befreundet ist, dürfte
um den Schumann-Bezug wissen.

Bezugnahmen
auf den Stil

Sie können humoristisch-parodierend sein (wie in
Siegfried Ochs' *Ein deutsches Volkslied »'s kommt
ein Vogel geflogen« im Stile älterer und neuerer Meister humoristisch bearbeitet* [spätere 1870er Jahre]
sowie in Ferruccio Busonis *Anhang zu Siegfried
Ochs »Kommt a Vogerl g'flogen«* [1886], wo in Anlehnung an die Variationsweise von Siegfried
Ochs für jede der 5 Variationen ein anderer Personalstil angewandt ist: 1. Schumann. Aus den
Kinderszenen »Trotzköpfchen«. 2. Mendelssohn.
3. Chopin. Mazurka. 4. Wagner. Nibelungen. 5.
Scarlatti [vgl. Kindermann, 182 f.]; von der dritten
[*Andante grazioso*] von Max Regers *Fünf Humoresken* für Klavier op. 20 [1898/99] bezeugt Adalbert
Lindner, daß »der starke Schumannsche Anklang
des mit meno mosso überschriebenen Alternativ-
satzes geflissentlich gewählt« wurde, wie auch die
opus-Nummer mit der von Schumanns *Humoreske* op. 20 übereinstimmt). Zumeist aber sind
diese Bezugnahmen auf Schumanns Stil im Sinne
einer seriösen Werkcharakteristik gemeint. Dies
wird häufig mit der Wendung »alla Schumann«
oder »à la Schumann« angedeutet, so schon bei
Cesar Cui (*Scherzo à la Schumann* für Klavier
vierhändig op. 2, 1857; *Impromptu à la Schumann,*
in: *Suite Miniature* vierhändig, op. 20, 1882), in
Alexis Castillons Klavierkonzert D-Dur (1871),
dessen erster Satz »alla Schumann« und dessen
dritter Satz »alla Beethoven« gehalten ist und
dessen Aufführung Castillons Lehrer und Widmungsträger des Konzerts Saint-Saëns untersagte),
in Vitezslaw Nováks *Variace na Schumannova
téma* (1892?), die eine Variation »Alla Schumann«
enthalten, und in Alexandre Guilmants *Final alla*

Schumann sur un noël languedocien für Orgel und Orchester (1897). (Die genannte Wendung kann freilich auch eine bestimmte Vortragsweise meinen, so anscheinend im 6. von Tschaikowskys *Six morceaux* op. 19 [1873]: einem »Thème original et Variations«, dessen IX. Variation mit »Allegro brillante, alla Schumann« überschrieben ist [vgl. das Finale von Schumanns *Études symphoniques* op. 13], und in Isaac Albéniz' *Siete Studios* op. 65 [1883–87] mit der Vortragsanweisung »à la Schumann« für Nr. 2.; und in Tschaikowskys *Album pour enfants: 24 pièces faciles (à la Schumann)* op. 39 [1878] bezieht sie sich wohl auf das spieltechnische Niveau von Schumanns *Album für die Jugend*). Auf Schumanns Personalstil verweist offenbar auch der Titel von Vincent d'Indys *Schumanniana. Romances sans paroles* op. 30 (1897; Jost 2002, 16–37), während der Titel von Heinz Jolles' Klavierstück *Schumanniana* (1956) nicht nur durch den Stil, sondern auch durch seine von Schumann bezogene Thematik begründet ist. (Zu Werken mit einem Komponistennamen und dem angehängten Suffix -ana oder -iana im Titel (wie *Mozartiana* [Tschaikowsky 1887, Reinecke 1901], *Pedrelliana* [de Falla 1924–39], *Scarlattiana* [Casella 1926], *Paganiniana* [Casella um 1940], *Bachianas* [Villa-Lobos 30er/40er Jahre], *Tartiniana* [Dallapiccola 1951 und 1955/56] und *Telemanniana* [Henze 1967]) s. Danuser 1996.) Auch Titel wie die von Tschaikowskys *Un poco di Schumann* (= Nr. 9 der 18 Stücke für Klavier op. 72 [1893]; Nr. 15 heißt *Un poco di Chopin*), von Déodat de Séveracs *Invocation à Schumann* (= Nr. 1 von *En vacances I: Au château et dans le parc. 8 pièces romantiques* für Klavier, 1911), von Leó Weiners *Schumann emlékére/In Remembrance of Schumann* (= Nr. 4 der *Miniatur-Bilder. Acht leichte Stücke für Klavier* op. 12, 1917; Nr. 7 heißt *Chopin emlékére*) und von Maurice Delages *Schumann … für Klavier* (1918) verweisen auf Schumanns Personalstil; und natürlich nehmen auch die meisten als »Hommage à Schumann« bezeichneten Kompositionen auf seinen Stil Bezug (s. unten 10). Nach den musiksprachlichen Umwälzungen des 20. Jahrhunderts wird allerdings häufig nur noch der »Ton« Schumanns zitiert (etwa Rihm 1982–83) oder bestimmte technische Eigenheiten (wie die Hemiolentechnik von Schumann und Chopin bei Ligeti 1988–93).

Fortführung von Gattungen

Fraglich ist jeweils, inwieweit sie als ausdrückliche Bezugnahme auf Schumann zu gelten hat. Relativ eindeutig scheinen die Bezugnahmen in den Werktiteln von Theodor Kirchners *Neuen Davidsbündlertänzen* op. 17 (1872) und in seinen *Neuen Kinderszenen* op. 55 (1881); schwieriger (weil in der Regel nicht ausdrücklich deklariert) sind die zahlreichen Fälle der von Jost bzw. Appel aufgespürten Werke im Gefolge von Schumanns *Kinderszenen*, seines *Albums für die Jugend* und seiner *Waldszenen* (s. aber Tschaikowskys soeben angeführtes *Album pour enfants: 24 pièces faciles (à la Schumann)* op. 39 [1878]).

Collage

Sie stellt einen neueren Typ der kompositorischen Bezugnahme dar. So collagiert Bernd Alois Zimmermann in seiner Bühnenmusik (1953) zu Saroyans *Sam Egos Haus* Teile von Schumanns Klavierkonzert mit Jazz von Duke Ellington; Peter Ruzicka collagiert in *Annäherung und Stille. Vier Fragmente über Schumann für Klavier und 42 Streicher* (1981) Schumanns Konzertsatz für Klavier und Orchester d-Moll mit Teilen seines 2. Streichquartetts, Heinz Holliger in *Gesänge der Frühe* (1987) den originalen (wenn auch elektronisch verfremdeten) Klaviersatz Schumanns mit eigenen Vertonungen von Hölderlin-Gedichten.

Serielle Neukonstruktion

Auch sie stellt einen neueren (aber vielleicht nur einmal realisierten) Typ von kompositorischer Bezugnahme dar, wie die von Schumanns *Dichterliebe* in Henri Pousseurs *Dichterliebesreigentraum* (1992/93). »Musikalischer Ausgangspunkt […] ist […] die Tonarten-Folge« bei Schumann, die als »Quasi-Reihe« dient. Pousseur »bestimmt in ähnlicher Systematik die Textdisposition […] Jedem der 16 Großteile wird der dazugehörige Liedtext aus der *Dichterliebe* als Materialgrundlage zugeordnet«, freilich mit seriell zugeordneten Anspielungen aus anderen Liedern. Es entsteht eine »einerseits die Grundstruktur des Ablaufs bewahrende, andererseits stark verändernde Verarbeitung der *Dichterliebe*«. »Der Schumannsche Heine-Zyklus ist ständig präsent, aber wie in einem Zerrspiegel« (Jost 2000, 136).

Bloßer Textbezug

Diese (wohl ebenfalls nur in der Moderne übliche) Art der Bezugnahme zeigt Mauricio Kagels Liederoper *Aus Deutschland* (1981): in dieser sind auch zahlreiche Texte von Schumannliedern verwendet, nämlich aus *Dichterliebe* op. 48 Nr. 3 (»Die Kleine, die Feine, die Reine, die Eine«), 4 (»Wenn ich in deine Augen seh«), 7 (»Ich grolle nicht«), 10 (»Hör ich das Liedchen klingen«), 12/2 (»Es flüstern und sprechen die Blumen«) und 13 (»Ich hab im Traum geweinet«), aus *Liederkreis* op. 24 Nr. 6 (»Warte, warte, wilder Schiffsmann«), aus *Myrthen* op. 25 Nr. 26 (»Hier in diesen erdbeklommnen«), aus op. 31 Nr. 2 (»Schlief die Mutter endlich ein«), aus *Liederkreis* op. 39 Nr. 9 (»Ich kann wohl manchmal singen«), aus op. 45 Nr. 3 (»Abends am Strand«) und aus op. 49 Nr. 1 (»Nach Frankreich zogen zwei Grenadier«); bei den *Liedern der Mignon* ist außer an Schumann auch an Schubert und Wolf zu denken.

Auf nicht zur Vertonung bestimmte Texte bezieht sich ebenfalls Mauricio Kagel (*Mitternachtsstück* für Stimmen und Instrumente über vier Fragmente aus dem Tagebuch von Robert Schumann) sowie Volkmar Leimert (Konzert für Violoncello und Orchester [1981], verwendet Aussprüche Schumanns als Motti für seine drei Sätze [I. Allegro risoluto: »Der Künstler halte sich im Gleichgewicht mit dem Leben, sonst hat er einen schweren Stand«; II. Larghetto: »Die ruhige Psyche mit zusammengefalteten Flügeln hat nur halbe Schönheit, in die Lüfte muß sie sich schwingen«; III. Allegro deciso: »Wer nicht mit dem Instrument spielt, spielt es nicht«]).

Exkurs. Gabriel Fauré bezeugt Schwierigkeiten, den Namen Schumann zu vertonen. Er berichtet im Juli 1901 seiner Interpretin Émilie Girette: »Il y a une mélodie commmencée depuis quelques an-

nées [...]« (d.i. zwischen 1893 [Erscheinungsdatum des Textes] und 1900 [Tod des Dichters]). Girette zufolge »il était arrêté par le mot Schumann difficile à placer«. Nach Girette handelt es sich um *Soir II* aus Samains *Au jardin de l'infante* (1893), das folgendermaßen endet:

»Toute rose au jardin s'incline lente et lasse
Et l'âme de Schumann errante par l'espace
Semble dire une peine impossible à guérir ...«.

Hommage-Kompositionen

Sie gibt es seit Smetana 1849 durchgehend bis heute. Diese Kategorie besagt nichts über die Art der Bezugnahme; sie wird hier nur beibehalten, weil sie jeweils ausdrücklich genannt ist und weil nicht in jedem Fall festgestellt werden konnte, welche weiteren Bezugnahmen gegeben sind. An Komponisten seien genannt: Smetana 1849, Kirchner 1856–87, Hampel 1864, Nicodé 1876, Gédalge 1898–1926, Séverac 1912, Bartók 1926–40, Eisler 1943, Boehmer 1960/61, Zacher 1968, Killmayer 1972, Baur 1980, Günther 1981, Gandini 1984, Ferrari 1985, Humpert 1985, Kurtág 1985–7, 1993 und Medek 1986–88.

Chronologisches Verzeichnis von Kompositionen mit ausdrücklichem Schumann-Bezug

Clara Wieck-Schumann. Sonate in g-Moll o. O., Adagio (1842): spielt auf Schumanns »Schlummerlied« op. 124/16 (= »Wiegenlied für Marie und Klara zu Weihnachten 1841«) an (Nauhaus, Vorw. z. Erstausg. 1991, zit. n. Klassen, 24).

Clara Wieck-Schumann. Präludien und Fugen op. 16 (1845): Fugenthemen von Schumann entworfen.

Franz Liszt. *Liebeslied* (Widmung; = Myrten [1840] op. 25/1). Lpz. 1848, Paris 1849. Lit. Hering, Goebel.

Carl Reinecke. *Robert Schumann's Lieder* (1848): Bearbeitungen von op. 31 Nr. 1–3 und 6 sowie op. 36 Nr. 1–6 für Klavier.

Bedrich Smetana. *Lístky do památníku* (Albumblätter) op. 3 (zw. 1848 u. 1856, 1849?), offensichtlich als großer Zyklus geplant, enthält eine Komposition in E-Dur, die später den Titel »An Robert Schumann« bekam (= Nr. 1). »Hier läßt sich tatsächlich eine bewußte Anspielung an Schumanns Satzweise erfahren, z.B. in der rhythmischen Gliederung, in der Anwendungsart gebrochener Akkorde u.ä. Ohne eine Abhängigkeit von konkreten Kompositionen Schumanns konstatieren zu wollen, kann man hier vielleicht doch eine Analogie des Satzes und der Stilisierung in den Schlußtakten des 6. Davidsbündlertanzes finden« (Pavlicková, 73).

Stephen Heller. *Aux Mânes de Frédéric Chopin. Élégie et marche funèbre pour le Pianoforte* op. 71 (1849): zitiert im Trauermarsch (T. 56–59) T. 1–8 des 2. Satzes von Schumanns Fantasie op. 17. Lit. Müller-Kersten, 187–190.

Carl Reinecke. *Acht Lieder aus Myrthen* (1849): Bearbeitungen von op. 25 Nr. 1, 7, 24, 25, 11, 12 14, 3 für Klavier. Lit. Bromen.

Clara Wieck-Schumann. *Variationen über ein Thema von Robert Schumann* op. 20 (1853): zugrunde liegt das erste der fünf *Albumblätter* aus Schumanns *Bunten Blättern* op. 99. S. auch Klassen, 67–71.

Johannes Brahms. *Variationen über ein Thema von R. Schumann* op. 9 (1854): zugrunde liegt das erste der fünf *Albumblätter* aus Schumanns *Bunten Blättern* op. 99 (die 10. Variation zitiert auch den Beginn jener Romanze von Clara, über die Robert Schumann die *Impromptus* op. 5 komponiert hatte).

Joachim Raff. *Capriccio in Rondoform über Themen aus Schumann's »Genoveva«* 1855 (1863).

Theodor Kirchner. *Gedenkblätter* op. 82, *Nänie auf Schumann* (zw. 1856 und 1887).

Niels W. Gade. *Fra Skizzebogen* (1857, gedruckt 1886), Nr. 3: *Stille Tanker* («Stille Gedanken«, offenbar im Gedenken an Schumann), zitiert die erste Zeile von Schumanns »Nordischem Lied« (*Album für die Jugend* op. 68 [1848], Nr. 41), das ihm gewidmet ist und dessen Gundmotiv aus den Tönen G-A-D-E gebildet ist (Gade selbst hatte schon seine drei *Rebus Claveerstykker* (um 1840) auf die Tonfolgen B-A-C-H und G-A-D-E gegründet und signierte Photos von sich gerne mit

den Noten G-A-D-E). Lit.: Brix; Schwab; Seidel; Appel; Daverio.

Cesar Antonowitsch Cui. *Scherzo à la Schumann* f. Kl. 4hd, später Orch., op. 2, 1857. (Das vorausgehende gleichartige Scherzo basiert auf den musikalischen Buchstaben von Cuis Braut [BAmBErG] und seinen eigenen [CC].) Lit. Gaub.

Carl Reinecke. *Impromptu über ein Motiv* [nämlich Nr. 6 *Rufung der Alpenfee*] aus Schumanns *Manfred f. 2 Kl. A-Dur* op. 66 (1860).

Johannes Brahms. *Variationen über ein Thema von Robert Schumann* für Klavier zu vier Händen op. 23 (1861): zugrunde liegt das Thema von Schumanns sog. Geister-Variationen

Stephen Heller. *Improvisata über die Romanze »Fluthenreicher Ebro« aus R. Schumann's Spanischen Liebesliedern* [Schumann op. 138 Nr. 5] *für Pianoforte* op. 98 (1861). Lit. Müller-Kersten, 190–192.

Hans Hampel. 3 Fantasiestücke op. 8 (1864?), Nr. 1: Elegie an Robert Schumann.

Joachim Raff. *Abendlied* (vermutlich op. 107/6 »Es ist so still geworden« 1851/52) von Schumann. Konzert-Paraphrase. 1865. WoO.

Wilhelm Popp (1820–1902). *Blumenstück*. Romanze für Flöte und Klavier op. 383.

Alexis Castillon de Saint Victor. Klavierkonzert D-Dur (1871), 1. Satz »alla Schumann«, 3. Satz »alla Beethoven«.

Theodor Kirchner. *Neue Davidsbündlertänze* op. 17 (1872): nimmt Bezug auf Schumanns *Davidsbündlertänze* op. 6.

Franz Liszt. *Frühlingsnacht* (»Überm Garten durch die Lüfte«; op. 39/12 [1840]), 1872.

Peter Tschaikowsky. Six morceaux op. 19 (1873) Nr. 6: *Thème original et Variations* F-Dur), Variation IX »Allegro brillante, alla Schumann« (vgl. Finale von Schumanns *Études symphoniques* op. 13) (Nr. 1 *Rêverie du soir* g-Moll, Nr. 2 *Scherzo humoristique*, Nr. 3 *Feuillet d'album* D-Dur, Nr. 4 *Nocturne* cis-Moll, Nr. 5 Capriccioso B-Dur).

Moritz Moszkowski. *Hommage à Schumann*. Fantasie f. Kl. op. 5 (frühe 1870er Jahre, gedruckt um 1875), pasticcioartig, stilistisch an Schumann angelehnt.

Carl Reinecke. *100 Transcriptionen* (erschienen 1875), u.a. der Lieder op. 25 Nr. 1–3, 7, 9–12, 14, 17, 24, 25; op. 89 Nr. 2, 6; op. 90 Nr. 1, 2, 4 und op. 104 Nr. 2; von 4 2st. Liedern aus op. 74 und

103 sowie von 10 Nummern aus *Der Rose Pilger-fahrt* op. 112.

Jean Louis Nicodé. *Andenken an Robert Schumann. Sechs Phantasiestücke* op. 6 (1876).

Stephen Heller. *Variationen über ein Thema von Robert Schumann (op. 12/3) für das Pianoforte* op. 142 (1877): zugrunde liegt »Warum?« aus Schumanns *Phantasie-Stücken* op. 12; doch enthalten sie auch Anspielungen auf »Des Abends« (= op. 12/1) in Var. 1 und »Der Dichter spricht« aus Schumanns *Kinderszenen* op. 15 im Epilog («Schumann spricht«) (Puchelt 121; Müller-Kersten, 316–320; Erhardt (1999)).

Peter Tschaikowsky. *Album pour enfants: 24 pièces faciles (à la Schumann)* f. Kl. op. 39, 1878.

Siegfried Ochs. *Ein deutsches Volkslied »'s kommt ein Vogel geflogen« im Stile älterer und neuerer Meister humoristisch bearbeitet* (spätere 1870er Jahre), 1. *Thema*, 2. *Sebastian Bach*, 3. *Joseph Haydn*, 4. *W.A.Mozart*, 5. *L. van Beethoven. Im Charakter eines Violin-Sonaten-Andante's*, 6. *F. Chopin. Valse*, 7. *Joh. Strauß*, 8. *Felix Mendelssohn-Bartholdy. (Männerquartett.)*, 9. *Johannes Brahms*, 10. *Robert Schumann*, 11. *G. Verdi. Aria di bravura*, 12. *R. Wagner*, 13. *Militär-Marsch*. Im Vorwort zu diesem »musikalischen Scherz« heißt es: »Die Bearbeitungen des Themas geben dem Gedanken Ausdruck, wie die verschiedenen Komponisten das betreffende Volkslied eventuell komponiert hätten. Selbstverständlich muß die Ausführung der einzelnen Variationen seitens des Spielers dem Charakter der betreffenden Komponisten entsprechen«. Siehe auch unten Busoni 1886.

Carl Reinecke. *Zwölf Lieder und Gesänge von Robert Schumann für das Pianoforte übertragen*, 1880: Transkriptionen von op. 39 Nr. 3, 4, 6, 12, op. 42 Nr. 2, 3, op. 48 Nr. 1, 4, 7, 14, op. 49 Nr. 1 und op. 127 Nr. 2. Lit Bromen.

Theodor Kirchner. *Florestan und Eusebius-Nachklänge* op. 53 (1881): nimmt Bezug auf Schumanns Pseudonyme Florestan und Eusebius.

Theodor Kirchner. *Neue Kinderszenen* op. 55 (1881): nimmt Bezug auf Schumanns *Kinderszenen* op. 15.

Franz Liszt. *Provençalisches Minnelied*, = op. 139 (*Des Sängers Fluch*, 1852), Nr. 4 (1881).

Cesar Cui. *Suite miniature* f. Kl. op. 20, 1882, enthält ein *Impromptu à la Schumann*.

Isaac Albéniz. *Siete Estudios en los tonos naturales mayores* op. 65 (1883–87?), Nr. 2: mit Vortragsanweisung »à la Schumann« (Brody, 207).

Ferruccio Busoni. *Anhang zu Siegfried Ochs »Kommt a Vogerl g'flogen«* (1886; s. oben Arten 5.).

Vincent d'Indy. *Schumanniana. Romances sans paroles* op. 30 (1887). Lit.: Jost 2002.

Maurice Ravel. *Variationen über ein Thema von Schumann* (1890): zugrunde liegt der Choral »Freue dich, o meine Seele« aus Schumanns *Album für die Jugend* op. 68.

Aleksandr Glasunow. *Carnaval, Ouvertüre nach Schumann*, op. 45 (1893).

Vítezslaw Novák. *Variace na Schumannova téma* (1893/1892?) s. oben Arten 2.

Peter Tschaikowsky. 18 Stücke für Klavier op. 72 (1893). Nr. 1 *Impromptu*, Nr. 2 *Berceuse*, Nr. 3 *Tendres reproches*, Nr. 4 *Danse caractéristique*, Nr. 5 *Méditation*, Nr. 6 *Mazurka pour danser*, Nr. 7 *Polacca de concert*, Nr. 8 *Dialog*, Nr. 9 *Un poco di Schumann*, Nr. 10 *Scherzo-Fantasie*, Nr. 11 *Valse-Bluette*, Nr. 12 *L'Espiègle*, Nr. 13 *Echo rustique*, Nr. 14 *Chant élégiaque*, Nr. 15 *Un poco di Chopin*, Nr. 16 *Valse à cinq temps*, Nr. 17 *Passé lointain*, Nr. 18 *Scène dansante: Invitation au trépac*.

Martin Plüddemann. *Lord Maxwells Lebewohl* (1894 oder 1895): Plüddemann »geht in solcher Vermeidung der Originalitätssucht so weit, daß sich eine ganze Reihe von Anklängen anderer Meister unschwer bei ihm nachweisen läßt [...]. [...] die Anfangstakte der Ballade ›Lord Maxwells Lebewohl‹ entsprechen tongetreu denen eines der Schumann'schen Suleikalieder« (der Autor meint offenbar »Freisinn« op. 25/2). »Hier kann man fast nicht anders als eine *bewußte Übernahme*, also gewissermaßen eine Huldigung an Schumann annehmen. So K. Storck in der *Deutschen Welt* vom 18. November 1899, dem ich beistimmen möchte« (Schemann, 51 f. mit Fn.).

Alexandre Guilmant. *Final alla Schumann sur un noël languedocien* für Orgel und Orchester op. 83 (27.12.1895): »a catchy rhapsody on two French carols ›Pastrès benès bey sè, uno carso qu'es dè creyre' and ›Bergers venez voir chose qui est verdique‹« (Guild GMCD 7215).

Max Reger. *Fünf Humoresken für Klavier* op. 20 (1898/99), Nr. 3 *Andante grazioso* (s. oben Arten 5.).

André Gédalge. 1 Zyklus von mélodies (zw.

Ca. 1898 u. 1926) Schumann gewidmet (Brody, 207 mit Fn. 72; bislang nicht identifiziert).

Max Reger. (Vierte) Sonate C-Dur für Violine und Pianoforte op. 72 (1903): »Dieses Monumentalwerk richtet sich, wie so manches Frühwerk des von Reger hochverehrten Robert Schumann, gegen das musikalische Philistertum, zu dem Reger auch das Gros der Musikkritiker rechnet, und im ersten Satz dieses heute bereits klassisch anmutenden Werkes verwendet der Komponist, freilich nur für deutschsprachige Zuhörer verständlich, in den entsprechenden Noten ausgedrückt die Tiernamen SCHAF und AFFE, wobei er während der Frankfurter Erstaufführung vom Klavier aus entweder auf den einen oder den anderen Kritiker zeigte« (Wirth).

Hans Pfitzner. *Acht Frauenchöre von R. Schumann, mit Instrumentalbegleitung versehen und zu einem Ganzen verbunden* (1910).

Déodat de Séverac. *En vacances*, I. *Au château et dans le parc, 8 pièces romantiques* für Klavier (1911), 1. *Introduction: Invocation à Schumann*, 2. *Les caresses de grand-maman*, 3. *Les petites voisines en visite*, 4. *Tosto déguisé en Suisse d'église*, 5. *Mimi se déguise en marquise*, 6. *Ronde dans le parc*, 7. *Où l'on entend une vieille boîte à musique*, Nr. 8 *Valse romantique*.

Leó Weiner. *Miniatur-Bilder*. Acht leichte Stücke f. Kl. op. 12 (1917). 1. Hódolat J.S. Bachnak/homage to Bach. Moderato. 2. Scherzino. Vivace. 3. Kis tanulmány/Little Etude. Allegro. 4. Schumann emlékére/In Remembrance of Schumann. Con moto. 5. Esti hangulat/Evening Atmosphere. Mäßig bewegt (quasi Andante). 6. Rögtönzés/Improvisation. Con anima. 7. Chopin emlékére/In remembrance of Chopin. Andante. 8. Humoreszk/Humoresque. Allegro burlesco.

Maurice Delage. *Schumann … f. Kl.* (1918, rev. 1921?).

Béla Bartók. *Mikrokosmos* (1926–40), Nr. 80: *Hommage à R. Sch.* (Nr. 79: *Hommage à J.S.B.*).

Igor Markewitch. *Petite suite d'après Schumann* f. Orch. (1933; nach Liedern und Klavierstücken Schumanns, ursprünglich für ein Ballettprojekt konzipiert, das dann nicht zustandekam).

Francis Salabert. *En rêvant avec Schumann. Grande Fantaisie sur les thèmes les plus célèbres du maître* für Klavier (1935; s. Jost 1998, 194, Anm. 15).

Hanns Eisler. *Erinnerung an Eichendorff und Schumann* (1943). Verbindet den Text von op. 39/1 (»Aus der Heimat, hinter den Blitzen rot«) mit musikalischen Mitteln aus op. 39/5 (»Mondnacht«; Andraschke, 166–168).

Bernd Alois Zimmermann. Bühnenmusik (1953) zu Saroyans *Sam Egos Haus*: collagiert Teile von Schumanns Klavierkonzert mit Jazz von Duke Ellington. Lit.: Stürzbecher.

Heinz (Henry) Jolles (1902–65). Klavierstück *Schumanniana* (1956): über das erste Thema des ersten der drei *Fantasiestücke f. Pf. u. Kl.* op. 73, fühlt sich ganz in die Klangwelt des 19. Jh. ein (Linke-Kneip). Aufnahmen 1956 NDR, 1957 SDR.

Konrad Boehmer. *Position* für Orchester. Mit elektronischen und vokalen Klängen (vierspuriges Tonband; 1960/61). »Robert Schumann zu Ehren geschrieben«. Lit. Boehmer 1963 und 1966.

Dieter Schnebel. *Glossolalie 61* für Sprecher und Instrumentalisten (1960/61), zitiert (im Harmonium statt im Klavier) S. 12/Ziffer 11 *Concert sans Orchestre* op. 14 (= Klaviersonate f-Moll), Satz II, Var. III. Schnebel betrachtet dieses Werk Schumanns als eines seiner zukunftsweisendsten. Eine auskomponierte Version von Schnebels *réactions* (1960/61), zum Werkkomplex *Abfälle* 1 gehörig, trägt den Titel *Concert sans orchestre (1964) für einen Pianisten und Publikum* (sie gehört zu *Modelle* I). Lit.: Schnebel, sowie Fricke.

Johannes Paul Thilman. *Sinfonisches Vorspiel. Huldigung für Robert Schumann* op. 100 (1961). Schildert im ersten Teil »den poetisierenden Romantiker […], den zarten sensiblen Menschen«, im zweiten, »lebhaft-stürmische(n) Teil den kämpferischen Schumann, seinen fortschrittlichen Geist, seine revolutionäre Gesinnung« (Programmheft der Bühnen der Stadt Zwickau vom 9.11.1969, zit. n. Löbner), bezieht sein musikalisches Material aus den ersten vier Takten von »Der Dichter spricht« aus *Kinderszenen* op. 15. Weitere Lit.: Schulz, 111–120; Härtwig; Steindorf.

Kurt Schwaen. *Variationen über ein Thema von Schumann* (1964): acht Variationen über den »Soldatenmarsch« aus Schumanns *Album für die Jugend* op. 68. Lit.: Ludwig Müller; Christian Kaden; Löbner.

Gerd Zacher. *Die Kunst einer Fuge, d.i. Bachs Contrapunctus I in 10 Interpretationen* für Orgel

(1968) II: *Crescendo für Robert Schumann* («Das Stärkerwerden kann als romantisches Vom-Sitz-Hochreißen genießerisch verwertet werden, aber eigentlich ist es schlichte Darstellung von Verhältnissen und will nichts anderes sein. Genuß liegt in der Erkenntnis») (I: *Quatuor für Johann Sebastian Bach*, III: *Alt-Rhapsodie für Johannes Brahms*, IV: *Harmonies für György Ligeti*; V: *Timbres-Durées für Oliver Messiaen*, VI: *Interferenser für Bengt Hambraeus*, VII: *Improvisation ajouté für Maurice Kagel*, VIII: *Density 1, 2, 3, 4 für Edgar Varèse*, IX: *Sons brisés für Juan Allende-Blin*, X: *No (-) Music für Dieter Schnebel*). Lit.: Raidt.

Robin Holloway. *Scenes from Schumann. 7 Paraphrasen f. Orch. op. 13* (1969/70). Paraphrasiert Szenen aus op. 15. Lit.: Walton.

Robin Holloway. *Fantasy-Pieces* (on the Heine Liederkreis) f. 13 Instr. op. 16 (1970–71). »In many ways a ›sequel‹ to the Scenes from Schumann of 1970, the Fantasy has five instrumental movements which explore extensions, descants, reharmonizations, rhythmic shifts and the like on Schumann's original work« (hyperion records). »The two Schumann paraphrases show a discriminating conviction of the possibilities still unexploited in an ostensibly long-superseded style« (Northcott).

Günter Neubert. *Orchestermusik über ein Thema von Robert Schumann* (UA Chemnitz 14.4.1971).

Hans Werner Henze. 2. Violinkonzert (1971): zit. u. a. *Bunte Blätter* op. 99 (Anf. u. T. 10 f. des *Präludium*) in II *Teorema*, T. 47 f. Dieses Zitat repräsentiert die Romantik. Lit.: Henze, sowie Sonntag.

Tilo Medek. *Leipziger Kaffeebaum für zwei Klaviere* (1971): benutzt einen »Motivkeim aus Schumanns Davidsbündlern op. 6 Nr. 8, der für zwei Klaviere viel prädestinierter zu sein scheint als für Klavier zu zwei Händen […], = *Lesarten an zwei Klavieren III* (*Lesarten I* verwendet Mozarts alla turca, *Lesarten II* Stücke von Kuhlau, Bach und Beethoven). Lit.: Medek.

Kurt Hessenberg. *Konzertante Variationen über ein Thema von Robert Schumann* f. Kl. u. Orch. op. 88 (1971/72).

Jürg Baur. *Musik mit Schumann* (UA 1972), I. *Variationen*: über Themen aus *Papillons* op. 2, II. *Lyrisches Intermezzo*: über Motive aus *Nachtstücke* op. 23 und g-Moll-Sonate op. 22, III. *Sinfonische Nachklänge*: über *Frühlingssinfonie*-Fanfare aus op. 38. Lit.: Limmet.

Wilhelm Killmayer. *Kammermusik Nr. 2: Schumann in Endenich* f. Pf., E-Orgel u. 5 Schlagzeuger (1972). Ohne Zitate. Auch Sinf. 3 (Menschen-Los, 1972/74) benutzt gr. rom. Orch. nur als Folie für Eigenart. 1975 An John Field. 5 Klavier-Nocturnes. Lit.: Dibelius; Rexroth.

Friedrich Schenker. *Klavierstück I über ASCH* (1972) – vgl. Schumann. *Carnaval* op. 9.

Carlo da Incontrera. Aus den *Wahlverwandtschaften*. Musikalisches Theater (UA 1973): Zitate aus den Kindertotenliedern von Mahler und aus sinfonischen Werken Schumanns. Lit.: Jahn.

Robin Holloway. *Domination of Black* f. Orch. (1973–74), zitiert Kerner-Lieder op. 35. (Vast symphonic poem more loosely based on the Kerner-Lieder).

Mario Venzago. *Senis* f. 4 Klaviere u. Orch. (UA 1974): Der langsame Satz enthält Zitate romantischer Musik, vor allem aus *Andante und Variationen f. 2 Klaviere* op. 46 (1843), Finale Zitate und Anklänge an Schumanns *Rheinische Sinfonie* op. 97 (1850). Lit.: Muggler.

Roderich Kleemann. »*Boten künft'gen Glücks zu sein*« – *Memento*, Kantate für Mezzosopran, Tenor, Bariton, gemischten Chor und Orchester (1974), Teil IV: Robert Schumann, zitiert »Aufschwung« aus *Fantasiestücke* op. 12 und »Schwarz-Rot-Gold« aus *Drei Freiheitsgesänge*, o.O. (1848).

R. Murray Schafer. *Adieu Robert Schumann* (nach Texten von Clara Schumann, adaptiert vom Komponisten) für Mezzosopran oder Alt, Orchester und Tonband (1976).

Wolfgang Rihm. *Jakob Lenz*. Kammeroper (1977/78), 7. Bild, T. 156–159 zitiert op. 15/2 (»Kind im Einschlummern«). Zuvor schon »Hiller-Thema« sowie »Volksliedthemen« (»So ein Tag«, »Üb' immer Treu und Redlichkeit«).

Marius Constant. Symphonie pour instruments à vent (1978), 2. Satz *La follie de Schumann* (Jost 1998, 197 mit Fn. 25).

Tilo Medek. *Tag- und Nachtstücke* f. Kl. (1976–85); Nr. 15 (1979) verwendet »Zwielicht«.

Paul Ramsier. *Eusebius revisited. Remembrances of Schumann* for solo cello or double bass and string orchestra (1980).

Jürg Baur. *Echoi*. Hirtenrufe und Weisen für 2 Oboen und Englischhorn (1980) II: *Hommage à*

Schumann (I. *Prélude*, III. *Orientalisch*, IV. *Erinnerung an Berlioz*, V. *Hommage an Debussy*, VI. *Finale piccolo*). »Die Stücke 2, 4 und 5 wurden angeregt durch Zitate aus Schumanns *Manfred*, Berlioz' *Phantastische Symphonie* (2. Satz) und Debussys *The little Shepherd* (Children's Corner)«.

Günther Becker. *Quasi una fantasmagoria. Szenen nach Robert Schumanns Sphinxes* (*Carnaval* op. 9) für Bläsersextett »schrieb ich 1980 im Auftrag der Düsseldorfer Symphoniker. Die Uraufführung in der Tonhalle war im darauffolgenden Jahr durch Mitglieder des Orchesters. Der Titel ist ein Verschnitt von Beethovens Untertitel zur *Mondscheinsonate* (Sonata quasi una fantasia) und Schumanns Fantasmagorien, wie sie bei ihm in Satzüberschriften häufig zu Ausdruck kommen. Verschlüsselt sind in meinem Stück die Tonfolgen der Sphinxes: Es – C – H – A, As – C – H und A – Es – C H verarbeitet. Schumanns Verlobte – nicht etwa Clara Wieck, sondern Ernestine von Fricken – wohnte in dem böhmischen Ort Asch. Die fünf von mir nach Charakter unterschiedlich komponierten Szenen haben keine Überschriften. Die erste Tonfolge der Sphinxes ist zu einer Zwölftonreihe erweitert worden, wobei sie eine Quarte tiefer transponiert retrograd verläuft (Töne 9–12). Das melodische Nacheinander und harmonische Miteinander wird so von transponierten Reihenabläufen bestimmt« (Becker, 348).

Jens-Uwe Günther. Konzert für Orchester Nr. 2: *Schumann-Memorial*, zitiert »Nordisches Lied« aus *Album für die Jugend* op. 68, »Verrufene Stelle« und »Vogel als Prophet« aus Waldszenen op. 82, *Scherzo* op. 32, *Walzer* aus *Albumblätter* op. 124 und *Bunte Blätter* op. 99. Lit.: Löbner.

Peter Ruzicka. *Annäherung und Stille*. Vier Fragmente über Schumann für Klavier und 42 Streicher (1981). Lit.: Frobenius.

Maurizio Kagel. *Aus Deutschland* (1981). S. oben Arten 9.

Maurizio Kagel. *Mitternachtsstück* für Stimmen und Instrumente über vier Fragmente aus dem Tagebuch von Robert Schumann (1981). Lit.: Kagel (1981[1]); ders.(1981[2]); Krause.

Volkmar Leimert. Konzert für Violoncello und Orchester (1981). S. oben Arten 9.

Nikolaus A. Huber. Sechs Bagatellen mit »Wanderers Nachtlied« von Goethe f. Kammerensemble und Tonband (1981): bezieht sich auf Beethoven, Schumann und Eisler (G. Stäbler, In: Komponisten der Gegenwart). Auf Schumann nimmt Huber nicht mit »Wanderers Nachtlied« Bezug, sondern mit der Bagatelle *Traum-Mechaniks Wirren*, die nicht nur Hubers eigenes Stück *Traum-Mechanik* aufgreift, sondern auch das Stück *Traumes Wirren* aus Schumanns *Fantasiestücken* op. 12 (= Nr. 7) (gemeinsam ist ihnen der viertönige chromatische Abstieg). Mit »Wirren« bezieht sich Huber auch auf die »Bearbeitungstechnik« dieses viertönigen chromatischen Abstiegs. Lit.: Spahlinger; Heister.

Wolfgang Rihm. *Fremde Szenen* I-III f. Klaviertrio (1982–83). Fremde Szene II [f. Klaviertrio] (ein »Charakterstück«) aufgeführt vom Trio opus 8 am 28.10.1994 in Saarbrücken. »Versuche für Klaviertrio, auch: über ›Klaviertrio‹, jene möbellastige Besetzung, die es nicht mehr gibt, die aber noch herumsteht. Wie in verlassenen Räumen kann hier Unerlaubtes geschehen. Wir werden zu Zeugen befremdlicher Szenerien. Am Anfang ist das missverständlich, einige könnten meinen, es werde (leider oder endlich) rückwärts geblickt. Aber seit wir wissen, dass das andere Sprechen […] nicht bedeutet, dass vergangene Zeiten herbeigesehnt werden und restaurativ im Jetzt verankert sein sollen – seit wir das wissen, wissen wir auch, dass ein Schumann'scher Tonfall nicht heißt ›Wir treffen uns im Kaffeebaum! In Originalkostümen!‹« (zit. n. Waldura).

Gerardo Gandini. *RSCH: Escenas* f. Pf. u. Orch. (1984), *RSCH: Testimonios* f. St., Pf. u. Tonband (1984), *Eusebius. Vier Nocturnes* f. Pf. (1984), *Eusebius. Fünf Nocturnes* für ein in vier Gruppen geteiltes Orchester (1984/85), *RSCH: Elegía* f. Pf. (1986): »Schumanns Gestalt, seine Musik und seine Mythen, seine verschiedenen Identitäten wurden eine obsessive Präsenz für mich, und ich versuchte, seinen Geist durch mehrere Stücke auszutreiben« (1985, zit. n. Paraskevaidis).

Luigi Nono. *Prometeo* (1984), Prolog T. 202 u.ö. zitiert 1. Takt der *Manfred*-Ouvertüre. Lit.: Kropfinger 1991; Jeschke.

Luc Ferrari. *Collection de petites pièces ou 36 enfilades pour piano et magnétophone* (1985), Nr. 21: *Hommage à Schumann 1* (piano solo), Nr. 27: *Hommage à Schumann 2* (piano solo), Nr. 31: *Campanella de Liszt* (piano + bande), Nr. 34: *Les Brahms ou la vie* (piano solo).

Hans Ulrich Humpert. *Bildnis mit Schumann und einigen Erscheinungen aus der Jugend* für 10 Kontrabässe op. 15 (UA: 9.11.1985, Köln).

György Ligeti. *Études pour piano* (Buch I 1985, Buch II 1988–93): »De hemiolen-techniek van Schumann en Chopin, gecombineerd met de additieve puls-metriek van sub-Sahraanse muziek« (Programmheft »György Ligeti in het Koninklijk Conservatorium Den Haag, 22.1.–11.2.1996«, 21–23). Lit.: Bouliane.

Dieter Kaufmann. *Für Clara. Ein romantisches Klavierkonzert* (1985). U.a. Imitation eines »romantischen« Klaviersatzes irgendwo auf halbem Weg zwischen Chopin und Schumann (Fuhrmann S. 2).

György Kurtág. *Kafka-Fragmente* (1985–87). Im 1. Teil (von 4) eine »Hommage à Schumann« (16. Fragment *Träumend hing die Blume*; wohl eine Allusion an die Lieder »Zwielicht« und/oder »Mondnacht« und/oder »Frühlingsnacht« aus dem Eichendorff-*Liederkreis* op. 39); im letzten Fragment des 3. Teils (*Szene in der Elektrischen*) »notiert Kurtág an zwei Stellen in Klammern die beiden von Robert Schumann erfundenen Namen der Davidsbündler: Eusebius und Florestan. Das Weiche, Milde, Nachgebende, das Eusebius repräsentiert, ist hier in einem Walzer im Mittelteil des Stückes eingegossen; das Feurige, Ungestüme des Florestan bestimmt den Finalteil [...]. Hier deutet der Bezug auf Schumann auf ein dualistisches Prinzip [...] hin, wie es eben für den jungen schwärmerischen Schumann charakteristisch war, für die Kontrastfigur zu Kafka. Die Erwähnung der Namen ist wahrscheinlich als Leitgedanke für die Spieler gedacht, zur Interpretation einer Textur, die einer gewissen Leidenschaftlichkeit nicht entbehren soll.« (Spangemacher 1989; siehe auch Spangemacher 1998).

Nicolaus A. Huber. *Demijour* (1986). »In ›Demijour‹, da hatte meine Beschäftigung mit Schumann eine Auswirkung. Bei Schumann gibt es Sachen von Überfüllung: Etwa in den ›Papillons‹ gibt es Melodien, die man überall nachweisen kann – aber sie tragen eigentlich nichts zum Verständnis der Musik bei. Das hat etwas Geheimnisvolles, Apokryphes.« (Nicolaus A. Huber zu Reinhard J. Brembeck. *Süddeutsche Zeitung* Nr. 153 vom 5.7.1996, 15).

Tilo Medek. II. Sinfonie (*Rheinische*) für Orchester (1986 und 1988) I. *Wasserzeichen*, II *Traumdeutung*, III. *Staustufen*, IV *Rheinländer*. – »Da ich seit 1980 am Ufer des Rheins lebe und zudem mütterlicherseits vom Hunsrück stamme, durfte ich wohl diese zweite Sinfonie als ›Rheinische‹ bezeichnen« (Medek. 25.2.1992).

Konrad Boehmer. *Woutertje Pieterse*. Komische Tragödie in zwei Akten für 41 Sing-, Sprech- sowie stumme Rollen und 36 Instrumente (1986/87). »Das Auftreten des Erzählers wird mit einem kurzen Fragment aus Schumanns ›Kinderszenen‹ (›Der Dichter spricht‹) angekündigt« (Sabbe 1992, S. 9).

Heinz Holliger. *Gesänge der Frühe* nach Schumann und Hölderlin f. Ch., Orch. u. Tonband 1987. Lit.: Lagaly- Von Holliger auch *Vier Lieder ohne Worte* f. Vn. u. Pf. (1982/83), *Liszt-Transkriptionen* f. gr. Orch. (1986).

Nicolaus A. Huber. *Air mit »Sphinxes«* f. Kammerensemble (1987).

Peter Michael Hamel. *Aus Claras Tagebuch*. f. Vl. u. Pf. (1987).

Aribert Reimann. *Sieben Fragmente für Orchester* (*in memoriam Robert Schumann*), 1987–88, verwendet das sog. »Letzte Thema« der Klaviervariationen Es-Dur von 1854, das auch Brahms variiert hat, und weitere Schumann-Anspielungen. Auskomponieren psychischer Grenzsituationen. – Reimann hat vor- und nachher auch Schumann bearbeitet, so *Gedichte der Maria Stuart* op. 135 (1852), Übersetzung von Gisbert Freiherr von Vincke, instrumentiert für Mezzosopran und Kammerensemble (1988), und *Sieben Gesänge* op. 107, für Sopran und Streichquartett transkribiert (1994).

Dieter Schnebel. *Schumann-Moment* für Stimmen, Harfe und Schlagzeug (1988–89). Vgl. *Verdi-Moment* für Orchester (1989), *Mahler-Moment* für Orchester (1991–92), *Mozart-Moment* für Orchester (1988–89). Lit.: Fricke.

Luigi Nono. *La lontananza nostalgica utopica futura. Madrigale per più »caminantes« von Gidon Kremer* per violino solo e nastro magnetico ad otto piste preregistrato (1988–89). »Das auf achtspurigem Tonband gespeicherte, mit ›Klangausrissen‹ des Vergangenen (Bach, Beethoven, Schumann, Brahms) versetzte kompositorische Material, das aus ›nostalgischer Ferne‹ mehrfach gebrochen herüberklingt, ist die eine ›Schicht‹ der Komposition. Die zweite besteht in der aus dem ›Hier und Jetzt‹ ins ›Morgen‹ hinüberklingende Geigenstimme des Solisten. Diese aus sechs Teilen bestehende Geigenpartitur wird auf Pulte im Bühnenbereich verteilt. Sie markieren die Idee eines auszuschreitenden Raumes« (Kropfinger (Beilage z. CD)).

Franz Furrer-Münch. *Souvenir mis en scène pour deux violoncelles* (1988/89), verwendet »Fast zu ernst« aus den *Kinderszenen*.

Daniel N. Seel. *Nacht-Stücke* (1988–91). »Der Titel steht für ein Genre, ruft Kompositionen von Field, Chopin, Schumann ins Gedächtnis«. »Seels Nacht-Stücke sprechen eine … Sprache der Stille und des atmosphärischen pianissimo« (Schlüer). Aufgeführt in Saarbrücken 1993.

Nicolaus A. Huber. *Seifenoper (OmU)* f. Ensemble (1989), XII »*Ganz zum Überfluss meinte Eusebius noch Folgendes; dabei sprach aber viel Seligkeit aus seinen Augen*« [Robert Schumann].

Rolf Rudin. *Herbstgesang. Hommage à Robert Schumann* f. Orch. op. 18 (1989).

Tobias Picker. *Romances and interludes for oboe and orchestra* (1989), verwendet 3 Romanzen op. 94 (CD bei Helicon).

Heinz Holliger. »*Beiseit*«. Zwölf Lieder n. Gedichten v. Robert Walser f. Counterten., Klar.(Bklar.), Handharmonika u. Kb. (1990).

John Rea. *Las meninas. Vingt et une variations transformelles sur les »Kinderszenen« de Robert Schumann* (1990/91). Lit.: Rea; Brauer u. a.

Robin Holloway. *Gilded Goldbergs* f. 2 Kl. op. 86 (1992–97, = Rekomposition von Bachs Goldberg-Variationen), enthält vor Var. 28 einen Satz Rückblick – homage to Schumann linking to Variation 28.

Henri Pousseur. *Dichterliebesreigentraum* f. Sopr., Bar., Kammerch., 2 Pf. u. Kammerorch. (1992/93); vgl. Jost 1998; ders. 2000; von Blumröder.

György Kurtàg. *Hommage à R. Sch.* op. 15d (f. Kl., Br. u. Pf. [wie Schumanns *Märchenerzählungen* op. 132] aufgeführt Salzburg 1993). I. Satz 70er Jahre, angeregt durch Schumanns *Märchenerzählungen* op. 132, figuratives Gestikulieren erinnert an E.T.A. Hoffmanns und Schumanns Kreisler; II. Satz langsam, steht für den elegischen Eusebius, übernimmt *Kafka-Fragmente* III 6 »Der begrenzte Kreis« mit zusätzlicher Kanonstimme;

III. Satz, steht für den leidenschaftlich erregten Florestan; V. Satz *In der Nacht*, Presto mit Zügen von Schumanns *Fantasiestücken*, gleiches Material wie I.; VI. Satz *Abschied: Meister Raro entdeckt Guillaume de Machaut*, Adagio (»wie nach einem mehrteiligen Rezitativ mit Arioso-Einschüben mündet nun das Ganze in eine Arie, einem ausführlichen sechsten Adagio-Satz, der Abschied heißt und, weil es in ihm strenger und kompositorisch anspruchsvoller zugeht, die auf Schumann anspielende Bemerkung erhielt: ›Meister Raro entdeckt Guillaume de Machaut‹. Vorbei ist es mit theatralischer Kostümierung, der Satz steigert sich vielmehr bis zu tragischer Verzweiflung, ehe er in finstere Nacht zurücksinkt«). Lit. Spangemacher 1998; ders. 1996; Sallis.

Jörg Widmann, *Kreisleriana*. Konzert für Violine und Kammerorchester (1993)

Sandeep Bhagwathi. *Blumenstück/Dornenstück* (1994, uraufgeführt 2.12.1994 Saarbrücken vom Klavierduo Yaara Tal und Andreas Groethuysen), Titel nach Schumanns *Blumenstück* f. Klavier op. 19 (1839) und den einlagenartigen »Blumenstükken« in Jean Pauls Roman *Siebenkäs*. Lit. Bhagwathi.

Iván Eröd. *Blumenstück* für Viola op. 62 (1994).

Brunhilde Sonntag. *Irritationen.* Vier Lieder für Mezzosopran und Klavier bzw. für Sopran, Flöte, Oboe, Gitarre, Klavier und Violoncello auf Texte von Eichendorff, Rilke, Hesse und Erika Burkart (1994); verwendet Eichendorffs *In der Fremde* als erstes, Erika Burkarts *Vater und Mutter*, das die erste Strophe Eichendorffs zitiert, als letztes Gedicht. Dem Textzitat entspricht ein musikalisches: In beiden Liedern erklingt Schumanns Vertonung (op. 39/1) in variierter Form. Lit.: Müßgens.

Ingo Insterburg. *Die Träumerei f. 3 Sprecher und Instrumente*, verwendet *Träumerei* aus Schumanns *Kinderszenen* op. 15. Obertitel *Spaßvogeleien*.

Benedict Mason. *Schumann-Auftrag (Hörspiel ohne Worte)* f. Klarinette, Violoncello und Klavier (für diese Besetzung sollte er ein Werk für eine »Schumann-Konzertreihe« schreiben) sowie Achtspurtonband »und nicht zuletzt für Konzerthalle. Denn seit 1993 komponiert Mason für bestimmte Säle, die als höchst unterschiedliche Resonanzkörper für die von den Musikern produzierten Klänge wirken […] Über die teilweise im Außenraum angeordneten Lautsprecher schweben dann immer wieder Klänge herein … ›Das Material der Live-Partien meines Trios besteht Note für Note aus dem Schumannschen Klavierkonzert, und es besteht ausschließlich aus genau jenen Momenten in der Partitur, wenn die Instrumente des Klarinettentrio zusammen erklingen‹ (Guido Fischer. Zeitgenossen auf Schumanns Spuren. 8. Schumannfest 2004 Düsseldorf 4. bis 18. Juli. *Journal*, 10; UA 22.11.1995 Frankfurt a. M.). Lit.: Programmnotiz des Komponisten, Auszüge in Frobenius, 216 f., vollständige Übersetzung im Programmheft zu *Schumann zeitgenössisch I* beim 8. Schumannfest 2004 Düsseldorf, 8.7.2004).

Versch. Komponisten. *Carnaval Royal. 7 Stücke für 2 Flöten zum 70. Geburtstag von Gottfried Michael Koenig* (1996), enthält: **Karlheinz Essl**. *Préambule – Pierrot/Arlequin* für Piccolo- und Baßflöte, **Richard Barrett**. *Binary – Florestan + Eusebius* für zwei Flöten **Konrad Boehmer**. *La Coquette Minute* für Flöte und Altflöte, **Burkhard Söll**. *Chiarina/Estrella* für Flöte und Baßflöte **Franck Pecquet**. *Distraction – Pantalon et Colombine* für Flöte und Baßflöte, **Jean Yves Bosseur**. *Entr'acte – Pause* für Flöte und Baßflöte, **Willem Breuker**. *Marche des Davidsbündler contre les Philistins* für zwei Flöten. »Jedes dieser Werke bezieht sich strukturell oder thematisch auf eine Episode aus Robert Schumanns *Carnaval* opus 9. Die Inspiration zu diesem Projekt lieferte der Flötist Rien de Reede, der sich während eines vergnüglichen Gelages im Amsterdamer Restaurant Vasso bei Konrad Boehmer erkundigte, wie man Koenig überreden könne, ein Stück für 2 Flöten zu komponieren. Es wurden 7 Stücke *für* Koenig, den zu ehren und zu überraschen jeder der 7 Komponisten andere Gründe hatte« (Aus dem Vorwort).

Stefano Gervasoni. *Atemseile. Hommage à Schumann-Celan* per trio d'archi principale e tre trii in eco (1997). Lit.: Gervasoni; s. auch oben Arten 3.

Hans Zender. *Schumann-Fantasie für großes Orchester* (1997, rev. 1999). »Nach der Neubearbeitung von Schuberts ›Winterreise‹ hat Hans Zender mit seiner ›Schumann-Fantasie‹ ein neues Werk vorgelegt, das durch das Verfahren der ›komponierenden Neuinterpretation‹ entstanden ist. Bis auf

den Schluß bleibt das Material des zugrunde liegenden Werkes, der C-Dur-Fantasie für Klavier solo, unangetastet. Die im Klavier ohnehin vorhandene antiklassische Tendenz, die sich in scheinbar bezuglosem Nebeneinander völlig gegensätzlicher Sätze äußert, verstärkt Zender durch desintegrative Instrumentation, bei der der Klang eher zerfällt als verschmilzt. Auch die Besetzung der Saxophone liegt hier begründet, lassen sich doch laut Zender die Saxophone und das ausgeprägte Schlagzeug nur schlecht in den gewohnten Orchesterklang integrieren. Das zweite desintegrative Element stellen die vom Komponisten hinzugefügten Introduktionen zu jedem Satz dar, die vom Schumannschen Material deutlich abgesetzt sind und die musikalische Sprache unserer Zeit sprechen, beispielsweise die Verwendung von Vierteltönen im Sopransaxophon im Präludium. – Zender setzt die Saxophone in exponierter Weise an verschiedenen Stellen des Werkes wirkungsvoll ein, [sei es] als träumerisches Duett des Sopran- und Baritonsaxophons mit der Kontrabaßklarinette am Anfang des letzten Satzes« (Schardt).

Martin Grütter. *Phantasie* f. Kl. über ein Thema von Schumann (1998).

Jörg Widmann, Nachtstück für Klarinette, Violoncello und Klavier (1998).

Jörg Widmann, *Fieberphantasie* für Kl., Strqu. und Klar. (1999): hierfür bildet eine Tonfolge aus Schumanns Violinsonate a-Moll das Grundgerüst (Forster 2002, 2).

Jörg Widmann, *Dunkle Saiten* f. Vc., Orch. u. 2 Frauenst. (2000): für dieses Katastrophenstück bildet Schumanns Cellokonzert den Assoziationsraum.

Jörg Widmann, *Jagdquartett* (= 3. Streichquartett, 2003), basiert auf dem Finale (Nr. 12) von Schumanns *Papillons* op. 2.

Björn Raithel, *Requiem-Fragmente* für Orchester (2003), verarbeitet zwei Zitate Robert Schumanns: einen Entwurf zum Introitus seines Requiems op. 148 mit seiner »aufwärts steigenden Figur« und den »wie entrückt wirkenden homophonen« Vokalsatz des Benedictus« (Programmheft zur Uraufführung beim 8. Schumannfest in Düsseldorf, 11.7.2004).

Raquel Cristóbal Ramos, *Phantasiestück* für Kammerensemble (2004), verwendet »einzelne Elemente (Intervall-Folgen und Rhythmen) aus

Liedern von Robert Schumann, die während der Düsseldorfer Zeit entstanden sind« (ebd.).

Klaudia Pasternak, *Fantasy* für Kammer-Ensemble (2004), geht aus von Zitaten aus Schumanns *Requiem*, zitiert aber auch dessen 2. Sinfonie (ebd.).

Ignazio Fernández, *Paisaje Taciturno – eine Schumannsche Aussicht* für Kammer-Ensemble (2004): »Ich beschäftigte mich intensiv mit dem Hören der Musik von Robert Schumann. Das Objekt meiner Beobachtung wurde allmählich kleiner. Ausgehend vom gesamten Werk konzentrierte ich mich auf die Vierte Sinfonie. Dann auf den ersten Satz und zuletzt auf ein kleines Motiv der Celli am Ende dieses Satzes. Dann bin ich tiefer in den Klang hinein getreten. – Der Klang breitet sich deshalb auf verschiedene Weise enorm aus: in der Amplitude und Longitude bis in das letzte vorstellbare Detail. Diesen Klang habe ich als Ausgangsbasis für meine Komposition benutzt. – »Paisaje Taciturno« bedeutet »Wortkarge Aussicht«. In dem Stück verwende ich schlichte Elemente der Schumannschen Sprache, passe sie meiner Ästhetik an und baue damit eine neue Landschaft« (ebd.).

Nora Kroll-Rosenbaum, *Vis-à-vis (Homage to Schumann)* for live and prerecorded cello with 3 videos (2004), basiert auf Schumanns *Fünf Stücke im Volkston* für Cello und Klavier op. 102. Lit.: Emelianoff.

Alexander Peskánov's *Musical Reflections* [III] Late Elementary Level. Nine Later Elementary Level Piano Solos. [Nr. 8] Cantilena (Homage to Schumann).

Literatur

Alain, Olivier: Schumann und die französische Musik. Sammelbände der Robert-Schumann-Gesellschaft, 1. Leipzig 1961, S. 47–63.

Andraschke, Peter: Schumann und Eichendorff. Zur Rezeption von Schumanns Liederkreis op. 39. In: Schumann und seine Dichter. Bericht über das 4. Internationale Schumann-Symposion am 13. und 14. Juni 1991 im Rahmen des 4. Schumann-Festes, Düsseldorf, hg. von Matthias Wendt. Mainz 1993. (Schumann-Forschungen, 4), S. 159–172.

Appel, Bernhard R: Robert Schumanns »Album für die Jugend«. Einführung und Kommentar. Zürich, Stuttgart 1998, S. 201–220.

Becker, Günther: Quasi una fantasmagoria. Szenen nach Robert Schumanns Sphinxes (*Carnaval* op. 9) für Bläsersextett. In: ders., »im übrigen …«. Texte zur Musik 1954–2004, hg. von Stefan Fricke und Michael Schwiertzy. Saarbrücken 2004. (Quellentexte zur Musik des 20./21. Jahrhunderts 9.1).

Beveridge, David: Dvorák's Piano Quartett Op. 81: The Schumann Connection. Chamber music quarterly 1984, S. 2–10.

Bhagwathi, Sandeep: »Dornenstück« – ein Essay. In Schumanns Gesellschaft, S. 27–31.

Bjalik, Michail: Schumann und Tschaikowski. In: Robert-Schumann-Tage 1986, hg. Günther Müller. 11. Wissenschaftliche Arbeitstagung zu Fragen der Schumann-Forschung in Zwickau, S. 6–14.

Blank, Gerhardt: Über die Beziehungen Peter Iljitsch Tschaikowskis zum Schaffen Robert Schumanns. Wissenschaftliche Zeitschrift der Pädagogischen Hochschule ›Ernst Schneller‹ Zwickau (1973). S. 108–127. (Gesellschafts- und sprachwissenschaftliche Reihe, 2).

–: Eigenart und Bedeutung des Schaffens Robert Schumanns im Spiegel der Publikationen russischer Komponisten und Musikschriftsteller unter besonderer Berücksichtigung des Wirkens von German Laroche. 4. Schumann-Tage des Bezirkes Karl-Marx-Stadt 1979. 4. Wissenschaftliche Arbeitstagung zu Fragen der Schumann-Forschung, S. 64–72.

Blumröder, Christoph von: Zur Problematik kompositorischer Neuorientierung nach 1945. Archiv für Musikwissenschaft 61 (2004), S. 68–77, S. 75 f.

Boehmer, Konrad: Position. WDR-Programmheft »musik der zeit« 3, 12. Januar 1963.

–: Kommentar zur elektronischen Komposition »Position«. Serielle Manifeste 12 (1966), S. 7–9.

Borchardt, Georg: In memoriam Robert Schumann. Reimann-Uraufführung in Hamburg. Neue Zeitschrift für Musik 150 (1989), S. 29.

Bouliane, Denys: Les six études pour piano de György Ligeti ou l'art subtil de créer en assumant des références culturelles. Canadian university music review/ Revue de musique des universiennes N. S. 9 (1989) 2, S. 36–83, dt.: Imaginäre Bewegung. György Ligetis Etudes pour piano. MusikTexte 28/29 (1989), S. 73–84, bes. S. 82b (Verweis auf »Des Abends« aus Schumanns *Fantasiestücke* op. 12).

Brauer, Vincent u. a.: Analyse d'une oeuvre hypertextuelle: Las meninas: Vingt et une variations transformelles sur les »Kinderszenen« de Robert Schumann, de Jean Rea, Cahier de l'ARMuQ 17 (Juni 1996), S. 35–44.

Brix, Lothar: Niels W. Gade als Klavierkomponist. Die Musikforschung 26 (1973), S. 31.

Brody, Elaine: Schumann's legacy in France. Studies in Romanticism 13 (1974) 3, S. 189–212.

Bromen, Stefan: Studien zu den Klaviertranskriptionen Schumannscher Lieder von Franz Liszt, Clara Schumann und Carl Reinecke. Sinzig 1997. (Schumann-Studien Sonderband, 1).

Cerny, Miroslav K.: Robert Schumann und die tschechischen Komponisten des 19. Jahrhunderts. In: Robert-Schumann-Tage 1985, hg. von Günther Müller. 10. Wissenschaftliche Arbeitstagung zu Fragen der Schumann-Forschung in Zwickau, S. 46–50.

Danuser, Hermann: Aspekte einer Hommage-Komposition. Zu Brahms' Schumann-Variationen op. 9. In: Brahms-Analysen, hg. Friedrich Krummacher und Wolfram Steinbeck. Kassel 1984. (Kieler Schriften zur Musikwissenschaft, 28), S. 91–106.

–: Hommage-Kompositionen als »Musik über Musik«, in: Jahrbuch d. Staatl. Inst. f. Musikforschung. Preuß. Kulturbesitz 1996, S. 52–64.

Daverio, John: Schumann's Ossianic manner. 19th-century music 21 (1997/98), S. 247–273, 259 f.

Degen, Johannes D.: Schumanns Einfluß auf die skandinavischen Schüler und Schülernachfolger. In: Robert-Schumann-Tage 1985, hg. von Günther Müller. 10. Wissenschaftliche Arbeitstagung zu Fragen der Schumann-Forschung in Zwickau, S. 29–35.

Dibelius, Ulrich: Moderne Musik II. 1965–1985. München 1988. (Serie Piper, 629), S. 218 f.

Donà, Mariangela: Art. Dante. MGG1, Bd. 15, Sp. 1706–1709.

Edler, Arnfried: Robert Schumann und seine Zeit. Laaber 1982. (Große Komponisten und ihre Zeit). Kap. VI. Anmerkungen zur Schumann-Rezeption (= S. 305–319).

Ehrhardt, Damien: Les débuts de la réception de Schumann en France à la lumière des premières éditions françaises (1834–1870). Cahiers Franz Schubert 12 (1999), S. 36–58.

–: Stephen Hellers späte Variationswerke. In: Zwischen Volks- und Kunstmusik. Aspekte der ungarischen Musik, hg. von Stefan Fricke u. a. Saarbrücken 1999, S. 78–90.

Emelianoff, André: Refractions/Reflections on Schumann and Brahms. The Julliard journal 19/8 (May 2004).

Floros, Constantin: Brahms und Bruckner. Studien zur musikalischen Exegetik. Wiesbaden 1980, S. 115–143.

–: Studien zu Brahms' Klaviermusik. Brahms-Studien 5 (1983), S. 25–63.

–: Johannes Brahms. »Frei, aber einsam«. Ein Leben für eine poetische Musik. Zürich 1997, S. 145–165.

Forster, Meret: Jörg Widmann. In: Komponisten der Gegenwart, hg. von Hanns-Werner Heister u. Walter-Wolfgang Sparrer (2002).

François-Sappey, Brigitte : Clara Schumann ou L'oeuvre et l'amour d'une femme. Drize (Genève) 2001.

Fricke, Stefan: Schnebels Schumann. In: Frobenius (Hg.) 1998, S. 228–238.

Frobenius, Wolf: Schumann in der Musik seit 1950. In: Frobenius (Hg.) 1998, S. 199–218.

Frobenius, Wolf (Hg.): Robert Schumann. Philologische, analytische, sozial- und rezeptionsgeschichtliche Aspekte. Saarbrücken 1998. (= Saarbrücker Studien zur Musikwissenschaft. N.F., 8).

Fuhrmann, Wolfgang: Dieter Kaufmann. In: Komponisten der Gegenwart. München 1992.

Fukac, Jirí: Zur Bedeutung von Schumanns Werk und Wirkung für den Emanzipationsprozeß der böhmisch-tschechischen Romantik. In: Internationale Robert-Schumann-Tage Zwickau. Red. Hans Joachim Köhler. Zwickau 1988. (Schumann-Studien, 1), S. 58–63.

Gaub, Albrecht: Art. Kjui. MGG2, Personenteil, Bd. 10. Kassel, Stuttgart 2003, Sp. 195–198.

Geißler, William: Robert Schumanns Vorbildwirkung auf spätere Komponisten hinsichtlich der Kompositionen von programmierten kleinen Klavierstücken für Kinder und Jugendliche. In: Schumann-Tage des Bezirkes Karl-Marx-Stadt 1983. 8. Wissenschaftliche Arbeitstagung zu Fragen der Schumann-Forschung, S. 23–34.

Gervasoni, Stefano: http://www.stefanogervasoni.net/onthepieces/atemseile.ht[…]

[Gesell], Robert Schumanns Einfluß auf die moderne Klavierkomposition, in: Chemnitzer Tageblatt, 22.11.1911 [behandelt Kirchner, Jensen, Volkmann].

Goebel, Albrecht: Widmung. Schumanns Lied in der Interpretation Franz Liszts. Musik und Bildung 6 (1996), S. 34–38.

Gut, Serge: Schumann und Frankreich. In: Robert Schumann und die französische Romantik. Bericht über das 5. Internationale Schumann-Symposium der Robert-Schumann-Gesellschaft am 9. und 10. Juli 1994 in Düsseldorf, hg. von Ute Bär. Mainz 1997. (Schumann-Forschungen, 6), S. 13–23.

Härtwig, Dieter und Ute: Programmnotiz in: Programmh. d. Dresdner Philharmonie vom 1. u. 2. Febr. 1964.

Heister, Hanns Werner: Konspiration und Agitation. Ein Versuch über die »Sechs Bagatellen« für Kammerensemble von Nicolaus A. Huber. Melos 46 (1984), S. 37–83.

Henze, Hans Werner: Werkeinführung (1971). In: Musiker und Politik. Schriften und Gespräche 1955–1975, hg. Jens Brockmeier. München 1976, S. 160 f.

Hering, Hans: Franz Liszt und die Paraphrase. Musica 28 (1974), S. 231–234.

Jahn, Hans Peter: Huldigung an Goethe in Triest. Melos 41 (1974), S. 239 f.

Jeschke, Lydia: Zitat? Überlegungen zur Verarbeitung historischen Materials in Luigi Nonos Hörtragödie ›Prometeo‹, In: Musik als Text, hg. von Hermann Danuser und Tobias Plebuch. 2 Bde. Bd. 2, Kassel 1998, S. 510–514.

Jost, Peter: Robert Schumanns ›Waldszenen‹ op. 82. Saarbrücken 1989 (Saarbrücker Studien zur Musikwissenschaft, N.F., 3), Teil II B: Rezeption der ›Waldszenen‹, S. 247–279.

–: Dvorák und Schumanns ›Poetische Musik‹. In: Dvorák-Studien, hg. von Klaus Döge und Peter Jost. Mainz 1994, S. 156–170.

–: Schumann in der französischen Musik des 20. Jahrhunderts. In: Frobenius (Hg.) 1998, S. 189–198.

–: Komponieren mit Schumann. Henri Pousseurs *Dichterliebesreigentraum*. Musiktheorie 15 (2000), S. 127–138.

–: Vincent d'Indys Charakterstücke für Klavier. In: Pluralismus wider Willen? Stilistische Tendenzen in der Musik Vincent d'Indys, hg. von Manuela Schwarz und Stefan Keym. Hildesheim 2002, S. 16–37.

Kaden, Christian: Kurt Schwaen zum 65. Geburtstag. Musik und Gesellschaft 26 (1976), S. 351.

Kaden, Werner: Volkmar Leimert: Konzert für Violoncello und Orchester. Musik und Gesellschaft 31 (1981), S. 668 f.

Kagel, Mauricio: Introduction à la Pièce de minuit (Mitternachtsstück; 23.8.1981; Traduction: J.-N. von der Weid). Programmheft der Dixièmes Rencontres Internationales de Musique Contemporaine, Metz 19–22 novembre 1981 (o.S.).

–: Télépathie: Schumann écrit son journal, Kagel en fait une oeuvre. Allo Robert? Ici Maurizio. Textes recueilli par Jean-Noel von der Weid. Le Monde de la Musique. Télérama 39 (Nov. 1981).

Kapp, Reinhard: Schumann-Reminiszenzen bei Mahler. In: Gustav Mahler, hg. Heinz Klaus Metzger und Rainer Riehn. München 1989 (Musik-Konzepte Sonderband), S. 325–361.

Kindermann, Jürgen: Thematisch-chronologisches Verzeichnis der Werke von Ferruccio Busoni. Regensburg 1980. (Studien zur Musikgeschichte des 19. Jahrhunderts, 19), S. 182 f.

Klassen, Janina: Clara Wieck-Schumann. Die Virtuosin als Komponistin. Kassel 1990 (Kieler Schriften zur Musikwissenschaft, 37).

Krause, Andreas: (Besprechung von Kagel, Mitternachtsstück). Musica 45 (1991), S. 388 f.

Kropfinger, Klaus: Kontrast und Klang zu Raum. In: Die Musik Luigi Nonos, hg. von Otto Kolleritsch. Wien, Graz 1991. (Studien zur Wertungsforschung, 24), S. 136.

–: Beilage z. CD 782004 disques montaigne.

Kross, Siegfried: Brahms und Schumann. Brahms-Studien 4 (1984), S. 7–44.

Lagaly, Klaus: ›Schumann ist der Komponist, der eigentlich fast immer im Zentrum war für mich‹. Anmerkungen zu Heinz Holligers *Gesänge der Frühe* nach Schumann und Hölderlin für Chor, Orchester und Tonband. In: Frobenius (Hg.) 1998, S. 239–254.

Limmet, Erich: Modernes Divertimento mit Schumann. Melos 39 (1972), S. 172.

Lindner, Adalbert: Max Reger. Ein Bild seines Jugendlebens und künstlerischen Werdens. Stuttgart 1922, S. 139.

Löbner, Karl-Heinz: Analytische Betrachtungen über zeitgenössische Kompositionen in Würdigung

Robert Schumanns. In: Schumann-Tage des Bezirkes Karl-Marx-Stadt 1983. 8. Wissenschaftliche Arbeitstagung zu Fragen der Schumann-Forschung, S. 66–72.

Mahling, Christoph-Hellmut: Bemerkungen zum Liedschaffen von Camille Saint-Saëns. In: Festschrift Walter Wiora zum 90. Geburtstag, hg. von Christoph-Hellmut Mahling und Ruth Seiberts. Tutzing 1997. (Mainzer Studien zur Musikwissenschaft, 35), S. 200–216.

Mayeda, Akio: Schumann und Bruckner. Aspekte der symphonischen Gegenwart. In: Bericht. Bruckner-Symposion 1987. Linz 1989, S. 47–51.

Medek, Tilo: Das Zitat und seine Überwindung. Anmerkungen zu meinen Lesarten an zwei Klavieren (Vorw. zur Notenausg. ETM 19 [Edition Tilo Medek – Remagen (Rheinhöhe)]).

Melnikowa, Marina: Schumann und Tschaikowski – eine erneute Wortmeldung. In: Internationale Robert-Schumann-Tage Zwickau. Red. Hans Joachim Köhler. Zwickau 1988. (Schumann-Studien, 1), S. 64–68.

Müller, Günther: Zu Fragen einer Nachwirkung bei Schumanns op. 15 (Kinderszenen) und op. 68 (Album für die Jugend) in Kompositionen der ersten Hälfte des 20. Jahrhunderts. In: 4. Romantikkonferenz 1984, hg. von Günther Stephan und Hans John. Dresden 1984. (Schriftenreihe der Hochschule für Musik ›Carl Maria von Weber‹ Dresden, 8. Sonderheft), S. 18–28.

Müller, Ludwig: Darstellungen des Lebensbildes und der schöpferischen Entwicklung von Kurt Schwaen. Diss. masch. Berlin 1969, 118 ff.

Müller-Kersten, Ursula: Stephen Heller, ein Klaviermeister der Romantik. Biographische und stilkritische Studien, Frankfurt a. M. 1986. (Europäische Hochschulschriften, 36, 16), S. 16.

Müßgens, Bernhard: Art. Brunhilde Sonntag. In: Komponisten der Gegenwart, 2.

Muggler, Fritz: Klaviere en masse in Lugano. Melos 41 (1974), S. 376–378

Neighbour, Oliver: Brahms and Schumann: Two opus nines and beyond. 19th-century music 7/3 (Apr. 1984), S. 266–70. (Essays for Joseph Kerman).

Northcott, Bayan: Holloway. New Grove (2000)

Paraskevaidis, Graciela: Gerardo Gandini. In: Komponisten der Gegenwart (1996).

Pavlicková, Jana: Zur Klaviermusik und ihren Gattungen des tschechischen Repertoires in Beziehung zu Robert Schumann. In: Robert-Schumann-Tage 1984. 9. Wissenschaftliche Arbeitstagung zu Fragen der Schumann-Forschung in Zwickau, S. 70–76.

Pillecyn, Jürgen de: Schumanniaanse Technieken en modellen bij Brahms. Revue belge de musicologie 44 (1990), S. 133–152.

Puchelt, Gerhard: Variationen für Klavier im 19. Jahrhundert. Blüte und Verfall einer Kunstform. Hildesheim 1973.

Raidt, Jürgen: »Festival Die Kunst einer Fuge«. Musik und Bildung 23 (1991) 4. S. 33–37.

Rea, John. Analyse de Las meninas de John Rea. Cahier de l'ARMuQ 15 (Mai 1994), S. 27–31

Rexroth, Dieter: Programmheft Frankfurter Feste '89. [betr. Killmayer].

Rihm, Wolfgang: Fremde Szenen I-III, Versuche für Klaviertrio, erste Folge (1982–1984). Programmheft zur Aufführung am 7.11.1985 im Rahmen von Frankfurt Feste '85. Auch in: ders., ausgesprochen. Schriften und Gespräche, hg. Ulrich Mosch. Winterthur 1997. Bd. 2. (Veröffentlichungen der Paul Sacher Stiftung 6,2), S. 333.

Sabbe, Herman: Konrad Boehmer. In: Komponisten der Gegenwart. 1992 ff., 9.

Sallis, Friedemann: The genealogy of György Kurtág's Hommage à R. Sch. op. 15d. Studia Musicologica Academiae Scientiarum Hungaricae 34 (2002), Heft 3–4, S. 311–322.

Schardt, Hartmut: Hans Zender. »Schumann-Fantasie« – ein neues Werk für großes Orchester mit Saxophon. www.ardesa.de/saxarchiv.hmt¦• zender

Schemann, Ludwig: Martin Plüddemann und die deutsche Ballade. Regensburg 1930. (Deutsche Musikbücherei, 57).

Schlüer, Peter: www.klassik-heute.de, 1.11.2001. [zu Daniel N. Seel].

Schnebel, Dieter: Denkbare Musik. Schriften 1952–72, hg. von Rudolf Zeller. Köln 1972, S. 282–285.

Schröder, Gesine: Die Kirsche im Pulverland. Eine invertierte Synekdoche. In: SchNebeL 60, hg. von Werner Grünzweig, Gesine Schröder, Martin Supper. Hofheim 1990, S. 105–108.

Schulz, Herbert: Tradition und Gegenwart. Einige Bemerkungen zu Johannes Paul Thilmans Opus 100. In: Sammelbände der Robert-Schumann-Gesellschaft, 2. Leipzig 1966, S. 111–120.

Schwab, Heinrich W.: Das lyrische Klavierstück und der nordische Ton. In: Gattung und Werk in der Musikgeschichte Norddeutschlands und Skandinaviens. Referate der Kieler Tagung 1980, hg. Friedhelm Krummacher u. a. Kassel 1982, S. 152.

Seidel, Elmar: Die Methode prägt das Ergebnis – Erwägungen zu Methoden musikalischer Analyse, angestellt an einem kleinen Stück von Robert Schumann. In: Festschrift Christoph-Hellmut Mahling zum 65.

Geburtstag, hg. Axel Beer u. a. 2 Bde. Bd. 2. Tutzing 1997, S. 1285–1301.

Shitomirskij, Daniel Wladimirowitsch: Schumann i russkaja schkola. Sowjetskaja Muzyka 24 (1960), 16 ff.; dt. Robert Schumann und die russische Schule. Sowjetwissenschaft. Kunst und Literatur 8 (1960), S. 1079–1088.

–: Schumann in Rußland. In: Sammelbände der Robert-Schumann-Gesellschaft, 1. Leipzig 1961, S. 19–46.

Sonntag, Brunhilde: Untersuchungen zur Collagetechnik in der Musik des 20. Jahrhunderts. Regensburg 1977. (Perspektiven zur Musikpädagogik und Musikwissenschaft, 3), S. 177 ff.

Spahlinger, Mathias: das starre – erzittert. zu nicolaus a. hubers »6 bagatellen«. MusikTexte 2 (1983), S. 15–18.

Spangemacher, Friedrich: Der wahre Weg geht über ein Seil: Zu György Kurtágs Kafka-Fragmenten. MusikTexte 27 (1989), S. 30–35.

–: »What is the music?«. Kompositionswerkstatt: György Kurtág. Saarbrücken 1996. (Fragmen, 14), S. 19–28.•

–: Hommage: György Kurtág und die Musik Robert Schumanns. In: Frobenius (Hg.) 1998, S. 219–227.

Steindorf, Eberhard: Programmh. d. I. Städt. Orchesters Karl-Marx-Stadt vom 13., 14. u. 15. Nov. 1968. [zu Thilman]

Stürzbecher, Ursula: Werkstattgespräche. München 1973, S. 153. [zu B.A. Zimmermann].

Vyslouzil, Jirí: Schumannsche Reflexionen im tschechischen Opernschaffen. In: Robert-Schumann-Tage 1985, hg. von Günther Müller. 10. Wissenschaftliche Arbeitstagung zu Fragen der Schumann-Forschung in Zwickau, S. 61–67.

Waldura, Markus: Fremde Szene II. Meisterkonzerte 1994/95. In Schumanns Gesellschaft. Saarbrücken: Saarländischer Rundfunk, 1994, S. 20 [zu Rihm].

Walton, Chris: Schöpferische Auseinandersetzung mit der Romantik: Der Komponist Robin Holloway und die englische Postmoderne. Neue Zürcher Zeitung 92 (1990), S. 69.

Wilson, Peter Niklas: Heinz Holliger. Komponisten der Gegenwart (Grundlieferung), 7.

Wirth, Helmut. Max Reger in Selbstzeugnissen und Bilddokumenten. Reinbek bei Hamburg 1973. (Rowohlts Monographien, 206), S. 45.

Robert Schumann in Musikgeschichtsschreibung und Biographik

von Frank Hentschel

Bei der folgenden Übersicht über die wissenschaftliche Schumann-Rezeption kann es nicht um Vollständigkeit gehen; ausgewählt werden einige Aspekte, die für das Schumann-Bild, gemessen an der Häufigkeit ihres Auftretens, als besonders charakteristisch zu gelten haben. Der analytische Blick richtet sich dabei auf die Herausbildung von Stereotypen im biographischen und historiographischen Diskurs und beschränkt sich auf deutschsprachige Quellen aus der Zeit zwischen ca. 1850 und 1950. Es versteht sich, daß der Intention jedes einzelnen Autors hier nicht nachgegangen werden kann; das Ziel der folgenden Darstellungen besteht darin, auf der Ebene der Phänomene die Stereotypisierung des Diskurses exemplarisch zu belegen. Die Deutung der dabei zu Tage tretenden einzelnen Elemente wäre ein zweiter Schritt, den eine Wissenschaftsgeschichte zu leisten hätte; er muß zukünftiger Forschung überlassen bleiben.

Schumann und Mendelssohn

Die Schumannforschung hat mit großer Regelmäßigkeit Schumann und Mendelssohn einander gegenübergestellt. Das Wertungsraster, das sich dabei rasch herausbildete, bestand aus einer Vielzahl sorgfältig verteilter, komplementärer Epitheta, die die Gegensätzlichkeit von Schumanns und Mendelssohns Musik charakterisieren sollten und Mendelssohn dabei teils latent, teils offen abwerteten. Hinter der scheinbaren Mannigfaltigkeit

und Komplexität des Rasters verbarg sich freilich ein einfaches Gerüst. Es läßt sich reduzieren auf die binäre Opposition von Geistestiefe und Formvollendung, die natürlich je unterschiedliche Akzentuierungen erfuhr.

Das Wertverhältnis der beiden Komponisten zueinander war nicht von Anfang an eindeutig. August Wilhelm Ambros noch sah in Mendelssohn den »vorzüglichsten Vertreter« jener musikalischen Periode, der auch Schumann zugehörte (Ambros 1865, 53). Reißmann betrachtete Mendelssohn als »ebenbürtigen, nach denselben Zielen, wenn auch in anderer Weise strebenden Meister« (Reißmann 1871, 111). Insofern war Franz Brendels eigenwillige Auffassung von 1860, Schumann sei die »tiefere, bedeutendere Natur«, damals eine unter vielen (Brendel 1860, 514), doch sollte sie sich bald zu einem Topos verfestigen. Arrey von Dommer schon glaubte Schumann gegenüber Mendelssohn als den »überragendsten, würdigsten Nachfolger Beethovens« bezeichnen zu können (Dommer 1878, 606), und Langhans nannte Schumann den »Höherbegabten« (Langhans 1879, 172).

In der Regel wurde die Abwertung Mendelssohns gegenüber Schumann im Rahmen der vergleichenden Charakterisierung ihrer Musik vollzogen. Brendel hatte dazu das fast vollständige Begriffsarsenal vorgegeben (Brendel 1860, 513 f.), auch wenn es bei ihm noch nicht auf die holzschnittartige Drastik reduziert war, die es bald erhalten sollte – etwa wenn Dommer über Mendelssohn und Schumann schrieb, jener vertrete »vorwaltend den Formalismus, dieser den Idealismus in der Kunst ihrer Periode« (Dommer 1868/78, 606). Um diese Formel kreisten spätere Musikgeschichten, ohne ihr mehr Fundament zu verleihen, auch wenn sich das Begriffsspektrum ausweitete. Denn die Gegenüberstellung von Form und Idee war nur eine Ausprägung eines abstrakteren Denkmusters, das sich auch in anderen Begriffspaaren niederschlagen konnte, beispielsweise dem von Innerlichem und Äußerlichem. Brendel hatte sie auf Mendelssohns Neigung bezogen, »äußerlich Rücksicht auf das« zu nehmen, »was Erfolg hat«, während Schumann »allein dem Drange seines Innern« folge (Brendel 1860, 513). Dahinter verbarg sich auch die Entgegensetzung von Subjektivität und Objektivität. So erklärte Brendel, Schumann »vermochte objektivere Formen nicht sogleich aufzunehmen und nur seiner Eigentümlichkeit gemäß zu gestalten« (Brendel 1860, 513). Zahlreiche Autoren griffen solche Konkretisierungen des Wertungsrasters auf (Wangemann 1878, 181; Brückmann 1891, 133; Abert 1903, 34).

Häufiger noch findet sich das binäre Raster in Gestalt der Opposition von Tiefe und Form. Auch dazu hatte Brendel eine fertige Vorlage geliefert. »Mendelssohn« charakterisiere »der große überschauende Blick, die Kraft in der Bewältigung der Massen, die Formvollendung« (Brendel 1860, 513), während Schumann »mit dem Ausdruck« ringe, dafür aber »tiefer« aushole (Brendel 1860, 514). Diese gleichungsartige Formel wurde vielfach aufgegriffen. So schrieb Bruno Brückmann (1891) beispielsweise, Schumanns Kompositionen stünden, »was die plastische Abrundung der Form wie die Anmut der äußeren Erscheinung anbelangt, hinter denjenigen Mendelssohns zurück, übertreffen dieselben jedoch an Tiefe und Innigkeit des Gefühlsausdrucks wie an Reichtum der Gedanken« (Brückmann 1891, 133). Ähnliches schrieben die anderen Autoren (Wangemann 1878, 181; Niggli 1879, 11; Köstlin 1880, 393; Spitta 1882, 75, 78; Langhans 1887, 391 f.; Musiol 1888, 241; Abert 1903, 83; Storck 1904, 729; Riemann 1913, 233; Moser 1937, 230; Wörner 1949, 126).

Schließlich prägte sich die Opposition auch in der Gegenüberstellung von formaler Glätte und Eleganz einerseits und formaler Schroffheit oder gar Wirrnis andererseits aus, die aber Ausdruck der tieferen Gedanken Schumanns sein sollte. Einmal mehr hatte Brendel das Fundament gelie-

fert. Schumann sei »mehr mit der Ausarbeitung des Details beschäftigt, bei dem Reichtum des Einzelnen«, er verliere »leicht den Überblick« und berücksichtige weniger die »klare Gliederung«, während Mendelssohn »Formvollendung«, in weniger geglückten Werken auch »Formalismus«, und die Fähigkeit kennzeichneten, »seine Gedanken plastisch anschaulich darzustellen« (Brendel 1860, 513 f.). Wie viele griff Abert (1903) das Modell auf und beobachtete bei Schumann »statt der fortgesponnenen Stücke Mendelssohns […] eine Fülle abrupter, unerwarteter Wendungen voll Geist und Originalität« (Abert 1903, 56). Und zu den Sinfonien Schumanns meinte er, sie seien »an Originalität und Fülle der Gedanken den Mendelssohnschen überlegen, an Eleganz und Glätte der Form ihnen nachstehend« (Abert 1903, 83). Es ist wenig sinnvoll, den einzelnen Umformulierungen des immer gleichen Musters im einzelnen nachzugehen (Langhans 1887, 391 f.; Naumann 1885, 851; Batka 1891, 88; Riemann 1913, 233; Moser 1937, 230, 234; Moser 1958, 615). – Wie scharf die Abwertung Mendelssohns ausfallen konnte, mag ein Ausschnitt aus Hermann von der Pfordtens Vergleich der beiden Komponisten von 1920 illustrieren: »Bei Mendelssohn vermissen wir alle Ecken und Kanten, die scharfen Linien, den großen Zug. Er ist uns zu glatt, zu leicht, zu gefällig und zu süß; ›Zuckerwasser‹ hat man seine Musik gescholten« (Pfordten 1920, 84).

Häufig wurden diese Oppositionsmuster ins Biographische gewendet: Abert verknüpfte den Aspekt der Äußerlichkeit Mendelssohns mit dessen gesellschaftlichem Verhalten. In implizierter Analogie zur musikalischen Charakteristik hob er Mendelssohns »außerordentliche gesellschaftliche Gewandtheit« und die »stete Fühlung mit der Außenwelt hervor«. Schumann wurde demgegenüber als eine Natur beschrieben, »deren Reich nicht von dieser Welt war, die sich mehr und mehr von der Außenwelt zurückzog, um ganz dem innerlichen Schauen und Schaffen zu leben« (Abert 1903, 34). Mit der gleichen Tendenz betonte Langhans in Entgegensetzung zu Schumann die weltmännische Bildung Mendelssohns (Langhans 1887, 391). Pfordten konstatierte eine Asymmetrie im Verhältnis der beiden Komponisten zueinander: »Aber wenn Schumann sein ganzes Herz dem vergötterten Freunde entgegentrug, ging es bei

Mendelssohn über eine gewisse allgemeine, kühlere Freundlichkeit nicht hinaus« (Pfordten 1920, 83).

Daß diese Kategorien und Ideologeme im Dritten Reich mit antisemitischer Schlagkraft versehen wurden, die sie freilich auch vor 1933 oftmals besaßen, liegt auf der Hand. Hilfreich für die Verknüpfung der Wertungsmuster mit einer antisemitischen Ausrichtung war die topische Behauptung, Schumann sei »deutsch«, was mehr bedeutete, als daß er in Zwickau geboren wurde, das damals zwar weder dem alten deutschen Reich angehörte, weil dieses nicht mehr existierte, noch dem deutschen Bund, weil dieser noch nicht existierte, sondern sich einfach im Königreich Sachsen, einem Mitglied des Rheinbundes, befand, aber im Bewußtsein der dort lebenden Menschen natürlich in einer kaum näher bestimmbaren Weise als »deutsch« galt. Doch mit dem »Deutschen« wurden Eigenschaften assoziiert, die Schumann angeblich in besonderer Weise zukamen. Sie lassen sich prinzipiell nicht exakt benennen, aber zu ihnen gehörten natürlich die Tiefe, das Grüblerische, das Innerliche, Subjektive und Nachdenkliche.

»Wenn je die Werke eines Tonsetzers den kennzeichnenden geistigen Typus, gleichsam die geistige Nationalphysiognomie des Volkes, dem er durch Geburt und Bildung angehört, deutlich erkennen ließen«, konstatierte schon Ambros, so seien es »die Kompositionen Schumanns. Er ist durch und durch deutscher Komponist, er fühlt, denkt, schafft ganz und gar in eigentümlichst deutschem Sinne« (Ambros 1865, 81). Allen historischen und politischen Veränderungen zum Trotz blieb diese Auffassung lebendig (Frank 1870, 257; Niggli 1879, 19, 37; Köstlin 1880, 392, 393, 394; La Mara 1883, 195; Spitta 1882, 73; Batka 1891, 92; Batka 1911, 285; Riemann 1913, 232; Pfordten 1920, 124; Moser 1928, 164, 165; Malsch 1928, 295; Bükken 1937, 224). Dabei wurden alle Ingredienzien genutzt, die das Stereotyp deutscher Musik zu bieten hatte (über diese Stereotype siehe Sponheuer 2001): Tiefe, Ehrlichkeit, Keuschheit, Idealismus, Gemüt. Typisch war beispielsweise eine Behauptung wie jene La Maras: »Aller Oberflächlichkeit fremd, von unerschöpflicher Tiefe und Fülle des Gemüts, ist er, trotz des regsten Phantasielebens, völlig unsinnlicher idealistischer Art, ein echtes Kind seines Vaterlandes« (La Mara 1883, 195).

Die Auszeichnung Schumanns als »deutsch« diente keineswegs grundsätzlich der Abgrenzung gegen Mendelssohn. Heinrich Adolf Köstlin und Hugo Riemann bezogen sich sogar ausdrücklich auf beide Komponisten (Köstlin 1880, 394; Riemann 1913, 232). Doch daß Mendelssohn Tiefe in Relation zu Schumann abgesprochen wurde, konnte rasch implizieren, Schumann sei der eigentlich Deutsche. Gerade über diesen Aspekt paßte Hans Joachim Moser 1937, jetzt natürlich in expliziter Absetzung gegen Mendelssohn, Schumann in die Nazi-Ideologie ein: »Derjenige Musiker, der die Linie Beethovens und Schuberts [...] fortgeführt hat, war Robert Schumann; was einem Felix Mendelssohn an Irrationalem, Nordisch-Chaotischem gefehlt, davon besaß er das vollgerüttelte Maß aus dem Urgrund tiefer Leidenschaftlichkeit« (Moser 1937, 230). Korte zufolge nahm Mendelssohn unter seinen komponierenden Zeitgenossen »seine rassisch bedingte Sonderstellung« ein (Korte 1937, 1). Dieses Axiom steuerte natürlich auch die musikhistorische Spekulation im Detail, und hierbei konnte das nationalsozialistische Denken in idealer Weise an die bereits entwickelten Stereotype bruchlos anknüpfen. Das »Trennende« zwischen Mendelssohn und Schumann erschien nun als rassisch bedingtes Element. Konsequenterweise mußte Schumann aber auch von dem Makel, gesäubert werden, daß er offenbar die Musik eines Juden verehrte: »Auf der anderen Seite bleibt Schumanns endgültige Stellung gegenüber Mendelssohn unklar, sein rassisches Feingefühl, das ihn vor Meyerbeer zurückschrecken ließ, wird auch gegenüber Mendelssohn trotz aller Bewunderung mitgesprochen haben« (Korte 1937, 86). Jetzt besann man sich auch wieder auf Wagners antisemitische Ausfälle: »Kein besseres Gegenbeispiel gibt es, als den im Leben so glücklichen und gesetzten Mendelssohn. Es ist nicht die Aufgabe einer deutschen Musikgeschichte, sich mit ihm und seinen Ouvertüren, Sinfonien und Oratorien, seinen Liedern und seiner Klaviermusik zu befassen. R. Wagner hat ihn in seiner Kampfschrift *Das Judentum in der Musik* bereits gekennzeichnet: ›Dieser [Mendelssohn] hat uns gezeigt, daß ein Jude von reichster spezifischer Talentfülle sein, die feinste und man-

nigfaltigste [...] Bildung besitzen kann, ohne
durch die Hilfe aller dieser Vorgänge es je ermöglichen zu können, auch nur ein einziges Mal die
tiefe Herz und Seele ergreifende Wirkung auf uns
hervorzubringen, welche wir von der Kunst erwarten, weil wir sie dessen fähig wissen [...]«
(Müller-Blattau 1944, 254). Wohl der Verlag selbst
hat diese Passage in dem Buch, dessen fünfte
Auflage zu einem strategisch ungünstigen Zeitpunkt, 1944, gedruckt wurde, geschwärzt und
überklebt. Aussagekräftig ist es, daß nicht eigentlich Müller-Blattau, sondern Wagner, der Autor
aus der Mitte des 19. Jahrhunderts, hier der Nach-
kriegszensur zum Opfer fiel.

Es würde der Komplexität der Diskursdynamik
nicht gerecht, würde man die eindeutig antisemitischen Ausfälle der nationalsozialistischen Zeit
von der vorhergehenden Zeit qualitativ abtrennen
(Analoges gilt für die Zeit nach 1945: Albrecht
Riethmüller, Das »Problem Mendelssohn«, in:
Archiv für Musikwissenschaft 59/2002, 210–221).
Die Übersteigerung war möglich, weil sich sowohl
ideologie- als auch wissenschaftsgeschichtlich feste
Konstanten etabliert hatten. Wie das Dritte Reich
insgesamt, so entstand auch die nationalsozialistische Musikgeschichtsschreibung nicht aus dem
Nichts. Die Herausbildung der skizzierten Stereotype verdankte sich einer komplizierten Verzah-
nung unterschiedlicher Elemente: der bildungsbürgerlichen Aufwertung der Musik zu einer geistigen Kunst (daher die Hervorhebung von Tiefe,
Innerlichkeit und Idealismus), dem bürgerlichen
Nationalismus (daher die Betonung des deutschen
Charakters) und dem Antisemitismus (daher die
Abwertung Mendelssohns). Dabei ist nicht einmal
vorausgesetzt, daß jeder Autor, der die entsprechenden Stereotype bediene, selbst Antisemit
war, denn Diskurse entfalten eine Eigendynamik.
Die offenbar als anspruchsvoller oder schwerer
erfahrene Musik Schumanns kam sowohl der
Aufwertung der Musik als Bildungsgegenstand
entgegen als auch dem Topos, das Deutsche sei
durch Tiefe und Idealismus gekennzeichnet. Die
Schumann-Rezeption ist deshalb immer auch im
Kontext der Konstruktion einer bürgerlichen
Identität zu interpretieren.

Form

Man kann sagen, daß im Zentrum aller Schu-
manndiskussionen lange Zeit die Frage nach der
Form stand. Von den ersten größer angelegten
Würdigungen Schumanns an bis zum Schluß des
hier untersuchten Zeitraums kreisten die Ein-
schätzungen des Komponisten um diesen Aspekt.
Schumanns Hinwendung zu etablierten, größeren
Formen unterlag im Laufe der wissenschaftlichen
Rezeptionsgeschichte einer tendenziell einheitli-
chen Umwertung.

Insbesondere früh schreibende Musikhistoriker,
angefangen bei Wilhelm Joseph von Wasielewski
(1858; siehe z. B. Wasielewski ³1880, 53, 77, 85, 124,
166, 282, 283), sahen in der schließlich erreichten
Beherrschung etablierter und größerer Formen
einen Fortschritt in Schumanns kompositorischer
Entwicklung. Die Fantasieformen der frühen
Klavierwerke erschienen diesen Autoren letztlich
als unfertig. Die Erörterung der formalen Gestaltung Schumannscher Kompositionen ging dabei
oft einher mit der Beschreibung von drei Schaf-
fensperioden. Es sei »übrigens nicht zu leugnen«,
meinte beispielsweise Ambros, »dass es in den ersten Kompositionen Schumanns«, die er zur ersten
Schaffensperiode zusammenfaßte, »etwas bunt
zugeht« (Ambros 1865, 61). Die erste Periode sei
die von Schumann selbst »Sturm und Drang« genannte – »die Zeit der absoluten Poesie, der Phan-
tastik, des dichterischen Rausches, der humoristischen Genre- und Kleinmalerei. Die Originalität
artet hier zuweilen in Grimassieren aus, und die
Musik muss, um nicht, wie sie sonst zu tun pflegt,
auf den Füßen zu gehen, sich auf den Kopf stellen«
(Ambros 1865, 88). Den Schritt zur zweiten Periode führte Ambros wie auch schon Brendel auf
den Einfluss Mendelssohns zurück (Ambros 1865,
91). Deshalb habe Schumann den Höhepunkt
seines Schaffens erreicht, nachdem sich Mendelssohn 1835 in Leipzig niedergelassen hatte (Ambros
1865, 61). Verantwortlich für die früheren Schwächen schien Ambros ein Mangel an musiktheoretischer Bildung zu sein, der u. a. durch zu viel literarische Bildung verursacht war. Ambros schloß
aus diesen Beobachtungen, Schumann sei »in gewissem Sinne den umgekehrten Weg Beethovens
gegangen. Der hohe Meister fing in der vollen
Mozart-Haydnschen Taghelle an und endete in

mystischem Dunkel – Schumann arbeitete sich aus dem Dunkel zur vollen Taghelle heraus« (Ambros 1865, 87). Doch betonte Ambros auch einen Unterschied: Beethoven hatte seinen Spätstil bewußt und allmählich erarbeitet, während Schumann im »finstren Zauberwald« tappte, »wo er zuweilen von unsichtbaren Händen eine Ohrfeige bekam oder die verworrenen Baumzweige ihm die Nase zerkratzten«. Außerdem habe sich das »Ende seiner Laufbahn« wieder da »verlaufen, wo der Anfang war« (Ambros 1865, 87 f.).

Reißmann legte diese Entwicklungsidee seiner Schumann-Biographie von 1865 (zweite Auflage 1871) zugrunde, nachdem er in seiner Musikgeschichte von Schumann bereits gesagt hatte, dieser sei der erste Komponist seit Beethoven, dessen Schaffen eine konsequente Entwicklung zeige (Reißmann 1864, 255). Reißmann schilderte den Entwicklungsgang als einen Läuterungsprozeß, in dem Schumann erst allmählich die Bedeutung der Form erkannte. Die Kompositionen vor den *Intermezzi* op. 5 galten ihm ohnehin als Experimente, die Schumann aufgrund seiner mangelnden Formenlehre nötig hatte (Reißmann 1871, 40). Erst die Liedkomposition habe Schumann die »Bedeutung der Form« zu Bewußtsein gebracht und damit den Eintritt in eine neue Schaffensperiode eröffnet. Schumann bedurfte nun keiner »äußeren Mittel« wie der Bezugnahme auf »Namen, Personen und eigene Erlebnisse« mehr (Reißmann 1871, 33). Am Ende der ersten Periode hatte Schumann »nur ihm eigentümliche klingende Tonformen« gefunden, die seinen romantischen Idealen angemessen gewesen waren, sich aber nur in kleinen Klavierformen verwirklichen ließen; deshalb »drängte die weitere Entwicklung darauf hin, den neuen Inhalt auch den älteren, objektiven Formen zu vermitteln, um diese zu verjüngen und zu erneuern«. Dieser Vorgang erst sollte Schumann zur »höchsten Reife« führen (Reißmann 1871, 115). Schon die 1. Sinfonie B-Dur op. 38 galt Reißmann als ein »vollständig gelungener« Versuch, »den neuen romantischen Inhalten den älteren Formen zu vermitteln« (Reißmann 1871, 123). Den Höhepunkt erblickte Reißmann in dem Klavierquintett op. 44 (Reißmann 1871, 127). Später »zersplitterte« indes Schumanns Kraft (Reißmann 1871, 169). Jene anderen Werke dieser Periode erscheinen meist formlos und wirr« (Reißmann 1871, 174; vgl.

167, 168, 171, 184, 207–211, 225–228). Dies galt beispielsweise für das Cellokonzert op. 129 und das *Konzert-Allegro* für Klavier und Orchester op. 92 (Reißmann 1871, 182). Der Verfall sei dabei einhergegangen mit dem Nachlassen von Schumanns Fantasie und der Tiefe seiner Ideen (vgl. Reißmann 1871, 176, 182, 191, 194, 198).

Bis um die Jahrhundertwende bildeten solche oder ähnliche Auffassungen die normale musikgeschichtliche Einschätzung. Musikhistoriker wie Joseph Schlüter (Schlüter 1863, 192 f.), Heinrich Adolf Köstlin (Köstlin 1880, 391 f.), Arnold Niggli (Niggli 1879, 8, 10 f., 23, 27), Emil Naumann (Naumann 1885, 840), Robert Musiol (Musiol 1888, 241 f.), Philipp Spitta (Spitta 1888, 65, 71, 72) oder Adalbert Svoboda (1894, 268, 273, 274) können dies belegen. Allerdings hatte Brendel schon sehr früh die genau entgegengesetzte Auffassung vertreten. Die Beschreibung des Sachverhalts deckte sich, aber die damit verbundenen Wertkonnotationen verkehrten sich ins Gegenteil. Man könne die Frage aufwerfen, gab er zu Bedenken, »ob überall der Einfluss« Mendelssohns auf Schumann »für diesen vorteilhaft gewesen sei«. Brendel hätte es am liebsten gesehen, wenn Schumann mit dem Orchester versucht hätte, was er zuvor mit dem Klavier verwirklicht hatte: »Wäre es nicht möglich gewesen«, könne man fragen, »in derselben phantastisch-humoristischen Weise, wie Schumann früher für das Pianoforte schrieb, auch das Orchester, versteht sich mit entsprechenden Modifikationen, aber in diesem Geiste zu behandeln, und würde nicht durch solch freien Erguss der Seele das Ideal der Zeit, welches die alten Formen zurücktreten lässt, und ein dramatisch bewegtes Seelenleben, Bestimmtheit des Ausdrucks, Humor und Phantasie an die Spitze stellt, ergriffen worden sein?« (Brendel 1860, 514).

Es verwundert nicht, daß der immer auf Fortschritt bedachte Brendel die kleinen Klavierformen, die auch Reißmann als »oppositionell« bezeichnete (Reißmann 1871, 31), bevorzugte, und es verwundert ebenso wenig, daß es gerade die Sympathisanten der »Neudeutschen Schule« und Richard Wagners waren, die Brendel in ihrem damals noch vereinzelten Urteil folgten. Es kam ihrer Hervorhebung der poetischen Idee gegenüber der Form entgegen. Bei ihnen, Wilhelm

Langhans (1887) und Richard Pohl (1888), kommt auch erstmals die bereits eingetretene historische Distanz zum Werk Schumanns zum Ausdruck. Was bei Brendel noch den Charakter einer Zurückweisung des Urteils von Kollegen besaß, erhielt bei Langhans und Pohl den Stellenwert einer historischen Beobachtung. »Dem großen Publikum«, schrieb Langhans etwa, seien die frühen Klavierwerke damals bizarr erschienen, »und die Mehrzahl der Kunstrichter« hätte »sich ihnen gegenüber abweisend« verhalten (Langhans 1887, 388; vgl. Pohl 1888, 294 f.).

Es ist bemerkenswert, daß diese Auffassung der »Neudeutschen Schule« um die Jahrhundertwende zur allgemeinen Meinung wurde. Richard Batka (Batka 1891, 55–57, 87 f.), Hugo Riemann (Riemann 1901, 274, 275, 281, 294), Hermann Abert (Abert 1903, 31, 49, 82, 83), Karl Storck (1904, 726 f.) und Ernst Wolff (1906, 29) vertraten, gewiß mit unterschiedlichem Nachdruck, diese Auffassung. Das führte nicht notwendig immer zur Abwertung der Werke ab der zweiten Periode, wohl aber zur eindeutigen Aufwertung der Werke der ersten. Über die Gründe für diese Entwicklung kann vorerst nur spekuliert werden. Zu untersuchen wäre, ob die Klassifizierung der frühen Werke als »oppositionell« eine allgemeine Hörerfahrung widerspiegelt; es ist nicht auszuschließen, daß mit jenen Werken eine politische Haltung assoziiert wurde. Immerhin ist der schroffste Gegner der frühen Werke, Ambros, als dezidiert konservativ, ihr frühester Verteidiger, Brendel, als liberal oder demokratisch einzustufen. Noch nicht bei Brendel, der die Konstruktion einer bildungsbürgerlichen Identität stützte, wohl aber seit dem späteren 19. Jahrhundert könnte die Bevorzugung der Fantasieformen mit der Auseinanderdrift von bürgerlicher Politik einerseits und künstlerischem Schaffen andererseits zusammenhängen. Hatte die Kunst bislang den politischen Ideen des Bürgertums gedient, so begann sich dieser Konnex nach 1871 allmählich aufzulösen (dazu Wolfgang J. Mommsen, Bürgerliche Kultur und politische Ordnung. Künstler, Schriftsteller und Intellektuelle in der deutschen Geschichte 1830–1933, Frankfurt a. M. 2000, z. B. 27 f., 39, 56, 57 f. und 71 f.). Und schließlich sollte auf die vielleicht nicht zufällige Übereinstimmung mit der im frühen 20. Jahrhundert entstehenden expres-

sionistischen Vorliebe für kleine Formen hingewiesen werden. Sie schlug sich bekanntlich u. a. in den *Fünf Orchesterstücken* op. 16 von Arnold Schönberg (1909), den *Sechs Stücken für Orchester* op. 6 von Anton Webern (1909) oder auch den *Drei Stücken für Streichquartett* von Igor Strawinsky (1914) nieder.

Die Diskussion über den Vorrang der Kleinformen oder späteren größeren, klassischen Formen bei Schumann scheint in der späteren Rezeptionsgeschichte rasch abgenommen zu haben. Sie spielte bei den meisten Musikhistorikern nur noch eine untergeordnete Rolle; manche Autoren versuchten, ihr den Boden unter den Füßen zu entziehen, indem sie Schumanns Entwicklung als einheitlich und konsequent schilderten. Schon La Mara hatte hervorgehoben, daß, wenn Schumann auch völlig »Neues und Eigentümliches« nur in den kleinen Klavierformen geschaffen habe, doch auch in den klassischen Formen der gleiche romantische Gefühlsinhalt erhalten bleibe (La Mara 1883, 212). Pfordten hatte 1920 noch das Gefühl, gegen eine allgemein verbreitete Ansicht ankämpfen zu müssen, die im 19. Jahrhundert in Wirklichkeit die Mindermeinung gewesen war. »Ist« Schumann, so fragte er, »wirklich nur da genial und originell, wo er, wie in seiner Jugend, ausschließlich die kleinere Gattung, insbesondere die Klavierpoesie pflegt; bedeutet jeder Versuch, auch die größere Form zu ergreifen, von der Sonate bis zur Symphonie, zum Oratorium und zur Oper, einen Fehlgriff?« (Pfordten 1920, 9) Neben anderen bildet diese Frage einen roten Faden durch Pfordtens Biographie (Pfordten 1920, 53, 55, 58 f., 96, 101). Auch wenn der Autor einmal anklingen ließ, die Klavierwerke behaupteten nicht »nur zeitlich, sondern auch künstlerisch einen Vorrang« (Pfordten 1920, 52), so lief doch alles auf das synthetisierende Urteil hinaus, Schumann habe die Form beherrscht (Pfordten 1920, 104). Werner Korte schlug 1937 dieselbe Richtung ein, versuchte sie aber in eine aufwendigere Theorie der Form einzubetten (Korte 1937, 31, 38, 39, 40, 56, 58, 60, 90, 91, 91), die stellenweise freilich etwas kryptisch bleibt. »Die ausgedehnte Liedkomposition des Jahres 1840 war zu einem Durchgang zur sinfonischen Form geworden: Die im Liedschaffen erworbene melodische Gestaltkraft als Ausdruck und Sinnbild bestimmter Gefühlslagerungen, die nunmehr dem Sturm und Drang persönlicher Tagebuchbekenntnisse entrückt ist, vermag zum ersten Mal den Anforderungen sinfonischer Form einer neuen spätromantischen Auffüllung zuzuführen« (Korte 1937, 77).

Krankheit

Daß Schumann seine Schaffenskraft aufgrund seiner Geisteskrankheit in späterer Zeit verloren habe, galt den meisten seiner Interpreten und Biographen als gewiß. Schon die ersten Schumann-Interpreten legten den Grundstein zu diesem Topos. Häufig waren es die zuletzt komponierten Teile der *Szenen aus Goethes ›Faust‹*, über die das Urteil gesprochen wurde. Angesichts der Ouvertüre, die Wasielewski nicht gefiel, dürfe man »nicht vergessen, daß es jener späten Zeit der Wirksamkeit des verehrten Meisters angehört, in welcher sein productives Vermögen bereits Spuren geistiger Ermattung erkennen läßt« (Wasielewski ³1880, 261 f.). Überhaupt glaubte Wasielewski in den Kompositionen des Jahres 1853 »neben manchem hervorragenden Zug und trotz so mancher einzelnen Schönheiten schon ein Schwinden der Gestaltungskraft, überhaupt eine geistige Ermattung« wahrnehmen zu können (Wasielewski ³1880, 282). Solche Ansichten wurden vielfach kolportiert. Es gehörte dabei zu den Eigenarten des Diskurses, daß der Zusammenhang zwischen nachlassender Schaffenskraft und Krankheit nur selten explizit angesprochen und nie genau bestimmt wurde. So sah Brendel in der »dritten Epoche« einen Rückschritt (Brendel 1860, 514, 517), der sich zum einen darin bemerkbar mache, daß die »formellen Mängel« mehr hervorträten, und zum anderen darin, daß Schumann zu viel geschrieben habe, »ohne die eigentlich bedingende innere Notwendigkeit abzuwarten« (Brendel 1860, 517, 518). Aber erst in bezug auf das Spätstadium des Verfalls stellte Brendel eine explizite Verbindung mit der Krankheit her. »Der fortwährende Rückgang« sei »doch sehr auffallend«, meinte er, »und der Eindruck, den einzelne Werke machen, ist zuzeiten wirklich ein betrübender. Zuletzt hat sich offenbar Schumanns höchst trauriges persönliches Schicksal darin schon im Voraus kundgegeben« (Brendel 1860, 519). Ganz ähnlich behauptete Ambros, »Schumanns inniges Empfinden« schlage in der dritten Periode »in trübe, krankhafte Melancholie um«. Das Meiste erwecke den Eindruck, »als habe der tödlich ermüdete Meister seine Phantasie mit Peitschenhieben zum Schaffen gejagt, ihr Angst- und Weherufen gerade für die rechten Klänge gehalten und solche in Notenzeichen gebannt« (Ambros 1865, 93).

Nur hin und wieder wurde die kausale Beziehung zwischen der vermeintlich abnehmenden Kompositionsstärke und der Geisteskrankheit ausdrücklich konstatiert. Hergestellt wurde der Konnex meistens vor allem durch Suggestion, die freilich zu den wichtigsten Verfahren historiographischer Überredungskunst gehört. Wasielewski enthielt sich dabei zunächst allen platten Behauptungen. Man würde »sehr irren, wenn man voraussetzen wollte, daß die in die folgenden Jahre fallenden Geistesprodukte, schon irgend welche Spuren des über Schumann verhängten tragischen Endes in und an sich trügen«, schrieb er in diesem Sinne über die Zeit ab 1847 (Wasielewski ³1880, 202 f.). Ähnlich ging Ambros vor, der sich auf die von ihm besonders hoch geschätzte C-Dur-Sinfonie bezog und darüber hinaus hervorhob, Schumann habe auch am Schluß noch Werke komponiert, die denen der zweiten Periode »mindestens gleich« seien (Ambros 1865, 64). Man ginge jedoch fehl, nähme man an, daß solche Hinweise Indizien methodischer Umsicht wären. Untergründig dienten sie vielmehr dazu, eine Theorie hinreichend diffus zu formulieren, um sie trotz einer scheinbar widersprüchlichen Sachlage aufrechterhalten zu können. Sowohl der Verzicht darauf, den Zeitpunkt des krankheitsbedingten Qualitätsverfalls genauer zu bestimmen, als auch die Bemühung, überhaupt die Möglichkeit offen zu lassen, daß sich unter den späteren Werken Schumanns jederzeit auch herausragende befinden konnten, machte die These erstens unangreifbar und erlaubte es zweitens, die musikalischen Präferenzen oder Abneigungen der Musikhistoriker einerseits und die Krankheit Schumanns andererseits in Übereinstimmung zu bringen.

Es ist wenig ergiebig, den Umgang der einzelnen Autoren mit Schumanns Krankheit im einzelnen nachzuzeichnen. Rasch bildete sich ein Kanon von Mängeln heraus, auf den stets zurückgegriffen werden konnte, wenn Schumanns spätere Werke besprochen wurden. Nur einige Beispiele mögen einen Eindruck von diesem Kanon vermitteln: Frank beobachtete eine Unfähigkeit, die »Stimmung so weit zu beherrschen und abzuklären, wie es die streng künstlerische Darstellung« verlange; er konstatierte unkünstlerische Elemente und dunkle Schatten in der Fantasie (Frank 1870, 258 f.). Reißmann behauptete, Schumann hätten die Ideen verlassen, worunter auch die Technik gelitten habe (Reißmann 1871, 176, 182), die alte Empfindung sei noch zu beobachten, sie sei nun jedoch überreizt und es gäbe keine Durchdringung von Form und Inhalt mehr (Reißmann 1871, 184). Außerdem hätten die Ideen ihre Tiefe verloren (Reißmann 1871, 191, 194), Schumanns Fantasie sei nicht mehr stark genug gewesen (Reißmann 1871, 198). Wie E.T.A. Hoffmann verliere Schumann die Gewalt über die Gestalten seiner Fantasie (Reißmann 1871, 203). Direkt auf Brendel ging die griffige Formel zurück, Schumann habe sein Schaffen schließlich nur noch quantitativ vermehrt, anstatt es qualitativ zu erweitern, er habe »mehr nur fortgearbeitet« (Brendel 1860, 518). Bei Niggli wurde daraus etwa die »krankhafte Hast des Produzierens« und das »bloß mechanische Fortspinnen der todesmatten Gedanken« (Niggli 1879, 17) und bei Köstlin die Beobachtung, daß Schumanns Schaffen quantitativ nicht abgenommen habe, sich aber qualitativ seine Krankheit »schon schmerzlich bemerkbar« gemacht habe (Köstlin 1880, 393). Andere beobachteten das Versagen der Gestaltungskraft, die Überreiztheit der Fantasie (Niggli 1879, 17, 34), die Vorausahnung des Endes (Wangemann 1878, 182), weltschmerzliche Stimmung (Langhans 1887, 392), weichliche Empfindsamkeit (Spitta 1882, 90) oder schwindende Energie (Riemann 1901, 292). Gern wurde auch auf ein Felix Draeseke zugeschriebenes Diktum zurückgegriffen, dem zufolge Schumann als Genie begonnen und als Talent aufgehört habe (Batka 1911, 260; Batka 1891, 77; Moser 1937, 231; Müller 1950, 106). An dem Beispiel von Schumanns Krankheit und ihrer musikgeschichtlichen Deutung zeigt sich ein Vorgang, der für die Musikhistoriographie überhaupt charakteristisch ist: Die stereotype Anhäufung bloßer Behauptungen verfestigt sich zu Ansichten, die schließlich als disziplinäre Wahrheiten akzeptiert werden (vgl. Bour-

dieu 1992, 176). Noch lange nach der Mitte des 20. Jahrhunderts konnte sich ein Autor den Anstrich wissenschaftlicher Differenzierung geben, indem er feststellte, Schumanns »Versagen« angesichts des Fauststoffs sei »nicht der seelischen Erkrankung allein zuzuschreiben« (Honolka 1985, 357).

Viele Musikwissenschaftler haben sich darin gefallen, dilettierend über die Ursachen der Krankheit nachzusinnen, was zu den merkwürdigsten Resultaten führte. Brendel glaubte, übermäßige Arbeit und unerfreuliche Erfahrungen, einschließlich der Aufkündigung des Düsseldorfer Dienstverhältnisses, hätten Schumanns Krankheit befördert (Brendel 1860, 519). Frank vermutete ein organisches Gehirnleiden (Frank 1870, 255), Bernhard Kothe diagnostizierte eine Überreizung der Kopfnerven (Kothe 1890, 148), Svoboda nahm in einer, naturwissenschaftlich betrachtet, vielleicht kühnen Doppelhypothese an, der »anstrengende Fleiß« habe »den Grund zu der Krankheit« gelegt, während sie zugleich »von seinem Vater geerbt« gewesen sei (Svoboda 1894, 271), und Storck sah »den Urgrund seiner späteren Erkrankungen« in dem »verzweifelten Ringen« um die Ehe mit Clara Wieck (Storck 1904, 729). Aber die überzeugendste Erklärung war wohl jene von Langhans, der die Krankheit, vielleicht allzu vorsichtig, »zum Teil« auf Schumanns »Vorliebe für aufregende Lektüre, namentlich für Jean Paul« zurückführte (Langhans 1887, 389). Doch möglicherweise ist Schumann am Ende auch gar »nicht eigentlich irre, sondern nur wunderlich« gewesen, wie Moser geistreich bemerkte (Moser 1928, 177), denn die Sorgfalt der Differenzierung sollte man im wissenschaftlichen Kontext nie zugunsten schlichter Redeweise aufopfern.

Obwohl die Krankheit dem negativen Urteil der Musikhistoriker gegenüber späteren Werken Schumanns ein scheinbar plausibles Fundament verlieh, braucht es nicht zu irritieren, daß trotz der einhelligen Auffassung, Schumanns Schaffenskraft habe nachgelassen, im Detail alles andere als ein einheitliches Werturteil herrschte. Von hier aus, vom Detail her betrachtet, kann die Beziehung zwischen Krankheit und kompositorischer Qualität, über die richten zu können man sich anheischig machte, vollständig dekonstruiert werden. Während die der »Neudeutschen Schule« zuneigenden Autoren wie Langhans und Pohl den

Verfall Schumanns bereits in der zweiten Schaffensperiode erkennen zu können glaubten (Langhans 1887, 390; Pohl 1888, 295), konstatierten andere wie Ambros und Reißmann in dieser Periode den Höhepunkt seines Schaffens (Ambros 1865, 91; Reißmann 1871, 115). Während Ambros *Der Rose Pilgerfahrt* als Beispiel für Werke anführte, in denen Schumanns Geist auch später noch »in der früheren Herrlichkeit« aufleuchte (Ambros 1865, 93), griff Brendel auf dasselbe Beispiel zurück, um das Gegenteil zu demonstrieren (Brendel 1860, 518). Während Abert meinte, in den beiden Violinsonaten op. 105 und 121 gelange »nochmals die alte Wärme des Empfindens zum Durchbruch« (Abert 1903, 93), schrieb Engel, die Violinsonate op. 105 zeige »zweifellos eine geistige Ermattung« (Engel 1968, 365). Während Frank neben den *Szenen aus Goethes ›Faust‹* auch die Musik zu *Manfred* als Beispiel für den beginnenden Abstieg Schumanns ansprach (Frank 1870, 258), sah Brendel darin gerade die Ausnahme (Brendel 1860, 516). Und während Riemann an der Es-Dur-Sinfonie op. 97 »Spuren der erlahmenden Gestaltungskraft« erblickte (Riemann 1901, 294), meinte Moser darin ausgerechnet eine Besserung des Gesundheitszustandes aufgrund der »Luftveränderung« und des »Umgebungswechsels« herauszuhören (Moser 1928, 176), ebenso wie Naumann davon überzeugt war, sie zeige eine »Frische und Gesundheit, die die bald darauf folgende Geistesstörung des Meisters durch eine unheilbare Krankheit nicht ahnen« lasse (Naumann 1885, 847; vgl. Petzoldt 1941, 54). So beliebig, wie die musikalischen Urteile waren, so beliebig war auch ihre Verknüpfung mit Schumanns Krankheit.

Hermann von der Pfordten nahm sich des Themas 1920 in seiner Schumann-Biographie mit größerer Umsicht an, die ihn letztlich allerdings auch nicht vor drastischen Urteilen bewahrte. Aber er nannte es eine törichte Anmaßung, »als Laie medizinisch urteilen zu wollen«, und vor allem stellte er die wichtige Frage: »Wenn wir nichts davon wüssten, würden wir es dann aus seiner Musik heraushören?« (Pfordten 1920, 8). Entsprechend karikierte er die Ansicht, die sich mit der Gewalt eines Stereotyps in der Musikgeschichtsschreibung festgesetzt hatte: »Aus dem feurigen Jüngling wird ein müder Mann, aus dem Bannerträger des Fortschritts ein Reaktionär, aus dem

Genie ein Talent. Darum ist es nur die erste, kleinere Hälfte seiner Werke, die wir mit Entzücken genießen; die folgende größere lehnen wir ab. Wie gesagt, so urteilen viele« (Pfordten 1920, 9). Pfordtens Kritik an dieser Sichtweise drückte sich zum Teil darin aus, daß er den Spieß geradezu umdrehte: Schumanns »Schaffensdrang überwinde die Krankheit«, meinte er (Pfordten 1920, 105). Andererseits glaubte auch Pfordten, daß es 1851 für Schumann zu spät war, sich der geistlichen Musik »noch in ungebrochener Weise« zuzuwenden (Pfordten 1920, 112), und Schumanns Ankündigung von Johannes Brahms als eines kommenden Genies schien ihm zu überschwenglich: »Da« spiele »ja unleugbar die Trübung der Geisteskraft herein«, schrieb er (Pfordten 1920, 43; vgl. Wolff 1906, 84), während viele andere Autoren gerade dieses Zeugnis als Beleg dafür heranzogen, daß Schumann bis zum Schluß einen wachen Verstand besaß (Reißmann 1871, 215; Riemann 1901, 292; Abert 1903, 45; Moser 1928, 177; Wörner 1949, 342).

Die Frage, warum Musikhistoriker solchen Spekulationen nicht widerstehen konnten, ist schwer zu beantworten. Gewiß spielte dabei eine Rolle, daß Künstlern im Zuge der bürgerlichen Identitätssuche eine moralische Vorbildfunktion zukam, die sie nur bedingt übernehmen konnten, wenn sie geistig verwirrt waren. Spürbar klang dieser Aspekt noch bei Pfordten nach, als er hervorhob, daß Schumann der Krankheit unverschuldet zum Opfer gefallen sei. Von Syphilis sollte bei Schumann »anerkanntermaßen keine Rede sein« können. »Wir können uns beruhigen. Mag Schumanns Krankheit genannt und erklärt werden, wie sie will, verschuldet hat er sie nicht; menschlich steht er unantastbar da, rein und groß« (Pfordten 1920, 132). Andererseits dürfte das Problemfeld mit dem Hinweis auf die moralpolitische Vereinnahmung der Komponisten durch das Bürgertum allein nicht zu erklären sein. Vor übereilten Spekulationen muß man sich hüten.

Ausblick

Eine Übersicht über die jüngere Geschichte der Schumann-Interpretationen setzte einen ungleich detailgenaueren Forschungsbericht voraus. Sehr viel stärker als für die Zeit zwischen 1850 und 1950 wäre eine Differenzierung zwischen wissenschaftlichen und populärer gehaltenen Publikationen vorzunehmen. Denn während in Arnfried Edlers Schumann-Buch von 1982 beispielsweise nahezu vollständige Abstinenz von den bis mindestens 1950 gängigen Platitüden vorherrscht (Edler 1982), strickte noch Kurt Honolka in seiner sehr viel populärer gehaltenen *Weltgeschichte der Musik* von 1968, aber mit dritter Auflage im Jahr 1985, weiter an den Stereotypen. Natürlich bleibt eine solche Differenzierung eine Annäherung, weil sich keine Grenze zwischen eigentlich wissenschaftlicher und populärerer Literatur ziehen läßt. Überall wird man die Schumann-Literatur daher mit entsprechender Vorsicht rezipieren müssen. Oft sind die alten Ideologien nur tiefer in die Ebenen der Subtexte abgetaucht und keineswegs wirklich ausgelöscht.

Von den drei hier behandelten Stereotypfeldern ist es vor allem das der Krankheit, das bis in die neueste Forschung hinein aufgegriffen wurde. Daß 1994 die Aufzeichnungen des Endenicher Arztes Franz Richarz wieder auftauchten (Hoffman-Axthelm 1994, 8), war für das weiterhin lebendige Interesse an Schumanns Krankheit und ihrem Verhältnis zu seiner Musik kein notwendiger Ansporn. Schon 1990 konnte sich der Psychoanalytiker Udo Rauchfleisch kritisch auf eine ganze Reihe jüngerer musikwissenschaftlicher Ansätze beziehen, die das Werk Schumanns aus der Perspektive einer schizophrenen Psychose heraus zu deuten versuchten (Rauchfleisch 1990, 199 f.). Es scheint sich zum Teil eine Umwertung von Schumanns Krankheit vollzogen zu haben: Während sie früher das Spätwerk tendenziell abwertete, führte sie in der zweiten Hälfte des 20. Jahrhunderts eher dazu, das Interesse daran zu steigern. In einer Zeit, in der im Anschluß an Theodor W. Adorno Musik dann als »wahr« galt, wenn sie angeblich die Zerrissenheit der gesellschaftlichen Zustände aus der Perspektive des darunter leidenden Subjekts widerspiegelte, konn-

ten auch Schumanns Spätwerke ins neuerliche Interesse rücken. Es dürfte kein Zufall sein, daß sich gerade auch Dieter Schnebel, ein Vertreter der musikalischen Avantgarde der 60er und 70er Jahre, 1981 unter denjenigen befand, die sich Schumanns Krankheit wieder zuwandten (Schnebel 1981). Hoffmann-Axthelm interpretierte Schumanns Vermögen, Ambivalenz zu komponieren, am Beispiel seines Violinkonzerts nicht als »Zeichen von Krankheit, sondern – im Gegenteil –« als »Nachweis für seine unerhörte musikalische und psychische Sensibilität den eigenen inneren Bewegungen und wohl auch den unterschwelligen Strömungen seiner Zeit gegenüber« (Hoffman-Axthelm 1994, 171 f.).

Rauchfleisch hat freilich ganz zu Recht hervorgehoben, daß die Beziehungen zwischen psychischer Verfassung des Komponisten und seinen Werken keine Aussagen über den Wert der Kompositionen zulassen (Rauchfleisch 1990, 212). Doch bleibt auch der Versuch, solche Zusammenhänge wertneutral aufzuzeigen, grundsätzlich problematisch. Es darf als sicher gelten, daß, wäre Beethoven in geistiger Umnachtung geendet, seine Spätwerke zunächst als Reflex der Krankheit angesehen worden wären. Zwar argumentieren neuere Forschungen in der Regel vorsichtiger, thesenhafter. Doch muß man sich der Schwierigkeit solcher Ansätze bewußt bleiben. Die von Edler über die *Phantasie a-Moll* für Klavier und Orchester von 1841 gemachte strukturanalytische Bemerkung, nichts darin sei »reine Gegenwart«, deutete Rauchfleisch psychologisch. Das »Ausgerichtetsein auf Zukünftiges als Resultat von Vergangenem« sei möglicherweise zu verstehen »als die immer neue Suche nach einer Wiederbelebung alter (aus der Kindheit stammender) emotionale Sicherheit vermittelnder Erfahrungen« (Rauchfleisch 1990, 101). Es ist nichts gegen derartige Hypothesen einzuwenden, doch muß klar sein, daß man weit davon entfernt ist, ihnen irgendeine Form wissenschaftlicher Gewißheit zu verleihen, solange kompositorische Prozesse psychologisch und neurophysiologisch nicht sehr viel genauer erforscht sind.

Literatur

Abert, Hermann: Robert Schumann. Berlin 1903. (Berühmte Musiker, 15).

Ambros, August Wilhelm: Robert Schumanns Tage und Werke. In: ders.: Culturhistorische Bilder aus dem Musikleben der Gegenwart. 2. Aufl. Leipzig 1865.

Batka, Richard: Schumann. Leipzig [1891]. (Musiker-Biographien, 13).

–: Allgemeine Geschichte der Musik. Mit Bildern und Notenbeispielen. Bd. 2. Stuttgart 1911.

Bourdieu, Pierre: Homo academicus, übers. von Bernd Schwibs. Frankfurt a. M. 1992.

Brendel, Franz: Geschichte der Musik in Italien, Deutschland und Frankreich. Von den ersten christlichen Zeiten bis auf die Gegenwart. Fünfundzwanzig Vorlesungen gehalten zu Leipzig. 3., zum Theil umgearb. und verm. Aufl. Leipzig 1860.

Brückmann, Bruno: Leitfaden zum Studium der Musikgeschichte für den Gebrauch beim Unterricht. Leipzig, Zürich 1891.

Bücken, Ernst: Die Musik der Nationen. Eine Musikgeschichte. Leipzig 1937. (Kröners Taschenausgabe, 131).

Dommer, Arrey von: Handbuch der Musikgeschichte von den ersten Anfängen bis zum Tode Beethoven's in gemeinfasslicher Darstellung. 2., verb. Aufl. Leipzig 1878.

Edler, Arnfried: Robert Schumann und seine Zeit. Laaber 1982. (Große Komponisten und ihre Zeit).

Engel, Hans: Musik der Zeiten und Völker. Eine Geschichte der Musik von den Anfängen bis zur Gegenwart. Umgearb., völlig neugest. Ausg. Wiesbaden 1968.

Frank, Paul [d.i. Carl Merseburger]: Geschichte der Tonkunst. Ein Handbüchlein für Musiker und Musikfreunde in übersichtlicher, leichtfasslicher Darstellung. 2., verm. Aufl. Leipzig 1870.

Hoffmann-Axthelm, Dagmar: Robert Schumann. »Glücklichsein und tiefe Einsamkeit«. Ein Essay. Stuttgart 1994. (Universal-Bibliothek, 9321).

Honolka, Kurt: Weltgeschichte der Musik. Nachdr. [Eltville am Rhein] 1985.

Korte, Werner: Robert Schumann. Potsdam 1937. (Unsterbliche Tonkunst).

Köstlin, Heinrich Adolf: Geschichte der Musik im Umriss. 2., umgearb. Aufl. Tübingen 1880.

Kothe, Bernhard: Abriss der Musikgeschichte. 5., verm. und verb. Aufl. Leipzig 1890.

La Mara [d.i. Marie Lipsius]: Musikalische Studienköpfe. Bd. 1: Romantiker. 6., umgearb. Aufl. Leipzig 1883.

Langhans, Wilhelm: Die Geschichte der Musik des 17., 18. und 19. Jahrhunderts in chronologischem Anschlusse an die Musikgeschichte von A.W. Ambros. Bd. 2. Leipzig 1887.

–: Musikgeschichte in zwölf Vorträgen. 2., wesentl. verm. Aufl. mit Notenbeisp. und Ill. Leipzig 1879.

Malsch, Rudolf: Geschichte der deutschen Musik, ihrer Formen, ihres Stils und ihrer Stellung im deutschen Geistes- und Kulturleben. 2., verb. Aufl. Berlin 1928.

Moser, Hans Joachim: Geschichte der deutschen Musik in drei Bänden. Bd. 3: Vom Auftreten Beethovens bis zur Gegenwart. 2., durchges. Aufl. Stuttgart, Berlin 1928.

–: Lehrbuch der Musikgeschichte. 2., durchges. und verm. Aufl. Berlin 1937. (Handbücher der Musik, 2/3).

–: Musikgeschichte in hundert Lebensbildern. Stuttgart 1958.

Müller, Ernst: Robert Schumann. Eine Bildnisstudie. Olten 1950. (Musikerreihe, 7).

Müller-Blattau, Josef: Geschichte der deutschen Musik. Berlin ⁵1944.

Musiol, Robert: Katechismus der Musikgeschichte. 2., verm. und verb. Aufl. Leipzig 1888.

Naumann, Emil: Illustrirte Musikgeschichte. Die Entwicklung der Tonkunst aus frühesten Anfängen bis auf die Gegenwart. Bd. 2. Berlin, Stuttgart [1885].

Niggli, Arnold: Robert Schumann. Sein Leben und seine Werke. Basel 1879. (Öffentliche Vorträge gehalten in der Schweiz, 5/8).

Petzoldt, Richard: Robert Schumann. Leben und Werk. Leipzig 1941.

Pfordten, Hermann von der: Robert Schumann. Leipzig 1920. (Wissenschaft und Bildung, 157).

Pohl, Richard: Die Höhenzüge der musikalischen Entwickelung, in 6 Vorlesungen dargestellt. Leipzig 1888.

Rauchfleisch, Udo: Robert Schumann. Leben und Werk. Eine Psychobiographie. Stuttgart 1990.

Reißmann, August: Allgemeine Geschichte der Musik. Bd. 3: Die Individualität gewinnt Antheil an der Weiterentwicklung der Tonkunst. München 1864.

–: Robert Schumann. Sein Leben und seine Werke. 2., verb. Aufl. Berlin 1871.

Riemann, Hugo: Geschichte der Musik seit Beethoven. 1800–1900. Berlin, Stuttgart 1901.

–: Handbuch der Musikgeschichte. Bd. 2, 3: Die Musik des 18. und 19. Jahrhunderts. Leipzig 1913.

Schlüter, Joseph: Allgemeine Geschichte der Musik in übersichtlicher Darstellung. Leipzig 1863.

Schnebel, Dieter: Rückungen – Ver-rückungen. Psychoanalytische und musikanalytische Betrachtungen zu Schumanns Leben und Werk. In: Robert Schumann I, hg. von Heinz-Klaus Metzger und Rainer Riehn. München 1981. (Musik-Konzepte Sonderband), S. 4–89.

Spitta, Philipp: Ein Lebensbild Robert Schumann's. Leipzig 1882. (Sammlung musikalischer Vorträge, Ser. 4, 37/38).

Sponheuer, Bernd: Über das »Deutsche« in der Musik. Versuch einer idealtypischen Rekonstruktion. In: Deutsche Meister – böse Geister. Nationale Selbstfindung in der Musik, hg. von Hermann Danuser und Herfried Münkler. Schliengen 2001, S. 123–150.

Storck, Karl: Geschichte der Musik. Stuttgart 1904.

Svoboda, Adalbert: Illustrierte Musik-Geschichte. Bd. 2. Stuttgart 1894.

Wangemann, Otto: Grundriß der Musikgeschichte von den ersten Anfängen bis zur neuesten Zeit. Magdeburg 1878.

Wolff, Ernst: Robert Schumann. Berlin 1906. (Die Musik, 19).

Wörner, Karl Heinrich: Robert Schumann. Zürich 1949.

Das Schumann-Bild in der Belletristik

von Matthias Wendt

Nahezu alles, was in den letzten hundert Jahren an Robert- oder Clara-Schumann-Biographien erschienen ist, hat den schier unüberwindlichen Drang zum (Liebes-)Roman. Am deutlichsten manifestiert sich dies in den Clara Schumann gewidmeten Biographien, denn unübersehbares Kennzeichen aller Pseudo-Clara-Biographien ist deren abrupter Schluß mit dem Jahr 1856. Das Todesjahr Robert Schumanns markiert für viele Clara-Biographen jenen Zeitpunkt, ab dem Clara Schumann als Person allmählich langweilt; allenfalls ihr angebliches, manchen Biographen arg faszinierendes erotisches Verhältnis zu Brahms ist noch die eine oder andere Seite wert. Exemplarisch, aber willkürlich herausgegriffen zeigt ersteres Eva Weissweilers inzwischen in zahlreichen Auflagen und Sprachen erschienene romanhafte Biographie *Clara Schumann*. Weissweiler beginnt ihre Erzählung mit der Vorgeschichte der Familien Wieck und Schumann. Nach fünf Seiten tritt erstmals der kleine Robert auf (14 f.): »Christiane Schumann weiß sich vor Glück kaum zu fassen […]. Dieses Kind beschließt sie, wird nicht sterben, sondern sie für alles Unrecht entschädigen, das ihr in der Ehe mit August widerfährt.« 330 Seiten später stirbt das Kind dennoch, das Jahr 1856 ist erreicht, Robert tot und Clara damit für die Biographin im Grunde auch: Die Handlung schleppt sich noch weitere 20 Seiten hin, dann ist auch der Fall Clara erledigt. Man erinnere sich: als Robert starb, war Clara Schumann 36 Jahre alt, ihre eigentlicher Ruhm als Pianistin begann erst danach zu entstehen, sie selbst starb im Alter von 77 Jahren, überlebte ihren Mann mithin um 41 Jahre, die in dieser »Biographie« auf 20 Seiten komprimiert sind.

Weissweiler ist bei weitem nicht die einzige oder gar die erste, die derart wegwerfend mit der Heldin ihres Buches umgeht. Ähnlich erfolgreich wie ihr Roman war eine Generation vorher der »Backfischroman« (Stephanie Twiehaus: Zwischen Zeitbild und Fiktion. Zum Clara-Schumann-Bild in der deutschen Belletristik. In: Clara Schumann – Komponistin, Interpretin, Unternehmerin, Ikone, hg. von Peter Ackermann und Herbert Schneider. Hildesheim 1999) *Clara Schumann* von Werner Quednau (Quednau 1955), ein Buch, das noch 20 Jahre später, um ein Vokabelverzeichnis erweitert (Moskau 1973), als »Lesebuch für die 10. Klasse« im Deutschunterricht russischer Schulmädchen dienen sollte. Quednau ist noch rigoroser als Weissweiler, sein Buch endet bereits vier Seiten nach Roberts Tod. Allerdings hat er, wie später Kühn (²1999), das Dilemma erkannt und wenige Jahre nach Erscheinen seines ersten Clara-Romans einen zweiten folgen lassen, der nun die Zeit nach Robert Schumanns Tod zum Inhalt hat (Quednau 1963).

Die meisten der Clara-Romane also sind in Wahrheit verkappte Robert-Romane. Umgekehrt gilt ähnliches: auch die Robert-Romane sind eigentlich »Clara und Robert«-Romane. Die verkappten Robert-Romane sind obendrein häufiger (und meist wesentlich erfolgreicher) als die echten. Ein Beitrag über die belletristische Rezeption von Leben und Werk Robert Schumanns muß demnach zwangsläufig auch die Flut der Clara-Schumann-»Biographien« sichten. Allen diesen Romanen ist gemein, daß weniger Robert Schumanns Werke als sein Leben im Zentrum stehen und hierbei vor allem eine Geschichte: seine Liebe zu Clara Wieck und der Kampf um die gemeinsame

Ehe. Ehrlicherweise enden denn auch zahlreiche Schumann-Romane mit der Hochzeit, dort also wo Liebesgeschichten seit jeher ihr happy End haben.

Ausgangspunkt aller Romane um Robert und Clara Schumann scheint unfreiwillig jene epochale, dreibändige, aber meist nur in ihren ersten zwei Bänden zur Kenntnis genommene Clara-Schumann-Biographie geworden zu sein, die Berthold Litzmann nach Vorgabe der Schumann-Töchter Eugenie und Marie verfaßt hatte und die seit 1902/08 in enormen Stückzahlen immer wieder neu aufgelegt wurde. Auch wenn die folgende Zusammenstellung der Schumann-Romane und -Erzählungen lückenhaft ist, zeigt sie, daß romanhafte Bearbeitungen des Schumann-Sujets überhaupt erst ab 1910, zum 100. Geburtstag Roberts auftauchen, und damit den genetischen Zusammenhang dieses Genres mit Litzmanns Clara-Schumann-Biographie. Es scheint mir unverzichtbar, soweit ermittelbar Angaben zu Nachauflagen und Auflagenhöhe in die chronologische Übersicht zu integrieren, da so eine Gewichtung aufscheint und damit Indizien zu Akzeptanz und historischer Relevanz der Romane greifbar werden (Nachauflagen sind durch eine Indexziffer vor, nicht eingesehene Auflagen durch einen Asterisk * hinter der Jahreszahl gekennzeichnet).

1910: Wilhelm Kleefeld, Clara Schumann (= Frauenleben, Bd. 14)

1912: May Byron, A Day with Robert Schumann

²1920; W. Kleefeld, Clara Schumann (= Frauenleben, Bd. 14)

1921: Kurt Arnold Findeisen, Herzen und Masken = Davidsbündler, Teil 1 (mindestens drei Auflagen in 1921 mit insgesamt 10000 Druckexemplaren nachweisbar)

1923: Hans Teßmer, Der klingende Weg. Eine Schumann-Erzählung

1924: Kurt Arnold Findeisen, Der Weg in den Aschermittwoch = Davidsbündler, Teil 2

1929: Hermann Richter, »Von ewiger Liebe«. Ein Schumann-Brahms-Roman

²1936: Kurt Arnold Findeisen, Du meine Seele, Du mein Herz. Der Roman Robert Schumanns (nationalsozialistisch angepaßte Neufassung der Romane von 1921 und 1924)

1940: John N. Burk, Clara Schumann. A Romantic Biography

1941: Eleanor Painter, Spring Symphony. (The Story of Clara and Robert Schumann). A Novel

1947: Luise George Bachmann, Drei Kronen eines Lebens. Das Schicksalslied Clara Schumanns

1947: Theodor Walter Elbertzhagen, Göttliche Stunden. Ein musikalischer Novellenkranz, darin: Das Paradies und die Peri, 133–178

1948: Otto Frommel, Robert Schumann in Heidelberg. Eine Erinnerung

1948: Gerhard F. Hering, Klassische Liebespaare, darin: Robert Schumann – Clara Wieck, 127–207

²1948: L. G. Bachmann, Drei Kronen eines Lebens

³1949: L. G. Bachmann, Drei Kronen eines Lebens (13.–17. Tausend)

²1950: G. F. Hering, Klassische Liebespaare, darin: Robert Schumann – Clara Wieck, 159–252

1951: Rudolf Thiel, Der Himmel voller Geigen. Das Leben der großen Symphoniker, darin: Schumann-Tragödie, S. 339–423

1951: Erik Uyldert, Het eenzame Hart. Het Leven van Robert Schumann (1810–1856)

⁴1953: L. G. Bachmann, Drei Kronen eines Lebens

1955: Werner Quednau, Clara Schumann (1.–10. Tausend)

²1955: W. Quednau, Clara Schumann (11.–30. Tausend)

²1955*: R. Thiel, Der Himmel voller Geigen

³1956: W. Quednau, Clara Schumann (31.–40. Tausend)

⁴1956: W. Quednau, Clara Schumann (41.–48. Tausend)

⁵1956: K. A. Findeisen, Herzen und Masken. Roman um Robert Schumann (»entnazifizierte« Neufassung des 1936 unter dem Titel Du meine Seele, Du mein Herz veröffentlichten Romans und damit gleichzeitig weitere Neufassung der beiden 1921 und 1923 veröffentlichten Romane)

⁵1956: L. G. Bachmann, Drei Kronen eines Lebens

1957: Ludwig Berger, Wenn die Musik der Liebe Nahrung ist. Vierzehn Variationen des Dankes mit einem Nachspiel, darin: Florestan. Robert Schumanns Liebe zu Clara Wieck, S. 269–297

⁵1958: W. Quednau, Clara Schumann (49.–58. Tausend)

1959: Hilda White, Song Without End. The Love Story of Clara and Robert Schumann

1960: Irmgard Köster, Träumerei. Das Leben Robert und Clara Schumanns

⁶1960: L. G. Bachmann, Drei Kronen eines Lebens (26.–29. Tausend)

⁶1961: W. Quednau, Clara Schumann

1962: Eberhard Hilscher, Die Entdeckung der Liebe. Historische Miniaturen, darin: Begegnung in Petersburg, S. 72–82

²1963: L. Berger, Das Irdische und das Unvergängliche. Musiker der Romantik. Erzählungen, darin: Florestan. Robert Schumanns Liebe zu Clara Wieck, S. 88–115 (siehe Berger 1957)

²1963: E. Hilscher, Die Entdeckung der Liebe, S. 72–83

³1963*: R. Thiel, Der Himmel voller Geigen

⁷1963: W. Quednau, Clara Schumann

1968: Elisabeth Kyle, Duet: The Story of Clara and Robert Schumann

1968: Marianne Fleischhack, Ich suche eine Tür ins Leben. Drei Lebensbilder, darin: Clara Schumann, S. 177–280

²1969*: M. Fleischhack, Ich suche eine Tür ins Leben

1971: Sigmar Schollak, Der Davidsbündler

³1971*: M. Fleischhack, Ich suche eine Tür ins Leben

1972: Titt Fasmer Dahl, Eventyr i toner: Schubert, Chopin, Schumann

²1973: S. Schollak, Der Davidsbündler

1973: W. Quednau, Clara Schumann, Ausgabe für den Deutschunterricht in Rußland

⁴1974*: M. Fleischhack, Ich suche eine Tür ins Leben

³1975: S. Schollak, Der Davidsbündler

⁴1976: S. Schollak, Der Davidsbündler

³1977*: E. Hilscher, Die Entdeckung der Liebe (3. erweiterte und verbesserte Auflage)

⁴1978*: R. Thiel, Der Himmel voller Geigen (Nachdruck der Ausgabe von 1951)

⁴1983*: E. Hilscher, Die Entdeckung der Liebe

1990: Eva Weissweiler, Clara Schumann. Eine Biographie (1.–10. Tausend)

²1991: E. Weissweiler, Clara Schumann (11.–15. Tausend)

³1991: E. Weissweiler, Clara Schumann (16.–20. Tausend)

⁴1991: E. Weissweiler, Clara Schumann (21.–25. Tausend)

1992: Eva Weissweiler, Clara Schumann. Eine Biographie, Taschenbuch-Ausgabe (1.–9. Tausend)

²1993: E. Weissweiler, Clara Schumann, Taschenbuch-Ausgabe (10.–15. Tausend)

³1994: E. Weissweiler, Clara Schumann, Taschenbuch-Ausgabe (15.–22. Tausend)

¹⁻⁶1996: Dieter Kühn, Clara Schumann. Ein Lebensbuch (1.–35. Tausend)

⁴1996: E. Weissweiler, Clara Schumann, Taschenbuch-Ausgabe (24.–27. Tausend)

¹⁻⁷1996: Peter Härtling, Schumanns Schatten. Variationen über mehrere Personen

1997: Barbara Allman, Her Piano Sang: A Story about Clara Schumann

⁸1997: P. Härtling, Schumanns Schatten

1998: P. Härtling, Schumanns Schatten. Taschenbuch-Ausgabe

1998: P. Härtling, L'ombre de Schumann : variations sur plusieurs personnages

1998: Wolfgang Held, »Manches geht in Nacht verloren.« Die Geschichte von Clara und Robert Schumann

1998: Dieter Kühn, Clara Schumann. Ein Lebensbuch. Erweiterte Neufassung

⁶1998: E. Weissweiler, Clara Schumann. Eine Biographie. Taschenbuch-Ausgabe

⁹1998: P. Härtling, Schumanns Schatten

²1999: D. Kühn, Clara Schumann. Erweiterte Neufassung

²1999: P. Härtling, Schumanns Schatten

2000: J. D. Landis, Longing

2001: J. D. Landis, Struggimento

2002: J. D. Landis, Sehnsucht

Die Liste der Schumann-Erzählungen ist lückenhaft, schon deshalb, weil auf die Erfassung fast aller kürzeren Erzählungen verzichtet wurde. Entscheidender als die Frage nach der Vollständigkeit aber war das Problem nachprüfbarer Kategorisierung: Was ist noch zitierfähige Biographie und was bereits Belletristik? Nur ein Teil der Erzählungen ist schon durch Titel oder Untertitel als belletristische Arbeit ausgewiesen: Teßmer 1923, Richter 1929, Findeisen 1936, Painter 1941; Elbertzhagen 1947, White 1959, Kyle 1968, Allmann 1997, Held 1998. Wichtigstes textimmanentes Kriterium ist die fiktionale Verwendung direkter Rede, zu finden bei: May 1912, Findeisen 1921, Teßmer 1923, Richter 1929, Bachmann 1947, Frommel 1948, Hering 1948, Thiel 1951, Uyldert 1951, Quednau 1955, Berger 1957, White 1959, Köster 1960, Hilscher 1962, Kyle 1968, Schollak 1971, Härtling 1996, Landis 2000. Weitere gewichtige Kriterien sind nachempfundene Illustrationen (Byron 1912, Uyldert 1951, Quednau 1955, Köster 1960, Fleischhack 1968, Schollak 1971, Dahl 1972), pauschale Belege in Form eines Literaturverzeichnisses (Burk 1940, Hering 1948, Uyldert 1951) oder gar Fehlen jeglicher Belege (Kleefeld 1910, Byron 1912, Findeisen 1921, Richter 1929, Frommel 1948, Thiel 1951, Quednau 1955, Berger 1957, White 1959, Köster 1960, Hilscher 1962, Fleischhack 1963, Weissweiler 1990, Härtling 1996, Kühn 1996, Held 1996). Als verschleierte Kennzeichen belletristischer Stoffbehandlung erwiesen sich auch die völlige Überbewertung einzelner Ereignisse bei gleichzeitiger Minimalisierung anderer biographischer Stationen (bspw. bei Held 1998, der Schumanns Düsseldorfer Zeit auf knappen 20 Seiten abhandelt) sowie die gezielt ausgewählte Koppelung von Zitat und indirekter Rede, was letzterer den Anschein des Authentischen zu geben sucht (u. a. Weissweiler 1990 und Kühn 1996).

Auffallend ist in jedem Fall das Überborden der in unzähligen Auflagen verbreiteten Clara-Schumann-Romane, was wiederum auf die Einleitung dieses Kapitels zurückführt. Gäbe es nicht Findeisens schon lange nicht mehr aufgelegten Robert-Romane und das Kinderbuch *Der Davidsbündler* von Sigmar Schollack, so bliebe als einziges verbreitetes Gegenstück der Robert-Roman von Peter Härtling, dessen Veröffentlichungsdatum aber wiederum ganz unverhohlen auf das erste wirkliche Clara-Schumann-Jubiläum 1996 spekuliert (die vorhergehenden Gedenktage 1919 und 1946 waren in Deutschland zeitbedingt schwerlich feierbar) und der mithin nicht unerheblich vom Faszinosum dieser Frau profitiert, belegt durch sieben Neuauflagen binnen eines einzigen Jahres. Fast paradox mutet an, daß der erste Schumann-Roman ein Clara-Roman war, der aber ausgerechnet 1910, in einem Robert-Gedenkjahr veröffentlicht wurde, wohingegen der erste Robert-Roman – wenn man von der 1912 in England erschienenen Robert-Novelle absieht – erst 1921 publiziert wurde.

Auffallend ist auch, daß in den 1960er Jahren ein Rezeptionsbruch stattfindet, jene Titel, die vorher das Thema Schumann beherrschten, werden nicht mehr neu aufgelegt. Bis Anfang der 1990er Jahre erscheinen überhaupt keine echten Schumann-Romane mehr, nur kindgerechte Kurzgeschichten, wie Schollaks *Davidsbündler*, oder mäßig umfangreiche Erzählungen, wie die von Hilscher und Fleischhack.

Erst mit Eva Weissweilers Clara-Roman setzt eine neue, ungeheuer wuchtige und durch den im Oktober 1990 herausgekommen, mit Claras Portrait versehenen Hundertmarkschein, sowie durch das Clara-Jahr 1996 massiv verstärkte Renaissance der Schumann-Belletristik ein. Ursache dieses Umschwungs ist sicherlich die Erstveröffentlichung der Schumannschen Haushaltbücher (Leipzig 1982 bzw. Frankfurt a. M. o.J.) und Ehetagebücher (Leipzig 1987 bzw. Frankfurt a. M. o. J.) durch Gerd Nauhaus, wobei vor allem die Haushaltbücher mit ihren rudimentären Stichwort-Aneinanderreihungen eine belletristische Aufarbeitung geradezu erzwingen. Mit einem Schlag liegt hier die Person Schumanns bloß und eine Fülle bislang unbekannter Details zu wirklich jeglichem Aspekt eines Künstler- und Menschenlebens wird offenbart: vom Bier- und Tabakkonsum über die Beischlaffrequenz bis zu euphorischem Schaffensrausch und unproduktivem Unwohlsein ist alles abrufbar – ein literarischer Steinbruch für belletristische Baumeister. Große Bedeutung messe ich auch Peter Schamonis Schumann-Film *Frühlingssinfonie* von 1982 zu (vgl. zur Entstehung des Films Hans Adolf Neunzig (Hg.): Frühlingssinfonie. Clara Wieck und Robert Schumann. Die Geschichte einer Leidenschaft in Dokumenten und zahlreichen Fotos aus dem Film »Frühlingssinfonie«. München 1983), der, obwohl 1840 mit der Hochzeit endend, bereits die Problematik einer solchen Künstlerpartnerschaft an Hand winziger Details aufwirft, sowie Elfriede Jelineks im gleichen Jahr in Bonn uraufgeführtem Theaterstück *Clara S.*, das Claras Befreiung aus dem Joch des Vaters und Ehemanns thematisiert (Elfriede Jelinek: Theaterstücke Hamburg 2001, 79–128), ein Topos, der zwar aus den Quellen nicht hervorgeht (schließlich war es Robert Schumann, der den Prozeß mit Friedrich Wieck führte und auch zu Claras Emanzipation von Robert ist es nur durch dessen unfreiwillig frühes Ableben gekommen), der aber in der folgenden Literatur immer wieder gerne ausgebreitet wird.

Ein ganz anderer Aspekt der Belletristik-Aufarbeitung ist die Frage nach Gemeinsamkeiten und Trennendem, nach Toposbildungen. Vergleich bedingt vergleichbare Inhalte, sinnvoll können nur Textpassagen einander gegenübergestellt werden, die in einem hinreichend großen Corpus von Texten auch vorhanden sind. Nebenbedingung aber ist, daß die entsprechenden Passagen kurz genug sind, um inklusive Textbelegen abgehandelt werden zu können. Das naheliegendste, in allen biographischen Romanen vorkommende Ereignis, der Kampf mit Friedrich Wieck um Claras Hand scheitert sofort an dieser Nebenbedingung.

Hauptkriterium für die folgende Synopse war daher, daß das Ereignis faktisch belegt und erkennbar ist, auf welchen Quellen die Schilderung eigentlich beruht, und daß alles in einem überschaubaren Rahmen zitierbar bleibt. Herausgegriffen wurde ein winziges Ereignis, das so unscheinbar ist, daß es in vielen Romanen überhaupt nicht vorkommt. Gleichzeitig aber ist es hoch brisant, denn es betrifft Clara und Robert Schumann gleichermaßen, bringt beide in eine mißliche Situation und koppelt obendrein den frühen, unbekannten Schumann an den »späten«, auf seiner Kunstreise durch Holland triumphale Erfolge erlebenden Komponisten. Gemeint ist jene bei Litzmann im wahrsten Sinne des Wortes ›augenzwinkernd‹ geschilderte Episode am Hof des Prinzen Friedrich von Holland (Litzmann II, 286):

»Auf einer Soiree beim Prinzen Friedrich hatten sie sich, vom Hofmarschall bis zum Lakaien im Vorzimmer, einer so ausgesucht unartigen Behandlung zu erfreuen, daß sie sofort nach den von einer lärmenden Gesellschaft ohne Aufmerksamkeit aufgenommenen Musikvorträgen Claras den Saal und das Palais verließen – Clara durch den Schnee mit seidenen Schuhen watend – da die Herren Bedienten es für überflüssig hielten, sich um die ›Musikanten‹ zu bekümmern. Die Krone von allem aber war doch die Frage des fürstlichen Gastgebers, des Prinzen Friedrich, an Schumann: ›Sind Sie auch musikalisch?‹, und als dies still lächelnd bejaht ward, die zweite: ›Auf welchem Instrument?‹«

Litzmann kommentiert diese Anekdote im folgenden Absatz: »In frühern Jahren würde Schumann vermutlich durch eine solche Taktlosigkeit sich tief verletzt gefühlt haben. Diesmal aber lächelte er nur, und mit Recht. Denn wenn die königliche Hoheit nicht wußte, welcher Persönlichkeit sie gegenüber stand, so bewies das nur, daß sie keine Zeitungen las, in denen tagtäglich der Name dieses Dr. Schumann als eines der größten Komponisten der Gegenwart in allen Tonarten gepriesen wurde.«

Dieser Kommentar ist verhängnisvoll, denn er geht von falschen Tatsachen aus. Litzmann unterstellt, daß nur völlige Musikbanausen die enorme Presseresonanz der holländischen Konzertreise nicht wahrgenommen haben könnten. In Wahrheit aber waren Prinz und Prinzessin Friedrich, deren eigentlicher Lebensmittelpunkt Schloß Muskau im nordöstlichsten Sachsen war, soeben erst von einem Aufenthalt am preußischen Hof in Berlin zurückgekehrt (vgl. Sikemeier 1950, 32), konnten demnach nur grob über die Konzertreise der Schumanns informiert sein.

Gefunden habe ich Schilderungen dieser Episode in folgenden Romanen:

Byron 1912, [o.S.]: »He is almost unknown in society, – partly because he really has no interest whatever apart from music, partly owing to his silent manner and retiring disposition. It is on record that one day after Madame Schumann had been playing with tremendous success at one of the smaller German courts, the Serene Highness who was eruler there enquired of her with great affability, ›whether her husband were also musical?‹«

Thiel 1951, 411: »Später sind sie dann in Norddeutschland, Belgien und Holland gewesen, ja sogar ein Vierteljahr lang bei den Moskowitern. Der finanzielle Ertrag war recht erfreulich, die innere Bereicherung gering, die Unerquicklichkeiten überwogen. Schumann kam sich allzusehr als Prinzgemahl, als Männchen seiner Künstlergattin vor. Denn von dem Komponisten wußte man da draußen in der großen Welt so gut wie nichts. Passierte es doch noch in seinem letzten Lebensjahr [sic!], daß eine Königliche Hoheit sich erkundigte: ›Sind Sie auch musikalisch? Und auf welchem Instrument?‹«

Uyldert 1951, 155 (Übersetzung M.W.): »In Holland aber passierte Robert – wieder einmal – etwas sehr unangenehmes. Am Hof von König Wilhelm III. bewunderte man Claras Klavierspiel sehr. Der junge Prinz Friedrich nun fragte Robert, der ihm als Gatte dieser phänomenalen Pianistin vorgestellt worden war: ›Sind Sie auch musikalisch? Und auf welchem Instrument?‹

Diese peinliche Frage ist Schumann allen Ernstes nach einem Konzert Claras gestellt worden.«

Weissweiler 1990, 295 f.: »[…] die Reise war mehr denn je auch ein Zweikampf mit Robert, der diesmal mit seinen Kompositionen großen Erfolg hatte und vom Publikum mit Rosen bekränzt worden war. Man konnte den Verdacht hegen, daß er ihr Spiel lobte, wenn es schlecht war, und tadelte, wenn es gut war, und es vielleicht sogar genoß, sie mit letzter Kraft ihre Kadenzen donnern zu sehen, während er nur aufstehen zu brauchte, um die Lorbeeren in Empfang zu nehmen. ›Doktor! Doktor!‹ hatten die Menschen nach jenem Utrechter Konzert gerufen, nicht ›Clara! Clara!‹, das hatte ihn selbstbewußt und gelassen gemacht. Wie anders hätte er sonst ertragen können, daß Prinz Friedrich ihn, nachdem sie bei Hof gespielt hatte, fragte: ›Sind Sie auch musikalisch?‹ und, als er dies bejahte: ›Auf welchem Instrument?‹«

Kühn 1996, 412 f.: »Ein Hofkonzert in Den Haag bei der Prinzessin Friedrich. Clara spielt wieder einmal die ›Waldstein-Sonate‹, dann weitere Werke. Schumann: ›Geplapper während der Musik und Ärger. Die Königin und meine Harthörigkeit. Prinz Friedrich und seine uns in Verwunderung setzende Frage.‹ Diese wohl berühmteste Frage des Prinzen lautete: ›Sind Sie auch musikalisch?‹ Als Schumann das bejahte, wurde huldvoll nachgefragt: ›Auf welchem Instrument?‹ Schumann ist zumindest pikiert. Clara tröstet ihn: sie schlafen miteinander.«

Härtling 1996, 376: »Daß er auf einem Empfang des Königshauses – er friert ärger denn je – von einem Prinzen gefragt wird, ob er denn musikalisch sei, verletzt ihn nicht mehr. Das Glück hält ihn aufrecht. Er ist ausgewiesen. // Unterwegs, sie sind allein in der Kutsche, sagt Clara leise und beiläufig: Ich erwarte ein Kind, Robert. // Er lehnt sich gegen sie. Felix, sagt er.«

Landis 2002, 461 f.: »›Und hören Sie dies, mein Teurer‹, schrieb er während ihrer ersten Trennung, als er Clara bei einer Tournee durch Holland begleitete, an Brahms. ›Ein Prinz aus Friedrichs Hohenzollern-Kreis trat zu mir, um Clara nach einem ihrer Auftritte zu rühmen, und sagte: ›Ihre Gemahlin ist eine vortreffliche Musikerin. Sind Sie auch musikalisch?‹ Bin ich auch musikalisch! Warum war ich nicht beleidigt? Es war, als könnte dieser ignorante, ungebildete, einfältige Tölpel von einem Aristokraten mir in die Seele schauen. Woher wissen wir, ob wir musikalisch sind? Woher wissen wir, ob wir Künstler sind? Woher wissen wir, ob das, was wir in unseren Köpfen hören und zu Papier bringen, Musik ist? Alles, was man in einem Augenblick auszudrücken vermag, ist man selbst. Was, wenn das Selbst erschüttert ist? Was, wenn das Selbst zu existieren aufgehört hat, lange bevor das Leben zu Ende ist? Was, wenn ich nur als Künstler gelitten habe, aber letztlich nichts hervorgebracht habe, das den Namen Kunst verdient? Was, wenn alles, was man hervorgebracht hat, sich bloß zu dem summiert, was Hölderlin ›des Sommers leere Felder‹ nannte? Nicht daß ich diese Fragen bei meinem adligen Gesprächspartner zur Sprache brachte. O nein. Zu ihm sagte ich: ›Ja, ich bin auch musikalisch.‹ Und er entgegnete höflich: ›Auf welchem Instrument?‹ Ich hielt ihm meine arme, ruinierte rechte Hand entgegen. ›Ich spiele auf meiner Frau‹, antwortete ich. Überflüssig zu erwähnen, daß ich ihn damit los wurde, bevor noch ein Gespräch über Kunst die so ersehnte Wirkung zeitigen konnte. Bin ich musikalisch? Zumindest genug, um zu beurteilen, daß Sie es sind, Johannes, mein teurer neuer Freund.‹«

Es ist faszinierend, wie unterschiedlich fokussiert sich diese Zitatballungen im direkten Vergleich ausnehmen. Sezieren wir zunächst die Bestandteile des stattgefundenen Ereignisses:

1. Prinz Friedrich und Frau kommen von Berlin nach Den Haag zurück, umgehend werden Clara und Robert Schumann, die bereits abgereist waren, zu einer Soiree an den Hof zurückgerufen

2. beide fühlten sich dort sogar von den Lakaien herablassend behandelt,

3. das Publikum war desinteressiert an Claras Spiel,

4. Clara spielte ein Programm klassischer Bonbons,

5. Clara spielte kein Stück von Schumann,

6. dieser wurde vom Gastgeber gefragt, ob auch er etwas mit Musik zu tun habe und welches In-

strument er spiele, die Antwort hierauf ist Lächeln,

7. zum Abschied wurden beide in den Schneematsch hinauskomplimentiert.

Die Punkte 1 (mit Einschränkung), 4 und 5 sind erst 1987 durch die Publikation der Schumannschen Ehetagebücher bekannt geworden, der Rest aber findet sich bereits in Litzmanns Clara-Biographie. Folgt man nun den belletristischen Darstellungen, reduziert sich die ganze Episode auf Punkt 6. Niemand geht darauf ein, wieso dieses Konzert bei Hof erst eine Woche, nachdem die Schumanns aus Den Haag abgereist waren, arrangiert werden konnte, und wieso sie Hals über Kopf telegraphisch zurückgerufen werden mußten. Es wird einfach unterstellt, Litzmanns Kommentar sei korrekt, der holländische Hof sei ›amusisch‹ und es gebe dort keinerlei Interesse für Claras Klavierspiel und Roberts Kompositionen.

Kein Belletrist hinterfragt, wie es sein kann, daß Prinz Friedrich nach oder während des Konzerts die für Schumann so seltsame Frage stellt. Dies bedeutet natürlich auch, keiner der Belletristen interessiert sich dafür, was Clara eigentlich gespielt hat, wieso kaum jemand ihrem Spiel zugehört hat und wieso sie kein Stück von Schumann gespielt hat. Nur einer, Dieter Kühn, erwähnt wenigstens ein Bruchstück des von Clara gespielten Repertoires, aber auch Kühn kommt nicht zu dem doch so naheliegenden Schluß, daß das von Clara gespielte Repertoire und Prinz Friedrichs naive Smalltalk-Frage irgend etwas gemein haben könnten.

Drei der sieben Details dieses Besuchs bei Hofe betreffen Clara und Robert gemeinsam (1, 2 und 7), drei betreffen Clara allein (3, 4 und 5) und nur das eine, in allen Schilderungen der Episode vorkommende Detail Nr. 6 betrifft ausschließlich Robert Schumann.

Die Konsequenz hieraus ist ernüchternd: Es geht in Wahrheit – selbst in den Clara-Romanen – nur nebenbei um Clara Schumann. Stets aber geht es um Robert und immer nur darum, ihn möglichst sonderbar, rätselhaft und dadurch – paradoxerweise – attraktiv erscheinen zu lassen. So werden denn die unterschiedlichsten Persönlichkeitsauffälligkeiten und gezielt ausgewählte Fakten

an diese Episode gekoppelt: Schumann sei desinteressiert an allem außer Musik und seine Schweigsamkeit sei sprichwörtlich (Byron 1912), Schumann sei in der großen Welt dort draußen völlig unbekannt (Byron 1912, Thiel 1951), Schumann sei eifersüchtig auf Claras Erfolge (Thiel 1951, Weissweiler 1990, ähnlich bereits Richter 1929, 138–139), Clara habe großen Erfolg (Uyldert 1951, Landis 2002), Robert habe großen Erfolg (Weissweiler 1990, Härtling 1996), Robert sei durch die Frage nach seiner Musikalität zutiefst verletzt (alle), Clara tröste ihn anschließend (durch Beischlaf: Kühn 1996; durch Ankündigung einer Schwangerschaft: Härtling 1996), Robert sei krank, denn er friert mehr denn je (Härtling 1996).

Fast alle Belletristen haben das Anliegen, Robert Schumann in ungewöhnlichen, oft peinlichen Situationen zu schildern und alle – auch nur irgendwie mit dem Anschein des Seltsamen behafteten – Ereignisse in Hinblick auf den kommenden geistigen Zusammenbruch zu deuten. Dies Verfahren geht von Vorwissen aus, Schumanns Ende prägt die vorhergehenden Ereignisse, der Komponist ist Träger eines Fatums, ist Hauptdarsteller einer klassischen Tragödie, der er nicht entkommen wird.

Gleichzeitig ist diese Episode am holländischen Hof eine der wirklich wenigen, die ihren Weg in Anekdotensammlungen gefunden haben (siehe Bernard Grun: Mit Takt und Taktstock. München ³1982, 113). Auffallend ist ja, daß es kaum Anekdoten oder gar Witze über Schumann gibt und überhaupt keine Karikaturen. Offenbar stellen der Selbstmordversuch und die letzten zwei in der Endenicher Heilanstalt verbrachten Jahre der Krankheit hier, anders als bspw. Beethovens Taubheit, die zu zahlreichen Späßen Gelegenheit bot, eine bislang nicht überwundene Schamgrenze dar. Doch die Front wackelt, die Avantgarde hat diese Skrupel mittlerweile beiseite geräumt und ihre Inhalte entsprechend angepaßt, oder wie sonst soll man es nennen, wenn Lutz Gümble und Jochen Hering 1999 für ihr Hörspiel aus der Reihe »Krimis in Dur und Moll« auch diese letzte Barriere einreißen und titeln: *Schlussakkord im Irrenhaus. Das Geheimnis um Clara und Robert Schumann.*

ANHANG

Werkverzeichnis

von Joachim Draheim

Das vorliegende Werkverzeichnis ist eine vom Verf. gestraffte Version des Werkverzeichnisses in MGG2, Bd. 15 (2006), Sp. 280-298. Zur weiteren Information s. dort sowie das *Thematisch-Bibliographische Werkverzeichnis* von Margit L. McCorkle (RSW, s. Siglenverzeichnis). Diesem Verzeichnis folgen auch die Angaben zu den Werken ohne Opuszahlen (WoO) und den Anhängen A-R (Fragmente und nicht zur Veröffentlichung freigegebene Werke, verschiedene Werke und Kompositionspläne).

Gesamtausgaben

Robert Schumanns Werke, hg. von Cl. Schumann, Joh. Brahms u.a., Leipzig 1881–1893 (abgekürzt: AGA); 14 Serien: I. Sinfonien, II. Ouvertüren, III. Konzerte, IV. Streichquartette, V. Kammermusik mit Klavier, VI. Werke für 2 Klaviere und Klavier zu 4 Händen, VII. Werke für Klavier zu 2 Händen, VIII. Orgelwerke, IX. Vokalwerke mit Orchester, X. Mehrstimmige Vokalwerke mit Klavier, XI. Werke für Männerchor a cappella, XII. Werke für gemischten Chor a cappella, XIII. Lieder für eine Singstimme mit Klavier, XIV. Supplement
Robert Schumann: Neue Ausgabe sämtlicher Werke, hg. von A. Mayeda, Kl. W. Niemoller u.a., bis Anfang 2006 15 Bde. ersch., Mainz u.a. 1991- (abgekürzt: RSA); 8 Serien: I. Orchesterwerke, II. Kammermusik, III. Klavier- und Orgelmusik, IV. Bühnen- und Chorwerke mit Orchester, V. Chorwerke, VI. Lieder und Gesänge für Solostimmen, VII. Klavierauszüge, Bearbeitungen, Studien und Skizzen, VIII. Schriften und Supplemente

A. Vokalmusik

I. Geistliche und religiöse Werke

Le Psaume cent cinquantième für 1st. Chor, Kl. und Orch. **op. I** (1822–1824; 8. Juni 1997 Düsseldorf) (Anh. I 10) (RSA IV/3/3,1, 2000)
Adventlied (Friedrich Rückert) für S, gemCh. und Orch. **op. 71** (1848; 10. Dez. 1849 Leipzig), Kl.A., Singstim-

men Leipzig 1849, Breitkopf & Härtel; Part. ebd. 1866 (AGA IX,2; RSA IV/3/3,2)
»Verzweifle nicht im Schmerzensthal« (Rückert), Mot. für doppelten MCh. a cappella (1849); mit Orgelbegl. (1850; 4. Juli 1850 Leipzig), Leipzig 1851, Whistling; mit Orch. **op. 93** (1852; 8. März 1853, ebd.) (AGA IX,5; RSA IV/3/3,1, 2000)
Neujahrslied (Rückert) für Soli, gemCh. und Orch. **op. 144** (1849/50; 11. Jan. 1851, Düsseldorf), Winterthur 1861, Rieter-Biedermann (AGA IX,15; RSA IV/3/3,2)
Missa sacra c-Moll für Soli, gemCh. und Orch. **op. 147** (1852/53; 3. Mai 1863 Wien), Leipzig u.a. 1862/63, Rieter-Biedermann (AGA IX,16; RSA IV/3/2, 1991 [darin auch Fassung mit Orgel- statt Orchesterbegl.])
Requiem Des-Dur für Soli, gemCh. und Orch. **op. 148** (1852; 19. Nov. 1864 Königsberg), Leipzig u.a. 1864, Rieter-Biedermann (AGA IX,17; RSA IV/3/3, 1993)

II. Weltliche Werke

I. Chorwerke mit Orchester, Werke für Soli, Chor und Orchester bzw. Soli und Orchester

Ouverture et Chor (Chor von Landleuten) für gemCh., Kl. und Orch. **op. I/3** (1822/23; 8. Juni 1997 Düsseldorf) (Anh. I 9), Autogr. Privatbesitz
Tragödie (Heine) für S, T und Orch. (1841; 19. Mai 1992 Düsseldorf) (als **op. 64/3** mit Klavierbegl., Leipzig 1847; s. A.II.5.); hg. von B. R. Appel, London u.a. 1994
Das Paradies und die Peri (aus Th. Moore, *Lalla Rookh*, übs. und bearb., z.T. vom Komp.) für Soli, gemCh. und Orch. **op. 50** (1843; 4. Dez. 1843 Leipzig), Leipzig 1844/45, Breitkopf & Härtel (AGA IX,1; RSA IV/2/1)
Scenen aus Göthe's Faust für Soli, gemCh. und Orch. WoO 3 (1844–1853; 3. Abt. 29. Aug. 1849 Dresden, Weimar und Leipzig; vollst. 14. Jan. 1862 Köln), Berlin 1858, Friedlaender (AGA IX,18; RSA IV/2/2)
Beim Abschied zu singen (Ernst von Feuchtersleben) für gemCh. und 10 Bläser/Kl. **op. 84** (1847; 10. Juli 1847 Zwickau), Leipzig 1850, Whistling (AGA IX,4; RSA V/3)

Requiem für Mignon (aus Goethe, *Wilhelm Meisters Lehrjahre*) für Soli, gemCh. und Orch. **op. 98b** (1849; 21. Nov. 1850 Düsseldorf), Leipzig 1851, Breitkopf & Härtel (AGA IX,6; RSA IV/2/4)

Nachtlied (Friedrich Hebbel) für gemCh. und Orch. **op. 108** (1849; 13. März 1851 Düsseldorf), Bonn 1852/53, Simrock (AGA IX,7; RSA IV/2/4)

Der Rose Pilgerfahrt. Mährchen (Moritz Horn) für Soli, gemCh. und Orch. **op. 112** (1851; mit Klavierbegl. 6. Juli 1851 Düsseldorf; mit Orch. 5. Febr. 1852 ebd.), Leipzig 1852, Kistner (AGA IX,8; RSA IV/2/2)

Der Königssohn. Ballade (Ludwig Uhland) für Soli, gemCh. und Orch. **op. 116** (1851), Kl.A. und Chorst. Leipzig 1853, Whistling; Part. ebd. 1875 (AGA IX,10; RSA IV/2/5)

Des Sängers Fluch. Ballade (Uhland, bearb. von Richard Pohl) für Soli, gemCh. und Orch. **op. 139** (1851/52; 28. Febr. 1857 Elberfeld), Elberfeld 1857/58, Arnold (AGA IX,12; RSA IV/2/5)

Vom Pagen und der Königstochter. Vier Balladen (Emanuel Geibel) für Soli, gemCh. und Orch. **op. 140** (1852; 2. Dez. 1852 Düsseldorf), Winterthur 1857, Rieter-Biedermann (AGA IX,13; RSA IV/2/6)

Fest-Ouverture mit Gesang über das Rheinweinlied (Matthias Claudius, verbindende Worte des Tenor-Solos von Wolfgang Müller von Königswinter) für T, gemCh./MCh. und Orch. **op. 123** (1853; 17. Mai 1853 Düsseldorf), Kl.A. 4hd. Bonn 1854, Simrock; Kl.A. und Singstimmen 2hd. ebd. 1855; Part. und Orchesterstimmen ebd. 1857 (AGA II,5; RSA I/3)

Das Glück von Edenhall. Ballade (Uhland, bearb. von Richard Hasenclever) für Soli (Männerst.), MCh. und Orch. **op. 143** (1853; 23. Okt. 1854 Leipzig), Winterthur 1860, Rieter-Biedermann (AGA IX,14; RSA IV/2/6)

2. Gesänge für gemischte Stimmen

(wenn nicht anders angegeben, für S, A, T, B a cappella, z.T. solistisch. Die vier Hefte der Romanzen und Balladen op. 67, 75, 145, 146 sind fortlaufend durchnumeriert.)

Patriotisches Lied (Nikolaus Becker) für Singst., gemCh. und Kl. WoO 5 (1840), Leipzig 1840, Friese (Fassungen mit Orch. und für MCh. versch.) (AGA X, 12; RSA V/3)

Fünf Lieder (Robert Burns, übs. von Wilhelm Gerhard) **op. 55** (1846), Leipzig 1847, Whistling (AGA XII,1; RSA V/3): 1. *Das Hochlandmädchen*; 2. *Zahnweh*; 3. *»Mich zieht es nach dem Dörfchen hin«*; 4. *Die alte gute Zeit*; 5. *Hochlandbursch*

Vier [Fünf] *Gesänge* **op. 59** (1846) (Nr. 1–4: Leipzig 1848, Whistling; Nr. 5 [später hinzugefügt], Leipzig 1930, Breitkopf & Härtel, Repr. Wiesbaden 1989): 1. *Nord oder Süd!* (Karl Lappe); 2. *Am Bodensee* (August von Platen); 3. *Jägerlied* (Eduard Mörike); 4. *Gute Nacht* (Friedrich Rückert); 5. *Hirtenknaben-Gesang* (Annette von Droste-Hülshoff) für S, S, T, T

»Aus ist der Schmaus«, 3st. Satz a cappella (1848), hg. von B. R. Appel, in: Schumann and His World, hg. von R. L. Todd, Princeton 1994, 176 (zum *Album für die Jugend* [1848] **op. 68**, C.III.)

»Fest im Takt, im Tone rein«, 3st. Kanon a cappella (1848), hg. von Kl. Rönnau, Wien 1979, Anh. S. XV/XXI (s. *Album für die Jugend* **op. 68**, 1848, C.III.)

Der Handschuh (Schiller) (1849), unvollst. (als **op. 87** für Singstimme und Kl., 1850; s. A.II.5.); erg. und hg. von B. R. Appel, Mainz 1988

Jäger Wohlgemuth (Achim von Arnim/Clemens Brentano, *Des Knaben Wunderhorn*, Hdbg. 1806–1808) (1849), Autogr. D-DÜhi [Heinrich-Heine-Institut] 80.5027 (1. Fassung von **op. 91/8** für Frauenst., 1849; s. A.II.3.)

Romanzen und Balladen I **op. 67** (1849), Leipzig 1849, Whistling (AGA XII,3, RSA V/3): 1. *Der König von Thule* (Goethe); 2. *Schön-Rohtraut* (Mörike); 3. *Heidenröslein* (Goethe); 4. *Ungewitter* (Adelbert von Chamisso); 5. *John Anderson* (Burns, übs. von Gerhard)

Romanzen und Balladen II **op. 75** (1849), Leipzig 1850, Whistling (AGA XII,4; RSA V/3): 6. *Schnitter Tod* (*Des Knaben Wunderhorn*); 7. *Im Walde* (Eichendorff) (2. Vertonung; s. **op. 39**, 1840 [A.II.5.]); 8. *Der traurige Jäger* (ders.); 9. *Der Rekrut* (Burns, übs. von Gerhard); 10. *Vom verwundeten Knaben* (Johann Gottfried Herder, *Volkslieder*)

Vier doppelchörige Gesänge [...] *für größere Gesangvereine* **op. 141** (1849), Leipzig 1858, Kistner (AGA XII,5; RSA V/3): 1. *An die Sterne* (Rückert); 2. *Ungewisses Licht* (Joseph Christian Frhr. von Zedlitz); 3. *Zuversicht* (ders.); 4. *Talismane* (Goethe)

Romanzen und Balladen III **op. 145** (1849, 1851), Elberfeld 1860, Arnold (AGA XII,6; RSA V/3): 11. *Der Schmied* (Ludwig Uhland); 12. *Die Nonne* (Anon.); 13. *Der Sänger* (»*Noch singt den Widerhallen*«) (Uhland); 14. *John Anderson* (Burns, übs. von Gerhard) (2. Vertonung); 15. *Romanze vom Gänsebuben* (Ernst Otto Frhr. von der Malsburg)

Romanzen und Balladen IV **op. 146** (1849, 1851), Elberfeld 1860, Arnold (AGA XII,7; RSA V/3): 16. *Brautgesang* (Uhland); 17. *Bänkelsänger Willie* (Burns, übs. von Gerhard); 18. *Der Traum* (Uhland); 19. *Sommerlied* (Rückert); 20. *Das Schifflein* (Uhland) mit Fl. und Hr.

Glockentürmers Töchterlein (Rückert) (1851) (Anh. L 3), hg. von B. R. Appel, Mainz 1988

3. Mehrstimmige Gesänge für Frauenstimmen

(4–6st., z.T. solistisch. Die 2 Hefte der Romanzen op. 69 und 91 sind fortlaufend durchnumeriert.)

Romanzen I mit Kl. ad lib. **op. 69** (1849), Bonn 1849, Simrock (AGA X,6; RSA V/2, 1991): 1. *Tamburinschlägerin* (Alvaro de Ameida, übs. von Eichendorff); 2. *Waldmädchen* (Eichendorff); 3. *Klosterfräulein* (Justinus Kerner); 4. *Soldatenbraut* (Eduard Mörike) (2. Vertonung); 5. *Meerfey* (Eichendorff); 6. *Die Capelle* (Ludwig Uhland) mit Physharmonika/Kl. ad lib. (Kanonfassung [1849] ohne Begl. RSA V/2, 1991, 56f.)

Romanzen II mit Kl. ad lib. **op. 91** (1849), Bonn 1851, Simrock (AGA X,7; RSA V/2, 1991): 7. *Rosmarien* (Achim von Arnim/Clemens Brentano, *Des Knaben Wunderhorn*); 8. *Jäger Wohlgemuth* (dass.); 9. *Der Wassermann* (Justinus Kerner); 10. *Das verlassene Mägdlein* (Mörike) (2. Vertonung; s. **op. 64/2**, 1847, A.II.5.); 11. *Der Bleicherin Nachtlied* (Robert Reinick); 12. *In Meeres Mitten* (Friedrich Rückert)

4. Mehrstimmige Gesänge für Männerstimmen
(wenn nicht anders angegeben, für T, T, B, B a cappella, z.T. solistisch)

Die Freiwilligen von Dumfries (Robert Burns, übs. von Wilhelm Gerhard) (1840) (McCorkle vacat), Autogr. Privatbesitz

Gerstenmehlbrode (Burns, übs. von Gerhard) (1840) (Anh. J 1), hg. von K. Ozawa, in: Schumanniana Nova, Fs. G. Nauhaus, hg. von B.R. Appel u.a., Sinzig 2002, 568

Sechs Lieder **op. 33** (1840) Hamburg u.a. 1842, Schuberth; (AGA XI,1; RSA V/1): 1. *Der träumende See* (Julius Mosen); 2. *Die Minnesänger* (Heine); 3. *Die Lotosblume* (ders.) (2. Vertonung; s. **op. 25**, 1840, A.II.5.); 4. *Der Zecher als Doctrinair* (Mosen); 5. *Rastlose Liebe* (Goethe); 6. *Frühlingsglocken* (Robert Reinick)

Drei Gesänge **op. 62** (1847), Leipzig 1848, Whistling; Nr. 1 in der von Schumann geplanten Fassung mit Orchesterbegl. bearb. von J. Draheim, Karlsruhe 1998 (AGA XI,2; RSA V/1): 1. *Der Eidgenossen Nachtwache* (Eichendorff); 2. *Freiheitslied* (Friedrich Rückert); 3. *Schlachtgesang* (Friedrich Gottlieb Klopstock)

Ritornelle [...] *in canonischen Weisen* (Rückert) für 3–7 Männerst., z.T. solist. **op. 65** (1847), Leipzig 1849, Breitkopf & Härtel (AGA XI,3; RSA V/1): 1. »*Die Rose stand im Thau*«; 2. »*Laßt Lautenspiel und Becherklang*«; 3. »*Blüth' oder Schnee!*«; 4. »*Gebt mir zu trinken!*«; 5. »*Zürne nicht des Herbstes Wind*«; 6. »*In Sommertagen rüste den Schlitten*«; 7. »*In Meeres Mitten ist ein offner Laden*«
Anh. (von Schumann vor dem Druck ausgesonderte Stücke): 1. »*Hätte zu einem Traubenkerne*«, hg. von H. Erler, in: Die Musik 5/20, 1906, 2. Juniheft, Beil.; 2. »*Mache deinem Meister Ehre*«, hg. von L. Hirschberg, in: Hamburger Fremdenblatt, 11. Dez. 1926, Nr. 342, 19

Drei Freiheitsgesänge mit großem Blasorch. ad lib. WoO 4 (1848), Nr. 3 a cappella, Berlin 1848, Bote&Bock (Ausg.: 1. Nr. 1–3 mit Klavierbegl., hg. von J. Tiersot, in: La Revue musicale, April 1913, 18–23; 2. hg. von J. Draheim, Karlsruhe 1998): 1. *Zu den Waffen* (Titus Ullrich); 2. *Schwarz-Rot-Gold* (Ferdinand Freiligrath); 3. *Deutscher Freiheitsgesang* (Julius Fürst)

Fünf Gesänge aus H. Laube's Jagdbrevier mit 4 Hr. ad lib. **op. 137** (1849), Winterthur 1857, Rieter-Biedermann (AGA IX,11; RSA V/9): 1. *Zur hohen Jagd* (»*Frisch auf zum fröhlichen Jagen*«); 2. *Habet Acht*; 3. *Jagdmorgen*; 4. *Frühe*; 5. *Bei der Flasche*

5. Lieder und Melodramen
(wenn nicht anders angegeben, für 1 St. und Kl.)

Zwei Lieder (1827/28): 1. *Verwandlung* (Ernst Schulze), Fragm., erg. und hg. von J. Draheim, Karlsruhe 2006; 2. *Lied für xxx* (Robert Schumann), Ausg.: 1. in: R. Schumann – Ein romant. Erbe in neuer Forschung, hg. von R. Hallmark, Mainz 1984, 101f. (Edition mangelhaft durch Lesefehler); 2. textkrit. hg. von J. Draheim, Karlsruhe 2006

Lieder **op. II** (1827/28) (Anh. M 2) (Nr. 1–5 und 10 hg. von K. Geiringer Wien 1933; Nr. 7–9 hg. von Joh. Brahms, 1893, AGA XIV,2–4; Nr. 6 hg. von M. Kreisig, Zeitschrift für Musik 100, 1933, Beil.; Nr. 11 erg. und hg. von J. Draheim, Karlsruhe 2006): 1. *Die Weinende* (George Gordon Lord Byron, übs. von Julius Körner) (1827); 2. *Kurzes Erwachen* (Justinus Kerner) (1828); 3. *Gesanges Erwachen* (ders.) (1828); 4. *An Anna I.* (»*Lange harrt' ich*«) (ders.) (1828); 5. *Sehnsucht* (Robert Schumann) (1827); 6. *Der Fischer* (Goethe) (1828); 7. *An Anna II.* (»*Nicht im Thale*«) (Kerner) (1828); 8. *Im Herbste* (ders.) (1828); 9. *Hirtenknabe* (Robert Schumann) (1828); 10. *Erinnerung* (Johann Georg Jacobi) (1828); 11. *Klage* (ders.) (1828), Fragm.

Der Reiter und der Bodensee (Gustav Schwab) (1840) (Anh. M 4), Fragm. einer Ballade; hg. von M. Friedländer, Balladen-Fragmente von R. Schumann, in: Jahrbuch der Musikbibliothek Peters 4, 1897, 62–65

Die nächtliche Heerschau (Joseph Christian Frhr. von Zedlitz) (1840) (Anh. M 4), Fragm. einer Ballade; hg. von M. Friedländer, Balladen-Fragmente von R. Schumann, in: Jahrbuch der Musikbibliothek Peters 4, 1897, 66–69

Ein Gedanke (Eduard Ferrand) (1840), hg. von R. Hernried, in: Musical Quarterly 28, 1942, 57f. (RSA VI/6)

Liederkreis (Heine) **op. 24** (1840), Leipzig 1840, Breitkopf & Härtel (AGA XIII,21; RSA VI/1): 1. »*Morgens steh ich auf und frage*«; 2. »*Es treibt mich hin*«; 3. »*Ich wandelte unter den Bäumen*«; 4. »*Lieb' Liebchen*«; 5. »*Schöne Wiege meiner Leiden*«; 6. »*Warte, warte, wilder Schiffmann*«; 7. »*Berg' und Burgen schaun herunter*«; 8. »*Anfangs wollt' ich fast verzagen*«; 9. »*Mit Myrthen und Rosen*«

Myrthen. Liederkreis von Göthe, Rückert, Byron, Th. Moore, Heine, Burns & J. Mosen **op. 25** (1840), 4 H., Leipzig 1840, Kistner (AGA XIII,2; RSA VI/1): 1. *Widmung* (Friedrich Rückert); 2. *Freisinn* (Goethe); 3. *Der Nussbaum* (Julius Mosen); 4. *Jemand* (Robert Burns, übs. von Wilhelm Gerhard); 5. *Lieder aus dem Schenkenbuch im Divan I* (»*Sitz' ich allein*«) (Goethe); 6. *Lieder aus dem Schenkenbuch im Divan II* (»*Setze mir nicht*«) (ders.); 7. *Die Lotosblume* (Heine) (1. Vertonung; s. **op. 33/3**, 1840, A.II.4.); 8. *Talismane* (Goethe) (1. Vertonung, s. **op. 141/4**); 9. *Lied der Suleika* (Goethe zugeschr., von Marianne von Willemer); 10. *Die Hochländer-Witwe* (Burns, übs. von Gerhard); 11. *Lieder der Braut aus dem Liebesfrühling I* (»*Mutter, Mutter glaube nicht*«) (Rückert); 12. *Lieder der Braut aus dem Liebesfrühling II*

(»*Lass mich ihm am Busen hangen*«) (ders.); 13. *Hochländers Abschied* (Burns, übs. von Gerhard); 14. *Hochländisches Wiegenlied* (dies.); 15. *Aus den hebräischen Gesängen* (Byron, übs. von Julius Körner); 16. *Räthsel* (Byron zugeschr., von Catherine Fanshawe, übs. von Karl Friedrich Ludwig Kannegießer); 17. *Zwei Venetianische Lieder I* (»*Leis' rudern hier*«) (Thomas Moore, übs. von Ferdinand Freiligrath); 18. *Zwei Venetianische Lieder II* (»*Wenn durch die Piazzetta*«) (dies.); 19. *Hauptmanns Weib* (Burns, übs. von Gerhard); 20. *Weit, weit!* (dies.); 21. »*Was will die einsame Thräne?*« (Heine); 22. *Niemand* (Burns, übs. von Gerhard); 23. *Im Westen* (dies.); 24. »*Du bist wie eine Blume*« (Heine); 25. *Aus den östlichen Rosen* (Rückert); 26. *Zum Schluß* (ders.)

Lieder und Gesänge I **op. 27** (Nr. 2–5: 1840, Nr. 1: 1847), Leipzig 1849, Whistling (AGA XIII,3; RSA VI/1): 1. »*Sag' an, o lieber Vogel*« (Friedrich Hebbel); 2. *Rothes Röslein* (Burns, übs. von Gerhard); 3. *Was soll ich sagen?* (Adelbert von Chamisso); 4. *Jasminenstrauch* (Rückert); 5. »*Nur ein lächelnder Blick*« (G. Zimmermann).

3 Gedichte von Emanuel Geibel für mehrstimmigen Gesang **op. 29** (1840), Leipzig 1840, Breitkopf & Härtel; Faks. des Autogr. hg. von M. Schoppe, Mainz u.a. 1981 (AGA X,5; RSA VI/8, V/3): 1. *Ländliches Lied* für 2 Singst.; 2. *Lied* (»*In meinem Garten die Nelken*«) für 3 Singst.; 3. *Zigeunerleben* »*für kleinen Chor*« (S, A, T, B, mit Soli) mit Triangel, Tamburin ad lib.

Drei Gedichte (Geibel) **op. 30** (1840), Berlin 1840, Bo&Bo (AGA XIII,4; RSA VI/1): 1. *Der Knabe mit dem Wunderhorn*; 2. *Der Page*; 3. *Der Hidalgo*

Drei Gesänge **op. 31** (1840), Hamburg 1841, Cranz (AGA XIII,5; RSA VI/1): 1. *Die Löwenbraut* (Chamisso); 2. *Die Kartenlegerin* (Chamisso nach Pierre Jean de Béranger); 3. *Die rothe Hanne* (Chamisso nach Béranger) mit 4st. gemCh. ad lib.

Vier Duette für S und T **op. 34** (1840), Leipzig 1841, Klemm (AGA X,1; RSA VI/8): 1. *Liebesgarten* (Robert Reinick); 2. *Liebhabers Ständchen* (Burns, übs. von Gerhard); 3. *Unterm Fenster* (dies.); 4. *Familien-Gemälde* (Anastasius Grün)

Zwölf Gedichte von Justinus Kerner. Eine Liederreihe **op. 35** (1840), 2 H., Leipzig 1841, Klemm (AGA XIII,6; RSA VI/2): 1. *Lust der Sturmnacht*; 2. *Stirb, Lieb' und Freud!*; 3. *Wanderlied*; 4. *Erstes Grün*; 5. *Sehnsucht nach der Waldgegend*; 6. *Auf das Trinkglas eines verstorbenen Freundes*; 7. *Wanderung*; 8. *Stille Liebe*; 9. *Frage*; 10. *Stille Thränen*; 11. *Wer machte dich so krank?*; 12. *Alte Laute*

Sechs Gedichte aus dem Liederbuch eines Malers von Reinick für S/T **op. 36** (1840), 2 H., Hamburg u.a. 1842, Schuberth (AGA XIII,7; RSA VI/2): 1. *Sonntags am Rhein*; 2. *Ständchen*; 3. *Nichts Schöneres*; 4. *An den Sonnenschein*; 5. *Dichters Genesung*; 6. *Liebesbotschaft*

Liederkreis (Eichendorff) **op. 39** (1840), Wien 1842, Haslinger (Nr. 1 = *Der frohe Wandersmann*, 1851 als **op. 77/1** nochmals veröff.); NA Leipzig 1850, Whistling (Nr. 1 = *In der Fremde*); Faks. des Autogr. hg. von H. Knaus, München u.a. 1974 (AGA XIII,9; RSA VI/2): 1. *In der Fremde* (»*Aus der Heimath hinter den Blitzen roth*«); 2. *Intermezzo*; 3. *Waldesgespräch*; 4. *Die Stille*; 5. *Mondnacht*; 6. *Schöne Fremde*; 7. *Auf einer Burg*; 8. *In der Fremde* (»*Ich hör' die Bächlein rauschen*«); 9. *Wehmuth*; 10. *Zwielicht*; 11. *Im Walde*; 12. *Frühlingsnacht*

Fünf Lieder (Nr. 1–4 mit dt. und dän. Texten) **op. 40** (1840), Kopenhagen 1842, Lose & Olsen/Leipzig, Kistner (AGA XIII,10; RSA VI, 2): 1. *Märzveilchen* (Hans Christian Andersen, übs. von Chamisso); 2. *Muttertraum* (dies.); 3. *Der Soldat* (dies.); 4. *Der Spielmann* (dies.); 5. *Verrathene Liebe* (Chamisso)

Frauenliebe und Leben. Acht Lieder (Chamisso) **op. 42** (1840), Leipzig 1843, Whistling (AGA XIII,11; RSA VI/3): 1. »*Seit ich ihn gesehen*«; 2. »*Er, der Herrlichste von allen*«; 3. »*Ich kann's nicht fassen, nicht glauben*«; 4. »*Du Ring an meinem Finger*«; 5. »*Helft mir, ihr Schwestern*«; 6. »*Süßer Freund, du blickest*«; 7. »*An meinem Herzen, an meiner Brust*«; 8. »*Nun hast du mir den ersten Schmerz gethan*«

Drei zweistimmige Lieder **op. 43** (1840), Bonn 1844, Simrock (AGA X,2; RSA VI, 8): 1. »*Wenn ich ein Vöglein wär'*« (Achim von Arnim/Clemens Brentano, *Des Knaben Wunderhorn*); 2. *Herbstlied* (Siegfried August Mahlmann); 3. *Schön Blümelein* (Reinick)

Romanzen und Balladen I **op. 45** (1840), Leipzig 1843, Whistling (AGA XIII,12; RSA VI/3): 1. *Der Schatzgräber* (Eichendorff); 2. *Frühlingsfahrt* (ders.); 3. *Abends am Strand* (Heine)

Dichterliebe. Liedercyklus (Heine) **op. 48** (1840), Leipzig 1844, Peters; Faks. des Autogr. hg. von E. Schmierer, Laaber 2006 (AGA XIII,13; RSA VI/3) (enth. urspr. **op. 127/2** und **3** [1840] sowie **op. 142/2** und **4** [1840]): 1. »*Im wunderschönen Monat Mai*«; 2. »*Aus meinen Thränen sprießen*«; 3. »*Die Rose, die Lilie, die Taube, die Sonne*«; 4. »*Wenn ich in deine Augen seh'*«; 5. »*Ich will meine Seele tauchen*«; 6. »*Im Rhein, im heiligen Strome*«; 7. »*Ich grolle nicht*«; 8. »*Und wüßten's die Blumen, die kleinen*«; 9. »*Das ist ein Flöten und Geigen*«; 10. »*Hör' ich das Liedchen klingen*«; 11. »*Ein Jüngling liebt ein Mädchen*«; 12. »*Am leuchtenden Sommermorgen*«; 13. »*Ich hab' im Traum geweinet*«; 14. »*Allnächtlich im Traume*«; 15. »*Aus alten Mährchen*«; 16. »*Die alten, bösen Lieder*«

Romanzen und Balladen II **op. 49** (1840), Leipzig 1844, Whistling (AGA XIII,14, RSA VI/3): 1. *Die beiden Grenadiere* (Heine); 2. *Die feindlichen Brüder* (ders.); 3. *Die Nonne* (Abraham Emanuel Fröhlich)

Lieder und Gesänge II **op. 51** (1840–1849), Leipzig 1850, Whistling (AGA XIII,15; RSA VI/3): 1. *Sehnsucht* (Geibel) (1840); 2. *Volksliedchen* (Rückert) (1840); 3. *Ich wandre nicht* (Karl Christern) (1841); 4. *Auf dem Rhein* (Karl Immermann) (1846); 5. *Liebeslied* (Goethe) (1849)

Romanzen und Balladen III **op. 53** (1840), Leipzig 1845, Whistling (AGA XIII,16; RSA VI/3): 1. *Blondels Lied* (Johann Gabriel Seidl); 2. *Loreley* (Wilhelmine Lorenz); 3. *Der arme Peter* (a. »*Der Hans und die Grete tanzen herum*«, b. »*In meiner Brust*«, c. »*Der arme Peter wankt vorbei*«) (Heine)

Belsatzar. Ballade (Heine) **op. 57** (1840), Leipzig 1846, Siegel & Stoll (AGA XIII,17; RSA VI/4)

Lieder und Gesänge III **op. 77** (1840, 1850), Leipzig 1851, Whistling (Nr. 1 ersch. als **op. 39/1**, 1842) (AGA XIII,19; RSA VI/4): 1. *Der frohe Wandersmann* (Eichendorff) (1840) (war zunächst **op. 39/1**, 1840); 2. *Mein Garten* (Hoffmann von Fallersleben) (1850); 3. *Geisternähe* (August Halm) (1850); 4. *Stiller Vorwurf* (Oswald Ludwig Bernhard Wolff) (1850); 5. *Aufträge* (Christian L'Égru) (1850)

Lieder und Gesänge **op. 127** (1840, 1850), Dresden 1854, Paul (AGA XIII,33; RSA VI/6): 1. *Sängers Trost* (Justinus Kerner) (1840); 2. *»Dein Angesicht«* (Heine) (1840) (urspr. vorgesehen für op. 48); 3. *»Es leuchtet meine Liebe«* (Heine) (1840) (dass.); 4. *»Mein altes Ross«* (Moritz Graf Strachwitz) (1850); 5. *Schlußlied des Narren* (*»Und als ich ein winzig Büchlein war«*) (aus Shakespeare, *Twelfth Night*, übs. von Ernst Ortlepp) (1840)

Vier Gesänge **op. 142** (1840), Winterthur 1858, Rieter-Biedermann (AGA XIII,35; RSA VI/6): 1. *Trost im Gesang* (Justinus Kerner); 2. *»Lehn' deine Wang«* (Heine) (urspr. vorgesehen für op. 48); 3. *Mädchen-Schwermuth* (Lilly Bernhard); 4. *»Mein Wagen rollet langsam«* (Heine) (urspr. vorgesehen für op. 48)

Zwölf Gedichte aus F. Rückert's Liebesfrühling **op. 37** (1841), 2 H., Leipzig 1841, Breitkopf & Härtel (AGA XIII,8; RSA VI/9) (Nrn. 2, 4, 11 von Clara Schumann, als ihr op. 12): 1. *»Der Himmel hat eine Thräne geweint«*; 2. *»Er ist gekommen in Sturm und Regen«*; 3. *»O ihr Herren«*; 4. *»Liebst du um Schönheit«*; 5. *»Ich hab' in mich gesogen«*; 6. *»Liebste, was kann denn uns scheiden?«* für S und T; 7. *»Schön ist das Fest des Lenzes«* für dass.; 8. *»Flügel! Flügel! um zu fliegen«*; 9. *»Rose, Meer und Sonne«*; 10. *»O Sonn', o Meer, o Rose«*; 11. *»Warum willst du And're fragen«*; 12. *»So wahr die Sonne scheinet«* für S und T

Romanzen und Balladen IV **op. 64** (1841, 1847), Leipzig 1847, Whistling (AGA XIII,18; RSA VI/4): 1. *Die Soldatenbraut* (Mörike) (1847) (1. Vertonung, vgl. **op. 69/4**, A.II.3.); 2. *Das verlassne Mägdelein* (ders.) (1847) (1. Vertonung; s. **op. 91/10**, A.II.3.); 3. *Tragödie* (a. *»Entflieh' mit mir und sei mein Weib«*, b. *»Es fiel ein Reif in der Frühlingsnacht«*, c. *»Auf ihrem Grab«*) (Heine) für S und T (1841) (urspr. mit Orchesterbegl., 1841; s. A.II.1.)

Soldatenlied (Heinrich Hoffmann von Fallersleben) WoO 6 (1844), in: Fünfzig neue Kinderlieder, Mannheim 1844, Bassermann, Nr. 22 (AGA XIII,38; RSA VI/7)

Sommerruh (Christian Schad), Duett WoO 7 (1849), in: Dt. Musenalmanach 1, 1850, Beil. (AGA XIV,5; RSA VI/8)

Spanisches Liederspiel. Ein Cyclus von Gesängen aus dem Spanischen für eine und mehrere Singstimmen (Sopran, Alt, Tenor & Bass) mit Begleitung des Pianoforte (Geibel nach span. Volksliedern und Romanzen) **op. 74** (1849), Leipzig 1849, Kistner (AGA X,8; RSA VI/9): 1. *Erste Begegnung* für S und A; 2. *Intermezzo* für T und B; 3. *Liebesgram* für S und A; 4. *In der Nacht* für

S und T; 5. *Es ist verraten* für S, A, T und B; 6. *Melancholie* für S; 7. *Geständniß* für T; 8. *Botschaft* für S und A; 9. *Ich bin geliebt* für S, A, T und B; Anh.: *Der Contrabandiste* für Bar.

Vier Duette für S und T **op. 78** (1849), Kassel 1850, Luckhardt (AGA X,3; RSA VI/8): 1. *Tanzlied* (Rückert); 2. *Er und Sie* (Justinus Kerner); 3. *»Ich denke dein«* (Goethe); 4. *Wiegenlied* (Hebbel)

Lieder (*Lieder-Album*) *für die Jugend* **op. 79** (1849), Leipzig 1849, Breitkopf & Härtel; Repr. Wiesbaden 1991 (AGA XIII,20; RSA VI/4): 1. *Der Abendstern* (Hoffmann von Fallersleben); 2. *Schmetterling* (ders.); 3. *Frühlingsbotschaft* (ders.); 4. *Frühlingsgruß* (ders.); 5. *Vom Schlaraffenland* (ders.); 6. *Sonntag* (ders.); 7. *Zigeunerliedchen I* (*»Unter die Soldaten«*) (Geibel); 8. *Zigeunerliedchen II* (*»Jeden Morgen, in der Frühe«*) (ders.); 9. *Des Knaben Berglied* (Uhland); 10. *Mailied* (Christian Adolf Overbeck), Duett ad lib.; 11. *Käuzlein* (Achim von Arnim/Clemens Brentano, *Des Knaben Wunderhorn*); 12. *Hinaus ins Freie!* (Hoffmann von Fallersleben); 13. *Der Sandmann* (Hermann Kletke); 14. *Marienwürmchen* (*Des Knaben Wunderhorn*); 15. *Die Waise* (Hoffmann von Fallersleben); 16. *Das Glück* (Hebbel), Duett; 17. *Weihnachtslied* (Andersen, übs.), mit Chor; 18. *Die wandelnde Glocke* (Goethe); 19. *Frühlingslied* (Hoffmann von Fallersleben), Duett; 20. *Frühlings Ankunft* (ders.); 21. *Die Schwalben* (*Des Knaben Wunderhorn*), Duett; 22. *Kinderwacht* (Melchior Diepenbrock); 23. *Des Sennen Abschied* (Schiller); 24. *»Er ist's«* (Mörike); 25. *Spinnelied* (*Des Knaben Wunderhorn*), Terzett ad lib.; 26. *Des Buben Schützenlied* (Schiller); 27. *Schneeglöckchen* (Rückert); 28. *Lied Lynceus des Thürmers* (Goethe); 29. *Mignon* (*»Kennst du das Land«*) (ders.) (auch als **op. 98a/1**, 1849)

Anh. (alle RSA VI/4): 1. *Ammenuhr*, Autogr. D-BNu Schumann 21; 2. *Der weisse Hirsch* (Uhland), Autogr. ebd.; 3. *Das Schwert* (ders.), in: R. Schumann – Ein romant. Erbe in neuer Forschung, hg. von R. Hallmark, Mainz 1984, 111f.; 4. *Deutscher Blumengarten* (Rückert), Duett, Autogr. Privatbesitz; 5. *Käuzlein* (*Des Knaben Wunderhorn*) (2. Fassung von **op. 79/11**), Autogr. CH-G Bibliotheca Bodmeriana, Fondation Martin Bodmer; 6. *Vom Reitersmann* (Altdt.), Autogr. ebd.; 7. *Der Rabe* (Wilhelm Hey), Skizze S-Smf MMS 1299; 8. *Wiegenlied* (Hebbel) (Text wie **op. 78/4** mit leichten Varianten), Skizze US-NYpm Heinemann MS 197

Drei Gesänge (Byron, *Hebrew Melodies*; übs. von Julius Körner) mit Begl. von Hf./Kl. **op. 95** (1849), Bonn 1851, Simrock (AGA XIII,25; RSA VI/5): 1. *Die Tochter Jephtas*; 2. *An den Mond*; 3. *Dem Helden*

Lieder und Gesänge [Mignons, des Harfners, Philines] *aus Wilhelm Meister* (Goethe) **op. 98a** (1849), Leipzig 1851, Breitkopf & Härtel (AGA XIII,27; RSA VI/6): 1. *»Kennst du das Land«*; 2. *Ballade des Harfners* (*»Was hör' ich draußen vor dem Thor«*); 3. *»Nur wer die Sehnsucht kennt«*; 4. *»Wer nie sein Brot mit Thränen aß«*; 5. *»Heiss' mich nicht reden«*; 6. *»Wer sich der Einsamkeit ergibt«*; 7. *»Singet nicht in Trauertönen«*; 8.

»An die Thüren will ich schleichen«; 9. *»So laßt mich scheinen«*

Minnespiel aus F. Rückert's Liebesfrühling für eine und mehrere Singstimmen (Sopran, Alt, Tenor und Bass) mit Begleitung des Pianoforte **op. 101** (1849), Leipzig 1852, Whistling (AGA X,9; RSA VI/9): 1. *»Meine Töne still und heiter«* für T; 2. *»Liebster, deine Worte stehlen«* für S; 3. *»Ich bin dein Baum«* für A und B; 4. *»Mein schöner Stern!«* für T; 5. *»Schön ist das Fest des Lenzes«* für S, A, T und B; 6. *»O Freund, mein Schirm, mein Schutz!«* für A/S; 7. *»Die tausend Grüsse«* für S und T; 8. *»So wahr die Sonne scheinet«* für S, A, T und B

Spanische Liebes-Lieder. Ein Cyclus von Gesängen aus dem Spanischen für eine und mehrere Stimmen (Sopran, Alt, Tenor u. Bass) mit Begleitung des Pianoforte zu vier Händen (Geibel nach span. Volksliedern und Romanzen) **op. 138** (1849) (Nr. 5 urspr. für Bar., Git. und Kl., D-BNu Schumann 10), mit 4hd. Begl. Winterthur 1857, Rieter-Biedermann (AGA X,11; RSA VI/9); mit 2hd. Begl. vom Komp. ebd. 1860: 1. *Vorspiel* für Kl. 4hd.; 2. *»Tief im Herzen trag' ich Pein«* für S; 3. *»O wie lieblich ist das Mädchen«* für T; 4. *»Bedeckt mich mit Blumen«* für S und A; 5. *»Fluthenreicher Ebro«* für Bar.; 6. *Intermezzo. Nationaltanz* für Kl. 4hd.; 7. *»Weh, wie zornig ist das Mädchen«* für T; 8. *»Hoch, hoch sind die Berge«* für A; 9. *»Blaue Augen hat das Mädchen«* für T und B; 10. *»Dunkler Lichtglanz«* für S, A, T und B

Schön Hedwig. Ballade von Hebbel für Declamation **op. 106** (1849), Leipzig 1853, Senff (AGA XIII,29; RSA VI/6)

Drei Lieder für drei Frauenstimmen **op. 114** (1849/50), Bonn 1853, Simrock (AGA X,10; RSA VI/8): 1. *Nänie* (Ludwig Bechstein) (1849); 2. *Triolett* (L'Égru) (1850); 3. *Spruch* (Rückert) (1849)

Drei Gesänge **op. 83** (1850), Hamburg u.a. 1850, Schuberth (AGA XIII,21; RSA VI/5): 1. *Resignation* (J. B. [nicht identifiziert]); 2. *Die Blume der Ergebung* (Rückert); 3. *Der Einsiedler* (Eichendorff)

Der Handschuh. Ballade (Schiller) **op. 87** (1850), Leipzig 1850, Whistling (AGA XIII,22; RSA VI/5) (urspr. Fassung für gemCh., 1849; s. A.II.2.)

Sechs Gesänge (Wilfried von der Neun) [Friedrich Wilhelm Traugott Schöpff] **op. 89** (1850), Leipzig 1850, Kistner (AGA XIII,23; RSA VI/5): 1. *»Es stürmet am Abendhimmel«*; 2. *Heimliches Verschwinden*; 3. *Herbstlied*; 4. *Abschied vom Walde*; 5. *Ins Freie*; 6. *»Röselein, Röselein!«*

Sechs Gedichte von N. Lenau und Requiem (Lebrecht Dreves) **op. 90** (1850), Leipzig 1850, Kistner (AGA XIII,24; RSA VI/5): 1. *Lied eines Schmiedes*; 2. *Meine Rose*; 3. *Kommen und Scheiden*; 4. *Die Sennin*; 5. *Einsamkeit*; 6. *Der schwere Abend*; 7. *Requiem*

Lieder und Gesänge IV **op. 96** (1850), Leipzig 1851, Whistling (AGA XIII,26; RSA VI/5): 1. *Nachtlied* (*»Über allen Gipfeln ist Ruh'«*) (Goethe); 2. *Schneeglöckchen* (Anon.); 3. *Ihre Stimme* (August von Platen); 4. *Gesungen!* (Neun [Schöpff]); 5. *Himmel und Erde* (ders.)

Fünf heitere Gesänge **op. 125** (1850/51), Magdeburg 1853, Heinrichshofen (AGA XIII,32; RSA VI/6): 1. *Früh-* lingslied (Ferdinand Braun); 2. *Frühlingslust* (Paul Heyse); 3. *Die Meerfee* (Buddeus); 4. *Jung Volkers Lied* (Mörike); 5. *Husarenabzug* (Carl Candidus)

Frühlingsgrüße (Nikolaus Lenau) (1851) (Anh. M 11), hg. von R. Hernried, in: Musical Quarterly 28, 1942, 58–60

Mailied von Marie und Papa (Marie Schumann), Duett ohne Begl. (1851) (Anh. M 13), Faks. des Autogr. in: B. R. Appel, R. Schumanns *»Album für die Jugend«*. Einführung und Kommentar, Zürich u.a. 1998, 52

Mädchenlieder für 2 S oder S und A (Elisabeth Kulmann) **op. 103** (1851), Leipzig 1851, Kistner (AGA X,4; RSA VI/8): 1. *Mailied*; 2. *Frühlingslied*; 3. *An die Nachtigall*; 4. *An den Abendstern*

Sieben Lieder (Kulmann) **op. 104** (1851), Leipzig 1851, Kistner (AGA XIII,28; RSA VI/6): 1. *»Mond, meiner Seele Liebling«*; 2. *»Viel Glück zur Reise, Schwalben!«*; 3. *»Du nennst mich armes Mädchen«*; 4. *Der Zeisig*; 5. *»Reich' mir die Hand, o Wolke«*; 6. *»Die letzten Blumen starben«*; 7. *»Gekämpft hat meine Barke«*

Vier Husarenlieder (Lenau) für Bar. **op. 117** (1851), Leipzig 1852, Senff (AGA XIII,30; RSA VI/6): 1. *»Der Husar, trara!«*; 2. *»Der leidige Frieden«*; 3. *»Den grünen Zeigern«*; 4. *»Da liegt der Feinde gestreckte Schar«*

Drei Gedichte aus den Waldliedern (Gustav Pfarrius) **op. 119** (1851), Hannover 1853, Nagel (AGA XIII,31; RSA VI/6): 1. *Die Hütte*; 2. *Warnung*; 3. *Der Bräutigam und die Birke*

Sechs Gesänge **op. 107** (1851/52), 2 H., Kassel 1852, Luckhardt (AGA XIII,29; RSA VI/6): 1. *Herzeleid* (Titus Ullrich); 2. *Die Fensterscheibe* (ders.); 3. *Der Gärtner* (Mörike); 4. *Die Spinnerin* (Heyse); 5. *Im Wald* (Wolfgang Müller von Königswinter); 6. *Abendlied* (Gottfried Kinkel)

Liedchen von Marie und Papa (Marie Schumann), Duett ohne Begl. (1852) (Anh. M 14), hg. von R. Hernried, in: Musical Quarterly 28, 1942, 61

Gedichte der Königin Maria Stuart (übs. von Gisbert Frhr. von Vincke) **op. 135** (1852), Leipzig 1855, Siegel (AGA XIII,34; RSA VI/6): 1. *Abschied von Frankreich*; 2. *Nach der Geburt ihres Sohnes*; 3. *An die Königin Elisabeth*; 4. *Abschied von der Welt*; 5. *Gebet*

Zwei Balladen *»für Declamation«* **op. 122** (1852/53), Leipzig 1853, Senff (AGA XIII,37; RSA VI/6): 1. *Ballade vom Haideknaben* (Hebbel); 2. *Die Flüchtlinge* (Percy Bysshe Shelley, übs. von Julius Seybt)

Bei Schenkung eines Flügels (*»Die Orange und Myrthe hier«*) (Robert Schumann) für S, A, T, B und Kl. (1853) (Anh. M 15), hg. von R. Hernried, in: Musical Quarterly 28, 1942, 61f. (Edition mangelhaft u.a. durch Lesefehler; textkrit. hg. von Chr. Dohr, K. 1996 (mit Faks. des Autogr.)

B. Bühnenwerke

Der Corsar (Oswald Marbach ? nach George Gordon Lord Byron), Oper 3 Akte (?) (1844; 25. April 1981 Karlsruhe, Badisches Staatstheater) (Anh. H 5), Fragm. (Nr. 1 Chor der Korsaren, vollst.; Nr. 2 Arie des Conrad [T], Fragm.), hg. von J. Draheim, Wiesbaden 1983

Genoveva (Robert Schumann/Robert Reinick nach Ludwig Tieck und Friedrich Hebbel), Oper 4 Akte **op. 81** (1847/48; 25. Juni 1850 Leipzig, Stadttheater), Ouv. Leipzig 1850, Peters; vollst. Kl.A. ebd. 1851; vollst. Part. ebd. 1880 (AGA IX,3; RSA IV/1/1)

Manfred (Byron, übs. von Karl Adolf Suckow, gekürzt von Robert Schumann), dramat. Gedicht 3 Abteilungen **op. 115** (1848; 13. Juni 1852 Weimar, Hoftheater), Ouv. Leipzig 1852, Breitkopf & Härtel; vollst. Kl.A. vom Komp. ebd. 1853; vollst. Part. ebd. 1862 (AGA II,4 und IX,9; RSA VI/1/3)

C. Instrumentalmusik

I. Orchesterwerke

Klavierkonz. F-Dur (1830/31; 17. März 1992 Oberlin/O.) (Anh. B 3), Fragm. (1. Satz beinahe vollst. skizziert, aber nicht instrumentiert, Particell mit Instrumentierungsangaben, sehr kurze Incipit-Skizzen zum Finale), hg. in: Cl. MacDonald, Robert Schumann's F-Major Piano Concerto of 1831 as Reconstructed from His First Sketchbook …, Diss. Chicago 1986, Appendix 3, 464–496

Sinfonia per il Hamlet, 3 Particellskizzen zu einer Sinf. oder Ouv. Es-Dur (1831/32) (Anh. A 2), hg. von J. Draheim, in: NZfM 142, 1981, Nr. 3, 245–247

Symphonie g-Moll (1832/33; 1. Satz 18. Nov. 1832 Zwickau, Gewandhaus) (Anh. A 3), Fragm. (1. und 2. Satz vollst., mehrere Fassungen, Skizzen zum Scherzo und Finale, in Satz 1 Material aus der zweiten der drei Particellskizzen zu einer Sinf. Es-Dur verwendet), hg. von M. Andreae, Frankfurt a.M. u.a. 1972 (Edition mangelhaft, da nicht alle Quellen zur Verfügung standen)

Concertsatz d-Moll für Kl. und Orch. (1839; 7. Dez. 1986 Wien, Konzerthaus) (Anh. B 5), Fragm. eines Klavierkonz. d-Moll (1. Satz als Partiturkonzept und Klavierparticell fast vollst., 4 Takte zu einem Scherzo), rekonstruiert und erg. von J. De Beenhouwer, hg. von J. Draheim, Wiesbaden 1988

Symphonie c-Moll (1840/41) (Anh. A 5/6), Fragm. (1. Satz als Partiturfragm. und Particellfragm., 2. Satz [*Scherzo* g-Moll] als vollst. Particell mit Instrumentierungsangaben, 3. Satz [*Adagio* c-Moll] Skizzen, 4. Satz [*Rondo* c-Moll], Skizzen), Autographen D-BNu Schumann 19 (Scherzo von Schumann 1851 in einer Fassung für Kl. als **op. 99/13** veröff.; s. C.III.); Rekonstruktion für Orch., instrumentiert von J. Draheim, Wiesbaden u.a. 1995 (19. Mai 1995 Karlsruhe, Univ.)

Sinfonie Nr. 1 B-Dur (›Frühlings‹-Sinf.) **op. 38** (1841; 31. März 1841 Leipzig, Gewandhaus), Stimmen Leipzig 1841, Breitkopf & Härtel; Part. ebd. 1853; Faks. der Skizzen und des Autogr. New York 1967 (AGA I,1; RSA I/1/1)

Ouverture, Scherzo und Finale e-Moll/E-Dur **op. 52** (1841, letzter Satz rev. 1845; 6. Dez. 1841 Leipzig, Gewandhaus), Stimmen Leipzig 1846, Kistner; 4hd. Kl.A. vom Komp. ebd. 1847; Part. und 2hd. Kl.A. vom Komp. ebd. 1853 (AGA II,1; RSA I/1/5, 2000)

Klavierkonz. a-Moll **op. 54** (1. Satz [*Phantasie*] 1841, 2. und 3. Satz 1845; 4. Dez. 1845 Dresden), Solo- und Orchesterstimmen Leipzig 1846, Breitkopf & Härtel; Part. ebd. 1862 (AGA III,4; RSA I/2/1, 2003); Faks. der autogr. Part. hg. von B. R. Appel, Kassel u.a. 1996

Sinfonie Nr. 4 d-Moll **op. 120** (1841 als Nr. 2, 6. Dez. 1841 Leipzig, Gewandhaus) (hg. von Fr. Wüllner, 1891, AGA I,4a [Edition mangelhaft, da Quellen vermischt wurden]; RSA I/1/4a); textkrit. hg. von J. Finson, Wiesbaden u.a. 2003; rev. 1851 als Nr. 4 (3. März 1853 Düsseldorf), Leipzig 1853, Breitkopf & Härtel (AGA I,4; RSA I/4)

Sinfonie Nr. 2 C-Dur **op. 61** (1845/46; 5. Nov. 1846 Leipzig, Gewandhaus), Part. und Stimmen Leipzig 1847, Whistling; 4hd. Kl.A. vom Komp. ebd. 1848 (AGA I,2; RSA I/1/2)

Genoveva, Ouv. c-Moll/C-Dur **op. 81** (1847; 25. Febr. 1850 Leipzig, Gewandhaus), Part. und 2hd. Kl.A. vom Komp., jeweils Leipzig 1850, Peters (AGA II,2; RSA IV/1/1) (Ouv. zur Oper, 1847/48; s. B.)

Manfred, Ouv. es-Moll **op. 115** (1848; 14. März 1852 Leipzig, Gewandhaus), Part. und 2hd. Kl.A. vom Komp. jeweils Leipzig 1852, Breitkopf & Härtel (AGA II,4; RSA IV/1/3) (Ouv. zum dramat. Gedicht, 1848; s. B.)

Concertstück F-Dur für 4 Hr. und gr.Orch. **op. 86** (1849; 25. Febr. 1850 Leipzig, Gewandhaus), Hamburg u.a. 1851, Schuberth (AGA III,3; RSA I/2/3)

Introduction und Allegro appassionato. Concertstück G-Dur für Kl. und Orch. **op. 92** (1849; 14. Febr. 1850 Leipzig, Gewandhaus), Stimmen Leipzig 1852, Breitkopf & Härtel; Part. ebd. 1873 (AGA III,5, RSA I/2/2)

Sinfonie Nr. 3 Es-Dur (›Rheinische‹) **op. 97** (1850; 6. Febr. 1851 Düsseldorf), Bonn 1851, Simrock (AGA I,3; RSA I/1/3, 1995)

Die Braut von Messina, Ouv. c-Moll **op. 100** (1850/51; 13. März 1851 Düsseldorf), Part. und 2hd. Kl.A. vom Komp., jeweils Leipzig 1851, Peters (AGA II,3; RSA I/3)

Concert a Moll für Vc. und Orch. **op. 129** (1850; 23. April 1860 Oldenburg), Kl.A. vom Komp. und Stimmen Leipzig 1854, Breitkopf & Härtel (Part. AGA III,2, 1883; RSA I/2/3); Fassung für V. und Orch. vom Komp. (1853?; 29. Nov. 1987 Köln, Philharmonie), Kl.A. hg. von J. Draheim, Wiesbaden 1987

Julius Cäsar, Ouv. f-Moll **op. 128** (1851; 3. Aug. 1852 Düsseldorf), Braunschweig 1854, Meyer (Litolff) (AGA II,6; RSA I/3)

Hermann und Dorothea, Ouv. h-Moll **op. 136** (1851/52; 26. Febr. 1857 Leipzig, Gewandhaus), Part. sowie 2- und 4hd. Kl.A. vom Komp. alle Winterthur 1857, Rieter-Biedermann (AGA II,7; RSA I/3)

Phantasie a-Moll/C-Dur für V. und Orch./Kl. **op. 131** (1853; 27. Okt. 1853 Düsseldorf), Kl.A. vom Komp. und Stimmen Leipzig 1854, Kistner (Part. AGA III,1, 1887; RSA I/2/4)

Concert-Allegro mit Introduction d-Moll/D-Dur für Kl. und Orch. **op. 134** (1853; 26. Nov. 1853 Utrecht),

Solo- und Orchesterstimmen Leipzig 1855, Senff (Part. AGA III,6, 1887; RSA I/2/2)

Konzert d-Moll für V. und Orch. WoO 1 (1853; 26. Nov. 1937 Berlin), hg. von G. Schünemann, Mainz 1937 (Edition sehr mangelhaft durch zahlr. Lesefehler) (RSA I/2/4)

Scenen aus Göthe's Faust, Ouv. d-Moll WoO 3 (1853; 14. Jan. 1862 Köln), Berlin 1858, Friedlaender (AGA IX,18; RSA IV/2/3) (Ouv. zur *Faust*-Musik, 1844–1853, s. A.II.1.)

II. Kammermusik

Klavierquartett c-Moll **op. V** (1828/29) (Anh. E 1), Fragm. (Schluß von Satz 1 verloren, linke Hand des Kl. zum großen Tl. nicht notiert), hg. von W. Boetticher, Wilhelmshaven 1979 (Edition äußerst mangelhaft durch sehr zahlr. Lesefehler); textkrit. hg. von J. Draheim, i. Vorb.

3 Streichquartette a, F, A **op. 41** (1842), Stimmen Leipzig 1843, Breitkopf & Härtel; Part. ebd. 1849; 2hd. Kl.A. vom Komp. (1853), D-B N.Mus.ms.153 (AGA IV,1; RSA II/1)

Klavierquintett Es-Dur **op. 44** (1842), Stimmen Leipzig 1843, Breitkopf & Härtel; Part. ebd. 1858 (AGA V,1; RSA II/2/1)

Klavierquartett Es-Dur **op. 47** (1842), Leipzig 1845, Whistling/Hofmeister (AGA V,2; RSA II/2/1)

4 *Phantasiestücke* für Kl., V. und Vc. **op. 88** (1842), Leipzig 1850, Kistner (AGA V,6; RSA II/2/2): 1. *Romanze*; 2. *Humoreske*; 3. *Duett*; 4. *Finale*

Andante con Variazioni B-Dur für 2 Kl., 2 Vc. und Hr. (1843) (hg. von Joh. Brahms, 1893, AGA XIV,1; RSA II/3) (als **op. 46** in der Fassung für 2 Kl. ohne Begl., 1843; s. C.III.)

Klaviertrio Nr. 1 d-Moll **op. 63** (1847), Leipzig 1848, Breitkopf & Härtel (AGA V,3; RSA II/2/2)

Klaviertrio Nr. 2 F-Dur **op. 80** (1847–1849), Hamburg u.a. 1850, Schuberth (AGA V,4; RSA II/2/2)

Adagio u. Allegro As-Dur für Hr./V./Vc. und Kl. **op. 70** (1849), Leipzig 1849, Kistner (AGA V,8; RSA II/3)

Fantasiestücke a, A, A für Klar./V./Vc. und Kl. **op. 73** (1849), Kassel 1849, Luckhardt (AGA V,9; RSA II/3)

Drei Romanzen a, A, a für Ob./Klar./V. und Kl. **op. 94** (1849), Bonn 1851, Simrock (AGA V,13; RSA II/3)

Fünf Stücke im Volkston a, F, a, D, a für Vc./V. und Kl. **op. 102** (1849), Kassel 1851, Luckhardt (AGA V,14; RSA II/3)

Sonate [Nr. 1] a-Moll für Kl. und V. **op. 105** (1851), Leipzig 1852, Hofmeister (AGA V,10; RSA II/2/3, 2001)

Klaviertrio Nr. 3 g-Moll **op. 110** (1851), Leipzig 1852, Breitkopf & Härtel (AGA V,5; RSA II/2/2)

Mährchen-Bilder. Vier Stücke d, F, d, D für Va./V. und Kl. **op. 113** (1851), Kassel 1852, Luckhardt (AGA V,12; RSA II/3)

2. grosse Sonate d-Moll für V. und Kl. **op. 121** (1851), Leipzig 1853, Breitkopf & Härtel (AGA V,11; RSA II/2/3, 2001)

5 Romanzen für Vc./V. und Kl. (1853) (Anh. E 7) (1893 von Cl. Schumann vernichtet)

Sonate a-Moll für V. und Kl. (›F-A-E‹) (1853) (nur 2. und

4. Satz – *Intermezzo* und *Finale* – von Schumann, 1. und 3. von Albert Dietrich und Joh. Brahms), hg. von E. Valentin/O. Kobin, Magdeburg 1935 (Edition sehr mangelhaft durch zahlr. Lesefehler); rev. NA von J. Draheim, Wilhelmshaven 1999

3. Sonate a-Moll für V. und Kl. WoO 2 (1853) (4 Sätze, darunter die beiden, die Schumann für die ›F-A-E‹-Sonate geschrieben hatte), hg. von O. W. Neighbour, London u.a. 1956 (Edition mangelhaft durch Lesefehler) (RSA II/2/3, 2001)

Mährchenerzählungen. Vier Stücke B, g, G, B für Klar./V., Va. und Kl. **op. 132** (1853), Leipzig 1854, Breitkopf & Härtel (AGA V,7; RSA II/3)

III. Klaviermusik/Werke für Pedalflügel bzw. Orgel
(wenn nicht anders angegeben, für Kl. 2hd.)

8 Polonaises Es, A, F, B, h, E, g, As für Kl. 4 hd. **op. III** (1828) (Anh. G 1), hg. von K. Geiringer, Wien 1933 (Edition mangelhaft u.a. durch Lesefehler) (RSA III/2, 2001)

Toccata C-Dur **op. 7** (1829–1833), Leipzig 1834, Hofmeister (AGA VII,7; RSA III/1/2); Frühfassung (*Exercice pour le Pianoforte*; Anh. F 11/F 12), hg. von M. J. Luebbe, in: Schumanniana Nova, Fs. G. Nauhaus, hg. von B.R. Appel u.a., Sinzig 2002, 436–448

Thème sur le nom Abegg varié F-Dur **op. 1** (1829–1831), Leipzig 1831, Kistner (AGA VII,1; RSA III/1/1)

Papillons D, Es, fis, A, B, d, f, cis, b, C, D, D **op. 2** (1829–1832), Leipzig 1832, Kistner; Faks. des Autogr. hg. von H.-Chr. Müller, Wien 1973 (AGA VII,2; RSA III/1/1)

Sonate Nr. 2 g-Moll **op. 22** (1830, 1833–1835 [2. Satz: 1830; 4. Satz: *Presto passionato*, 1835, 2. Fassung: 1838]), Leipzig 1839, Breitkopf & Härtel (AGA VII,22; RSA III/2/5); 1. Fassung des Finales (*Presto passionato*, 1835) hg. von Joh. Brahms, Leipzig u.a. 1866 (AGA XIV,8; RSA III/2/5)

Scènes musicales sur un Thème connu/Sehnsuchtswalzervariationen (Var. über Fr. Schubert, *Sehnsuchtswalzer* **op. 9/2 D** 365) As-Dur (1831/32–1834) (Anh. F 24), Fragm., 2 Fassungen, rekonstruiert und erg. von A. Boyde, Hofheim u.a. 2000

Allegro h-Moll **op. 8** (1831/32), Leipzig 1834, Friese (AGA VII,8; RSA III/1/2)

Intermezzi A, e, a, C, F, h **op. 4** (1832), Leipzig 1833, Hofmeister (AGA VII,4; RSA III/1/1)

Studien für das Pianoforte nach Capricen von Paganini bearbeitet, mit Fingersatz, vorbereitenden Uebungen und einem Vorwort über ihren Zweck a, E, C, B, Es, g **op. 3** (1832), Leipzig 1832, Hofmeister (AGA VII,3; RSA III/1/1)

Albumblätter. 20 Clavierstücke **op. 124** (1832–1845), Elberfeld 1853, Arnold (AGA VII,36; RSA III/1/6): 1. *Impromptu* (1832); 2. *Leides Ahnung* (1835); 3. *Scherzino* (1832); 4. *Walzer* (1835); 5. *Phantasietanz* (1838); 6. *Wiegenliedchen* (1843); 7. *Ländler* (1836); 8. *Leid ohne Ende* (1837); 9. *Impromptu* (1838); 10. *Walzer* (1838); 11. *Romanze* (1835); 12. *Burla* (1832); 13. *Larghetto* (1832); 14. *Vision* (1838); 15. *Walzer* (1832); 16. *Schlummerlied* (1841); 17. *Elfe* (1835);

18. *Botschaft* (1838); 19. *Phantasiestück* (1839);
20. *Canon* (1845)

6 Fugen d, a, f, a, cis, fis und 2 Kanons f, As »*An Alexis*«
(1832/33) (Anh. F 19), in: Studienbuch II, 1–9,
D-BNu Schumann 14; Kanon As-Dur, in: J. Knorr,
Deux Fantaisies mignonnes de Salon pour Piano
op. 30, Leipzig 1858/59, Kahnt, 9 (AGA VII,39)

Impromptus sur une Romance de Clara Wieck C-Dur,
f-Moll **op. 5** (1833), Leipzig 1833, Hofmeister; *Neue
Ausgabe (Impromptus über ein Thema von Clara
Wieck)*, ebd. 1850 (eine Var. weniger und eine neue
Nr. 3) (AGA VII,5; RSA III/1/1)

*6 Etudes de Concert composées d'après des Caprices de Pa-
ganini* As, g, g, c, h, e/E **op. 10** (1833), Leipzig 1835,
Hofmeister (AGA VII,10; RSA III/1/2)

*Etuden in Form freyer Variationen über ein Beethoven'sches
Thema* [Allegretto der Sinf. Nr. 7 A-Dur op. 92]
a-Moll (1833–1835?) (Anh. F 25), Fragm., 3 Fassungen,
hg. von R. Münster, München 1976

Sonate Nr. 1 fis-Moll **op. 11** (1833–1835), Leipzig 1836,
Kistner (AGA VII,11; RSA III/1/2)

Carnaval. Scènes mignonnes [...] *sur quatre notes* **op. 9**
(1834/35), Leipzig 1837, Breitkopf & Härtel; gekürzte
Fassung Paris 1837, Schlesinger (AGA VII,9, RSA
III/1/2): 1. *Préambule*; 2. *Pierrot*; 3. *Arlequin*; 4. *Valse
noble*; 5. *Eusebius*; 6. *Florestan*; 7. *Coquette*; 8. *Réplique;
Sphinxes*; 9. *Papillons*; 10. *A.S.C.H. – S.C.H.A. (Lettres
dansantes)*; 11. *Chiarina*; 12. *Chopin*; 13. *Estrella*;
14. *Reconnaissance*; 15. *Pantalon et Colombine*; 16. *Valse
allemande*; 17. *Intermezzo: Paganini*; 18. *Aveu*; 19. *Promenade*; 20. *Pause*; 21. *Marche des »Davidsbündler«
contre les Philistins*

12 Études symphoniques cis-Moll/Des-Dur (Finale) **op. 13**
(1834/35, z.T. 1836?), Wien 1837, Haslinger; als *Études
en forme de Variations. Edition nouvelle revue par
l'Auteur*, Hamburg u.a. 1852, Schuberth (8 Var. und
Finale) (AGA VII,13; RSA III/1/3) 5 weitere, aus der
1. Fassung (*Variations pathétiques*) ausgesonderte Var.,
hg. von Joh. Brahms, Berlin 1873, Simrock (AGA
XIV,1; RSA III/1/3)

Variations sur un Notturno de Chopin [g-Moll **op. 15/3**]
g-Moll (1835/36) (Anh. F 26), Fragm., erg. und hg.
von J. Draheim, Wiesbaden u.a. 1992

Concert sans orchestre f-Moll **op. 14** (1836), Wien 1836,
Haslinger (AGA VII,14; RSA III/1/3): 1. *Allegro brillante*. 2. *Quasi Variazioni (Andantino de Clara Wieck)*,
3. *Prestissimo possibile*; Scherzo I f-Moll der 1. Fassung,
hg. von Joh. Brahms, Leipzig u.a. 1866, Rieter-Biedermann (AGA XIV,7; RSA III/1/3); als *Grande Sonate* [f-Moll]. *Deuxième Edition*, Hamburg u.a. 1853,
Schuberth (AGA VII,14; RSA III/1/3): 1. *Allegro*,
2. *Scherzo* (Des-Dur), 3. *Quasi Variazioni*, 4. *Prestissimo possibile* (2 weitere, von Schumann nicht veröff.
Var. zum 2. Satz, hg. von W. Boetticher, München
1983)

Fantasie C-Dur **op. 17** (1836–1838), Leipzig 1839, Breitkopf & Härtel (AGA VII,17; RSA III/1/4)

Davidsbündlertänze G, h, G, h, D, d, g, c, C; d, h, e,
h/H, Es, B/Es, G, H/h, C **op. 6** (1837), 2 H., Leipzig
1838, Friese; als *18 Charakterstücke. Zweite Auflage*,

Hamburg u.a. 1850, Schuberth (AGA VII,6; RSA
III/1/1)

Fantasiestücke **op. 12** (1837), 2 H., Leipzig 1838, Breitkopf
& Härtel (AGA VII,12; RSA III/1/2): 1. *Des Abends*;
2. *Aufschwung*; 3. *Warum?*; 4. *Grillen*; 5. *In der Nacht*;
6. *Fabel*; 7. *Traumes Wirren*; 8. *Ende vom Lied*; für
op. 12 vorgesehen und ausgesondert: Klavierstück
As-Dur (1837), Ausgaben: 1. Abschrift des Autogr. hg.
von G. Kinsky, in: SMZ 75, 1935, Nr. 24, 772f.; 2. hg.
von J. Werner, London 1958 (RSA III/1/2)

Kinderscenen. Leichte Stücke für das Pianoforte **op. 15**
(1837/38), Leipzig 1839, Breitkopf & Härtel; Repr.
Wiesbaden 1988 (AGA VII,15; RSA III/1/4): 1. *Von
fremden Ländern und Menschen*; 2. *Curiose Geschichte*;
3. *Hasche-Mann*; 4. *Bittendes Kind*; 5. *Glückes genug*;
6. *Wichtige Begebenheit*; 7. *Träumerei*; 8. *Am Camin*;
9. *Ritter vom Steckenpferd*; 10. *Fast zu ernst*; 11. *Fürchtenmachen*; 12. *Kind im Einschlummern*; 13. *Der
Dichter spricht*

Kreisleriana. [8] *Fantasien* d, B, g, B, g, B, c, g **op. 16**
(1838), Wien 1838, Haslinger; *Neue Ausgabe*, Leipzig
1850, Whistling (AGA VII,16; RSA III/1/4)

Novelletten F, D, h, D, D, A, E, fis **op. 21** (1838), 4 H.,
Leipzig 1839, Breitkopf & Härtel (AGA VII,21; RSA
III/1/4)

Arabeske C-Dur **op. 18** (1838/39), Wien 1839, Mechetti
(AGA VII,18; RSA III/1/4)

Blumenstück Des-Dur **op. 19** (1838/39), Wien 1839,
Mechetti (AGA VII,19; RSA III/1/4)

Humoreske B-Dur **op. 20** (1838/39), Wien 1839, Mechetti
(AGA VII,20; RSA III/1/4)

4 Klavierstücke B, g, d, g **op. 32** (1838/39), Hamburg
u.a. 1841, Schuberth (AGA VII,26; RSA III/1/5):
1. *Scherzo*; 2. *Gigue*; 3. *Romanze*; 4. *Fughette*

Bunte Blätter. 14 Stücke **op. 99** (1838–1849), Elberfeld
1851, Arnold (AGA VII,33; RSA III/1/6): *Drei Stücklein*: 1. (1838), 2. (1838), 3. (1838); *Fünf Albumblätter*:
4. (1841), 5. (1838), 6. (1834/35), 7. (1838), 8. (1838);
9. *Novellette* (1838); 10. *Präludium* (1839) (Fugenfrag-
mente dazu in F-Pn W.15,47 und S-Smf); 11. *Marsch*
(1843); 12. *Abendmusik* (1841); 13. *Scherzo* (1841) (urspr. vorgesehen für *Symphonie* c-Moll, 1840/41; s.
C.I.); 14. *Geschwindmarsch* (1849) (urspr. vorgesehen
für op. 76, 1849)

Nachtstücke C, F, Des, F **op. 23** (1839/40), Wien 1840,
Mechetti (AGA VII,23; RSA III/1/5)

Faschingsschwank aus Wien. Fantasiebilder **op. 26**
(1839/40), Wien 1841, Mechetti (AGA VII,24; RSA
III/1/5): 1. *Allegro*; 2. *Romanze*; 3. *Scherzino*; 4. *Intermezzo*; 5. *Finale*

Drei Romanzen b, Fis, H **op. 28** (1839), Leipzig 1840,
Breitkopf & Härtel (AGA VII,25; RSA III/1/5)

Andante und Variationen B-Dur für 2 Kl. **op. 46** (1843),
Leipzig 1844, Breitkopf & Härtel (AGA VI,1; RSA
III, 2, 2001) (Bearb. der urspr. Fassung für 2 Kl., 2 Vc.
und Hr., 1843; s. C.II.)

*Studien für den Pedal-Flügel. Sechs Stücke in canonischer
Form. Auch für das Pianoforte zu 3 oder 4 Händen* C,
a, E, As, h, H **op. 56** (1845), Leipzig 1845, Whistling
(AGA VII,27; RSA III/3)

Skizzen für den Pedal-Flügel c, C, f, Des (oder für Kl. 4h.) **op. 58** (1845), Leipzig 1846, Kistner (AGA VII,28; RSA III/3)

Sechs Fugen über den Namen BACH für Orgel oder Pianoforte mit Pedal B, B, g, B, F, B **op. 60** (1845), Leipzig 1846, Whistling (AGA VIII; RSA III/3)

Vier Fugen d, d, f, F **op. 72** (1845), Leipzig 1850, Whistling (AGA VII,30; RSA III/1/6)

Bilder aus Osten: 6 Impromptus b, Des, Des, b, f, b für Kl. 4hd. **op. 66** (1848), Leipzig 1849, Kistner (AGA VI,2; RSA III/2, 2001) (mit Vorbemerkung des Komp.)

Album für die Jugend (urspr. Titel *40* [recte: *43*] *Clavierstücke*) **op. 68** (1848), Hamburg u.a. 1848, Schuberth (AGA VII,29; RSA III/1/5):

Erste Abtheilung: Für Kleinere: 1. *Melodie;* 2. *Soldatenmarsch;* 3. *Trällerliedchen;* 4. *Ein Choral;* 5. *Stückchen;* 6. *Armes Waisenkind;* 7. *Jägerliedchen;* 8. *Wilder Reiter;* 9. *Volksliedchen;* 10. *Fröhlicher Landmann, von der Arbeit zurückkehrend;* 11. *Sicilianisch;* 12. *Knecht Ruprecht;* 13. *Mai, lieber Mai;* 14. *Kleine Studie;* 15. *Frühlingsgesang;* 16. *Erster Verlust;* 17. *Kleiner Morgenwanderer;* 18. *Schnitterliedchen*

Zweite Abtheilung: Für Erwachsenere: 19. *Kleine Romanze;* 20. *Ländliches Lied;* 21. ***; 22. *Rundgesang;* 23. *Reiterstück;* 24. *Ernteliedchen;* 25. *Nachklänge aus dem Theater;* 26. ***; 27. *Canonisches Liedchen;* 28. *Erinnerung;* 29. *Fremder Mann;* 30. ***; 31. *Kriegslied;* 32. *Sheherazade;* 33. *Weinlesezeit – Fröhliche Zeit!;* 34. *Thema;* 35. *Mignon;* 36. *Lied italienischer Marinari;* 37. *Matrosenlied;* 38. *Winterszeit I;* 39. *Winterszeit II;* 40. *Kleine Fuge;* 41. *Nordisches Lied (Gruß an G.);* 42. *Figurirter Choral;* 43. *Sylvesterlied*

Faksimile-Ausgaben und weitere Ausgaben der von Schumann vor der Drucklegung ausgesonderten Stücke: 1. R. Schumann: Skizzenbuch zu dem Album für die Jugend Opus 68, hg. von M. Kreisig/L. Windsperger, Mainz 1924 (im Beiheft: *Gukkuk im Versteck, Lagune in Venedig, Haschemann, Kleiner Walzer G-Dur*, hg. von L. Windsperger; auch separat); 2. R. Schumann: Jugend-Album Opus 68, Faks. [...] der [...] Urschrift, hg. von G. Eismann, Leipzig 1956; 3. New »Album for the Young« from Opus 68 by Schumann, hg. von J. Werner, London 1957, Repr. 1975: *Auf der Gondel, Für ganz Kleine* [Version von 1847 in: E. Schumann, Erinnerungen, Stuttgart 1925, 324], *Klavierstück C, Linke Hand, soll sich auch zeigen, Puppenschlafliedchen;* 4. R. Schumann: Unveröff. Stücke zum Album für die Jugend Op. 68, hg. von J. Demus, Mailand 1973: *Ein Trinklied von C. M. von Weber* [Bearb. von Kaspars Trinklied aus *Der Freischütz*]; Stück aus Glucks Oper *Orfeo ed Euridice* Es-Dur, Präludium A-Dur, *Rebus, Bärentanz, Eine berühmte Melodie von L. v. Beethoven* [Freudenthema aus der 9. Sinf.]; *Ein Stückchen von Mozart* [»*Vedrai carino*« Arie der Zerlina aus *Don Giovanni*]; 5. B. R. Appel, R. Schumanns »Album für die Jugend«. Einführung und Kommentar, Zürich u.a. 1998 (enth. alle bisher genannten Stücke, Abschriften von Werken von Bach, Händel, Beethoven und Schubert, die für das Album vorgesehen waren, sowie: Fuge A-Dur;

Fragm., 3st. Kanon »*Fest im Tact, im Tone rein*« und 3st. Satz »*Aus ist der Schmaus*«); 6. R. Schumann, Klavierbüchlein für Marie, Faksimile-Ausg. der Hs. im Beethoven-Haus Bonn mit einem Kommentar von B. R. Appel, Bonn 1998

Waldscenen. Neun Clavierstücke **op. 82** (1848/49), Leipzig 1850, Senff; Faks. des Autogr., hg. von M. L. McCorkle, München 2006 (AGA VII,32; RSA III/1/6): 1. *Eintritt;* 2. *Jäger auf der Lauer;* 3. *Einsame Blumen;* 4. *Verrufene Stelle;* 5. *Freundliche Landschaft;* 6. *Herberge;* 7. *Vogel als Prophet;* 8. *Jagdlied;* 9. *Abschied*

IV Märsche Es, g, B (*Lager-Scene*), Es **op. 76** (1849), Leipzig 1849, Whistling (AGA VII,31, RSA III/1/6)

12 vierhändige Clavier-Stücke für kleine und große Kinder **op. 85** (1849), Hamburg u.a. 1850, Schuberth (AGA VI,3; RSA III, 2, 2001): 1. *Geburtstagsmarsch;* 2. *Bärentanz;* 3. *Gartenmelodie;* 4. *Beim Kränzewinden;* 5. *Croatenmarsch;* 6. *Trauer;* 7. *Turniermarsch;* 8. *Reigen;* 9. *Am Springbrunnen;* 10. *Versteckens;* 11. *Gespenstermärchen;* 12. *Abendlied* (für Kl. zu 3 Hdn.); für op. 85 vorgesehen: Klavierstück C-Dur für Kl. 4hd. (1849) (RSA III,2, 2001, 300)

Ball-Scenen. Neun charakteristische Tonstücke für Kl. 4hd. **op. 109** (1849–1851), Hamburg u.a. 1853, Schuberth (AGA VI,4; RSA III, 2, 2001): 1. *Préambule;* 2. *Polonaise;* 3. *Walzer;* 4. *Ungarisch;* 5. *Française;* 6. *Mazurek;* 7. *Ecossaise;* 8. *Walzer;* 9. *Promenade*

Kinderball. Sechs leichte Tanzstücke für Kl. 4hd. **op. 130** (1850, 1853), Leipzig 1854, Breitkopf & Härtel; Repr. Wiesbaden u.a. 1992 (AGA VI,5; RSA III, 2, 2001): 1. *Polonaise;* 2. *Walzer;* 3. *Menuett;* 4. *Ecossaise;* 5. *Française;* 6. *Ringelreihe*

Drei Fantasiestücke c, As, c **op. 111** (1851), Leipzig 1852, Peters (AGA VII,34; RSA III/1/6)

Drei Clavier-Sonaten für die Jugend **op. 118** (1853), Hamburg u.a. 1853, Schuberth (AGA VII,35; RSA III/1/6): 1. *Kinder-Sonate* G-Dur; 2. *Sonate* D-Dur; 3. *Sonate* C-Dur

Sieben Clavierstücke in Fughettenform a, d, F, d, a, F, a **op. 126** (1853), Elberfeld 1854, Arnold (AGA VII,37; RSA III/1/6)

Gesänge der Frühe. Fünf Stücke D, D, A, fis, D **op. 133** (1853), Elberfeld 1855, Arnold (AGA VII,38; RSA III/1/6)

Thema mit Variationen Es-Dur (›Geistervariationen‹) (1854) (Anh. F 39) (Thema hg. von Joh. Brahms, 1893, AGA XIV,9); Thema und 5 Var., hg. von K. Geiringer, London 1939; textkrit. hg. von W.-D. Seiffert, München 1995

Fuge (Jan. 1856) (McCorkle vacat), versch.

D. Bearbeitungen

G. Chr. Grosheim, Ouv. zum Singspiel *Titania* für gr.Orch. »*fürs Pianoforte eingerichtet par Robert Schumann*« (um 1822) (Anh. O 4); Autogr. D-B Mus. ms.8614

Cl. Wieck, Klavierkonz. a-Moll op. 7, Orchestrierung des Finale (1834) (Anh. O 10), Kl.A. und Stimmen

Leipzig 1837, Hofmeister; Part. hg.von J. Klassen, Wiesbaden 1990

Bearbeitungen von Stücken von Gluck, Mozart, Beethoven und Weber (1848) (vorgesehen für op. 68, 1848; s. C.III.)

N. Burgmüller, Scherzo D-Dur (aus der unvollendeten 2. Sinf. D-Dur op. 11), Orchestrierung (1851; 17. Juni 1864 Düsseldorf) (Anh. O 3), Leipzig 1864, Kistner

Sechs Sonaten für die Violine von Johann Sebastian Bach [BWV 1001–1006] *mit hinzugefügter Begleitung des Pianoforte von Robert Schumann* WoO 8 (1852/53), Leipzig 1853, B&H (RSA VII/2)

J. S. Bach, 6 Son. für Vc. solo (BWV 1007–1012) mit hinzugefügter Klavierbegl. (1853) (Anh. O 2), Nr. 1, 2, 4–6 versch.; Nr. 3, hg. von J. Draheim, Wiesbaden 1985

N. Paganini, 24 Capricen op. 1 für V. solo mit hinzugefügter Klavierbegl. (Nr. 1 und 24: 1853, Nr. 2–23: 1855) (Anh. O 8), Nr. 24 versch., Nr. 1–23 hg. von G. Schünemann, Leipzig 1941

»Wenn mein Stündlein vorhanden ist« und *»Stärk' uns, Mittler, dein sind wir«* (Fragment, nicht textiert), 4st. Choralbearbeitungen (1855?) (Anh. R 18), Faks. des Autogr. in: G. Eismann, R. Schumann. Eine Biographie in Wort und Bild, Leipzig 1956, 156

E. Schriften

Selbstbiographische Notizen (1840), D-Zsch; Faks. mit Übtr. hg. von M. Schoppe, Zwickau o. J. ▪ *Erinnerungen an F. Mendelssohn Bartholdy vom Jahre 1835 bis zu seinem Tode*, D-Zsch 4871/V, 3,1–6; Faks. mit Übtr. hg. von G. Eismann, Zwickau 1947, ²1948 ▪ *Dichtergarten für Musik* (1853), D-Zsch; hg. von G. Nauhaus/I.Bodsch/L. Hotaki, i. Vorb. ▪ *Gesammelte Schriften über Musik und Musiker*, 4 Bde., Leipzig 1854; hg. von F. G. Jansen, 2 Bde., ebd. ⁴1891; hg. von M. Kreisig, 2 Bde., ebd. ⁵1914; Repr. der Ausg. Leipzig 1854, mit einem Nachw. von G. Nauhaus und einem Register von I. Singer, 4 Bde., Leipzig u.a. 1985 ▪ *Mottosammlung*, D-Zsch; L. Hotaki, R. Schumanns Mottosammlung. Übertragung, Kommentar, Einführung, Freiburg i.Br. 1998

Werkverzeichnis nach Opuszahlen

op. 134   *Concert-Allegro mit Introduction d-Moll/
          D-Dur für Klavier und Orch.*

op. 135   *Gedichte der Königin Maria Stuart*

op. 136   *Hermann und Dorothea, Ouv. h-Moll*

op. 137   *Fünf Gesänge aus H. Laube's Jagdbrevier
          für Männerchor*

op. 138   *Spanische Liebes-Lieder. Ein Cyclus von
          Gesängen aus dem Spanischen für eine und
          mehrere Stimmen (Sopran, Alt, Tenor
          u. Bass) mit Begleitung des Pianoforte zu
          vier Händen*

op. 139   *Des Sängers Fluch. Ballade*

op. 140   *Vom Pagen und der Königstochter.
          Vier Balladen*

op. 141   *Vier doppelchörige Gesänge [...]
          für größere Gesangvereine*

op. 142   *Vier Gesänge*

op. 143   *Das Glück von Edenhall. Ballade*

op. 144   *Neujahrslied*

op. 145   *Romanzen und Balladen III für gem. Chor*

op. 146   *Romanzen und Balladen IV für gem. Chor*

op. 147   *Missa sacra*

op. 148   *Requiem*

WoO 1   *Konzert d-Moll für Violine und Orch.*

WoO 2   *3. Sonate a-Moll für Violine und Klavier*

WoO 3   *Scenen aus Göthe's Faust*

WoO 4   *Drei Freiheitsgesänge mit großem Blasorch.
        ad lib.*

WoO 5   *Patriotisches Lied*

WoO 6   *Soldatenlied*

WoO 7   *Sommerruh (Duett)*

WoO 8   *Sechs Sonaten für die Violine von Johann
        Sebastian Bach [BWV 1001–1006] mit
        hinzugefügter Begleitung des Pianoforte
        von Robert Schumann*

Verzeichnis der Autorinnen und Autoren

Appel, Bernhard R., seit 1986 Mitarbeiter der Robert-Schumann-Forschungsstelle, Düsseldorf; Studium der Schulmusik, Musikwissenschaft, Germanistik, Linguistik und Philosophie in Saarbrücken; 1977–1984 wissenschaftlicher Mitarbeiter und Assistent am Musikwissenschaftlichen Institut der Universität des Saarlandes; 1981 Promotion; 1985–1986 Bearbeiter des DFG-Projekts Quellenermittlungen zu R. Schumann an der Universität zu Köln; 2000 Habilitation an der Universität Dortmund; Editionen im Rahmen der Neuen Robert-Schumann-Gesamtausgabe sowie Publikationen zu R. Schumann, zur Musikgeschichte des 19. Jahrhunderts und zur Editionsphilologie.
Beitrag: Poesie und Handwerk: Robert Schumanns Schaffensweise, S. 140–193.

Baumgärtel, Bettina, Leiterin der Gemäldesammlung, museum kunst palast Düsseldorf; Ausstellungen und Publikationen sowohl zur zeitgenössischen Kunst als auch zu den Sammlungsschwerpunkten Niederländische und flämische Kunst des 16. und 17. Jahrhunderts, italienischer Barock und deutsche Romantiker, besonders Düsseldorfer Malerschule (Dokumentationszentrum dazu im Aufbau); Forschungsschwerpunkt: Kunst- und Kulturgeschichte der Zeit der Aufklärung.
Beitrag: Robert Schumann und die Bildende Kunst, S. 82–106.

Draheim, Joachim, geb. 1950; Gymnasiallehrer, Pianist und Herausgeber von Werken Robert und Clara Schumanns; Studium der Klassischen Philologie, Geschichte und Musikwissenschaft in Heidelberg; Promotion 1978; Herausgabe sämtlicher Schumann-Sinfonien sowie wesentlicher Orchester-, Kammermusik- und Klavierwerke (Breitkopf & Härtel); Editionen im Rahmen der Neuen Robert-Schumann-Gesamtausgabe; Edition der Lieder Clara Schumanns.
Beiträge: Werke für Klavier zu zwei Händen nach 1840, S. 258–283; Konzertante Werke, S. 376–397.

Edler, Arnfried, geb. 1938; 1989–2003 Professor an der Hochschule für Musik und Theater Hannover; Studium der Schulmusik, Musikwissenschaft, Deutschen Literaturwissenschaft und Philosophie in Saarbrücken und Kiel, 1964 Kirchenmusikexamen; 1968 Promotion; 1969–1979 wissenschaftlicher Mitarbeiter am Musikwissenschaftlichen Institut der Universität Kiel; 1978 Habilitation; Forschungsschwerpunkte: Musikgeschichte des

18. und 19. Jahrhunderts, musikalische Gattungs- und Sozialgeschichte, insbesondere Musik der Tasteninstrumente, sowie Geschichte der Musikästhetik und -pädagogik.
Beitrag: Werke für Klavier zu zwei Händen bis 1840, S. 214–257.

Ewert, Hansjörg, geb. 1965; seit 2003 Akademischer Rat am Lehrstuhl für Musikwissenschaft in Würzburg; Studium der Schulmusik und Musikwissenschaft, Germanistik und Philosophie in Freiburg und Würzburg; Staatsexamen 1994, Promotion mit einer Arbeit zur Oper „Genoveva" von Robert Schumann; verschiedene Tätigkeiten in Opernregie und -dramaturgie sowie Editionsprojekten; Forschungsschwerpunkte: Musikgeschichte des 19. Jahrhunderts, des Mittelalters und der Musiktheorie.
Beitrag: Die großbesetzten vokal-instrumentalen Werke, S. 479–530.

Finson, Jon W., Professor für Musikwissenschaft und American Studies an der University of North Carolina at Chapel Hill; 1980 Ph.D. in Chicago mit einer Arbeit über Robert Schumanns Sinfonien; Schumann-Herausgeber; Forschungsschwerpunkte: Klassische und Popularmusik des 19. Jahrhunderts.
Beitrag: Sinfonien, S. 334–360.

Frobenius, Wolf, geb. 1940; seit 1988 Professor für Musikwissenschaft an der Universität des Saarlandes; 1960–1968 Studium der Musikwissenschaft, Kunstgeschichte und Geschichte in Freiburg i.Br. und Paris; 1968 Promotion; 1968–1988 Wiss. Mitarbeiter am Handwörterbuch für musikalische Terminologie und Bearbeiter mehrerer DFG-Projekte zur Terminologie; 1971–88 Lehrbeauftragter an der Universität Freiburg i.Br.; 1988 Habilitation; Forschungsschwerpunkte: Musik und Musiktheorie des Mittelalters und des 20. Jahrhunderts.
Beitrag: Schumann in fremden Werken: Von Clara Wieck-Schumann bis zur Neuen Musik, S. 532–550.

Gülke, Peter, geb. 1934; Dirigent und Musikschriftsteller; Ausbildung in den Fächern Violoncello, Musikwissenschaft, Germanistik, Romanistik und Philosophie in Weimar, Jena und Leipzig; Promotion 1958; Habilitation 1985; nach Tätigkeit an den Opernhäusern in Stendal, Potsdam, Stralsund, Dresden und Weimar zuletzt

1985–1996 Generalmusikdirektor in Wuppertal; danach Professor für Dirigieren an der Musikhochschule Freiburg; 1999–2002 Professor für Musikwissenschaft an der Universität Basel; 1995 Verleihung des Sigmund-Freud-Preises der Darmstädter Akademie; seit 1995 Mitglied der Sächsischen Akademie der Künste.
Beitrag: Robert Schumanns jubelnd erlittene Romantik, S. 16–79.

Hentschel, Frank, geb. 1968; seit 1999 wissenschaftlicher Assistent am Musikwissenschaftlichen Seminar der Freien Universität Berlin; seit 2000 Schriftleiter des Archivs für Musikwissenschaft; 1989–1999 Studium der Musikwissenschaft, Philosophie und Germanistik in Köln und London; 1993 Erwerb des Certificate of Advanced Musical Studies (King's College); 1999 Promotion; 1995–1999 wissenschaftlicher Mitarbeiter am Thomas-Institut der Universität zu Köln; 2004/2005 Visiting Scholar an der Harvard University; 2006 Habilitation an der Freien Universität Berlin.
Beitrag: Robert Schumann in Musikgeschichtsschreibung und Biographik, S. 551–562.

Knechtges-Obrecht, Irmgard, geb. 1960; freie Autorin; 1978–1985 Studium der Musikwissenschaft, Theater-, Film- und Fernsehwissenschaft sowie Geschichte in Köln; 1985 Promotion mit einer Dissertation über Robert Schumann im Spiegel seiner späten Klavierwerke; 1986–1990 wissenschaftliche Mitarbeiterin an der Neuen Robert-Schumann-Gesamtausgabe; Publikationen zu Clara und Robert Schumann bzw. deren Umfeld sowie diverse Veröffentlichungen für die Robert-Schumann-Gesellschaft, Düsseldorf.
Beitrag: Kammermusik, S. 302–331.

Kranefeld, Ulrike, geb. 1969; Pianistin und seit 2003 wiss. Assistentin im Bereich Musikpädagogik an der Universität Siegen; Studium der Schulmusik und Germanistik in Dortmund; Klavierstudium in Detmold; Examen in Instrumentalpädagogik (1997) und Künstlerische Reifeprüfung (2001); Promotion 2000 über rezeptionsästhetische Fragen zur Musik Robert Schumanns; seit 1997 künstlerische Lehrbeauftragte für Klavier am Institut für Musik und ihre Didaktik der Universität Dortmund.
Beiträge: Werke für Klavier zu vier Händen und zwei Klaviere, S. 284–293; Werke für Orgel und Pedalflügel, S. 294–299.

Moßburger, Hubert, geb. 1963; seit 2003 Professor für Musiktheorie an der Hochschule für Künste Bremen; Studium der Kirchenmusik, Musikerziehung, Musiktheorie und Musikwissenschaft in Regensburg, Detmold und Halle (Saale); 1993–2003 hauptamtlicher Musiktheorie- und Gehörbildungslehrer in Halle; 2000 Promotion mit einer Arbeit über die Harmonik Robert Schumanns; seit April 2001 Lehrbeauftragter für Musiktheorie an der Hochschule für Musik und Theater Hannover; von 2002 bis 2004 im Vorstand der Deutschen Gesellschaft für Musiktheorie und Redakteur der Zeitschrift der GMTH; Forschungsschwerpunkte: Publikationen zur Musik und Musiktheorie des 15. bis 20. Jahrhunderts.
Beitrag: Poetische Harmonik, S. 194–211.

Nauhaus, Gerd, geb. 1942; 1993–2005 Direktor des Robert-Schumann-Hauses Zwickau; 1961–1969 Studium der Schulmusik, Musikwissenschaft und Germanistik in Halle; 1980 Promotion; 1986 Robert-Schumann-Preis der Stadt Zwickau; 1993–2002 Mitglied des Sächsischen Kultursenats; Wissenschaftlicher Sekretär der Robert-Schumann-Gesellschaft Zwickau e.V.; Herausgeber der Tage- und Haushaltbücher Robert Schumanns und der Schriftenreihe *Schumann-Studien* sowie von Publikationen über und Kompositionen von Clara Schumann.
Beitrag: Tendenzen der Schumann-Forschung, S. 1–14.

Schweikert, Uwe, geb. 1941; nach Studium der Germanistik, Musikwissenschaft und Geschichte (Promotion 1969 mit einer Arbeit über Jean Pauls Spätwerk) von 1971–2003 Lektor in einem Stuttgarter Verlag; daneben vielfältige Tätigkeit als Autor, Herausgeber (u.a. der Gesamtausgaben von Rahel Varnhagen, Ludwig Tieck und Hans Henny Jahnn) sowie als Literatur- und Musikkritiker für Rundfunk, Theater und Pressemedien; zusammen mit Anselm Gerhard Herausgeber des Verdi-Handbuchs (2001), der maßgeblichen deutschsprachigen Veröffentlichung zu diesem Komponisten; Juror im Preis der deutschen Schallplattenkritik seit 1991.
Beitrag: Das literarische Werk – Lektüre, Poesie, Kritik und poetische Musik, S. 107–126.

Synofzik, Thomas, geb. 1966; seit 2005 Direktor des Robert-Schumann-Hauses Zwickau; Studium der Musikwissenschaft, Germanistik und Philosophie in Köln, Studium Historische Tasteninstrumente in Köln und Brüssel; neben regelmäßiger Konzerttätigkeit, CD- und Rundfunkproduktionen 1998–2005 Dozent an Hochschulen in Dortmund, Essen, Köln, Detmold und Trossingen; Forschungsschwerpunkte: Schumann-Brahms-Kreis, Musik des frühen 17. Jahrhunderts, Johann Sebastian Bach, Interpretationsgeschichte des 20. Jahrhunderts.
Beitrag: Weltliche a capella-Chormusik, S. 458–478.

Tadday, Ulrich, geb. 1963; seit 2002 Professor für Historische Musikwissenschaft am Institut für Musikwissenschaft/Musikpädagogik der Universität Bremen; 1983–1988 Studium der Musikwissenschaft und Musikerziehung, Philosophie und Germanistik in Dortmund und Bochum; 1992 Promotion; 1998 Habilitation; drei Jahre lang Musiklehrer in den Sekundarstufen I und II; seit 1998 Fachbeirat der MGG; seit 2004 Herausgeber der Reihe Musik-Konzepte; Forschungsschwerpunkte: Musikgeschichte und Musikästhetik der Neuzeit, insbesondere des 17. bis 21. Jahrhunderts.
Beitrag: Zur Musikästhetik Robert Schumanns, S. 127–138.

Tewinkel, Christiane, geb. 1969; Musikwissenschaftle-
rin; derzeit Arbeit am DFG-geförderten Projekt »Systeme
des Wissens über Musik«; 1989–1997 Studium der Schulmusik, Germanistik und Anglistik in Freiburg; 1998/99
als Fulbright-Stipendiatin am Music Department der
Harvard University; 2001 *teaching assistant* ebd.; Promotion 2002 mit einer Arbeit über Schumanns Liederkreis
op. 39; 2001–2004 wissenschaftliche Mitarbeiterin an der
Musikhochschule Stuttgart.
Beitrag: Lieder, S. 400–457.

Wendt, Matthias, geb 1951; seit 1991 Mitarbeiter der
Robert-Schumann-Forschungsstelle, Düsseldorf und
Herausgeber im Rahmen der Neuen Robert-Schumann-
Gesamtausgabe; Studium der Musikwissenschaft, Lin-
guistik und Kommunikationsforschung in Bonn und
Köln; 1982 Promotion; bis 1985 Arbeit an einer Edition
der fünf Studienbücher Robert Schumanns; 1985–1991
Mitarbeiter des Johann-Sebastian-Bach-Instituts Göt-
tingen.
Beitrag: Das Schumann-Bild in der Belletristik,
S. 563–569.

Personenregister

Werkregister

MIX

Papier | Fördert
gute Waldnutzung

FSC® C083411

Zeitfracht Medien GmbH
Ferdinand-Jühlke-Straße 7
99095 Erfurt, Deutschland
produktsicherheit@kolibri360.de